韩茹凯论语言

RUQAIYA HASAN ON LANGUAGE

［英］韩茹凯 著

王红阳 李雪娇等 译／彭宣维 李雪娇 编校

北京大学出版社
PEKING UNIVERSITY PRESS

图书在版编目(CIP)数据

韩茹凯论语言/(英)韩茹凯(Hasan,R.)著;王红阳等译.—北京:北京大学出版社,2015.4
ISBN 978-7-301-25623-7

Ⅰ.①韩… Ⅱ.①韩… ②王… Ⅲ.①语言学—研究 Ⅳ.①H0

中国版本图书馆 CIP 数据核字(2015)第 059424 号

书　　名	韩茹凯论语言
著作责任者	[英]韩茹凯　著　王红阳　李雪娇等　译
责任编辑	黄瑞明
标准书号	ISBN 978-7-301-25623-7
出版发行	北京大学出版社
地　　址	北京市海淀区成府路 205 号　100871
网　　址	http://www.pup.cn　新浪微博:@北京大学出版社
电子信箱	zpup@pup.cn
电　　话	邮购部 62752015　发行部 62750672　编辑部 62754382
印刷者	北京大学印刷厂
经销者	新华书店
	650 毫米×980 毫米　16 开本　44.5 印张　750 千字
	2015 年 4 月第 1 版　2015 年 4 月第 1 次印刷
定　　价	132.00 元

未经许可,不得以任何方式复制或抄袭本书之部分或全部内容。
版权所有,侵权必究
举报电话:010-62752024　电子信箱:fd@pup.pku.edu.cn
图书如有印装质量问题,请与出版部联系,电话:010-62756370

国家社会科学基金项目成果
北京师范大学功能语言学研究中心项目成果
北京师范大学和北京市英语语言文学重点学科项目成果

《韩茹凯论语言》汉译编委会

顾问委员会

方琰（清华大学）
王宁（北京师范大学）
韩礼德（M. A. K. Halliday，悉尼大学）
卫真道（J. Webster，香港城市大学）
胡壮麟（北京大学）
任绍曾（浙江大学）
黄国文（中山大学）
朱永生（复旦大学）
张德禄（同济大学）
杨信彰（厦门大学）
程晓堂（北京师范大学）

编辑与翻译工作委员会

主 任 韩茹凯（R. Hasan，麦考莱大学）

编译委（按姓氏拼音排列）

陈刚妮（西北大学）　　　　　　　唐青叶（上海大学）
陈瑜敏（中山大学）　　　　　　　王红阳（宁波大学）
丁素萍（天津理工大学）　　　　　吴格奇（杭州师范大学）
范文芳（清华大学）　　　　　　　徐珺（对外经济贸易大学）
房红梅（苏州大学）　　　　　　　闫涛（天津医科大学）
高彦梅（北京大学）　　　　　　　杨国文（中国社会科学院）
何伟（北京科技大学）　　　　　　杨敏（中国人民大学）
李战子（南京国际关系学院）　　　杨雪燕（北京外国语大学）
李雪娇（牡丹江师范学院）　　　　于晖（北京师范大学）
刘英（广西师范大学教授）　　　　曾蕾（中山大学）
牟许琴（四川大学）　　　　　　　张蕾（天津外国语大学）
潘章仙（浙江工商大学）　　　　　张延君（外交学院）
孙迎晖（北京师范大学）

编 校 彭宣维、李雪娇（北京师范大学）

序

方琰

从韩礼德教授1955年完成他的博士论文《元朝秘史》提出他对语言学的初步构思,至今整整过去了六十年;从他于上个世纪60年代初创建系统功能语言学(以下称SFL),迄今也走过了半个世纪的路程。在这条崎岖不平的道路上有很多学者在前行,其中就有一位杰出的女性。她是韩礼德教授的伴侣,更是他的学术知音和并肩奋斗的战友。她就是SFL界一个响亮的名字Ruqaiya Hasan,她有一个儒雅的中文名字——韩茹凯。

20世纪60年代以来,韩茹凯教授不仅在理论上发展了韩礼德教授创建的SFL,还在应用语言学、社会学的诸多领域中做出了突出的贡献。要了解这位杰出的语言学家,最好的途径就是阅读由Equinox出版、香港城市大学教授卫真道(Jonathan Webster)编辑的她的七本英语论文选集,或者阅读由她本人精心挑选编辑成的、2011年外语教学与研究出版社出版的《韩茹凯应用语言学自选集》。相信阅读过她著作的广大读者一定收获颇丰,遗憾的是这七本选集因为没有中译本,使很多读者失去了一次学习的大好机会。现在,好消息终于来了——北京师范大学功能语言学研究中心主任彭宣维教授主持翻译的韩茹凯教授文选《韩茹凯论语言》终于出版了,多少填补了这方面的缺陷。

彭宣维教授2014年11月告诉我这个消息时,我真为韩茹凯教授感到高兴。彭教授还告诉我,选集的译者都是高校从事SFL研究的女性学者,我很感动,也感谢他为我国女性SFL研究者提供一个深入学习原著和展示自己才能的机会。他问我是否愿意为选集作序,我欣然答应。这不仅因为我一直是韩茹凯教授的仰慕者,更重要的是,我意识到出版她的中文选集是一件非常有意义的事情,它可以让更多的语言学研究者获益,也一定会推动我国的SFL理论和应用研究。能为这样一部译作写序,我深感荣幸。

这本选集从Equinox出版的七卷英文选集中挑选了23篇论文。最早的一篇写于1969年,最近的一篇写于2013年,前后跨越四十多年,代表韩茹凯教授各个时期勤奋耕耘的研究成果。

从接受写序的任务以后,我开始通读选集,做了笔记或摘要,有的文章、有的章节、有的段落反复阅读、仔细琢磨、思考良久。选集内容丰富、信息量大、理论深邃,以笔者的语言学水平,对有些内容的理解真的是不甚了了,更不可能对这部语言学著作做出中肯的介绍和评论。我真感到"压力山大"。只能勉为其难,权当是向读者汇报自己的学习心得,与读者做一次"心灵的沟通"吧!

韩茹凯教授始终站在各个时期研究的最前沿,积极参与探讨、辩论语言学研究涉及的"热门话题"。但是选集的主线是阐述和发展韩礼德教授创建的 SFL 理论,围绕语言性质的两个方面展开讨论:第一,**语言是一种社会符号**,而且是**最重要的**社会符号。韩茹凯教授完全赞同沃尔夫的"语言塑造现实""语言塑造社会"的观点,认为"语言资源是世界知识的主要建筑者,语言既可以用来做琐事,也可完成划时代的大事"。她认为"正是因为韩礼德教授将索绪尔符号两重性本质理论化,才解决了索绪尔理论的大部分矛盾"。有关语言符号学特性的论述是多篇文章的重要内容。韩茹凯教授肯定了维果茨基和巴赫金有关社会文化因素,尤其是语言符号对人类高级智力发展研究的贡献,赞同他们关于语言在创造、维系和改变社会关系、社会结构过程中的中心作用的论点。她揭示了现代社会与在符号中创造的认知之间的固有联系,让人们认识到智力需要社会,社会需要符号得以生存、发展、变革这一关键要素。她从社会符号学角度,坚持将语言变异纳入社会语言学研究范畴,她是提出这个主张的第一人,并讨论了与语言的变异现象相关联的多个问题,包括语义变体在产生、维系、改变言说者群体的社会语境中具有的特殊作用。她论证了信息时代语言符号在诠释经验意义、创作文学作品、表达抽象概念、创建理论时所起的中心作用。她强调,社会与符号的循环互动关系对塑造文化和塑造语言同等重要。她还将文学作品分析视为社会符号学的研究范畴。可以说,韩茹凯教授在为使系统功能语言学"发展为具有详尽解释能力的作为社会符号的语言理论"方面做出了不懈的努力。

第二,**语言系统是一种意义潜势**。韩茹凯教授反复强调,语言是"固有的可变的意义潜势""是创造信息的潜势";语言学的目的就是要"发展分析语义的方法";语言研究必须分析人类活动的"语义性质",必须认识到语言在认知过程中的"关键中介作用",因为它能通过意义解释人类的活动经验,而意义交流才是语言在人类生活中最重要的功能。她认为成功的语言教学就是要能使学生"用词汇和语法产生适合语篇语境所需要的意义"。她深入探讨了将语言描绘成意义潜势的三个关键术语:"选择""系统""体现"。她认为,这三个术语一起工作,在"语言内部建构起大家都能接受的语义","使系统成为将语言描写成意义潜势的强大工具"。笔者认为,这是将索绪尔的"所指"表达为"能指"(意义)的有效途径。

"语言是社会符号"及"语言系统是意义潜势"的语言观,奠定了 SFL 关于语言层次、语境学说、语言功能、语言系统、语篇生成、语篇分析、衔接与连贯、语言教学的认识基础,也是区分这个学派与其他一些语言学派,尤其是形式语言学的核心理念。

韩茹凯教授在多个地方阐述了 SFL 的多层次观点。对各个层次通过"体现"建立起有机联系,以及语言受制于文化语境和情景语境的观点有鞭辟入里的解读。她指出,SFL 认为语义层和语法层是"自然关系":"不存在没有语言形式的语义,也不存在没有语义的词汇、语法形式";并且每个层次都代表了"不同的抽象概念",但都对"全面描述作为符号系统的语言同等重要"。她论证了语言是一个包含"四个层次"(语境、语义、词汇—语法、字音)的"复合编码系统",因而语言研究应当包括对四个层次的描述。

韩茹凯教授厘清了有关"语境"的许多概念。她指出,语言"扎根于人类生物学,但受文化的干预而发展",这是认识语境概念的基础。她阐述了语境创造语篇和解释语篇的"原动力"作用,详细说明了语境与语言性质,以及语境、行为和文化之间的关系,建构了对话语篇和非对话语篇不同的语境模式;还审视了情景语境变量(语场、语旨、语式)之间的互动关系,分析了语境变量和语篇、语篇结构、语篇组织(texture)之间的关系。她认为教育者应当用伯恩斯坦的社会学视角审视文化教育和社会变革的相关性,应当看到语境因素在语言研究和语言教育中的重要性。

韩茹凯教授批驳了语言为镜像反映现象的论点。她认为,韩礼德教授"最有意义的贡献在于致力于探索为何要认可语言的三个**纯理功能**"——概念功能、人际功能、语篇功能,而且**三个功能同等重要**。她强调多功能的语言观有利于深入了解人类意识是怎样在社会语境中发展的。她释解了人类的语言能够将三种功能放在同一个句子中的原因——是语言的功能决定了词汇语法结构。这是功能语言学语法观的基础。她从功能语言学的角度阐述了教授语言的过程,还分析、解释了话语过程的功能意义,以及小句的具体功能。她探讨了三个语境变量对语义选择的功能控制,以及文体学的两个研究目的:(1)分析文学作品语言的内在功能结构;(2)揭示语言功能怎样表达作品的主题思想,即,语言的运用与主题如何契合。

韩茹凯教授坚持认为,SFL是关于"语篇的理论"。她特别重视分析对话语篇,尤其是日常会话,因为这是了解言语与语境密切关系的重要途径。阅读她的文章的一个突出印象就是:她对分析母亲和幼童之间的对话情有独钟,或许与她是一位女性,特别是一位母亲的身份不无关系。她不仅分析对话的语境、词汇和语法的功能特点,还特别强调对语篇组织(texture)和结构特点的分析,因为它们是将词汇、语法单位衔接、连贯在一起的、关于语篇研究的两个基本要素。她从大量的实际话语中发现了新现象,甚至总结、提炼出语言学的规律。她也重视对句子的研究,但是这些句子一定是出现在语篇中的句子。她应用功能语言学的分析方法,剖析了Yeats的诗"临水自照的老人们"的韵律及其所表达的深刻含义,为文体分析提供了范例。

重视语篇分析是韩茹凯教授重视语言的社会功能和应用价值的体现。她认为"语言使用是语言系统在社会历史语境下的实例化"。她强调,语言"只有在应用中才能得到发展,获得进化"。语言学理论也只有在"应用中"才能被证实,才能得到发展。在论述语言教育的论文中她同样强调了这一点。她从心理人类学、社会人类学、教育社会学的角度,讨论、分析了写读教育和第二语言教学的定义、所涉及的因素,还展示了她的"第二语言教学综合模式"教学大纲,讨论了这个大纲的特点和这个看似符合逻辑的封闭模式的问题,以及教师必须具备什么样的社会学观和语言学观。笔者相信,这是在通往"适用语言学"的道路上迈出的坚实的一步。

选集的第一个特点是既对SFL做了比较全面、精辟的论述,又从不同的角度、不同的学科观察、考证语言的方方面面,因为她相信,"一个无法在某个学科解决的问题,很可能借助另一个学科的洞察力找到解释或解决的方案"。韩茹凯教授堪称跨学科甚至超学科研究的典范。

纵观她的著作,可以看到马克思主义的世界观、阶级观和马克思主义辩证唯物主义思想和伯恩斯坦的社会学理论对她的语言观和她的社会语言学认识观的深刻影响,这是选集的第二个特点。她指出,人们的日常会话被深深地打上了资本主义制度的经济基础和权力分配、权力控制的阶级烙印。这个论点也体现在讨论伯恩斯坦的社会结构成分预测语码分类、现实社会中工人阶级孩子语言教育和发展中国家第二语言教学的论述中。辩证唯物主义观深刻影响了她对社会化与语言的紧密关系的认识,也贯穿于诠释生理和社会相互生成的动态逻辑、社会中介与智力发展、语言系统与语言系统实例化、语境与语篇、语言理论与实践相互推动、相互依赖等等关系的论述中。

选集的第三个特点是韩茹凯教授对各个时代与语言研究有关的许多学者的思想做了反思性的或者批判性的评述。韩茹凯教授鼓励教师培养学生的批判性反思能力,而她自己就是在学术上极具批判性反思能力的一位学者。且略举数例。在评论维果茨基和巴赫金关于"语言"(langue)的"言语"(parole)的看法时,她指出他们都只关注"言语"(parole),而不重视"语言"(langue),与索绪尔只重视"语言"而不重视"言语"完全相反,都有偏颇。在论述维果茨基对"符号中介"在人的心智发展中做出的贡献时,她批评维果茨基理论只重视语言符号对高级智力发展的中介作用,忽视了日常会话在其中的协调作用,忽视了"平凡的日常知识内化"的价值,有站在"精英主义"立场的嫌疑;而且他只重视词汇,无视语篇意义和社会语境的影响。韩茹凯教授建议,维果茨基和巴赫金应当用韩礼德语言观和伯恩斯坦的社会学理论,来修正、补充、完善他们关于符号中介和话语语类(speech genre)的论述。在肯定了拉波夫对社会语言学的发展做出了杰出贡献的同时,韩茹凯教授批评他不应把语言变异现象排斥在社会语言学之外。她肯定了语料库语言学的革命性的贡献,但也指出了它的局限性——同维果茨基和拉波夫一样,都缺乏合适的语言学模型作为分析基础。她批评了很多专家不重视研究日常会话中表现出来的意识形态、权力问题,不重视研究语义变异现象,"更不用说从词汇—语法角度做实实在在的分析"工作了。她尖锐地批驳了乔姆斯基的"语言天生"和"语言自治"的形式主义语言学理论,更是用犀利的言辞揭露西方国家将"民主"再语义化,用来掩盖他们欺压贫穷国家的实质。她还分析了自由市场经济给教育管理带来的多种负面影响,她相信批判式"反思"教育可能有效改变这个制度带来的种种弊病。她强调"我们"生活在一个受"压迫"的社会中,所以作为语言学家,我们理应去"了解、揭发这样的压迫是如何维持的,处于特殊位置的人们在其中起了什么作用",这样可能会"促进人类的进步"。

选集的另一个特点是它体现了一位严谨的语言学家在实证研究中观察入微、分析细致的特质。其首要特点是对语境的精密分析。她认为虽然 SFL 对语境和语篇的描述在当代"最为全面",但仍然"没有一个完整的描述框架"。她身体力行,做出了含有七个层次的语场系统表,用精密度的概念讨论系统各个层次的语义特点。她不但解剖了语境配置特点,还讨论了由语篇组织(texture)结合形成的"语境集合体"、由语篇结构形成了"语境常规体",以及多个不同语篇的结构图,深入解析了系统与实例的关系。韩茹凯教授是语类结构潜势(GSP)的创导者,选集中的有关论述分析了多个语类结构潜势,特别解释了"推理"过程中的词汇—语法和各个成分的特点,为语境研究做了开创性的探索。其次,她对小句的功能进行了详尽分析。她用大量篇幅解构了"The teacher taught the student English"的句子意义,并用这个例子一步一步详细解释了韩礼德教授的及物系统的功能语义基础和可能产生的不同的意识形态,提供了剖析教学过程和教学实质的范例。第三,她对衔接、衔接和谐、连贯的描述和分析环环入扣。她的"衔接范畴"写于20世纪70年代初期,详尽地讨论了各种衔接纽带和与衔接有关的各种概念,充分展示了她对英语衔接理论的独特贡献。第四,她对系统网络的初步的实验性构建。韩茹凯教授非常清楚,SFL要真正将语言描写成"意义潜势",就必须构建语言系统网络。这是一项艰巨的任务,但是必须脚踏实地一步一步去完成。她本人做出了示范性的努力:提出了八个假设,陈述了六个协调网络和体现语义的路径;还建构了九个词汇系统,并用精密度的概念详细描述了怎样从词汇系统选择相应的语义特征。她将她所做的这一切看作是"在把英语建构为语义潜势的道路上迈出的微小的一步"。

韩茹凯教授不仅从纷繁的语言学知识海洋中创造性地诠释、解读、梳理出SFL的精华,她还是一位永远行进在不断进取、不断发现问题、解决问题道路上的具有前瞻性思维的学者。虽然她认为"SFL提供了最成熟的理论"框架,但是她清醒地认识到"语言结构极其复杂",SFL还远远"没有完成对整个语言的描述",需要一代一代学者凝神聚力、攻难克艰。但是她坚信,SFL"已经开启了与语言相关的所有现象的研究大门",总有一天能"实现韩礼德将整个语言形式都变成语法系统进行描述的梦想"。笔者相信,如果每个SFL研究者都能像韩茹凯教授那样目光如炬、勤奋敬业,SFL终将能如她所愿**构建成融合符号学、社会学、社会心理学交叉的语言学理论**。

阅读原著,让我对韩茹凯教授的渊博知识、深邃的洞见、严谨的科研作风敬佩不已;参阅中译本,让我对彭宣维教授和李雪娇博士修改译文,甚至大量篇幅的重新翻译、艰辛统稿(如参考文献)所倾注的巨大精力充满敬意。谨以此序文向"热衷于社会研究的语言学家"韩茹凯教授和她的《韩茹凯论语言》致敬!向彭教授和所有参与翻译工作的同仁一并致谢!

2015年3月11日
于清华园

前　　言

　　外语专业女生多,这是女性的语言学习优势带来的;但这容易给人一种错觉:巾帼让于须眉;于是社会上出现了"男人、女人、女博士"的调侃性分类! 现实中,出类拔萃的女性多矣,超越男性者比比皆是,只是兴趣点和社会分工不同罢了——在贫寒之家,当父母面对男孩还是女孩上学的选择时,他们基本上是把机会留给儿子;当年轻夫妻面对事业机会时,通常是妻子选择孩子和家庭,让丈夫走出家门;当男女同事面对升职机会时,男性获得青睐的可能性更大……而面对收获时,孩子是我们的,事业是我们的,荣誉是我们的……真正有良知关注女性功劳的人似乎不在多数。

　　即便如此,我们周围的优秀女性实在是数不胜数:我的博士后导师、作为章黄传人的王宁教授,就是驰名遐迩的学界大儒;我的师辈同行方琰教授在系统功能语言学的推介与研究方面就是闻名中外的女中豪杰;我的同门学姐高一虹、范文芳、李战子教授在学界更是有口皆碑;而本书作者韩茹凯教授,不仅为人之母,气质优雅,谈吐幽默,而且文如其人! 尤为重要的是:她的思想敏捷而深邃、深邃而敏锐! 她那娓娓道来的行文方式、舒缓有度的内容节奏、机警卓群的理论智慧,让人不得不折服。她对语境的长篇详论、对语篇的深刻理解、对词汇语法的条分缕析、对作为意义的社会符号的真知灼见、对语言系统和实例的整体思考、对语言教育教学现象的深刻洞察、对文学艺术的超常才情,只要沉下心去细心品读,无不会让人崇敬有加! 其涉猎范围之广,阐幽发微之精辟与严谨,让我高山仰止! 在系统功能语言学领域,韩礼德教授为我们搭建了宽广的理论大厦,一大批杰出学者或者走向精深,或者加以拓展,韩茹凯教授就是这些众多前沿探索者中一位矢志不渝的佼佼者!

　　在国内系统功能语言学研究领域,初学者往往只关注那些耳熟能详的男性大名,却很少念及这位伟大女性的智慧。为此,我们遵从韩茹凯教授的指点,从她的等身所著之中,忍痛割爱,挑选了这些可以体现其卓越贡献的代表性杰作。而为了让我们的女性朋友和女性后学看到自己智力宝藏中往往容易忽略发掘的一面,我们特地邀请了国内系统功能语言学界的诸多成功女性教授、女性博士,甚至女性博导加盟翻译,以为楷模。她们是:第1章、第2章:曾蕾;第3章、第5章:张蕾;第4章:刘英;第6章:房红梅;第7章、第10章:唐青叶;第8章:陈瑜敏;第9章:于晖;第11章、第12章:王红阳;第13章、第21章:张延君;第14章:丁素萍;第15章:杨敏;第16章:徐珺、夏蓉;第17章、第21章:吴格奇;第18章、第19章:闫涛;

第22章:牟许琴;第23章:陈刚妮。

由于翻译在当前评价体系中的尴尬处境,再加上后.现代社会前所未有的各种生存压力,这使得我们的译作可能远远配不上原作的品质与韵味,但大家愿意参与这样一项工程、愿意贡献自己的才智、愿意接受挑战,已让组织者感激不已。我要借此机会祝福各位战斗在系统功能语言学教学科研一线的女性朋友们,祝愿你们在烧得一手好菜、做得一位好母亲和好妻子的同时,继续不吝把你们的学术才华奉献给有志趣的后学,并带领众多的外语界女性学妹实现其人生的学术价值!

我还想说的是,在如今这个社会大发展的转型时期,年轻的小伙子们,如果你们的择偶标准中竟然还没有考虑女博士,尤其是外语女博士,那么用如今时髦的话说——你就真的 out 了!至少你的孩子在家庭教育方面就会晚半拍。当然,这并非说没有博士学位的妻子们就逊色一等:不少学历不高、甚至因为各种缘故放弃深造机会的母亲们,通过自身努力,却达到了很高甚至完美的修养境界;而我想说的是,有系统的知识学习过程可以通过专业训练获得更直接的智力和心性提升机会;而有高起点的母亲带出来的孩子,自有其过人之处的事实显然毋容置疑。小伙子们,还迟疑什么呐!

就我个人而言,我的母亲由于特殊的家庭背景和时代原因没能上学,但同样特殊的家庭环境让她有机会从小接受更多的良好教育,因此,我的三个妹妹在行为举止、待人接物方面从小便为乡邻所褒嘉,我在自己家里二比一、也是女性多于男性,便有了比一般朋友更多的机会接触和了解女性。我自己一向欣赏有才情的女性,请允许我为她们拥有作为女性的伟大与优异之处而高声赞美!并向本书作者韩茹凯博士、我的其他女性师友、我的女性同仁和学妹学生们,一并致意!如果机缘给予一位女性语言学工作者来成就这样一项组织任务,那将完美无类;可本人有此殊荣,欣喜之余,不免歉意连连。不过,如果没有这个特殊角度和经历,又何以能据此认可她们特殊的社会角色!

最后,我还要特别提及两位师友。一位是作为《韩茹凯文集》主编的卫真道(Jonathan Webster)教授,在我们翻译和索要版权的过程中,不厌其烦,为我们提供了大量帮助!另一是位方琰教授:在她视力不佳的情况下欣然接受本人请求,她说:韩茹凯教授是我的朋友,我乐于为她的汉译作序!编者谨此由衷致谢!

编者

2014 年 6 月初稿

2015 年 1 月改定

版权鸣谢

1 言语语类、符号中介和高级心理机能的发展(Speech genre, semiotic mediation and the development of higher mental functions),发表于 *Language Sciences* 杂志第 14 卷第 4 期第 489—528 页;获 Elsevier 友好授权翻译出版。

2 符号中介与三种动态开放性理论:维果茨基、韩礼德和伯恩斯坦(Semiotic mediation and three exotropic theories: Vygotsky, Halliday and Bernstein),刊载于 J. J. Webster 主编的 *Language, Society and Consciousness: The Collected Works of Ruqaiya Hasan Volume 1*,2009 年 Equinox 出版,获出版商授权翻译出版。

3 语码、语域和社会方言(Code, register and social dialect),发表于 Basil Bernstein 主编的 *Class, Codes and Control* 第 2 卷) Basil Bernstein,1973 年 Routledge and Kegan Paul 出版,获 Taylor & Francis 友好授权翻译出版。

4 论语义变异(On semantic variation),此前未曾发表,刊载于 J. J. Webster 主编的 *Semantic Variation: Meaning in Society and in Sociolinguistics: The Collected Works of Ruqaiya Hasan Volume 2*, London: Equinox,获出版商授权翻译出版。

5 社会化过程中的语言:家庭与学校(Language in the processes of socialisation: home and school),发表于 L. Gerot, J. Oldenburg and T. Van Leeuwen 主编的 *Language and Socialisation: Home and School—Proceedings from the Working Conference on Languagein Education* 文集第 36—96 页,the Schoolof English and Linguistics, Macquarie University,获主编友好授权翻译出版。

6 日常会话中的理性:从过程到系统(Rationality in everyday talk: from process to system),发表于 J. Svartvik 主编的 *Directions in Corpus Linguistics: Proceedings of the Nobel Symposium* 82, Stockholm 4—8 August 1991,以同名于 1992 年在 Mouton de Gruyter 出版,第 257—307 页;获出版商友好授权翻译出版。

7 词语里的世界:符号中介、语旨与意识形态(The world in words: semiotic mediation, tenor and ideology),发表于 Geoff Williams 和 Annabelle

Lukin 主编的 *The Development of Language*：*Functional Perspectives on Species and Individuals* 文集第 158—181 页，2004 年 Continuum International Publishing Group 出版，获 Bloomsbury 友好授权翻译出版。

8　论教学过程：功能语法视角（On the Process of teaching：a perspective from functional grammar），刊载于 J. J. Webster 主编的 *The Collected Works of Ruqaiya Hasan，Volume 2*：*Language and Education*：*Learning and Teaching in Society*。第 7—47 页，2011 年 Equinox 出版，由作者友好授权翻译出版。

9　读写教学与社会变革——伯恩斯坦的社会学视角（Literacy pedagogy and social change：directions from Bernstein's sociology），刊载于 Rob Moore, Madeleine Arnot, John Beck 与 Harry Daniels 主编的 *Knowledge, Power & Educational Reform*：*Applying the Sociology of Basil Bernstein* 文集第 211—241 页，2006 年 Routledge Taylor & Francis 出版，获出版商友好授权翻译出版。

10　第二语言教学的一些社会学思考（Some sociological consideration in second language teaching），发表于 *Language Learning in Australian Society*：*Proceedings of the 1976 Congress of the Applied Linguistics Association of Australia* 文集第 50—62 页，1976 年 Australia International Press 出版；获 Australia International Press 友好授权翻译出版。

11　发生了什么：语言中的动态语境观（What's going on?：a dynamic view of context in language），发表于 J. E. Copeland 和 P. W. Davvis 主编的 *The Seventh LACUS Forum* 第 106—121 页，1980 年 Columbia, SC：Hornbeam Press 出版，由 LACUS 协会友好授权翻译出版。

12　基于语境的言说行为（Speaking with reference to context），发表于 Mohsen Ghadessy 主编的 *Text and Context in Functional Linguistics* 文集第 219—328 页，1999 年 Amsterdam/ Philadelphia：John Benjamins 出版，获出版商友好授权翻译出版。

13　语言是什么类型的资源？（What kind of resource is language?），发表于 *Australian Review of Applied Linguistics* 杂志第 7 卷第 1 期；复刊于 J. J. Webster 主编的 *Describing Language*：*Form and Function*：*The Collected Works of Ruqaiya Hasan Volume 5*，2012 年 Equinox 出版，由 Equinox 授权翻译出版。

14　借出与借入：从语法到词汇（Lending and borrowing：from grammar to lexis），发表于 John E. Clark 主编的 *The Cultivated Australian*：*Festschrift in Honour of Arthur Delbridge* 文集，1985 年由 Helmut Buske 出版，由出版商友好授权翻译出版。

15 语法家之梦:词汇作为最精密的语法(The grammarian's dream: lexis as most delicate grammar),发表于 Halliday 和 Fawcett 主编的 *New developments in systemic linguistics: theory and description* 文集,1987 年 Pinter 出版,由 Bloomsbury 友好授权翻译出版。

16 选择、系统和体现——语言作为意义潜势的描述(Choice taken in the context of realization),压缩后发表于 Lise Fondaine, Tome Bartlett and Genard O'Grady 主编的 *Systemic Functional Linguistics: Exploring Choice* 文集第 4 部分第 16 章第 269—299 页,2013 年 Cambridge University Press 出版,由作者授权翻译出版。

17 衔接范畴(Cohesive categories),先前未曾发表,即将收于 J. J. Webster 主编 *Unity in Discourse: Texture and Structure: The Collected Works of Ruqaiya Hasan Volume 6*,即将由 London: Equinox 出版,由作者友好授权翻译出版。

18 系统功能模型下的语篇(Text in the systemic functional model),发表于 Wolfgang U. Dressler 主编的 *Current Trends in Textlinguistics* 第 228—246 页,1978 年 Walter de Gruyter 出版,获出版商友好授权翻译出版。

19 语篇的概念(On the notion of text),发表于 Janos Petöfi 主编的 *Text versus Sentence: basic questions of text linguistics* 第 20 卷 Papers in Text Linguistics. 1979 年 Helmut Buske 出版,获出版商友好授权翻译出版。

20 童话作为一种语类(The nursery tale as a genre),发表于 Michael Stubbs 与 Ronald Carter 主编的 *Nottingham Linguistic Circular: Special Issue on Systemic Linguistics* 第 13 卷第 71—102 页,1984 年 Department of Linguistics, University of Nottingham 出版,由作者友好授权翻译出版。

21 连贯和衔接和谐(Coherence and cohesive harmony),发表于 J. Flood 主编的 *Understanding Reading Comprehension* 第 181—219 页,1984 年 International Reading Association 出版,由出版商友好授权翻译出版。

22 文学中的韵律与理性(Rime and reason in literature),发表于 S. Chatman 主编的 *In Literary Style: a Symposium* 第 299—329 页,1971 年 Oxford University Press 出版,由作者友好授权翻译出版。

23 论跨文化差异下的文学教学(On teaching literature across cultural distances),发表于 Joce E. James 主编的 *The Language-Culture Connection* (Anthology Series 37: RELC)第 440—496 页,1996 年 SEAMEO Regional Language Centre 出版,获出版商授权翻译出版。

目 录

1 言语语类、符号中介和高级心理机能的发展 ·············· 1
  1. 引言 ··· 1
  2. 符号中介和高级心理机能 ································ 2
  3. 符号中介的问题 ·· 7
  4. 言语语类与符号中介 ····································· 12
  5. 心理、社会和语言:基本问题 ··························· 23

2 符号中介与三种动态开放性理论:维果茨基、韩礼德和伯恩斯坦 ······ 29
  1. 引言 ·· 29
  2. 意识的发生:维果茨基视角 ····························· 29
  3. 心理机能发展中的符号中介 ···························· 31
  4. 符号中介:概念分析 ······································ 33
  5. 符号中介:思维形成过程中的语言 ····················· 35
  6. 符号中介与思维的社会发生:伯恩斯坦视角 ········· 44
  7. 小结 ··· 48

3 语码、语域和社会方言 ··· 50
  1. 导言 ··· 50
  2. 社会方言 ··· 51
  3. 语码 ··· 53
  4. 语域 ··· 61

4 论语义变异 ·· 75
  1. 前言 ··· 75
  2. 社会语言学中的变项和变异体 ·························· 76
  3. 社会语言变异 ··· 80
  4. 变异和社会语言变体 ····································· 83
  5. 语义变异 ·· 86
  6. 语义变异:对社会语言学的贡献 ······················· 94

5 社会化过程中的语言:家庭与学校 ··························· 100
  1. 简介 ··· 100
  2. 社会化 ·· 100
  3. 语言 ··· 110

4. 语言与社会化 ··· 117
　　5. 部分分析结果：教师与母亲的语义取向 ····················· 124
　　6. 结语 ·· 144

6 日常会话中的理性：从过程到系统 ·························· 149
　　1. 引言 ·· 149
　　2. 推理和理性 ··· 151
　　3. 日常会话中的推理 ·· 163
　　4. 推理、理性与人性 ·· 177

7 词语里的世界：符号中介、语旨与意识形态 ··············· 184
　　1. 引言 ·· 184
　　2. 通过语言学习：符号中介的意义 ···························· 185
　　3. 自然发生的话语与符号中介 ································· 187
　　4. 日常会话的潜力：从母亲与孩子的对话中获得的启示 ··· 188
　　5. 语旨和对心理倾向的中介：结语 ···························· 199

8 论教学过程：功能语法视角 ··································· 203
　　1. 引言 ·· 203
　　2. 信息时代的教学 ··· 203
　　3. 关于语法的思考 ··· 208
　　4. 识解'事态'的语法 ·· 210
　　5. 论教学过程：观点一 ·· 212
　　6. 语法分析的语法基础 ·· 214
　　7. 关于教学过程：观点二 ······································· 219
　　8. 言语、言说者、受话者和言语内容 ························· 222
　　9. 结论 ·· 231

9 读写教学与社会变革——伯恩斯坦的社会学视角 ········ 236
　　1. 引言 ·· 236
　　2. 辨认变革 ·· 236
　　3. 市场导向及'分裂性'语言的统治地位 ····················· 237
　　4. 市场与意义 ··· 238
　　5. 变革真有必要吗？ ·· 240
　　6. 改变读写教学 ·· 242
　　7. 教学机制与借助教学的计划中的变革 ····················· 244
　　8. 结语 ·· 246

10 第二语言教学的一些社会学思考 ··························· 249
　　1. 引言 ·· 249
　　2. 教学：简评 ··· 249

	3. 社会中的教学	251
	4. 文化嵌入式教学活动	255
	5. 从社会学视角对第二语言教学进行回顾的必要性	258
11	发生了什么:语言中的动态语境观	261
12	基于语境的言说行为	271
	1. 引言	271
	2. 语境生成语篇	275
	3. 语境系统:一个动态的视角	314
	4. 结语	341
13	语言是什么类型的资源?	352
14	借出与借入:从语法到词汇	370
15	语法家之梦:词汇作为最精密的语法	379
	1. 词汇语法层	379
	2. '获得'的词汇语法:GATHER, COLLECT, ACCUMULATE	381
	3. '丧失'的词汇语法 1:SCATTER, DIVIDE, DISTRIBUTE	391
	4. '丧失'的词汇语法 2:STREW, SPILL, SHARE	396
	5. 语法和词汇的连续性	400
16	选择、系统和体现——语言作为意义潜势的描述	403
	1. 前言	403
	2. 语言是一种社会符号吗?	404
	3. 层化的语义学	409
	4. 选择如何在 SFL 中起作用	414
	5. 结论	427
17	衔接范畴	430
	1. 语篇和篇章组织	430
	2. 衔接纽带	431
	3. 衔接纽带的相互依存	463
	4. 衔接和谐	467
	5. 篇章组织和衔接和谐	488
	6. 篇章组织和隐性意义	506
18	系统功能模型下的语篇	516
	1. 引言	516
	2. 语境、语类和语篇—结构	517
	3. 一些需要说明的情况	519
	4. 语境与语篇—结构要素	520
	5. 语境和结构公式组成要素的顺序	527

  6. 语境、结构和篇章组织 ⋯⋯⋯⋯⋯⋯⋯⋯⋯⋯⋯⋯⋯⋯⋯ 529
  7. 系统功能模型、语境和语篇 ⋯⋯⋯⋯⋯⋯⋯⋯⋯⋯⋯⋯ 530
  8. 结语 ⋯⋯⋯⋯⋯⋯⋯⋯⋯⋯⋯⋯⋯⋯⋯⋯⋯⋯⋯⋯⋯⋯⋯⋯⋯ 531
19 语篇的概念 ⋯⋯⋯⋯⋯⋯⋯⋯⋯⋯⋯⋯⋯⋯⋯⋯⋯⋯⋯⋯⋯⋯⋯ 532
20 童话作为一种语类 ⋯⋯⋯⋯⋯⋯⋯⋯⋯⋯⋯⋯⋯⋯⋯⋯⋯⋯⋯ 550
21 连贯和衔接和谐 ⋯⋯⋯⋯⋯⋯⋯⋯⋯⋯⋯⋯⋯⋯⋯⋯⋯⋯⋯⋯ 571
  1. 引言 ⋯⋯⋯⋯⋯⋯⋯⋯⋯⋯⋯⋯⋯⋯⋯⋯⋯⋯⋯⋯⋯⋯⋯⋯⋯ 571
  2. 连贯、语言和情景 ⋯⋯⋯⋯⋯⋯⋯⋯⋯⋯⋯⋯⋯⋯⋯⋯⋯⋯ 571
  3. 连贯和直接成分 ⋯⋯⋯⋯⋯⋯⋯⋯⋯⋯⋯⋯⋯⋯⋯⋯⋯⋯⋯ 572
  4. 分析的起点 ⋯⋯⋯⋯⋯⋯⋯⋯⋯⋯⋯⋯⋯⋯⋯⋯⋯⋯⋯⋯⋯ 573
  5. 衔接手段作为体现语义关系的手段 ⋯⋯⋯⋯⋯⋯⋯⋯ 574
  6. 关于连贯的原始假设 ⋯⋯⋯⋯⋯⋯⋯⋯⋯⋯⋯⋯⋯⋯⋯⋯ 576
  7. 初始研究步骤 ⋯⋯⋯⋯⋯⋯⋯⋯⋯⋯⋯⋯⋯⋯⋯⋯⋯⋯⋯⋯ 577
  8. 初始分析中的语法衔接 ⋯⋯⋯⋯⋯⋯⋯⋯⋯⋯⋯⋯⋯⋯ 578
  9. 初始分析中的词汇衔接 ⋯⋯⋯⋯⋯⋯⋯⋯⋯⋯⋯⋯⋯⋯ 580
  10. 初始分析中的语法衔接链 ⋯⋯⋯⋯⋯⋯⋯⋯⋯⋯⋯⋯ 582
  11. 衔接链连接 ⋯⋯⋯⋯⋯⋯⋯⋯⋯⋯⋯⋯⋯⋯⋯⋯⋯⋯⋯⋯ 584
  12. 尚未解决的模糊性和连贯 ⋯⋯⋯⋯⋯⋯⋯⋯⋯⋯⋯⋯ 585
  13. 由初始分析引出的问题 ⋯⋯⋯⋯⋯⋯⋯⋯⋯⋯⋯⋯⋯ 586
  14. 词汇衔接范畴的修正 ⋯⋯⋯⋯⋯⋯⋯⋯⋯⋯⋯⋯⋯⋯⋯ 586
  15. 词汇和尚未解决的模糊性 ⋯⋯⋯⋯⋯⋯⋯⋯⋯⋯⋯⋯ 588
  16. 有关衔接链形成的修正后的原则 ⋯⋯⋯⋯⋯⋯⋯⋯ 589
  17. 语篇 A10，A9 和 A13 中的衔接链分析 ⋯⋯⋯⋯⋯⋯ 590
  18. 衔接链交互作用与衔接和谐 ⋯⋯⋯⋯⋯⋯⋯⋯⋯⋯⋯ 594
  19. 衔接和谐的意义 ⋯⋯⋯⋯⋯⋯⋯⋯⋯⋯⋯⋯⋯⋯⋯⋯⋯ 599
22 文学中的韵律与理性 ⋯⋯⋯⋯⋯⋯⋯⋯⋯⋯⋯⋯⋯⋯⋯⋯⋯ 600
23 论跨文化差异下的文学教学 ⋯⋯⋯⋯⋯⋯⋯⋯⋯⋯⋯⋯⋯ 621
  1. 引言 ⋯⋯⋯⋯⋯⋯⋯⋯⋯⋯⋯⋯⋯⋯⋯⋯⋯⋯⋯⋯⋯⋯⋯⋯⋯ 621
  2. 教与学：两种认知模式 ⋯⋯⋯⋯⋯⋯⋯⋯⋯⋯⋯⋯⋯⋯ 622
  3. 作为语言变体的文学 ⋯⋯⋯⋯⋯⋯⋯⋯⋯⋯⋯⋯⋯⋯⋯ 627
  4. 解读文学的一种语言 ⋯⋯⋯⋯⋯⋯⋯⋯⋯⋯⋯⋯⋯⋯⋯ 632
  5. 教与学 ⋯⋯⋯⋯⋯⋯⋯⋯⋯⋯⋯⋯⋯⋯⋯⋯⋯⋯⋯⋯⋯⋯⋯ 638
附录 ⋯⋯⋯⋯⋯⋯⋯⋯⋯⋯⋯⋯⋯⋯⋯⋯⋯⋯⋯⋯⋯⋯⋯⋯⋯⋯⋯⋯⋯ 641
参考文献 ⋯⋯⋯⋯⋯⋯⋯⋯⋯⋯⋯⋯⋯⋯⋯⋯⋯⋯⋯⋯⋯⋯⋯⋯⋯ 643

1 言语语类、符号中介和高级心理机能的发展

1. 引言

使用专业术语的好处，可以给出很多理由，但像本文这样的标题就迫切需要转化为'普通、简单'的语言。之所以这么转化，主要是强调日常言语在创造人类思维中的作用。作为一个主题，它或许不是很受青睐。事实上，对于大多数严谨的语言学家来讲，如果日常言语表现得至关重要，通常是因为它能揭示语言的某些侧面；而且，在大多数科学语言模式中，思维形成语言比语言形成思维更易于被接受。本文旨在揭示，对标题中三个概念——'言语语类'(speech genre)、'符号中介'(semiotic mediation)和'高级心理机能的发展'(the development of higher mental functions)——之间关系的探索是与语言学理论中一些基本问题相关的。在开始论述本文主题时，有必要对这三个术语给予解释，它们让我们想起标志着俄国革命早期特色的密集的学术活动。这里所用的'言语语类'这个术语是为了引用和讨论巴赫金(Bakhtin)的观点(Vološinov 1986；Todorov 1984；Bakhtin 1984；1986)，而'符号中介'和'高级心理机能'是维果茨基(Vygotsky)心理学理论的重要元素，他的志向是'应用马克思的方法为心理学创造资本'(Lee 1987：96)。

为了考察这些概念之间的相关性及整个讨论和语言学理论基础之间的相关性，本文探讨三大问题。文中第 2 节和第 3 节涉及第一大问题。第 2 节着重解释维果茨基的两个术语。在维果茨基对这两个术语之间关系所进行的概念化中，存在一些残留的未决问题，而这将在第 3 节给予讨论。有学者(Wertsch 1985c)提出，巴赫金的言语语类观点以及相关概念能够解决其中的部分问题。因而第 4 节将讨论第二大问题，主要探讨巴赫金的观点，寻求这些观点能否解决维果茨基理论中的遗留问题。在对巴赫金观点的讨论中，熟悉系统功能(简称 SF)模式的学者将会发现两种理论存在着诸多的相似之处。当然，两者之间也存在着显著的区别。虽然我会时不时地参照系统功能语言学的某一方面，但是我的目的并非对两种理论进行比较，这将是一个更大的工程，须另择时机。然而，我将集中关注巴赫金观点中存在的一些理论问题，在我看来，这些问题目前抑制了其对维果茨基理论的贡献。本文第三大问题，也是最后一个问题，将指出能够对上述问题(即第 3 节中提出的一些有关符号中介和高级心理机能起源的问题)进行有效阐释的语言学理论所需的特征。对这些问题的讨论可引出语言学理论的一些根本议题。韩礼德

(Halliday)一直认为(1973;1974),严格区分语言的机体内和机体间基础,在理论上是不合逻辑的。维果茨基－鲁利亚(Vygotsky-Luria)研究社会发展中思维起源的方法提供了某种详细的论据,可以用来支持韩礼德对上述区分的驳斥。另外一个在语言学理论中被广泛接受的悖论——索绪尔(Saussure)的有关'语言'和'言语'的严格区分——受到系统功能模式中的功能观(Halliday 1975;Halliday and Hasan 1989;Martin 1991;Hasan 1995a)的严重质疑。总体来讲,巴赫金－沃罗施诺夫(Bakhtin-Vološinov)关于语言本质的观点支持着系统功能立场。系统功能所追求的功能语言学理论是一个真正的跨学科理论,定位在符号学、社会学和心理学的交叉之处。本文的结论部分提出,在维果茨基－鲁利亚、巴赫金－沃罗施诺夫与韩礼德的结合处,缺乏一种大致像伯恩斯坦那样的社会理论,他能提供一些准则来连接符号变量和人类生存的物质社会条件。

2. 符号中介和高级心理机能

当然,在对维果茨基这两个概念的阐释上,我的论述大部分都是派生的:为了理解这些概念,我依据于维果茨基(1962;1978)和鲁利亚(1976)的译著、以及近来大量出现的社会心理学文献(如 Mertz and Parmentier 1985;Hickman 1987);我要特别感谢沃茨奇(Wertsch 1981,1985a,1985b,1985c,1990;Wertsch 和 Hickman 1987),他的著作重新点燃了人们对维果茨基观点的兴趣,在这一点上它具有重大意义。不过,有必要在这里说明一点,是我且仅仅是我对本文所表达的观点负责。

要领会符号中介概念的重要性,我们需要了解它在维果茨基心理发展理论中的作用。沃茨奇(1990:64)强调了这一理论的某些重要方面:

维果茨基的理论视野可通过贯穿于其论著中的三个一般性的议题加以概括:

1. 对起源(genetic)或发展方法的依赖;
2. 个体的高级(即人类独有的)心理机能起源于社会活动的观点;
3. 人类心理行为的区别性特征是以工具('技术工具')和符号('心理工具')为中介的观点。

就'起源'而言,维果茨基并非指遗传自某种特定形式并由此保持不变的东西,就像'遗传缺陷'这一说法显示的那样;而是将这个术语在来源或发展的意义上与'发生'(genesis)联系在一起。在解释某种现象的本质时依赖于起源,也就是发展的方法,意味着对这种现象发展的方式和原因的追寻,用布朗斯基(Bloonsky)的名言来说就是:'只有作为行为历史的行为才能被理解'(引自 Vygotsky 1978:65)。维果茨基认为,心理机能也遵循这一原则:如果我们希望理解高级心理机能作为一般化、抽象化和科学概念形成的这种本质,我们就需要理解其发展轨道。在本文所研究的范围内,不可能对维果茨基人类心理机能起源理论的全部内容进行讨论,因为这一理论的覆盖面很广（Lee 1987；Wertsch 1985b；1990）。本文将限定在个体发生方面，探求在个体高级心理机能发展中符号中介的作用。

根据这一点，维果茨基设定了发展的两条'线路'—— 第一，发展的自然之线；第二，社会之线。与这两条发展线路相对应，有两种心理机能：初级心理机能和高级心理机能。初级心理机能沿着自然之线发展，而在高级心理机能的发展中，社会之线是必不可少的。这两条线并非互不关联；事实上，人类的心理机能是'两条线交织'的产物（Vygotsky 1978：46）。通过确认自然发展线路在人类心理发展中的特定地位，维果茨基避免了无休止的极端化争论：心理机能要么是生物属性，要么不是。自然之线使得初级心理机能成为可能，同时，作为心理发展的生物起源基础，它虽必不可少，但又不足以解释人类特有的心理机能特征。维果茨基坚持人类所特有的高级心理机能是沿着社会之线发展的；其根源在于人类存在的社会本质。在维果茨基的理论框架中社会之线和高级机能之间具有不可分割的关联。事实上，沃茨奇（Wertsch 1985b：24）指出，'维果茨基……在描述'心理机能'时，有时使用'文化'这个术语（与'自然'相对）来代替'高级'（与'初级'相对）这个术语。'这样，在维果茨基的著作中，如同马克思的论述，人类和社会是密切相关的术语。但维果茨基的高级心理机能指的是什么呢？

总体来讲，初级心理机能和高级心理机能之间有质的区别。沃茨奇（Wertsch 1985b：25）为心理机能列举了四个紧密关联的区别性标准：

(1) 环境控制到个体控制的转变，即主动控制的出现；(2) 出现了对心理过程的有意识实现；(3) 高级心理机能的社会起源和社会本质；(4) 高级心理机能中符号中介的使用。

四个属性之间存在着逻辑关系；这一点可以从维果茨基对记忆发展的讨论中看出，而记忆发展正是心理机能的一个例证。作为由发展的自然之线所触发的初级心理机能，记忆是：

> 以对物质的非中介性印象为特点，以对实际经验的留存作为记忆痕迹的基础……它产生于外界刺激的直接影响……整个过程是以即时性为特征的。（Vygotsky 1978：38）

相反，即使在缺乏先进技术的社区中，人类记忆也并非仅仅依赖于'对实际经验的保留'。它可由某一中介手段触发，比如使用'棒上刻痕和结绳记事'的方法。这一中介手段相当简单，但此中介事实本身有着深刻的含义。维果茨基（Vygotsky 1978：51）认为：

> 当一个人在她的手帕上打结作为提示时，事实上，她是在建构记忆过程，以强制的方式使用外在物品提醒自己记事；她把记忆转变为外部行为……在初级形式中，某物被记住；在高级形式中，人们对某物进行记忆。

虽然这种特定的中介'工具'本身在作为中介的潜势上非常有限，比如说与书写相比较，但它的使用仍然表明人类即使在最原始的条件中也会：

超越大自然所赋予的心理机能的限制，进入到一种对于行为的**新的因文化而精细化的组织方式**……初级机能的主要特征是他们完全是由环境刺激直接决定的。对高级机能来讲，其主要特征是**自发刺激**，亦即：创造和**使用人为刺激**，从而成为直接的行为动因。（Vygotsky 1978：39；强调为本文作者所加）

心理机能的外在化或对心理机能的主动控制，与意识心理实现（译者按：有意识地对心理机能进行实现）的可能性密切相关，也就是说，能被主动控制的过程可成为思考、'智力化'的对象。再以记忆作为高级心理机能为例，'回忆意味着思考'（Vygotsky 1978：51）。沃茨奇（Wertsch 1985b：26）引用了维果茨基关于高级心理机能的如下观点（这是沃茨奇从维果茨基的《思维与言语：心理研究》一书中直接翻译过来的）：

[它们]基本的区别性的特征为智力化和掌控，即意识实现（译者按：有意识地实现机能）和主动性。

学龄期的发展中心是从低级的记忆机能和注意机能过渡到高级的主动注意机能和逻辑记忆机能……机能的智力化和掌控，代表着由初级心理机能向高级心理机能过渡这一过程中的两个不同阶段。我们掌控某个心理机能就是在某种程度上使之智力化。机能行为的主动化总是其意识实现的另一个方面。如果说记忆是在学校被智力化的，那么就等于说出现了主动回忆；如果说注意力是在学龄期变得主动的，就等于说……它越来越依赖于思维，即智力。

自由调控和意识实现要求'使用人为刺激'，只有'人为刺激'才能确实被使用者控制，才能被诉诸智力化和自发刺激。但是刺激所附属的人为属性突出了高级心理机能的社会文化中介作用。再说到结绳记事，这里的记忆是属于自由调控的，不能归于对真实主观经验的'留存'。中介方式及以其为中介的高级心理机能，两者都涉及人类的共同生活环境。在解释诸如此类被中介化的心理行为的发展时，就必须参考社会文化方面的因素。就定义来看，如果被中介化的心理机能是高级心理机能，那么，也就意味着高级心理机能是'社会起源的'。正如心理机能的自由调控和意识实现预设了人为刺激的中介一样，中介也预设了社会起源：社会起源是被中介化的心理机能的一个必要属性。

很难把维果茨基的'中介'概念从'工具'概念中分离出来。在维果茨基的理论中，工具从一个简单的活动附件转化为一个积极的原理有助于心理控制。根据中介方式的工具类型，他识别了两种类型的中介：依靠'技术、具体工具'的中介和依靠'心理、抽象工具'的中介。两种类型的工具都导向更高层次的活动，比仅仅追求自然之线的发展所达到的层次要高。技术工具主要通过自身效应对物理活动领域产生影响；抽象工具则对心理活动领域产生影响：

心理工具改变心理机能的全部流向和结构。对此，它是通过对新工具性行为结构的确立来实现的，就像一个技术工具通过控制劳动实践的形式来改变一个自然适应的过程一样。（Vygotsky 1981：137）

从这一点看,'符号中介'可以诠释为'借助于符号手段进行的中介',因此,符号过程——对符号系统的使用——就变成了一个抽象工具,作用于使用者的心理组成成分(Vygotsky 1978:40):

> 符号的使用把人类引向一种特定的行为结构,这种行为结构脱离生理发展,创造出基于文化的心理过程的新形式。

虽然维果茨基敏锐地意识到其他符号形式对高级机能发展的促进作用,但在他的著作中,符号中介几乎与'借助于语言符号手段进行的中介'同义。这种'语言特权',就像近几十年来伪革命知识分子话语所描述的情况一样,来源于维果茨基的信念,即在各种中介形式中,语言独自最大化地囊括了高级心理机能发展所需的核心属性。再以记忆为例,语言作为一种抽象工具,允许对记忆进行最大程度的自由调控:如果这里我们考虑到书写的作用,这一点就更毋庸置疑了。但是书写并非语言对记忆调控的唯一贡献:语言的这种内化本质极大地促进了记忆的意识实现。符号系统的使用'是内在活动的一种手段,其目的在于自我控制;符号是内部取向的'(Vygotsky 1978:55)。作为一种中介手段,比起其他任何类型的'抽象工具',语言更为灵活,也更为普遍。在任何社区起作用的所有符号系统中,语言独自具备呈现社区成员真实日常生活的潜势。语言可以积极地创造、维持和改变所有人类社会机构这一点就表现了该潜势的一个方面。语言的元符号属性是其功效的另一个非常重要的因素,它解释了为什么作为文化学习者的儿童在接触该社区的其他抽象工具时,对言语符号的依赖性如此之大。即使确实存在某些文化,在这些文化中,言语符号在实际直接操作中很少使用,言语符号的重要性也不容置疑(John 1972;Dumont 1972;Phillips 1972)。言语交流本身是社会关系的一种表达形式,它在维果茨基的高级心理机能发展理论中起到了至关重要的作用,这一点并不奇怪;由于其本身的性质,日常交谈在文化传授过程中成为一种积极的力量。这里再次引用维果茨基(Vygotsky 1981:163)的观点:

> 在儿童的文化(即更高级的)发展中,任何机能都会出现两次,或者说体现在两个层面上。首先体现在社会层面,然后是心理层面。先是经由人与人之间的互动表现为心理间(inter-psychological)范畴,再内化成孩童的心理内(intra-psychological)范畴。这同样适用于主动注意、逻辑记忆、概念形成和意志发展。严格说来,我们可以将这一立场视为一条法则,但不言而喻的是,内化会转变过程本身,并且改变其机构和机能。社会关系或者人与人之间的关系,在起源的层面上,成为所有高级机能及各机能之间关系的基础。

这一简要论述略去了维果茨基理论中的诸多重要部分,仅仅呈现了符号中介和高级机能发展之间关系的要旨。在转向讨论这一观点所存在的问题之前,有必要关注一下因认可这两个关键概念之间的关系而产生的含义。

首先,如果在高级心理机能发展中,心理间范畴先于心理内范畴,并且如果意识是高级心理机能的代名词,那么,从起源看,'意识的社会维度在时间和事实上是第一性的。个人维度是衍生的、次要的'(Vygotsky,引自 Wertsch 1990：66)。这些观点和马克思的著名论断极为一致：'并非人类的意识决定了人类的存在；恰恰相反,是他们的社会存在决定了他们的意识'(引自 McLellan 1975：40)。毋庸置疑,就个体的内部心理过程而言,他们有(某些程度的)自由和能力来控制环境,他们说话的方式是自主的。但在上述分析中,是在高级心理机能意义上的意识真正促成了这种心理自主,这种单纯依赖于外部刺激的自由；并且我们看到,简单观察**孤立**的人类有机体的大脑内部并不能发现这种意识的起源；这些起源存在于以人际互动为特征的社会生活的外部过程。鲁利亚由此提出,不能接受'笛卡尔的自我意识第一性的概念',因为这让'他者'处于第二性的位置。这种特定的人类心理活动的发展预设了一个'他者'。鲁利亚(Luria 1976：19)是这样说的：

> 自我知觉来源于对其他人的清晰知觉,自体感受的过程通过社会活动而形成,它预设了与他人的合作以及对他们行为方式的分析。

由此可见,已经获得这种意识的个体不应与生物性的人类有机体混淆。在下面这一节选的文字中,沃罗施诺夫(Vološinov 1986：34)对同一观点做出了有效说明：

> 如下两个概念应该要严格区分：一个是不涉及社会领域的、作为自然样本的个体概念(即作为生物学家的理解和研究对象的个体)；另一个是在自然个体之上的、具有意识形态符号上层建筑地位的个体概念,因此也是一个社会概念。'个体'这个词所包含的两个意义(自然样本和社会人)常被混淆,其结果是致使大多数哲学家和心理学家的讨论不断出现四词谬误的现象：有时某个概念使用较多,有时又被另外一个概念替代。

对维果茨基观点的认同所产生的第二层含义在一定程度上来源于以下观点。维果茨基强调社会起源,但在这样做的同时,他并未摒弃人类发展中生物起源的作用。因而,他的方法灵巧地回避了先天与后天、个体和集体、生物和社会之间的无意义对立。他假设了一个动态理论以取代上述对立,其中生物和社会这组对立通过一个共同的起源逻辑结合在一起(Marková 1990a：14)。正是这一理论,依据彼此在对方的进化中所发挥的作用,阐释了社会和个体的变化。(Vygotsky 1978：60)：

> [人类心理发展的]辩证方法,在承认自然对个体的影响的同时,宣称人类反过来也会影响自然,并通过他在自然中的变化为自身的生存创造新的自然条件。

最后,维果茨基强调高级心理机能的'赋权'属性,也就是这些机能如何对人类进化产生作用。从他的讨论中,可以看出对自然生存条件进行控制这个主题的重要性(Vygotsky 1978：51)：

> 可以说人类整体行为的基本特征是人类个人地影响他们与环境的关系,并通过该环境来个人地改变自己的行为,从而控制环境。

维果茨基认为,人类的这一'赋权'特性代表'从动物到人类心理的质的飞跃'(Vygotsky 1978:57),它是人类进化的基础(Vygotsky 1978:60):

> 我相信,根据人类历史分析的辨证唯物主义方法,人类行为与动物行为存在质的区别,就像人类的适应性和历史发展有别于动物的适应性和发展一样;人类心理发展是整个人类历史发展过程中的一部分,对此我们必须这样理解。

人类的本性是由社会文化的历史所创造的,如果说这个观点是正确的,那么人类不仅仅由自己的历史所创造,他们自己也创造了自己的社会文化历史。我们已经看到,人类的心理自主特征能够控制环境,它本身来自心理活动的内在化和智力化,这些心理活动是社会起源的,其形成借助于符号中介。当我们考虑维果茨基模式中观点之间的逻辑关系时,可以领会到他的想法:人类发展与符号中介彼此关联。维果茨基的这些论断预示了几年后由波普尔(Popper)、梅达沃(Medawar)、埃克尔斯(Eccles)等著名学者提出的'社会躯体进化'的观点,尽管这是一个完全不同的理论框架,且它对语言赋予的角色使这一框架问题重重。这里无需对此观点做详述,只需注意到,赞同维果茨基的符号中介和高级机能起源的观点,就意味着承认语言在人类进化中的作用。

3. 符号中介的问题

上面的论述表明,维果茨基的社会心理起源理论从宏观上来说,为解释人类与社会发展中的某些重要问题提供了有力依据。虽然从整体上来说,维果茨基概述的符号中介在人类特有的心理机能发展中的作用看起来令人信服,但是当我们开始考虑高级心理机能的一些特定案例时,一些严重问题就出现了,如符号中介在范畴化、概括、抽象思维、三段论推理等高级心理机能的发展过程中所起的作用。由于这些心理机能常常被引用为高级心理机能的实例,因而把它们看成标准案例似乎也比较合理。但如果是这样,那么在我们讨论符号中介问题时似乎就需要更加精确:言语符号也许是这些机能形成所需要的必要条件,但并不是任何言语符号都会必然促使这些机能产生。这与鲁利亚在乌兹别克斯坦(Uzbekistan)的研究中所讨论的问题(Luria 1976)尤其相关。鲁利亚发现,乌兹别斯坦社区的不同群体在对这些特定心理机能的运用上有显著差别,这些差别与是否受到涵盖读写能力在内的'正规教育'相关。鲁利亚认为(Luria 1976:48—49):

> 范畴划分涉及复杂的言语与逻辑思维,即利用语言的抽象和概括能力来找出事物的属性,并把事物归属到一个一般范畴中……'范畴'思维一般来说是很灵活的;受试者可以随意地变换属性,并建构适合的范畴。他们把物体按照物质(动物、花、工具)、材料(木头、金属、玻璃)、尺寸(大、小)、颜色(浅、深)或其他特征进行归类。这种自由转移的能力,即从一个范畴转化成另一个范畴的能力,是'抽象思维'或其所具有的必不可少的'范畴行为'的主要特征

之一。

在鲁利亚的乌兹别克受试者中没有'范畴、抽象思维'的证据,这些受试者没有受到过正规教育,属于功能性文盲。鲁利亚(Luria 1976:77)的看法是:

每一次尝试建议范畴分类都遇到了抗议……他们或是忽视类属术语,或是认为这些术语是不相关的,对分类来说毫不重要。**很显然,不同的心理过程决定了他们的不同归类方式,这种方式依赖于具体的情景思维,而不是能够展现语言概括能力的抽象思维。**(强调为本文作者所加)

受试者表现出对'具体情景思维'的明显喜好。由此引出几个复杂的问题。第一,是否如同'范畴抽象思维'一样,这种'具体情景思维'也是高级心理机能的一个实例?如果不是的话,那么,很明显的理由是,在'高级心理机能'或'高级意识'中的高级概念,不能等同于人类的独有特征,除非人类特征被界定为以一种特殊方式思维的能力。这种'精英主义'立场跟一个以马克思资本论为楷模的心理学理论的目标相去甚远!从另一方面来说,如果两种类型的思维都被看成是高级心理机能的实例,那么这两种不同的心理过程(如果他们确实是两个有着质的区别的过程)——一种基于'具体情景思维',一种基于'范畴抽象思维'——就被等级化了;后者明显被认为是比前者更加可取的。我不会在此质问这种评估的理由,但是需要注意的是,接受对高级意识的不同形式进行等级划分的必要性,这对于符号中介来说,意味着什么。

首先,更高'价值'的和较少'价值'的思维模式都被认为是社会起源的。请注意以下鲁利亚提出的明确观点(Luria 1976:79):

具体思维既不是先天的,也不是由遗传[即以遗传方式]决定的,而是来源于缺乏读写能力以及这些[即未接受学校教育的乌兹别克斯坦的]受试者日常生活经验中的基本活动类型。

显然,'具体情景思维'不仅仅只是自然之线发展的一个实例,并且如果它的出现是社会起源的,那么它肯定是,或至少一部分是,符号中介的。这就引出了第二个含义:得到更高价值评定的'范畴抽象思维'在本质上不能被归于'符号中介';反之,它的出现则需视为'符号中介'的特殊形式——借用沃尔夫的术语,即特定的'言语模式',或伯恩斯坦所谓的特殊的'语码取向'。在这些言语模式和语码取向中,言说者可以'利用语言能力'来对这些不同类型的功能进行精确的中介,这也许是因为言说者认为这些功能是相关的。第三,符号中介存在变体。这一点又引出另两个问题:一、这种特殊的符号中介变体,作为抽象范畴思维的基础,又有哪些特征呢——这种符号中介的内部语言属性是什么?二、如果存在的话,社会存在的物质条件和符号中介的不同形式之间的关系又是什么?换句话说,赋予符号中介不同形式特征的内部语言属性,其表征基础是什么?

理性思维(人们认为它是基于推理和演绎的)也被看做是一种高级心理机能。当我们考察推理和演绎的发展时,我们遇到了类似问题:其经典范例被当成了三段

论推理。从下面的论述可以看出鲁利亚(Luria 1976:101)是如何描述三段论推理的特征与功能的:

> 在认知活动发展过程中出现的一个客观方法是三段论——在某种客观必要性相互关系中,这是一套具有不同程度普遍性的个人判断。两个句子中,第一句('贵金属不会生锈')在本质上是一个普遍性判断……而第二句('金子是贵金属')是一个特称命题,这两个句子不会被发达的意识看成是两个并置的孤立表述。一个理论思维过程发展良好的人会认为这两个句子是具有完整逻辑关系的,会得出'因而金子不会生锈'的结论。这种结论并不需要个人经验,而是通过历史经验客观创立的三段论得出的结论。我们相当一部分的智力活动都包括诸如此类的言语与逻辑系统,它们构成了编码的基本网络,沿着这个网络,人类的散乱思维可以得到连接。

鲁利亚的受试者'接触到'两类三段论:一种是命题的内容选自受试者的直接实际经验,另一种是命题的内容与这种经验相脱离。实验结果符合受试者非常精细分级的社会属性(见 Luria 的论述,1976:113ff)。对于一组实验结果的报告,鲁利亚(Luria 1976:114)是这样说的:

> 对于没有读写能力的受试者,其与直接经验相关的推理和演绎过程符合常规。这些受试者对于直接与他们有关的事实能够做出良好的判断,得出所有隐含的结论,与规则不差毫厘,表现出很多俗世的智慧。但是,一旦他们面对理论思维系统时,比如此次受试中的三段论推理,整个情况就不一样了。

结果表明,没有读写能力的受试者其理论言语-逻辑思维能力是有限的,鲁利亚在对这个结果进行解释时,引出了三个因素:

> [1]对不能再现为个人经验的初始前提不信任……[2]把该前提作为普遍前提的不可接受性……[3]第二种因素所造成的后果……随时可把三段论拆分成三个独立的、孤立的、没有逻辑联系的命题,因而造成该系统内的思维无法连接。

从以上讨论中我们可以明显看出,第二类三段论的命题没有嵌入受试者的实际经验中,因而该类三段论的演绎与推理被认为是意指**高级**心理机能。对于不能'再现为个人经验'的前提,受试者无法对其进行关联,而我们又该如何解释受试者的这种无力关联呢?识别'普遍事实'失败的根源在哪里?这些过程揭示哪种意识?如果这种符号中介变体的界定属性可以被识别,而该属性又是高级意识的重要形式产生的基础,那么,这些问题都会得到满意的答案吗?

要想回答最后一个问题,我们就不可避免地要求助于维果茨基的语言观。虽然讨论他的关于作为潜势的语言系统和语言变体这两个观点意义重大——后者有选择地准确实现了相关潜势进而促使高级意识的重要形式产生,但是,我想说的是,对于维果茨基的理论框架而言,语言使用才是最关键的。这是因为在维果茨基的理论中,人际语言,也就是社会言语,构成了符号中介的支点。沃茨奇(Wertsch

1985c：53ff)识别出两种明显的'相反倾向'，这两种倾向被维果茨基认为是'人类语言组织和使用'的根本。在讨论之前，还是先引用沃茨奇的观点：

一方面，语言有在抽象的、去语境化的思维中**被使用的潜势**，因而引起了对概念发展、范畴化、三段论和科学推理的研究，以及对词语'意义'(meaning)去语境化的关注。另一方面，出现了一些植根于语境化的语言组织……话语结构和话语理解依赖于它们与语言外语境和语言内语境的关系，维果茨基对这种依赖方式进行了探讨……这为阐述内部言语和'含义'(sense)概念提供了依据。(强调为本文作者所加)

在对鲁利亚研究的讨论中，我们已经看到，讨论的焦点并不是'语言的那种能被应用在抽象的去语境化思维中的**潜势**'。相反，只有这个潜势在言语互动中被现实化，重要的高级心理机能才能发展。当然，有必要证明这种潜势作为系统固有于语言之中，但这也不能从发生的意义上解释这种假定的潜势中任何一部分是如何被现实化的。关键的问题是什么时候以及为什么它呈现出与言说者的关联，进而'发挥语言的抽象化'、范畴化、三段论推理等能力。这里人们一定会谈到维果茨基对于教学话语的反复提及，他把教学话语视为一种能最大化小学生高级心理机能开发可能性的话语类型。但是与此观点相反，我们也必须记住，小学生的实际心理发展，从心理发展的意义上说，是受制于评估系统的；许多研究显示，小学生教育成功的等级是不一样的；教育成功水平的差异与小学生的社会处境密切相关。为什么会这样呢？在教学语境下，符号中介的哪一方面可以用来解释心理机能发展的中介过程中所产生的差异性结果呢？

在文献中，人们区分了下面的情形：在具体语境中使用某词来意指一个有形之物，例如，当一个小孩看见马时就会说马。这是把语言符号作为'信号'(signal)来使用。这一点不同于把语言符号——词语——作为'象征符号'(symbol)来使用的情况。当支配这个语言符号的意义结构被言说者很好地内化，以便可以用来讲述事情、虚构想象及提出假设时——简言之，也就是进行'移位'使用时(译者按：词语所指的事物不在眼前)，我们就说这个词是作为象征符号使用的。在我看来，这里需要讨论四个密切相关的观点。

首先，从信号到象征符号是在学习如何表达意义时的一个关键环节(Halliday 1975；Painter 1984)，因为它把信号变成了创造性的'工具'，而不是受限于要对应或再现此时此地的言语环境中某个具体的现实。因此，这个特征在心理机能发展中的重要性就得到了充分证明。

第二，儿童这一阶段的出现是'这两条线交织'发展的典型例证(Vygotsky 1978：46)；儿童对词语具体意义结构的内化对社会起源基础(Malinowski 1923；1935a；Painter 1984)的依赖程度并不亚于对生理发展基础的依赖。儿童所内化的意义结构的具体特征是形成主体间性的重要一步，这种主体间性使得儿童与她所在的'言语团体'(speech fellowship)(Firth 1950/1957：186ff)间的沟通成为可能。

第三，同样地，像正常成年人一样说话就意味着进入了把语言符号作为象征符号使用的阶段。不管乌兹别克斯坦的某一特殊群体的'抽象思维'能力如何低于维果茨基和鲁利亚所定义的标准，他们对语言符号的使用都不可能是一种信号式的使用；就本文所给出的定义而言，它必须是象征性的使用，因为这种使用是所有成年人交际的**条件**。任何对语言使用的考察，即便是对最原始社区中的语言使用的考察，不管有多么原始，都表明，无论何地，正常成年人都是在对语言符号进行象征性的使用。正是基于这一点，'移位'已被看作是语言符号系统的固有特征。

最后，可以得出，如果所有语言使用都预设词语意义的'去语境化'现象——正如这种情形有时被描述的那样——那么，'词语'意义'的去语境化'**本身**并不是**重要**的高级心理机能产生的原因，这一点是维果茨基-鲁利亚理论所反复提及的。既然词语意义的'去语境化'特征无处不在，那么这个特征肯定既支撑了较低价值的高级心理机能，也支撑了更高价值的高级心理机能。乌兹别克斯坦受试者对语言符号象征性意义的使用并不少于那些以他们为实验对象的同时代的著名学者。正如沃茨奇（Wertsch 1985c：55）所指出的：

> 维果茨基-鲁利亚的论述……关注的是对去语境化的词语意义的思考过程。这种'言语的潜在或潜势内容'（Sapir 1921：15）是这种抽象推理形式出现的必要但非充分条件。（强调为本文作者所加）

这种'对去语境化的意义的思考过程'必须被看成是**一种具体类型的社会过程**，一种特定类型的语言使用，例如课堂话语中的某些例子（Butt 1989；1985/1989），或是对解决问题的步骤进行讲解的例子。我在澳大利亚的研究结果（Hasan 1989；1991；1992a；1992b；Hasan and Cloran 1990）显示，能参与此类语言的使用就是言说者在更大社区内所拥有的特权社会经济地位的一个标志。在这种复杂的社区语境下，比如当下的资本主义民主社会，如果把这个社会过程直接与作为一个整体的某个言语团体的'社会文化历史'联系起来，这是有问题的。如果说一位澳大利亚的工人阶级母亲的社会文化历史不如中产阶级母亲的社会文化历史先进，那会意味着什么？如果说这一点解释了为什么工人阶级母亲的高级心理机能，她的意识，与中产阶级母亲相比发展缓慢，这又意味着什么？在我看来，维果茨基-鲁利亚关于心理的社会起源理论框架不仅仅需要一个如沃茨奇所建议的、更加成熟的语言理论，也需要一个成熟的社会结构理论。

假设大家都认为，高级心理机能发生的基础是对词语符号的去语境化意义的反思和使用语言识解经验的意愿，这里所识解的这些经验不仅远离个人的现实经验，而且甚至可能与之相反。即便如此，我们在此讨论的内容是**语言使用的特质**，这一点是很清楚的；这些特质实际上是被语言系统的固有属性所允许，而不是被其所规定。所以，要想通过言语过程找出'理想的'符号中介变体，问题不在于语言系统包含着什么，而在于这个系统是如何被展开的。因而，我们可以在这里提出一个一般规则：一个语言系统是如何被展开的永远不是一个简单的方式问题；而是言说者及其言语过程的社会情景性问题——谁在跟谁说话以及为什么。为了能够对不同类型的言语互动的社会情景性进行理性探究,我们所需要的是一个社会语境理论。在维果茨基理论中,这个必要的语言理论要素实际上是缺失的。当然维果茨基确实提到一些具体的言语语境,例如,课堂的教学语境、同龄互动及成人-儿童互动,但是可以发现,他所识别的言语情景的属性附属于他所讨论的每一种具体心理活动。另外,就如沃茨奇所指出的,维果茨基的语言分析主要集中在词语单位及其特征上。符号中介的自然单位并不是词语,而是语篇/话语——在社会语境下运作的语言(Halliday and Hasan 1989)。

显然如果能利用语篇和语境这两个概念之间的相互关系,那么对不同形式的符号中介的分析就会行之有效。正是为了实现这个目标,沃茨奇转向了巴赫金的'言语语类'这个概念。

4. 言语语类与符号中介

在过去 20 年里,巴赫金关于语言本质的观点颇受关注,尤其是他的'言语语类''文本间性''社会语言''基于意识形态的交际'等概念,为语言学理论做出了很大贡献而被广泛引用。虽然这些概念在本文均有涉及,但是本部分集中探讨巴赫金的言语语类思想,对它的讨论主要是依据他的论著《言语语类问题》(1986)(*The Problem of Speech Genres*)。但我还要引用沃罗施诺夫(Vološinov 1986),尤其是他对人类意识和交际的意识形态基础的论述,尽管我知道托多洛夫(Todorov 1984:xii)因不赞成对二者的作者身份同一性进行假设而做出的谨慎评论。《马克思主义和语言哲学》(*Marxism and the Philosophy of Language*)或许并非巴赫金所著,但是可以肯定的是,文本间性和对话性等原则使得这部著作与他的观点密切相关。虽然本文仅仅依赖巴赫金-沃罗施诺夫的论著,但这并不否认其他学者对阐释他们的观点所做的贡献;只是因为如果囊括所有观点,会产生一种复杂的维度,而在本文的篇幅内,并不能全面顾及每一点。文本间性如同黏合剂,把维果茨基和巴赫金联系在一起,虽然也许不及巴赫金与沃罗施诺夫那般紧密。我不知道前两位学者是否非常清楚彼此的研究,但毋庸置疑的是,两人讨论的主题都可以在对方的作品中找到:按照巴赫金的说法,每个时代都有各自的关注,各时代自己的文本间性关系网和这些作者的共时代性使得他们的著作可以互为补充。接下来,我将先介绍巴赫金理论的有关概念,每介绍一部分,便在其后对其展开评论,从而对巴赫金理论体系的解释力和描写力进行评估。这将为回答本文的主要问题奠定基础:巴赫金的言语语类、话语、文本间性、社会语言等概念能否成功地解决上一节结尾处提出的维果茨基理论框架中存在的问题?

从这个意义上说,巴赫金的语言观有望提供更好的说服力。巴赫金对**言语**(即口头交际中实际使用的语言)的重要性有着深深的执着,同时,他明确区分了'作为言语交际单位的话语'和'语言的单位（词语和句子）'两个概念(Bakhtin 1986:67)。对于维果茨基的心理发展理论而言，相比语言系统，语言使用更与之相关。再者，正如沃茨奇(Wertsch 1985c;1990)指出的那样，维果茨基对符号中介的论述中存在的一个主要问题是，他经常从词语的角度描写符号中介的本质。巴赫金对话语是言语互动自然单位的坚信，有益于提供一个探索符号中介变体关键特征的方法，而符号中介变体能够促成多种重要高级心理机能的产生。巴赫金不仅关注作为整体的话语，他还把话语和言语语类的概念联系起来，从而提出了话语的分类方法。巴赫金(Bakhtin 1986:60)是这样介绍语类概念的：

  人类活动的各种领域均涉及语言的使用……这种使用的特征和形式就像人类的活动领域一样丰富多样……在人类活动的各种领域中，语言以个人具体话语的形式（口头的或者书面的）被参与者生成。这些话语反映了各个领域的具体条件和目标，它们不仅体现在话语的内容（主题）和语言风格上，即对语言的词汇、措辞和语法资源的选择，更体现在话语的组织结构上。以上这三者——话语的主题内容、风格和组织结构——都与话语的**整体性**密不可分，并且都同样取决于特定交际领域的具体特征。当然，每个单独的话语都是个人的，但是语言使用的每个领域都会形成自己**相对稳定的类型**，它们被称作**言语语类**。（强调系原文）

从以上引文可以明显看出，'话语'和'人类活动'这两个术语紧密相关：两者对言语语类的讨论都至关重要。'我们只按照某种确切的言语语类说话，也就是说，我们所有的话语都有明确的和相对稳定的典型整体结构形式'(Bakhtin 1986:78)。作为一个术语，'言语语类'可以被理解为'话语类型'——'话语和它们的类型，即言语语类'(Bakhin 1986:65)。据此，每个'具体的话语'就是某个言语语类的一个现实实例。这些具体的话语属于'人类活动和交际的不同领域'(Bakhtin 1986:62)。顺着这一思路，话语、话语类型、人类活动领域三者之间存在着某种必然的联系。那么'人类活动'这个术语到底指什么呢？

从上面较长的引文(Bakhtin 1986:60)中可以明显看出，人类活动与话语相关，因为它'体现于'或者'决定'话语的表达和组织结构。如此一来，'人类活动'或许可以另外表述为'社会情景'(social situation)，因为这正好也是我们所说的社会语境作用于话语的方式：'直接社会情景和更为广阔的社会环境完全决定，或者说，从内部决定话语结构'(Vološinov 1986:86)。巴赫金－沃罗施诺夫反复指出人类活动或社会情景与话语的深层关系。比如以下论断：

  任何话语的组织核心……不在于内部，而是外部，即存在于环绕个体的社会环境之中。只有动物含糊不清的叫喊才真正产生于生物个体的内部生理构造……即便是个体机体产生的最原始的人类话语，就它们的内容、重要性、意义来说，也是产生于机体外部，即社会环境中的机体外部条件。此类话语完全是社会互动的产物，既包括由**话语环境决定的直接话语类型**，还包括**更为普遍**

的话语类别,该类别取决于任何给定社区言说者操作语言的环境总和。(Vološinov 1986:93;强调为本文作者所加)

社会'情景塑造话语,规定着它听起来是这样而不是那样'(Vološinov 1986:86)。话语和社会情景的关系还可以从对话的角度来看待:'语言通过具体话语进入生活(话语体现语言)(原文如此!);生活也通过具体话语进入语言'(Bakhtin 1986:63)。话语作为言语语类的实例,被情景塑造,是连接社会历史和语言历史的桥梁:'话语及其类别,即言语语类,是社会历史驶向语言历史的驱动带'(Bakhtin 1986:65)。

上述评述清楚地表明,人类活动(又被称为社会情景)应该在话语和话语类别理论(也就是言语语类理论)中占据关键地位。有趣的是,社会情景这个概念有着惊人的广泛性和包容性,若从沃罗施诺夫(Vološinov 1986)的观点来看,确实如此;但是与此同时,有些矛盾的是,社会情景的概念在沃罗施诺夫和巴赫金那里均未得到足够的发展。我的意思是,二人的理论明显缺少一个模式,来赋予'社会情景'和'社会环境'这两个概念一种可触知的特质,以弄清哪些可以作为社会情景的成分以及为什么。人们在使用维果茨基理论中的术语时或许会说这些概念没有被充分'智力化',然而,这些概念的复杂性却相当明显。沃罗施诺夫自己(Vološinov 1986:47)也认为有必要对它们进行详细说明:

实际上,我们将我们的复杂性[即:物质、生理和心理等现实领域,参见第46页;如上]寓于有组织的社会环境中,并且,这种有组织的社会环境和直接社会交际情景**本身就极其复杂**,涉及各种盘根错节、错综复杂的关系,**而且它们对语言事实的理解并非同等重要**。(强调为本文作者所加)

一个成熟的社会语境理论至少具有两大特性:一、它可以解释直接社会情景和社会环境相互关联所依赖的原则;二、它可以明确社会情景本身的构成,把和语言事实理解相关的重要因素凸显出来,因为它们影响话语及其类型。在理想情况下,该理论将会尝试对那些把社会情景各成分与话语(类型)的表达及其组织结构联系在一起的原则进行阐述。如果不采取这样的步骤去分析,并且让语境的概念仍然处于'弹性状态'——即理论上有不完善之处——如果偶尔,情景的个体要素被用来'解释'所有符合分析目的的表达本质和/或话语的具体结构,那么很明显,这将会产生很多描述性的问题(Firth 1957b;Cook 1990)。这样的理论阐述在巴赫金—沃罗施诺夫那里是缺失的。正因为他们没有提供明确的评判标准,读者需要从他们零散的论述中推论出哪些可以作为社会情景的相关成分,因此疏漏在所难免。例如,某种言语语类会被说成是'极易随**主题、**情景和**参与者**而改变'(Bakhtin 1986:60;强调为本文作者所加)。但是,这些论述并没有清楚地阐明'主题'是否是'人类活动'的一部分,是否和'情景'及'参与者'这两个术语处于同一个抽象层面,'情景'是包含'参与者'还是仅仅和'参与者'处于同一个层次,这两者又是如何与'人类活动'联系起来的。

两位学者所经常强调的社会情景要素即是人际要素。因此（Bakhtin 1986：70）：

这些语类[即言语语类]之所以种类繁多是因为它们的情景、社会地位、交际中参与者之间的人际关系不同。

这里的'社会地位'和'参与者之间的人际关系'实际上是指社会情景的人际方面。再看下文（Bakhtin 1986：95）：

话语的组织，特别是话语风格，取决于话语的陈述对象，说话人（或作者）如何感觉和想象他的话语对象，以及他们对话语的影响力。各个交际领域的言语语类对话语对象都有自己特定的概念，并把它定义为一种语类。

关于这个问题，沃罗施诺夫有两段更为深入的论述（强调为本文作者所加）：

符号的形式**最主要是受相关参与者的社会组织**以及他们互动的直接环境限制的。（Vološinov 1986：21）

……要想观察语言现象，必须把声音的发出者和接收者以及声音本身置于社会氛围中……最重要的是，说话人和听话人必须属于同一个言语社区，一个按照某些特定界线组建的社团。此外，这两者都必须基于直接社会情景这个统一体，即在**某个特定的基础**上，他们必须互相接触。只有在某个特定的基础上言语交际才成为可能……（Vološinov 1986：46）

在上文第一条引文中，从作者进行讨论的语境中我们可以清楚地看出，'符号的形式'应该理解为'话语的形式'。而在第二条中，似乎'社会氛围'即为'社会环境'，因为它看起来等同于言语社区和社会组织。言说者和听话者也必须'依附于直接社会情景这个统一体'。那么，这'两个个体'要素属于直接社会情景吗？或者说，就像演员要出现在舞台上一个预先设计好的场景中一样，他们是不是要一同进入一个业已存在的社会情景中去呢？那么，'某个特定的基础'是指什么？它是社会情景的同义表达，还是其中的一个要素？如果有人要求阐明人类活动和直接社会情景这两个概念以及它们和社会环境的关系，这也绝对不是迂腐之举。我们需要这些概念来确定关于话语由社会情景所决定的观点是否真的无懈可击。如果是，那么支持该观点的那些概念和论据的本质又是什么？如果用人类活动和人类话语的概念来阐述符号中介不同形式之间的区别的话，我们就确实需要这种程度的精确阐释。我们不是说巴赫金的论述不够丰富，但是必须承认，这种细化在他的论述中确实很难找到。

现在我们转向巴赫金言语语类理论中的话语概念。'话语'（utterance；译者按：学界有译话段者，但它在巴赫金著述的汉译中已经定型）这个术语在巴赫金（1986）的作品中至少包含两层意义。它是言语互动的'自然单位'，相当于'话语'（discourse）和/或'语篇'（text）；第二，它还用来表示一个单位，近似于对话中话轮转换的一个'话轮'。只有当'话语'用作第一个意义时，'话语类型'和'（言语）语类'这两个术语才可以互换，这在下面这句引文中尤为明显：'the novel is a secondary (complex) utterance'('小说是二级(复杂)话语')(Bakhtin 1986:62);'具体话语(书面的或者口头的)归属于人类活动和交际的不同领域:编年史、合同、法律语篇、文书及其他文档'(Bakhtin 1986:62),等等。根据'话语'的这层意义,我们再来看这个术语的另外一个概念。巴赫金(Bakhtin 1986:70)谴责语言学家对'言语'(speech)这个词语的'不准确'使用,因为,它可能代表'言语过程',即说话,或者表示'个人的话语',亦或用来表示'整个一连串不明确的话语或者某个特定的言语语类',就像在'He gave a speech'(他做了一个演讲)中的用法一样(Bakhtin 1986:70),巴赫金认为这些混乱的使用'起因于忽略了言语交际的**真正单位**——话语'(Bakhtin 1986:71):

言语经常是以话语的形式出现,后者属于特定的言说主体(speaking subject),离开这个形式,它就无法存在。无论话语由于长度、内容、组织结构的不同而如何多变,它们都具备一个共同的结构特征:它们都是言语交际的单位。更重要的是,它们之间的界限泾渭分明……作为言语交际单位的具体话语,它们之间的界限取决于**言说主体的变化**,也就是言说者的变化。任何话语,从日常对话中的一个简短的(单个词语的)应答到长篇小说或者科学论文,可以说都绝对存在开头和结尾:话语是在别人的话语结束后开始的,话语结束后,是他人应答性的话语(或者是积极的应答性理解,虽然有可能是无声的,或者是最终的基于此理解的应答性行为)。言说者终止话语的目的是为把话语权让给他人或者是为他人的积极的应答性理解腾出空间。

我大篇幅引用原文的目的是为了证实巴赫金在使用话语这个术语时是有点矛盾。巴赫金曾含蓄地表达过这个观点:话语作为对话中的话轮和话语作为语篇/话语这两个意义从最深层次的分析上来说是一样的,彼此并不矛盾。这个观点无疑很天真。巴赫金似乎意识到了自己的论断是有问题的,所以,为了支撑自己的观点,他展开了详细的论述(Bakhtin 1986:75—6):

我们来看看现实生活中的对话……这是最简单、最经典的言语交际形式。决定话语分界线的言说主体(言说者)的变化在这里尤为明显。同样,在其他类型的言语交际中……话语界限的性质依然一样。

各种科学和艺术语类的作品,其结构复杂、专业性强,尽管从各个方面来说均有别于对话应答,但是它们本质上仍是相同的言语交际单位。它们也是通过言说主体的改变来界定的。这些界限在保持**外部**特征清晰的同时也获得了独特的内部特征,因为言说主体,这里指作品的**作者**,把自己的个人特征融入到了他的写作风格、世界观和作品设计的各个方面……

作品,就像对话中的应答,是指向他人的回应的,指向自己积极的应答性理解的……就像对话中的应答一样,它是与其他作品—话语(work-utterance)相关的:既与它要回应的作品相关,又与回应它的作品相关。同时,和对话中的应答一样,由言说主体的改变所产生的绝对界限又把它和其他作品区别因而，言说主体的变化……是话语作为言语交际单位的首要构成性特征……［一个］与第一个特征紧密相连的第二个特征是……话语的明确的**终结性**。

但是，我们很难认可一个完整的语篇/话语和一个话轮在深层次上是相同的这个天真的论断，因为对话中的话轮也可以是语篇/话语的一部分。在这里，我们暂时不谈自相矛盾的一些问题，这些问题表现在一方面坚持不同的语类在'体现个性特征'上有不同的裁量权，另一方面又主张作者的个性特征是所有话语的一个始终存在的特征。即使每个话语类型都存在'个性特征'，但是依靠这个个性特征几乎不可能把同一个作者的**不同**话语/语篇区别开来。虽然把一个作家的全部作品视为一个统一的话语/语篇有很多优点，但是这也为语类的典型化带来了很多问题，语类的概念要求一套明确的原则来界定和区别个体话语之间的界限。我在前文已经说过，巴赫金深知问题的存在并提出了'话语**完整性**的三个标志'，应用于'话语'这个术语的两层意义。他重申，使得话语成为话语的因素'既不取决于语法的限定也不取决于抽象语义的限定'（请看下文中的第一个要素！）(Bakhtin 1986:76)：

话语的最终完整性可以确保它得到回应的可能性……它(话语最终的完整性)取决于三个……要素，这些要素在这个话语的有机整体内密不可分：(1)主题语义的穷尽性；(2)言说者的计划或话语意志；(3)话语终结的典型组织形式和类属形式。

巴赫金几乎无保留地依赖这个'回应的可能性'，但在他的理论框架中这本身就是一把双刃剑。值得肯定的是，和大多数学者不同，他认为回应和理解是动态的，就其本身而言，它们确实是对话的一个动态特征。在一个对话内，回应的可能性必须体现'话语'的两个意义：其一，话语作为个体话轮(或者其中的部分)；其二，话语作为整个(或者一大部分)言语互动。那么，人们又能对'回顾性'回应做出何种解释呢？令人钦佩的是，巴赫金认为回应不完全是一个情景化的现象，因为它是参与言语过程的一个不断变化的特征，因此，'回应的可能性'实际上不足以作为划分(语类)界限的标准，因为这种动态的回应始终存在。关于上文列举的关于话语的三个要素，它们每一个都不够清晰(参见 Bakhtin 的论述，1986:77ff)，以至于陷入质疑：它们能否有效地识别话语界限。以我之见，这种模糊性与巴赫金不重视其理论发展有关。为了详尽阐述这一点，就要确切地说明巴赫金语类理论中哪些类型的关系是缺失的。

首先讨论语境和语篇关系的理论构建。之前，我已经讨论了社会情景思想的前理论研究现状。话语/语篇的社会情景、表达和组织结构，也就是语类结构，三者紧密相连。因此我们可以假定，上文提到的'话语的最终完整性'的三个要素可以依据社会情景来阐释，事实上，在系统功能模式中，这个问题已争论和探讨过一段时间(Hasan 1978；1984b；1995a；Ventola 1984；1987；Martin 1985；1992；Gregory

1988)。但是要想成功处理好这个问题,我们还要详细地弄清楚社会情景的哪些要素是有意义的,哪些要素和话语的哪些方面有关。社会情景的哪些要素和话语/语篇的主题语义的穷尽性有关?他是否是社会活动的本质,即系统功能语言学的'语场'(Halliday and Hasan 1989)?言语过程的哪种特征让我们能'接受、理解和觉察言说者的话语意图或话语意志,并且决定着整个话语,它的长度和界限'?另外一个类似的问题是我们根据言说者说出的'第一个词语'来'猜测'其语类的基础是什么。巴赫金(1986:78)重申了话语和社会情景的关系:

> 是否选择某个特定言语语类……取决于特定交际领域的具体特征、语义(主题)因素、言语交际的具体情景、参与者的个人成分状况等因素。

但是这些观点就像我之前说的那样,是前理论性的,它们不能提供一个可行的描写基础。巴赫金所忽略的其实是作为'言语过程'的语言意义的功能性组织结构。这种结构一方面涉及超语言情景,另一方面又包含语言形式:语法、词汇、语调。一个可行的描写理论必须找到能把这些不同的抽象等级连接起来的方法。

这就引出了我要讨论的第二点:巴赫金的理论框架没有一个机制来区分不同的抽象等级,更无法把它们依据一定的原则联系在一起。尽管巴赫金-沃罗施诺夫的论述使用了'表现'(manifestation)、'具现'(actualisation)、'体现'(realisation)、'表达'(expression)等词语,但这些用法都是非正式的。要想解释社会情景、话语/语篇和'语言单位'(比如词语、短语、句子)三者之间的关系,我们需要在描写模式中确立'层次'(stratification)和'体现'(realization)这两个形式概念(Halliday 1992a;Hasan 1995a)。这样就把不同的抽象等级分配给不同的层级,进而使它们通过相互体现而联系起来。巴赫金认为话语/语篇不可能用词汇、短语和句子来描写,这个观点在系统功能语言学那里产生了共鸣(Halliday 1977;Halliday and Hasan 1989)。话语/语篇不是由句子、短语等构成的;而是体现为句子、短语等。这种体现关系(参见 Halliday 1992a)把语境、语篇和词汇语法联系在一起(Halliday and Hasan 1989;Martin 1991;Matthiessen 1992,1995)。就如语篇体现其语境一样,语篇本身又由语言的词汇语法单元来体现。在我看来,把社会情景和话语语言联系起来的那些一致方式,即话语表现什么和什么用来表现话语,是语类理论不可或缺的一部分。对话语/语篇的本质和特征的论断可能会导致'神秘化',除非把它们植根于社会和言语系统之中。'文体效果'几乎被看作是一个规则,如果在语境中语言系统范畴的运作不能产生一定的'文体效果',那就意味着它的来源是神秘的,因此我们在对它的出现进行解释时就可能需要借助于一些类似个人主观主义的东西,这正是巴赫金所明确反对的,因为它没有现实依据。像大多数语言学家一样,巴赫金似乎认为求助于语言系统只能解释那些符合该系统的范畴的现实化现象,这种现实化是对规则的精准复制。但是,就像弗斯(Firth 1950/1957)指出的那样,语言使用中的分歧、原创性、个性特征必须和某种社会语境运作下的语言系统联系起来,否则就无法描写清楚。

1 言语语类、符号中介和高级心理机能的发展

巴赫金－沃罗施诺夫一针见血地批评了被他们称之为'抽象客观主义'和'个人主观主义'的两种语言学方法。他们主张创建一个致力于分析言语过程中的完整话语的语言学理论。但是，他们过多地注重语言学上的**言语**（parole），因而可能淡化了**语言**（langue）的重要性。从表面上看，这似乎是一次矫正，而实际上它只不过是对索绪尔立场的反向复制。对于索绪尔来说，系统就是一切，而对于巴赫金来说，过程就是一切。二者的立场都不支持辩证的方法，而是片面的方法。我所发现的巴赫金理论不健全的第三个方面是它无法把语言过程和语言系统联系起来。当然，这并不是说巴赫金－沃罗施诺夫没有意识到语言过程可以创造、维持、改变语言系统以至于使得语言系统总是'变动不居'的，总是处于'更新'之中。事实上，巴赫金－沃罗施诺夫流派关于语言和言语的关系不乏洞见。请看沃罗施诺夫的评论：

> 从客观地观察语言的立场出发，即从上看，在时间上，并不存在一个语言的共时系统可以被建构的真实时刻。（Vološinov 1986:66）
>
> ……语言形式的组成要素，比如说符号，绝不是它作为信号的自我同一性，而是它特有的变异性。理解语言形式的组成要素不是识别'相同的事物'，而是按照单词的适当的意思来理解，也就是特定语境和既定环境下的指向，它是生成的动态意义上的指向，而非某种静态指向。（Vološinov 1986:69）

巴赫金－沃罗施诺夫的研究中有大量的证据表明，他们充分认识到了'言语'作为'语言历史核心要素'的重要性（Vološinov 1986:61）；以及'言语语类是社会历史驶向语言历史的驱动带'（Bakhtin 1986:65）。因此，我不是说巴赫金没有意识到'过程会转变为系统'这个事实，而是说在他的研究中**没有一个机制可以用来把过程和系统的共生关系模式化**，用来解释过程如何**能够**转变成系统。沃罗施诺夫（Vološinov 1986:67）使用了反问句以驳斥语言系统的一个特定概念：

> 对于言说者的主观意识来说，语言是否真的是作为一个不可置疑的、形式规范一致的客观系统而存在？……主观言语意识下的这种语言存在模式是否真的像抽象客观主义所描述的那样？
>
> 我们认为答案必然是否定的。言说者的主观意识绝不可能会把语言当作一个形式规整一致的系统来操作。语言系统仅仅是对大量问题和确切、实际的关注焦点的抽象。语言系统是对语言深思熟虑后的产物，而这种深思熟虑的展开绝不是以言说为直接目的的。

由此看来，'言说者的言说意识……跟此种语言形式、或者跟此种语言没有任何关系'（Vološinov 1986:70）。沃罗施诺夫继续指出：

> 对于某种语言的言说者的意识来说，语言存在的真正模式不是一个规整一致的系统。从言说者的意识及其社会交往的现实生活实践的角度来看，并不存在一个根据抽象客观主义想象而来的可直接进入的语言系统。（Vološinov 1986:71）

在此我想谈三点。第一，根据巴赫金－沃罗施诺夫的观点，言说和理解都是意识形态性的建构。但是，这是否意味着，为了能够进行交际，言语社区的言语互动者必须认同（在很大程度上）相同的意识形态呢？如果这仅仅是因为社会统治需要与被统治者进行言语交流的话，这一观点显然是有问题的（Hasan 1986）。此外，如果言说和理解是被同一个意识形态建构的话，那么我们该如何解释像陀思妥耶夫斯基（Dostoevsky）的小说所建构的那样复杂的话语呢？因此，对于由意识形态所控制的言说和理解这个概念，我们必须做出一些限制条件和说明。我相信这些条件和说明会让巴赫金－沃罗施诺夫关于言说者言语意识的一些观点陷入质疑。

第二点与此紧密相关。假如需要承认多种意识形态共存的话，那么我们就必须承认，在言说者的意识里面必然存在某种语言系统以保障主体间的客观性得到更广泛的发挥：必须对同一社会环境中其他共存的意识形态做出回应，不管这种回应是质疑、抵制还是进行斗争。在更大的社区里，社区成员的言语意识中的语言系统表征对于主体间客观性的预设是很重要的，那么，这种语言系统会是什么样的呢？它有什么特征呢？这种系统在言语过程中是如何被激发的呢？

以上这些问题引出了第三点：从巴赫金－沃罗施诺夫对语言系统的不屑中可以看出，他们似乎经常把语言和语言学看作同一个概念，这样就为我们提供了反驳他们的根据。在他们看来，语言学和语言系统好像是不可改变的现实，无可辩驳。当沃罗施诺夫（Vološinov 1986：78）宣称：

> 形式化和系统化的语言思考与鲜活的、历史的语言理解是互不相容的……复杂句子的结构……是语言学所能触及的最大限度。

或者当巴赫金（Bakhtin 1986：72）断言：

> 各个完整话语之间的关系不是语法意义上的，因为，我们一再认为，它们不可能出现在语言的各个单位之间，无论是在语言系统内部还是在话语内部。

这两位学者含蓄地把语言系统和语言研究的概念混为一谈，落入了传统的语法专制意义之中，它可以追溯至过去：索绪尔的观点就是这个世纪早期拥护这些观点的最有说服力的声音。但是，如果索绪尔的语言系统概念，如同巴赫金－沃罗施诺夫论述的那样，本身也是错误的，那结果会怎样呢？如果概念意义（也就是巴赫金所说的'主题内容'）不只是构成语言系统所必须的唯一意义？如果语言系统像韩礼德所说的那样，是按照不同功能来组织的呢？如果语法涉及的不仅仅只是简单（复杂）句子的描写而是对话语/语篇的描写？如果语言系统本来就是变动不居的呢？通过详细分析语言学为什么不能按照它本来的面目去解释，我们所运用的语言系统为何不是索绪尔语言学所描写的方式，巴赫金－沃罗施诺夫让我们关注了这些问题，却又把我们丢弃在他们毫无结果的争论的尽头。他们没有提出任何一组关系可用来解释言语过程如何干预那些鲜活的、易变的、评价性的语言系统的内化过程，对此他们希望把它归因于言说者的言语意识。实际上，巴赫金（Bakhtin 1986）坚持认为，对语言现象的评估绝不能依靠语言系统来解释。显然，他可能完全错了,因为语言的语篇功能和人际功能也是语言潜势的一部分(Halliday 1973;1977;Lemke 1992;Matthiessen 1992)。巴赫金－沃罗施诺夫没有说明需要什么样的语言学模式来解释他们所意指的语言概念,相反,他们只是抨击一个因其自身的空泛本质而被否定的语言系统。语言使用和语言系统这两个概念需要用来支撑他们理论中的语言使用这个观点,但是在他们的理论中这两个概念没能捆绑在一起。那么,除了说是对系统作为潜势这个概念的滥用外,我们还能怎样解释'每个语篇背后有一个语言系统'(Bakhtin 1986:105)这样一个论断呢。

巴赫金(Bakhtin 1984;1986)对我们理解言语过程的一个最有价值的贡献是把围绕理解这个概念而来的诸多见解视为言语过程的必然要素。巴赫金反对'小说'这种言说者主动生产话语,听话者被动理解的语类形式。对他来说,理解和回应是同一活动的两个方面:'理解本质上就是回应'(Bakhtin 1986:68);回应有多种形式,言语回应只是其中的一种。但是,如果说言语是回应的一种可能形式,就等于说言语回应应被看作一种积极的理解形式。这是一个关键结论,因为这意味着理解和言说之间的界限是薄弱的,二者可以看作共生关系:

> 所有真正完整的理解都是积极回应性的,它们是回应(无论以何种方式呈现)的初始准备阶段。言说者本身是指向这样一种积极的应答性理解的……无论从何种程度上来说,每个言说者都是一个应答者,毕竟他不是第一个言说者——那个打破宇宙永恒沉默的人。(Bakhtin 1986:69)

言说就是借助你所参与的所有言语过程来进行社会历史定位。从这些论断中我们能够发现'文本间性'这个概念的端倪。如果一个话语是对其他话语的回应,如果所有的话语都有某些语类特征,那么可由此得出的结论是:每个话语都(至少)在其社会存在领域内的这种语类上与其他(一些)话语有文本间性上的相互关系。'言说者不是圣经中的亚当'(Bakhtin 1986:93)。这不仅仅体现在由语类带来的词汇差异上,也体现在整个言语过程(Bakhtin 1986:91):

> 每个具体的话语都是特定领域的言语交流链上的一个链接点……话语彼此并非毫无关联,也非自给自足;它们彼此了解且互为体现……每个话语都充满其他话语的回声和反应,各个话语通过言语交流领域的共同性相互关联。
>
> ……我们的思维本身具有哲学性、科学性和艺术性,它在与他人的交往过程中以及与他人的思维碰撞中产生和形成,它也只能体现于用言语表达我们思维的各种形式之中。

事实上,沃罗施诺夫曾经表达过类似见解(Vološinov 1986:72):

> 任何话语,包括已完成的书面话语,都是对其他事物的回应,同时,也希望得到其他话语的回应。话语只是言语行为连续链上的一个链接点。任何不朽之作都承载着前人的思想,并与他们展开辩论,同时期待着一个积极的、回应性的理解。每一部杰作实际上都是科学、文学或者政治生活中不可或缺的一部分。不朽之作就像其他单一的话语一样,都是在当下的科技生活或者当前

的文学事件的语境下得到解读的,也就是说,它是在自身所归属的特定意识形态领域的生成过程中得到解读的。

这些观点和我从维果茨基理论框架中发现的问题具有潜在的相关性。符号中介的各种不同形式可以说是各种形式的心理机能和各种意识形式发生的基础,那么上述观点能否用来解释符号中介不同形式的产生呢?针对这些问题,我们需要转向巴赫金关于社会语言和交际意识形态基础的一些观点。请看沃罗施诺夫的两段话:

> 符号只能产生于**个体间领域**(interindividual territory)。这个领域不能被称之为是'自然的'……符号不会在任何两个**智人**(Homo Sapiens)中间产生。重要的是,这两个人必须以社会为基础被组织起来,他们必须组成一个团体(一个社会单位),只有这样,符号中介在它们之间才得以形成。(Vološinov 1986:12)

> 意识唯一可能的客观定义是社会学意义上的。意识不可能直接来自先天……意识形态也不可能直接产生于意识。意识是基于有组织的团体在其社会交往中所创造的符号物质而形成和产生的。个体意识依靠符号的滋养并从中不断成长;它反映了符号的逻辑和规则。意识的逻辑就是意识形态交往的逻辑,是社会团体符号互动的逻辑。(Vološinov 1986:13)

正是在这一点上,巴赫金—沃罗施诺夫和维果茨基—鲁利亚找到了共同的基础。不同社会团体的成员可能经历不同的语言交流形式,正是在这个观点中,以符号进行中介的意识的异质性找到了'合理的'解释。从社会的角度看,语言就是社会某个阶层所特有的话语,它被某些社会属性所限定,比如阶级、职业、种族、性别、或者年龄。在一个社区历史的任一时刻都存在着许多这样的'社会语言'。这相当于说,语言的自然经验表现为特定的方言、语域/语类和语码,它们呈现出不同的语义指向。再者,不同社团的成员会经历这些语言变体的不同子集,这段经历将积极地塑造他们自身的语言意识或说话和表达意义的方式。这些惯常的说话方式和意义的语码指向对人类意识的具体形式发挥中介作用。沃罗施诺夫(Vološinov 1986:21)把三者的关系总结如下:

1. 意识形态不可以脱离符号这个物质实体;
2. 符号不可以脱离社会交往的具体形式;
3. 交流及交流的形式不可以脱离物质基础。

我们需要一个理论把有关语言变体、如何划分文本间性的不同经验、意识形态构建下的言说和理解的界定等观点具体化,这个理论要能详细说明人类族群为何要划分层级,子群(sub-group)是如何产生的,子群中的成员是如何'被招募的',他们为何愿意待在那里,尽管,从客观上来说,子群成员间的关系可能不会给他们带来益处,以及这些社会关系为何会发生变化、如何变化。巴赫金—沃罗施诺夫为语言现象提供了引人入胜、富有洞见的分析,但是就像以往一样,我们无法从中找到有助于实证研究的理论精密度。

基于社会符号建构起来的人类意识、语言符号的社会历史性、声音的异质性、话语作为社会交际的中心单位、社会情景和社会环境中心地位的确立,这些因素对阐释维果茨基-鲁利亚理论中的问题有着重要的潜在作用。如果我的理解正确,那么巴赫金-沃罗施诺夫的理论框架很有可能无法完全发挥它的潜力,因为它的概念和关系缺少界定研究问题的精确性。巴赫金解释的原则也许是清晰的,但是,其解释过程中所用的架构特征却不够明确。

在结束对这个问题的讨论之前,我要补充的是,我的解读是片面的、派生的,受限于无法直接阅读相关文献。即便如此,巴赫金也应当无可非议地承担部分责任,他本人就曾评论道:

> 我的作品很多地方不尽完善,不是思想上的不完善而是思想表述的不完善……我嗜好变动,有时用几个不同的术语表示同一个现象,视角多样。前后文遥相呼应,但缺少任何中间连接。(引自 Todorov 1984:xii)

5. 心理、社会和语言:基本问题

我对维果茨基和巴赫金的批判是希望得到一个有意义的结果。我不太关注维果茨基和/或巴赫金理论框架中缺失的内容,只是去记录他们理论中某些缺陷的负面事实。我的做法是接受这两位伟大学者提出的理论和前理论中的大多数观点,但是同时尽力解答因二人理论的'不完善'而引起的问题,并找出这些解答对于语言学模型的建立有何意义。对于我来说,没有比重复伯恩斯坦的理论更好的办法了(Bernstein 1990:168),很抱歉的是,在引用他在一个相似但不同语境中所作的评论时我做了细微的调整:

> 我的批评不应该被解读为放弃,也不应该被视为处理方法的一部分,更不是对其他理论的逐步取代。我所关心的是这种理论和方法的前提条件是什么;作为这样一种理论形式,哪些问题它或许还解决不了(当然并非故意如此,也许是疏忽)。

在本文的最后一节,我来谈谈维果茨基理论中存在的问题,力图勾勒出这个试图提供多种解答方案的语言学理论背后蕴含的意义。我们先从三个假设开始,它们是根据维果茨基的理论和鲁利亚在乌兹别克斯坦的研究发现提出来的:

假设 1 高级心理机能的社会发生蕴含符号中介,它以语言为中介手段。

假设 2 在同一个言语社区内,多种形式的高级心理机能同时存在,并且它们的产生都具有社会发生性。

假设 3 根据假设 1 和假设 2,在每个言语社区内,不同形式的符号中介同时存在,并且它们以语言作为中介手段。

这些假设的含义在本文的第 3 节和第 4 节已经讨论过了,但是,在此,也许我们有必要对它们重新进行简要的总结。

1　高级心理机能是社会发生的,它们以语言为符号中介,对于任何一种符号中介,无论语言的哪些属性被认为是构成符号中介的关键,这些属性必须是能被语言系统所'支撑'的特性。这包括用语言来指称言语中非在场现象的潜能,还包括语言在归类现象、定义经验、形成概念、开展元语言思考等方面的固有功能。以上这些使用潜能是人类所有语言的固有属性,无论它们中的哪一种是否和/或怎样被习惯性地展开。人类语言不能用来实现某些目的,但这并非说人类语言是'落后的'。这样,在一个切实可行的语言学理论框架内,语言必须被视为一个取之不尽用之不竭的资源,即语言系统自身是无限的,而语言系统所实例化的语篇却是有限的(Halliday 1992a)。

2　'符号中介'这个概念应该正确理解为'参与语言使用'。语言使用是语言系统(某些特征)在社会历史语境下的(一致的或变化的)实例化,因此,任何对符号中介的描述都必须包含一个对语言作为语码和语言作为社会语境中的行为的分析(Halliday 1984a)。为了对符号中介进行详细描述,语言学理论必须假定三个抽象层次:语言系统、语言使用和社会语境。这就意味着,这个理论必须在这三者之间建立一套连贯的关系。语类、文本间性、交际的意识形态基础等概念从属于符号中介理论本身,因为如果没有这些假设,对任何形式符号中介的解释都是不可能的。

3　以上述方式概念化的符号中介把意义作为语言学最核心的概念。从定义上看,这些意义是语言学意义,并不局限于词语意义;语言使用中的意义并非词、短语、句子意义之和。一个切实可行的语言学理论要能解释语言参与者如何在交际中使用语言构建意义;这些意义是否在某种方式上与包含参与者互动经验的社会语境相关联;语言的形式,即词汇语法,是否与正在被识解的意义有关。由此可见,一个理论要想解释语言使用中意义的激活、识解和持续阐释等问题,就需要把沃尔夫理论中的隐性语法(cryptogrammar)这个概念纳入到语言形式描写的中心位置上来。

让我再次重申因多种符号中介形式存在而引起的三个基本问题:

问题1　如何才能解释在'同一个'更为广阔的社区内存在多种意识形式和不同形式的符号中介这个事实呢?

问题2　不同形式的符号中介可以通过它们的语言特征予以区分,那么用于描写这些语言特征的语言学理论需要具备什么条件呢?

问题3　为某些特定形式的符号中介及其相应的人类意识赋予某种价值的基础是什么?

先看第一个问题。不同形式的符号中介共存的现象并不能在巴赫金的语言异质性思想中得到解释,因为认可异质性仅仅是换了一种方式来表述不同形式的符号中介共存的可能性是存在的。真正需要的是如何解释异质性的发生、异样'声音'的出现、说话方式的差异等问题。沿着马克思的道路,伯恩斯坦(Bernstein 1971;1982;1987a;1990)为不同形式的符号中介共存现象做出了解释,他把它们跟社会存在的物质环境联系在一起,后者的作用对象是人类活动和人类关系,进而影响不同形式的意识和被不同形式的意识影响。伯恩斯坦的解释理据比'宽泛的''社会文化历史'这个表述要具体得多,它不仅丰富了沃罗施诺夫的'交际及交际形式不能脱离物质基础'这个观点,还丰富了马克思的以下论断:

> 在人类的社会生产过程中,人们处于一定的关系之中,这些关系不以人们的意志为转移……生产关系的总和构建社会经济结构……不同的意识形式与之相适应。物质生活的生产方式制约着整个社会生活、政治生活和精神生活的过程。不是人们的意识决定人们的存在,相反,是人们的社会存在决定人们的意识。(引自 McLellan 1975:40)

构成社会经济结构的生产关系通过社会劳动分工转变为权力和控制关系,进而进入人类日常生活成为参与社会过程的不同特权和人际关系的不同结构。伯恩斯坦认为在物质基础和意义取向之间存在一种关系,即语码取向(Bernstein 1982:310)。施事者与物质基础的关系越具体、紧密,那么意义和(这个)具体的物质基础之间的关系就越直接;这与紧密关系本身相关。反之亦然。人们在社区的早期言语经历和后期的经历极度不同,根据人们在社会中的位置定位,婴儿被'招募'为'人类社会存在不同领域的'学徒,这里的每个领域都与权力和控制的分布呈现某一特定关系,以至于他们的物质基础在以上所列举的方面各不相同,话语经验和意识形式也变得形式各异(Bernstein 1971:144)。

> 社会关系的特定形式选择性地作用于说什么、何时说、如何说……它们产生不同的言语系统或语码……继而为言说者创造不同程度的关联和关系。言说者的经验可能会因不同言语系统所强调和关联的不同而改变。随着儿童……学习特定的言语语码来规范其言语行为,他也掌握了自身社会结构的要求。儿童自身明显的主动的言语行为引发了学习行为,从而改变了儿童的经验。……由此看来,儿童每次听或者说时,都会强化自身的社会结构,塑造自己的社会身份。通过对言语行为的塑造,社会结构成为了儿童的心理现实。

显然,伯恩斯坦的解释适用于鲁利亚在乌兹别克斯坦的研究结论。伯恩斯坦对符号中介的论述有别于维果茨基和巴赫金。在维果茨基的论述中,某种特定形式高级心里机能的发生唯一需要的就是与某种特定的话语方式相'联系',即某一具体类型的语言使用。对于巴赫金来说,不断扩大的文本间性范围意味着我们几乎可以无限制地进入任何话语;在他的论述中并没有清楚表明,物质基础和交际方式在什么地方、为什么以及如何限制无处不在的文本间性。伯恩斯坦把权力和控制的分布与社会交往和个人经验的规则联系起来,通过这样的方式他找到了问题的答案。他所假设的这些具体关系可以解释为什么一个更为广阔的社区的不同地方可能存在不同的社会过程参与模式,为什么会存在不同程度的关联性或不同的人际关系。另外,通过他的社会化理论,实际上即关于不同形式的意识是如何产生的理论,伯恩斯坦能够解释为什么教学话语对于不同类型的学习者会呈现出不同的样态。'官方教育'和'地方教育'(Bernstein 1990:179ff)这两个概念成为用来解释'社会环境'如何进入'直接社会情景'的手段,反之亦然。维果茨基和巴赫金都需要一个社会组织理论来说明为什么人类活动在不同的地方会呈现出不同的形式;为什么在任何社区对人类活动的进入都不具备普遍性;以及在意识形成过程中,社会化过程的双方如何作出积极的贡献。

以上这些问题如何跟语言学理论联系起来?之前我们说过,一个切实可行的理论需要把社会语境、语言使用和语言系统联系在一起。一个成熟的社会学理论能为社会组织的一些方面提供一个'良好的'解释,即通过那些方面,能推测出是谁将参与哪一类社会活动,他们的人际关系的特质是什么,或他们获取符号运作手段的渠道是什么。它把社会活动中的重大变化和对社区生活的调控发挥着重要功能的变量联系在一起,从而确立可行的规则来解释这些重大变化。在把更为广阔的文化语境和更为直接的情景语境之间的关系概念化的过程中,有一些要素是必不可少的,这样的理论将清楚地为我们讲解这些要素。对关联性的判断就是对意义的判断。如果社会语境影响言说者判断哪些是相关的,那么它们也会对哪些是有意义的产生影响。我们更加需要说明语境对意义以及意义对表达的关系,因为这是所有渴望对符号中介进行描写的语言学理论所向往的一个目标。再者,如果正如巴赫金一沃罗施诺夫所暗示的那样,语言系统总是'变动不居'的,经常处于'更新'之中,那么这种更新的源头也只有一个,那就是语言的使用。由此看来,所有影响语言使用的因素和所有能积极解释语言使用特征的原则,都必须被纳入语言学理论的更大的设计范围之内,因为只有这样它才能和语言系统建立紧密的联系。如果语言学把语境作为一个重要思想,那么它需要理解'谁把什么作为语境'和'谁参与了哪些语境'这两个问题的社会学基础。

现在来看第二个问题。如果符号中介关注的核心问题是意义,那么对不同形式的符号中介的描述在本质上也应该是语义的。但是,在这里,'语义'这个术语与语言学中语义的一般概念相去甚远。在传统的语言学中,意义的概念是有限制的,所有的意义只不过是'认知的'、'指称的'或者'经验的'。符号中介表现为语境中的语篇,因此,语言学中语义的概念必须足够丰富才能解释'语篇性',以及意义和表达如何实现交际的语类特性。同样地,语言学理论也必须对语言交际中的人际意义作出解释。那些被语言学模型认为是适用于实践的有限的意义概念,一旦遭遇社会语境中的人类交际现实,立刻就会显得无能为力。这并不是因为受制于一些不可避免的指令(fiat)语言学才去关注语言系统,也不是因为语言系统无法用来解释巴赫金一沃罗施诺夫提出的问题,而是因为形式语言学模型提出的语言观和语言学思想是不充分的。它们需要修正。并且这种修正需要承认语言是意义的源泉,包括识解经验、分析复杂的关系、表达人际意义、实现意义的连贯性,无论是发生在交际过程内,还是发生在交际及其社会语境之间(Halliday 1985a;Halliday and Hasan 1989;Martin 1991;Hasan 1995a)。当语言被视为资源,这个语言学理论就可以把语言交际的形式表征为社会语境下的意义选择,进而解释语篇和语境之间的差异和相似性。

现在来看最后一个问题,它和语言学理论的直接关联性最小:我们对不同形式的符号中介进行价值评估的理据何在?为什么有些意识形式更为可取而有些却相反?这个问题和符号中介过程中变异的发生密切相关。其中一个可能是限制'符号中介'这个表达的指称范围,仅指在科学概念、数学运用、去语境化思维的创造、传播、内化过程中发挥工具性作用的语言使用,简言之,仅指维果茨基—鲁利亚所说的高级心理机能的典型实例。这就会产生某些问题,比如,科学概念和日常概念的界限并不十分清楚,并且维果茨基对此也是确认不讳的。此外,如果符号中介被这样理解的话,那么语言使用就可以简单地等同于'官方教学话语'(Bernstein 1990)或者是'教学语域'。但是在有些社区,至少有一些成员从未体验过这样的话语。因此有必要把符号中介的概念从人类意识的发生中剥离出来,其原因也显而易见。因此这个理论就变得远远没有那么强大,以至于使得语言在日常经验建构中的作用完全无法被描述。而且它还引发了另外一个严重的问题:是否只有当符号中介成功地参与这种特定意识的产生时,它才可以被称之为符号中介?或者说,它是否只是一个标签、用来描写某些语义特征呢?如果是前者,那么作为官方教学话语意义的符号中介或许只是对于部分现象的符号中介而非其他现象的符号中介。如果是后者,那么符号中介已经获得了一个较为稳定的特性,也就没有必要再进入高级中介社会发生的话语之中。这些问题都很重要。在我看来,它似乎更倾向于维果茨基的观点,把符号中介看作'一个把使用中的语言当做中介手段的学习过程',而不是把后天习得这个特性作为这个术语定义的评判标准。

但是,这个方法让我们重新回到评估这个问题上来,因为对意识和符号中介的不同形式的评估确实存在。我的观点是,对不同形式的人类意识进行评估在本质上是很谎谬的。我同意马克思的观点,他说'统治阶级的思想在任何时候都是统治思想'(引自 Bottomore and Rubel 1976:93),并且我们所认为的理想的意义表达方式和话语方式,即人类意识的形式,无论他们是谁或者他们的权力来自何方,都只属于统治集团。但是,评估的理性化是基于我们对什么是人类进化或者什么是人类进步的观点。这样的意义表达形式和话语方式有助于'控制环境',征服资源为己所用,因此使这种控制得以实现的知识——这些东西被认为直接促成了人类的进步。但是这也遗漏了两点。第一,诚如沃尔夫所言,'我们并不知道文明是理性的同义词'(Whorf 1956:81),那么,除了西方主流意识形态喜爱的评估准则之外,也许还存在其他衡量社会进步的标尺。第二,即便人们接受了这个观点,我们还得承认,只有在施事者和物质基础的关系被高度紧密化的劳动中,知识才能被用于控制环境和征服资源。就我们的社会组织而言,这一点对社会的进步和那些实施更高价值的高级心理机能的人来说都很重要。因此,对不同形式的符号中介展开评估是很不公平的,尤其是在像我们这样的一个其经济结构依赖于社会层级的社会。

在结束本文之前还需要补充的是,维果茨基对于人类心理机能发展的研究给语言学提供了一个可以很好地借鉴的范式。可能,如同初级心理机能一样,人类符号的初级形式有一个生物学基础。早期的前象征语和最早的原始语(Trevarthen 1979;Halliday 1975;Shotter 1978;Newson 1978)可以被看作是沿自然之线发展而来的人类符号形式。成人语言的复杂结构就产生于这个基础之上;但是,正如我们所知,如果没有社会发生这个过程,人类语言的出现和进化是难以想象的。社会发生把我们引入社会,而社会本身又是通过符号来识解的。一言以蔽之,语言学的复杂性便在于此。语言理论必须努力应对这一挑战。

2 符号中介与三种动态开放性理论：维果茨基、韩礼德和伯恩斯坦

1. 引言

在本文中，我想把三种不同学科的理论编结成一个故事。鉴于每种理论都代表一个较大领域的学术研究，所以这个故事只能有选择地将各领域中的某些片段编织在一起。故事的核心寓意是：学科的出现是为维持和改变人们的生活服务的，其基本前提是对人类生活的理解。人类生活所关心的问题之间互相关联，因此，要领会某个问题的本质，就必须了解其他问题对该问题的影响。从实用的角度说，相关学科必须在逻辑上相互渗透，这也是理论的本质，因为最终为专业学科结构提供基础的正是理论。诚如伯恩斯坦（Bernstein 2000:91ff）所言，归根结底，是理论让我们清楚而明白地确认各学科的研究对象，建立概念关系以揭示其本质，并提供描写性语言，使所有实例按照人们可以充分理解的方式来描写。本文讨论的焦点集中在人类关注的三大问题之间的互联性，这三大问题是：意识、语言和社会。对于这几个具体学科，我所选择凸显的部分代表了以下作者的成果：他们分别是维果茨基（Vygotsky）、韩礼德（Halliday）和伯恩斯坦，并且我相信他们会乐于见到类似我所进行的这样一种努力。因此，让我从'意识'开始，恰如一些人认同的那样，它是人类生活所有故事的缘起。

2. 意识的发生：维果茨基视角

意识理论在过去二十年间广受关注，在本节及下一节中，我将对这个理论的部分内容进行呈现。这一理论是和维果茨基（Vygotsky 1962;1978）联系在一起的，他在俄国共产主义革命初期就对其关键特征进行了介绍。在这一点上，有关该理论的两点评论似乎是恰当的：第一，在我看来，该理论的丰富性在很大程度上源自维果茨基意欲和人类所关注的其他领域进行关联的倾向，诸如生物学，教育学，社会学，尤其是符号学，而在符号学领域内，尤以语言学为主；第二，同样，该理论也直面一些严重的质疑，而这一点来源于以下事实：其他可能的、同样重要的关联或者缺失，或者不够充分。在这里的讨论过程中，我希望对这些问题进行更充分的阐述。就维果茨基的意识理论而言，我主要的兴趣在于符号中介（semiotic mediation）的概念，这不仅仅是因为我的工作大多关注符号学的分支领域，即语言学；更

重要的是,因为符号中介的概念在维果茨基的人类意识发展理论中扮演着至关重要的角色。维果茨基坚信,人类行为只有作为行为历史才能被理解,在他描述的人类意识某些形式的社会发生中,符号中介是一个关键因素。维果茨基广阔的视野在心理活动研究中包括种系发生(phylogenetic)和个体发生(ontogenetic)两个视角。就我的议题看,后一个视角无疑具有更多的关联性。我想探讨符号中介在意识的个体发生中的作用。

维果茨基假定了人类心理活动发生的两条'路线':自然之线与社会或文化之线。自然之线使得初级心理机能成为可能,而社会之线在高级心理机能的发生中发挥着积极作用。维果茨基曾谨慎地指出,两条线并非处于简单的平行关系,相反,他认为人类意识的特质就在于它是'两条线交织'的产物。自然之线是所有正常人心理活动的起始点;维果茨基把这一级别的活动称之为'初级心理机能',有时又简单地叫做'自然'心理机能。它们代表人类心理发展的初级水平,是更高级的心理活动所基于的生物起源基础。维果茨基主张,人类心理机能的特质并非体现在自然心理活动的构成中;相反,它们是在社会之线的干预下被引入心理机能的,而这种干预将早期的自然机能转化成更高水平的心理活动。维果斯基在下面的引文中(Vygotsky 1978:51 强调为本文作者所加)提供了一个很好的例子,展现了心理发展这两条线之间的关系:

> 当一个人在她的手帕上打结作为提示时,事实上,她是在建构记忆过程,以强制的方式使用外在物品提醒自己记事:她把记忆转变为外部行为 …… 在[心理活动的]初级形式中,某事被记住;在高级形式中,人们对某物进行记忆。

自然之线对记忆过程并不陌生,它是所有正常人都具备的,因为,人类天生就会记忆。但是,一旦社会之线通过打结行为作为回忆的有意提示进入记忆过程,心理过程的本质就改变了。记忆主体开始控制记忆行为,它们不再依赖于环境因素的触发。从这个意义上说,通过打结这一足够简单的行为对自己进行提示,这是一个社会起源的心理过程:它属于社会性中介。而作为初级心理过程的记忆,是由偶然的环境刺激而引发的一种偶发行为。因此,使用人们所能控制的某些工具作为中介,有目的、有意识地对自己进行提示是一种更高的、不同级别的心理机能:按照维果茨基的观点,'(在该情景下)回忆即意味着思考'(Vygotsky 1978:51)。下面是维果茨基关于高级心理机能的观点(Wertsch 译,1985b:26):

> [它们]基本的区别性的特征为智力化和掌控,即意识实现和主动性。学龄期的发展中心是从低级的记忆机能和注意机能过渡到高级的主动注意机能和逻辑记忆机能……机能的智力化和掌控,代表着由初级心理机能向高级心理机能过渡这一过程中的两个不同阶段。我们掌控某个心理机能就是在某种程度上使之智力化。机能行为的主动化总是其意识实现的另一个方面。如果说记忆是在学校被智力化的,那么就等于说出现了主动回忆;如果说注意力是在学龄期变得主动的,就等于说……它越来越依赖于思维,即智力。

维果茨基富有创见地阐述了心理发展是如何在社会干预下从自然赋予阶段上升为有质的飞跃的高级阶段，据此，他成功地展示了与人类意识相关的人类生活的生理和社会方面之间的连续性。由此，维果茨基巧妙地规避了一个无休止的争论，即，人类意识是像笛卡尔主义所坚持的那样是'天赋'的，还是像马克思所雄辩地争论的那样是由社会所'滋养'的，这个问题到今天还有人在不断追问。面对这个'非此即彼'的命题，维果茨基直接选择了对两者的同时接受，实现了其对研究对象复杂性的认知，进而丰富了自己的研究领域。更难能可贵的是，时值皮亚杰心理学的鼎盛时期和巴普洛夫心理学的巨大影响仍余存之际，维果茨基仍坚持这一立场，这确是一项非凡的成就。在知识生产领域，我们更倾向于在还没有充分欣赏其本真性的同时就赞同其原创性。我认为，与传统智慧相反，原创性并非指绝对的革新，并非指前人的努力所未曾涉足的新鲜领域。在这里，我们认为，它在于对已经存在的概念和结构之间新的关联的感知。因此，原创性与维果茨基所说的高级心理机能非常相似，即一种社会起源现象。

3. 心理机能发展中的符号中介

假如人类所特有的思维的发展等同于高级心理机能的出现和发展，假如高级心理机能具备'意识体现'和'主动控制'的特征，那么与之相关的问题是，两大特征缘何而起？维果茨基的答案仍然富有创见，反映了他深刻而又敏锐的洞察力。主动调控和智力化需要'使用人为刺激'：只有人为刺激才能被人们控制，这也是人们实现掌控的必要条件。最终，主动控制的发展和意识调节可以追溯到人为刺激这个中介事实上来。诚如维果茨基所言（Vygotsky 1978:39;强调为本文作者所加）：

[人类]超越大自然所赋予的心理机能的限制，进入到一种对于行为的**新的因文化而精细化的组织方式**……初级机能的主要特征是他们完全是由环境刺激直接决定的。对高级机能来讲，其主要特征是**自发刺激**，亦即：**创造和使用人为刺激，从而成为直接的行为动因**。

正因'使用人为刺激'可解读为'使用工具'，因而，工具的概念对中介过程非常重要。工具属于人为刺激，并非先天赋予，是人类在社会生活中创造的，这具有重要的含义。为阐明工具在人类社会存在中的显著贡献，维果茨基把对身体活动的分析作为研究的出发点。他指出，人在劳作时使用'技术的'或者'具体的工具'，正如人们所熟知的，在实践领域，让本来无法取得的成就成为可能。该中介改变了人类劳动的结构，并最终影响了我们赖以生存的环境[1]。维果茨基认为，从通过社会刺激来进行中介的视角来看，心理活动类似于身体劳动：作为人类劳动的一种方式，心理活动经过人为刺激的中介作用也可以达到高级层次；它们的结构也发生改变，也最终影响我们的生活环境。两者唯一的区别在于，在这种情况下，工具是'抽象的'、'心理的'、'符号的'，因而也叫做'符号中介'。如维果茨基所言（Vygotsky

1981:137),符号工具对心理活动的中介可以:

> 改变心理机能的全部流向和结构。这种改变是通过对某个新的工具性行为结构的决定来实现的,就像一个技术工具通过决定劳动实践的形式来改变一个自然适应的过程一样。

故而,我们可以把'符号中介'这个术语诠释为'借助于符号手段进行的中介',也就是对于符号系统的使用,这种符号系统作为一种抽象工具可以改变人类心理行为的特征。维果茨基(Vygotsky 1978:40)认为:

> 符号的使用把人类引向一种特殊的行为结构,这种行为结构脱离生理发展,创造出基于文化的心理过程的新形式。

因此,符号行为就是意义行为,意义可以通过各种符号形态(semiotic modality)来识解,而语言只是其中一个实例。但是,在论述符号中介的概念时,较之其他意义形态,维果茨基(1962;1978;1981)赋予了语言明显更多的重要性,因此,在维果茨基的著作中,'符号中介'也就代表'借助于语言符号手段进行的中介'。通过赋予语言这一至关重要的地位,维果茨基坚信:心理工具能够对思维的发展发挥中介作用,作为心理工具的某物必需具备一些特质,而在诸多符号形态中,语言独自实现了这种特质的最大化。或许,布尔迪厄(Bourdieu 1991)会嘲讽这一语言观只是语言帝国主义的一个能指,但是那些在实际中以语言为工作对象的人或许能更好地理解维果茨基的观点(Sapir 1921;Firth 1957;Whorf 1956;Hjelmslev 1961;de Saussure,1966;Halliday 1975;Donaldson 1992;Deacon 1997;Hasan 1992a/2005;1999b):在所有符号形态中,唯有语言能藐视时间,具有灵活性,为现实分类,识解可供交际的人类经验,能同样容易地发出一种文化的不同声音。当然,这并不是说,语言的内在本质决定了它们的社会特权,也不是说其他符号形态没有发挥作用。语言作为一种有效的抽象工具,其能力与语言的这些特质密切相关,这在成长期儿童的意识形成中尤为明显,正是在这一过程中,符号工具的社会性才凸显出它的重要性。维果茨基(Vygotsky 1978:25)如是说:

> 在掌控自己的行为之前,儿童在语言的辅助下掌控周围的环境,在为行为本身建立新的组织方式之外,与周围的环境建立新关系。尔后,这些人类特有的行为方式则发展成智力,成为生产劳动的基础:人类特有的使用工具的方式。

进而,我们说工具是人为的,其实是说它们在本质上是社会的。如果语言是符号中介的抽象工具,那么语言也是一种社会现象。这就意味着,沉淀在语言背后的是人的社会行为和社会关系;据此,儿童在使用和习得语言过程中学会了所处社会的文化(Halliday 1980)。社会对儿童认知发展的贡献成为维果茨基符号中介话语的核心(Vygotsky 1981:163):

> 在儿童的文化(即更高级的)发展中,任何机能都会出现两次,或者说体现在两个层面上。首先体现在社会层面,然后是心理层面。先是经由人与人之

间的互动表现为心理间(inter-psychological)范畴,再内化成孩童的心理内(intra-psychological)范畴。这同样适用于主动注意、逻辑记忆、概念形成和意志发展……但不言而喻的是,内化会转变过程本身,并且改变其机构和机能。社会关系或者人与人之间的关系,在起源的层面上,成为所有高级机能及各机能之间关系的基础。

4. 符号中介:概念分析

正如上文两部分所指出的那样,维果茨基的符号中介概念涵盖面广。人们或许期待心理学理论的某个关键要素能为传统认可的心理学领域作出贡献,比如,人类行为起源、学习的本质、学习过程中智力的作用、意识发展等。维果茨基的符号中介概念关注以上所有问题,还超越了这些范围:它把意识发展和符号联系起来,尤其是与语言符号联系起来,并且把人类独特的物质和精神生活同社会历史语境联系起来。随着符号中介概念的引入,维果茨基的理论外延得到了扩展:扩展到足以定位思维、语言和社会三者的关系。不幸的是天不假年,他没能把由这一概念预示的多条知识探求路径发展完善,然而,即使在他有限的工作时光里,这一概念也曾被用于多项显著研究(见 Vygotsky 1962;1978;Luria 1976;Wertsch 1985b)。在过去三十年间,围绕这一概念开展的学术研究正稳步上升。但是,依我看来,这个概念本身并没有得到完全解读,它对关于人类生活的诸多问题的令人钦佩的涉猎仍然鲜为人知。在本节,我会试图运用系统功能语言学(此后简称为'SFL')中的一些重要观点来解构这一概念,然后简要概述在最近的学术研究中该概念的哪些方面被发展了。

毋须指出,名词**中介**(mediation)由动词**中介**(mediate)派生而来,后者指一个带有复杂语义结构的过程,包含与该过程潜在相关的以下参与者和环境成分,即:

1. 参与中介的人;即中介者;
2. 中介的对象;即中介过程释放的**内容/力量/能量**;
3. 承受中介的人/物;即中介所影响的人/物;'**中介承受者**';
4. 中介环境[2];也就是:
   a. 中介方式,即**形态**;
   b. 地点,即中介可能发生的**场所**。

该动词的各种语法形式不能明显反映出这些复杂的语义关系,但在表层之下,这些语义关系仍然是存在的并可通过聚合关联,即他们的系统关系,被显现出来:如果我们不能理解这些要素如何影响其在实际时空的展开,也就必定无法理解该过程。先看第一个要素,当我们说到**工具中介**(tools mediate)时,动词**中介**的使用方式和我们在说**车很好驾驶**(this car drives well)里面的动词驾驶(drive)的用法一样。在我们的经验世界里,大家都知道,原初的、主动的施事力(initiative and active agentive power)并不来自于车或者工具;如果是物质中介(material mediation),原初的、主动的施事力来自于使用工具进行中介的人。换句话说,必须存在一个有意识的**中介者**(1)。用工具中介就是指某人使用工具向正在进行的工作授予力量或能量;这就是中介的'**内容**'(2)。如果使用的是技术型工具,那么中介的内容就是物质;被授予的即是物质力量/能量。如果使用的是抽象工具,则授予的能量是符号性的;它传授一些符号力量。被授予的内容/能量直接传递给某物/某人,是有目的地的。技术型工具把能量直接传递至由中介者-劳动者(mediator-labourer)所开展的劳动过程中;抽象工具被传递给另外一个人,此人是中介者-言说者(mediator-speaker)的言语对象;从这个意义上来说,符号中介天生就是一个互动过程:必须存在一个有意识的**中介承受者**(3)。上一节的引用内容显示,维果茨基热衷于关注符号中介的互动性。这就是具体工具和抽象工具的重要区别之所在:一个有意识的他者的参与,作为抽象工具中介的一个条件,改变了过程的性质。我们仍然可以坚持,中介者拥有原初的、主动的施事力来授予符号/语义能量,但是,被中介的能量会发生什么状况,这是使用者/中介者几乎无法控制的:中介者可能授予符号能量,但是中介承受者可能会也可能不会作出回应,或者即使回应,也并非按照中介者期望的方式作出回应。这个不确定因素存在于符号中介的核心。尤其,据我所知,在维果茨基的著作中,这项事实并没有被关注,在他的著作中,符号中介似乎总是发挥着恰当的作用。最后,中介环境(4)同样重要。关于物质工具或者符号工具,我们已经介绍了中介发生的不同方式:对于符号工具来说,语言**形态**至关重要(4a)。最后是中介的时空定位问题:在什么场所中介成为可能(4b)。我想指出的是,虽然内部言语(inner speech)在思维过程中发挥作用,但是符号中介的必要环境是话语互动,这种互动有逻辑地、妥当地引发了影响话语发生的各种社会现象。

以上所讨论的细节问题看似乏味,但我认为,正是因为这些乏味的细节没有成为研究的对象,所以符号对人类生活的全部中介潜力仍然是隐藏的,同时,其问题本质还有待识别(更多论述参见 Hasan 1992/2005;1995b)。围绕这一概念的研究主要集中在(2),即中介内容,和(4b),即符号中介的场所:中介对象和中介发生的环境。更准确地说,有关中介内容的问题一直被认为是毫无争议的。文献中所用的术语'符号中介'可以被称之为以下表达的缩略语:**通过语言形态对逻辑推理、逻辑记忆、概念形成和问题解决等高级心理机能实施的符号中介**,这似乎是说语言的中介力量仅限于以上这些现象。正如我在其他地方(Hasan 2002a)所讨论的,语言使用的正常状态就是用于中介,问题是语言中介的心理结构范围有多大,地点和时间又是什么。当然,语言的确在上述心理机能的发生中发挥着重要的中介作用,但是这并没有穷尽对其中介力量的描写。我们需要认清的是,任何有语言使用的地方,即话语,就有符号中介的发生。从这个角度来看,有关符号中介的经历是每个社会成员都会遇到的,它无处不在,而且就发生在地方场所(local sites),即发生在我们的日常生活中。因为说符号中介的场所是话语,就等于说这个场所是社会生活;对于任何心理正常的人来说,不管有无其他社会生活经历,一定会有与他人在日常生活中交往的经历。对于我们中那些熟知伯恩斯坦和韩礼德的人来说,正是在这样的语境下,语言中介了我们心理生活中最基本的要素:它赋予我们一种不竭的感知力去感受我们所生活的世界。在话语环境下,通过符号中介的作用,我们开始逐渐认识到这些合法的、可接受的、明智的、用来回应这个社会化世界中的主客观现象的方法。通过这类符号中介,我们内化相关概念,继而内化'合理性'和'常规性'的概念:正是在这里,思维习惯得到创造和培养。伯恩斯坦在19世纪60年代中期就认为,这些特征,这些惯常的心理活动方式(也许并非如此,视情况而定),关乎主体对什么值得参与和怎么参与这两个问题的理解。在地方环境的符号中介下,我们学会存在、做事和说话的方式,这些方式也被我们言语社区中的其他成员所理解。

以上论述清晰地表明,对符号中介内容的限制并不单纯取决于语言的固有特征;如果不是更重要的,一个同样重要的要素是中介所发生于其中的环境[3]。该要素的本质属性并不是普遍的,因为对环境的进入是受社会管控的(见下文讨论)。从最近的文献可以看出,有关符号中介环境(4b)的问题受到了广泛关注,我将在下一节最后一段对这一概念的结构问题进行简要探讨。作为社会存在的要素(1)(即中介者)和要素(3)(即中介承受者),并没有受到足够多的关注(对比 Axel 1997),尽管这些关系也许对思维的社会发生理论至关重要(下文有更多讨论)。至于环境方式(4a),维果茨基对形态(即语言)的本质有很多论述(下文有更多讨论)。沃茨奇(Wertsch 1985c;1991)在最近的研究中讨论了维果茨基语言概念中的一些问题。在下一节,我将更加具体地讨论维果茨基理论中的相关部分,尤其是语言对思维的作用问题。或许解决这一问题的最佳途径就是考察维果茨基对儿童成长过程中思维和语言的发展研究,因为正是在对该问题的探讨中,他提出了符号的社会基础、语言本质和语言在概念发展中的作用等观点,正如上面讲到的,这些观点常常是相关研究领域的重点讨论主题,是符号中介理论研究的主要成就。

5. 符号中介:思维形成过程中的语言

显然,维果茨基对斯特恩(Stern)、布勒(Buhler)和皮亚杰(Piaget)的研究理论很熟悉,这三位心理学家关于儿童发展的研究在当时就引发了很多关注。颇具讽刺意味的是,竟然没有迹象表明维果茨基了解与他同时代的人类学家马林诺夫斯基(Malinowski 1923)的研究。马林诺夫斯基对儿童发展的研究虽略显单薄,但却在很大程度上呼应了维果茨基的社会起源方法。值得注意的是,他们都坚持意义的中心地位以及社会在幼儿意义形成的个体发生过程中所起的重要作用。维果茨基在对皮亚杰的批评中重点突出了这两个问题。皮亚杰宣称儿童的早期行为'毫无疑问既是自我中心的(egocentric),又是自我本位的(egotistic)。那些具有明确形式的社会本能是在儿童成长后期才得以发展的'(Piaget 1924:276)。为证明此观点,皮亚杰引用了他对儿童早期会话的观察,他发现儿童早期的会话是'自我中心的',而不是'社会化的'。因此,根据皮亚杰的研究,幼儿早期的交谈仅仅是在自言自语并且几乎都是在谈论自己,并没有主动地与听话人进行话语互动。皮亚杰认为,构成成人话语必要条件的主体间性(intersubjectivity)在早期儿童的语言中是缺失的。对此,维果茨基(Vygotsky 1962:19)并不赞成;相反,他认为:

> 对于成人和儿童来说,言语的基本功能是交际,是社会接触。因此,儿童早期的言语在本质上是社会的。在某个阶段,儿童的社会言语被明确地分成自我中心言语和交际言语……当儿童由行为的社会合作形式转向个人的内在心理机能领域时就会出现自我中心言语……当环境迫使他[儿童]停下来进行思考时,他很可能会自言自语。自我中心言语,从一般性社会言语分离出来,最终发展成为内部言语,一方面可帮助内向性思维(autistic)[4],另一方面可帮助逻辑思维。

注意,维果茨基使用的是'交际的'一词而不是皮亚杰的术语'社会化的',因为对维果茨基来说,任何事件中的言语都是社会性的。然而,皮亚杰认为儿童的心理发展顺序是先经历非言语性的内向性思维,然后是自我中心性的思维及言语,最后发展为社会化言语和逻辑思维。而从维果茨基的社会起源角度看,儿童的心理发展顺序无疑与此大相径庭:起初为社会交际,而后为自我中心言语,接下来是维果茨基所说的内部言语,它产生于自我中心言语,在此过程中儿童表现为自言自语。这与维果茨基的论点相符合:即心理发展的真正方向并非从个体到社会,而是从社会到个体。

由此很自然地引出下面这个问题:维果茨基的社会'交际'或者社会言语指什么,特别是在幼儿期,一个明显不存在可以辨认的自然语言的时期?我的看法是,在维果茨基的理论观点中找不到令人满意的答案,因为他只是(Vygotsky 1962:7)顺便提过:

> 没有中介表达就不可能有思想的相互理解……一旦语言符号系统或其他符号系统缺失,那么只有最原始的和最有限的交际才可能发生。从动物当中观察到的表情动作与其说是交流毋宁说是情感的传递。受到惊吓的鹅突然意识到危险并用叫声警告鹅群的行为不是告诉其他鹅它看到了什么,而是用自己的恐惧去感染它们。

事实上,关于婴幼儿生活最早几周的社会交际问题在几十年之后由其他学者给出了答案,例如特里沃森(Trevarthen 1977)、肖特(Shotter 1978)、布勒瓦(Bullowa 1979)等。他们的实证研究揭示了婴儿复杂的社会交际模式,这些社会交际模式是通过母亲和数周大的婴儿之间的手势(gestures)来中介的,因此佐证了维果茨基关于社会交际第一性的观点。这里需要指出的是,这些学者所研究的这些手势不仅仅是**表达性动作**,换句话说,婴儿的交流不能简单视为**社会接触或者情感的传递**。根据这些学者的观点,对有些问题的理解尚无定论,并且在很早的时候手势已经系统化了。是否把它们叫作手势符号系统取决于人们对术语'系统'和'符号'的理解。接下来我将回到维果茨基的语言符号概念上来,不过我想先稍微讲讲上面的引文。

我对引文的最后一句尤其感兴趣,对它的分析表明,在维果茨基看来,交际等于告诉他人一些他们此前多半不知道的事情。依据布勒(Bühler 1990)的观点,理解交际的关键是'指称'或'表征'的概念 ——即韩礼德所指的语言经验功能的一部分。韩礼德(Halliday 1973a;1975)曾对儿童的语言发展作过案例研究,它清楚地表明在母语出现之前,儿童已经能够完成一些交际功能,他们使用的语言在语言学上称作'原始语言',即与母语相对的儿童语言。然而,这些早期功能(9到15个月左右)主要表现为人际功能,比如让某人做某事、打招呼、表达愉悦或者悲伤及要求注意或者满足身体需求等等(见 Halliday 1975:148-55)。还有证据表明儿童身上个体发生的想象游戏;但是,即便是在早期母语期,儿童也不能向任何人'讲述'事件的某一具体状态,如果此前这些人对这个事件并不熟悉的话。韩礼德的发现在另外两个案例研究中被再次印证(Painter 1984;Torr 1997)。原始语言的特点是语法的缺失;每个'话语'整体上代表一个功能。我们说它没有语法是指我们没法对它进行成分分析。尽管在原始语言的后期可能出现一些话语,它们听起来像母语里某个熟悉的词语,但事实上这并不是真正意义上的词语或者短语,它的功能不同于词语,或许这是维果茨基所指的作为'信号'的词语的原始功能。语法和信息功能,即(原始)经验功能,是在进入母语时同时出现的,而且都需要时间来完善。三个儿童案例都为维果茨基所说的'智力活动'提供了确切无疑的证据;或许这就是维果茨基所谓的前言语(prelinguistic)思维(Vygotsky 1962:44)。

讲到这里,有几点需要明确:首先,上文所提到的那些研究,无论是有关前言语的研究,还是有关原始语言交际的研究,都支撑了维果茨基的论断,即儿童早期的交际行为都是社会性的;这进一步支持了语言是社会发展系统的观点。第二,这也暗示着皮亚杰有关心理发展顺序的观点是令人怀疑的:就思维不会对自己进行思考这一点而言(参见 Vygotsky 1962:8),思维必须涉及可供其利用的经验形式。很明显,儿童通过自身的交际行为已经获得了一些社会经验。所以,内向性思维不可能是儿童心理发展的第一阶段。这触发了对人类思维社会发生的早期研究。第三,如果我们接受儿童在早期就进行交际的观点,那么我们就必须承认,'交际'这个术语有一个更加宽泛的意义,并非只表示告诉某人一些他们此前或许不曾了解的内容:对于儿童交际,人们不会因为这是一个被遗传基因编程过的'情感的传递'而置之不理,但同时,如果认为儿童在讲述或者讨论一个经历时,是在'告诉某人某事',这也是很谬谬的。同样,我们也不能说交际取决于词语的可利用性,这也是维果茨基观点不明确的地方:处于原始语言期的儿童是否在交际?如果不是,那么他早期的心理活动应该属于皮亚杰所说的内向性行为；如果是，很显然，没有词语，交际也是可能的，那么我们必须承认前言语意义是存在的。

从对语言本质的理解中可以看出，强调词语作为语言的必要条件和语言用于告诉某人某事的功能这两点有一个共同的理论来源：依据系统功能语言学，它们分别与经验功能的意义和表达直接相关。但是，只有在成人的语言使用中，即用语言指称事件和实体，在这种意义上，告诉某人某事才遮蔽了其他的语言功能，即人际功能和语篇功能；所以，只有在成人的语言使用中，经验功能才显现出价值。很多学者之所以十分重视语言的指称/经验功能完全是因为当下流行的语言观念大多都是基于对成人语言的观察。对于这一点维果茨基也不例外，他和大多数心理学家一样，也十分重视语言的经验功能和逻辑功能 —— 也就是系统功能语言学里面的概念功能。这与他坚持社会第一性的观点不太吻合。正是概念功能的优先性，给予了维果茨基的符号中介概念一个针对特定方向的理解，借此，该概念几乎只被用于维果茨基所说的逻辑推理、概念形成等高级心理机能方面。而这些是在西方文化的官方教育体系里备受重视的心理活动。

下面我们转向维果茨基对词语和意义的探讨。似乎维果茨基认为最有意义的语言分析单位是词语，事实上他很少提及其他语言单位。词语是符号的理想形式。对他来说，词语的重要性在于它不指称具体的实体而是指称一种概括，也就是一个思想单位。因此，词语的意义代表了思想和语言的联合，这也为我们提供了言语思想的基本单位。在儿童生活的前几个月里，他们参与前言语和原始语言的交际，这一段时间也被维果茨基描述为儿童的前智力阶段。他认为，只有儿童的智力发展到特定阶段后，他们才有可能进入母语阶段。这一阶段的'两个客观的、确定的征兆'（Vygotsky 1962:43）是：(1)儿童开始对词语好奇，想知道每个事物的'名字'；(2)进而，儿童的词汇量迅速增加。此时，'言语开始服务于智力，思想开始被言说'，'语言从早期的情感—意动(affective-conative)阶段进入智力阶段'（Vygotsky 1962:43）。韩礼德（Halliday 1975）、彭特（Painter 1984）、托尔（Torr 1977）的案例研究都在某种程度上和维果茨基的立场一致，三个案例中儿童的启发机能(heuristic function)的发展均出现在 15 个月左右，在此之前，儿童的前言语交际几乎都是情感—意动的。但是，三位语言学家也都注意到，对母语阶段的进入是由语法的产生来预示的。儿童的话语变得可以分析，**这不仅仅是因为这些儿童掌握了更多的词语**：这三个案例研究表明，一个词语搭配不同的语调创造了不同的信息意义。要想理解该现象，我们必须先理解'语法'这个词的真正意义以及它在意义识解中的作用。似乎在维果茨基看来，语言意义是词语意义的总和；语法对意义不起什么作用。

尽管有此不足，当然这点不足如果考虑维果茨基所处的**环境背景**是完全可以理解的，他对词语**本身**的观点绝不幼稚。他区分了词语掌握的不同阶段，在儿童成长过程中，一直跟踪其轨迹，从词语的信号功能，即用来指称出现在感知范围内的物体,到词语的象征功能,即为现实分类,处理概括性类别而非对在场物体进行标识。只有当词语被以这种方式象征性地使用时,它才可以被用于指称去语境化的现象,才能在概念形成过程中发挥抽象工具的作用。根据维果茨基的观点,词语作为抽象工具的功能是一个复杂而漫长的过程,需要多种心理机能同时发展:他认为该过程中的任何要素都必不可少,但是在交际过程中使用词语作为象征符号指称不在场的事物的能力是至关重要的(Vygotsky 1962:59;强调系原文):

[我们]必须……把概念形成视为青少年的整体社会和文化成长机能,它不仅影响青少年的思维内容而且还影响其思维方法。这种新的指示性的词语使用,即用作**概念形成的一个手段**,是青春期初始阶段智力过程发生根本变化的直接心理原因。

虽然维果茨基认识到儿童早期语言和思维发展有着各自不同的路线,但他仍反复强调语言和思维在高级心理发展阶段的相互依赖性。因此(Vygotsky 1962:153;强调为本文作者所加):

思想和词语的关系是一个动态过程;思想产生于词语。缺乏思想的词语是没有生命的;脱离词语的思维只是个影子……思想和语言以一种有别于感知的方式反映现实,是了解人类意识本质的关键。**词语不仅在思想的发展中起到重要的作用,它在整个意识成长历史中也扮演同样重要的角色。词语就是人类意识的缩影。**

认为维果茨基未曾注意到语言的其他方面,这是错误的。相反,他对语言论述的复杂与精辟令人印象深刻。但是,当我们再认真探讨这些论点时,也会发现有些观点让人难以接受。这大多是因为维果茨基提升了词语的功能,认为词语是意义的唯一来源。这使得他产生以下想法,例如,认为或至少暗示语法/句法和意义是对立的。因而,在讨论内部言语时,维果茨基(Vygotsky 1962:145)说:

随着句法与语音被最小化,意义越发处于最前端。内部言语作用于语义,而非语音。

这显然揭示了维果茨基理论的一个令人困惑之处:语言意义与语法和语音并不冲突;正如系统功能语言学所说,意义单位若想呈现出具体形式,若想拥有语义单位的身份,它既要和词汇语法建立关联,也要和语境关联。有趣的是,维果茨基在该书的另一个地方(见 Vygotsky 143—144)摘录了陀思妥耶夫斯基(Dostoevsky)的一段论述,用来说明同一个词语的意义会随着语调模式的改变而发生变化,而语调模式却属于语音层面的一个描写单位。但是,这种显而易见的矛盾不应该令我们感到惊奇,因为陀思妥耶夫斯基所举例子中的意义改变属于情感意义而非指示性意义。就系统功能语言学来说,意义的改变是人际的,而非经验的。但是,对维果茨基来说,意义全然成为一个有关词语意义的事情。事实上,并非只有维果茨基有此倾向:意义存在于词语,语法只是形式,这个关于语言的典型观点也是语言学家之间所常见的;唯一例外的是那些有人类学倾向的学者,比如马林诺夫斯基

(Malinowski 1923),沃尔夫(Whorf 1956),弗斯(Firth 1957),以及最近的一些功能主义者。强调语言的指称意义、表征意义或者经验意义(三个术语皆可),是语言的意义仅来自词语这个观点的一个必然结果。

维果茨基(Vygotsky 1962:146)也讨论了(虽然有点简单)语境(context)和上下文(co-text)在意义建构中的作用:

> 语境中词语的意义,或大于或小于它单独存在时的意义;大于它的本意是因为它获得了新的内容;小于它的本意是因为它的意义被语境限制、被语境变窄。词语的意义……是一个复杂的、流动的、易变的现象;它因人而异,随情景而变,几乎没有界限。单词的意义源自句子,句子的意义源于段落,段落的意义来自书中,而书的意义源自作者的所有作品。

虽然在维果茨基的其他文献中确实对语篇作出了一些富有创见的探讨,特别是在他的文学评论中(Vygotsky 1971),但是在他关于符号中介的著作中并没有与该概念具体相关的关于话语或语境的论述。在本节的最后部分,我将指出维果茨基符号中介论述中的某些主要矛盾之处。这些前后矛盾的问题主要来自:(1)作为系统的语言是如何被概念化的;(2)语言是如何被表现为,或者更准确地说,不是**表现**,而是如何作为符号中介的**手段**或形态的。我建议,对于语言作为符号中介的这种本质,任何对其进行的可行性描述都必须从两个内在地互相依赖的视角展开:系统的视角和过程的视角。在系统的视角中,所要做的就是确立作为符号系统的语言的内部特征:它的符号潜势是什么,语言被用于满足如此众多的人类需求,对此我们如何解释这种能力;最重要的是,语言系统(语言存在的本质)和语言过程(语言的实际使用方式)的关系如何。在语言过程的视角中,所要处理的是对于符号系统的使用:言说主体的实际符号行为是什么;关注的内容是谁实际上说了什么,在哪说,为什么说以及向谁说;话语是如何构建的,为何按照这种模式构建。对于某个社区的成员来说,在他们用语言**能做**什么(即语言作为系统潜势)和他们用语言**实际做了**什么(即语言在某个过程中的实际展开)之间存在一个张力。我们还应该认识到,虽然从具体形式上看言说的主体就是索绪尔所说的**言语**的'主人',但是该主人的符号化声音包含着大量的在社会交往中所掌握的东西,并且这种社区内化的产生正是由于符号中介的普遍存在。在理解符号中介时,这两个语言视角都很重要:系统潜势赋予语言社会发生的能力;实际过程指明了中介承受者所参与的符号中介过程的内容。

上面有关语言的讨论是基于维果茨基论述中的第一个矛盾展开的:**以语言为手段的符号中介蕴涵语言的使用,但维果茨基的理论框架并没有关于语言使用的理论**(Wertsch 1985c,1991;Hasan 1992/2005,1995b)。使用中的语言就是语篇/话语(两个术语皆可);正如沃茨奇(Wertsch 1985c,1991)指出的那样,关于符号中介,维果茨基的作品中并没有论及语篇/话语。沃茨奇建议用巴赫金(Bakhtin)的言语语类理论来填补这个空白。但是,我曾详细讨论过(Hasan 1992/2005),尽管巴赫金关于言语语类的观点在修辞上很有吸引力并且让人印象深刻,但是用伯恩施坦的话来说,这种观点既缺乏一个完善的概念句法又缺少恰当的描写性语言。在巴赫金的文献中,有关这两个层面的术语和单位都需要澄清和说明。此外,对语篇语类形式的语境要素进行校准的原则也不完善,并且交际语境的一般描写模型也不健全。关于弥补维果茨基理论不足之处的第二个建议是:在社会文化活动中来定位符号中介。维果茨基在其后期著作中已经引入了活动这个概念(Minick 1997)。列昂捷夫(Leontiev)对此做了进一步发展;并且近年来这方面也取得了很多成果(详情见 Leontiev 1978;Wertsch 1981;Cole,Engeström and Vasquez 1997;Engeström Miettinen and Punamäki 1999)。限于篇幅,此处不作详细讨论。但是从我所读到的文献来看,活动理论关注的是如何明确情景化社会实践的重要属性。因此,虽然沃茨奇指出了话语概念,但活动理论所倡导的似乎是提出一种类似于语境的东西,并把它当作符号中介的场所。就所有的话语实践都是社会实践而言,语境语篇理论可以被归为活动理论的一个子范畴。因此从逻辑上来说,一方面,活动理论所涵盖的范围应该宽于一个仅仅用于解释话语语境的理论;另一方面,这两者应该是兼容的。但是,活动理论一方面对行为活动中的话语角色表现得毫无兴趣,另一方面又极其偏爱经验功能。因此,它主要关注的是与非言语行为具体相关的概念,比如目标、动机、目的、行动、结果等,这些概念在系统功能语言学里面被视为'语场'(field of discourse)的相关要素,而语场是语篇社会语境的一个成分。但是,这种偏爱对描写话语的社会实践于事无补,其复杂性需要一个能超越行动而进入互动研究的理论,因为行动/语场的选择、管理和结果在很大程度上取决于系统功能语言学中的'语旨'(tenor of discourse),即互动参与者的社会关系和地位。另外,话语参与者之间符号接触和物质接触的本质,也就是'语式'(mode of discourse),是对话语的形成过程进行理解的一个重要考虑因素。如果语言使用的这些方面中的任何一个方面被忽略的话,符号中介过程的真正本质就无法阐述清楚。

  维果茨基理论的第二个矛盾直接产生于他对于语言作为系统的观点。对他来说,**语言意义的发展历史是社会的,但是意义本身是表征的/经验的**。他希望强调语言在高级心理机能社会发生中的作用,但是他所感兴趣的仅仅是那些与人际关系没有直接关联的意义。这种情景下,说语言是一种能表征去语境化意义的符号系统,根本不能缓解其固有的问题。虽然关于意义在符号中介过程的中心地位问题我们和维果茨基意见统一,但是我在上文已经指出,在他的论述中,意义的概念显然是极其片面的。他对经验意义的偏爱与对词语意义的绝对关注并行不悖,因为意义和指称关系实际上就是经验的。维果茨基对词语之于人类思维形成的作用如此深信不疑,以至于他忽略了自己对语篇中主位推进和语境作用的精彩洞察,似乎这些均与符号中介毫不相关(见 Vygotsky 1971)。维果茨基同时代的多数人对语言的本质均持有类似观点,这是无可辩驳的事实;但是与维果茨基不同的是,他们并未宣称思维的社会发生性。不幸的是，一些与维果茨基同时代的学者，其研究好像从未引起他的注意，比如米德（Mead 1934），沃尔夫（Whorf 1956），马林诺夫斯基（Malinowski 1923）和沃罗施诺夫（Vološinov 1973）。沃尔夫和马林诺夫斯基都强调了语法在语言意义识解中的价值。此外，对于语言在习惯性思维和认知的某些方面的形成中的作用，沃尔夫与维果茨基持类似观点。米德和沃罗施诺夫强调语言对人类关系的重要性。所有这些方面对理解符号中介都很重要。

维果茨基语言系统观的一些问题远不只是语言作为中介工具的问题，它还触及到了内容问题的核心——语言所中介的是什么。就维果茨基而言，作为一个系统，语言仅仅是表征的/概念的。这样一个系统不可能掌控符号中介的社会关系和社会情景性（social situatedness）。所以，维果茨基研究中所指的符号中介的唯一成果与他的语言系统只是概念功能的观点一致也就不足为奇了。正如上文我所评论的那样，对维果茨基的高级心理机能的阐释，一方面可以让我们对语言作为符号中介的成果进行针对特定方向的理解，另一方面，展示了一个可能饱受高度'精英化'指责的观点。维果茨基认为，高级心理机能作为符号中介的具有精华特性的加工品，是人类特有的。而鲁利亚在其乌兹别克研究中发现，成人受试者在某些情景下无法成功地进行逻辑推理、演绎推论和概括。那么，我们该如何解释这一研究结果呢？无疑，这些受试者把语言作为**象征符号**来使用，是因为这是成人语言使用的条件之一（具体讨论参见 Hasan 1992/2005）。我们注意到，处于高级心理机能范畴下的所有心理活动似乎都是源自语言的概念功能：正是语言的概念功能阐释了技术概念、逻辑和推理关系、事态蕴含等等。并且，这些高级心理机能构成了官方教育系统成功的一个条件，因为掌握这些高级心理机能，按照伯恩斯坦的话说，就是拥有特权和授予特权。在鲁利亚对乌兹别克受试者的研究中，他认为，高级心理机能的缺乏是因为受试者学校教育的缺失。缺乏学校教育指的是未从官方教育中'获益'。在鲁利亚的论述中，好像学校教育的缺失仅仅是指能否从现实渠道获得官方教学话语这样一个简单事情；似乎教育不是社会阶层日常斗争的场所，优势不是集中在社会上占主导地位的成员身上。伯恩斯坦（1990：66）认为官方教育'表达了占主导地位群体的主导性意识形态'，如果我们认同这一观点，也就似乎认同了高级心理机能是由这些占主导地位群体的成员垄断的。对于一个渴望与马克思资本论齐平的心理学理论来说，这是一个非同寻常的转向！这种现象的发生，有两个原因。第一，因为维果茨基认为，语言潜势是有限的，只包括概念现象。第二，因为维果茨基的研究完全忽视我所说的'隐性符号中介'（invisible semiotic mediation）（Hasan 2002a）：该中介发生于社会主体日常行为的话语中。如此一来，有关符号中介的论述就忽略了心理倾向的发生，也就是社会主体通过文化习得的人生价值观。此外，有充分理由可以说明，这些心理态度对'显性符号中介'（visible semiotic mediation）的成功或失败异常关键，在所谓的高级心理机能发生中扮演着工具的角色。

对维果茨基语言观的思考已经把人类意识发生和发展的故事与另外一个学科，即语言学学科，直接关联起来。但是和其他学科一样，语言学呈现出不同的研究方法及意识形态。在这个关联过程中，我所要采用的语言学的某些观点以及上文提到过的语言学概念，均来自于系统功能语言学。一方面是因为该理论像维果茨基的心理学一样，植根于马克思主义式的思考，另一方面，可以说，系统功能语言学为语言提供了最成熟的理论框架，它以一种连贯的方式把语言的系统和过程结合在一起，并为此提供了富有深刻见解的描述。它提出了语言的功能观，认为语言本质上是多功能的，并且所有功能对语言的系统和过程都同等重要；在语篇框架下强调语言的概念功能和人际功能，有利于深入了解人类意识的社会发生。系统功能语言学拥有清晰的意义识解理论，它不仅把意义和社会语境结合起来，还和语言的形式结构建立联系，包括语法系统和音系系统，所以，它在超越词语的同时却又不忘关注词语。韩礼德和维果茨基关于儿童语言和思想发展的观点如此相似并非偶然，两者最终都关注语言权力及其在文化思维塑造中的作用：两者的区别是，韩礼德作为语言学家能把语言本质理论化，认为它拥有更加丰富的潜势。与形式语言学理论不同，系统功能语言学的立场是：儿童语言发展的关键是学会如何表达意义（Halliday 1975），因为语言意义是社会的，儿童语言发展由'学习语言、用语言学习、学习语言知识'组成（Halliday 1980）。这一观点和维果茨基的理论是明显吻合的。与此密切相关的是，韩礼德和他的同事已经论证了经验发展实际上是如何被嵌入人际功能的。婴儿的早期经验是经过社会语境渗透的（Hasan 2001）；儿童在能对他人交流之前就可以感觉到对方。在向对方说话时，关系建立先于信息传递：早在发生任何信息交流之前，儿童与成人间的交流就先把他们定位为互有情感的人和处于某种社会关系的人。我相信，功能语言学的这些观点一旦和维果茨基的论述结合起来，它们一定能编织成一个连贯的故事。

最后，我所关注的维果茨基理论的第三个矛盾与上一个矛盾密切相关：**维果茨基认为，言语是社会的，符号中介是社会的。但是涉及到中介过程时，说它是社会的似乎就会显得很奇怪。**维果茨基的理论是推崇心理发展的社会基础的，但是几乎完全忽视语言在建立社会关系中的作用以及社会关系和心理发展之间的关联性。在中介过程涉及的语义结构的四个成分中（该概念的分析见上一小节），**中介者和中介承受者（即1和3）对符号中介的社会情景特征来说至关重要：它们也是维果茨基的研究中最不凸显的两个。**毕竟，儿童不只是心理机能的仓库；在社区的生活中，他/她首先是一个社会人。但是，在符号中介的论述中，中介者和中介承受者仍然是非社会性的；在符号中介中偶尔提到的被文化同化的成人，按照伯恩斯坦的说法，依然保持着'文化非确定性'（culturally non-specific），两个参与者似乎都没有被置于社会结构之中，这样社会结构似乎也就不能影响他们的生活。符号中介只能发生在涉及言语的文化活动中，并且符号中介的场所并非'毫无限制'；伯恩斯坦认为，通过主体分类可以对它们进行深入研究（详细讨论见下一小节）。正是在这一点上,在维果茨基对心理发展这幕戏剧的描述中,他的**剧中人物**(dramatis personae)都是'扁型人物'。为赋予他们生命,也为他们创造一个三维视角,我们还需在这个故事中植入一个新的学科,这就是社会学,尤其是伯恩斯坦的社会学理论。

6. 符号中介与思维的社会发生:伯恩斯坦视角

引用伯恩斯坦的社会学理论,我的目的不是介绍或者评论它:这样做无疑多此一举。我想做的正是我已经对系统功能语言学所做的:选取社会学这一学科的某些部分,然后把它们编织到我的故事当中,即基于符号中介的人类意识社会发生的故事。我的做法是,重提上文对符号中介概念的分析并追问:伯恩斯坦的社会学理论是否对这个概念的诸多要素作出了重大贡献?如果有,那么贡献如何?他的语码理论中哪些要素有助于我们更好地理解符号中介概念的各个方面?

但是,我们最好先澄清这样一个事实,尽管伯恩斯坦没有使用符号中介这个标签,但是符号中介的思想已经成为他社会学理论的重要组成部分。早在 1965 年(重印版 Bernstein 1971:144;强调为本文作者所加)伯恩斯坦就指出:

> 语言系统或语码为言说者创造了不同程度的关联和关系。言说者的经验可能因不同的言语系统所强调或关联的不同而改变。当儿童学会说话时……他也掌握了自身社会结构的要求。儿童自身明显的主动的言语行为引发了学习行为,从而改变了儿童的经验。这样一来,在语言过程的各种作用下,社会结构变成了儿童经验的**根基**(sub-stratum)。**由此看来,儿童每次听或者说时,都会强化自身的社会结构,塑造自己的社会身份。通过对言语行为的塑造,社会结构成为了儿童的心理现实。**

上面这段引文通过语言形态对中介存在的事实给予了肯定。与维果茨基不同的是,伯恩斯坦并不认为语言是一个无差异的系统,但是,这一事实,从认识到语码变体开始,并不否定语言的中介能力是语码理论的关键这个事实。上述引文中谈到的符号中介内容显然与维果茨基的研究兴趣不相符合:伯恩斯坦关心的是社会结构的内化,而不是官方所认可的那些特定等级的知识产生的原则。但是无论是前者的内化亦或是后者的内化,其手段都是一样的:两者使用的都是符号中介这种手段。中介问题暗含于伯恩斯坦提出的'古典社会学的一般理论问题'之中:'外部如何转变为内部,内部如何揭示自身和塑造外部'(Bernstein 1987a:563)。伯恩斯坦的理论用了四十年来回答这个问题。可以理解的是,在此阶段,该理论经历了不同的发展周期,但是无论提供何种描写性语言,符号中介在阐释这一问题中的重要性依然如是。伯恩斯坦对教育社会学的贡献是巨大的,他也因此得到了广泛认可。但是作为语言学家,我认为早期伯恩斯坦与晚期伯恩斯坦不存在间断性:他的著作一直都与符号中介密切相关,矢志不渝。这里有一段他关于自己理论的最新看法,

可以用为佐证(Bernstein 2000:91;强调为本文作者所加):

> 这个理论实质上是阐释清楚一些过程,通过这些过程,某种既定的权利分布和控制原则被有区别地转化成具体化的交际原则,而且经常被不平等地分布在社会群体或者社会阶层之中;交际形式的不平等分布是如何在最初(但是不一定是最终)塑造这些社会群体或阶层成员意识的形成,从而传递对立和变革。关键问题是**把权力和控制转化为交际原则,而这些交际原则成为了它们的(成功的或者失败的)承载者或传递者。**

现在我想转向符号中介概念的语义结构问题,我要把这个讨论从之前遗留的地方重拾起来,即中介者和中介承受者(1 和 3)。我认为在伯恩斯坦的社会学中,要理解人的社会身份,与之相关的概念是社会定位(social positioning)。伯恩斯坦(Bernstein 1990:13)用这个概念指'与其他社会主体建立一种特殊关系以及在社会主体间创建关系'。定位概念在伯恩斯坦理论中的重要性在于它在其理论系统中的位置。虽然有点老生常谈,还是要说明的是,定位最终植根于所有尝试描述现代社会的社会学理论的最基本概念之中。在伯恩斯坦理论的概念关系中,定位的实现是与语码这个概念相关的,包括权力分布语码和控制原则语码,后者指社会的阶级分化,它体现了劳动分工和资本分配的基本概念。这是定位概念的坚实基础,但它不足以详细说明这个概念所嵌于其中的理论框架的整体结构。下面是伯恩斯坦的解释(Bernstein 1990:13—14;强调为原作者所加):

> 更确切地说,阶级管控下的语码根据主导和被主导的交际形式及其关系为主体定位。意识形态是通过定位并在定位过程中建构的。由此看来,意识形态存在于关系模式中,并且控制关系模式。意识形态与其说是内容,还不如说是实现内容的一个**关系模式**。

我认为以上论断是想表达这样一种观念:定位的实现是与阶级管控下的语码密切相关的,这些语码本身被体现为主导和被主导的交际形式。如果某人的意识形态是通过定位和在定位过程中产生的,我们就可以认为,社会主体的社会定位和以下三者存在着逻辑关系,它们分别是心理倾向、心理习惯、以及他们与生活中所遭遇的任事物之间的关联度:个人的社会定位、心理倾向以及个人与社会劳动分工的关系,这三者之间存在必然联系。在伯恩斯坦的社会学体系中,根本不存在非社会性的人类。从这些分析中可以揭示出,符号中介总是也只能发生在中介者和中介承受者的社会经验框架之内。伯恩斯坦理论的这一部分不仅可以弥补我们所发现的维果茨基论述中的不足,还让我们看到了这一概念更为复杂的一面。

上面讲到,伯恩斯坦理论一开始就致力于对符号中介概念的探讨,同时这也表明了伯恩斯坦对符号中介内容的关注:符号中介释放的能量能产生什么。作为社会学家,伯恩斯坦的研究对象是社会;社会如何再现,如何变革;社会的组织原则有哪些;社会是如何被构建为现在这种模式的,即社会历史何以如此。伯恩斯坦理论中的符号中介概念对这些问题的解答有着重要作用。维果茨基密切关注了我所说的显性符号中介(Hasan 2002a)的产物——有意识的话语,其目的为对某种具体推理范畴进行中介;某一范围的技术概念;以及与世界物质现象的特定关系,通过这种关系,世界被按照某种方式划分等级和类别。与此相对,伯恩斯坦,尤其是在他的学术生涯早期,对隐性符号中介(Hasan 2002a)给予了非常密切的关注:非自我意识性日常话语如何中介心理倾向,即以特定方式回应情景的倾向,以及它如何落实人们对其所生活的世界的各种观点,既包括对一般认为的自然现象的观点也包括被称之为文化现象的观点。语码理论[5]的早期研究在其抽象层面上清楚地表明隐性符号中介对于个人生活的首要性:受语码调控的话语并不仅仅被当作认知功能的'调节阀',它还在塑造'性情、身份和行为'中起到关键作用(Bernstein 1990:3);否则,鲁利亚的乌兹别克研究结果也就不会让伯恩斯坦的理论大吃一惊了。但是,伯恩斯坦的理论并没有就此止步,它继而又描述了语言使用的语义特征,这对于符号中介的特性来说至关重要。伯恩斯坦的理论在20世纪80年代末达到顶点,此时他已经引入并详尽阐述了一些概念,比如分类、架构,并指出它们的变异潜势。这不仅能让我们分析符号中介行为,即以中介者和中介承受者关系为出发点的话语,还可以让我们分析教育知识的分类和架构如何不是一个简单的'非社会性的'符号中介。

  前面,我们注意到了人们对于符号中介场所(4b)问题的关注。(参见前两节)。这一点上,伯恩斯坦或许会同意沃茨奇的观点,认为中介的环境是社会实践,而社会实践当然是包括话语的。但是,仅仅肯定社会实践的重要性或为社会实践构建中的重要事物提供一个同质的普遍模式是不够的,因为在'同一个'语境下,社会的不同群体不一定会参与'同一个'社会实践。伯恩斯坦认为,从某种观点来看,即便是在'同一个'语境下,不同社会定位的人类也会产生不同的实践。伯恩斯坦(Bernstein 1990:16ff)假定了一些相关概念来说明这是如何发生的。在社会中被定位的主体,参与到受语码调控的主导和被主导的交际中,并获得经验,通过这种参与和所获得的经验来制定规则以识别哪种语境对应哪种社会活动,以及如何对必要活动进行展开。参与社会实践,包括话语实践,是人类从事的最大的自发性实践活动:说话是学会说话的必经过程,接触语境是认识和处理语境的必由之路。当然,这意味着一个人所要学习的语境正是其所生活于其中的语境,反过来讲,一个人所生活于其中的语境即是那些由他的社会位置所具体化的语境。韩茹凯(Hasan 1989;1992b)、克洛兰(Cloran 1994,1999)、威廉姆斯(Williams 1995,1999,2001)的实证研究支持了以上这些观点:在某个家庭内,和孩子一起用餐或许是一个可以详细阐述有关生死或者食物链知识的好机会(Hasan 2002a)。但是对于另外一个社会位置完全不同的家庭来说,吃一顿饭或许是另外一种完全不同的活动。哪些语境能在符号中介的作用下成为某种特定内容的生成场所,取决于谁是说话人和谁是听众,从社会角度来说,也就是他们的社会定位是怎样的,他们参与社会实践分类和架构的模式是什么。对于有些社会主体来说,平凡的日常活动为官方教学话语的语境重构提供了一个语境;而对于其他人而言,官方教学话语的语境与他们仅仅是无关联的。可以肯定的是,对于鲁利亚所谓的符号中介在官方教学场所会产生良好结果这一简单观点,伯恩斯坦并不认同,因为在中介和被中介的概念的内化之间存在主动代理人(即中介者和中介承受者)的社会历史。这并不是说伯恩斯坦不考虑改变的可能性或教育在其中的作用。诚如伯恩斯坦在结论中(Bernstein 2000:189;强调为本文作者所加)所指出的:

本主题所展现的传递/习得系统不会创造出铜质腐蚀凹板从而让我们深陷其中,也不会创造出镶嵌在混凝土或者流沙中的体系、栅格、网络和小径。传递/习得系统展示了权力关系的授权功能和禁止功能并使之合法化,它们(即,这些系统)既传递这两大功能又依赖于它们。尝试把传递的内部原则模式化并不能让它们永恒。**从以上分析可以看出任一套原则可选择的极性以及这些极性之间可能的集合。它提醒我们注意传递的选择性效应,它的社会成本及其变化的基础。**

我们需要一个理论揭示这些**选项组**和**可能性集合**;也许,对**传递效应、社会成本和变化基础**进行理解就是为了解释如何使我们的行为更为有效。但是,伯恩斯坦的教学话语建构理论和符号中介在知识分布中的作用之间的关联性不应被过分强调。

在符号中介的形态问题上,伯恩斯坦早期的语码理论依赖于传统的语言描述。与维果茨基不同的是,伯恩斯坦本人从未对语言的内部结构作过研究。尽管他在讨论语码时一直将重心置于意义之上,但要找到一个对使用中的语言进行意义分析的框架,并将其作为一个启发性的装置来识别复杂语码(elaborated code)和局限语码(restricted code)的关键特征却是不可能的。早期对词类和语法范畴(例如逻辑连接词等)的数据分析并不很受欢迎。事后看来,其错误似乎不在于所确立的模式上,而很大程度上在于语言学家没能系统地构建一个把意义和措辞联结起来的框架。韩礼德与伯恩斯坦的理论结合使得人们对早期的语义网络产生了兴趣(Halliday 1973a;Turner 1973),但是这还是一个完全未知的领域,仍需要大量艰辛的努力才能使其成为语言学分析的一个可行工具[6]。虽然伯恩斯坦停止了对语码的语言学分析,但是他不可能从符号学中退出。他的语码被描述为意义的调节阀:'语码挑选并整合相关意义';因此它'预设不相关的和不合理的意义……语码的概念既离不开合理的交际,也离不开不合理的交际'(Bernstein 1990:14)。讨论语码离不开意义实践。社会条件可能会在某一套特定的语义模式内进行有逻辑的选择,而伯恩斯坦对社会条件与特定语义模式之间的关系有着非凡的洞悉。颇具讽刺意味的是,虽然他不再进行基于语言形式的分析,对于我们理解使用中的语言,他的贡献却上升到了一个更高的层次。之后,伯恩斯坦讨论了教学机制,阐述了语境重构的规则,发展了垂直话语和水平话语理论,探讨了话语的分类和架构问题,所有这一切都为我们留下了宝贵的遗产,但是其全部的涵盖范围和价值还有待我们去挖掘。弄清楚这些现象是如何在语言的词汇语法中展现自己的，这对于语义分析来说是一个挑战。在这一点上，与此最为相关的事实是，既然这些概念与使用中的语言，与作为社会实践的话语有关，那么从其形态运作方式来看，这些概念与符号中介的使用也是直接关联的。

7. 小结

对于人类意识的社会起源发展这个故事，为了使其描述呈现出合理性和连贯性，需要从三个不同学科选取相关内容来共同完成。把它们编织在一起来构成本文的结构，我的目的不是批评某个学者的'理论的不足'；我只是希望强调，人类现象，也就是社会现象，其本质是复杂的，而围绕其产生的各种故事也是漫长的；而对于这种间距，一个理论很难把它们涵盖殆尽。本文从维果茨基开始，把他的理论作为故事的缘起，然后找出其中的缺陷，再从其他两个学科找出相关部分来填补这种不足。当然，人们也可以从韩礼德或伯恩斯坦开始，并且也会找到二人理论的不足。这并不是说韩礼德的理论不够好，或者说伯恩斯坦的理论不够充分，更不是说维果茨基的理论存在缺陷就意味着他的理论没有根据：这仅仅是因为，在某个学科范围内探讨人类存在状况的理论注定都是不足的，因为有关人类生存的问题是在多个学科内相互关联的。或许我们对这样的理论的最好期待就是它应该是动态开放性的，也就是说，作为一个理论，它应该把自己的研究对象根植于这样一个语境下，在这里，该理论的进化、稳定和改变可以看作是它与人类经验的其他领域的研究对象互动的结果（Hasan 1999a）。事实上，在这个意义上，本文讨论的三种理论都属于开放性理论。它们相互作用产生的故事比它们自身所能提供的要丰富得多。维果茨基的贡献在于他揭示了心理生活和符号的深层关系以帮助我们理解人类的心理生活；借此，他预见了语言和思维的辩证关系：正是这种辩证关系使得人类语言和思维协同发展。韩礼德的贡献在于他揭示了符号和社会的深刻联系以助于我们理解符号生活。借此，他阐述了语言和社会的辩证关系，这种辩证关系是二者协同发生的基础。伯恩斯坦的贡献在于他揭示现代社会生活与意识的内在联系从而帮助我们理解现代社会生活，该意识是由人类共同生活的社会语境中的符号所促成的；借此，他让我们认识到心理如何需要社会，社会如何需要符号来维持、发展、变化。在当今政治环境中，对伯恩斯坦的正确解读可以揭露资本主义的病理状态，在这种状态下，我们通过维果茨基所主张的高级心理机能而努力赢得的体外进化，似乎在引导我们去大规模地消灭他者，从而保护我们的边界，维护我们的控制权。

注释

1) 在维果茨基论述他的种系发生学（phylogenetic）观点时（Vygotsky 1978），

我们有一个前导思想，即波普尔的体外进化思想（exo-somatic evolution）（Popper 1979a）：人类的进化不是躯体适应环境，而是改变环境使其适应躯体。

2) 我忽略了环境的全部范围，例如，在有技巧地中介（mediate skillfully）中所出现的方式环境等。

3) Jean Lave 关于'施为和环境'的有趣讨论与此有关，只是所强调的重点不同。

4) 有理由相信维果茨基在使用 autistic 这个术语时，所指的并不是我们现在所熟悉的病理状态，而是指解释的带标记的主体性。

5) 伯恩斯坦早期著作的大部分内容仍需被重新解读，在我的阅读当中，我发现他的语码理论的启发性遭到了猛烈的抨击，这是因为它导致了一个语义匮乏的语言学理论。即便人们承认伯恩斯坦的行文是最为复杂的，学者们对其作品的阅读也不能提高他们的读写能力！

6) SFL 需要些时间来阐述语言作为多层次系统的概念，词汇语法层和语义层之间存在'天然的'体现关系。在其元功能假设下，语境在语言的过程和系统中居于关键地位。韩礼德（Halliday 1973）对消息语义学（message semantics）描写的开拓性研究最终由韩茹凯来继续（Hasan 1983：mimeo）。大量消息语义学的系统网络被用于分析日常交际以确认不同的语码形态（Hasan 1989；1992/2005；1992b）。它的后续拓展者包括克洛兰（Cloran 1994）和威廉姆斯（Williams 1995）。

3 语码、语域和社会方言

1. 导言

这篇文章[1]主要研究'语码''语域'和'社会方言'这些概念。它们无疑都涉及社会语言学领域。同时,对它们的识别也为有关语言本质的理论增添了有价值的研究维度。因此,对这些概念的研究引发了对于社会语言学和普通语言学似乎都至关重要的问题。

我首先假设在语言和社会结构要素之间存在着可具体化的相关性。在特定情况下,相关性的性质可能会变化,但是这个假设的基础总是真实的,可以表述如下。语言从根本上讲是一种社会现象;尽管事实上人的有些生物属性在语言习得和随后的语言使用上发挥了决定性的作用,但语言仍然具有社会人而非动物人的属性。这就引发了一个可能性假设:社会结构的各个方面会反映到语言中。正是这个假设形成了社会语言学的基础。虽然,对这个领域的清晰的理论和方法的描述,因其本身的缺失而被人们所注意,但这一领域的著述确确实实证实了上述假设。

我认同费什曼的观点:在相关研究领域使用社会语言学这个术语可能是一个误称(Fishman 1970)。这一称谓意味着社会语言学是在一些具有社会重要性的语境中应用语言学的方法来研究语言问题。毫无疑问,现在越来越多的社会语言学家运用语言学家提出的方法来描述语言;然而这似乎并不是重要的特征因素。社会语言学研究的关键似乎不是使用语言学方法,而是将语言结构与不同抽象程度的社会结构发生关联。也许,人们通常意识不到这种解释性的研究对于普通语言学具有重要的理论价值,它能扩大普通语言学的研究范围,这种扩展方式,对人类语言一些本质属性的描写以及一定社区和子社区成员语言习得模式的研究都具有潜在的深远的影响。社会语言学和普通语言学的关系使我们很难明确划分它们的界限。布拉格学派功能主义语言学家的研究属于社会语言学还是普通语言学呢?有人会说它两方面都有,因为它将语言结构与社会因素联系起来,同时为整体语言的描述和特定语言的描述提供了一种模式。

也许需要指出,尽管当前大部分语言学著作都关注语法编写和语法构建的某些方面,但是,普通语言学本身并不等同于语法,即使语法这个词涵盖了除句法以外的语言内部模式的其他方面。我不会详细讨论普通语言学的研究范围,而要在这里提及弗斯的《语言学理论纲要1930—55》(Firth 1957a),它对普通语言学所关注的话题提供了最为广泛和系统的概述。对这一问题,其他语言学家大多赞同弗斯的观点。在相同的普遍的传统下,我们可能需要提到以下名字,萨丕尔(Sapir

1921)、沃尔夫（Whorf 1956）、派克(Pike 1954)和弗斯自己的同事和学生。

弗斯持有以下观点：'语言学认为言语和语言语篇与生存相关,因此也与生活的"意义"相关;并且语言学会尽可能地应用其理论和实践,用严格的语言学术语陈述这种"意义",如果在一系列一致的层面上把问题拆开分析的话。'弗斯对'意义'一词的使用受到了语言学家的批评（Lyons 1966；Langendoen 1968）。在本文中,我所关注的并不是对弗斯的'意义'这一概念的评价；但随着对语码,语域和社会方言这三个概念的讨论,我们会发现,与构成词典中词条的个别语项(item)的意义不同,语言意义只有通过在一系列一致的层面上进行拆开分析才能被全面把握。此外,某些层面的分析可能不能完全参照正式认可的句法、词汇和音位成份来确立。这样看来,基于弗斯的意义观有一个假设：一个给定的话语能够传达不只一种类型的意义,而是复合的多重意义。似乎没有一种先验的理由来暗示在言语互动中,话语的内容意义（content-meaning）实际上比其情感意义更重要,更值得关注。作为语言的使用者,我们似乎要考虑话语意义的所有成分,我们的反应似乎受到整体意义而不是其中任一特定成分的限制。

从'意义'一词的广泛意义上讲,对于语言事件意义的考虑为弗斯模式从事一般语言研究所实行的二分法提供了一个理由。我们可以从形式上研究语言,也可以通过制度研究语言。语言的形式研究与给定语言中各'片段'之间的关系网络有关,而通过制度研究语言需将语言置于与言语社区环境的关系中。应该指出的是两种研究类型并不像上述内容显示的那样差别巨大。事实上,它可以被作为论据来支撑普通语言学的'合理关注点'是二者中的任一种而不是二者兼顾。

2. 社会方言

语言形式研究的相关方面不是本文关注的重点。我把注意力转向机构语言学(institutional linguistics),它研究与言语社区某些环境相关的语言。冒着可能过为简单的风险,在这里我对自己进行了限制,仅仅对机构语言学中被广泛认可的三个范畴进行简要探究。这些范畴是'时域方言''地域方言'和'社会方言'。

假设在每种情况下一种语言 L 有多种变体 a，b，c(或者 L 是多种变体的'集合')……这些变体共有一定的特征使它们可以被看做语言 L 的实例。变体 La 具有专属于它的某些形式特征（或一种形式特征模式）；这些特征将 La 与 Lb 和 Lc 区分开来……因此,为了被给予语言 L 的变体地位,每个范畴 a，b，c...必须在某些可辨别的形式特征方面,同时表现出相似性与差异性。变体 a，b，c...之间的差异,可以与一些超语言因素相关联。这些因素在谈及'言语社区的某些环境'时已经涉及了。'时域方言'是索绪尔以来常用的术语,它的差异与时间相关；'地域方言'与空间相关,'社会方言'与特定语言群体中的一些社会属性相关。这些术语当中,最后一个,即'社会方言',对我们的讨论具有特别意义；提及'时域方言'和

'地域方言'是为了确定'社会方言'这个范畴的本质。

韩礼德等人（Halliday et al 1964）是这样定义方言的：

每个言说者都学过……所在语言社区的一种语言变体，这一变体与其他言说者学习的同一语言中的其他变体在某一层面或所有层面上都存在着差异……这种变体，在这一维度上被称为方言。地域方言是由'你是谁'决定的。一般来说，'你是谁'，在这里意味着'你从哪里来'。

如果我们这样定义地域方言，那么通过类比，社会方言则可被定义为与同一语言中的其他变体在某一层面或所有层面上都存在着差异的一种变体，而这种差异的依据是'你是谁'；在这里，'你是谁'也就意味着'你属于哪个社会阶层'。

确定名义上的社会阶层的成员身份存在着一些问题。这些问题来自相关属性的范围和权重，它们是公认的划分标准。但是，地域方言中可以出现一种并行现象，在这里，划分标准的变化性来自于聚焦精密度的变化。例如，我们可以识别苏格兰方言和格拉斯哥方言，但后者是前者的一种。同样，我们可以通过参考社会群体成员的收入水平，识别他们所讲的社会方言 A。如果参考成员的教育程度，同一个社会群体则可以划分为三个子群体 1，2 和 3。如果与这些下属群体相匹配，方言 A 可以进一步划分，这样我们可以得到和子群体 1—3 相关的至少三种社会方言。这三种社会方言和方言 A 的关系与格拉斯哥方言和苏格兰方言的关系是一样的。就像格拉斯哥方言是更为广泛的'地域方言：苏格兰方言'的更具体的实例一样，三个子群体 1—3 的社会方言也是更为广泛的'社会方言：方言 A'的更具体的实例。社会参数，例如收入，教育程度和职业，可以单一使用或者结合使用来确定给定社会群体的边界。确定社会群体时，所结合的属性数量越多，这一群体的方言越具体。

因此，地域方言和社会方言可以被粗略地看作机构语言学中彼此平行的两个描述范畴。语言学对两者采取的研究方法基本相同：方言由一些形式特征确定，这些形式特征可以将它与同一范畴的其他方言区分开来。探究与形式特征的差异相关的超语言因素是基于这样的假设，即形式变化的一贯模式不会随意出现；如果同一语言中存在不同变体，一些超语言因素会概括性地表明它们作用的范围。

本文要指出的是，通常在方言学研究中，在语言中所显现的与在非语言中所显现的相关。如果有人问，为什么特定的人讲特定的社会方言，答案十有八九就是：他与特定的社会群体有着密切的关系。有个问题很少有人问及或回答：为什么特定的社会方言只是在这些方面与另一方言不同？这似乎是因为与差异相关的超语言因素，对具体特性来说只是偶发性的，而不能构成其解释。不同方言边界和它们相关的超语言因素之间没有真正的因果关系，至少理论上存在这样的可能性，即一个格拉斯哥人并没有掌握格拉斯哥方言；同样，一个人可以属于某一特定社会群体，处于特定的收入水平和教育程度，却没有掌握属于这一社会群体的方言。这是基于这样一种观察发现，即一种方言的确立，最重要的是要根据它的区别性形式特征,而不是诸如此类的超语言因素。因此,言说者的地理和社会出处本身并不能佐证他在既定方言群体中的成员身份。在一个地道的伦敦人嘴里,格拉斯哥方言就是格拉斯哥方言,不会成为伦敦方言。

因此,一种方言,不管是时间的、地域的或社会的,对其内部形式类型(formal patterns)的研究是纯粹描写性的;它们不以任何特定方式与相关言语社区的'生活'产生关联。我们陈述方言的这一特点,并不是要来批评方言学。这里的目的仅仅是为'方言'这一范畴的性质提供一些认识。的确,除去词汇结构的一些局部领域以及句法(这更加让人怀疑)的某些方面,用以确立某种方言的形式类型似乎和'生活'并没有直接的关系。方言,无论与时间、空间和言语社区的社会属性是否相关,仍属于一个描写性范畴,把显现(manifestation)关联到显现上。方言的边界通常与超语言因素相关,然而后者不能用来推测确定方言类型的形式类型是否存在。二者在逻辑上不是依赖或共存关系,而仅仅是同现关系。

3. 语码

在描述了方言的特征后,也许我们会问,在本质上,伯恩斯坦的语码范畴是否可以被看做社会方言的并行体。二者之间的两个突出差异引起了我们的关注:首先,与社会方言相关的超语言因素是偶发性的,而与语码相关的超语言因素是因果性的。如果社会方言与超语言因素的关系仅仅是同现关系,那么语码与超语言因素的关系则是逻辑依存关系,并且预设着同现。其次,社会方言是由其特有的形式特征来界定的,而语码则是由其语义特征[2]界定的,因此只是间接涉及对形式层面的考虑。也就是说,语码的语义特征可以从社会结构要素中预测,事实上,正是这些社会结构要素产生了语码。这就把语码概念提升到了一个比语言变体更为普遍的层面。的确,把局限语码和复杂语码看作行为语码更有优势,这样词汇行为就涵盖了言说和非言说行为。而本文主要讨论语码概念对言说行为的控制能力。

伯恩斯坦认为,'局限语码和复杂语码是由特定的社会关系形式产生的。实际上,它们可能是对不同社会结构的体现'(Bernstein 1969)。似乎,社会结构中与语码界定最为相关的那些方面是有关社会组织原则的。

机械团结和有机团结概念,这两个概念可以用来显示在社会内部对一种形式而非另一种形式的社会整合的强调。当个人通过特定社会功能的复杂依存关系相互联系时,有机团结就被凸显了。因此,有机团结预设一个其社会整合产生于个体差异的社会。当个人之间共享信仰和情感的共同体系时,机械团结就被凸显了,而这个体系产生了对行为的具体调控。如果社会角色是在有机团结中获得的,它们就要在机械团结中被分配或'归类'(Bernstein 1967)。

简单来说,在以机械团结为特点的社会中,其成员的身份可以在回答'什么是X?'时得到充分表述。然而,在以有机团结为特点的社会中,问题应改为'谁是

X?',在前一类社会中,身份由公认的社会角色来表述。例如,X 可以是父亲、老板或邻居。在后一类社会中,除了成员公认的社会角色,只有当他的某些个体特征得到表述,他的身份才能得到完整表述,从而使他与众不同。

由于显而易见的原因,社会整合形式在孩子的社会化过程中发挥着重要作用。伯恩斯坦通过四种语境来处理社会化问题,他认为这些因素很重要,因为,在基本抽象层面,这四种语境涵盖了社会化发生的所有领域。这些已经在伯恩斯坦的各种著作中讨论过,列举如下(Bernstein 1970a):

规约语境(regulative context):这些是权力关系,孩子们通过这些关系意识到道德秩序的规则及其各种应用环境。

教学语境(instructional context):让孩子们从中学习事物和人的客观本质,并获取各种技巧。

想象语境(imaginative context)(或创新语境):鼓励孩子按照自己的条件和方式体验并创造自己的世界。

人际语境(interpersonal context):使孩子意识到自己和他人的情感状态。

伯恩斯坦认为社会整合形式的差异将会在参与者——实施社会化的人和被社会化的人——所在的所有四种语境的言语和非言语行为中自然显现。尽管更多的研究是针对前两种语境的(Cook 1972;Bernstein and Henderson 1969;Brandis and Henderson 1970;Robinson and Rackstraw 1972;Turner, Turner and Pickvance,以及 Robinson 1973)。这些研究暗含了某种对后两种语境的预测。

在由机械团结整合的社会结构中,机构性和群体性是主要的,个体的独特意义变得不太相关。这就是说任何可能的一套场景,正如它本身所显现的那样,在很大程度上是参照群体信仰和反应被提前分类的。因此,人们一般不会通过参照交际者的某些特定属性或整个事件的特征来对某个情景做出另一种解释,这种方法是不被人们所寻求或提供的。仅以对群体的提前分类为依据对情景及情景参与者进行观察,这种普遍倾向意味着不会对支配相关范畴的原则进行分析,更不用说对其进行质疑了。重点不在这里,而在于某一范畴被显现的过程。这一看法不仅触及对道德秩序的描述,还延伸到了人际关系与客观物质世界。有关这些倾向对四种关键社会化语境的影响,其部分结果可以被概括性地预测。

在规约语境中,可以用绝对性措辞在道德上对一个情景进行描述:'这是错误的/顽皮的',而无需承认以下可能性,即个体的意图可能不是'错误的'或'淘气的'。强调的是惩罚,言说的或非言说的惩罚。如果要对他人提出任何要求,这种要求通常会参照交际者的地位身份来完成:'你爸爸告诉你不要那样/男孩儿不玩娃娃。'在教学语境中,事物或现象通过它做了什么或怎样做而得到描述。可以肯定的是,这并不意味着基本原则可能不被内化;只是在典型情况下,控制原则的明确表达式并不是唾手可得的。在人际语境中,成员的地位取向限制着对人际互动基础的探究和对情感状态的明确的言语表达。由于普遍缺少对控制原则和形式的抽象属性的意识,在想象语境中将会有更多的自由幻想,更少受到有组织的客观事实逻辑或艺术形式的明确惯例的制约。客观事物世界的革新——与艺术创新不同——可能会被束缚在'做'的层面,预计不会达到以基本规则'解释所做'的层面。

以上所述只是对一定类型社会结构中成员关系如何影响重要社会化语境中的生活进行了高度概括。人、事物、情景及其互动——这些现象是生活运作的中心,在其他类型社会结构中可能是观察和分析的对象——在这儿却很少受到质疑;它们主要被群体所认可的信仰和态度筛选。在这样的生存方式中,很多东西都被看做是理所当然的。社会成员的信仰和态度被认为是清晰的,并形成了广为人知的范式的一部分。这是一种'一般'高于'具体',普通高于特殊和'我们'高于'我'的社会。伯恩斯坦(Bernstein 1969)指出,局限语码'出现在'我们'高于'我'的文化或子文化中'。人们认为,在行为的局限语码的语言体现方面,构成这种体现的语言会呈现出一定的语义特征,而这些特征会反映在句法和词汇、尤其是音系等形式层面上。以下角度可以为这些假设提供理由:意义是社会性的,因此受到社会结构特征的影响。在语言描述中,意义成分可形成语义层面的单位;任何言语互动中的形式类型都是被支撑它们的语义成分所激活的。因此,如果意义的任何一个关键特征都可以通过语码的性质来预测,那么也可以对可能的关键形式类型进行预测(Hasan 1971)。

在由有机团结整合的社会中,个体之间的差异具有重要价值;其公认的社会角色不会遮盖其个人属性,社会角色的获取正是利用了个人属性。同样,给定情景的特殊参数也不可忽视。因此,根本没有一套情景是可以被完全或绝对地提前分类的。并且总是存在这样一种可能,除却总的群体信仰和态度以外,还要考虑参与者的某个特殊属性或情景的特殊参数,从而使得解释可以被修正。愿意修正一个范畴预设着愿意对范畴的构成成分进行划分。这揭示了一种态度,这种态度从根本上来说是分析性的,虽然,从技术的角度考虑时,这种分析背后的推理细节可能完全或部分错误。也就是说,这并不表明在词汇(译者按,词汇指'分析性'这个词)的技术含义上,成员是'科学的'或者'有学问的';只是表明他们对人、物和情景有一种仔细考察的态度。

同样,这样一种态度通常还反映在重要的社会化语境中,涉及参与者的言语和非言语行为。在规约语境中,重点则落在人的内在调节上,而这主要是通过更多地使用语言阐述人际和内省意义来实现的(详细内容参照 Bernstein 1971a)。在教学语境中,事物、现象或技巧不仅通过它的所做以及怎样做来表征,还要涉及一些关于基本原则的解释(详细内容参照 Robinson 在本卷所作的阐述)。在人际语境中,对个体差异的取向、对动机以及参与者个人情感的普遍关注,导致了对人际互动基础的仔细考察,同时表明对构成个体独特性的属性的描述可能是清楚明确的。这种连续考察和分析形成了对形式的抽象属性的意识,同时对那些被描述为可识别的'客观现实'予以强调。在想象语境中,幻想可能受到有关明确的审美框架的知识的制约；而在事物革新方面，人们可以明确地达到对所做进行解释的层面——不言自明，这个解释必然是正确的。很明显，在这种生活方式中，没有太多是理所当然的。由于人、事物和事件的地位不是用它们所被赋予的功能来理解的，模糊的可能性就增加了。因此，特殊的比普通的更重要，个人的比群体的更重要。复杂语码就是在这种社会中产生的。对于行为的复杂语码，构成其言语体现的语言可以通过语义来描述，这再次暗示了关键形式类型的可能范围可以通过语义层面的重要特征来描述。作为语言变体，这两种语码的言语显现——局限语码和复杂语码——在某些相互排斥的形式类型上有着显著不同。如果这种假设被证实错误，那么就没有理由认为语码是导致语言变体的原因了。

虽然上述解释简短，但我希望它澄清了社会因素与两种语码的言语体现之间的关系。不同社会类型的成员使用不同的语码；归根到底，语码在一些具体方面表现出语言上的差异仅仅是因为它们反映了两种生存模式。最好通过讨论一个特殊的事例来解释这一观点。研究表明，受局限语码控制的语言使用显示出高频率的外指照应(Hawkins 1969)。到目前为止，这个陈述在本质上似乎和伦敦英语中有关单词开头'h'音'省略'的陈述并无太多不同。只有当我们对这两个看似平行的论述所提及的现象进行合理解释时，他们的不同才会显现出来。'单词开头 h 音省略'出现在伦敦方言而不是在伦敦郊区的方言中，找出这一现象的原因很困难，而在受局限语码约束的语言变体中，高频率的外指照应却是可以被解释的。尽管这样的解释涉及一系列复杂的论证，对其进行简要的剖析还是有益的。

情景中的直接参与者可以获得外指词语中所编码的信息(Hasan 1968)。可能需要指出的是，言语情景的参与者身份不是通过单纯现实地出现在言语互动中而获得的。相反，如果一个人掌握了对言语起推动作用的相关情景参数，那么他就具有了参与者的身份。外指照应的使用通常意味着说话人假设听话人大体知道交流的内容。一般来说，外指照应常常出现在可以做出这种假设的地方；只有在模糊的可能性不太高的情况才能做出这样的假设。上面已经指出，在产生局限语码的次文化中，很多事物被认为是理所当然的并且通常不会出现模糊性。这是在受局限语码约束的语言变体中，解释外指照应的主导地位的因素之一。

重要的是要认识到，高频率的外指照应本身并不只是这种语言变体的一个重要特征。也就是说，在无须受局限语码约束的变体中，其外指照应的使用频率同样很高。然而，在受局限语码约束的语言变体中，其形式类别将呈现由语码深层意义产生的'语义兼容性'。比如，以另一个论断为例，即与受局限语码约束的语言中占优势的外指照应有关的另一个论断。这一论断认为，在我们讨论的语言变体中，名词性短语的结构大多是较为简单的；换句话说，人们会较少选择限定参数来划分被限定的实体。此外，限定参数一旦被选择，它们将属于一定的语义分类集合。现在，形式要素'修饰语'(modifier)和'定性语'(qualifier)是区分人、物和事件范畴的编码手段；通过这些手段，实体的独特性可以在语言中明晰地表达出来。区分参数的数量越大,'修饰语'和'定性语'的频率越高;实体本质的区分要素越是多样,可以实施修饰功能的语项集合就越大。

之前已经提到,产生局限语码的社会很少强调人、物和事件的具体属性,或将它们提升到明晰的言语层面;这里更多地强调地位属性。这可以让我们对被强加于区分参数之上的限制进行间接陈述:如果区分是由地位属性决定的,比如说人的地位属性,那么涵盖性别、年龄和社会角色等语义领域的集合就更具有相关性。对区分参数的限制降低了名词性短语的复杂性,因为此处的复杂性仅仅是指在可允许的结构中对修饰语和定性语进行选择的一种功能。对此,我们也许应该补充一个以上讨论过的事实——也就是说,明晰的语义编码不是交际行为的主要关注对象,因为模糊性通常是不会出现的。这两个事实共同为正在讨论的语言变体中名词性短语的相对简洁性提供了充分的解释。同时,上述讨论阐明了'语义兼容性'的含义,它应用于识别某种变体的特殊形式类型。再者,这些事例的讨论表明意义如何受社会结构特征影响、以及如何反过来影响社会成员使用语言的形式类型。

在上述讨论中,对于习惯性地使用某种特定语码的言说者,我们已经通过参考其在不同社会结构中的关系对其进行了识别,而这些社会结构以特定的社会整合类型为特征。然而,要想找到一个完全由单一模式整合的当代社会,如果不可能、也是罕见的。这就意味着,在大多数当代工业社会,两种语码是共存的,因为促使它们产生的社会条件本身就会导致这样的结果。因此,存在着这样的可能性:一个人同时获取两种语码并在不同语境中对其进行应用。然而,就语码发生而言,对局限语码的获得是社会中的每个人一定能够实现的;而社会条件却是由工业化程度、社会阶层和教育水平之间的复杂关系所创造的,因此对复杂语码的有效获取则可能会成为一个阶层通过其社会化形式和受教育的机会而获得的特权(Bernstein 1971a)。在一定的社会条件下,复杂语码的有效获得可能只限于一个阶层,这可能会使人认为'语码'这一术语只是'社会方言'的另外一个标签。在伯恩斯坦的指导下,社会学研究部(Sociological Research Unit)的研究表明工人阶级表现出使用局限语码的倾向,而中产阶级倾向于使用复杂语码(Brandis and Henderson 1970; Gahagan and Gahagan 1970; Hawkins 1969;另见 Cook,以及 Turner and Pickvance 1973)。然而,如果因此认为'语码'和'社会方言'这两个术语代表了同一个概念的话,那么这就是对语码取向和社会层级相互关系的一种误解。注意,社会所有成员对局限语码的获得不只是实践问题,而且在理论上也是非常重要的。的确,同一个人可以获得两种社会方言;然而,这可能很大程度上是由偶然性决定的。社会方言的本质并没有要求每个社会成员在获取一种特定方言的同时、也要获取另一种方言。有关语码获得的假设——即社会的每个成员都可以获得局限语码,无论他是否也能获得复杂语码——最终,是以两种语码的本质和来源为基础的;其有效性取决于支撑语码发生的社会学论据的有效性。

在其他重要方面,语码的本质不同于社会方言。对于前面提到过的所有三种方言——时域方言、地域方言和社会方言——人们认为界定各种变体的语言特征位于句法、词汇和音系这些编码层面。然而,对于语码,其区别性特征可以在意义层面被更有力、更简练地表达出来。当分析意义与语码的联系时,受到更多关注的并不是消息的形式类别,而是其语义结构。此外,考虑到语码的发生,人们可能会有意提出一个问题:在同样的社会语境——比如四种关键的社交语境——如果不同的社会阶层倾向于使用不同的语码,那么怎样的社会学解释可以与语码理论一致呢?这是一个有趣的问题,答案可能涉及到对于社会权力结构和知识控制的考虑(Bernstein 1971b)。我们将会看到,对于社会方言,人们不会有意提出这类问题,因为在一种社会方言的决定性形式特征及其相关社会因素之间,似乎没有任何真正的因果关系。

作为一个解释性的社会语言学概念,语码可能会对社会学领域和语言学领域都产生影响。这个概念可以用来解释对这两个领域都很重要的问题。例如,变化和稳定问题,它们对于任何社会学理论都至关重要。一个社会学理论必须提供某种假说,不仅要涉及社会如何变化,也要关注它们如何继续保持自己的基本特征。伯恩斯坦利用语码概念提出了一个关于社会稳定性的假说。他假定交际语码和社会结构因素之间是一种双向关系。正如前文讨论所显示的那样,不同形式的社会关系决定何种意义秩序会与进入这些不同社会关系的成员相关联,这一点又反过来决定成员使用交际语码的种类。直抵本质,语言反映了言语社区,尽管这种反映是间接的,而言语社区利用语言来生存;这是许多语言学家所坚持的观点。简而言之,社会塑造了语言,使之成为其现在的样子。

以上是社会因素和交际语码双向关系中的一种;另一种则指向了使得社会结构得以稳定的一个因素。伯恩斯坦认为(Bernstein 1965):

> 社会结构通过塑造儿童的言语行为成为儿童发展的心理现实。潜存于他的一般言语模式之下的是……若干组关键的选择,这种对某些选择而不是其他选择的偏好,通过时间来得到发展、获得稳定,并最终在知识、社会和情感取向的规约上发挥重要作用。

这些论断的来源可以追溯到著名的沃尔夫假说。该假说认为语言创造了感知的秩序和模式的关联,通过这种秩序和关联,言语社区划分了所谓的客观现实世界。因此,根据这一观点,现实是相对的,现实划分的具体形式是由人们所说语言的特征决定的。简而言之,语言塑造了社会,使之成为其现在的样子。

在当前的讨论语境中,这些普遍观点之间的相关性如下:人们可能坚信,对某一种特定语码的倾向暗示了言说者的特定经验和态度,并使他仅对社会关系中支撑该语码使用和起源的那些方面比较敏感。因此,由特定社会关系形式创造的交际语码,使说话者仅对这些特定的交际意义敏感,从而保持了同样形式的社会关系。这就自然地引发了社会结构如何接受任何改变的问题。社会结构的变化显然来自不同因素,其中大都与我们这里讨论的议题无关。而相关的因素是,伯恩斯坦在论述语码取向中使用的变化(change)概念。他承认成员的语码取向具有改变的可能性。然而,这种变化并不只是让成员学习语言的语法和词汇的某些方面;它至少意味着社会身份的改变(Bernstein 1970b)。语码取向改变的一个先决条件是,一些机构可能会让成员感知到其他关联和意义形式,而并非其自身的语码取向使其对之敏感的关联和意义形式。这反过来又说明他应该进入某些其他形式的社会关系,而不是那些对其已选定的语码的发生提供支撑的社会关系。这一假说与整个教育系统的相关性是显而易见的:教育失败与其说是学生无法掌握概念的结果,不如说是教育系统无法在这些概念和学生生活之间建立关联的结果,尤其是在学校生活并不是外部生活的简单扩展的情况下。

　　语言与社会身份的关联性对于语言习得有一些非常有趣的影响。毫无疑问,平常人都有一些生物属性使得他们能够学习语言。然而,认为这种学习仅仅由对生物属性的拥有而引发则似乎不大可能。事实上,学习动机是由最强烈的要求引发的——一个社区的成员希望在一个社会系统中得到认同和定位的要求。一个婴儿只有在他生命中极其短暂的一段时期是一个动物有机体。我这么说是想表明,从婴儿阶段开始,在某一社会单位中,对交际的学习就已经作为了解自己身份的一种手段而被简单掌握了。语言是最有效的交流媒介——而且可能是最明确的社会身份识别手段——这种能力让语言受到重视。一个孩子学习说话,并不是因为如果不学就不能让他妈妈拿给他瓶子、面包干、他的玩具或其他——这些都是语言相对较低水平的语用功能,尽管它们对于纯粹的物质生存具有重大价值。他学语言,因为他是一个社会动物,他与社会的关系通过掌握言语交流系统才能最有效地得以确立。

　　于是有人认为,如果伯恩斯坦的假设是正确的,那么,如果儿童自身接触到的是从未在任何社会语境中出现,并且不能表征社会关系形式的人类语言,尽管拥有生理上的语言习得机制,他们也不会习得语言。可以建议做这样一个实验——出于人性考虑人们不会采纳:让一个孩子仅仅通过录音机接触到人类语言,他是不会学会人类语言的,因为这种噪音流与他的生活没有任何关联,也就没有特定的社会意义。他也许能发出一串听起来和他所接触的人类语言相似的杂音,但是这些声音缺少关联性和灵活性这种本质特征。与学习走路、跑步和跳跃不同,语言学习是一种社会现象,更像是对非言语型问候的学习。在所有情况下,拥有某些生物属性使得实际操作成为可能;而在后两种情况下,只拥有生物属性是不够的。

　　最近,语言学理论领域引入了'语言能力'(competence)(Chomsky 1965)这一概念来确定语言模型可以解释的语言区域。很简单,语言能力是理想化的言说者的语言知识——一种语言的描述至少能够明确地(可能只是含蓄地)说明言说者关于他自己的语言都知道些什么。需要澄清的是,'言说者'一词正如在这类论述中使用的那样是一种抽象概念,在很多方面与语言学中的语言(langue)及社会学领域的'集体意识'(conscience collective)概念类似。为了与'语言能力'概念引人的最初目的具有相关性,在这些情况下的言说者必须是'理想化的言说者'(ideal speaker)。伯恩斯坦对语码和社会关系的之间的关联有着自己的观点,当用这种观点去看待'理想化的言说者'时,其虚构本质就被非常清楚地显现出来了。如果他关于语码来源和功能的假设是正确的,那么支持并决定一种语码的全部意义系统的某些特征的社会关系,与那些支持并确定另一种语码的意义结构的社会关系就是不一样的。言下之意是,对于只掌握一种语码的成员来说,至少其他语码的某些意义被他们自身的语码过滤掉了。因此,即使是作为一种理论虚构,'理想化的言说者'在社会语言学中也是不可能存在的。对其存在的承认意味着存在着一个可以同时进入各种社会关系形式的成员——在社会学领域,这是一个不可能的命题。在这里,我们提一下可能与此有关的现象,即由于缺乏成熟的技术,一个社会群体的仪式,对于一个不属于这个群体的人来说,通常是没有意义的。

逻辑上,基于伯恩斯坦关于社会因素和语码相关性的论述,我们可以得出所有的意义都具有社会性的结论——成员能够表达什么意义取决于社会。伯恩斯坦并不是唯一持有这种观点的人。除了许多的社会学家和人类学家,人们还可以从语言学家中列举出下列人名:博厄斯(Boas),布勒(Buhler),弗斯(Firth),韩礼德(Halliday),派克(Pike),萨丕尔(Sapir)和沃尔夫(Whorf),他们都支持这种假设——含蓄地或明确地——认为不涉及社会语言就没有意义,因为它们首先是由社会本身产生的。各种形式的交际系统仅仅是为整体的社会意义编码提供了一种手段,从而使意义可以被传递给其他成员。我想表明,意义的社会根源强烈要求我们在社会结构要素和交际系统层面之间建立一个连接点,而这个交际系统层面关注的是由该交际系统的象征符号所编码的意义。如果这个前提获得认同,它可能会给语言研究带来一些有趣的影响。这里,与意义相关的层面通常被认为是语义层面。在描述语言的系统和层次两个模型中,语义层面被视为最高级别的语言内部层面,与句法、词汇和音系这些编码层面有一种动态联系。在任何一种特定的语言互动中,后三种层面中特定范畴的选择是由某种语义成分的选择所激发的(Hasan 1971)。这种观点解释了言说者从所获得的整体形式-语音模式中进行选择的基础;然而,它不能解释在任何给定的情况下特定语义成分的选择是由什么触发的。考虑到意义的社会根源,如果认为问题的答案取决于把社会结构要素与语义层面进行关联,这种说法可能并不牵强(Halliday 1971b)。大多数语言学家赞同语义层面填补了语言和非语言之间的间隙的观点;然而,关于间隙的填补如何发生的假设并不多。我们认为,也许大部分的填补存在于社会元素到语义元素的映射中。

如果意义的根源是社会性的,如果存在着多种形式的交际系统,至少理论上应该承认,任何一种形式的交际系统,其意义潜势可能都不会与其他系统相同。此外,某一特定交际系统的意义潜势只是社会可获得的整体意义的一部分。因此,我们认为言语交际系统在交际上可能只控制社会整体意义潜势的一部分,我们有必要记住言语交际系统并不能独自垄断意义的编码。在任何一种给定情景下，多种形式的交际系统可以被同时使用。通常，我们不太可能明确地说某个特定意义成分仅仅由唯一一个特定的交际系统中的一些象征符号来体现。笑着评论的意义是笑和评论相互作用的功能，并不能通过言语象征符号或笑单独以实现。当人们主要关注特定事例中意义的交流时，他们可能需要削弱——如果不是无视——言语和非言语交际方式的边界。这些观点可能会敦促我们把人类行为看作一个统一的整体，其中言语与非言语行为在只能被描写为自然生活的过程中相融合。为了明晰起见，我们选择研究人类行为的不同方面的某些实例，使各个方面相分离。我们最好不要忽略下面的事实：整体本身要大于它的各个组成成分，任何一个成分被忽略，整体的意义都不能得到阐述。

希望上述讨论可以证明语码是一个'关键概念'的论断；就语码本身指向自身以外的事物这一点而言，语码的作用是广泛的。在这个概念的帮助下，人们可以提出一些问题，可以对这个概念本身以外的那些事物进行解释。

4. 语域

我之前曾试图证明：语码概念与社会方言存在于不同的层面，两者不能被视为同一物的不同标签。'语码'和'语域'这对词也是如此，两个术语全然不同。

语域是一种语言变体，与同一语言的其他变体在任何层面的表现形式都不相同，'在使用中加以区别'（Halliday et al 1964）。对某一特定语域的描写是参照一些句法、词汇或音系模式来实现的；也就是说，语域变体是凭借不同的形式类型在语言内部进行区分的，一种特定语域的整体区别性类型，与任何其他语域都不尽相同。在这方面，它们相似于时域、地域和社会方言，以及由不同语码控制的变体。就语言学而言，任何方言、语码或语域都不能被识别，除非在一些形式特征方面，它总是不同于同一抽象层面的其他类别。方言与语域的区别在于这样一个事实：除了一些无关紧要的特例，描述方言的区别性形式类型不能被与它相关的言语社区环境激发。相反，除去一些无关紧要的特例，描述特定语域的区别性形式类型能够被与语域区别相关的因素激发。

这些因素可以从以下两个主要方面进行研究：那些构成引发语言使用的情景的相关参数的东西和那些源自语言传播途径本质的东西。后者常被称为'媒介'（medium）。有人也许会问：把媒介和是什么媒介分开是否合理。虽然很难为人类语言想到任何其他媒介，但是，我认为，人类语言的传播之所以采取现在这个渠道并不是意外。本质上，'人类语言'系统的符号特质不依赖于实现它的媒介。一个实际的、或许稍稍偏弱的、赞成将语言符号系统与其媒介相分离的论断或许可以从以下观察得出。我们观察到，一种语言独特的形式类别似乎随不同媒介的变化而变化——我们不会像写作时那样说话，而且经常觉得外国人的话听起来很怪，并不是因为他们的语言不符合语法,只是因为他们没有掌握这种区别。在我看来,认为符号系统作为一个符号系统是独立于媒介的,同时认为系统的各个部分都倾向于与不同形式的媒介相关联,这两者间不存在矛盾。在语言习得过程中,掌握两种基本媒介的语言社区成员确实意识到口语和书面语言之间存在着差异。在大多数情况下,他们可以分辨出从原始语境分离出的语言是否是口头产生的。显然,极端的例子诸如'闲人免进,违者必究'(trespassers will be prosecuted)及'因为事情很多,我没能去聚会'(what with one thing and another I wasn't able to make it to the party)可以被毫无困难的识别,尽管可能会出现一些问题,其中一些将在下面对媒介的讨论中提及。

与语域变体相关的总体因素可以简要列举如下:

话语的主题(Subject-matter of discourse)

话语的情景类型(Situation-type for discourse)

话语中的参与者角色(Participant roles within discourse)

话语模式(Mode of discourse)

话语媒介(Medium of discourse)

假设上述因素都可以独立变化,那么以上因素的任何实例的任意组合都是可能的。如果根据进一步的研究可以表明上述所列的独立因素事实上是一些其他因素的一个功能,那么前者将不得不纳入适当的范畴。因此,比方说,如果能证明话语的情景类型完全决定话语的主题,那么就没有必要考虑将主题作为独立变量了,因为这种情景类型的规范也等同于主题类型的规范。在对语域变体相关因素的选择上,并没有要求独创性和大规模的实证证据。这些因素在很大程度上是韩礼德等人所述缘由的派生(Halliday et al 1964)(参见 Ellis and Ure 1969),而且之所以对它们做出现在这种分类,其唯一理由就是直观性;对我来说,它们既相互独立,又对语域变体十分重要。

这里讨论一下'独立'这个词用在此处的意义也无妨。我认为上面所列诸因素的独立性并不是绝对的。也就是说,事实上对特定主题的选择会为此主题嵌入到特定情景类型的期望提供一个非常可靠的基础。如果我们以语言学为主题,它很有可能被嵌入到一个通常被称为'信息化'的情景类型中,如对某种假说的阐述、评估、比较等,它们都是'信息化'情景中更具体的实例。虽然,用语言学这个主题去迎合或诱发上述观点的可行性非常小,但这两者也并不能被完全排除,并且有关它们的例子可以在语言学文献中被找到。因此,尽管看起来特定因素的特定实例通常会'一起出现',与人们所预期的模式相一致,但这种同现并不一定是预先确定的。正是基于这一点,我认为这些因素是相互独立的。在这里我们可以得出一些普遍的结论。例如,主题越专业,越不可能被嵌入一种能够激发个人反应的情景类型中;越制度化的情景类型,越不可能使用非个人化的(impersonal)话语模式。这些结论的得出是基于对相关范畴的社会意义的一种直观理解,具有一定的效度。

另一方面,对于特定情况的分析,这些普遍的结论不是我们关注的重点,只有具体情况才是重要的。

在我着手讨论所列因素之前,一个普遍观点似乎值得一提。人们太容易做出这种假定:对语域的语言学特征进行描写的最简单、最有效方式是对单个模式或他们组合的频率或可能性进行说明。我认为,参照某种高层次语义成分对给定语域的特征进行限定可能是有效的。例如,所有销售情景可能都享有对销售对象的诋毁和需求这两种语义成分。诚然,在以下这两种社会中情况会有所不同,即讨价还价普遍存在的社会和有固定价格规则的社会,但是在这两种社会中,某些语义成分似乎确实是话语内情景类型和参与者角色的功能。参照一些高层次语义成分来描绘语域至少有三大优势。首先,在特定变体内,语域的描述不需要束缚在对单个语项集、或单个语项集组合的确定上——对这样详细的项目进行表征,对我来说几乎是不可能实现的。思考一下下面的例子:

1. It certainly is lovely but it's expensive.(它确实很漂亮但也很贵。)
2. It *is* expensive but it's unique, made by our own exclusive craftsman.(它是贵,但却是独一无二的,是由我们自己的专用工匠做的。)

在大多数社会中——尤其是在那些讨价还价普遍存在的社会中——(1)可能是买家的言论,(2)可能是卖家的言论。这里需要注意一点,有趣的是,两者并不是描述同一事情的不同方式。尽管语项'expensive'在(2)中出现,突出的却是物品相对便宜,是对物品需求性的论据,而在(1)中,'expensive'这一语项所表达的意义是其在词典中的标准意义。一个是说:它之所以贵重是因为它值得拥有的属性,因此反而便宜;另一个说:尽管拥有这些属性,它还是很贵,因此它不值这个价。没有哪个语项能够处理这些特征,缘由很简单,因为它们不是个别语项的特征,而常常是不同层面语项组合的特征。事实上,区分这两句话的是:一个诋毁'它',另一个强调对'它'的需求。

当对某一语篇进行具体的语域划分时,人们常常很难把握该为语篇内语项出现的相对频率赋予何种价值。如果语篇很长,则似乎没有明确的标准来确定究竟该聚焦在哪些语项上。我的建议是,假定一个高层次的语义成分来为编码层面的语项选择提供一种理据,从而使得这种选择对应于该语义成分的编码。我想进一步指出,对这些高层次语义成分的体现并不是'局部的',而是可能分散在整体的语篇之中。通俗地讲,如果不了解语篇的意义,那么就不可能对语篇的语域进行划分。并且我想指出的是,在语篇意义中存在着意义集,它们对于语域的识别是至关重要的;这些就是被我称为语篇的高层次语义成分的意义集。

再者,通过这种方法,我们可以更加容易地对不同语域变体中的相似性和差异性进行表述。戴维斯(Davies 1969)关于化学语篇的形式类别的观点可能只适用于化学语篇的一个子类型。基于泰勒(Taylor 1968)的研究发现,戴维斯认为语法结构的频率对于化学语篇是至关重要的。有关它们对教学情景中的化学语篇的重要作用，我是持怀疑态度的，在这种语境中参与角色是学校教师和年轻学生；只要看看化学教科书或听一下老师讲课，就能意识到定语从句和方位从句的密度并不是仅有这个主题才能提供的一个功能。同时，被他作为该语域特性来引用的这种命题关系不是这种语篇所独有的——如果不是在别处，它们也将出现在相同语旨内的其他物理科学语篇中。从特定的主题、情景类型、参与者角色、模式和媒介的组合来考虑，可以预测某些高层次语义成分，在诸如化学或政治等语域的各种子类型中，它们将会同时体现出相似性和差异性。这种观点基于一个假设：与语域相关的不同变量因素的社会意义表明了一个关于可供表达的意义的总范围——它们决定了韩礼德所说（Halliday 1971a）的特定变体的'意义潜势'。在一个指定的情景中，我们只能从该情景指定的、潜在相关的意义集合中做出选择。

　　回到讨论的主要内容，话语的主题可以定义为'语言是关于什么的？'，正是主题形成了话语的部分内容。主题控制了词汇的选择范围。这一点再明显不过了，无需赘言：在对火山喷发性质的讨论中，如果所参照的词汇属于音乐创造的语类，那么这些词汇就是无关的。主题和作为有效选择场所的词汇范围之间，其相互关系是所有关系中最透明的——正在讨论的事物必须被提及，因为在日常生活中，我们并不像象征主义诗人一样行为。如果特定语域只在这方面彼此不同，很可能就没有必要识别语域范畴了。

　　主题是嵌在情景类型中的。情景类型这个术语涵盖了语言使用这个事件的性质和目的，且仅指那些语篇中的语言所囊括的直接情景（immediate situation）(Ellis 1966)参数；也就是说，情景类型是对整体的物质环境的抽象。当两个情景类型在本质上迥然不同时，人们很难意识到主题只构成语篇内容的一部分；而事件的本质以及语言功用的目的对于决定语篇的意义同样重要。对比两个有关珠宝的语篇，一个属于专家评估的情景类型，而另一个属于销售的类型，比如，在衬裙巷（Petticoat Lane）的买卖活动。两个语篇可能会是这样的：

3. This chain is eight-carat rolled gold, 13 inches; the stone is semi-precious. Their total value is approximately £2. 10p. （这条链子重八克拉，包金，长13英寸；宝石属于半宝石。总价值接近2英镑10便士。）
4. It's a beauty. Lovely stone and the chain is dainty. Want to try it on? It'll go beautifully with your dress—and very cheap for what it is. Lovely workmanship—new design in the market. Came in only yesterday.（它确实很美。宝石漂亮，链子也精致。想试试吗？很搭你的衣服而且性价比很高。工艺精巧并且是市场上的新款。昨天刚到货。）

　　在这两个例子中，情景类型的不同模糊了它们其实是在谈论同一个东西这个事实——即一件珠宝。在所讨论的主题不被看作是属于某个专门学科的情景中，这种模糊经常发生。相反，当谈论的主题属于某个公认的学科时，情景类型就不会模糊主题——相反,它可能还会被话语的主题这一部分内容所模糊。对公认学科范围中的著作提出批评,认为它们没有做其作者从一开始就不打算去做的事情,这种批评是基于对情景类型的一种误解。如果主题大致控制着相关领域的词汇,那么情景类型就对这个领域起修正作用——去除一些仅根据主题来考虑是恰当的、但将那个主题与那个情景类型一起考虑就不恰当的东西。同时它可能会主张包括一些领域的词汇,而仅基于讨论的主题,这些词汇是无法被预测到的。如果化学这个主题被嵌入的情景类型是教学的而不是有关阐明假说的,这将不可避免地修正与两者有关的词汇范围。与此相似,如果珠宝这个主题被嵌入的情景类型是要求制作珠宝,就会涉及到相关事物的重量、以及设计细节方面的词汇,而它们本身与评估或者销售的情景类型是无关的。可以料想的是,将语篇中特定陈述连接起来的命题关系会随着情景类型的变化而变化。考虑一下上述语篇(3)中第一句和第二句之间的隐性的因果关系;(4)中句子间的关系是我曾在别处提到过的'添加'关系。

话语中的参与角色可以解释为'谁用语言和谁交流?',这里的两个'谁'都不是指独特的个人,而是指社区所认定的角色,像老人、年轻人、男人、女人、母亲、父亲、丈夫、妻子、儿子、女儿、教师、邻居、陌生人等,很容易看出,这些都是由社会所界定的位置角色,但不容易发觉的是,在特定情况下,言说者可能扮演某种特定的角色,而其他的角色,在某种程度上是不相关的。这就是为什么我觉得有必要增加'话语内'这一限定,它意味着'只涉及和话语相关的那个角色,不考虑在其他包括同样参与者的言语互动中言说者可以承担的角色。'因此,当琼斯夫人,作为老师在教室和一个学生交谈、而那个学生恰巧是她的女儿时,角色关系更有可能是师生关系,而不是在其他场合可能表现的母女关系。这里所包括的另外一个话语参与者因素就是我所提到的'人际距离'(personal distance);它为正式—随意(formal-familiarity)轴上差异的形成提供了基础。参与者角色在很大程度上似乎是由他们彼此交往中的情景类型所决定的。的确,情景类型越制度化,出现在特定情景类型中的角色集就越容易被完全预见。在学校教学情景中,角色从制度上被限定为师生关系。然而,参与者之间的人际距离是不能通过情景类型来预知的,即使在制度化的情景中也是如此。有趣的是,在一些情况下,人际距离因素会被内置到一个语项集合中;比如'入侵者、陌生人、熟人、朋友'这组词。在任何给定的例子中,人际距离因素可能会无视公认角色的结果。通常根据话语的主题,一对父子可能在不同情景类型互动中体现出不同程度的人际距离。因此,这样的制度化角色并不能明确指示互动中的人际距离大小,除非用于指称给定角色的词语的意义包含了这种因素。

在同等情形下,参与者角色和人际距离共同作用于特定语域的词汇和句法。产生第5句和第6句的角色和人际距离存在差异,虽然差异很细微:

    5. His business has gone phut.(他的事业已经破灭了。)

    6. His business has come to a sad end.(他的事业惨淡收场。)

接下来的第 7 句在角色关系和角色间的距离上又和上面的两个例子不同：

  7. The court have declared him bankrupt.（银行宣布他破产了。）

  有趣的是，上文所指出的，作为被局限语码控制的语言的特点之一的外指，很有可能高频地出现在那些人际距离被大幅缩短的语域中。以下两种情况的原因是相同的：在参与者之间距离缩短的情况下，歧义产生的可能性很低，正如在已知和可能行为的范式被大量提前分类的情况下，歧义发生的可能性会降低一样。因此，依据相关论述的语境，同一个语言特征可以有不同的来源；但这不能成为忽略这些语言特征的原因——相反，它要求把相关因素纳入到考虑之中来进行解释，从而对这些特征的重要性进行更为深入的探究。虽然概括性地描述词汇如何随着角色和距离的变化而改变并不难，然而要想做出关于这些因素对于句法影响的一般论述则相对困难。然而，让我们分析一下下面这两个例子，假设其中只有个人差异变化：

  8. I wondered if I might be allowed to leave earlier today. There are some personal matters I should like to settle this afternoon.（我想知道今天我是否可以早点走？今天下午我有一些私事要处理。）

  9. I've got this thing to do at home. Is it all right if I go off earlier today?（我需要回家做这件事，如果我早点走，可以吗？）

  我尝试性地提出以下观点：对角色的制度性强调越强，人际距离越大，那么，＋/－迟疑和＋/－不确定的高层次语义成分越有可能和语境相关，其中正负符号对于主导和被主导的角色呈现出一种连贯的分布模式。因此在例（8）中，员工的语言拥有语义成分＋迟疑和－确定，而雇主可能具有－迟疑和＋确定。例如，成分＋迟疑是通过对整个陈述的修饰来体现的，这可能涉及在形式层面对评论附加语、情态、意态（Halliday 1970）或一些从属环境成分的选择。这种研究模式似乎对描述语域的特点更有帮助；并且这种模式看起来肯定会比记录从句数目或其他类似方式更有效。

  拥有同样情景类型、主题和参与者的语域可以随着话语模式的改变而变化。通常前三个因素的具体实例的结合可以有效地决定所要使用的模式。例如买卖情景中的模式通常是'劝说'式；如果发现在此使用'祈使'模式就不正常。用非专业的话讲，售货员劝诱，但不命令。再者，在对假说的阐述中，就其正常意义而言，模式很有可能是'解释/说明'，但不可能是'恳求'。然而理论上，即便在情景类型、主题和参与者角色相同的组合下，话语模式也可以独立改变。因此，两个母亲可以有以下不同的陈述：

  10. If you climb up that wall you may hurt yourself.（如果你要爬那面墙，你可能会伤到你自己。）

  11. You climb up that wall and I'll take a stick to you.（你敢爬墙，我就用棍子打你。）

有人可能会说,在某一层面上两个妈妈说的是一回事,也就是说'我不想让你爬那面墙',但是话语模式上的差异确实在某些方面改变了两个陈述的意义,所以很难看出它们基本属于同一情景类型,即控制情景类型。话语模式最有效地反映在语篇小句对语气的选择上。我们可以对与不同话语模式相关的结构特征进行预测。例如,劝说模式可能会产生这样一种语篇,即在这种语篇中不同陈述之间很可能存在着因果关系;在解释模式所产生的语篇中,除了那些因果关系,还能发现阐述关系和例证关系,而在祈使模式所产生的语篇中,命题间的因果关系可能具有一种任意性本质,如例(11)。

之前,我们已经对话语媒介问题的某些方面进行了讨论。从本质上说,它指的是交流的渠道,既可以是口头(口语)的,也可以是文字(书面)的。话语变体根据它们是否是口语或书面语而有所不同。有必要强调,在这里,这种显现的实际本质本身并不重要。转写的录音对话不能算作书面媒介的例子;同样,新闻广播也不是口语媒介的例子。单个的语言片段可能出现在不同媒介,因此就出现了一种有点儿古怪的情况。可能产生一个文字语篇,从未被言说过,但写得就好像是被言说过一样;例如,一些现代戏剧。同样地,有可能说出一个语篇,从未被写过,但随着语篇的展开,除了没有显现拼写的字形以外,它包含了所有书面语的特征。因此,我们有理由认为,口语和书面语媒介,作为与语域变体相关的因素,并非指相关语篇的外在显现,而是指通常与这两个基本渠道相关的一些语篇特征。

话语媒介会影响语篇的句法选择。在同等情形下,口语语篇在句法方面比书面语篇更复杂,这一点引起了韩礼德等人(Halliday et al 1964)的关注。在书面语篇中,外指衔接手段和口语语篇相比几乎可以忽略不计,并且,在口语语篇中某些省略的出现比在书面语篇中更加频繁。口语和书面语变体的这些特征——它们并没有穷尽全部特性——源于这样一个事实,即在口语交流中,话语参与者是通过语言外渠道获得更多与直接情景相关的信息的。因此语言没有必要明确地包含消息(message)的全部相关意义成分。而在书面语交流中,语言外渠道提供的信息有限,大部分取决于参与者共享的上下文。为了更恰当地解码,语言中必须明确包含消息的相关意义成分,因为不被包含的往往不会为解码者所获得。在书面语篇中外指衔接手段和某些省略的低频出现似乎是被这些条件控制的。在口语变体中,像 don't 这样的省略小句,即使它独自出现,也可以解释为停止执行一个特定动作的请求或命令——解码者可以从语言外资源获取它的实质。在书面语变体中,同样的省略小句不能得到特定解释,也就是说,所聚焦的具体过程不能为解码者所获知,除非省略小句有回指作用,能够从连贯的角度预设语篇中的某个语项。

上述讨论忽略了有时被称作取消、重复和矛盾的特征。虽然这些特征通常和口语媒介相关,但它们并不是仅仅与这个因素有因果关系。相反,在与听者的关系上,它们通常表明言说者对主题的熟悉程度和控制程度。就言说者的语言在某些特定场合更具'条理性'而言,说的是什么和对谁说对于言说者来说几乎是不成问题的。因此,这些特征并不是这种话语媒介的功能;它们是与话语相关的主题、情景类型和参与者关系相互作用的结果。

在讨论语域的整个过程中,话语'语旨'这个术语被避开了。在我看来,用它来指不同变体的语篇的'调质'(tonal quality)特别合适。调质本身是上文列出并讨论的五项因素相互作用的产物。换言之,语篇的调质并不是仅由其中任何一个因素来决定的,不管这个因素是情景类型、模式、人际距离或参与者角色。相反,它似乎是参与者 a 和 b 在人际距离缩短的情景 y 中,通过特定的模式和媒介,谈论 x 产生的结果。需要指出的是,使用'语旨'来指作为一个整体的语篇调质,与韩礼德等人(Halliday et al 1964)、恩韦斯特、斯潘塞和乔治(Enkvist, Spencer and Gregory 1964)的做法有所不同。韩礼德等人使用的术语是'文体'(style),其构成基础为角色类型和人际距离因素。而恩韦斯特、斯潘塞和乔治出于同一目的,使用了术语'语旨',他们认为术语'文体'最好为文学语篇专用。

希望以上讨论能够表明,与语域变体相关的因素和特定语域的形式类别是因果关系。因此,这些因素的细节可以用来预测对于给定语域变体至关重要的形式特征。通过这个属性,我们可以看出语域和方言的不同:超语言因素和特定方言变体的形式类别的相关性是基于所谓的偶然共现。另一方面,上述特定类型的因果关系不只针对语域。可以回顾一下,在讨论语码时,我们指出一些重要的形式类别可以通过支撑特定语码变体的社会因素来预测(参见第264-265页)。在这一点上,语码和语域都是一样的;然而,这两个术语却不是近义词。它们指的是两个不同的概念,涉及不同的抽象层次。

语码和语域之间的差异也许可以通过考虑与它们相关的超语言因素,用最简单的方式表达出来。我们在上文已经详细讨论过与语域相关的因素(参见第272-281页)。语码似乎是'角色系统'中的关键概念。角色这个术语也已经作为与语域变体相关的因素被提及了;说得更精确些,话语参与者角色的变化会导致语域的变化。最好指出参与者角色和角色系统的不同,它们分别在讨论语域变体和语码变体时被使用。语码变体中的角色系统这个术语比语域中的参与者角色这一术语更为抽象和概括。任何参与者角色的特定显现都是那种角色类型的某个实例,可能被贴上'制度化'的标签;因此这个术语仅仅覆盖了角色系统这个一般术语所涵盖内容的一部分。也就是说角色系统这个术语指的是一个更一般、更抽象的概念。在这个抽象层次上,角色系统是所有社会关系的基础:它作用于社区成员的社会互动。支撑角色系统的社会关系类型和语码变体相关。由社会阶层和制度所赋予的具体角色之间的差异本身和语码变体不相关;但不同角色类型之间的差异与语码变体相关。因此,与语域不同,语码不会根据言说者是否被赋予了父亲或者儿子的身份而变化;然而,它会根据角色是公共的还是个体的而改变。

角色系统会作用于和语码变体相关的更为具体的因素;事实上,这些因素可以被看作是角色系统的一种功能。我把这些因素称为'控制模式''兴趣焦点'和'意义焦点'。角色类型的差别被认为会影响到意义控制和兴趣的本质。反过来,这种变化和语码变体相关。如果把局限语码和复杂语码的理想类型作为我们的范式,那么上面讨论的不同因素和语码变体间的关系可以体现如下[3]:

一般范畴	范畴的具体子类型	
角色系统	群体的	个体的
控制模式	强分界	强或弱分界
兴趣焦点	实践	基本原则
意义本质	语境依赖 低情景偶发性	语境独立 高情景偶发性
	(理想化)局限语码	(理想化)复杂语码

　　需要强调的是,上面的图示描述是高度简化的。此外,对于支撑局限语码和复杂语码的各种因素,上图呈现了它们在最理想化状态下的组合,这些组合的实例可能在现实中根本不会出现。第一列叫做一般范畴;阐明和语码变体相关的一般因素。第二列和第三列呈现出更为具体的一般范畴的子类型。因此,纵观各列,群体的和个体的角色系统是一般范畴角色系统的具体子系统。向下看第二列和第三列,我们发现括号内的具体因素和角色系统的具体子类型之间存在着因果关系:双向箭头用来表示这种关系的双向性。因此,在上面的图示中,第二列可以表述如下:只要角色系统属于群体类型,就极有可能导致以下情况:控制模式将采取强分界维系(strong boundary maintenance),兴趣焦点将落在实践上,意义将依赖于语境,同时伴有低情景偶发性;反过来,只要这些特定因素组合在一起,那么,这个角色系统就很可能属于群体类型。从较低括号指向理想化语码类型的箭头表明,在第二列里,这种组合和最大化的局限语码相关。括号内大多数因素的名称是不言自明的,但是对于'意义本质'因素的子类型,我们必须给予补充说明,因为这可能与语码分化最为相关,在这里人们认为意义本质这个概念控制了语言的某些变体。

　　在任何互动使用的语言中,'语境依赖'可以解释如下:语言不明确包含语言互动所嵌于其中的相关直接情景的所有特征。对于这个解释至关重要的是区分'物质直接情景'和'相关直接情景';后者是前者的子集,语言明确地或含蓄地对其进行参照从而表达消息。语境依赖型语言的含蓄性意味着:正确的言语消息解码取决于对相关直接情景的了解,这种了解来自所聚焦的言语消息以外的其他来源。也就是说,为了获取言语消息的意义,解码者必须使用其他信息来源,而不仅仅是所聚焦的语篇的语言。可想而知,'语境独立'的含义正相反;语境独立型语言明确地包含语言互动所嵌入其中的直接情景的所有相关特征。由此,在这种情况下,对消息的正确解码只是人们对语言进行理解的一个简单功能,不需要超语言的知识来源。

'低情景偶发性'可以做如下解释:人们很少会使用语言手段来使实体具有独特性。出现低情景偶发性时,人们不会用语言手段来处理特定人、物和情景的具体细节,不会使处于焦点下的它们表现出独特性。而用来描述实体的属性很可能是不会导致实体个性化的一般属性。相反,'高情景偶发性'意味着使用更明确的语言手段使某些实体体现出独特性,从而被作为一个特殊个案来对待。

有趣的是,就每一对相反因素而言,这两个术语并不是完全相互排斥的。也就是说,比如,在由复杂语码控制的语言中,并不是每一个消息片段都会被明确地编码。有关这些因素的问题不是它们是否出现;而是它们如何相对地被表示出来。比方说,语境依赖和情景偶发性的程度是可变的,不存在一个可以用来分析一种或另一种语码变体的绝对点。这就是为什么在相同的社会功能语境如伯恩斯坦的四种社会化语境下能够更好地研究语码变体的一个原因。也应该注意到,角色系统类型和(括号内的)因素之间的关系不是绝对的;两者之间没有完全的逻辑依赖。至少在理论上,可能会出现允许不同因素重新组合的社会条件。因此我们可能有一系列局限语码和复杂语码的变体,而不仅仅是两种高度理想化的语码变体。

如果我们把与语码变体相关的因素和那些与语域变体相关的因素进行对比,就会揭示出两个范畴的差别。与语码相关的因素直接来源于虽然有限却连贯的社会结构和文化传播理论。其中每个因素都和角色系统的中心概念相关;反过来,角色系统是社会结构和文化传播理论的基础。因此这里存在着一条明确的因果关系链,这个关系链可以追溯到语码的根源,并提出有关为什么在某些特定社会条件下会出现某些特定行为形式的假说。而对于语域的相关因素,却没有这样的理论连贯性对其进行支持。尽管,这些因素在本质上具有很大程度的社会性,但它们和社会理论的任何具体方面都不相关;事实上,在一些情况下,就语域的相关因素的两个具体实例而言,其区别的基础本身是非社会学的。例如,化学和生物作为两个不同的技术领域,其差别不是基于社会学的论据,尽管这种差别被视为一个重要的社会差异。作为一个概念,语码指向其本身之外的一些东西,而语域不是。语域并不预设一个连贯的社会理论;某些观察到的社会现实作为一种前提对这种讨论来说已经足够了。为了确保语域这个概念的可行性,对于被纳入语域相关因素的各种观察到的社会事实,没有必要在它们之间建立任何联系。

正是因为这些属性,尽管所有与语码相关的因素都处在同一抽象水平,提出语域相关因素是否也如此的问题则毫无意义。通过预设一个连贯的理论,语码相关因素可以相对于彼此而放置在这个理论之内,而语域相关因素则不能这样做。

与语码相关的因素属于高层次的抽象。语码理论不仅是语言变体理论;它同时包括言语和非言语行为理论,从这一方面来说,它提供了某种关于特定社会现象如何影响社区生活方式的假设。因此,与语域相比,语码是一个更具全局性的概念。

总的来说,语域概念的识别会对语言研究产生一些有趣的影响。之前我提议可以通过一些高层次的语义成分对语域进行更好的描写。这些成分的体现不是任何规模或层次上个别语项的功能,而是整个语篇中这一类语项组合后的功能。因此我们至少要识别两种类型的意义——一种是局部的,一种是有关语篇整体的。因此,任何语篇都可以被视为包含着其相关性局限于某种形式单位的意义;同时,它也包含着不受单位约束的意义,后者由不同的形式单位体现,与语篇中不只一种特定的单位相关——不论其规模的大小还是层次的高低。我们可以用两种不同的标签指代这两种不同的意义类型,前者称作'局部语义成分',后者称作'语篇语义成分'。对这两种语义成分进行识别是有其必要性的。在对一条言语消息进行充分解码时,它们具有同等的重要性。推理可知,似乎没有理由提出只有一种语义成分的研究——即局部语义成分的研究——是语言学的责任,而另一种语义成分沦为诸如'文体变异'(stylistic variation)或'语言运用'(performance)等模糊区域,就好像这些意义不存在于语言中一样。

语域范畴一般根据语篇的语义成分来区分语篇。各种语域的建立不是为了解释下面例子的语义差别:

12. If you climb up that wall you may hurt yourself.(如果你要爬那面墙,你可能会伤到你自己。)

13. If you climb up that wall you may ruin your nice new shirt.(如果你要爬那面墙,你可能会弄坏你漂亮的新衬衫。)

这也是其中一个原因认为如果语域仅仅通过主题的改变而变化,从而仅仅在词项的选择上表现出差异,那么就没有必要识别语域范畴了。上面两个语篇的意义确实不同,但是这种意义上的差异不是有关语篇整体的,如下面的例子:

14. If you climb up that wall you may hurt yourself.(如果你要爬那面墙,你可能会伤到你自己。)

15. You climb up that wall and I'll take a stick to you.(你敢爬墙,我就用棍子打你。)

当前大多数语义理论都无法有效地处理语篇语义成分,不管它们是否能够处理局部意义。再者,为了提出一个能够充分描述语篇整体意义的语义理论,我们可能需要修正我们的语言模式。一个模式,如能接受并整合语言和非语言的互动,将其作为语言研究的一个重要部分,显然就有可能更好地处理语篇整体意义。言语符号系统的自治性似乎只局限在形式层面,可能一个恰当的语义理论会预设一个恰当的语言学理论,这个语言学理论可以解释形式语言和超语言现象相互联系的本质。这种联系的本质不是靠像'指称'、'表征'或'命名'这样的孤立概念就能穷尽的。命名功能当然是语言的基础;并且它对于语言的其他功能也可能是必要的。

鉴于我们现在的知识水平,这种语言和非语言之间的特定关系类型可能也最容易被掌握。尽管如此,这个被忽视的语言研究领域还有许多东西尚待挖掘。语言被用来生存,就像社会结构被用来生存一样。这造成了语言描述的复杂性,并强调弱化不同交际系统的界限。语言的详尽描述是一种理想,可能永远不会实现,但是如把语言和生活完全分离开来,实现它的机会就更少。语言的语义结构绝对不会与社区所获得的整个意义结构无关。因此,局限于语言的形式符号系统是无法对语言意义进行恰当描述的。

对语言的恰当使用在某种意义上必须是我们语言能力的一部分。在现实生活中,语言学习不能等同于对言语符号系统独立'片段'之间形式关系的学习。事实上,之前我已经指出,把语言仅仅作为语言来学习是不会成功的——语言的学习不能脱离语言如何使用。如果'能力'是指一个言说者的语言知识而不是这种知识的某些具体方面,那么就不能把它等同于语法,除非'语法'完全等同于描述——但这样使用语法这个术语就有些不正常了。两个语篇调质的改变并不是语言运用的随机性引起的表面问题;它的意义与所谓的'认知'意义一样,都是构成消息的基础。这并不等于说语言的所有变化都必须是有意义的。然而,如果两个语项出现在一个常规模式中,而它们出现的模式通常又被定义为像语码、语域或方言这样的概念,那么,仅仅因为两者的意义在某些方面相似就坚持说他们彼此互为自由变体是无益的。在一系列语域相关因素的背景下,一个妈妈可以说:

16. If you climb up that wall you may ruin your nice new shirt.(如果你要爬那面墙,你可能会弄坏你漂亮的新衬衫。)

她不可能说:

17. If that wall is climbed up by you, your nice new shirt might be ruined by you.(如果那面墙被你爬了,你漂亮的新衬衫可能会被你弄坏。)

不是因为(16)合乎语法而(17)不合乎语法,而是因为在特定的一系列的语域相关因素中,(17)很不合适。(16)所编码的意义成分和(17)所编码的意义成分不一样,只有前者在人际距离缩短的母方控制的语域中是合适的;后者不适合。这与语言学中的'偏离'(deviation)概念相关。语言是抽象的,尽管在对它的语法进行描述时,不考虑那些仅适用于某些特定变体的形式是合理的也是必要的,但是我们不应该忘记这种语法的局限性。考虑下面的例子:

18. She often buys in Switzerland.(她经常在瑞士购物。)

19. They shivered their spears.(他们颤抖着他们的长矛。)

20. He hit many fours during the first Test match.(他在第一届国际板球锦标赛中打了多个四分球。)

说上述句子是偏离的或不符合语法的,对于我们理解这些句子几乎没有任何价值——它告诉我们的是一种我们强加给语法的限制——这种限制认为上述例子是偏离的——或者更糟,是不合语法的。虽然从语言各变体中抽象出来的语言规范被广泛使用,但特定语言变体的标准是不容忽视的,因为面对语言时,我们遭际的不是抽象的'语言'本身——而只是语言某种变体的一个实例。

结语

在讨论这三种范畴——语码、语域和社会方言时,我试图说明在我看来它们最本质的区别。同时,我也尝试指出这些范畴对语言学和社会学的意义。如果社会语言学只包括对本文所描述的社会方言的研究,那么就没有理由将其作为一个独立的研究领域,因为它对社会学或语言学几乎没有任何扩展。但这并不等于说方言研究没有价值:简单地说,它们完全可以被归于普通语言学的一个领域,即机构语言学。跨学科研究有这样一个功能——在我看来正是如此——即它们提出一些问题,这些问题无法在其中一个相关领域得到充分解决,由此它们进一步以不同方式为彼此提供新的洞悉力,这种洞悉力对双方都是重要的。同样,语码和语域也会给语言带来洞悉力,这种洞悉力是仅凭语言片段之间的形式关系所无法获得的。

在讨论语码和语域的时候,我们能够找到足够的迹象说明弗斯关于一种语言语篇包含不同层次意义的假设是正确的。这些含义不能只依靠词汇描述,无论这种描述有多完整——也不是依靠提出一套规则,告诉我们如何单独解释句子就可以的。也许语言学尚未达到能够清晰描述这些意义的初期阶段。但这似乎不能就此认为:我们在不同分析层次中对意义陈述的探究本身是无效的或索然无趣的。几个世纪的语言研究使我们达到一个阶段,在这个阶段下,或许通过一些调整,我们可以讨论显性语法的构成——前人的研究在其自身的历史背景下既不是无效的,也没有浪费时间。语言研究的领域很宽泛,对语言各个方面的探究都是合理的。因此,要求每一个语言学家都应该以同样的方法研究语言是狭隘的。最后,一个人选择研究语言的哪个方面,所遵循的研究方法大部分取决于他为什么对研究语言感兴趣。人们研究的目的似乎会使人们倾向于强调一方面而非其他方面——同样,它还可能对假设的本质起决定作用,即与语言的那些方面相关的假设。一些假设可能有实证研究来对其进行佐证,但是没有假设是以这样的佐证方式开始的——所有假设首次提出时都受到同样的质疑,需要在更好的理解下不断地被重新制定。对于这一点,即使只考虑过去十年,也没有任何一个学科能比语言学更好地对其进行见证。把理论比喻成工艺品,这种想法并不特别奇怪:如果理论的不同部分可以连贯地组合在一起而不打破其内部逻辑,并且理论整体与'现实'之间有某种可行的关系,而理论作为一种工艺品又与这种'现实'存在一种象征性关系,那么这种比喻就是合理的。如果一个语言理论可以实现这一目标,它将做出积极的贡献。

致谢

本篇论文大量借鉴了巴兹尔·伯恩斯坦和迈克尔·韩礼德的著作。由于没有在每个相关点上明确提到对其著作的借鉴,我借此机会对两位深表歉意。我对伯恩斯坦语码概念的阐释不仅仅基于他的研究成果,还来自和他的数次讨论。尽管我尽一切努力使对语码这个概念的阐释忠实于伯恩斯坦的著作以及他在研讨会和讨论中的表述,但此处表述的观点由我本人完全负责,并不意味着与伯恩斯坦的所有观点完全一致。对于韩礼德,感谢他提出的讨论语域概念的基本框架、'语义潜能'概念以及他对语义学与社会结构之间关系的论述。

注释

1) 本篇文章基于 1969 年 6 月在伦敦经济学院举行的语言和社会系列讨论会上的谈话。感谢纳菲尔德计划关于儿童故事的社会语言学研究对本文的资助。

2) 尽管伯恩斯坦的早期作品总是提到和句法、词汇,甚至音系层面的两种语码相关的儿童语言模式,我相信我的关于这些论述是一个达到目的的手段的想法是正确的——这种目的,在我看来,总是通过参考意义层的差异来描述语码的各种变体。

3) 我把语码变体相关因素的图式描述归功于巴兹尔·伯恩斯坦,因为该图式当前的形态是在和他讨论语码本质的过程中形成的。

4 论语义变异

要有效把握**语言**,我们应该尽可能仔细和直接地观察日常话语数据,尽可能准确地描述它与我们的语法理论之间的关系,进而修正和调整相关语法理论,以便使理论与我们所探讨的对象相符合。(Labov,1972a:201)

1. 前言

这一章的主题源自 1998 年我在一次大会上[1]的发言。在那次大会上,我试图将有关语义变异(semantic variation)的观念与社会语言学联系起来。那几乎是十几年前的事了,但是,尽管近来所出版的社会语言学著作(e.g. Chambers, Trudgill and Schilling-Estes 2002)确实展现了它们对 20 世纪 80 年代末在本书的一些章节里[2]首次提出的部分理论问题的探讨,然而,似乎到目前为止,就语义变异这一概念而言,在过去的这段时间里并没有发生太多的变化。因此,此时此刻,在谈到主题之前,对**语义变异**这一术语进行简要介绍仍然是恰当的,目前这一术语在社会语言学著作中仍然是一个非实体,完全不具实体性。首先,谈谈关于语义变异本身的起源:据我所知,我是第一位将**语义变异**当做社会语言学现象[3]进行实证和系统性研究的学者,然而,这个术语并不是我提出来的,这个荣誉,以及当今社会语言学的许多其他方面,正确地说,都应该属于拉波夫(Labov)。但是,具有讽刺意味的是,拉波夫提出这一概念的初衷是为了说明它不可能在社会语言学[4]中占有任何地位。与此相反,在本书的所有章节里,我呈现了似乎令人信服的理由,来承认语义变异是人类生活社会语境中语言使用的一个事实。我们的研究表明,在语义层,我们所考察的变异模式是有序的,是'结构异质性'(structured heterogeneity)的范例(Weinreich, Labov and Herzog 1968)。然而,主流社会语言学不仅忽视了这些,而且明确拒绝将语义变异作为**社会**语言学的一个概念(Weiner and Labov 1983)。这种片面的观点背后存在这样一种不解:假设在所有重要方面,语义变异与语音变异都处于一种对应关系,那么,为什么它不能被接受为一种社会语言学现象?在哪方面它不是**社会语境下语言研究**的一个重要方面?

在这一章,我打算通过想到的两个主要问题来回顾语义变异这一概念:(i) 语言结构是否允许语义变异的可能性?(ii) 如果允许,语义变异被视为社会现象的条件是什么?在开始讨论这些问题之前,有必要先考察这一领域的一些基本概念,如'社会语言变项'(sociolinguistic variable)、'变异体'(variant)、'变异'(variation) 和'社会语言变体'(sociolinguistic variety)。从道理上说,本来不需要在这么基础的层次上讨论概念问题；但是，毕竟，正如在拉波夫范式下的研究所展示的那样，它们对于社会语言学领域来说是关键性的。这些术语混乱不清主要有两个原因：首先，当今的社会语言学缺乏对语言的理论性描述，也就是说，这些描述性术语不具备理论根据。这在某种程度上表明了它只是在表面意义上对这些描述性术语的意义进行了处理——也就是说，仅仅用它们来表达它们在日常语言使用中应该表达的意义。然而，在话语中，常常出现术语的意义发生微妙变化的情况。这种变化所带来的困惑不应该让人感到奇怪，因为当我们进行社会语言学研究时，我们所从事的并不只是展开一种非专业性的日常话语。毕竟，社会语言学关注的并不是常识，而是对常识已经开始思考的东西进行解释：社会语言学术语的下滑恰好说明了这个事实。

第二，正如拉波夫令人信服的争论所表明的那样，从事社会语言学研究就是在社会语境下进行语言研究。这一视角的研究所前景化的语言的各个方面反过来必须能揭示语言自身的本质。可以预料，我们需要一个可以在社会语境下正确处理语言研究的语言学理论，而语言的这种理解将是这种语言学理论的一个良好指示项（indicator）。但是，人们事实上正在使用的语言学理论和它所基于的语言观也许未必与这些目标所追求的一致——这事实上是否如此，只能通过有意识的、认真的考察来印证，考察语言如何在反映社会语言学家实践的理论里被概念化。尽管之前已有解决方案（见本章开头的引文），但是，社会语言学一直不愿意考虑这样的可能性，似乎理论家关于语言本质的看法与其语言理论及其关于语言的描述无关：因此，一直以来，人们都是采取这样一个被明确称为一种社会模式的语言模型（Labov 1972a：185—187）来从事社会语境下的语言研究。没有任何迹象表明，拉波夫早先在这一模型中指出的不足已经得到实际修正。如果是这样，这一领域的著作一定没有对这些变化进行具体的讨论。这一章将对我们目前所采取的这种语言学模型的若干特征进行集中探讨，这些特征不利于我们在社会语境下进行语言研究。

2. 社会语言学中的变项和变异体

显然，变项和**变异体**这两个概念对于社会语言学领域来说至关重要。然而，正如我所指出的那样（特别参见这里的第 5 章），对这些术语的重要性和定义的陈述在表述方面还很不清晰。有时，在没有任何理据的情况下，这些术语被宣称'不会被视为语言普遍理论的一个部分'（参见 Hudson 1980；关于讨论，参见第 5 章）。这为缺乏清晰的陈述提供了一个正当理由，从而允许了这样一种假设：凭直觉，也就是常识，来理解这些术语就足够了。然而，有些时候，清晰性并不能被用来说明这些术语的特征。例如，钱伯斯和特鲁吉尔（Chambers and Trudgill 1980：60）告诉我们：

……语言变项可能**经常被看做是说或做相同事件的各种方式**，这些方式在社会方面不同，但在语言方面对等，它们出现在语言分析的所有层面。［强调为本文作者所加，RH］

这一陈述存在诸多令人不满之处。例如，人们如何解读**经常**？**经常**是不是受限于某种条件？或者它只是一种概率问题？更重要的是，**语言分析的所有层面**包含了多少内容？它所指的范围包括意义层面吗？或者，意义在语言之外吗？如果意义是语言的一个层面/成分，那么，显然，语言的'**变项/变异体**'也将会出现在意义层面。那样的话，做出以下声明就很奇怪了，即，形成变异体意义，作为对'相同'语境事件的体现，就是一种**表述**相同事件的方式。由于这种声明会陷入自相矛盾，人们可能会拒绝这样的推理，认为意义也许不应该被当作语言的一个层面——这种猜想至少提供了逻辑依据来否认语义变异是一种社会**语言学**现象。但是，将意义排除在'语言分析的所有层面'之外又会产生其他问题：毕竟，如果'语言变项被认为是**做或说相同事件的不同社会方式**'，那么，这种由语言变项预示的或与语言变项相关的社会差异就可能会创造**意义**。那么，我们有权问这是一种什么意义。如果是社会意义，我们应该如何解释这样的事实：一个语言变项创造/识解这种意义，然而，意义本身不是语言的一个组成部分。语言的哪方面/成分与意义相关？如何相关？将意义视为语言的一个层面的条件是什么？这些问题确实存在，它们困扰着我们，因为社会语言学没有明确与任何连贯清晰的语言模型相关联，而这一语言模型能满足社会语境下语言研究所要求的意义概念化。

回到**变项**和**变异体**这两个术语，当然，有一个关于变项和变异体之间意义差异的简单问题。在这一领域的著述中，这两个术语几乎被交替使用——的确，当我刚刚涉足这一领域时，我也跟随了主流的言说风尚（fashions of speaking），对这两个术语不做区分（查看本书第二部分中的章节——然而，也许会有人颇有说服力地指出：不是变项本身可能被看作在社会方面不同，而是**变异体**的选择模式才有这种特权。我批评这种混淆，是因为这些术语至今仍'未被视为语言普遍理论的一个部分'，它们还未形成理论。巴利（Bayley 2002：117）最近试图修正这种情形，将这些术语和语言学习作为一个整体联系起来：

……这种方法的中心思想（也就是，量化范式。RH）是：要了解语言必须了解变项和分类过程，而且，我们在**所有的**语言层面中所观察到的变异都不是任意的［强调为我所加，RH］，相反，语言变异的特点是有序的或具有'结构异质性'（Weinreich et al 1968：99—100）。也就是说，言说者对变项语言形式（variable linguistic forms）的选择系统地受到多种语言和社会因素的制约，这些因素反映了潜在的语法系统，并且二者都反映了和部分地构成了语言使用者所属的社区组织。

区分变项和分类过程的做法当然是值得肯定的，但是变项和变异体之间的关系问题仍然没有解决。变项语言形式具有对变异体进行体现的可能性。从逻辑上说,在任何特定场合,言说者只能选择其中一种变异体,因此,似乎变项和变异体在理论上不可能是同义词。同时,这也是事实,为了说明各种变异体的价值和身份,它们确实需要和这种我们称之为'变项语言形式'的'东西'联系起来考察。这似乎非常可能,即潜在的拉波夫(社会的)语言变项是一种稳定的/稳固的语言现象,用贝利(Bayley)的术语来说,这种现象是'类别的'[5]。人们可能会进一步断言,话语的变异性在逻辑上意味着在某种程度上承认其稳固性(Hasan 2004a)。显然,将语言过程划分为类别的和变项的不足以解释拉波夫的复杂概念:要理解这一概念,人们需要将这两种过程联系起来。

我通过参考**体现**(realisation)这个概念对20世纪80年代的这个话题进行了讨论(例如,在本书的第3至第5章),根据系统功能语言学理论,这一概念将语言学理论的不同层次联系起来。最近,社会语言学也形成了类似的解释(Antilla 2002:210):

最后,到了该给变异定义做简要说明的时候了。其中一种可能是将变异视为一种特殊的形式-意义关系,有人建议:自然语言中形式意义关系是一种理想的一对一关系,而这是语言力求满足的原则(Antilla 1989)。从这种理想状态中偏离的两种可能的形式在(6)中被举例说明:如果一种意义(M1)对应几种形式(F1,F2),就会产生'变异';如果一种形式(F1)对应几种意义(M1,M2),则会产生'模糊'。

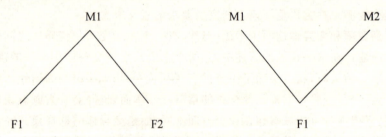

图 1　来自安蒂拉(Antilla 2002:210):
'变异和音系理论(Variation and phonological theory)'

安蒂拉关于变项-变异体关系的描述在本质上和我的观点在某种程度上是一致的[6](见第5章中的3.1小节)[7],它承认需要认识**意义**和**形式**这两个概念属于两个不同抽象等级——是语言内部组织的两个不同层次。但是,安蒂拉和我的方法的确有很大的区别。对于安蒂拉而言,语言是一个二元编码系统,它所承认的两个层次是意义和形式。与此不同的是,在**系统功能语言学**中,语言被看做是一个多层次的编码系统,至少由三个语言内部层次组成——意义(语义层),措辞(词汇语法层)和声音(音系层)[8](见第3章的图1)。从系统功能语言学的角度来看,安蒂拉的'一种意义……几种形式'的观点不是省略了词汇语法层就是将其归到了音系层',似乎它在意义建构中没有发挥具体的作用。然而,即便是对语言研究稍作观察,也能证明这样的事实,那些总是使句子意义产生差异的是句子的措辞:认识到意义是语言的一个层次而未认识到词汇语法在意义识解中的作用就等于忽略了语言表意能力最核心的一面。措辞单位是复杂的语言实体:单靠音系学很难穷尽对它们的描述。简而言之,根据**系统功能语言学**,语言单位'词'必须得从三个方面来考察:(i)它体现——更具体来说,识解——一个语义单位,也就是,一种意义;(ii)它和其他词构成纵聚合和横组合关系,换言之,在措词层,它和其他单位构成了类和结构的词汇语法关系;(iii)它'具有'某种语音形式,也就是,它本身被体现——更具体来说,被标志——在语音方面。语言的使用本身代表的是一个意义、形式和声音/符形的综合体,如果语言学理论的目的是'解释'这种现象的本质,那么,它需要认识语言单位所有的这三个方面。

  安蒂拉的解释没有触及第二个方面,然而,从目前讨论的观点来看,它似乎极具标准性。语言单位'词'能'具备'某些特定意义,正是由于它和其他词汇语法单位形成了某些关系——这一观点在索绪尔(1966)的著作中被阐述得很清楚。单位'词'的第三个方面,即词的语音形式在意义识解过程中不发挥作用,换言之,语音形式为措辞提供识别标准,但不提供任何对其进行定义的准则(Halliday 1984b);相同的语音/书写'形式'也许能体现两个或更多不同的词。例如,尽管有同样的语音形式,莎士比亚英语中单词 host 和现代英语中的 host 就不是同一个词——类似地,在当代英语中,像 pear/pair,can (aux.)/can (of Coke)这样的词体现的是不同的措辞。在这里重提一下,意义并不是由词的语音形式识解的,而是由词所构成的词汇语法关系识解的,这种词汇语法关系铸造了词的语义价值。因此,正是'词'的第二和第三个方面与语音变异直接相关。在以上对词的分析中所提到的第二个方面,也就是,作为词汇语法单位的词,它代表的是语言中稳固的那部分;词的第三方面,也就是,词的语音形式,代表的是语言中多变的那部分。承认某种表达式的多变性其实就是承认存在一种系统的选择,这种选择是在两种或多种变异体语音表达式中进行的,这样,每一种体现都标志着相同的措辞。由于多样性存在于语音表达式中,所以,对于某一特定变体形式所发生的环境,我们可以根据纯粹的语音术语来对其具体本质进行详细说明;这些变体只是在同一语音框架下局部地彼此相区别,与意义差异无关,guard,dark,bark,park 这些词的语音体现展现了相同的环境,在这一环境中,其措辞'具有'发 r 音或不发 r 音的(变异体)体现,这些都被完好地记录在拉波夫关于纽约英语方言变体的研究里。

  我得出的结论是语音变异体首先与措辞单位有关。措辞是稳固的,承担指代功能,而它的语音体现是多变的。当具备了这种体现的多样性,这种变项表达式的各种变异体可以通过与某些特定的言说者团体发生关联而逐渐获得了某种社会语言学价值。以上讨论可以归纳为以下几点观察:

  (i) 总体而言,在量变主题下研究的这种多变关系要求对语言学理论中的至少两个抽象层次进行识别,这二者对于研究都具有密切的相关性。

(ii) 运用空间隐喻,较高层次单位表现的是稳固性特点,与此不同的是,多变性可以在较低层次体现模式中观察到[9]。

(iii) 较低层次是多变的,也就是说,较高层次单位的体现提供了一个系统的选择:对于同一个较高单位而言,存在两个或更多的变异体体现。换言之,多变性潜能是体现过程的一个特征。

(iv) 所有变异体在同一结构中必须是可取代的,这种结构能体现相同的更高层次的单位,多变性的模式是局部的,而且,可通过语言学术语被明确地、详细地说明。

(v) 所体现的变异体会获得某种社会地位,如果(a)各种变异体出现的模式在某一特定社会(部分)的言语过程中呈现出一种有序的和结构化的异质性;(b)变异体的选择是'习惯性的',也就是,例示了某种'言说风尚'(Whorf 1956);(c)在言语过程中确认变异体的识别标准是明确的。

(vi) (i)到(iv)的观察意味着语言学理论所识别的最高层次无法呈现这种独特的多变性。

(vii) 从以上总结看出,以这种范式进行的社会语言学研究需要一个语言学理论,这个理论(a)是层级化的;(b)提供一个关于这一理论的不同层级之间关系的清晰说明;(c)能提供分析语言数据的原则性方法;(d)能识别在语言过程中与变异一起变化的社会环境特征。

3. 社会语言变异

正如在日常语言中使用那样,单词'变异'仅仅意味着对已建立的实践/存在状态的偏离。因此,很自然,它会预设一种'规范'或'标准',这种标准享有一种有关优先性的威望(the prestige of precedence);普遍流行的对已建惯例的尊敬态度使优先性转变成'真实性'(authenticity)。确实是这样,当这一术语被用来指做和说事情的方式时,这个词的内置语义就会具有表达偏见的潜能:某人的标准被认为是更早或更'真实性'的标准,因此,在某一模式的'暂时优先性'(temporal precedence)基础上,常常不经意间,'威望'被赋予给这个语言模式。然而,作为拉波夫社会语言学理论的一个专业术语,'变异'的语义通过与'变项'和'变异体'意义的紧密联系而变得更精确了,尽管这种设计很可能并不是刻意的:正如安蒂拉指出的那样(参照上面的引述),界定'变异'的方法之一是'将其视为一种特殊的形式－意义关系'——准确来说是上面提到的作为体现的那种特殊关系。这正显示了变异这个术语是如何被运用到社会语言学研究之中的,这意味着在变异理论框架下的变异研究总是包含语言的两个抽象层次,正如前面小节描述的那样,这些层次通过体现相互关联在一起。功能和结构的异质性观点是从魏因赖希、拉波夫和赫索格(Weinreich, Labov, Herzog 1968)那里继承来的,从理论上,这一观点将研究视角从话语的变异转移到'共时的复杂性',在这里,各种不同变体以一种有序的方式参与了某一(些)特定变项的复杂体现过程。在此再次重申,至少从理论来说,没有必要因为某一变异体的'优先性'而赋予其一种(有些武断的)'威望',所有社会语言学的变体在**语言学上**都应该同等对待[10]。当说到变体,每种变体必须呈现出对于相同变项的某种变异体的出现,这种出现是稳定的、有规律的和系统性的,并且,正是因为每种变体中变异体出现所具有的稳定性,量化研究才得以开展,这就是为什么变异理论被如此看重的原因。从这点来看,每一种变异体的选择对于'这一时间点上的'[11]社区的某一群体来说都是一种**标准**。可以预料,这样的结构异质性在更大范围的言语社区里应该是功能性的,也就是说,它将在创造、维系和改变言语社区的社会环境中发挥作用:许多社会语言学的各种变体是由当时的社会秩序决定的,这些变体本身不断演变,并在其中发挥着自己的作用,不管这是什么样的作用[12]。

在结束对'变异'这一术语的讨论之前,我还要提出两个相关话题,并且这也是符合主题的。第一,当变项、**变异体和变异**之间的理论关系为主流社会语言学构建一个缜密的、连贯的理论框架的同时,它确实限制了术语**变异**的范围,以致这样的变异不能再被称为全面的'社会语境下的语言研究':要得到这样的地位,必须要有'变异理论'之外的内容作为补充。韩礼德(1975c)指出,确实存在这样的社会语言变体,即这些变体显示的不是变异理论所推崇的那种变异。事实上,由于这些'补充的'(supplementing)的语言变体根植于社会生活,因此,除非这一领域被有意限制,否则它们的研究应该被视为社会语言学的一部分。第二个密切相关的问题是,根据术语的这个意义,当人们在主流社会语言学所采用的语言学模式框架下进行变异研究时,其结果必然限制了对变异可能性的认识,即这些变异在其自身的逻辑结构下对语言开放的可能性。这种情况的出现是由语言模式的概念化及其语言研究的内向(inward-looking)本质造成的。简单进一步详细说明,这种模型将语义、句法、词汇和语音视为语言的'成分'(components),然而,这些成分之间的关系却没有被明确概念化[13],而且,典型地,语言被呈现为一个二元编码系统(不管是隐性还是显性),只包括意义和形式(参照 Antilla 上面提到的例子)。显然,从以上讨论来看,由于对语言'成分'之间关系的界定还没有形成理论,因此,在过去的四十多年里,这一事实阻碍了对'变项-变异体'之间关系的划分。当时,也存在关于语言模型的各种假说,这些假说都是关于什么是人类语言普遍性的本质,这些假说所具有的重要意义是一个严谨的社会语言学所不能忽视的。这一语言模型基于较低层次的语言现象提出了一个具有普遍性的构想。但是,要将这样一个基于普遍性所构想的语言与那些在现实社会生活中扮演重要角色的真实语言联系起来是一项艰巨的任务。然而,要正确对待'社会语言学'中'社会的'含义,最终,一个严谨的社会语言学必须研究的正是活跃在社会主体生活中的语言的相互渗透(相关讨论见第1章)。不足为奇,正如很多学者(Bourdieu 1990;Gardin and Marcellesi 1987;

Williams 1992)所抱怨的那样,关于变异在言语社区生活中的作用的各种解释,主流社会语言学的解释只停留在人类生存的表象;它没能提高我们对以下问题的认识,即为什么语言系统会支撑变体的发生,语言系统的哪些方面允许变异/变体的发展。

从'语言能力'(competence)和'语言运用'(performance)的严格划分明显看出,这一模型将语言封闭为系统或'语码',而不是将语言作为过程,即那些在社会生活语境下自然的语言使用,这样的做法从逻辑上导致一种人类语言的内向描述:将语言和言语完全切断的做法削弱了语言学理论本身的解释力,但是,这不是我们这里要关注的焦点。目前,就社会语言学而言,似乎重要的意义是将语言从其社会语境中封闭起来,在社会语境里,语言生存和消亡、改变和成长,并且发展了干预人类活动的潜能和塑造人类对变异态度的潜能。由于语境在这一模型中没有被视为相关概念,语境基本上没有被分析,而且,对语境要素的解读依旧是'直觉的'和常识性的。由此,当把语言现象——包括它的社会语言学模式——与社会物质世界联系起来时,无疑,就会出现一个问题。毕竟,'社会的阶层'只是一种现象,现象后面隐藏的是那些更根本性的东西。社会语言学必须要问的一个重要问题是语言在社会生活机构中到底扮演什么角色——如果不了解这是一个什么机构,这一问题将很难回答,而且,提高对机构认识的先决条件就是将'语境'这一概念理论化。很多方式可以使言说者的外部环境渗透到他们的语言当中——包括语言的系统和语言的使用。一些语言学家争论,如果不借助言说的社会语境,即便是语言形式也无法得到充分的描述(Halliday 1992b)。

将语境排除在语言学之外自然意味着理论中最高的抽象层次是被称为'语义学'的部分。作为关注意义的语言的那个部分,这一成分被视为语言－内部形式和语言－外部现实的接面。然而,在语言－内部形式与这一语言学理论所承认的言说者生活中的大量现实之间,其唯一的关联就是语言被作为预先存在的现实的替代品,根据这一点,意义就成了命名/报道/指称,你可以任意冠以称谓。根据系统功能语言学,这一方面大致涵盖了从属于语言'概念'功能的意义;这种模式因此忽略了语言的人际意义和语篇意义;这种狭义的语义学涵盖的是那些被编码的,也就是,被(a)句法和词汇,以及(b)语音体现的意义。因此,从逻辑上推断,就变异理论本质而言,主流社会语言学仅能识别两种无可非议的变异:第一个是**句法变异**。比如,系动词的删除,或者 that/which 与先行词的对应等,在这些情况下,人们认为,语义单位是保持'不变'的,而它的句法体现则发生了变化(参见,Romaine 1984)。第二个是语音变异。比如 t、d 的删除,在一些被仔细说明的语音环境中,/r/音的出现/缺失等现象,在这种情况下,措词,也就是词汇语法单位,是保持不变的,而语音的体现发生变化。

在语音和句法这两个领域当中,主流社会语言学所做的最显著、最深远的贡献是在语音变异领域,尽管它也对'句法变异'做出了一些贡献(关于这方面的问题可以参照下面 Romaine 的讨论,5.2节)。这一模型的设计显然无法识别语义变异。

要识别语义变异,需要承认存在一个比语义更高的抽象层次,这个层次与语言存在内在联系。这在将语言形式看作基本上是'普遍的'和'自治的'语言模型中显然无法做到,不管这意味着什么。拉波夫解释语义变异不存在的两个理由分别是:一、语义层所关注的仅仅是指称的,也就是真值功能意义(truth functional meanings)——那种会使由社会所激发的文体变异产生区别的社会意义并不代表一种语义现象[14]。二、原则上,对于语义现象来说,变异分析所要求的精确度还无法达到,因此,在分析时,如果不失客观性,那么,社会语言学就不能将自己的研究领域拓展到语义变异领域。这些论证是否可行?20世纪80年代末我的研究得出的结果使我反复探讨这些问题(见本书的第3—8章),我将在下面的第5节再次对其中几点进行分析。

4. 变异和社会语言变体

'变异理论'产生了令人印象深刻的种种发现;然而,正如我在前面指出的那样,它不能被视为一个全面的'社会语境下的语言研究'。做这样断言的简单理由是:在每一种语言里,存在而且总会存在各种不属于'变异理论'这个题目的语言变体,然而,它们肯定是社会语境下语言研究的真实实例:例如,它们显然源自言语社区的社会语境,它们呈现种种可预测的规律,而且它们在社区的权力争斗中具有重要的意义。如果这样的语言变体被划分在社会语言学某种模式所界定的范畴之外,那么,对这一领域的重新界定便成了一个紧迫的问题。拉波夫对这些变体的态度多少有些含糊。例如,看下面一段文章,一种潜在的意义似乎贯穿始终,表明这样的变体也许不属于社会语言学领域,或者,即便属于,它们也绝不处于中心地位(Labov 1972a:184;强调为我所加)。

> 有另一种研究领域,有时它被包括在'社会语言学',这一领域更关注实际使用中语言的各种细节——海姆斯(Hymes)称这一领域为'语言人种志'(the ethnography of speaking)(1962)……这一领域关注的是描述和分析语言使用的模式以及某一特定文化里的方言:'言语事件'的形式;言说者作出恰当选择的规则;言说者、受话人、听众、话题、渠道和背景之间的相互关系;言说者运用自己的语言资源执行功能的方式。

海姆斯(Hymes 1962,1967及其他)的言语变体建立在不同言语事件类型的系统性差异上:这些差异与言语事件的自然社会语境差异有关,系统功能语言学称之为语域变异(register variation)。最早将语域变异理论化的是韩礼德、麦金托什和斯特雷文斯(Halliday McIntosh and Strevens 1964),虽然,语域变异这一概念源自弗斯(Firth 1957)所发展的语境概念,而且,它从话语的角度使马林诺夫斯基(Malinowski)的语境观系统化。虽然这两个概念——言语变体(speech variety)和语域变体——并不是在所有的细节上都相同,但是它们之间有许多重合之处。在这里,我重点讨论系统功能语言学的语域概念,因为它是完全融合在系统功能语言学的语言模型中的,一方面,它与文化语境和情景语境相关,另一方面,它通过元功能概念与语言的内部结构相关,这些元功能是以社会语境下的语言使用为基础的(相关讨论见本书第 1 章,以及 Halliday 1973b, 1979a)。大量文献都是通过对语域中的变异进行实际分析来阐述理论和方法。在这里,我简单强调与语域变体相关的一些关键事实。

- 语言符号系统的主要特点是语义、措辞和语音的三个相关体现层次。
- 为了解释这一符号系统的演变和功能,语言学理论必须借助文化语境和情景语境这两个概念,因为只有在社会语境下的生活中和在社会语境下的生活中使用,语言才得以发展、维系和改变。
- 这种观察意味着:为了正确地描述语言的这种三层次内部结构,语言学理论必须包含四个层次:语境、意义、措辞和语音;这使得人们既关注了语言的符号性,也关注了语言的社会方面。
- 在自然和正常情况下,使用中的语言与社会语境的三个方面是对应的,在系统功能语言学,它们被称为话语的语场、语旨和语式(Field, Tenor and Mode)。语场指的是社会行动的本质,在这些社会行动中,使用中的语言要么作为附属性力量在发挥作用,要么作为构成性力量在发挥作用。语旨指的是社会关系的本质,这种关系存在于言说者和受话人之间,它通过从事社会实践得以维系和/或改变,这种社会实践包括话语实践。而语式指的是为了建立和保持联系所采用的物理和符号方式,这种联系的建立和保持是为了在那个场合下开展与话语参与者有关的活动。
- 这三种向量(vector)——语场、语旨和语式——是语境的向量,对言说者来说,语境向量对语言使用中的系统性变异发挥着指导性原则的作用,因此,不同的语场要求谈论不同的事情。例如,与火山话语相比,音乐话语涉及的是不同的指称范围。不同的语旨关系涉及不同的方式来与受话人打交道,例如,在某种参与者关系中,他们的语言识解的是尊重,而在另一种关系中,也许识解的是戏谑,等等。语式的不同与对人们话语的不同组织方式有关,例如,与不在场的人进行的话语需要借助中介来完成交流,不管这种中介是通过书写来完成,还是通过言语的传播来完成(例如,在某人的语音信箱里留言),它需要更大程度的明确性。
- 以这样的方式,标志着语言使用场合的三个向量,各自对语言意义潜势的不同方面负责。正是这一原则形成了认识三大元功能的基础,它们被称为概念功能、人际功能和语篇功能(Halliday 1973b, 1979a)。从属于某一元功能的语言和那些从属于另一元功能的语言并不相同。因此,由概念功能输出的语义和词汇语法,在对语场本质的体现方面明显活跃;那些由人际功能输出的语义和词汇语法则在创建、维系和改变参与者关系方面有显著活跃性；而语篇意义和词汇语法在体现语式因素和维持话语的继续性方面则发挥主导作用。

这些过程创造了韩礼德等人（1964:81—94）所命名的**使用变异**（variation according to use），而'变异理论'的变异被称为**使用者变异**（variation according to user）。后者与谁是使用者有关，在使用者变异里，'谁'是通过在社会系统的位置来界定的（Hasan 1973a）。一般情况下，后一种变异描述的是使用者大部分言语实例的特征。与此不同，前一种变异，也就是使用变异，与言说者在某一场合使用语言做什么事情有关，一般情况下，当且仅当那个特定使用场合存在争议时，它（或者与它非常相似的一些东西）才会再次使自己显现[15]。

对语域变异的常识性研究会表明这样一种观点：使用者只不过是在使用自己的语言资源来指称那些在特定环境中所需要提到的事情，这或许意味着这种语言运用与社会语言学决没有任何关联。然而，语域变异是包含更多内容的，不只是指称不同的事情，如上文总结所试图展示的那样。鉴于语域变异和社会语言学的关联性，人们需要问一些超越狭义的'语言形式'的问题。譬如说，是否某一社会的每一个成员/部分都有权使用所有的语域变体？如果不是，那么，是什么决定这个问题？社会语言学研究令人信服地表明方言变异的某些类别起到反映社会阶层的功能。而有关形成语域环境的社会实践在社会上是中立的观点似乎不太可能，因此，一个相关的问题是谁能参与何种社会—符号实践？为什么？什么是制约因素？它以何种方式影响谁？此外，某种语言的语域集会随时间而改变吗？如果会，那么，什么是这种改变的机制？如果我们对所有这些问题的回应是坚持认为：语言的变化反映的是社会环境的变化，而语言本身无助于社会变化，那么，我们的观察力和推理方法肯定有严重问题。社会语言学必须认识到社会和语言不是单向的，它们的演变是协同发生的（co-genetic），正如我所争论的那样，它们不可能独立存在（Hasan 1984a，1988 及其他）。

当然，由于一个非常明显的理由，使用变异需要和使用者变异区别开来：语域变异的界定标准和语域变异的分析方法与方言变异有着显著的差异。例如，与方言变异不同，在语域变异中，没有一个更高的恒定层次。这种的情况是不存在的，即语场保持不变，只有它的体现不同：从这个意义上来说，不存在相同语场的变异体体现（然而，参见下面5.4节的讨论）。但是，就语场向量的各种价值而言，一个实例和另一个实例是不同的，体现的差异不仅体现在语场价值的不同，而且还体现在与语场价值共现的语旨和语式关系价值的不同；每一个语域就是某个特定的语场、语旨和语式价值配置的综合体现。因此，比起方言变体的界定，语域变体的界定是一件更复杂的事情。首先，因为它不会假设'相同的'语场、语旨和语式各自的和/或整体的'体现的变异体'（realisational variants），但是，必须将每一个向量的每一个特定的价值看作是决定性的。其次，它也要求关注语言使用的各个不同方面，因此，言语事件的整体结构，即语篇结构，与以下两方面一样重要：（a）这一结构中的各个要素是如何被实现的。(b)语篇的各个部分是如何被组织起来的,即语篇的篇章组织(the texture of the text)。相比之下,社会语言变异理论中的变异与语篇组织是毫无关系的。关于不同语域变体的体现特征,根据各种语义类别,可以做出最令人信服的预测(Hasan 1973a,1984b)。语义单位体现的识别标准可以通过一种清晰的方式来阐述,即运用韩礼德分析措辞的描写框架来阐述[16]。

从事社会符号实践的权利在整个社会系统中呈现不同的分布,决定性因素是使用者的社会定位。个人的社会定位和他/她的语域集之间存在一种双向的关系,社会地位为个人的语域集发展提供一个友好的环境,同时,不断从事某一特定语域集的经验进一步巩固和界定个人的社会身份:语域集随着社会定位的变化而变化。从语言学角度来说,权力斗争就是争取有权进入和控制各种类型的信息以及某些种类的社会实践的斗争。我完全赞同拉波夫(1972a:111)的观点:'语言行为的形态随着言说者社会地位的改变而迅速改变',但真正重要的问题是:是什么改变了言说者的社会地位?参与某些有价值的社会活动以及有权使用获取某些类型信息的方法似乎是最重要的事情。鉴于这些事实,毫无疑问,语域变体在本质上是社会语言学的,不可能仅仅因为它们的分析不如分析 t 和 d 的删除这么无懈可击而被去除。借此机会我想建议的是,要尽一切努力将这一问题阐述得更精确:由于目前语域变异分析无法令我们满意,所以社会语言学对社会语境下语言使用的这个方面不做任何考虑是合理的,这样的说法是荒谬的。

5. 语义变异

那么,语义变异的情况如何?有没有一个合理的依据表明语义变异本质上不是社会语言学的?这一问题的回答取决于站在什么角度来看待以下问题:(i)语义变异体的存在及其本质;(ii)语义层级/成分的本质;(iii)为从事社会语言变异研究,语义学所做的准备;(iv)语义变异对于社会语言学领域的重要意义。显然,这些问题之间是相互关联的:确立语义学在语言和语言学理论中的位置至关重要,特别是和前三点联系起来。语义变异的可能性取决于对语义变异体的一个可行的假设,它的概念化取决于语义学的界定。以下这一节将由前面三个问题的讨论组成,其中不可避免会出现一些重复,这一章将通过讨论语义变异对社会语言学的可能贡献来进行总结。

关于讨论这些问题(i—iii)的基础在前面(见第 2 和第 3 节)已经作了说明,在这些章节,我们对将语境从拉波夫的语言学模式中分离出来的做法进行了关注;并且也对两种模式中不同的语义学概念进行了简要的讨论(见第 4 小节);关于这些问题的部分讨论被分散在本书的各章节中(特别查看第 5 和第 7 章)。我回顾这些内容的目的是为了,在以'社会语境下的语言研究'为目标的领域中,额外阐明语义变体这一概念的核心思想。

5.1 语义变异体和语言学理论

我将从语义变异体的本质和存在开始,因为这将使我们直面那些强调语义变异理论必要性的语料。那么,语义变异体存在吗?如果存在,它们呈现出适合作为社会语言学研究分析工具的特征了吗?

在对第一个问题的回应上,确实,根据拉波夫使用的语言模型,语义变异体这一概念并不存在,而且不可能存在:承认语义变异体将是一个悖论。这种不存在和不承认是拉波夫所使用的语言学模型的一个逻辑结论。如果语义学是最高的抽象层次,正如在这个模型中所显示的那样,那么,逻辑上,这样一个模型中的语义学就没有什么可体现的了:就不存在这样的'内容',它的表达是一个语义单位;而关于变异体'表达/体现'的问题甚至还没有被提出来(参见上面第 2 节中的 i-vii)。从语言学理论本身来看,推理的过程在逻辑上似乎无可挑剔,但却给主流社会语言学留下了许多棘手的问题。譬如,这种无效模型是否还可以使语义变异合理解释那些自然发生的'来自言语社区的语料'?这样的理论是否'适合所研究的对象'(Labov 1972a:201)?正如拉波夫(1972a)所指出的那样,语言中一个模式的存在不是取决于某个理论对它的认可,最终,恰恰是理论必须适合语料,否则必定为此付出代价。

毫无疑问,确实存在一个关于不同变异体信息的范式,如 let's wash your hands before you touch that sandwich v. wash your hands before you touch that sandwich v. I'd like you to wash your hands before you touch that sandwich, v. you have to wash your hands before you touch that sandwich(在你拿三明治之前,我们先洗个手 /在你拿三明治之前,把手洗了/我希望,在你拿三明治之前,你能把手洗一洗/在你拿三明治之前,你必须洗手),等等。拉波夫派的社会语言学怎样解释这些为行动发出'相同'提示的不同方式?所有这些消息的差异在社会方面都是微不足道的吗?如果不是,它们代表'文体变异'(stylistic variation)吗?到底什么是文体变异[17]?想到关于'语言作为将意义转化为一系列线性形式的方法'这样的观点,我们确实需要请教拉波夫(Labov 1972:189):'……文体意义(stylistic meanings)在哪以及如何进入这一过程?'这样的问题仍然期待一个合理的回应:'文体意义'和'文体变异'是语言学的吗?对这一问题的回答的确预示着会给当今社会语言学带来一系列难题。另一种可能性就是宣称这种差异不是语义的而是语用的,这一观点的优势是使语义学的地位在形式主义模式下维持不变:语义学仍然属于真值功能的,也就是,狭义的指称。但是,出于同样原因,这样做不是解决问题,而是将争论转移到一个不同层次:语义学和语用学的划分具有怎样的合理性?文体变异是社会—**语义学**的还是社会—**语用学**的?或者存在两种不同类别的体裁变异吗——一类在本质上是社会**语言学的**,而另一类是社会语用学的?我们由此进入了'领土争论'的领域,这使我们不得不在所有的问题当中问一个最基本的问题:人们应该如何概念化社会语言学的范围？哪一种语言学应该首先被称为'社会语境下的语言研究'？

但是,社会语言学的本质并没有要求它只能在形式主义模型的机制下进行研究,它还可以找到其他的和更合适的模型。我相信,系统功能语言学就是这样的一个模型,这一模型被运用在麦考瑞(Macquarie)的语义变异研究中。在过去的这些年里,这种观点背后的原因在本书的一些章节里已经进行了论述(特别参见第1,3—8章)。现将那些表现出和话语语义变异最相关的系统功能语言学的特征总结如下(见本章第4节,第1章最后一节):

(i) 对充分描述语言所需的必要抽象层面进行理论化,在语言学理论中形成一种清晰的层级观(见上面第2节)。

(ii) 对体现这一概念进行解释,它形成了一个关于各个层次如何相互关联的清晰的观点(讨论见第2—3节)。

(iii) 将语境包括为语言学理论的最高层次并将其理论化,这形成了关于各种原则的一个可行的观点,这些原则被用来将物质情景背景从符号界定的语境中区分离出来,后者首先与语言使用相关(见第4节)。

(iv) 带有明确假设的'元功能共振体'(metafunctional resonance)概念。这一假设关注的是语境、元功能、语言使用和语言系统之间是如何相互关联的(见第4节)。

(v) 概念功能(认知的)、人际功能(语用的)和语篇功能的同等地位。这些功能是在语义层和词汇语法层的框架下体现的(见第4节)。

(vi) 结构体(syntagm)(实际结构)和纵聚合关系语项(paradigm)(系统潜势)之间关系的明确本质以及对概念'精密度'的说明,这些形成了用来衡量相关'描写尺度'的各种准则(见本书的第3—5章)

(vii) '三维视角'概念。这一概念形成一个明确的原则,这一原则可以用来建立每一种描写性类别的定义、识别和系统环境(见上面第2—3节 Antilla 的讨论）。

语境层和语义层之间的体现关系意味着语境行为可以在语义上得到体现。为了确保'相同行为'可以通过语言来'做',任何这样的行为必须是清晰可辨的,如同某一正在进行的社会活动中的一个要素。譬如说,言说者可能参与了某一语境行为,譬如,试图让某人,如孩子,去做某事,假设被做的事情是'child to wash his/her hands before touching some food'(让孩子在拿食物前洗手),这些'事实'从属于语言使用的相关语境。因为通过语言'做'这件'事',所以存在一个选项系统。也就是说,将会有不同的'可行的做相同事情的各种语义方式':言说者也许会发出一个'对物品/服务的索取',这一索取包含的是一种[建议的]意义,例如,lets wash your hands before you touch that sandwich (在你拿三明治之前,我们先洗个手)(见第60页);或者,是一种表达[义务]的命令,如 you must wash your hands before you touch that sandwich(在你拿三明治之前,你必须洗手),等等。每一种变异体的目的都是为了获得相同的物质效果,每一种变异体体现的都是这样一种语境行为:以母亲的身份让孩子在接触食物之前洗手。每一种体现都是一种具有一定的语义特征[进行的:索取:物品/服务]的消息,也就是,语义变异体发生的语境可以用语义术语来指明;每个消息都与其他消息不同,这种不同是通过某个明确的意义要素在语言结构中所处的明确位置来决定的,从这个意义上来说,消息就变成了彼此的不同语义变异体。

但是,语义变异体之间的关系远非差异这么简单。显然,在讨论的例子中,有一种意义链一直保持不变,这就是那种从属于概念元功能的意义链,它由这样的意义构成,这些意义指的是物质行为的种种细节和这种行为发生的条件。然而,那种我们已经识别的语义变异体,也就是,[建议的]要素,是独立于概念功能的,这种意义链从属于人际元功能,语义变异体被整合在这种意义链的结构中。在系统功能语言学中,任何一种语言能够识解的意义都被认为是语义学所关注的,语义层是所有意义描述的集合地。因此,使用这些分类,一个消息可能会在它的每一条意义链上被分析,而每一条意义链分别属于某一特定的元功能。或者,有时,如果研究只关注某种意义要素,那么,只需要进行某一意义链的分析就可以了。

系统功能语言学将三大元功能置于同等地位,它允许属于某种元功能的选择在默认的情况下独立于另一种元功能的选择。我们讨论的变异体所从属的人际元功能指的不是那些事件结构的要素,它能制定人际关系,识解互动者的'脸'(face)(从这个意义来说,它是 Goffman 在 1967 年使用的术语)。从人际语义的角度来看,'let's wash you hands before you touch that sandwich'(在你拿三明治之前,我们先洗个手)和 'lets not play with those marbles when Andrew is crawling about'(当安德烈爬的时候,我们先不要玩弹珠游戏)之间不存在差异。每一个语义变异体的具体类别都从属于某一特定的元功能,并被整合到某个元功能输出的结构中。描述性框架的各种类别清晰表明该类别属于结构中的哪一部分,该怎样被识别,或者它在某句话语中表达的是什么意义。因此,上面两个例子体现的是语境行为的相同类别,也就是试图让某人去做某事;两个体现变异体的出现在语义层都具有'消息'地位,两个消息被视为[建议的],而且二者通过中和命令和合作之间的距离来尊重受话人的面子。

关于语义系统网络方面的例子和它们的体现阐述在本书的一些章节中可以找到,这些体现是由词汇语法模式来完成的。第七章提供了一个更详细的讨论以及语义要素的例证,这些语义要素属于那些能够体现试图让某人做某事的语境行为的消息。第五章和第六章提供的是关于语义类别的讨论,这些类别积极参与体现某语境行为,即'试图让某人告诉言语者某事'。为了与三维视角原则保持一致,这些讨论意味着:属于这些信息的语义类别的界定标准来自语境行为的界定——即来自上一个层次;它们的价值——即在语义方面它们能'做'什么——是通过它们在语义系统网络的位置铸造的,即来自同一层次;而它们的识别标准则是根据词汇语法模式来提供的,也就是来自下一个层次。

当然,还没有已制定好的测量尺度,可以用来测量'分析中的精确度'。但可以肯定地说,语义变异体存在于社区的自然言语中;变异体体现可能发生的语义环境如同语音变异体的语音环境一样能被清楚地详细说明;各种语义变异体能被准确地识别;能进行至少和句法(即,词汇语法)分析同样准确的分析——因为正是词汇语法模式识解了意义;词汇语法的结构体是社会语境下语义选择的一种'现实化',我们通过措辞来实现这种语义选择。措辞本身通过语音和书写的体现获得各种意义。这些评论有助于评判语义描述框架在自然语料分析中的运用是否足够完善(见上)。在进入对语义变异体的进一步讨论之前,让我首先讨论两个理论框架中很不一样的语义概念化——一个是主流社会语言学所使用的,另一个是系统功能语言学所发展的。

5.2 关于意义和语义变异的观点

语义变异体概念以及它所参与的变异研究的发展程度只取决于支撑整个领域的语义理论。显然,这里所比较的两种理论之间有很大的不同。拉波夫一直支持这样的公理:'语义学等于真值功能意义。'伴随这一公理的是一整套的信条,也就是,语义空间是普遍的。它的含义是,世界对于整个人类来说是相同的,因此,如果人们的语言行为明显存在语义差异,那么,这些差异是偶然出现的,是由地理位置或其他这样的物质现象造成的。'who'(谁),'what'(什么)和'where'(哪里)的社会意义尚未被考察,如果已被考察,而且如果这些社会意义引起不同言说者群体对它们差异的关注,那么,解释这种差异的任务应当交给语用学。有一点还不是很清楚,就是当对两种可能发生的事态进行比较时,即都表现为对做某事的威慑,到底哪里或基于什么基础来决定这种不同的本质是语义的还是语用的,如例(i) if you play with that sharp knife, I'll clobber you(如果你玩那把锋利的刀,我就会打你)(一种威胁)和例(ii) if you play with that sharp knife, you will hurt yourself(如果你玩那把锋利的刀,你可能会伤到你自己)(一个所谓的逻辑原因)。这些问题经常被讨论(特别参见第 5,7 和 8 章),没有必要在这里赘述。我关心的是这种模型的选择如何对社会语言学的命运造成影响;在我看来,社会语言学最初的愿景曾经在拉波夫的《社会语境下语言的研究》(*The study of language in its social context*)一书中得到热情洋溢的介绍,但是这一愿景已经被曲解了。这一点都不奇怪——确实,拉波夫(1972a:259)对此早已做出预言——会存在'一种越来越强烈的困惑、毫无意义的问题(moot questions)的滋生以及这样一种观念,即语言学就是一种游戏,在这种游戏里,每位理论家都选择适合自己品味或直觉的解决方法'。除了向拉波夫表示歉意外,不想去责备语言学家的'品味和直觉',我可能责怪的是语言学家在权利斗争中的姿态。

或许，我对这一语义学模型的批评可能会被归结于我对系统功能语言学的偏爱。但是，就我而言，事实并非如此（见第1章对系统功能语言学的批评）。正如我并没有创造'语义变异'这个术语，我也不是第一个对这些主流社会语言学模型中的矛盾观点感到困惑的学者[18]。拉凡德拉（Lavandera）经常性的困惑、罗麦因（Romaine）谨慎反驳的和建设性的批评都来自社会语言学家，他们本身就是这一范式的积极实践者（Lavandera 1978；Romaine 1984）。显然，这些问题都是在运用拉波夫模型从事社会语言学研究的过程中出现的，我的问题也是这么来的。罗麦因曾谨慎地讨论过这种情况，即句法变异的社会语言学意义，而且曾经分析由以下公理引发的问题，即社会语言变异的本质天生就是意义的保留这条公理。她观察到，这些问题蕴含着社会语言学的基础（Romaine 1984:26-27；强调为本文作者所加）：

拉凡德拉（和戴因斯（Dines））所质疑的是：是否这种扩展（也就是，变异分析扩展到语音学之外的层面，RH.）需要在语言变项的本质方面进行修正，即变项的界定标准。我认为**它需要做更多的修正，需要修正我们对社会语言学理论的本质和目标及其在语言学理论中的地位的看法。**

她引用（1984:26）西尔弗斯坦（Silverstein）的观点，根据他的观点，'对纯指代类别的偏见是言语社会功能未能被构建进我们语言分析的主要原因之一。'

多年来，像我这样的拉波夫崇拜者们，一直被其不清晰的社会语言学理论中潜在的矛盾观点所混淆[19]，特别令人苦恼的是'社会意义'这样一个严重缺乏理论性的概念，很自然，它被认为完全处于语言学之外，因为社会意义当然不是真值功能的。对于社会语言学研究来说，还有比社会语言学家现在所采用的语言学更不恰当的语言学吗？拉波夫（1972a:259）断言：'我认为在这个问题上我们不需要一个新的"语言理论"，相反，我们需要的是一种新的做语言学的方法，这种方法将产生决定性的解决方案。'这肯定很奇怪，如果'语言理论'不是一个以某种方式来'做语言学'的指南，那么，'语言理论'还能是什么？如果一个语言学理论提供的解决方案对于已被视为本质的目标来说并不理想，显然，我们需要尝试另一种语言理论。正如我在介绍这一章时所言，在当今的社会语言学研究范式下，人们不会认真地考虑这个可能性。

显然，罗麦因通过提出这样的建议来总结她的评论：也许，像韩礼德提出的多功能理论更适合从事社会语言学的研究，因为韩礼德理论的取向是将语言运用视为社会语境下的语义选择，而社会语言学的研究范围不能任意被语言学理论的本质限制。毫无疑问，在我看来，这样的举动表明社会语言学要想成为整合性语言学（integrated linguistics）仍需要走很长的路（见第1章的讨论）——这是社会语言学多年的愿望；毕竟，正如早前拉波夫所提出的那样，语言学如果不研究社会语境下人们使用的语言，那是非常错误的。令人失望的是，拉波夫并没有青睐功能主义（1987）。在敬仰拉波夫的成就的同时，人们可能还是会指出功能主义具有很多意义：也许，我们所需要做的不是简单的驳斥，而是要认真地解构某种理论的词语所包含的内容。拉波夫学派学者对其他学者的肤浅和/或轻视的解读是非常不可取的：通过认真重读索绪尔的普通语言学课程(Thibault 1997)——特别是语言和言语之间的关系——我们会很明显的发现这一现象已经发生了。索绪尔的著作的确存在矛盾，但是，拉波夫所指出的索绪尔'不正确的'语言学模式中的错误却并非都是索绪尔犯下的，很多错误是因为不慎重或断章取义造成的。

5.3 语义描写是否足够完善，以至于可以用在社会语言学研究当中？

和所有的研究一样，社会语言变异研究的成败也取决于方法和理论：二者都必须能处理这些问题。社会—语义变异的研究也一样，在我看来，它代表着社会语言学的一个重要方面。不管是明确地还是暗含地，拉波夫曾就方法和理论这两方面对语义变异的可能性提出过质疑。在前面的几个小节中(5.1—5.2)，我集中讨论了一些亟需解决的理论性问题，在这些问题上，我对拉波夫的理论立场是持批评态度的，但是，我却是拉波夫研究方法的崇拜者。拉波夫开拓性研究的一个非常引人注目的方面是它不折不扣的客观性——如在自然的社区语境中所发生的那样去研究语言的社会模式。在语音变异研究中，对语音变项的精心挑选发挥了重要的作用。我们要问：社会语言学研究中的语义变异体有多'好'？当然，任何语言层的语言变异体都是由研究者来确立的，因此，根据研究者的研究能力，某一特定的语义变异体也许是/也许不是合适的。由此，认为某个特定类别不是有效的观点有别于那种拒绝所有语义变异体研究的观点，后者的理由是语义类别的有效性一直都值得怀疑。在这一点上，我们需要确立的是一个'好的'、令人满意的语言变异体的各种特性，以此来判断语义变异体的适宜性。以下是拉波夫(1972a：7—8)关于'好的'语言变项/变异体特性的描述：

在这一点上，提出这样的问题应该是合适的：语言变异体，作为言语社区研究的焦点，其最有用的特性是什么？首先，我们希望是一个常见语项，它经常出现在没有确定方向的自然会话中，以至于它的行为可以从无结构的语境或简短的会谈中描绘出来。第二，它应该是结构性的：这样的语项越是能够整合进一个功能单位的更大的系统里，我们的研究其内在语言学价值就越大。第三，特征的分布应该具有高度层级性：这就是，我们的初步研究显示的是，在一个广泛的年龄范围或其他社会的有序阶层中，语义变异体呈不均匀的分布。

目前存在一些矛盾的标准，它们在不同的方向影响着我们。一方面，为了能够研究社会态度和语言行为之间的直接关系，我们希望这种特征是显著的，不管是对于我们还是对于言说者。但是另一方面，我们重视对有意曲解的抵制，这可以大大简化语料信度问题。

可以自信地说，在原则上，没有什么理由说上面所介绍(5.1小节)的语义变异体不具备这样的特征。对于语义变异体来说，频率并不是一个不能解决的问题，譬如，存在无数自然发生的社会场合，在这些社会场合中，像'试图让某人做某事'这样的行为的各种变异体语义体现都可能遇到。本书一些章节中收录的那些来源于自然发生话语的语篇选段(特别参见第7—8章中的命令及其原理)以及CD中记录和转写的小样本都证实了这一点。关于语义变异体完全被整合在一个结构这样的观点也不是一个倍受争议的问题:这一点在上面已经进行了说明。具体的批评是有用的,然而,全面否定却是另外一回事。这种分析方法所提供的分析链具有这样的优势:它可以明确指出结构中关键的语言位置,这种结构的体现是多样的,而且,关于每一个特定变项的语义变异体的识别标准,其分析方式也是多样的。当将语义变异体的分布与使用者的社会阶层联系起来时,它呈现高度层级化——在我们的例子里,更具体地说,是社会阶级和性别——这些分布,根据数据的量化分析结果,在本书的每一个章节都进行了展示。目前,就语义变异体识别方法而言,已不成问题。然而,语义语料的分析方法是否有效?

在这里再次重申,拉波夫也有疑问。在回应拉凡德拉的评论时,他指出(Labov 1978a):不能期望语义变异研究的信度和语音变异一样高。根据他上面引述中所引用的所有标准,'语音变项似乎最有用'(1966b:49)——从某种意义来说,其用处是它们呈现了所有这些特征,虽然他也承认靠人耳的、非机器的声音识别大大得益于句法和预期音素方面的信息(1972a:202;强调为本文作者所加)。

> 对于判断孤立声音的绝对质量来说,耳朵是一个非常糟糕的工具。但是,考虑到句法和**预期音素**的理解,耳朵是一个极佳的工具,可以用来判断**体现的是哪种可能性**。

但是,机器观察到的语言'噪音'的准确性不应该误导我们认为:在自然语言的使用中,会存在像'孤立的声音'这样的事物。语言的使用总是以一个综合体出现,它由意义-措辞-声音组成——这就是坚持语言内部结构至少存在三个抽象层次的理由。分析的任务就是要区分意义、措辞和语音,正如语音学专家的任务是将声音和声音'隔离',同样,语义学家的任务是要将意义和意义分开,也就是说,要分析意义,但是,这并不是说'孤立的声音'或者孤立的意义要素在参与语言交流时无论怎样都是重要的。自然,这样的事实不应该被低估:设备的改进可以使我们通过使用声波的声学特征作为识别语音的标准,可以非常准确地分析'孤立的声音'。与这种高度准确性相比,值得记住的是:语音变异在社会语言学方面是有效的,不是因为人们能依据物理现象对它进行很好地分析,而是因为各种变异体之间的差异能被人类的耳朵听到。即便为了使在最初的固定模式(stereotyping)在社区中成为可能,这种听和识别变异体声音的能力也是必须具备的。这种情形和语义变异体多少有点相似。

开始就提出这样的建议似乎是合情合理的:分节音韵学(segmental phonology)既不是识别语义变异体的标准也不是识别语义价值的标准。不管怎样,有关语义变异体识别标准的问题是关键性的。正因为不像声音,声音是一个感知的现象,意义在本质上恰恰是纯**理解性的**。语义变异体的定义和识别标准可以通过关注语言如何生成意义来确定。反过来,这意味着这样的标准不可能与理论家如何概念化语言脱离开,因为,正是概念化构成了他语言学理论的基础(Halliday 1996;Matthiessen and Nesbitt 1996;Matthiessen 2007)。语境、体现、系统、结构、精密度、元功能和三维视角的理论化——每一个方面在本书中都已进行了详细的论述——在系统功能语言学已经得到了发展,其目的是为了对语言进行描述。并且,正如我在前面 5.1—5.2 节讨论中所简单提到的那样,这些概念在决定语义变异体的定义和识别标准方面发挥了重要作用。更多详细的内容可以参考本书的许多章节中关于系统网络和体现方面的论述。

确实,与分析音素不同,语义要素的分析不可能通过机器来进行,但是,言说者对意义不同表达方式的洞察力不可能像声音判断那样依赖机器分析:在这两种情况,反应仅仅取决于互动者能否真正'获得消息的关键要素'。从这个视角来看,研究对象的行为清晰表明消息确实被理解了,研究对象的语义数据在本书一些章节中进行了分析。此外,正如我前面所反驳的那样,语义变异是自然语言使用的一种事实。鉴于此,以下说法就显得很离奇了,即我们无法致力于语义变异研究,因为手头上缺乏描述方法。当然,理论和实践之间一直存在对话:它们的发展是相互依赖的,描述的手段在用于解决语言学问题过程中不断得到发展。因此,等有了合适的研究方法才开始发展就像阻止一个孩子不去参加语言互动直到她/他已经'掌握了母语'。

6. 语义变异:对社会语言学的贡献

语义变异的研究在时间和人力方面要求极高。那么,语义变异研究究竟在哪些方面有助于我们了解语言和社会之间的关系呢?本书各个章节所报告的研究指出了那些值得关注的结果,这些结果都来自语言学分析数据的量化分析。作为一位基于变体的使用者,语义变异意味着言说者的社会划分。划分的主要向量证明是言说者的社会定位,社会定位在社会-逻辑方面反映出言说者的社会阶层,但是,事实上,互动者的性别也是一个重要的向量。

原则上,在这里所报告的研究数据结果总体上与语音变异相符:和后者一样,语义变异也识别子群体,每一种子群体与社会界定的层次是一致的。如果这就是语义变异研究将要告诉我们的,那么,尝试这样耗时费力的分析似乎有点过犹不及,也许无法取得超越语音变异的成就。然而,在社会生活中,语义变异在语言的话语中占据着重要的地位,它被赋予如此特殊的地位,是因为语言意义在人类精神生活中发挥着重要作用。

人类大脑'之内'的活动和大脑'之外'的活动的区分也许是非常明显的。为了在这个世界有效地行动,人类的思想不得不'认识世界'。现代神经科学研究(e.g. Boncinelli 2001;Edelman and Tononi 2000;Greenfield 1995,1997)开始进行这样一种解释,根据这种解释,人的思想是一个'个人化的大脑',它被生活经验'塑造'成它现在这个样子:经验,如果你愿意,变成了思维。但是,那些使大脑成为思维的东西,其本质不是物质的:如巴特森(Bateson 1972)所指出的那样,大脑中并不存在具体的物质;一些抽象形式在这些精密的过程中发挥作用。没有人会怀疑语言在广泛人类经验中所发挥的重要作用。经验被调解为意义——我指的是所有的意义,不仅仅是那些被局限在表征/指称那些关于经验功能信息的意义,还包括那些主观性的结构,也就是人际意义,它涉及的是个人的判断、喜好、信仰以及对所有我们周围的事物和内在世界所持的态度。

有这样一个假设:在表达意义的众多模态之中,语言是最普遍的、最'受限于时间的'和最能将人的感观经验转化为思维习惯的——如果你愿意,可以和布尔迪尔(Bourdieu 1990,1991)一样称之为习惯(habitus)——它充当思维、行为和反应的指导性原则——这似乎意味着:语言的意义有利于塑造人类思想,这就是对维果茨基(Vygotsky 1978,Wertsch 1985b)'符号中介'(semiotic mediation)主题的逻辑解读,正如我在过去几十年里争论的那样(Hasan 2005)。简而言之[20],这意味着:语义变异研究也许可以促使我们更进一步接近'为什么某人说了某话这样基本的社会语言学问题'的答案(Labov 1972a:207),这在语言学研究尚属首次。如果我们开始看到与各种意识形态的从属关系是如何通过不同的稳定的意义方式或者不同的'言说风尚'(沃尔夫的术语)被创造和改变的,那么,长期艰苦地对不自觉的、自然发生的语料进行语义分析是非常值得的。似乎有理由假设:对于自然的、不自觉的言语来说,其语法和语义事实上就是在说出我们的意识形态、我们思维中的态度,正如我们的习惯性言语的语义变体所显现的那样。不可否认,在我们的研究发现中,有一个很小的方面令人振奋地指向了这一方向。据发现,即使在三到四岁孩子的话语中也存在基于社会阶层和性别的变异:母亲的意义风尚和孩子的意义风尚存在高度关联。事实上,我们可以肯定地说:在这么小的年龄,孩子的'言说风尚'就已经开始显著地反映母亲的语义风格(讨论见第五章),而且,正如我们前面指出的那样,母亲的言说风尚本身是由其社会定位激活的,特别是被她们的社会阶层和她们的受话人(即孩子)的性别所激活。

在语料分析过程中,语域变异和语义变异之间开始出现一个奇怪的互动。鉴于同一个相关情景语境只在一个单一值上呈现不同[21]——言说者的社会定位——两个场合中所出现的语旨在这两种情况里是非常不一样的(见第3章中的讨论)。克洛兰(Cloran 1994)在语义变异研究方面所做的贡献是将注意力转移到另一个重要而相关的特点,即话语层的特点:某种语义变体的习惯性言说者会具有更强的语境分类意识;他们积极地试图区分语境,阻止任何可能造成中断的行为,而另一种语义变体的言说者则倾向于容忍,轻松地从一个语场转换到另一个语场。其结果是活动结构的整体组织在两种变体中显得很不一样(Cloran 1995,1999;Hasan 1999a,2000)。在这两种情况,对话具有多种可能性,但取决于言说者关于语境是什么样的一个语境的看法——即什么样的说/做对于那个场合来说是'合适的'——它导致了话语出现不同程度、不同种类的复杂性。值得关注的是,语域的语类结构潜势是保持不变的(Halliday and Hasan 1985);然而,尝试容纳各种语境的结合或确保语境的分离导致了复杂的语篇组织,这些语篇组织蕴含的是合作或冲突(Hasan 1999, 2000)——随着信息的发展或缩减(见这里的第11章)。这方面仍需要进一步研究,但是,结果表明,根据言者的语义变体,确实存在一种很大的可能性,它能够预测某些——尽管并非全部——言说者的话语特点。

从社会语言学理论的角度看,这样的结论意义重大。在这一章的前面几个小节(见第2节和第3节),通过仔细分析,我们将变异划分为使用变异和使用者变异,认为在'变异理论'下理解的'变异'是后者的实例化。如果,能满足社会语言学研究的唯一方法是由'变异理论'提供的话,那么,语域变异,作为使用变异的实例化,显然不属于语义变异研究的范畴,或者最好默认它不属于社会语言学研究的典型。在第4小节,我提出了一些反对这一看法的相关理由。如今,基于实证研究,我们发现一个强烈的迹象:语义变异在其自身的方法上与'变异理论'是一致的(见第7章中的平行部分),并且它与语域变异存在一种系统性的关系,这样,假设在澳大利亚某一特定社区,对于根据社会定位被分组的言说者来说,根据他们所使用的语义变体来对他们进行类似的分组是很有可能的;他们使用的语义变体与他们的话语组织的整体发展很可能是一种正关联,而后者是由两个或更多语场的结合所引起的(Hasan 1999)。根据这样的解读,语义变异在不同社会语言学变体类别之间呈现的是一种系统的、有秩序的关系,这些变体类别合起来包含了整个语言变异的范围。

出于同样的原因,语义变异是一个强有力的解释性概念,它可以用来探索语言变体增值(valorisation)的近乎普遍性的模式,这是因为它与超语言因素之间的关联性建立在言说者的社会定位上。社会定位是一个复杂的概念,它包括那些积极生产和分布各种社区资源的社会因素。社会阶层显然是一种主要的社会学类别,它与社会定位高度关联,但是,其他社会区别性参数(parameter),如教育、家庭地位、性别、年龄、种族或宗教身份等等,也同样与社会定位相关,其关联性如同它们与在某一特定社会获取社区资源来生成和分配'社会利益'(social good)的能力的关联性一样强。在某一社区,一个特定的宗教身份可能会更有权获得这些资源,而在另一些社区,与某种特定的教育和科技成果相比,这一因素未必是关联的。但是,社会阶层是一个向量,它本身就是某一社区语言资源生成和分布模式运作的结果;就其本身而言,这是一个权力游戏的明显症状;因此,它总是与社会定位相关。在各种与社会定位相关的因素中,肯定会存在一个复杂的互动模式,但这不是讨论这个话题的地方(具体的讨论见Bernstein 1990, 2000; Bourdieu 1990, 1991; Giddens and Held 1982)。似乎重要的是这样的事实,即社会定位是增值原则的预言器;这已不是什么秘密,权力吸引崇拜。其结果是:对于生成和分配'社会利益'的语义资源而言,言说者越能掌控这种资源,他们的变体库就'越具福利性'(better)。这样的观点并非基于任何的语言'事实';相反,它是关于社区对社会事实的态度的一种判断,这些社会事实的指数是某些语言现象。但是,也存在一种陈旧的说法,认为权力被腐化了;这也许是真实的,但更真实的是这样的事实,权力崇拜被腐化了,它不仅腐化了所崇拜的,同时也腐化了崇拜者,使他们无法区分事实与虚幻。

从事语义分析的能力显然是从事语义变异研究的一个基本条件,但语义分析本身仅仅是语言描写的一部分,正如音系学是语音变异研究的一部分一样。语义分析需要被看做社会语言学的一个关键要素,正如当今这一领域被界定的那样。例如,考虑'文体变异'这一概念:到底多少语言变异才会导致'文体变异'?目前,就文体变异这一概念而言,或者文体这一概念本身,其表述不如'语言变项'清晰:至少后者有切实可行的方法。在过去几十年的文体研究中,再也没有比不假思索地就从文学批评中借用的这一概念更肤浅的阐述了,根据这一描述,文体关注的仅仅是'如何'(how)交流,并未触及交流'什么'(what)。在当今的社会语言学,文体变异话语似乎在以同样的方式使用着文体这一概念:它似乎是在'意义保留'变异的语境下产生的,这里,'意义',也就是,'什么'构成了'认知'意义,而这个'认知'意义自然是形式语义学的内容,它将其他内容排除在外,似乎人类的认知没有判断、没有评价、没有态度,而且,似乎在这些现象的建构中,语言并没有起任何作用。最近出版的研究成果并不是全无疑惑的。因此,在最近出版的著作中,希林-埃斯蒂斯(Schilling-Estes 2002a:375)告诉我们:

> 总的来说,文体变异涉及的是个体言说者言语中的变异(言说者内变异)(INTRA-SPEAKER VARIATION)而不是言说者群体之间的变异(言说者间变异)(INTER-SPEAKER VARIATION)。言说者内变异包括许多不同种类的变异,包括由特定言说者群体的相关特质而产生的使用层面转换——也就是,方言——或者由特定使用情景的相关特质而产生的使用层面转换——也就是语域(例如,Crystal 1991:295, Halliday 1978)。[大写为原文]

我们是这样被告知的吗?文体真的是一些个人'倾向'所拥有的东西而不是群体倾向所拥有东西。如果是个人的,那么,文体是不是仅仅是个人言语方式(idiolect)的代名词?当在使用被称为文体的事物时,个体正在做的是什么?一件某人被认为正在做的有关文体方面的事情,似乎存在于从方言和语域中进行特征的拼凑。什么是方言的特点?它们来自哪里而又是如何进入方言的?它们只不过是某群体风格的一些要素,凭这些要素,这些群体在做相同的事件,而说不同的事。是什么组成了这样一个群体,即展示言说者间变异的群体?显然,个体是以某种特定的方式来言说的。几十年来围绕着维果茨基理论的学术研究在对'个体'和'个体间'的轻率的、简单的划分中被丢弃了,这种划分就好像人类从一出生就被作为独立的个体一样。建议有必要对涉及文体变异本质的话语要素进行重新考虑,这难道不合理吗?我的回答是非常肯定的:'合理'。我还要重申:文体是'意义的',关注意义的研究肯定极大地有助于解开文体意味着什么这样一个难题。我们能够合理地描述而又不需要'进入'句法和语义的唯一变异形式是口音（accent），至于其余的变异，我们都需要具有整体分析语言的能力——不仅是它的意义还包括它的形式，而且我们需要了解的不仅仅是语言的内部，还有语言的环境——语境——意义在其中得以维系和改变。

总而言之，语义变异研究具有为社会语言学理论拓展新视野的潜能。名副其实的社会语言学的真正使命是揭示语言和社会是如何互动的——语言如何塑造社会以及社会如何进入语言的过程和系统。我们在语言中发现的不同变异类型在社会方面开启了一扇窗——社会语言学的任务不仅仅是依据描述变异形式来了解语言的本质和变化，还要通过社会语言学研究所打开的这扇窗来更好地了解人类社会的本质。对于我们来说，那是一个必要的条件，它可以使我们明白，我们作为言说者对人类社会做出的贡献是什么——也可以使我们明白，我们如何共同不知不觉地通过语言符号保留了许多不合需要的社会特质。

注释：

1) 这一文献指的是《语篇、意义和变异》论文集，由 J. R. 马丁（J. R. Martin）于 1998 年 12 月在悉尼大学编著。原来发言的观点在编写本书时被重新整理并进一步进行了发展。

2) 我并不是在暗示最近这些讨论无论如何是在对我批评的一种回应：从字面和隐喻方面来看，来自'底层'的声音是一种遥远的呐喊，并且，就事物的本质而言，这种声音在'高层'仍未被听到！然而，在这一章，我将不时地提到钱伯斯等人（Chambers 2000）著作中的一些章节，从而继续这一我在 20 世纪 80 年代所开启的（单方面的）对话传统。这样做是为了不断更新我对现代一些语言构型的批评，尽管过去最前沿的学术研究有了提高，然而，仍然有改进的空间。

3) 当然，在他们影响深远的著作中，沃尔夫（Whorf 1956）、韩礼德（Halliday 1976a），尤其是伯恩斯坦（Bernstein 1971，1975a），他们已经在这方面提出了各自的观点。关于我和我的同事卡梅尔·克洛兰（Carmel Cloran 1994）和杰夫·威廉姆斯（Geoff Williams 1995）所从事的语义变异研究的各个小组情况，将另作介绍。

4) 我在这里特指维纳和拉波夫（Weiner and Labov 1983），他们在书中特别讨论了'语义变异'术语中的语义。这两位作者认为语义变异本质上不是社会语言学的，然而，可以接受它可能与年龄有关；正在学习母语的孩子可能会产生各种语义变异体的实例，语义变异由此被认为是一种不成熟的符号。

5) 对于描述任何一种语言形式来说，'类别'这一术语过于严格，通常，这些语言形式在某个时间点上要么是'稳定的'，要么是'多变的'。

6) 虽然我并不太认同他关于'在自然语言中形式意义关系是理想的一对一关系'的观点。

7) 值得注意的是,在韩茹凯 1989 年的著作当中(Hasan 1989),我使用的是叶尔姆斯列夫(Hjelmslevian)的'内容'和'表达'两个术语,内容与'那些被编码的'同义;如果措辞是通过语音来编码,那么措辞是内容,语音是表达。这样使用的术语'内容'与意义/语义显然不是同义;它所包含的是'那些被编码的'。

8) 在系统功能语言学,语音层并不被视为一个单独的层次,尽管在这点上还存在很大争议。

9) 根据叶尔姆斯列夫的观点,'内容'是'相同'的,'表达'是变化的。

10) 从这点来看,像'系动词的删除'这样的术语预设着系动词的一种普遍性;或者,当'gard 变成 gad',它首先会被认为是发 r 音的变体。

11) 自然,我并不是建议历史性的阶段变化应该被忽视。然而,将变体本身视为'选择性'语码/系统同样很重要。

12) 这里所使用的术语'功能的'是描述性的:各种变体是功能的,这是因为它们参与社区生活的设计。没有任何迹象表明,这种参与在本质上是好还是坏。

13) 这只能推测为,据我所知,在这个问题上没有进行过讨论。

14) 将这与拉波夫(Labov 1972a)进行比较,特别是第 8 章。

15) 关于'相同语域'/'相同语境'方面的讨论,参见韩茹凯(Hasan 1985a,1995a,1999)。

16) 参见,例如,M. A. K. 韩礼德、C. M. I. M. 麦蒂森。(Halliday and Matthiessen 2004)功能语法导论. 第三版. 伦敦:阿诺德出版社(Introduction to Functional Grammar. 3rd revised edition. London:Arnold.)

17) 必须得提到,尽管希林-埃斯蒂斯(Schilling-Estes,2002b)对这一个问题进行了阐述,但与二十多年前我对文体变异这一概念提出批评时一样,对文体变异的困惑依然如故(见 Hasan 1992b,1993,本书第 7 和第 9 章)。

18) 这里,我不理会社会语言学的批评,如布尔迪尔(Bourdieu)和威廉姆斯(Williams),因为他们的视角也是单方面的,完全来自'外部语言学'(external linguistic)(参见 Hasan 1989):对于社会语言学来说,主要问题是如何将内部的和外部的结合起来,如何考虑到语言和社会的协同发生,从而语言存在于社会,社会存在于语言。

19) 虽然我承认最近更多的著作在这方面正在采取措施,譬如钱伯斯等(Chambers et al 2002)。

20) 这一问题的一些细节在本书各章节进行了讨论,特别查看第 4、8 和 9—12 章。

21) 虽然我称之为'单一值',用巴利(Bayley)的话来说,单一值有'多种诱因',因为有很多因素活跃在社会主体定位方面。

5 社会化过程中的语言：家庭与学校

1. 简介

本文[1]主要探讨语言在社会化过程中的作用。我们将着重关注家庭和学校两个场所——至少在西方文化中，年轻个体的大多数谈话都是在这两个场合产生的。我将在接下来的一节中陈述自己的社会化观点，尝试指出为什么我认为伯恩斯坦的理论(Bernstein 1971a,1975a,1982,1986,1987b)在解释社会化的模式方面最富有成效。在第三节，我将提出以下问题：如果我们接受这种社会化观点，那么语言这个概念又将如何？在第四节，我会简要地介绍一项研究，它探讨了家庭以及上学第一年的说话方式，从而表明以一种抽象的方式来陈述的社会化过程如何在现实生活中大量地被日常会话所构建。研究的结果将在第五节展现给读者。在最后一部分，针对本文所采取的有关社会化和语言的观点，我将对其所带来的影响进行分析。

2. 社会化

我用'社会化'这个词来指各种不同的互动过程，在这些过程中，人们以这样一种方式发展了诠释周围环境并参与社会实践的能力，即他们的诠释和行为被同一社区的其他成员至少在他们自己的言语团体内看作是有意义的(Firth 1957)。想到康奈尔对社区这个概念的评论(Connell 1988)，我必须要补充一点，对于我，对于也许大多数语言学家来说，'社区'是一个相对的概念：社区的界限不会一成不变。上面对'有意义的'这一术语的使用，也并没有意指某种积极的内容：我只是想指出通过社会化过程，社区某个成员的诠释和行动会被社团的其他成员赋予意义。这并不预设着一致与冲突，也不预设着赞成与反对；但这本身，对于这些反应中的任何一个，却都是必要的前提条件。尽管如此，需要进一步强调的是，社区成员具有的以一种（或几种）具体方式诠释他人行为的能力绝对不是一个简单的事情。它只有在一组复杂的条件下才可以产生，即社会化的个人在与他人互动中为自己构建一些存在、做事和说话的模型，这些模型与他们当前的社区成员的存在、做事、说话行为存在着系统关系。因此，根据伯恩斯坦(Bernstein 1987c)的观点，任何对社会化的研究都有必要找出'外部因素是如何转化为内部因素的，同时内部因素又是如何反映自身并塑造外部因素的？'

这种表面看似简单的论述把争论提高到更高的抽象层面，让我们关注到社会结构与意识形态关系的重要性。各种意识形态是在社会化的过程中形成的，反过来又作用于促成社会化的社会结构。正如伯恩斯坦指出的（Bernstein 1971a：172），社会化理论关注的是为'经验的社会结构化'这一过程提供一个明晰的解释。

2.1 社会化与社会

让我们先看一段伯恩斯坦早期的有关社会化的论述（Bernstein 1971a：174）：

我用这个术语[即，社会化]来形容儿童获得具体文化身份的过程以及他本身对于这种身份的反应。在这个过程中，生物方面被转化成具体的文化存在。因此，社会化过程是一种复杂的控制过程，会激起儿童特定的道德、认知与情感意识，并赋予其具体形式和内容。

伯恩斯坦继续指出当代社会里发挥社会化作用的一些基本机构，包括家庭、同龄群体、学校以及工作场所。这些社会场所的经历创作、保留并改变着某些独特的意识形态。让我们暂时先把焦点放在家庭上，并记住伯恩斯坦的话（出处同上）'在家庭范围内聚焦、过滤儿童的经历在很大程度上是将社会宏观秩序微观化。'

尽管凭借第一印象，至少在我们熟悉的社会，每个家庭似乎都是独立的单元，拥有或多或少决定与行动的自主权。一旦我们对家庭进行更深入的研究，这种初步的印象就需要修正。把家庭看作是由外部施事者手中的线完全控制的牵线木偶是愚蠢的。同样愚蠢的是把家庭当作一个原子，完全能自给自足——即使是原子本身也不会这样！——不受它周围事物的影响。以我们自身的局部环境为例，想想每个家庭在孩子教育方面所做的决策：每个家庭拥有多少自主权？哪些因素会影响人们的决策？这些因素从何而来？为何家庭会认同这些因素，将其作为有权影响自己选择的合理力量？一旦我们更加深入地思考这些问题，我们就会发现，至少在当今社会，家庭不是一个自立的单元；它并不具备一种足以让它自主地决定享受哪种医疗设施、休闲活动、社区教育中心、托儿所等的自由选择权。一些现象会限制它选择的范围，这些现象，归根结底，可以追溯到社会学家所说的社会分工，继而可以追溯到权力的分配。

接受这一立场意味着讨论家庭中的社会化形式离不开家庭的社会定位（Bernstein 1982），这种定位是由家庭与社会分工的各种关系决定的。我们的问题是：这些关系的本质到底是什么？多数基本的当代社会学——当然包括伯恩斯坦的理论——都试图回答这样的问题，因为社会劳动分工与特定人群和个别机构之间的关系并不是显而易见的。相反，它们需要经过一系列步骤才能溯源，在这些步骤上，一端是高度抽象的概念，如权力的分配或阶级关系，而另一端是人类现实实践的结构——它能对人类进行直接的影响。我所说的一系列步骤不应该被理解为时间上有序的因果关系中的某些时刻，即可以被描述为'首先 A 出现了所以 B 发生了'。事实上，这种关系经常表现为一种'编码'或'体现'的关系，其意义同韩礼德

(Halliday 1961，1970，1973a，1975b，1978，1985a，1992ab，1996)用这些术语描述语言结构中不同层次之间的关系一样。例如，权力分配可以编码为社会阶层结构，而社会阶层结构可以表达为对资源控制的不同可能性。

显然，涵盖社会权力分配和男女个人（群体）的经历之间广大区域的一系列步骤不能在这里详细讨论了。需要指出的是，过去几年间伯恩斯坦曾多次著书涉足这一领域。实际上他理论发展的一个方向就是能够更加精细地描述联系权力分配与某个社区组织人类实践模式的可能方式之间的特定类型的关系（参见 Bernstein 1982，1986）。之所以在开篇引用伯恩斯坦早期的文章是为了表明，致力于对宏观世界和微观世界之间关系本质的描写对于伯恩斯坦来说已经不是新鲜事了。强调这一点是非常重要的，它可以反驳以下错误的看法，即伯恩斯坦理论中的'变化'在很大程度上偏离了他最初的理论见解，并且这些偏离使得他对语码的观念模糊且不稳定（Edwards 1976：90ff）。的确，伯恩斯坦理论并没有停滞于一个阶段（详见Bernstein 1987c）。考虑到即使截止到 1976 年，伯恩斯坦也已经著书 15 年，如果从60 年代起他的理论没有一点变化，这会令人更加震惊，因为这将暗示着智慧的停滞。不管知识的本质是什么，它都不可能不产生变化；所以，至少对于我来说，很难认同上面对伯恩斯坦'理论框架中变化'的批判。并且，对于爱德华兹提出的这些'变化'让语码这一概念发生了质的变化、使它模糊不清的观点，我认为这种说法是出于对文献的误读。

2.2 社会化和语码概念

语码这一概念又是如何进入到对社会化的讨论当中的呢？伯恩斯坦（1971a：145）指出'语码概念指对言语事件的选择与组织进行调节的原则'。现在，伯恩斯坦不再仅仅谈论'言语事件'，而是更加明确地谈论物质资源和话语资源——包括存在、说和做的所有形式（Bernstein 1982，1986，1987c）。然而这并不是质的改变。例如，根据伯恩斯坦的论著，韩茹凯曾尝试指出语码概念本质上是社会学的（Bernstein 1971a：174）；它的社会语言学方面源于它的社会学本质（Hasan 1973a）。为了理解语码概念在任何社会化讨论中的重要性，我们需要探究语码'调节社会实践的选择与组织'这种说法的含义：我们需要考察微观的社会现象如何和'宏观的社会秩序'产生联系（Bernstein 1971a：174）。由于不可能在此处详细地阐释这些关系，我提出了一系列几乎不言自明的断言。当然这并不意味着问题就此结束——即他们不被公开审查和讨论；仅仅是，由于时间紧迫我绕过了这个阶段。

首先，我认为存在、做与说这些社会实践构成了社会系统（Hasan 1984c）；正是通过这些社会实践社会系统才得以发展、保持，才有了变化的可能。另一方面，实践意味着信念和知识，以及欲望和态度。我认为这些心理倾向一方面激发了社会实践，另一方面它们本身又是由社会实践产生的，并通过社会实践得到维持：心理倾向与社会实践之间的相互依存是一种不同层次之间的依存关系，具有莱姆基

(Lemke 1984)所说的'动态、开放系统'的特征。心理倾向并不是静态的;它们甚至会随着所它们'激发'的社会实践的展开而发展。我将这种不断变化的心智地图称作意识。那么,意识就是由信念、知识,欲望以及态度构成的不断发展的动态系统。如果这个观点被接受,那么任何'调节'这种意识的东西也会调节社会实践;任何调节社会实践的东西同样会对社会系统进行调节——它的产生和发展。根据这一推理,最重要的问题之一就是:到底是什么调节了意识?——是什么塑造了内在?我认为这些问题的提出引发了意识形态的个体发生问题(Bernstein 1982,1986,1987b;Halliday 1975a;Hasan 1986a;Cloran 1989)。

意识本质的问题——正像其他大多数重要的问题一样——还没有得到一个基本的答案。根据一个学派的观点——如过去的德国唯心主义,现在被称作'认知科学'——意识具有认识论上的优先性:人类遵循意识这一天生的,主观的精神动力对现实世界进行排序;意识本身具有自主存在性。我们都知道马克思在他的《德意志意识形态》中对以上观点进行了批判,指出它是'从天堂降落到人间'(引自 Bottomore and Rubel 1976:90),认为如果我们从'真正的活跃的人类和他们真正的生命过程'出发,从'人间上升到天堂',我们就会发现(出处同上):

> 道德、宗教、形而上学和其他意识形态,以及它们相应的意识形态形式不再保留其表面上的自主存在性。他们没有历史,没有发展[即自身的];是人类本身,在物质生产、物质交往的过程中,随着他们的真实存在,改变了他们的思维和思想的产物。生活并不是由意识决定的,相反,意识是由生活决定的。

马克思在他撰写的《政治经济评论序言》中陈述了同样的观点,被麦克莱伦(McLellan 1975:40)引用:

> 人在社会生产中进入一些不可或缺的、不被他们意志所控制的明确关系……这些生产关系的总和构成了社会的经济结构……与它们相对应的是明晰的意识形态。物质生活的生产方式总体上制约着社会、政治和智力生活的过程。并不是人的意识决定了他们的存在,相反,他们的社会存在决定了他们的意识。

认为马克思的观点忽略了个人的主观方面,这种印象是错误的。相反,他提出所有人类历史的第一个前提就是'人的个体的存在',他意识到需要考虑'这些个体的物理存在'以及作为所有科学必要基础的'感觉经验'的首要性。就像博托莫尔以及鲁贝尔的书中(Bottomore and Rubel 1976:82)所记载的那样,他批评了费尔巴哈(Feuerbach)的唯物主义:

> 以往所有唯物主义(包括费尔巴哈的唯物主义)的主要缺陷在于仅仅从所观察到的对象本身去理解事物、现实与感知世界,并不把它们看作人类的感知活动,不把它们看作一种实践活动,不把它们看作主观的……关注环境变化和教育的唯物主义教条忘记了环境变化是由人引起的,忘记了教育家本身必须接受教育。

如果我们发现很难调和马克思的两个观点'环境是由人改变的'以及'人的社会存在决定人们的意识',可能是由于我们一直坚持将所有关系简单地归结为在单向的线性时间进程中的前因后果的关系。这种观念与辩证的思想相冲突,正如它在语言学领域与体现的思想相冲突一样,这并不奇怪,因为两者有很多共同点。尽管如此,在马克思(参见 McLellan 1975:43)看来,这两个观点之间并不存在矛盾,他指出:

  人类创造了自己的历史,但这种创造过程并不是随心所欲的;其创造环境不是由他们自己选择的,而是他们直接遭际的,是由过去给予和传递的。

  我们不得不假设,在所有这些人类'直接遭际'的环境中最重要的就是社会的经济结构,因为'明确的意识形态'正是与人类存在的这一方面相对应。我们已经看到意识与实践必不可分,就像实践与改变、维持人类生存的一系列环境和条件息息相关一样。这些人类生存环境和条件的总和我们称之为社会系统。

2.3 社会化、意识和概念语码

  我知道我还没有回答我在第一章第二节开始提出的问题,即:语码与社会化有什么关系?到目前为止,我已经指出通过社会化这一过程个体可以获取诠释和参与社会实践的具体方式;所有存在、做事、说话的形式,即一切实践活动,都不可避免地暗示着意识;由此,社会化必然包含在主体意识的形成中;事实上,我认为社会化和意识两个术语指向了一个现象的两个方面。如果我们接受马克思的观点,即人类的'社会存在'——他们的经济结构——'决定他们的意识',我们就又回到伯恩斯坦的问题:外部因素——社会的社会经济结构——如何转化为内部因素——一个明确的主体意识形态?马克思的话概括地给出了答案——'物质生活的生产方式决定了总体的社会、政治和智力生活。'姑且把这种概括的评论放在一边,今天伯恩斯坦的社会化理论(如果我理解得正确),已经超越了其所暗示的影响。它提出了一系列的具体的假设来解释'外部因素如何转化为内部因素……',并且,在这个解释过程中,语码概念起到非常重要的作用。

  语码对于社会化至关重要,因为它是具体意识形态形成的关键。它作为我们所指的社会化系列过程中的主动原则而进入社会化讨论。我希望您对伯恩斯坦(Bernstein 1986,1987c)的理解与我的解释是一致的。当然,这些都是伯恩斯坦最近的著作;现在允许我再次引用他早期的一段话(Bernstein 1971b:44)来证明以下事实,即上述观点并不是语码理论新添加的内容:

  ……社会关系的特定形式选择性地作用于说什么、什么时候说和如何说

  ……不同形式的社会关系可以产生具有明显差异的言语系统或语码。

  ……不同的言语系统或语码会为说话人创造不同程度的关联和关系。言说者的经验可能会因不同言语系统所强调和关联的不同而改变。随着儿童……学习具体的语码来调节其言语行为,他也掌握了自身社会结构的要求。

儿童自身明显的主动的言语行为引发了学习行为，从而改变了儿童的经验。社会结构……主要通过语言过程的多样结果成为孩子的经验基础。由此看来，儿童每次听或者说时，都会强化自身的社会结构，塑造自己的社会身份。通过对言语行为的塑造，社会结构成为了儿童的心理现实。

我们这里所拥有的社会化理论，通过确立互动在意识形成中的关键作用，来强调社会因素在人类思维形成过程中的作用，这里的意识也被称为'认知'；另外，在社会化理论中，互动并不是被天真地视为统一的，不变的，它对互动主体置身其中的社会条件也不是置之不理的。依据他们的社会条件，他们本身的意义取向——即社会主体本身的语码取向——也会不同(Bernstein 1982:310)：

  社会劳动分工越简单，行为主体与它的物质基础之间的关系越具体，意义与具体物质基础之间的关系就越直接，语码取向就越受限制。

  社会劳动分工越复杂，行为主体与它的物质基础之间的关系越不具体，意义与具体物质基础之间的关系就越不直接，语码取向就越会变得越复杂详尽。

社会劳动分工固有的权利和控制关系被抽象的分类(classification)和构架(framing)原则转化为具体的互动实践。分类是指生成并维持不同种类之间的界限；不同的事物、身份、地位彼此之间是如何区别的。分类是权利的一个功能。构架指互动的节奏；它是控制的一个功能，提供分类的途径。两者都可强可弱。当种类之间的隔离明显，分类就强大；当种类之间的隔离越来越模糊，分类就变得弱小。伯恩斯坦(Bernstein 1987b)指出：

  如果隔离性强，不同的社会地位就会有明确的身份、清晰的边界、具体化的实践……如果隔离性弱，身份就会越来越不具体，边界就会越来越模糊，实践活动就会越来越综合化。

强构架功能将交际节奏与形式的控制交给占主导地位的交际参与者。所以在社会化语境中，强构架会将交际的控制权给予社会化的施事者，即传达者(transmitter)，而弱构架会在一定程度上将控制权给予社会化的习得者(acquirer)。

这两个概念——分类与构架——通过强调互动实践把'社会的宏观秩序'——它的宏观结构——与微观机构(如，家庭)的实践连接起来。所以，从一个角度看，不同的语码取向反映出一个主体在社会劳动分工中的不同地位，而从另一个互补的角度看，迥异的语码取向显示出不同的互动实践。说语码调节着话语和非话语社会实践的选择和组织就等于说正是言语者的语码取向为他们决定了在一定语境下什么才是合法的存在、做事和说话的方式。事实上，由于对语境的识别隐含着对意义选择和组织的可能性的理解，所以，显而易见，语码对语境的识别起着积极的作用(Bernstein 1982,1987b)。因此，如果一个社团中存在着两种不同的语码取向——复杂的和局限的——那么，这些不同的取向刚好就是对言说者在社会劳动分工中所处的不同地位的表达。根据这一观点，在这两者之间没有什么好选择的；任何一个在本质上都不比另一个优越；二者对意识的形成都至关重要，也都是社主体在社会结构中所处地位的象征性标志。一种语码取向比另一种享有特权,即一种交际形式位于另一种之上,这在我看来,并不是源于一种语码与另一种语码固有的对立特质(Hasan 1987b)。而是源于以下这个事实,即由于它们与社会结构的象征关系,具体的语码取向在阶级社会中象征着主导和支配的社会关系。正如马克思在《德意志意识形态》中指出的(引自 Bottomore and Rubel 1976:93):

> 统治阶级的思想在每个时代都是占统治地位的思想:也就是说,阶级,作为一个社会的主导性物质力量,同时也是主导性知识力量……主导思想其实不过是主导物质关系的理想表达……

伯恩斯坦经常提到主体'不公平的定位',它源于社会阶级统治,却被错误地理解为不同语码取向所引起的直接结果,使得少数意义合法,而其他意义无效。

我在伯恩斯坦的社会化理论中看到了对社会关系的分析。它始于权利分配——阶级统治的基础——结束于有形的、可感知的(即可以感觉到的)实践。在所有的实践活动中,从社会化视角看,互动实践更加重要,因为对于马克思主义来说,只有这些互动实践才是真正'人类的',即社会调节的。我认为在这些互动实践活动中,话语实践尤为重要。我做出这样的论断至少有两方面的原因:首先,言语,语言的使用,看上去如此轻松,也许正因为如此,其他人类实践在普及程度上都无法与他相比。再者,正如叶尔姆斯列夫(Hjelmslev 1961)所说的那样,语言是无形的;我们无时无刻不在使用语言,但我们很少去关注它;对于大多数人,语言仅仅是更强大的超语言活动的一个附带现象,一个次级分流,一个亲密伙伴。甚至一些富有经验的学者也持有这一常识性的观点。例如,阿特金森(Atkinson 1985:68)提醒我们:'语言——这不能说得太频繁——是附属品,也就是说它是理解社会关系、结构和过程的途径'。阿特金森并不是唯一持有这种观点的人:一些著名的哲学家与语言学家都支持他的观点(细节请参照 Hasan 1984a,c,1987b)。虽然我相信它是错误的,我在这里并不想反驳,而把它用作我将要提到的一个观点的证据。

事实上,语言是看不见的,事实上我们产出的声音和意义似乎是次要的,只是'反映'了现实——这种广泛持有的语言观念有着深远的影响。如果词语只是表达,如果它们指向的事物是真实存在的,语言无法控制这些事物,那么我们用语言做的事——我们的话语实践——就会被剥夺改变'现实'的权利。随后,我将证明将语言仅仅看作表达的观点是错误的(详见第三节)。但是,如果这个观点是错误的,并且现实在很大程度上是由语言限定的,那么对语言在构建现实中的无能为力进行幻想,很奇怪,成为它力量的最大来源:它成为维护意识形态最强大的工具;成为人类意识形成的一个积极原则,尽管它一直被忽视,'仅仅'被看作是一个次级分流——我们甚至没有意识到,事实上,我们围绕的话语在把我们变成现在的样子上是发挥了作用的。而个体很早就开始从事意义交换过程了,这个事实使得这一情况变得更加复杂(Trevarthen and Hubley 1978;Halliday 1973b,1975b,1979b,2003;Lock 1978)。不管我们回溯多远,没有人会知道或已经知晓一个缺少语言的世界是什么样子。把语言幻想成某种中性媒介,使得我们社会和物质世界的真实分类透过这个中介显现出来,这也许是我们生活中持续使用语言所必不可少的(Hasan 1984c)。但它却引发了一个严重后果。民间观点变得如此根深蒂固,我们需要大量分析来突破与大自然直接接触的幻觉。事实上,我们需要维特根斯坦、韩礼德、伯恩斯坦来清楚地阐释那个难懂的双重视角,它同时强调在与文化的关系中语言的积极力量和它的符号学价值。一个与话语实践有关的重要事实是:在话语实践中运行的复杂的语言体系本身是一种符号,而这种符号的最高层次——意义层次——与社会结构分析的关联同它与语言结构分析的关联是一样的。

如果伯恩斯坦的社会化理论吸引我,那是因为它是我了解的理论中唯一一个既不轻视社会因素也不轻视语言的理论。它提出了社会化的动态视角,同时没有忽视社会造成的不平等形式的后果——这与米德(Mead 1934)不同,虽然他是一个伟大的学者。另外,伯恩斯坦的理论具有揭示所有主要的社交活动机构的概念力量。也许维果茨基(Vygotsky 1962,1978)与鲁利亚(Luria 1976)的著作在主张互动的中心地位、社会系统与互动形式的相关性以及语言在社会过程中的动态功能方面与他的思想最为接近。然而,两位学者都没从一个广阔的范围来对社会化理论的阐明给予同等程度的关注,而这恰恰是伯恩斯坦著作的特色。另外这些俄国革命后的学者在他们著作中描写的社会体系自然从本质上与我们的社会不同。相反,伯恩斯坦的著作与我们本身社会结构的运行机制有关,因此与我们的社会生活更加密切。这里可能会出现一个问题:我接受了伯恩斯坦的语言观,那么对于人们对他的语码语言特征研究所做的批判,我会有什么看法呢?这是个重要的问题,但我不会在这里讨论。我认为所批评的方面涉及有关语言的一个不同等级上的事实,而这不是我这篇论文的关注点。在讨论语言之前,我想提请大家注意其他两个重要问题。

2.4 再制隐喻

韩礼德在大会开幕词中,表达了对'社会化'这个术语的不满:

> 和习得一样,社会化是个有缺陷的隐喻。两个术语都提醒我们有些东西'就在那里'事先存在着,被称为社会或语言:这意味着一个不变的东西,儿童逐渐被其影响,直到他们完全适应。

这个观点的问题在于社会和语言都不是一成不变的:它们不仅随着时间的变化而变化,而且在任何时刻,它们都显示出共存的变异体。'获得'一些'就在那里'的东西,这一想法忽略了变化的可能性。从再制(reproduction)意义上说,社会化这个术语从字面上显然不能解释随时间而产生的变化。正如康奈尔(Connell 1983:145)指出的:

> 连续性,即理论所关注的时间上的持续性,不具备所再制的同一性(reproduced identity)的本体结构,而是拥有可理解的继承的本体结构。重点不

是今天的结构与昨天的结构之间的相似关系,而是它们之间的实践关系,是一个产生于另一个的方式。

连续性不应与复制(replication)相混淆,因为复制否定进化。如果一种社会化理论无法解释社会结构随着时间表现出的连续性与非连续性——无法对进化进行解释——它就是一种危险的扭曲,就像一种语言理论如果把语言看作一种理想的、同质的、不变的系统也会成为一种扭曲一样。

虽然在过去十年里,伯恩斯坦在他的著作中越来越多地使用再制这个隐喻(Bernstein 1975a,1982,1986,1987b)——同样参见阿特金森有关伯恩斯坦解读的那部著作的题目全称(Atkinson 1985)——尽管这样,我认为伯恩斯坦的社会化观点的目的并不在于'所再制的同一性'或所复制的同一性。事实上,伯恩斯坦一直关注'经验构建过程中的变化问题'(Bernstein 1971a:172;也见 1975a:110—111)。从他 70 年代早期到现今的著作中,我们都可以找到有关社会变化机制的讨论。虽然对分类中固有的矛盾、分裂与进退两难的抑制能保持连续性,然而,学习与特定构架类型相关的挑战和反对以及质疑和审查的策略则会打开抑制所造成的封闭(Bernstein 1987b),从而为进化提供强大的机制。另外,语篇的选择性创造、生产和改变成为主体定位发生改变的途径(Bernstein 1982:307;也见 325 页)。总之,有充分证据显示伯恩斯坦的社会化观点没有把社会化看作是一种'克隆';今天的社会结构并没有复制昨天的社会结构。

在我看来,至少在某种意义上再制隐喻是合情合理的。尽管阶级统治的物质细节可能会在昨天和今天的社会结构中发生改变,阶级统治的原则以及由统治形成的控制特权与合法意义的模式是不会改变的。这就产生了共存变异体。我无需详解伯恩斯坦的理论是有关社会变异的理论——也就是我们有时候提到的'次文化差异'。他的不同语码取向理论以及所有隐含的社会实践中的先例和具体的差异都说明对于伯恩斯坦而言社会结构并不是一个单一的、同质的整体。这是一个有趣的想法,如果社会结构基本上是与语言同类的一种符号,那么共时变异的存在可以成为历时演变的强大工具(见 Halliday 1975c);今天变异体的存在至少有可能引起将来形式的变化。我很想说这不是复制的问题:会有变化。问题在于变化的价值和意义何在(Bernstein 1987b)。

2.5 社会化、社会结构和主体

在狭义上,社会化,作为一种再制,与其密切相关的还有一个问题。社会化(socialisation)这一名词化形式是及物过程使社会化(to socialise)的语法隐喻:这意味着一些人使某些其他人社会化,存在着积极的施事者——实施社会化的人(the socialiser)——以及被动的'受事者'——被社会化的人(the socialised)。就好像,正如韦克斯勒(Wexler 1982:276)指出的那样,统治关系被融入了这一过程的语法中:

社会化这一范畴证实了个体在面对具体化集体时的无能为力。作为一个系统,集体会进行所谓的再制……它事先放弃了人类挪用和改造的能力……

康奈尔(Connell 1983:149)表达了同样的忧虑,但警告的焦点不同:

我们不能把社会结构看作是凡人背后在其身份上保持不变的东西,这些凡人被一种称为再制的宇宙加工厂放置到他们各自的位置。

但也许最时尚的看法来自麦凯,他指出(Mackay 1974:180)社会化这个概念只不过是成人为了剥夺孩子们社会权力与地位的一种共谋:

观察到出生后的变化是微不足道的,但是社会化一词的准科学地位却突出了这种微不足道。事实上,把这些变化作为社会化进行研究表达了社会学家作为成年人的常识性地位。社会化概念引发了理论构想,这种构想反映了成人的观点,认为儿童是不完整的生命存在。调查者最终偏离了研究的重要领域,即成人与儿童的互动,以及互动中隐含的重要的主体间性的理论问题。

事实上,将社会化看成一个由单一的主动的施事者作用于被动的受事者的过程,这种可能性是肯定存在的。非常有趣的是,伯恩斯坦常常在他的作品中明确地提请人们注意被社会化的主体的主动角色,如,他曾指出(Bernstein 1975a:11;强调为作者所加):

……重要的是了解不同社会化形式的独特的基本规则。这些规则不是通过一次实践的结果学习到的,而是被社会化的人从广泛的社会关系中以某种方式推断出来的。从这个意义上看,**被社会化的人在他自身的社会化过程中是主动的。他不仅获取基本的规则,还对它做出反应**……

事实上,伯恩斯坦使用的更典型的术语不是'实施社会化的人'与'被社会化的人',而是'传达者'与'习得者',这赋予了二分体(dyad)双方一个主动的地位。对于伯恩斯坦而言,再制不是悄悄地进行,需要历史定位的施事者的主动参与。如果有一个二分体成员之外的力量,它就是同样的社会条件,马克思认为,它使得'人进入特定的、必不可少的、独立于他们意志的关系';在这方面,不管是实施社会化的人还是被社会化的人都不是完全自由的。

不管使用社会化这个词有多少危险,我很难认同麦凯将它看成是篡夺孩子权力的一种系统化过程。实际上,我认为他的断言'观察到出生后的变化是微不足道的'有些令人费解。社会化不是仅仅指任何一种变化,而是指能够在主体意识与该主体社区的社会实践之间创造系统关系的一种具体变化。如果麦凯的观点认为这种变化是生物生长的结果,并没有其他人类,尤其是成人的参与,他的假设就很难验证,除非从野生或孤立的孩子的例子上推断;而这些肯定不会为麦凯的假设提供有力的支持。如果他的观点认为成年人在社会化过程中所做的事情都不是'蓄意'的,这同样也令人费解,因为没有必要假设社会化总是而且仅仅是能自我感知的行为指令。为什么去反驳一个从来就不存在的观点?同样奇怪的是要求去研究成人与儿童之间的互动以便探究'主体间性'这个重要的问题。对社会化的研究必然是对互动活动的研究。我们没有理由认为主体间性问题不是真正的社会化问题。其实,有证据表明社会化就是主体间性促成的。有关普通成人刻板地把孩子视为'不完整的生命存在'的笼统论断也让我吃惊;不过,也许我不是一个普通成年人,或许,可能我理解的东西与'不完整的'有差异。

很明显,我发现麦凯在社会化或互动或主体间性上的观点没有多大的启发性。之所以花大量时间讨论他的想法,仅仅是因为他的观点让我想起一些教育家。他们认为任何形式的教导都是对儿童智力的侮辱,是对他完整人格的攻击,是他自由发展的障碍。在这篇文章的结论部分,我会提出一种观点来质疑这种源自浪漫主义的普遍看法。

在本节最后,也许我应该增加一条警告:这里所陈述的有关伯恩斯坦的社会化观点自然是我个人对它的理解,即使这样,它仍是一个不完整的阐释。对理论内部元素的选择与重组自然也是我根据本篇文章的需要所决定的!所以,正如阿特金森所说,这是另一个对伯恩斯坦的'二次再语境化'(secondary re-contextualization)(Atkinson 1985:172)。但我真的希望,它不要导致他的'不幸命运'(出处同上);首先,我在这里展现了对他的在我看来是正确的解读,希望这种解读能与伯恩斯坦自己的观念相符。然而,我的解读正确与否与我的话可能会引起你直接去探究源头(那真的不是一个降临到一个作家头上的坏命运)相比已不重要了。

3. 语言

我认为社会化涉及对特定意识形态的塑造,社会化开展的典型语境是互动性的,而且互动意味着经常使用语言。按逻辑推理,在意识的塑造中语言必须是一个主要的积极力量。一旦我们接受这个推理,我们就不得不承认,为了发挥这个功能,语言必须具备某些基本的特征,缺少这些特征,语言就不再是塑造意识的主要力量。这些特征是什么?

这也许听起来很荒谬,但是首要的要求就是,这样一种语言不应该仅仅是达到目的的一种手段:它不应该仅仅是面'镜子',被动地反映独立于它而存在的事物。如果语言能在意识形成过程中发挥积极作用,那它会积极参与现实的构建。语言的使用使现实变得能够让人解读。语言不仅仅是理解或表达现存社会关系和社会过程的工具。如果语言在社会化过程中起作用,那么,它应该也会在对这些社会关系与社会过程的塑造中发挥作用。提出这一观点时,我使用了情态词'应该',暗示这不是道德上而是逻辑上的必要性。因此提出以下问题是合理的:是什么逻辑因素让我们认为采用单纯的'镜子反映'(mirrorite)途径来对语言进行分析(Butt 1984)会与强调语言在社会化中的中心地位的论断相冲突?

3.1 语言的意义：外在途径

如果人们指派给语言的是一个附属角色，以至于它仅仅是理解和表达某事的手段，那么，这在逻辑上暗示了：所理解或表达的这件事是独立于语言而存在的，语言在它的形成中没有发挥任何作用。如果'意义'一词被解释为只有通过符号的使用才能对其进行理解与表达，那么显然在我们正在讨论的分析途径中，意义必须维持在语言之外，因为语言仅仅是表达的次级分流。我把这种方法称作外在（externalist）途径。根据这种方法，语言被简化为一种命名的机制：语言成为一组'名称'，给预先存在的事物，属性，事件，行动等贴上标签。命名的一个条件就是被命名的现象应该是真实存在的，并且，因为它拥有独立于语言的言说者为它选择的'名称'之外的具体身份，所以，它是可以识别的。根据意义的外在途径，语言之所以富有意义只是在于它提供与现象相对应的标签，而现象先于语言被清晰地分类，其身份不容置疑。

对于这种途径所面临的固有困难，人们已经对其进行了大量的分析。(Hjelmslev 1961；Saussure 1966；Whorf 1956；Wittgenstein 1958；Hasan1984a；Butt 1984)，但现在请允许我提及与当下的讨论密切相关的一个问题。人们经常认为山脉、树木、河流等具体事物具有完全独立于语言的物理存在，因此对于这些事物，语言仅仅反映了一个预先存在的现实。然而，即便对于这些物理存在，承认外在途径也是有困难的(人们如何知道什么是山脉？科修斯科山与乞力马扎罗山有什么共同点?)。在语言之前，我们不知道物理现实的哪些方面与英语言说者所知道的山(脉)这一类事物的身份相关联。此外，在世界上的全部语言之间，似乎并不存在对分类实践进行概括的参考原则；众所周知，这些实践都是不统一的。事物的作为参考标准的物理属性似乎不容易明确下来；我们最后能采用的方法就是山(脉)有别于小山、土丘或斜坡……；换句话说，是'英语语言'中内在的关系决定了土丘、小山和山脉的指称价值与身份。所以我们不得不放弃语言是一组名称的观点；相反，我们应把语言看作是一个关系系统，是用来对我们所认为的真实事物进行识别的最强大的机制。

如果对具体、物理现象的讨论让我们认识到有关语言的这些事实，那么对于像权力、责任、社会关系这类抽象现象的思考会使我们进一步认识到语言的力量。如果我们认为语言是'附属的，是理解社会关系、结构与过程的途径'（Atkinson 1985：68），那就意味着我们认为语言没有参与这些现象的创造。与物理事物不同，这些现象甚至不会在我们能感知到的任何地方出现；人类不管在与不在，物理事物都可以说是'存在'的(如山脉)。因此，关系，结构和过程，是人类所特有的；我同意马克思的说法，它们为人类所特有，同时也是社会性的。但是这些社会现象是如何形成的呢？它们又是如何成为个体意识的一部分呢？一般来说，这些问题的答案是：'通过互动'。当然，这也是伯恩斯坦从他早期的著作中就开始提供的答案。但随着意义外在途径的出现,这种回答出现了问题。当然,互动主要是语言在情景语境中的使用。如果通过互动这些社会现象才出现,那么,没有语言的协同作用这种出现又如何发生?如果我们否认语言在创造、维持和改变'社会关系、结构、过程'中的积极作用,那么声称互动是社会化的核心或者社会化塑造了意识就是毫无道理的。

外在途径在逻辑上阻止语言被授予积极的,创造性的角色。它仅被看作'空洞的形式主义';语言之所以有内容,是因为它'命名'某物,并与语言以外的被识别的事实(没有语言它们也是可知的)相符。德里达(Derrida)曾批判语言是一个透明的长袍,闪烁着语言之外被证实的现实。现实是真实的,是真实的意义。因此,根据外在途径,意义的概念是真正的'先验所指'(transcendental signified)的形式,对此,德里达(Derrida 1974)进行了巧妙的攻击。有一点很重要,当我们用这种途径研究语言,它的社会本质几乎被否认,因为,在这种观点下,语言的社会性仅仅表现在遵守规约,使用相同的表达指称相同的指示对象。分类本身变成了一种'自然的'的活动,与社会关系和经济事实毫无关系。人们很容易保持一种错觉,认为现实在某种程度上是预先注定的,不依赖于我们说什么或者我们听到别人说什么。的确很难看出这种语言可以'塑造孩子的社会身份'或者它的使用如何'把社会结构转变为儿童的心理现实'(参看 Bernstein 1971b:144;见上面的摘录)。这不是为了说明语言意义的外在概念与伯恩斯坦的社会学不一致;事实是,这种途径否定任何真正社会学的可能性,暗示在人类行动的世界中,话语实践脱离其他形式的社会行动,语言的力量无法产生任何变化。事实上,许多哲学家和社会学家曾经并且现在仍然对语言持有这种有些单纯的看法,但不能因此就认为这些观点是有效的。就语言研究的途径而言,检验其有效性的一个更好的方法是看这种途径,通过把意识形态与语言的力量联系在一起,在多大程度上能够解释意识形态的工作机制。以这一标准判断,外在途径并不好。

3.2 语言的意义:内在途径

因此,我们应该放弃认为意义存在于语言之外的外在观点。相反,我们需要一种途径能够一次做两件看似毫不相干的事情:首先,我们应该说明意义是语言的加工品,是属于语言内部的;再者,这些语言创造的意义涉及我们周围世界以及内心世界的经验,并赋予经验一种主体间客观性,这种客观性成为我们感知可能和不可能、相同和差异、恰当和不当、连贯和不连贯的基础。

但是有什么证据允许我们指出意义是属于语言内部的?我将从系统功能语言的视角回答这个问题。为了思考这个问题,让我们再次转向互动这一核心概念。想象一个具体互动案例;同样想象一下,在某些记录形式中,我们可以看到体现这一互动展开的语篇。仔细阅读记录下的语篇,我们会发现一个密集的符号结构。这种结构是意义的编码,表明一种特定的社会状况,至少能够被我们社会的某些部

分所识别。对于社会化的读者,语篇的意义会提供某些种类的社会信息,可以列举如下:

(1) 交际双方建立起什么样的社会关系;
(2) 交际双方从事什么性质的社会过程并产生语言;
(3) 采取了哪种消息传播方式?

能从记录的语篇中收集这些意义说明一种特定的意义结构——一定的社会状况——被语言再创造出来。我使用再创造一词,意味着在这种解读之前确实存在着某些东西——即(想象中的)语篇随之展开的(想象中的)互动语境。但是,对于不涉及再创造,只是创造的文学作品,又该如何解读呢?如果意义不存在于语言内部,或者语言是一面反映它周围物理世界的镜子,这种创造是不可能实现的。如果缺少创造意义的能力,语言对于日常使用的大多数用途都是无用的,不管是普通的日常生活还是高度专业化的领域。

从我们的行为看,似乎社会语境就像一种物质现实,语言的任务就是去反映它。可是,语言与社会语境的关系却是非常复杂的。我们必须承认对一个语境的识别不能仅仅依靠物质环境的物理属性;相反,要靠语境中可能产生的意义和针对语境的意义选择与组织(Bernstein 1982, 1986, 1987c; Firth 1957; Halliday 1973a, 1975a, c, 1977; Hasan 1973a, 1978, 1979, 1980, 1985a, b, c)。语境确认意义,而意义的构建识别语境,这说明语言必须具有建构意义的能力,因为只有这样,交际双方才能跟踪正在进行的(或者转移的)语境。如果语境由语言的意义确定,那么语言意义的建构本身就不是语言反映即时语境的结果,而是因为意义潜势是语言本身固有的结构。人类语言并不是生成形式结构的机制,并不是形式结构先被生成,然后再获得意义。相反,形式结构生成的过程就是一种意义行为。

语言创造的意义不是对某种直接情景的反映;也并不是与独立于语言之外的深奥的形而上学的存在相对应。语言中的意义与人在生活中关注什么关系密切。当我们审查能够表现人类语言三种功能的三种意义时,这一点变得尤为明显。对于我们中的大多数,语言成为与他人建立某种关系的重要手段;我们询问和回应,给予和索取;我们表达对别人的态度、评价和评估。通过这些以及其他类似的'行动'——它们通过语言完成——我们建立新的社会关系,维持、打破或改变旧的社会关系。这就是语言的人际功能。语言可以构成人际意义这个事实解释了为什么话语会设法包含有关参与者之间社会关系本质的信息。我们用话语语旨(tenor of discourse)这个术语来指代这套社会现实。因此,通过某些人际意义的选择,我们可以表达一种特定的基调,如'教师的'基调。如果我想扮演一名教师,我必须以某种方式使用语言,产生特定意义,而我所在社区的成员会视这些意义为典型的教师的社会关系。

语言的人际功能的重要性就在于它建立、维持和/或改变了在社团生活中占重要地位的社会关系,而当语言成为界定我们世界经验的手段时,它发挥着同样重要的作用。我们使用语言表示谁对谁做什么、说什么、想什么，这些过程何地、何时可能发生以及为什么和怎么样发生。但能够这么说意味着我们可以识别事物的种类——我们知道划分下午与晚上、步行与跨越、男人与女人、雇佣与剥削的规则，而且这种分类几乎数不胜数。在上一节，我曾试着指出非语言的现实分类并不是一个'自然的'操作；一个众所周知的事实是世界各地的人们对非语言宇宙的分类存在差异。分类是通过符号来完成的；而语言被用来创造这些类别以及不同类别之间的关系。这就是语言的概念功能。

虽然上面提到的分类有别于伯恩斯坦对'分类'这一术语更具体、更专门的使用(Bernstein 1975b,1982,1986,1987c)，两者仍有很多共同点。语言的概念功能参与建立社区的知识体系——无论是专业知识还是日常生活常识。语言能够构成这类意义的事实——将买与卖、教与学、工作与休闲等区分开来——成为我们能够根据语篇的语言判断出交际者所参与的、产生特定互动的社会活动的本质的根本原因。我们把与语篇的语境相关的这种信息称为**话语语场**(field of discourse)。因此，教授几何图形的社会行为(Butt 1989a；Butt and Cloran 1988)是通过选择和组织某些这类意义而实现的。马丁等(Martin Wignell, Eggins and Rothery 1988)指出为了创建有关地理和历史的教学陈述语场需要构建哪些意义。韩礼德(1988)则展示了语言如何构建物理科学话语。

那么什么是第三类信息？言说者是如何来推断它的呢？为了回答这个问题，我们需要确认语言的第三个功能——称作**语篇**元功能。通常，言说者在使用语言时所选择的意义会适合他们对说话场合的感知，从而显现出语言与非语言现象的相关性。不仅如此，语言的使用还应该能让言说者表明身份，相似性，以及正在进行的谈话中不同部分之间的相互关系。而只有通过对特定意义的选择才能创造出这种相关性。语篇意义成为显示互动联系的一些重要方面的一种手段——例如，一个交际者的话语如何到达另一个参与者。这方面的情景信息叫做话语语式(mode of discourse)。通常，话语语式在语言上是由语篇类型的意义产生的。

3.3 语境，功能和语言形式

我在上一节开篇提出了一个问题：有什么证据可以说明意义是属于语言内部的？我通过以下几点回答了这个问题：(i)语言可以用来再创造过去的一个语境就像一个人在讲述某事时一样；所以语言不仅仅是对此时此刻的反映；(ii)语言可以被用来创造文学世界里虚构的语境；所以语言不受历史事实的限制；另外(iii)对社会语境的界定要参照语言的含义。可得到这样一个经验事实：一个社会的成员更加倾向于识别出他们自身所在的社会语境；而群体识别性越强，这种观察越真实。需要补充的重要一点，其他模态的意义与语言同时存在，尤其在面对面的交流中，如表情(手势等)、迹象、物理地点。然而，情景的物质属性不能准确无误地传达能够识别情景的相关信息——教堂并不总是进行敬虔的行为，商店也不总是为了经济活动(Hasan 1980;Cloran 1987)——因此,获得这方面的信息需要通过其他途径。我在上面指出这种信息的来源是语言:是语言意义将物质环境转换为具有社会意义的语境——是建立社会关系和实现社会过程的场所。显然,如果语言不是一个产生意义的系统,意义不是语言内在的,语言就没有这种能力。语言的意义结构给我们提供了三个维度的信息,在抽象层面形成情景语境的三元模型:

1) 话语语旨,即社会关系的本质;
2) 话语语场,即社会过程的本质;
3) 话语语式,即言语接触的本质。

语言能以这种方式被使用体现了它的创造性和社会性。在我看来,仅仅为了强调社会现象的重要性而去淡化语言的作用是个错误的策略;一个更好的策略是显示语言和社会现象是如何通过(我们可能称作)它们的共同起源逻辑(co-genetic logic)而紧密配合的。尽管事实上语言不是社会现实和社会关系的附属品,它所创作的意义很大程度上反映了言说者的社会环境。语言的基本特点是功能性:它是一种意义潜势,正是它产生的意义——人际的、概念的和语篇的——构建了社会语境的身份。因此,语言的三大功能与用来识别语境的三大情景元素之间关系密切(Halliday 1975b,c,1977)。

这些陈述并不意味着单向因果确定性关系,给予语言或社会情景时间的或逻辑的优先。语言与社会是相互依存的;语言与社会语境彼此渗透,所以很难想象一个没有另一个可以进化。为了理解相互依存的源泉,我们有必要看看语言的本质。一个广泛认可的事实是语言是一个符号系统。符号系统的一个必要特性是它必须与从本质上区别于它自身成分的现象建立联系。所以,以语言这种符号系统为例,它与非语言现实发生接触。但就是因为语言和现实是不一样的事物,不得不需要一些核心概念来解释它们相互呼应的性质。命名这个错误的想法就是试图想提供这样一种核心概念。我想从马林诺夫斯基(Malinowski 1923,1935a)的情景语境与文化语境概念(Hasan 1985e)那里可以找到更好的解决办法。这些概念已被弗斯(Firth 1957),特别是韩礼德在他的许多著作中继承发展。

在系统功能模型中,社会语境的概念是语言理论中不可或缺的一部分。作为一个概念,它被用来解释语言的一些最重要的方面。由于篇幅有限,我们无法详细讨论这些问题。但我想提醒大家注意这个概念最重要的两个贡献。第一,它为语言符号系统内部元素与本质上区别于它们自身的现象之间建立联系提供了一致性的框架。语境概念有助于表明指称——语言符号与非语言现象之间的关系——不是形而上学的行为,而是社会行为。情景语境另一个同样重要的贡献是它强调了言说者和言语的中心地位。言说者终究是他们所说语言的创作者。这意味着言语在创建、维护和改变语言系统的过程中发挥着积极作用。进一步,如果我们问:为什么言说者创建了一个语言?答案不是'因为语言是用来创建结构的完美形式系统'等这类回答。答案应该是言说者通过无数次的说话行为使语言得到进化,因为他们——言说者——是社会性的;他们的社会性需要符号——即面向他人的意义行为。所以,言说者在集体性的语境里说话来交换意义,于是将语言意义与社会融合。语言是意义的源泉,但是语言意义本身根植于言说者的社会生活中;正是通过社会语境的模式化(patternment)语言符号与它的非语言指示对象才能相互关联。

在这一段讨论中,我不止一次地指出语言是功能性的,是意义的源泉。让我对这些观点进一步说明。语言的功能主义并不是简单地承认语言是有用的,我们用语言去做事。这显而易见的事实不需要语言学理论去宣称自己。一个真正的功能性的语言研究方法要显示意义和措辞的选择如何形成意义行为。韩礼德曾经指出语言结构之所以这样是因为语言在社区生活中所提供的功能。根据这个观点,功能与词汇语法形式的进化都不是偶然的。功能与社会语境直接相关,但是具体到每个功能的意义却是由词汇语法形式构建的,而词汇语法形式本身是由功能'预示'(informed)的。如果这是真的,那么我们期待语言的词汇语法'自然'分为三个比较明显的成分;正如韩礼德认为的那样(Halliday 1970,1973b,1977,1978,1979a),其中每个成分都将成为创建属于某个功能的意义的积极手段。由于时间和篇幅有限,我们不能在这里探索这个问题,但这不仅仅是一个迹象,事实上,语言的词汇语法正是这样组织的(特别参见韩礼德 1979a)。

这种词汇语法层面三位一体组织的假设对于我的论证有特别的意义。如果这是真的,语言的词汇语法通过三种功能才被'预示',功能本身与情景语境是一种体现的—构成性关系,那么我们可以说社区生活的生活方式——它的社会特性——通过这些连接的连续性渗透到每一个语言形式当中。这种有关社会语境与语言形式相互渗透的说法非常重要。它的重要性在于语言形式——词汇语法——在界定构成语言符号系统的符号时所发挥的作用。如果我们把一种语言的词汇语法看作几套相关的系统,每个系统由相互排斥的选择构成,那么我们会看到一种语言的词汇语法组织的这一方面如何界定一个语言符号的意义潜势。例如,如果我们有一个系统涉及'单数'或'复数'的选择,一项可以被定义为不是另一项;所以如果'单数'表示'一个',那么'复数'就表示'多于一个'。英语就是这样。但是在一种澳大利亚土著语言中,该系统不仅仅由单数或复数组成,却包括三个术语:'单数'或'双数'或'复数'。在该系统中,对'复数'意义潜势的界定与英语不同:它的意义应该是'多于两个',而不是英语中的'多于一个'。语言发展了自身的系统性关系,被系统语言学家表示为系统网络,或者说得更准确更直白一些,我应该说言说者就像语言学家那样开发了针对于自身语言的选择系统。如果词汇语法是识别语言符号和界定符号意义潜势的资源,那它就是构建意义的资源。一方面,如果进入词汇语法系统的东西是由言说者的社会性'预示'的,是他们日常生活中所关注的,那么我们会看到,最后,语言意义和社会存在是同一个'现实'的两个方面。

读者已经发现在我对语境和意义的讨论中许多地方可以直接提到伯恩斯坦的作品。这是因为我所呈现的语言模型在本质上非常适用于他的理论:这一模型让语言承担起伯恩斯坦理论放在互动行为上的权重。语言在社会化中非常有效，因为它已经'纵容'了社会本身的形成。任何语言，包括英语创造的意义都不是通用的，公正的，都不会无视社会分工的结果。这些意义充满了我们的生活模式。因此，语言系统与政治－经济体系相互依存。通过它在社会化中的作用，语言将言说者首先放进系统的东西又反馈给他们所在的社会。重要的是要认识到语言的力量、言说者以及言语在创造语言中的作用。这是因为语言被言说者控制，而且有可能话语形式的改变会引起一定的变化：近年来这样一种可能的例子就是女权话语。

4. 语言与社会化

伯恩斯坦的社会学提出的一个挑战是，我们需要开发某种策略审视意义取向。我在麦考瑞大学（Macquarie University）从事的研究得到了澳大利亚研究基金与麦考瑞大学研究基金的资助，它是迎接这个挑战的一个尝试。在第一部分，我希望已经表明伯恩斯坦理论涉及的广大范围；尽管我自身的研究受到了他的理论的启发，但范围要窄得多。所以有必要说一下我的研究——母亲与孩子之间的日常会话在建立学习方式方面的作用——与伯恩斯坦理论框架的关系。

我在第一部分已经指出在伯恩斯坦的理论框架里，语言在社会化过程和意识的形成中起到关键作用。赋予语言重要性是语言学家加入这一令人兴奋却充满危险的领域的主要原因。尽管语言对于社会化可能非常重要，伯恩斯坦认为交际的结构——意义的选择和组织——还是由社会关系所调控的。考虑到这些关系使我们在讨论中逐步认识到这样一个事实，用伯恩斯坦的话来说就是'毫无疑问，从社会学视角，对社会化进程的形成最具有影响力的是社会阶级'（Bernstein 1987c：37）。它是'重要的主导文化范畴'（Bernstein 1975a：175）；它对所有机构的文化再制都产生作用，因此，既包括家庭也包括学校'。他补充道（Bernstein 1987c：37）：

> 语码理论指出存在着社会阶级，对交际中分配不均的特权规则进行调控。在此规则下生成了互动实践以及主要的社会化机构（如家庭）的物质基础，而且也正是这个社会阶级间接地影响[原文如此]着学校传播的复杂语码的分类与构架，促进和维持其不平等的获取。

我的研究涉及到以下三个概念之间的理论与实证关联：(1)社会阶级；(2)语码；(3)意识。说得更具体些，我的兴趣在于语言在建立和维持这些关联中发挥的作用。尽管伯恩斯坦社会学的宏观方面与我的研究密切相关，我当前的研究并不是用来测试这些方面的。它有一个更具针对性的目标：对上面提到的三个概念之间的关联展开实证探讨。如果伯恩斯坦理论的宏观层面进入我的研究，这是因为对渗透到交际行为中的社会阶级、权力分配以及社会劳动分工之间关系的假设。在另一个方面，我的研究同样也是有限的：如果我们承认不是所有的交际行为都是语言的，那么作为交际结构的调节者，语码也不是完全由语言实现的，也可以由其他非语言模态来实现。我的研究仅仅涉及语言这种模态;它尝试回答以下问题:语言意义的选择与组织是否与社会阶级的变化有关?如果答案是肯定的,那么如何阐释这种变化?这里没有足够的篇幅谈论有关各种语码和语言变体的令人困惑和混乱的争论(一些讨论见 Bernstein 1987c:574)。我只是明确指出,如果语言意义的选择与组织随着言语社区成员所在的具体社会环境的变化而产生系统性变化,那么在逻辑上就没有理由否认这些变异体是语言变体。拉波夫声称语言变体是一种'意义维护'(Labov 1972a,1972b),这在理论上是不合理的,这种看法源自他仅仅将意义看作指示性的,把形式当作一个自治结构。更糟糕的是,他的变体研究只集中在音系层面。语义变异,即语言意义选择和组织的系统性差异,具有语言变体所有必要的特征(Hasan 1973a,1984a,1987b,1989;亦见这一卷的第三章),应该纳入变体范畴。讨论这些主要是为了说明我的研究并不涉及语码的整个体现区域:它只涉及体现语码变体的一部分,即我所指的语义变异,或者说是语义取向变异。我的三个研究重点,即语义变体、社会阶级和意识决定了我的研究设计。

4.1 研究设计:研究对象

众所周知,对阶级的定义存在着问题。马克思曾经批评'粗俗的常识',因为它把'阶级差别看作一个人钱包大小的差异,把阶级冲突看作手工艺者间的争吵'(Bottomore and Rubel 1976:208)。职业、收入和/或教育等属性作为阶级的'定义因素'遭受着也许所有的定义都会碰到的循环。正如上面所指出的,我的研究想探讨的一个核心问题是:语义取向的变化是否随着社会阶级的变化而改变?所以我们必须保证研究对象能代表某些较系统地定义的阶级。我知道有人反对将丈夫和父亲的阶级位置作为妇女和儿童的阶级分类基础(如 Horvath 1985)。这些反对似乎并不是建立在一个统一的社会学理论上。由于篇幅有限,我们无法在这里对这些问题详细论述。简言之,尽管使用了方位隐喻,阶级并不是一个物理位置:它是一个动态概念,涵盖了社会过程中的主动参与(Connell 1983:148)。参与的可能性并不只是针对'一家之主',而是包括作为整体的家庭。性别和生理成熟都会与这些可能性相互作用,并重新界定这些可能性(Bernstein 1977,1975,1982;Butt and Cloran 1988;Cloran 1989)。换句话说,不能因为妻子与孩子本身不是'劳动力量',我们就假定他们没有社会阶级位置,或者甚至假定他们的社会阶级位置与一家之主即'家庭里的男人'的社会阶级位置在本质上存在差异。

根据伯恩斯坦的一些陈述的启示(如 Bernstein 1982:310,1987c:571—573),我将'生产主体与劳动对象和工具之间的关系'(Poulantzas 1981:143)作为对本研究中的研究对象进行分类的关键因素。在实际操作中,我们对每个家庭的'受试二分体'(subject dyad)提出了以下两个问题:

(a) 在多大程度上一家之主所做的与工作有关的决定会/可能影响到工作场所其他人与工作相关的政策和/或者日常行为?

（b）在多大程度上一家之主会将这些决定传递给工作场所的其他人，使它们得以实行？

显然，这些问题的答案能够说明被研究的对象在工作中享有的自主权。另外，答案不一定会是一个简单的'是'或'不是'，而是出现在一个连续体上。如果答案是'没有'或者'很小'，就像是卡车司机，或者铺砖的合同工人，这样的家庭我们认为属于**自主性较低的职业**（Lower Autonomy Profession）（＝LAP）。如果答案是'相当的'或者'很大'，就像是银行主管或医疗人员或大学讲师，这样的家庭我们认为属于**自主性较高的职业**（Higher Autonomy Profession）（＝HAP）。当然，不是纯粹的巧合，LAP家庭的父母往往没有接受过高等教育或高级技术培训；尤其，这种家庭中没有一个母亲具有高等教育的经历。相反，在HAP家庭中，如果不是父母双方，也至少是其中一个，收到过高等教育，并且，许多母亲作为医生、教师等接受过专业培训。教育程度被视为参与此次研究的家庭的一个相关属性。很明显，从讨论中我们可以看出LAP家庭相当于工人阶级，而HAP家庭相当于中产阶级。

因为社会阶级是本研究中的一个重要概念，我们要小心确保影响行为的宏观因素不应随意变化。澳大利亚是个多民族国家，有许多存在巨大差异的文化共存，如黎巴嫩人和越南人。有些家庭中，日常互动的'自然'语言不是英语；如果测定的语言多于一种，语义变异的研究将会变得更加复杂。出于这些原因，我们要求父母双方应该在澳大利亚出生和成长；任何一方在外国居住的时间都不能超过6个月；父母双方都把英语作为母语使用。因为澳大利亚的社会历史，这些要求有效地保证了参与这个项目的24个家庭（12个LAP＋12个HAP）全部从澳大利亚白人中产生。

本研究重要考虑的第二个问题是：不同的语义取向会使得被社会化的人产生不同的意识形态吗？这个调查的范围很广泛；单单在选择和观察对象方面要做的预防措施就非常艰巨。这个项目的资源不允许我们采取以下学者的著作中所建议的纵向研究，他们是米德（Mead 1934）、维果茨基（Vygotsky 1962，1978）、伯恩斯坦（Bernstein 1971a，1975a，1982，1986，1987b）、韩礼德（Halliday 1973a，1975b，1979a等）、特热沃森和胡布利（Trevarthen and Hubley 1978）、洛克（Lock 1978）等，因为这将包括从婴儿早期至少到上小学阶段的社会化研究。我的研究设计确实是适中的。为了探讨这两个核心问题，调查分两个阶段进行：阶段Ⅰ和阶段Ⅱ。前者旨在回答以下问题：意义取向会与社会阶级共变吗？这一阶段的语料来自日常生活中母亲和孩子的自然互动。阶段Ⅱ涉及第二个问题：不同语义指向的经历会不会创建不同的意识形态？这阶段的语料来自儿童随后与社区（包括学校）其他成员的互动。

对于阶段Ⅰ而言，起点是家庭中的社会化。本研究最先调查年龄在三岁半至四岁儿童（3;6—4;0）的互动体验。为什么选择这个年龄段的儿童？我希望在尽可能接近自然的环境下通过录音收集语料，在现场录音时要排除存在包括研究者在内的任何局外人。另外,在即时情景不能共享的情况下,孩子必须至少3岁左右,他们的录音资料才能被理解。将上限定为四岁是基于这个年龄范围的儿童通常还没有建立起非常密切的同伴关系的说法。他们大多数的互动行为发生在家庭中。到四岁之前,一个孩子生命中最重要的社交机构很可能是家庭。在家庭中,与他们最密切相关的是母亲。事实上,在LAP家庭中情况正是如此,要么没有(替代的)父亲,如果有,他也是一早出去工作,下班很晚,所以在多数工作日,父亲和(受试)孩子之间没有太多的互动。即使有一些儿童保育安排,母亲仍然是参与儿童能够进入的大多数社会过程中的最重要的'他人'。因此,我们似乎可以建议,在这个年龄段的儿童的社会化过程中,母亲最能代表作为社会化机构的家庭。基于这些原因,在第一阶段,我们集中研究母亲与她们3;6—4;0岁孩子之间的互动交往。伯恩斯坦经常提请注意社会阶层和性别之间的相互作用(Bernstein 1971a,1975a,1982),因此,每个阶层的受试儿童的男女性别人数要相等。第一阶段的受试包括24对母子二分体,其中孩子们按性别和社会阶层进行了平分。

在第二阶段,三分之一(2×2×2)的受试儿童在5;0—5;6岁这个年龄段被继续跟踪调查。录音调查开始的决定性因素是儿童进入学校。进入学校使他们脱离了直系家庭和邻里环境,在一些陌生的社会过程中与其他参与者交往,其中大部分参与者对孩子来说同样是陌生的。人们认为这会让孩子承受一定的压力;在互动中应对这种压力会揭示出家庭社会化是否/或者怎样与年轻孩子在家庭和邻里以外的生活有任何系统关系。孩子们的录音被安排在四个被宽泛定义的物质情景中:(1)教室里;(2)与新同伴在学校的操场上;(3)与老朋友在他们家里,如邻里朋友;以及(4)在孩子家中与调查者戴维·巴特(David Butt)的对话。每一个物质情景下的互动行为共录音两次:第一次在儿童入学的头四个星期以内;再次录音安排在那个学年结束前的4个星期之内。由于我对比较教师在幼儿园课堂的语义取向与HAP和LAP母亲在日常家居环境中与她们的孩子谈话时的语义取向有着浓厚的兴趣,我补充了课堂语料,除了先前的8位教师,稍后在完全相同的条件下又对另外16位教师进行了录音。最后,我们收集了24位幼儿园教师的话语,其中12位所在学校位于的地区主要居住着LAP家庭,而另外12位所在学校位于的地区主要居住着HAP家庭。

4.2 研究设计:语料

如果研究目的是为了考察一个受试或一个受试二分体的习惯性意义取向,那么确保被调查的语料接近他们的习惯做法和意义显然是很重要的。拉波夫(Labov 1968,1972a)曾指出谈话中自我监控的增加会产生显著的变异模式。当然,拉波夫的研究只限于音系层面。在语言学领域,人们通常假设,与意义本身相比,生成语音模式的意识水平明显要低一些。尽管这样,专注于语际间语义变异研究的沃尔夫(Whorf 1956)对'意义的意识'进行了更深入的分析,指出意义的意识对于语言组织的整体而言并不统一,而是根据不同意义范畴的体现方式而变化。词汇意义在意识中是最明显的——它们的体现形式非常明显,且呈现节段性——相反,由'配置性友好关系'(configurative rapport)构成的意义位于意识的最深层次——它们的体现形式不明显,也不具备节段性;它们是由措辞的模式化创造的,但是模式化背后的规则不出现在言说者的意识中(Whorf 1956;Halliday 1973a,1976a,1978;Hasan 1984c,1986a;Cloran 1989)。

这些观点导致了两个结论:如果我们对互动进行调查,它本身不应该是自我监测的。它也不应该是对真实情况的简单模仿,就像拉波夫(Labov 1972e)所说的'个人经验的转化'(transformation of personal experiences),而是自然地发生在生命活动中的'真实'的日常事物。再者,如果我们感兴趣的是从意义的习惯取向视角来对互动进行研究,那重点应该放在意识最少的方面,即意义的模式化,而不是单个的词汇项目和关系等。伯恩斯坦(如 Bernstein 1982)指出他的语码取向理论的研究单位不是单个话语,而是整个语篇。原因是显而易见的:位于意识水平之下的意义,其证据不会在孤立的词汇语法单位中被发现。第一个结论决定了语料收集的模式,第二个结论决定了分析的方法。在收集语料的过程中,我保证做到了以下几点:(a)所收集的语料代表着非自觉的日常互动,(b)对互动的长短不像威尔斯的研究(Wells 1981,1985)那样做机械的规定,而是应该反映出互动参与者对不同活动之间界限的感知和/或创造,因为只有在这种情况下,我们才能更有机会遇到完整的语篇(Hasan 1978,1979;Halliday and Hasan 1985)。在维持自然语料的过程中,我发现了受试孩子中意想不到的共同点。这些孩子年幼,不容许母亲在录音场合摆出一个本质上不同的'脸';因为母亲的陌生面孔会让孩子不理解,他们坚持要回到他们熟悉的面孔。另外,这些录音由母亲使用一个不显眼的但功能强大的小录音机完成,没有外人在场。给母亲的指示强调了以下几点:

(1) 我们的兴趣在于找出年幼的孩子在每天熟悉的环境里与他们亲近的人,如母亲,都谈论些什么;
(2) 所以,需要收集日常谈话,其中母亲不需要做什么特别的事让孩子说话,而让谈话像日常生活中那样发生;
(3) 建议母亲当她觉得她和孩子处于谈话的状态时再打开录音机;没有必要在每个小中断和沉默发生等情况下关闭录音机,只有当一段不确定的时间内,孩子明显脱离谈话,才把它关掉;
(4) 要求母亲考虑在一天不同时段记录自己和孩子的谈话,以便捕获孩子的不同兴趣。

没给母亲其他的语境限制。提供给每对母亲和孩子六个长达一个小时的磁带记录他们的谈话;母亲们在完成所有磁带的录音后就会与我们联系。她们大约花费了 4 周来录音,平均每对记录了大约四小时的真实谈话,这样我们得到了大约 100 个小时的自然谈话语料;单个谈话事件的录音长度在 24 对受试内部和他们之间差距都很大,从2.5分钟到20多分钟不等。

我们收集的母亲-孩子之间的自然谈话语料显示一些物质情景在所有家庭中都是共享的,如看护、一起玩耍、合作的家庭活动、一起用餐等。每一个这样的物质情景,在一定程度上,是可塑性的实体,被语境中话语的运作塑造,语境被更具体地描述为控制、玩耍或指令等。因此,如果每个受试二分体被同样地在某个经常出现的物质情景中来表征,那么,他们选择和组织的意义将显示这一可塑物质情景转化成了什么——即每个二分体识别和构建的是什么样的具体话语相关语境。于是从每个二分体里抽出一个这样的样本。在第一阶段,针对所有的物质情景,对于这24组二分体,所分析的消息(message)总量远远超过了22000条。

正如上面所说的,第二阶段有四个录音场景。因为时间有限,这里我只能对课堂互动进行讨论,就没有必要对选择每个录音场景时考虑的因素进行描述。收集的课堂语料向教师说明是为了帮助调查儿童的推理决策能力,再次强调让儿童以其惯常的方式谈话。通过这种方法,可以获得教师本身的正常的课堂话语语料。取得教师谈话样本的一个主要目的是进行家庭和学校说话方式的整体比较。我很清楚,在存在很大差异的语境下意义的功能等值是令人怀疑的:在传单里找到直接指导安装一个家庭小工具的命令是一回事,在教学语境中的规约话语里找到直接的命令又是另一回事。曾经有人(e.g. Edwards 1976;Rosen 1972)试图质疑伯恩斯坦(Bernstein 1971a)有关复杂语码取向是教育语境特征的说法。与拉波夫(Labov 1969)一样,这些作者的结论似乎是基于在我看来不可行的一种语言分析上。人们自然会问,如果用更敏感的语义类别分析课堂互动,伯恩斯坦的说法会不会发生变化。我认为我的研究中正是使用了这样的类别分析语料(Hasan 1983 mimeo)。

4.3 研究设计:语义系统网络

我希望至此为什么我更喜欢使用语义取向这个词(Hasan 1984a,1986a;Hasan and Cloran 1990)而不是伯恩斯坦的'语码取向'已经很明显了:后者的范围更广,包括符号的全部模态;前者——语义取向——仅限于语言这种模态,假设将符号的一种模态从其他通常与它共存的模态中分离出来是切实可行的。我已经进一步证实了这个假设,事实确实如此;否则,人们就会否认语言学的可能性,也会同样否认语言本身的任何特性。在以前讨论的基础上,同样显而易见的是,分析的重点必须是语义层面。鉴于第3节中的语言概念,至少可得出三个结论:

(i) 语言的意义并不是单一僵化的:每个消息是至少三'种'不同的意义的一个配置:人际、语篇和概念意义。对语料进行语义分析的框架应允许在每条消息中识别三种意义,这是可行的。

(ii) 如果一个语言意义(所指)通过它与其他意义(其他所指)的关系才能被确定,如果这种关系包括聚合关系和组合关系,如果纵聚合关系语项(paradigm)和组合体(syntagm)的关系如此紧密,以至于特定组合体成为对相关纵聚合关系语项选项所提供的可能性的具体实现,那么一种语言的语义可以表征为一套选择系统。同时,这些选择系统,代表着这种语言的意义潜势。这种系统网络对于任何语料的语义分析都是必要的。

(iii) 如果语义是由词汇语法构成的,那么一个网络系统内语义选择的识别标准必须由一些对它进行体现的词汇语法模式的明晰表述来提供。韩茹凯(Hasan 1986b)证实只要词汇语法被视为多功能的,这种体现的明晰表述是可以实现的。

韩礼德(Halliday 1973a,1978,1985c 等)和伯恩斯坦(Bernstein 1973a,1982,1987c 等)都认为,一种语言的语义系统是语境具体的。但是,我认为,出于主动的目的,语境的具体性必须是相对的而不是绝对的,一定有可能建立一个相对'语境独立的'的语义网络。这个网络以一定程度的精密度显示本语言所有可能的语义选择,它所提供的选择配置,最后成为定义一个特定情景类别的一个启发机制。这样一个网络会描述一种语言的意义潜势。我没有时间在这里提出论据以支持我的立场。不过,研究的经验表明,将'语境具体的'语义系统与语境独立的网络系统分离开来是可能的。通过考虑以上((i)—(iii))那三个条件,我已经构建了这样一个语境独立的网络,用来描述英语消息的语义(Hasan 1983)。('消息'的定义见 Halliday 1984a,1985a;Hasan 1973b)。这个网络是按元功能组织的,包含:

(1) 语篇意义系统,如有关维持话题和转变话题的选择等;
(2) 人际意义系统,例如,有关言语角色交换的选择,比如询问、回答等;
(3) 概念意义系统,根据韩礼德(Halliday 1976a,1977,1985a 等),可以划分为(a)逻辑意义,如原因、结果等;(b)经验意义,如行为、行为者、受事的类型等。

每个语义选择都有相连的体现性表述,并在原则上作为识别它的标准。虽然我提出了这一语境独立系统网络,我得赶紧补充说,很显然,它并不表征所有或几乎所有需要了解的英语的意义潜势,因为其在精密度上的临界点是相当粗略的。然而,对于本研究来说有两点非常重要:(i)网络的扩展可能需要'预设'已经在这个语义网络中建好的系统选项;(ii)一个具体语境下的网络可以看作是为本研究构建的网络系统的部分抽象。显然,在一篇文章里呈现整个网络系统是不可能的。1983 年语义网络的一部分、以及含有两部分内容的一个表格,这个表格显示的分别是体现表述以及选择表达式的例子,它们已在本卷的较前一部分呈现给读者(见第三章的表 5 和表 2;101—106 页)。我们对每个消息根据大约 70 个语义变量进行了分析。语料分析采用了主成分分析方法(Principal Component Analysis)(Horvath 1985;Cloran 1989;另见第三章的介绍以及在所附光盘里克洛兰的贡献)。

5. 部分分析结果:教师与母亲的语义取向

对第一和第二阶段的语料进行数据分析产生了大量的结果。为了保持当下的焦点,我决定只展示第二阶段的两个分析结果,它们都对教师与母亲进行了比较。研究对象共48人,包括24位母亲和24位幼儿园教师。24位教师中各有12位来自LAP和HAP地区,代表着第一阶段LAP和HAP母亲的居住区域。分析中的学校语料包括了教师在读图和数字说话等课堂活动中产生的话语,是从第一轮语料采集中获得的。换句话说,分析中的教师话语是年幼的孩子(大概5岁)在入学3到6周内可能接触到的话语。一个可能影响孩子自己的课堂话语参与本质的重要因素是他们对于教师语义取向的熟悉程度。他们母亲的语义取向与教师的越相似,这种熟悉程度自然就越高。如果语言互动在意识的塑造中发挥作用,不同的习惯性语义取向至少会在判定什么是针对事物、人物和过程的'正常的'、'预料之中的'和'合法的'反应方面存在着不同。无数的研究表明共同的假设是持续参与话语的一个重要因素;而且毫无疑问,我们的假设在很大程度上是在我们和重要他人的互动中形成的。仅仅因为这些原因,对比教师与母亲的语义取向就很有趣。当然,开展这样的对比研究有更加相关和强大的理由,主要基于学校作为重要的社会化机构的角色以及教育机构在社会权利分配方面所处的地位。这些主张的论证不再如伯恩斯坦开始提请注意它们时罕见了。

5.1 PC1:分析 I:对个性化的构建

表1列出了第一要素的细节——分析 I(Analysis I)中的PC1。这个PC被称为PC1-AI。在这一PC中,分析的每个语义特征都与这个要素的结构相关,因为每个语义特征的载荷都不低于.5。这样,PC1-AI由一整套语义特征构成。

表 1　PC1——分析 I (PC1-AI)

变量	PC1
内在原因	.58
孩子作为感知者	.86
假设性	.64
现实性	.63
经常性	-.67
可能性	-.83
必要性	-.78
特征值:	-3.69
%方差:	52.70

PC1-AI在语料中的方差贡献率为52.7%,这套语义特征作为一个整体成为区别人们次阶层的一个社会变量的几率是很高的。图1显示出每一位言说者(24

位教师＋12 位 HAP 母亲＋12 位 LAP 母亲)由在 PC2-AI 和 PC1-AI 中的得分所确定的位置,其中垂直轴显示的是 PC2-AI。显然在这个要素上得分高的受试将出现在图形的上半部分,得分低的出现在下半部分。

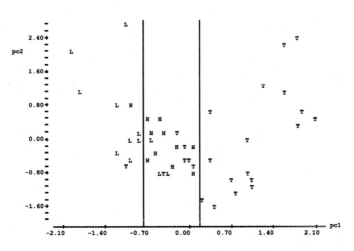

图 1　PC1-AI 和 PC2-AI:言说者得分

(注:L＝LAP 母亲;H＝HAP 母亲;T＝教师)

这里,我们关注的是显示在水平轴上的变量 PC1-AI;受试的这个变量得分越低,他的位置距离图的最左边越近,反之,距离图的最左边越远。图中两条垂直线将它分为不平等的三列:请注意,LAP 母亲主要(12 位母亲里有 9 位)集中在最左边一列,显示她们这个变量得分低。相反,大部分教师(24 位教师中有 18 位)集中在最右边一列,显示她们在这个变量上得分是最高的,而 HAP 母亲(12 位中的 11 位)占据一个中间位置。图 2 中的柱状图展示了三组言说者的平均得分。

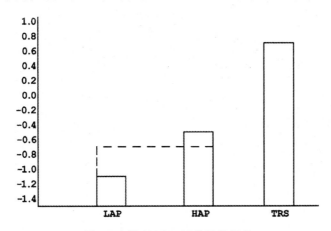

图 2　言说者 PC1-AI 的平均得分

虚线表示母亲作为一个整体的平均得分

比较母亲这一群体与教师 PC1-AI 的平均分数可以得知,教师选择这种社语言变量明显多于母亲这个群体(P=.000)。比较 HAP 母亲与 LAP 母亲的平均分数显示,HAP 母亲选择这种社会语言变量明显多于 LAP 母亲(P=.001)。但与 HAP 母亲相比,教师选择这种变量明显要高很多(教师＞HAP 母亲:P=.000)。当教师与 LAP 母亲相比,所获得的结果是完全相同的(教师＞LAP 母亲:P=.000)。很明显,基于这一点,教师课堂话语不同于所有母亲的谈话。它明显地告诉我们课堂语义取向对 HAP 儿童和 LAP 儿童而言都将是陌生的。但是,因为在这一点上,HAP 母亲和 LAP 母亲之间存在着数据上的显著差异(HAP 母亲＞LAP 母亲[=.001]),我们可以有理由断定不熟悉的程度可能 LAP 儿童会高于 HAP 儿童。

那么从数据上,PC1-AI 分离出一个非常重要的变量,解释教师、HAP 母亲和 LAP 母亲与儿童互动中语义的变化。但是如何解释这一要素呢?它的结构中包括哪些语义特征呢?由于空间有限,我从第一个语义特征[内在原因(inherent reason)]开始,为每个特征提供例子。因此,我们所关注的是,找出那些能作为'符合逻辑的'或'合理的'原因的消息;这与威胁、贿赂、诉诸权威等'非理性'的原因不同。言说者通过证明某种对话语步(如命令、给予、归纳等)的合理性来给出一个'符合逻辑的'原因。下面是语料中的一个例子:一位妈妈试图让她的孩子去睡觉:

Example：1

Mother：(1) Karen, come on into bed please...(2) quick...(3) come on
(4) you've gotta go to school tomorrow Karen (5) now move!...
(6) into bed!

Karen：(7) Mum! (CALLING ATTENTION)

Mother：(8) you won't be up in time to go to school (9) if you don't get into bed...

例子:1

母亲:(1) 凯伦,来上床睡觉……(2)快点……(3)快来
(4) 明天你还得上学呢,凯伦(5)现在就去!…
(6) 到床上去!

凯伦:(7) 妈妈!(为引起注意)

母亲:(8) 你明天会来不及去学校的 (9)如果你不去睡觉……

在这个例子中,以(9)为条件的结果(8)作为内在原因(经常被称为'符合逻辑的'),证明了母亲在(1)-(6)中发出的一系列的命令和断言都是合理的。整个命令—理由复合体可以概括为 1a.

Example：1a

Mother：Karen, come to bed quickly because if you don't you won't be able to get up in time to go to school and you've got to go to school tomorrow.

例子:1a

母亲:凯伦,快去睡觉,因为你不去就不能按时起床去学校,明天你必须去上学。

就像许多描述用到的意义特征,[内在原因]是个复杂的概念。它的特点是对人际与逻辑元功能提供的选择进行一定的组合,其词汇语法层面的体现形式已经在别处清晰地描述过(Hasan 1983)。正如前面指出的,被称为'内在原因'的消息功能与威胁、贿赂、敲诈、诉诸公共或个人权威,以及同义反复等消息功能形成系统对比。在这些例子中,每个原因都不是内在的/符合逻辑的/'合理的',而被认为是外在的或'不合理的'。对比一下例子1与例子2,这种差异会一目了然。例子2与例子1出自同一个对话,位于例子1后面,两者中间大概隔着40条消息:

Example:2

Mother:(1) Karen, do as you— (SLAP CHILD) (2) put your legs down (3) or I'm going outside right this minute without a kiss (4) now put your legs down (ANGRY VOICE).

例子:2

母亲:(1)凯伦,你竟然这样做(批评孩子)(2)把腿放下(3)不然,我现在就走,不会吻你(4)现在把腿放下去(愤怒的声音)。

注意大家都认同在早睡早起之间存在着一个非偶然的关系;在孩子不把她的腿塞到毯子里和妈妈不吻孩子就离开之间不存在这种关系。对于主成分分析I,消息功能'原因'被视为可以连接两种相互对立的类别:内在原因和外在原因。每个受试选择的内在原因是以它占该受试选择的所有原因的百分比来表示的。PC-AI中,内在原因这个语义特征拥有正载荷.58(见上面的表1),表明这种PC变量得分高的受试——如这个项目中接受调查的教师——他们选择内在原因往往比选择贿赂、威胁等外在原因多。而这一得分低的受试选择内在原因往往要少于对外在原因的选择,如图1中显示的LAP母亲群体。

表1中的第二项是孩子作为感知者(senser)。熟悉系统功能语法(e.g., Halliday 1985a)的人会想到在心理过程中表示参与者功能的术语'感知者'。因此它是一个源于及物性的词汇语法术语。这种及物功能,感知者,是一个主要的词汇语法功能,它在体现方式上与这样一个标签有点长的语义特征相关:'内在、自我行为和事件的体验者',像思考、知道、看到、看、听、听到、恨和爱等,大多都是心理过程的实例。因为它的大小和记忆价值,在表1中使用这个术语[感知者]变得方便实用。我们将体验者的地位赋予某人,是以某种方式强调他们独特的主观性——他们的自我经验——当他们被看作是行走、开车和打斗等具体行为的发出者时,这种主观性是不存在的。对于当下的分析,为孩子选择'自我活动的体验者'角色是以占孩子的其他所有行为实施者角色(Hasan 1985f)的百分比来表示的。表1显示,这个特征拥有正载荷.86。所以在这项PC上得分较高的受试——他们是教

师——赋予儿童这个地位的机率往往要比 LAP 母亲多。例如,考虑下面一段课堂对话:

***Example*:3**

Teacher：(1) Well now, here's another picture (2) now what do you think this is a picture about? (3) have a look at in.

Pupils：(4) a bus.

Teacher：(5) yes, it's a picture of a bus (6) all right, well, who do you think is going to catch the bus? (7) who's catching that bus?

Pupils：(8) kindies

Teacher：(9) you think it might be kindies (10) what about you Tony?

Tony：(11) um...school [? girls]

Teacher：(12) you think it could be a school bus (13) I think it could be, too... (14) have a good look at it... (15) what do you think, Kim?

Kim：(16) I think it's preschool

Teacher：(17) you think it could be preschool (18) might be preschool...

[8 messages later]

Teacher：(27) tell me all the things you can see in it [i.e. the picture]... (28) right...Len?

Len：(29) people

Teacher：(30) you can see people in the picture...

[approx. 20 messages later]

Teacher：(50) how many children can you see, sitting in the bus? (51) see if you can count them.

例子:3

教师:(1)现在,这里有另一个图片(2)你觉得这是什么画面?(3)看看。

学生:(4)公共汽车。

教师:(5)对,这是一张公共汽车的图片(6)没错,那么,你觉得谁可能在赶公共汽车?(7)谁可能在赶那辆公共汽车?

学生:(8)幼儿园的孩子们。

教师:(9)你们觉得可能是幼儿园的孩子们(10)你呢,托妮?

托妮:(11)嗯……学校[? 女生们]

教师:(12)你觉得这可能是一辆校车(13)我也认为有这种可能……(14)再好好看看……(15)吉姆,你怎么看?

吉姆:(16)我想是学前班的校车

教师:(17)你认为这可能是学前班的校车(18)可能是学前班的校车……

[8 条消息之后]

教师:(27)告诉我你在这幅图里都看到了什么……(28)现在……莱恩?

莱恩:(29)人。

教师:(30)你可以在图中看到人……

[大约 20 条消息后]

教师:(50)你能看见多少孩子,坐在车上?(51)看看你能否数一数。

从课堂互动中提取的这几段会话里,教师不断地赋予孩子们内在、自我过程的体验者身份,比如 (2)、(6)、(9) 和 (12) 中的**你觉得**(do you think);(30) 中的**你可以看到**(you can see),(50) 中的**你能看见**(can you see) 以及 (51) 中的**看看**(see)。产生这个例子的课堂语料并不特殊:它与其他研究(如,Rosen and Rosen 1973;Stubbs 1983;Wells 1981,1985;Sinclair and Coulthard 1975)中引用的课堂语料有很多相似之处。

表 1 里的第三个语义特征[假设性(hypotheticality)]指的是作为假设的消息的特征。具有这种特征的消息与沃尔夫所说的'感知的'时间无关,而是与假设的、想象的时间有关。这个语义特征的词汇语法体现形式是复杂的,包括条件句、情态或次要时态的某种组合。在这里对它们的详细描述会让我们离题太远,但以下的例子可以显示我们讨论的是什么问题:

Example:4

Julian:(1) when I get old as you (2) and [? Maree likes me] (3) could we Marry each other?

Mother:(4) no (5) because Maree's your cousin.

Julian:(6) oh

Mother:(7) 'cause cousins aren't allowed to marry

Julian:(8) why?

Mother:(9) 'cause the law says they're not.

例子:4

朱利安:(1)当我长到你这么大(2)而且[? 默里喜欢我](3)我们能结婚吗?

母亲: (4)不行(5)因为默里是你的堂兄。

朱利安:(6)哦

母亲: (7)因为堂兄妹不允许结婚。

朱利安:(8)为什么?

母亲: (9)因为法律不允许。

在这个例子中,消息(1)和(2)具有语义特征[假设性]:它们构成了朱利安和默里能否结婚这个问题的假设条件。例子 5 取自我们的课堂对话语料,里面有几处消息具有这种语义特征:

Example**: 5**

Teacher: (1) you look at how tall the little girl is... (2) she can only just reach that saucepan (3) what might happen to her?

Alan: (4) burn herself (5) burn herself

Teacher: (6) why do you think she might burn herself? (7) how... how would she burn herself?

Alan: (8) [? if she be big]...

Teacher: (9) you're right (10) just tell me again (11) I couldn't hear

Alan: (12) if she be big...

Teacher: (13) if she was big...? (14) well she's just a little bit tiny isn't she? (15) she... what if.... You know how sometimes you're just trying to reach something (16) and you can't quite reach it (17) and your hand slips (18) what do you think will happen (19) if her hand slips? (20) what will that saucepan do (21) if her hand slips, Suzie?

Suzie: (22) burn herself

Teacher: (23) how will she burn herself (24) what will the saucepan do?

Suzie: (25) tip down (26) and burn herself

Teacher: (27) right, the saucepan will fall (28) and tip things all over her (29) and << (30) if the things in that saucepan are all hot >> then she will... (31) Alan?

Alan: (32) tip it over her

Teacher: (33) tip it over her...

例子：5

教师：(1)你看那小女孩有多高……(2)她刚刚够到那个平底锅(3)她可能会遭遇什么?

艾伦：(4)烧伤自己(5)烧伤自己

教师：(6)为什么你认为她会烧伤自己?(7)如何……她怎么会烧伤自己呢?

艾伦：(8)[? 如果她高点]……

教师：(9)你说的对(10)再说一遍(11)我听不到

艾伦：(12)如果她高点……

教师：(13)如果她高点……(14)她只是有点小不是吗?(15)她……如果……你知道有时你只是想够某个东西(16)可你够不着(17)你的手一滑,没拿住(18)你想会发生什么(19)如果她的手一滑,没拿住(20)那平底锅会怎么样(21)如果她的手一滑,没拿住,苏茜?

苏茜：(22)烧伤她自己。

教师：(23)她将如何烧伤自己(24)平底锅会怎么样？

苏茜：(25)会翻过来(26)烧伤她

教师：(27)好,平底锅会掉下来(28)把东西撒在她身上(29)然后<<(30)如果锅里的东西都是热的>>然后她会……(31)艾伦？

艾伦：(32)撒到她身上

教师：(33)撒到她身上……

与前两个特征一样,语义特征[假设性]的载荷为.64,也是正值;在这一 PC 上得分高的受试——还是教师——比得分低的受试更倾向于选择这个语义特征。

在时间轴上,表1中的第四个语义特征[现实性(actuality)],一方面与[假设性]形成对照,另一方面又和表格中的第五个语义特征[经常性]形成对照。更具体地说,在具有[假设性]的消息中,时间不是感性经验所能感知的时间,而是想象的时间;相反,在[现实性]和[经常性(usuality)]中,时间是真实的,是能够被感性经验所感知的。在特征[现实性]中,时间不是在过去被感知就是在此时此刻言语的过程中被感知。与之不同,在[经常性]中,整个时间的跨度——过去、现在和未来都包含在其中;正如沃尔夫(1956)指出的,时间不仅是记忆、现在的经验,还可以是预期。在上面提供的例子中我们可以找到这些语义特征的实例。例子 5 中,(1)中的是(is),(6)中的认为(do...think),(9)中的是(are)都指向了此时此地的时间,对特征[现实性]进行了表征。注意每个这样的消息是如何与一个独特的事件'相关'的;因此你认为(...do you think...)或者你说的对(you're right)都指向了具体的事件/发生;它们不是超越言说者此时此地的归纳概括。将它与例子4里(7)**堂兄妹不允许结婚**(... cousins aren't allowed to marry)和(9)**因为法律不允许**('cause the lawsays they're not)进行对比。后两者都是归纳概括,它们所具有的'经常性'特征包括了过去、现在和将来。在 PC1－AI 中,语义特征[现实性]拥有正载荷.63,而[经常性]拥有负载荷－.67。这可以显示在 PC 上得分高的受试经常选择语义特征[现实性],说明他们关注具体事件;另外,他们不倾向选择[经常性],我们可以假定他们不关注归纳概括。

剩下的两个语义特征——[可能性(possibility)]和[必要性(necessity)]——又可以一起讨论。在词汇语法层面,它们的体现都包括从情态系统和意态系统资源(Halliday 1985a)中做出选择。选择低值情态词,如**能**(can)、**可能**(could)、**可能会**(might)和**可以**(may) 以及它们的隐喻式如**是可能的**(it's possible /likely that...)都实现了语义特征'可能性'。单看课堂互动就能找到例子3和5中这种语义特征的实例。语义特征[必要性]的体现更多地是选用高值情态词,如**应该**(ought)、**不得不**(have got)to)、**必须**(must)、**应该**(should)。例子1中第4条消息就是这个特征的一个实例:**明天你还得上学呢**(You've gotta go to school tomorrow)。对特征[可能性]的选择,显然,是有'开口'的,它允许不同的选项。例子 3 很清楚地说明了这一点。对于教师的问题:**谁可能在赶那辆公共汽车**(who **might** be catching the bus），不同的孩子给出了不同的答案。教师能接受所有这些可能的选项。语义特征[必要性]的限制性特性可能是很明显的：对必要性的选择所构建的环境几乎不允许自行的决定，因为可进行选择就意味着有自行选择的自由，而选择[必要性]则恰恰否定了这一点。以上的讨论应该让我们明确这两个特征是截然相反的。因此，我们发现前者——[possibility]——有一个正载荷.83，后者——[necessity]——有一个负载荷－.78，就不足以为奇了。这些载荷表明在 PC1-AI 得分较高的受试——即我们研究中的教师——会非常频繁地选择[可能性]，因此允许学生自行自由的选择；相反，他们将不太可能选取特征[必要性]；这两种选择意味着教师不可能强加给学生一套选择，也不太可能不提供谈判的空间。

当 PC 的每一个语义特征被孤立地讨论时，不可避免地存在着它们被组合在一起构成一个要素的偶然性。这意味着在这个要素上得分高的言说者通常：

- 选择给予[符合逻辑的]理由；
- 在语言上将孩子看成独特主观性的拥有者，具有思考、感觉、感知的能力；
- 在讲话中提请注意事物的具体状态，而不关注惯例常规；
- 允许自行选择，接受不同选项，而不是提出一些不可避免的东西去限制选择。

是否存在一个更高层次的语义抽象，可以用来描述作为一个整体的这组语义特征？是否存在一个原则将统一融入其中？我相信在非常重视个体独特性的意识形态中可以找到这种语义抽象。在这种意识形态里，每个人都被视为一个有区别的'他者'。其基本原理是涂尔干（Durkheim）的'有机团结'，它产生富有'个性'的社会主体或由这些主体产生，每一个主体都不同，但都一起工作。注意具有这组语义属性的语义取向必须'假定自我和他人之间存在明显的边界或差距，这个边界或差距可以通过构建明确地适合于有区别的'他者'的言语来跨越'；正如伯恩斯坦提醒我们的（Bernstein 1987：147－148），这是复杂语码具有的特征，它'面向一个人而不是一个社会范畴或地位'（出处同上）。强调理性、独特的自我感知、假设和'真实'的并存，并认可自由裁量权——这些确实是我们教育思想的重要元素。在我们经常讨论的教育问题里，我们可能不会使用那种'奇怪的'、人们可能认为这里正在使用的那种表述，但是当我们认为教育的目的是'培养每个孩子的个性'，'高度重视每个孩子成为一个**独特和宝贵的个体**'（Ashworth 1973；强调为作者所加）或者旨在发展'认知能力'，或者认为真正的教育是'开拓视野'，我们实际是在说，只要这种教育目标的理念不改变，在课堂话语中，这样一组语义特征出现的频率必须达到一定合理的程度。实际上，是这样的语言、这样的意义，使这些目标得以实现。如果我的解释是正确的，那么这个因素就涉及**个体自我**（individuated selves）的构建。在这点上，至少，可以看出，课堂互动似乎比 HAP 母亲的话语更夸张地倾向于复杂语码，而复杂语码取向最低的受试，鉴于伯恩斯坦的假说，有足够的理由判定是 LAP 母亲。

5.2 PC1：分析 II：教学主题的构建

表 2 显示了分析 II 中 PC1 与 PC2 的细节。根据前面建立的惯例,我将本研究中的 PC1 称为 PC1-AII,将 PC2 称为 PC2-AII。

表 2　PC1 和 PC2——分析 II

变量	PC1	PC2
非解释性问题	−.87	−.09
非假定性问题	.83	.08
支持性回应	.70	−.38
内在原因	.72	−.40
附加信息	.86	.29
如何/为什么问题	.13	.47
直接命令	.12	.83
特征值:	3.26	1.34
% 方差:	46.70	19.20

就 PC1-AII 而言,表格中的最后两个语义特征与特征幅度变化不相关,因为它们的载荷远远低于.5;换句话说,他们对语料中特征幅度变化的影响可以忽略不记。所以这个要素由前五个语义特征构成,它在语料中的方差贡献率为 46.7%。这个要素的得分与言说者的社会地位相关(24 位教师,12 位 LAP 母亲和 12 位 HAP 母亲)。所以,如同 PC1-AI,这组语言特征群具有社会语言学变量特征。下面的图 3 显示出不同群体的平均得分:

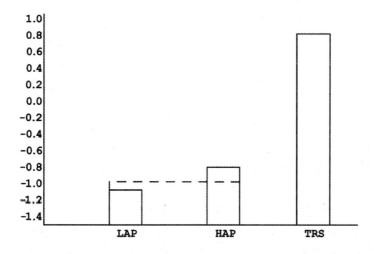

图 3　言说者 PC1-AII 的平均分

虚线表示母亲作为一个整体的平均得分

得分上的差异具有统计学上的显著意义。整体上,教师得分高于母亲(教师＞母亲:P＝.000);('母亲'这里包括 LAP 和 HAP 母亲)。因此,教师得分高于 HAP 母亲(教师＞HAP 母亲:P＝.000),当与 LAP 母亲对比时,情况相同(教师＞LAP 母亲:P＝.000)。但是,在 HAP 母亲和 LAP 母亲之间存在巨大差异(P＝.009)。在这方面,PC1-AI 与 PC2-AII 非常相似:有充分的理由认为在这两种社会语言变量上教师占有一个极端的位置,正如 LAP 母亲一样:这两个群体——教师与 LAP 母亲——代表着一个尺度的两端。但是,尽管 HAP 母亲没有复制教师的行为,但,她们同样与 LAP 母亲存在着巨大差异,她们更加倾向于教师的行为。我们认为,HAP 儿童对以 PC1-AI 和 PC1-AII 这两个要素所包含的社会语言变量为特点的话语的熟练程度要明显高于 LAP 儿童,即使事实上这两个群体对于教师话语似乎都相对陌生。我相信这意味着在某种意义上这两个要素都与教育语境紧密相关。让我们看看表 2 中构成 PC1-AII 的五个语义特征。

第一个语义特征是[非解释寻求性(non-interpretation seeking)]问题。如果,作为消息功能的问题,被认为是对信息的需求,它的更深层次的语义属性可以通过所寻求信息的种类来确立。在一定条件下,寻求的信息可能需要对一个符号或物体进行解释。以下两个条件中的任何一个都存在着寻求解释的可能性,它们是(i)需求能够通过是/否的答案得到满足,如言说者寻求确认(见第 3 章图 5 中的系统 a,b,c),或者(ii)需求通过指定答案是什么\谁,做什么,这么做是为了什么(what...for)等得到满足,而不是通过回答为什么/怎么样来满足(见第三章图 5 所展现的提问的语义选择,以及第三章的第一部分中表 2 所显示的它们的体现形式)。下面提取的片段提供了一个是/否'解释寻求性'问题的例子:

Example:6

Mother:(1) ah the pictures have dots (2) to show you where the stick-on
          pieces go

Kristy:(3) mmm (4) so do the dots say where the stick on pieces go?

Mother:(5) the dots don't say it (6) they're not a special kind of writing,
          or anything.

例子:6

母亲:　　(1)啊图片上有圆点(2)告诉你贴片应该粘在哪里

克丽丝蒂:(3)嗯(4)所以,圆点说了这些贴片应该粘在哪里吗?

妈妈:　　(5)圆点没有说(6)它们不是一种特殊的书写,或什么的。

在这个例子中,(4)是一个是/否[解释寻求性]问题;注意母亲确实通过回答给了'否'的答案。表达得更专业些,上面片段中消息(4)具有以下语义特征[索取;信息;确认:解释的]。如果克丽丝蒂问:**这些圆点说了/意味着什么**(what do these dots say/mean),那她的话语就会被看作需要回答是什么而寻求解释的问题。用术语表示,这个虚构的选项具有以下语义特征[索取;信息;告知:精确的:详细说明∶核心∶关键的∶解释的]。例子6中克丽丝蒂的问题(4)与例子4中朱利安的问题(3)**我们能结婚吗**？(could we marry each other?)形成对比。后者是关于事情是怎样或可以怎样的问题,'具有'语义特征[描述(representation)],而克丽丝蒂的问题圆点说了……(do the dots say...)是一个有关某事意味着什么东西的问题,'具有'语义特征[解释(interpretation)]。当要素的这一项读作[非解释寻求性]问题时,它既包括是/否——确认——也包括这里被标签为告知的wh-问题范畴,后者具有与[解释]相对的系统选择[描述]。这两种语义特征之间的系统性二分对立意味着两者不会同时被选择。在PC1-AII中,[非解释寻求性]问题,即所谓的[描述性]问题——拥有负载荷−.87。在这一点上得分高的受试,即教师——主要倾向于选择特征为'解释性'的问题。换言之,言说者的重点在于诱导'意'或者用语言将他们对事物与过程的理解清楚地表达出来;他们的重点不在非符号性事物上。

第二个语义特征是[非假定性(non-assumptive)]问题,与[假定性(assumptive)]构成一对二分的对立系统。从第三章图5表示的系统网络可以看出,不是所有问题都能'享受'这种系统选择——只有具有特征[问询]或者[告知∶精确∶阐释∶原因]的问题才可以。下面的例子7和例子8分别提供了这两种[假定性]问题的范例:

***Example*∶7**

Karen∶ (1) how did you get that? (ALLOWS NO TIME FOR AN-SWER)

　　　　(2) you didn't get out of [?]

Mother∶ (3) I walked over (4) and got it (5) didn't you see me?

Karen∶ (6) nup

Mother∶ (7) you must be blind

***Example*∶8**

Mother∶ (1) d' you love daddy? ... (2) d' you love daddy?

Julian∶ (3) mmm (positive)

Mother∶ (4) d' you love Rosemary?

Julian∶ (5) no

Mother∶ (6) why don't you love Rosemary?

Julian∶ (LAUGHS)

Mother∶ (8) you're a [? ratbag] (REALISES CHILD IS TEASING)

Julian∶ (9) I do

Mother∶ [?]

Julian∶ (10) who else do you want me to love?

例子:7

凯伦：　(1)你怎么拿到的?（没有给对方回答的时间）
　　　　(2)你都没有离开[?]
母亲：　(3)我走过去了 (4)就拿到了 (5)你没有看到我吗?
凯伦：　(6)没有
母亲：　(7)你一定是失明了

例子:8

母亲：　(1)你爱爸爸吗?……(2)你爱爸爸吗?
朱利安：(3)嗯(肯定的语气)
母亲：　(4)你爱罗斯玛丽吗?
朱利安：(5)不
母亲：　(6)你为什么不爱罗斯玛丽?
朱利安：(大笑)
母亲：　(8)你是一个[? 讨厌鬼](意识到孩子在开她的玩笑)
朱利安：(9)我爱
母亲：　[?]
朱利安：(10)你还想让我爱谁?

在例子7中,母亲的问题(5)**你没有看到我吗**?（didn't you see me?）包含一个假设:她认为凯伦已经看到她;当凯伦在第5句中告诉她这种假设不正确时,她的第7句评论**你一定是失明了**(you must be blind)使这一假设更加明显。因此句子(5)具有以下语义特征[索取;信息:确认;询问:假设]。在例子8中,具有[假设]特征的是消息(6;7)**你为什么不爱罗斯玛丽**?（why don't you love Rosemary?）它再一次暗示母亲假设朱利安应该爱罗斯玛丽,他的姐姐。孩子正确理解了妈妈——作为对他应该爱谁或不应该爱谁持有某种假设的人——这一点从他的问题(10)**你还想让我爱谁**?（who else do you want me to love?）可以清楚地看出。例子8中的消息(6)和(7)可以说具有以下的语义特征[索取;信息:告知:精确:阐释:原因:假设性的]。让我们将这些消息与下面例子中的消息(2)进行对比。它与例子4和8摘自同一段对话。

Example:9

Mother：(1) I love you
Julian：(2) why
Mother：(3) 'cause you're my boy.

例子:9

母亲：　(1)我爱你
朱利安：(2)为什么
母亲：　(3)因为你是我的儿子。

这里朱利安的话(2)为什么?(why?)是一个省略句,可以扩展为(2a)你为什么爱我?(why do you love me?)它与例子8中的消息(6,7)你为什么不爱罗斯玛丽?(why don't you love Rosemary?)形成对比,在语义上可以描述为具有语义特征[非假设性]。如果我们假设朱利安问的是(2a)你为什么爱我?(why do you love me?)而这并不暗示母亲不应该爱她,那我们的描述就是正确的。就像前面的语义特征,[假设性]和[非假设性]这种二分的对比体系意味着它们在载荷上是相反的。在 PC1-AII 这个要素上,语义特征[非假设性]是正载荷.83,显示在这个因素上得分高的受试,即教师,更倾向问[非假设性]问题。选择这一特征反过来意味着,教师们在说话时不会表现得好像某些前是不言而喻的,不需要被口头明确地表述出来的。在有关 PC1-AI 的讨论中对'相异性(otherness)'的识别似乎与 PC1-AII 同样相关。

表 2 中第三个语义特征的标签[支持性回应(supportive responses)]似乎是透明的。在辛克莱和库特哈德(Sinclair and Coulthard 1975)的分析里,这种消息的一个重要的次范畴总是作为反馈在 IRF(诱发、回应、反馈)(Initiate, Respond, Follow up)三段式会话模式中出现,其中诱发经常是问题,回应是回答,而反馈是某种评价。这在我的与课堂话语相关的语料里是最典型的例子。然而,[支持性回应]并不仅仅限于这种功能。在下面的对话中有几个消息可以说都具有支持性这一特征:

Example:10

Julian:(1) I dropped it (2) and it went like this...
Mother:(3) did it?
Julian:(4) yep
Mother:(5) oh, that's good isn't it?
　　　　[5 messages later]
Julian:(6) this closes that door all by itself
Mother:(7) does it?
Julian:(8) yep, it goes bang
Mother:(9) yeah?
Julian:(10) it just went like this (11) when it was—when it was
　　　　going down
Mother:(12) did it?
Julian:(13) yep
Mother:(14) wow! what else can it do?

例子:10

朱利安:(1)我把它投出去(2)像这样……
母亲:　(3)真的吗?

朱利安：(4)是的

母亲： (5)哦,那很好不是吗?

[隔5条消息]

朱利安：(6)它让这门自动关上了

母亲： (7)是吗?

朱利安：(8)是的,它砰的一声关上了

母亲： (9)是吗?

朱利安：(10)就像这样(11)当它——当它落下去时

母亲： (12)是吗?

朱利安：(13)是的

母亲： (14)哇！它还能做什么?

朱利安正在玩一个玩具,想出各种玩法。如果孤立来看,母亲的消息(3,7,9和12)似乎具有特征[索取:信息],但是谈话的不断持续的语境也许会清晰地表明这些消息的功能不是提出问题,而是给出认可的评论。在消息(5)中我们可以看到正面的评价——既不是评价什么答案,也不是评价听从的行为——而是对孩子独自行为的评价,而消息(14)显然是鼓励孩子继续他的行为。因此,母亲的消息'告诉'孩子妈妈在听,她感兴趣,并且希望他继续说,可以说这些都显示了语义特征[支持性回应]。对索取做出适当的回应也可以被视为支持。我们在例子3和5里的课堂话语中会找到许多信息拥有这种特征——更具体地说,具有'认同'和'正面评价'的特征。表2显示这一语义特征拥有正载荷.70。基于这点,我们可以得出结论:这一特征经常出现在PC1－AII得分高的受试者的言语中,也就是教师群体中。这类言说者关心戈夫曼(Goffman 1967)所说的面子维护;可能有理由声称这类话语有助于支撑互动双方的自尊。

第四个语义特征[内在理由]已经在5.1部分讨论过。正如对PC1－AI的分析,这里[内在理由]的载荷也为正值(.72),意味着PC1－AII得分高的受试者更加倾向于给出合理性原因。构成PC1－AII的最后一个语义特征为[额外信息(additional information)]。对它进行如下解释,可能过于简单化了:当言说者在会话中自愿为其他互动者提供超出他们需求的信息时,那么这种消息就属于额外信息这一范畴。因此,这些消息提供细节,具体的包括辩论中的步骤或某种物理现象的细节,或对进一步(有关)事件的回忆等。请看下面这个例子。

Example：11

Kristy：(1) was that a baby one (= moth) or a big one?

Mother：(2) no (3) moths are um —(banging noise) (4) hey don't bang the oven (ADDRESSING RUTH, KRISTY'S YOUNGER SISTER) (5) moths are quite old... (6) when they are little (7) they're little worms (8) and um well you know the book about the hungry caterpillar that you've got?

Kristy: (9) yes

Mother: (10) he ate and ate (11) until he became a big fat caterpillar

Kristy: (12) mmm

Mother: (13) and then he built himself a cocoon (14) ** and um—

Kristy: (15) ** mmm

Mother: (16) and then he came out of the cocoons (17) but they—

(MESSAGE INTERRUPTED AS MOTHER TALKS To RUTH)

(18) they only come out of their cocoons (19) to lay their eggs (20) and <<(21) after they lay their eggs>> they die...

例子：11

克丽丝蒂:(1) 是的幼虫(飞蛾)还是成虫?

母亲：   (2)不是(3)飞蛾是嗯——(砰砰的噪音)(4)嘿,不要砰砰打烤箱(对克丽丝蒂的妹妹罗丝说)(5)飞蛾是很老的……(6)它们小的时候(7)他们是小虫子(8)嗯你知道你那本有关饥饿的毛虫的书吗?

克丽丝蒂:(9)知道

母亲：   (10)它不停地吃(11)直到它变成了一只胖胖的大毛虫。

克丽丝蒂:(12)嗯

母亲：   (13)然后它自己建筑自己的茧(14)** 接下来

克丽丝蒂:(15)** 嗯

母亲：   (16)然后它从茧中爬出来(17)但是它们

(母亲和罗丝说话,信息中断)

(18)他们从茧中爬出来(19)产卵(20)然后<<(21)在它们产卵后>>它们就死了……

严格说,克丽丝蒂的问题(1)可以通过简单地确认两个选项中的一个来回答：是(即这是只飞蛾的幼虫)或不是(即这不是一只飞蛾的幼虫)。严格讲,这样就能回答了问题,但显然在妈妈看来,这样还不够。于是,她继续提供了很多有关飞蛾生命周期的信息。所以母亲给予克丽丝蒂的所有信息都具有语义特征[额外信息]。由于这个特征的载荷为正值.86,得分高的言说者很明显经常会选择[额外信息]。有这类信息的会话有助于构建当下流行的'世界知识'或者'认知内容'。总结一下 PC1-AII 得分高的受试者,即教师的行为,我们可以说:

- 他们缺乏对日常经验的实质性方面的关注,表现出对事物解释的高度关注;
- 在询问的语境中,他们的表现显示似乎不存在言语双方都明了的、某些必要的前提；
- 他们使用'合理的''符合逻辑的'理由来证明自己的主张、问题和要求；
- 他们提供源源不断的认知内容，很大程度上具有伯恩斯坦所谓的复杂语码特征；
- 在以上行为的环境下，他们表示认同，做出积极评价，并鼓励互动的继续。

根据伯恩斯坦(Bernstein 1971,1975,1986)的论证，PC1-AII 的连贯原则可以表征为教育意识的创造。它只是表明这个要素有助于这一过程，但并不等于表示除了这个要素以外没有其他的要素可以形成教育意识。这一部分的标题是'教学主题的构建'(the construction of the pedagogic subject)：它不是凭空想象出来的。PC1-AII 的重要性在于它从两方面涵盖了具有歧义的短语'教学主题'(pedagogic subject)的意义：首先，它指教学环境特有的教学性话语(instructional discourse)(Bernstein 1986)——是在'学科'或'知识分支'意义上的大多数专业主题共有的抽象特性；再者，术语'教学主题'(pedagogic subject)指习得者(译者按，subject 本身还有对象的意思，也就是英文的 pedagogic subject 既可理解为教学主题也可理解为教学对象)，即小学生，他们的身份通过课堂互动确定。

我们讨论的要素 PC1-AII 让我们注意到我们的教育思想里一些最广泛认同的元素。比如在那些有权利对课程设置提出建议的人当中，普遍存在这样一种看法，认为教育就是'掌握'专业知识。它与普通的发生现象和行为现象——熟悉的日常知识——无关(见 Butt and Cloran 1988)。教育真正关心的是事物的本质，以及相关解释活动；这些活动自然不能脱离知识构建的那些基础，即我们所知道的'定义'与'分类'。科学知识，就像我们知道的那样，是由这种话语构成的；参见韩礼德(1988b)以及马丁、威格奈尔、埃金斯和罗瑟里(Martin Wignell, Eggins and Rothery 1988c,2004a)。不论实际操作成功与否，教育话语的一个重要原则是要清晰地陈述自己的前提，不能简单地认为它们是他人与你共享的。远离日常经历，同时通过摒弃共享的不言而喻的知识而远离'他者'是不同的高质量的理想知识必不可少的因素，我们称之为'客观'。这种印象因在提供所谓的高级、专业知识时进一步强调理性辩论而得到加强，而在教育这一舞台，这种高级、专业知识只是对现有合法化知识的转变复制。我们刚刚描述的知识和学习概念受到了高度重视，比如唐纳森指出，'人类大多数东西都依赖于它'，它指'我们冷静地处理问题的能力，这种问题具有抽象的和形式的本质'(Donaldson 1978:24)。这一要素同样指明了，在构建抽象、理性和客观知识的语境下，人们可以发现引导学生给出所需信息的鼓励手势，频繁的推理证明和回应语步、协商和积极的评价。它们共同作用，使习得者对所教授知识的核心本质有更加清楚明了的认识。同时，我们要面对一个我们认为明显的'非常合理的'要求：即学生作为一个独特个体的自尊心，需要我们培养。

很明显,教师群体在 PC1-AII 和 PC1-AII 两个因素上得分最高,与母亲整个群体差异明显,同时与每组母亲的差异也很明显,不管是 HAP 母亲还是 LAP 母亲。如下面表格显示,这种差异在所有情况下都非常显著:

表 3　教师与母亲群体的 PC1-AI 和 PC1-AII

PC1-AI(平均值)	PC1-AII(平均值)
教师＞母亲(全体):$p=.000$	教师＞母亲(全体):$p=.000$
教师＞HAP 母亲:$p=.000$	教师＞HAP 母亲:$p=.000$
教师＞LAP 母亲:$p=.000$	教师＞LAP 母亲:$p=.000$
HAP 母亲＞LAP 母亲:$p=.001$	HAP 母亲＞LAP 母亲:$p=.009$

教师在一定程度上是有别于其他人的一类,这个结论是不可避免的。什么让他们与他人的差异如此明显? 我认为教师的行为可以有效地显示教育作为一个强大的社会化工具的含义。他们接受教师培训,有意作为我们主导知识思想的传播者,这些都使教师明显不同于其他类别——母亲　她们至少给予小孩子同样多的关注,教给他们需要知道的东西——但是在日常环境中,而不是在官方的教育框架内。表 3 显示 HAP 母亲的这些行为要明显多于 LAP 母亲。在此基础上,我们似乎可以得出合理的结论,HAP 群体所特有的这种语义取向更可能创造出易于接受那些教授 HAP 孩子的教师的观众。的确,我们的结果(在这里没有讨论)确实显示出尽管 HAP 地区和 LAP 地区的教师之间几乎不存在差异,但是 LAP 和 HAP 孩子在课堂上表现出一些有趣的差异行为。这并不奇怪。HAP 儿童所经历的意义方式与 LAP 儿童相比更加接近课堂上教师的意义方式。这并不是一些文献里错误地提出的语言障碍问题(Stubbs 1983;Edwards 1976 等):这是一个看似与谁和为什么有关的问题。

5.3 PC 2 分析 II:课堂管理

分析 II 中的 PC2,我们称之为 PC2-AII,不同于上面讨论过的两个 PC。表 2 显示,它是整个要素由一个单一的语义特征组成的情况之一。这种语义特征是'直接命令',其载荷为为.83。其他所有语义特征都与语料在这个要素上的方差无关,因为它们的载荷均低于.5。语义特征[直接命令]在词汇语法层是通过选择一个特定的祈使句的次类别(Hasan 1983)或者具有高值情态词(如 *got to*, *have to*, *must*, *should*, *ought to*)的陈述句而体现的。PC2—AII 是一个社会语言变量,在语料中的方差贡献率为 19.2%,与言说者的社会地位关系密切,从图 4 可以清楚地看出这一点,而且这个 PC 的分析结果与上面表 3 显示的结果明显不同。对于'直接命令'而言,LAP 母亲的得分明显高于 HAP 母亲(LAP 母亲＞HAP 母亲:

p=.000);也高于教师（LAP 母亲＞教师：p=.02）；教师得分高于 HAP 母亲（教师＞HAP 母亲：p=.000）。因此就[直接命令]而言，教师更像 LAP 母亲而不是 HAP 母亲，两组言说者都喜欢用直接命令，虽然实际上教师与 LAP 母亲差距也很大。

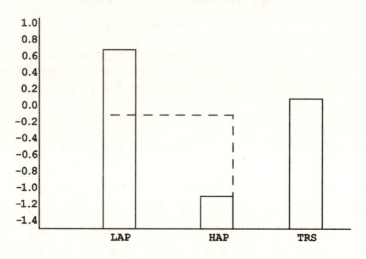

图 4　言说者 PC2-AII 的平均分

虚线表示母亲作为一个整体的平均得分

现在我们总结一下我们的发现，首先教师和两组母亲的得分与 PC1-AI 和 PC1-AII 相比存在差异，是先前趋势的逆转，总结如下：

(a) PC1-AI 和 PC1-AII：教师得分高于 HAP 母亲，后者得分高于 LAP 母亲；

(b) PC2-AII：LAP 母亲得分高于教师，后者得分高于 HAP 母亲。

因为在 PC1-AII 这个因素上，教师的得分明显低于 LAP 母亲，我们可以说他们倾向于 HAP 母亲的取向，正如在 PC1-AI 和 PC1-AII 两个因素上，HAP 母亲倾向于教师的取向。有一点需要我们特别注意教师给出的[直接命令]通常与 LAP 母亲——在较小的程度上——和 HAP 母亲都不相同。对比例子 1 与例子 3，我们就会发现前者（LAP 母亲话语）有六条直接命令。六个小句中，每个的过程要么是明显的，要么是不太明显的物质过程，如 come，go，move，get（into bed）。在例子 3 中（先前展示的），有以下这些直接命令信息：

Example：3

(3) have a look at it

(14) have a good look at it

(27) tell me all the things...

(51) see if you can count...

例子:3

(3) 看看。

(14) 再好好看看

(27) 告诉我你都看到了什么……

(51) 看看你能否数一数……

看上去这是一个相当典型的情景:教师的[直接命令]要求某种基于自我的、主体内活动形式,一般由心理过程,如,看(look)、看见(see)、认为(think)体现,或者需涉及符号的主体间活动,经常需要使用语言,如 说(say)、告诉(tell)、解释(explain)等。我在这里无法提供一些特定的数据支持这种观点,但会提请大家注意,在 PC1-AI 上,教师的得分高,显示他们倾向于经常赋予孩子们基于自我的内在过程的体验者的地位。

教师在课堂上经常使用[直接命令]的现象并不是没有引起人们的注意。爱德华兹(Edwards 1976:175)指出'在多数课堂里,多数情况下,很容易将控制描述成地位性的'。我不愿意屈服于这种诱惑,理由很简单,地位的控制不会给予自行决定的自由;而且,它意味着被控制者言语上不会被塑造成独特的个人。我认为伯恩斯坦在他的著作中很明确地阐明了这些观点。在我们的研究中,我们观察了 24 位教师的课堂互动,他们的确给予学生自行决定的权利(参看 PC1-AI);他们同样把学生看作独特的个体(参看 PC1-AI 和 PCI-AII)。所以,至少到目前为止,基于本研究的证据,认为他们的控制策略是由地位决定的似乎是不合理的。爱德华兹为他的看法提出的理由似乎对我没有说服力。他认为之所以将课堂控制看作是地位性的是因为'教师的命令的合理性主要出自固有的角色关系和规范它的准则'(出处同上)。如果一个人接受这一论点,他必须承认,而且出于纯粹的常识,命令也是母子关系中固有的,尤其当孩子们和我们研究的孩子同龄。但是我们的结果显示不是所有的母亲都倾向于从地位上进行控制(进一步讨论见第 7—8 章)。

要解释教师使用[直接命令]的这种频率——我们可以想到,教师的频率要远远低于 LAP 母亲群体话语中[直接命令]的频率——我认为是在复杂的教学物质条件的限制下协调那么多人行为的需要。'物质条件'不仅仅指对时间、空间、或'聚集'的学生人数的限制,它也包括伯恩斯坦在分析教育知识的分类和构架时所提醒注意的各种限制(Bernstein 1971a,1975b,1986 等)。很明显,我的课堂语料选取的教育过程阶段从特定的'内容'方面来看,所讲授的是已经产出的知识。尽管,就教学内容而言,我们在幼儿园课堂所做的就是重复已经产生的知识,然而,从社会主体参与教育话语的社会化过程视角来看,还有很多内容:从前一个角度看,我们拥有的只是重复产出知识的简单话语;从后一种角度看,我们拥有的是将主体社会化为'学生'角色的话语。教师话语的一些特质在一定条件下会产生当前教育话语思想体系的新学徒。自然,新学徒产出的教育话语与他们的教师话语相比,相似程度不比孩子们与他们的父母话语之间的相似度高。事实上,通常教师的'直接命令'是对学生具体'知识'和'交流'的要求,我相信,这成为支持我们观点的一个重要的论据。事实上,谈到对学生在课堂上的个人行为的控制,即便是非常年幼的儿童的老师,也很少发出直接命令。当丹尼尔反复模仿他的老师时,教师没有说'不要学我'或'别胡闹了',更没有('彻头彻尾'地位性)说'你不许模仿老师'或'别胡闹了,否则我会惩罚你'。她只是说'哦,丹尼尔,你今天话很多'。这不等于说教师,甚至 HAP 母亲,从来不使用地位性的控制;这种说法和纽约市的上层阶级成员从来不会说非儿化舌音的说法一样荒唐。语言的核心本质,包括它的系统和过程,都是盖然性的(Nesbitt and Plum 1988);不管语码,还是方言,都不会归属于一个绝对的特性。

6. 结语

我已经指出了社会互动是塑造人类意识的手段。尽管意识是社会生活条件创造、转化和再生的基础,人类存在的各个方面,包括社会互动——因此也包括意识——受到实际存在的社会生活条件的限制。这个过程,即伯恩斯坦所指的'外部成为内部'或用维果茨基的话来说就是'把外在的事物内在化'——关系到社会结构、符号中介和人类思维的辩证关系,或者如有些人喜欢的那样把它说成是文化与认知的辩证关系。维果茨基认为'任何高级心理机能都是外在的,因为在它成为一个内部的、真正的心理功能之前的某个时期它是社会的。它首先是人之间的社会关系'(Vygotsky 1978:162)。莱昂特(Leont'ev 1981:167;强调为作者所加)对这个观点进行了简单扼要的总结:

> 这意味着,人类的心理过程(他们的'高级心理功能')获得的结构必然与社会历史中形成的手段和方法联系在一起。这些手段和方法是人们在合作劳动和社会互动过程中传递的。但是,如果以其他形式而不以外部形式——即行为或外部言语的方式——来开展过程,是不可能传递手段和方法的。

在本文中,我把重点放在'外部言语'上,放在以语言为手段的社会互动上,因为语言作为一种具体的符号系统,具有其固有的属性,在莱姆基(Lemke 1984)所谓的'动态开放系统'的各层次的复杂互动过程中占有最重要的位置。如果接受这些前提,那么自然会得出某些结论,包括:

- 如果社会物质生活条件明显不同,无论是在不同文化之间,或在相同文化的不同阶层之间,那么社会互动的形式也会有所不同;
- 如果同一社会不同阶层的社会互动存在差异,那么就会产生不同的意识形态;
- 因为意识对实施社会功能至关重要,不同的意识形态会在(在其他事物中)不同的意义取向中被表达;在这样的社会中,与言说者的社会地位相关的语义变异是可以在逻辑上预测的;

- 如果言说者的语义取向具有差异,他们的交流会出现问题,因为一个人的话语会被另一个人从不同的角度过滤掉(见 Hasan 2004b 中一个生动的例子)。

我已经给出了三组结果。它们与上面的观点相吻合,显示出社会阶层的言说者——LAP 母亲和 HAP 母亲——在所有的这些结果中都表现出语义取向的差异。虽然我无法对伯恩斯坦提出的有关教学话语本质和它与社会结构关系的观点进行深入讨论,我认为我的研究结果,尤其是关于 PC1-AI 和 PC1-AII 两个因素的结果,非常清楚地表明:(1)课堂话语和日常对话在很大程度上存在差异;(2)HAP 母亲的语义取向更接近于教师的语义取向;(3)HAP 母亲的语义取向与 LAP 母亲存在显著差异,后者与教师的语义取向相差最大。正是基于这些发现我们似乎可以总结出,在我们的社区里,一些孩子的问题来自教师的语义取向。理解他人的言语时,我们不会把他们的措辞看作是容纳唯一明确意义的绝对的不可变容器;我们整个人生的经验都与这个过程有关。因此,同一个教师的相同的话语对于不同班级的意义是不一样的。对自身平等的教育系统感到非常自豪的我们,需要问一问,当我们谈论教育'孩子'时我们是指什么?哪些孩子?因为据我所知,没有哪一个西方社会今天会把将要接受教育的人一致描绘为具有相同心理倾向和相同宇宙经验指向的'孩子'。

当然,我们中的一些人会争辩,指出我在第五部分谈到的差异并不存在,或者即使存在也并不重要;正如威尔斯(Wells 1977:22)提出的:

> 有些人希望表明下层阶级的孩子的语言是不同的。他们不断地寻找证据支持这一观点,但是这不等于说这样的差异必然使这些儿童处于教育劣势——除非他们触发了这些预期,而这种预期是非常容易自我实现的。

威尔斯的文章是针对琼·塔夫(Joan Tough)的研究而写的,对此我不太了解;但是,他的观点非常具有代表性。在这段文字里我发现有很多令人不安的地方。首先,它似乎暗示那些找到证据证明不同社会阶层的儿童使用不同变体的人使用了花招,他们采用的研究方法不及那些真正学者的方法规范。当然,拉波夫之后,学者们开始关注语码取向研究中使用的数据的性质,它是在实验环境中收集的。然而,正是基于这种语料,如雷纳伯格(Lenneberg 1975)或布朗和雷纳伯格(Brown and Lenneberg 1954)使用的语料,很多人喜欢对人类认知持有非历史、非社会和非符号化的观点。我想指出,一个被认为有效的研究并不仅仅取决于它的'客观性'优势;它同时具有判断学者的信念系统的功能。如果这是真的话,我可以用同样轻蔑和傲慢的口气说,那些试图否认个人语言和她的社会历史背景之间密切联系的人,那些认为语言仅仅是文字以及其意义存在于系统本身外部的人总是会拒绝任何语义变异的证据,不管它是多么值得信服。另外,出于他们自己的意识形态原因和知识认同,他们会指责那些强调不同社会阶层之间语言差异的显著性而导致的分歧;因为提请注意不同社会阶层之间语音的、非语义的差异是可以被接受的;提醒注意男人与女人话语的差异,包括措辞和意义的差异也是被接受的;然而,如果显示不同阶级会有不同的理性就是不道德的行为,因为难道善良的上帝没有赐给我们同样的理性?没有赋予我们一套同样的意义?这种态度所暗藏的傲慢经常被这些学者所忽略,因为他们认为普遍的理性与他们本身的理性是相同的!值得注意的是,正如伯恩斯坦被指责带有中产阶级的偏见,鲁利亚对乌兹别克人重要的研究也被压制,认为'她诋毁了与她一起工作过的人'(引自 Cole 1976)。但令人奇怪的是,诋毁的责任被指向了那些相信,例如,诉诸'理性'胜过于诉诸规约的人,或相信明确你的前提好于假定一个共享的知识的人。

一方面,威尔斯是对的。当然,从 LAP 阶层成员显现的具有特色的意义取向看,不会得出这样的孩子必然处于教育劣势的结论。如果我们对于知识的性质与教育话语的观念不同,如果我们放弃对个体独特性的崇拜,如果我们拒绝波普尔(Popper)的理性观念——这不是没有可能;在有些社会里,情况就是这样;我们把她们描述为'新兴国家'——如果我们的教育思想在这些方面是不同的,那么,当然,LAP 孩子将在教育方面没有什么劣势。有点讽刺的是,正是这些拒绝语义变异假设的学者,也热情地支持带有典型的中产阶级意识的思想立场。还有另一种情况,即使在现在这样的教育体系下,工人阶级的孩子可能也不会处于劣势:如果我们明确地说明教育话语的要求,说明低阶层语言所具有的社会语言(尤其是语义的)特点,就可能会培养教师满足不同阶级的儿童的需求。当然这意味着对学术语言的'分析'要比拉波夫(Labov 1969)更细致,对课堂互动的分析要比该领域学者通常所做的研究更深入。只要这种明确的描述存在,就可能更容易确立特权意义(the privileging meanings)的性质和不同出发点的性质。儿童正是从这些出发点被引导着朝着这些特权意义的方向移动。教育系统只有承认现存的分歧,**不认为它们是不可逆转的**,才有机会成为平等的。

我怀疑,这些建议将不会受到许多同事的欢迎,他们似乎认为,教育问题的出现主要是因为教师的态度(Wells 1977; Stubbs 1983)。注意,例如,在上述引文中,威尔斯声称——在一个几乎被扔掉的评论里——即使工人阶级儿童的语言不同,但这种差异本身却是不重要的——真正对孩子不利的是教师的消极态度。当然,在某种意义上,这是很真实的。即使教师为孩子应该去掌握我们的教育话语而设立了一个好的目标,即使她明确知道如何帮助孩子实现这个目标,如果她贬低孩子本人,事情根本不会解决好。但威尔斯的评论为一个高度复杂的情况提供了一个简单的解释,并且成功地给人们留下这样的印象,如果教师能摆脱诋毁弱势孩子的不幸倾向,一切都会好:错误,看来,完全在于教师。这一立场是浅显的——它没有意识到学习中意义和措辞的积极作用(Vygotsky 1962, 1978; Donaldson 1978; Halliday 1973a, 1975b, 1979a, 1980)——对教师也是不公平的。即使有最好的意图,直至今天,教师还是不能光凭对孩子的美好愿望就能够帮助孩子。这是因为她不太明确教育话语的特色,也不太了解孩子自己的观点,他的语言是什么样的,为什么。教师不知道这些,是因为他们似乎有一种共识,认为没有什么是'要知道'的。我相信,我讨论的结果对这种自满的态度提出了一些疑问。如果我们真的想要确保工人阶级的孩子带进课堂的不同语义取向不会对他不利,我们需要对教师进行培训,使他们能够解决如何满足所有阶级儿童而不仅仅是那些对教育话语原则展现出一些熟悉性的儿童的需求。

这个建议意味着,我相信教师在教室里发挥着重要的——实际上是核心的——作用。当然,毫无疑问的是,教室内外的同辈互动影响着儿童的心理功能的生成,因此,正如伯顿(Burton 1983)所说的那样,应该鼓励这种互动,但这也不意味着教师的作用仅仅是观察员或材料的分配者——孩子们通过他们惊人的天赋能力对其他事情进行控制。如果我们相信这是真的,我们应该立即撤销社会中的学校。在我看来,同辈互动和教师指导并不是,或至少不需要,相互排斥的。尽管两者不可相互代替,但是,因为社会化的社会历史方面的原因,所以需要成人在其中发挥一个重要作用。控告成人密谋篡夺孩子的权利(Mackay 1974)似乎过于简单了;而把课堂上所有的错误都归咎于教师似乎是一个相当肤浅的反应。但如果我们想要教师发挥她本该发挥的中心作用,她确实需要了解教育话语的性质和语义取向的变异。而有关对伯恩斯坦理论的'曲解'如何在学校引起混乱的恐怖故事没有给我留下深刻印象(Rosen and Rosen 1973; Burton 1983 etc.);它如何破坏教学;它是怎样使他们贬低工人阶级的孩子。这不是说我怀疑这些报告的准确性:这些事情很有可能发生,但它们并不是伯恩斯坦的理论在逻辑上所固有的。与我们的话题更相关的问题是:教师们从哪里得到这种'曲解'?为什么经过多年的学术准备,教师仍然带着明显的可悲的、天真的语言态度和社会态度来到他们的课堂?教师教育工作者做了什么?为什么他们不把教师们教得更好?教师们为什么要为教他们的人的不足负责?这些教育者本身如何看待语言?他们如何看待语言的创造力?在我看来,让教师负责,而免除那些未能教育教师的人的责任是目光短浅的,而不是不诚实。我同意斯塔布(Stubbs 1983)的观点,认为教师需要社会语言学,但是对我来说,我会选择给予语言充分权力和其在人类社区的社会—心理—历史发展中应有地位的社会语言学——我会避免只把语言看作是流动的语词,并避免将所有的语言变化简单地归为文体上的变异,而文体本身被认为是毫无意义的——或至少对于认知来说是不重要的。这种社会语言学缺少自我意识;而恰恰是这种社会语言学抑制了对特权阶级用以维护他们特权的语言手段的识别。

注释

1) 这一章的内容曾在 1986 年 11 月 17—21 日于麦考瑞大学举行的'语言教育研讨会'的工作会议上作为大会发言第一次宣读。它已经发表在由琳达·杰罗(Linda Gerot),简·奥尔登堡(Jane Oldenburg)和提奥·凡·列文(Theo van Leeuwen)主编的论文集《语言与社会化:家庭和学校》。在这里我稍微做了修改。在会议期间,术语'社会化'尚未被弃而不用。我保留了这个术语。作为一个非社会语言学家,我认为这个术语对于它所指称的是很恰当的——即顺应社会共同的存在、说话和做事的方式的过程。

2) 引用的那些伯恩斯坦的文章被收录在《阶级、语码与控制》的第一卷和第三卷,没有考虑原来的出版地点。为得到更完整的伯恩斯坦的参考书目,可参考阿特金森(Atkinson 1985)。

3) 对于在研究的不同阶段给予我帮助的人我要表示感谢。特别感谢安妮·阿连德(麦考瑞大学经济与金融研究学院)和安德列·库茨－斯坦恩(麦克里大学的系统分析师)、哈里·珀维斯和约翰·特莱克(麦考瑞大学英语与语言学学院语音、听觉和语言研究中心)以及克里斯·内斯比特(悉尼大学)。感谢巴巴拉·霍瓦特让我注意到主成分分析法。我要感谢我的同事戴维·G.巴特博士和艾伦·泰勒(行为科学学院)在统计分析上给予我的帮助。我最该感谢的是迦密·克罗兰;没有她的帮助本研究将不会这么丰富。

4) 此处,载有这种信息的页码从这一章删除,以避免不必要的重复。

5) 本章中用于转录例子的规则如下:

	基于录音的情景评论(包括语言或非语言的证据,例如叫声、笑声、说笑声等)。
(大写单词)	确定例子中的消息数。
(1) 括号中的数字	
(11)<<(12)>>	表示消息(12)发生在消息(11)未完成之前。以本章中例5的消息(29)和(30)为例。
...	较长时间停顿
＊＊他离开了 ＊＊是吗?	一对标有双星的信息表明会话中重叠的点。

6　日常会话中的理性:从过程到系统

1. 引言[1]

革命在语言学的编纂史上是一个颇受欢迎的术语,鉴于此,让我以下面的话作为开头:语料库语言学所带来的革命,与广为人知的乔姆斯基(Chomsky)在现代语言学领域掀起的革命有所不同,它并没有明显地兴旺起来。实际上,我甚至不能肯定:掀起这场革命的主要人物,例如弗朗西斯(Francis)、库瑟卡(Kučera)、利奇(Leech)、夸克(Quirk)、斯瓦提维克(Svartvik),在语料库语言学发展的早期把自己看作是在从事一项有意打破传统的事业。然而,语料库语言学的成功使其中一些最受珍视的看法受到了质疑,而这些看法却是构成本世纪主流语言学的基石。比如,索绪尔(Saussure)对语言和言语的两分,这种分类对所有的语言学理论而言仍旧是以这样或那样的形式保持至关重要的地位。索绪尔在语言互补的两个方面之间构建的看似不可逾越的鸿沟现在——这要感谢人们对语料研究兴趣的重新尊重——似乎是他构思使用中的语言是什么样子的产物。假如在言语中有任意性、个人习性、个人特征的因素存在的话,正如索绪尔所认为的那样,这仅是冰山一角:正如混沌理论(chaos theory)的混沌性(Gleick 1987)一样,言语本身就是有序的,继拉波夫(Labov)的开拓性工作之后,否认这一点似乎不可能。但这种有序性只有对大量的数据进行检验后才变得可见,这又像混沌中秩序的存在一样。言语的真正本质不是简单地通过依靠本能来揭示的,只有通过观察一定规模的自然发生的语料库来研究言语,才有可能体会人类会话的真正本质,这里的'会话'我是指书面或口头的意义交流。由于理解人类会话的效力是理解语言本质的条件,语料库语言学正处在一个通过从两个紧密交织在一起视角来考察人类会话进而研究语言的本质的地位。

第一个视角涉及考察言语的一个方面,这个方面与'自然语言从根本上说是语用语言的这一事实'(Bar-Hillel 1970:208)最直接相关。言语的普遍特征,如有序的变化、灵活的规律性,都是功能性的(Halliday 1970a):这些普遍特征来源于言语与社区生活之间的关系,与此同时,社区社会生活语境的各种维度又依赖于言语来创造、维系和演化。语言,作为一种社会符号,是基于言语与社会语境之间的相互关系。涉及会话效力的第二个视角是通过考察语言作为系统来实现的:假如语言作为系统的系统,它所构成系统的特征是一成不变的,例如基于功能的语篇组织、由体现关系联系着的语言层次以及明示于横组合和纵聚合模式形成中的或然和并列关系,这些肯定不能包含我们所指的语言系统的全部含义。我们把语言理解为是绝对恒定的和不变的,这一谎言就是由于认可'语言状态'(etats de langue)这一概念引起的。当然,没有必要过分解释一种语言状态向另一种语言状态转变是言语所造成的观点。因此,我们可以说:语言作为一个已生成的并不断演化的系统是基于言语和语言之间的共生关系的,也就是过程与产品之间的关系,所以我们可以说:系统使过程效力成为可能而过程塑造取得这种效力的规则。很明显,这两种视角对任何一方而言都是缺一不可的:语言如果一直是一种有效的社会符号就不可能是一种静止的产品,因为人类社会的社会维度不是静止的;过程如果是为展示大规模规律的系统而服务的,那就不可能完全是个性化或个体化的。语料库语言学具有独特的可能性,一方面可以揭示语言作为符号系统的恒定特质,另一方面可以揭示由语言系统生存于符号实践之中这样一个事实所产生的语言固有的变异。由于符号实践是嵌在社会生活中不可缺少的一个部分,基于语料的语言学可以是揭示这种复杂情景细节的有力手段。

因为自然语言的使用不可避免地指向社区的社会语境,因为正是在使用语言的过程中,我们很自然地展示我们对内化系统的看法,基于语料库的语言学使从两个视角来探究语言成为可能,一种是语言作为社会符号系统的视角,一种是语言作为产品铭刻于社会言说过程的视角。然而,我认为语料库语言学的进展似乎并没有抓住这个研究本身所具有的良机。相反,数据的规模、储存以及检索似乎是这个研究领域的首要关注点。在描写领域,'材料'的形式分析是关注的中心,丝毫不关注社会语境。语料库中是否存在社会语境的痕迹仍有争议,这可见于关于语料描述性问题的艰苦争论之中。我认为,占据当今语料库语言学统治地位的问题要么无关紧要要么不值得关注,我这么说太自以为是了,尤其因为按照某种定义,我甚至都称不上是一个语料库语言学家。这里,我只是想说,现有的这些关注点不能代表研究丰富的、自然发生的语言所能得到的全部成果;我大胆猜想:如果一些问题没有得到足够的关注,可能不是因为当今技术的力度和成熟度不够,而是因为自治语言学的传统仍然统治着我们的思维:索绪尔两分法的长期阴影依然使人类语言最核心的、最动态的方面模糊不清。推迟解决这些看似并不重要的在语言分析中所产生的问题总是很容易的。当然,在我的印象中,语料的社会语义分析就属于这一类问题。

本章我将试图展示一种日常语言意义分析的研究方法,并时刻牢记这样一个事实:自然发生的语料首先是被具有不同社会地位的说话人所使用的。由于这是一项社会语义研究,我将会考察母亲和孩子之间日常会话的语料;更具体地说,我的兴趣在于母亲和孩子说话时所运用的各种推理。我会提出以下几个问题:如果推理被看作是一种语篇策略,我们需要用什么范畴来描写其本质?推理的语义结构是什么?语义结构如何在词汇语法层得以体现?在母亲的推理过程中,说话人的社会地位,如果被明示的话,是如何被明示的?如果有关变异的证据是存在的,是否证据只是个性化的?或者语料库能否系统性地展示出社会语境具有潜势的迹象?本研究项目的大多数应用细节已在第三章到第六章讲过了。这里所用的数据来自阶段1,所使用的意义分析和方法与前面提到的章节一样[2]。尽管如此,推理分析框架仍需在第二部分加以说明。接下来,我会从有关母亲推理的具体案例来说明母亲所使用的理由的范围。第4部分为总结,对语料所揭示的变化作评论,从社会和语言学角度讨论本研究带来的启示。

2. 推理和理性

在关于推理的文献资料中,在各种推理之间有一个区别,即归纳和演绎之间的区别,这个区别是被提到最多的。本章将主要关注基于推断的演绎推理(详见第4部分)。推理与理性之间的亲密关系已被普遍接受,无需再辩了,但简要地回顾一下与这两个词相关的术语还是具有指导意义的。所以,我先查阅另一个基于语料的出处,如词典。我们可以赞同词典扮演'…对写和说都具有有用的指导作用…对阅读和理解有帮助'的角色(Sinclair 1987:xv),但如果真是这样,这只是因为这个断言是基于这样一个事实:从定义上来看,词典是对社区(或社区的某些部分)如何理解某个语言的词汇与发音的常规记录。词典具有指导作用是因为词典反映社区的语言使用。它记录的不仅是言语社区(或其部分)对经验的分类,也记录社区如何评价这些经验分类。考察'推理'与'理性'这两个术语时,谈论意义方面的分类(如概念的)和评价(如人际的)在这儿将是很切题的。

2.1 在社区中的推理

在《简明牛津英语词典》中,'理性'一词作为形容词的部分词条如下:

形容词. 1. 有推理能力的;有理由的 b. 以合适的方式推理;有理的;理性的,明智的 1632. 2. 与理由相关 1601. 3. 基于,来自理由或推理 1531. 4. 可推理的,理智的;不愚蠢、不荒谬、不浮夸的 1601……

注意:在这里,理性与判断合理是几乎等同的,缺乏理性与愚蠢是同义的。这样的话,按照大家都认同的理性的界定,一个人如果缺乏(以上)理性特征,那么他被认为是愚蠢的就是合理的。所以,弄清楚怎样才能称得上以适当的方式进行推理是很重要的。推理的名词词条部分如下:

1. (真实的或声称的)事实陈述,作为论据,用来辩护或谴责某种行为,赞成或不赞成某断言、想法或信念……b. 逻辑用语。论证的一个前提,尤指结论之前的次要前提 1826……

这一描述继续把理由和为什么(why)、为何(wherefore)、那(that)、的(of)、为了(for)、给(to)等结构联系起来。我们发现:推理是'人类的智力或能力……具有人类特色……普遍运用于使思维或行为适应某种目的时;人类思维过程中所遵循的原理';此术语可以与通情达理等同起来。作为过程,推理被看作是:

2. 不及物。与他人争辩、讨论、交流、交谈等1671. b. 辩论、交谈1667. c. 通过推理或论证来影响某人的行为和观点1847. 3. 以连贯的、明智的、逻辑的方式来思考;应用推理的能力还得出结论1593. 4. 接宾语从句:a. 质疑,讨论什么,为什么等1529. b. 争论、总结、推导,等等1527……

从语法角度来看,推理是不及物过程,如同睡觉和大笑一样,推理并不延及施事者。与不及物动词不同,推理类似于那些拥有促使互动的潜势进而影响他者的动词过程。任何对推理可延续的解释会需要关注这样以下事实:理性,由于与愚蠢相反,所以为人们所渴望;推理的实施经常涉及论证;我们塑造推理,从而适应某种目的。我们这样简要地翻阅一下词典使我们对相关术语有了非专业的认识。现在,让我回到专家方面,如哲学家和逻辑学家,因为推理分析被认为是他们的研究范围。

2.2 对推理的概念解读

从逻辑-哲学方面的文献来看,以上所讨论的术语的使用与词典上的指导有着复杂的关系。一般而言,他们的解释大多与词典的观点一致。对于这一点,没有语言学家会感到惊奇,尤其是涉及对理性的评价时。主要的区别似乎在于理性本身定义的狭隘。我要强调说,我接下来不是要对逻辑学和哲学方面的丰富的学术文献进行回顾,坦白地说,这超越了我的能力。对于像我这样的门外汉,逻辑学家和哲学家对推理与理性在概念上的分歧与共识同等重要。两者都可能被神秘化。这会不会是因为其中一方不够理性呢?我的讨论旨在从文献中梳理出一些重要的已被确认的推理特征,回顾和讨论这些特征可以为进一步的描写提供基础。

在逻辑学和哲学文献中,推理与理性这两个术语经常被当作是一个词,用来指同样的东西,尽管如此,两者似乎有着重要差别。理性,与合理性一样,本身是好的,是被渴望的。但推理就不能被这样说,推理行为本身未必就是好的。一个人不能因为推理了而被看作是不理智的或不理性的;一个人也不能因为推得好就被看作是理智或理性的。正如波尔(Pole 1972:155)指出的那样:'不理智的人会推理,他们确实在推理,但他们推理地很糟糕(这是他们显著的特征)……'

注意,《牛津英语简明词典》把具有推理能力作为理性的一个可能的解释,那么接受波尔的观点等于否认这种可能性;恰恰相反,坡尔的观点要求把'以适当方式进行推理'作为判定一个人具有理性的必要条件。如若推理和合理的推理之间的区别很重要,那么我们不仅需要确定什么才可以称得上是推理,还要确定什么构成了合理推理。在什么样的基础上我们觉得推理是在以合理的方式被运用了。皮尔斯(Peirce 1955:7)给出了(合理)推理最为清晰的阐释:

推理的目的,如果从我们的知识的角度考虑,是找出我们所不知道的其他东西。因此,如果从真的前提得出真的结论的话,这就是一个合理的推理,反之则不然(强调为作者所加)。因此,合理性的问题纯粹是个有关事实的问题,而不是有关思维的问题。假定 A 为前提中所陈述的事实,B 为结论。问题是,这些事实是否真正相互关联以至于如果 A 是事实,B 通常也会是。如果是这样,推断是合理的;如果不是,则不然。当前提被大脑所接受时,是否我们也有接受结论的冲动?我们一般确实本能地会做出正确的推理,这是事实。但这是偶然的,即便我们没有接受结论的渴望,真的结论仍将是真的。错的仍旧是错的,尽管我们抵制不了这种相信的趋势。

根据上述观点,只有当两种真(truth),即真的前提和真的结论同时出现时,推理才是合理的。然而,以下是可争议的:(a)这两种真都相互独立;(b)它们具有很大不同。就真的结论而言,存有以下要素:在某种前提下,(合理)推理在逻辑上必然会导致某种结论。所以,举一个常被例举的例子:如若我们相信:(1a)all men are mortal(所有人都是凡人),(1b)Socrates is a man(苏格拉底是人),那么,从相信上述前提中必然可以得出这样的结论:(1c)Socrates is mortal(苏格拉底是凡人)。然而,结论的必要性并不受前提真假的影响。所以,假设有人说:(2a)all men are immortal(所有人都是不死的);(2b)Socrates is a man(苏格拉底是人),那么得出(2c)Socrates is immortal(苏格拉底是不死的)。就结论的必要性而言,第 2 个推理与第 1 个推理一样毋庸置疑。结论的真独立于前提的真或假。正如波尔(Pole)指出的(1972:161):'为了承认 p 暗示 q,我并不需要接受 p。'我认为这暗示 p 没有必要必须为真——无论它指什么;只要有人相信 p 为真就足够了。真的结论是指当相信 p 时所得到的结论,不论 p 是否为真。相反,如果某人得出的结论是假的/无效的,这不一定暗示前提为假。例如,有人不说(1c),却说(1c'):(therefore)Socrates is mortal((因而)苏格拉底穿着衣服),那么,这个结论并不是从已知的前提得出的;它是一个无效的结论,因为它不是从前提的术语中得出的。但是,结论的无效并不使(1a-b)为假。

我认为,以上例子说明了两点。首先,即便不同意前提,仍有可能赞同后面的毫无瑕疵的推理。我们也许不理解怎么会有人相信前提(2a)的真实性,但,只要我们把前提(2a)的真实性问题放在一边,我们就不能不接受其结论的逻辑性,推断的正确性。第二,不合理的结论并不意味着前提本身要么不合理要么不真。让我这样总结:前提的真与结论的真是相互独立的,从分析目的的角度而言,最好把两者分离。

我做出的第二个论断是:这两种真有很大不同。这个不同在上面的谈论中已有所显示了。结论为真是因为必然性:这就是推理的核心。'如果前提 A 被接受了,那结论 B 也必须被接受。'请皮尔斯谅解我这么说,因为我们这里不关注历史意义上的真,而关注推断意义上的真。实际上,用'真'这个术语来指代必然性的真具有误导性;合理结论(valid conclusion)这个术语才更为精确。我把推理的这个特征称为'推论性'(INFERENTIALITY)。如果存在真,那是衍生的真,这种真隐含于消息之间的语义-逻辑关系之中(Halliday 1985a:203ff)。衍生的真(1c) (therefore) Socrates is mortal ((因此),苏格拉底是凡人)作为结论与作为断言的(1b)Socrates is a man(苏格拉底是人)的真不同。所以,我认为:与真的结论相反,真的前提的真是被作为首要事实来呈现的,根植于(被感知的)真实的世界之中。我把这种真称作'真实性'(VERIDICALITY)。真实性本质上是时间和空间的。普遍的真仍然离不开某个不确定的时间。推论性则没有这样的限制。事物可以在宇宙中有推论的真而在时空上根本不存在,这种真只存在于我们的想象之中。这就是两种'真'之间的重要差别所在。皮尔斯上面所讲的那段话暗示说:对第一种真——推论性——的接受与否一点也不受个人的品味,愿望,信念或态度等所影响。对前提的接受就足已保证它的真。真实性则不是这样的。在 capitalism is exploitative(资本主义具有剥削性),或 the nature of authority is coercive(权力的本质是强迫性的)的断言中,接受它们的真与假似乎确实需要由我们的政治信念来决定。希望在下文中这种区别的重要性更显而易见。现在,我再回到推理与合理推理这一问题上来。

皮尔斯认为:合理的推理既需要推论性也需要真实性。我暂且把合理推理的问题搁在一边,先谈谈推理。就推理本身而言,只有推论性这个特征才具有标准性。普遍认为,这一特征是任何话语可以被称为推理的必然条件,因为没有这个界定性特征,就没有推理。真实性的情况则有所不同。事物可以缺乏真实性但仍可以被看作是推理。(2a-c)可以解释这一问题。在(2a-c)中,当真实性缺乏时,它仍是推理,即使按照皮尔斯的标准,它们只不过是糟糕的推理罢了。相反,很多一系列真的断言只要不具备推论性这个特征就不构成推理。如下例:

(3a) on Friday, March 26, 1991 I parked my car in the Gordon shopping centre car park at 1:45 p.m.(1991年3月26日,星期五,在下午1点45分我把车停在高顿购物中心停车场)。(3b) but when half an hour later, I returned to the car park, the car was no longer there(但当半小时后我回到停车场时,车已经不在那儿了)。(3c) I reported this incident to the Pymble Police Station by phone(我打电话到派柏警察局报告了此事)。(3d) and they asked me to lodge a report in person(他们叫我写一份私人报告)。

(3a-d)被看作是推理是几乎不可能的。这并不是因为它们在普通字面意义上没有逻辑性,而是因为它们的逻辑性只是在时间序列上的逻辑而非推论性上的逻辑。正是由于缺乏推论性才导致其不被视为推理。根据我个人的知识,(3a-d)是对发生的真实事件的忠实叙述,因此,仅仅拥有真实性的特征不足以使其被看作是推理。

也许有人会争辩说,(3a-d)的真与(1a)的真有所不同。后者超越了'这,这儿和现在'(Peters 1972:210),而前者的真在历史上是具体的,它涉及某一个特定的人过去生活中的某一时刻的'这,这儿和现在'。在与推理和理性的相关文献中,人们似乎普遍接受：普遍的并且具有广泛适用性的主前提会更好。加维(Jarvie 1976)对图尔敏(Toulmin 1958,1972)进行犀利的批评的原因是由于后者暗示：像 scarcely any Swedes are Roman Catholics（几乎没有瑞士人是罗马天主教徒）(Toulmin 1958:109)这种并非普遍为真的断言可以作为理性论证的主前提。普遍为真的前提与'部分为真'的前提之间存在差别。在文献资料中，这个差别和另外一个重要差别——即演绎推理与归纳推理之间的差别——有着联系（例子见Overton 1990:3）。在演绎推理中，主前提是普遍的。所有这些我们都相当熟悉了，但首先要注意到一个普遍为真的断言必须与时间和空间相关联，而且断言可以在不为真的情况下而在范围上是普遍的，例如(2a)all men are immortal（所有人都是不死的）所示。最后，皮尔斯谈的不是仅仅一个真的前提，而是一些'真的前提'。在(1a-c)所示例的推理中，只有(1a)all men are mortal（所有人都是凡人）是普遍的，(1b)Socrates is a man（苏格拉底是人）可以被合理地认为是关于一个具体的存在的断言。我前面指的真实性，如前提的真，是由两方面共同构成的，一个普遍为真的断言和一个部分为真的断言。

要注意到：真实性，无论它是否普遍，其本身甚至不足以被看作是连贯的话语。看一下下面的命题，这一点会显而易见：(4a)all men are mortal（所有人都会死）。(4b)precious metals do not rust（珍稀金属不生锈）。(4c)the present Prime Minister of Australia is called Bob Hawke（澳大利亚现任总理叫鲍勃豪克）。在(4a-c)中，每一个断言都有真实性，但它们整合在一起却不能构成一个常规的连贯的话语。很难想象，同一个人会接连说出(4a-c)并把它们视为一段（连贯）的话语。结果，我们不能明智地争论(4a-c)作为推理的地位；这纯粹是因为那些断言不连贯。然而，这个结论需要承认推理的另一个特征：话语性(DISCURSIVITY)。毕竟，正如词典上所说的，推理是'与某人辩论，讨论，对话'。没有话语性，我们上面的事一样也做不了。而且，真实性存在本身并不足以构成话语性。

到目前为止，我提到了推理的三个特征：1. 推论性(inferentiality); 2. 真实性(veridicality); 3. 话语性(discursivity)。它们之间有着什么样的关系呢？三者中，话语性似乎最普遍：任何系列消息拥有推论性就必须拥有话语性，但反之不然。这种说法暗示说，话语性是话语被看作是推理的必须但非充要条件：具有话语性也可以不是推理。如，(3a-d)有话语性，然而其中的消息因为没有推论性而不被看作是推理。话语性是各种语篇和(或)语篇策略的特征。推论性和真实性相互独立，这一点可以从我对(2a-c)的辩论中可以看出来。至于真实性和话语性之间似乎没有必要联系。(4a-c)表明：没有话语性特征也可以为真。另一方面，虚构性话语表明话语性并不蕴含真实性。总的说来，这些发现可以得出以下结论：每个推理都必须具有话语性和推论性；推论性是推理的关键特征；真实性是否存在无关紧要。但如果是这样的话，那么，真在推理中起着什么作用呢，如果有的话？

从我所查阅的文献来看，我没有找到关于这个问题的明确答案。一方面，很明显,推理实验(如 Nisbett and Ross 1980;Overton 1990;Stich 1990;Wason and Johnson-Laird 1968,1972 等报道的那些)使用似乎为真,还有一些为非真的断言作为前提。如果结论被看作是能够表明受试推理能力的话,那么很清楚,真实性并不是推理的必要组成。另一方面,似乎普遍认可:真实性是推理一个深受期待的特征。实际上,有学者(如 Jarvie 1976;Kekes 1979)完全以主前提为假而把(2a-c)看作是缺陷推理。注意,即使(2a-c)被看作是糟糕的推理,这里的推理的'糟糕性'仍然与贝特桑(Bateson 1987)的例子有很大不同:(5a)men die(人会死)。(5b)grass dies(草会死)。所以(5c)men are grass(人是草)。这里,对推理的糟糕性的解释首先应该认为推论的不合理,而不是因为前提是假的,尽管(5b)中出现了有关死的可以算作隐喻的本质。

还有一个问题需要考虑:把真实性作为合理性的特征对理性的解释具有明显的意义。如果理性的标记为合理推理,而且合理推理需要从真的前提开始,那么可以推断:任何人如果推理没有从真的前提开始就没有理性特征。很清楚,除非一个人拥有真,否则就不能达到理性。反过来,则具有令人烦恼的暗示:要么合理推理可能出现的领域特别有限(如已被经验证实的现象),因此,人们只能从毫无争议的、铁的事实开始推理,要么必须假定,所有主断言的真与假是一个简单的问题,反映所有社区成员信仰的一致性。可是,由于后面的假设没有根据(例如,考虑一下关于资本主义剥削的断言),这提出了一个让你迷惑的问题:谁的真?

我在这里所确认的三个特征不是要对推理相关概念进行详尽叙述,实际上,我需要加上一些特征,但这只有在我讲了我对推理结构的看法后进行添加才会更容易些。

2.3 推理的结构

正如《简明牛津英语词典》所建议的那样,理由和推理与**为什么**,**为何**等密切关联。**为什么**是重要的不仅是因为它参与理由的构建,实际上,**为什么**对任何推理结构的讨论都具有衡量性,以至于它可以被正当地看作是理由本身的先锋。这不是说每个理由都紧跟为什么之后。在母亲与孩子的日常会话中,母亲不会去等待孩子把'命题变成疑问式'(Peirce 1955:11);一些母亲似乎会抓住任何给予理由的适当时机。看下例[3]:

片段 1

朱利安:(1) when I get old as you(我长到像你那么大时)
　　　　(2) and [? Maree likes me](而且 [? 玛瑞喜欢我])
　　　　(3) could we marry each other?(我俩能结婚吗?)

母亲:　(4) no(不能。)
　　　　(5) because Maree is your cousin(因为玛瑞是你表妹。)

朱利安:(6) oh(噢。)

母亲： (7) 'cause cousins aren't allowed to marry(因为表兄妹不允许结婚)

朱利安：(8) why?（为什么？）

母亲： (9) 'cause the law says they're not(因为法律不允许。)

朱利安：(10) who is that? [＝who is law](那是什么？[＝法律是谁])

母亲： (11) the law?（法律？）

朱利安：(12) yeah(是)

母亲： (13) the policeman(警察)

(4)中，母亲在回答孩子的问题后，立即在(5)中给前面的回答提供了理由，即便孩子并没有问为什么。(6)中朱利安不解地认可了这个没被要求的推理。这时，(7)中母亲又给出另一个没被要求的推理。这就好像有一个无声的声音在问：why shouldn't I marry Maree simply because she is my cousin?（为什么玛瑞是我的表妹我就不能和她结婚？)母亲第二次的主动解释促成了朱利安在(8)中问的**为什么**。母亲为自己前面给的理由再给出理由。如果，这是典型的推理，那么，直接问为什么对于理由的产生非常必要，这一观点是错误的。如果是这样，为什么**为什么**，**因此**等被看作对推理是很重要的？在推理这个游戏中，它们扮演了什么样的角色？让我用为什么作为原型，使用同样的例子来评论这些问题。在这样做的过程中，希望能够谈一谈我对推理结构的看法。

首先，**为什么**和**因为**之间，无论其中一个是否显性出现，它们的关联性都很重要。这等于认为：原则上，每一个**因为**都是对某个**为什么**做出的反应；每一个**为什么**都潜在地要求一个**因为**。那么，话语的任何地方都有可能出现**为什么**，这代表了一个理由可以被合理引入的地方。尽管这也许是对的，可是意识到以下几点很重要：(a)**为什么**并不是可以任意地出现在对话的任何地点；(b)在**为什么**出现的所有例子中，'要求理由'的功能并不完全相同。比如，我的数据表明：为什么和其变异体如**为何**(what for)，更可能出现在陈述或命令之后，出现在提供或提问之后的频率要少得多。我并不完全清楚为什么会这样。我尝试建议：一般情况下，陈述是对某个事态是事实的断言，而命令产生于对事情将会是事实的期待。也许因为这样，对真实事态的断言和对所期待事态的断言都欢迎验证正确性(validation)[4]的要求。相反，提问既不声称事实也不期待事实，而提供则期望受话人满意，所以两者都不排斥对正确性的要求。在提问和提供的情景中，当**为什么**、**为何**等出现时，行使的功能有点差别。例如，在 A 和 B 的对话中，A 对 B 说 are you driving to town today？（今天你开车去市中心吗？)B 回答 why?（为什么？)这里的**为什么**和(8)中朱利安问的**为什么**不同。所以，把朱利安的问题扩展成 why aren't cousins allowed to marry?（为什么表兄妹不能结婚？)是有道理的。而把 B 的问题扩展成 why am I driving to town today?（我今天为什么开车去市中心吗?)就是一种拙劣的模仿了。朱利安的**为什么**是问：how do you justify your assertion?（你如何证明你的断言是正确的?)而 B 的**为什么**是问：what makes you ask this question?

(你为什么这样问?)(这方面的不同,详见 Halliday and Hasan 1976)。在提问和提供之后的为什么经常被看作是一种挑战(见本卷第 5 和第 7 章)。断言与命令的语境和提问与提供的语境相对,这两种语境之间的不同有着其他的影响。如果有人为断言或命令提供原因,这被看作是正常的,司空见惯的,即便之前并没有人要求给出理由。但如果要求了理由,不给理由就被看作是不合作了。在片段 1 中,即使朱丽安没有要求理由,在(5)和(7)中母亲给理由似乎是'很自然'的事。然而,如果朱丽安明确要求理由,而母亲拒绝了,这就变得非常值得关注了(例子见片段 7)。

在片段 1 中,推理的一个值得注意的特征就是其反复性,即一个理由可以被另一个理由证明,而这个理由又被另一个理由所证明。事实上,这种证明的反复性是推理的核心。在经典阐释中,尤其与三段论有关的大多数的推理过程都是隐含的(Toulmin 1958)。其实,片段 1 的推理与三段论的推理有很多共同之处。为了说明这一点,我用程式化形式来演示这一结构。

表 1　推理结构

(i)　you are not to marry x(你不能和 x 结婚)

　　Why can't I marry x?（为什么我不能和 x 结婚?）

(ii)　because x is your cousin(因为 x 是你表妹)

　　Why is her being my cousin a reason for my not marrying x?（为什么是表妹就是不能结婚的理由?）

(iii)　because cousins are not allowed to marry(因为表亲不允许结婚)

　　Why are cousins not allowed to marry?（为什么表亲不允许结婚?）

(iv)　because this is a legal requirement(因为这是法律规定)

表 1 中,我确定了推理的四个步骤[5],每一步都是推理结构的一个组成部分。除了最后一个步骤,每一个步骤都紧跟对正当理由的要求。第一步我称之为**声称**(claim)。正如我在前面建议的那样,**声称**是陈述或命令。第二步为前面的**声称**提供理由。我把这个简单地叫做理由(reason)。与**声称**不同,**理由**是仅限于断言性的。在日常会话中,通常推理最少,因为它包括**声称**和**理由**。但是,**理由**,由于其断言性,它本身就需要证明其合理性。这种合理性是由第三步提供的,我把它称为**原则**(principle)。如果我没错的话,我所说的原则与皮尔斯的'主要原则'很接近(Peirce 1955:129ff)。正是在推理链中的这一部分出现了结论。原则是言语社区中被认为是普遍适用的情况。那么,在片段 1 中,离开朱利安和玛瑞的具体例子来看,原则适用于所有的表兄妹,无论他们在社区中是什么人,处于何处。但,原则也是可以被质疑的。人们可以对**原则**的基础发问:它的权威来自什么? 其答案由推理结构的第 4 和最后部分提供。这里,我们给出了原因的原因——最终宣言。这就是'推理链条结束之处'(Wittgenstein 1958:326)。为了找到一个好的词来表达最后一步,我把它叫做**基础**(grounding)。基础指明**原则**合理性的来源。

人们一般认为:**基础**不需要寻求解释,但也许更确切地说,一个**为什么**问题会在这儿导致更为详尽、与推理很不同的东西。因此,如果有人问:'为什么会有这样一个法律条文?'或者'为什么法律条文具有约束力?'(如表1的例子),那么,任何回答以上问题的尝试都将把我们引入非常识知识的分析之中。比如,德克汉姆对罪行和惩罚构成的观点(Durkheim 1964)。继续讨论这个在这里不合适,然而,似乎对以**声称**开始的一系列推理链而言,**基础**是推理步骤的最后一步。**基础**是指向推理链合理化的基石:一个推理链将会比另外一个更合理——其他情况相同——因为作为基础的断言被认为是合理的。所以,如果法律被看作是合理的,那么,正确推导并诉诸法律制度的推理也会被看作是合理的。

现在,与上文一模一样的结构能够构成三段论推理,尽管从表1和表2的对比中,这是被删节了的经典形式:

表2 三段论之下的结构

(i) gold does not rust(金子不生锈)

　　Why does gold not rust?(为什么金子不生锈?)

(ii) because it is a precious metal(因为它是珍贵的金属)

　　Why does its being a precious metal stop it from rusting?(为什么珍贵的金属就不生锈?)

(iii) because precious metal does not rust(因为贵金属不生锈)

　　Why does precious metal not rust?(为什么贵金属不生锈?)

(iv) because this is a law of nature(因为这是自然法则)

希望有一点很显见:就推理结构而言,两个表格并无不同。它们的不同在于两个例子中所指的事态有所不同。在两个推理中,第一个**声称**都指向不同的领域。在证明其合理性的逻辑推导步骤中,两个**理由**出现在很不同的合理性解释基础上。真实性更适用于表2的原则而不是表1。也许,更确切地说,在今天,人类社区的一个非常大的部分会接受基于自然法则的原则的合法化(如表2所示)。相比之下,基础在于某个社会系统,如法律系统(如表1所示)的原则自然地只能被法律制度正在被执行的那部分社会所接受。

通过考察表1和表2,我们能最好地描述推理的第3个特征。通过在每一步,除了最后一步之外,引入一个**为什么**问题,我并不是暗示说**为什么**问题总是会出现或者甚至典型地出现在表上它们所显现的地方。相反,人们不会到处说:because precious metals do not rust because gold is a precious metal therefore gold does not rust(因为贵金属不生锈,因为金子是贵金属,所以金子不生锈)。最有可能的表述是:gold does no trust; it's a precious metal(金子不生锈,它是贵金属)。会话中,受话人在最后的两个消息之间提问,这种可能性总是存在的。不过,在每一个可能的地方显性地插入为什么,这是相对来说很少见的。所以,**为什么**之所以重要,不是因为**为什么**必须出现,也不是因为它的出现能解决问题,而是因为它是一种潜在动力,也是一种逻辑可能性。正是**为什么**的这种潜力对推理的理论来说很重要:在出现为什么的任何地方,就存在有受话人要求合理化解释的地方,这样推理结构的构成成分就出现了。然而,矛盾的是,尽管为什么推动了推理的进行,但,**为什么**本身,正如事实所显现的那样,是处在推理步骤之外的。推理是一种合理化解释的行为,为什么激发这个过程但同时却不成为其中的一个必要成分。我认为,这就是为什么在推理中所扮演的角色。

从上文的讨论明显可以看出:几乎推理结构的所有组成成分都是'断言'。声称是唯一的例外。我认为,声称或者是断言或者是命令。我们在上文所辨明的三个推理特征(见3.2),在这里可以加上第4个特征:推理本身就是断言性的。普遍的真和部分的真在推理的哪个点运作,回答这个问题可以联系断言在推理结构中的角色。尤其是,声称和理由中的断言可以是具体的,而且从历史的角度而言,通常也是具体的。原则和基础中的断言是普遍的或至少被更广泛地采用。

2.4 推理的词汇语法

在2.1部分,我讲述了推理与理性共通的观点;在2.2部分,我对那些自认为是社会中能够更好地理解推理和理性的哲学家们提出的概念的主要部分进行了概述。在2.3中我试图说明:推理的经典结构在本质上和世俗的日常推理的结构没有什么不同。在本小节,我将概括地描述(英语)语言系统中的那些成分以及它们在推理中是如何通过体现而得以暗示的。我将运用韩礼德的系统功能模型(有关模型的本质特征,详见 Halliday 1970a, 1979a, 1985a; Hasan 1995a; Martin 1991; Matthiessen 1991, 1992; 我对这里的陈述负全责)。

为了满足人类人与人之间推理的需要,语言系统应该是什么样子的呢?需要有一个由推理人和受话人共有大部分意义与措辞的系统,我先把对这个系统的先决条件的讨论放一边,直接探讨上文所确认的基于意义之上的推理的重要特征。说基于意义之上的推理特征是说这些特征明确了推理的语义特征。诚然,语言意义的构建资源是语言的词汇语法。对任何语言而言,应该有可能确定哪些词汇语法在体现上与每一个具体的特征相关,只要这个特征是语义特征(比如与语言意义相关联)。这里所说的语言虽然是指英语,然而也同样适用于其他语言,只要(a)两者拥有共同的推理语义学;(b)各种相关的语义特征像英语一样由相同的词汇语法模式所体现。

我们首先谈一谈话语性这个特征,没有它我们所说的任何话都不可能被看作是推理。这个特征作为一个语义概念,是与语篇元功能相关的更为具体的概念。如果一系列消息具有推理功能,它们就有必要具有语篇组织的语义特征(Halliday and Hasan 1976, 1985):连接性(quality of connectivity)、语篇组织(texture)、话语性(discursivity)这些术语大体上指同样的话语连接现象。从语义上看,推理消息由意义的同一性关系和(或)相似性关系而互相连接(Hasan 1984b, 1985b)。所以,在词汇语法层面,我们应该期待找到诸如(衔接)指称、替代、省略等编码手段和消息间的词汇连接模式。如果把这些微不足道的、常常被语言学家所梦想的例子放在一边,就没有正常的,非病态的话语形式存在,因为,这种语篇缺乏话语性特征,即语篇组织特征。同时,也没有语篇类型——比如语域(register)——因为它作为语篇类型/语域的身份完全建立在本身是否存在话语性之上(Halliday and Hasan 1985)。推理作为一种语篇策略也不例外。韩礼德(Halliday 1987,1988b)和马丁(Martin 1988)的最新研究表明:话语性的词汇语法体现在不同语域有所不同。所以,就这种独特的语篇策略所特有话语性而言,推理也会展示出针对于这种话语性的词汇语法模式。如果如此,可探讨的地方仍有很多。

对推论性进行更为精确的定义需要涉及概念元功能的两个组成部分,即经验功能和逻辑功能。从语义上说,如果某个事态是从其他事态中推导出来的,那么,它们之间就可能存在条件、蕴含、结论、关联、依赖、连接、分离等关系。它们和其他此类关系构成部分逻辑元功能。由这些关系连接起来的消息在系统功能模型中被称为修辞结构(Mann and Thompson 1987;Matthiessen and Thompson 1989)。这些语义关系的词汇语法表达可以是显性的,所以我们期望找到扩展中反复出现的结构(Halliday 1985a)。如下列结构中所展现的从属连接,如果 x(那么)y;因为 a(所以)b;如果(或)x 或 y(那么)z;如果 m 和 n(那么)P 等等,这些结构表明两个或更多消息在逻辑上是连接的整体。另一方面,众所周知,这些语义逻辑关系中有许多(其实是大多数)可以是隐含的。它们可以不在词汇语法层面被这种'逻辑连接词'如和、但是、因此、那么、如果、等所体现。这样,对条件,结论等逻辑关系的理解依赖于理解消息的经验与语篇内容。例如,母亲对孩子说:You can't use that knife. It's very sharp. You'll cut yourself.(你不能用那把刀。它很锋利。你会割伤自己。)以上信息的逻辑关系对于一个正常的说英语的人来说是明显的。通常的智慧认为:逻辑关系可以通过对消息的'命题内容'(即经验内容)的理解来获取。更具体地说,这样的内容涉及事态,涉及构成事件结构、行为结构、状态结构等的因素,涉及那些与经验元功能相关的东西。在词汇语法层它们通过及物性结构和指称来体现的(后者用索绪尔的术语来说就是意指(signification))。

在消息之间没有逻辑连接词时来推断它们之间的必要逻辑关系的可能性不能完全求助于命题内容或经验意义,这一点应该是显见的,因为在做出这样的推断时,理解语篇的意义是同样重要的。所以,对表示身份的指称词 you(你),knife(刀),it(它)的确认,以及对 use(用)与 cut(割伤)之间,knife(刀)与 sharp(锋利),cut(割伤)之间的意义关系的确认,对于正确理解上面的例子是很重要的。消息有命题内容却没有语篇意义(即它们之间没有连接性,因此不能形成推论关系)是可能的。上面的(4a-c)的例子就说明了这一点(见 2.2)。总之,推论性是一个复杂的概念:它由及物性结构、意指和衔接链共同构成。扩展是我正在讨论的逻辑关系在词汇语法层的表达,它本身是可有可无的。因此,尽管推论性的特征从根本上说主要是逻辑的,尽管它是推理行为的必要条件,然而,矛盾的是,推理行为不一定依赖于逻辑连接词的显性表达。而且,传统的语言描写中,关于语篇关系的语法并没有被前景化,大多数语言学家把推论关系的源头看作是本来就完全存在于'命题内容'中的(即在系统功能语言学中被称之为'事态'——如此这般的事物)。以上的讨论表明这种观点是可以被质疑的,这一点很清楚。

经验元功能也与真实性特征相关。并不是说任何语言的词汇语法的任何部分总是和/或仅仅被用来表达真实性特征(例如扩展语法总是表达逻辑关系)。但是,及物性结构和意指具有编码的潜势,对从常识角度看被认为是'真的'的事物进行编码,无论这种真是部分为真还是普遍为真。真这个概念涉及某个恒定的东西,存在于本身,控制语言中意义的本质,在我看来,这种观点或多或少地被可能世界的概念淡化了。下面引用欧沃顿的一段话(Overton 1990:4):

> 在演绎论证中,句子或命题的真能从可能世界的概念中得到最好地理解。大体上,可能世界是指任何可构想的或可想象的情景……这意味着存在很多可能世界(比如,小说世界、电影世界、神话世界等)。我们常识所熟悉的世界——称为真实世界——是这些可能世界中的一个。**当一个句子正确描绘了一个可能世界时,这个句子在这个可能世界中为真。此外,当一个句子在所有的可能世界中都为真时,这个句子在逻辑上或必然性上为真。**[后两句的着重为作者所加]

然而,小说等的可能世界是由词汇语法的意义潜势所构建出来的。说句子'正确描绘了那个世界'因而句子在这样的世界中为真,这就等于说:句子的意义是这个句子在语言中所能表达的意义;这个意义与同样话语中的其他句子所构建的意义是一致的(属于非矛盾型的)。因此,句子为真并不是因为它在真实性、与事实一致性、或诸如此类的方面具有真实必要性,而是完全因为语言的形式构建意义。小说世界不必要与我们的感知世界一致。任何事态可以通过语言识解,只要大脑能想象得出,语言就可以表达这样的意义。所以,语言所'反映'的世界正是语言创造出来的:语言为我们提供了对现实的表征(Hasan 1984b)。总而言之,'在所有可能世界为真'包括在现实世界为真,因此,'逻辑为真或必然为真'是指某种事态,没有任何想象和/或言辞可以令人信服地对它进行否认——如,有关地球是平的这一命题经常被引用,它是一个经典的'非真'的例子,这个命题对于中世纪人而言是真的。这意味着真是社会文化定位的。虽然真实的事态可以在词汇语法上由及物性结构表达,但及物性结构本身并不负责说明在真实世界的时间与空间中事物是否真的如此。从 John has left(约翰已经离开了)中,我们可以推论出——即,理解——约翰不在说话人所在地。无论所指的事态是否与所谓真实世界中说话的那一刻情形一致,无论它是否完全是说话人想象或故意编造的,其推论保持不变。不存在仅仅用来表达真实性特征的词汇语法结构。真不是自然语言语义层面上的一个组织性概念(见 Santambrogio and Violi 1988:5);相反,真,就其与(可感知的)现实的对应而言,也许只是一种语言构建意义的能力创造出来的在互动上的便利。

谈到普遍性，它在经验元功能中也是一个更为具体的概念。词类穷尽性，无时间性这些概念是分别由名词和动词词组语法中的物和时的相关结构所体现的。另一方面，部分为真需要为至少一个参与者给出'限定摹状词'，需要对某种事态的行为，事件或归属进行时间上的具体关联。

构成推理结构的两种消息功能（或称作言语行为，如果你愿意的话），与人际元功能意义相关。不存在以问句的形式要求确认的主前提；尽管为什么与为何结构能够引发推理步骤，但从原则上来讲，问题本身是位于推理过程之外的（详见2.3）。按照皮尔斯著名的措辞来说，为什么和为何结构表明一种'心理的不安'，而推理行为正是对它的回应。严格说来，就大多数推理消息的断言性而言，其词汇语法体现是由小句的陈述语气来表达的，虽然在声称这一步骤中，选择其他语气也是可以的（详见第3章到第5章）。

在推理与理性的逻辑哲学讨论中，尤其没有说明推理的结构。在所能找到的关于推理形式的论述中，考察语言在推理过程中所起的作用的并不易见。在对推理的形式研究中也有著名的例外（Habermas 1970a，1970b，1984；Toulmin 1958，1972）。实际上，3.3部分所讲的推理结构，尽管与哈贝马斯（Habermas）和图尔敏所讨论的框架有很大不同，但也有很多共同之处。但，即便像他们这样的学者也对语言在推理中所扮演的角色几乎不予关注。对我而言，似乎行为、欲望、态度、信仰等本身就不是理由。他们可以作为理由出现，可这需要一定程度的'语言化'。如果没有这样的语言化，行为、欲望等肯定不能被视为具有推理功能。鉴于此，我试图说明语义与语言的词汇语法是如何在人类的推理行为中被涉及的。我知道：本研究还不完整，像本章这样的局限性（只有一个章节）不允许详细展示以上信息在推理语料分析中是如何被应用的。

3. 日常会话中的推理

把两个或两个以上的话语说成是推理则暗示说这些话语具有共同之处。在2.3部分，我指出了一个相似点，即用四个因素来描述的推理结构。这四个因素是：**声称**、**理由**、**原则**和**基础**。这当然并不是说在真实推理的例子之间不存在不同。例如，就结构本身而言，也许，一些因素总是出现而其他因素也可能出现也可能不出现：目前我们所研究的适用于所有语类的某个语篇类型，它的普遍结构潜势（generalized structure potential，简称GSP）要求既承认规约因素也要求承认可选因素（Hasan 1985a, c）。再者，结构中相同的因素在不同的推理例子中体现的方式可能不同。一个因素可以由一个消息或一系列逻辑上关联的消息来体现。再如，**基础**的根据也可以有所不同。在下面的小节中，在探讨体现上的不同点之前，我将先简要探讨一下结构变异的问题，尤其是探讨母亲所提供的那一类**基础**之间的不同点。

3.1 日常推理的结构

在片段2中,我给了一个推理的例子,它强调了上面所提到的三个问题:(i)推理结构中的所有因素是不是总是出现?(ii)所有的因素是否都以同样的方式被体现?(iii)在母亲所提供的那种**基础**中存不存在变化?

片段2

母亲:(1)don't do that... (mother waits; Pete pays no attention)
　　　　(不要那样做……(母亲等待;彼得不听))

　　　(2)now look, you'll get it all over me
　　　　(现在,瞧,你会弄我一身的)

彼得:(Pete laughs; still continues to move energetically)
　　　(彼得大笑;仍旧继续兴奋地走动)

母亲:(3)it's not funny
　　　　(这一点都不可笑)

　　　(5)what's funny about that? *
　　　　(有什么可笑的? *)

　　　(6)you do it again
　　　　(你再做一次看看)

　　　(7)and I'll whack you
　　　　(我会揍你)

这个对话发生在彼得拿着一整杯橘汁兴奋地到处走动(细节显见于更多的上下文,这里没有给出)。在(1)中,母亲下了命令,我把它看作是**声称**。这里的**声称**是一条'命令'。要理解(2),我们就必须推断出她暗示说:因为果汁会洒出来。只有这样推断(2)才说得通。所以(2)构成部分**理由**。这里的**理由**包括(A),因为你会弄洒(B),(结果)你会全洒在我身上。(A)和(B)共同构成一个'逻辑'整体,其中包括行为和结果,它们合在一起构成母亲**声称**的**理由**。所以,这儿的**理由**因素不是由单一的消息而是由两个逻辑上关联但隐含的消息来体现的。

如果以上分析可以接受的话,那么彼得母亲提供的两条消息,既有**声称**的显性体现又有**理由**的隐性的,或按照沃尔夫(Whorf 1956)的术语'隐含'(cryptic)的体现。可能有人反对说这里实际上根本没有**理由**存在,**理由**是分析者植入的。这种反对意见似乎并没有道理。如果孩子'听到'母亲的第一条消息:do not shake that juice about (不要到处摇晃果汁),那么第二条消息,在没有其他合理的**理由**的情况下,会被听成:you will get that juice all over me (你会把果汁全洒到我身上)。这确实让我们建议说这条**理由**有暗示的成分,即(because) you will spill that juice ((因为)你会把果汁洒出来)。但是,**原则**和**基础**又如何呢?我们只是根据我们对彼得母亲**理由**的理解来对她推理结构中的**原则**和**基础**进行假设,这样做是不是无可非议呢？我们是否能说这里的**理由**没有**原则**来支持它而且从中也得不出合理性呢？就我而言，这里似乎至少有两点是恰当的。正如波尔纳（Pollner 1974）指出的那样：在日常推理中（他称作'世俗推理'），人们几乎从不给出组织完美的一系列推理；推理表达通常是隐含的或压缩的。如果由于意义被浓缩了，我们就说这里没有推理，那么造成的结果是我们的大多数日常会话将被看作是惯常的不合理的或至少没有推理性的。暗示使推理和理性成为生产专业知识话语的那些人的特权。这个结论还有待商榷。

另一方面，如果我们把推理的所有步骤都安在每一个例子上的话，正如片段 2 所演示的那样，那就很难把运用更多的步骤来推理的例子和不这样推理的例子区别开来。这也许是一个很重要的区别，因为它显示了语言使用的系统可变性。对于这个难题，我的解决办法是：承认推理具有一个普遍结构潜势（GSP）。也就是说，在生成我们认为有推理的语篇类型中，有推理的四个结构因素共存的可能，同时也存在四个因素不共存的可能。进一步说，我们可以假设（见 2.3）：被看作是推理的语篇必须包含至少两个因素，即**声称**和**理由**，无论它们是否以隐含的方式被体现。它们的出现构成推理的最小结构。**声称**和**理由**是推理结构必不可少的，没有它们就根本称不上推理。在片段 2 中，彼得母亲的推理是最少的，推理潜力没有被完全扩展开。

以上叙述似乎相当直接，但确实提出了一个问题：我们可不可以说彼得母亲的**理由**缺乏普遍**原则**的支持？她给出的**理由**是没有合理化根据的？很清楚，不是这样的。液体在不适当的容器里被晃动会洒出来，这是事物的特性。彼得的母亲是否认可这个**原则**和/或是否说出她对这个**原则**的认可，不会影响这一结果。在这一具体例子中，甚至把这一不言而喻的普遍规律加给彼得的母亲似乎也是合情合理的，因为很难想象她的生活经验没有让她拥有这一知识。然而，说她确实打算说出**原则**是不合适的，说她暗示**原则**更不合适，因为在她说的话中没有任何东西可以支持这个**声称**。除非**理由**是赘述的（见下面 4.5），**理由**的合理性必须从拥有**基础**的**原则**中获取。如果我的讨论有道理，似乎最好(i)建议说，我们所重点讨论的彼得母亲的推理提供的是最简结构的证据；并且(ii)假设在她的推理中有**原则**和**基础**，即使我们不能把她想让孩子注意的企图强加给她。在这一观点之下，彼得母亲推理的完全扩展的结构有下面的图式：

声称：不要到处摇晃果汁
理由：会洒出来，会全洒在我身上。
原则：在尺寸不当的容器中摇晃液体，液体会洒出来。
基础：这是自然法则。

这一图式来源于对**理由**中信息的最后分析，它把片段 2 中消息(1—2)的推理与三段论中的推理，还有片段 1 中的推理，（见表 2，2.3 节）放在了同一层面上。可同时，三例中的真正的推理结构又有所不同，这正好说明了前面关于结构差异的观点：片段1拥有所有因素（显示于在真实结构中）；三段论推理只有三个因素，缺了**基础**这一因素；片段2却只有两个因素，其真实结构中既没有**原则**也没有**基础**。我们可以说，与另外两个形成对比的是，片段2的真实结构是最简的。就**基础**而言，片段1和片段2又不同，片段1中的**基础**是社会性的，而片段2的**基础**正如上文所提供的那样是'物理的'。和三段论推理一样，其合理性是涉及我们对物理世界本质的看法。片段2表明因素体现上的变异：一项因素可以被单个消息或多个逻辑上关联的消息体现。这时，体现可以是隐含的或详尽的。片段2例示的是隐含或压缩推理的例子。我将首先讨论一个详尽体现的例子，然后快速回到片段2，讨论一下母亲给出的(3)到(7)的消息。

3.2 详述与信息结构

片段3是珍妮特和母亲之间的一段对话。珍妮特在和母亲生气，因为母亲阻止她玩石子。珍妮特画了一张有讽刺意味的画给母亲看，片段3就是从这儿开始的。安德鲁是珍妮特幼小的弟弟。

片段3

珍妮特：(1)that's you

（那是你）

(2)because you don't want me playing with marbles

（因为你不想让我玩石头）

母亲： (3)Chicky I don't like you playing with marbles

（小东西，我不喜欢你玩石头）

(4)when Andrew is around,

（当安德鲁在边上时）

(5)that's all...

（就这些……）

(6)and you know what, yesterday I found a marble right there

（你知道的，昨天我在那儿找到一块石头）

(7)when Andrew was crawling around

（当安德鲁到处爬的时候）

(8)now it was one of those marbles that you were supposed to put back and you forgot

（现在，那是一块你应该放回去但是你忘记放了的石头）

安德鲁：(9)and—

（那）

母亲： (10)and that's why—that's just why I've got to have a rule about it Chicky

(这就是为什么——这就是为什么我要定个规矩,小东西。)

珍妮特：(11)he has—he hasn't swallowed it?

(他有——他没有吞了石头吧?)

母亲： (12)no

(没有)

(13)well, I just happened to find it

(好,我碰巧发现了)

(14)before he did

(在他吞之前)

(15)before he found it

(在他找到之前)

(16)because ＜(17) if he swallowed it＞ he would choke

(因为＜(17)如果他吞了＞他会窒息的)

(18)and that's why we have to be very careful

(这就是为什么我们必须非常小心)

(19)and when you have the marbles —

(你有石头的时候——)

(20)I don't mind you having the marbles

(我并不介意你有石头)

(21)as long as he is asleep—

(只要在他睡着的时候——)

(22)and then we check

(然后我们检查一下)

(23)and make sure that all the ones you have, have gone back in the bowl...

(确保你所有的石头都已经放进碗里了……)

(24)that's a pretty fierce looking drawing

(画上的人面目可真凶啊)

珍妮特：(25)it's you

画的是你

母亲： (26)(laughs) I know

(大笑)我知道

需要指出的重要一点是：片段3的结构也是最简的,这一点与片段2类似,只有**声称**和**理由**两个因素。珍妮特的母亲说出的**原则**和**基础**并不比彼得的母亲来得多。如果这种相似性不是马上显而易见的话,这是因为在两个片段中因素的体现方式有所不同。在彼得母亲推理的最简结构中,**声称**因素的体现很简单,**理由**因素

的体现是隐含的,而在珍妮特母亲的推理中,**声称**和**理由**因素的体现都被大大地详述了。如下图所示:

  声称:你不该玩石子
    当安德鲁在边上时
  但是 只要安德鲁睡着时
    我不介意你有石子
  但是 如果你有石子
    你必须把它们放好
    当安德鲁醒来时
    并且(在把石子放好之前)
    你要检查一下
    确保所有的石子都已经安全地放进碗里了
  理由:如果他发现周围有石子
    他会把它们吞下去
    如果他把它们吞下去
    他会窒息
    (如果他窒息了他会死的)

并且 你以前的行为说明,除非我们小心,否则这种事件还可能发生的。

  尽管在片段2中和这里一样,**原则**也没有出现,但仍可勾画出以下几点:婴儿不成熟,需要照顾者提供一个安全的环境,避免发生意外伤害,而这个**原则**的**基础**是基于宇宙组织的本质规律的。所以和片段2一样,推理的最终合理性基于物理世界的本质。通过比较片段2和片段3,可以看出两者在某些方面有相似之处,在有些方面有不同之处。两者的真实结构都是最简的,属于典型的日常'因果'推理,虽然片段1显示有一些例外。片段2和片段3都基于物理世界的本质,与片段1的推理形成对比。片段2和片段3不同于彼此,后者属于详尽推理,而相比之下,前者属于压缩推理。

  正如我在前面所暗示的那样,详述是推理的选择性特征。在这方面它与真实性颇为相似:它们都既不是推理的充要条件或也不是必要条件;详述与真实性均是对推理结构中某个因素进行体现的方面。正如推理在无论前提真假的情况下仍旧保持推理的特性一样,无论因素体现时有没有详述,推理仍旧会被看作是推理(如片段2所示)。被界定为推理的东西不受详述是否存在的影响,虽然我忍不住要加上一句:详述也许是比真实性更为重要的合理推理的特质。如果我们仔细考察片段3,会发现**声称**和**理由**的体现也不是互不相关的。不是说人们先有条不紊地说出被认为是**声称**的任何话,然后才可以进一步陈述**理由**。相反,语篇结构的各种因素一般都是零散的,口语中肯定如此,口头对话尤为如此。就推理结构因素的次序而言,哪一个在先? 哪一个和另一个零散相关? 这还需要进一步的研究,进一步研究不需要逻辑学家或哲学家格式化的公式,而是需要大规模语料的证据证明。

3.3 社会基础和逻辑基础

从片段1和片段2的比较中明显可以看出并不是母亲提供的所有**理由**都可以通过诉诸宇宙的物理本质而合理化。并不是宇宙的物理本质阻止表兄妹结婚的,而是社会现行的法律制度不允许。在以上的分析中,合理化是与用来规约个人行为的社会约束系统有关的。**诉诸宇宙的社会本质**与彼得的母亲、珍妮特的母亲诉诸于宇宙的物理本质是不一样的。后者的**基础**一般是逻辑性的。我把前者的**基础**看作是社会性的。下面我将给出母亲会话中社会性推理的更多例子。

3.4 母亲推理中的社会基础

片段4是卡梅隆和母亲之间的对话。保格斯先生拜访卡梅隆一家,保格斯先生有三个孩子,人们自然地称呼他们为'三个小保格斯'。不足为怪的是,卡梅隆觉得这样称呼很好笑。在下面的片段中,母亲告诉卡梅隆为什么在老保格斯先生来访的时候不应该嘲笑'三个小保格斯'的说法。

片段4

母亲:(1)now you can't laugh about his name(现在你不能嘲笑他的名字)(2)when he comes, right?(在他来访时候,对吗?)(3)because people's names are important to them, right?(因为人们的名字对他们来说很重要,对吗?)(4)and people don't like others laughing about their names...(人们不喜欢别人嘲笑他们的名字……)(5)we do think it's funny though, don't we?(虽然我们确实觉得很可笑,不是吗?)

下面用前文已经用过的普遍结构潜势(GSP)来对这个片段的推理结构进行解释。

声称:不要嘲笑保格斯先生的名字

理由:因为名字对人们很重要,人们不喜欢别人嘲笑他们的名字,所以(我推论)他不会喜欢你嘲笑他的名字

原则:尊重别人的感情

基础:这是社会规范

和片段1中的**基础**一样,片段4中的**基础**也是社会性的,但我们需要注意两点:首先,**原则**和情感相关;其次,很难说**原则**受到特定的社会制度如法律的支持。我认为推理不应受情感支配的要求没有被卡梅隆母亲的推理所威胁。不管喜好如何,只要接受了主前提(即**原则**),就必须接受**声称**和**理由**的合理性。无论是这种**理由**还是这种**原则**,就性质而言,其合理性,与前面以逻辑性为**基础**的例子相比,并没具有更少的约束力。像逻辑推理中的**原则**一样,这里的**原则**也被认为是普遍适用的。如果我们轻视**理由**和**原则**仅仅因为它们与情感相关,或因为**原则**可能不被

普遍接受,那么,禁止它们又对我们在日常生活中思考、推理、活动有什么意义呢?我们可以拒绝允许这样的**理由**和**原则**进入由一系列真正的、逻辑的原因组成的万神庙,但我们并不否认这样的事实:在社会生活中,它有一种力量,这种力量与液体洒出来、重力吸引、人死亡或婴儿窒息死亡比起来一样地明确。

让我现在谈谈另一种社会推理,它在某些方面与上面所讲的有些不同。

片段5

母亲:(1)go to your room!(angry voice)(去你房间!(以生气的声音))

戴维:(2)no!(defiant)(不!(反抗))

母亲:(3)I beg your pardon!(再说一遍!)(4)you do what I say(按照我说的做)(5)or I'll smack you(不然我揍你)(6)now do you want maca— do you want sandwich or not?(现在你要通心——你要不要三明治?)

戴维:(7)yes (stamps angrily)...要(生气地跺脚)……)(8)peanut butter...(花生酱……)(9)peanut butter...please mummy (in chastened voice)(花生酱……请妈妈(用缓和的语调))

以上对抗的背景是:戴维先是拒绝吃妈妈给他准备的通心粉,后又在家里不是吃烹调的食物的时间段里要吃通心粉。母亲向他提供了各种东西,他都拒绝了。在上面片段开始的时候,母亲真的很生气,戴维最终得到的不是食物而是母亲的惩罚:母亲给出的第1条消息确实是强制执行禁闭的一种惩罚。戴维反抗,母亲很愤怒。母亲推理的模式如下所示:

声称:如果你不按照我说的去做,我会打你

理由:作为母亲我有这个权力

原则:权威必须被遵守

基础:这是权威的本质

也许有人会反对这样的分析,因为上面的互动是强迫的例子而不是推理的例子。因此,需要立即指出,强迫也许是对某种推理的一个评价性称谓,这种推理也具有'逻辑性'。把戴维与母亲之间的互动看作是推理,我并不是暗示说我赞成或反对这种推理模式,就像我对明显错误的**声称**进行及物性分析并不暗示我赞成或反对说谎一样。对于'人们应该如何推理'存在某种理想化,这种理想化的要求可能是建立在某个人对推理应该是什么样子的想法之上的。这与规定性语法的撰写没有什么不同,规定语法界定什么是语法的,其规则本身是建立在某个人的'什么是语法'的想法上的。这种理想化对人类实践没有什么约束力,尽管在创建特权阶层和不享有那么多特权的言说者方面证明是有用的。人类的实践是对社会定位的反应。也就是说,它在很大程度上是实践性的。如果人们有过关于强迫的权威体验,如果人们应该知道这样一个经验事实:权威很难反驳,那么,人们也许可能认为不受惩罚而精确使用权威是合理的、实际的。问题是,问题出在推理人的推理能力上,还是正如哈贝马斯(1970b)所说的,问题出在产生系统性歪曲的交际的社会条

件上。把片段 5 看作是一种特定的推理的例子,具有特定的推理结构,我只是建议说:如果以这种方式推理,那么推理者的**理由**必须能被**原则**所'证明';接受**原则**则暗示具有这样的**基础**:我并不是说这些证明会满足我的或你的认可;或者,使用这些证明会使世界变得更美好,更适合你我居住。我是观点是,这种推理链条可以被连接到最后一环:如果有人使用了强迫这种推理,那么,这就是他们所必须相信的。把片段 5 看作是推理,我是想表明这样的推理在我们的社会中确实存在。实际上,它和询问的方式没有什么不同,皮尔斯把它描绘为'权威的方式'(the method of authority)(Peirce 1955,14)。皮尔斯解释了为什么这样一种固着于信念的方式不受欢迎。是不是可以说,不受欢迎的方式不会被实施?只要看一看目前世界的政治布局——尤其是从所谓的发展中国家的视角来看——就会意识到这个问题只是一个修辞问题。这种分析至少有这样一个优点:使我们行使权威的时候意识到合作的限度。

比较片段 1,片段 4,和片段 5,我们可以立刻发现社会推理具有不同类型:片段 1 是基于法律的推理;片段 4 是合作推理;片段 5 是强迫推理。但从更抽象的层面上看,它们都是社会性的,因为它们都是基于人类如何在相互依赖的本能需要面前通过互动保持个性化的。在结束强迫推理讨论前,值得指出:在这种推理中声称通常在逻辑上是复杂的。所以在上例中,do as I say or I'll smack you.(按我说的去做,否则我会打你。)这两条消息相互关联,在词汇语法上体现为小句复合体。回到片段 2,我们注意到,彼得的母亲说:you do it again and I'll whack you.(你再这么做,我会揍你。)这有着相似的语义配置,也被体现为小句复合体(类似的例子见片段 7)。强迫推理的非专业术语是'威胁'。我认为这一观点需要修正。因为强迫推理可以采取明显地温和的形式,例如当母亲说 if you're very good, mummy will buy you an ice-cream(如果你表现好,妈咪给你买个冰激淋)时就是这样。这一般被认为是'贿赂'。可是,威胁和贿赂首先都是强迫性的。前者通过激发恐惧,后者通过承诺满足来进行诱惑。打个比方,在国与国之间,我们可以用最新的军事力量来威胁,这和前面的第 1 个例子相似;我们还可以做类似与第 2 个例子的做法,提供几百万的援助。结果是一样的,正直被侵犯,独立被剥夺。类似的推理出现在母亲说 you're going to make mummy very sad if you don't listen(如果你不听话,你会让妈咪非常难过)之中。这里的大部分讨论是建立在伯恩斯坦(Bernstein)的理性分析上,按照伯恩斯坦(Bernstein 1971)的观点,我把这种推理称为情感敲诈。情感敲诈是一种基于利用受话人的愿望和情感来实施的强迫推理。

3.5 赘述推理

尽管有以上的讨论,必须承认的是,有关推理的文献很可能不把威胁、贿赂或情感敲诈作为任何一种推理。尽管这些**理由**有争议,但在学术圈里,有一个**理由**更受争议。看片段 6,这是凯伦和母亲之间的一段对话。凯伦在玩手电筒,母亲想让她把手电筒放好：

片段 6

母亲：(1)put it up on the stove（把它放到炉子上面）(2)and leave it there（放在那儿）

凯伦：(3)why?（为什么？）

母亲：(4)'cause（不为什么）

凯伦：(5)that's where it goes?（那是它该去的地方？）

母亲：(6)yeah（对）

这里凯伦的'为什么'也许就是皮亚杰(Piaget 1960)所看作的假问题。认为提问的目的完全是为了得到提问者所不知道的信息的观点是相当幼稚的。即便是这样，把提问变成'优势'的可能性也是存在的，很多母亲都是这样做的。除此以外，存在这样一种意义，即通过重申一个已经知道的事实来确认答案也许是孩子提问的一个重要目的。这里的凯论的例子就是这样，因为，从说话的方式可以明显看出，凯论是知道自己问的问题的答案的。我这儿既关注她知道要成为原因的原因，也关注母亲对她的'为什么'问题的反应方式。

那么，首先，我们看一下母亲对凯论问题的反应：这种省略的简单的'cause（不为什么），可以被扩展为'因为（我想让你/你应该）把它放到炉子上面，就放在那儿'。这是基于假设凯论的问题为：'你为什么想让我/我为什么该放到……等'。在我的语料分析中，我把这样的回答看作是赘述推理。有人建议说，从经验内容看，三段论推理也是赘述的，因为不提供新信息。然而，这个观点不合理，是对信息的狭隘的看法。推论推理，作为三段论推理的组成部分，其本身就是重要的信息成分。正如皮尔斯(Peirce 1955:59)所说的：

说某个房间有两个人这确实是事实，说每个人有两只眼睛也确实是事实。说房间里有四只眼睛是事实。但是，如果说在那儿有两个人，每个人有两只眼睛，那就有四只眼睛，这不是对事实陈述而是对我们创造的数字系统的陈述。

这个观点同样适用于假设性的三段论：if all men are mortal and Socrates...（如果所有人都会死,那苏格拉底……）等等。在片段 6 的话语之间没有这样的关系。这就好像失去了至关重要的推论性的特征一样。当我们从学习的角度看待这种序列，我们经常简单地认为什么都没学到。我认为并非如此：语言就像物质，不会损坏，它以其他的形式在互动者的意识中出现。母亲说(I want) you (to) do x because (I want) you (to) do x（(我想)让你做 x 因为(我想)你做 x)是想教会凯伦某样东西，比如有些事情是没有**理由**的。凯论的第 2 个问题(5)that's where it goes?（那是它该去的地方？）说明凯伦已经相当深刻地理解了母亲的**理由**，因为凯伦说：should it go there because that's where it goes?（它应该放那儿因为是它该去的地方？）这是另一种赘述的形式：这样做是因为我们就是这样做的，就是这样的。

也许有人认为这种解释太想当然了,认为重视的是根本不值得重视的'赘述原因'。对于这一点,我不打算争论,我将给出另一段对话片段,它可以解释我上文所论证的东西。选段7仍节选自凯伦·迪亚德的会话。凯伦的妈妈正试图让凯伦上床。她运用讲道理,讲幽默的故事,甚至批评的方式让凯伦上床,可凯伦仍旧在反抗。在这一片段开始时母亲已变得很愤怒了:

片段7:

母亲:(1)Karen do as you're—(SLAPS KAREN)(凯伦,做你该做的事情(扇了凯伦一下))(2)put your legs down(VOICE ANGRY)(把你的腿放下(以生气的声音))(3)or I'm going to go outside this minute without a kiss(否则,我会马上就出去,不吻你)(4)now put your legs down(VOICE ANGRY)(现在,把腿放下来(以生气的声音))

凯伦:(5)mmhm(REFUSING TO COMPLY)唔唔唔(拒绝服从)

母亲:(6)now, give a kiss goodnight(现在,吻一下说晚安)

凯伦:(7)I'm not(我不)

母亲:(8)you're not gonna kiss me? * why?(你不吻我吗?* 为什么?)

凯伦:(9)'cause(不为什么)

母亲:(10)'cause why(因为什么?)

凯伦:(11)'cause I don't like you(VERY LOUD VOICE)(因为我不喜欢你(很大声地))

我想说的是,凯伦是一个很好的学习者:她不需要给出**理由**。并不是她没有**理由**,这一点我们可以从片段中的最后一条消息中明显地看出来;只是不需要给出**理由**。赘述推理的另一个视角可能是把赘述推理看作是压缩推理的极端形式,以至于不可能说明推理的各种步骤。赘述推理暗示说:交际双方没有必要把**理由**给明确表达出来;即便没有语言这个中介的交流,各自的想法也是相互了解的。

如果一致认可推理的最简结构是**声称**和**理由**的话,那么,我们可以说,赘述推理确实是推理的一种,其最抽象的形式是:Do this (this way) because it should be done (this way)(这样(做)因为应该(这样)做)。我们也许不赞同这种阻碍人类进步的推理,但我们几乎不能因为不赞同它而否认它的话语地位。然而,如果赘述推理这个类别被承认的话,它将是看起来似乎不可能找到衍生的**原则**或不可能为其**原则**找到**基础**的少数例子中的一种。按照这个观点,它与带有最简结构的推理差别很大。在后者中,**原则**和**基础**可以不出现,但可以从对**理由**的理解中推出它们。在赘述推理中我发现不可能假设任何**原则**,更不可能假设**原则**的**基础**,因为**原则**的**基础**并不是对赘述**理由**的重复。词典和逻辑哲学文献认为,只有给出特定**理由**的推理才能称之为推理,因此,只有当推理这个术语本身被词典和逻辑哲学文献赋予有效值(valuation)时,在某种意义上,决定赘述推理是否为一种推理类型才是重大问题。如果我们把推理看作是一种语篇策略,那么,我们就不需要这个有效值作为推理的不可分割的一个部分：推理只是一种论证；比起断言成为断言必须为真，它本身无所谓好坏。这样，最好谈论其在达到目标中的效率问题而不是作为一种心理能力标记、道德力量标记或诸如此类的。也许，赘述推理确实能达到说话人所要达到的一些社会目标。

3.6 逻辑基础与社会基础

上文的陈述代表了母亲和孩子做的主要推理类型：把赘述推理放在一边，它们是逻辑**理由**的某种变体；或者，它们提供了某种社会**理由**。有趣的是，推理者从不为给出**理由**而迷惑：几乎没有母亲会说 such and so is the case; now let me see why it is the case（事情是这样的；现在让我来看看为什么是这样）。日常推理无需费力；如果是这样的话，它必须来自于说话人对世界——物理的和社会的——是什么样子的内化了的观点。因而推理变得可以来诊断伯恩斯坦（1982，1987c）所指的、与一个人的社会定位相应的'关联秩序'（orders of relevance）。逻辑推理与社会推理的使用频率被用作衡量受试在日常意义交换中系统变异的尺度，因此，有必要简单介绍一下这两种**基础**的普遍本质。

具有逻辑**基础**的典型推理被认为高于具有社会**基础**的推理。逻辑推理的这个有效值所提供的**理由**拥有'科学性'，即实证本质。逻辑**理由**就像硬货币一样，只要实验方法和谬误被接受，在任何地方都可以兑现[6]。对逻辑这个术语的使用暗示了：逻辑的**基础**仅仅在于宇宙中为科学所发现的自然本质。可是，逻辑学家和哲学家歪曲了这个术语，为了适合自己的需要他们把它狭义化了：通过重新分类，逻辑成为逻辑学家、哲学家、科学家所做的事了。认为科学追求真理是一方面，但**声称**所有的科学'发现'都是真理（因为它们是科学家的发现，所以它们在逻辑上具有优越性）就是另外一件事了。实际上，我们所能触及的宇宙的物理本质，不过是一部我们共同认可的小说，具有暂时的真理性特质。我们可以举出一些有关这些宏伟的、不可逆转的、被'普遍'接受的真理的例子，如，地球是平的，对'四种体液'的假说，对种族遗传的假设，以及对创世的猜想等。这些例子分别在某个时期被认为反映了宇宙的本质。可以说，社会**基础**一样具有逻辑性，因为建立在宇宙社会本质上的推理同样适用于基于人类相互依赖理论上的系统与传统。人类的本质需要把社会系统的创造与维系作为人类生存的必要条件。实际上，有什么比在实施判断能力时承认这一点更有逻辑性呢？

在审视推理例子的过程中可以发现，逻辑**基础**推理与社会**基础**推理相比，似乎范围要广得多：它囊括来自于完全不同种类的各种**理由**。所以，从经验上讲，即便事实是处于不同的层面——如，人类的死亡，与液体的流动性相对，与贵金属的特质相对——所有的一切都被看作仿佛属于一个相同的宏大体系。如果母亲说 don't touch that, it's hot（不要摸，它很烫）；或者说 don't force the doll in there, it'll break;（不要硬把娃娃放这里，它会断的）；或着说 put on your socks, otherwise you'll catch a cold（把袜子穿上，不然你会着凉的）；这里的每一个要求都符合宇宙的物理本质。在这个意义上，尽管每一个例子所涉及的**原则**差别很大，但每一个要求都属于逻辑上的一个原因。相比之下，'社会性'这个术语的识解就没那么广泛了。例如，在片段1中，社会原因是基于法律制度的。这种推理很可能被看作是一个与其他社会推理完全不同的现象。再者，与逻辑性一样，'社会性'这一术语也有有效值。为了保持这个有效值，一些社会推理类型根本就不被当作是任何推理，对此，我们前面已经有所关注。当母亲们像彼得的母亲那样说，you do it again and I'll whack you（你再那样做我就打你），很多人会否认这是推理。贿赂和情感敲诈也会面临有同样的质疑。但正如我上文所提到的（见3.4节），这把人们'应该'如何推理的理想与人们如何真正推理混为一谈了。社会**基础**终究是社会性的，它预设了相互依赖的必要性。这种相互依赖可以以强迫或合作的形式出现，也可以被新生的社会制度所认可，也可以是当地的制度（如不要那样做，因为在这个家里女孩子都不那样做）。不考虑这些差异的话，推理的社会性是因为它基于相互依赖的社会关系。那些更频繁地使用社会推理而不是逻辑推理的人可能更清楚人与人之间的相互依赖性。

3.7　日常推理：从过程到系统

以上章节所确认的推理特征和结构并不仅仅适用于母亲的话语。尽管在经典例子中没有类似于赘述推理的东西出现，然而同样的描写几乎可以被扩展到三段论推理中。经典三段论推理与日常推理最大的不同在**基础**的选择上：日常推理呈现出赘述推理，在此当中，识别非赘述推理的**基础**和其他确实具有某种**基础**的变体仍然是成问题的。上面章节讨论的差别可以用图1的选择系统来演示。

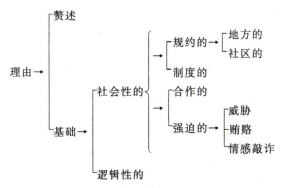

图1　推理选择的简化系统

显然，引入更为细致的选项是可能的。例如，威胁涉及说话人作为权威，如，I'm gonna go outside this minute without a kiss（我马上就离开，不和你吻别），还是涉及其他人，如，在我的语料语境中的父亲？这将在［地方］和［威胁］的交点之间做出选择。像 the police will come and take you away（警察会来把你带走）这样的消息

175

是[制度的;威胁];所以引入更为细致的选项是可能的。因此,上面的系统是一个对可能性的范围进行简化描述的系统。

为某个环境建立'概念性'选择项则相对容易些。如果要为纯概念性概念获取'语义'值,就有必要展示这个意义是如何由词汇语法所建构的。在语义系统网络中,每个选项都有一个(或一套)体现陈述,用来表明特定的语义选项是如何被体现的。即使在图1这样的简化系统中,具体说明每一个选项的体现模式也是一项巨大的工程。这种巨大性,在我对提问中的语义选择体现的简练描述中可见一斑(见本卷3至6章)。韩礼德(1973b:72-102)用相对明晰的体现陈述举了一个理性语义系统网络的例子,这为帕特(Patten 1988)提供了一种模式,用来研究问题解决性语篇在生成方面的问题。我想强调的是:为语义范畴提供明晰的描述是可能的。这种描述会很复杂,不只是涉及[单数]和[复数]之间简单的类型对比,而是可能要求对特征的综合体进行审视。这个综合体涉及各种各样的类型模式。比如,具有[威胁]功能的消息必须由[及物性]小句来体现,其过程必须是[物质过程]——如果词汇被看作是最精密的语法的话,可以对过程选择进行更为精细的描述(Hasan 1985d,1987a);小句在逻辑上必须和[命令]关联,无论这种关联是显性的还是隐性的,等等。我发现:一个消息是否具有[威胁]功能取决于'信息'的类型,而信息的类型涉及前面所讨论的四种元功能(见2.4节)。

我已经论证了合理性不同**基础**的关联性。在某些方面,我的研究与图尔敏(Toulmin 1958)和哈贝马斯(Habermas 1984)的研究相近。这里展示的推理结构与图尔敏(Toulmin 1958:109ff)的类似:例如,他的结论(conclusion)与我的**声称**大致相当,他的批准(warrant)与我的**原则**接近。然而,图尔敏关注的是可能性的**声称**而不是绝对**声称**。我还没有谈过这个问题。哈贝马斯把他的'合理**声称**'与我称之为**声称**的话语的言语行为联系起来。所以,在**声称**'新版本的《金刚》比起原来的版本更注重心理上的感觉'(Habermas 1984:36)时,人们是在'做评价性陈述'(出处同上:39)。这种**声称**的**基础**应该建立某种价值观取向。我的研究与这很接近,但是确定这两种研究之间具体的异同是不易的,因为哈贝马斯几乎没有给出细节性的分析。

这里所强调的一个特色就是日常话语中推理的最简结构。事实上,在专家领域的研究之外,推理趋向于真实中的最简结构是很有可能的。一个重要的变量就是隐含特质的存在与缺失:显然,几乎所有的母亲都会在一些时候进行隐含推理,但这并不意味着母亲的行为在任何方面都是一致的。母亲对自己推理部分解释的详细程度和她们推理的其他方面一样具有系统性的变化。我下面讨论一下这些变异的矢量。

4. 推理、理性与人性

在分析日常生活中的推理时,我有意使用三段论推理作为范式。一是因为此类推理作为演绎推理的范例颇具优势,二是因为演绎推理作为理性的标志也颇具优势,三是因为理性在人性这个概念中的所占的地位。正如鲁利亚(Luria 1976:101)所指出的那样,心理学家把演绎推理的步骤作为'人类意识的基本属性……并含蓄地假设它们以一种始终如一的形式存在于人类历史的各个阶段',存在于所有人类之中。事实上,承认演绎推理过程的天赋性就等于认为理性是(人类)种族特有的特质。它类似于乔姆斯基语言学理论中的语言能力这一概念:人类,从定义上来说,是理性的(Cohen 1981)。这种观点继承了先天论存在的问题:如果我们把这个观点解读成只要是人就具有理性,并且如果我们认为这种理性是通过人类的推理能力显现出来的——即,理性是语言能力,而推理是语言运用——那么我们就会得出,理性的概念就是'无法改变的'(参见注释 6),并且,我们有一套理性语法,它将'表层'推理(表现为语法错误,不合规范的语言或者口/笔误等等)和'深层'推理(不受语言运用中的不确定因素影响)进行区分。有关语言能力与语言运用之间关系的问题是非常严峻的;尤其在涉及理性和推理问题时,这些问题就更加严峻了(有关评论参见科恩(Cohen)1981 的讨论)。如果理性被认为是一种人类与生俱来的属性,那么任何不具备理性思维的人都可以被认为不属于人类。这就使确定哪些规则构成了'理性语法'这一问题成为了一个社会敏感问题。然而,什么应该被算作'正确的直觉',哪些人可以被算作能够通过自省产生'无可挑剔的数据'的天生的理性者,这一点仍然模糊不清。无论是谁,如果具备这种特质,就几乎不可能被划分进我们社区的被剥夺权利的成员当中!

最近,随着皮亚杰的一些文章的发表,先天论者也对他们的观点进行了一些修改。现在,纯粹通过演绎推理,从一些事实中得到某些必要结论的能力被认为是智力成熟的标志。欧沃顿(Overton 1990:22ff)提供了一些实验的细节,这些细节表明:整套演绎推理的'系统可及性'能力只有伴随其他心智发展时才会出现,而且只有在发展到某个特定的成熟阶段时才会出现。由此得出一个必然的推断:智力成熟和理性能力是紧密关联的。

除了会引起心理学家的兴趣,演绎推理长期以来也一直作为一种普遍问询模式而备受关注(例如,参见皮尔斯对固着于信念的方法的分级。Peirce 1955:11ff);波普尔(Popper 1979)也反复强调演绎推理能力作为一种外部因素,在人性进化中所起到的作用。简而言之,在许多著名的逻辑学家,哲学家和心理学家的著作中,演绎推理看起来像是人类学者努力达到的自我完善的顶峰——或者说,即便它现在还不是,但在只要它是理性的,就应该成为顶峰。相比之下,归纳推理的**原则**就被不屑地归到受到贬低描述的那一类,比如'心灵水桶理论'(Popper 1979:61)等。

这一理论认为,归纳推理不会增加人类现有的知识;它是基于局部的个别的经验,而演绎推理之所以备受推崇,是因为它是基于普遍的一般真理。在分析母亲与孩子互动运用的推理时,需要提出一个问题:母亲用的是演绎推理么?如果理性被等同于演绎推理的特质,那么这个问题就变成:是否所有母亲都是理性的?还是只有一部分是?如果理性是与生俱来的,那么这个问题就又变成:是否所有母亲都是人类?还是只有一部分是?之所以会出现这种混乱,是因为标准性和规约性的同化,无论这种规约性是由于求助于先天论而被理性化了,还是被科学家,逻辑学家和哲学家们的精英主义理性化了。

4.1 混乱中的秩序:言语中的句型

在本章开头,我论证说,语料库在言语研究中具有优势:语料库研究可以揭示语言互动中的模式特征。推理例子的语义分析已经通过主成分分析法进行了统计学处理。表 3 向我们展示了 PC1 在整个推理中的某些变量特征上的载荷,但仅限于在推理过程中**声称**本身就是命令的情况。表 3 中,字母 C 代表消息功能[命令];在推理过程中,此类消息将体现**声称**成分;R 代表**理由**;S 代表陈述;Q 代表提问。

表 3 对命令及其理由的主成分分析

	PC1
C[间接]	0.84
S[支持]	0.83
C[建议]	0.82
C[详述]	0.77
R[隐含]	0.64
R[详述]	0.62
Q[解释]	−0.50
C[行为]	0.34
C[引言]	0.44
特征值	4.04
%方差	45.00

特征 S[支持]识别那些通过表扬或/及暗示的方式鼓励孩子服从的消息,Q[解释]识别的是提出如何/为什么提问的消息。这样的问题是母亲在让孩子做他不愿意做的事情的过程中提过的,这种问题总是展现为一种挑战功能。比较母亲在片段 7 中问的为什么和凯伦在片段 6 中问的为什么。前者只有在孩子拒绝做母亲指派她做的事情时才被作为是一种挑战。C[间接]是不言自明的;它指的是 Could you help，I'd like you to help…，would you mind helping...（你能帮我一个忙么，我需要你的帮助……，如果你不介意的话，帮我一个忙吧……）等诸如此类的命令，在日常用语中是'礼貌命令'或'请求'。C[建议]是另外一种间接命令；例如，let's not make all this mess here（让我们保持这里的整洁）。这些[命令]的语义属性是人际的，与C[直接]形成了一种系统对立（参见以下讨论）。特征C[详述]是不言自明的（参见3.2）；同特征C[引言]一样，它也与逻辑元功能有关联。前者体现为词汇语法上的某种扩展形式，而后者主要是通过报道（或引述）言辞或思想（即，这样或那样的投射）的逻辑关系来体现的（此处提到的各种术语请参见Halliday 1985a）。C[行动]是经验性的；指的是孩子被要求从事或中止的过程的本质。例如，don't do that（不要做那件事）就是一个C[行动]的例子，而be very careful（小心点）则是一个C[行为]的例子。我希望，通过前面的讨论，关于特征R[逻辑]和R[详述]的定义就不需要我赘述了。由于每一个特征都是某个系统中的术语，又因为进入到主成分分析法中的特征都是换算成百分比的频率，因此通过表格所列的信息我们能够推断出更多信息。例如，R[详述]对应正载荷0.62，那么在系统中与之对应的另一个术语R[隐含]则对应负载荷−0.62。

长话短说（更详细的讨论请参见前面的章节），在PC1中取得高分的母亲通常不会挑战她们的孩子；她们通常会给孩子提供更多支持；他们会尽量避免赤裸裸的命令；他们的推理更多的是基于世界的客观物理本质而不是基于社会惯例和习俗；她们大都会对她们的推理和命令做出详述。当了解到在PC1中得分高的母亲通常是那些HAP群体中的母亲（p<.0002）时，大部分读者不会感到惊讶。因此，可以得出，推理能力在这两个社会群体之间的变异是系统的，有序的；LAP群体的母亲更倾向于选择社会性的推理。观察一下以上数据的配置会发现，LAP群体的母亲同样不太可能倾向于选择合作性**理由**，而是选择强迫性**理由**。另外，当孩子们通过问为什么来明确要求一个合理的解释时，这些母亲很可能会赘述，即用另外的话将先前的**理由**重复一遍。她们的推理方式更倾向于隐含而不是详述。她们典型的命令方式是[直接]而非[间接]或者[建议]。有时她们的命令方式甚至接近于逼迫：例如，you are going to your room this minute（你现在就回房间）。

4.2 结果解读

尽管前文所展现的图景，与工人阶层家庭在控制过程中所实施的社区推理原型极为接近，但每当人们看到实验项目得到这样的发现时，就会以这些发现都是基于这种原型为借口，对它们进行攻击。这就给我们造成了这样一种印象：只有在研究者不带任何偏见的情况下，实验结果才会看起来大相径庭。这种暗示非常明显：如果研究者的错误的意识形态没有干扰实验项目，那么所有人，无论他们的社会历史地位如何，必须，而且一定会像中产阶层那样行事。这大概是因为中产阶层，特别是受过良好教育的那部分中产阶层是明智的良好行为的真正仲裁者！无需多思就可以认识到：这呈现了中产阶层偏见的另一面。中产阶层的特权地位确保了他们的价值观拥有优越的地位；如果其他人显示出与他们有所不同，那么，要么这些人错了，要么研究者错了。以上的几步讨论使辩论深陷离题的泥潭之中，探索任何关键的研究问题变得几乎不可能了。例如，推理模式随着说话人社会定位的变化而变化，我们如何假设这种变异的原因呢？

解答这个问题，我们需要对各种选择进行阐释。如果强迫推理是备受欢迎的、使命令合理化的**基础**，那么，这就意味着权威会被认为能对他人的行为产生限制。我想说，对于 LAP 群体中的家庭来说，由于他们社会位置的原因，他们会不断地有亲身经历来验证这项**原则**。因此，LAP 群体中的推理模式赤裸裸地展示权威的力量，这并不偶然：如果命令是直接的而不是建议性的或是咨询性的，这就暗示这样一个事实，发命令的人处于统治地位；如果比 HAP 群体更经常地使用强迫推理，这是因为给出**理由**的人希望强调这样一个事实：权力能够限制别人的行为。简而言之，正如伯恩斯坦所说的，在工人阶层中控制**原则**是可见的：被控制者知道他们为什么被控制。推理随之变成了一种'教授'孩子权利本质和权威本质的途径：很显然，这与所预期的——而且已被数据验证了的——工人阶层成员的生活模式并不是毫不相关。

与之相反，HAP 群体在控制环境中的推理通常是不可见的。孩子通常不被指导而是被引导来按照要求行事。客观上讲，这不是因为中产阶级的母亲在孩子面前权威较少，权力较少；只是因为这种权威不可见而已。对**声称**和逻辑**理由**进行清晰的详述总是优先的。权威的力量不需要验证也不需要被显现。事实上，使孩子对统治敏感只会使它失去原有功能：这很可能会碍事。我的建议是，如果你处于社会的被统治地位，你需要意识到这点。相反，如果你处于社会的统治地位，学会将它以'**理由**'的名义掩盖起来是非常明智的。无论是 HAP 群体还是 LAP 群体，他们都适应了自己的社会地位：在日常生活中的自然的对话中，说话者将会说与自己社会位置相符的话。

总之，我想说语言的变异在相当深层的意义上来说是功能性的：它的功能性不是在对你或我有用的意义上而言，从更深层的意义来讲，它的功能性在于既允许人们创建现实又允许人们屈服于现实。我认为 LAP 群中母亲压倒一切地使用的推理类型取向就是这条**原则**的一个很好的例证。它使孩子们意识到权威的本质——这是孩子很可能不得不屈服的东西。使控制**原则**变得可见还有另外一个目的。在我的数据中，LAP 群体的孩子们会反抗；他们会挑战母亲们可畏的权威；想一想凯伦是怎样拒绝迎合母亲的。而 HAP 群体中的孩子不会反抗；因为没有任何可见的东西供他们挑战。相反，他们试图用母亲控制他们的那种隐性的方式来进行控制：想一下珍妮特是如何惟妙惟肖地刻画她的母亲的！

4.3 社会—语义分析与语料库语言学

在本章开头，我就指出，语料库语言学有一个很好的定位，即用来研究在过程中系统是如何被创建的,也就是研究语言如何在最深层的意义上成为言语所赐予的礼物,言语的本质又是怎样有序的。我在描述母亲和幼儿日常对话中的推理时,举了一个例子,说明系统是如何通过与会话过程的关联来建立的。我通过两种方式进行了尝试:一是通过对推理的结构进行系统的描述,二是在推理过程中的某个点上呈现由说话人可获取的选项构成的系统网络。而有关推理和理性的资料则大多理想化地描述了一些个人观点,推理应该是怎样的以及什么才被认为是合理的。我对推理过程进行了部分系统化,为了实现这种系统化,我所采取的形式是识别推理结构形式的可能性——推理的 GSP 结构——以及识别大部分日常生活推理例子中出现的实际的典型结构。这种描述不是以一个独特的系统开始的,它是建立在对大量的推理例子审视的**基础**之上的;这也是我们社会中大多数成员如何推理的方式。但愿我对推理结构的假设足够清楚,以至于能够被质疑和反驳。我也试着展示了一个小型的关于**理由**和**基础**的选择系统。这是一个简化系统;然而即便描述这类小的系统,其涉及范围也是相当大的。尽管在我的语料中每一项选择都能找到对应的例子,但是这个语料库还是没有大到足以揭示更加精细选项的统计学规律。事实上,为了进行统计学处理,这个已经简化的系统网络需要进一步简化,成为一个在[逻辑]和其他被称为[非逻辑]的双项选项之间进行选择的系统。为了展示[合作]和[强迫]等推理过程中更具体的选项的有规律的、有统计效用的模式,需要对更大的语料库进行分析,而由于资金原因,我的项目负担不起这么大的语料库。尽管我的框架和出发点都与典型的语料库语言学家所做的有所不同,但是在我看来,以我的经历为**基础**,似乎也可以形成一些对语料库语言学的中肯评论。

我要提的第一个问题是涉及分析本身的问题:对语料的合理性进行分析将会揭示语言的本质。如果诸如沃尔夫(Whorf),弗斯(Firth),维特根斯坦,韩礼德和海姆斯(Hymes)等语言学家是正确的话,那么语言学的本质就是研制意义分析的方法。对语料库中语义模式的分析可能是一项艰巨的任务;但除非认为语言本质上是一套形式运算法则,否则这项任务就不能被束之高阁。也许,语料库语言学想要采取的是后一种视角,但如果是这样的话,那么,它就仍然没有完全摆脱费尔迪南·德·索绪尔给语言研究所设定的束缚。我对推理的语义特征的分析仅仅是对从事语料库语言学的一种方法的小范围的,不完整的示例。这个框架并非自动生成的:目前还没有电脑语义分析的程序。但这并不是说这样一个程序在理论上是不可行的;只有当语料库语言学将语料的语义分析作为一个重要目标时,这个程序的可行程度才能显现出来。方方面面都要求我们重视语义分析的重要性:无论我们关注的是理解人们在社会中是如何互动的,还是教会外国人如何和医生交谈,无论我们关注的是教会学生写出'好文章'的'艺术',还是找出用机器生成语篇的方法,等等,我们都需要分析和理解人类话语的语义本质。近来,自动语音识别研究已经开始意识到语义信息对于正确识别语音单位的重要性。由于很多其他的实际原因,语料库语言学在这一方面亟待发展。

语料是否充分是一个很重要的问题。我的经验表明:这个问题不能够被孤立地考虑。重要的问题是:是为了什么而充分?假设我的兴趣在于探讨:英语中代词主语出现的频率是多少?那么,22000个小句可以提供足够的语言证据。但如果我的兴趣,我的愿望是在某个精密度上对语料进行语义分析,那么结果,22000个消息就不足以在更为具体、更为精密的语义对比点上查看语义变异了。如果真的要在诸如'制度性威胁'对比'规约的、地方的威胁'对比'规约的、社区的贿赂'的精密选项中找出在数据上可靠的结论的话,我需要一个大得多的语料库。语料是否充分这个问题还有另一点:如果只从报纸专题文章中挑选,那么即便精选出一个由一万亿词组成的语料库,也不可能问出我前面所提出的问题。这样的语料库不可能像我的语料库那样显示出由于社会定位的不同而造成的语义上的变异。语料是否充分必须和分析目标相对应。同时,语料库一定包含各种说话方式,不能局限于某个特定的种类。逻辑学家给出的一百万个关于推理的例子也不能揭示社群中随处可见的日常推理的本质。

把语言视作一种建立与维持社会的方式,这种关注是合情合理的。谈论意识形态变得越来越流行。然而,关于意识形态、权利和权威等的论断仍然不明晰,人们并没有通过它们在社会成员日常言语互动中的显现方式来对它们进行阐明。至于从语义和词汇语法角度分析语料的就更少了。但是只有从这些视角来研究语言,才能揭示语言作为形式和语言作为社会语境中的过程之间的的深层关系。社会语境中的很大一部分内容是关于人际关系的维系的;最终,人际关系必须被看作是对成员在社区中的地位的一种反映;而语言也与人际关系的建立与维系息息相关。语言学家避免和/或批判从意义角度研究变异,尤其当这样的研究又是以阶层为**基础**时。就我所知,关于为什么人类生存的社会条件完全不触及意义领域这样一个问题目前还没有任何理性的讨论。语言学家之间似乎达成了默契,每当有人涉足这个领域,等待他的要么是同行们集体的沉默,要么就是一致的口诛笔伐。两种情况都不是我们想要看到的,但是第一种要更糟些,因为它以一种系统的方式扭曲了学术交流,结果阻滞了我们理解一个最为迫切的问题:阶级剥削是社会存在的必然伴生物吗?我意识到,在我的研究中我提出了许多有争议的问题。我认为提出这些问题是有必要的:我们确实生活在一个非平等的社会;但是,仅仅因为有些事情会使我们的良知感到不安,就否认一些事情在我们这个'美好'的文明世界中存在着,这似乎很不理性。我们几乎无法否认,我们现在生活的社会的本质是压迫性的。重要的是要理解这种压迫是如何维持的,以及那些相对来说拥有特权的人在这个过程中起到了什么样的作用;在我看来,理解这一点也许会使我们进入人类进化的一个新阶段(详见波普尔)。在我们已经经历过的那次进化中,我们很好地理解了自然的物理力量,从而创建了有效的方式来维系和终结人类的生命。而这种新的进化很可能比那次进化更为重要。

注释

1) 感谢我的同事卡莫尔·克洛兰(Carmel Cloran),郎达·费伊(Rhondda Fahey),西奥·万·李文(Theo Van Leeuvan),约恩·梅利(Yon Maley),戈夫·威廉姆斯(Geoff Williams)以及科林·亚洛普(Colin Yallop)对本章初稿提出的宝贵意见。本文出现的观点仅代表作者本人。

2) 为了避免重复,第二节中有关研究设计、对象及其他细节的内容已被删除。

3) 本章中出现的对话将用以下转录规则进行标注:

 (1)   圆括号中的阿拉伯数字用于对任意一个片段中的消息进行连续计数;

 (AB)   AB是根据语境或上下文所作出的语境性评论或对某些语项进行的解释。

 **ab   重叠的对话;

 **xy

 [? ab] 方括号中的此类条目语义不清楚;其有效理解要基于语境或者说话方式 (语调,重音或音质等)的提示;

 [?]   此类条目无法有效理解;并且没有任何提示信息;

 .   比通常情况更长时间的停顿;

 ? *   说话者问完问题之后不给听众回答的时间。

4) 在这个关联处,我们发现一个很有趣的现象,哈贝马斯(Habermas 1984:34ff.)所讨论的各种有关正确性声称的例子,不是陈述就是命令:没有提问也没有提供。

5) 尽管有些重大差别,但在一些方面这个图式与图尔敏(Toulmin 1958:101ff.)的建议十分类似,由于篇幅所限,这些差别我就不一一列举了。

6) 波尔纳(Pollner 1974:43)提到了卡斯金(Gaskings 1965)的著作。认为某些数学概念是'不可改变的',因为它们永远也不会错。'2+2=4'就是这样一个例子;每当计算显示的结果与上述结果不一致,那这个结果必定是错误的;而命题本身不会错。波尔纳提出,正是在这个意义上,我们社会的现实构建是不可改变的。这是一种有趣的观点,它对科学理性的理想图景提出了质疑。我在前一段落的评论表明我支持波尔纳的观点。

7 词语里的世界：
符号中介、语旨与意识形态

1. 引言

人们对儿童语言发展的研究习惯于以儿童为关注点，即探讨他们在特定生理发育阶段能够说出或者理解什么样的词汇或句子结构。如果涉及成年人，通常关注的是，在一些语言成分的具体体现上，他们为年幼的学习者提供了怎样的示范：语言作为一个自发的系统，对其的掌握是语言发展的主要内容。韩礼德（Halliday 1969b, 1973, 1974a, 1975b）曾对儿童的语言发展进行了研究，在这个案例研究中，他忽略语言形式，专注于语言在儿童生活中的功能，展示了社会互动对于儿童语言发展的重大影响，这是一次意义非凡的进步。但是，尽管韩礼德和重复他的研究（如 Painter 1984；Torr 1997）的同事们已经开始强调儿童'意群'（meaning group）（Halliday 1975b）的重要性，但是，即使在这里，研究的中心依旧是儿童在什么时候，什么地方，以何种方式，说了什么，而不是与儿童交流的成年人所说内容的重要性。

此番言论并非意在批判，而是意在对这方面的研究现状做一个概述：语言发展研究的重点无疑是言语主体的语言。尽管如此，我们最好记住：言说者说话并不仅仅因为他们恰好有语言。言说行为是由言说者对社会语境的感知所激发的，这意味着对这个世界的近乎自动的参与方式的发展，而这个世界是由社会所塑造的。说出的话隐藏着言说者的评价、信仰、欲望和意图：他们的意识和社会身份深深蕴藏在他们的表意行为中。语言的发展和社会身份并非两个分离的过程：事实上，它们彼此密切相连，一方发生变化，另一方就会做出反应。这表明学习如何表达意义具有多样性。韩礼德（Halliday 1980）把这种多样性分为三类：学习语言（learning language），通过语言学习（learning through language）和了解语言特征（learn about language）。本章特别关注儿童所学内容的系统性变异，意在强调儿童通过语言学习这种最基本的学习类型。我认为，这种变异与他们在我们所熟悉的现代典型社会中的位置息息相关（Hasan 1989, 1992a, 1992b; Cloran 1994, 1999a, 2001; Williams 1995, 1999a, 2001）。另外，有个与此相关的子目标：简要地界定系统功能语言学（SFL）需要发展的领域以解释这些具有变异性的模式。

重视这类学习至关重要，因为这种学习影响心理倾向的形成，这是有据可循的，心理倾向很有可能会影响到他们成长岁月中绝大部分时间内所参加的每一项社会行动,有时,可能会影响整个人生。我将选取一些成年人和孩子的日常对话进行研究,因为成年人和孩子的对话构成了这种学习的主要场域。在他们的对话中,成年人不仅仅向孩子示范了词语、结构和发音;事实上,他们还限定了孩子的世界,最起码开始时是这样的,同时给予孩子'现实'的力量,并吸引孩子去探索各种新鲜事物。这个被限定的世界被塑造成了成年人世界的样子,很显然,这是文化适应的一个必然要求。在有关语言发展的文献中,儿童被视为'文化中立',但事实上,这种文化中立只是他们人生中一段短暂的插曲;很快,他们就具有了'文化特异性'。他们意识的发展始于他们对所生活的世界的内化——这个过程始于早期婴儿期(Trevarthen 1974;Brazelton, Koslowski and Main 1974;Bateson 1975;Halliday 1973,1975b;Reddy, Hay, Murray and Trevarthen 1997)。现实千变万化,世界的不同表征是由处于不同社会位置的人识解的(Bernstein 2000)。在此识解过程中,所有符号模态都很活跃,而语言起着关键作用。从很重要的意义上说,幼孩的世界建立在他们早期所接触到的词语上。

2. 通过语言学习:符号中介的意义

语言在学习中的作用是毋容置疑的,但在认知/心理发展的大多数研究中,有关语言本身的观点在某种程度上却是有问题的。人们授予了语言一个被动的角色,把它看成是个人思想和经历的接力系统,好像思想是脱离语言而存在的,而经验的形成也是独立在语言之外的。基于对这种研究方法的排斥,我接受了系统功能语言学的观点,系统功能语言学认为,语言拥有通过表意来识解经验的主动力量(Halliday and Matthiessen 1999;Bernstein 1971),并且因此,拥有在意识的形成过程中发挥关键作用的主动力量。这一观点在维果茨基(Vygotsky 1962,1978)有关符号中介在'高级心理机能'发展中的作用这一强大理论中得到了有力论证。'符号'一词明显包含了所有的表意模态,虽然维果茨基在他自己的研究中,唯独将语言视为人类心智形成的最重要的模态。本章中,我的'符号中介'一词指的是'以语言模态为手段的符号中介'。独将语言视为最重要的模态有三点原因:

1) 这与维果茨基的主要研究相一致;
2) 语言和人类思维的共生理论(Deacon 1997;Greenfield 1997;Boncinelli 2001)为语言在思维发展中的重要作用提供了证据;
3) 本章的目的是突出儿童在与成人进行会话的过程中所学到的东西;而会话所采用的最主要模态是语言。不论其他模态对会话有何作用,语言必须是此语境中最必不可少的。因此,以语言为手段的符号中介是本章的中心。

话语的符号活动对意义进行中介,在关于概念形成的讨论中,维果茨基(Vygotsky 1978)充分证明了语言意义和心理发展之间的重要关联性。维果茨基的这个主题与韩礼德'通过语言学习'的表述形成共鸣。如果对意义进行中介是概念内化的**基础**,如果对意义的中介发生在每一处话语文化实践当中,那么,可以得出,任何层面的话语都可以为(基于文化的)心理活动的符号中介提供场所:问题仅仅是,在不同类型的话语中,可能会被中介的是什么。

这一解释赋予了符号中介一个极广泛的范围(Hasan 2002a),这个范围包括日常语言使用中被中介的一般性知识,以及官方教学专业话语中被中介的深奥学问。但是,在维果茨基和他的同事的报告中,以及在当下对该理论的讨论和应用中,符号中介的范围是相对有限的:这个概念主要指与官方教学实践具体相关的心理活动中的主动力量,这是个有局限性和缺陷的解释(Hasan 1992b,1995b,2002a)。如果正如维果茨基所说,符号中介有助于心理机能的发展,那么,以话语为基础,它不会仅仅专用于对教育知识的识解:它肯定也能识解其他类型的知识,因为人类话语涵盖了广泛的经验领域。值得注意的是,维果茨基自己的著述中暗含了对符号中介的这种有限但又居主导地位的解释的拒绝。维果茨基识别了两大类心理机能:基于'生物发生'发展过程的'初级'类型和基于社会发展过程的'高级'类型,也就是逻辑上通过符号来进行中介的'社会发生'。社会发生或高级心理活动'脱离了生物发展,并创造出基于文化的心理过程的新形式'(Vygotsky 1978:40;强调为作者所加)。但是很明显,**基于文化的**心理过程并不限于中介技术/科学概念,或'逻辑'思维,如解决三段论推理难题,即鲁利亚的乌兹别克研究对象没能通过的测试(Luria 1976)。在幼孩的生活中,符号中介的主要功能是内化对日常生活至关重要的文化设计(Hasan 2002a)。他们必须学会识别贯穿于他们意群中的、他们自己的言语伙伴关系中的存在、做事和说话的方式,这样才能自我行动,预测他人的行动和反应,如果没有这些,简单自然的日常生活也将不能维持。符号中介的最主要结果——从时间上和逻辑上看——是对世俗知识的识解,毫无疑问,这是社会发生的。教育系统或者忽略这种知识,或者把它视为来自于其外来理论化的不可辨识的知识,但这都不重要。重要的是:(i)世俗知识是社会发生的;(ii)所以必须通过符号来中介;(iii)并且涉及基于文化的高级心理机能(Hasan 1992c)。沃茨奇(Wertsch 1985b:25)从维果茨基的研究中引用了区分高级心理机能的四条标准:

1) 控制从环境转向个人,即出现主动调控;
2) 出现思维过程的意识实现;
3) 高级心理机能的社会根源和社会属性;
4) 运用符号对……[它们]……进行中介。

很明显,世俗知识确实具备最后两个特点:它的属性和根源毫无疑问具有社会性:由于它并非遗传而来,所以必须由符号来中介。那么前两条呢?因为我们的日常生活并不是一系列的随意事件,所以这些事件发生的心理活动必须有主动调控的出现;而'意识的实现'需要付出一定的努力,这与许多专业活动几乎没有差别,比如做乘法、拼写,或者给某一概念下定义。从这点来看,鲁利亚的乌兹别克实验对象同维果茨基举例中的爱猜想的男学生一样也具有高级心理机能:他们的区别并不在于乌兹别克农民固守着以生物发生为基础的初级心理机能,而男学生则发展到社会发生的程度,即基于文化的高级心理机能;而真正的区别在于他们体验的、内化的,并认为相关的文化知识的**种类**,正如鲁利亚准确指出的:鉴于他们的生活经历,他们已经形成了不同的'思维习惯',不同的意识形式。

把符号中介的过程与它所中介的对象区分开来至关重要:就如把对于不同范畴知识的评价和知识本身范畴化的客观基础区分开来一样重要。对这些认知功能,如专业概念的形成,逻辑思维,问题的解决,推论推理,以及其他在学术知识领域受到重视的此类活动,赋予高价值可能有其原因,也可能没有。然而,人们并不能认为这就是高级意识的全部,虽然认知科学就是这样定义'认知'的。正如格林菲尔德(Greenfield 1997)对它的定义,我也在本章中把意识/心理倾向解释为'心智'——'个性化的大脑',每个人心智的特性都是因他们独特的生活经历而形成。因为生活经历构成了常识的基础,这种知识内化的开始则是儿童大脑发展的主要表现形式。伯恩斯坦(Bernstein 1971,2000)认为,学习外来的,而非与生俱来的知识,预设一个前提条件,即与学习者本人有相关性:要完成这样的学习,他们必须获得一种有利的心理倾向,而这种心理倾向产生于日常生活经历(Hasan 2002a,2002b)。这并不是说专业的、非常识性知识与心理发展没有关系;只是这些知识在儿童成长过程中处于次要地位,因此要视他们早先已经形成的心理倾向而定。认知研究声称关注心理发展,但却通过掌握次要的仅显示人类心智一个方面的专业知识来判定'认知'。具有讽刺意味的是,尽管认知研究的关注点较窄,打个比方说,认知其实主宰了意识/心智研究,因此关于心理发展的讨论变成了对深奥知识掌握情况的研究,并产生了许多新一维果茨基研究文献,甚至'学习'这个词也在很大程度上成为掌握教育知识点的同义词。事实上,把任何其他形式的内化作为概念化或者心理发展来讨论几乎都是不太可能的。

3. 自然发生的话语与符号中介

维果茨基关于心理发展观点的复兴突显了社会在人类心智形成过程中的作用。符号中介的文化基础表明,当个人的心智成为他/她自己的'个性化的大脑'时,此个性化过程便蕴涵了人际关系:正如维果茨基(Vygotsky 1978:57)指出的,在高级心理机能的发展中,'人际过程转变成个人内部过程'。自我的定义在与他人互动的过程中形成。符号中介在此过程中发挥的重要作用主要表现在无自我意识的话语中:就是在这样的对话中,人际关系通过符号建立、保持,并发生变化。这种情况本身就很复杂:话语对符号中介的产生是必要的,但符号中介对人际关系的形成也是必要的,人际关系又反过来深刻影响着人们之间的互动,进而也影响着正在发生的符号中介的结果。这在与还处于文化习得初期的儿童的对话中尤其明显:母亲和孩子自然发生的日常对话为研究正在形成中的心智和性格的符号中介提供了丰富的资源。这是因为儿童大多倾向于与成年人交谈——岁数越小,这一观察结果的真实性就越高——本质上,与儿童互动的成年人大多是其看护者,这个角色仍然主要由妈妈扮演。接下来,我简略描述一下这个研究。此研究的构想已在前面的章节(尤其是第3—5章)作过介绍。本章将主要介绍成年人在这样的对话中如何操控语境。

4. 日常会话的潜力:从母亲与孩子的对话中获得的启示

原则上,许多人类活动没有言语干预也是可以进行的。然而,在实践中,**物质行动**,即身体发出的行为,与言语行动,即语言的运用,经常同时发生。这两种人类行为的具体形式对于正在进行的对话很重要。有时,言语行动对物质行动起**辅助**作用,有时,又不太相干,但是,这反而构成了可以与物质行动并驾齐驱的、完全不同的活动,后者不会对前者造成重要影响(Hasan 1999)。很多给予孩子关爱的行为就属此类:没有语言的帮助,这些行为可以实施,至少部分可以实施,这样一来,就有了构成性语言行为发生的场域:当给孩子零食或者帮他们出门梳妆打扮时,母亲可以根据自己的倾向和孩子参与话语的意愿说出任何话。当然,就谈论什么会有一些限制,即孩子的年龄和母亲的物质行动,但是决定对话特征的决定性因素是母亲的心理倾向。她的谈话内容和她对谈话的掌控,即伯恩斯坦(Bernstein1996)所谓的话语分类和话语构架,对通过符号所中介的那一类知识有深刻影响。下面摘录两段话来阐述这一点。

片段1

01 母亲： now Stephen, do you want a sandwich for lunch?
（史蒂芬,午饭你要吃三明治吗?）

02 史蒂芬： yes(是的)

03 　　　　 and some passionfruit(还要吃西番莲)

04 母亲： and some passionfruit (还有西番莲)

05 　　　　 where is the passionfruit? （西番莲在哪?）

06 史蒂芬： um... um the passionfruit is um... um[?］)(呃……呃 西番莲在 呃……呃[?］)

07 　　　　 do you know where the passionfruit is? （你知道西番莲在哪吗?）

08 母亲： no(不知道)

09 　　　　 you were walking around with it(你曾拿着它到处走)

10 　　　　 what did you do with it? （你拿着它做什么?）

11 史蒂芬： I don't remember(不记得了)

12 母亲： is it on the table? （在桌子上吗?）

13 史蒂芬：	let me see... it's under the table(我看看……在桌子底下)	
14 母亲：	under the table!(在桌子底下!)	
15 史蒂芬：	yes.(是的)	
16	here it is(在这)	
17 母亲：	ok... right... peanut butter sandwich?(好……花生酱三明治?)	
18 史蒂芬：	yeah.(好)	
19 母亲：	you go to the table(你到桌子那)	
20	and I will bring it in.(我给你拿过去)	
21	there aren't many passionfruit out there at the moment(现在外面没有许多西番莲)	
22 史蒂芬：	why?(为什么?)	
23 母亲：	because... passionfruit usually come(因为……西番莲通常)	
24	when it's warm(是在天气比较暖和时才有)	
25	here, you sit here in nana's seat(过来,坐到外婆的位子上)	
26 史蒂芬：	**whyc(** 为什么)	
27 母亲：	**I'll put—(** 我会放在——)	
28 史蒂芬：	why does nana like to sit here?(为什么外婆喜欢坐这里?)	
29 母亲：	I'll put—(我会放在——)	
30	oh it's easy for her to get up(哦站起来容易)	
31	if she's sitting there...(如果她坐在那里……)	

片段 2

32 母亲：	come on, eat your tea please.(过来,喝点茶。)	
33 凯伦：	could you put some more in there?(能多放点吗?)	
34 母亲：	(warningly) Karen!((警告)凯伦!)	
35	give me it(把它给我)	
36	eat your tea(喝茶)	
37 凯伦：	[?]([?])	
38 母亲：	mm?(嗯?)	
39 凯伦：	[? put] lemon in it([? 放]加点柠檬)	
40 母亲：	well, eat some tea(好了,喝点茶)	
41	or you don't get nothing(不然什么都不给你)	
42 凯伦：	I see how many [?] there are(talks to herself as mother pours drink) (我看到有多少了[?]那里(当妈妈倒茶时她自言自语地说))	

43 母亲:	quick.(快点)	
44	want the lid on it?(要盖盖子吗?)	
45 凯伦:	no(不要)	
46 母亲:	come on, eat your tea(快点,喝茶)	
47	less drink(少喝点)	
48	and more eat(多吃点)	
49	did you hear what I said Karen?(凯伦,你听到我说的话了吗?)	
50 凯伦:	mm(嗯)	
51 母亲:	well, do it(那么,听话)	

[此处删掉了三十条消息]

81 凯伦:	mummy that haven't got no sauce on it(妈妈,上面没有酱汁了)	
82 母亲:	oh you've got plenty of sauce there now(哦,现在上面有很多酱汁了)	
83	now eat it(快吃吧)	
84 凯伦:	oh here(在这上面)	
85 母亲:	oh there's plenty of sauce on your plate Karen(哦,你的盘子上有很多酱汁)	
86	you don't need it on every single drop of tea(不用每滴茶上都放酱汁)	
87 凯伦:	eh?(哦?)	
88 母亲:	you don't need it on very little bit(不需要每一小滴都放酱汁)	
89 凯伦:	[? Of tea]?([? 茶]?)	
90 母亲:	mm(嗯)	
91 凯伦:	is that[? tea](是[? 茶]吗?)	
92 母亲:	that's sauce(那是酱汁)	
93 凯伦:	mm hot sauce(嗯 辣椒酱)	
94 母亲:	no, mint sauce(不,是薄荷酱)	
95 凯伦:	mince?(肉末?)	
96	why do you put mince sauce on here for?(为什么加肉末酱?)	
97 母亲:	'mint' not 'mince'(是'薄荷',不是'肉末')	
98 凯伦:	mint(薄荷?)	

99		this mint?（这个薄荷？）
100	母亲：	use your spoon or your fork(用你的勺子或叉子吃)

片段1以具有辅助作用的言语行动开始(1—20)：在这里，语言被用来帮助给史蒂芬准备午餐这样的物质行动；但是在母亲和史蒂芬谈话时，母亲的言语行动传达了信息(21—31)；这种信息片段使史蒂芬有可能学到有关'西番莲季节'的知识(21—24)和'外婆喜欢坐那把椅子的原因'(26—31)。信息片段是由构成性言语行动识解的，这种言语行动赋予受话人一种潜势，能把一些知识内化，不管这种知识属于哪个领域。在1中，这种知识存在于日常生活，它与课堂话语明显不同，尤其与在课程上第一次向小学生'讲授'专业知识领域的概念相比较(Butt 2000)。然而，这两类知识的界限并不明确，就像在片段3中体现的那样：

片段3

1	母亲：	when you plant seeds from mandarins or oranges（当你种下柑橘或者橘子的种子时）
2		sometimes you get very strange fruit（有时你会得到很奇怪的水果）
3		or sometimes you don't get much fruit at all（有的时候什么也没有）
4		so you have to plant a tree that's been grafted（所以你得种嫁接过的树）
5		they're special trees that they make(嫁接的树是很特别的)
6		by sticking one tree to another tree(通过把一棵树粘在另一棵树上)
7	史蒂芬：	how do they stick it？（人们是怎么把它粘上的呢？）
8	母亲：	well，I think they cut it in a special way（呃，我想人们以特殊的方式把树切开）
9		they cut them in a special way(以特殊的方式把两棵树都切开)
10		and they put them together(把两棵树放在一起)
11		and then they bind stuff around the outside（然后，他们从外面把两棵树绑在一起）
12		to hold them together(把它们紧绑在一起)
13		till they grow together(直到它们长到一起)
14		they eventually grow together the same way as when—（最后，两棵树以相同的方式长在一起，就像当——）
15		if you cut yourself(如果你割伤自己)
16		the skin grows together again，doesn't it?

（皮肤又会长合的，不是吗？）

17　　　　　the two pieces of skin grow together again

（两块皮肤重新愈合在一起）

18　　　　　well, the tree—the two bits of the tree grow back too

（那么，树呢——那两棵树也会长回在一起的）

像官方教学话语一样，日常会话中的信息片段也是以明示的方式来传递信息的。换句话说，符号中介在两种情况下都是**明示的**（Hasan 2002a）：至少其中一个参与者对于所陈述的概念是清楚的。而且，这其中的信息并没有直接的现实目的。后一个特点使它们更接近于以**去语境化语言**为特点的官方教学话语（Bernstein 1971；Cloran 1994；Donaldson 1978）。然而，正如前一章所述，在日常谈话中，去语境化常常通过将信息与儿童的直接经历联系起来得以调和；片段3就是一个好例证：这里，母亲把嫁接树木的过程与史蒂芬的切身经历联系起来，这使他更容易了解（15—18）。但是，就此来说，片段3很容易被看成是给年幼学习者上的一堂园艺'课'。这段对话较为'持久'，因为母亲相当详细地描述了'嫁接'过程。持续讨论一个话题的质量高低对于官方教学尤为重要；然而，正如片段2呈现的，地方教学中，知识的识解是支离破碎的，话题的持续是有选择性的。

片段2的总体语境与片段1大体一致，虽然母亲的重复指令说明饭早已准备好了。身体活动，即物质行动，在母亲心中似乎最为重要：对她来说，这主要指'喝茶'。如表1所示，在属于母亲的24条消息中，有12条围绕着'喝掉你的茶'；7条是通过其他的方式监控凯伦吃饭；两条是辅助语；只有3条能归入（最小）的信息片段。

表1　一位母亲对吃饭时间语境的识解

喝掉你的茶	更进一步控制的语言	信息片段
过来，喝点茶(32)	嗯(38)	那个酱汁(92)
凯伦！把它给我，喝茶(34—36)	快点！要盖盖子吗？(43—44)	不，是薄荷酱(94)
好了，喝点茶，不然什么都不给你(40—41)	哦 现在上面有很多酱汁了(82)	是'薄荷'，不是'肉末'(97)
快点，喝茶，少喝点，多吃点，你听到我说的话了吗？(46—49)	哦 你的盘子上有很多酱汁，凯伦；不用每滴茶上都放酱汁(85—86)	
那么，听话(51)	不需要每一小滴都放酱汁(88)	
快吃吧(83)	嗯(90)	
	用你的勺子或叉子吃(100)	

人们可能认为，这段对话没有引入对话的起始语；但对话的起始语经常是这样的：一个人抓住那一瞬间、离题的话语，然后从那里开始。比如，凯伦的疑惑可以引出很多话语：**那是**[？**茶**]？（91），但是，凯伦的母亲只是简单回答说**那是酱汁**（92）。这里明显提供了界定一件物体的信息，虽然这个物体出现在语境当中，界定物体超出了当时信息需求的范围，所以在她纠正性评述话语中出现更多具体的信息：**不，**

7 词语里的世界：符号中介、语旨与意识形态

是薄荷酱(94)和是'薄荷',不是'肉末'(97)。在某些母亲的对话中,典型的方式是通过与受话人的语境建立联系从而开始去语境化的对话:通过概括和解释,母亲们给出超越时空界限的信息,但是这个话题本身总是来自当时情景下在场的某样东西。从这点来看,在片段 2 中的信息片段是不持续的:事实上,它几乎已经是最小的了;它可能使一些知识内化,这些知识分属不同的范畴。对话中这个最小的信息片段(91-100)为保持信息传递至少提供了三个场景,这一点在使凯伦感到困惑的问题中很明显。如果凯伦的母亲不利用这个机会,是因为她认为这个语境下所'发生的事情'使得该言语行动毫无关联性。分析她与她的孩子在其他地方的对话,我们发现她习惯于给不同的语境分门别类:对她来说,吃饭时间就是要吃饭,洗澡时间就是要洗澡(见第七章),睡觉的时间就是要睡觉,而不是用来做其他事情的(第八章讨论)。相反地,史蒂芬的母亲对于语境的分类相对较弱。这完全不是随意的现象,这两位母亲的不同体现了一种有序的变异。克洛兰(Cloran 1994,1999a)发现,LAP 母亲们较少会将话题持续足够长时间来清楚地解释概念,这表明在 HAP 社会位置中的孩子将会更多地参与到更接近于官方教学话语的对话中去。

有人可能会下结论说,这两类孩子的区别在于他们所知道的不一样,即他们的知识内容不同。从某一个层面上看,这是正确的。但是,在更深的层面上看,有着更多至关重要的不同点正在被中介:经历了不同的说话方式(Whorf 1956),这两类孩子将会形成不同的思维习惯和不同的关联顺序,最后,通过这些说话和表意方式,与他们身份相符的不同观念就会被符号所中介。为了证明这一宏大观点,我将会考察儿童-成年人会话中的其他模式。这些模式由语义特征组成,每个语义特征单独看起来似乎没什么意义,但与其他的特征结合起来后就能强有力地揭示表意的习惯方式,这些表意方式所中介的不仅仅是'字面意思'。

片段 4

1 凯伦： how did you get that? * *（你怎么有那个？* *）
2 　　　 you didn't get out of（你没有出去[?]）
3 母亲： I walked over（我走过去）
4 　　　 and got it（拿到的）
5 　　　 didn't you see me?（你没看见我吗？）
6 凯伦： nup（没有）
6 母亲： you must be blind（你一定是失明了）

片段 5

1 母亲： d'you love daddy?...（你爱爸爸吗？……）
2 　　　 d'you love daddy?（你爱爸爸吗？）
3 朱利安：mm (affirmative)（嗯（肯定））
4 母亲： d'you love Rosemary（你爱罗丝玛丽吗？）
5 朱利安：no（不）

6 母亲： why don't you love Rosemary?(Julian laughs)
（你为什么不爱罗丝玛丽呢？（朱利安大笑））

7 why don't you love Rosemary?(Julian continues to laugh)
（你为什么不爱罗丝玛丽呢？（朱利安继续笑））

8 母亲： you're a [? rant-bag]（你是一个[? 讨厌鬼]（意识到孩子在开她玩笑））

9 朱利安：I do(我爱)

10 母亲： [?]([?])

11 朱利安：who else do you want me to love?（你还想让我爱谁？）

在片段4中，母亲的问题 didn't you see me?（你没看见我吗？）(5)是个否定疑问句；并且这是一个很明显的事实。这种疑问的语义特征是[假设]，带有这种属性的疑问通常暗示着说话人已经知道答案。在这里，期待中的回答应该是 yes I saw you go out（是的，我看到你出去了）之类的话。凯伦没有给出这样的回答，从而得到的回应是 you must be blind（你一定是失明了）(7)，暗示 otherwise you would have seen me go out（否则你应该看到我出去的）。有人可能会反对说，这种解释对于一个像凯伦这个年纪的小孩太晦涩了，但是片段5给出了相反的证据，这里，朱利安的话 who else do you want me to love?（你还想让我爱谁？）(11)应该这样理解：I infer from your question that you believe I should love Rosemary; so I wonder who else you think I ought to love(从你的问题中我推断你认为我应该爱罗丝玛丽，所以我就想知道你认为我还应该爱谁)，这表明，朱利安已经明白了 why don't you love Rosemary(你为什么不爱罗丝玛丽)(6,7)的意思。因此，习惯性使用[假设]问题表明提问者认为他/她了解受话人的心象地图——受话人应该看到或者听到什么，他们对人、事物和事件应该如何回应，他们应该知道什么，或者相信什么才是真的。这表明很可能有这样一个预设，即说话人和受话人之间心理生活存在相似性。因为，从这点来看，他人的心智是一本打开的书，通过语言'接触他人'的需求不是很紧迫：在这些情况下，语言交流看起来不太相关。把这个语义特征与另外一个叫做[引言]的相比可知：二者是完全相反的。

片段6

1 母亲： can you try and remind me to ring Pam this afternoon?
（你能提醒我今天下午给帕姆打电话吗？）

2 克丽斯蒂：mm[=yes]（嗯[= 好的]）

3 why?（为什么？）

4 母亲： I'm going to ask her if she'll mind you one night next week
（我要问问她下周能不能照看你一个晚上）

5 克丽斯蒂：mm(嗯)

6 母亲： 'cause I'm going out to dinner with some of the ladies form the

		playgroup
		（我要和托儿所的几位女士出去吃晚饭）
7		because Sue is leaving（因为苏要走了）
8	克丽斯蒂：	Pardon？＊（什么？＊）
9		Pardon？（什么？）
10	母亲：	I'm going out with some of the ladies（我要和几个女士出去吃饭）
11		because Sue is leaving（因为 Sue 要走了）
12	克丽斯蒂：	mm（嗯）
13	母亲：	did you know that they are going to leave？（你知道他们要走了吗？）
14	克丽斯蒂：	no（不知道）
15	母亲：	they've been building a house（他们正在盖房子）
16	克丽斯蒂：	mm（嗯）
17	母亲：	oh they haven't been building it（哦 他们没在盖房子）
18		somebody else has been building it for them（是别人帮他们盖）
19		and it's nearly finished（快要盖完了）
20		and they're going to move to their house in May （他们想要在五月份搬进去住）
21	克丽斯蒂：	why in may？（为什么是五月呢？）
22	母亲：	they're going to wait until the end of the school term （他们想等到学期结束）
23	克丽斯蒂：	mm（嗯）
24	母亲：	because Cathy goes to school now（因为凯茜现在还上学）
25		and then she will change to her new school after ＊＊ the holidays （假期结束后＊＊她会转入新学校）
26	克丽斯蒂：	＊＊mm（＊＊嗯）
27	母亲：	if they'd moved earlier（如果他们再早一点搬走的话）
28		she'd only go to the new school for a week or two （她只能在新学校里待一到两周）
29		and then they'd have holidays you see （然后你也知道，就到假期了）
30		it would mess it up a bit for her （那样对她来说会有点乱）

母亲的问题 did you know that they are going to leave?（你知道他们要走了吗?)(13)带有[引言]的语义特征,它通过一系列投射疑问句实现。这个问题与 are they going to leave?（他们要离开了吗?)有很大的区别。后者是问世界的状态:这个世界是不是有什么事要发生;前者问的是受话人的知识情况:你知道或是不知道某件事情。显而易见,[引言]问题表明:不像[假设]问题的提问者,[引言]问题的提问者并未假定了解受话人的心象地图。[引言]特征的习惯性使用表明个体参与者非常独特;人们不能把他们的感觉、反应、知识或者信仰想当然:会话互动者的心理生活只有一点点或者说几乎没有相似性。逻辑上,这类言说者是很少会问[假设]问题的。在这个意义上,这两种语义特征是完全相反的。但是,事实并不仅仅如此。符号行为极其复杂,在表意层面尤其如此,因为大多数语义特征都有错综复杂的预设和蕴涵意义网络。对话语的解读包括'读懂'明示意义和推断意义。我用[引言]和[假设]这样的语义特征对此展开讨论。

顺畅持续的符号互动(如,日常生活会话)的一个必要预设是,会话互动者之间有共享的知识。对习惯性使用[假设]来说,这种知识的来源在于与自己的相像;相反,习惯性使用[引言]就不存在这样的期待。这就引出了一个问题:怎样解决共享知识的缺失? 一个可能的解决方法是,补充话语从而使所要求的信息能够可及。这些语境压力,来源于言说者对他们自己与他人社会关系的概念,激活言说者对有关详述的语言手段的选择,其中一种手段叫做[相关]语义特征。带有[相关]特征的消息通过更加准确地描述或拓展意义的一些方面等方式增强了与其相关的消息意义。一个很好的例子就是母亲对于克丽斯蒂的问题 why in may?（为什么是五月呢?)(21)的回答。最开始的回答是 they're going to wait until the end of the school term(他们想等到学期结束)(22)。她本可以在此停下来,但是她继续给出了六条[相关]消息(24—25;27—30)。这些消息进一步发展了她回答中的第一条消息,使凯茜的父母决定在五月份学期结束时离开的原因更加清楚(22)(第五章中的讨论)。而且,如果语言交流被看成是意义分享过程中必不可少的,这就要求关注其他人的话语。在当前语境下,这并非意味着忽略问题,而是要求对问题做出[应答],并且通过回答问题的质疑点给出[充分]的答案。因此,习惯性使用[引言]这样的语义特征非常有可能'吸纳'一连串其他的语义特征,即[相关]消息,[应答]和[充分]的回答。因为语义特征[假设]与[引言]完全不同,因此,前者吸纳的一系列语义特征很可能与刚刚讨论过的语义特征相反。由于人们不太看重把语言作为知识分享的手段,因此对他人话语的关注就没必要:问题可以被忽略,其意义无需详述,回答可以最简略化而非详细化;所以语义特征[相关]非常不可能出现在这些情况下。

因此,我把这些语义特征分为两类,每一类都有一个核心,或是[引言]或是[假设]作为中心点来吸纳其他语义特征。把'值得同情的'元素一起聚集在同一核心周围对语义层面而言没有什么独特性。在词汇语法层面上,吸引力强的词汇节点成了具体搭配词的'吸铁石'。节点的内在本质是预测什么与什么搭配。语义特征也一样:吸引力强的'语义节点'会吸引其他可预测的语义特征。就像通过对词汇的大规模分析,词汇簇已经变得很明显,同样,在我的研究中,各种语义簇也出现在对大量语料进行语义分析的统计结果中。鉴于措词和表意之间的稳定关系,这种类似的模式并不稀奇。值得强调的是,语义节点与它所吸引的语义簇对于话语的深层理解非常重要,因为它们与语境的识解有直接关系,这个主题在讨论语义分析的结果时我会再次谈到。更具体地说,受到关注的簇群与语境成分'语旨'的识解有关。表2展示了两千多个母亲对孩子提出的问题以及她们对孩子问题的回答的分析结果。

表 2 母亲的问题和回答的属性(h＞l; p＜.0003)

问题与回答的属性	PCI
问题[引言]*	0.69
回答[相关]*	0.68
回答[应答]*	0.67
问题[相关]*	0.65
回答[充分]*	0.56
问题[假设]*	0.52
问题[确定]	0.37
问题[询问]	0.21
问题[解释]	0.32
特征值	2.72
％方差	30.20

(H＞L; p＜.003)

用星号做了标记的语义特征对HAP(支配型)和LAP(被支配型)群体之间具有统计学重要意义的语义变异贡献最大;其余特征,由于它们载荷低,在问答语境中相对来说关系不大。被前景化的特征,准确地说,就是前面讨论过的那些组成簇群的特征。请注意,语义特征[假设]的负载荷表明它不太可能出现在高分受试的话语中;相反,语义特征[引言]具有最高的载荷:它非常有可能出现在高分受试的话语中。另外,[相关]的问题/答案也非常可能出现在他们的话语中,因为他们很有可能提供[应答]、[充分]的回答。因为选择[假设]特征与选择[引言]特征其重要性完全相反,这表明习惯性使用[假设]的母亲们展示[相关]语义特征的可能性很小;她们非但不对这些问题作出应答,相反可能会忽略这些问题,并且会给出或者最少的或者不充分的答案。

但是,以上结果跟儿童语言的发展,他们身份的出现,或者意识的形成,即对他们所生活的世界的内化有何关系呢?表3可以作为这个问题的简单回答,表中列出了孩子们问的问题以及与输入有着相同语义特征的回答的PCA结果:

表 3　孩子的问题与回答的属性(h＞l: p＜.009)

问题与回答的属性	PCI
回答［相关］*	0.74
问题［相关］*	0.63
问题［确定］*	0.60
问题［引言］*	0.58
回答［充分］*	0.55
问题［假设］*	0.51
回答［应答］	0.34
问题［询问］	0.12
问题［解释］	0.00
特征值	2.37
%方差	26.40

(H＞L: p＜.009)

显而易见,这两群孩子在表意方式上很大程度地追随母亲的风格。语义与词汇语法的体现关系证明了成年人的谈话对孩子说话和表意方式的发展有所贡献。关于他们社会身份的形成,这些结果表明母亲话语中的预设和假设与孩子的话语也正变得息息相关,二者显而易见是同一种态度。我们有理由相信母亲问问题和回答问题的方式对把孩子定位成一个谈话伙伴至关重要。在支配型 HAP 组中,孩子们被给予了更多的自决权,被看成伙伴,即有平等权利的人。这些观念成为他们心理倾向的一部分,构筑了对话语权力和义务的期望:在第五章和第十章中,我提到过作为**个体化信息性**(individuated informativeness)的心理倾向。在被支配型 LAP 组中,母亲的话语把孩子定位为还未成熟的人,因此需要监督。出于这个想法,母亲给孩子较少的自决权:在会话中,他们没被看成是平等对话的伙伴,而需要母亲按照自己觉得合理的方式引导孩子养成适当的行为方式。同时,因为母亲假定凭直觉就能了解孩子的心象地图,因此,他们之间就不会存在社会距离,这有利于形成个人信任感。因此人际关系比'客观'信息更重要,这在特权群体的生活中至关重要。

　　基于这些解读,最好将之前所确定的语义特征簇看成是**形成性动机**[12](formative motifs):它们的功能是形成身份和社会关系。**形成性动机就是通过逻辑而彼此相关联的一簇语义特征,这种逻辑构成了它们结构性和谐**(configurative rapport)**的基础**[13]。这种语义簇由基于逻辑必然性而集合在一起的意义组成,每一个语义簇围绕着一个吸引力强的节点建立,这个强节点含有某种能产生一系列隐含意义的语境预设。对于能发挥形成动机功能的语义簇来说,它不仅仅具有相关的局部意义——如 did you know(你知道吗),do you think(你认为怎么样),do you remember(你记得吗)这些话的意义——并且用作［引言］时它还具有隐含意义:正是这些隐含意义看起来与语义簇作为**形成性动机**的功能最具关联性。在对话中出现的语义簇具有典型的韵律性:一个簇中所有相关特征不会在同一条、甚至邻近的消息中出现,语义簇的成分分散在整个话语中,他们没有线性组合顺序。语义簇的这些特征产生了重要的结果。语义簇的韵律体现使它们变得无形,在对社会身份和心理倾向进行中介的过程中,它们的角色要求人们更加深入地了解符号行为的本质。这就是说,形成性语义簇是**无形的符号中介**手段,在这当中,言语互动者几乎从未意识到他们的话语所中介的东西的本质,即使某种特征的重要性可能被察觉到。以朱利安为例,他就意识到了她母亲[假设]问题中的隐含意义,但是让她将其看成是一种手段的一部分,从而在对话中的某一处对信息进行详述,或者让这些话语在朱利安的意识形成中发挥重要作用,这几乎都是不可能的。就言说者而言,在自己的话语中出现的**形成性动机**几乎永远不会被意识到。当言说者使用像**三天**或者**一块黄油**(参考 Whorf 1956)这样的表达时,他们已经意识到与'结构性和谐'有关的措词模式,但在他们习惯性使用语义特征簇的时候,并没有觉得他们在做任何特别的、与众不同的、或者值得注意的事情;他们所做的仅仅是说出自己的社会位置,表达自己的意识形态立场——他们毫无自我意识的日常随意会话'自然地'表达了他们是谁,他们与交谈者是何种关系,以及他们认为什么与此相关。

现在,对我所谓的**信息片段**和**形成性动机**之间的关系再补充几句。它们不是两个物理上独立的现象:作为反映说话人意识形态立场的指标,**形成性动机**对话语的分类和构架产生普遍影响。持续的**信息片段**之下是以[引言]为核心的语义特征簇,它们起着**形成性动机**的作用,向着**个体化信息性**这一方向进行中介。例如,回到明确中介某种知识的信息片段的持续形式。母亲们说出这些片段,把知识、概念和推理呈现在孩子面前——通常是为了回应孩子的问题如例 3 或 6——不仅提供信息,也通过符号中介传递心理倾向、社会身份,即使她们意识不到自己正在做这样的事。在有情感支持的环境下,接受持续明示信息的经历开启了孩子们学习去语境化知识的方向,这成为他们心理倾向的一部分,丰富了他们的思维活动。无形符号中介所获得的成就在这些孩子的生活中起到的作用很有可能比他们早年通过明示符号中介获得的实际知识要重要得多。知识是可替换的东西,每天它们都很轻易地被替换:第一天圣诞老人是真实存在的,第二天就变成虚构的了;但是成年人通过对话帮助孩子形成的心理倾向和社会身份感只有在特殊环境下才会从已建立的轨道上发生偏离。因此,对于孩子成长的研究需要我们关注他们的经历,这总会涉及到成年人,紧接着就是与生活在社会中息息相关的那些问题。在当今世界,这常常指多元化社会,在多元化社会中,等级、不平等和差异是特定群体的另一面。就符号中介的文化**基础**来看,它一定会受到这些社会/文化现象的影响。

5. 语旨和对心理倾向的中介:结语

上一节阐述了社会关系、话语语义特征和符号中介运行机制之间互动的复杂关系。表2和表3的研究结果表明,在话语过程中解释这种有序变异的重要原则是言说者的社会定位。谈到言说者的社会定位,我们就要提到系统功能语言学语境理论中的语旨概念。这个理论很丰富,并且拥有一种潜力可以对导致语言和社会共生(co-genesis)的过程进行揭示。这并不是说人们已经解决了这个问题的所有细节,但可以肯定的是,在抽象层面,框架已经建立,并为这种描述打下了**基础**。这一点转引用韩礼德(Halliday 1999:8)的图1可得到证明。

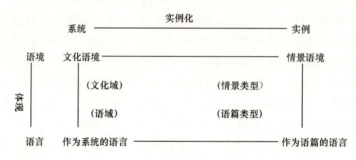

图1　语言和语境;系统和实例

注释:文化在语境中得以实例化,和系统在语篇中得以实例化一样。

文化在语言中体现,在语言中识解,同样的关系也存在于语言的各个层面之间(语义:词汇语法:音系:语音)。

文化域和语域属于'次系统':相似性可以在'系统'那一端看到。

情景类型和语篇类型属于'实例类型':相似性可以在'实例'那一端看到。

但是,每当涉及这个描述的详细内容时,在系统功能语言学中形成的最详细的关系是那些在图表右边缘的关系。尤其相对于文化语境,这个理论描述的更多的是情景语境。如果情景语境之于文化语境就像语篇之于语言系统,那么,类似地,就系统功能语言学的语境理论而言,它是有关语篇的理论,并且它缺少显现它与语言系统理论之间关系的能力,这远远不能令人满意。换句话说,语言系统识解文化专注点的具体方式需要我们更深入的研究。

在对情景语境的论述中,系统功能语言学(Halliday Macintosh & Stevens 1964)一直关注三个方面:(i)语场,即社会行为:发生了什么?(ii)语旨,即社会关系:谁参与了正在发生的事情?(iii)语式,即社会接触:言说者和听话者在物质和符号方面如何相遇。所有这三点都与话语的性质和对其的掌控相关,但是语旨,即社会关系,可能是在理解社会定位与符号中介相关性方面是最重要的成分。我把与意识形态立场有亲密关系的社会定位看成是连接情景语境中的语旨和文化语境中的社会组织最基本原则的强有力概念。正如伯恩斯坦(Bernstein1996:30)告诉我们的,'意识形态是建立关系的一种方式。它不是内容,而是一种方式,通过它关系得以建立'(强调为作者所加,RH)。正是她们的意识形态立场使得该研究中的母亲们以她们自己的方式来对待语境,这种方式建立了她们与孩子之间的关系。她们话语的组织方式和特点,即她们社会实践的细节,是自我的一种实现,也是个人身份形成的方式。但是,就目前语境理论发展的现状而言,如何描述这些关系一点也不清楚。系统功能语言学需要制定一项标准化方式来描写实例,即情景语境,只有这样,才能清楚了解潜在的系统是怎样的。无可否认,把文化作为系统来描述并不是语言本质研究的内容。我所关注的不是对研究领域做乏味的划分,而是怎样来描写情景语境,从而有效揭示语境之间的相似点和不同点,比如与片段1和片段2有关的那些语境;或者基于这些语境,能够预测某种特殊的形成性动机的出现。解决这些问题需要许多时间和很大努力;然而,也迫切需要一个以**作为社会符号的语言**为研究对象的模式。

注释

1) 例子参见贝弗里奇(Beveridge 1982)。
2) 关于系统功能语言学对语言发展研究的更详细论述可参见收录在威廉姆斯和卢金著作(Williams and Lukin 2004)中的韩礼德、麦蒂森(Matthiessen)和佩因特(Painter)的文章,也可参考韩礼德(Halliday 2003)以获取更多信息。
3) 更准确地说,佩因特(Painter 1989,1999)确实超越词句层面来探究成年人在语类模型化(modelling genres)(1989)和孩子认知能力发展(1999)方面的作用。稍后,我会评述'认知'这个术语的较为流行的概念化过程,我认为这正是佩因特(Painter 1999)关注的重点。
4) 高级心理机能有时又称为'高级意识'(higher consciousness)(参考 Vygotsky 1978)。
5) 在他关于婴儿学习表意的描述中,维果茨基(Vygotsky 1962,1978)展示了这个概念的力量,如他描述的:婴儿如何通过符号中介开始意识到一个具体的身体行为,这个行为不仅仅是一个身体动作,而是一个'姿势',一个用来传递主体间意义的特定符号手段。
6) 拉威(Lave 1997)强调了在实际生活中获取的知识与设计性教学中的非嵌入型知识之间的一些重要区别。
7) 澳大利亚研究委员会和麦考瑞大学研究拨款计划提供了资助,特此致谢。请注意为避免太多重复,某些部分已被删除。
8) 关于与话语组织相关的人类行为的分析报告在韩茹凯(Hasan 1999)与巴特(Butt 2008b)的著作中有阐述。本章对人类行为类型的描述正是基于韩茹凯(Hasan 1999,尤其是图3展示的系统选择)。
9) 如需讨论片段1摘自的对话的更多部分,参见克洛兰(Cloran 1999b)。转写规则如下所示:

第一栏的数字	指示这一片段的消息编号;
(? 我不是)	模糊不清的片段;括号里是根据上下文语境所做的猜测;
＊＊不	出现在持续话轮之间的双星号,标识重叠;
你没有——	破折号表示信息不全;
不是吗？＊	疑问号后面跟着一个星号表示未给回答时间;
(?)	这个部分模糊不清;没有线索帮助解读;
[皮特 大叫]	基于录音中的情景信息;
让我看看……	点号表示会话停顿时间比预期的要长。

10) 这个片段截取的对话全文可在韩茹凯(Hasan 2000)中找到。

11) 我把这种方式的谈话称为信息模式(informative mode)(Hasan 2002b)。深思过后,发现信息片段可能更好,因为'模式'可能会与'语式'(mode of discourse)混淆,后者更近似于'接触'(Hasan 2001)而不是话语片段的特点。

12) 韩茹凯(Hasan 2000b)将其称为形成性模式(formative mode);形成性动机更能避免与语式中的模式(mode)一词产生混淆。

13) 抱歉的是,因为与沃尔夫(Whorf)使用的语境不同,我使用了结构性和谐来传达这样的含义,即在语义簇各术语中有'自然的'意义。

8 论教学过程:功能语法视角

1. 引言

首先我要诚挚感谢巴基斯坦英语语言教师协会(Society of Pakistan English Language Teacher,简称SPELT)国际会议的组织者邀请我来做今天的发言。这个场合的确很特别[1]。我们正庆祝协会走过二十年的历程,在这二十年里,巴基斯坦英语语言教师协会在全国各地的英语教学和学习方面取得了创新和突破性的成就。事实上,本次会议的主题——教授学习(teaching learning),学习教学(learning teaching)——很好地总结了协会一直以来的追求和探索。所以,我们要庆祝这个特别的日子。但是这种情况却让我有点为难:我是打算来讲'论教学过程'的,这个听起来似乎有点多此一举。我向你们保证,我已对这个主题进行了慎重的思考,之所以最后还是决定坚持讲这个主题,是因为背后有一个很好的理由——这个理由在这个特殊日子的背景下是十分有意义的。

我刚才讲到,SPELT已经走到了一个成熟的、独立的阶段,对于一个和你们一样有社会责任感的组织,这种成熟和独立将会带来更深厚的责任感。在我看来,如果要坚守巴基斯坦英语语言教师协会的理念,那么,现今我头脑中所出现的这种特有的责任是需要讨论的。我想说的是这种责任感至关重要以至于SPELT是无法忽视它的。懈怠责任就几乎是等于拿SPELT的未来开玩笑,甚至可以说是拿其所在的大社会开玩笑。这不只是危言耸听:教任何语言的老师——尤其是教英语的老师,鉴于该语言在当今的国际性地位——在决定他们国家的命运中担当着重要的角色。现在,我知道很多人也许认为这个说法有点夸张了。毕竟,我们当中的大多数人还是认为政府工作人员的一举一动才关系到国家的未来。语言老师可以做些什么呢?他们几乎不能对政府的举措产生任何影响。尽管这种观点很常见,但我是不赞同的。让我来解释一下原因。

2. 信息时代的教学

如今我们生活在一个信息时代里,但有些人带点讽刺意味地说,把这个时代叫作虚假信息(disinformation)的时代可能会更正确些。不管它是信息时代也好——让听者明白事实是怎样的;还是虚假信息时代也好——误导听者事实的真相,对于这两种情况,有三点是确定的,并且这三点是互相关联的。第一,信息或是虚假信息的存在取决于人类理解一些经验事实的能力；第二，不管是信息还是虚假信息，它在人类生活中的主要作用是为思考和行动提供基础；第三，不管是信息还是虚假信息，其产生和/或传播包含一些符号系统的使用，也就是建构意义的符号系统。我将具体阐述这几点，因为理解这种观点的含义，对理解为什么可以说老师拥有决定祖国未来的潜能，是非常重要的。

2.1 理解经验

快速甄别信息最简单的方法就是把信息描述成人们在某个认识层面所知道的东西。但同样重要的是，人们是有意或无意地从自我经历中理解这种信息的。经历也许是生存的别名：只要一个人还活着，就不可避免要经历。例如，一个刚出生的婴儿，当他[2]出生的时候，他几乎不知道任何跟他自己身体活动无关的事情，但一个大脑正常的婴儿很快就会开始学习，也就是了解自己身体以外的世界。婴儿开始积累新的信息，这些信息让他明白自己的日常经历：他的信息完全是日常的、世俗的；他所感知的是这样一些东西，比如，**这就是食物从哪来的**，或者，**发出这种声音，就会得到慰藉**，或许，在不久之后，**哇哇大哭就会带来帮助**，再接下来，**当试图用身体去够某个东西时那个东西就会被拿给我**，等等。这种学习引起了知名学者的注意，如，维果茨基（Vygotsky 1962），韩礼德（Halliday 1975a，2003），洛克（Lock 1978），特热沃森（Trevarthen 1974a）等学者，他们清醒地意识到，社会环境在将一个人类生物体转变成一个人类个体过程中所起的作用。

我现在不是暗示，婴儿在脑子里构建这些思想/词语，或者说婴儿能够以任何方式将这些思想/词语形成命题。我现在所要阐述的观点仅仅是婴儿正习得对于所发生的事情的感知；婴儿正开始期待一种感觉经验的范式，这是因为活着就是经历，大多时候对于人类来讲，经历就是学习。上述过程发生的条件由两部分组成：一方面，大脑必须有能够从全部意义上辨别经验的可供性（affordance），另一方面，经验必须跟经历本身相关，并且，这种经历对经历者来说必须是有意义的。如果这两个条件得到满足，那么经历者就会'了解/学习'信息，这种信息是基于经验的，而经验的价值已经以一种可用的形式内化在大脑里：这种经验转换成可识别的、有意义的和可用的价值的过程就是我现在指的**建构意义**。

我们是在与言语团体成员的接触中成长的（Firth 1957），在这一过程中，我们被各种符号经验所包围：我们所经历的是一个**符号系统**的某个单位，它指向的是它本身以外的某种事物。我们学习去给这种现象附上某种意义（Halliday 1975a；见本书第二章）。例如，一个笑容，一种眼神接触或一个身体姿势等'肢体语言'都'蕴含某种意义'。还有其他符号系统，如图像，图形和图表；我们也经常理解这些现象的意义。接下来，是语言——吸引人们注意力的最常用的方式；我们可以毫不费力气地理解别人正在'说'的内容，无论他是通过言说的方式还是书写的方式；事实上，我们几乎从来没有对这件事进行过思考。因为我们从小就在这些符号里面长大,在日常生活中,日复一日地和其他人一起共同使用这些符号,因此,这些符号的意义似乎是自然而然的。在学习语言的同时,我们也明白了当下这个社会是怎样的:经验是通过意义来识解的(Halliday and Matthiessen 1999)。因此,简单说来,人们也许会说:一种语言的词语或是其他种类的符号是'有'某种意义的,这种意义指向这个世界或者跟这个世界有关,人类大脑内化的正是这些意义;这就是世界通过符号系统被'转化'到人类意识里面的过程。

作为正常的社会人,尽管我们的经验通常是如上所述,然而也存在与已建立的'符号系统'毫无关系的经验,比如,品尝食物的味道,脚指头不小心踢到岩石或者被带刺的灌木丛刮伤等等。但是这些经验在我们的生活中同样很重要,这些现象衍生出一个有趣的问题:这种经验是如何转化成某种意识的呢?我们把意义赋予这些身体经验,而这些身体经验把它们自己转化成'类似符号(as-if-signs)',这些身体经验似乎不是任何公认符号系统的一部分;于是自然而然地引出了下面的问题:这些身体经验的'价值/意义'源自于哪里?这些经验如何被整合到大脑的运作过程中?这个问题听起来也许简单,但我们几百年来都在寻找答案,因为这个答案一定得满足那些研究大脑机制的神经学家。此问题不是说完全没有答案,而是那些目前为止已经找到的答案(如,Edelman 1992;Deacon 1997;Edelman and Tononi 2000)还存在争议。

铤而走险一回,我斗胆提出自己的观点:大脑在建构符号和非符号经验[3]意义时,运作过程一定非常相似:在这两种情况下,经验就上像面所描述的那样被传送到大脑里从而建构意义。这只是我单方面的推想,或者更宽容地讲是个思维隐喻:这两种情况都需要一个'心理转化'或者意义建构的过程,这就说明有必要假设某种中介方式。正如著名的人类学家格雷戈里·贝特森(Gregory Bateson)所说的那样,大脑里既没有猴子和椰子,也不是物体和人物图像随意展示的舞台:经验的意义,无论它是符号的或是非符号的,必须转换,这样意义才能成为运作中的大脑的一部分;这样的内化对生存也至关重要。这种观点似乎与格林费尔德(Greenfield)的观点一致,他将人类的思维描述成一个'个性化的大脑'——通过每个个体的独特经验内化形成(Greenfield 2000)。于是我做出如下结论,所有的信息都是相关的经验,这种经验通过一种可用的形式被传送到不断发展的大脑里,而这种传送过程类似于符号中介[4](Vygotsky 1978)。

2.2 信息、思考与行动之间的协同

说我们生活在一个信息时代就是说今天在人类生活管理中信息也许占据着最为重要的地位。由于工业化时代、发明时代和科学时代的到来,当代技术才会如此先进,在一些西方发达国家里尤其如此。先进的技术使得机械化失误的概率大大降低;当事情出错的时候,主要不是因为机器故障的原因,而是因为某种信息变体的处理不当,[5]这种信息处理也许有人工介入也许没有,或者这种信息处理是有意

而为之——是一种破坏——或者这是一个基于错误信息(misinformation)的真正错误。不管是哪种情况,问题的核心就在于某种信息变体。

以上观点暗示着,信息是我们绝大多数社会实践——我们的行动,互动以及我们想要进行的思考——的**基础**。信息和(互动)行动/思考之间的关系其实是相互的;获得信息的渠道越宽,参与有效(互动)行动和可行思考的可能性越大,反之亦然。当今个人和群体的物质成功在很大程度上取决于可用信息的生产和交换信息以满足我们需求的能力。

这就使信息成为一个社会产品,因为信息被认为是带来社会成功的一个因素,并且信息质量在其中扮演着至关重要的角色:不管我们所处理的信息是否在与事实一致,信息质量都很重要。其实,无论是诚心诚意地给出不正确的信息,也就是说某种错误信息,还是故意给出不正确的信息以欺骗他人,也就是虚假信息,这两种情况都将会在某种阶段对信息获得者行动和思考的效力产生影响。准确来讲是因为,信息深受重视,假冒信息的传播,就像假冒产品一样,会快速给制造者带来物质上的利益,结果,那些容易上当的人就在虚假信息的网络里撞枪口了。例如,一些广告,谎称可以给我们**免费赠品**,或者允许我们现在买,以后付款,或者卖给我们便宜实惠的'三聚氰胺奶粉'给我们的婴儿。信息可以被加工制造的这种可能性——总是带有某些虚假信息的成分——事实上是我们能够区分以下三种信息的关键原因——第一种是**错误信息**,这种信息的发出者没有意识到这是'假货';第二种是**虚假信息**,发出者故意而为之;第三种是**信息**。我们今天不仅仅生活在一个信息时代里,也生活在一个全球化的世界里。这就意味着,当今这个世界给那些'可敬的'制造者提供了无数制造虚假信息的机会(Klein 2007;McMurty 1999)。现代社会在不断进步,这一特质要求我们对语言加以特别的关注(Hasan 2003,2006,即本书第六、七章),因为这些虚假信息是利用语言狡猾地制造出来的。

2.3 语言和信息

我在2.1节里提到,所有经验,要想被内化,就必须作为重要信息来加以'理解'。对经验者来说,这种将经验转化成意义的心理过程是私人的,因为它是一种'脑力活动'。[6] 2.2节重点讲述了信息在管理社会生活中的中心地位。信息的社会交流自然地意味着:对于所内化的意义,其某部分必须能够被其他部分所获得,这就要求我们采用某种既可靠又令人信服的方式来外化这些已经内化的信息。这反过来也说明了,正如在信息制造的过程中一样,在信息的传播过程中,使用某种符号行为同样是有必要的。

在众多符号系统中,唯有语言在传播活动中处于中心地位,原因很简单,因为语言是其中最为丰富的:做出这样一个论断主要基于两点。首先,语言可以识解意义,而意义能够指代此时此刻所经历的事情;也可以指代已经经历的并且内化成为大脑记忆系统一部分的东西;甚至可以指代那些我们希望或者想象将来某个时候在某种场景下会发生的事情。在这浩瀚的意义汪洋中,只有一小部分可以被非语言符号系统识解:语言并非像其他大多数符号系统一样具有'时限性'(time bound),相反,语言具有'时间连结性'(time-binding)(Korzybski 1933),横跨现在所发生的,过去所发生的,以及将来所发生的。

其次,语言符号系统和非语言符号系统在意义识解的质量方面有很大的差异:前者识解的意义更为精确,并且可以展示出同一类别成员之的更为精细的差异[7]。由于这些特质,语言可以用来识解想象的信息,例如,在言语艺术(verbal art)(Hasan 1985f; Miller and Turci 2007; Lukin and Webster 2005; Butt and Lukin 2009)中的想象的信息,同时,语言也可以用来识解抽象的结构,其构成成分的所指并不具备实体性存在,例如,语言学中的'关系网络':在这里我指的是语言在理论构建中的角色。在每个理论背后,都有数小时的对话:意义在那些因为各种原因对此研究领域感兴趣的人中得到交换(参照本书第四章)。另外,需要指出的是,正是语言的这种特质才能够使得语言使用者利用语言来识解虚假信息。

因此,我们很多的经验是始于语言表达的,要么是口语,要么是书面语。事实上,如果人与人之间不讲行语言上的互动,人类的社会生活将无法进行,即,我们要通过交谈来建立友谊,通过谈话以达到有效的管理,通过磋商做成生意,通过语言来构建理论从而解释那些与人类的生老病死紧密相关的现象,在报纸上、电视里、广播里等等,通过语言来传播商业消息等等,所有的这些互动都隐含着这样一个事实,意义是通过语言来传达的。通过这样的方式,**信息得以四处传播**:一开始,信息作为经验被传到大脑成为观念/意义,然后它作为语言经验出现在话语中:在每一段话语中,信息,也就是基于经验的内化了的(某部分)意义,作为基于语言识解出来的意义,被传递给他人。这就表明,基于经验的内化了的意义,若是要以语言经验的形式传递给他人,就必须和可以用语言识解的意义相一致:正是将**经验识解为意义**使得经验能够作为意义在话语中传播。

通过上面一步一步的论述,我一直在试图证明这样一个论断:生活在信息时代里基本上等同于生活在'语言'时代里,这个论断并不是说其他符号系统不会参与进来——在非病理性话语中,大多数符号系统是共同起作用的。关于不同符号系统之间关系的讨论非常复杂,并且在这里讨论也不合适,但是,我希望我已经成功证实了一个观点:当今我们生活在信息时代里,语言意义在信息识解和传播中占有重要地位,如今,语言是影响人类事务操控的最强有力的手段。[8] 这就要求我们有必要了解语言力量的源泉:这种必要性如今还未显现出来,因为欺骗性地使用加工出来的信息变得越来越普遍了,虽然加工出的信息也可能是是很真实的。事实上,这种必要性一直以来就存在着,因为正是人类的意义行为奠定了社会变革和发展的**基础**。现在,人们越来越清楚地认识到这种必要性,可能一部分原因是因为 SFL,即基于功能的语言模型,使我们更加容易更加清楚地看到这些联系。

如果人类的经验意义因为受惠于语言而存在和传播,那么理解语言的行为力量对于一个社区的生存来说似乎是至关重要的,同时也意味着,这种理解对于语言教学这一领域来说也是至关重要的。就教授语言力量的源泉而言,谁将会比语言教师更有优势呢?能够对学生理解信息本质的能力产生重大影响的正是语言教学的质量。

3. 关于语法的思考

你们也许会问,教学的语法跟意义、信息、语言力量或者是语言在社会变革和发展中的角色有怎样的关系呢?语法这套规则是如何跟这些重要的社会问题扯上关系的呢?语法这个词,就像一种语言里的大多数词一样,对于不同的人有不同的含义。例如,形式语言学家一定程度上把语法简单化了,他们将语法看作是一套对世界上所有语言都能适用的规则;在这种观点之下存在着这样一种概念,即语言是生物遗传的,具有物种特异性的心智器官;这样说来,语言是自发形成的,也就是说,语言跟人类社会生活没有关系或者没有太大关系(Chomsky 1965)。很多国家尤其是那些新兴国家和发展中国家的语言教师:他们似乎继承了传统教育系统的规则。他们普遍把语法看作是一套和语言的运作机制没有太大关系的规则;因此,这种语法的教学通常是无意义的和令人厌烦的,不过只是个错误的教育惯例。溯其根源,几百年来都存在着错误概念化的语法教科书,存在着对语言本质的错误理解,但却没有对语法在语言的内部机制或意义的社会交流中所处的角色的理解。然而,意义的交流才是语言在人类生活中最重要的功能。

所以,很多老师和学习者都认为语法跟语言教育毫无关联:按照他们的观点,人们是被迫才学语法的,要是考试等评估标准不要求考语法,语法最好应该被忽略!如果今天在场的很多听众赞成这种观点,我并不会感到惊讶。我在学生时代也是接受这种观点的——语法是靠死记硬背的,是一种无效的学习,应该被忽略。你们当中有着我没有的优势:你们可以有很多机会去听国外知名专家的讲座,例如,SPELT 会议这个平台。但不幸的是,这些专家未必有着前沿的学术探索;我听说过,有些专家呼吁将语法拒之于课堂门外,因为他们认为语法教学阻碍了语言教学。就在昨天的主旨发言中,有关语法和字典的这种观点被再次重申了,这愉悦了听众,发言人似乎认为这两者被某些**有着尖耳朵的小老人**(little old people with pointy ear)强加于长期以来饱受折磨的教师身上。我认为,这种论断暗示了学单词或者学语法无助于语言教学的成功;在那位发言人的观念里,它们干扰了课堂实践。

3.1 语法在语言教学中的角色

恐怕我不赞同这些观点:这些观点最有可能是基于真正的错误信息,希望不是基于人为的虚假信息。稍微想一想,都会让任何一个正常人意识到,不使用词汇,人们就不能使用语言,不把词和其他的词连接起来,人们就不能使用一个以上的词汇,这就使得语法有了用武之地:简而言之,语法让我们知道特定社区里的说话者是如何将词汇连接起来构建自己想要表达的意义的。如果人们不能正确掌握词汇之间的关联,他们就不能传达他们的意思,或者会带来理解上的问题。换句话说,人们的表达在某种程度上将会是无意义的。正如韩礼德(Halliday 1975a)指出,学习语言就是学习如何表意:他是在小孩子学习母语的语境中提出这个观点的,但这个观点也同样适用于其他语言的学习。作为语言教师,如果在教学生教了多年后,学生还不能表达自己的意思,那么我们就是失败的。作为语言教师,我们的目标应该是让学生'用词做事'(Austin 1980)。但是如果词汇被讲得含糊不清,也就是说,这些词汇被使用的方式是他人所不能理解的,那么,人们就不能用词去做事。要用词做事,就要将这些词与其他的词建立某种语法关系——最好是这些关系能够帮助人们构建意义,而这些意义要在某个社区里对于做自己想做的事是恰当的。

3.2 作为意义资源的词汇语法

这就是为什么我很自豪称自己是'有着尖耳朵的小老人'之一,他们强烈反对那些在理解词汇和语法如何共同产生意义的问题上没有远见的态度。这种意义是被称为'信息'的社会产品。我的同事们利用系统功能语言学(SFL)来分析语篇,其结果表明,用韩礼德的话来讲,语法是'语言的动力室':不在语法层面上使用词汇,则不能用语言做成任何事。这就是为什么在系统功能语言学里我们认为语言的词汇和语法两方面是紧密相联的:它们一起充当语言的形式,通常被称为是措词(wording),或更专业地来讲,称为词汇语法(lexicogrammar)。

语言的词汇语法是语言的意义资源,因此,词汇语法成为教师试图教会学生构建和识解意义的中心课题。如果语言教学成功的判断是看学生能在多大程度上用语言做事,那么这样的成功取决于语言教师如何有效地教会学生使用他们的词汇语法来构建符合话语语境的意义。我相信,你们一定会认同我的说法,即为了有效地教学生用词汇语法构建恰当的意义,教师自己需要理解词汇语法的本质:很明显,对于那些我们不能很好地理解的东西,我们也就不能有效地教授。

现在我要对一个'间接'达到它所要表达的目的的话语进行分析。我将对教学过程做一个语法上的分析,希望能为语法在系统功能语言学里的运作提供一个深入的视角,同时也希望能够向大家展示语言中的措词和意义是如何密不可分的。通过这样一个尝试,我希望证明这样一个观点,即对语法所识解的意义的思考能够让我们更深入地了解那些给社会生存质量带来影响的重要社会问题。通过这些环环相扣的步骤,我希望从教学过程的语法讲到教学作为社会过程的重要意义。

4. 识解'事态'的语法

在功能语言学里,语法中用来识解位于事态(a state of affairs)之下的各种关系的那一方面被称作及物性(相关论述参照本卷第十章、十一章;Halliday 1994a; Matthiessen 1995)。在这里关于语法系统我们要稍作阐述,[9] 因为语法系统与教学过程分析相关。**及物性**这个术语指的是小句[10]的语法分析方面,它和语言的经验元功能[11]相对应——也就是识解言说者经验世界的语言功能;无论这种经验是与言说者的外部世界相关,还是与其内部世界相关,它都是在及物性关系中体现的。为了明白这种经验是如何被体现的,下面我将要对'真实'的语言进行分析——真实是指它是发生在某种自然的话语环境中:一位母亲向她的女儿解释为什么她弟弟安德鲁醒着呆在她身边的时候,她不能玩弹珠:

(Chicky! I don't like you playing with marbles when Andrew is around, that's all... and you know what, yesterday I found a marble right there when Andrew was crawling around, now, it was one of those marbles that you were supposed to put back and you forgot.)

丫头!安德鲁在你旁边的时候,我可不喜欢你玩弹珠啊,你知道,昨天,安德鲁在地上爬的时候,我就发现那儿有一颗弹珠,现在,你本应该把它捡起来收拾好,但你却忘记了。

当这位母亲说昨天她就发现那儿有一颗弹珠的时候,她是在描述一件已经发生的事情——更专业地讲,她在用语言识解一个**事态**。根据她所说的,我们知道谁做了什么,在哪做的,什么时候做的,对象是什么;在这里我们并没有其他的信息来源,只有母亲说的话。但是这种信息是怎样被识解的呢?值得注意的是我们可以打乱顺序说出这些相同的单词,例如,发现就在昨天一颗那儿弹珠(found right yesterday a there marble)。不管我们如何理解这个单词集合,我们很有可能得到跟原先不同的释义——在这个例子中,单词与单词之间没有可识别的关系。这个打乱顺序的单词串和母亲原先的话区别在于,在母亲的措词里有个功能的统一体:词汇语法构建一个统一化的结构,在这个结构中,小句的每一个成分都扮演一个重要的角色。

4.1 过程、参与者和环境

那么语言中的这种功能顺序是如何建立的呢?在每一种事态的中心都有某种'事件'(goings on);在我们上面的例子里,它是由小句'昨天我就在那儿发现一个弹珠'(yesterday I found a marble right there)中的动词'发现'(found)来表征的。我们把小句里的这种及物性成分称为过程。过程成分是小句中及物性结构的核心或'要点'(nub),因为过程的本质是最有力的指示物,决定着其他成分会不会成为及物性结构中的一部分。成分是由动词词组里的主动词来实现的。这里称为'主动词'也就是传统意义上的'实词'(content word)。这些(实)动词体现不同的过程类型,例如,(ⅰ)物质过程,如,发现、失去、行走、跑步、给、带来、煮饭、杀……(ⅱ)心理过程,如,想、记得、理解、实现、看见、听到、害怕、讨厌、喜欢……(ⅲ)言语过程,如,告诉、叙述、问、咨询、回复、回应、要求……(ⅳ)关系过程,如,似乎是、好像是、是、成为……等等。语言教师有时候将这些动词称为'行事词汇'(doing words)。在讨论教学过程的时候,我将讲述英语里有关物质过程、言语过程和心理过程的详细内容。有关及物性和过程类型的详述请参见韩礼德(Halliday 1994a)、韩礼德和麦蒂森(Halliday and Matthiessen 2004),韩茹凯、克洛兰和巴特(Hasan Cloran and Butt 1996);相关乌尔都语和英语的物质和心理过程的简要对比请参照韩茹凯(Hasan 1995b)(同时也参照本卷的第十一章)。

显而易见,如果有过程,就会有参与者。特定的过程类型蕴含特定的参与者角色:这些角色或显性或隐性地存在于小句中。例如,物质过程,指的是某种发生的事情或行动,蕴含的参与者角色是**动作者**(ACTOR)——简单来讲,动作者就是事件的行动者;有事件就有行动者(虽然,行动者未必会显性地出现在小句中)。因此,在'昨天我就在那儿发现一颗弹珠'这句话里,动作者的功能是由'我'来体现的;而在'昨天在那儿发现一颗弹珠'(yesterday a marble was found right there)这样的小句中,仍然暗示了某种参与者的存在,正是这个参与者实施了发现这一行为;发现者可以在下面这个及物性结构里得到构建,在'昨天一颗弹珠在那儿被我发现了'(yesterday a marble was found right there by me)这句话中,'被我'(by me)指出了动作者;但是,正如前一个例子所显现的那样,在小句'昨天在那儿发现一颗弹珠'中,动作者并没有被识解。

但是,不是每个物质过程都蕴含参与者目标(goal)。因此,当物质过程呈现中动,如'安德鲁正在睡觉'(Andrew is sleeping)这个小句中的过程,那么,这个小句就没有目标。在系统功能语言学中,目标只能出现在施效性(EFFECTIVE)过程中,即物质过程的一个具体次类别:在传统语法里,及物性这个术语用来指代那些可以'带''宾语'的动词。在例子'昨天我就在那儿发现一颗弹珠'中,其过程是物质:施效性,并且,其功能目标是通过名词词组'一颗弹珠'来体现的。小句中的每个参与者在事态的识解中都扮演着独特的角色;每种过程类型都包含着某些特定的参与者。这些角色有的主动性比较强,如我们例子中的动作者'我',有的主动性弱些,如'一颗弹珠',在此句中充当目标的角色。

尽管以上论述远远不能穷尽参与者这一话题,在本节的结尾,我们还是要探讨一下环境,它明确了那些或然事实,如与过程有关的场所,例如,这儿、那儿、在操场上等等;或者时间,例如,昨天、现在、明天等等;或者方式,例如,安静地、快速地,等等;或者伴随,例如,和奶奶、一起,等等。上面的例子显示,环境是以副词或介词短语来体现的,能够表征某种事态里的伴随环境。环境并不是小句所必须包含的,虽然,一个小句的过程类型会表明哪种环境更适合与该小句搭配使用(Hasan 1987a)。

5. 论教学过程:观点一

在简单介绍了及物性系统之后,现在我们来分析教学过程。由于下面的分析[12]与韩礼德(Halliday 1976b)论文的分析路径十分相似,我将从他的文章中借用一个例子:

i: The teacher taught the student English.(教师教学生英语。)

这个小句的组成成分说明,教学活动中至少要有两方:只有一个人是不能构成教学活动的,这和可以独自进行的跑步或睡觉不一样,教学总意味着有其他人的参与。而且,还应该有第三方:人们不是只单纯地进行教授这一过程;人们是要教某人某些东西。换言之,如果教学是一个物质过程,那么,它一定是个交易过程(Hasan 1985d;1987a)。过程要有一个动作者来发起交易,如这里的教师;要有另外一个参与者来接受交易的实体,在这里分别体现为学生(领受者)和'英语'(交易实体)。现在我们把它与另外一个典型的表达交易事件的小句进行比较:

ii: Mary gave John the jacket.(玛丽把夹克给了约翰)

句(i)和句(ii)除了选词外,都完全相同吗? 图 1 呈现了对这两个小句的分析[13]:头两行中的每个小格代表了小句的组成成分;两个小句的成分数量是一样的。最后一行显示的是个各成分的及物性功能。两个小句的及物性结构相同。

(i):	The teacher	taught	the student	English.
(ii):	Mary	gave	John	a jacket.
分析:	动作者: 施益者	过程:物质: 施益	受益者: 领受者	目标:礼物

图 1　教学与给予相同吗?

图 1 说明,两个小句是相同的。在这个分析中,**教师**和**玛丽**被赋予动作者:施益者功能;两句的过程都是物质:施益;**学生**和**约翰**被赋予受益者:领受者功能;剩下的成分,即**英语/夹克**,被描写为目标。语义上看,一定的总体特征与这些功能相联系。因此,如果过程属于物质:施益过程,那么,动作者就拥有施益者的赋权角色,是礼物的给予者;相反,受益者:领受者拥有的是一个相对回应性的角色来接受被给予的东西;目标则完全是被动的:从一个参与者转移到另外一个参与者,主动性最小。[14]这样看来,语法意义上,两个小句没有什么区别:**教学**是和**给、带给、交给、借给**等一样的行为。当然,其词汇项目的意义并不相同,其中一个区别就是,教学不交易物质商品,而是转移某种**符号商品**:给予是将物体从一个人转移到另一个

人;教学将某些知识、技能或者能力从教师那里转移给学生。

5.1 教学作为物质过程:社会文化论证

看起来有些奇怪,教学怎么能够被视为和给予同样的过程?但是,如果我们看看学校的情况,便可以发现对教学的这种看法并不鲜见,即便在西方也是如此。人们可能已经不再认为,大脑是空容器,教育就是往里边装信息了,但是,对信息单位的聚焦仍然存在;信息如果被视为某种言外之意,将思维延伸,超越现实限制,进入想象之境的东西,就显得颇不平常了。学校的压力逐渐在增加,学校也给老师增加压力,教学要贴近评估的内容。学生在评估中表现出色,学校就能获得荣誉,获得成绩认可或较多资金。如果教育的成功等同于成功地回忆教师所教的内容,那么,通过考试就像开一张收据,表明符号商品安全到达了。所以,答案是肯定的!说我们见到的现象是一个符号商品的转移过程,一点儿都不夸张——同样地,这就是贝特森所描写的零学习(zero learning)(Bateson 1972:283—308);远远不是学习如何学习这么回事。为了保持上述立场,我们用物质商品转移过程来类比教育活动的许多方面。课堂中,要给学生的是**材料**,这些**材料**以何种方式排列从而投入**营销**相当于**材料的包装过程**,要花心思考虑哪一部分在先,哪一部分在后。因此,在发展中国家,有关教学的主流观点是将教学视为传递某种包装好的知识,对此我们不必感到惊奇。另外,教师与学生之间的社会距离(SOCIAL DISTANCE)(Hasan 1973a)比较大:由于学识和年龄的原因,教师是不容质疑的。并且,学生提问、与教师开诚布公地讨论,似乎也不是西方教育的典型特征。

这种解释表明,图1分析中所得出的对教学的普遍观点不能用与真实不符这个理由来驳斥。对于这一与事实相符的情况,其问题在于,它只注意到教学过程中最显而易见的方面。但这也可以**辩解**为,大多数社区中的教学都是一种**机构化**(INSTITUTIONALIZED)的活动,这种活动通常有'多重编码'(multiple coding),也就是说,活动既可以由物质特征表征,也可以由符号模式表征。回顾人类历史,人们往往有意识地组织各种活动,把某些能力素质传授给社区中选定的年轻人。表面上看,各地的活动并不完全相同,但本质上看,某些特征至今仍然存在。例如,教什么,教谁,谁教,教多长时间,在哪里教,这些都是教育的基本问题,多数社区都这样,包括古印度人,古印加人,古埃及人,早期的阿拉伯人。在某种层面上,人很早就认识到,应该悉心组织教育活动,教育年轻人,更新社会的'人力资源'——社会继续存在的必要条件。因此,总是有大量的文化凸显(cultural salience)围绕在社会中的教与学周围,使这一整体转化为被广泛认可的社会机构,并且,这个机构总是受到来自社会的管控。

今天,这一情形也没有很大的变化:我们继承了过去的观念。在许多国家,现在有精心设计,特意组织的机构,以便管理**专业化能力的传承**(the transmission of specialized competences)(Bernstein 1990:183)。根据社会学家布尔迪厄和帕斯隆

(Bourdieu and Passeron 1977)以及伯恩斯坦(Bernstein 1990)的观点,我把这种由社会管控的机构称作官方教育(OFFICIAL PEDAGOGY)。有点复杂的是,尤其是在高度发达的社会,我们的教育机构——被称为平均主义的教育——也有同样的做法:也设计一些方法来决定教什么,教谁,来建立标准以评判谁能胜任教学,以及如何对实际所达到的能力进行评估。[15] 现代社会经济组织高度复杂,教育成绩似乎有了看得见的物质回报:逻辑上讲,学识越高,可能越独立,越富有。尽管有人说,决定你物质财富的不是你的学识,而是你的社会地位和权力(Luke 1996)。

5.2 教育作为可见的社会机构

社会机构是什么?人们知晓一个社会机构,往往是通过其社会实践。**在机构化实践的运行过程中,该过程不同阶段的可见指示物通常和符号特征一起出现**。换言之,它是文化上多元编码的(Hasan 1981,1996b; Cloran 1994):这种社会实践的开展,其大多方面,包括其主体的外观和行为,都是惯例化的。就教学而言,其社会实践发生的场所是由社会来确定的;教学时间如何安排大多数情况下先于教学行为本身并有其自身的表现方式——'铃声'。学习者和教师的穿着明显不同,校车有其附加的规定,等等。这样,可以看出,教育过程似乎被与其他日常活动分离开了。并且,看得见的东西被作为教育的重要组成部分成为一种普遍现象:政府因投资数百万或数十亿做下面这些事情而自豪:修建学校,建立杰出人士委员会(不管他们是否有能力胜任此项任务)来检验评估实施的方式(不一定真正参与实际评估活动),建立网站对**表现差的学校**点名批评,这里,政府所认为的表现差的学校是指学生没有掌握课堂上所教的内容、考试成绩差的学校。[16]

现今,忽视那些可见的教育资源,如交通设施,教学地点,价格适合的教科书等,或者贬低那些不可见的组织机构(它们对巨大的资源进行调动组织,诸如准备教科书,公正地管理评估,制定标准等)的作用,都是不明智的。但所有这些活动都只是通向教育目标的手段;并且,如果把教育的过程看作类似于给予或获得某些物品的过程,那么这个目标一定是没办法达到的。我认为,一般地讲,教育的目标是**要让人们形成某种思维习惯,这种思维习惯使人们能够理解问题的本质,检验解决方案的优点和缺点,从而明辨是非,以社区中人们生活的质量为标准,而不仅仅是以自身利益为准绳**。

6. 语法分析的语法基础

即便我对教育的定义被人接受,[17] 也不足以改变图1中的分析。某种语言单位的语法分析是基于语言的内部关系的。因此,尽管在上一节我给出了一些'逻辑'依据来质疑这种基于流行的社会文化观的教学过程解读,但实际上,接受或不接受这些社会文化观点,都对在语法上正确分析下面这个小句没有多大关系:The teacher taught the student English(教师教学生英语)。为了找到推翻上述分析的依据,我们需要对这两个小句做进一步分析。

6.1 教学是一个物质过程吗？词汇语法的观点

给予和**教学**这两个词的语法规则之间有一个重要的区别,这个区别可以从对它们的目标**夹克**和**英语**的比较中得出。一般而言,过程的目标是直接被小句中的过程影响的参与者:过程总是对目标施加某种影响;如果动作者是做事的人,目标就是做的对象。韩礼德(Halliday 1994a)指出,小句的目标可以用 do to(对……做)来检验,例如句(ii),what did Mary do to the jacket?（玛丽对夹克做了什么?）可以这么回答,她把它(夹克)给约翰了(she gave it to John)。但是,对例句(i),教师对英语做了什么?（what did the teacher do to English?)如果有人回答:'教师把它(英语)教给了学生'(the teacher taught it to the student),多数说英语的本族人都会觉得奇怪。实际上,这种问法本身就有问题！教学过程并没有像给予过程作用于其目标夹克那样作用于英语。具体的区别是什么呢？

要回答这个问题,我们要从词汇语法和它所识解的意义两方面来看。说过程作用于目标,就是说过程会对目标产生直接影响。影响是各种各样的:物质过程次类不同,影响也就不同。尽管系统功能语法对物质过程次类的分析还没有这么细,以下是物质过程几个不同次类的例子,当研究'词,作为最为精细的语法'(Halliday 1961；Hasan 1985d, 1987a；Tucker 1996, 1998, 2007)时,这些例子很有可能是要考虑的。

表1 物质过程类型及其对目标的影响

	例子	物质过程:	对目标的影响
(ii)	Mary gave John the jacket. (玛丽把夹克给了约翰。)	处置:交易	转移给他人
(iii)	He put the book on the shelf. (他把书放在了架子上。)	处置:非交易	改变位置
(iv)	They make good furniture. (他们制造好的家具。)	转化:创造	使其产生
(v)	John broke the vase. (约翰打碎了花瓶。)	转化:分解:部分	损坏
(vi)	The bullet killed the man. (子弹杀死了那个人。)	转化:分解:终结	消失

就**精密度**的初始层级而言,表1中所有小句的过程都可以视为物质过程,但再细分,每个小句都有其他小句所没有的一些系统特征。[18]例如,give(ii)和put(iii)都体现了物质:**处置**这个系统特征;目标只要经历了这个过程,就会改变其位置。这样看,句(ii)和(iii)是相同的。**夹克**和**书**位置的改变在句中都被明确指出来了。但是,再进一步分析,两个过程又有所不同:句(ii)是交易性的,句(iii)不是。尽管两

个目标的处所都改变了,区别却很大。作为交易性过程小句,句(ii)涉及了除动作者和目标以外的另外一个参与者——受益者,而句(iii)作为非交易性过程小句,除动作者和目标外,不涉及第三方。

小句(iv),(v),(vi)中的物质过程都有**转化**这个系统特征。这种过程类型由表达物理变化的动词来体现,物理变化涉及目标所指的实体,目标由名词性词组体现。因此,如果物质:转化过程是创造性的,如句(iv)那样,那么,作为目标的词组指的就是经过行为[19]之后已经/将要产生的某种东西;如果,物质:转化过程具有**分解:部分**特征,如句(v)那样,那么,作为目标的词组指的就是物理结构已经发生或要发生某种外形变化的实体;如果是**分解:终结性**过程,如句(vi)那样,那么作为目标的词组指的就是消失的实体。这么说,就产生了一个问题:如果**教学**(taught)被视为物质:处置:交易:施益过程,而**英语**(English)被视为目标,那么,**英语**(English)作为经历了教学过程的实体会发生什么变化呢?

6.2 句(i)中作为目标的英语

玛丽把夹克给了约翰(Mary gave John the jacket)这个小句逻辑上说明,给予事件发生后,约翰就拥有了夹克,玛丽则不再拥有夹克。但句(i)则不一样,原因有三个,两个与教学过程相关,另外一个与物质:施益过程对作为其目标的名词词组的要求有关。

第一,在英语中,能作过程的主动词,要么是**持续性**(DURATIVE)的,要么是**中断性**(PUNCTUATIVE)的。后者指受时空限制的过程,而持续性动词具有累积的特质,因此它们的持续时间是不受限制的。为此,**喜欢、爱、恨、关心**等所有不体现物质过程的主动词,和动词**教学**一样,是持续性的,而动词给、打、放、听等是中断性的:可以在下午3点27给某人一件夹克,但如果说在下午3点27时张三恨李四就有点滑稽了。教师说她星期三上午10点教地理,说英语的本族人不会认为10点过两分的时候,上课的行为就停止了。显然,动词教学是持续性的,严格地讲,很难确定它是否或者在什么时候已经展开了。

第二,一些预设物品/服务交易的行为,是成对成双出现的。例如买/卖、借/给、给予/获取。我把这种对立对之间的关系称为共生关系,如约翰买了一件夹克,暗示着有人卖给他夹克;吉尔借到一本书,暗示着有人借给她一本书,等等。对立的两个成员就像硬币的两面,没有正面就没有反面,在这些对立对中,一个过程存在,另外一个过程也就存在。一个过程仅仅指'一面',但另一面也必须被认定是存在的。因此,**玛丽给约翰一件夹克**,预设了约翰拿走了夹克/约翰拥有了夹克。借用生物学术语共生关系(symbiosis),我们可以把这种现象称为符号共生关系(semiotic symbiosis)。根据莱恩斯(Lyons 1968:25)的观点,这些词是'逆向反义词'(converse antonyms);我不清楚是不是共生关系是所有逆向反义词的一个特征,但非常明显,在语义上,**教和学之间没有这种共生关系**。尽管动词教和学[20]之间有着极大的联系(7.2节中将讨论)，但这两个过程并不在逻辑上构成对立关系(Hasan 1999b)。如果你说:**我没有卖房子,但是他已经买了我的房子**,这听起来会非常滑稽可笑;但我们却完全可以接受一位慈爱的母亲称赞他的儿子:**我们什么都没有教他;都是他自己学的**。有人可能会说:由于教和学这两个过程之间没有共生关系,因此,这给以教育学生为目标而建立起来的所有教育系造成了一个持续不断的挑战。似乎,这给官方教育系统带来了一个严峻的问题,对此,我们将在第8节对其相关问题继续进行讨论。

上面的分析说明,将**教学**分析为物质过程中的施益过程是有问题的。还有一个证据说明这种分析是不对的。物质:处置:交易:施益过程要求其目标体现为一个带有具体系统特征的名词词组:能充当这类过程的目标的词组一定是具体:可转让的。看看给、借、捐赠等动词,它们经常并毫无争议地体现这种物质过程:这些词所在的小句中的目标,由代表某种具体的可转让的实体的名词词组来充当。但如果这类动词所在的小句中带了一个不符合这个条件的名词词组,尽管该名词词组处于目标的位置上,也不能分析为目标。实际上,体现过程的动词应该说是一种词汇隐喻(Hasan 1987a)。一个著名的例子是: Friends! Romans! Countrymen! Lend me your ears! Or borrowing your expression, I would say... Or well! I was considerably annoyed, so I gave him a decided what for. (朋友们! 罗马人! 同胞们! 请听我说,或者借用你的说法,我会说……哦,我被极大地惹怒了,因此,我给了他一个说法。)然而,英语(English)这个名词词组的特征,不像书、土豆、鞋子或房子那么具体,也不可转让。英语一旦学会,就成了学习者自身的一部分,是言说者不可转让的一个特质,不可能被送给别人,除非,在某种意义上说,言说者的大脑也送给别人了:那么,当说 I taught him English(我教他英语)这个句子时也就不存在词汇隐喻了。

对于教和学来说,英语没有作为物质过程小句目标的名词词组的必要特征。教师可能在教,但不是给予某种礼物,因为英语不能作为礼物。说英语不可转让,不是教师'给'学生的,我不是在暗示:在学习英语的过程中听别人说英语的体验是非物质过程的;或者英语不会发生变化;也不是说教英语对英语本身不造成任何改变。英语是'语言'这个符号系统的一个实例:作为语言,它要不断经历变异和变化;界定语言变体是某种具体变体的特质,或者能够导致以下结论——某种语言的系统已经产生了足够的变化从而使它可以被看作是一种独立的新语言——的特质,是逐渐显现出来的。没有单个人,或单个事件能作为改变了英语或其他语言的那一个人或事件。

作为符号系统,英语是创造信息的一种资源,也是一系列被称为知识的语言数据(见第2节)。知识包含了抽象结构,可能描述的是看得见的现象,如物理学知识,也可能是看不见的现象,如符号——或社会——系统(见前面关于'经验'变成思想的讨论)。知识的成分,如理论、概念、思想、信念、假设等都是以符号的方式创造出来的。第8节中我们将继续讨论英语在教学过程中的符号本质。至此,我强调:你一直在教约翰尼某种东西,绝不等同于说约翰尼已经学会了那个东西。教学过程的语法模式表明,教学与给予的过程是不同的。

6.3 教学和给予的结构潜势

6.2节对将英语作为小句的目标、将教学作为物质过程中的施益过程这种分析作了质疑。本节中,我要考察教学过程和给予过程之间的其他区别。这些区别不是小句间某个具体成分的区别,而是某个小句类型所拥有的结构可能性的区别,[21]即结构潜势的区别。

讨论教学过程和给予过程小句的结构潜势时,我们集中在及物性结构上。正如第4节中指出,过程成分是及物性结构的核心。基于过程,我们基本上可以预测参与者的类型,有时候还能预测环境成分的类型(Hasan 1987a)。在6.2节中,我们说名词词组作为物质过程中的施益过程的目标,要具备具体性和可转让性,英语没有这些性质。另外,基于过程类型,也可以确定哪些成分能够隐去,哪些不能隐去。

表2显示了句(i)和句(ii)的部分结构潜势。左侧一栏是教学过程;其中,右侧一栏是对左侧一栏小句类型的'仿制',一对一的将其成分仿制为相应的给予过程的成分。目的是看看表中的情形是否支持对两个小句进行同一种描述。

表2 给予/教学过程小句的结构潜势

	教学过程小句		给予过程小句
(i)	The teacher taught the student English (教师教学生英语)	(ii)	Mary gave John the jacket (玛丽给约翰夹克)
(ia)	The teacher taught the student (教师教学生)	(iia)	? Mary gave John (玛丽给约翰)
(ib)	The teacher taught English (教师教英语)	(iib)	Mary gave a jacket (玛丽给夹克)
(ic)	The teacher taught (教师教)	(iic)	? Mary gave (玛丽给)

小句(i)和小句(ii)在图1中已经分析过了。比较小句(ia)和(iia)可知,对于小句(ii)中的给予过程来说,其目标夹克必须被明确地体现出来,不能像小句(iia)中那样隐去。实际上,多数言说者都会觉得(iia)很奇怪,没有任何意义,但(ia)是成立的。这意味着,能够教的事物要比能够**给**、**得到**、**卖**、**买**、**借**的事物的范围宽得多。**教师教学生**,没有人会问问题,但如果是**玛丽给约翰**,听话人就会问:给予者给了接受者什么东西?换言之,没有'礼物'/'利益',就没有所谓的受益者。小句(iib)省略了某些东西;基于这些信息量,听话人不知道东西给谁了;但它拥有这样一个假设,即在语言环境中——多数情况下是在上下文语境中——可以找到说明受益者

身份的信息,因此,有可能:Everyone gave John a present. I gave a briefcase and Mary gave a jacket.(大家都给了约翰礼物,我给了一个公文包,玛丽给了一件夹克。)因此,在这个小句类型中,不是因为受益者是完全'可抛弃的';仅仅是因为相关信息是触手可及的,所以受益者是可以被隐去的。最后一行,两个小句也有很大区别。小句(iic)给人的感觉是没有说完,(ic)则没有这种感觉。(ic)很容易语境化,即识解为某种预期行为的语境,例如在 the teacher taught and went back home(教师教学之后就回家了)这个句子中的情况那样。(iic)则不行,看看这个句子:Mary gave and asked to take care of the book(玛丽给并且要求照看好这本书)。即便它出现在一个最理想的环境里,仍然很难说是否多数说英语的本族人会把它理解为 Mary gave the book and asked for the book to be taken care of(玛丽给了一本书,并要求照看好这本书)。不过,(iic)这个结构在某些条件下还是可理解的。[22]

以上讨论的要点是:**给予**和**捐赠**等作为物质过程的小句,表达的是施益过程,其结构潜势与教学作为过程的小句的结构潜势非常不同。这让我们回到了开始时讨论的问题:教学过程是什么过程? 第 7 节将提出另外一种观点。

7. 关于教学过程:观点二

正如第 6 部分,我尝试了提供语法基础表明图 1 中对教学过程的分析是无根据的,因此在这一部分我将尝试提供语法理据来提议对它进行另一种分析。我认为教学是一种**言语**过程。在我的分析中我将再次遵循韩礼德(Halliday 1994a)的观点,虽然这里所呈现的分析在某些观点上需要超出韩礼德(Halliday 1994a)所提供的信息。首先,简要介绍一下言语过程:韩礼德(Halliday 1994a:140)指出言语过程'是说的过程,如在 What did you say? —I said it's noisy in here(你说什么? —我说这里很吵)。但是"说"必须在一个相当广阔的意义中去解释;它覆盖了任何符号的意义交换,如 the notice tells you to keep quiet(布告上说让你保持安静),或 my watch tells me it's half past ten(我的手表显示现在是十点半)'。

跟这一过程相关的三个重要的功能元素为:**言说者**、**受话者**及**言语内容**。言说者功能相当于物质过程中的动作者——即,主动做事者功能;在以上韩礼德的摘录中,言说者分别是 you(你),I(我),the notice(布告),my watch(我的手表);这些词语指的是言语过程所归属的实体(人或物)。第二,受话者功能,是'言语指向谁,例如,tell me the whole truth(告诉我真相),did you repeat that to your parents?(你跟你的父母说了吗?),describe to the court the scene of the accident(向法庭描述一下案发现场)中的 me(我),your parents(你的父母),the court(法庭) 等'(Halliday 1994a:141);这些在某种意义上让人联想到受益人功能,符号商品的接受者。第三个功能称为**言语内容**,跟它最为接近的功能是物质:转化:创造过程的目标。'言语内容可以是**说的内容**;例如,在 can you describe the apartment to me?(你能向我描述一下这个部门吗?)中的 the apartment(部门);在 the manager will outline his plan of campaign(经理将概述他的活动计划)中的 his plan of campaign(他的活动计划);在 the mystery has never been explained(这个谜从来没有被解释过)中的 the mystery(这个谜)。'(Halliday 1994a:141;强调系原文)

就如物质过程一样,言语过程也能假定次类别。比如,韩礼德把'言语过程针对的实体'界定为**对象**;比如在 she always praised him to her friends(她总是向她的朋友们夸赞他)中的 him(他),在 please don't insult my intelligence(请不要侮辱我的智商)中的 my intelligence(我的智商)。就此,他指出一组能够'承担'言语**对象**的动词,比如,praise(表扬),insult(侮辱),abuse(辱骂),slander(诽谤),flatter(奉承),blame(谴责),criticize(批评)等:这些都是言语:目标指向过程(verbal:targeting process)的示例;而且对象并不等同于受话者。这类言语过程可通过涉及言语对象这个特点来识别并且它们通常是非投射性的[23](Halliday 1994a;Halliday and Matthiessen 2004;以及这里第11章)。体现言语过程的最常用的动词是 say(说),ask(问)和 tell(告诉)(与 invite(邀请),announce(宣布),praise(夸赞),accuse(指责)等比较);由此,我们可以把前者视为'明确的'言语性动词就如同给予是交易:施益性动词一样。

7.1 教学作为言语过程

运用与图1相同的策略,我会举出一个言语过程小句,其过程由明确的言语动词来体现,即 tell(告诉)这个言语动词;毫无疑问它属于言语动词。在图2中,并列展现了言语过程小句(iii)和小句(i),后者的过程由动词**教学**体现。对这对小句的分析将在最后一行展示,就如图1一样。我将考察从这个分析中出现的问题和含意。

(i)	The teacher (教师)	Taught (教)	the student (学生)	English (英语)
(iii)	Mary (玛丽)	Told (告诉)	Julian (朱利安)	a story (一个故事)
分析	言说者	过程:言语	受话者	言语内容

图2 教学是言语过程?

根据这个分析,两个小句都有一个言语过程,这意味着每个小句都在识解一个交流性事态,其中双方——言说者和受话者——交换一些意义。他们以言语或者书写的方式描绘过去发生的符号事件;读者或听者通过找出这些措辞(词汇语法)的意义(即语义)来对这些事态的本质进行理解:是语言的词汇语法'再创造'了过去发生的经验状况。这就是当我们说'以词汇语法为其动力室的语言符号系统是交流信息的强大资源'时所表达的意义。在对这些言语过程小句的考察中,我们也将收集一些关于言说是如何在日常生活中工作的信息。

在这两个小句中,言说者功能都由名词词组体现的,这两个名词词组都是**有生命的:人类的:具体的**。但如韩礼德的例子所示,言说者功能的体现并不仅仅限于这类名词词组:信息可以通过其他资源来转达。因此,首先,与特点'具体'相反的是,这种名词性词组可以是**集合名词**:例如,crowd(群众),class(班级),committee(委员会)……;或者是一些**无生命的实体**——可能是人工制品用来作为信号资源,比如,the notice board(告示板),the newspaper(报纸),the report(报告),the book(书),the clock(钟表),the signal(信号)……事实上,任何能够表示符号/措辞的东西都能用来体现言说者功能。另外,再回到经验和信息关系的讨论中,我认为事情,反应,能够通过符号进行说明的动作,比如,笑容,一瞥,看,表情等等,都具有言说者功能,如 her look said more to me than his words did(她的表情比她的言语更能说明问题);the expression on his face told me what to expect(他脸上的表情告诉我将会发生什么);experience has taught me not to trust everyone(经验告诉我不要相信任何人)。显然在全部这些例子中言说者功能和投射是同时产生的。作为言说者,教师和玛丽都属于以上所说的第一类:两者都是有生命的:人类的:具体的。

能够体现受话者功能的名词词组的范围,相比之下,较为有限。我的手表可以告诉我现在是十点半(参见 Halliday 1994a:140),但我不能说我告诉我的手表现在是十点半,等等很多例子都如此。事实上不可避免地,受话者角色是由有生命的:人类的:具体/集合名词词组体现的,如 did you ask the applicant any questions at the interview?(面试时你问了应征者什么了问题吗?)中的 the applicant(应征者)和在 she asked the class to be careful with the maps(她叫学生们小心地使用地图)中的 the class(学生们)。在一些明确的环境中,动物(特别是宠物)可能被赋予这一功能,如在 when I tell my dog to sit, he sits down(当我让我的狗坐下时,他就会坐下)中的 my dog(我的狗)。这种关于受话者本性的限制具有重大的意义,接下来(在第 8—8.3 部分)我会再回来解释。受话者功能在(i)中被赋予给了学生,在(iii)中被赋予给了朱利安,两个名词性词组都具有有生命的:人类的:具体的特征。

能够体现言语内容功能的名词词组的范围是受限最少的。在(i)和(iii)中言语内容分别是由英语和一个故事体现的:对作为言语内容的符号实体的选择是相当平常的,正如 Mary asked him a question(玛丽问他一个问题)或 he teaches composition to the freshmen(他教新生写作)。这里使用的两个过程既允许在小句中选择言语内容,同时也允许投射,比如,the teacher taught the student how to write a report(教师教学生如何写报告)(参见小句 i),及 Mary told Julian she was going to be out in the evening(玛丽告诉朱利安今晚她要出去)。对于投射的内容的限制比对言语内容的限制更低。后者可以通过表征某种由符号构成的东西的名词词组体现,或通过表征某种由物质所指构成的东西的名词词组体现,这种物质所指在某种意义上构成部分事态。例如,he promised me a prize(他答应给我一件礼物)。这句话可以扩展为 he promised "I will give you a prize"(他答应说"我将给你一件礼物")或者 he promised to give me a prize(他答应给我一件礼物)。

对教学作为一个言语过程的分析看起来比将其作为物质过程下的施益过程更加令人满意。跟图 1 中两句的分析不同的是,这里每个小句的成分具有小句结构成分所要求的特质。在表 3 中,我给了一个比较图表关于教和告诉的过程结构潜势。

表 3　教学过程小句和告诉过程小句的部分结构潜势

	教学过程小句		告诉过程小句
i	the teacher taught the student English (教师教学生英语)	iii	Mary told Julian a story (玛丽告诉朱利安一个故事)
ia	the teacher taught the student (教师教学生)	iiia	Mary told Julian (玛丽告诉朱利安)
ib	the teacher taught English (教师教英语)	iiib	Mary told a story (玛丽讲了一个故事)
ic	the teacher taught (教师教)	iiic	Mary told (玛丽讲)

这两个小句的结构潜势相互平行且没有任何不同。(ic)和(iiic)都听起来有些奇怪。但是,(iiic)原则上比表 2 中的(iic)问题少一些;事实上,一个小句如 Mary won't tell(玛丽不会讲)或 Mary might be able to tell(玛丽可能会讲)不太可能使人感到异常,虽然,为了说得通,它一定预设了一些合适的上下文的存在,这对(ic)来说也是事实,就如之前(6.3)中的讨论所显示的那样:(ic)和(iiic)都不可能是对话的开始,但是比较的重点在于简单地找出,当用言语过程小句的方法进行分析时,两个小句在它们能够获得的可能性上是否是相似的,并且,似乎与之前在 6.2 部分讨论的情况不同,这里的答案是'肯定的'。显而易见将教学作为言语过程的分析是更加被词汇语法关系认可的。

在接下来的部分,我将讨论言语过程小句结构中一些成分关系的重要意义。这个考察将揭示言语过程小句在意义上与其他小句类型是相'关联'的,而这种关联方式在理解教学的性质上非常重要。这个讨论将带领我们跨越对小句内部结构的考察,转向对另外一种过程类型及其他结构元素的思考上。

8. 言语、言说者、受话者和言语内容

虽然英语语法描述得很好,但仍需要从这个简单声明开始,即对大部分过程类型的词汇语法描述,包括言语过程,仍然需要更加详细的分析。在以下的描述中,

我的重点将放在一个言语过程的各种元素的意义上，[24]希望这个考察能让我们理解教与学的过程的复杂性——理解这一点是任何教学功能理论的中心问题。

8.1 理解言语过程的本质

先从过程成分讲起，从广义上将，它包括'任何种类的意义符号交换'（Halliday 1994a：140），这就使得所有的符号互动经验都被纳入它的轨道。这些过程对社会带来的不同在社会科学里是不言自明的，但造成这种不同的可能性取决于对所交换的消息进行理解的可能性：正如之前所指出的（参考以上第二节）：要使之有用，符号经验必须内在化，也就是说经验者必须理解它们。

现在理解/领会/诠释活动——不管你如何称呼——都是脑力活动，且他们是人类意识形成的中心，即思想的形成。面对任何新的经验的时候，无论它是符号的或是其他的，这些活动都是自然地由人类来从事的，[25]并且，自然地，世界各语言都有词语来指称它们。系统功能语言学者将这些词语归类为**心理过程**（Halliday 1994a：112—119；Halliday and Matthiessen 2004；还有本卷第 11 章）。由此，如果认为言语行为和意义**理解**之间有某种语义上的关系的话，那么就非常有可能得出以下结论，即言语过程和心理过程是通过某种符号逻辑联系起来的。那么，这个逻辑的本质是什么呢？

简而言之，两个过程间基本的关系就是两者共同工作。因为一个言语过程要起作用，心理过程也必须出现从而对言说过程进行某种具体的校准：我将这种言语过程和心理过程之间的关系称为符号协同：作为一种符号关系，它与符号共生的关系有着明显的不同（6.2 节）。共生的关系存在于属于同一主类别过程的成员之间；这与协同关系不同，后者将两个不同的主类别过程放在一起。虽然，为了达到效果，言说必须被理解，但是并不是所有的言说行为都必定被理解。那么第一个最大的不同是：在协同关系中，一个过程，如告诉，并不一定暗示另一个过程，如，理解——在这方面，这一关系完全不同于买/卖，借出/借入之间的关系……在告诉/理解之间，并不存在这种必然性，只有一个基于可能倾向的期待，这个期待允许我们做出以下声明，即言说行为之后通常会伴随着听者/读者的理解行为。最后一句说明了第二个不同：与买/卖不同，符号协同中出现的是单向依赖：对言说的理解逻辑上依赖于言说，但不是以一种因果关系的方式。言说并不确保理解；它只简单地为理解过程的方向提供了一个符号对象作为焦点。也要注意在传递过程中，如果言说者在没有前理解的情况下言说，那么言说的质量就会被影响。在某种程度上，心理过程是言语过程的中枢，虽然它们之间没有必然的逻辑关系。第三，**理解**过程是**知道**过程的核心部分，尤其当知道的对象仅仅是**可理解性的**（intelligible），即，对象并不是通过五官可感知到的。意义、想法、含义、信念、理论及其他这种通过符号来识解的'对象'都属于这一类；他们不是被感知出来的，即，不是通过感官来理解的；他们只能通过被理解才能被知道。也就是说，协同可以看作是第一对儿行为的延伸,即,从'言说—理解',到一种过程三联体'言说—理解—知道'。注意,如果有人说 I understand what you are saying but I don't know what you are saying(我理解你在说什么,但是,我不知道你在说什么),[26] 这是荒谬的,但是如果有人说 I don't know (the meaning of) what you are saying because I can't understand a word (of what you are saying)(我不知道你想表达什么(意义),因为,我不能理解(你所说的)话语)则是很有道理的。

现在我们来看**最后一点不同,买/卖**这类动词指的是有清楚结束点的行为;相反,理解行为以及知道行为并不显示这种确定性——也就是说,这些行为缺乏一个明确的结束点,因此这个阶段并不如**卖/买、给/拿、借出/借入**……这些情况那么容易识别。用萨丕尔(Sapir 1944)的话来说,理解和知道都**内在地具有可分级性**[27]:一个人可以**完全不**(not at all)理解某事物、理解**一点**(a little)、理解**很多**(quite a lot)、理解得**很好**(very well)、**非常好**(perfectly)等等;这同样适用于**知道**过程。我尝试性地建议,事实上,把主动词**理解**和**知道**视为内化过程的不同阶段可能会更好一些:知道这一心理行为是理解在某种程度上的一个有望实现的可能性。当内化的意义被融入认知框架时,知道就出现了,并允许使用者对它进行主动地回想和使用,以一种不同于那些他们已经遭际的东西的方式。

在结束本节前还需要提一点:用来例示语法的小句所识解的情景是真实生活的苍白拷贝:生活中有关言说操作的一个重要方面是言说者和受话者(人类言说者和受话者)之间的可逆性;在真实生活中,多数受话者都会承接言说者的角色——通常在同一互动中,如果这一互动是对话性的——并且多数言说者也会反过来'成为'受话者。协同关系既是言说这一言语行为的中心又是接受这一心理行为的中心:回忆一下,我们首次非正式地提到协同概念(2.2节)是在描述经验、信息、互动(即符号经验)和理解(即一种心理行为)的螺旋关系时。可逆性是持续互动的一个重要条件。

8.2 言说者、受话者和言语内容

对符号协同的讨论揭示了有关言语过程的诸多方面。言语过程是复杂循环的一个重要部分,在这个循环中,理解/领会,即,理解消息的心理行为是必须与记忆和知道联系在一起的,这一点,考虑到角色可逆性原则,是社会主体成为具备社会文化历史意识的社会文化适应成员的必须条件。**只有在受话者的意识能作用于传递的消息上时言语过程才会作用于受话者**——不管消息是公开的或是隐藏的,不管是以言语内容的形式呈现还是以投射的形式呈现。这个观点强调了言说者、言语内容和受话者之间紧密但却不同的关系。让我们开始讨论受话者。

前面(第 7 节)说过通常受话者角色必须被赋予在有生命的:人类的实体上。如果要赋予其他实体该功能,甚至包括非人类的动物,就需要一些特殊的环境。你的手表能告诉你现在是十点半(参见 Halliday 1994a:140),但是你却不能问你的手表现在几点。即使和更加高级的电子机器交流也要比和年轻小孩交流要求更高;如此所有说的行为都在语义上暗示着具有人类意识的受话者,这将会打开人类典型的一系列心理反应。因此维持符号协同关系意味着,如果要成功地继续交流,受话者必须接受和言语内容的某种特定关系。图3尝试将两种过程类型的关系展现出来。

	言说者	过程:言语	受话者		言语内容
(iv)	Mary (玛丽)	has told (已经告诉了)	Julian (朱利安)		The story of the Red Hen(红母鸡的故事)
(v)			Julian (朱利安)	knows (知道)	The story of the Red Hen(红母鸡的故事)
			感知者	过程:心理	现象

图3 受话者与感知者之间的隐蔽关系

  图3的第一行展示了小句(iv)Mary has told Julian the story of Red Hen(玛丽已经告诉了朱利安红母鸡的故事)的结构,这是小句(iii)Mary told Julian a story(玛丽告诉朱利安一个故事)的变异体。作为一个言语过程类型的示例,他们之间没有什么区别,尽管它们的部分组成成分有一些不同。因此它们的结构元素是相同的(比较图2最后一行与图3第一行)。在两个小句中,**玛丽**是言说者,过程是是由动词tell(告诉)的相应形式体现的言语事件,受话者是**朱利安**,同时两者的言语内容指的都是**故事**,虽然在(iii)中这个故事没有一个明确的实体,而在(iv)中却有明确的限定。图3中的第三行呈现了小句(v)Julian knows the story of Red Hen(朱利安知道红母鸡的故事)。这个小句与之前分析的小句都不同;这是一个心理过程小句,图的最后一行显示了它的结构;这里**感知者**功能由朱利安体现;过程是由动词know的相应形式来体现的**心理:认知**过程,而**红母鸡的故事**则体现**现象**功能,形成心理过程的焦点。

  图3的两个小句形成了某种'微型描述'(mini recount)——互动事件和它的后续。注意在第4栏中,我们见证了这种协同关系,受话者转型为感知者,它的工作是理解言语内容;进入这个过程使得言语内容变成现象,即,附属于心理过程;意味着**如果一切顺利那么言说者所说的必须成为受话者的知识**。要注意的是在这个微型描述中缺少理解或领会行为。如果把它包含在内则可能会产生以下描述:(iv)玛丽已经告诉了朱利安红母鸡的故事(iva)[并且]朱利安已经理解了红母鸡的故事(v)[所以]朱利安知道红母鸡的故事。[28]

但是，如果(iv)中的[并且]和(v)中的[所以]变换位置的话，那么小句的顺序就显得有问题了。这点很重要；它告诉我们，理解行为——作为领会所说内容的必要步骤，我们在很大程度上对它是无意识的。在真实生活中，我们认为某人所说的转化为另一个人的知识是一种'自然而然'的事。大部分人类交流的成功不需要意识的间断来进行理解行为，这一事实支持了这一印象——言说可以毫不费力地被转化为知道，这使得中间的心理过程非常容易被忽视。以教学语境作为参照点，以下我将简单讨论受话者'转化'成感知者的重要意义——以及它对课堂活动本质的启示。

8.3 受话者作为教学语境中的感知者

毋庸置疑教师在教室中扮演着积极的角色：她是主要的执行者。从意义上看教师发起的活动，很容易得得出在多数情况下其目的是传递一些信息。最直接的输出是话语，预定的目标是教导从而引发学习者的能力。从这个角度讲，教学主要是一种符号行为模式。

尽管如此，言说和感知之间的协同关系告诉我们这样一个事实，即教室里的工作是有系统分工的。教师理所当然的是教导性信息的来源，但，说出来的教导性信息如果要'达到效果'，那么学生也要以某种方式积极配合——即作为这些信息的感知者。他可以是预期的受话者，但在不发挥理解力的情况下他不能'接收'信息；学习教师所传授的专业能力的一个条件就是学生要准确地在教师所说的内容上发挥理解力。事实上，如图3所示，学生与教师之间的真正关系是以言语内容为连接的：作为认为应该懂得言语内容的人，是言语内容将他们联系在一起。我们可以超越'传递知识/能力'这个课堂活动的中心，进一步指出，在更广阔的教育环境中，是学生'处理'言语内容/信息的不同变体的不同方式造成了他们学习生活的不同。从这个角度讲，教科书的陈述，教师的课堂话语，复习中的阐述和说明，评价理解程度的练习，所有这些互动都代表了言说内容的各种形式——无论是对学生所说的还是学生自己所说的：学习者的大部分生活都是沉浸在话语之中，这需要学生的脑力劳动。因此，教师不是一位施益者免费给学生礼物——如之前的分析（参见第6节的讨论）；如果是有一份礼物的话，学生必须努力去接收它。对我们所有人来说，这种脑力劳动，如第2节所论证的那样，是获得信息/学习/知识的一个条件。

现在，心理过程是以自我为**基础**的：这意味着与言语过程中某人告诉/寻问某人某事不同，心理过程是不涉及除感知者以外的人类参与者的，除非这个人作为现象出现。一个人不能理解/学习某人某事。对这种情况的一种解释是将理解责任单独放在学生身上。对学生持这种印象是大多数教育系统所习以为常的。在考试得分所附着的特权下，参照学生的智力、能力、才能对学生进行等级划分表明成功的责任在于学生自己。在这个讨论中极其相关的问题有：(a)人类智慧的起源是什么（参考 Vygotsky 1962, 1978 的观点）；(b)符号经验在这个起源中扮演什么角色

(参考 Bernstein 1971；Cloran 1994；Williams 1995；Hasan 2009b)；(c)心理过程质量的变化有可能吗；以及(d)如果有变化,以何种方式(这里参考关于基于语类的教学法的报告,例如,Martin 1986,1989；Martin and Rose 2003；Christie 1991, 1999；Christie and Martin 2007；Williams 1998,2000,等等)？

以上提出来的不是新问题,问题的答案也并不是没有被考虑过。相反,正如本卷所表明的那样,这些问题已经被知名学者多次提出来过；这些问题已经开始被考虑了,代表资助机构的研究管理学者已经允许了对这些问题的研究。对这些问题的重要的,综合的,纵向的研究与教学提高之间是具有相关性的,这一点是不能被质疑的。鉴于这些事实,一个最重要问题是：为什么没有经费来解决这些问题呢？就澳大利亚这些年的情况而言,为什么拿上亿英镑来搞学校建设会被认为比增加经费来理解语言过程在教育中的地位更重要呢？今天,在社会所评估的所有资源中,人类心理过程质量的发展显得最为不重要。每次,当我们将责任置于学生身上时,事实上,我们也在强调社会的责任,因为学生作为社会中不断成长的一员——通过发展人类潜能——体现了社会的运作机制。新生儿带给世界的东西是可塑造的；正如很多学者所指出的,它在很大程度上是由社会塑造的(这里我们简单列举一些,Lewontin et al. 1984；Greenfield 1997,2000；Vygotsky 1962,1978；Luria 1976；Bernstein 1971,1975a,1990,2000；Halliday 2003,2007a,2007b；Halliday and Matthiessen 1999；Matthiessen 1993；Hasan 2005,2009b；Bateson 1972；Mead 1934)。

8.4　教学语境中言说者与言语内容及受话者的关系

通过强调消息(即,一种或另外一种教导性话语)和接受者(即,学习者,一个需要努力学习如何去获取所需技巧和专业技能的学徒)之间的关系,上述话语使我们再一次回到对教师的探讨上。在课堂上,教师所承担的主动角色主要是扮演言说者,作为言说者以及信息的来源,她是对言语内容——即在给定语境中通过教导的方式所说的内容——负责任的那一位。不足为奇的是,她也被认为是教育系统中问题的来源。然而她并没有像对教师权利的描述可能暗示的那样可以自由决定任何事情。以教导型信息的内容为例：正如伯恩斯坦的概念'再语境化'(Bernstein 1975b,1990,2000)所表明的那样,选择'材料'的第一阶段是在别处完成的。那个地方也是决定课程体系其他元素的地方：对初始再语境化负责的机构不仅要决定以教导的方式说什么,同时也要决定什么时候说,对谁说。这个过程是神秘的,而且真正走上教学岗位的教师大多数都不在这个'决策圈'中——在'新兴国家'中尤其是这样。

即便这样,课堂的言语还是主要掌握在教师手中；因此说了什么在真正意义上成为了她的责任。消息的接受者必须投入脑力劳动是事实,但这种劳动是作用于所提供的消息上的,且消息的质量在决定能产生什么意义上起决定性作用。人如何判断'消息的质量'呢？话语语境的参数在其他任何场合都是一样适用的：这其中包括对教师语言的判断，通过参照(i)谁准备做什么，这在很大程度上决定了内容，(ii)还有谁包括在内，以及(iii)消息是如何传递给受话者的。以下是对前两个问题的讨论。

8.4.1 教导性消息的内容

就第一方面而言，首要问题是某种知识领域的介入，对学习的促进，努力提供能够被学生理解并掌握的符号经验。再说一次，没有人能教她们不懂的东西；而且她们懂的程度直接与她们通过'教导性'话语说什么相关。这里再一次在很大程度上，可以说，决定权被从教师那里拿走了。并不是有关教师正确行为的'在岗'守则使得这种情况产生，虽然那也是一个因素。然而在这里，多数情况下，重要的是教师也要被教会她将尝试去教的知识技能：正是那个教育经验'制造'出她的教师身份。换句话说，她是如何受教育的与她将要说的，以及她将如何在课堂上对消息的内容进行组织有很大的关系。

因篇幅有限，我将忽略该问题引起的巨大讨论，而在最重要的问题上进行简要评述：对于那些学习教授一组特定科目而非其他科目的教师而言，对教师在学习和理解方面的要求有非常显著的不同。比如说，没有人会让一个人在数学或物理，或地理，或人类解剖学课堂上肆意而谈，如果没有证据证明他们在所要求的领域拥有足够的知识的话。这与几乎毫无明确知识要求的科目是完全不同的，比如说教人类学和社会科学中一些科目，特别是对那些准备进入教学早期阶段的教师。如果有什么要求的话，那么对老师的要求通常是适得其反的。这项任务的复杂性通常是被低估的。由于语言教学是现阶段讨论的重点，我将以语言为例来分析这其中的原因。

对韩礼德（Halliday 1980）的理论稍作变化，这里至少可以从三个方面考察课堂上语言的参与：(i)教语言，(ii)教有关语言的知识，以及(iii)通过语言来教。第一种情况严格来讲是教会学习者说语言。这一目标在不同的语境中有不同的意义；在学校学英语，当你的母语就是它时，其意义不可能是关于为了学会在每天的日常语境中说该语言；对于这一点，幸好无需官方教育的帮助。所以这必须是关于其他方面的：它可以是关于说'合适的英语'，关于能够读和写，关于能够追求高等教育，以及/或者关于成为社会有用的一员。而在学习语言的语境中，比如，英语作为外语或第二语言的语境中，目标又会发生变化。一个人可能是为了'装点门面'的目的——为了在说英语的国家更好地享受旅行生活，由于英语在全球的地位，这一目的占有很大的比例！但是今天，学习另外一种语言——通常是英语——和学生的志向有很大的联系：为了高等教育/国外培训（包括生活在别的社区中），为了国内竞争性的高等教育。在这些情况下，学习者必须学习母语说话者从小就学习的东西——即日常语言——但也包括高等教育所需的附加元素——即语言的专业化形式。因此今天我们比以往更加需要强调任何语言的教学都需要理解关于语言的普遍知识以及关于所教语言的特定知识。我们需要同心协力打破这个谎言,即使生活在今天特别是'新兴的国家'里,即母语说话者天生就知道该语言的知识;这显然不是事实;知道一门语言——即如何说一个令人满意的语言变体——并不能授予人们有关该语言的专门知识,就如同呼吸并不能证明人们具有关于呼吸器官生理机能和功能的知识一样。

教语言的能力,无论是母语教学还是其他语言教学,都要求某些特定的理解:它要求对语言内部结构的理解,语言意义如何识解,词汇语法在这其中起了什么作用,语音——言语模式——以及书写——文字模式——在用词汇语法识解意义上有什么关系。理解语言意义的本质——比如,语言意义并不是封闭在单一词语里的,它是随着语言在语境中的使用而变化的,以及每个通过语言识解的意义都会带来若干隐含的意义——这些问题对语言的教学,以及对揭示语言在人类生活中的重要作用都是非常重要的。第二,它也要求对语言与社会的关系进行理解,因社会中内嵌了语言变异以及对这种变异的评价;语言的多样性,不管是根据使用,即语域/语类,或者根据使用者,即口音、方言以及意义变异,都需要被理解。因为对变体的大部分社会评价并不是关于使用中的语言,而是关于社会使用以及使用者对他们身份的社会适应。通过列举这些事情,我并不是说教师要在课堂教所有这些东西;我的意思是这些专业技能可以让教师自信地决定这些信息的哪一部分在哪,对谁,在什么阶段是适用的,以及这些信息如何恰当地构建成教导性话语。遗憾的是,今天,即使是在发达国家里,这种理解也并没有构成一个语言教学的必要要求,甚至连苍白的拷贝都不是!

第三个方面——通过语言来教——在某种意义上适用于整个教学工作:专家主要通过使用语言来传授她专业技能的奥秘。举数学作为例子,最高级的'语言'已经发展起来去编译数学意义(O'Halloran 2007)。即使如此,在教授和讨论数学时,人们仍然需要使用'自然'语言。这意味着,理想地来说,任何学科的教师都应该具有驾驭该学科不同语言变体的经验:就语言在其中的应用而言,物理学的讨论会是什么样的呢,它与教科书上的语言有什么相似的地方,口语表达与讨论或者专家在相同现象上的理论书写有多少相像的地方?专家写进他们书里的报告是怎样的,它与学生被要求写出来的报告有什么不同,以及该报道与学生可能写出来的论文有什么不同等等。引入这样一种横跨课程体系的语言理解可能是通过提高教师的消息质量来提高教育质量最重要的一步;它甚至将促使教育神话成为稍微接近现实的平等主义系统。

8.4.2 与受话者相关的教导性消息

当我们对消息进行判断,指出教导性消息的受话者是谁时,我们会发现,教学话语本身是发生在教室里的。让我们从一个明显的观察开始,即互动者之间的消息交换对他们的生活有某种重大意义:对活动/话语/语类的'目的'(aim)、'目标'(goal)、'意图'(purpose)这些术语的讨论(Hasan 1981, 1985g, 1999, 2005,

2009b；Martin 1985，1986，1992；Martin Christie and Rothery 1987）见证了意义交流所达效果的复杂性。因此，一般来说，言说者对受话者通常是高度敏感的，反过来，听取消息对受话者来说往往存在一种利害关系。其中，在言说者考虑他们的受话者时，有一个类似利己主义的成分存在于其中。总的来说他们不希望他们的话语'随风而逝'，言说者会花费力气来使消息具有可获得性，这是非常合理的；一方面言说者会通过确保它能进行物理性传播——教师关心维持课堂秩序的一个理由——来在物质上实现它的可获得性，另一方面，且同等重要的是，言说者也需要确保消息的措辞不会成为一种符号障碍：它至少会在受话者努力理解消息的中途与他相遇。为了达到这些目的，只要有可能，言说者就会将受话者看成是一个具备某种具体能力、理解力、倾向和需求的人；简单地说言说者必须要对受话者的社会身份有一定认识。言说者—受话者关系的这一方面打开了另外一个大型讨论，这个讨论没有办法在这里探讨；但是有一点值得注意，即相同言说者—受话者在相同或不同领域的反复交流会产生相当小的社会距离[29]（Hasan 1973，1980，1999），从而允许言说者精心制作达到交流需要的消息。

　　教师—学生的关系在很多方面呈现出一种异常。我不知道任何来自课堂的'民意测验'，但是一个明显引起质疑的现象是代表受话者这一角色的多数学生——特别是在小学后大学前的阶段——表现得好像理解交流意义对他们来说存在着一种利害关系似的。一个重要的理由可能在于教育系统所概念化的教育的长期目标和青少年/年轻成人——现在经常被认为是交易中的'顾客'——的短期利益之间的距离。因此这就需要'以学生为中心'：我们被告知，教导必须'以学生为中心'，这是那些尝试告诉我们如何在教学中获得成功的人之间的共同说法。但是，学生会在教室里大多是因为，在一个健康公正的社会里，学习是人类的需要，并不是一个奢侈——尽管在这么小的年纪学习者可能不会认同那个目的。因此以这样的方式去改变教导性消息，以至于学习成为第二或者迷失在'好玩'中，就是在否定这个意图。人需要的标语是使得学习对于大多数学生来说最大程度地有趣味。使消息有趣的并不存在于消息本身之中：它存在于消息与消息接受者的关系中。因此最重要的问题是如何使整班同学对学习的东西感兴趣，如热传导的原理、食物链、雨周期、血液流通、硬币的价值、或者英语动词在句子中起什么作用或者人称代词的功能。很明显，为此，教师必须要'知道'她的言语对象！

　　在这里，教师与学习者社会距离的产生这一问题就变得很重要了：一般来说，随着言说者和受话者之间的社会距离的减少，他们基于某一行为的相互理解会增加。教师们确实在和同一批人进行互动；但为什么社会距离没有减少，或者说得不专业一点，为什么他们没有知道对方多一点呢？这在很大程度上可能是因为教师要了解那么多不同的听者。对一位言说者来说，一条消息要满足一个即使只有二十位学生的班级也是一个相当大的挑战，但，即使是在进步国家，这个数目一般也都是被超过的，更不用讲巴基斯坦这类国家了。没有人会提出教师对学生的比例为一对一的系统,但是我们可以去创造资源,在那里更多的时间被投入到真正的讨论中,在那里讨论比'分发信息'更加重要,这绝对是可取的。虽然真正的目的是告知,但这更可能发生在当这些经验是学生可参与的经验时。隐藏在这一问题背后的是官方教学是如何实施的,谁来决定社区的物质资本被投入到哪里才是关键的及为什么。教育需要资助来让教师激发社区中年轻一代对学习的热爱,而拒绝给予教育这种资助的政府最终将导致一个不能够进行理解、辨析以及创造的国家并进而走向消亡。要理解学生在课堂上接受教导性消息的方式,教师不仅需要能够'呈现'精心准备的与某一主题相关的信息——这是一个必要条件但它并不足以让学生投入课堂——她也需要能够和他们交谈,去理解他们在理解信息过程中可能遇到的问题,简单地说,去构筑一幅描绘他们的具体能力、理解、倾向和需求的图画。目前看来,在课堂交流中,事实上,教师和学生同样被要求面临一个挑战,这个挑战是其他任何交流情景都没办法带给言说者和言语对象的。建立委员会和点名批评网站来改善学校的业绩,事实上在很大程度上偏离了其宗旨:通常,不是学校而是政府辜负了学生;最终的责任在于他们。

9. 结论

我意识到,我们在这里对教学过程所做的讨论远不能凸显教育系统中的许多核心问题——别人是如何看待它的、这些不同的看法与现实有多紧密的联系、它们的短处是什么,等等。但是其目的并不是要呈现一个对教育系统的全面描述。而是首先表明词汇语法的分析并不是关于一些用来掌控言说者该说什么或不该说什么的'法则'。最终,言说成为一种游戏,在这个游戏当中实践才是检验的真理:交流的需要意味着交流要能够被理解。如果一个人想要教语言就需要懂得该语言,懂得其形式起作用的方式。我希望我已经证明了是什么决定某些语法分析是否'符合事实'。我们对教学的不同语法分析观点进行了探讨,在我的陈述中,对语法的讨论主要来自于对语言词汇语法组织结构的考虑。这并不是为了控制普通人的行为而遵守规则。当说到语言的时候,只存在事物是如何用语言完成的而不存在其他什么法律权威。我证实了社会文化'事实'并不是语法分析正确与否的决定性因素。我们对世界的大部分理解都取决于我们的语言如何向我们呈现'这个'世界。因此从'现实'出发进行讨论只不过是揭示在社会中什么信念系统在起作用的一种办法;研究小句语法并不一定是好方法!虽然对语言的某些重要方面进行语义探究可能会推动更深一层的语法分析,但这种要求进行语义探究的声明必须由语法模式来赋予其有效性,原因就在于语言意义并不是独立于语言形式运作的一种存在。我已经指出,教学作为一个言语过程其含义并不是被大多数社会的教学实践所完全认同的:这是对教育系统的社会声明。认为教学是一个言语过程的声明是一种语法声明;这一声明被支持与否是通过探究动词教学能展现什么模式来决定的。

我在阐述的一开始就指出我们生活在信息时代。我尝试表明语言为创造可交换的信息提供了最重要的手段。如果一个人希望教会她的学生成功地进行信息交换,在没有理解语言的形式是如何让你能够通过使用语言来施展很多行为之前,这是不能成功的。读写能力(literacy)是一个时髦术语,但是有读写能力也是语言教师最重要的追求——一个相当重要的原因是读写能力(被解释为理解能力)不仅与语言学习有关,而且与学习一切东西有关。读写教育就是教学生如何充分理解语言意义;是要超越通过思考所说内容的含义所获得的信息。这种思考不仅要处理字典里的词语意义,或仅仅是一些句子、段落或语篇的初步词汇语法分析中的词语意义。我认为,当读写能力能使人们对分析所'言说'的推论意义进行探究时,它就发挥了其全面效应。从词语字面意义中推断出来的意义,同其他素质形式一样,如认知能力和行为素质,也是语言系统的一部分,而且和语言教育相关。我从这些通过推断所得到的信息转到对这种意义的含义的讨论。教学作为言语过程意味着什么,如果其重要意义被理解并被奉行,对此我已经提出了一些列问题——这就是读写教育的一个方面,这种读写教育在我看来代表了我称之为反思读写(Hasan 1996b,本卷第 5 章)的读写概念,并不是代替认知或反思读写,而是作为社会成员负责的受教育行为的最高点。学习并不是事实的复制虽然事实很重要。因此,就教学这个词的真正意义而言,如果教学要想与学习有任何关联的话,那么我们必须抵制来自各方面的要将教学降低到机械状态的力量。

注释

1) 2005 年 9 月 21 日—25 日在卡拉奇,拉合尔,木尔坦(巴基斯坦)召开了 SPELT 年度国际大会,纪念巴基斯坦英语语言教师协会(Society of Pakistan English Language Teachers,简称 SPELT)成立 21 周年。本章的内容是基于大会上本人所提交的同一份大会发言的三个不同版本的注释而写成的。对教学进行语法分析的首次提出是在 2004 年 7 月,在香港大学的一个教育学部研讨会上。

2) 为了避免可能出现的歧义,我将用男性代词指称婴儿,用女性代词指称护理者。

3) 大部分的人类经验是融合符号和非符号现象的。这里,我们对它们进行区分是因为,在一些情况下,纯粹经历其中一种或另一种的可能性是存在的,比如我这里所提到的那些,正是这些现象促成了这一重要问题,即它们是如何被内化的。

4) 在使用'类似于符号中介'这几个词语时,一方面我借用了维果茨基的概念,另一个方面,我尝试对其范围进行了扩展:正如我所理解的那样(Hasan 2005;以及本卷第三章),维果茨基(Vygotsky 1962,1978)用这一术语指称通过对符号——大部分是语言符号——互动的内化来形成思维的过程。这里我想说的是,对任何社会经验的内化都依赖于某种中介行为,并且,这一行为必须与用词语对意义进行中介的过程类似。

5) 需要承认,虽然通常很难分清是人的责任还是机器的责任,如发生在切尔诺贝利的指令错误或发生在阿富汗的误杀,后者杀死的是无害的平民而不是敌人。

6) 当说到这一点时,需要记住维果茨基的观点,即通过社会发生人类大脑转化为思维——高级心理机能发展(Vygotsky 1978;Hasan 2005)。

7) 当然,物质现象经验是直接作用于感知的,包括个人的疼痛、愉悦、悲伤和好奇等经验,它们具有一种形象感,这是符号识解所不能媲美的。同样地,一旦离开它们所发生的情景背景,就只有当语言能够正确描述这其中的任何感觉时,这些形象的经验才能被传递给另一个人。

8) 从这个角度看,猛烈的肢体性对抗显示的是一种过去时代的行为和思考模式,在那个时代,体力优胜于脑力,技术比智慧更重要。

9) 这里所呈现的信息是具有高度选择性的:我只集中研究了那些与'教学'过程的分析相关的方面。

10) 在 SFL 中,小句指的是由词组/短语组成的语法单位,作为在一套系统网络(如语气、情态、及物性、主位、信息焦点等)中进行选择的出发点。详细内容请参考韩礼德(Halliday 1994b),韩礼德和麦蒂森(Halliday and Matthiessen 2004)。对于剪短的定义和例证,见麦蒂森等(Matthiessen et al. 2010)

11) 关于元功能的文献有许多,可参见韩礼德(Halliday 1970a,1979);麦蒂森(Matthiessen 2007)等。对于这部分的简要介绍可参见本卷第 11 章和 12 章。

12) 韩礼德(Halliday 1976a)也用了关于这个动词的及物性分析,从这些成分的含义与教学这个社会过程的关系上来考量它们被赋予的语法功能。然而,在我的分析和韩礼德的分析之间至少存在三处重要的不同。(1)我使用的及物性分析是较新的版本,是基于韩礼德 1994 年(Halliday 1994b)的进一步研究;(2)韩礼德呈现了对教学(taught)作为物质过程的三种可能性分析,刻意回避了对它们语法特点的任何讨论;本文提供了仅一种有关这一动词作为物质过程的分析,并尝试揭示为什么这一分析在语法上是不可取的;(3)除了对教学作为物质过程的三种分析外,韩礼德还把它们视作言语过程和心理过程。相反,本文认为,对教学唯一可行的分析是把它当做言语过程,本文继而又在英语言语过程和心理过程之间的建立了一种理论性关联,希望它能'适用于'所有言语过程。

13) 对于及物性功能的具体术语请参见韩礼德(Halliday 1994a)。

14) 对基于经验考量的动力连续体的讨论请参见韩茹凯（Hasan 1985d:45—47）

15) 对官方教育的最普遍的描写模型是由伯恩斯坦在 2000 年给出的,详细地描述了所教的内容,它是如何被教学所获得的,传递的成功是如何被评估的,并且教学这个过程实际涉及什么？

16) 似乎可以假设,学校在教育上失败是出于它们自己的选择；如果它们不想失败它们就不会失败——也就是顺应以下这种信念,即弱势者仍然是弱势者,因为他们缺少改善他们命运的动力。

17) 至少有四分之一个世纪,我一直在推广这一教育概念。我第一次产生这一结论是在很多年前当我还是一名巴基斯坦教师的时候。严格地说,我对于教育的说法并没有受到同事们的热烈欢迎,他们害怕其中没有足够的语言学或语言描述。我的回应是,这一有关语言在教育中的角色的观点,对于任何教育来说都是最为有效、最具应用性的,因为它表明了符号中介这一概念在教育过程中的重要性的真正价值,尤其因为,据我所知,在有关 SFL 的全部文献中,它们并没有被凸显出来。

18) 即便如此,这一描述并不完整,因为那将要求更多的时间和空间,这是这一稿件所无法获得的。对于这里所使用的其中一些术语的讨论请参见韩茹凯（Hasan 1987a）；韩礼德和麦蒂森（Halliday and Matthiessen 2004）。

19) 这里的含义是,之前就存在的东西被转化成为某种其他的东西。作为对这种关系的认知,我将释义一个曾听我妈妈说过的乌尔都语的谚语,即'ghi hota gewlgewla pəkaty, gwʀ laty wdhar, kja karū bəhən, ghər aTa nahī'（翻译：如果我就某种'ghi',我将会做出美味的汤团,我本应该借一些红糖,但,姐妹们！问题是我一点面粉也没有！）所以,如果有人说məȳ ne gwlgwla pəkaja（我做了很美味的汤团）,其含义就是说,某种行为被执行了从而把某些成分转化成了美味的汤团。

20) 在某些英语方言中,learn（学）这个词和 teach（教）这个词是可以相互替换的。如 learn me how to ice the cake, please.（请教我如何把蛋糕挂上糖霜。）

21) 有必要澄清,在 SFL 中,每一个小句都是从四种不同的元功能视角来分析的：经验的、逻辑的、人际的和语篇的（对于某些讨论,见本卷第十章和第十一章；Halliday 1970a；Matthiessen 2007）；因此,可以通过参考某一个具体的元功能或参考全部四个元功来对一个小句所拥有的结构可能性进行探讨。这里,我们仅对通过体现这一方式与经验元功能有关的及物性进行考量。

22) 这里,我头脑中的一个条件是加入一个方式环境,如 Mary gave generously.（玛丽给的很大方。）这样一个环境的出现似乎改变了情景,可能因为这暗示了一种循环，因此，对礼物进行明确似乎就不合理了。这一解释有待验证。

23) 所说的也可能是一种混搭话语，如，在 he described the chaos at scene of the accident（他描写了事故现场的混乱）里的 the chaos at scene of the accident（事故现场的混乱），在 he promised me a book（他许诺我一本书）中的 a book（一本书）。这里，事故现场的混乱和一本书具有言语内容的功能，并且这个言语过程是非投射性的。相反，在 he said 'there is complete chaos here at the scene of the accident'（他说'在事故现场这里一片凌乱'）中，或 he promised he would buy me a book（他答应过他要给我买本书）中，其言说内容是由言说者的话语所识解的意义的投射。听话者很少需要做出推论，类似的话语要么以一种引述的形式出现（如，'在事故现场这里一片凌乱'），要么以一种报道的形式出现（如，他要给我买本书）。

24) 只要有可能，我就会把语义概括化和一些形式——即，词汇语法——模式联系起来，但是，显然，后者仅是作为一个尝试性的描述而被呈现，仍需在言语过程的词汇语法上进一步研究。

25) 参与这一自然行动的唯一条件就是一个正常的不存在病理现象的大脑。

26) 在使用诸如 understand（理解），know（知道）这类词的时候，总是存在'下滑'现象。知道同样可以被用来指熟悉，如 I know this chair from your house in Killara（这把在你基拉腊的家里的椅子，我是熟悉的）。这一使用与 I know the meaning of the sentence（我知道这句话的意思）有很大不同。所有的言语内容都是被作为意义而进入的。

27) 这里我把可分级性（gradability）这一观念扩展到了动词上，为此，我想向萨丕尔（Sapir 1994: 93—116）致歉，据我所知，他把这一术语仅用在名词上。

28) 当然，在'现实生活'中，没有人会这样说话。这里我想做的是，通过这种人为的对现实词语的重复，来说明一个小句的成分与其他小句的成分之间的合作关系。

29) 这里所使用的社会距离（SOCIAL DISTANCE）这一术语是由韩茹凯（Hasan 1973a, 1981, 1985g;）所界定的；它以具体言说者与受话者相互作用的个人经历的重要意义为依据，并且，与社会接触（social contact）（Poynton 1984）和上个世纪初的社会学和社会心理学中的社会距离（social distance）有很大不同。

9 读写教学与社会变革
——伯恩斯坦的社会学视角

1. 引言

我想在本文中探讨的问题是,是否可以借助课堂中的教学实践来引发特定的社会变革,这就带来什么样的变革以及为什么的问题。要解决这样的问题,伯恩斯坦的社会学理论显然非常有用。不过需要补充一点,我不是一个'失意的社会学家',我之所以这么认为,是由于我是热衷于研究社会的语言学家,因为社会是语言得以维持并演变的条件。

2. 辨认变革

第一个问题显然是:为什么暗示有社会变革的必要呢?变革毕竟是社会的内在条件,正如它是语言的内在条件一般,两者都在不断地变化。然而,尽管不断的变革是肯定的,要承认这一点是一回事,可要辨认变革的体现形式(或者说'显示形式')却完全是另外一回事,要评估变革的影响或者论证变革的必要性就更另当别论。就影响而言,有些变革已经成为我们社会生活的一部分,宣称变革的必要性本身就是对这些已有变革的否定回应。呼吁变革既不是因为变革没有发生,也不是因为我们作为社会动力不曾对变革推波助澜——不管是有意或者无意。有此呼吁是因为呼吁者有其目的:他(她)有意识地希望能推动某种特定变革。这转而要求对变革的必要性进行一次公正的评估。

尽管社会和语言中的多数变革是通过我们参与到社会和符号过程中发生的,我们通常需要一定的时间跨度辨认出变革来。事实上,我们往往是变革已经开始显现以后才能意识到变革的存在。与某一领域的联系越深入,并具备反思的能力,才有可能在变革尚在进行时就观察到它;倘若对这一领域的内部特征更具了解,就有可能评估尚在进行的变革的后果。20世纪80年代早期,伯恩斯坦在符号控制研究领域中就做到了这一点,他分析了国家'对符号控制机构自身日益增强的控制,尤其是对教育'(Bernstein 1900:154)。他阐释了这种控制'对从小学乃至大学的深远影响[教学方面]',对学习方式乃至生存方式的深远影响:

今天,在美国和英国的引领下,有一种新的原则掌控着资本主义的最新转型。市场的原则及管理者越来越多是教育政策及实践的管理者。与市场的关联成为选择话语，决定话语之间的关系，话语形式及研究的定向依据……在历经近千年后，知识已经**与人的灵性剥离开来，简直可以说去人化了**。（Bernstein 2000：86，强调为作者所加）

国家造就了'官方再语境化语场'与'教学再语境化语场'的意识形态的结合，这意味着在官方教学场所的教学实践正经历着迅速的转变；求知者与知识分离开来，'可训练性'的概念迅速替代了对知识的追求概念，把它与'自我的深层结构'分割开来。其他人（Apple 2002；Beck 2002）也注意到，伯恩斯坦对于官方教学中这种以市场为导向的变化显然持否定态度。他最后一次公开发言有力地表达了他的否定评价，而且需要承认，那次发言同时也呼吁了人们对这种情况进行建设性的回应。

我反对任何使个体空虚的教学，而这正是我最担心的，个体的空虚及教学在这种抽空（evacuation）中所起的作用，我想我们得发动一场批判……不过这个批判得让我们能够演示教学话语的工作机制，它如何产生，如何分配……而且，你看，教学话语的有效性经常被想当然了……我们得问自己，教学话语何时有效，使其有效的条件是什么，结合学习到的内容，有效到底意味着什么？（Bernstein 2001：380）

如果我们同意伯恩斯坦的评价，那么，基于他所建议的理解视角来发动一场批判，是对导致如今的'完全教学化社会'的条件的一个必要回应。如果我们对'排空自我'的状况感到痛惜，并希望教育'在摆脱今天的悲观，创造明天的乐观中起到关键作用'（Bernstein 2000：xix），那么除采取必要的第一步，即明智的批评外，还有必要采取一些紧急措施。就伯恩斯坦关于'完全教学化社会'形成的论述而言，我的建议是选择性地回顾其中一部分细节。之所以这么做，与我倡议通过读写教学（literacy pedagogy）进行社会变革有关：这些论述不仅讲明了变革的动机，更建议了变革的方向。

3. 市场导向及'分裂性'语言的统治地位

细说起来，我认为有必要通过读写教学进行变革，这一感觉的产生要追溯至1999年的最后几个月。当时媒体充斥着大量关于西雅图抗议暴乱的报道——第一次公开反对'最新资本主义转型'的声音，这种转型现在已经演变为全球化的形式。显然，全球化是'自由市场原教旨主义'的胜利（Hobsbawm 1999：69），后者是资本主义的核心原则并且是全球化的主要动力。不论如何肤浅地解读'全球化'一词，也莫管它是旅游业和贸易，还是时尚和民族食品，还是娱乐和体育，或教育和进步，或自由与民主，自由市场原则存在于所有商品与服务的全球流通中（比较本书第六章）。

西雅图冲突中令我印象深刻的是主要参与者话语中出现的矛盾之处。暴乱者并非反对'贸易',而是反对**自由和开放**的贸易;反对执行'无歧视招聘劳工'的政策;反对'把极度贫困国家推向繁荣之路'。表面看来,这次抗议毫无道理可言:它与西方社会所了解的民主原则完全背道而驰。不过,任何稍微了解语言学的人都知道'不合乎语法'是语言描述中的一个重要概念。然而,要想找到一个所谓不合乎语法但又说得通的句子却也相当容易。但是,自然语言却又最怕内部矛盾:要是说无歧视即是有歧视,或者自由应当被束缚取代,这无论如何都说不通了。如果有人一本正经地宣称,公平即是犯规,或犯规即是公平,我们怕是得像莎士比亚的《麦克白》一样,把这解释为某种病态的症状了。在伯恩斯坦论述以市场为导向的教学时,谈到了'分裂性'(schizoid)个体的可能性,他担心这是由官方教学中以市场为导向的机构造成的。人们在暴乱者及反对者的话语中看到的是'分裂性'语言,这是以市场为导向的意识形态造成的:无歧视是有歧视的,自由贸易施加束缚。正如在昔日的第三帝国一般,语言被病态化了(Klemperer 2002)。

尽管世贸组织的代表认为破坏他们会议的暴乱者是野蛮暴力的,但这些暴乱者却并不是疯狂的流氓。如果读过麦德利(Madely 1999),赫兹(Hertz 2001),埃伍德(Ellwood 2002)和其他作者的评论,也许还会觉得他们的行为甚至可能有点道理。这到底是怎么一回事呢?

4. 市场与意义

我不会对这种'分裂性'语言进行详细的语言特征分析,免得耗去你的耐心,不过对这种分裂性的组成元素确实得说两句,因为它们解释了为什么特定的教学行为看起来有必要。

首先,一种现存语言的正常状态就是变异/异质性——甚至同一个体也不会总说同一种语言变体。从这一视角来看,这种分裂性语言,我称之为**取巧言谈**(glibspeak)(Hasan 2003;本书第六章),也只是英语的一种变体。这种语言的言说者/传播者可以通过他们对公共资源的广泛掌控来识别,即用来实现物质资本的生产和分配的公共资源。但是要了解这种变体的具体特点,我们需要关于其符号意义的更多信息。就取巧言谈而言,其语言特点背后的原则是再语义化。下面简要介绍这一概念。

伯恩斯坦认为,以市场为导向的教学正在把知识从求知者身上抽离。如果是这样的话,**那么取巧言谈就是把能指和其合理的所指相互分开的一种尝试**——所指意为被言语社区普遍公认是合理的所指。取巧言谈替换掉公众普遍认可的所指,代之以符合说者利益和意识形态的所指。可以肯定的是,特定的能指与其相关的所指分离开来,这也是语言变化这一自然过程的一部分;但是,在自然状态下,分离的过程非常缓慢,往往经历几代人的时间,并伴有广泛的公众参与。这就解释了为什么这种'分离'不能为人们所感知。事实上,我们不禁要怀疑,在正常意义变化的自然过程,普通说话者甚至是否意识到变化的发生。与此不同的是,在取巧言谈中,准确来说,变化不是自己发生的,而是被积极地编造出来的:其变化速度是极度提升的。在这一例子中,这种刻意并加速的过程,就是'再语义化':单词与其本意被强行分离开,就这样,为了特定人群的利益,单词产生了新的意义。但这些是怎么实现的,再语义化通过提升说话人的利益能做什么呢?要给出回答,需先考虑再语义化的两个策略,这里称为(1)运用评价,和(2)颠覆意义。

语言中的单词(更准确说是词项/词位)可按照受欢迎的不同程度排列在一个连续体上,运用评价的策略正是基于此。我们可以把这一连续体的两极视作'正极'(=受欢迎)和'负极'(=不受欢迎),中点是'中性'(相对而言)。这适用于所有类别的词位/实义词。语言的自然使用通常显示出'内部评价一致性'的特点:因此,以下说法就会显得比较古怪,'他们因为他**卑鄙**而**表扬**了他';或者说'许多人**喜欢被骗**'。中性实义词倾向指代普遍范畴:例如'群组、街坊邻居、合同、设计、计划、行动'等等;这些词既无褒义也无贬义,并指代相对宽泛的经验范畴。然而,一旦中性词与评价性单词结合起来,那么,整个语言结构都会被赋予后者的评价色彩——这一色彩渗透全部结构。因此,我们可以谈及'平等合约'或'不平等合约','粗鲁的邻居'或'好邻居'。通常这类结构由一个评价性的形容词构成,比如这几个例子。但这并不那么重要,重要的是在结构中出现至少一个明确的评价性字眼,比如在'贸易的自由化'中'自由化'就是一个褒义名词。取巧言谈大量运用这类策略,不过略有变化。要想理解这些,我们需要看第二种策略,即颠覆意义。

简单说,单词的意思就是这个单词所处的关系的结果。既然每一个单词都进入到一个巨大的关系系统网络,单词的意义一般来说都非常丰富。但是在语言的日常使用中,只有部分意义关系在我们的意识中占据重要地位,其他意义关系可以说是静默地存在着,只有出现了内部矛盾时才会引起我们的注意。比如以单词男人为例,它的意义就可以分为两部分。一部分存在于我们意识的最表层,包含'有生命的、人类、成年人、雄性'等语义元素,第二部分包含的意义则要通过对这些元素的推演才能得到。所以从'有生命的'我们可以推出'流动性'和'可变性'这些概念,即都要经历生老病死这些变化的过程;从'人类'我们推出人性,不野蛮这些意思,即礼仪、公正等等,以及某种类型的智慧;从'成年人'我们推出成熟、判断、推理等特点,从'雄性',我们推出勇气、力量和其他体格特征,比如身高体重等,诸如此类的。这样,一个单词就可以汇聚相当数量的思想意识形态。传统上,第一组语义元素的组合被称为外延;第二组语义元素的组合被称为内涵,按照莱恩斯(Lyons 1977:278)的说法,内涵构成了单词的'间接含义'。第一组语义组合位于说话者意识的最表层,就这是为什么有人说'苏珊的丈夫不是个男人'时,我们不会给出以下荒谬的解释,如苏珊的丈夫是女的,或是个婴儿,或动物,或物体。相反,这句话把与男人相关的隐含的/内涵的/推断的意义元素带到了我们的意识表层。因此我们把这句话的意思解释为,苏珊丈夫的行为举止与同一言语社区的其他正常男人不同。要想颠覆意义的一个有效办法,就是直接忽视外延和/或内涵意义元素。下面我以**贸易的自由化**为例对这种结构进一步阐释。

在结构中使用正面评价字眼会给人**好的感觉**。人们普遍认为,自由化使法律、态度等等'不那么严格,并允许人们在行动时拥有更多自由'(COBUILD Dictionary:833);限制令人感觉有强制性,而自由化则对人有益。**自由**(liberal)的一个内涵是**丰厚、慷慨**,这意味着对他人的需求和态度体察入微。宽容(liberality)一般是指对他人而言,因为如果说我对自己很宽容就会很怪。因此如果甲向乙发起一项自由贸易协议,乙就可以合情合理地推断该协议对他/她有利。这样看来,**自由贸易**通常被视为对被邀请参与贸易的一方有利,这种解读再合理不过。然而在实际中,一个意义的简单颠覆就会削弱**自由贸易**一词的正面评价意义,只需把自由一词再语义化,这样这个词的意思就变了,如 I took a liberal/generous helping of the ice cream(**我吃了一大份冰激凌**),其实就是说**很大一份**。麦德利(Madely 2000)的评论也支持这一理解:

> 不歧视原则体现在1999年乌拉圭贸易协议关于投资措施的条款中。它**意味着发展中国家不能给他们的国内公司以特殊待遇**。而且他们也不能坚持让国外公司用本国劳力……对于许多民间社团而言,这一**不歧视原则是不公正的**……而且反经济发展,因为它束缚了贫穷国家的手脚,使发展政策屈从于贸易政策。世贸组织的'自由贸易'信条有效削减了政府购买当地出产原料并**使用当地劳力的自由**。(麦德利,《卫报周刊》2000,强调为作者所加,RH)

正如中产阶级家庭中母亲的控制一样,取巧言谈为控制物质财富所采取的策略是'看不见'的;这实际上是它成功的重要条件。我的研究到目前为止显示,取巧言谈变异的原则莫过于操纵单词的意思。其语法与标准变体完美一致——至少在英语中是这样,不过英语,尤其是美国受教育人士的英语变体又是全球化的语言——横贯各种语篇体裁,如技术说明文、报告、计划或议论文。这种语法的一致性意义重大:它保持了一种正常的表象,使得再语义化操作不被人注意,这是取巧言谈能成功运作的必要条件。言说者需要显出一副捐助者的样子,而实则从事着无情谋取暴利的勾当。他们的语言利用评价和颠覆意义的手段,编织出一个词汇伪装的完美网络。取巧言谈在与贫困并且教育水平低下的非英语国家达成国际协定时,热衷于使用'自由贸易'的字眼。取巧言谈的言说者可以宣称让这些人口走上繁荣之路,然而协定的条款由他们自己的代理人打造,措辞的方式使得他们收益,而非贫困国家。

5. 变革真有必要吗?

取巧言谈覆盖面极广。**非歧视政策**或**自由贸易**不仅仅是从对抗实例中挑出的两个孤立的情况。比如,从巴基斯坦到佛罗里达,从佛罗里达到伊拉克,民主一词可以随时随地按需求被微妙地再语义化。在整个西方世界,**责任**(accountability)一词在政府公文中不再表示对社会的职责,而意味着遵从和迎合盈利企业及市场压力。**事业**(career)是个过气的概念;不管是在教育领域还是在其他社会领域,**成功**一词的概念越来越颂扬商品化。每日新闻得谨慎解读,作为一个本族语者已经不够,你得是个了解内情的人才能知道谁被支持,谁被歪曲。伯恩斯坦的主要关注点之一就是在一个变化的完全教学化社会(totally pedagogized society,简称 TPS)出现的自我抽空。我认为自我抽空是个很大的工程,不可能通过单独一个领域的变化达成,尽管它作为官方教学法影响广泛。语言被迫把经验再范畴化。语言是交际的主要手段,而不仅是教学中介的手段。如果语言成为分裂性的,那么过去曾经不可争辩的'事实'就会成为怀疑的对象,更为甚者,为了法人团体的利益,语言的意思被颠覆。我们所了解的'语言教育'的重要部分被篡改,以适应这种突发奇想的'资本主义新转型','二十一世纪的资本主义重组'。(Bernstein 1990:153)

也许有人会问:那又怎样呢?社会在以前也曾发生巨变。诚然,纵观人类历史,就是一连串相关的变革。比如,教育本身就从有神论转向人文主义,从 16 到 18 世纪关注培养全面的文艺复兴人才,到 20 世纪致力打造专业人才,探索特定知识结构的细微领域。回想起来,我们感谢这样的巨变,但在创造这些变化时,我们认为它是'与时俱进'。所以如果再次与时俱进,用可训练化替代专业化,又有何妨呢?我们对当前变革的反应是不是有点过激呢?在意识到取巧言论的出现意味着什么后,我认为答案肯定是'不'。只要语言的再语义化利用协议和公约的形式把剥削强行合法化,那么这一过程的加速就不容忽视。正如《爱丽丝漫游奇境》中老鼠故事里的猎狗一般,我们的企业领袖把自己任命为有审判和决定权的法官和陪审团。因为被剥削的大部分人——你只需调查下中国的'血汗贸易'——都远在海外,这些影响对所谓的发达国家的私营企业来说就不那么触目惊心。然而这并不意味着我们的'先进'社会就能免受剥削合法化的后果。在一个全球化的世界,人们的不满情绪如污染一般也可以引发全球效应。为取巧言论提供有利的环境背离了人类的利益,这种勾当还打着'传授可用知识,开启机会之门'的旗号,然而却没教人如何质疑这些用途,如何评估这些机会的长远效果。学术界相当一部分人认为他们的任务是培养适应全球化世界的人才。要想使取巧言论无用武之地,就有必要解开词汇伪装的迷网。尽管在私营企业中负责符号控制的部门能在这一计划中起到主要作用(Bernstein 1990:133ff.),也许读写教学的变革会更为有效,尤其是当它们成为整个教育系统的规范后。这些计划中的变革是什么呢,实施的可行性又有多大呢?

6. 改变读写教学

尽管教学机制有普遍适用性，可在课堂中的各种教学实践经常有着天壤之别，读写教学也不例外。就算我们要撇开多模态读写能力（multimodal literacies）(Van leeuwen and Humphrey 1996)，或是体现在既定文化中的各种读写能力（Street 1995)，还是批判性读写能力（critical literacies）(Gee 1990)，读写能力仍旧是一个复杂的概念，读写教学也难以对付由取巧言论造成的问题。限于篇幅，我无法就此论断做进一步详尽阐释，仅在此简单解释我对读写能力的理解。这使我能够对读写教学的不同表现形式进行定位。我认为读写能力本质上是通过解释某一符号系统进行理解的过程，或主动，或被动，因而这一过程本身就是符号性的（Hasan 1996b)，且并不仅仅局限于语言。然而，这里对读写能力的探讨仅限于语言这一符号系统，因为尽管在表达层面，各种迷人的演示手段并非不重要，语言看来却是与取巧言谈的内容相关的唯一意义系统。简而言之，本文中**读写能力特指对某一语言系统的实例化进行理解的过程，不论是传输语言还是接收语言的过程。**

尽管这样限定了读写能力的概念，对这一术语的解释仍然可以非常灵活。比如，如果符号的概念局限于其视觉形式，那么读写能力就是把词素（单词）转换为音素（声音）的'转变机制'，反之亦然。如果意义的概念局限于指出事物的名称，或者找出符号与语言之外实体之间的对应，而且/或者语言系统与其在社会语境中的过程隔离开来，那么读写教学就仅限于我所说的（Hasan 1996b；本卷第五章）**识别性读写**（recognition literacy)：这就跟'冲着印刷物乱喊一通'差不多。这样的读写教学中的教学话语注重识别书写形式对应什么声音，什么单词对应什么意思，而话语作为研究对象则很少或没有被关注。这类读写教学通常与相关领域如'理解'、'作文'等等脱离开了。识别性读写仍旧盛行，尤其在（永远）发展中（即技术/工业落后）国家。识别性读写中教学及评价的成本很低，因此，尽管作为一种民主资源它有诸多局限，人们仍旧经常觉得这体系不错。我甚至还要进一步建议，不论教学话语的构架如何，这种读写教学的变体在理清语焉不详且混淆视听的取巧言谈时，起不到建设性的作用。尽管如此，书写形式与发出的声音之间关系的内化对任何一种读写教学来说都是最根本的（Halliday 1985b，1996b)；就学习垂直知识结构而言，这样的内化不可或缺。不管没有文字的社会如何令人印象深刻，事实是，语言的两种模态——书面语和口语——在充当各种知识结构的媒介时展现了良好的分工合作（Olson 1977)。

如果符号系统可以解释为生活的一种资源，那么符号系统在语境中的过程就可以视为读写能力的重要方面。再如果，语言意义不仅仅被视作语言外在现实的代称，而是一个创造意义的系统，对塑造现实及内化经验都非常重要（Halliday and Matthiessen 1999)，那么读写教学的目标就要远远超越识别性读写了：它要关注不同形式的社会过程,并把它们与产生不同语篇类型的情景语境联系起来;换言之,不同语域/语类语篇的创作手段也要成为授课的重要部分。我把这个称为行动性读写(action literacy)。行动性读写以行为表现为导向,旨在指引学生以语言行事,即在特定社会语境中能够理解语言的意义,并能说出有意义的语言。影响面最广的行动性读写研究项目由马丁(如 Martin 1986)及其同事开展起来。这一研究被称作'以语类为基础的教学法',它把教育中读写能力的概念从用普通授课话语教语言转向'用基于不同课程的语言来授课'。读写能力意味着理解的过程,在这一系统中,等同于展示各种授课话语。不管承认与否,这一项目的许多重要特点在语言教育的授课话语中为国际同行借鉴。行动性读写显然有望发展成为一个模式,可以成功解构取巧言谈的模式,因为其背后有强大的系统功能语言学语法体系在支撑它(Halliday 1994a; Matthiessen 1995)。然而,尽管以语类为基础的读写有许多优势,一方面它选择性地给学生呈现各种语类,这些恰好又是教育成功的背景下享有特权的语类;另一方面,各种话语类型的学习也仅限于识别结构组成,即语类步骤(generic stage)。这一点占用了以语类为基础的读写教学的大部分精力。读写变成类似创作理解语篇的一门技术,却不把语篇(不管是学生自己创作的,还是借鉴外界的范例)置于广阔的真实语境中。只有在真实语境中,语篇才能获得真实的社会意义。不过,近来以语类为基础的教学(Martin and Rose 2003)的写作阅读教法发生了变化,这使得读写能力的概念更接近理解能力。

有点讽刺意味的是,所谓'作为社会实践的读写'教学法更倾向于关注个人。这一游戏的名字是自我表现,终极奖励目标是成就独一无二的自我。'创造意义'这些说辞不过是表面文章,教学计划全然不顾意义的必要社会基础。正如人文学科和社会学科中不时出现的错误的二分法,个体与社会视角的对立看来也是无益的。社会性和/或批评性读写能力是要利用一种符号系统去真正进行理解的过程,我却不曾见过任何与这种读写能力相关的授课话语模式。看来,语言在这些方法中得被适当'中和'一下,因为显然语言享受了过多的特殊待遇(Bourdieu 1992)!一个以社会为导向的读写教学是绝对有必要的。不过我怀疑现有的与这些模式相关的教学是否能够真正合理地批评/解构取巧言谈。

韩茹凯(Hasan 1996b)提出一个她称之为**反思性读写**(reflection literacy)的模式。她提出,这一模式可以汲取现有的读写教学模式的优点,充分考虑到行动性读写中的语篇语境观,识别性读写中基本的书面语口语之别,社会性/批评性文化素质对社会因素的关注。更为独特和重要的是,它的分析视角包括把语篇置于更广阔的社会团体语境中,只有在语境中语篇才能得出它们真正的社会意义。在那个时期取巧言谈还不多见,因为它真正活跃起来是到全球化来临之后了(见第六章讨论)。不过我们提出,反思性读写的基本概念是语义取向和质疑,从人们的话语实践可以看出哪个层面的意义被谁认为是有关联的。反思性读写帮助习得者从社会动机及结果的视角理解语言行为:语篇不仅仅是按特定顺序/步骤组织安排的信息的承载者；它不仅仅是'我'的表达，也不仅仅是获取物质成就机会的手段，尽管这一点也很重要；同样重要的是，它们还是社会形成的得力工具。因此读写作为理解的过程就应当认真考虑语言的识解力，这就意味着关注词汇语法对意义的识解力。语言的词汇语法可不是与生活毫不相干的枯燥无趣的东西：语法可不是一连串诸如'动名词格'、'主语提升'之类机械的范畴，而应被视为关于人类经验的理论（Halliday 1994b）。只有通过对语言的词汇句法系统的深层分析，我们才能理解那种战略性谎言，如'民主'一词，意义遭到扭曲，用意因之改变，这一符号只对颠覆其意义的人群利益有帮助。

反思性读写有三条原则：(1)研究语言创造意义的潜能绝不能脱离读写教学；这种潜能同样也是语言变异的潜能；(2)所有创造意义的实例都要经受质疑，比如，'什么意义识解如何'，'为什么'及'为什么这里'；(3)研究语言指代什么，语言创造的意义决不能脱离社会语境，因为正是语境催生了意义（Butt 1985）。如果读写教学可以发展到这一地步，可以使习得者对各种社会实践语境中一个社区大部分区域的意义创造实践产生敏感性；社会生活中意义的中心地位也会凸显出来；我们也会认识到语言与社会的共生关系，两者相互依赖彼此的存在。我相信这样的读写教学可以使我们更清醒地'看穿'词汇伪装的大网，不管它们起源如何。

7. 教学机制与借助教学的计划中的变革

暂时想象一下，这里每个人都认同反思性教学的目标——如果我们推销的是水平知识结构（Bernstein 1999，2000），而且也不打算接受其他人的想法，这一结果就不大可能了。毕竟，要想成为有点分量的学者，我们每个人都得有自己的理论，不用担心什么巴别塔效应。不过想象下，出于特定的原因我们都同意了。这可不是个完美大结局，令人灰心的是，这只怕是一大堆问题的开始——这些问题会随所有计划中的变革的产生而产生；当自底层开始的革新遭遇教学机制的具体实例时，这些问题会随革新的出现而出现。

当代许多人文学科话语都对变革表现出极大的关心——看看那一大堆打着**变革**旗号的头衔吧，不管有没有社会这一定性语——包括我自己！然而人们却不习惯解释这是什么样的变革，为了谁的利益，谁可能真正渴望变革，以及为什么。伯恩斯坦经常说存在于语言系统与言语之间的是社会结构；我们也可以照此描述当前文化状态与计划变革。即使计划变革的日程已经排好，也能证实大部分人渴望变革，但是，社会结构的运作机制仍旧横亘于日程与结果之间：要为特定变革去奋争也许还在可控范围之内，可奋争的结果如何却不尽然如此了。这不意味着就不要考虑变革了，但是想要提高实现目标的机率，我们就得听从伯恩斯坦的建议：**批评建立在理解的基础上，行动的前提是清楚即将展开行动的领域**。那么要想进行上述变革，条件是什么呢？我想参考教学机制的概念来探讨这个问题。但是首先注意反思性读写中的授课话语——语言意义主动进入生活的方式——植根于一种调控性话语,这一话语引导习得者关注社会生活的显著特点。接下来,我将重点探讨授课话语的语言组成部分。

无疑,今天生产与教育之间的绝缘状态已经得到大大的改善,美国政党的'主导性原则'也公然以市场为导向。2004年5月24—26日的《卫报周刊》报导了美国给大学老师的一则建议:

> 大学老师被督促少花点时间来拓展人类知识,而要多花点时间为他们大学的捐赠资金招募现金。一个政府任命的专门工作组说到,如果全体职员采用美国式的手段从校友和商界捐助者获取捐助,就可以募集到6亿镑(英镑)。

在这种大气候下,就别指望官方或教学再语境化领域的代理人会对反思性读写的'教素'(pedagogeme)感兴趣,不然就有点幼稚了。在大部分欧洲和欧式教育系统中,其官方教学机制中现存的分配规则多不利于这样的革新。如果要让这样的革新启动,就要从底层开始,从读写教学的真正实践开始。

从一方面来讲,情况还是很有希望的:该话语产生的主要语境得到了极大的支持;一个注重社会性,并且符号分析能力很强的语言学的'知识领域'已经存在,它可以支撑我们所谈到的读写教学。换言之,这一领域的最基本的语境化已经发生了,一种专业话语已经被发展出来,它可以被用作反思性读写教学的资源。就这种话语的再现而言,其相关素材在小学中学和大学层面都可以找到。威廉姆斯(Williams 2000)报告了在小学教育中,对把语法当做意义资源的教学的研究。通过讲授某种语法范畴的意义创造潜势,小学生们就能对一个儿童故事进行'反思性'阅读。他们分析了故事中各种角色的关系如何通过语言表现出来,什么样的语法模式参与创造了怎样的**角色刻画**(Hasan 1964),词汇语法模式的变化如何能引起意义的变化,语言所创造出来的'人物'如何基于与故事中其他人物的关系来展开相关行为,这其中的社会意义是什么。语篇中词汇语法所识解的意义能够揭示语言的力量,而这种读写能力会使习得者对语言的这种力量日渐敏感。以语类为基础的教学法已具备了完善的设计模式,将为中学阶段继续这样的调查分析提供有力的基础,虽然,对于被引入习得者注意范围的话语,有必要对其社会意义进行调查。在这一背景下,马丁与罗斯合作提出的以语类为基础的教学法的最新发展(Martin and Rose 2003)就可能很有意义了。还有一点要注意的是,在教师教育中,引入的材料要能够培养老师对符号学与社会政治结构之间关系的敏感性。同样,在有关语言艺术分析的著作(Halliday 1971;Hasan 1971a,1985f;Butt 1983a,1988;Butt and Lukin 2009;Lukin and Webster 2005)当中,有一些是专为教师而写的,它们可以被用于大学教育阶段的反思性读写教学。关于语言变异也有许多文献,帮助读者了解语言与言说者的社会定位之间的关系,包括关于语义变异的研究(Hasan 1989,1992a,1992c;Cloran 1989,1994,1999a,1999b;Williams 1995,2001)。不过还有第三语境的问题,这一语境'规划了语场或语场的子集,语场的位置、施动者及实践都关系到语篇/实践从话语创作的第一语境到话语再制的第二语境的运动'(Bernstein 1990:192)。就再语境化的这一步,伯恩斯坦以下的评论引人深思:'在大学或其他同水平的机构层面,那些创造新知识的人同样也是他们自身的语境创造者'(Bernstein 1990:188)。这就是说,先知得先要授权给神父,神父才能给广大信众布道。换言之,要想从底层开始教学革新,我们就要自力更生。如果大学老师相信有这样的读写教学能使习得者看透语言上的把戏,那么,他们就会采取行动将其大力推广。

我们目睹的这类变化并不局限于社区的某一区域,必定会有来自父母的外部压力,因为父母希望他们的子女成功——这是指从短期视角定义的成功:教育形式如果不能令人马上获取这种以市场为导向定义的成功,就有可能受到批评。在澳大利亚,媒体经常批评大学老师'浪费纳税人的钱'来教授没人想知道的东西。就当前情况来看,我们在教育体系上进步得越高,考试的成功对学生的未来就会更紧要。任何不能马上帮助学生跨越这一障碍的教学计划都被视为'不合格'和不负责任的。还有,最麻烦的问题是劝服学生情愿花时间和精力学习不能令他们在成绩上见成效的内容。成功教学(Singh 2001)自发的改革要得到学生的正面认可,其重要性不容忽视。然而,尽管有这些问题,反思性读写教学作为一种'教素'所存在的场所虽然充满一知半解的课程设置者和再语境化者,从而导致了不好的教育,但它毕竟是被认可的合法的知识领域,即语言教育的领域,这一点对反思性读写教学的引进还是很有利的。积极一点来看,近期有两个发展:一是读写教学上语言和社会方面的发展,对反思性读写有利;近来人们渐渐意识到,毕竟还是有社会这样东西的存在(Christakis and Fowler 2009),这会使人觉得,也许反思性读写的传播所涉及的,不过就是让人们意识到人们需要认真地对待社会和符号视角。

8. 结语

我意识到还遗留了很多问题;不过我希望人们同意有必要引入能使学生对自己的话语经验进行反思的读写教学。我不反对抵制阶层、性别、种族和肤色歧视的教学,不过这些现象都是特定社会结构的一部分,并从其中获取自身价值。把这些具体问题看作是更广阔图景的一部分,并最终与生产领域联系起来,这会很有用。莫斯(Moss 2002:557)最近说了这番话:

> 在学术界内部,人们对于新教学协定所代表的自主权的丧失感到非常的不安,并总把这说成是一个重大损失,却不老实承认之前种种的真正优势与不足。不过新的教学经济有局限的同时还创造了新的可行性。

我不怀疑当前教育体制的改革可能还是有可取之处的,虽然其本身不敢恭维。如果我们扩大莫斯这番话的背景,不仅限于可见/不可见,能力/表现教学法,那这个问题会看来略有不同。一位英国马克思主义者在20世纪40年代说到:资本主义教育权威的问题是如何教育他们的公民,使他们能读懂布朗式轻机枪的操作手册,而不是共产主义宣言。相比之下,我们希望资本主义世界永远不要解决这一问题。一个教育体系,不管它能提供什么,如果一方面通过制定技能、测试、评估原则等规则来无知地、固执地过分关注学生接受教育的细节,另一方面又劝说其雇员,我们在此推荐的读写教学类型是颠覆的或反动的,并且教育者的职责就是把教育机构转变为一个兜售预先包装好的知识的盈利机构,那么这样的教育体系就非常有问题了。如果教育不能培养习得者学习的基本功能,即质疑,而不是温顺地接受信息,这样的教育体系也是非常有问题的。教育体系决不能脱离社会,但是同等条件下,要想获得社会方面最令人满意的结果,教育与生产之间的分别就要兼顾好。如果分别太明显,就会鼓励'象牙塔'症候,结果是大学老师追寻自己的研究,全然不顾外界社会生存状况引发的各种问题;这样的教育变成了国中国,迎合了寄生虫般的精英主义。不过同样,如果分别太不明显,而现在正是这种状况,那么质疑官方代理人和生产代理人的能力就会大打折扣,因为外界压力可能会转变为内在压力。如果真是这样,我们就危险地接近某种形式的原教旨主义了。我怀疑资本主义的原教旨主义不比宗教的原教旨主义更令人愉快。反思性读写当然不是所有社会问题的解药;它之所以可取是因为它把话语当作需要被处理的话语来处理,即对话式的(dialogic)。毕竟,它使有文化的人看穿了进步与文明的虚伪之处。

注释

1) 这一章首次发表在 R. Moore, M. Arnot, J. Beck and H. Daniels 编辑的《知识、力量与教育改革:应用巴塞尔·伯恩斯坦的社会学》(*Knowledge, Power and Educational Reform*: *Applying the Sociology of Basil Bernstein*, London: Taylor and Francis, 2007)。参考文献已经更新,并补充了新的尾注。

2) 社会与符号过程不仅仅是简单的共生关系,而是相互依赖的关系:社会过程需要符号行为,而所有符号行为也都植根于特定的社会行为。(Hasan 2005, 2009b)

3) 参见 Halliday 1992b 结合语言变化及语言言语两分法对'时间跨度'的探讨。

4) 参见 Hasan 2003 对一些特点的讨论。

5) Bourdieu (1992)关于语言意义如何形成的论文令人怀疑。突然发生的意义分离往往意味着意识形态的巨变。

6) 参见 Hasan 2003 的讨论。

7) '……词素的外延……指词素与语言系统之外的人、事物、特征、过程和行为之间的关系'引自 Lyons(1977:207)。

8) 这样的解释会有自相矛盾之处,因为**男人**一词的外延包含在**丈夫**一词的意义里。

9) 我指的是乔治·W. 布什第一次成功竞选世界最强大'民主'国家的总统。
10) 学生根据语篇表现被评判,不过各种方式表现的成功的教学法一定要创造学习者的能力。
11) 对于特例,以及其对词汇语法充满想象力的关注,参见早期 Rothery 1989。
12) 参见 Moss(2002)对这样一个例子的描述。
13) 在东方一所大学关于这一话题的研讨会上,一位同行批评了发言的'令人惊讶的颠覆性'语调,并愤慨地补充:'我这儿为我们大学募集资金,你们倒好,却给我这种建议!' Moss 不相信当今的教育形势会允许反抗,在第三届伯恩斯坦论坛上,她表示严重怀疑这样的'乌托邦式'变革是否可能。我说我们倒要问一问:纳粹允许反抗吗?
14) Nicholas Christakis and James Fowler (2009)近期发表作品强调了当今的教学安排有这种变革的必要性。
15) Bourdieu (1992)提出外延是官方的,内涵是个人的,这一提议不很合理。交际要求对外延和内涵都有社会认可。取巧言谈的成功在于内涵共享。

10 第二语言教学的一些社会学思考

1. 引言

本文试图整合不同学科的观点,这些观点总体上与教学相关,因此也与第二语言教学相关。我所想到的不同学科包括心理人类学、社会人类学与教育社会学。所有这些学科都似乎就一些有趣的问题提出过某些假设,这些问题涉及二语教学中被人们广为接受的一些假设。

首先,需要对术语加以说明。我在标题中用了'第二语言'这个术语。最近的文献对'外语'与'第二语言'做了区分,因此就有'英语作为第二语言的教学'(ESLT)和'英语作为外语教学'(EFLT)的不同用法。二者的主要区别似乎是,第二语言在学习者的言语社区有着永久的、动态的地位,无论是否与有意制定的计划一致,它已被看作是整个社区语言库的一部分,而外语就没有如此稳定显著的地位。但是,在我的标题中,我并不是在这个更狭义和更专业化的意义层面来使用'第二语言'这一个术语的,相反,我指的是整个一系列非母语语言,学习这些非母语语言需要正规指导的介入。这顺理成章地将第二语言这个术语归入它更狭义的层面,同时赋予以下可能性,即语言对不同阶层、甚至同一宏观社区的成员来说有不同程度的陌生感。英语在巴基斯坦的地位则是一个恰当的例子。

2. 教学:简评

与其他教学一样,在语言教学中,我建议以三个基本要素为切入点:教学者,即教师;教学对象,即学生;教学内容,即科目,当前指的是第二语言。我认为第二语言教学领域内的规则和实践似乎赋予了这三个基本要素一种相互自主(autonomy)的地位,这是一个似乎会被广泛质疑的做法。这种自主性可以从把这三个要素分别视为一个独立的生命中看出。我认为,这种立场通常会暗含在实践当中,虽然理论上人们可能非常乐于承认它是不可行的。比如,当我们经历以下感觉时,我们就是在认同这种观点:只要更好地分析相关语言,教学就会更成功;或者,如果教师更加地睿智,教学效果就会更好;最后——常常陷入绝望——只要学生集中精力!希望我没有留下这样的印象:有更易于理解的材料,受过更好培训的教师,和具有更强学习动机的学生与获得更好成绩不相关;其实,刚好相反。但是如此分裂这些要素存在一种危险:如果不将教学看成是一个多元过程,人们就很容易误入这样的想法,即只要专注于任一向量,就能一下子解决全部语言教学问题。正是鉴于这些未被明确说出的假设,我们应尽力理解语言教师的幻想破灭,这些教师满怀热情,信奉现代语言学,把它当成实现一个难以达到的目标——精通二语教学——必然手段。

2.1 教学作为一个综合过程

幸运的是,近年来,人们逐渐意识到了上述观点的不足,这种观点认为可以用简单的方法解决复杂的问题;如今,许多理论方法毫不保留地摒弃单个向量的自主性。而且,人们开始尝试构建将三个要素的相互作用充分展现出来的框架。然而具有讽刺意味的是,这种尝试间接构筑了一个鼓励第二种形式的自主性的立场;这种框架内部连贯性强,让人产生一种错觉,即它本质上是一个自主系统。我认为这种错觉不亚于相信仅仅关注与教学过程相关的单个向量就能获得成功。从这一点看,呈现一个最大程度展示三大主要要素相互依赖性的框架是有用的。图 1 意在做到这一点。

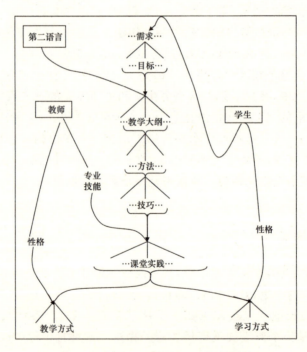

图 1　教授第二语言的过程:综合模型

图 1 中,矩形里包含了这三个主要要素,它们在不同阶段进入这个图表。然而,从需求到教学方式和学习方式,是一套不间断的连接线。三个主要要素通过教学过程这一简单的事实变成一个内部紧密相连的整体,这点非常明显,无需明了地说出。学生的**需求**促生**目标**,在理想化的第二语言教学项目中,制定**教学大纲时**应当将这种目标考虑在内。然而,与此同时,教学大纲的结构也受到教学内容的影

响——**将第二语言看成是一个能产生意义的系统**。因此,学习一门'死语言'的教学大纲自然会与把英语作为第二语言的教学大纲不同。目前考虑到的因素将会产生一系列的方法;有些方法更适合某些目标和教学大纲,有些则适合其他目标与教学大纲。但同时也有这种可能,即对同样的目标和同样的教学大纲,一个人可能也会有一系列完全不同的方法。每个方法都能够产生一系列的'技能'。除非通过教师的专业知识,这些技巧是无法展现出来的;那些看上去似乎是'课堂实践'的东西其实就是受教师自己专业能力分为限制的技能。但是,即使是相同等级的专业知识与相同的一套技巧,教学方式仍然会不同。导致这种不同的因素是教师的**性格**;比如,本质上同样的课堂教学由于教师个人魅力的不同,班级之间会有质的差异。但是还不止于此。教学方式并非存在于真空,不能把它单独地看成是教学过程的结束,这有一个必不可少的对应术语:**学习方式**,在这个环节中,它被看成是课堂教学和学生性格相互作用的结果。

3. 社会中的教学

此图还充分展示了这二个主要要素之间的相互依赖性,排除了彼此分离的可能性。这些要素之间相互依赖的逻辑产生于教学过程的逻辑。正如我之前指出的,此图展示出的系统内部连贯性会使人误认为该系统仅仅因内部具有连贯性才拥有自主性。要证明这种想法多么不正确,人们只需问这样一个问题:这种高度统一的教学过程会在哪里发生?由于认识到这些需求而对社区生活进行敷衍的屈从只是事情的一小部分:人们只需问这是谁的需求,谁负责这些需求。将学校发生的事看成是与世隔绝,不受公共生活影响的事,仅仅是学术神话而已。

以性格问题为例。西方对性格的看法——我不仅仅是指民间常识性观点,也包括描写性格的相当精密的系统——最起码可以说是有点浪漫的。这里我们将性格看成是一株生长发芽的植物或者是一朵含苞欲放的花蕾,不管天气或土壤环境,它们完全靠自己独自生长;这是一种不可思议的东西,它的生长与它所植根的环境毫无关系。有一种观点认为:个人性格实际上可能是文化的功能,正是在这个文化中个人被社会化。对我们中的大多数人来说,这种观点真叫人厌恶。可以确定的是,人类性格的结构可能会受到自己无法意识到的力量的制约;但这并不意味着这些力量一定是内部有机体的力量;我们是什么很大程度上取决于我们生活在哪里,我们有什么类型的关系,以及什么样的观点能被我们的社区所接受。

3.1 社会中的性格

文化与性格的关系一直是一个有争议性问题,可能是因为人们容易极端化。正如苏(Hsu1971b)指出的:'如果每个人都表现为一个个性化的个体,那么就不会有社会了。如果每个人都与其他人表现得完全一致,那么人类和蜜蜂就没什么区别了。人类的生活方式明显处于这两个极端之间的某个位置。'就如何在这两个极端之间找到一个理性的平衡,我在后面会讨论。在此,我想陈述一个观点,这个观点对图1所示框架的自主性提出严肃的质疑。

就人类性格可被看成是它所植根的文化的创造物而言,可以说教学方式最终可能受到文化形态的影响。假如结果证明社区里的教育实践也直接受到生活运作设计(我将其看作是文化的同义词)的影响,那么,以上观点就更有可能了。图1中框架的自足性(self-sufficiency)将只是一个学术谎言而已,在分析与教学相关的整个现象过程中,它作为一个阶段是有用的;然而,它无法作为最终的综合体,无法作为教学和学习过程中真正发生的事情的成功模型,更无法代表支配着组成课堂实践的各种相互作用的力量。

为了避免因使用'性格'这个术语而带来的困难,我也会像苏(Hsu)一样在进行讨论时避开这个术语;并且,我会对苏关于'人类如何作为社会和文化存在而生存'(下面的图2)的想法做相对简要的阐述:构成这种'文化存在'的'核心物质'是什么。

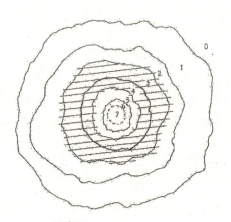

7. 无意识 ⎫
6. 前意识 ⎬ 弗洛伊德学说的
5. 未表达意识
4. 可表达意识 ⎫
3. 亲密的社会与文化 ⎬ 詹(Jen)(人物)
2. 运作的社会与文化
1. 更广的社会与文化
0. 外部世界

图2 人类的社会心理图(源自:Hsu 1971c)

在图2中,'人类生存的要素'被表征为同心圆的各个层面,完全展示了人类能够内化的全部社会世界。在此,阴影区域与我们的讨论最相关,因为这个区域正是人类常态之所在。根据苏,此阴影区域是作为社会和文化存在的'人的核心物质'。在人类常态中,每个人都趋向于将心理和人际之间的平衡保持在一个满意水平,就如同每个生命体都倾向于在其内部或其内部成分之间保持一种统一的、有益的生理稳定状态一样，苏将处于人类常态中的过程称为社会心理动态平衡（psychosocial homeostasis）。据苏所言，第三、四层间的阴影区域是当前讨论的兴趣点。那么这两个层面有何特别之处呢？为什么重要？苏的回答是：'第四层的特性是其内容不仅能被轻松传达给对方，而且也能不费劲地被理解和回答'。然而，这种可交流性或多或少受限于同一社会的成员。关于第四层的内容，苏指出：

> 从个人层面来看，这一层包括像餐桌礼节之类的琐事，也包括谁应该和谁成为伴侣之类的重要规则。从国家层面来看，它包括爱国主义，自由，孝道，女子的贞操，让黑人不要'越矩'的想法，对君王忠诚的理想，对鬼魂的恐惧，巫术，或者共产主义。

相比而言，第三层的特性是'高级情感'，它'含有'与个人关系亲密的人：用塔尔科特·帕森斯（Talcott Parsons）的一个术语来说，他们是个人重要的密友。这一层也包含了个人喜爱的文化惯例、态度以及人们喜爱的文物艺术品。此层的一部分是由人们的个人感情而非有用性构成。这与第二层形成对照，第二层由惯例、态度等构成，这是由它们的有用性而非个人对它们的情感决定的。一方认为是同样的社会'客体'，在不同的社区很有可能会有不同的归类，因此根据个人不同的文化，同样的人类关系或者物质实体就有可能被归入第二层或者第三层。

3.2 人类常态与社会关系

如果我们认同苏的观点，认为人类常态主要位于第三和第四层，那么一个社区群体认同的文化价值体系和社会关系在人类的社会心理动态平衡中将发挥着非常重要的作用。我们接受这样一个广为认可的前提，即个别的文化价值体系是通过一系列的社会关系传达的，这些社会关系（它们是什么，意味着什么）在关于人类性格建构方面的任何讨论中都很重要，无需争辩，角色理论对任何社会关系理论都至关重要。因此，我们的讨论将从性格建构转移到考察角色关系的重要性方面。

在这个方面，苏（Hsu 1968, 1971b, 1971c）再次提出了一些有趣的见解。他坚持认为在一个文化社区里角色关系无法随意选择方向，而要遵循在社区占主导地位的（角色）二分体所设立的方向。主导性二分体（dominant dyad）起到为社区内其他角色关系提供示范的作用，因此这种主导性二分关系的特有属性也以自己的方式反映在社区的其他角色关系之中。接受这些观点意味着：工业化的西方国家对教师—学生角色关系的想法与如今所谓的'发展中国家'对这一关系的想法会出现不对称性。个人经历告诉我：即使在今天，印巴学生想象的教师的权利和义务与西方学生想象的完全不同（Hasan，本册第四章）。

这一观点非常重要，但是当结合苏的人类常态理论来看时，那些使得苏的主导性二分体理论对当前讨论如此重要的，如果可以使用这样一个'宏大的表达语'的话，是这个理论对我们的现实概念的一系列深远影响。西方国家社区里的主导性二分体是同伴角色关系，这一事实承载了生活中文化设计的诸多方面。因此，苏

(Hsu1971a,c)认为,对个性化的渴望,对记录创建者的崇高敬意,赋予原创的价值,对个人成就的重视以及证明自我生存合理性的需求都是一些文化特性,这些文化特性来自西方文化中主导性角色二分体固有的不安全感。不单单师生关系在不同的文化中会有所不同;同样,教师与学生在课堂中表现出的性格也是对文化的一种反映,二者正是在这种文化中被社会化[5]的,虽然这种反映不是很完美。这一立场的结果能够立刻突显对在英国或澳大利亚留学的巴基斯坦人进行英语教学与巴基斯坦人或外国人(可能仅仅具有母语为英语这样的'资格')在巴基斯坦对巴基斯坦人进行英语教学的相同性与不同性。

3.3 教学的文化语境真的重要吗?

这个争论不能在这里继续下去。因此让我们回到主要论点上,注意,就是在这一点上会出现分歧。正如我之前所说,我们无法接受文化会产生如此巨大的影响。人们可能会忽略在个人情绪懊丧时提出的异议,但是必须认真思考专家提出的、用具有理论分量的术语来表述的异议。以哈格里夫斯(Hargreaves1975)的例子为例:'社会角色没有足够的实质来为演员在特定的互动情景中提供具体的指导……这个角色提供了一个松散的规定性框架,在这个框架内,演员在他表演过程中必须在很大程度上创作台词和动作。'

在哈格里夫斯看来,表演时对台词和动作的创作在本质上是非常自由的,我希望我指出的这一点不是对哈格里夫斯的误解。我有理由怀疑此观点。如果两个人表演一个大致相同的角色,在不同文化背景下进行类似的社会实践,他们的典型动作会不同,但这并不意味着这种差异是杂乱无章、不受可辨别的社会因素制约的。这一观点得到道格拉斯(Douglas 1971)的支持,他描绘出了一幅详细解释人类行为非随意性差异的框架图。

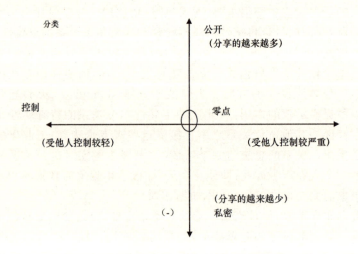

图3 分类与控制(源自:道格拉斯 1971)

在图 3 中，道格拉斯展示了各种变量，这些变量普遍适用于所有的社区和子社区，不论他们的政治经济地位如何。图中的水平线是'个人压力线'；在这条线上，'零'代表绝对的自由。沿此坐标轴向右移，一个人越来越受到他人的束缚，即压力越来越大；向左移，一个人会给他人越来越大的束缚，即给他人施压。在零点时，个人不会受到外在的压力，也不会给别人压力，这种情况很少出现。在道格拉斯看来，这一范畴的实例是隐士或遁世者，但即使是他们，在这个点上停留的时间也非常短暂！垂直线是对信仰体系组成要素的分类线。在顶部，分类为公开，即从'零点'向上移动，分类为'分享的越来越多'；从'零点'向下移动，分类为私密，即'分享的越来越少'。如果零点以下是原创力，零点以下的终点是疯狂，这是孤独的极限状态：疯子的世界里充满了别人认为没有意义的实体；它们没有被社会所认可的地位。文化——和生活在文化中的人——随着他们习惯落脚的象限的不同而不同。但是如果我没有误解道格拉斯，人类可以活动的文化空间——因此有变化——已经被图 3 的主要象限穷尽了。认为社会交往中的人就如同一个例语句（a token sentence），这种想法并不稀奇：两者的独特性都受到各自语法的制约，即限制。就如一种语言中没有一个句子不是此语言的语法规则的反映，同理，社会交往中没有人能够完全自由地'在表演时创作台词和动作。'尝试回答以下问题会使我离题太远：是什么使得一个文化占据了这个图中的这个位置而不是另一个位置？但要注意的是，Bernstein 的语码理论至少是回答此问题的一种尝试。

4. 文化嵌入式教学活动

在此，我所呈现的观点来自社会心理学和人类学领域的相关理论，可以概括为以下三点：

（i）人类作为一种社会性动物，其性格的核心是在文化环境中发展起来的；

（ii）角色关系所拥有的特性是超出情景语用学范围的，并与基本的文化组织性概念有关；

（iii）人类行为的差异主要起因于文化中人与人之间的关系。

鉴于以上这些结论，图 1 对教师与学生关系的文化本质描述得到位吗？多大程度上让我们明白教学主要是一种由生活中文化设计所支配的活动？答案很明显：那个框架很大程度上被过度简化了。学生有需求　顺便提一下，不管怎样，这些需求与他们在社区中的生活是有关系的——或者，教师和学生各自都有性格，这些性格导致了不同教学和学习方式的出现，认识到这些还很不够。有必要将整个教学过程放在更广阔的、社会学的角度来考虑。之所以这样，是因为有分析表明，教学过程无法脱离它所处的文化。引用伯恩斯坦（Bernstein 1975b）的话，事实是，'社会如何选择、分类、分配、传播和评估它认为具有公共性的教育知识，既反映了权力的分配又反应了社会控制的原则。下面,我将选择性地阐述伯恩斯坦(Bernstein 1975b)'教育知识的分类与构架'中假设的一部分。我认为这些与当前的讨论非常有关。

4.1 教育知识的分类

分类(classification)涉及课程体系所包含的学科之间的关系——内容。如果人们认为课程内容之间有很清楚的界限,几乎不存在模糊性,那么,这个课程体系就会被看成是**集中**型。在这样的课程中,内容相互封闭:每种学科相对独立。相反地,课程体系所关注的领域相互关联,彼此之间的界限不那么清晰,因此可能会出现一定程度的模糊性。像这样的各种内容之间没有独立性的课程体系,称为**综合**型:在这样的课程体系里,内容之间是开放的。在此,我会尽量不去讨论两种课程体系的各种排列方式;但得让我指出一个简单明了的事实,即从开放式内容关系到闭合式内容关系,从综合型课程到集中型课程存在一种渐变体。这个渐变体的终点是综合型课程和集中型课程中理论上可能出现的最纯粹的形式。然而,现实中,这种纯粹形式的变异体则更常见。

在这条轴上,什么控制着这种变异呢?在最后的分析中,人们发现变异似乎与社会结构的某些特性有关,课程体系正是嵌入在这样的社会结构中。集中型课程体系倾向于出现在这样的社区,即,这些社区的信仰系统分类原则越来越公开,个人受到社区其他人的控制也相对变得越来越大。集中型课程受到青睐的社区相对比较专制,有明确的阶层结构,人们更注重共识。就图 3 而言,这样的社区将占据右上方的象限。相反地,综合型课程越来越受到居于左下方象限的社区的青睐:在这里,个人被赋予了更强的个性化与更多的自由。在此基础上,我们可以确定地提出:综合型课程体系在西方工业化社区的中上层阶级中更受欢迎,而印巴大陆文化模式的重要性会让人认为集中型课程体系覆盖面更广(Hasan 1976,本册第 8 章)。

4.2 教育知识的构架

根据伯恩斯坦(Bernstein 1975b),**构架**(framing)关注的是'教师与学生之间的教学关系'以及'在这种教学关系中传播内容之间的界限'。伯恩斯坦还指出,'构架也指教师与学生对教学关系中传播和接受的知识的选择、组织、节奏与时间的控制程度。'

当教师与学生之间的控制很强,非常识性知识(即,通过教学传播的作为课程体系官方内容的教学知识)和常识性知识(即,被学生从家庭、邻居和同伴那里带到课堂上的知识)之间的界限分明时,构架被称为强(strong)构架。当教学传播的知识与日常生活中的知识之间的界限模糊不清,教师与学生被允许拥有更强的自由决定权,框架被称为弱(weak)构架。再次说明,纯粹强构架和纯粹弱构架可以被认为具有理论可能性;这些是一个连续体的终点,连续体上散布着世界不同社区教育系统的构架实践。这种框架变异与社区的社会结构息息相关。强构架最有可能出现在图 3 中占据右上角的社区里,而弱构架最有可能出现在占据左下角的社区里。根据这个观点,印巴次大陆里的知识构架应当很(Hasan 1976,本册第 8 章)。

4.3 社会学分析的启示

如果我们认真考虑这些观点,就会发现,第二语言在教学大纲中的地位不是完全能由专家决定的事情——不管是顾问语言学家,还是经验丰富的第二语言教师,甚至是心理语言学家。第二语言在课程体系中的地位不能由绝对意义上看什么使得语言学习更简单这类想法决定,而应当由学习者和第二语言在学习者社区中的角色来决定。我想看到的是,沿着这些思路对支持专门用途英语(English for Special Purpose,简称 ESP)教学的哲学基础所进行的分析:对一个社区里学习者而言的'专门用途'对另一个社区里学习者而言则不一定是'专门用途'。我觉得,此方法可能是那些我们发现有必要把英语作为第二语言来教学的国家的教育知识强构架所带来的间接结果。在这些社区里,作为第二语言的英语仅仅是属于非常识性知识领域的'内容',明确地与社区日常生活分开,英语与课程体系中其他教育内容的关系以及'英语教学'组成部分的选择很可能会促进人们向专门用途英语的迈进。将英语简单地置于这样的社区,那么,学生仅需为了专门用途来了解英语!**从社会的角度来看,只要社会是学习者的社会,而非远方国外的专家的社会,专门用途英语就非常有意义**;与此同时,如此看待 ESP 的需求似乎突出了教师在社区里从事专门用途英语教学中可能遇到的问题,在这样的社区里,最多,课程因历史政治的原因出现重叠,最坏的情况则是,课程对大多数人来说依旧很陌生。对 ESP 的这种看法让我们不再经常感到有必要找出'有说服力'的一系列'真正学术性'原因来解释为何倾向于把它作为语言教学的较好方法。在我看来,此方法的优越性似乎在于其对社会性因素的敏感性,而不在于教育规则或者所教语言的本质。

这里所呈现的观点暗含了这样一种立场,即文化内部存在连贯性原则;例如,在一个社区当中,机构的界定、组织或者运行都必须参照这些原则(Douglas 1970,1971,1972;Geertz 1973;Bernstein 1971,1975b;Hasan 1976,1984c)。第二语言教学也不例外。如果有什么不一样的话,也是因为它在人类生活中的作用导致它成为一个愈加敏感的领域。语言不仅仅是现实的中介,它还是创造、毁灭、提升和失信的武器。后面的这些语言的更为直接的功能似乎对第二语言造成了更为真实的威胁。我不想夸大这种情况,对我而言,第二语言学习的最大障碍似乎来自对目的语的害怕和敌意(无论这种感觉多么模糊)。在这点上,图 1 显示的语言教学图景相当误导人。它将注意力集中在比较容易掌控的'现实'部分,即更换教室装备;花更多时间教英语;使用视听教学方法;提高学生兴趣;换老师;引入情景教学法;简化材料;以及其他一系列这样的解决方法。我要清楚地表明,我并不是说这些对学习质量没有任何影响，而是说只有在适合语言教学的社会环境下，它导致的不同才有意义。通常，上述这些改变不会发生；当真正发生时，其特征就变了。

5. 从社会学视角对第二语言教学进行回顾的必要性

我如此执拗地批判教学过程自主性这种观点，是因为这种教学被证明是一种极大的浪费。正如波斯特曼和魏因加特纳（Postman and Weingartner 1972）所暗示的那样，没有证据证明教师'正确的、先进的、人性化'的态度会改变教育体制的特征；然而，有足够的理由认为人类能够获得的意识形式，即表意和思考的习惯，很大程度上受到人类生存的社会语境的影响。我在本文从不同角度进行讨论的正是后面的这个议题。确实有证据（Sharp et al. 1975）证明，教师公开持有的'高级进步性'态度不一定能如我们所愿地解决教学问题。在个人意向与机构内部执行之间存在一些严重的社会问题。研究表明施加在每个人身上的压力大小因文化不同而不同。同样，一种可能的分裂出来的变异对改变事物现有的状貌会产生多大的影响是完全不明显的：需要做的就是检查那些构思良好的行为过程，这些行为可以被赞同并且或许可以被广泛采纳。至少我们能做的是仔细而冷静地从许多与其相关的方面来观察二语教学。在巴基斯坦，一个人只要有进步性意向，或者引入视听教学方法，或者加入最新的潮流就能给英语教学带来令人欣喜的差别，留下这样的印象不仅仅是非常严重的误导；这种误导和信仰一样，其实质是不负责任，这更具有悲剧性：它会导致资源浪费，而且经常确实如此，这种浪费是这些国家无法承担的。最重要的是，新入职的教师满怀期望、激情四射，他们被给予这种印象，即只要他们足够优秀，专心奉献，勇于革新，一切皆有可能，很明显给予新教师这种印象是错误的。同样，把责任归咎于学生也是不公平的。许多情况下，学生也会陷入体制运行和一系列事件的后效应中：这些力量比个人强大得多，不管这些个人是教师还是学生（例如，第1章的讨论）。这些力量通常比较分散，因此在二语教学中，试图预测是什么导致什么——原因是什么，后果是什么——就很像试图找出最后一层拍打在海岸上波浪的推动力是什么一样。也许人们更容易发现的是那些有形之物，眼睛可见之物，但教学中真正应该关注的是那些潜在的力量；如果想要成功作用于它们，就应当先理解它们。

我想强调一下，我的话并非消极。我绝不是说：放弃语言学方面的所有研究，回归到早期的教学方法，别去管教学大纲的结构和课堂实践，以及其他诸如此类的事情，因为不会产生什么改变。我坚持的是，人们至今仍未很好地认识到的与教学实践相关的因素，即教学活动的社会环境。我赞同重视所有这些引人关注的问题——对教学-学习情景任一方面的理解都需与所有其他情景联系起来；没有这种整体的方法，就很难取得成功。一个件非常重要的事是，在对二语教学情景给出建议之前，我们应当清楚地知道以下三个问题：学习者的社区如何发挥作为一个社会结构的功能,第二语言在这个社区处于何种地位,如何才算教学成功。例如,如果第二语言是取得专业技术或高级专业化水平的一种方法,那么社区成员对这个事实本身怎么评价?以巴基斯坦为例,就此目的而言,英语是至关重要的;由于历史原因,不管是汉语、俄语还是任何其他欧洲语言都不能替代它。绝对地看,学习英语的需求是相当紧迫的。然而,除了特定的较高阶层成员,获得高水平专业技术和高级专业化水平则不是人们的当务之急。相反地,如果英语成为团结小地方群体成员的一个方法,并且人们能以一种积极的情绪来掌握英语——正如200多年前波斯人和阿拉伯人一样——那么,今天困扰巴基斯坦英语教学的一半问题都不会显现出来;确实,在英语能行使这种功能的巴基斯坦人的特定的次社区里,他们的英语学得相当好。考虑到巴基斯坦的社会结构,其教育体制,人际关系的基础,以及它们在日常生活中的核心地位,对我们所有人来说,不管此语言对纯技术性知识和高级学术专业化有何价值,英语教学工作都将会遇到严重的问题,这是显而易见的。但是每年国家都会花无用功投入巨额资金来实现英语的'普遍娴熟'这样一个难以达到的目标。对我来说,英语第二语言教学方面的专家支持下面这样一种印象——甚至对这种印象不置可否——即在诸如我所描述的情境中,将资金花费在引进专业技术,昂贵的视听设备,介绍16个句法树而非6个,或者其他诸如此类的'补救措施',有可能会对巴基斯坦生活产生意义非凡的改变,是一种对社会的不负责任。让实习老师认为通过分析语言系统就能解决第二语言中的真正问题,这同样是不负责任的——虽然理解语言对教授这门语言是绝对必要的;认为懂得学习方面的普遍心理学就能取得成功是一种目光短浅的想法——尽管懂得学习至关重要;指望通过遵守社会教育学的原则和方法来取得教育成功是很天真的想法。对人类生活的关注不得不以专业化的名义而使之相互隔离是现代学术界的一种悲哀:我们无需强调教学和学习中的析取(or),我们想要的是合取(and)。人类科学各个具体领域的分隔可能会让人们对不同学科如心理学、社会性、语言学和教育有着更深的理解,这一点值得赞赏。但是任何类型的知识都是为人类的消费而创造的,人类的生活是统一的整体,其中的行为、相互交往、理解、学习和知识都共同发挥作用;一个人的心理与他的文化密不可分;语言是人类生活的一部分,而不是自足的结构;需求不是由一小块领域决定的——人们公然怀有的目标和他们在实际生活中被强迫接受的目标可能不总是一致。那些影响第二语言教学的人必须开始更严肃地对待人类社会,这似乎非常重要。不仅仅本国语言需要一个生存和繁荣的社区,第二语言也需要一个在学习者社区成功保持其功能的使用者的社区。而且,第二语言学习者居住的社区的文化模式会继续决定第二语言教学和学习的命运——除非从事第二语言教学的专家力图更好地理解学习者的文化,从而能巧妙地进行干预。

注释

1) 此论文于1976年在纽卡斯尔大学(University of Newcastle)的首届澳大利

亚应用语言学协会会议上宣读，该协会是在 Ross Steele 教授（悉尼大学）的领导下于这一年成立的。作者补加的大部分注释是为了将这些问题与当今世界联系起来。

2) 如今，TESOL（对外英语教学）和 TEFL（英语作为外语的教学）这两个术语经常出现，但是每次使用时是否清楚地区分这两个词却说不准。

3) 由 J. R. Martin（悉尼大学）领导的基于语类的教育活动当时尚未出现，但是在它出现以后，它已经清楚地表明了仅仅只需在教学材料上引入从功能角度切入的焦点就会对教学实践产生很大程度的提高。然而，这并非意味着不要去关注学生或者教师。实际上，此运动的成功很大程度上取决于 Martin 和他的同事们的奉献精神，他们与教师们一起工作并组织在职教师教学会议，让教师们更清楚他们教授的是什么。

4) 30 年后，此观察结果很大程度上仍然是正确的。2003 年的一场会议上，一个学生按印度的传统给我鞠躬，虽然应指出，进步的西方的传统同样也会展示它们自己——尤其是在青年人的行为中展示出来——但是，理所当然地，这种改变仅限于那些与进步的西方有接触的人当中，在那里，年龄有着不同的社会意义。

5) 在社会学话语中，社会化这个术语及其散播已不再被接受，它不流行了。我们与学术时尚保持一致，用'已经长大'（have grown up）取代动词词组'已经被社会化'（have been socialized）。这就是说，用别的词语取代是完全没有问题的，只要我们不认为成长是发生在社会环境之外，或者社会环境对成长模式不起什么作用。

6) 随着印度加入工业化行列，情况可能会发生改变，至少在目前，我依然期望在那里人们依旧把集中语码（collection code）作为默认首选项。

7) 在最后 25 年，英语全球化的出现是否导致英语知识对每个人来说都至关重要，这是个有趣的问题。

8) 我知道，多亏巴基斯坦英语语言教师协会（SPELT），巴基斯坦在英语教学方面取得了重大的收获，而且我的有些预测被证明是错的：英语的全球化以及，最重要的，获得新闻媒体的需求更加要求人们学习英语，即使是在今天，所有巴基斯坦学校也普遍教授英语；然而巴基斯坦人的日常生活水平已经提高了这一事实我却非常怀疑。

11 发生了什么:语言中的动态语境观

我主要关注的是语篇与情景语境的关系问题。但'情景语境'——有时只是'语境'或'情景'——对不同的人意味着不同的事情;我相信,我对这个术语的使用是符合马林诺夫斯基-弗斯-韩礼德传统的。从马林诺夫斯基(Malinowski 1923)到韩礼德(Halliday 1974)的半个世纪中,这个术语的概念已沿着弗斯(Firth 1950)曾指明的方向发生了根本性的改变。对马林诺夫斯基而言,情景语境不过就是:情景可以产生语篇(the situation can text)。韩礼德继承了弗斯的思想,认为情景是一个抽象概念;并且,如果可以说情景伴随着语篇的话,那么这更多是因为语言的功能属性而不是因为任何的物理时空同现属性。'伴随'这个词已经历了一个重要的重新解释。韩礼德的情景语境(Halliday 1977,1978)最大限度地体现了戈夫曼(Goffman 1975)所指的、存在于谈话各个方面的'动因关联性'。这种交互作用通过不同意义模式(言语和非言语的)的中介而呈现,证明这一关联性的存在。由此,它对回答'这儿究竟发生了什么?'这样的问题,提供了一个直接或间接的解释。

这种日常使用的生动的惯用表达法可能会在此蒙骗我们,使我们以为这是一个简单的问题,要求的答案是有目共睹的。不过,正如一些学者指出的那样,我们现在面临着一个固有的不确定性;在任何时候这个问题提出来,它的答案总是与所给出的答案有些出入,因为在对于'什么''这儿'和'发生'的理解上,存在着很大的随意性。显然,没有一个答案是在提问时以有形的方式呈现在那里的——'部分现实';这个答案必须是指某个经验领域某些现实中抽象出来的一些要素。通过答案获取的现实是经过过滤的现实,而这个积极的施动者在此就是互动者——正是他的聚焦告知了问题的答案。所以,虽然答案可能植根于客观,但它的出发点却是主观的。根据这样的推理,'情景语境'中的'情景'指的就是在互动者对他所处环境的某些方面的聚焦中所过滤的那部分现实。如果我们就此打住,只停留在这种理解上,那么,每个情景语境似乎都将会是由独一无二的个体创造的独特创造物,那么,还有什么能比相信一个人自身就是这个宇宙的中心更为可喜的呢?

然而,我们不得不考虑互动这一事实,互动的出现要求主观性必须以某种方式转变成主体间性。感知,个体聚焦,一个人对什么是相关的的个人看法——这些都是私人的事情。要共享,就必须公开这些事;并且,必须有某种形式的共享,因为这是展开互动的一个必要条件,即使涉及欺骗手段也要如此。而符号代码提供了这种由私人变为公开的手段。我对情景的聚焦会成为你们对情景的聚焦——如果我愿意的话——因为表征那个聚焦的一些手段和方法是我们共有的。从定义上讲,一个共享的情景一定是一个编码的情景——一个只要涉及个人的独特经验我们就需要使之保持在视线之内的事实。因为如果对聚焦的主观性的强调突出了独特性,那么对作为矫正物的编码功能的需求就表明了这种独特性的局限:一切可作为沟通交流的媒介都必然是一个社会规约系统。因此,个体之间所共享的不仅仅只受参与其中的独特身份的制约;而是,现实的过滤是双重的。现实是这样的,是这样是因为我把它看作这样,而且,现实的这样性必须被所编码的消息过滤,并在这一过程中受到编码性质的制约。而更为重要的是,这种个人和社会、独特和规约之间的明确区分或许只是我们所分析出来的一个人为产物。因为即使我们可以选择从个人开始,也难免会受到他自己的互动和流行于所在社区的符号代码的性质的影响(Bateson 1942; Whorf 1956; Bernstein 1971)。

一个社区里的整套符号代码承担着为其成员定义'世界'本质的功能。每个代码在意义的中介过程中都有一定的作用,但认为代码之间没有任何差别,将是一种天真的想法。我会表明,不同的符号代码承载着不同的表征力;最近关于非言语交际的研究似乎可支撑这一假设(Argyle & Kendon 1967; Argyle 1972)。显然,尽管有重叠之处,通过言语代码资源所能表达的与通过眼神代码、手势代码、或穿着代码所表达的东西,并非是共存的。但在我看来,代码之间的差异远不是一个'多少'的问题;它涉及到代码对某些关联性的倾向(Bateson 1968)。因为,我们会发现,每一个代码的功能本质都使其倾向于编码某种关联性而非其他关联性。因此,来源于眼神的代码必定表达某种人际意义;认为躲避对方的眼神、或者'眼中无人'都不表达某种意义,那是错误的。当然,在谈到通过言语代码来过滤互动情景时,似乎有某些方面——就代码的本质来说——被视为是相关的——如是否是关注的一部分,这些是他不能选择忽略的因素,在他的概念中,哪些是与互动相关的须包含这些要素:

i. 社会过程的本质——即那些通过言语意义行为所达到的;
ii. 互动者之间的关系的本质;
iii. 消息传递的模式的本质。

这些要素相当于韩礼德的术语——语场、语旨和语式;但在原则上是可以用不同的方式来打破这种三分法设定的(Gregory & Carroll 1979; Martin 1979; Hymes 1968, 1972; Hasan 1973a);我追随韩礼德的这种图示,因为它似乎具有很强的理据,可同时涉及社会系统和言语代码,如图3所示。

该图示呈现了一些影响言语互动的最为重要的因素,同时为'情景语境'的理解提供了理论语境。接下来,我将把这个宽泛的讨论限制在一个具体的小点上,在假设其他因素都相同的情况下,只处理语境和语篇的某些方面。

如果大家接受我前面提出的、如图3所示的关于情景语境的观点,随之而来的有以下这些事。首先,我们必须区分我所指的'情景语境'和可能在其中展开语篇的现实物理环境。暂且让我把后者称为'物质情景环境'。这个物质情景环境总是

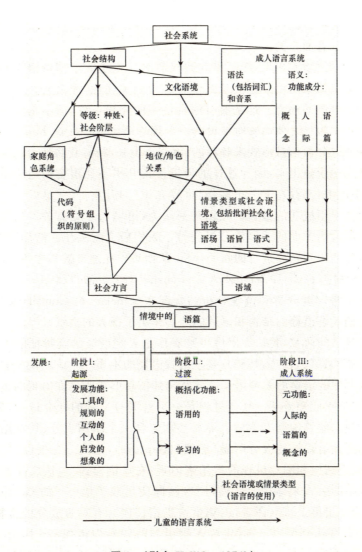

图 3　(引自 Halliday 1974b)

包括那些不属于情景语境组成部分的要素。这就是为什么'这儿究竟发生了什么?'这个问题有这么多合理的答案。两者之间的重叠可以根据语言在社会过程的展开中所起的作用而有所不同。当这个过程是由语言来界定时,例如研讨会、讲座、吟唱,那么,生成该语篇的现实物质情景环境或许在很大程度上与该语篇无关。制作宣传广告的人必须在某时坐在某处,周围可能有他人的陪伴下也可能没有,但物质情景环境的这些方面并不需要以任何方式作用于语篇。与此相反,如果语言所起的作用是辅助性的,对这个社会过程的界定与语言无关,如在房间里移动家具,那么,该物质情景环境的各要素就有可能作为情景语境的成分而被主动获得。原则上,我们可以把物质情景环境看作影响言语行为的休眠源。这个休眠源要素是可激活的,不过,这种激活是否蕴含情景语境的改变则是另一回事(Hasan

1980a)。我稍后将讨论物质情景环境在决定情景语境本质时所起的作用,这种情景语境是对观察者而言的。

从我的情景语境观出发,接下来我要谈的第二点是关于情景语境和语篇的关系的本质。如果情景语境描述的是互动者的动因关联性,那么它必须被看作是语篇创造和语篇理解的动力。这是所有语言使用的先决条件,而不是像在大多数的言语行为分析中为己之便而临时专设的一个理论概念(Sbisa & Fabbri 1980)。对于任何不能通过分析信息形式来解释的,就用语境来解释,我将使自己从这样一种对语境的使用中脱离出来,因为这样的语境使用几乎不比语言的运用更可行。并且,在任何情况下,都存在着一个称作'世界知识'的万灵丹,它足以接受任何数量的在消息形式上不成功的分析。人们普遍认为,语境与互动有关。近年来尤其是语境与互动的言语方面的关联性已经获得了人们极大的关注。然而,大多数研究是从言语行为的序列角度进行的相关分析,从而集中在通常被称之为'互动的微观分析'这种方法上(Dore 1979; Labov & Fanshel 1977; McTear 1979)。最近的另一进展是尝试将宏观分析和微观分析结合起来(Sinclair & Coulthard 1975)。这些研究为我们了解语篇的结构和语篇的理解作出了很大的贡献。

基于我自己的研究,我认为语境可被看作是界定语篇语类特征的主要决定因素(Hasan 1973,1978,1979,1989);基于情景语境的本质——语境的配置——我们可以对嵌入其中的语篇的关键语义成分及全部信息形式所允许出现的范围进行预测。例如,如果我们知道某一社会过程是一个有关打广告的社会过程,那么,这一简单方面使我们能够预测出该信息形式必须包含一个结构成分,其功能是吸引眼球。让我们把此语篇结构成分叫做'捕捉'(Capture),该成分在书面模式上,通过视觉排版、版面结构和图片呈现的运用来体现;在口语模式上,该成分通过音乐或其他听觉效果的引入来体现。此外,广告倾向使用双关语——如 Go to Work on an Egg(吃个鸡蛋再上班)(译者按:鸡蛋这里指任何含有鸡蛋成分的食物):头韵,如 Top People Take the Times(主要人物引领时代):而诸如 Go Jump in a New Zealand Lake(去跳新西兰的湖)这些看似荒谬的言辞都具有功能性理据,它们为体现'捕捉'这个成分而存在。第二个必要结构成分可以被称为'焦点'(Focus)。这个成分的至关重要的语义是挑选出广告的内容。Go Jump in a New Zealand Lake 这一标题被置于一幅美丽的湖泊照片的顶部做装饰,图片的下方是一条说明,写着新西兰航空公司。这是这个独特广告的焦点。图片所展示出来的新西兰的美丽构成了焦点的正当理由。由于篇幅有限,我在这里不能更详细说明广告结构的其他要素,但希望这个简短的介绍支撑这样一个假设,即语境配置可以用来预测属于特定语类的语篇的结构潜势。如果没有先前的关于语境控制语篇的意义的假设,那么得体性(appropriacy)这一概念就不适用于语篇。同样的道理,推断语篇的语境配置的能力是语篇理解的一个重要组成部分。如果把 Go Jump in a New Zealand Lake 读作一个无端的侮辱,那么我们必定不能成功地诠释语篇。因此,语篇和语境的关系对于要适应新的文化习俗的读者来说是双重的:如果我们能够获得语境,我们就可以预测语篇的基本要素;如果我们能够获得语篇,那么,我们就可以从该语篇推断出它的语境。在这两种情况下,我们从当下可见的进入到当下不可见的,而这个后者与前者存在着某种因果关系。

上述语境观常被看作为规范的(Sbisa & Fabbri 1980; Cicourel 1980),但同样也是不可取的,原因如下:

i. 它隐含着社会契约的存在;
ii. 它假定了一个人类行为的典范;
iii. 它不允许变化;
iv. 它否认个人自主;
v. 它提出语境是先于语篇创造而进化彻底的东西,而事实是,语境和语篇是共同进化的。

让我简要地谈谈前两个反对观点。对规范的认同的确意味着一个社会规约的存在,我们可以用社会契约这个隐喻来指这样一个事实,即一个社团的成员遵循一套从本质上讲具有任意性的规约,但在说这句话时,我们想表明的不过是一个社区的实际做法表明了一个社会规约应如何被读取——这包括对其所有价值的读取,而不仅仅是其中一个。一个规约通过实践而不是友好的讨论得以合法,正如社会契约这个隐喻有时可能会误导我们去想的那样。一个社区的实际做法往往是其成员范畴化的一种手段,这是被那些不同意识形态立场的人类学家的研究证明了的事实。我认为社会学中的权利这一概念是与规范这一概念密切相关的,但是,描述规范不是要更多地站在行使权利的一方,描述工人阶级方言也不是为了带来一场让被压迫者获利的社会革命。假如为了某种原因有学者选择忽略相互冲突的规范,那么这样的规范认同是会产生误导的,但这种缺点并不会使规范这个概念本身失效,失效的只是那些对此概念的特别解释。

在我看来,规范并不蕴含相关行为的理想化。某些理想化必须始终存在于任何一个概括性的陈述中,而当我们谈论说话的场合,以及人们在这样的场合里通常如何进行言语交流时,我们必须努力区分什么是在框架之内的,什么是在框架之外的(Bateson 1955; Goffman 1975)。然而,对场合本身而言,没有必要假定一个不变的行为模式为唯一正确的可能性。事实上评价这一问题不必进入规范概念,因为一个规范可以建立在一个纯粹的统计基础上;因此,说有事发生通常不是去声称它是好,或漂亮,或不正确。也不意味着不管是什么事,都要对'它'持一个单一不变的看法,变异的确会发生,也就是说,变异是正常的,但变异系统地发生也是正常的。这些观点在拉波夫关于语言的有关论述中已得到极好的讨论(Labov 1966a, 1972d);似乎没有理由怀疑其他符号代码——或在不同层面的——行为是完全不同的。行为规范与源自于先天能力理论的那种理想化没有多少关系,从逻辑上讲,后者只包含一个蓝图;而特定情境语境中的行为规范更倾向于与文化适应(acculturation)这个概念相关。在不少社区里讨价还价是买卖场合的规范;而在别的社区里固定的价格才是盛行的。这两者都不是理想的行为,但我们认为买方试图在萨克斯百货讨价还价肯定是一个典型,而在一家非洲店拒绝讨价还价曾被一个店主描述为'有点对店主侮辱的意思'。因此,在我看来,规范与理想化的混乱是基于一种误解:典型的仅仅是最常见的——因而必然具有社会意义——但它不像反射动作,或是基因预先编程的行为那样是强制性的。对于某些行为是否得体的评判通常诉诸一种文化,这是毫无二致的,因为特定的语境配置只能通过文化来获得其有效性(Goffman 1975;Bateson 1955;Hasan 1975,1980a;Malinowski 1923;Firth 1950;Halliday 1974b)。

那么,显然,如果语境被作为一种理论根据来预测典型的行为模式,这不等于要求绝对的确定性。虽然可以说不变性意指典型性,但反过来却是不正确的;即使在相同的文化背景下典型的行为也不是固定不变的行为。但是,声称变化可以在任何时间,任何地方,以任何的方式发生,或者声称个人可同样自由地在所有的环境下协商情景,是庸俗化了变化和个人自由这个概念。即便是那些对语境的个人协商谈论最多的学者也在使用习惯性的时态,也许有人会争辩说,这证明了拒绝规范是一个谎言!但把变化看作分属于两大类或许是有用的:一类是系统内的,一类是系统外的。后一类的例子是诸如被社区成员经常理解为'破坏''打扰''推迟'等等这样的事件,而这种变化类型的一个子类是由病态行为组成的,不管引起这种病态行为的原因什么。这其中,破坏,或至少某些形式的破坏,似乎会是最为复杂的,因为正是在此,由于参与者同时居住在世界的不同地方,对情景的不同聚焦才不得不一起作用。系统内的变化曾被描述为是由语篇和语境的局部的、非标准的特性引起的(Hasan 1980a)。一个人现在说什么会影响一个人接下来可能继续说什么;这是很明显的,因为,即便我们在说话时,我们也总是能注意到我们言语中的矛盾隐喻,不一致和'遗忘'。有一种意义,其语篇的过程性质是它独特性的一个重要来源。同样重要的是第二个事实:每个语境配置都会表明可能行为的一个范围;它"告诉生物体在哪些备选方案中他必须做出他的下一个选择"(Bateson 1964);它没有详细说明每一个特定的选择必须是什么。第三点,对行为的变化进行考虑代表了'语境'概念的灵活性。特定语境不能把一个语境与另一个语境完全封闭开,这是非常明显的;但我们会对'不同'的语境进行识别,这也是一个不争的事实。我一直认为每个特定语境范畴都包含着某些其存在与否不能够作为判别语境身份的标准的要素(Hasan 1980a)。例如,'在一个个性化的服务店买食品'这个语境的身份不会因一个人对这个店主的了解程度,或一个人要买什么特定的商品而发生改变。但这些一定是这样一些要素:在情景语境中这些要素的存在与否与典型行为的差异相关。如果店主是我们非常熟悉的,我们通常——即没有什么'特别的理由'——会先进行社交性寒暄,然后才会开展我们的购物业务(Hasan 1978;Ventola 1979),虽然的确没有什么能阻止我们不友善、势利或行为怪异——除了社会舆论的分量及其在我们的自我形成中所起的作用。因此，很明显，在相同的语境中存在着行为的不同变化，对于这些变化，我们可以从话语的语场，语旨和语式的更为精密的细节上对其进行系统的解释。

　　现在我来谈谈个人自主的问题。最好认识到个人自主、变化和文化适应之间具有密切的关系：变化是学习行为的常量，个人自主只在学习行为领域中，而不是在自动的、受基因控制的活动中起作用。一个关于语篇和语境的关系的假设必须对变异规范和个人自主提供一个系统的解释，不是因为不这样做就是保守的，而是因为这些概念对我们理解语境，行为和文化之间的相互关系，以及变化是如何在其中发生的来说是必不可少的。但是个人自主是什么意思呢？我们当中没有人是永远完全自由的(Douglas 1966)；这在互动中就更是如此。确认对方的身份就是对我们自己的一种约束；并且，虽然拥有话轮就拥有权力这是事实，但说话就容易受到攻击这或许就没那么真实了：俗话说，说话是银，沉默是金，这其中蕴含了良好的民间智慧。说话是宣布我们与我们的社交领域的关系；甚至即使我们藐视权威，忽视同伴关系，为带有旧的标签的角色构建一套新的权利和义务，我们仍然还需认识到我们周围的社会习俗，因为这些角色和关系早已被确定了，不管我们自己的特定个性是什么。因此，个人自主并不意味着完全缺乏社会约束。但是，在目前的语境下，可以合理地认为，个人的自由在于对一个用于互动的关联性框架——一个情景语境——的自由协商。人具有这样的自由是非常明显的。但是，只要求这么多是不够的，因为同样明显的是这种协商语境的自由不是在任何时候所有人都能平等地获得的。相反，存在某些特定的环境，它们相比其他的环境更易于允许这样的协商，也存在某些角色，它们允许一个人比别人更多地行使这种特权。因此，更有趣的问题是：如何来描述这些环境的特征？显然，答案将与语篇和语境是否共同进化，或者在现实中对相关性的某种感知是否必须先于语篇的构建有关。如果主体的聚焦是通过符号代码这个中介而具有主体间性的话，那么随之而来的便是，无论语境是在何地单独协商而达成的，它都必须随语篇而进化，因为言语代码本身会在对相关性框架的中介过程中发挥至关重要的作用。

　　在回答上面提出的问题之前，让我先说说我是怎样理解个体协商的。对我来说，这个概念主要集中在两个方面。首先，协商意味着面对面的互动，因此协商的概念，并不适用于具有独白模式的语境。其次，语境的协商意味着如果互动的一方没有利用某些渠道去进入另一方所言说的内容，那他就无法非常正确地预测语境的本质。对个体协商而言，只有当协商的语境不是直接由基于规约性解读的环境支撑的时候，它才是一个有意义的概念。因此，对于那些使我们能够对所嵌入的互动的关联性框架进行充分预测的环境，如果我们可以描述这些环境，那么我们就能确定一个范围，在这个范围内语境个体协商的发生拥有最低的概率。这就意味着在这一范围内个人自主会受到限制，行为上的变化会高度地系统化。我认为，这样的环境特性描述是可能的，并且这可以根据早先介绍过的三要素——语场、语旨和语式来完成。

回想一下,在独白模式的语境中,个体协商的可能性不会出现。嵌入在这样的语境中的互动不呈现一种真正的话轮可能性,因此没有合作性协商;相反,从理解者的观点来看,这是把语境作为一个既成事实来呈现。通常语篇在此以这样的方式构建,其目的是最大限度地用言语概括其语境,并且,如果言语代码并没有出现内在不确定性,那么,它将提供给读者/听者一个现在是语篇不可分割的组成部分的关联性框架。我认为,就独白模式的语篇而言,其创造者必须从他的关联性框架的一些概念出发。这就是说,语境必须及时地先于语篇。我这样说并不是指语篇的所有细节好像都是言说者预先计划好的,这对言说者早已不堪重负的心灵将是一个物化或过重的负担。我的意思只是说,说话人必须对他试图要达到什么目的,他的听众是谁,他打算用什么策略来达到他的目的有一定的概念。常见的错误是想象以上问题中的'什么'必须具有实用性,信息性,这是完全没有必要的。说甜蜜的废话,或者甚至是说不甜蜜的废话与写一本机器的维修手册一样,都是在指向某个要达到的目的,它们在指向的程度上是一样的。也并不是说明确意识的含义就多于非日常话语中言语体现的意义意识。

在对话模式的语境中,存在真正的话轮的可能性;因此,语境的合作协商就可能发生。但并不是所有的语境都同样适合这种情况;如我前面所表明的那样,只有被认为在解释性上中立的那些语境才真正适合协商。为了更加明确地说明这一点,我们需要介绍某些属性特征,基于这些属性特征可以对语场和语旨做进一步的次分类。其中一个这样的属性是制度化。我们可以把它看作一个连续体,由最制度化的延伸至最不制度化的——或个体化的。我相信我对这些术语的使用与伯恩斯坦(Bernstein 1971)是一致的。因此,一个过程可以分布在一个从最制度化的到最个体化的渐变体上的任何地方。制度化的社会过程会逻辑地加以多重符号编码;即是说,不同的意义模式将挑选出这些社会过程,并且一种模式为一个过程设定的界限与另一种意义模式设定的界限是相应的。例如,考虑结婚或伸张正义的社会过程。这两个过程都是朝向这个连续体的制度化那一端,并且相应地两者都通过不同的方式进行多重编码,这些方式包括穿衣打扮的方式,表现自己的方式,仪式表演,实施这些仪式的公认的地点。同时,以不同的能力进入这些过程不同阶段的参与者被赋予了大家共同认可的权利和义务,这种权利和义务也会对这些过程进行多重编码。这些非言语编码成为过程本质的症状,而这给预测关联性的框架带来了一个严重的后果。制度化过程的展开涉及汇聚性编码,随着几个意义模式显而易见的运行,立刻就有大量的冗余信息。并且,从言语编码的观点来看不过是些物质情景环境,换着从社会过程观点来看,就会被视作为通过一系列不同的代码而进行符号编码的情景。每当有汇聚性编码的证据的时候,我们往往以此为参照解释言语互动的语境,并且我们的理解的正确性概率很大。这是真实的,即使当一个制度化的过程遭受压力时,因为对多重汇聚性代码的侵蚀势必会放缓;作为一种社会过程,无论婚姻危机会是怎样,即使到了今天,如果我们发现一名穿着婚纱的年轻女子步行到教堂,共同的推论是婚礼即将举行;这个共同的推断的正确性具有较高的概率。也存在这种可能性,比方说,她在去参加一个化妆舞会的路上,但很少人会做这样的推断,并且做出这种推断的正确性的概率也将是相当低的。同样,当我们看到有人进入一家商店或银行,然后走到柜台并进行言语交流,我们可以推断这是一个服务接触,并且我们的这个推论是正确的概率是非常高的,虽然这又是完全可能在那一刻此人正以一种平静自如的方式威胁店员。让我补充一下,一个社会过程的不同参与者并不享有对这个过程的相同'态度':牧师对这场婚礼的感觉不同于新娘和新郎,就如同打高尔夫球的人对一场球赛的感觉不同于球童的一样(Goffman 1975),但在我看来,这并非意味着两个不同的过程在同时进行。我们必须把这些不同观点的张力看作为是那个过程本身所固有的,而这些张力只有当言语互动发生之时才促成言语互动的形式。然后,我们可以说,当物质情景环境显示一系列汇聚性代码时,语境的个体协商的可能性就会明显地减小。

　　如果我们考虑余下的话语语旨这个因素,就可更为准确地做出预测。回想一下,语旨与角色关系有关。参照制度化-个体化连续体,角色可以被次范畴化。制度化角色通常是分级的,而个体化角色,即使是分级的也会允许角色拥有者有较大的自主决定权。如果角色是分级的,这就意味着功能的不可逆转性:这两个角色有不同的权利和义务,两者界限分明。除了在一定条件下,这两个分级角色的承载者是不能承担其他任何角色的。这是由减少的社会距离所规定的(Hasan 1973,1978,1980a)。互动者之间的社会距离取决于其互动的范围和频率。互动者彼此互动的范围越大,越频繁,他们之间的社会距离就越小。我们通过这个属性来接近角色承载者的个人属性。在角色是个体化的地方,角色可逆转性的可能性程度最大,且互动者之间的社会距离最小。这样的角色可能是朋友,亲密的同事或亲密的兄弟姐妹(可能是相同性别)。不管一个人可以做什么,另一个人也可以做;他们的权利和义务是均等的。社会距离的缩小和权利与义务的可逆转性意味着大量的自主决定权可用于互动双方。在角色分级和制度化的地方允许角色可逆转性的程度最低,而社会距离却达到最大。一个例子就是面试官和工作的应试者。

　　现在我们准备做最后的概括。在对话模式里的任何互动情景中,不管什么别的信息是否可用于互动者,他们必须了解以下这么多信息,因为这属于他们的个人历史:他们之间获得的是哪一种社会距离,以及因此他们离连续体的体制化一端有多远。如果物质情景环境是汇聚性编码的,并且如果社会距离是趋于最大,那么,我们具有的是一个不利于语境个体协商的环境。这不是说一个人不能做出尝试,但这样的尝试会被人们用怀疑或愤怒的眼光看待,或者被理解成一个粗俗的笑话。如果我去一家外国领事馆申请签证,被叫去面见助理领事,我实际上是没有特权来协商一个与他随意交谈的语境的,整件事都是由他来引导的。当然我可以一直试着引导,但是,如果我这样做的话,这会让人觉得我的智商有问题,或是我的观念立场有问题,或会使得别人对我申请签证的真正动机表示怀疑。真正最常达到的语境的合作协商的环境可以描绘为:物质情景环境没有被汇聚性地编码为隶属于某种特定的社会过程,并且互动者之间的社会距离接近最小。例如,在我工作的校园的中心区内见到我的一个关系密切的同事时,我可以协商一个语境以便我们可以要么去酒吧喝一杯,要么我们可以坐下来讨论最近所显示的学术官僚主义什么的诸如此类的事。看见我们一起出现在中心区并不能给人以理据来预测在那一刻我们具体的关联性框架可能是什么。但是值得指出的是,即使是在这样一个公开而可能多变的环境中,我们互动的形式通常仍然是可预测的(Ventola 1979)。当语境被合作地协商时,语篇和语境几乎同时进化,每一个后续消息都是使互动者所要达到的目的进一步明确的投入物。

我希望我已成功说明了如何在语境规范这一概念中系统地处理变异和个人自主,以便他们在关于语篇创造和语篇理解的讨论中成为有用的理论工具。不管互动要达到的结果是多么的个性化,其本质天生就是社会性的。

12 基于语境的言说行为

> 对我们来说,事物的那些最为重要的方面被遮蔽起来了,因为它们太朴素、太为大家所熟悉。(一个人注意不到某些事情——是因为它总是在他眼前。)……我们没能注意到最显著、最强有力的事物,虽然我们曾见过它们。(Wittgenstein 1953:50)

1. 引言

如标题所示,本文探讨语境问题,更具体地说,是从系统功能语言学(以下用 SFL 来表示)的角度来呈现我对语篇和语境关系——即基于语境的言说行为所关涉的内容——的理解。[1] 显然,对这一关系的描述并不是一个新议题:自从马林诺夫斯基(Malinowski 1923)首次引入这个话题以来,大半个世纪过去了,无数语言学家对它进行过反复的思考。这个问题的的复杂性也是显而易见的:尽管在这期间,对语境概念的阐述有很大发展(一些阐述可见 Hasan 1995a; Lecki-Tarry 1995; Martin 1992),但至少一些基本问题至今还是悬而未决的。所以,当面对某些类别的数据时,不仅语境范畴的概念化在描述上不够充分(参见本文 2.3 节),而且一个对语言学理论来说最为基本的理论问题也需要详细阐述。这个理论问题是:假如言说行为是依照社会生活语境进行的,那么这对语言和文化的关系来说意味着什么?由于没有持久地关注这个问题,我们也就未能领会以下事实:对这个问题的探讨,有助于通过识别研究对象的本质来界定语言学研究的真正本质,即"人类语言科学"应该怎样对语言进行概念化?语言仅仅是写入人类 DNA 的一套永恒不变的规则吗?它只是一种不以物种进化史为基础的文化产物吗?在严肃地回应这些问题的时候,或许我们已成功地抛弃了古老的生物学和文化两极分化观,取而代之的是接受了由维果茨基(Vygotsky 1978)所提出的观点,他认为生物起源观和文化观的对立是错误的:根植于人类生物学的语言随文化的介入而发展。文化介入语言发展过程的假定是主张语言是一种内在变化的意义潜势(Halliday 1978)的一个先决条件,意义潜势随着言说者生活的物质和社会环境的变化而变化。沿着这些思路进行语境探究将会拓展这个概念的解释范围,但已经发生的事实表明,语境概念没有成为一项解释性原则,而是成为了一种理论性的附庸,仅仅用于排除理解故障、消除句子歧义。

仔细想想,这一点也没什么让人吃惊的。事实上,语境概念的发展轨迹证明了以下格言的真实性:起点与终点从来不是不相干的。在关于语境与语篇关系的思想发展中,从一开始人们就做出了两种为人们广泛接受的假设:其一,恰当的言语就是适合言说者自身身份的社会语境的言语;其二,言说的推动力不是来自于有关语言的知识,无论它被视为是与别人的语言交流中获得的实用知识,还是被视为是大脑知识——天生而非后天学得的知识,并在某种意识程度上知道语言包含这样或那样的规则。就思考语境和语篇的关系而言,虽然事后我并不相信他们提出的是唯一相关、甚至最为重要的看法,但我绝对不是在暗示这些假设之中不存在真理:当然,他们并没有讲出故事的全貌。所以,我提出以下观点也并不奇怪:至少一些尚未解决的问题仍然围绕在我们身边,这是因为我们常常把这些成规作为我们的出发点,这自然而然地将我们的探索引向了某个特定方向。例如,如果我们开始做出这样一个假设:言说行为仅仅是为了适应某种特定的社会语境,那么合理的猜测是语境必须"先于语篇出现",并且出于同样原因,语言也没有能力创造语境。如果在这样的"推理"之上加上我们无条件地相信的信念:语言的大脑知识先于它的实用知识——在使用语言之前你得先有语言,那么在关于语境与语篇的关系上通常采用的决定论观点便随即变得明了起来:上述这些步骤使我们相信,语言的先天大脑知识是语言表达的前提条件,而相应地语言表达又是实用知识出现的前提条件。这里隐含着一种单向逻辑——玛尔科娃(Marková 1990b)称之为独白(monologic)——由此语言的大脑知识先于实用知识,并促使实用知识的产生;而语言交流,即基于语境的言说行为本身是绝不可能形成大脑知识的,就像在任何言说开始之前语境就已经一直现存于哪儿了一样。这些思想立场在语境、语言和言说之间造成一些鸿沟,而我们无条件地相信的假设为处理这种情况提供的唯一的桥梁则是独白式的决定论;根据这一决定论,情景语境"决定"你可能想要表达的意义,而语言系统则"决定"那些用于表达语境已"设定好"的意义的措词。如此,言说便处于一种进退两难的境地:它的意义受制于已经存在的语境,而那些意义的表达又受制于已存在的语言规则。同时,持续遵循这种"推论"已经把语境和语言平凡而神秘化了:语境作为语言运用的物质背景重现于语言学视域,将它的本来面目包裹在神秘性之中;而语言则作为一个心智器官,一个进化动力同样神秘的生物附属体被重新摆到了台面上。

需要强调的是,尽管这些评论含有批判的意味,但在这些成规和争论中却存在充分的真相,这使得简单而全盘拒绝那些老话题和争论的做法变得问题重重。那些假设并非完全错误这一事实解释了他们所持的观点:它解释了为什么即使今天,除了极少数几个例外以外,关于语境与语篇的关系的思想依然主要是"决定论的",由此而阻碍了这个概念的正常发展。对这种视角的坚持并不意味着我们的前贤笨到未能认识到语言创造语境的能力;恰恰相反,这方面的话题与语境本身的争论一样古老。例如,在发展有关语境与语篇的关联性的原创思想时,马林诺夫斯基(Malinowski 1935a:52ff)曾非常清楚地界定了[2]"语词语用能力的……两个顶峰"[3],一个存在于语言作为工具来开展"协作的人类活动"的角色中;另一个存在于它作为"潜在的创造性行为"(如巫术、宗教、法律等方面的神圣语言,并由此而演化出大量的社会活动)的角色中。并且,关注语境和语言关系这两个方面的也决非马林诺夫斯基一人:其他学者,如弗斯(Firth 1957)和韩礼德(Halliday 1973,1975,1978),都重申了他的观点;我本人也不时回应这方面的内容(Hasan 1980,1984a,1984c)。事实上不难发现,在同一个著作内同时存在决定性和创造性的视角,它们还没有在辩证法中得到调和,但是它们几乎意识不到彼此的存在。然而,强调仍然是落在语境对语篇的决定性作用上,即便在自称其目标是为了放弃它从而获得更灵活观点的地方这一强调也没有改变。公平地审视系统功能语言学文献,其中大多数都会证实这种判断的真实性。[4] 近年来,后现代主义者崇尚把实际运用效力看作最为重要的解释性原则,受到这种思潮的推波助澜,那些持决定论观点——有时叫做"概要性"方法——的批评家们,建议转移分析的焦点;即分析的焦点应该从受规则制约的语篇、转向现实中由个体实时实施的实际过程,无视规则,寻求意外发现。这种焦点的转移被认为会构成一种"动态"视角:通过把独一无二的过程细节作为分析对象,它将有能力揭示个体欲望和个体决定在促成实践独特性方面的作用,而这个实践是由独一无二的社会主体参与的。

无论人们所建议的这种焦点自身具有什么优点——我怀疑这些优点究竟有多少(Hasan 1995a,出版中)——它也将遭受诸多限制:其独白特性会让它的分析如概要分析一样片面。[5] 我这样说是因为在当前关于语境概念的动态视角中——这个概念实际上在过去十年已盛行于系统功能语言学(Martin 1985,1992;Ventola 1987)——独特的实践例子和非独特的系统之间的关系虽说不上不相干,但仍未完全理清;尽管最近有一些论证方面的尝试(如 Martin 1997),但情况还是如此。至此似乎可做出合理的结论:就提供更好的描述方法这一问题而言,逃离一套成规而进入另一套成规并不能更好地解决这个问题。恰恰相反,我们所需要的是从单向的独白视角转向对话视角:不考虑系统或过程在时间和逻辑上哪一个先于另一个;更好的办法是从他们如何相互作用这个角度来考虑两者,即考虑二者如何参与同源逻辑(Cogenetic logic)(Marková 1990b);在这种同源逻辑中,通过参考某个特定社团成员所熟悉的、某一共享系统的普遍规则,过程的独特性可以被清晰化——此处系统的定义来自于无数个体在他们生活中彼此参与的无数独特的意义行为。

在过去二十多年间,系统功能语法已逐步地转向对话视角:参考语境与语篇、语言和文化的关系意味着,其中每一方有助于对方的准确定义和发展。我还在其他地方(Hasan 1995a)指出,这个问题的关键步骤在于重新考虑将体现与实例化作为双向关系而不是单向关系;[6] 就是在这一点上,当前系统功能语法的体现与实例化(realization and instantiation)观点区别于叶尔姆斯列夫(Hjelmslev 1961)的表达/体现(expression/realisation)观点或弗斯(Firth 1957)的说明(exponence)观点。原则上,双向假设是一种辩证假设,一方面体现在内容与形式之间,另一方面体现在系统与实例之间(参见图 1 及本卷中韩礼德对它的讨论;及 Hasan 1995a,1996a)。因此,比如,在言说中,[7] 说话者对语境的感知激活对意义的选择,[8] 接着言说行为中表达的意义又反过来识解语境;激活与识解之间的关系作适当修改同样适用于意义与词汇语法之间的关系。体现用作一种对话原则——作为一种辨证原则——限制了语言任意使用的范围。这是一项重要发现,因为可以说任意性是跨越社会阶层的决定论独白关系的另一面。我意识到,在"一切都后现代"的时期,大多数事物都被每个社会领域里受人尊重的大师们冠以"符号任意性"(l'arbitraire du signe)的特点。然而,我们有理由相信,对索绪尔原则的解释实际上是基于部分读者的片面解读(Hasan 1987b;Thibault 1997);语言的任意性原则远不及当前学术潮流所表明的那样普遍。比如,只有某种特定的音系模式,至少在英语里——如音节一类的音段——与语言形式是单向、任意相关的。[9]相比较而言,语境、意义和词汇语法范畴之间是体现相关,而非任意性相关:语境范畴存在于它的语义识解中,正如语言意义借由语境的激活以及词汇语法形式的识解而存在;这并不是在否认语言意义范畴与言说者主观经验范畴之间存在一种必然的关系。主观经验对语言意义的重要性而言,是必要而非充分条件。

这种研究方向朝对话方向的转移已证明对系统功能模式而言是有益的:它不仅打开了一种可能性,从而为语境与语篇、文化与语言的关系提供更有力的解释(参见本卷中韩礼德的观点及 Hasan 1995a),也对在加工语言系统时语篇生成作用的许多必要说明提供了更坚实的基础,因为它是一个功能性的系统,能同时显示稳定和变化,在表面上相互抵牾的同质与异质话语(homoglossia and heteroglossia)并现中繁衍增长,能认识到它同时允许个体自由的公共规则;简言之,与其说这些局限性和决定论在系统里,不如说它们是我们自己的分析模式的人造品。[10]由于其对话视角,系统功能语言学今天才能更好地将人类语言定位为一个位于莱姆基(Lemke 1984,1993,1995)所谓的动态开放系统(the dynamic open system)中的元素。但是理论的发展过程就像言说过程一样,充满不可预测的变化、扭曲,甚至内部不一致性:系统功能语言学已经采用对话视角的事实,并不意味着所有的描述范畴都需要根据这一理论转向而重新思考。在追问基于语境的言说行为所蕴含的意义时,我会从对话研究视角来发掘一些范畴,具体跟语境与语篇的关系相关。正如我在引言评论里所表明的那样,这会涉及下列假设:

- 为了描述人类语言的属性,我们需要把它放在社会环境中加以探讨;这个环境——称之为语境——必须看作是语言学理论的组成部分。
- 语言学理论是有层次的,包含四个层次:语境、语义、词汇语法和语音。他们代表四种不同的抽象度,它们对完整地描述语言来说,既充分且必要。
- 语言学理论的前三个层次——语境、语义、词汇语法——都是通过体现来发生关联的(Halliday 1992a,1992c,1996;Hasan 1995a,1996a;Matthiessen 1995;Matthiessen and Nesbitt 1996);而语音与其他层次的关系一部分是通过表达、一部分是通过体现来发生关联的。[11]
- 语言与语篇——系统与过程——通过实例化而相关(Halliday 1992a,

1992c，1996；Hasan 1996a），如同文化语境与情景语境一样（参见本书韩礼德部分；图 1 和相关讨论）；因此语言与语境之间的主要关系，可以根据以下两种对比公式来表达：

从实例化的视角看，情景对文化如同语篇对语言一样；每组以对比的第一个术语对第二个进行实例化：

情景：文化：：语篇：语言

从体现的视角看，语言对文化如同语篇对情景一样；每组以对比的第一个术语对第二个进行体现：

语言：文化：：语篇：情景

如此确定，我的重点是在上述最后一组对比公式的第二个术语上，也就是，在一个对话模式里，语境与语篇的体现关系是以这组公式的另外三个术语为基础来进行讨论的。我会在需要的时候继续使用语境这个术语来指称情景语境；用文化这个术语来指称文化语境（参见注 8）。

2. 语境生成语篇

本部分我将呈现三个言说行为个案，我会继续对每一个案提供非正式的评判说明，以此观察并提出与当前讨论相关的问题。我将运用当前盛行的系统功能语言学模型，明确每一言说个案的相关语境（第 2.1—2.3 节）。我的目标在于指明系统功能语言学模型的某些局限。现简要陈述如下：(i)在系统功能语言学里，流行的语境分析是假设给定语篇的语境是恒定不变的：例如，正是这一假设支撑了韩礼德和韩茹凯（Halliday and Hasan 1976:23）的以下论断，即语篇是"连贯的……与情景语境相关的、并因此与语域一致的一段话语"。(ii)虽然声称语境/语域恒定不变从经验上看大多数情况下是有效的，但并不完全符合事实。我们可以发现一些个案，其语篇在经历某种语境/语域变化后仍然无损其完整性（参见第 2.3 节的例子）。(iii)对于这种情况，涉及到这样一个问题：在后面的个案类型里，"与情景语境相关的连贯"是什么意思？当前的系统功能语言学模型不能提供一个令人满意的方式来回答这个挑战，或详细说明那些没有破坏语篇统一性的语境/语域变化的本质和特点，他们也无法说明在哪里，也就是，在哪种社会情景里，这些变化最有可能面临风险。(iv)出于同样的原因，对语境的系统解释未能提供正式的手段来指明这些变化的潜势。(v)最后，当前的语境描述习惯于把语境中的每个要素都看作好像是一个事物本身一样去对待，并且，无法指明位于语境概念核心部位上的社会过程的实质上的统一性。虽然我同意韩礼德（Halliday 1964；等等）关于语境理论的总体描述，但在本文第 3 部分我会尝试遵循另一途径，来克服这些不足并加以发展。这会涉及从某些假设出发，它们在系统功能语言学里到目前为止还从未被质疑过。首先，有关言说行为的实例如下：

例 A：[12]

爱米尔·杜尔凯姆(Emile Durkheim)：选集

由安东尼·吉登斯

编辑、作绪及注释

剑桥大学国王学院社会学讲师

杜尔凯姆的著作对当代社会学产生了深刻的影响。他的许多思想已经成为这个学科的至理名言,而一些思想则充满争议,有些甚至到现在仍处于争论之中。然而,在英语世界里人们对杜尔凯姆观点的接收受制于某些现有翻译的不足,并且,虽然他的大部分重要研究现在已有英文译本,但还有大量的著作,尤其是他的短篇文章和评论,仍然没有被翻译出来。

这是首次依托杜尔凯姆的全部著作从而制作出来的合集。本书所包含的所有语篇都被进行了重译,其中约有四分之一属首次翻译。节选内容为杜尔凯姆在社会学及社会哲学方面所做的贡献提供了全面而深刻的概述。本书编排是依据杜尔凯姆著作的独立主题而定的,不是遵循他的智力活动阶段,但由于本书摘选自他智力活动的不同阶段,同时提供了它们第一次出版的日期,有兴趣的读者可以很容易地追溯他思想的演变过程。

吉登斯先生的简介阐明了杜尔凯姆作品的主要课题,并批判了早期人们对他的理论观点的解读。

Example B：[Text 1：Post Office][13]

01 Server：   yes please (CUSTOMER STEPS FORWARD)
02 Customer： can I have these two like that? (HANDS OVER TWO LETTERS)
03 Server：   yes (...SERVER WEIGHS ONE LETTER)
04   one's forty-five (...SERVER WEIGHS THE OTHER LETTER)
05   one's twenty-five
06 Customer： and have you got.. the.. first day covers of..
07 Server：   yes
08 Customer： [? Anzac]..
09 Server：   how many would you like?
10 Customer： four please
11 Server：   two of each?
12 Customer： what have you got?
13 Server：   uh there's two different designs on the—(...SERVER SHOWS CUSTOMERS THE COVERS)
14 Customer： I'll take two of each

15	Server:	uhum (...SERVER GETS THE STAMPS FOR THE LETTERS AND THE COVERS)
16		right, that's a dollar seventy thank you
17		(SERVER PUTS THE COVERS INTO A BAG; GUSTOMER GETS THE MMONEY)
18		here we are
19		(...SERVER HANDS OVER THE STAMPS AND THE COVERS; CUSTOMER HANDS THE MONEY TO THE SERVER)
20	Customer:	*thankyou
21	Server:	*thankyou
22		(SERVER GETS THE CHANGE)
23		dollar seventy that's two four and one's five *_thank you_ very much
24	Customer:	*_thank you_ (CUSTOMER REACHES FOR THE LETTERS)
25	Server:	they'll be right I'll fix those up in a moment
26	Customer:	okay (CUSTOMER LEAVES)

例 B：[语篇1：邮政局]

01 服务员：您好,有什么能帮您吗？（顾客走上前来）
02 顾客： 我想邮这两个可以吗？（递上两封信）
03 服务员：好的（……服务员称了一封信）
04   一个是四十五（……服务员称了另一封信）
05   一个是二十五
06 顾客： 你们有..那个..首日封
07 服务员：有
08 顾客： [？澳新军团的吗]..
09 服务员：您想要多少个？
10 顾客： 4个
11 服务员：每款要两个？
12 顾客： 都有什么样的？
13 服务员：哦 有两种不同的设计风格在（……服务员给这位顾客看了首日封信封）
14 顾客： 每款要两个
15 服务员：嗯（……服务员拿来邮票和信封）

277

16   好了,一共一加元七十加分,谢谢
17   (服务员把信封放进一个袋子里;顾客拿钱)
18   给您
19   (……服务员把邮票和信封递给顾客;顾客把钱递给服务员)
20 顾客：   *谢谢
21 服务员： *谢谢
22   (服务员在找零钱)
23   一加元 70 加分,那是两个四加分还有一个是五加分 * 非常感谢
24 顾客：   *谢谢(……顾客伸手去拿信)
25 服务员： 它们马上就好,我一会儿就处理
26 顾客：   好的(顾客离去)

Example C：[extract from a dialogue][14]

01 Mother： now Stephen, do you want a sandwich for lunch?
02 Stephen： yes
03   and some passionfruit
04 Mother： and some passionfruit
05   where is the passionfruit?
06 Stephen： um .. Um the passionfruit is um .. Um [?]
07   do you know where the passionfruit is?
08 Mother： no
09   you were walking around with it
10   what did you do with it?
11 Stephen： I don't remember
12 Mother： is it on the table?
13 Stephen： let me see .. It is under the table
14 Mother： under the table!
15 Stephen： yes ..
16   here it is
17 Mother： ok .. right .. peanut butter sandwich?
18 Stephen： yeah ..
19 Mother： you go to the table
20   and I'll bring it in ..
21   there aren't many passionfruits out there at the moment
22 Stephen： why?
23 Mother： because .. passion fruit usually come

24		when its warm
25		here, you sit here in Nana's seat
26	Stephen:	why—
27	Mother:	I'll put—
28	Stephen:	why does Nana like to sit here?
29	Mother:	I'll put—
30		oh it's easy for her to get up
31		if she's sitting there..
32		we have to go to Chats wood this afternoon Stephen
33	Stephen:	why?
34	Mother:	um .. to .. Peter has to have injections ..
35		[?]
36	Mother:	and we might— if we've got time
37		we might go to the library
38		to see if we can get a book on goldfish
39	Stephen:	why?
40	Mother:	Richard wants to know about how to keep goldfish...
41		ah I have to ring up that lady about the music class, don't I?
42	Stephen:	what music classes?
43	Mother:	um the music classes that Daniel goes to
44	Stephen:	oh .. you mean the um the dancing class .. Mummy
45	Mother:	yes
46		I'll see if she's got room for you .. in the class, will I?
47	Stephen:	mm
48	Mother:	ok .. what would you like to drink, Stephen?
49	Stephen:	um orange juice ..
50		and I want some vitamin C
51		yeah that one ..
52		I want—
53	Mother:	you can have one tonight darling
54	Stephen:	why? (WHINGEING)
55	Mother:	well, they're very big tablet, sweetie
56		very big tablets
57		five hundred milligrams there are in those
58		that's twice as much as any other tablets ..
59		so you really had two tablets this morning ..

60　　　　　do you want a banana .. or some mandarins?
61　　Stephen：um no ..

例 C：[对话摘选]

01 母亲：　　现在,史蒂芬,午餐你想吃三明治吗?
02 史蒂芬:是的
03　　　　　还有西番莲
04 母亲：　　还有西番莲
05　　　　　西番莲在哪呢?
06 史蒂芬:呃.. 嗯西番莲在.. 嗯[?]
07　　　　　你知道西番莲在哪吗?
08 母亲：　　不知道。
09　　　　　你拿着它到处走来着
10　　　　　你拿它干什么了?
11 史蒂芬:我不记得了
12 母亲：　　在桌子上吗?
13 史蒂芬:我看看.. 在桌子底下
14 母亲：　　在桌子底下!
15 史蒂芬:是的..
16　　　　　在这儿
17 母亲：　　好.. 好的.. 花生酱三明治?
18 史蒂芬:好..
19 母亲：　　你到桌子那
20　　　　　我给你拿过去..
21　　　　　现在外面没有许多西番莲
22 史蒂芬:为什么?
23 母亲：　　因为.. 西番莲通常
24　　　　　是在天气比较暖和时才有
25　　　　　过来,坐到外婆的位子上
26 史蒂芬:为什么—
27 母亲：　　我会放在—
28 史蒂芬:为什么外婆喜欢坐这里?
29 母亲：　　我会放在—
30　　　　　哦站起来容易
31　　　　　如果她坐在那里..
32　　　　　我们今天下午得去查茨伍德区,史蒂芬

33 史蒂芬：为什么？
34 母亲： 嗯..去..因为皮特要打针..
35   [?]
36 母亲： 而且我可能——如果我们有时间
37   我们可能去图书馆
38   看看我们是否能借一本有关金鱼的书
39 史蒂芬：为什么？
40 母亲： 因为理查德想知道如何养金鱼
41   啊我还得给那位女士打电话,是有关音乐课的事,是吧？
42 史蒂芬：什么音乐课？
43 母亲： 恩丹尼尔要去上的音乐课
44 史蒂芬：哦..你是说嗯舞蹈课..妈咪
45 母亲： 是的
46   我要帮你看看还有没有名额了..在班级里,对吗？
47 史蒂芬：嗯
48 母亲： 好的..你想喝点什么,史蒂芬？
49 史蒂芬：嗯橙汁..
50   还有我想要一些维他命 C
51   是那个..
52   我想要——
53 母亲： 亲爱的今晚你只能要一粒
54 史蒂芬：为什么？（抱怨）
55 母亲： 因为,它们是非常大的片剂,甜心
56   非常大的片剂
57   那些有 500 毫克那么多
58   比其他的片剂大一倍
59   所以你今早确实已经吃了两粒了
60   你想要香蕉吗..还是一些柑橘？
61 史蒂芬：嗯不..

2.1　语境与语篇：例 A

例 A 是作为《爱米尔·杜尔凯姆：选集》封底上的简介被我偶然发现的。作为一个顾客,当我还未确定是否买这本书时,我可以从此处获取它的研究方向或内容信息。考虑到出版行业的惯例,很有可能该简介是与吉登斯本人协商而成；如果不是,它也肯定得到了吉登斯的认可。无论是哪一种情况,它都不是这个标准书面语篇"言说者"的具体身份；更重要的事实是,作者与出版商的利益重合在以下这一

点上,即提供信息来呈现这本书所具有的吸引力:简介创作者的声音体现了知识分子与商人之间合作的声音。也可以确定的是,在创作该简介时,除原型身份以外,创作者不可能考虑到每一个具体的读者;该语篇所预期的受话者是一个虚构的存在。他是匿名的潜在买主,他的形象通过作者的语篇折射出来,是受过教育的成年人,对社会学有着强烈的兴趣(比如,接近专业水平而不是业余爱好)。这可以由以下事实来证明,即对所呈现的用来吸引顾客的信息的积极评价依赖于顾客对社会学领域的熟悉情况(渴望)。该语篇的创作者已经意识到这些预期的受话者是通过书面形式接触到这个语篇的(严格说来我所指的是书写的渠道(graphic channel)(参见 Hasan 1985c:58)),当他们看到它时,它是作为一个过程已经完成的产品出现的。受话者未参与该语篇的创作自然表明他不能分享该语篇创作的过程;因此,一些策略的运用,比如检测(probe)、纠正(repair)、重组(realign)(Hasan 1985c:66)——实际上即任何可能的即时反应——都是难以获得的。从本质上来说,在这里,决定读者需要了解什么信息、从什么角度来了解信息是创作者的特权,虽然这个特权也受制于创作者必须捕获和争取读者的兴趣。因此言说者与受话者的社会关系就被平衡了,彼此之间是同辈关系。还需注意的是,以此简介的语言为基础,对于语篇 A 的读者来说,他们不能判断该语篇的原文是否在某一点上被打断,如果能做出这样的判断,也无法指明打断的程度及打断的位置。语篇天衣无缝的表象说明,如果存在这样的打断,那么在每一处重新开始的地方,创作者对他所从事的社会活动的感觉和创作者对他所言说的对象受话者的感觉,仍然与打断发生的时候一样——换句话说,创作者对其创作的语境感知力在创作期间没有遭受任何明显的变化。该语篇没有任何修改的证据,而这很可能已经做过了,也没有关于原文具体位置或时间的任何提示。我称为物质情景背景(material situational setting)(Hasan 1973a, 1980 等)的许多方面、甚至对该简介的受话者来说,注定都是未知的。

上述对语篇 A 的评论是一个读者从语篇本身出发对该语篇相关语境的"解读",但这个解读很有可能至少被该社区里的其他一些人所共享。进行这类解读需要哪些要素?实行这类解读需要什么样的基础?以这种方式来解读语篇的能力暗示了对该语篇类型在读者文化中的运作机制的熟知,这是话语分析中的老生常谈。进行这样一种解读的语言学习惯是在充满言说行为的社区生活过程中塑造出来的。很有可能,作为社会主体,对互动实践(Bernstein 1990)的识别规则成为了个人存在的一部分,并远远早于那些促成语言运用的体现规则(出处同上)。实际上,这些体现规则永远不可能达到恰如其分的阶段,在那一阶段它们可以把自己转换成真实的语篇。正如致力于读写研究的学者们所证实的那样,当言说行为涉及到的是社会活动的专门领域而不是日常领域时,这是很常见的情况。[15] 总之,能够对例 A 进行这种语境解读的那些人,就是那些熟知这种语篇类型的承办商和消费者,他们可以做出这种解读的依据是:(i)基于此类语境进行言说的实际经验;(ii)

语篇自身的语言。正如伯恩斯坦(Bernstein 1971d)会认为的那样,某一语篇的语言包含了它自己的语境,虽然可以肯定的是包含语境信息的程度会因为语篇不同而产生变化,正如对例 B 和例 C 的讨论所显示的那样。与此变化相关的一个重要因素是言说者与受话者之间共享了多少信息:对共享的物质情景背景(Hasan 1973a, 1980; Cloran 1994;以及本卷)依赖越大,语篇所包含的语境信息就越少,越不明确(参见第 2.2 节的部分例子)。虽然包含语境信息的程度是变化的,但如果完全不能从一个自然发生语篇的语言里识解任何信息的话,这通常就表明语篇的言说者与读者遭遇了某种语言混乱的变体。但是,毫无疑问,对读者超越语篇进行语境推断的能力做出具大贡献的,是读者参与语篇创作过程的自身经验这一特质——体现了人的尤其是通过言说和作为言说的对象的文化性存在方式。如果我是一名读者,如果我对社会学或相关领域感兴趣,如果作为一名作者或出版编辑我研读过这样的文章,那么当我对例 A 进行语境解读时,我可能会用一种与没有这种经历的人有着质的区别的方式来解读。[16]当涉及这种言说行为的实际变体时,人们的头脑中将会产生一种植根于经验的想法,即关于什么信息可能被突显和为什么被突显;人们在某种程度上能很好地理解、创作这样一份简介的行为可能是响应作者的虚拟受话者形象、原型读者/顾客形象。那些创作过这类语篇的个人,其自身经验可能会意识到,在其天衣无缝的表面背后,古登斯书籍封面上的简介在言说行为方面可能是多次尝试的产物。

这给我们带来一个有趣的问题:对于那些从来不会将其自己暴露给任何人的尝试版本、它们是否仅是纯粹与对于理解语境和语篇关系至关重要的那个语篇有关联?如果是这样,它是通过什么方式呢?真正的问题可大体描述如下:理解语篇意义的经验告诉我们,语篇的语言总是包含一些明晰程度不同的情景细节,[17]而其他的,比如那些尝试的版本和打断现象,仅仅是在某些特定的情况下才可能会这样(参见第 2.2 节和第 2.3 节里例 B 和例 C 的讨论,对相关参数的进一步讨论见 Halliday 1985c),然而许多其他的情景特征信息,比如语篇创作的具体时间、地点、互动者的身体姿势、以及他们的外表等等,可能被概述在语篇语言里,甚至即便有提及,也是非常少的。问题是我们是否需要在描述语境与语篇的关系时把所有这些情景细节的背景同等对待。如果是这样,我们对语境的描述就具有无法管理的风险,如同库克(Cook 1990; Levinson 1992)所担心的"无限转录"(transcribing infinity)那样。撇开这个问题:我们基于什么能够证明囊括所有这些细节是正确的?更基本的是:我们真的了解"所有这些细节"指的是什么吗?我们如何判断对某个具体语境的分析在何种程度上足够了?另一方面,如果将语境作为有效的分析工具,它必须是"被包含的",那么我们需要理清:互动者的物质与社会生存条件的哪些方面对这个概念是必须的?为什么?

这种窘境——什么应该被看作语境范畴的内容以及为什么——自从引入这个概念以来就一直伴随着我们(Hasan 1995a)。弗斯批判马林诺夫斯基将语境视为

"如字谜里所考虑的一系列有序事件"(Firth 1957:182);韩礼德(Halliday 1964)修订了弗斯的建构体,第一个对他的选择进行了理据上的解释;其他学者,比如格里高利(Gregory)或韩茹凯,曾尝试修订韩礼德的建构体。[18]但现在仍然有讨论的必要,我会在后面回到这个问题上来(参见第 3 节)。我暂时采用系统功能语言学有关相关语境的观点,把它视为一个关于三个变量的理论概念:

(1) 语场(与言说行为相关的社会活动本质),
(2) 语旨(与言说行为相关的社会关系本质),
(3) 语式(与言说行为产物的接触本质)。

我曾在别的地方(Hasan 1978,1980,1985c etc)把这三重结构称为语境建构体(contextual construct),并且把所有的细节特征——与言说行为具体实例相关的语场、语旨和语式——称为语境配置(contextual configuration)(用 CC 缩写替代);因此,语境配置是语境建构体的(某种范畴的)实例化。因为使用中的语言体现某种特定的语境配置,所以语境配置里的任何一个变异会自然激活这门语言里的某个变化;在系统功能语言学里,我们把这种变异称为语域变异(register variation)。根据传统的系统功能语言学语境与语篇关系模型(类似于韩礼德的理论框架),使用中的语言的每个具体实例,是体现某个语境配置的一个语篇,并且,这一个过程,也是对某个方言变体(diatypic variety)(Gregory 1967)或某个具体语域的实例化。

与语篇 A 相关的语境配置如表 1 所示。描述内容模仿了韩礼德和韩茹凯(1985)的形式。[19]根据系统功能语言学,任何层面的语言描述都会因关注细节的不同而产生变化;就这一方面,对语境配置的说明在原则上也不例外;它也会在精密度上得到延伸。表 1 中的圆点表示语篇 A 的语境配置描述是开放的。

表 1　从语篇 A 解读语境

话语语场:
　　推动社会学书籍出版:提供内容概述;突显独特品质……
话语语旨:
　　施事关系:倡导者游说潜在顾客;虚拟受话者形象原型:成年人;受过教育;对社会问题感兴趣……
　　社会关系:制度化的;平等身份:倡导者依赖于买家的好感,买家依赖于倡导者的服务……
　　社会距离:接近最大的……
话语语式:
　　语言作用:构成性的……
　　渠道:书写的;无视觉接触;独白;无过程分享……
　　媒介:书面形式……

2.1.1 语篇 A 的语场、语旨和语式:语境建构体解析

上述对语篇 A 的讨论表明,表 1 所体现的语境配置与具体言说过程——即我

们所面对的语篇 A——的所有产物相关。此语篇因此是一个"在情景语境上……连贯的,并因此与语域一致的话语片段"(参见 Halliday & Hasan 1976：23)的一个典型个案,从现在开始我将其称之为语篇产出中的语境/语域一致原则。语境/语域一致原则典型地适用于交流渠道是书写的语篇,例如,受话者接触语篇是通过书面形式,如当前个案所示。然而,这种概论并不是一成不变的,也不是仅限于具有书写渠道的语境,[20]这一点从对语篇 B 的讨论中就可以看得出来(参见第 2.2 节)。在接下来的两个小节里,我将对用于描述语篇 A 语境配置的一些具体术语的含义进行回顾。

2.1.2 言说行为的社会过程：目标、结果及设计

首先讨论的参数是表 1 的语场,分析推动社会学书籍出版这一描述。一种可能采用的观点是,严格说来推动是该社会活动的目标;而该实际活动本身仅仅是告知行为。因此,推动这一目标应该被认为与告知行为是分离的。但接受这一观点就意味着承认告知行为可以在没有任何有关选择和组织信息的潜在原则下来完成,而这几乎是不可信的。从这一观点来说,似乎目标或动机必须被视为人类社会行动的固有方面,及语篇的相关语境的重要组成成分。这个观点在系统功能语言学里已得到认可,无论是马丁的内涵符号学模型还是我支持的经典韩礼德模型,尽管两者对待目标的方式稍有差异(例如,比较目标这个术语的使用;见 Hasan 1985c 和 Martin 1985)。关于目标这一概念的关联性声明似乎相对简单、明确,但这种简单性却具有欺骗性：目标/动机,作为概念,存在很多问题,尽管这些问题经历了长期的哲学讨论,但却仍然悬而未决。因此很清楚,在这里它不是一个在细节方面能够被深究的问题;不过用它来突出一些最关键的考虑因素,即充足的语境描述所不能忽视的因素,却是很有用的。

首先,值得注意的是,社会施事者对他们行动目标/动机的意识程度是变化的：施事者在某些活动类型方面与其他类型相比能够更加明显地意识到他们的目标。通常,这种意识在活动以关系为基础(relation based)时最低,在活动以行动为基础(action based)时最高。[21]例如,当从事以下这些活动,比如买邮票或为某人准备午餐,相比和邻居聊天或给孩子讲故事,施事者能更好地意识到他们活动的目标。因此存在一种目标意识的渐变体,两个端点分别被称之为可见目标和隐形目标。可见目标趋向于短期性：它们的实现(与否)通常是在一次互动内完成的;相反,隐形目标趋向于长期性：如果它们被实现了,那么也是在经历了一系列彼此之间享有某种逻辑关系的互动之后才实现的。然而,这两个术语并不具有同义关系：它们指称一个活动的不同方面,并且它们的结合也不是必需的,而仅仅是一种趋势。例如,相比在电话里跟朋友聊天这样一个具有隐形目标的短期活动,买车或买房,则是具有可见目标的长期社会活动。反思表明,社会活动的目标在其复杂性方面可能不同：在一些活动里,可能有一系列的目标,而在另一些活动里,可能只有一个简单的目标。例如,再想想购买邮政用品的这个社会活动：其目标通常非常简单,正如其

行为名称本身所阐明的那样,而相比较讲笑话这个社会活动,讲述人可能是为了"附和"团队里的其他相互讲笑话的成员,或者是为了让同伴高兴,也可能是炫耀他的言语表达能力,等等。

　　作为具有丰富社会活动经验的社会行动者,我相信我们会完全认可这些观察的真实性,这些观察会使我们对运用未加分析的目标概念作为话语/语域分析的描述工具产生怀疑。以隐形目标这一概念为例,如果社会施事者不能总意识到他们活动的目标,这将带来一些严重问题:在这一概念的漫长历史中,人们已经理所当然地认为目标/动机是有意识的心理状态,即使和它并存的还有像隐藏性动机(hidden motive)、或隐蔽性目标(covert goal)这样的惯用表达。把隐形目标(invisible goal)归结于社会施事者的某种活动,就是认为施事者具有一种他没有意识到的有意识的心理状态,而那明显是自相矛盾的,除非我们颁布命令改变'目标'这个词的意义。一种可能的解决办法就是声称存在一些无目标的社会活动,在这些活动里主体的参与不带有任何目的。但如果活动目标决定其阶段形态或结构形态,这又似乎让人很难满意:毕竟一个友好的聊天、一个随意的对话是具有最大隐形目标的社会活动,除非在某些特殊情况下目标就是聊天或对话;但如果言说者的目标/目的是一些真正组织话语(形态)的东西,那么很显然就存在诸如"对话结构"或"对话逻辑"这样的一种东西;当然平常对话并不是不连贯或未加组织的,并且这种组织并不仅仅是创造那些我们称之为交换结构的东西。关于目标的一个附带问题是,有目标不意味着必须达成:人们开始时可能带有劝说目标,但结束时可能因为不赞成而争吵。

　　这把我们引向了与目标概念密切相关的另一个概念,即结果。概略地说,结果对于目标,就如同现在对于未来。进一步说,结果不像目标,结果不是主观现象,而是客观事实。因此不管社会主体是否意识到结果和在多大程度上意识到结果,每个社会活动都有相应的结果——甚至包括那些可能提前终止的社会活动:社会行动总会产生某些东西,虽然这些东西可能与主体最初的目标并不相同。对我来说,似乎探讨目标作为语篇语境的必要特征极有可能遭遇某种困惑:那些已经被描述为社会活动目标的东西,事实上只不过是我们所感知或认定的结果,由那一社会活动的语境里产出的语篇所暗示的结果。毕竟,我们对目标和社会活动的分析总是以事后我们对语篇的解读为基础的:对语篇的结果,我们从来都不是无辜的。作为分析者,不管我们声称的是运用动态视角还是概要视角,我们分析的都不是过程中的语篇;它必然是过程已经完成的语篇,因此通常其结果容易被感知或认定。人们可能倾向于用上述分析来解释为什么人们用结果的概念替代目标的概念、把结果视为可能比目标更可行的描述工具。但是任何名义下的结果对分析而言都不是令人满意的工具:首先,在语篇的产出过程正处于行进中或被终止之前,结果在逻辑上是不可知的;另外,对于互动者对社会活动本质的感知,即他们所试图达到的某个目的,结果不会做出任何让步。我们所需要的是一个开放的概念,它既面向与目标相联的主观意图,又面向暗含在结果里的客观距离,这允许我们在需要时调用其中任何一个而不用对语域/语类描述制定标准。我把这种概念称为设计。

设计不只是对语域的表达:它与作为整体的社会过程相关联(比如,语场、语旨和语式特征一起作为一个语境配置),且不依赖于任何个人的愿望、意图或决定。出现这些设计是因为在漫长的群体生活历史中,针对社会主体共同行事的不同场合,每一种文化都进化出了各自的存在方式、行为方式和言说方式。对一个社会过程的设计只不过是一种近仪式化的做事方式,我们与其他一些人一起使用这些由我们共同支配的符号媒介来做事:社会过程的文化意义越强,它就越仪式化(Hasan 1980,1994. 更多讨论见下面第3部分)。在这个意义上,具体的社会过程已经变成了具体设计存在的原因。当所有条件都一样时,互动者们会倾向于选择这样一个社会过程,即其固有设计能够承诺最大程度地满足他们的自我欲望/意图的社会过程,一个最大程度地满足他们对与他人互动时尝试去做的事情的自我感知的社会过程。社会施事者的言语行动表明,在他们参与社会过程的期间,互动者们趋向于从他们的目标和目的实现的功效视角来对其进行监控,因此当人们失败的时候,我们会遇到更正、澄清和不同策略的使用。这种监控非常重要,因为言说者的目标/动机对另一个人而言是未知的,除非它们被嵌入在对一个社会过程的设计里。正如维特根斯坦(Wittgenstein 1953:337)所声称的那样,如果"意图被嵌入在情景、人类习惯和制度里",那么这是由于意图存在的任何其他方式都是唯我论的;对作为一个整体的社会过程的设计被视为是对互动者的(有意的)目标的一种阐明。作为受文化同化的个人,言说者对一个社会过程的设计及其与他们感知到的任何欲望/动机之间的关系拥有(不同程度的)意识:他们也了解过程应该如何开始、结束,在两个终点之间什么可能或什么不可能,在什么情况下对社会过程的设计和自己的意图需要校正。所以对介入社会过程的一种转述方式就是,就言说者而言,它是一种持续的斗争,用他们所感知的社会过程设计来校正他们所感知的目标,从而使结果与目标相匹配,这就意味着在设计完成前,互动者必须对他们所参与的社会过程什么时候会被暂停、什么时候会被转移、什么时候会有危险或什么时候需要被放弃有一个非常清楚的了解。比起充分认识我们为什么参与某些社会过程来说,也许充分了解我们参与的社会过程的结果则是更少见的现象。

2.1.3 言说行为的社会过程:社会关系和接触语式

接下来我们讨论语旨和语式这两个参数。语篇A的话语渠道是书写,即,需要通过书写表征才能进入语篇创作者的语言。通常,此类语篇(注定)是在偏离其产出地点的地方为人们所接受的。并且,通常,不仅预期的受话者可以享有该语篇,而且无论谁,只要他在现实中可以接触到该语篇、有阅读的欲望和阅读的能力,他就可以享有这个语篇。但对于该语篇,这些不同范畴的"读者"关系是从不相同的,所以对专业术语受话者和日常用语听众/听者进行区分是非常有必要的。最重要的区别是,受话者是作为语篇的意义和结构的韵律(prosody)被置入语篇的:也就是说,什么样的意义将会触及底线、社会过程应如何执行,这取决于言说者与受话者的关系。在言说者与听众/听者之间并不存在这样的关系:他们缺少语篇识别基础。如上所述,当渠道为书写时,受话者通常与语篇创作者并不同时存在,如同语篇 A 中的个案。但语篇 A 的语境却拥有另一种特征,这种特征在逻辑上并不是书写渠道所固有的:语篇的受话者并不仅仅是简单地未参与创作,而是,他还是一个想象中的人物,符合语篇创作者对那类人的想法,即可能有兴趣阅读此书,因此可能会购买该出版物的那类人。让我参考这个从某个虚拟受话者原型的形象中所得出的这样一种想象中的受话者:在向这样的受话者演讲时,言说者是对着一个范畴、一个模式化的形象说话。这与现实受话者不同,虽然他们也可能没有出现在语篇产出的地点,但我们有与他们实际接触的经验,比如朋友,或我们用书面形式与之对话的律师。这种区别有重要的语篇意义:在受话者是虚拟的情况下,互动者关系的所有方面——他们各自的身份、社会距离、受话者的具体特点——完全都是在逻辑上通过语篇语言创造出来的,没有任何现实基础。在这里语言与语境的关系就非常复杂,并且追问是(先前存在的)语境决定了语篇的语言,还是语言自身创造了与语篇有关的语境(的重要部分),几乎没有任何意义:因为过程与产物已经紧密地交织在一起。同样,当言说者开始为其他人包括他的虚拟读者创作这份简介时,尽管事实上他一定已经对该语境有了一定了解,但除非以语篇 A 的语言为基础,否则与语篇 A 的产出相关的语境逻辑上就仍是未知的,这里的语篇就是所谓的静态产品,即当语篇的过程已经结束后我们所客观接触到的产品:或者语篇过程存在某些缺失,或者语篇即是其本身在那一方面的过程!

虽然这一点明白浅显,但是强调其意义尤为重要。第一、如果语篇 A 的语言对语篇 A 相关语境配置的实现发挥了重要作用这一论断属实的话,这是因为语言具有识解语境的潜势:这是一条永远适用的原则,不论语篇的创作时间和受话者的接收时间是否相同,也不论受话者是虚拟的或是实际存在的。在言说者与受话者共同出现参与一项正在进行的社会过程时——包括意料之外的移动、变化和突发状况,这些因素可能会暂停、转移或逼迫互动者在完成其固有设计前完全放弃该社会过程——语言的识解能力也在发挥着同样的作用。两者间的关键区别是,在互动者共现的情况下,在言说行为实施的这一刻,语篇的语境是由互动者双方来识解的,而在前一种情况里语篇是在偏离产出地点的情况下被阐释的——通过语言来对语境进行识解的时间对创作者和接收者、言说者和受话者都是不同的。无论是哪一种情况,如果没有语篇,在某种重要意义上,语篇语境就不是确定可知的,或不是明显可猜测的,就如同如果没有识解语言意义的词汇语法资源,语言意义就不可知一样。逻辑上这依循了体现的对话性。

第二点是根据第一点直接得出的:因为语言对于语境具有创造性的识解力量,对语篇而言,似乎最好摒弃这个流行但是含有贬义的术语产物(product),或者至少删除其中的静态(stasis)概念。关于语篇的任何类物(thing-like)的东西,无论它是什么,严格地说来,它对于语篇状态(text-ness)的特质来说都不是重要的。语篇更准确地说是其社会过程的声音:正是通过这个声音,一个社会过程才会作为它所是的那个社会过程而被人们所了解(Hasan 1978);同理,动态语境也是通过语言,即语篇,而被人们所了解。在过程与该过程的识解物——用来明确其识别标准的某个东西——之间画一条严格的分界线,这在符号活动语境里会产生不必要的麻烦。

第三,虽然言说行为的实践经验在推测语篇语境时非常重要,但实际上语篇的语言才是那个经验的实质结晶体。作为受文化同化的人,我们在社会生活里获得的那些凌乱的实际经验远远超过这些语篇或语篇类型,但不是所有的这类经验在解读具体语篇语境时都具有同样的相关性。在解释某个具体的语篇/语境时,所需要的是某种识别机制来唤醒人们对与该语篇/语境直接相关的那一方面实际经验的意识。我认为无论该机制的属性是什么,它必须通过特定语篇的语言来启动:无论该语篇是业已完成的还是处于进行阶段,是该语篇的语言激活了言说者的与该语篇的解读直接相关的那部分经验。如果这个观点被接受的话,那么它就提供了一个分析原则,这个原则可以用来解决前文已经提出的有关语境"内容"的那个问题(参见 2.1)。从这个角度说,语境概念必须包含互动者的物质与社会生存条件的所有特征,这些特征对于言说内容的明确是必要且充分的,无论这些言说内容是直接给出的还是间接暗示的。

最后,值得注意的是,语篇 A 的作者创作时所参考的语境肯定多少不同于该简介的一名真实用户对该语篇进行解读的语境,毕竟,他可能只是近似这个虚拟的受话者:从阅读的普通日常意义上说,该真实读者将会把该语篇作为一个参考资源,从而决定是否应该投入时间和金钱来购买和阅读吉登斯的这本书。并且作为这个决定的一部分,对该真实读者而言,将这份简介"置于"相关语境是很有用的:它是一份广告吗?它期望满足谁的兴趣?怎样满足?等等。但只有当这样的理解满足了他的实际目标时,对于这名真实读者来说这种理解才是重要的:他的兴趣既不在于建立语境与语篇关系的一般理论,也不在于纯粹因为好奇而发现隐藏在语篇 A 下的动机关联。言说者表述时并不参考语境,而受话者也不以能够呈现对语境与语篇关系的分析为目的来听取言说者的言语。对于意图这样做的人,布尔迪厄很轻蔑地称其为"无私的旁观者",他们"为了理解而去理解"(Bourdieu 1990:31)。因此,在真实言说者/受话者的实际视角与分析者对分析对象的"纯理论关系"视角之间,存在许多差异。互动者的实际视角受到社会过程特性的严格限制,因为它只专注具体主观性、具体实践。分析者的目标则是超越这些,以便来描述与目标社区某个区域的习惯相关的那些元素。这可能产生主观解释和客观分析——无论判断结果是好是坏,或是无关紧要都取决于分析者和评价者对手上任务的概念——但进行主观分析就意味着会产生心智上的矛盾,因为分析需要归纳,而主观,就其本质而言,又是具体的。

2.2 语境与语篇：例 B

例 B 在几个方面明显不同于例 A。一个简单却影响深远的区别是语篇 A 属于本质上言说者与受话者永远不会同时同地出现的类型，而语篇 B 里的互动者则是并现的。这一并现有可能出现共享的物质环境，这意味着在进行言说行为时至少在三个重要方面存在质的区别。

首先，一方的身体行为对另一方来说是可见的，如同周围的物质对象一样，无论它们与进行中的活动是否相关：这些行为构成了物质情景背景的一部分。因此，在谈到这些现象时，通过参考这些现象，互动者双方可以依赖这种感官上共享的信息来帮助理解正在发生的事——这种便利是分析者所无法获得的。从这个角度考虑 these two like that 的意思（第 2 行）：在该信息里外指照应（exophoric reference；Hasan 1984c，1984d）的密度对服务员来说不会造成理解上的障碍，所以他大胆地用肯定的语气回答（第 3 行），并且继而告诉顾客 one's forty five one's twenty five（第 4－5 行）。相比较而言，没有外界的帮助，这些话语的意义对于分析者来说必然是模糊的，他们不在现场，所以他们就不能共享这个物质环境。由于分析者并没有出现在这个社会过程发生的现场，所以分析者所提供的解读很可能是具有回顾性的，要么由互动者在第二行之后所说的话来支撑，要么是基于分析者在邮局办理相关事宜的经历——后者只有当该言说行为在分析者看来是一个很明显的将要发生的邮政事务时才成立。在语篇 B 里，像这样的第一个线索出现于第六行：顾客的话"and have you got .. the .. first day covers of ..."，在此，对于受过教育的言说者来说，关于是否有首日封的询问解决了以下问题，即对该社会过程的确立。[22]

第二，多模态指号过程的复杂结构可以被并现的互动者直接理解。人体是一个处理多模态指号过程的惊人系统，而并现则为这一潜质的发挥提供了最佳环境（Hasan 1973a, 1980, 1996c; Ventola 1987）。言说行为仅仅是面对面互动的一个方面，如果脱离了其他模态的作用或物质情景的共享，它就不太容易理解了。[23]言说者不仅利用身体语言的符号模态（当言说行为的记录被转移时会丢失），也出现了这样的行为，即不具备符号上的具体性，但由于它与语言行为的紧密关系而被视为具有某种具体的符号意义：例如，在例 B 里，在已经明确给出对产品的交易要求（Sale Request）（第 2 行；第 10 行和第 14 行）的环境中，拿邮票和首日封的行为（第 15 行）可以被视为一种顺应（Compliance）。而在没有交易要求的环境下，从抽屉里拿邮票的相同行为就不能被解释为一种顺应行为。因此，如果分析者不了解其他模态参与识解了哪些意义，他/她就不能成功解读通过语篇 B 体现的（部分）情景语境——按伯恩斯坦的话来说（Bernstein 1971），语篇 B 的语言具有语境依赖性（对于术语语境依赖和语境独立，参见本书 Cloran 的相关内容）。括号里的由转录者提供的信息记录了互动者的身体行为，但很清楚，虽然这些身体行为是他们社交互动的一部分,但却不是他们言说行为的一部分。自然,提供这样的信息严格说来是为了让不了解内情的人/分析者受益:就互动者而言,他们对其他模态和共享信息的运用,与他们的语言使用一样,都是其社会行为的重要组成部分。如果我们把语篇当做仅仅是参考语境来言说,那么,严格说来例 B 就不只是一个语篇:它还包含一个元语篇——一个对仍在进行的其他过程的非正式评论。正是这一评论让分析者接触到了(部分的)物质情景背景,虽然语言的作用在识解情景细节时不应该被低估(参见下面的注 23)。

最后,虽然声音渠道并不要求互动者同现,但它是此类语境中的缺省选择:相应地,这给对话的展开提供了可能性,便于过程共享,因为过程共享只有在互动者之间允许即时符号互换的环境里才能出现。就语言行为而言,至少在理论上人人都能够进行言说行为,并且能够通过言说行为作用于他们通过对话共同参与的社会过程。[24] 例如,如有必要,售货员可以(在语篇 B 也中确实发生了)向顾客索要更进一步的信息,如问道 how many would you like?(第 9 行)[25] 和 two of each?(第 11 行),在这里,这些问题的提出促使顾客去解释她有兴趣购买的商品的特性和数量。我曾经指出,这些意义对于体现语篇结构要素——在某个语境配置的环境里被称为交易要求——是关键的(更多细节参见 Hasan 1985c)。顾客反过来问道 what have you got?(第 12 行),这识解了多种交易要求,在这些交易要求里关于在售商品的信息得以交换,而在通过这些符号行为使目标商品的属性得以建立之前,实际的买卖行为一直都是处于暂停状态的。

上述讨论暗示了与语篇 B 相关的社会活动属性是经济类的。事实上,从这方面来看,语篇 A 和语篇 B 是一种远亲关系,既相似又不同。语篇 B 里的言说行为指向的是一个真实买家在真实地点从一个真实的销售员那里购买商品的活动。这与语篇 A 不同,后者致力于在未来的某时、某地将商品促销给潜在的买家。在语篇 B 里,商品是物质的,而在语篇 A 里,商品本质上是智力的,从而暗示了语篇 A 拥有一个相对受限的买家范畴。与语篇 A 和语篇 B 相关的互动者关系也是'远亲关系'。为了理解这一点,让我们来比较销售邮政物品的社会活动与小商铺店主销售蔬菜水果的社会活动。其关键区别在于这两名销售员与他们的工作环境和工作活动之间的关系,而这种关系也与他们与顾客的社会关系有关:在社会经济基础结构下,小商铺店主依赖于服务顾客从而使其满意,那么在这种情况下"顾客永远是对的"。相反,邮局的销售员和语篇 A 的创作者都不必依赖于顾客的满意度,因此,二者与其(真实或潜在)顾客的关系并不是一种屈从的关系。尽管语篇 A 与语篇 B 的语旨在最初的精密度上具有相似性(见表 2),但是随着我们对商品种类——如何处理这些商品是语篇 A 的简介创作者和语篇 B 的邮政销售员所关注的——的深入了解,受话者的属性特点开始出现了不同。由于语篇 A 体现的活动与智力商品的销售相关,所以,买家很有可能——用布尔迪厄(Bourdieu 1991)的话来说——是一个已经对其文化的智力资本进行过投资的人。因此,他/她可能受过教育,也很可能对社会问题研究有较深的了解;而邮票购买者的具体属性却是无从得知的。杜尔凯姆文集的潜在购买者很有可能是一个成年人,而对购买邮票的人则无此要求。表 2 在最初的精密度上归纳了语篇 A 和语篇 B 的相关语境。

正如表 2 的描述所示,语篇 B 也遵循了我称之为语境/语域一致性原则的东西;与语篇 A 一样,语篇 B 的语境也"覆盖"整个语篇。因为对于语篇 A 来说,我们只有一个语篇体现一个语境,并实例化一个单一语域,语篇 B 也一样。此外,对表 2 的两列作对比,很容易发现两语境之间最显著的区别在于他们的话语语式。我已经指出从体现上来说这个区别与篇章组织(texture)的特性相关,就不了解内情的人或分析者对该言说行为的解读能力而言,这种篇章组织是至关重要的。请注意,在这一点上,语式里的特点对于语域类属结构潜势的体现也是很重要的。事实上,我们可以大胆地概括,通过体现的方式,语式特征的选择可与下列因素形成系统性的关联,这些因素是(a)语篇的篇章组织及语篇语言的不同语境依赖程度,(b)语篇的现实宏观结构,该语篇是对给定语域的相关结构潜势的实例化。这一概括可以上升到更为抽象的层面:有证据表明,从体现上来说语篇的现实宏观结构与整体语境配置相关;各参数的特点——语场、语旨及语式——原则上都能够对该结构形态产生作用(Hasan 1978, 1979, 1985c, 1994)。鉴于这一事实,一些模式,如马丁的模式,认为某一语类的语篇结构形态是由单一的参数来激活的——有时仅通过一个活动(的目标)来激活,有时仅通过语式来激活。类似于这样的模式需要进一步的解释。

表 2　语篇 A 和语篇 B 中的语境

	语篇 A	语篇 B
语场:	经济的:通过突显特色来促销商品 商品:社会学出版物	经济的:通过买卖活动来处理商品 商品:邮政物品
语旨:	促销者和潜在买家 虚拟的受话者;成人;受过教育 制度关系 非等级的 最大的社会距离	销售人员和实际的买家 真实的受话者 制度关系 非等级的 最大的社会距离
语式:	语言作用:构成性的 渠道:书写;独白 无视觉接触 无过程共享 媒介:书面形式	语言作用:辅助性的 渠道:语音;对话 视觉接触显现 积极的过程共享 媒介:口语形式

在结束该讨论之前,最后需要提出的一点是:语篇 B 的语境配置比语篇 A 的语境配置更有力地强调了三个参数彼此之间的相互渗透,虽然它们都有各自的功能。语境参数——语场、语旨及语式——按伯恩斯坦(Bernstein 1975c)的术语来说,彼此间并没有明确的界限;事实上它们是可渗透的。在语场上所做出的选择在某种程度上与在语旨及语式上所做出的选择相关。因此,正如以上所讨论的,以简介来促销社会学出版物的社会活动,不仅隐含了简介创作者和潜在顾客的属性特征,而且还隐含了语式特征。当然,三个参数之间仅仅是部分依赖:对一个参数的选择不能"决定"或完全"预示"另两个参数的选择,否则我们就没必要区分这三个参数了。它们所展示的"相互领会"(这里借用 Firth 1957 年的概念)是很有代表性的:一个参数的选择在某种程度上可在另两个参数的选择上得到回应。[26]

最后,我想指出语境选择的系统关系具有两个重要特点。其一,系统功能语言学认为在一个系统网络内的选择途径通常会展现出真实依赖(genuine dependency)。稍微理想化地表述出来,即,如果进入条件为 a,那么就可以选择 b 或 c;如果进入条件为 b,那么就可以选择 d 或 e;如果进入条件为 c,那么就可以选择 f 或 g;依此类推。这就是一种真实依赖,它在词汇语法系统网中尤为可见(例子参见 Hasan and Fries 1995;Hasan Cloran and Butt 1996;Matthiessen 1995 etc)。在我看来,在语境层面,除了真实依赖之外,还有一种常见的缺省依赖(default dependency)。以语音渠道为例:虽然语音渠道更易于出现在对话中,但它却在对话和独白之间提供了一个真正的选择(比较对话与演讲)。但在书写渠道环境下,独白是缺省选择。这并不是说在书写渠道下我们没有发现对话,但是当我们在书写渠道下找到对话时,我们也发现它创设了一种似然性(as-if)语境:体现这一语境的语篇类型有小说、戏剧或报道内容为对话的新闻等。换句话说,书写渠道下的对话价值完全不同于在作为真实选项的语音渠道下的对话价值吗?? 缺省依赖在词汇语法层次并不是没有,只是没有频繁出现罢了。[27]对于我来说,这表明了语境层面的组织在细微之处有可能不同于语义层面或词汇语法层面的组织,这完全不会让人觉得惊讶;毕竟,语境可以通过语言来(部分地)识解,但是它永远不能脱离开一种文化的物质和制度因素。

语境层面的系统选择的第二个特点与可能性展开的方式有关。比如,我们会发现,在语音环境中,如果所选择的语场是一种类似买邮票或聊天的日常活动,那么选择对话的可能性就会大大提高:社会活动越专业,选择对话的可能性就越低;因此,一个主旨演讲或一个布道活动就不可能"伴随"对话:法官,即便说出了某个句子,也并没有真正参与到对话当中。伴随着语音语式和日常社会活动,语旨中的社会关系越近,选择对话的可能性就越大。不同于主旨演讲或法律审判,向朋友讲述所遭遇的一次夜盗经历就极为可能是以对话的语式而非独白的语式。我们是熟悉条件概率(conditional probability)这一概念的,至少在词汇语法层面我们对这一概念是熟悉的,[28]有趣的是,在我看来,条件概率似乎还可以表明在同一个宽泛的系统网络内部所进行的选择,如:条件概率在更大的语气、情态以及极性系统网络中的运作。在语境层面,条件概率更可能暗示贯穿语场、语旨和语式系统的特点。我认为,这个在语境层面上的条件概率模式可以由以下事实来解释,即事实上语境的三个参数具有可渗透性。作为分析者,当我们把语境视为一个三重结构时,要牢记:就互动者而言,社会活动和互动者之间的关系以及他们共同执行这一活动所选择的语式三者之间的关系是一个整合的整体。不同于一场闹剧中的某个角色,互动者不会先选择执行某个社会活动,如买邮票,然后再环顾四周来考虑他与受话者(即销售员)之间可能是什么关系,是打招呼还是不打招呼好,以及是应该对受话人讲述还是书面告知——这一动态流程图利用做决定的隐喻把这一过程作为真实发生的过程来报道。把这种语境概念强加在语篇分析中自然与我们在文化中如何行事的主体经验相冲突。

2.3 语境与语篇:例 C

可能大多数的读者会同意这样的观点,即例 C 跟例 A 和例 B 是有着本质区别的。我们当下面对的最紧迫的问题是,对例 C 的语境解读是否能如语篇 A 与 B 一样呈现出语境/语域的一致性。当然,在某种特定的精密度上,语旨和语式似乎"覆盖"了整个例子:在这一例子中,一位母亲和她的儿子正在面对面地进行对话。基于亲属关系和年龄,尤其当儿子的年龄还不超过四岁,[29]他们之间具有一种等级关系。这反过来也暗示着一个非常小的社会距离:这一结论可以由以下现象来支撑,即他们的谈话显示出他们是处于彼此舒适的状态,能够用同样放松的状态提出问题、彼此要求并互相评价。在例 A 和例 B 中,其互动者关系的一个特点是他们的施事角色(Hasan 1978,1985c)——这在逻辑上源自他们所参与的活动,如销售员或与实际或虚拟买者进行对话的出版物推销商(参见表 2)。对于例 C,我们很难确立一种单一的、能够一直适用于整个对话的施事关系:实际上,互动者不仅仅是参与一种活动而是很多种活动。就语式特点而言,例 C 与例 B 很相似。与例 B 一样,例 C 也是并现的互动者之间的一个对话;他们之间存在视觉接触,并且也存在明显的过程共享;以言语交流为媒介并以语音为渠道。然而为了跟上活动内容——孩子和他的妈妈正在做什么——的转换,语言的角色似乎也在转换。接下来我会来简要谈谈这些转换。

对话以妈妈问史蒂芬午饭是否想要吃三明治(第 1 行)开始;史蒂芬同意,不过他还想要吃一些西番莲。有一类社会活动,我们称之为看护(care giving)(参见 Cloran,此卷表 1),出现在第一行到第四行,然后,妈妈和孩子开始寻找丢失的西番莲(参见第 5—16 行)。当西番莲找到后,妈妈再次回到史蒂芬做午饭的任务上,诱导史蒂芬给出更多的关于想要吃哪类三明治的信息,并建议他坐在哪里吃午饭(第 17—20 行)。在妈妈评论西番莲很稀有并解释原因之前有一个短暂的停顿(参见第 20 行)。这很有可能是因为午饭正在被端上桌(第 21—24 行)。[30]妈妈再次回到准备午饭这件事情上(第 25 行,第 27 行,第 29 行),但是被史蒂芬的询问打断了,史蒂芬想要知道为什么外婆喜欢坐在那个位子上(第 26 行;第 28 行;第 30 行到第 31 行)。他们的对话有重叠,妈妈和孩子是处于不同活动中的:妈妈关心的是让史蒂芬坐在合适的位子上吃午饭,而孩子想让妈妈告诉自己为什么外婆喜欢坐在那里。显而易见,就坐不是一种需要语言帮助才能完成的活动;所以,我们可以假定在史蒂芬依照妈妈的建议坐好的同时妈妈也对他的提问给以了回答。这样两个相关但却有些不同的活动是同时发生的。在第 32 行到第 47 行,妈妈和史蒂芬谈论的是与午饭毫不相关的事情:妈妈表明了他们要去查茨伍德(Chatswood)的计划。由于妈妈没有对任何其他情况进行评论,我们可以再次假定当妈妈和孩子在谈论去查茨伍德的计划时(第 32—47 行),史蒂芬是坐着的并一直在吃午饭。所以我们不难理解对于午饭的话题在第 48 行又出现了。但是在妈妈拒绝史蒂芬要吃维生素 C 的要求时,一个潜在的冲突出现了(第 53—59 行)。从孩子的角度看,这可能仍然跟午饭有关:维生素 C 是史蒂芬在午饭时想吃的另一样东西,他对维生素 C 的喜欢是很明显的(第 48—53 行)。但是从妈妈的文化背景角度看,这个情况是不同的:作为一种药剂,维生素 C 不是任何时候都能吃的,史蒂芬必须知道这一点。因此,妈妈就开始解释吃药的问题,相对强硬地来调整史蒂芬的行为(Bernstein 1990):她拒绝史蒂芬的请求,当史蒂芬似乎不开心时,妈妈为这一拒绝提供了合理的理由(第 54—59 行)。再一次,当孩子不再继续"抱怨"时,我们可以合理地假定他已经接受了妈妈的解释,然后,我们再次回到有关午饭的讨论当中(第 60—61 行)。虽然就我的目的而言这些已经足够了,但妈妈与孩子的对话仍在继续(更多摘录见此卷有关 Cloran 那一部分)。[31]

表 3 例 C 中语域的转换

片段 i:	1—4 行	准备午饭
片段 ii:	5—17 行	寻找西番莲
片段 iii:	17—20 行	准备午饭
片段 iv:	21—24 行	对西番莲的稀有性做评论
片段 v:	a:25,27,29 行 b:26,28,30—31 行	准备午饭 解释外婆的就座喜好
片段 vi:	32—47 行	去查茨伍德的计划
片段 vii:	48—53 行	准备午饭
片段 viii:	54—59 行	解释维生素 C
片段 ix:	60—61 行	准备午饭

表 3 用图表的形式呈现了我在例 C 中所读到的社会活动。如果一个给定语境配置包括所有的三个参数的全部量值,如果这些量值的任何变动会使相关语境产生变化,那么显然例 C 中的言说行为并不仅仅体现一个语境配置(CC),而是体现几个不同的语境配置。同样,它不只是实例化了一个语域,而是几个不同的语域。

如果我们坚持把语域/语境一致性原则作为语篇资格（text-hood）的不变属性，我们就不得不把例 C 视为一系列体现不同语域的不同语篇。还有一个方法就是舍弃这一原则，把例 C 看作一个体现不同语域的对话——我相信这一办法可能会符合马丁（Martin 1985，1992）提出的理论框架，马丁用了语类组合（genre combination）这个术语来解释类似的言说例子，详情参见婉托拉（Ventola 1987）的数据。但是这两种观点都有不尽如人意的地方。根据第一个观点，例 C 包含了九个（及半个？）不同的语篇，或者至少包含了六个语篇，其中五个（片段 ii、iv、vb、vi 和 viii）打断了那个开启例 C 的语篇（片段 i、iii、va、vii 和 ix）；后者都是跟准备午饭有关，并且这个午饭语篇的不同部分简单地跨越了那些打断性片段（参见表 3）。不管我们在例 C 中发现的语篇数量是多少，基于第一种观点，每个语篇都是独立存在的；它们彼此之间没有任何的关系，而这必然违背了我们作为语篇创造者和接收者的直觉。第二个观点好一些，因为它至少暗示了语类/语域的排序。但第二种观点使得语篇资格的概念在空中悬而未决：语类组合是语篇的特点吗？如果是，那么语篇和言语交际的区别是什么？第二种观点也没有给出任何原则来支撑语类的时间排序，就好像语类/语域之间可以任意组合、其亲密关系不存在任何其他基础似的。很明显，情况不是这样的：可以想象，语篇 A 的任何一部分和语篇 B 的绝大部分都不能和语篇 C 组合成一个可接受的语类组合的例子。[32] 我们也没有理由说，表 3 中所识别的例 C 的九个片段除了时间排序以外没有其他关系：事实上，除了一个片段（即，vi：32—47 行）以外，可能所有片段都是互相关联的，这种关联不是因为它们在时空上共同定位的偶然性，而是因为它们对这个午餐语篇的生态系统（ecology）所起的作用。在接下来的小节中，我会详细阐述这个问题。

2.3.1 基本语篇的概念

例 C 是围绕史蒂芬的妈妈为史蒂芬准备晚餐而断断续续展开的：片段（i，iii，va，vii 和 ix，在表 3 中用黑体标出）不连续但连贯地表达了互动者对这一活动的关注。正如克洛兰（Cloran）指出的那样，这是看护活动的一个变体，妈妈和孩子协商活动中的各个部分（或阶段）。因此，在片段（i）中（第 1—4 行）妈妈问史蒂芬想吃什么；在片段（iii）中（第 17—20 行），在定下来吃什么之后，妈妈告诉史蒂芬她想让史蒂芬坐在哪里。片段（va）（第 25 行、第 27 行、第 29 行）则把史蒂芬带到座位上。片段（vii）（第 48—53 行）和（ix）（第 60—61 行）确定了史蒂芬还想吃什么或喝什么。尽管遇到了某些干扰因素，但这些片段合在一起体现了某种东西，而这个东西在某种精密度上可以被合理地视为一个语境配置，由涉及相同互动者关系的某一个活动的各个细节组成；并且他们的话语语式自始至终都是一致的。从现在起，对于在例 C 中所识别的这一部分，我把与其相关的语境称为主要语境配置（the *main CC*）；把合在一起体现主要语境配置的片段称为基本语篇（the *primary* text）。表 4 展示了主要语境配置的详细内容。

表 4 例 C 中由基本语篇体现的主要语境配置

语场:
看护:协商午餐吃什么,指出就餐地点和提供菜单上的食物,照料孩子的午餐需求……
语旨:
作为看护者的母亲和作为关怀接受者的学前儿童;机构化的等级年龄关系;受文化同化的母亲和学徒孩子;社会距离:最小的……
语式:
辅助性的语言角色;语音渠道;对话;过程分享;视觉接触显现;口语媒介……

2.3.2 整合:从属语境和复合语篇

对于不属于基本语篇的片段(ii,iv,vb,vi)和(viii),我们该怎么办呢？很明显,它们在某种程度上打断了主要语境配置的体现。语篇/语境可能会被打断这一观点在系统功能语言学中是不陌生的:通过观察,我们可以发现语篇可能是封闭或分散的(Halliday 1964；Hasan 1968)。但是,当一个语篇/语境被封闭在另一个语篇/语境中时,或当两个(或更多)语篇/语境被分散时,并不会产生对语境/语域一致性原则的背离:即每一个封闭或分散的语篇都是独立存在的,并不对其他语篇的产生和结构产生影响。然而,就例 C 而言,情况——至少部分情况——却有些不同的。可能除了片段(vi)(第 37－47 行,打算去查茨伍德)以外,这里所有的片段都对互动者本身如何体验在基本语篇中所体现的社会语境有重要贡献。实际上,这四个片段(ii,iv,vb 和 viii)存在的理由就在于对基本语篇所体现的主要语境中的事宜进行管理:从某种意义上说,是主要语境的一些方面使得这些片段存在。[33] 这些片段的存在作用于社会过程的总体性质,修正了这里我们称之为基本语篇的那些东西的特点和结构。以我刚才所列举的那些方式对基本语篇的特点产生影响的片段,我把它叫做子语篇。

子语篇以某种可以被明确指明的方式和(部分)基本语篇相关联,通过这种关联产生了复杂语篇,正如配列(taxis)关系产生复杂单位一样,比如在词汇语法层的小句复合体。正如在小句复合体中,次要小句调节了那些以配列的方式和它相关联的小句一样,在例 C 那样的复合语篇中,子语篇也调节了(部分)基本语篇,在很大程度上为互动者改变了基本语篇的性质。为便于理解子语篇和(部分)基本语篇相关联的具体方式,我将开始讨论片段(ii)(第 5－16 行),从现在起,这一片段就是子语篇 1。

很明显,子语篇 1 所识解的语场有可能从属于基本语篇所识解的语场:如果西番莲是与午餐有关的一种食物,那么,它的下落一定会对互动者可能做的或说的关于午餐吃什么的提议产生影响。就像边缘序列(side sequence)(Goffman 1981)阻碍了由一组问答组成的交谈或相邻语对一样,就像销售询问(a Sale Enquiry)阻碍了对购买性语篇(a buying text)的设计(见例 B 的讨论)一样,寻找丢失的西番莲也阻碍了基本语篇的实际进程。一个子语篇(比如,子语篇 1)的阻碍性(arrestive)

不依赖于它在物质方面能否达成什么,因为,不管它能否在物质上达成什么,它都会对基本语篇的结构产生修正作用。如果这个物质结果是成功的——显而易见,在这个语境中,成功和失败完全是通过参考主要语境配置(的一些细节)来界定的——这将有助于在基本语篇结构中正在进行的成分/阶段的完成,例 C 就是这种情况。[34] 如果物质结果不成功,它将仍然影响主要语境配置的(一些)细节,导致进一步的协商、修订和/或甚至主要语境的终止。这表明子语篇 1 的出现不是像语类组合这个术语所暗示的那样是某个语域/语类的语篇与另一个语域/语类的语篇的简单的时间性排序;而是它在基本语篇的组织中执行一种促进功能。

从属语境是由具有促进作用的子语篇来体现的,它常常以有限的方式随着主要语境变化。从属语境的主要特征是:当从属语境首次出现时,它从属于正在被识解的主要语境配置的某些特征。例如,子语篇 1 识解一个从属语境,除语场这一要素以外,这个从属语境的细节与主要语境配置的细节是一致的:不同的是由子语篇 1 所体现的从属语境的语场,而语旨(除了施事角色)和语式却是保持不变的。正如表 4 所示:在主要语境配置中,其语场的一个特征是:(向受话者—领受者)提供菜单上的食物(这些食物是双方共同认可的)。与此相对,与子语篇 1 相关的话语语场则可描述为对菜单上的某个食物的位置进行确定,这个食物是互动者们期待提供给领受者的。正是这种语境依赖关系构成了子语篇促进功能的基础,借此,子语篇与基本语篇被整合成为一个复合语篇。从语篇结构的相关角度出发,克洛兰(Cloran 本卷)饶有兴趣地指出:在例 C 中,被界定为子语篇 1 的那部分是修辞单位(a rhetorical unit)的一个嵌入成分,这个修辞单位体现了(部分)看护活动。

因此,促进作用是复合语篇(整体)结构中(某些)元素的功能关系。这里妈妈与小孩之间通过子语篇 1 所传递的东西在功能上非常像我称之为销售询问的选择元素范畴(Hasan 1979,1985c,及其他):这两者都有助于主要语境中特定活动的实施,且两者都可以整合到基本语篇之中。然而,例子 A 和 B 所列举的简单语篇的产出原则是语境/语域一致性原则,这是复合语篇里起作用的另一个语篇产出原则:这一原则我将称为语境/语域整合原则(the principle of contextual/registral integration)。[35] 无论语篇产出原则是语境/语域一致性原则还是整合原则,有一点可以确定的是任何可以被视为语篇的东西通常都会显示出两种统一:篇章组织的统一和结构的统一。[36] 语境/语域整合原则的实施并不否定这一结论,而且,我相信这一结论几乎适用于除病理性话语外的任何语篇(Armstrong 1987,1992)。这里需要特别说明的是,语境的从属性是一个功能关系:被描述为具有从属性的语境,就其特征来说,除了它们与主要语境中的(一些)成分的从属关系以外,它们在本质上并不具备从属性。因此,寻找丢失的东西并不是必要要从属于其他一些正在进行的语境(如例 C 中所显示的那样);它也可以是一个独立运作的语境(的一部分):因此,显而易见,当子语篇 1 具有和基本语篇一样的独立地位时,仅仅是其功能(而不是其内部结构)否定了其体现语类/语域的地位。当术语语类组合被应用于复合语篇时,比如,例 C 这样一个内嵌于一个由时空所界定的互动中的语篇,这就意味着,这一互动的各个片段就是彼此地位平等的语类/语域。往好了说,这就是把一个由时空所界定的单位(比如,互动)等同于一个描写性语义范畴(比如,复合语篇);往坏了说,这仅仅是从形态学的角度来看待话语——即,基于各个部分之间的自身的结构关系来对它们进行分析,而不是从一个功能的角度——即,基于这些片段在其他与之共同出现的部分的语境中能做什么。当然也有可能,在同一个由时空所界定的互动里会存在这样一个语篇,即,这个语篇所实例化的语域在功能上不与其他共置的语篇/语域进行"组合"。接下来,我将对这样的一个例子进行描述,同时说明其他形式的语境/语域整合。

2.3.3 语境/语类整合:协同语境,复合语篇

不是所有的子语篇都有以上所述的促进意义。因此,在例 C 中,尽管片段(iv)(见表 3 第 21—24 行)被整合到基本语篇当中,但它与后者的关系大大不同于子语篇 1 与后者的关系。就在这个片段的四条消息产生之前,这位母亲已经确定了她想让 Stephen 吃午饭的地方(第 19—20 行)。(由第 20 行的圆点所显示的)短暂的停顿表明片段(iv)很可能是发生在妈妈将午饭端到桌上而史蒂芬一直跟着妈妈的同时,这一理解可以由以下事实来进一步证明,即这一片段是史蒂芬与妈妈共同作用的结果——两个人同时参与了对话。此外,紧接着,妈妈就明确地指明了史蒂芬应该坐在哪里(第 25 行),这暗示了他们之间的并现关系。因此,与子语篇 1 不同的是:片段(iv)是发生在这样一个时刻,即当妈妈端午饭上桌的行为"无声地"——即纯粹物理地——促进主要语境配置的体现时:妈妈实际上是按照史蒂芬预先同意的菜单来提供食物的。不可否认的是,在这一片段中,对于完成主要语境的活动所必须进行的一系列具体行动而言,与西番莲相关的话语对于这些具体行动的展开实质上是无关紧要的。妈妈提供食物的行动和她告诉史蒂芬有关西番莲的生长条件的言语行动是并列进行的两个独立活动:与子语篇 1 不同是的,片段(iv)虽不具阻碍性,但它与主要语境配置所表明的某个行动的非言语性呈现是并行的。从现在开始,我将片段(iv)称为子语篇 2,并将其所识解的语境称为协同语境(collaborative context);暂时,我将简单规定,协同语境是由子语篇来识解的语篇,并且,与从属语境不同,协同语境与主要语境配置(某部分)的实施是同时进行的。在以下内容中,我们将发现,协同语境的这一特征描述需要额外的定义和识别标准。

协同语境与从属语境有许多不同之处。根据定义,从属语境依赖于主要语境;但协同语境却不一样。此外,在从属语境的运作过程中,主要语境配置中所实施的活动会被阻断,如子语篇 1 所示例的那样(参见 2.3.2 的讨论)。相反,协同语境并不是这样,其特点是在协同语境中两个(或多个)语境可能是同时进行的,如子语篇 2 所示例的那样。然而,如果我们对协同语境的分析只停留在这一点上的话,那么我们就不得不承认由片段(vi)(第 32—47 行)所识解的语境也是协同的。因为,进行以下假定也是合理的,即在片段(vi)中,当妈妈表明她计划在那天下午去查茨

伍德的同时,照顾孩子吃午饭这一物理现实活动——作为主要语境中相关活动的一个方面——正在"无声地"(即,物理地)进行着,并且在那一时刻并没有出现任何的言语体现。因此,我们或许会认为,与子语篇 2 一样,片段(vi)也是一个子语篇,并且,它识解了一个相对于主要语境配置的协同语境。但我们也有很好的理由来反对这种说法:子语篇 2 与片段(vi)之间的相似性事实上只是表面的,片段(vi)既不是子语篇,也没有识解一个协同语境,虽然它和片段(iv)一样都具备并发性(concurrent)特征。为了证明这一论断,首先,我将对子语篇 2——片段(iv)——相对于基本语篇的功能进行分析。

能识解从属语境的促进性子语篇对主要语境配置中(某部分)活动的实施是有实质性帮助的。一般来说,这也同样适用于能识解协同语境的子语篇,如子语篇 2:它也有助于主要语境配置中(某部分)活动的实施,但是这里存在一些不同。可以说,促进性子语篇是通过行动来提供帮助的,这一行动能够协助正在展开的活动;而类似子语篇 2 的子语篇不是通过行动来提供帮助的,而是通过调整正在展开的活动的情感基调,或者趋向于使正在展开的行动进展顺利,或者趋向于阻碍它的进展。简而言之,它对主要语境配置中相关活动实施的方式产生影响,但这种影响不是通过一种具体的、物理的方法来直接作用于活动,而是通过影响互动者之间的关系。我把这一功能叫做基调设置(tone setting),这也解释了我为什么会使用协同(collaborative)这个术语来描述这样的子语篇所识解的语境。如果把人际关系性质的变化看成一个渐变体,那么我把它的两端分别称为放松的(relaxed)和紧张的(strained)。当子语篇所识解的是一个(较为)放松的关系时,子语篇所激活的基调设置就可以说是积极的,反之就是消极的。子语篇 2 便属于前面一种:它执行的是积极的基调设置功能;其放松且友好的本质进一步加强了互动者之间的社会团结关系,这种团结关系在对话刚开始时就已经很清楚了。子语篇 2 具有积极的基调设置功能,当我们将这个子语篇与很容易想象得到的例子——即,妈妈什么也没有说就把食物放到了桌子上,或者,更有可能,不论她说什么都是为了让孩子在她认为合适的地方以她认为合适的方式吃饭(如,许多妈妈都会说的"不要玩食物了,坐下好好把饭吃完"。对于那些真实发生的这一类型的例子,参见 Cloran 的著作)——相比较时,这一点可能就会很清楚了。片段(viii)(表三第 54－59 行)——例 C 的最后一个子语篇,在这一部分,妈妈解释了她为什么拒绝了孩子要"一些维生素 C"的请求——最接近消极的基调设置:孩子明显不高兴;他们的关系比其他任何时候都要紧张,妈妈通过解释挽救了这个场景,基于她之前的经验,她认为这种策略对她的孩子是有效的。

促进的发生在于所执行的主要行动是什么样的,以及主要行动的"成分"是什么:它产生于主要语境中语场选择的一些特征并通常以行动为基础;而基调设置的发生不在于做了什么而在于是谁在做:它产生于主要语境中语旨选择的一些特征并通常以关系为基础。[37] 更具体地说,基调设置的子语篇更容易出现在社会距离

（接近）最小的地方；无论是积极的还是消极的，基调的出现通常取决于互动者的意识形态取向——即他们对是什么构成了生存的合理形式的观点，这些观点反过来通过社会逻辑与社会地位相关。除开其他方面，这种意识形态取向是以互动者如何设计他们与他者的互动来表达的。在系统功能语言学中，我们经常谈论有关语言对社会关系的制定这一力量：基调设置功能是一种十分有效并尤为明显的制定社会关系的工具。[38] 如果互动者在他们与他者的互动中经历了积极基调设置，那么，随着时间的推移，他们之间的关系可能会发展成一种平和的、放松的基调，并且，不出意外的话，这种基调会从一个互动传递到下一个互动：当我们谈论积极情感时，我们想说的是，互动者间的互动经历到目前为止并没有产生任何明显的有关冲突或紧张的预期。

有人可能会问为什么片段(vi)不被认为有基调设置功能：毕竟它填充了友好对话中的这部分沉默，孩子在吃午饭，妈妈在照顾他的所需。这种友好对话难道不会对其他活动的情感基调产生积极的影响吗？据此，我们可能得出结论，提出去查茨伍德的计划有积极的基调设置功能。那么为什么我不这样认为呢？原因可以从子语篇(ii)与片段(vi)的语言比较中得到。我希望我在之前已经成功地表明（在2.1节），言说——即，使用中的语言——不仅仅是简单地被语境所激活，它也在不断地识解语境，并且，来自语言的证据对语境的主体间识解具有决定性作用。因此，如果我宣称，子语篇2所识解的语境与片段(vi)所识解的语境有着质的不同，那么，根据我自己的论断，这两个片段中的语言就应该表现出一些明显的不同。事实也是如此。在说明之前，首先我要重申一下，在例C所有被识解的语境中，唯一一个没有被主要语境配置整合的是片段(vi)所识解的语境：它是一个独立语境，尽管它的体现和主要语境配置的实施是齐头并进的。其余的片段(ii, iv, vb 和 viii)所识解的都是整合性语境(integrated context)，并且，只有子语篇1，即片段(ii)，是促进性的；剩下的三个——片段(iv, vb, 和 viii)分别被视为子语篇2, 3 和 4——都有基调设置功能。我认为所有以上列举的片段都在功能上与基本语篇相关，并且也与识解被整合到主要语境配置中的语境相关，通过分析它们的语言，我们能够发现，这些片段中的每一个都与基本语篇保持着语篇上的统一性：不论它们的功能是促进还是基调设置，它们都与基本语篇紧密地、复合地相关。这一点被克洛兰(Cloran)极好地指了出来，对于这里所呈现的例C的大部分内容，她呈现了一个衔接链结构和一个衔接协调分析(Cloran, 本卷：请参考她给出的表2和附录I)。克洛兰的表2清楚地表明了片段(vi)（第32—47行）是唯一一个与例C中其他部分呈现出弱连接的片段。依据我的分析，这个片段既未与基本语篇产生功能性关系，也不识解整合性(协同的或从属的)语境，而是一个独立语境。而且，当从语篇构成性的角度来分析例C时，克洛兰发现了把整个片段(vi)视作独立自主的修辞单位而不是某一更大单位的组成部分的语言学(即，语义的或词汇语法的)原因(见本卷她的附录II)。这也与我的分析完全一致，根据我的分析，片段(vi)不是一个子语篇:从地位上讲,它是(复合)语篇的平行语篇,这里的(复合)语篇是由例 C 的剩余部分来表征的,在例 C 中,这个平行语篇是封闭性的。

由于缺少与基本语篇的篇章组织统一性(textural unity),片段(vi)中的言说行为在其他地方也可能出现,要么与其他话语一同出现要么单独出现:复合语篇由基本语篇和其各种子语篇构成,若从这个角度来看,并不存在一个具体的把片段(vi)与基本语篇连接起来的东西,除了相当偶然地发生在其身上的时空共置。与此相反,四个整合性片段(ii,iv,vb 和 viii)各自充当一个子语篇并与基本语篇保持着某种衔接连续性。这些连续性脉络把其他部分连接成一个统一体,却跳过了片段(vi),使得片段(vi)与对话的其余部分无法衔接(见本卷 Cloran 的表 2 中的图标表征)。然而还有一点很重要,在片段(vi)中,无论形成什么新的衔接链,它们都只受这一个片段的限制;超过这个片段则无法继续(见本卷 Cloran 的表 2 链标记 l-q)。总之,对于由基本语篇体现的主要语境的特征所引起的任何相关事件而言,片段(vi)与其没有任何关系。这也是我为什么把片段(vi)描述为与复合语篇平行的语篇而非子语篇,在这个复合语篇里,它也是封闭性的。该封闭性的平行语篇所识解的语境不是协同的,而是独立的。衔接协调分析进一步有力地支撑了这一分析,[39]它形象地把平行语篇与实例 C 的剩余部分区分开来。与之相比,基本语篇与四个子语篇的篇章组织统一性为把它们看做一个复合语篇提供了强有力的理由。换句话说,每一个子语篇的话语都是源自于基本语篇的话语:这就是它们之间大量的篇章组织统一性脉络形成的基础。由此我可以得出,篇章组织统一性是假定单一互动中言说片段之间是否存在语境/语域整合的关键条件,正如这些片段的功能也是主要语境配置实施的重要条件一样:这是由语境、语义和词汇语法之间的体现关系的逻辑性决定的。表(v)是片段(ii,iv,vb,vi 和 viii)与基本语篇关系的图解总结。为强调其他片段与片段(vi)间的差别,与后者有关的内容都用斜体加粗表示。

表 5　基本语篇与例 C 中其他片段的关系

片段	相对于基本语篇的地位	在基本语篇中的功能	识解的语境	与基本语篇的链互动
ii:5—17	子语篇 1	促进	从属	显现
iv:21—24	子语篇 2	基调设置	协同	显现
vb:26—31	子语篇 3	基调设置	协同	显现
vi:32—47	平行语篇	无	独立	无
viii:54—59	子语篇 4	基调设置	协同	显现

最后,对于上述分析,由于篇章组织统一性承担了如此多的"责任",因此,有必要对衔接链以及它们之间的互动进行简要地评论,正是这些互动把平行的封闭性语篇(片段 vi)与基本语篇连接在一起。值得注意的是,这里只存在两个这样的衔接链:一个是重复词汇 go 的衔接链,另一个是指称母亲和史蒂芬的同一链[40](见本

卷 Cloran 表2）。我将忽略前者,因为,一个互动中不同片段间的单一词汇衔接关系并不具备太多的分析价值,尤其是除上述提到的同一链以外,这一关系并不与其他任何衔接链互动。有人可能会说,因为这个同一链的所指是史蒂芬和他的母亲——主要语境配置的互动者——而毕竟这个封闭性语篇(片段 vi)的确与主要语境配置发生了联系,因此它理应被看做是子语篇,它所识解的不是一个独立语境,而是一个协同语境。然而,我们有充分的理由认为(Hasan 1979,1985c),仅仅根据互动者所指就断定两个言说案例间存在衔接连续性是有问题的:它潜在地否定了有关语篇和语境个体性的断言,因为这样的所指很可能遍布于同一个言说者的各种言说案例之中。当然,从某个分析层面上来说,任何个人的行动和言语,在其整个生命中,确实具有某种历史连续性。这是一个整体的视角,在这一视角中,生活中的一切——不仅在个体的生活中,而且在整个社区的生活中并且可能甚至超越整个宇宙历史的生活——都与其他一切紧密相关;通过假定每一个情景都是文化系统(某个选择路径)的实例化,SFL 希望表达的正是这样一个关联的视角(参见 Halliday,本卷图1)。并且,通过声称行动者的意识形态取向是每一个物质和言语行动实例的基础,SFL 也在某种程度上表达了这个整体视角。然而,事实上,在生活中,我们无法在不谈个体历史事件的情况下生活:我们的确需要讨论发生在某个人身上的某些有趣的事;我们的确把责任归于某些行动,把结果归于某些具体的个人。在我看来,这意味着个体视角和集体视角具有同等的效力。两者之间的选择最好是由要解决的问题的本质属性来决定,而不是由学术潮流来决定。个体语境和个体语篇的概念——无论简单还是复杂——对于我所关注的问题[41]都是非常重要的。从该问题的角度来看,对于任何仅基于特定互动者时空或历史连续性的衔接连续性形式来说,其识解的关联性都是无足轻重的(Hasan 1994):像基本语篇的语言一样,片段(vi)的语言也指向(相同的)史蒂芬和他的母亲,他们在整个过程中都是互动者,而这并不重要。我们不能用这样的同一链去鉴别是什么构成了一个语篇(Hasan 1979,1985c)。篇章组织统一性的基础并不依赖于你、我和我们——当它们指称言说者和受话者时——的所指同一性;而是存在于与某个第三实体相关的篇章组织指称链。[42]这样的第三实体可以是言说行为中实际提到的,例如,例 C 中的西番莲或外婆的座位;也可以是主要语境配置的某些方面所暗含的潜在关联性,例如洗发水对于洗澡这一活动的关联性(参见 Hasan 1995a,她所讨论的一个自然发生的对话的节选)。在任一种情况下,这样的第三人称同一链一定会重复出现在整个话语中,因此有人就建议把它作为相同语篇的一部分——正如西番莲是例 C 的一部分或洗发水是韩茹凯所讨论的例子的一部分那样(出处同上)。同样需要强调的是,作为语篇资格的识别标准,基于自身的衔接链结构相比能够产生某种衔接协调程度的衔接链互动模式而言没多少决定权(参看 Hasan 1984d,1994)。通过这一标准,片段(vi)最好作为一个不是被整合到复合语篇、而是与基本语篇平行的语篇来对待。图1显示了例 C 分析的图式表征。它既包括了封闭性语篇又包括了对其进行封闭的复合语篇。正如前面所讲的,复合语篇本身是一个基本语篇和(4个)子语篇整合的结果。图中的直线代表了设计的进展流程,这个设计是与基本语篇的语境逻辑相关的;如图中所示,四个子语篇在这一(正常的)设计的直接进展流程之上创造了一些转换,为复合语篇提供了一个全面的设计,修正了基本语篇的特点。而那个封闭性语篇由一个有着明显边界的圆圈来表示,从而使其与复合语篇区分开来。

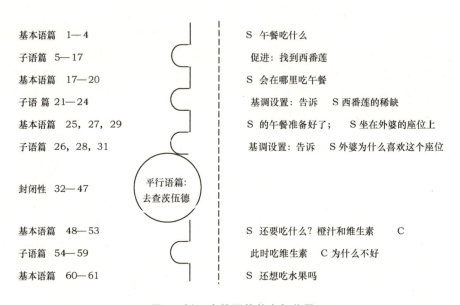

图 1　例 C 中的语篇整合与共置

2.3.4 物质连续性和符号连续性:时空共置与语篇整合

例 C 所引出的问题是:在这里我们一共得到了多少个语篇?如果不止一个,如果它们之间有关系的话,那么它们之间的关系是什么?这种问题只出现在以下这样一个互动的环境中,即该互动中相同的互动者在不改变时空位置的情况下继续他们的表意行动。显然,相同的位置和相同的互动者似乎是引发这种问题的必然条件:没有人会认为当不同组群的客人在同一个鸡尾酒会上参与谈话时,他们正在产出同一个语篇,后者可能涉及语类组合也可能不涉及,就如同我们不会认为一个批评家在不同场合写下的关于哈姆雷特的评论属于同一个语篇一样。虽然互动者与时空位置的连续性可能是界定一个互动的有效特征,但是这并不是说一个互动与一个语篇是同构的——即在一个互动的物质框架中,无论出现什么样的言说行为,这些言说行为都必然表征同一个语篇,在这里,如果其中某个活动变化了,那么我们就会得到一个涉及语类组合的语篇。通过这种方法将互动和语篇等同起来可以提供一个简易的方法来界定语篇的边界,但这个定义远不能令人满意:[43]根据这一定义,语篇性(textuality)将不再是一个符号现象,而是一种物质现象,对我来说,从这种角度出发的语篇概念并不十分令人满意。有明显的事实可以表明,以这种方式界定出来的互动可能小于或大于一个人们凭直觉感知的语篇。例如,在法官休庭的情况下,案子第二天在上次中断的地方再继续下去,那个互动就小于一个语篇;如果在给我的孩子准备晚餐的过程中,我也会帮助他完成功课,那么,互动就大于一个语篇。作为实际言说者,如果我们对语篇的连续性和非连续性的感知是基于某种其他原则,而不是"相同的互动者、相同的位置",那么语篇资格的界定和识别标准,必定存在于其他地方而非互动的物理身份。这是有道理的:一个语篇体现某种语境配置;因此,它必须立即对社会活动、互动者关系以及他们的接触语式做出回应。简而言之,语篇的身份就如同语篇的语境一样,是多层面的。语篇的结构和篇章组织由语境配置的特征激活,其细节是通过某种措辞意义模式——即,在语义和词汇语法层面上进行校准选择——被识解给受话者的。在构建语篇时,我们发现了一个物质和言语合作的典型示范:物质的相关方面是通过语言才获得有效性的,而言语的关键特征——语篇的篇章组织统一性和结构统一性——是由事件来激发的。在整个语篇的生成过程中,这种辩证是一种积极力量,不管话语的渠道如何。

    存在这样的可能:互动是话语的场所,一个话语单位,比如语篇,不需要与同一个互动中的所有言说行为共同终止。在任一互动中,我们都可以有一个基本语篇,在此基础之上,某些子语篇被整合到这一基本语篇,而这些子语篇所识解的语境又被整合到主要语境配置当中;或者我们可以有两个或更多个语篇,其中每个语篇都可能识解一个独立的语境,即它与另一个所识解的语境是相互独立的:后面这些范畴即是我所指的平行语篇。基本语篇及其子语篇是在语篇上整合的,而平行语篇是在物质上共置的。平行语篇之间的标准关系是物质的,而不是语篇的,并且它们彼此之间的地位与内嵌于不同互动中的语篇之间的地位非常相似;但关键的区别是,后者不是共置的,而前者是。需要补充的一点是,虽然在平行语篇之间可能存在一些边缘篇章组织关系,例如邻近的两个语篇可能共享一个或两个短衔接链(如例 C 中的片段 vi)——由于它们的共置关系,对链接的感知被加深了;这尤其适用于构成相似链的衔接关系。[44]此外,并不存在既定的衔接链互动的集合模式:篇章组织统一性在平行语篇中是不存在的(再次由例 C 中的片段 vi 所验证)。还需要强调的一点是,共置这一事实本身与平行语篇自身的内部性质并无关系:每一个在互动活动中共置的平行语篇既可以是简单的,也可以是复合的;或某些平行语篇是简单的,而某些是复合的。因此,根据我的分析,例 C 中有两个平行的语篇,一个是简单的,实例化一个语域,这语域是由封闭性平行语篇(片段 vi,如图 1 所示)所识解的;另一个是复合平行语篇,是基本语篇剩下的片段组成的。同样,共置也可以有不同的形式:比如,语篇可以是穿插的,与两个(或更多的)语篇相关的言语活动的不同部分可以交替出现;或者一个语篇被封闭在另一个语篇内,如片段 vi;亦或按顺序出现,一个平行语篇跟着先前的平行语篇;[45]当然,这三种时间排列也可以组合在一起。从现实角度来看,有时,在出现极度封闭与极度穿插的情况下,尤其当简单语篇与复合语篇以上述任何一种时间排列组合在一起时,听话人/分析者可能会遇到理解困难。我们都遇到过某些言说者,印象中,他们"飞快地从一个话题转向另一个话题",事实上,这是以极近的物质距离对语篇进行非专业性的描述,缺少显著的篇章组织连接。

在我看来,语类组合(Martin 1985,1992)与语境/语域整合并非仅仅是术语上的变异体。为了分清两者的区别,我们可以想象一组平行语篇,其中每一个语篇都是简单语篇并呈现出语境/语域一致性原则。如果我们愿意,我们可以将这一系列简单的语篇看作是语类/语域的组合或者共置;但是这样一来,语类组合就仅仅意味着实例化不同语域的语篇的时空邻近性了。相反,正如上文我所指出的那样,一个复合语篇的结构方式是相当不同的:无论一个复合语篇是否与其他语篇共置,它自身所遵循的原则都是语境/语域整合。整合意味着复合语篇的语境作为一个整体具有整合的特点,其中由子语篇所识解的从属和/或协同语境既不是随机的,也不是凌乱的:在社会过程的总体设计中,由于主要语境配置的性质持续充当着整个复合语篇的共同特性,所以,子语篇所识解的语境转换便具有了一个功能性位置。因此,举例来说,由促进性子语篇所识解的语境仅在语场的某些特征上区别于主要语境配置;如例 C 展示的那样,其语旨和语式基本上保持不变。不论一个行动是物质的还是言语的,它在特点、成分和阶段(大家可以随意命名这些因素)上的转换都是很容易被观察出来的,然而,社会关系中——即,话语语旨中——的微妙语境转换相对而言却不那么容易被发现。然而,正如我所指出的那样,基调设置子语篇确实会对主要语境配置的语旨特征产生一些调整。[46]除作用于语旨特征以外,基调设置子语篇还可能识解一个其语场与主要语境配置的语场大相径庭的语境:如,例 C 中的子语篇 2,它在协同型语境中的语场选择与主要语境配置中的语场选择就有很大差异。这样的转换常常是以弗斯(Firth 1957)称之为相关对象和行动的那些东西来中介的:正是互动者对与主要语境配置相关的对象和行动的联合关注形成了一种从语篇上制定社会关系的手段(关于此点意义,见注 43)。虽然基本语篇的语境/语域的这些微妙转换发生在它的语场,和/或语旨,和/或语式上,但整合性语境并没有完全推翻或改变主要语境配置的特点。[47]相反,整合作用于整个复合语篇的特点,从多样性中建立了一个统一性:即,基本语篇的语境/语域被子语篇的语境/语域修正了——或者,用我之前所用的术语,被"调节"了。在这个过程中,所有相关的语境/语域都会失去其作为一个个体的独立性和特点;而整合,不论是在进行当中还是已经作为一个整体被完成了,都呈现为一个独特的语境/语域的独特经验。从这个意义上说,语境/语域整合原则并不否定"一个语篇即是一篇连贯的话语"(Halliday and Hasan 1976)这一论断的本质,虽然它确实对语境/语域一致性作为语篇性的前提条件这一普遍性提出了质疑。

然而另一方面,不论语境是协同的还是从属的,不论子语篇的功能是基调设置还是促进,子语篇的出现都可能使(一般认定的)基本语篇中断。因为子语篇可以,有时候确实会,"接替"基本语篇。例如,某些情况下,基调设置功能可以改变其自身,从而使得子语篇所识解的语境成为互动者的焦点,使得主要语境要么完全消退要么在很大程度上转化为背景。我认为,与其说这是一个整合的例子,不如说这是一个主要语境/语域被另一个语境/语域所替代的例子,同时伴随着两者的简单穿插。为了详细说明这一评论,我将引入伯恩斯坦(Bernstein 1990)的地方教学(local pedagogy)概念,此教学法,就其某种具体的显现方式而言,通常出现在基调设置子语篇中,尤其当互动者为一个小孩和一个成年人时,尤其当这个成年人是父母中的一个时。而我心目中的形式最接近官方教学(official pedagogy),即官方教学语域、特别是那些由官方教育家提出的语域中所示例的教学法。我曾经在别处(Hasan 1995a)说过,官方教学话语的一个重要组成部分(比如,课堂话语)是基于反思的(reflection based):它的设计是为了产生对我们周围世界的某种理解。显然,任何形式的理解都是一个基于符号创造出来的建构体。因此,当语篇识解基于反思的活动时,所采取的行动通常都是言语行动也就不足为奇了:[48]用当前SFL的术语来说,在实施基于反思的活动时,语言在其中起着本质作用。官方教学话语的语言体现,尤其是由官方教育家提出的官方教学话语,依赖(除开其他方面)于各种各样的归纳,正如我们在定义、分类、解释中所发现的那样。特别是在大多数工业化国家受过教育的中产阶级家庭,地方教学话语的体现也呈现类似特点,并且,在这样的家庭,那些子语篇有可能会发展成这样的地方教学话语,即通常也是通过描述、分类或归纳某实体或过程[49]的本质或通过解释某种法规形式来识解告知这一言语活动(无论是被要求的还是自发的)的地方教学话语。我想通过分析一个有可能发生但实际上却没有发生的设想来阐明这一点:在例C中,母亲对于稀缺的西番莲的评论可能会逐渐发展为对成功培植西番莲所需条件的详细描述。事实上这类事情确实以一种萌芽的方式发生了,正如本卷我们在由克洛兰所呈现的这一对话的后续部分中所看到的那样。零散分布的日常谈话与官方教学话语的关键属性之间有着如此之大的相似,这足以提醒我们,知识的早期建构根植于日常社会过程,这类社会过程确立了一种特定的社会关系。[50]

　　有意思的是,当一个日常言语行动演变成一个地方教学活动时,这种发展过程就激活了一个微妙的语式转换,从对话转向了独白:因此,在例C的后续部分——克洛兰所呈现的语篇(第67—81行)——话轮转换的平衡发生了变化,因此,母亲的话轮比孩子的话轮要长得多。上面的图1(见2.3.3节)表明了由片段(viii)所呈现的于语篇4中也存在一个类似的模式,这一片段解释了母亲为什么拒绝史蒂芬想要维他命C的要求(见第54—59行):这里母亲的话轮占据了该子语篇的大部分内容,而这个话轮其实是例C中母亲所给出的一个最长的话轮。之前我曾说过,基调设置子语篇会对人际关系产生影响:当基调设置识解一个基于反思的活动时,例如,史蒂芬的母亲解释为什么或什么时候西番莲长出厚的果皮(参见本卷Cloran

表10,特别是第67—69行),这一互动致力于识解由人际关系的某种具体范畴来中介的知识。因此,对这个世界进行了解就不只是在脱离互动者关系的情况下对对象、活动、或某个概念进行了解:而是,在某种人类关系框架内,世界和自我都能够被我们所了解。这些关系的本质因社区中区域的不同而不同,但是,识解知识的最初行为内嵌于这些关系当中,这一事实却是永恒不变的(见 Williams;Cloran)。人际关系与维果茨基(Vygotsky 1978)所说的概念自动化(concept automatisation)之间的紧密关系是所有地方教学行为的特点。相比之下,官方教学大部分致力于识解对世界的理解——就是创造我们所说的知识——就好像这种识解和创造脱离了人际因素一样:官方教学的这一面否定了那些人际关系、那些话语语境的重要性,正是在这些关系和语境中,社会主体从历史的角度开启了他们对世界的认识。不管人们为实践提供了什么样的意识形态理据,其结果并不尽如人意。

　　让我们回到那个可能会替代基本语篇的(告知性)子语篇上来,值得注意的是,当这种替代真正发生时,通常的感知可能是言说者已经"转向"了其他话题,因为这个话语的关注点已经不再是先前那个了:在不同的环境下,之前那个可能仅仅是(辅助)情节的东西——或者是基调设置子语篇或者是促进性性子语篇——已经发展成为一个独立于其他语篇——它最初正是产生于这个其他语篇——的语篇。在此,至少有两点是非常重要的。其一,这一情况与两个平行语篇可能简单穿插——其中一个,即先开始的那个,被中断,而另一个以时间顺序继续——的情况非常相似。正如我先前说过的那样,对于行使子语篇功能的言说行为来说,在其本身的构成中没有什么能阻止其成为一个基于自身的语篇:纯粹的物质共置与语篇整合之间的界线不是依子语篇的形态构成来划分的,而是基于子语篇的功能价值和它的篇章组织关系来划分。当这种类型的言说行为没有被迫去行使这种允许其被整合到基本语篇中的功能时,它在逻辑上就假定了这种隐藏于其本身构成中的独立性:在体现上,它与前面语篇的篇章组织关系"变薄"了。虽然似乎替代的早期阶段呈现了比排序或穿插更有力的衔接连接,但是替代与排序之间是否存在实质性的差异仍然是一个实证性论题。事实上,这种具有相对有力的"边缘性"衔接连接的替代是随意会话中最受欢迎的推进方式。[51] 其二,互动者有时会具有这样的感觉,一个会话会从随意事件过渡到严肃讨论,而以上所描述的这种替代模式对这种感觉的基础进行了解释。但是,如果言说行为受制于这些话题变迁,并且如果言说者在多数情况下能够成功地绕过他们话语中的这些迂回曲折,那么我们可以得出,在某种意识层面上言说者必需监控他们所参与的话语,因为这正是基于这一点他们的话语实践才得以成功(Hasan 1994)。不仅仅是分析者的客观态度使得她注意到了复合语篇和简单平行语篇之间的差异,而且极有可能是史蒂芬和他的母亲也意识到了去查茨伍德的计划相对于评论西番莲的稀缺、解释祖母对某座位的喜好以及不建议吃太多的维生素 C 片而言,是一种截然不同的话语情节。

表6 互动中的物质与篇章组织关系:复合语篇与平行简单语篇

	复合语篇内的关系	平行简单语篇间的关系
物质的:	相同的位置:相同的互动者	相同的位置:相同的互动者(=共置)
原则:	不同语域的整合	每一个语篇中的语域一致性
结构的:	子语篇和基本语篇整合	每一个语篇都有各自的结构特点
语境的:	从属或协同	每一个语境都独立于其他语境
功能的:	促进或基调设置	一个语篇在另一个语篇中没有功能
语篇的:	实质的篇章组织统一性显现 链共享,链互动	篇章组织统一性缺失或边缘化 链共享最少;无互动

表7 共置形式:互动中的平行语篇

物质连续性:	相同位置;相同互动者(=共置)	
语篇类型:	复合或简单	
共置形式:	封闭:	一个平行语篇在前 & 后边跟着另一个平行语篇
	穿插:	平行语篇1和2交替出现
	排序:	平行语篇2在平行语篇1后面;语篇3在语篇2后面……

我把到目前为止所讨论的物质与语篇关系呈现在了表6和表7中。表6总结了复合语篇和平行简单语篇的关键性特点,从而强调了整合与纯粹共置之间的差别。表7对共置的形式进行概括,即平行语篇之间物质接触的语式。

正如读者将会注意到的那样,不管言说行为是从整合的角度还是从纯粹共置的角度来考察,都存在一个必要假设:片段出现在同一互动活动的外部框架内。这样,构成复合语篇的基本语篇和子语篇之间就存在了一种物质关系:这样一个复合语篇的每一个构成成分都拥有相同的互动位置和相同的参与者。从这点来看,复合语篇的构成成分如同平行语篇一样都是共置的;最大的不同是,在这一物质接触之上,复合语篇还具有语篇关系。对于复合语篇的构成而言,其构成成分的共置是一个必要非充分条件。表6旨在说明这个差异。

在以上两表中均未提及的一个关系是替代关系。依我看,替代是一个真正模糊的范畴,以至于替代语篇既享有子语篇的某些特点,又享有平行语篇的某些特点。因此,在正常情况下,在替代语篇里,正如通常在子语篇里那样,会出现一些共享的同一链,这些同 链将指向与该替代语篇相关的某个(第三人称)对象或行动。这解释了替换语篇所展现的早期篇章组织统一性。正如我在上文中所论述的那样,这一特征在平行语篇中或者全部缺失,或者仅是名义上出现:它们和其他语篇所共享的同一链通常指向互动者,就像在例C的片段(vi)中所发生的那样。然而,替代语篇会识解出自己的语境,这个语境的语场会向着独立于它最初产生于其中的那个语境配置的方向进一步移动,随着这种移动,替代语篇与被替代语篇之间的篇章组织统一性就会变弱。实际上,从语言描写的不同层面来看,篇章组织统一性的缺失与语境配置的偏离是一回事。

子语篇 1 和子语篇 2 分别识解了从属语境和协同语境,在引入对它们的讨论时,我使用了阻碍性(2.3.2)和并发性(2.3.3)这两个术语。这两个术语表示了一个社会过程和其体现性语篇是如何沿着互动框架下的时间顺序对另一个语境/语篇产生作用的。当一个进行中的社会过程的实施及其体现性语篇被另一个社会过程的实施及其体现性语篇所延缓时(无论这两个过程之间的差别多么细微),这都会阻碍其设计的直接进程。例如,在例 C 中,带有促进功能的子语篇 1 就是这样作用于由基本语篇所体现的进行中的社会过程的。但是,阻碍性接触并不仅仅局限于那些识解从属语境的促进性子语篇;那些识解独立语境的平行语篇也能够阻碍正在进行的社会过程及其体现性语篇。假设这么一个例子:约翰正在和一个朋友闲聊,这时候邮递员带着一个挂号邮寄给他的包裹来敲门。先前正在进行的闲聊将被签收挂号邮寄包裹这一活动所阻断,假设和朋友闲聊的过程得以继续,那么,签收包裹这一语境的体现性语篇将会是一个封闭的平行语篇。

术语并发性指的是两个过程同时进行,不管其中一个过程如何进攻,另一个进行中的社会过程的实施并不会中断。就事物的特性而言,在接触时,只有当一个社会过程要求的是言语行动,而另一过程则处于仅通过物理行动就得以展现的阶段时,这才是可能的。在例 C 中的子语篇 2 与基本语篇正好满足了这一条件。子语篇 2 中的行动是言语的:母亲在评论西番莲的稀缺,而基本语篇的行动在那一阶段完全是物理的:给孩子准备午餐这一设计的一部分就是在现实中把食物提供给他。同阻碍性接触一样,并发性接触也不仅仅局限于子语篇:平行语篇也可以和另一个平行语篇并发,尽管两个语篇所识解的语境是彼此相互独立的。例 C 可以说明这一点,在例 C 中,复合语篇和片段(vi)代表两个平行语篇,每个语篇体现的语境彼此独立(见 2.3.3 节图 1)。具有促进功能的子语篇好像仅限于与基本语篇形成阻碍性接触[52];而基调设置子语篇既可以是并发性的也可以是阻碍性的。我们已经在例 C 中见证了并发性基调设置子语篇(如,例 C 中子语篇 2—4。见图 1)。阻碍性基调设置的例子通常出现在课堂话语中,比如这个例子,在一个正在进行的课堂中老师叫学生们注意听讲或者因为没有注意听讲(直接地或间接地)责备他们。[53] 类似于这样的指令/评论自然会阻碍课堂的进程。把这类干预看作是基调设置子语篇的一个变体的重要理据在于以下事实,即它们作用于师生关系:事实上,这种情节常常作为教师权利意志(will to power)的证据在课堂话语分析中被引用。[54] 与此同时,这些课堂对话片段典型地展现了它们与进行中的课堂授课之间的篇章组织统一性。表 8 从基调设置子语篇和促进性子语篇,以及共置的两种形式(即封闭与穿插)这几个方面总结了整合中的接触模式。排序并未被列入表 8 中,因为它明显倾向于具有阻碍性,其原因是显而易见的。

表 8　互动时间与过程接触类型

	并发性	阻碍性	与语境配置的接触
基调设置：	如：√ 如：子语篇 2	√ 如：课堂	与主要语境协作
促进：	—	√ 如：子语篇 1	从属于主要语境
封闭：	√ 如：片段(vi)	√ 如：挂号包裹	独立于其他语境
穿插：	√（物质行动与言语行动）	√（两者都是言语行动）	独立于其他语境

　　阻碍性接触与并发性接触的概念意义重大，因为它迫使我们去面对语境描述中一个重要问题。比如，如果我们想预测并发性接触的可能性，我们就需要既能够讨论物质行动又能够讨论言语行动。只有当至少一个语境配置中的活动在本质上具有物质性的情况下，并发性接触才有可能存在；如果两个相关语境配置的活动都是言语性的，那么，对于它们的体现性语篇来说，并发性接触在逻辑上是不可能存在的；如果存在任何接触，那也必定是阻碍性的。请注意，这个总结暗含了这样一个认知，即话语语场中的社会活动可以是物质的和/或言语的。然而，这种认知在现行的 SFL 框架中是有问题的，因为活动（activity）这一术语，作为语场的一个方面，一直以来都被释义（至少通过暗示）为在大多数情况下是物理的/物质的（需要语言来辅助的）活动。修饰语社会的（social）在 SFL 文献中通常来修饰活动这一术语，这简单地表明了活动通常是躯体协同的（synsomatic）——换言之，它涉及到两个或更多主体的同步努力：用马林诺夫斯基的话来说，活动即协作的人类行动。因此，把语场解释为社会活动并没有揭示社会活动的言语行动这一方面。像解释、定义、叙述、报道、记录、讲演以及其他许多这类的言语行动在现行的 SFL 的语境语式中都被视为语式问题。从这个角度来看，语场与语式之间的区别非常容易使人联想到什么与如何之间的区别、内容与风格之间的区别，后者往往出现在文学批评里。

　　就这一点而言，这一区分惯例是如何形成的并不重要，重要的是它提出了一些有关语境描述的严重问题。首先，如果在言说的某个场合所发生的一切仅仅是复述一个过去的经历，或一个故事——叙述一个以成型的故事或重新塑造一个故事，那么就会出现大量的混淆不明的问题。这种语境中存在活动吗？如果没有，那么这种无活动的语境配置[55]存在的可能性又会引出更多的问题。比如，在什么条件下，一个语境配置允许没有活动？又假如无活动的语境配置存在，那么这种修辞语式又应该是什么类型的语式？另一方面，假如我们认为当一个人在讲故事时确实存在活动，那么，我们就有理由假定，这一活动要用讲故事的同义词来命名。[56]如果是那样的话，我们就需要确定这一活动的本质：它显然不是物理的/物质的，那么它又是什么呢？它与语式（在这一假想的例子中，语式可以描述为"叙述"）又是什么关系呢？我相信，对于 SFL 而言把活动这一概念问题化是很重要的，因为语场的复杂性在很大程度上可以通过参考物理/物质行动与言语行动的互动来描述。在此论文的稍后一点(见 3.3 节),我将提出这样的观点:言语行动的呈现是话语语场的一个本质属性;事实上我只是一直在重申我在十多年前提出的观点。早在 1985年,在马丁(Martin)组织的那个会议上,我就建议过社会活动这一概念应该重新定义以包含行动与话语、包含物质行动与言语行动,[57] 我最近对语境与语篇关系的研究也支持了这一立场。

2.4　基于实例的研究:从语篇到系统

前文中提及的三个实例肯定还有很多值得讨论的地方,但是到此的相关讨论已经足以明确一些新的研究方向。在完成了对这些实例的研究之后,现在我们不禁要问:以上我们所获得的理解应该如何以一种准确地再现系统的方式来表征呢?近些年,系统遭遇到了一些舆论批评,无论这种批评是来自于致力于批评研究的学者还是爱好某种特定动态视角阐释的学者。这似乎是那些把语言系统等同于一套不变的规则的研究视角所遗留下来的陈旧观念:相应地,这暗示了系统是静止的,是不可改变的;很明显,如果这一假设是真的,那么系统也就不能以任何方式促进社会演变了。从这个角度来看,系统这一概念可以被视为保守的。然而这一系统概念正是被 SFL 所排斥的,因为它在逻辑上和系统与实例的假定辩证关系相矛盾,这一辩证关系认为系统为实例提供资源,而实例反过来塑造系统的本质(Halliday 1992a, 1992c, 1996; Hasan 1984a, 1996a; Matthiessen and Nesbitt 1996)。如果语言系统随时间而变化——我们知道的确如此;如果在其发展历程的每一个阶段,语言系统都是变化的——我们也知道的确如此;如果我们假设语言作为一个系统是由(近乎)无限的实例塑造加工而来,并且,根据定义,每个实例都是独一无二的,那么,这些独一无二的实例就一定会促使语言系统产生变化和变异。因此,系统自身不能是静止的或是一整套不变的规则:相反,它不是一种约束,而是一个资源;不是决定什么能说或什么不能说,而是为说提供一个坐标框架——不管这种说是创新式的还是循规蹈矩式的,并且也为理解提供了一个坐标框架——不管所言说的内容与系统的可能性是相符合还是相背离(Hasan 1996b)。然而,与此同时,我们需要注意一个事实,即,没有一个例子自身可以显示系统作为一个整体的潜势:它并不能通过实例化这一方式来告诉我们其他可能性的存在。语言,从语言系统的角度来说,它是语言学中最大的一个抽象概念,正如弗斯(Firth 1957)在 40 多年前指出的那样:作为个体言说者或分析者,我们决不可能接触到语言的整个系统;我们在任一时刻所面对的只是语言某种变体的某个实例。这就引发了一个矛盾:一方面,实例并不是系统的缩小版;另一方面,我们所面对的又仅是某种语言变体的实例。作为分析者,我们要做的就是必须把语言系统拼接起来——这一系统是我们不能通过实例直接见到的——我们的确能见到实例,但它们在对系统的揭示能力上是受限的。关于言说行为的三个例子的非正式分析当然不足以用来做归纳总结,但我们总要从某处开始。那么就从我以上的分析开始来进行归纳总结,我

把下列结论视为理所当然的,因为如果接受这些分析,就会接受这些结论:
- 语篇产出的原则是可变的:言说者可以仅仅通过执行一个与社会过程相关的设计来产出一个简单语篇;这就是由语篇 A 和语篇 B 所示例的语境/语域一致性原则。但是,言说者也有可能产出一个复合语篇,从一个简单设计转向容纳其他的附属关注点;通过这样做,言说者修正了他们刚开始所参与的社会过程的特点;这就是由例 C 中的复合语篇所示例的语境/语域整合原则。
- 一个完备的语境分析框架必须能够确定环境,即,一些特征(的结合),在这些特征下语境/语域整合可能并不适用(并且,隐含着,在这些特征下,这种整合相对而言较少发生)。
- 语境的模型必须能够解释为什么某些语境特征的结合通常不太适于用整合,而另外一些语境特征的结合则相反。
- 有理由相信,语场、语旨和语式这三个语境参数并不仅仅是三个独立的社会语境成分:事实上,把它们看作是言说行为所发生的社会语境中的三个相互关联的方面则更加有利。活动(即语场),关系(即语旨),接触(即语式)彼此相互渗透。一个充分的语境描述必须能够反映这种密切关系。
- 语境的模型必须包含物质和符号两方面内容:为了充当话语分析的合适工具,语境既不能完全被看作是物质的——上演言说行为这一戏剧的外部背景——也不能完全被看作是符号的——只作用于智力,而不作用于感官的某种东西。

当前用于语境/语篇描述的 SFL 框架并没有意识到语境/语域整合这一现象。这些框架仅能用来描述由简单语篇所体现的独立语境,这一点可以很清楚地从以上所用到的韩礼德和韩茹凯模型——用于陈述例子 A,B,C 的语境描述的模型——以及马丁(Martin 1992;尤其参见第 7 章)提供的框架中看到。由于缺少语境/语域整合概念,我们一直满足于语域/语类的排序/组合,并且,对这些现象的出现所提供的唯一解释是基于人们在动态流程图[58](Ventola 1987)中所呈现的独特个体的想象中的欲望与决定。在整合概念缺失的情况下,区分整合与共置的差异显然就没有意义了;并且,针对这一区分进行形式描述也就同样没有意义了。而且,在这两种模式中,语境建构体的三个参数被认为是不可渗透的——三个离散的向量,每一个都被看作是一个选择系统[59]的起始点,并且这些选择被认为只出现在这一向量里,而不与另外两个向量呼应。实际上,我有理由相信:对于我在上文所呈现的(见2.2节)指出跨系统和跨选择的缺省依赖——"习惯性结合"——的做法,至少某些人并不赞同:他们认为,注意语境特征的典型结合就是使这种现状"自然化",通过对语境断裂进行隐藏(Martin 1985),潜在地阻碍了文化系统的变化。对于语言学分析,我的观点是描述并不等于"指令":说"这是如何"并不等于说"这应该如何"。如果语言学分析能够加深我们对语言运作的理解,那么这个分析就是好的，但是，尽管人们可能希望在分析与现实之间存在一个更牢固的关系，好的分析也没有必要随着社会变革的议程而改变，不管这个议程看上去有多么完备。以下我所呈现的描述将必然与人类存在的物质社会条件相关，因为这是语言存在与运作的唯一场所。然而，原则上，我不打算探究描述与指令之间所固有的模糊界限。

3. 语境系统：一个动态的视角

在像这样的一篇文章的篇幅中，即便在最初的精密度上来呈现整个语境建构体也是不太可能的。在这一节中我将集中讨论语场，因为不管整合的形式是促进的还是基调设置的，语场选择的转换即便不是必要的也是可能的。因此，语场的描述对于展现语境/语域整合的猜想提供了一个极好的起点。在这一过程中，我将试图解释在上节结尾处强调的那些问题。

3.1 话语语场与行动概念

与语场有关的最为重要的概念是行动（action）：它表示正在做的事情。语场中其他的要素都可以看作是对"行动"这一概念的进一步阐述。行动（action）/活动（activity）/动作（act）的概念对于语言学而言并不独有：不管我们使用哪一个标签[60]来指代，这一概念对于那些研究人类社会存在条件的大部分学科而言都是非常关键的。也许有人会认为每一个学科都会为这一概念的理解带来不同的视角，但是在多数情况下，行动被认为是非言语的，通常是物理的。就语言学学科而言，其对行动的研究是建立在语言基础之上的：简明地说，话语语场的核心"是"处理不同程度的言说行为。行动这一概念能够吸引语言学的兴趣主要是因为非语言的人类行动通常在某种程度上对语言行动产生作用——影响言说行动与翻译行动。假如非语言行动与意义之间没有这种联系，那么，语言学就没有理由对行动这一概念产生兴趣，正如它被广泛理解的那样；并且，在这个意义上对行动进行分析，即便有一些工具，其工具也一定是稀缺的。然而对行动与语言之间的联系进行关注意味着语言学提供给活动研究的一个视角是集中在通过语言产生意义的行为上面的，不管其他人类/社会学科对这种关注是接受还是唾弃。[61]

依我之见，接受这一种立场有着重要的意义。首先，如果作为一个语言学家我对活动的兴趣来源于它与语言的关系，那么，言说行为的出现就是被视为活动的某个东西的必要条件。一个互动中不管有多少非言语行动在进行，如果没有言说行为，那么，就语言学而言，就不存研究对象：没有话语，就没有语场存在的必要！语言学分析能够赋予"沉默"和/或物理行动某种价值，但这只有在言说的语境中当它被语言所包围时才可能，而不是当它在脱离语言的情况下发生时。随着对语场的描述的展开，这一声明的意义也变得显而易见，但需要注意：如果非言语行动进入到对语境的概念化当中,尤其是对语场的概念化当中,由于它会对言说行动与翻译行动产生作用,那么语场——带有不同程度言说行为的"做事"——就会具有两面性。语场所必须呈现的一面是由言说行为构成的某种东西——我们称之为言语行动(verbal action);语言出现的必要性源于语言是活动的必要条件这一事实。语场可能呈现的另一面是一些本质上是物理/物质的做事(doing)——我们称之为物质行动(material action):就语言学的关注点而言,物质行动并不是必要的;它可以出现也可以不出现;对于语言学分析而言,必须时刻存在从而来证明其合理性的是语言。然而,如果语言学要解释在同一活动中并现的两者是如何合作的,那么它就要识别行动的两面性。这一合作可以有不同的形式。两种行动平行前进是有可能的。有这么一个假设的例子:约翰开车送朋友去工作,他们一边开车一边聊着最近关于"路怒症"的报道。两种行动彼此平行发展,而且在理论上一个行动不会帮助/阻碍另一个行动的实施——物质行动是纯粹物质的,言语行动是纯粹言语的。但凡是有此经历的人都愿意认为一个活动的执行对另一活动还是会产生影响,仅仅是因为两种活动是同时发生的;这样基于交通状况,讨论有可能不断地被中止,然后再(重新)开始,即便人们都希望驾车时不要过多分神!然而,正是和一个全神贯注于话语的司机一起驱车会让人担忧这一事实表明了相互影响的可能性是被认可的。对语境的系统描述决不可能把这种可能性写进描述——这一点原则上是由马丁(Martin 1985)首先提出来的,虽然我相信他的模式未能对这个问题提供解决方法。并且,经验也告诉我们物质与言语行动并不总是简单地与这种无关紧要的接触并驾齐驱:实际上,这两类行动可能会在它们的组成上相互结合,但就这种结合的程度而言,不同的社会活动也不一样。下面我将对这两类行动的几种合作方式进行描述。此描述在取向上强调的是聚合关系,因此会呈现系统网络的形式。

3.2 言语与物质行动:基本系统

在每个我们已知的文化中都存在大量的唯有通过语言才能完成的社会活动,这是一个非常普遍的现象,不管这些活动是否还借助了其他的符号系统,[62]例如手势或书写等。从某种重要意义上来说,这些活动都是符号的,并且,更具体地说,它们本质上是言语的。对这种活动的识别并不取决于在言说的那一刻发生了什么样的物理/物质行动,而是取决于言语行动自身是什么样儿的。这类言语行动的例子有:下定义、解释、总结、叙述、讲演、规劝以及建议等等。我们可以合理地声称,在这些例子中,活动(即语场)是由言语行动构成的,从这个意义上来说,如果没有言语行动,就没有活动以供语言学家来分析。从这个角度来看,言语行动构成了活动(即语场),当然,这并不是说这些活动在文化中的社会价值同样是由言说行为决定的。正如我将要在下面展示的那样,对构成性言语行动的选择以一种有趣的方式与物质行动的选择相互作用。

与在言语上构成的活动相反,某些社会活动仅仅依靠言语行动是不能完成的:

它们还需要借助物质行动,虽然其中很多活动将会允许(如果不是主动要求)一些言说行为作为执行该活动的一个附加资源。[63]以这种方式,言语行动与物质行动合并为一个活动:物质行动是[显现的],而言语行动则充当执行这一活动的一个附加资源。这种言语行动是辅助性的:它并不构成活动,它仅仅协助[64]该活动的执行。由于这类活动在本质上是以(物质)行动为基础的,它们的身份更容易通过对物质行动的观察来建立而并非通过观察言说行为的种类。语篇 B 就很好地表明了这一点,它是以行动为基础的语场的一个好例子:我们说过(见 2.2 节)在语篇语境中仅仅通过参考语篇的语言来解读该活动的本质是相当有问题的。[65]关于这类行动的一些例子还有看护行动:如给孩子洗澡、料理家务,如做饭、打扫等;开展实践项目,如搭建戏台、做一个飞机模型等;经济方面的交易,如在零售店买东西等等。这些各种类型的行动被马林诺夫斯基(Malinowski 1923;1935a)描述为协作的人类活动。

从以上讨论中我们可以知道,辅助性言语行动仅当物质行动出现的时候才会存在;但是反之则不然:每当物质行动出现时言语行动都是辅助性的,这一命题并不成立。首先,物质行动在没有任何言语行动的情况下出现是有可能的,只不过在这种情况下,该情景并不涉及语言学(见注 63)。因此,任何话语语场的模型都需要"回避"那种可能性。还有一种情况:物质行动可以出现,同时言语行动可能是构成性的。物质与言语行动的这种结合正好隐含在上例中——约翰一边驱车(物质行动:显现的),一边和朋友讨论着路怒症(言语行动:不是辅助性的而是构成性的)。必须注意的是,讨论的构成性言语行动没有要求驾车这一物质行动来帮助它实施其设计:严格地说,后者与前者毫无关联。可能正是基于这一原因,SFL 从未把这一情况纳入到它的语场模型中。然而,原则上,在这种结合下,我们所拥有的是两个正在进行的事件(goings on),它们创造了一个有趣的不定情景:潜在地两者可能没有关联,虽然两者有可能会像先前提到的那样相互影响,如果真是这样,那么,这在言说行为中就必然会体现出来。这种结合确定了这样一个环境,即在这个环境中语场向一种或某种改变或转换开放,这就可能促成语篇的共置和/或整合:换言之,就是在这里,迭代的语场选择成为可能(进一步的讨论见 3.11 节)。还有一个关于辅助性言语行动的有趣事实是:这种言语行动通常是断断续续的;它时有时无;在辅助性言语行动的各个片段之间,物质行动的实施一直是持续的,"无声地"由物理行为来展示,比如,例 B 和例 C。这一事实意义重大,因为这种"无声的"时空场所提供了另一个环境,这一环境有利于递归性语场选择的进行,正如例 C 所显示的那样,而这种递归性语场选择是语篇整合和/或共置的基础。

正如上文所隐含的那样,当物质行动是非显现的(non-present)时,对语言学家而言,只要存在言语行动,它的缺失就是无关紧要的。但是,在这种情况下,由于一些明显的理由,言语行动必须是[构成性的]:这是[非显现的]物质行动环境中的缺省选择。物质行动的非显现可能本身意味着它是实际缺失的(absent)。由于物质行动的缺失,构成性的言语行动必须是概念的(conceptual),正如人们答考卷那样。[概念性的]言语行动识解了言语符号的建构体——某种必须由智力来加工的东西;它需要脑力劳动,而不暗示任何物理行动。假如物理行动确有发生,它通常是一种附属物,如答卷时,人们确实会用手和眼完成一些物理行动,不过这个行动的目的是为了符号性内容的创造。与[缺失的]物质行动相反的选择就是延迟的(deferred)物质行动。当物质行动被[延迟]时,言语行动除了必须是构成性的以外,更精确地说,它必须还具备实践的(practical)特征:具有这种特征的言语行动详细说明了物质行动的细节,而这个物质行动将在言说行为产出之后的某个时间被实施。因此,[实践的]言语行动这一特征与[延迟的]物质行动这一特征是缺省相关的,并且[实践的]言语行动这一特征本身为更精细的选择提供了切入点,描述见下文的3.5节。以上关于物质与言语行动在一个话语语场里如何互动的猜想表明:对于这两种行动的各种特征的(共同)选择既是有序的又是系统的。图2a以系统网络的形式对它们之间进行结合的可能性进行了体现。

在转向讨论由图2a所引发的一些问题之前,让我强调一下,支撑此系统网络的猜想以及此后所呈现的所有内容仅是部分地基于数据进行过检验;它们还是尝试性的,还缺少一定的精密度。由于语篇(类型)的结构方面是由相对没那么精细的特征来激活的,因此,基于这些网络的选择表达式(selection expressions)将为语域的结构潜势提供一个合理的(虽然不是完全的)预测。[66]然而,有一类语义与词汇语法特征,它们对于语篇中的篇章组织关系的创造极为关键,而在我们能够详细对其进行说明之前,这一网络体系还需在精细度方面大大的发展。[67]在这个网络体系中出现的圆点则表示该网络还处于试验与未完成阶段。

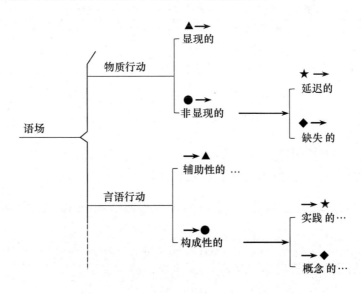

图2a 语场中行动的基本系统

3.3 语场系统中的缺省依赖

图 2a 中展示的是在语境层面上的网络系统。它的起点是活动,即话语语场,它展现了物质行动与言语行动这两个同步的系统,其主要选项被不同的匹配标记匹配成对儿,比如,附着在[辅助性]言语行动上的符号▲→(被读为"如果是辅助性的")与附着在[显现的]物质行动上的符号→▲(被读为"那么物质行动必须是显现的")就是一组配对。确立这些配对的理由已经在上文中详细地讨论过。早些时候(在 2.2 节)我也讨论过一些我称之为缺省依赖的例子,它与真实依赖相对立。图 2a 中被标记的成对的系统特征是缺省依赖的又一展示。

缺省依赖把可能性变为必要性,把选择变成近乎单一的选项。表 9a 很好地说明了这一点,它把由缺省依赖所施加的限制放在了物质[显现的]和[非显现的]与言语[辅助性]与[构建性]之间可能出现的结合上(注意此表中情态词的使用)。因此,缺省依赖限制了系统特征的结合。从表 9a 和表 9b 的比较可以看出:就这四个术语的结合而言,在表 9b 中,由缺省依赖施加给这一结合的限制被忽略了,因此,产生了四种可能性,其中每一个术语都可以与其他术语自由组合,就像平行系统之间的自由组合那样。然而,在这些可能性中,表述(3)明显有问题:非正式地说,言语行动几乎不能协助一个[非显现的]物质行动(即,未处于进行当中的物质行动)。还要注意,表述(2)是一个有效的结合,这一点可由以下例子来证明,如,约翰一边驱车一边和朋友讨论路怒症——或,在例 C 中,母亲照顾史蒂芬吃午饭而同时他们又在讨论去查茨伍德的计划。

表 9a 显示缺省标记的图 2a 的前四个术语的结合

(i) 如果言语行动是辅助性的,那么物质行动必须是显现的;
(ii) 如果物质行动是非显现的,那么言语行动必须是构成性的;
(iii) 当言语行动是构成性的时,物质行动可以是显现的。

表 9b 图 2a 的基本系统的结合:忽略缺省标记

(i) 物质行动显现的;言语行动辅助性的;
(i) 物质行动显现的;言语行动构成性的;
(iii) 物质行动非显现的;言语行动辅助性的;且
(iv) 物质行动非显现的;言语行动构成性的。

最后表 10 呈现了图 2a 中所有系统特征的可能结合,并遵循了由缺省标记所施加的限制。

表 10 在缺省依赖关系下,图 2a 中各种选择的结合

1:如果言语行动[辅助性的],那么物质行动必须是[显现的],如例 B;
2:如果物质行动[非显现的],那么言语行动必须是[构成性的],如例 A;

续 表

3：如果物质行动[非显现的；延迟的]，那么言语行动必须是[构成性的；实践的]；
相关讨论及实例参见 3.5 节；
4：如果物质行动[非显现的；缺失的]，那么言语行动必须是[构成性的；概念的]，如例 A；
进一步讨论及实例参见 3.6—3.8；
5：物质行动可能是[显现的]，且言语行动可能是[构成性的]；
这暗示了共置，如例 C 中的片段(vi)，或线列(aligned)关系；
相关讨论及实例参见 3.11 节；

表 10 表明，这种语境的语言学模型——把物质行动看作一种有关语场的问题，把言语行动看作一种有关[辅助性]和[构成性]语式的问题——在对以下环境的界定上可能会遇到更大的困难，即那些语篇整合或共置可能并不适用的环境。然而，这并不是把物质与言语行动看作语场的平行系统的唯一原因。在下一节，我将回顾言语行动为何必须被视为话语语场组成的一个必要成分的原因。

3.4　辅助性与构成性言语行动：语场还是语式？

表 9a-b 及表 10 列举了图 2a 中相关系统特征的一切可能结合。某些选项后的圆点表明那些选择可以进一步在精密度上发展，但在进一步发展之前，有必要对术语"构成性的"和"辅助性的"(参见之前 2.3 节的讨论)做一点评论。这两个术语一直被用来区分言语行动的类别——此惯例不同于 SFL 文献中对这两个术语的使用：近 20 年来它们都是被作为语式的特征来考察的。

和其他系统学家的观点一样，我也一直把两者的区别视为语式问题，即使偶尔有些疑虑(见 2.3 节和注 58)：事实上我曾建议把两者视为一个渐变体(即语言角色)的两端(见 Hasan 1980，1985c 等；进一步讨论和发展，见此卷和 Cloran 1994)。在 SFL 中，劝说、解释、定义等被描述为修辞语式的不同范畴。[68]如果语言角色不是修辞语式的一个别称的话，那么语言角色显然与修辞语式有关：事实上，SFL 中通常使用的术语"构成性的"和"辅助性的"可以看作是最不精细的修辞语式，而其精细的例子往往是解释、定义、总结等(见 Cloran 1994；Halliday and Martin 1993；Painter 1996)。仔细想来，我认为在社会情境中语言所扮演的角色或所做的事(参见注 68 中引用 Halliday 的话)都不算语式的方方面面，修辞语式也不是一个真正属于语式的现象；相反，这些言说例子，即劝说、解释、玩笑、叙述，都是言语行动。似乎没有理由表明它们只是促使行动产生的情态或语式，而并非言语行动，尤其上述行动除了以言语的方式来实施以外别无他法，正如货物的实际交易只能通过物质的方式来进行一样；但我们不能说在购买活动中，语式是物质的。注意：与物质行动一样，言语行动——到目前为止一直被看作是修辞语式/语言角色——实际上详细说明了行动者正在做什么：在解释这一言语行动中，正如在购买这一物质动中所发生的那样，一个互动者解释而另一个互动者在买东西。在我看来，语式的参数与接触有关,它致力于明确言说者和他们的言说行为以什么样的方式接触受话者的智力。如果这一点成立,那么关于语式的思考就是那些被我们视为渠道(声音的或是书写的)的东西以及言说者与其受话人(虚拟的或真实的;如是真实的,是同时在场的或是远离的)之间的物理性接触。值得一提的是,在这个意义上,对语式的词汇语法休现通常暗示语篇意义与词汇语法的模式,一如我所说的,言语行动通常暗示概念语法的模式。[69]换句话说,这些模式是最容易随着物质和言语行动的变化而变化的。还有一个令人信服的论点是,没有行动的语场根本就不是语场;当然存在一些言谈场合,在这种场合中,所要做的全部事情就是言说,比如一个人正在进行正式演讲的情况。如果我们不把讲演当做一种行动,我们就得被迫接受一个无行动的语场,或引入一些未经分析的行动范畴,如讲述、实验报告、说明或'叙述'。[70]使用这类未经分析的概念有个问题,即假装叙述语式的选择不依赖于叙述行动的选择(以叙述为例),这一立场直觉地让人感觉可疑。当然,有这么一种可能:比如母亲给孩子讲'故事',希望孩子从中获得'道德精神'。这种类似"隐喻的"方法严格上是言语构成性行动的一个特征:它既不是自由选择,也不是非标记选择;正常的非标记期待是:通过实施叙述行为,言说者会运用我们所说的叙述语式。因此,像解释、定义、总结、报告、讲述、叙述、编年史等这样的修辞语式最好被认为是构成性的言语行动,并且,如果语场体系关注于详细说明社会活动的本质,那么物质和言语行动就都应该是其中的一部分。

3.5 实践的言语行动:次要系统

图 2a 暗示:若物质行动是[延迟的],那么言语行动必定是[实践的](见表 10 第 3 条)。一个具有[实践]特征的构成性言语行动能够识解某个物质行动的概要。虽然[延迟的]物质行动与[辅助性]行动不同,不要求在言说的同时出现一个进行中的物理行动,但是却总是很可能出现以下情况,即某个物质行动会在未来出现。如图 2b 所示,[实践]这一特征本身充当了某种进入条件,在这一条件下人们可以进行更加精细的选择,如"计划"或"指示"(instruct)以及其他类似的选项。系统在这一点上所呈现的开放性(见图 2b)表明了这种可能。我向克洛兰(Cloran1994)借用了计划(plan)这一术语,她用此术语来标明这样一个修辞单位,即在这样的修辞单位中互动者谈到他们打算实施的某个未来行动;[71]我的理由是,就此处提出的分析而言,在至少像这样的一个修辞单位的次范畴下极有可能存在如下语场特征:

物质行动[非显现的:延迟的];且

言语行动[构成性的:实践的:计划]

这就是位于例 C 片段(vi)下的一组特征,在这一片段,母亲和史蒂芬谈到他们打算去查茨伍德(Chatswood)的计划。具有[计划]特征的活动,正如我对这一术语的界定那样,是以行动为基础的[72],即在这个意义上它指向互动者的某个未来物理行动。

具有[计划]特征的言语行动可以激活在语义上立场明确的语篇(Hasan 1996):用非正式的话来说,语篇陈述/宣布了互动者做某事的打算。比较而言,具有[指示]特征的言语行动为受话人提供了某种类似资源的东西:言说者的措词识解了对某个延迟的物质行动的虚拟设计,明确了每个阶段所要实施的活动。因此,在言说的同时虽没有进行中的物理/物质行动发生,具有[指示]特征的言语行动的真正目的却是能够在受话人需要/想要这么做时促成这样的行动。这是一个通常用于识解指示的行动,这种指示或者与如何创造一个人工制品有关或者与如何操作这个人工制品有关。特征[指示]因此可以看作是拥有[创造]选项和[操作]选项的二元系统的进入条件。例如,如何备一道菜(即菜谱)、怎样织一件毛衣(即一个编织图)、怎么演示一个实验(即学校的实验练习)等,在这些提供指示的语篇中隐藏着如下语场特征:

物质行动[非显现的:延迟的];且

言语行动[构成性的:实践的:指示:创造]

特征[操作]为三个更精细的选项提供了进入条件:如何安装一个人工制品,例如有关电脑显示器安装的指示;如何维护它,例如对于已装好的显示器如何进行维护的指示;如何修复它,例如有关打印机修复的指示。图 2b 呈现了那些首要进入条件是[实践的]构成性言语行动的系统选择。

当在语境层面讨论一个系统时,在理想的情况下,应该呈现一系列的真实语篇,其中每一个都应该体现源自于该系统网络的某种可能选择表达式。由于篇幅有限,这明显不可能。因此,在讨论图 2b 中所呈现的更为精细的特征时,我将采用一个退而求其次的解决办法:那就是,在表 11 中呈现所有其首要进入条件是[构成性的:实践的]的可能选择表达式(后文就用 SE 来表示),而且对于每一个 SE,我将提供相关语篇类型的例子,这些语篇类型可以识解那些相关 SE 所特有的语场特征。由于[构成性的:实践的]言语行动也同时要求对[非显现的:延迟的]物质行动进行缺省选择,因此,表 11 中的每一个 SE 也将具有[非显现的:延迟的]这一特征。

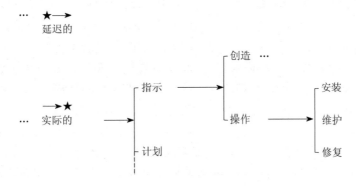

图 2b　实践的言语行动的次要系统

表 11　解读图 2b：实践的言语行动伴随延迟的物质行动

假定每个选择表达式(SE)都具有特征:物质行动[未显现的:延迟的]

1:[构成性的:实践的:计划]
　体现性语篇识解互动者在将来某个时间点会做什么:如,例 C 的片段(vi)。

2:[构成性的:实践的:指示:创造]
　体现性语篇识解某个以行动为基础的活动的不同阶段从而为之后的行动提供一种资源,如果需要/当需要时则实施同样的活动;其成果通常是一种物质人工制品:如,食谱、编织说明书;缝纫样式;模型套件(比如,用于造轮船或飞机)等。

3:[构成性的:实践的:指示:操作:安装]
　体现性语篇识解某个以行动为基础的活动的不同阶段从而为之后的行动提供一种资源,如果需要/当需要时则实施同样的活动;作用于某种物质人工制品/装置来使其运作:如,关于如何安装洗衣机、电脑显示器等的指示。

4:[构成性的:实践的:指示:操作:维护]体现性语篇识解某个以行动为基础的活动的不同阶段从而为之后的活动提供一种资源,如果需要/当需要时则实施同样的活动:作用于某种现成的人工制品来使其保持良好的状态:如,关于如何让食品保鲜("一旦冰箱被打开如何让冷藏的食品保鲜")或如何保护电脑显示器("避免因阳光直接照射、受热和灰尘而爆炸")等的指示。

5:[构成性的:实践的:指示:操作:修复]体现性语篇识解某个以行动为基础的活动的不同阶段从而为之后的活动提供一种资源,如果需要/当需要时则实施同样的活动:作用于某种已损坏的人工制品从而恢复其原来的功能:如,关于如何修补一件破损的衬衣,如何修理一辆爆胎的自行车,如何检修一台多功能打印机等的指示。

3.6　行动类别与语域特定意义潜势的识别

在表 10 和 11 中,所有那些具有[辅助性的]言语行动特征或者具有[构成性的:实践的]言语行动特征的选择表达式,确立了这样一种语境,在这种语境中社会活动的意义就是实施物质行动,而这一物质行动正在/将要于某时某地发生。从表 10—11 提及的作为 SE 实例的语篇类型中,我们清楚地看到:在其中每一个选择表达式中,或者相关物质行动正在进行(言语行动[辅助性的])或者语言识解了相关物质行动实施的步骤,而受话者可以依据此步骤来实施该行动(物质行动[延迟的])。我把这类活动称之为以行动为基础的活动/语场(Hasan 1995a,及上文)。对这类语场中这些选项的选择通常凸现的是物理行,或者作为一个正在进行的行动或作为一个物理上可操作的行动:这就当我们说这个语场是以行动为基础的时所表明的含义。通常,这类活动具有简单且非常清晰的目标轮廓,并且,重要的是,其终点,即成果,也是明显且无争议的。对以行动为基础的语场进行的话语分析,其最初的焦点可能会鼓励这样一种看法——对活动目标的陈述是没有疑问且清晰的:当你买蔬菜或邮票的时候,其目标就是用钱去交换一定的商品;如果这一活动没有被打断或提前终止的话,其结果将是对这样一个真实交易的完成;在成功地执行了以行动为基础的语场后,理想状态下,其目标和结果应该是同构一致的。当然,还存在一些不满足这种理想典范的其他活动。

不管活动(即语场)的行动基点(见表10的第1项、第3项以及表11的各项)落在何处，"相关对象"和过程以及附着的特性和环境，比如对象的重量和尺寸、行动的程度与范围等，在物理现实中都有其基础。这种物理现实的细节都是由语言来识解的——作为在言说的同时正在做的事或在未来某个时间可以发生的事。这反过来暗示了，仅某些特定语义范畴和词汇语法选择是与这种言语行动相关的：比如，在指示如何安装设备的语篇(见表11第3项)中，从语义上来说，该事件属于做这一类型，通过物质过程在词汇语法层面来体现。例D呈现了一个安装电脑显示器的最初两个步骤的真实示范。

例D：[73]

第二章：安装

把电脑显示器安装在电脑上。

1　关掉电脑并拔掉电源插头。
2　把信号电缆连接到电脑显示器后面的信号端口上。

发生在这一节选例子中的三个过程(关掉，拔掉，连接)都是物质的，每一个都识解某个做的事件。从语义上来说，大多数相关的对象是物理物品，属于人工制品范畴；在词汇语法层面，它们由充当事物的具体名词来体现，这些名词或者带有类别语或者不带有类别语(电脑；电源插头，信号电缆，信号端口，后面，电脑显示器)。当然，这并不是原创见解——其他系统学者在基于语类的描写中评论过这种"程序语类"语篇的上述特征。我之所以强调这一点是为了把它作为一个必要步骤从而提出一个有关语境、意义、措词以及语域类型(即语类)的更一般性的断言。

话语语场系统的选择与我所谓的含义域(the domain of signification)(Hasan 1985c)的明确化有关；含义域，即语篇措词期待指向的经验域。图2a-b中关于语场的描述(其SE的不同派生形式呈现在表10－11中)处于一个相当初级的精密度阶段。以这些SE为基础来对体现性进行断言，我们只能明确由既定语境激活的意义/措词的总体范畴，像做事和物质过程：它不能明确做(doing)的具体领域或具体的词汇分类，在后者中，其成员可以在词汇语法层面像期待的那样体现那些所做之事。然而，现有的网络体系无法接触到真实的语言，这是一个实践问题，而非理论问题。有理由相信，当我们对话语语场的描述向更精密的程度发展时，就有可能确定词汇语法与语义的具体领域——这些领域在语场系统具体选择的体现过程中一直是很难确定的：这样的工作正在进行中(见 Halliday ＆ Martin 1993；Matthiessen，出版中)。这一断言把我们带向了更高层的概念，我在别处称之为语类具体语义潜势(genre specific semantic potential)(Hasan 1985c:98ff)，它包含对语域的确立有关键作用的意义和措辞，这自然和"含义域"这一概念有关。显然，语场的特征越精细，含义域的信息就会越具体——什么样的对象、事件及环境可能被提及。这种信息构成了语域轮廓的一个重要组成部分，而语域确立了意义潜势及其体现性词汇语法模式。但是，有必要强调，含义域仅仅是语域具体语义潜势(register specific semantic potential)的一部分:两者不能等同。这是因为含义域仅是通过语场特征给予的,然而语域具体语义潜势不是简单地由语场给予的,而是由整个语境配置给予的。正如第2节中对三个例子的讨论所表明的那样,对语域具体语义潜势产生重要作用的是语旨[74]特征和语式特征(例如,见 Cloran 1994,1995,及本卷)。原则上,语境建构体的每个向量以及每个向量的价值都充当了意义与措词的催化剂,这些意义与措辞识解了一个语篇的身份(也包括其语域身份)。然而,要想做出这样具体的描写,其描述细节的要求度未免令人气馁;当然,即便对于它所要求的能够确定含义域中的具体成分的那种描写精密度,本篇论文也是达不到的。

3.7 概念的言语行动:语言的创造力

正如图 2a-b 所示,在言语行动的系统中,特征[实践的]与[概念的]形成直接对照。具有[概念的]特征的言语行动与物质行动最大的不同在于:物质行动,用罗素最有名的术语来说,是可感知的(sens-ible)(即它们可以被感知)并且是物理的(即它们要求身体去实施),而概念的行动则是可理解的(intellig-ible),且不要求任何物理行动。和特征[实践的]一样,特征[概念的]也是系统选择的进入条件:这一次要系统的术语是[基于关系的]对[基于反思的](关于此术语讨论,见 Hasan 1995a),如图 2c 所示。在进一步探讨这些选择时,我会首先考虑被提及的第一个,即[基于关系的]言语行动。

显然,参与任一社会行动都会有助于社会关系的制定:这就是隐藏在社会距离(social distance)[75]程度(Hasan 1973a,1980,1985c,1995a)这一概念下的内容。然而,也许没有哪一类行动在社会关系的制定中表现为与我所说的基于关系的行动一样有力。基于关系的活动的例子有聊天、互开玩笑、明确表示同意某观点和看法、满足别人想知道的或想要的、咨询、侮辱、争吵、讽刺、明确表示不同意某看法、强调观点的不同等等。从这么多的言语行动中归纳总结一下,我们可以说[基于关系的]特征是在[合作的]与[冲突的]之间进行选择的进入条件。这里有三个对[基于关系的]行动的简短的评论。第一,可以假设在这些术语的日常意义中,合作与冲突没有必要非得言语行动来执行:它们的执行可以是非言语的,比如点头、微笑、递给某人想要的东西、生气、推搡、击打等诸如此类。虽然,在某种程度上这是事实,但,[基于关系的]言语行动,作为指号过程的一种变体,可以为社会关系的制定带来一些细微差别,这些细微差别是纯粹的物质行动(像击打、推挤、吐口水等)所无法获得的。当从脱离言语行动的角度来看时,纯粹由物质行动制定的社会关系有质的不同:对源于[基于关系的]言语行动的人际关系的阐述是独具一格的。第二,[基于关系的]言语行动的一个显著特点是,在相同的互动者之间,他们通常倾向于遵循某个轨迹,这已成为言说者互动历史的一部分。这样,相同的互动者会参与到[基于关系的]行动的相同/相似的范畴当中,不管是[合作的]还是[冲突的](见 Cloran 1994,待出版;Hasan 1989,1992b;Williams 1995,待出版)。之所以这样,其部分原因在于这样的活动对互动者的意识形态取向来说是尤为敏感的:在伯恩斯坦(Bernstein 1990)所谓的(强/弱)架构中就隐藏着这种[基于关系的]行动。最后,[基于关系的]行动很少作为语场特征出现在主要语境中:虽然这不是没有可能,[76]往往发生的是,[基于关系的]言语行动,或是[合作的],或是[冲突的],彼此并行,就像进行中的主要活动的韵律一样。这一特征倾向于出现在由基调设置子语篇而非基本语篇或独立语篇所识解的协同语境中。[基于关系的]行动频繁而有韵律地出现,这引起了人们的注意,因为它完全符合这样的观察(Halliday 1979a,及别处)——意义与词汇语法的人际敏感模式倾向于韵律式地出现。我一直认为[基于关系的]行动与互动者的关系高度相关;这样,语境的一个特征就可能与断句性消息(punctuative message)(如称呼、回应策略、仪式礼貌行为等)的人际语义系统有着至关重要的联系,还与属性系统特别是状态归属(Hasan 1983)、引言(Hasan 1989 等,Cloran 1994;Williams,待出版)、评价(Martin 1996),以及对识解这些意义的语气、情态和修饰语的词汇语法有重要关联。[77]

如果[基于关系的]言语行动能够制定社会关系,那么,那些[基于反思的]言语行动则产出这样的符号建构体,如对经验世界及想象中的世界的现象的解释、归纳、分类,以及各种各样的道德规范:它们潜在于所有的机构和"知识"中,知识或以其平凡的形式(地方教学话语)呈现,比如史蒂芬的母亲解释为什么西番莲有厚厚的果皮;或以深奥的形式呈现,比如艾恩·史都华(Ian Stewart)(1989)解释新的混沌数学(官方教学话语)。不管是原始的魔法还是现代的科学,不管是老一辈的行为规范还是现在我们所熟知的法学,不管其形式是制造、再制造或演变,深奥知识都是当[基于关系的]言语行动与[专业化]这一范围特征共同出现时创造出来的。[基于关系的]与[基于反思的]行动构成了创造性的活动,它们在创造只有言语行动才能完成的东西时都是属于工具性的。这并不是说行动创造了人际关系或知识,也不是说知识仅仅'来自于文字':社会关系很显然是在人类共同存在的语境中创造出来的,就像物理、化学等知识结构认为这个物理世界的存在是理所当然的一样。

尽管有这般的相似,[基于反思的]行动与[基于关系的]行动还是各有不同:用韩礼德(Halliday 1975)的话来表达这种差异,那就是,如果后面这种活动让言说者处于环境入侵者的位置,而前者,即[基于反思的]言语概念行动让言说者处于一个已然存在的物质社会世界的观察者的位置。这也许是为什么[基于反思的]行动通常被认为是描述预先存在的现象的行动而非创造性行动的一个原因。由于[基于反思的]活动所产生的符号建构体或者把可感知的宇宙的物理现象作为出发点或者把(现存的)共同行为规范作为出发点,因此,对这类活动的一般感觉就是它们是"关于"那些已经存在的并且其身份独立于这种[基于反思的]言语行动的事情。因此,地理学被认为是关于存在的土地的物理特征;历史是关于一些真实的人们在真实的时间做过的事情;科学是关于物质世界是什么样儿的;法学是关于什么是公平与公正的行为;诸如此类,就好像人类智力是"是什么"的复制器,而语言则是这一切能够得以表达的装置。这一观点的基础在于旧的指称/对应理论,其中,语言就是预先存在的物质/社会现实的镜子(对此角度的批评性评论,见 Hasan 1984a,1984b,待出版)。然而,非常重要的是,我们永远也不知道宇宙的本来面目:我们所知的世界是用语言表达的世界。任何有关这个世界的在感知上有效的知识,如果它不能被交换给其他人,那么它对人类社会存在来说就都是影响甚微的;我们赖以生存并行动于其中的宇宙具有主体间的客观性。这一主体间的客观宇宙是由人类的[基于反思的]言语行动来界定的,并在其中发展,而这种言语行动又把这种感知上的理解作为其出发点。特征[概念的]确定了语境家族,这类语境被马林洛夫斯基描述为创造性行动的顶峰。

3.8 概念的言语行动:告知的与叙述的

特征[概念的]是另一系统的进入条件,这一系统与上文中所描述的系统是同步的。[构成性的:概念的]言语行动这个第二系统的术语是[叙述的]或[告知的]。在此我是从一个相当抽象和专门的层面来使用这些普通通用词汇的:要想阐明隐藏在这个抽象意义中的原则,其中一个方法就是指明这两个选项分别抓住了已经经历过的时间与在某种程度上是现在的时间之间的重要分界线。[叙述的]特征激活了对处于已经被经历过的时间之中的事情(goins on)的识解,不管是在现实世界中还是在想象的世界中:识解特征[概念的:叙述的]言语行动的语篇类型例子可能是一份自传或一份对现实时间中已经被经历过的事件进行识解的调查报告,或者可能是一个对在想象的时间中已经被经历过的事件进行识解的故事或幼儿童话。有趣的是,在对[叙述的]这一语场特征的识解中,"经历过的时间"这个语义概念,事实上,相对而言比词汇语法特征"过去时"更具有决定意义:即"经历过的时间"与时态之间并没有一一对应的关系。所谓的"叙述的/历史的现在"仅仅是识解"经历过的时间(戏剧化的)"现在时态,这一时态是伴随着由[叙述的]这一特征所激活的其他语义与词汇语法特征而出现的。当语场概念发展到此刻所描述的要求时,就体现性语篇的语义与词汇语法特征来说,它们中的多少最终可以被语场激活,并激活到何种范畴,对这些进行了解是很有趣的。

与叙述不同,特征[告知的]激活的是对那些与言说行为同时发生的事情的识解(即观察、评论、描述等)。当然,基于特征[告知的]与[叙述的]的更精细的选择还有巨大的发展空间。我回头再讨论这些选择的发展情况(见3.10节),这里首先来说说基于特征[概念的]言语行动的次级系统。

3.9 概念的言语行动:作为对象的话语

语言不同于其他大多数符号系统的一个方面就是它有"自我反指"的能力。这种能力植根于[构成性]言语行动的可能性,更具体地说,是植根于特征[概念的];

正是这种言语行动的一个次范畴在性质上具有反身自我指代的潜势。它呈现了一个系统选择：一个［构成性的：概念］言语行动可能是一个［一级的］或［二级的］言语行动。特征［概念的］就是这个系统的进入条件。为了说明这些选择指代的内容，让我用一个简单的幼儿童话做例子，它体现了以下这个选择表达式（见图 2c）：［…概念的；叙述的；一级的…］。换言之，SE 所描述的活动自身生成了一个叙述语篇，比如，一个幼儿童话。它是［叙述］的［一级的］活动。然而，一旦这个言语行动完成，那么，根据定义，就存在一个符号的人工制品，即一个幼儿童话，而且它自身还成为其他言语行动的相关对象。虽然后面的那个言语行动在性质上具有［概念的］特征，但还是不同于创造性叙述的［一级］行动（见图 2d 及 3.10 节关于特征［叙述］的讨论）。例如，有人会再加工这个童话，或通过阅读去复制它；或通过概述去压缩它；或通过改变形式而把它转化成对文字的真实感受，比如《白雪公主》的童话可以变成一个"小小的"舞台剧。这些再制行动包含了特征［二级的］概念言语行动：它们成为［二级的］是因其自身的实施得依赖一级活动生成的语篇；与一级活动话语产品之间的这种有点寄生的关系是二级活动产生的一个必要条件。但是，［二级］言语行动并不仅限于在以上所描述的意义上具有再制性。事实上，它可以是元话语的（meta-discursive），例如，对那种语篇类型的分析、批评和历史等等，其变体在性质上具有反身指代的特点。这暗示了特征［二级的］充当了特征［再制的］与特征［元话语的］之间的系统选择的进入条件。图 2c 综合了这些系统。

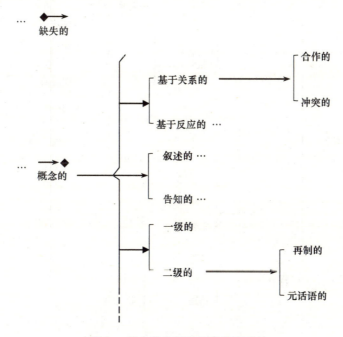

图 2c　概念的言语行动的次要系统

3.10 叙述的与告知的：次要系统

在3.8节中我对一组对比特征[告知的]对[叙述的]进行了简略的讨论，其进入条件是特征[概念的]（见图2c）。我想在此声明：这两个特征界定了大多数不以行动为基础的构成性语境，就次要系统而言，像这样更精细的描叙对于理解言语行动在话语语场构成中的本质是至关重要的。不幸的是，这一声明仍然是一种推测，因为试图以讨论和/或示例来证明这一声明超出了本论文的范围。在这点上，我仅通过一个简单的例子来展示进入条件是[叙述]的某些选择系统。[78] 下面的图2d呈现了这些系统。

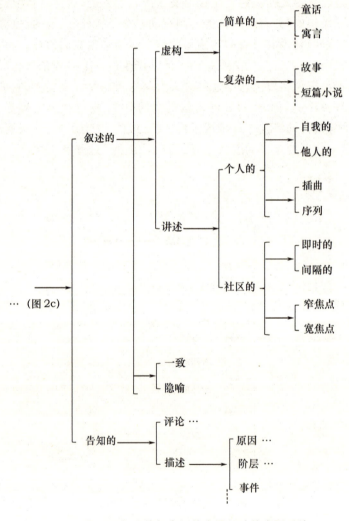

图 2d 叙述的与告知的言语行动的次要系统

言语行动［叙述的］为我们提供了一个介于［虚构］与［讲述］之间的系统选择，这是两个相对顾名思义的标签特征；［虚构］是指能够创造一种"似是（as-if）"宇宙的言语行动，而［讲述］则是指能够捕获从互动者的角度折射而来的经验事件的言语行动。选项［虚构］反过来又使得我们可以在［简单］与［复杂］之间进行进一步选择。[79]［童话］、［寓言］等具有试验性的更精细系统依赖特征［简单］，而［故事］、［短篇小说］等系统的进入条件是［复杂］，它们在属性上更多地是指明在像这样的系统发展中，系统路径可能把我们带到何处。我想说的是，存在一些言语行动，例如"讲故事""讲寓言"等，这样的言语行动与"打板球"或"操练"士兵等行动不分上下。在后面的例子中，语言是附带的：物理活动是主要的。而在前面的例子中，物理活动是附带的：言语活动才是主要的。

现在回到特征［讲述］上来，它是在特征［个人的］与［社区的］之间进行选择的进入条件：对由这些语场特征激活的已经经历过的事件的再识解要么属于某个具体的个人（参见特征［个人的］），要么属于一个作为整体的社区（的一部分）（参见特征［社区的］）。这就是区别（自传）传记与历史（的某个方面）的一个向量。［个人的］和［社区的］，这两个特征反过来又分别进入两个同步系统，如图 2d 所示。由于这些概念比较简单，为了节省空间，我将简单地展示一个选择表达式，用一些例子对其体现性语篇做一个非正式的描述。

1. ［…讲述：个人的：自我；插曲］
   讲述个人生命中一个难忘的事件：即所谓的"第一人称叙述"，如拉波夫（Labov）记录的"个人经历的叙述"。
2. ［…讲述：个人的：自我；序列］
   自传。典型地，言说者讲述他/她生命中几个难忘的在（时间）逻辑上相关联的事件，通常围绕一个特定的经历，如《间谍捕手》。
3. ［…讲述：个人的：他人；插曲］
   讲述别人而非言说者生命中的一段插曲、一个难忘的事件：即所谓的"第三人称叙述"。
4. ［…讲述：个人的：他人；序列］
   典型地，言说者讲述别人生命中几个难忘的在（时间）逻辑上相关联的事件：因此是一个"第三人称叙述"，即传记，如詹姆斯·格雷克（James Gleick）的《天才：理查德·费曼与现代物理》。
5. ［…讲述：社区的：即时的；窄焦点］
   一个新闻"故事"，如最近阿肯色州学校学生的枪击案。
6. ［…讲述：社区的：即时的；宽焦点］
   对具有社区意义的新闻"故事"的特写，它往往与其他社区问题相关，如有关枪支管理、社区暴力和/或"法律与秩序"的式微的特写，或与最近阿肯色州学校学生枪击案有关的枪支游说人力量的特写。

7. [⋯讲述:社区的:间隔的;窄焦点]
讲述某个历史"事件",如 30 年代经济大萧条的历史,展现的是某个特定时期的有关社区过去的某个部分。

8. [⋯讲述:公共的:间隔的;宽焦点]
社区历史。如曼宁·克拉克(Manning Clark)的《澳大利亚的历史》

乍一看,把[叙述的]和[告知的]作为一个依赖[概念的]言语行动的系统的术语,似乎有点奇怪,但是这两个特征的确属于同一家族。两者之间看起来有一种令人好奇的关系。例如,像童话或短篇故事一样,早期的神话也体现了[叙述]这一特征:似乎在人类历史当中这些神话起着特定的作用:可以说,它们"解释"和说明了某个社区的宇宙观,虽然它们所使用的方法与体现特征[告知的]的现代物理学语篇所使用的方法不同,后者是从今天科学的角度来解释宇宙。这种亲密关系并没有完全消失。虽然有些退化,它还是出现在母亲们的行为中,如努力地向年幼的孩子解释一些原理,这样,在提供一些有说服力的信息时就会用到叙述。可能,在[叙述]与[告知]的差别背后,存在一个暗含的、关于"知识"的历时发展方式——那是人类文化演变的核心。我认为对[一致的]和[隐喻的]系统——特征[叙述]是这一系统的进入条件——进行识别可能是有用的;这样,这个系统将与[虚构]和[讲述]系统同步,如图 2d 所示。

对特征[告知的]言语行动的选择激活了对当前时间(current time)的参考,即它对当前的事态进行了识解。体现这一特征的语篇类型例子有实况报道、观察、总结、解释、定义、描述等等。正如这些例子所表明的那样,这些事态的当前性(currency)是可变的。因此,一方面,[告知的]言语行动可能识解那些在某种程度上处于进行中的互动的时空限制中的事态,如:告诉某人此时此地正在发生的事情。让我把这种[告知]称为[评论]。体现这种特征的一个被广为认可的语域变体就是实况报道,即言说者解说某项正在进行的运动。一个人在谈话中突然指出某个正在发生的事情,这也许更贴近我们的日常经验。因此,[告知:评论]中事态的当前性还是相当受限的:它们受制于言说者的当下所在。[80]另一方面,[告知的]言语行动可以识解那些其当前性超出了言说行为当下所在的事态。对此需要一个更好的术语,我把这样的[告知]言语行动称为[描述]。这一特征可以由以下语篇体现,即描述血液循环、水循环、原子活动、社会结构、供求关系、管理房产过户的法律、语言属性等的语篇。用非正式的语言来说,我们从这种语篇类型中得到的是对普通事态的描述:在言说时,这些事件的当前性在所谓的无时间的或普遍的陈述中是隐含的。就这里所区分的差异而言,例如解释(=描述原因)、定义(=描述分类标准)、总结(=描述习惯的/普遍的事件)等各种言语行动分类,都可以看作是某种"描述",尽管在通常的用语中,"描述"这一词语的意义有着更加严格的限制。然而,有争议的不是这个标签,而是在此产生的差异:它暗示着在一定的精密度上,如水循环说明那类的语篇以及那些能够进行分类和/或定义的语篇,都被看作是另一个语篇范畴,不同于那些对进行中的事态进行评论的语篇。这些猜想的尝试性本质在这个开放性系统中得以体现,这一点由系统框架中的圆点来表示。

3.11 行动的领域:活动的文化地位的一面

让我简略地回顾表 11 所列的行动集合,它们是图 2b 中所呈现的系统的各种选择表达式的实例。这些 SE 的一些例子与其他表达式的例子有着系统方面的差异,这一方面与行动发生的社区社会生活领域有关:这些行动可能是日常的,即它们可能关乎日常的、世俗的生活;也可能是专业性的,关乎远离自然的日常生活、相当奇异的生活领域。像这样的行动并非是社区中的任何人都可以实施的,而是由特别指定的成员来实施。当一些行动比另一些行动看上去更具专业性时,我们实际上讨论的是一个连续体而非二元对立。例如,表 11 表明选择表达式 5 可以通过一些指示来实例化,像缝补一件破旧的毛线衫、修补一个漏气的自行车,或修理出故障的电脑打印机。在这些指示中,最后一条指示是最具有专业性的,修理漏气的自行车在其次,而缝补毛线衫最次。当然,能够修理出故障的打印机的人,在我们这个社会,通常被认为是受过培训或做过学徒的,这种培训使得他们明白打印机是如何组装的及其各部件是如何运作的。而修补自行车轮胎却不同,它不需要大量的培训或学徒经验。至于缝补破旧的毛线衫,就像其他的被默认为是"女人干的活儿"的家务活儿一样,被认为是不需要专业技术的工作,因为任何人都能干! 在此把作为"女人干的活儿"的缝补衣服这一行动与一个受过训练的"公认的"裁缝的缝补衣服进行比较,是非常有益的:在谈论领域时,我们也是在谈论对某些行动范畴价值的社区感知。行动越专业,用布尔迪厄(Bourdieu 1991)的术语来说,"资本"越高,行动者的受益就越大;相反,行动越是日常的,它离社会权力的位置就越远;出于同样原因,参与其中时所具有的特权或优先权(Bernstein 1990)也越少。我认为,当构成性言语行动与日常领域同时被选择时,它所激活的言说行为用伯恩斯坦(Bernstein 1990)的话来说就是水平的(horizontal):根据伯恩斯坦(油印品)的观点,这样的话语倾向于具有特定的语境,并且是以片段的方式组织起来的。从这个角度来看,地方教学话语就是一种水平话语。然而,当言语行动是构成性的并且其领域是专业性的时,它所激活的言语行动是垂直的(vertical):根据伯恩斯坦的观点,这样的话语是以等级的方式组织起来的,具有"明显的系统化原则性结构"。伯恩斯坦的官方教学话语就是垂直话语的一个变体。在这些系统性差异中固有着一种显著的力量,它指明了语篇中关键的体现选择,由于篇幅关系这里就不展开了;但是,还有一点很重要:具有系统化原则性结构的垂直话语并不那么欢迎共置或整合的出现。

似乎,如果对行动领域的对比选择被包括在系统网络之中,那么对语场的描述就可以更深一步。将行动领域纳入语场之中,就像物质和言语行动系统所做的那样,通过对那些能够使它通向共置和/或整合的语场属性的界定,增加了我们对"话语动态论"的理解。同时,领域系统强调了一个典型的社区评估要素——或者更确切地说,它至少明确了一个评估基础,即活动越专业,其价值越高,从而准确无误地把行动评估与权力控制联系起来。当然,系统描述仅是说明"这是它为何如此",而决不暗含"这就是它应该如何"的道德立场。为了整合领域系统——作为与物质和言语行动系统同步的第三个系统——图 2e 又把我们带回到图 2a 呈现的基础系统。第三个系统的术语是[日常的]对[专业性的]。

对于活动的评估如果我的观点是正确的话,那么通常情况下,活动越专业,它给予的权威性就越大。毫无疑问,在专业性活动的执行中,各种社区机构是相互合作的:也就是说,围绕着这些专业性活动,不仅出现了语篇间相关的话语语料库与在功能上相关的机构和个人,它们的呈现形式同时是物质的和符号的。例如,在专业性活动"法庭审判"中,我们具有一个资源网络,其复杂性是令人惊愕的。仅仅考虑话语的主体部分,这些话语支持这样的活动:包含了立法与先例的法律主体、案件先例、律师-委托人的案件准备工作、案件起诉、案件辩护、询问证人、交叉询问、陪审团的简令、陪审团的考虑、陪审团的决定及判决。[81]法律审判话语中每一个直系亲属都连接着执行这一过程的物理地点;它们往往伴随着对空间管理、人员空间位置、着装以及行为形式控制等的具体设计。这个多模态的编码赋予了一个社会活动相对"仪式化的"特点,我把它界定为机构化活动及其关系的定义性特征(Hasan 1980)。就该术语的意义而言,活动越专业,它就越倾向于机构化。但值得注意的是,即便是日常活动,它们在受社区习俗与机构约束的程度上也是不同的。比如,一个人可以自由地穿戴自己想要的服饰,但都在"情理之中",但"情理之中"的确切含义是由社区机构来界定的:如,我们该如何依循法律来指定"裸浴沙滩"。我想说的是一些日常活动比另一些更具机构性;从这个角度出发,想想那些与出生(如基督社区的洗礼;穆斯林的命名礼等)、死亡、与人共餐、结婚、买卖东西或服务等相关的社会活动。这表明特征[日常的]是[机构的]和[个体化的]这一更精密系统选择的进入条件,如图 2e 所示。注意包含在特征[专业性的]与[机构的]之间的缺省关系:如标记所示,如果选择特征[专业性的],那么特征[机构的]也会缺省出现。

由于这三个系统——物质行动、言语行动和领域——是同步的,刚刚讨论的领域系统的选择对于物质与言语行动(被准许的结合)(见表 10 和表 11)具有适用性。显然,由图 2a-e 一个片段接一个片段所展现的系统网络生成了大量的 SE,其数量太多而无法一一讨论或举例说明,尽管对语场的描述处于一个精密度相当低的水平。然而,通过考察言语行动系统与领域系统中不同选择的结合,可以实现对"含义域"的更精密的界定。在对文化域——像法理学、宗教、教学法、美学、商业、政治等的文化域——的更精密的描述中,通过把它们和领域与言语行动系统的特征联系起来,可以更容易地确定应用在这一精密描述中的这种结合方式。例如,像法理学这样的一些文化域似乎存在于[专业性的]与[概念的:基于反思的;告知]的结合处;然而其他文化域,如教学行动,就不仅仅局限在[专业性的]领域。对宗教以及教学文化域中行动的体现很可能是不同的,这取决于领域是[日常的]还是[专业性的]。沿着这些路径,话语语场分析的发展将在生成一个基于语言的社会行动与机构描述中迈出重大一步。

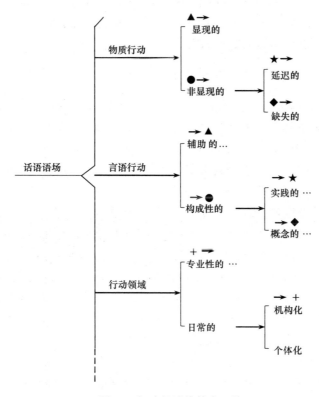

图 2e 行动领域的基本系统

语境——与语场,出于同样的原因——在很多方面都有所不同,不仅有很多区别参数,而且每个参数都具有区别性的特征。对这些特征进行不同的选择又可以生成无限多的语境。然而,一个语境中并不是所有的区别性特征都与语言学的工具相关,且/或可以被语言学的工具所描述:那些既可以用语言学来描述又与基于语言的语境理论相关的属性可以激活语篇类型中的语言学意义和措词。从这个角度,领域系统的选择和物质与言语行动的系统选择一样有意义。例如,说具有特征[机构化]活动倾向于具有更仪式化的设计就等于说与它们关联的是一个相当清楚明确的设计,有明确的开头、主体和结尾,比如庭审的例子。而且,正如我在别处说过的那样(Hasan 1980),这使得它相对来说遇到了更多的问题,使得这样的语境/语篇被替代、或与平行语篇共置的可能性变得更小了。[82]整合当然会发生,只不过,什么类型的言说行为可以和什么类型的机构活动整合就相当受限了。例如,在一节课堂上,如果学生可以随心所欲的言说,那么她的言说行为将不再被看作是促进性的:该学生的言说行为必须总是和课堂的某个方面相关联,否则它就成为了一种扰乱。但是,即便是具有[日常的]特征的语场,也都不可以随意地接受任何地点、任何形式的'语类组合':例如,克洛兰(Cloran 1982)的实验研究显示,对于日常谈话中问题的回答可以细致到不能再细致了;否则它就倾向于被看作是一个进行替代的努力——是教授而不是告知:"这是什么?讲演还是谈话?"正如一个在她的实验中被激怒的受试者所问道的那样。

3.12 语境的迭代:物质情景背景与语境的多样性

在基于现实生活情景的言说中,我们能毫不犹豫地对物质和言语行动进行校准,但是,图 2a 系统网络中的这些缺省相关的术语所拥有的限制与自由却是极度复杂的。让我们回到图 2a 和呈现了选择表达式的表 10 中去。我这样做的目的是为了清楚地说明图 2a 所呈现的缺省依赖的运作结果。如果存在[辅助性的]言语行动,那么物质行动一定是[显现的](见表 10 中第一项),这一声明加给特征[辅助性的]言语行动一个限制:除非和[显现的]一起,否则[辅助性的]不会发生。然而,这又使得[显现的]物质行动可以和[构成性的]言语行动自由组合。同时,图 2a 声称,如果物质行动是[非显现的],那么言语行动一定是[构成性的],这加给[非显现的]物质行动一个限制,而不是加给[构成性的]。类似地,在进一步的精密度上,缺省配对限制了特征[延迟的]和[缺失的],而未限制[实践的]或[概念的],它们是[构成性的]行动更为精密的范畴(见图 2a)。稍微思考一下,将会发现这产生了一个矛盾:[呈现的]物质行动如何才能与一个[构成性的]言语行动的语场产生关联?与[辅助性的]言语行动不同,[构成性的]言语行动的发生不在[呈现的]物质行动中:实际上,对于任何具有[构成性的]特征的活动来说,其识别与物质行动并无关联,而且就这一特定活动而言,物质行动很可能是[缺失的](如,在创造一个幼儿童话的活动中)。

我们不能颠倒这种缺省关系吗:声明如果言语行动是[构成性的],那么物质行动一定是[非显现的]?通过对特征[构成性的]以及其更精密的范畴进行限制,这将一举消除这种矛盾,暗示对[构成性的:实践的/概念的]言语行动以及[呈现的]物质行动的共同选择是不可能的。如果具有[构成性的]这一选项的语场不受变化或转换等的影响,这当没问题,然而实际情况并非如此。因此这一解决方法是有问题的,因为,约翰开车的物质行动与他和朋友聊着路怒症的构成性言语行动之间相互作用的潜势,不能为这种颠倒后的替代框架所说明。换句话说,一方面这种反过来的描述在观察中是不完全的——因为这样的"结合"相当普通——而另一方面,我们阻碍了揭示语场以下这种特征的可能性,即那些使得语场面向共置和/或整合的特征。在讨论语场的各种系统时,我就非正式地界定过语场[83]的三个剖面,它们使得语场相对来说更容易接受共置和/或整合——(i)言语行动是[辅助的];物质行动则是缺省[呈现的],且辅助性言语行动是断断续续的;(ii)言语行动是[构成性的];物质行动是[呈现的],这时物质行动跟言语行动本身的实施没有密切关系;(iii)领域是[个人化的]。在呈现这些语场属性的地方,共置和/或整合的可能性会高很多。然而,这并不意味着所有其他的语场范畴是完全抵触这样的变化或转换的。在其历史的某个特殊时刻,不管一个语场是独立的还是已经展示了整合,迭代选择的可能性不能说完全被限制在以上所界定的这三个"高风险"区域。

在这些思考的基础上,现在我提出与物质行动、言语行动以及领域这三个系统同步的第四个系统(见图 2f)。我把这个第四系统称之为迭代(ITERATION)。像别处的迭代系统(比如词汇语法层面的配列或时态)一样,这个系统的术语是[终止♯]对[继续]。在体现上,对前一个术语的选择与进一步的语场选择的终止相关:它表明结束的状态。对后一个术语[继续]的选择可再进入上面讨论的那三个同步系统。而且,与再进入的那三个语场主要系统同步,一些其他的选择出现了,但仅对应于由[继续]这一选择所发动产生的新语场:换句话说,术语[继续]是再次进入语场系统或另一个系统的进入条件。为了促进对这一术语的讨论,让我把第一个语场建构体称为 α-语场,把再进入的次语场称之为 α-语场。术语 α 和 β 纯粹用于这个迭代系统——凡是拥有选择[继续]的语场也是一个 β-语场,且无需暗示它从属于这些同时发生的语场。

正如对例 C 中片段(ii,iv 和 vi 等)的讨论所暗含的那样,对 β-语场的选择提供了一个系统选择,其中的两个选项——共置与整合——在 2.3 节中已经详细地讨论过。我认为,事实上,适用于由选择[继续]发动产生的新语场的选项有三个:可以是独立的,或是同盟的,或是整合的。由于旁边的两个特征已经为大家所熟悉,在转向中间的特征[同盟的]之前,我想先简单地说说这两个特征。首先对于特征[独立的]:我们已经见过两个带有这一特征的语场例子——第一个是例 C 中的片段(vi)(计划去查茨伍德),它所识解的[独立的]独立于那个由复合语篇(一个友好而放松的提供午餐的活动)所识解的语场。第二个是虚构的例子:约翰因签收一个挂号邮寄包裹而中断和朋友的谈话;此处的两个活动同第一个例子一样,彼此相互独立。不同之处就是第一个例子大部分是物质行动,而第二个例子纯粹是言语行动。在这两个例子中,共置的语场简单地发生在与一个互动[84]相关的时间框架中,但是没有一个设计跟另一个设计的实施是相关的。说两者是彼此[独立的],并且它们之间唯一的关系是纯粹物理的,就是这个意思。它们的共置是偶然的,即使它们相互影响——它们可能是通过造成对彼此的这样或那样的注意力分散来相互影响的——这是一个机遇问题;两者没有功能关系的基础。对特征[独立的]进行选择意味着由 β-语场激活的语篇不可能作为子语篇进入另一个语篇的结构中,在正常情况下,其自身就是一个简单语篇。

对比上面的情景,一个 β-语场自身可以"合并"到某个进行中的语场当中:如例 C 中的子语篇所示。这就是当选择[整合的]这一选项时(讨论见 2.3 节)所发生的情况。显然，在同一互动中共置的物理事实在此也适用,但是当β-语场具有特征[整合的]时,这就意味着它与α-语场有关联,此关联的基础不是物理的而是话语功能上的。也就是说,像这样的一个β-语场会对α-语场的设计的实施产生作用,两者一起激活一个复合语篇,和例C一样。特征[整合的]充当在[依赖的]或[协同的]之间进行选择的进入条件,这两个术语在2.3节中已经讨论过。在例C中,由子语篇1识解的β-语场具有特征[…整合的:依赖的],而由其他子语篇识解的β-语场可以被描述为[…整合的:协同的]。在整合中,α-语场中的言语行动可能是[辅助性的]或[构成性的]。例C中,它是[辅助性的]。有一个虚构的例子可以表明这种具有[构成性的]言语行动特征的α-语场,即,老师上一节展示课。想象一下,课堂中,老师陈列一些她认为与课堂相关的直观材料:在这种情况下,她可能实施了调整投影屏幕、打开投影仪以及和学生确认投影是否清晰可见等等物质行动。这就构成了一个β-语场,它具有[显现的]物质行动和[辅助性的]言语行动。和例C中的子语篇1的语场一样,这个β-语场也应该是[依赖的],其体现性语篇充当了课堂这个基本语篇的一个促进性子语篇,而α-语场自身则是[构成性的]。

现在我们回到[同盟的]这一中间特征上来。把这一术语作为这一系统的中间术语有其象征意义,因为它好像既具有[独立的]这一特征的一些品质,又具有[整合的]这一特征的一些品质;当然它还具有其他两者都没有的特质。如同[独立的]语场的例子一样,这里,一个语场的真正实施不受另一个语场实施的影响。另一方面,如同[整合的]β-语场的例子一样,这里,除了共置以外,两者之间似乎还存在一个内在的关联。拿广播板球比赛的解说活动为例,我把板球比赛和解说分别称为α-和β-语场。这里,α-语场有一个[显现的]物质行动,即进行的板球比赛,伴随它的是[辅助性的]言语行动,由断断续续的"出界!""怎么会那样?"等喊叫来体现。β-语场的特征是播报现场板球比赛解说的[构成性的:概念的:告知的:评论的]言语行动。解说与比赛这两个活动同共置的[独立的]语场一样并行发展,这一点毋庸置疑,但是解说与比赛的共置是由一个必要性促成的,而在纯粹的独立语场共置中没有这个必要性:在某种程度上,板球比赛是解说的原因,因为每个板球解说的广播都预设了一个正在进行的板球比赛,虽然反过来说不成立。因此,潜在于[独立的]这一特征下的纯随机成分就缺失了;解说是植根于比赛的。就解说的β-语场而言,正在进行的板球比赛成为了一个参照点,它把比赛当作一个它必须(选择性地)指称的对象[85]。因此,正在进行的板球比赛——赛程、参赛选手以及参赛选手所做的和所说的——成为了解说的β-语场需要指称的"相关对象和活动"。我们识别这一情景,用非正式的话来说,解说是"关于"正在进行的比赛:正在开展的比赛是解说的"主题"。这就是为什么说解说的β-语场与板球比赛的α-语场是[同盟的];两者有逻辑上的联系。在这个方面,[同盟的]α-和β-语场的关系看起来有点相似于[整合的]β-语场与基础α-语场之间的关系:比赛在逻辑上与解说相关;[整合的]子语篇在功能上与基础语篇相关。然而,这就是相似停止的地方;与

[整合的]语场不同,比赛似乎和解说的结构潜能没有关系:一个活动的设计与另一个设计的实施没有关联,这一情景更像共置的[独立的]语场,而非[整合的]语场。解说的结构展现大量的先入为主的观念:解说在对其他比赛的回顾与评价、对各个选手的现在和过去的评价、对比赛结果的预期、哪些其他比赛在哪里表现了与现场相同的卓越之处以及赛场上所发生的一切之间来回穿梭。总之,解说的复杂的穿梭不仅仅覆盖了比赛而且还覆盖了比赛的文化域。但是,比赛本身跟这种结构的复杂性没有多少关系,复杂的根源在别处:就解说的设计而言,比赛在其塑造中几乎不起作用。而且尽管解说员在其话语中对进行了各种各样的关注,从专业角度来说,解说还是一个简单语篇,[86]而不是一个复合语篇;这就和那些语场具有[整合的]特征的语篇形成了对比。于是这里出现了一个有趣的情景:比赛就在那里——一个正在进行的物质行动——但是比赛中所发生的,选手在赛场上所做的——与解说相关,就好像一个实体或事件与描述它的语篇相关一样。反过来,解说员在其解说中所做的跟比赛的实施一点儿关系也没有:比赛也不受解说的影响。这两个活动既不是[独立的]也不是[整合的]:它们仅仅是[同盟的],或者更确切地说,解说在逻辑上与比赛是[同盟的];没有人在预期或回顾中进行解说。比赛与解说必须同置在同一个物理环境中。这就带给我们另一个关于[同盟的]语场特征:与其他两个选项不同,具有[同盟的]这一特征的语场不是同一"互动"中的一部分。它们是两个平行的互动,每个都有其自己的活动、互动者、接触语式。一个活动的存在,即解说的存在,单向地预设了另一个活动的存在,即比赛。在这一方面,特征[同盟的]也不同于另外的两个特征。

图 2f 展示了迭代系统的特征以及三个同步系统及其基础术语。

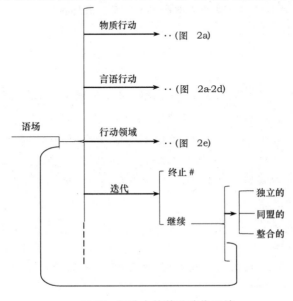

图 2f　行动中的基础迭代系统

上面对[同盟的]这一特征的讨论可能会使我们想到另一个先前讨论过的特征(见3.8节),即[二级的]。乍一看,这两个特征看上去描述的是相同的现象。我在上文中已经论述了特征[同盟的],涉及的两个语场因预设而关联在一起:说一个特定的(小的次类的)活动发生也就是说一定有另一个具体的活动与之同时发生,虽然两者并非同一互动中的必要部分。而且,这个关系中的一个语场是被客观化的,在这个意义上,这个语场中所做的和所说的成为另一个语场的(部分)潜在指称域。初看过去,上述特点也似乎适合具有[二级的]这一特征的活动:具有二级特征的活动也预设了另一个活动。因此,给孩子读一篇幼儿童话这个[二级的]活动预设了某人于某地承担了创作或创造性地叙述那个童话的活动,而且那个活动的痕迹就是被再制的那个幼儿童话。然而,特征[同盟的]与特征[二级的]之间还是有些重要的差别。首先,如图2f中的系统网络所表明的那样,特征[同盟的]仅出现在再进入的语场环境中,这就暗含两个逻辑关联的活动一定是(在大多数情况下)同时发生的,就像比赛和解说那样。相反,具有特征[二级的]活动没有此限制。例如,创作幼儿童话的活动通常发生在过去,在阅读这个童话的活动开始之前。虽然也需要承认这两个活动有共置的可能(比如像跟着老师"复读"这样的活动!),但这与特征[同盟的]所要求的那种共置不同。其次,[二级的]活动是利用一个活动的产品来充当[二级的]语场的相关对象。而且,更关键的是,产品的类别也是受限的:它必须是言语符号产品的某个具体类别。一个[二级的]活动或者再谈论(re-discourse)一个既存的话语(参见特征[再制])或者谈论一个既存的话语(参见特征[元话语])。这就暗示:[二级的]活动与产出它所关注的那个产品的活动一定都具有[构成性的]言语行动这一特征,因为只有后者才能够产出一个符号言语的人工制品,而且只有[构成性的]活动才能够"对它进行再处理"或"处理它";而这些要求不适用于[同盟的]这一特征。

3.13 运用语场系统网络:一些例子

虽然不够完整,此小节将讨论的语场选择的系统都归结到图3中。我将用一些活动类型的例子以及对它们的描述来结束这一讨论,相关特征见图3中的系统网络。首先,我将回到例C,特别是主要语场与由子语篇1—2体现的前两个整合性语场。

1:例C:描述语场整合

α-语场:基础语篇

物质行动[显现的];言语行动[辅助性的];领域[日常的:个人化的]

β-语场:子语篇1

[继续:整合的:依赖的];物质行动[显现的];言语行动[辅助性的];领域[日常的:个人化的]

β-语场:子语篇2

［继续:整合的:协同的］;物质行动［显现的］;言语行动［构成性的:概念的:基于关系的;告知的:描述的;一级的］;领域［日常的:个人化的］

特征［整合的］激活了基础语篇的"复合性"。注意:像看护、提供午餐以及商讨午餐菜单等(见表4)这样的语场细节并不包含在上述描写中,因为图3中的系统网络并未发展到那么精密的程度。但是,我们没有理由怀疑这样的系统——在某种意义上说,它更加接近语言学的一个截面——可以不太费力地被纳入系统网络。然而,在描述发展到这样的精密度之前,就语义范畴而言,不可能提出原则性的体现性的陈述,也不可能确定结构潜势。马丁(Martin 1992,第7章)提出了许多系统网络,在我看来,它们与语场具体化的精密的那一端有关,却不能建立任何一种如图3所示的基础系统选择。

2:例C:描述平行语场

α-语场:复合语篇

(见上文例1)

β-语场:独立语篇

［继续:独立的］;物质行动［显现的］;言语行动［构成性的:概念的:实践的:计划］;领域［日常的:个人化的］

对语场中［独立的］这一特征的选择暗含了由此选择所激活的语篇可能与另外的语篇在同一互动中共置。

3:播报板球解说

α-语场:打板球

物质行动［显现的］;言语行动［辅助性的］;领域［日常的:专业化的］

β-语场:板球解说

［继续:同盟的］;物质行动［显现的］;言语行动［构成性的:概念的:基于反思的;告知的:评论的;一级的］;领域［专业化的］

对语场中［同盟的］这一特征的选择暗示了活动作为一个整体与另外一个共置的语场是相关的,后者是其含义域的一个(部分的)区分符;然而,每一个被激活的语篇都是简单语篇(如果没有其他迭代选择的话)。

4:会议记录

α-语场:会议

物质行动［缺失的］;言语行动［构成性的:概念的:基于反思的;告知的;一级的］;领域［专业化的］

β-语场:做会议记录

［继续:同盟的］;物质行动［显现的］;言语行动［构成性的:概念的:基于反思的;告知的;二级的:再制的］;领域［专业化的］

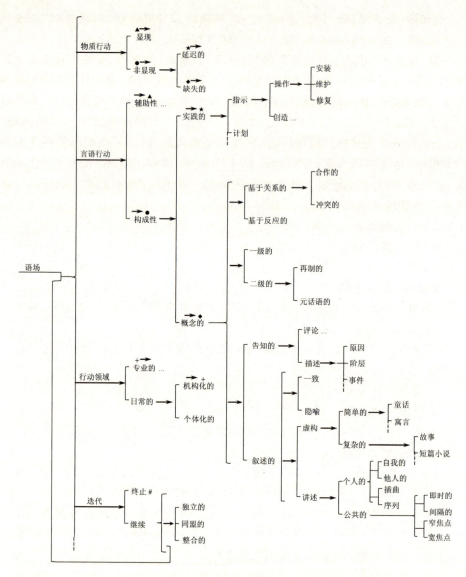

图3 话语语场：基于语言的社会活动概念的某个系统选择

做会议记录有点像播报板球比赛的解说：两者都预设另一个正在进行的活动；两者都具有特征［同盟的］。然而，对于做记录，被预设的活动——会议过程——是由言语构成的，而解说，如我们在上文中所看到的那样，它预设的活动是以物质行动和辅助性言语行动的出现为特征的。还要注意的是，在例3中，播报解说被描述为一个［一级的］活动，而做记录这一活动则是［二级的：再制的］。用非正式的话来说，该分析表明：(i)做记录的活动和会议过程是同时发生的（特征［同盟的］)；(ii)记录谈论到的内容（至少部分地）再识解了会议上所发生的内容，不仅仅是他们所说的话还有这些话构成的行为，比如提出一个动议、支持它然后投票等（特征［同盟的]);(iii)记录必须留意会议中言语所产出的内容,比如决定、反对、建议(忽略像打喷嚏、紧张不安、笑……等这样的物质行动),(特征[二级的]);(iv)记录必须简要地再制会议的(部分)言语产物,(特征[再制的])。就对其他这类活动的描述而言,特征[同盟的]与[二级的:再制的]最可能被证实是有用的,这类活动包括,同声传译、听写、给表演中的演员提白、随老师跟读以及(带点儿想象的)语音室里的练习等等。重要的一点,学校里以教育的形式发生的大部分内容都是[二级的:再制的]活动:这就是当我们说所有的教育知识都是再语境化的(参见 Bernstein 1990,1996)时的一部分意义。当然,关键的一点是,再制不等于复制;而且它是一个选择性的对某人在某地生成的信息的重组。教育的问题不是说知识是再语境化的——事实上,人类社会存在的基础条件是话语必须向四周移动、被谈论、再被谈论以及被元谈论:正如 Bernstein 认为的那样,就教育而言,问题是谁控制着再语境化的功能以及他们对这一过程运用什么样的原则。

4. 结语

任何根据本义所采用的方法来解释情景语境范畴的尝试,都是在尝试解释门基于语言的关于有文化意义的行动的理论。在这一宽泛背景的语境下,图 3 所呈现的(不完全的甚至有些不成熟的)描述范畴仅仅是一个小的开始。重新反思语境描述的动力源自一个具体的问题:如何描述语境以便为言说过程中可能发生的动态变化的描述提供一个原则性基础。从这一有限的视角来看,当前的理论方法有可观的前景吗?总的来看我认为是有的。语篇随意的共现不同于那些具有功能意义的共现(参见特征[整合的]与[同盟的])。基于图 3 中基础系统不同特征的可能结合,也可能确定某些动态变化更易于发生的环境。且在做这些事情的过程中,这一描述也使我们至少在有关文本间性的某些方面进行了理论化(参见特征[同盟的]与[二级的])。它开启了基于以下这种方式来描述教育语域(或语类,如果你更喜欢这一术语的话)的可能性,这种方式即允许我们从一个更好的视角来观察它们的社会位置(参见领域系统的特征;以及特征[基于反思的]、[告知的]、[一级的]、[二级的]等)。在我看来,就对文化中的话语动态的理论化而言,这一描述迈出了意义重大的一步。

我们可以清晰地看出,沿着这些思路设计出的系统网络与克洛兰的修辞单位在体现上存在着关联。这非常重要,因为,从构成性这一角度来看,她认为语篇可以包含一个或一个以上的修辞单位。虽然在克洛兰的分析里,她进一步列举了构成一个语篇的修辞单位间的策略关系,但是,只有通过此处所呈现的描述框架,这些关系才能被进一步的澄清。现今一段时间以来,这样的发展是很有必要的,这一点永远不会如当人们遇到随意会话时那般明显。对系统功能语言学者而言,在描述会话时(见 Lemke 1990;Eggins and Slade 1997)忽略语境描述是很正常的,就好像会话是一个相当随机的社会活动,可不受限制地发生在任何文化语境里。要想详细说明会话里体现的语境选择肯定不是一项简单的任务,因为正如马丁(Martin 1985)指出的那样,这是言说行为中动态变化的最佳环境。对我来说,此处所提出的框架有助于对会话语境进行更深入的分析。

此处所呈现的方法还开拓了对话的视角:我们没有想当然地认为过程先于产物,即便真是如此,在符号环境中,这也没有理由降低那些体现(大部分的)过程的东西的重要性。语篇的语境标记是不可磨灭的,正如文化情景的语篇标记是不可忽略的一样。因此,对过程进行分析以判断它会产生什么样的期待就很重要,正如分析产物以判断它如何/为什么有助于(再)识解它自己语境是很重要的一样。对谈话场合的感知是塑造言说者意义生成行为的一个重要因素;从这个意义上讲,语境可以被毫无疑问地说成是"决定"了话语的开始。然而,符号行为有权力重新界定这个初始语境,在这个意义上,语境可以被毫无疑问地说成是由言说行为来"决定"。我更倾向于谈论体现的辩证关系,而非决定论。由于篇幅关系,我不能够说明一个语篇类型/语域/语类的结构潜势是如何在体现上与语境的系统特征相关联的:毕竟,一个语篇的真实结构为语篇所实例化的语域范畴提供了一个重要的识别标准,而潜在的语境特征是语域范畴的界定标准。体现理论在逻辑上预示了语篇的结构、语域以及语境之间的关联。

随着此框架的进一步发展,我想请大家注意有关此描述的两个缺点,我先前已经意识到了。首先,非正式地指出系统特征的结合——在这些结合处,共置、整合、同盟的现象更易于发生——是有可能的,但是我却无法成功地提供一个正式的对这些总结的系统呈现。其次,同样严重的一个缺点隐匿在此处所呈现的系统网络中。迭代系统允许我们自由地再进入物质行动、言语行动以及领域系统,并且当然也允许再次迭代:在我的理解中,这在所有的迭代系统中是正常的。但是,这里存在一个严重的问题,即暗示了,就再进入而言,所有的选择是同等可能的:事实并非如此。假如 α-语场是打板球这一物质行动,那么对 β-语场的选择就不再是开放的;类似的,假如 α-语场是一个正在进行的会议,那么 β-语场不可能具有特征[…实践的:操作:安装…]。各种选择的概率被指示的方式看起来如此复杂以至于令人畏缩。在我看来,我认为这些问题并不是仅仅因为源自于一个有缺陷的猜想。如果我的这一想法是正确的,那么,是否有可能,系统网络并不是一个表征基于语言的关于文化中社会行动的理论中的假设的最佳方式?或者,我们需要其他正式的工具以补充系统网络所提供的工具?

最后,在结束这个长篇的讨论之前,有必要澄清两点。第一,在图 2f 和图 3 里,迭代系统的位置仅仅是本文语境的人工制品,这是很有可能的。显然,当从迭代系统中选择了[继续]后,很可能再进入不仅会涉及语场系统,而且还涉及语旨和语式系统:鉴于语境三个参数的相互作用,人们几乎不会想到别处去。例如:板球比赛中互动者的关系就明显不同于解说中互动者的关系;记录会议的语式明显不同于会议的语式。这是目前的解释仅仅是一个开始的另一个方面。第二，与此相关：在第3节里，我的注意力自始至终都有意限定在语场系统里。在结束本文时，我想很明确地说，语境的动态变化并不只是语场的固有内容：语式和语旨也很重要。但如果不得不在这两个参数中单独挑出一个作为语场的最为相关的参数，那一定是语旨。正是互动者为他们所参与的行动带来的观点对把握机会制造动态变化的可能性产生了作用(参见 Williams 的例子，待出版；Cloran 的例子，待出版)。但有关这个话题的讨论将有待另述。

致谢

本文的部分材料在第22届 ISFC 会议(北京大学，1995)上首次公开，其修订版也在第八届 I-ESFW 会议(诺丁汉特伦特大学，1996)上进行了宣读。非常感谢弗洛·戴维斯(Flo Davies)工作团队，他们通过应用我的假设——这些假设是由话语语场的系统网络来表征的——帮助我从商务沟通领域来分析自然发生的数据。感谢玛格丽特·贝里(Margaret Berry)，她不但对这两份材料提出了深刻的见解，而且也向我本人(1995a)提出了建议。感谢卡莫尔·克洛兰(Carmel Cloran)对本文初稿所提出的建议。

注释

1) 在过去的30多年里，语境研究兴趣的复苏产生了大量的相关文献：今天的语境理论至少涉及逻辑学、社会学、语用学、语言学、民族方法论和心理学等。作为文化对语言关系的一方面，对语境与语篇关系的讨论让我们回想起一些伟大的美国大师，诸如博厄斯(Boas)、萨丕尔(Sapir)、沃尔夫(Whorf)和米德(Mead)，也包含当代的一些学者，譬如加芬克尔(Garfinkel)、戈夫曼(Goffinan)、甘柏兹(Gumperz)和海姆斯(Hymes)，这里没有提到当前的许多学者，他们一直致力于言语行为和会话分析方面的研究。我决定将语境讨论仅限定在系统功能语言学模式里既是由于本文篇幅所致，同时我也相信对语境与语篇关系的研究，系统功能语言学可做出最全面的解释。需要补充的是，本文所呈现的对系统功能语言学的解释仅代表我的个人观点，它有可能与其他学者的观点一致，也可能不一致。
2) 马林诺夫斯基(Malinowski)对此思想所做出的贡献，相关讨论参考韩茹凯(Hasan 1985e)。
3) 我将此解释为**语言语境效力的两个顶峰**。
4) 此建议也适用于马丁(Martin 1985，1992)的动态理论，参考韩茹凯(Hasan 1995a)的相关讨论。
5) 由于动态理论是由马丁(Martin)在系统功能语言学里首次倡导的，那么需要指出的是，他的可取之处，至少在理论上，是从整体和动态视角来进行语篇研究;然而,在实际操作过程中,却并非那么平衡与明确。(参考 Hasan 1995a;Martin 1985,1992)。

6) 对这些概念的讨论,可参考韩礼德(Halliday 1992a;1996);韩茹凯(Hasan 1995a,1996a);玛勒荷艾森(Mallhiessen 1995)。对对话性研究方法的尝试早在韩礼德(Halliday 1970a,1973,1975)就得到了预示。

7) 全文所使用的言说行为(speaking)一词其涵义近似于言语符号行动,韩礼德(Halliday 1993 或别处)称之为意义行动。它包含语篇生成诸过程,被活动范畴(语场)激活,通过不同的声音或文字渠道传递的任何社会关系(语旨)阶层。换句话说,言说行为并不仅指有声的言语话语。

8) 语境一词在语言学里,通常指情景语境,当然,每当提及情景都隐含文化涵义:正如在每个语篇背后隐含的语言系统,在每个情景背后同样隐含着文化语境。参考本文韩礼德的相关讨论。全文所使用的语境术语一词都指情景语境。

9) 音节通常是由某种范畴来激活的,这种激活发生在基于语义的被激活的形式层面;然而,它不能仅仅根据语音模式来识解词汇语法范畴。因此,考虑下面的模式里第二个音节里元音的词汇语法地位:/beike/,/seife/,/leibe/(baker,safer,labour)。我认为,片段性的语音模式,通过传统的(任意性)联系,指示了词汇语法范畴——或表达了词汇语法范畴——而不是识解了词汇语法范畴。

10) 为了让韩礼德的区分具有类推性:一门语言的语法不是一套固定的规则,也不是静态的;但是对语法的大多数解释,比如我们的系统语法,却是一套确定的、静态的规则。

11) 参考注 10,暗示了语音与词汇语法间纯粹的表达关系;暗示了信息焦点系统与调式系统的对话性体现关系,后者与词汇语法和语义层面的范畴相关。

12) 这是对吉登斯(Giddens 1972)的封底简介的完全再制。

13) 该例节选自婉托拉(Ventola 1987,pp.239－240);每个圆点表示 1 秒的停顿;破折号表示话语尚未结束;重复的话语一开始就用星号标识,重复语场用斜体对两句话语的相关部分进行标记;其他的转录习惯与例 C 相同。

14) 此节选来自母亲与 3.5－4 岁小孩自然发生的日常对话,被采集用于社会语言学研究。该研究的简要论述可参考克洛兰(Cloran 1989),韩茹凯(Hasan 1989,1992b),韩茹凯和克洛兰(Hasan and Cloran 1990)。对此对话的更大的节选的讨论可参考本卷克洛兰的观点。其转录习惯与克洛兰相同。

15) 关于这些术语的解释,见图 2e 与 3.10 小节中的相关讨论。

16) 用来支持简介创作的社会经济基础建设显然依赖于"图书文化"。对没有图书文化的社区中的书籍创作的有趣解释,参考赛隆和阚格尔(Ceron & Canger 1993)。

17) 当语篇语言允许我们推断与语篇相关的大多数语境特征时,语言被认为是语境依赖程度高,相反,当这种推断的可能性较低时,在某种程度上它被不幸地描述为语境独立或去语境化。相关讨论,参考克洛兰(Cloran 1994),待出版,也收录在本卷中。

18) 我认为,语类和语境(Martin 1985,1992及相关文献)的内涵符号模型没有改变语境的内容;它只是颠倒了语篇类型——即语域——与语境的关系。

19) 特别见韩礼德(Halliday,第一章第14页)与韩茹凯(Hasan,第四章第59页)。对语境相似的讨论也可通过下述内涵符号模型体现出来。比如,可以参考韩茹凯和威廉姆斯(Hasan and Williams 1996)所作出的贡献。

20) 例如,把小说看作一个可以展示连贯性的语篇类型,这种连贯性是较长语篇的典型特征,如对免疫系统的描述,但与此同时,与后者不同,小说还识解了许多不同的语境(Hasan 1964;Bakhtin 1986a)。

21) 关于这些术语的讨论,见韩茹凯(Hasan 1995a)以及下文第3节图2a-c的讨论。

22) 对于此处所提供的在语篇里的括号中的信息,我们用这种方式对它进行呈现从而应用于分析,这些信息的可获得性是为了防止我们凭第一感觉去分析这些事实。

23) 这些由母亲为我的研究所录制的对话是母亲与孩子间的面对面对话,因此,在有关理解方面会出现一些小问题,这些小问题是如何产生的也是值得注意的(细节参考 Hasan and Cloran 1990)。

24) 在这层意义上,必须区分巴赫金(Bakhtin 1981)和我对话的(dialogic)这一术语的使用。我赞成巴赫金的观点,原则上所有的互动都是对话的。但是,意识到对方的观点并对此作出回应的对话(我认为这是巴赫金头脑中对对话的理解)不同于符号相互作用的即时性意义上的对话。前者是所有非病理性互动的一个条件,而后者却既指并现也指社会行动和关系的某个变体。从这一角度看,对于律师与陪审团的并现,在此,尽管存在并现却不存在对话,但如果就此认为律师的言说行为并没有(在某种程度上)受到陪审团观点的引导,这还是比较草率的。因此,这里存在巴赫金思想里的对话性(dialogism),但几乎不存在任何对话活动。

25) 根据韩茹凯(Hasan 1985b:66)以及另处,对信息的要求,像此处所给的例子那样,其功能是起修补之用。此策略要求对意义进行识解,虽然这一意义还未由言说者产出,但是,如果进行中的社会过程要继续下去,那么,对这一过程的设计进行体现就需要这种意义。

26) 关于这种可渗透性的讨论,见韩茹凯(Hasan 1995a),且早些相关的讨论,见韩茹凯(Hasan 1973a)。

27) 关于活动系统(即话语语场)中缺省依赖的例子,见图 2a;相关讨论见下文 3.3 节,缺省依赖将再次被讨论。

28) 关于系统选择的过渡与条件概率的讨论,见韩礼德(Halliday 1992c)。

29) 注意:就旁观者而言,大量的信息如亲戚关系,唯有回顾时才能得到的,而且一些信息,比如孩子的实际年龄,对话——例 C 正是节选自这个对话——是不会提供的;我的信息来源是超语篇的。

30) 注意,例 C 包含的元语篇并不比例 B 包含的多,因为分析者并未与被记录的受试者共同出现在场景中。

31) 关于此对话的续篇,特别见此卷克洛兰的表 10 和表 11。Cloran 运用了这一互动的大部分(虽然不是全部)来举例说明她对作为语篇直接成分的修辞单位的分析。正如我们所注意到的那样,她的分析与此处呈现的部分是相互补充的。

32) 对此"绝大部分"的识别是通过参考相关语域/语类的具体意义潜势(关于语类具体意义潜势见 Hasan 1985c;进一步的评论见 3.4 节)。

33) 语篇结构的可选成分做出了一个类似的贡献:那些其实际结构只包含必须成分的语篇通常表现得更加唐突,比起那些除了必须成分之外还包含(一些)可选成分的语篇。(两者的实例,可参考 Hasan 1978,1985c。)

34) 注意一重要事实,就是在言说行为的例子中,确定史蒂芬的午餐菜单几乎是在成功找到丢失的西潘莲之后立即就完成的。

35) 对于语篇的产出,可能有许多别的原则,比如,艺术原则,它会利用语篇产出的所有已知原则来体现作品最深层的主题(Hasan 1964,1971a 1985c,1996c)。

36) 我怀疑语篇结构中最复杂的形式可能出现在文学与宗教语域。我们并没有期待此处所提供的归纳与讨论能够涵盖这两种领域的所有语篇形式,但,统一这一原则(具有不同显现形式的)是所有语篇都应该具备的。

37) 关于这些术语的讨论,见韩茹凯(Hasan 1995a)与此章第 3 节。

38) 见伯恩斯坦(Bernstein 1975c,1990)及另处关于构架的概念和它与创造和维持社会关系的关联性,以及言说者意识形态取向对它的激活。

39) 虽然在此卷中克洛兰提供了一个衔接链互动分析,其一直分析至片段(vi)的结尾部分,事实上她已经把这个链互动分析到了第 88 行。即使有了她的附录 1 中那个缩减的呈现部分,从她的表 2 中可以清楚地看到紧跟在片段(vi)后的子语篇 4(第 54—59 行),尽管如此,它还是通过链互动与例 C 的其他部分联接起来,而没表现出与片段(vi)的大量篇章结构统一性。(它们之间的相对位置见表 3。)

40) 对于概念同一链、相似链和链互动,参考韩茹凯(Hasan 1979c,1984d)。为了显示指称史蒂芬和他母亲的同一链里的链结合和链析取,可参考本卷克洛兰的表2。

41) 自然有人会辩论说此问题不值一提,并且说在这个破碎的、后现代主义的世界里,试图说明语篇资格的定义和识别标准是一种无意义的追求。但是,这是另一个无法在此详细展开的问题,而值得指出的是,如果语类这一概念如它在后现代主义话语变体中看起来的那般重要,那么语篇资格的识别标准显然就是一个相关话题。

42) 根据"次要主体间性"概念,我发现这个要求非常有趣。根据特热沃森和胡布利(Trevarthen and Hubley 1978)的观点,婴儿从"基本主体间性",即互动只涉及交流者本人,到"次要主体间性",即在此阶段她可能通过将第三个实体引入他们的"对话"来与另一个人交流:这种变化代表了成熟的一个主要步骤。语篇的整合性也表现出需要第三个相关客体与围绕这一客体的互动者的共同出现。

43) 一些观点在韩茹凯(Hasan 1994)的论文《情景与语类定义》(*Situation and the definition of genre*)中有所讨论,其修改版在1982年于宾州大学召开的MAP大会之后提交给编辑。

44) 逻辑上,语篇里期望有相同/相似的相似链,可以实例化相同的语域,尤其是含义域相同/相似的地方。就此,我在别处提出(Hasan 1979),相似链构成了语域识别标准的一部分,而同一链的一个具体子类(不是指互动者)构成了作为一个互动中的一个语篇的语言的识别标准的一部分。语篇是否是共置的并没有影响这些原则。

45) 关于语篇排序的进一步评论,见下文中替代性语篇的讨论。

46) 当基调设置是否定而非肯定时,语旨的转换更容易被注意到(相关讨论,见2.3.2节)。很难判定这种归纳是否受意识形态的制约,即冲突比一致更容易引人注意。

47) 见下一段关于替代的讨论。

48) 基于反思的活动可能会被以行动为基础的活动所促进,例如在指导学生动手开展一项实验或者帮助他们对对象进行分组从而为进一步分类做准备。关于基于行动的、基于反思的、基于关系的术语,见韩茹凯(Hasan 1995a)。

49) 见克洛兰的表10,特别是第67—69行,她把它们看作是具有总结功能的修辞单位;她认为这识解了一个指示性语境(参见她的表1)。

50) 见佩因特(Painter 1996)。虽然她的研究焦点有些不同,但是她关于孩子们如何开始使用语言来学习的解释却与我的分析不谋而合,而且她的资料也能证实我在此所做的声明。

51) 我们所说的随意会话更像一个可以被精确描述的对话,一个与互动共同延伸的对话(关于对话与会话的区别,参考 Hasan 1994):实际上,对话不是包含一个会话而是许多会话,在这里,一个会话替代另一个会话,然后又被第三个会话替代,等等。这不是说别的共置安排就不可能出现。

52) 对此似乎存在很好的理由。首先,促进明显是以行动为基础的,即使它伴随着语言;其次,它涉及到执行某种行动,后者对于主要语境中活动的实施是关键的。就后者而言,这暗示了一种推迟,一种破裂,直到该附带的关键行动被完成。这就是阻碍性接触的本质。

53) 见莱姆基(Lemke 1990),特别是第 3 章有关于基调设置的最佳例子以及相关有趣的讨论。莱姆基把这样的子语篇当作"开小差的警告"(同上,第 73 页)。

54) 更不用说,以我之见,假如对课堂话语的分析停留在这一属性上,那么它既缺少批判的洞见又缺少方法上的精细。

55) 实际上,这个选择从未被 SFL 明确地接纳过,虽然最可能的是它隐含在某些描述中,在那里语式代替活动进行了接管。

56) 当然我们可以说,就叙述故事而言叙述是语式;真正的活动是消遣或教导活动。但这是把一个行动的目标/结果当作是活动本身,并且它有自身的一套随之而来的问题,这在早些时候就被注意到了(见上文 2.1.2 节)。另外,为了保持分析的一致性,我们可能会认为,语篇 B 中的活动不应该被描述为购买邮政商品的活动,而应该是维持一个经济机构的活动,且购买邮政商品就是该维持的一个语式。这种解决方法会让我们左右为难!

57) 题为《以写来表意》(*Writing to Mean*)的会议于 1985 年在悉尼大学召开;我的发言标题是《叙述中的形态》(*Shapes in Narrative*)。整个会议记录由佩因特和马丁(Painter and Martin 1986)编辑出版,虽然由于某些不利环境因素,我自己的那份会议论文未能写就出版。

58) 做此评估不是为了否认,在我们对语境概念化的理解中,这些框架/工具中的每一项在首次引入时,都代表了重要的一步。我得承认我对马丁和婉托拉两人的感激:马丁的语类组合的思想(1985)和婉托拉的流程图方法论工具,同时注意到了在 SFL 语篇分析里的问题——尤其是 GSP 分析(Hasan 1978, 1979 etc)——并且同时产生了一些新的问题。

59) 在语境层面,基于系统网络来对描述进行表征,并不如其在词汇语法层面那么普遍。虽然如此,自 70 年代末以来,也陆陆续续出现一些相关的研究尝试。近些年,马丁和他的同事提供了许多基于语境层面的系统网络(特别见 Ventola 1987 与 Martin 1992)。

60) 从现在开始,我将使用术语社会活动(social activity)作为如话语语场一样的抽象层面;而社会行动(social action),则是描述语场/活动的一个矢量。

因此,行动是一个比活动低一层的概念。

61) 在此,我正在思考这种对语言学的批判,它因为语言学聚焦于语言而对其进行指责。

62) 作为一个符号系统,语言很少独立于其他的符号系统而单独运行:事实上,这一声明常常适用于一切符号系统;它们都是合作式地运作,正如我在其他地方讨论过的那样(1973a,1996b,待出版)。因此我将把它做如下假想:无论术语"言语的"在哪里出现,都假定了符号各语式之间的这种"协作"的可能性。见下面的注释65。

63) 鉴于我们已经表明的角度,我们已经从语言学权限中排除了那些没有一点儿言语行动,唯有物质行动的例子——毫无疑问这样的例子的确存在并且它们有可能具有社会意义,但是语言学的工具不能够描述或分析它们。当然有可能,一些语言学理论的基本概念对于描述/分析这些纯物质行动的框架的提出可能是有用的,然而这不会使派生而来的理论成为"语言学"。

64) 兜售机或超市可以用来销售某些类型的商品决不是偶然事件。与物质行动相关的言说行为通常是极少且惯例化的;以维特根斯坦的泥瓦匠为例。惯例化的言语行动可以很容易地被"机械化"。把它和某个想象的讲演机制做比较,后者排斥和/或最小化言语行动。任何一个像这样的最不可能成功的机制将必须利用其他的符号系统,而且即便那样,讲演无需大量的言语行动也能完成,这是极度让人怀疑的。

65) 在这样的环境中言语行动是辅助性的事实是非常有意义的:对一个物质行动起辅助作用,语言可能带有一些对这一本质的证据。因此,虽然单纯基于语言对这些例子中的活动进行识别可能会遇到困难,但它是一个合理的假设,也不是完全没有可能的。

66) 我用这个术语与更早些时候的术语语类结构潜势(generic structure potential,简称GSP)进行互换,相关讨论见(Hasan 1978,1979,1980,1984d,1985c,1994)。

67) 把语义单位语篇与词汇语法单位小句进行比较是很有趣的一件事。小句类型的结构潜势可以依据"及物性"系统中的最基本的系统选择来明确地陈述,就好像一个语篇类别的结构潜势可以依据最基本的语场、语旨和语式的选择来明确地表述一样。然而,详细说明小句的词汇形态要求无限的工作,正如详细说明语篇的篇章结构内容要求更精细的描述(Hasan 1995a)。

68) 根据韩礼德(Halliday 1985c 第12页)"话语语式指的是语言充当的是什么角色,就是参与者希望语言在那个情景中能够为他们做什么";话语语式的概念包括"修辞方式",就如劝说、解释、教导等类似的范畴而言,我们可以从语篇中获得什么。"(同上)与这一立场一致的表述,见韩茹凯(Hasan 1985b,1995a)以及基于语式的语类,见马丁(Martin 1992)。

69) 关于此点的说明,见韩茹凯(Hasan 1995a)。对隐含在定义或总结的体现中的概念性词汇语法模式的实际描述,见马丁(Martin 1993)。

70) 我说这些是"未经分析的",因为我们好像从未问起:这些是什么类型的活动。

71) 克洛兰对整个修辞单位做了很精细的区别(见此卷中她的表9);然而,在她的一些涉及到未来行动的修辞单位之下,可能隐藏着[实践的]这一特征。

72) 就克洛兰称之为计划的修辞单位而言,我认为物质行动的具体显现并不是一个必要条件。

73) 来自:三星 SyncMaster 500s 彩色显示器:用户说明。三星电子(澳大利亚)私人有限公司。

74) 例如,克罗斯(Cross 1991)已经令人信服地说明过,语域/语篇类型/语类的语义与词汇语法潜势——你愿意怎么称呼它都可以——是由语旨特征激活的。

75) 我相信这个术语后来被基于语类的模型所接纳,后者被标以(社会)接触这一标签。

76) 就一般常识而言,我们的行动仅有很少的一部分是纯粹让人产生好或坏的情绪,虽然奉承与责备可以明确地作为主要语境的特征而发生。

77) 因为早些时候表明语气与情态有可能与某些活动类型的体现相关,见韩茹凯(Hasan 1995a)。

78) 马丁于1985年召集标题为《以写来表意》(Writing to Mean)的大会,我把这种系统以这种形式最初呈现在名为《叙述中的形态》(Shapes in Narrative)的大会论文中。细节见注释57。在一个类似的领域中的系统网络,见马丁(Martin 1992:522 图 7.11)。

79) 很明显,从简单与复合语篇概念(在上文第2节中讨论过)发展的角度来看,这些术语现在并不十分合适;我把这些术语留下来就是为了说明我在1985年的论文宣读时介绍过的想法。

80) 我相信[评论的]言语行动的特征对于克洛兰(Cloran 1994,1995)称之为解说(commentary)的修辞单位也是适用的,虽然她提出的类别更精密一些(参见她关于解说与观察的区别)。

81) 这些都是一个法律审判的直系"亲属"。在讨论词汇的时候,语言学家常常说到词汇关系中复杂的镶嵌;然而,就复杂性而言,这种复杂镶嵌却被专业性语场中的话语类型与机构的内部连接的镶嵌所超越。

82) 当我还未使用语篇共置与整合这些术语时,韩茹凯(Hasan 1980)就非常关注这些情况的客观理论,在这些情况下像这样的模式可以说是比较薄弱的。

83) 不必说,就语旨和语式来说,像这样的总结也是有可能的。因此,语旨中最小的社会距离与对话中的语音渠道相对而言更容易接纳共置与/或整合(早些讨论,见 Hasan 1980)。

84) 注意:"相同互动者"的条件并未在第二个例子中得到满足,或者只是部分满足。

85) 韩礼德(Halliday 1977)得出一个相似的区分,但是也许是因为他的出发点是语篇,他把比赛的物质行动看作是次要语场,并且把构成性言语行动(例如,对比赛规则的解说或指示)看作是基础语场,即语言机智是更加重要的。

86) 实际上,它常常会成为复合语篇,因为通常不止一个解说员,而且解说员之间有一些意见的交流、开玩笑或共同回顾都使得解说的设计朝着复合语篇的方向发展。

13　语言是什么类型的资源?

在我看来,像我这样用问句的形式作为题目不乏好处。当然,我们都知道这并不是真正的问句,只是一种我们在日常生活中常用的启发式言语行为,说话人并不想要听话人提供答案。事实上,如果现在就有人回答这个问题,我会感到非常惊讶,我会觉得自己失去了优势,毕竟我来这里的目的就是要浅谈语言是什么类型的资源这个问题。我认为提出一个问题并不是在冒险,我了解学术会议的规则,我相信不会有人抢走我的话题。但是,我认识到(坦率地说是后来才认识到)我有充分的理由使用疑问句而不是描述句作为题目,如果题目是描述性的,应该是语言的资源类型(the kind of resource that language is),但这个题目听起来语气太肯定。我不想擅自论断语言是什么类型的资源,只想提出一个观点,也就是说,我的观点可能是这个问题的答案。观点是可以公开辩论的,是可以激发对话的,而论断则不同。当然,我并不是说我要提出的观点完全出自我个人的想法,对此我要感谢很多学者,从他们那里我获得了启发,要感谢的人很多,在这里就不一一致谢了。但有一个人我必须提到,那就是迈克尔·韩礼德。原因很简单,如果我没记错的话,是他最早提出了"语言是一种资源"这一观点(Halliday 1974)。

下面我就开始谈我提出的问题:语言是什么类型的资源? 探讨这个问题的一种方法是列举语言在社区生活中的用途,即我们对语言的使用方式,从跟朋友打招呼或完全出于"社交性"(Goffman 1981)目的的会话等简单的日常活动,到那些具有明确目的的活动,例如买报纸、汽车加油,或更令人敬畏的工作面试,以及教育孩子等等,语言无所不在。事实上,我们不可能对语言的用途列举一个详尽的单子。这个问题不是语言学家们某一天的发现,而是一个社区的大多数成员所共有的常识,他们出于某种原因有意识地考虑了这个问题。我说"出于某种原因有意识地考虑了这个问题",是因为语言具有无所不在的特性。我们依靠语言生存,我们使用语言却习以为常,就如同我们认为眼睛就是用来看的,耳朵就是用来听的。荷兰著名的语言学家叶尔姆斯列夫曾经说过:"语言的本质被忽视了——语言是手段而不是目的"(Hjelmslev 1961)。我之所以会提及"语言作为一种资源"这一短语的非常明显的意义,是想借此探寻其他问题,例如,为什么语言可能用作手段? 语言如何构建一个没有极限的帝国? 我认为,只有对这些问题进行考察而不是简单地断言语言无所不在,我们才有可能更好地理解语言是什么类型的资源。当然,要想解决这些问题,我们必须考察语言的很多方面,这至少要花好几个星期的时间。因此,我在这里斗胆提出自己的观点,我认为语言之所以能够用来实现如此多的目的,是因为这些目的主要是由语言创造的,确切地说,我认为语言为语言使用者塑造了现实。总的来说,这个观点还没有被广泛接受,至少这种说法还会引起质疑。但是,我坚持这个观点,因为我知道没有更好的假设来回答我提出的那些问题。这使我想到沃尔夫(Whorf)理论的遭遇,我认为有必要就语言塑造现实这个观点做进一步的阐述。

这个观点的最大问题来自一个我并不认同的假设,即存在着一个终极现实(Reality),这里的现实其首字母是大写的。这个观点会遭到某些人的强烈反对,罗伊斯(Royce 1964)对此的观点是:

> 如果你不能说服我相信存在着一个可认知的终极现实,或者如果你不能说服我相信存在着某些绝对的生活价值观,我就会采取心理自杀。要么说服我相信存在"一个真理"和一个做事情的正确方法,要么我就会认为一切都没有意义,我将不会再做任何努力。

对终极现实的探索基于人们对宇宙本质和人脑本质的假设,这种假设认为存在着一个不可变的终极现实,而人脑天生就能认知这个现实。大卫·巴特(David Butt)认为(Butt 1983c)这是一种"镜像"假设。

科学和技术的发展创造了一种错误观念,即这样的终极现实是实际存在的,而我们之所以尚未发现它,是因为我们是低劣的行为主义者或无可救药的经验主义者(或者是其他任何用于描述人类恶习的学术术语)。对于这样的态度,这种观念并没有阻止上世纪备受珍爱的信仰蜕变成本世纪可怜的迷信。在将现代科学的成功追溯至伽利略(Galileo)的论述中,罗蒂(Rorty 1981)将"现代哲学"斥责为:

> 我们称之为"现代哲学"的传统自问过这样的问题:"科学是如何取得如此多成功的?成功的秘诀是什么?"对于这些愚蠢的问题做出的回答五花八门,这些答案都是基于一个极好但却无法兑现的隐喻的变异,即新科学发现了自然本身所使用的语言。伽利略称《自然之书》是用数学语言写成的,他的意思是说他的简化论的数学词汇不是碰巧起作用的,而是因为这本来就是事物的真实面目,他的意思是说,词汇奏效是因为它适合宇宙,就如同钥匙适合锁(1981:191:2)。

罗蒂说,对于这种愚蠢的问题的回答导致了"笛卡尔对确定性做出的神经学探索"(Rorty 1979:161),导致了"纯粹理性"概念的胜利,产生了"大脑的自然语言"的相关概念。他认为,我们并没有给出这些答案,相反:

> 我们只是在说伽利略的想法好,而亚里士多德的想法次之;伽利略使用的术语对人类有帮助,而亚里士多德的则没有。伽利略的术语是他所拥有的唯一"秘诀"——他没有选择哲学术语,是因为数学术语"清晰"或"自然"或"简单",或者与纯粹理解的范畴完全一致。他只是运气好罢了。(1981:193)

这个观点与沃尔夫的观点相似,他提出的问题是:

> 我们关于'时间''空间'以及'物质'的概念本质上是依据整个人类的经验创造出来的相同形式,还是在某种程度上由个别语言的结构决定的?(Whorf 1941:138)

沃尔夫认为，既然我们没有找到时间、空间和物质的相似性，我们对于人类迟钝的直觉所做出的指责就是错误的；或者说，正如某些人所说的，我们缺乏清晰的思想或理性，这些阐述并没有对我们观察到的现象作出解释。他认为，

正确的答案是：牛顿学所说的时间、空间和物质不是直觉，而是来自文化的感受。牛顿正是从文化中获取了这些概念(1941:153)。

沃尔夫提出：

并不是所有的观察者都能从同样的物理证据中观察到同样的宇宙画面，除非他们的语言背景是相似的或者在某种程度上是一致的(1940:214)。

在这里，对于沃尔夫的"同样的物理证据"这一短语，并且仅是对这一短语，我表示怀疑。如果对于现实的看法是物理主义的，那么也就打开了通向终极目标——对这个同样是物理性的宇宙进行探索——的大门。但是我后面要说到，物理宇宙本身是不可知的，只有社会建构的现实才可能被认知。像皮尔斯（Peirce：1960)那样将"终极现实"的实现推迟到遥远的未来，我认为对于解决这种状况不会有任何帮助，他说：

最后，任何事情的真实面目最终可能会以完整信息的理想状态被认知，所以现实取决于该社区的最终决定。(1960:189)

我不是哲学家，但从一个外行的视角看，这个问题可以通过下面两种方式中的一种来做出解释：第一，当某个社区的所有成员都相信一件事情是真实的，那件事情对这个社区来说就是"真理"、"现实"。在这方面，沃尔夫认为人类是"趋同的群体"(Whorf 1941)，对此观点我们无以复加。第二种解释与笛卡尔的观点一致，即理性终将获胜，正如皮尔斯所说，由于"我们的行为是自我矫正的"(Weiss 1952：174)，我们最终会认识自然界的本来面目。对于这种解释我很难理解，因为它不仅假定终有一天我们将无所不知，而且假定我们将认识到我们无所不知。在我看来，这种希望或许随着宗教信仰的淡化将取代"千年"的希望。正如缜密的科学方法一样，科学历史似乎也不会接受这个观点，即使在意识形态占主导地位的西方文化中也不会被接受。正如爱因斯坦一样，牛顿对他自己所发现的事实坚信不疑；也许未来的某个爱因斯坦也会像牛顿和爱因斯坦一样对他自己所发现的事实坚信不疑。我同意罗蒂的观点(Rorty 1980)，终结探索如同教堂对于伽利略的作用，是一种保守反动势力。

但是，如果抽走"终极现实"的概念，剩下的是什么？剩下的不是空白，而是"现实是相对的"这一观点——对于时间、地点、以及人类来说，现实是相对的。人类所生存的物理宇宙可能独立于它的居住者而存在，但是人类社会所运行的宇宙就像小说一样是一件人工制品。小说为了取得文学效果需要置疑。我的假设是：说语言是现实的塑造者就等于说语言在暂停怀疑上有着重要作用。

每当谈及语言与现实的关系，总会听到失望的呼声。为了理解这种失望的原因，我要借用费什曼(Fishman 1960)对沃尔夫假说的解释。这里我要简单地补充

一点,在本世纪的语言学家中,沃尔夫也许是对民族优越感的最坚定的抨击者。民族优越感认为西方文化的研究结果是唯一的、最终的、绝对可靠的真理。费什曼说,"我们不知道文明是理性的同义词"(1956:81)。在语言与现实的关系这个问题上,我认为沃尔夫是重要的思想家之一,所以我要花些时间讨论如何解读沃尔夫的观点。我期望在这个过程中也能指出那些不应该用来解释这种关系的方法。

沃尔夫经常被认为确实说过"语言决定对现实的感知"这样的话,他可能确实使用过"对现实的感知"这个短语,但他的思想与人们对这个短语的诸多解释截然相反,就连著名学者布朗与雷纳伯格(Brown & Lenneberg 1954)或雷纳伯格(Lenneberg 1967)也把这个短语理解为"通过眼睛的感官来感知"的同义词,他们还考察了两种不同语言的说话人是否因为不同的颜色术语而对颜色产生不同的感知。然而,用这用方法来解释沃尔夫的短语并不符合沃尔夫的论证结构,但他们似乎没有考虑到这一点。雷纳伯格继而得出了以下结论:

> 因为词语的使用是一个创造性的过程,词典里静态的指称关系对于词语的实际使用没有很大的影响。但是,对沃尔夫产生影响的语言差异却完全局限在这些静态方面。(1975:554)

他又补充说:

> 使用词汇意义作为评估认知能力的基础是不恰当的。(1975:555)

具有讽刺意味的是,他说的这些与沃尔夫的观点毫不相关,沃尔夫关于词汇问题的看法在很大程度上与雷纳伯格其实是一致的。沃尔夫说:

> 大多数人在处理语言的社会问题时所犯的错误是,他们单纯地认为语言只不过是词汇的堆积,而且认为词汇即是完成任何理性思考所需要的全部,而他们并没有认识到由结构和配置关系提供的更重要的思想材料(thought materials)。(1956a:83)

他好像预见到了人们对他的误解,因为他曾经提到:

> 语言的差异不仅表现在如何组织句子上,也表现在如何分解自然以获得句子成分。(1941:240)

他对逻辑学家们幼稚的语言观评价如下:

> 他们往往挑出桌子、椅子以及桌子上的苹果作为实验的实物对象,用来说明现实具有类似实物对象的本质及现实与逻辑之间的一对一对应关系。(1941:240)

来自于物理经验的词汇对于布朗和雷纳伯格设计的实验室试验来说具有很强的可操作性,这可能是真的。但是,认为正是这种差异"给沃尔夫留下了非常深刻的印象"的观点仍有待证明,霍耶尔(Hoijer 1954)把对沃尔夫的这种解读方式描述为"对沃尔夫假说的粗俗化"。

这种讨论表明,那些基于少量的物理经验词汇而提出的关于文化的幼稚论点,既不能证实也不能反驳语言塑造现实这一论点(Hasan 1975;1978a)。这种讨论还强调,这种物理主义成分被赋予重要意义的现实感知——以及认知——几乎不会与社会现象相一致(即便有的话也不多)。我的每个听话人的物理现实都是一个超越语言的事实,但是我对你作为一位听众的看法却完全是另一回事,后者预设某种社会实践,没有语言这种社会实践是很难产生的。

同样,科尔与斯克里布纳(Core & Scribner 1974)也不认同"沃尔夫的论点"(我上文已经提到,当然这不是沃尔夫的论点),他们拒绝接受"词汇差异被视为相对应的认知或概念差异的标志"这一观点。沃尔夫一直对思想与语言的关系有兴趣,如福赛特(Fawcett)(见本卷)所说,沃尔夫认为符号系统对思维来说是必不可少的。关于语言与思维的关系,科尔(Cole)与斯克里布纳(Scribner)提出:

> 不同文化的人们在推理和思考过程上并没有区别……只是他们的价值观、信仰以及分类方式存在着差异。(Cole & Gay 1972;引自 Cole & Scribner 1974:25)

他们的主要论点是,思想过程是普遍性的,"基本区别在于思想的材料"(1974:26)。但是他们在阐述其观点时,我觉得他们恰恰是演示了这样的观点:对沃尔夫来说西方智慧的质量是标准的欧洲语言的"众多现象的集合"。沃尔夫认为,这些语言的整体设计极其适于创造幻觉(如果你愿意,也可以称为理论虚构),借此可能构想出没有内容的形式、没有形式的内容、没有思想材料的思想过程以及没有思想过程的思想材料。的确,很难想象如果不考察"思想内容",我们又怎能考察"思想过程";也很难理解价值观、信仰和分类之间的区别竟然被轻视为"只是价值观、信仰以及分类方式"(强调为我所加),好像这种区别不像过程本身那么重要! 下面是沃尔夫关于语言与思想假说的描述,这种描述构成了科尔与斯克里布纳的论点基础:

> 按照自然逻辑,每个人从幼年起就能很流利地说话,这使得每个人都成为他自己的阐述与交流过程的权威,他只需要检查其逻辑根据,而这种逻辑是每个人都应该具有的。自然逻辑认为,说话只是一种完全与交际有关的偶然过程,与思想的构建没有关系。说话……只是"表达"大体上已构想好的内容——构想是一个独立的过程,称为思想或思考,与个别语言的特征无关。语言有语法,语法只是规约的和社会的正确性的准则,但是语言的使用是受……正确的、理性的或理智的思考指导的。

按照这种观点,思想不依赖于语法,而依赖于逻辑和推理准则,逻辑和推理对所有的宇宙观察者来说都是相同的——代表着宇宙中的一种基本原理,所有理智的观察者都能独立发现这种基本原理(1940:207—8)。

沃尔夫进一步的阐述是:

> 自然逻辑有两个谬误的推理。第一,自然逻辑没有考虑到语言现象对于本族语使用者来说具有一种背景特性,而且语言现象存在于阐述自然逻辑的说话人的批判意识与控制之外。因此,作为自然逻辑学家,如果有人谈及推

理、逻辑，以及正确思考的准则，他很容易简单地将其与纯语法事实保持一致，这些语法事实在某种程度上在他的本族语中具有一种背景特性……第二，自然逻辑将主题的共识与语言过程的知识（即被轻视的（…）语法学家的研究范围）混为一谈，前者是通过语言的使用获得的，后者则是用于达成共识的。两个流利的说话人之所以能达成共识……是因为他们能相互理解……他们思考……这只是一件选择词语表达思想的事情……语言模式与分类的复杂系统……构成了所有的背景（1940：211）。

但是……这些背景现象……都被融入到我们说话和达成共识的前景化活动中，融入到所有的推理和辩论活动中，融入到所有法律、仲裁、调节、合同、条约、公共舆论、科学理论的评定、科学结果的形成过程中。**只要想在人类事务中达成共识，这种共识就必须通过语言过程，否则就无法实现。**（1940：212，强调系原文）

我大量引用沃尔夫的观点出于三个方面的理由。第一，他明确拒绝接受语言的词汇语法范畴只是意图、意义和价值观的容器这一观点。韩礼德和沃尔夫都认为，语言的系统是意义潜势，用叶尔姆斯列夫的话来说，语言不仅仅有'表达层面'，还有'内容层面'作为其外在的现实。福赛特（Fawcett 1983）讨论了乔姆斯基语言概念的不充分性，在这里我没有充分的时间论述这个话题——这种不充分性来自于对笛卡尔关于**理性人**（Rational Man）观念的追求，虽然阿尔斯莱夫（Aarsleff 1970）有关乔姆斯基误解了西方智慧历史的声称是正确的。如果我们认为理智（Reason）是上帝赋予的，是反映自然的，而且我们把语言系统……不仅指学习语言的能力，也包括系统本身……视为内在的，那么语言范畴必然只是一种形式主义；如果人类的深刻性被视为其**天生理性**（Natural Rationality）的一种功能，那么，语言就仅仅等同于对这种理性的表达。

第二，与我刚刚概述的后一立场绝然相反，我所引用的沃尔夫的观点认为，没有语言就无法建立推理形式。因此，如果我们曾将遇到一个不具备任何语言形式的人类有机体（注意这里说的不是"人"，因为人是通过符号过程创造出来的），我们是不可能对她/他的推理形式进行任何讨论的。推理者是在交谈中的人；这样的人是参与符号过程的一种存在。沃尔夫说，"'交谈'应该是比'思考'更庄严、高贵的术语"（1940：220）。第三，同时也是最后一点，以上探讨使得我的讨论转回到一个反复重申的观点上——即，就所构建的现实这一人工产物而言，语言在置疑上有着重要作用。很显然，这三个理由相互关联。更具体地说，我认为，第一个理由中有关语言系统是意义潜势的观点是下面两点的必要条件，即语言与推理形式有关，语言是用于置疑的工具。下面我更详细地解释第一点。

在他的哲学研究中，维特根斯坦（Wittgenstein 1958）提出：

如果我们说："语言中的每个词都指示某个东西"，那么，到目前为止，我们就没有说出过任何东西。（1958：7e.13）

因为这种意义观很容易沦为"命名论",一门自然语言不是简单的命名游戏。如果语言只是表达或命名的观点是正确的,那么内容范畴的存在将被证明是合理的。在这种情况下,内容范畴将完全独立于语言之外存在,就如同人类的身体独立于衣服之外存在一样。我注意到,即使那些拒绝接受命名理论的学者,他们也认为否认存在物的物理现实是令人担忧的,我解决这个问题的方法就是不买它的账。如果没有语言,我们是否还把树看作树、把山看作山,这就是罗蒂所说的"愚蠢的问题",我们应当避免上当提供愚蠢的答案。就事物的本质来说,我们永远无法肯定地回答这样的问题,认识到这点很重要。如果没有语言,我们谁也无法认知世界。当最早的智人努力创造不同的符号系统时,物理现实世界对他们来说是什么样子,我们能否找出答案尚值得怀疑。

与其思索呈现不具备符号知识、未经文化发展过的大脑中的物理现实的"真实"本质,倒不如采取更有效的手段,即面对这个世界,包括外在的世界和机制内部的世界,人类不断地理解这些现象,并且开发交流这些现象。并且这个交流过程是否只使用了语言这种模态,这是值得怀疑的。语言学发展的最新成果越来越表明,各种符号系统之间存在着连续性(Halliday 1975;Shotter 1978;Newson 1978;Trevarthen and Hubley 1978)。这并不意味着交流的发展独立于感官的感知,但是,对存在着感官感知的承认并不意味着语言是对所感知的现实"进行反映的一面镜子"。这个观点很重要,我下面举例说明。

从本质上来说,感知是个体性的。例如这个问题:"你的疼痛跟我的一样严重吗?"这个问题不容易回答,除非你说:"我不知道你的疼痛有多严重!"这就是说感知能力是个体性的。不同的符号系统使我们能够"谈论"我们自己的经验、我们的同伴以及我们的环境。从这个观点来说,语言的表达不是感官经验的有声复制。事实上,对于所感知的世界,如果我们说语言符号复制了这个世界或呈现了一个与它完全对应的关联,我们其实并不明白它想表达的是什么。相反,我们可以说,语言符号是创造主体间性的一个必要步骤。

关于主体间性,我想谈两个相关的方面。一个方面直接涉及索绪尔和叶尔姆斯列夫的理论;另一方面与韩礼德的理论有关。首先,任何能够创造主体间性的系统都有一个必要条件,即必须具有贝吉尔和勒克曼提出的"可分离性(detachability)"这一特性(Berger & Luckman 1966:51)。无论我们如何界定这个术语,我认为这个术语用于语言的意思是,语言符号并不命名原始经验,任何符号都与原始经验保持着距离,这个距离使它可以用于而且是被该社区的所有成员用于同一类原始经验的不同实例中,而每个实例在某种程度上与其他实例都有所不同。当我们创造意义相似理论(the correspondence theory of meaning)时,实际上我们创造了一种本质上循环的虚构:我们所能展现的全部就是语言范畴与语言创造的内容相对应。正因为这一原因,索绪尔以及后来的叶尔姆斯列夫都认为原始现实是不可知的。叶尔姆斯列夫通过细致的推理提出了语言形成意义的观点,而意义并不像桌子上的苹果那样放在那里等着被发现。符号的表达和内容在语言系统中都已经是抽象化的概念：它们并不与人类的某类声音或者"世界中存在的"某种东西并存。说到与原始现实的对应问题，真理的概念对语言来说是陌生的。事实上，原始现实中还有哪些方面尚未用符号表达出来，这个问题还是未知的，所以我们才提出了这样的论点：现实不是**被发现的**，而是被**塑造**的；不是**被反映**的，而是**被构建**的。这个构建过程在很大程度上是语言符号系统的产物。也许现实中还存在着一些可以表达的事情尚未用任何语言表达出来。但是，如果是那样的话，我们没有任何方式可以谈论它们，除非语言系统本身可能作为一种探索的资源。正如拉姆齐（F. P. Ramsey）在回复维特根斯坦时所说，"那些我们不能用言语表达的东西，我们无法谈论它，也不能用嘴和喉咙把它吹出来"（引自 Skinner 1981）。我把这个说法再往前引申一步，我认为我们甚至不知道我们不能谈论它，因为"它"还不是"它"；要获得"它性（it-ness）"，它就需要语言学的发音。语言之所以可以用作实现很多目的的工具，是因为大多数情况下语言只是用来处理语言本身所创造的事情。

这种语言潜势在任何情况下都能满足我们的需要，用叶尔姆斯列夫的话来说，这是因为语言不仅是一系列表达方式，而且是一个符号系统，每个符号都与其他符号相关联，正是由于这些关系，即配置关系与一致关系，每个符号都是表达与内容的组合体。我们必须认识到的事实是，作为一个系统，符号系统具有某些结构性特征，这些特征使得：

> 符号的构成具有无限的可能性，通过自由的规则可以构成更大的单位……因此，语言可能产生错误的、不一致的、不准确的、丑陋的和不道德的表达方式，也可能产生正确的、一致的、准确的、漂亮的和道德的表达方式。语言的语法规则不受任何价值、逻辑、审美或道德的干扰。总体来说，语言独立于任何目的之外（1961:109—10）。

所以，我认为把符号仅仅视为表达是对语言本质的误解，符号是意义和表达的组合体。

关于主体间性的另一个方面，我将其描述为"有效性"。用韩礼德的话来说，语言不是孤立发展的，也不是在主体内发展的，语言在主体间发展的。这个观点蕴含了"有效性"这一概念。塑造的现实是有效的现实，现实需要得到听话人的理解从而获得有效性。也就是说，无论我的经验是什么——有些方面注定是我所独有的——只有获得有效性的那部分才是可表达的，因而被视为是表达出来的。我赞同米德（G. H. Mead 1910:23）对"有效性"的描述：

> 只有通过反馈才能产生对意义的了解，反馈中包含对另一个自我的了解，作为自己所理解的意义的前提。

只有当形式化的意义获得社区其他成员的确认，才可能产生主体间性。例如，"问题"不能被视为"问题"，除非问题性通过提供答案这样的行为得到确认；"诚实"不能被视为"诚实"，除非这种品质被社区的其他成员认可。同样的行为模式可能被另一个社区在另一个地方、另一个时间视为"愚蠢";同样,在同样的时间、同样的地方,不同的分社区也会有不同的看法。如果语言被用作维持悬念的工具,有效性这个概念对语言的成功是必不可少的。放松起初并不是个体性的;它们必须经由社会使其合法化,这种合法化的前提就是有效性这一概念。如果我说"我很累",我的话会被其他认为我很累的人赋予有效性,这样,我对描述这一情况的陈述才获得了有效性。如果一个社区通过语言实践使得"地球是平的"这个观点获得了有效性,那么对那个社区来说"地球就是平的",他们就会竭尽全力地维护这个观点,不是因为这个观点是错误的,或者因为他们固执和愚蠢,而是因为他们认为这个观点就是正确的。就由语言所塑造的现实而言,只有当语言内部存在提出问题、建构论点、索取论据的可能性时,对它的维持置疑才有可能被打破,要把今天的真实变成明天的不真实,必须通过对话。从有效性的观点来看,社区才是核心事实。

一旦到了这个阶段,我们就必须承认语言的使用在创造、维护和改变语言系统的过程中所起的基本作用。无论我用多么拟人的手法讨论语言系统,事实是系统本身不能在主体内创造它自己,也不能在主体内发展。一方面,交流的可能性拒绝这种唯我论的语言起源;另一方面,交流既需要可分离性,也需要有效性,没有这两个特性不可能产生交流。但是,如要承认这两个特性对语言符号的重要性,我们必须回到我开始提到的那些显而易见的答案。这是因为语言系统的创造和发展没有任何特别的平台,语言得以产生并随人类历史发展,是因为语言被用来做"其他的事情",诸如打招呼、交谈、购物、接见/采访、教育,等等。随着语言用途的增加,所谓的"形式化的意义"的范围也会增加,这种说法有些赘述,因为我认为这两种表达的意思是一样的,这里我引用韩礼德的话来解释:

　　语言的本质与我们对语言的需求和语言所用作的功能紧密相关。(1970a:141)

语言能够满足我们的需求,是因为语言起源的基础就是满足这些需求;语言在所有情景下都能满足我们的需求,是因为这些情景起初主要就是借助和通过语言创造的。

我们可以看到这个原则在儿童的交流发展中起着明显的作用。儿童不是先习得语言而后再使用语言,这个过程(即使用)与系统之间存在着辩证关系,通过系统,成功的交流行为引发了交流的潜势。在早期的某个阶段,特热沃森(Trevarthen 1979)将这个阶段称为"基础主体间性",婴儿必须认识到他与他人的互动是一种可能性,而且这种互动有具体的形式,如微笑、咯咯地笑、目光接触以及身体动作。如果看护者没有反馈,很难想象婴儿能将这些具体的行为方式与交流联系在一起。"次要主体间性"(Trevarthen & Hubley 1978)的开始与原始母语的出现在同一时期,这个阶段交流才真正开始。但是,因为原始母语的内部结构与成人语言有着质的不同(Halliday 1975),所以儿童的意义不能被视为"形式化的内容",因此看护者要理解婴儿的原始母语必须依赖于情景线索,马林诺夫斯基(Malinowski

1923)、拉古娜（de Laguna 1927）、韩礼德（Halliday 1975）、布鲁纳（Bruner 1978）等都强调过这一点。"形式化的内容"——自然的人类语言所独具的意义类型——只随成人语言的出现而出现,因为正是在这个阶段系统本身的结构才得到进化,从而发展出一种手段,"形式化的内容"才成为可能,即通过词汇语法手段构成的内容。符号的系统关系对于符号来说是必不可少的。

这里有两个观点是相关的。第一,从发展的观点看,交流需要具有交流的连续性,尤其是当我们把交流视作有意义的行为时。这种有意义的行为在某种意义上必须与交流者的需要有关。说这句话时,我意识到"需要"是发展语言学（developmental linguistics）并不赞同的一个术语,例如伦内伯格（Lenneberg 1964）曾对此提出强烈的批评。但是如果我们考虑一下伦内伯格对语言性质的假设,这个观点可以解释他的批评基础。把需要视为语言和交流的主要原因,这意味着交流系统有一个目的论起源。如果我们假设语言是上帝赋予的和内在的,我们就不可能认为语言的产生是对人类的需要所做出的反应。相反,我认为语言的基础是社区和交流,这个假设是解释语言无所不在的必要步骤。但如果我们认为语言是实现目的的工具,我们似乎很难拒绝它的目的性。所以我认为只有把语言的起源根植于满足使用者的需要,我们才能将语言看作实现许多不同目的的手段。儿童交流的连续性可以被看作是发展和改善这种手段的过程,从而满足儿童的需要。我们需要的是一个更广泛、更具社会可行性的需要,而不是伦内伯格（Lenneberg 1964）所说的一瓶牛奶或一块饼干。因此,我要说的第一点是,目的和承认目的的社会性这两个因素对语言的发展都是必不可少的。

同时——这是我要说的第二点——关注成人在这些早期过程中的角色很重要。这种角色可看作是提供"有效性"的角色。我们没有确切的方式准确了解婴儿想要交流的内容,只可能是存在某些假定信息,看护者永远无法确认这些信息。从这个观点来看,看护者对儿童不成熟的表达方式所反馈的扩展形式,使得儿童身上出现了社会自我,同时也局限了儿童的世界。这些实践被称之为"社会化",语言新手借助于这些实践学会分享塑造的现实,现实主要是依靠语言的系统操作来塑造的,想法是通过洗脑过程创造的。如果儿童在成长过程中接受他的言语社区的信仰,不是因为我们作为理性人先天就可以获取这些信仰,而是因为这些信仰在他的社区语言中被奉为神圣。因此,一方面,我认为语言作为意义潜势（见前文）不具有目的性;另一方面,我认为一个人只能通过持续地使用他所掌握的资源,才能发展和获得意义潜势,这意味着目的具有取向性。

发展语言学声称儿童四岁就已经掌握母语,这个论断已是老生常谈。但是,如果是这样的话,"掌握母语"这个说法就需要仔细考察。这里我谈谈自己的经验。近几年我教授"语言与儿童"这门课程,学生可以选择提交微型研究,研究要求对收集的有关儿童从事某项自然任务的语料进行考察,我从学生们收集的语料中学到了很多东西。这里我要提到的一组相关研究是,要求学生比较七岁儿童"掌握母语"的情况,记录儿童度假或参观动物园或进城观光的过程,同时记录这个儿童向某个人描述如何制作模型的过程,当制作模型时,这个人并不在场,这组研究的语料令人大开眼界。儿童在前者的描述中语言流畅、没有停顿,而在后者的描述中则是吞吞吐吐的:不完整的结构,甚至"不合乎语法的句子"比比皆是。最大的不同体现在语篇功能方面,从蹩脚的图式结构到不连贯的衔接等等。我认为,这是可以证明以下假设的最好的证据:一个人的语言发展是由于他对不同活动——这些活动要求语言的使用——的参与。你只能通过尝试着表达意义来学习如何表意。这个过程中存在着持续的辩证关系,即意义潜势的使用和作为社区或个体的某个时期的意义潜势的系统。

下面是我要讲的最后一部分。我前面提到,如果儿童在成长过程中接受他的言语社区的信仰,用沃尔夫的话来说,那是因为这些信仰在他的社区语言中被奉为神圣,就好像这些信仰具有独特的地位,而学习语言的过程就是学习对这些信仰置疑。用道格拉斯(Doulas 1971)的话来说:

> 任何集团内习以为常的知识形式都被视为是绝对的——就好像是独立于头脑之外,就存在在那里一样。(1971:27)

但如果这些知识和信仰要变成儿童成长过程中的现实,需要的是什么样的范例环境呢?很显然不是对事情直接争论这样的环境。如韩礼德所说:

> 没有人教导儿童社会团体的组织原则或信仰的系统是什么,即使他们教导了,儿童也不会理解。间接地通过很多看似不重要的小事件的累积经验,儿童的行为受到引导和控制,在这个过程中他建立和发展各种个人关系……显著的事实是,正是这些在家里、街上、公园、商店,以及火车和公交车与父母、兄弟姐妹、邻居的儿童之间产生的最普通的日常语言使用,向他传递了社会的基本特征和社会人的特性。(1974:4)

那么,看来儿童学习语言和通过语言学习的范例环境是随意谈话的环境。接下来我要介绍一些母亲与儿童之间的谈话,说明个体的世界是如何创造的,现实是如何通过语言编织出来的,因为那个现实已经成为语言的范畴。

首先,看看下面的一些例子,研究对象是语言符号本身。我要提供三个案例,每个案例都有所不同,同时每个案例的相似之处在于都是针对某个语言符号的。

案例1:凯利和母亲正忙着准备烤玉米面包。这段连续的谈话所涉及的内容包括:准备原料和用具、称量、搅拌和切割。凯利的年龄是三岁零七个月。

    M. Now I'll cut up the onions and capsicums(现在,我来切洋葱和青椒)
        And I'll get you to grease the dish. (你去给碟子涂一些油脂。)
    K. What's grease? (grease 是什么意思?)
    M. I'll put a little bit of oil in that dish. (我会在碟子上放一点油。)
    K. Mm. (嗯。)

M. All over the dish..（涂满碟子..）
Only on the inside.（只在里面。）
That's right.. Lovely.（没错..很好。）
Year, that's right. With the tips of your fingers（对,没错。用你的手指尖）
And do it all down the sides as well（沿着边再涂一下）
And get it all over there（把它放好）

这是一个直接询问：What's grease? 询问与具体活动有关。母亲的解释涉及到这些事实,跟《牛津学习者词典》里的定义不同,词典的定义是：

vt put or rub grease on or in（especially parts of a machine）（及物动词 放或擦在（尤其是机器的某些部分的）上面或里面）

母亲把她的答案与具体活动联系起来。凯利第一次"尝试"将有效性赋予"grease"这个符号——她还需要很多这样的尝试才能达到母亲的水平。

案例2：卡罗,三岁零六个月,正在和母亲整理零食,准备拿到院子里去。卡罗的妹妹安妮也在场,但她年龄太小帮不上忙。母亲吩咐,卡罗静静地应着,他们"要准备好早茶并拿到院子里去"。

M. I'll put the grapes in a bowl and then everybody can share those.
（我要把葡萄放在碗里,这样每个人都能吃到那些葡萄了。）
C. Mum will you share those?（妈妈可以吃吗?）
M. Yes I will...（是的……）
C. Mum will Annie share those?（妈妈安妮也会吃那些吗?）
M. Hope so?（希望如此?）
C. Will I share them?（我可以吃吗?）
M. Hope so...（希望如此……）

我认为,对卡罗来说互动的重点是直接获得语言符号"everybody"和"share",只是什么才是"everybody"呢? 卡罗的询问是间接性的。"share"是说每个人都可以吃吗? 卡罗对此的询问也是间接性的。在问这些问题的过程中,卡罗表现出对语言意义的性质有相当成熟的理解。她内在的假设是,问题的答案能对行为做法提供满意的解释,如果像我们理解的那样,"everybody"是"everybody","to share"是"to share",那么接下来的行为便会如此。注意她并没有询问"share"项目中不在场的其他人。她为什么要问呢? 毕竟她又不是在写数量词的论文!

案例3：奈杰尔和母亲在玩儿奈吉尔的火车,奈杰尔三岁零八个月。谈话来来回回地围绕着木板上的玩具火车和黎维蓝·奥德雷（Reverend Audrey）故事中的发动机进行。黎维蓝·奥德雷写了一系列关于铁路的故事,故事中每个发动机都是一个也许比人还要大的人物,这些人物懂得嫉妒、阴谋、憎恨和友谊。奈杰尔突然表情严肃地转向妈妈：

N. What's enemy, Mummy?（妈妈,什么是敌人?）

M. (somewhat taken off guard) oh—um—enemy, well enemy is someone you think might hurt you. [A pause follows this response, and then Nigel pronounces with great conviction]((有点措手不及)哦——嗯——敌人,敌人是某个你认为会伤害你的人。[在这一回应之后停顿了一下,然后奈杰尔信誓旦旦地说道])

N. But stone is not enemy.（但是石头不是敌人。）

M. No stone is not enemy though it can hurt you.（是的,石头不是敌人,虽然它能伤害你。）

这个案例特别有意思,它很清楚表明了一个特性,这个特性在卡罗的问题中也涉及到,即语言符号具有一套含意关系。事实上,这在某种程度上是说语言是一种符号系统,而不是一系列的词语,"不是一堆词汇"。奈杰尔对母亲的回答所做出的反应表明,他几乎是马上就意识到了"石头"、"敌人"和"伤害"之间是有联系的。你必须防备石头和敌人,因为两者都会带来伤害。但是敌人有所不同,他们不仅是偶尔伤害你,他们会故意伤害你,他们就像你一样是有意图的人类。而这种看法并不一定是传统的非洲阿赞德人所认可的(Evans-Pritchard, 1973)。在他们那里,石头不仅仅是偶尔伤害你,也可能是有意伤害你,如果你想要证据,可以找到,毕竟石头到处都是,因为到处都是,所以就有足够的理由认为它能伤害你。那为什么有时会而有时不会呢? 得出的结论是:石头只是坏人阴谋中的帮凶。

这里我需要展示一个更长的例子:

224—5 C：Mum do pussy cats die when people die?...（妈妈当人们死去的时候小猫会死吗?……）

226 M：Do pussy cats what, love?（小猫会什么,亲爱的?）

227 C：Die when people die?（当人们死的时候死去?）

228—9 M：Well pussy cats die when their time comes...（当它们的时刻到来时小猫会死……）

230 Everything dies, one day.（所有的东西都会死,某一天。）

231 C：Do dogs do they one day?（某一天狗狗会吗?）

232 M：Do what?（会什么?）

233 C：No dogs die one day when...（没有狗狗会死吗当某天……）

234 M：Yes dogs die, too...（不,狗狗也会死……）

235 C：Do fruit die?（水果会死吗?）

236—237 M：Fruit dies, yes. In a different sort of way.（水果会死,是的。以一种不同的方式。）

238 C：How?（怎么死?）

239 M：Well, see how the fruit up there on the tree's green?（嗯,

看到树上的水果有多绿了吗?)

240　　　C: Mmm(嗯)

241　　　M: See, how down here, it's gone all yellow and squashy and horrible? (看到,在下面,它已经完全变黄了变软了并且很可怕吗?)

242　　　C: Aa(啊)

243　　　M: That means it's died, it's... (这就表示它已经死啦,它是……)

244—5　Well, we don't call it, we don't say it's died, we say it's gone bad. (嗯,我们不把它叫做,我们不说它已经死了,我们说它变坏了。)

246　　　C: Mummy(妈妈)

247　　　M: Mmm... (嗯……)

248—50 C: Mum, see where the persimmons have dropped off the tree... cos um cos they're sick, and they've gone germs. (妈妈,看那些从树上掉下来的柿子……因为嗯因为它们病了,并且它们已经感染细菌了。)

251　　　M: Yes, that's right. (是的,没错。)

252—3　C: They're sick and they've gone germs. (它们病了并且它们已经感染细菌了。)

254　　　M: Mmm(嗯)

我将让你们来判断卡罗和她母亲之间的谈话是有关语言的还是事实的。实际上,我发现二者之间很难区分,我认为二者之间是错综交织在一起的。我来介绍一下这个例子的背景。这是例子2后面的接续部分。母亲、安妮和卡罗正在院子里吃零食,突然卡罗发现有一只猫溜进他们的院子:

185　　　C: Oh, a pussy cat! (哦,一只小猫!)

186　　　M: It's up in the tree, isn't it? (它在树上,不是吗?)

因而产生了关于人类是否在意猫进他们的房间,以及猫是否会像鸟一样害羞或者他们是否有什么不同等一系列讨论。卡罗发现那只猫又消失了,就像来时一样悄无声息,母亲和孩子接着吃零食。接下来是更多有关猫的谈话,卡罗说:

220—1　C: But sometimes when pussycat goes into people's garden, some people say "Come back, pussycat! Come back!" (但是有时候当小猫进入人们的花园时,有些人会说"过来,小猫! 过来!")

222—3　M: (is amused) Do they? Is that what they do? ((被逗笑)是吗? 他们那样做吗?)

他们都笑了,谈话轻松地停顿了一会儿,卡罗接着又问,这就是语料开始的那部分:

224—5　　C：Mum do pussycats die when people die？（妈妈当人们死去的时候小猫会死吗？）

226　　　M：Do pussycats what, love？（小猫会什么？亲爱的）

你可能会说母亲那样问是因为卡罗的话是问句的形式,你也可能会说是因为那个问题太大了,所以她想确认卡罗的问题。卡罗提供了本质性的答案(227),母亲认真地回答了这个问题:

228—9　　M：Well pussy cats die when their time comes....（当它们的时刻到来时小猫会死……）

这个回答让我想起了一首歌:There is a season turn, turn...（存在一个季节转换）,其中有句歌词是 There's a time to live, and a time to die（终有一天会活,终有一天会死）,母亲表达的观点跟歌词里的一样,这首歌里的观点来自最著名的基督教文本。世界上所有的社区都认为"当你的时刻到来时"你就会死吗？这个观点符合我们医学上所说的要保护自己免受不必要的风险的说法吗？用皮尔斯(Peirce)的话来说,源自这一观点的"正确执行"是什么？这位母亲对这些丝毫都没有考虑,她停了一会儿做了归纳:

230　　　M：Everything dies, one day.（所有东西都会死,某一天。）

卡罗应该是明白了这个意思,接着问:

231　　　C：Do dogs do they one day？（某一天狗狗会吗？……）

我们看看这位母亲的回答。她没有特别关注卡罗的每个词,她以为她已经回答了卡罗的问题:Everything dies, one day。她应该仔细听卡罗说话,毕竟他们是在谈话,她让卡罗重复了一下问题:

232　　　M：Do what？（会什么？）

卡罗又说了一遍:

233　　　C：No dogs die one day when...（没有狗狗会死吗某天当……）

好像卡罗还想说"when people die or when cats die（当人们死时或当猫死时）",或者可能想说"when their time comes（当它们的时刻到来时）",但是她没有说出来,她母亲打断了她的话。关于各自的死亡——当每种生物的时刻到来时它就会死亡——这个概念是否真的被卡罗理解了,这个问题不得而知。母亲的回答是肯定的:

234　　　M：Yes dogs die, too...（不,狗狗也会死……）

注意这个停顿。对卡罗来说——对西方国家的大多数儿童来说——猫和狗是很相似的,关键是猫和狗不是"所有事物",这部分观点怎么验证呢？很显然,这需要超出猫和狗所属的范畴才能得到验证。卡罗果然又问道:

235　　　C：Do fruit die？（水果会死吗？）

水果与猫和狗的范畴大不相同。那么"所有事物"包括水果吗？母亲没有让卡罗失望，她又认真地回答了这个问题。但是她的答案支持她自己的观点：所有事物有一天都会死亡的。她似乎是构建了一个总体框架，死亡只是这个框架下的一种变化形式，其他的表现形式与死亡相似，例如变坏。对这位母亲来说机能不良就是死亡，而对卡罗来说这很难理解，她还在琢磨母亲的这个超概括性的概念，母亲很轻松地说：

236—237 M：Fruit dies, yes. In a different sort of way.（水果会死，是的。以一种不同的方式。）

这个回答多少有点想鼓励进一步询问的意思，果然卡罗又回到这个话题：

238　　　C：How?（怎么死？）

这个问题让母亲费了一番详尽的、分步骤的解释，每一部分都是问题的形式，因为提出要求就是吸引注意力，母亲用这种方法保持孩子的注意力，每个阶段都等着孩子的反馈以保证她在听母亲说话：

239　　　M：Well, see how the fruit up there on the tree's green?（嗯，看到树上的水果有多绿了吗？）

240　　　C：Mmm（嗯）

241　　　M：See, how down here, it's gone all yellow and squashy and horrible?（看到，在下面，它已经完全变黄了变软了并且很可怕吗？）

242　　　C：Aa（啊）

243　　　M：That means it's died, it's...（这就表示它已经死啦，它是……）

244—5　　Well, we don't call it, we don't say it's died, we say it's gone bad.（嗯，我们不把它叫做，我们不说它已经死了，我们说它变坏了。）

易变性是可怕的，死亡是不美好的——使你靠近易变性的每个步骤都代表着一个令人不快的阶段。诗人叶芝的诗中，老人们坐在那儿凝视着河流的流逝，自赏水中影：他们的手像爪子，他们的膝盖弯曲得像荆棘树，他们感叹着美好的一切飘逝而去。我决不是要让这位母亲做诗，我的意思是艺术也吸收同样丰富的知识，这些知识是承蒙语言的赐予才成为社区的社会财富。与叶芝的诗相反的是一种真实的宿命论文化，例如印度文化，有位诗人是这样说的：

完美到极致，一滴水的极致是"逝入"海洋；疼痛挨过了忍耐的阶段就会达到自愈。

我并没有自称西方文学知识丰富，我的意思是很难找到一个这样令人满意的表达方式来描述易变性的概念。这位母亲使用的"变黄了变软了并且很可怕"这一描述方式，显然不是把易变性视为完美的极致。

很难确定卡罗是否理解了母亲所说的有关易变性的完整概念,但是从卡罗自己的话来看她似乎有点开窍了。她接着母亲的话往下说,我们感觉她在用自己的方式思考:

246　　　　C:Mummy(妈妈)

247　　　　M:Mmm...[a medium pause](嗯……[停顿了一会儿])

248—50　C:Mum, see where the persimmons have dropped off the tree... cos um cos they're sick, and they've gone germs.
　　　　　　(妈妈,看那些从树上掉下来的柿子……因为嗯因为它们病了,并且它们已经感染细菌了。)

251　　　　M:Yes, that's right.(是的,没错。)

252—3　　C:They're sick and they've gone germs.(它们病了并且他们已经感染细菌了。)

254　　　　M:Mmm(嗯)

我们发现,儿童认为疾病和死亡之间的关系是隐含的,疾病和细菌之间的关系是明显的。毫无疑问她对后者有很多经验,儿童总是感染细菌,所以母亲总是跟他们说起这方面的事儿。把这个道理扩展到眼前这件事情对卡罗来说没多大困难,但很难确定她是否明白水果变坏和动物死亡之间的联系。但是,不必担心,卡罗还有机会参与其他谈话,对于新手来说——例如儿童——谈话里孕育着关于世界的事实,因为语言是有关世界的主要事实构建工具。

我只是对这个会话做了肤浅的探讨,还可以进行更深入的分析,特别是推理形式,都是通过这样的会话学习的。在学习语言的同时,也同时学习这些言语中对于陈述、论点组织、推论关系等的考察。萨拉(Sellar)就语言对社会人的意义提出了自己的观点,罗蒂对这一观点进行了评论,我不完全同意这一评论:

　　语言的特别之处,不在于它"改变我们的经验质量""开辟新的意识远景""将以前多种无意识系统化",或者创造其他内在变化。语言的习得帮助我们进入一个社区,该社区的成员相互交流对某观点的论证以及其他行为。(Rorty 1979:185)

探索语言是否能改变我们的经验质量毫无意义,因为无法用语言表达的经验就如同用牛顿的观点来阐述爱因斯坦的论题:不是说它是一件不可能的事情,而是说它对于处于某个立场的人们来说是不可知的、未知的。我反对"开辟新的意识远景"这样的华丽辞藻和"将以前多种无意识系统化"所基于的玄妙哲学,我试图用浅显的分析表明,语言在创造意识,表达说话人所涉及的范畴之间的异同上起着重要作用。问题是所有这一切都会成为背景现象。尽管哲学家的研究与语言学研究或深入的社会学研究没有什么区别,但他们却摆出一副架势,好像只有他们了解那些值得了解的东西,如关于知识系统的或者关于人类语言的知识。我们有必要认识到语言在创造社会人及其世界的过程中所起的作用。

我没有时间来讨论以下假设带给我们的启示:语言是现实的塑造者,尤其,它是一种工具,用来置疑我们的本族语文化。这些启示涉及的内容很多,这里我只想谈谈对于我们这样的多种族社区来说更为迫切的问题。在我们这样的国家,探索终极现实,探索一种存在、做事和说话的正确方式,说到底是一种权力游戏,用直白的话来说,赢家将是那些处于优势地位的人。我们不应该被普遍性的观点误导,这些观点认为,通过一套简化论的技巧就能发现人类的共同点。如果想要珍惜人类的兄弟情谊、物种的统一性——它们的相似性——没必要把它们简约到陈词滥调;如果要了解我们的共同遗产,也没必要非要确认30或50或42个普遍性语义原则。相反,如果想要珍惜人类的创造,我们应该支持沃尔夫的观点:

> 语言只是帮助我们理解许多不同的、出色的逻辑分析系统。通过语言知识,我们可以从许多其他社会团体的视角看待世界,我们曾经陌生的事物可以用新的术语进行解读,陌生变成我们看待事物的一种新的、通常是明确的方式。(1942:264)

对于跨种族社区来说,正确的事物对于同一大社区下的子社区来说也同样正确。如果这些正确的事物通过不同的"说话方式(fashions of speaking)"描述,那么,这种意图虽良好但却给人以误导——即试图表明我们在内心深处都是一样的——对于那些其说话方式是其主要阻碍因素的人来说是没有任何帮助的,它只是再次帮助了那些处于优势地位的人。没人告诉我受过标准教育的英语是漂亮的,所以,为什么他们需要说服我黑人英语也漂亮和符合逻辑呢?感谢拉波夫(Labov 1969),我们应该接受这样的观点:二者作为系统是平等的,它们都具有所有人类语言所具有的内部连贯和相互关联性。语言的次标准变体之所以需要争取其地位,最终还是因为社会分化问题,伯恩斯坦(Bernstein 1970)揭露了这种现象隐含的丑陋本质。斥其丑陋是因为,我们认为二者是平等的,认为两个极化的子社区的说话方式是两种合法的方式,而中产阶级的社会经济机构却主张只有一种说话方式,即他们自己的方式才符合价值观和意义取向,这始终与大社区中成功和重要性有关系。有一种观点认为,地位低下的社会经济阶层愿意保持他们的地位,是出于他们的友谊精神价值观,这就等于说社会经济失败能够创造美好的诗篇一样。

语言是一种令人畏惧的资源,它不仅可以用来处理一些日常琐事,比如打招呼、聊天或买面包,还可以用来处理一些重要的事情,比如垄断资源、反驳他人、甚至为了个人利益铲除异己。我们不仅可以用语言塑造现实,还可以用语言维护现实免受其他价值观的威胁。但是,如果语言可以用来维护现实,它同样可以用来研究由它所塑造的现实,这样的研究并不存在于习惯性思维和行为中,而是通过打破日常的习惯和共有的信仰来实现。对于那些技术学科来说(例如语言学、诗学、化学、物理学,以及整个专门学科系列),最充分的论述是,这样的研究可以打破一个社区的日常语言实践所长期的置疑。

14 借出与借入:从语法到词汇

有时有人会问我们:'这个词什么意思?'我们的回答通常是提供一个同义词,或者一个解释,或者某种描述——不然,还会有一本麦考利词典嘛!由于在日常生活中我们可以以这种方式提供词项(lexical item)的意义,因此,我们也会用同样的方式来解释语言学中的词汇(lexis),孤立地理解词项,把它分解成为最小的意义单位,也就不不足为奇了。结果形成了一种错觉,即:一个词项的特征是固有的,其意义基本上独立于语言的语法,它之所以可以这样或那样使用是因为它有这样或者那样的意义。我们禁不住要问:"在词位(lexeme)的意义和其句法特征之间是否有……一种关联"(Lyons 1977),好像词汇意义可以事先存在或者独立于语言内部的整体系统关系似的。

然而,我们也可以采取一个截然相反的观点,在这一观点中,词项并不具备一种神秘的,独特的存在,并且,面对词汇,语法的任务并不是简单地决定它们的句法分类;更确切地说,根据这一观点,语法的任务是建构词项的意义,赋予它在语言系统中作为符号的身份。这种观点否定了传统上人们所珍视的句法与词条(lexicon)之间的清晰边界,取而代之,它识别了一个整体上互相关联的形式层——词汇语法(Halliday 1985a)。这种词汇语法首先由选项网络组成,总体上用于表达语言的语义潜势。举例来讲,如果小句——作为一个有意义的单位——是该语法的一个产物的话,那么,词项也应该是。这一观点与传统观点的区别在于:语法到底应该精密到什么程度人们才能与这两类形式单位面对面。这一区别,与小句的横组合特征紧密相关,而与词项的协作特征无关(Hasan 1971)。作为形式单位的词项将是"最精密的语法"的产物(Halliday 1961)。但是如果人们分析的是语法,情况就会不同,即便分析到最精密的程度,也都是一些有关范畴的概括(或者叫'规则',如果这个词更讨人喜欢的话!),而不是单个的词项。用夸张的话来说,在描述词条的时候,"人们不得不记录像词项那样多的单个事例"(Chao 1968)。是否有迹象可以表明把词汇看作最精密的语法是可行的呢?要回答这个问题,我建议对借出和借入(lend and borrow)进行分析,这两者的意义是大家非常熟悉的,因此,下面的描述也就不会让大家感到太意外,即便有,也是很少的。我的目的只不过想看清楚,当语法的精密度不断增加时,我们是否能够获得有关这些词项意义的整个配置。

但是,首先,我们必须解释一些基本的假设。一种语言的语法是一套内部相互关联的系统选项网络,其相关特征如下:(i)系统选项展示出从属关系;譬如,系统选项♯男性♯对于♯女性♯从属于选项♯有生命的♯。因此,一种选项起到了为其他系统选项建立语境的作用;从逻辑上看,当无法提出更进一步的从属性选项(dependent option)时,描述就算是完成了。(ii)单独一个选项可以为两个(或多个)同步系统选项的运行提供语境;譬如,系统选项♯男性♯对于♯女性♯与选项♯人类♯对于♯非人类♯是同步进行的;它们都从属于选项♯有生命的♯,但是对这两个系统中术语的选择却完全是相互独立的。(iii)两个(或多个)选项可以共同作为某个(些)系统选项的语境;譬如,叔叔,兄弟等选项,最终从属于♯男性♯和♯人类♯。(iv)两个(或多个)选项可以分开作为某个(些)系统选项的语境;譬如,系统选项♯+附加问句♯对♯-附加问句♯的有效语境要么是♯陈述♯,要么是♯祈使♯;举例来说,我们可以说:他唱歌了,不是吗,或者说:唱个歌吧,行不,而不是说:他唱歌了吗,是吗——至少标准的英国话不这么说:这个说明有必要,因为后一种话语结构在某种澳大利亚变体中不是不常见。(v)系统选项有助于确定组合体(syntagms);它们可以明确(a)某些允许的和/或蕴含的功能;譬如,选项♯完全(major)♯蕴含过程(Process)功能,因此,每一个带有选项♯完全♯的英语小句都"有"一个部分,这个部分在小句结构中的角色是**过程**;(b)两个(或更多)功能在一个组合体中组合的顺序;譬如,♯主动♯蕴含了主语和施动者合并的功能,因此,带有这一选项的英语小句会有一个成分,该成分承担了主语和施动者的双重作用;举例来说,在小句玛丽烤了一个蛋糕中,玛丽既是主语,又是**施动者**;(c)一个能够实例化某种功能的(次)类别的关键特征;譬如,♯被动的♯要求选择一个动词词组的次类别,也就是"被动的"。所有的系统选项都诉诸于语言的形式,后者是语义潜势的建构者;理想的情况是,没有一个选项在语义上是言之无物的,无语义的事实是不会存在的,只有那些被词汇语法赋予了有效性的语义事实才会存在。

为了分析借出和借入,我首先对以下几个小句的功能过程进行分析,它们是:原谅一个错误(to forgive an error)中的原谅(to forgive),迟到(being late)中的是(being),他打了个响亮的喷嚏(he sneezed loudly)中的打喷嚏(sneezed)。要具体说明其他小句功能的范围——蕴含了什么和/或允许什么——(首先)必须探索可运用于过程的系统选项,因为显而易见的是,不可能有什么东西可以打喷嚏某人某事(nothing can sneeze anyone anything),好比没有什么东西可以是响亮地(nothing can be loudly)一样。我下面的分析将仅限于**过程**和受益性(BENEFACTION)中的某些选项的系统对立体(systemic contrasts)上,同时假定一组选项为常量。所假定的常量的纵聚合关系案例的典型例子是:玛丽烤了一个蛋糕(Mary baked a cake),这里小句的语态是:♯施效性:主动♯(玛丽有着主语和施动者的双重作用);语气是♯陈述♯(主语位于定式成分前——即:Mary had)... 而不是 had Mary...);主位是♯非标记的♯(玛丽兼做主语和主位,与它对比的是:昨天玛丽烤了一个蛋糕,句中的主位是昨天,主语是玛丽)。

就**过程**而言,支撑借出和借入的最主要的选项是♯物质:行动♯。根据上述假设,该小句将依次包含**施动者**(Agent)、**过程**(Process)和**中介**(Medium)这三种功能;但是,♯物质:行动♯既支持玛丽烤了一个蛋糕也支持玛丽借了一本书(Mary had borrowed a book)。但是,对比小句中会选择其他功能,烤(bake)和借(borrow)却是不同的过程类型,带有不同的特权。因此,我们需要分析从属于♯行动♯的选项;这些选项是♯处置(disposal)♯对♯创造(creation)♯对♯转换(transformation)♯(以及其他选项,但是我们不在此讨论)。支撑烤的选项是♯创造♯,支撑借出和借入的选项是♯处置♯。后一选项明确了:(a)中介'是'——即,是由名词范畴来实例化的,它的成分**事物**是——'可割的货物',比如说,一本书;(b)**施动者**是'有生命的';(c)活动的结束意味着中介和**施动者**之间的关系发生了变化。这些要求可用于所有含有♯处置♯这一选项的词项,如词项:给予(give),拿走(take),积累(accumulate),送出(send),分发(distribute),散开(scatter)等等。两个同时发生的选项系统从属于♯处置♯,即♯获得(acquisition)♯对♯丧失(deprivation)♯,以及♯反复♯对♯非反复♯。♯获得♯意味着当施动者一方的活动结束时获得**中介**。请注意小句玛丽借了我的笔和小句玛丽(现在)拿到了我的笔之间的单向的隐含关系。♯丧失♯意味着施动者一方在完成行动时丧失**中介**。比较一下最后的两个例子,昨天我归还了他的书,和我(完全)不会再拥有他的书了。从这两个选项的角度来看,distribute(分发),scatter(散开),lend(借出),sell(卖出),give(给予),send(送出)等等都是一样:♯丧失♯支撑着这一类别的每一个词项,它们的对立词项有:accumulate(积累),borrow(借入),buy(买进),receive(接受),take(拿走),find(找到)等等,支持这一类别的选项是♯获得♯。

横切上述系统对立体的是♯反复的♯对♯非反复的♯这一系统对立体。前者意味着过程在本质上是重复性的,如词项:accumulate,distribute,scatter 等等。它们要求中介是"可分割的"。看看例子:希拉散开了一本书(Sheila scattered a book)。由于这个选项不支持借出和借入,而且已经在别的地方做了讨论(Hasan:Ms),我们就不在此分析了,除非用于比较。♯非反复的♯意味着活动在本质上并不是重复的;请注意,中介不要求具有"可分割性"——比较:她借了一本书/四本书(she borrowed a book/four books);这一选项支持的词项有:take, find, lose, borrow, lend, sell, buy, give, send, deliver, receive 等等。因此,借出(lend)和借入(borrow)既相似又不同;两个都是♯非反复的♯,但是,借出是♯丧失♯,而借入是♯获得♯。

讨论至此,各选项可以用以下系统网络来表示:

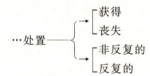

图 1 过程系统:从属于♯处置♯的选项

这两个系统都从属于♯非反复的♯,看起来好像有些简单。但这些选项实际上还是♯交互的♯对♯非交互的♯,以及♯时间无限的♯对♯时间受限的♯。♯交互的♯蕴含着一个额外的功能。如果它与♯丧失♯同时发生,这种结合就蕴含了一个额外的功能,即**领受者**。因此,在我借给玛丽一支笔中的玛丽就是**领受者**。需要说明的是,每当选项♯交互的♯和♯丧失♯支持一个词项时,这个词项就会表现出传统上称之为"固有的受益性"的语法特征。这点可以表达得更加专业一些,即:'♯丧失♯和♯交互的♯之间的结合需要从**受益性**系统中预先选择♯受益(beneficile):固有的♯选项。'当♯交互的♯和♯获得♯同时发生时,这种结合也蕴含了一个额外的功能,我在此称之为**施动源**(Agentive Source)。在玛丽从我这里借了一支笔(Mary borrowed a pen from me)中的从我这里(from me)就是一个**施动源**。这个功能可以解释小句我借给玛丽一支笔(I lent Mary a pen)和玛丽从我这里借了一支笔(Mary borrowed a pen from me)之间的反向关系。

　　选项♯交互的♯支撑的词项有:give,receive,send,deliver,lend,borrow,buy,sell,beqeathe(遗赠),inherit(继承)等等。选项♯交互的♯和♯获得♯的结合要求从**受益性**系统中预先选择♯受益:潜在的♯。这意味对**受益者**功能进行选择的可能性是开放的;但是,如果选择了受益者,那必须十分明确地选择。请注意小句我借走了我的笔(I lent my pen)和小句我借来了吉姆的笔(I have borrowed Jim's pen)之间的差异。在第一个小句中,隐含的是(给予)某人;这是因为**受益者**的功能蕴含在♯丧失♯和♯交互的♯选项当中。在第二个例子中,没有隐含一个受益者(关于把我处理成为**施动者**兼**受益者**角色的讨论,请参见 Hasan:Ms)。当然,也可以说我给你借来了吉姆的笔(I have borrowed you Jim's pen),这样,句中的你就承担了受益者的角色。请注意,一种选择结果是♯受益:潜在的♯+施益的(benefactive)♯选项结果,另一个是♯受益:固有的♯选项结果,二者的**受益者**功能性质是不同的。准确地说,前一句的受益者可以说是一个**委托者**(Client);因此,我给你借来了吉姆的笔(I have borrowed you Jim's pen),等于在说我为你借了吉姆的笔(I have borrowed Jim's pen FOR you);而在后一个句子中,由于受益性是固有的,准确地说,受益者可以说成是领受者(Recipient)。因此,我借给了玛丽我的笔(I have lent Mary my pen)等于在说我把我的笔借给了玛丽(I have lent my pen TO Mary)。

　　选择♯非反复的♯选项并不蕴含**领受者**或者**施动源**功能;这种选项支持的词项有:lose(失去),find(找到),pick up(捡起),discard(丢弃)等等。需要指出的是,具有♯非反复的♯选项的词项既可以是♯受益♯,也可以不是♯受益♯。一方面,我们有这种小句:我给玛丽找到了一张干净的纸(I found Mary a clean piece of paper),但另一方面,我们没有这样的小句我给玛丽丢弃了一张干净的纸(I discarded Mary a clean piece of paper)。此外,如果同时选择♯受益♯与♯非反复的♯选项,就会有一个♯潜在的♯预选项。换句话说,有着♯非反复的♯选项的词项绝不会是"固有的施益的";因此,领受者功能不能与这种过程同步选择。

　　我们以图形2中的网络来表示在受益性系统中的选项:

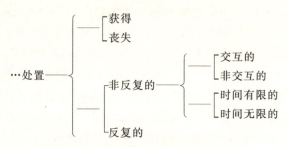

图 2　一些受益性选项

这个网络表达的仅限于本文所讨论的选项。图 3 表达了从属于♯非反复的♯的选项。

```
         ┌─获得
         ├─丧失
…处置─────┤              ┌─交互的
         │    ┌─非反复的─┤─非交互的
         ├────┤          ├─时间有限的
         │    │          └─时间无限的
         └─反复的
```

图 3　从属于♯非反复的♯的选项

现在我们来分析系统选项♯时间有限的♯对♯时间无限的♯。♯时间有限的♯选项意味着过程有一个固有的时间条件。这一类次范畴词项有：buy(买进)，sell(卖出)，lend(借出)，borrow(借入)，pawn(典当)，let(出租)，hire(雇佣)，rent(租借)，lease(出租)等。而♯时间无限的♯选项则意味着过程类型没有一个固有的时间条件。这一类次范畴词项有：give(给予)，deliver(传送)，send(送出)，take(拿走)等。前一选项对**时间范围环境**有限定。从属于♯时间有限的♯的选项是♯短暂的♯对♯长期的♯。♯短暂的♯选项蕴含**时间范围环境**，在这里范围一定是时间段的一部分，因此，必须选择表达持续性的介词如 till(直到)/for(持续了)/until(直到)。当我们说我将借给你这本书一直到星期四/几天(I will lend you this book till Thursday / for a few days)的时候，我们不会说我永远借给你这本书(I will lend you this book for ever)，更不会说(我永远不……)(…not for ever)。选项♯长期的♯阻止**时间范围环境**，除非中介是一种'类型'，而不只是一个成员。请注意，小句 we have been selling our house for the last six months(最近六个月我们一直在卖我们的房子) 与小句 we have been selling this model for the last six months(最近六个月我们一直在卖这个模型)是不同的。小句 I sold my car for ever(我永远卖掉了我的汽车)以及 I lent my car but not for ever(我把车借出去了，但不是永远)是不恰当的，就如同 my male brother (我的男性兄弟)一样不恰当。选项♯长期的♯支持的词项有 buy(买进)，sell(卖出)，inherit(继承)，bequeathe(遗赠)，donate(捐赠)等等，而选项♯短暂的♯支持的词项有 borrow(借入)，lend(借出)，pawn(典当)，rent(租借)等等。

选项♯相互的♯为系统选项♯经济的♯对♯个人的♯提供了语境。前者蕴含了一个**对等环境**。在小句我以五十元钱的价格把祖母的椅子卖了(I sold granny's chair for fifty dollars)中,以五十元钱(for fifty dollars)就是这种功能的一个例子。注意,如果选择了♯经济的♯,那么,♯获得♯和♯丧失♯两个选项就被'调和'了:尽管对中介的获得与丧失遵循前面的总结概括,但是,♯经济的♯的出现产生的含义是:如果过程是♯丧失♯,则**施动者**一方将获得对等的价值,如果过程是♯获得♯,**施动者**一方则将失去对等的价值。约翰卖了他的汽车(John sold his car)意思是,从真正的意义上来说,约翰失去了占有他的汽车,但是他却获得了对等的价值。这就是为什么在下面的句子中不乏衔接的原因:我最终卖掉了汽车并把钱给了我母亲(I sold my car finally and gave the money to my mother),在句子中,由于词汇语法卖出(sell)的缘故,冠词 the 和名词 money 都可以得到充分的解释。这种♯经济的♯选项支持的词项有:buy, sell, borrow, lend, pawn, let, rent 等等。选项♯个人的♯阻止**对等环境**。这个选项支持大量的♯反复的♯过程,如:give, receive, send, bequeathe, donate, bestow(赠与)等等。注意,因为这类词项会显示某种交换,如小句:她给他一些钱以报答他的帮助(she gave him some money in return for his help),但是我认为,如果把报答他的帮助(in return for his help)看作是**对等环境**的话,则会形成误导。

如果♯经济的♯和♯短暂的♯同时出现,它们的结合就会为另一个系统选项提供语境,这个系统选项是:♯周期的♯对♯非周期的♯。前者暗示了**对等环境**会周期性地发生,蕴含了对**时间循环**环境的选择。因此,在小句我们以每周一百五十元来租这套公寓(we are renting this flat for 150 dollars per week)中,词组每周(per week)实例化了**时间循环环境**功能。这种选项支持的词项有:lend, borrow, rent, lease, let, hire 等等。选项♯非周期♯一旦出现,则会禁止选择时间循环环境。英语里有♯经济的:短暂的:非周期的♯这种选项的唯一词项是 pawn(典当),我们不会说我以每周五元钱典当了我的表(I pawned my watch for five dollars per week)。

从属于♯周期的♯是介于♯货物♯和♯元货物♯之间的系统选项。这些选项会将**中介次范畴化**,♯元货物♯选项要求的是中介属于一种"一笔钱"——即:元货物,可以用于采办货物。♯货物♯选项要求的是,中介是"非现金财产",支持的词项有:let, rent, lease, hire。选项♯元货物♯支持的词项有:lend 和 borrow。图 4 用网络形式呈现了这些选项:

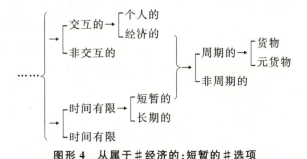

图形 4　从属于♯经济的:短暂的♯选项

根据这里所呈现的描述,这两个词项仅仅在两个方面彼此不同:借出(lend)有选项♯丧失♯,借入(borrow)有选项♯获得♯;与此同时,选项♯受益:固有的♯支持借出,选项♯受益:潜在的♯支持借入,即:可以自由的"携带"一个受益者,但是不像借出那样非得这样做。意义的细微差异常常被举证为一对反义词之间的特征;本文的描述使得这种差异的程度和特征十分明朗。也许会显而易见的表明,随着描述越来越精细化,我们会越来越接近借出/借入和词汇集钱之间的这种"基于直觉"来识别的搭配关系的基础。搭配被证明是一种基于语言词汇语法的形式关系。

以上,我们基于选项对借出和借入进行了全面的描述,现将其表达如下:

借出:♯物质的:行动:处置:丧失:非反复的:交互的:经济的;时间有限的:短暂的:周期的:元货物;受益:固有的♯

举例:the bank lent us MYM15,000 at 13% per annum.(银行借给我们一万五千美元,年利率为百分之十三。)

借入:♯物质的:行动:处置:获得:非反复的:交互的:经济的;时间有限的:短暂的:周期的:元货物;受益:潜在的♯

举例:we have already borrowed MYM15,000 at 13% a year from our bank.(我们已经从银行借了一万五千美元,年利率为百分之十三。)

注意,上述每一种选项都可以应用在不止一个词项上;同样重要的是,选择的选项配置所产生的结果会保持不变。譬如,在选择♯经济的♯或♯交互的♯选项之后,无论该选项是支持卖出还是借出,选择后的结果都不会发生变化。在描述词汇时,我们很自然地要朝向独一无二的成员类别努力,但这并不意味着在描述过程中所做的概括总结一次只能应用于一个词项。希望,我在这里所做的概述能够经受得住严格的审查。

虽然 rent, let, lease 和 hire 等词项呈现了令人神往的研究性,尤其是它们有某种程度的不确定性和交叉性,但我还是不打算在此讨论它们。可能值得一提的是,词项借出和,比如说,词项出租(renting)之间实际上并没有什么差别,除了应该用 lent 而不是 rented 的情况以外;我们不会为了一笔钱而借出房子,就好像我们也不是为了一笔钱而出租金钱一样。不言而喻,从属于♯交互的♯的选项系统——尤其是♯经济的♯和它的从属选项——在现金经济不发达的社区的语言中是不存在的。举例来说,我怀疑有关 hire, rent, buy, sell 等词项的选项在澳大利亚土著语言中是否存在,或者在马林诺夫斯基的基里维纳语(Kiriwinian)中是否存在,尤其是在他们接触以金钱为主导的文明之前。没有理由认为,与一种语言相关的选项就一定与另一种语言相关。

借出和借入十分有趣。上面的描述主要与一个特定的语域有关——即与金融交易有关。也只有在这种环境下,选项♯经济的♯才适用。在日常交往中——即借出和借入书籍、纸张甚至私人物品给朋友和亲戚们——选项♯经济的♯都不适用。因此,相对于银行借给我钱并从中收取一定的利息,我的儿子或朋友却可能会借给我某个东西——甚至一小笔钱——而不赚取任何利益。由此,在这种环境中,选项♯个人的♯就起了作用。这种情况与普特南(Putnam)谈及黄金时提出的"语言分工"的情况有所不同(Putnam 1975),因为在这里,大多数说英语的成年人似乎都十分清楚借出和借入的指称是什么。好像没有什么理由来指出其中一个指称更为准确,或者比另一个更早产生,因为这些词项在牛津英语词典里都有解释。所以,我们可以提出这样一个问题:在这两种例子下——即,它是否是一个同义词,多义词的例子或仅仅是语言所固有的不确定性的又一个例子——我们是否拥有相同的词项?我们给出的任何答案至少在原则上必须与我们希望对以下语言使用所做出的声明保持一致,这些语言使用是:lend me a hand(请帮我一下),why are words borrowed?(为什么词是借来的呢?),do not sell your soul to the devil(别把灵魂卖给魔鬼),以及 this is just a tactic for buying the Union's co-operation(这只是购买联邦合作的一个策略)等等。

对于这些惯用语,一种可能的处理办法就是说它们不符合语法。如果在此基础上再迈进一步就会认识到,只有不具有解释性的词项才是不符合语法的,但是,毫无疑问的是,诸如上述惯用语每天都得到了合理的解释。这种争议说明了,人类的语言拥有隐喻创造的方式。但是,轻易的接受这种说法并不能停止我们追究这些问题:新的隐喻是如何被解释的?是什么构成了允许我们获得意义的隐喻?我要提议的是,甚至隐喻创造也要依靠某种词汇语法的一致性。总而言之,语言为什么要借(borrow)词呢?为什么不买(buy)词呢?我们为什么不能把灵魂借(lend)给而要卖(selling)给魔鬼呢?我认为,这里所呈现的这种类型的系统描述可以为某种假设提供一个框架。

要说到语言词汇的进化问题,词项 borrow——以及它的形态学分布——使用得最频繁。我想指出的是,这一事实——在人们的日常往来中,支持该词项的选项是♯...;获得;非反复的……个人的♯——对于词汇进化问题并不是不相关的。♯获得♯的一个纵聚合关系实例是 get/acquire(得到/获得);它的含义是拥有。选项♯个人的♯可以使过程直接展开而不需要假定对等物的交换。在描述一种语言史的语境下解释 borrow 要极大地依赖这些选项,有趣的是,这些选项在系统网络中处于不太精密的那一端。我想试着指明隐喻创造的产出机制一定是这样的:即,一个词项的使用主要是要保留它的主要选项,同时忽略它的许多精密的选项。这就是为什么人们不把对新隐喻的理解视为一个问题。另一个同样重要的原因是,在各种语言中,隐喻无处不在。因此,不仅仅只是 borrow 以隐喻的形式在使用,lend 也是——还有 loan(借贷)。由此,我们再一次发现了,♯丧失的♯的纵聚合关系实例,即 give 和 provide(提供),是与 lend 交替使用的,如同 borrow 与 get,have,appropriate(侵吞),acquire(获得)等等交替使用一样。由芭芭拉·斯特朗(Barbara Strang 1970)撰写的英语史可以提供丰富的例子。如:……我们借来了

(borrowed)猛犸和俄国羔皮，穿过法国迎来了俄罗斯大草原……（第126页）……挪威人送给（gave）我们旅鼠，但那是从拉普人那里弄来（got）的（第126页）；土耳其人拿来了（provided）长袍、咖啡等，以及黑背豺，但那是从波斯人那里借来的（borrowed）（第127页）……季风是荷兰人从葡萄牙人那里借来的（borrowed），而葡萄牙人是从阿拉伯人那里弄来的（had），跳羚，这个唯一最珍贵的借贷（loan）是早期从南非荷兰那里来的（第124页）。尽管"借"来的词从没有被归还过，不过，其潜在的短期性特点，在构建上可能并不是完全不被承认的，如这样的构建：English has discarded a number of items picked up（英语已经抛弃了大量捡来的词汇）（第129页）。

似乎显而易见的是，lend（loan）和borrow（borrowing）天然的——也就是说，它们在英语系统中的天然位置——非常适合做隐喻来描述上面所探讨的现象，这些词项的隐喻用法承载了支撑它们字面使用的那些选项的大部分意义。在这样的话语语境下，这种解释是不能用于诸如 buy, sell, rent, hire 等词项的。因此，人们可以说，词项的隐喻扩展的种子是播种在那个词项的词汇语法处置之中的。同样重要的是，就对隐喻的解释而言，其立场与整体的话语理解并没有质的区别。解释一个词项自然取决于该词项的环境，正如上面对 lend, borrow, sell 和 buy 的描述所力图展示的：它们之所以能够表达它们想要表达的意思，原因就在于它们使用的方式——即它们所出现于其中的构建。这个原则在它们的隐喻使用中并没有被抛弃；而且，该词项的环境发挥了主要作用——正如斯特朗（Strang）的例子所展示的那样，并不是简单地以修辞的方式来使用 borrow 和 lend，而是，通过话语我们才能找到在这一语境下正确解释这些词项的指示性证据。

15 语法家之梦:词汇作为最精密的语法

1. 词汇语法层

早在二十多年前,韩礼德就曾说过:'语法学家的梦想是……把所有语言形式转化成语法,希望能表明,词汇能被界定为"最精密的语法"'(Halliday 1961:267)。本章将围绕以下两个问题,就这个梦想的现实性做出简要探讨:(1)这个设想是否具有可行性?(2)'把所有语言形式变成语法'有什么意义?这种说法含蓄地否定了两种观点:(1)词汇不是形式;(2)词汇与语义的关系是独一无二的。

根据韩礼德(Halliday 1977)的著述,我做出以下假设:
(1) 语言包含三个层次:语义层、词汇语法层和音系层。
(2) 这三个层次通过"体现"关系相连结。意义编码为措辞,措辞又编码为声音模式。
(3) 作为一个选项网络,每一个层次都是可描述的;因此,这种描述是纵聚合的,而选项的环境也是以纵聚合的方式来界定的。
(4) 语义层由经验、逻辑、人际和语篇四个元功能成分组成。
(5) 每一个元功能明确一个特定的选项网络(集)作为它在词汇语法层的输出。
(6) 每一个选择行为——每一个对选项的选择——都对一个结构的形成做出了贡献。
(7) 一个统一的结构在整体上是四个元功能所明确的四个不同的词汇语法网络(集)进行选择的产物。
(8) 词汇语法层的功能是将这些结构一一对应起来,从而形成一个可以同时表征所有【元功能(R. H.)】成分【产物(R. H.)】的整合结构。(Halliday 1977)

假设(6)与要说明的话题密切相关。传统语法关注的是如何描述组合体的形成,把组合体作为研究的出发点来解释组合体形成现象。然而,系统功能语法抛弃了这一传统的研究方法,倾向于索绪尔(Saussure 1916)、叶尔姆斯列夫(Hjelmslev 1961)、弗斯(Firth 1951)的论述中所提及的方法,即将语法视作表明纵聚合关系的网络。如果"系统选项可以促使结构的形成",而且对于结构形成的描述符合语法所具有的特性,那么这样的系统网络就是语法。文章首段关于可行性的问题就可以改为'有没有可能将词汇语法网络沿着精密度阶不断扩展,直至将它变成描绘和生成"词项"这一形式单位的机制?'如果答案是肯定的,那么我们就会证明了词汇是精密的语法。

这一论点使得我们的注意转向了一些将纵聚合关系语项和组合体(即选项网络和结构)联系起来的机制。(没有特别强调的话,这里我们所说的都是词汇语法中的'选项'和'网络'。)一个选项可以被视为一项以某种方式进行操作的指令;一个具体的结构就是完成这些操作后得到的结果。这种指令的专业术语是'体现陈述'。因此,'体现陈述'是在网络和结构之间充当中介的机制。

这里将会用到 6 种体现陈述:

(1) 插入结构功能 x。
(2) 合并两个或更多的功能为一个成分。
(3) 排序成分 a 和 b(和……n)。
(4) 次范畴化某个功能或特征。
(5) 预选某个特征,使其成为某个插入/次范畴化的一个伴随物。
(6) 排除某个功能或特征,将其判定为不能与某个插入/次范畴化共存。

这种观点意味着选项会产生一些影响:选项存在的合理性是由选项所"做"的事来证明的。由于这种做事注重语言的内部关系,所以选项的合理性是在语言内部就可以评判的。简单地说,比如,与 enquire(询问)和 ask(问)的描述和生成有关的选项,可能在一些方面存在区别。如果是这样,那么对选项合理性的证明并不是源于这两个在物理、心理或者社会方面相异的活动,而是因为两个实义动词在词汇语法上的模式化不同。所以,最终,一张精密的网络即是对沃尔夫(Whorf)1956 年所提出的'电抗'(reactance)的探究。

这里所探讨的网络只是经验元功能产物的一小部分,即及物性(TRANSITIVITY),它是以【完全】小句作为进入条件的。(下面的术语和韩礼德(Halliday)1985a 所用的一致,特征被显示在方括号里而非网络本身里。)图 1 把及物性和其他可用于【完全】小句分析的系统联系起来。和及物性并存的系统,如语气、主位等将略去不谈。在及物性系统中,语态选项将一直假定为【施效性:主动】。图表中将讨论到的部分属于过程,它以【处置】作为进入条件。它是词汇语法的一部分,它所构建的语义范围可以被非正式地描述为"它是这样一种活动,对它的完成会导致对事物访问权限的得与失"。

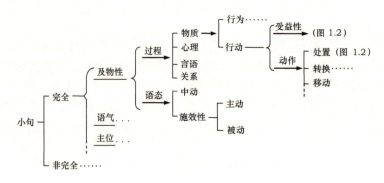

图 1　及物性的进入条件

2. '获得'的词汇语法:GATHER,COLLECT,ACCUMULATE

【处置】特征蕴含着【物质:行动】选项,这一选项是【处置】特征本身所含有的,也就是说,无论【处置】特征在哪里被选择,【物质:行动】这一选项对结构形成的影响都是不变的。任何附着在【处置】特征上的指示或者从属于它的选项都不能否认这 影响。与精密度无关,这一规律在整个系统中都是适用的。【施效性:主动】语态与【物质:行动】过程相结合从而作出的一部分贡献是:

A:1. 过程、中介和施动者这些功能被插入
    2. 过程预选事件
    3. 中介和施动者分别预选事物
    4. 事件次范畴化为/物质行动/

由于必须遵循一个特定的系统路径,对【处置】特征的选择继承了这个由A1—4所明确的指令包。我将把这称为PI,即'系统路径继承'(systemic path inheritance),有别于AI(人工智能)文献里的SI(语义继承 semantic inheritance)(Brachman 1979; Collins and Quillian 1972)和'概念从属'(conceptual dependencty)(Schank 1972,1975; Schank and Abelson 1977)。PI与以上两者的不同之处在于,它不以词项为中心,并且其界定更为严格。在了解PI如何操作之前,我们先假设一个系统,其中包括7个选项,如图1.1所示。如果(a, b)是选项[1]的贡献,(c, d)是[2]的,(e, f)是[3]的,那么[2]和[3]的路径继承是(a, b),[4]和[5]是(a, b, c, d),[6]和[7]是(a, b, e, f)。网络中的每 个步骤都详述了结构类型之间的一致性和独特性。当进一步的独特性预设不能进行时,这个网络就到了它的一个逻辑结点。所有的选项表达,即路径说明,会假定一些形式上的结构,这些结构就是词项。词项的独特性是被大家公认的(Berry 1977; Fawcett 1980; Fillmore 1977; Leech 1974; Lyons 1977)。这一节我将先关注一些词汇的一致性,如词汇give, share, collect, lose等,在此基础上再了解它们的独特性。

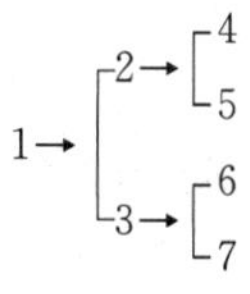

$$1 \rightarrow \begin{cases} 2 \rightarrow \begin{bmatrix} 4 \\ 5 \end{bmatrix} \\ 3 \rightarrow \begin{bmatrix} 6 \\ 7 \end{bmatrix} \end{cases}$$

图1.1 一个简单的系统网

有关【处置】特征的体现陈述如下:

B:1. 将事件次范畴化为/处置的(物质行动)涉及中介位置的变化/
    2. 将**事物中介**(Medium Thing)次范畴化为/可让与的客观实体/
    3. 将**事物施动者**(Agent Thing)次范畴化为/人类、个人或机构/

由于缺乏精确的形式信息,次范畴化不能以一种形式化的方式来表达。我们

不应该把它与乔姆斯基的选择限定规则(1965)相混淆。选择限定规则主要是在词项上进行,拥有直接性特征,例如,'将主语和宾语的特征赋予动词'(1965:92);如果不遵循这些规则就会导致语言表达问题。次范畴化却不然。但是,如果不遵循B1-3,就所得到的小句而言,其语义将与'选择表示式'中包括【处置】的小句不同。思考下面的例子:

(1a) Susan collected a lot of leaves. (苏珊收集了一些树叶。)

(1b) The roof collected a lot of leaves. (屋顶上落了很多树叶。)

(1c) She collected her thoughts. (她整理了一下思路。)

(1a) 遵照了指令B1-3,大多数言说者将其解读为当收集动作完成时,苏珊会得到一大堆树叶。苏珊是'行动的发出者',树叶是'行动的领受者'。而(1b)没有遵循指令B3,施动者不是人类。注意屋顶不再是行动的发出者,而变成了'位置'。(1b)包含了一个语法隐喻(Halliday 1985a),其一致式(congruent)表达应该是 A lot of leaves collected on the roof(有很多树叶散落在屋顶上)。在不遵循B3指令的情况下,并不总是为"施动者"产生"位置"这样的语义价值。(对比:These pipes distribute steam into the system. (这些管道把蒸汽配给给系统。)或 Her room carries the most amazing trash. (她的房间脏乱到令人震惊。))然而,这却能产生隐喻效果。(1c)没有遵循B2:中介不是一个客观实体,而是一个概念/抽象。这个小句是对沃尔夫所提出的"客观化"(Whorf 1956)的一个极好的例证——即非客观实体被当作客观实体。在英语中,比较标准的客观化方法是:用一个抽象名词充当一个过程的中介,而在正常情况下通常是由一个具体名词来充当中介。但是这种类似中介的事物,如(1c)中的 her thoughts,并不是真正的中介,它在大多数探试测验中都不能完成中介应有的功能。(考虑 What is she doing to her thoughts? — Collecting them. (她对她的思想做了什么? — 整理它们。)和 It's your thoughts you need to collect. (你的思想是你需要整理的。))(1c)是一个复杂的隐喻,当中的 collect+...thoughts 必须当作一个整体来看待,因为在其他情况下,collect 的使用可能与(1c)里的使用不太相同或完全不同。(考虑 She collected a good deal of kudos from that. (她从中收获了很多声望。))上述讨论也表明了B1-3的效度。

受益性系统与动作(ACT)系统是同时运行的。图1.2对受益性系统进行了发展,同时也呈现了从属于【处置】的系统。这样所有与【处置】相关的选项都可以一目了然。对【处置】进行选择需要在图1.2所发展的三个系统中各选一个路径;访问权(ACCESS)系统和特点(CHARACTER)系统直接从属于【处置】,而由于【处置】从属于【行动】,因此,蕴含【受益性】系统。

访问权选项关注活动结果。选择【获得】意味着施动者获得对中介的访问权限,除非另作说明。【丧失】与【获得】正好相反,意味着施动者失去对中介的访问权限。同以前一样,在括号内显示PI,这些选项的指令如下:

15 语法家之梦:词汇作为最精密的语法

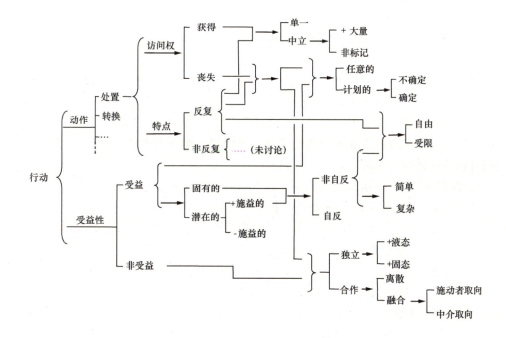

图 1.2 过程类型[处置:反复]

C: 1.【获得】
   a. 次范畴化事件为/(物质处置行动,涉及中介位置的变化)使得施动者获得对中介的访问权/
  2.【丧失】
   a. 次范畴化事件为/(物质处置行动,涉及中介位置的变化)使得施动者失去对中介的访问权/

特点选项关注活动的本质。选择【反复】意味着一个本质上重复的活动,在这里,施动者—中介配置在本质上保持不变;选择【非反复】意味着一个本质上不重复的活动。二者的指令如下:

D: 1.【反复】
   a. 次范畴化事件为/(物质处置行动,涉及中介位置的变化)本质上重复/
   b. 次范畴化事物中介为/(可让与的客观实体)可分的/
  2.【非反复】
   a. 次范畴化事件为/(物质处置行动,涉及中介位置的变化)非本质上重复/

受益性选项关注的是明确活动的益处。【受益】意味着该活动有能力允许指明受益方(benefiting party),而【非受益】意味着该活动不具备这种能力。【固有的】和【潜在的】选项从属于【受益】。【固有的】意味着受益方必须被明确;【潜在的】意味着受益方可能被明确:资源在那里,但是不一定被占有。【+施益的】意味着资源被有效地利用,受益方也会被明确;而【一施益的】意味着错失资源,没有受益方被明确。当受益方被明确时——即选择【固有的】或【＋施益的】,这两个选项隐含受益方的明确——就要在【自反】和【非自反】这两个选项中进行选择。【自反】和【非自反】这两个选项关注的是对受益方身份的明确。【自反】意味着施动者与受益方相同,【非自反】则意味着施动者与受益方不同。【非自反】允许选项【简单】和【复杂】的出现。二者都为受益方提供了更多细节,【简单】意味着只有一个受益方被明确,而【复杂】意味着两个相互分离的受益方被明确。剩下的两个选项【自由】和【限制】将在后面进行讨论。

在这里,我将目前所谈到的有关受益性选项的指令呈现如下:

E: 1.【非受益的(non-beneficial)】

 a. 次范畴化事件为/(物质行动)不能要求受益者(Benefiter)功能/

 b. 排除受益者功能

2.【受益】

 a. 次范畴化事件为/(物质行动)能够要求受益者功能/

3.【固有的】

 a. 插入受益者－1 功能

 b. 次范畴化受益者－1 为领受者(Recipient)

 c. 受益者预选名词词组,该词组中的事物是有生命的

 d. 次范畴化事件为/(物质行动)必须要求受益者功能/

4.【潜在的】

 a. 次范畴化事件为/(物质行动)不一定有受益者/

5.【＋施益】

 a. 次范畴化事件为/(物质行动)要求受益者/

 b. 插入受益者－1 功能

 c. 次范畴化受益者为委托者(Client)

 d. 受益者预选名词词组,该词组中的事物是有生命的

6.【一施益】

 a. 次范畴化事件为/(物质行动)不需要受益者/

7.【自反】

 a. 受益者预选(名词词组,该词组中的事物是有生命的),并且受益者与施动者相同。

8.【非自反】

 a. 受益者预选(名词词组,该词组中的事物是有生命的),并且受益者与施动者不相同。

9.【简单】

 a. 排除受益者－2

10.【复杂】
   a. 插入受益者－2
   b. 受益者－2预选(名词词组,该词组中的事物是有生命的,并且它与施动者不同指。)
   c. 次范畴化受益者－2为最终委托者
   d. 最终委托者预选带有介词for的介词词组
   e. 最终委托者功能与介词补语功能合并
   f. 命令介词补语跟在介词for后面

'受益方'或受益者的概念并非不言自喻。正如韩礼德(Halliday 1985a:135)指出,在日常意义上,受益者并不总是受益的,如句子 Jocasta gave Claudius a dose of poison(卓卡斯塔给了克劳迪亚斯一剂毒药)。而且,在句子 John drove to the office(约翰驾车去办公室)中,根据常识性观点,约翰可以被认为受益于他的驾驶行为。因此这里需要指出,受益者功能不仅是在'领受者'身上,而且只有在它与施动者分开时才能被识别出来。受益者受限的情况与【自反】选项有关,在这里,受益方与施动者是同指的(见上面E7a)。但是,即使在这种情况下,施动者^过程^中介与施动者^过程^受益者^中介的意思也并非是相同的。思考下面的句子:

(2a) Susan bought a dress.(苏珊买了一条裙子。)(施事^过程^中介)

(2b) Susan bought herself a dress.(苏珊为她自己买了一条裙子。)(施动者^过程^受益者^中介)

尽管缺乏有说服力的原因,人们还是把(2a)这个句子解读为苏珊为自己买了一条裙子。然而不为她自己买裙子的可能性也是有的。(2b)这个句子则不存在语义的不确定性。试比较:

(3)Susan couldn't find a better present for Pam.(苏珊没能为帕姆找到一件更好的礼物。)

(a)So she bought a dress.(所以她买了一条裙子。)

(b)So she bought herself a dress.(所以她为她自己买了一条裙子。)

因为苏珊买裙子这件事不一定被解释为她为自己买裙子,所以这个语境中句子(3a)可以解读为Susan bought a dress as a present for Pam(苏珊买了一条裙子,作为帕姆的礼物)。句子(3b)不允许这样的解读,而且在没有详尽的后续解释时,读者会觉得句子意思有些奇怪。稍后我们将看到,这种施动者与受益者的不对应是非常重要的。

同样重要的还有【受益:固有的】和【受益:潜在的:＋施益】的区别。请看:

(4)I gave John a book.(我给了约翰一本书。)【受益:固有的】

(5)I bought John a book.(我给约翰买了一本书。)【受益:潜在的:＋施益】

在(4)中,受益者功能被蕴含了(参见 E3a 和 E3d),而在(5)中,它只是被允许的。I gave a book(我给了一本书)暗示了一个隐形的受益者(Hasan 1984c,有关

implied vs. implicit）；I bought a book（我买了一本书）却没有受益者。只有在我们假定支持 buy（买）这个词项的受益性选项是［受益：潜在的］时，buy 这个词这一方面的含义才会被捕捉到。注意区分所插入的受益者角色在【固有的】(E3b) 和【＋施益】(E5c) 中的不同。当与【简单】这个选项组合时，【固有的】选项下的受益者角色，更具体地说，是领受者，而在【＋施益】选项下，受益者角色是委托者。如果选择表达式同时包括了【非重复】和【简单】，那么在某些可列举的条件下，领受者和委托者将被映射到环境 (Circumstance) 上。如果是这种情况的话，环境会预选一个介词词组，在【固有的】选项下，这个介词词组预选的介词是 to，而【＋施益】下预选的介词是 for，同时把受益者名词词组作为补语。这样句子 (4) 和 (5) 将变成：

(4a) I gave a book to John.（我把一本书给了约翰。）【非反复；…：固有的：简单…】

(5a) I bought a book for John.（我为约翰买了一本书。）【非反复；…：＋施益：简单…】

如果不是【简单】，而是选项【复杂】被选择，【固有的】和【＋施益】的区别将更加明显。【复杂】将最终委托者功能 (E10c) 插入句子，而最终委托者只能预选以 for 为开头的介词词组，把受益者名词词组作为补语。这样，句子 (4) 和 (5) 将变成：

(4b) I gave John a book for Iona.（我为艾奥娜给了约翰一本书。）【非反复；…固有的：复杂】

(5b) I bought John a book for Iona.（我为艾奥娜给约翰买了一本书。）【非反复；…＋施益：复杂】

再一次，在某些可列举的条件下，句子 (4b) 而非 (5b) 可以采用如下形式：

(4c) I gave a book to John for Iona.（我为艾奥娜把一本书给了约翰。）

(4d) I gave a book for Iona to John.（我为艾奥娜把一本书给了约翰。）

与此相应，我们却不能说：

(5c) I bought a book to/for John to Iona.

(5d) I bought a book for Iona for John.

一个相关的观察结论是：尽管支撑句子 (4e) 的是选项【复杂】（领受者是隐形的），而 (5e) 却只能是【简单】的。

(4e) I gave a book for Iona.（我为艾奥娜给了一本书。）

(5e) I bought a book for Iona.（我为艾奥娜买了一本书。）

领受者与委托者的不同以及委托者与最终委托者的不同似乎被激发了。当最终委托者被插入时，领受者与委托者的语义值达成某种统一：都是中介被传递给委托者的手段。更多关于以上细节的问题就不在这里一一叙述了，因为，这已经足够我们讨论作为本文焦点的【反复】过程了。但是，需要指出两点：1. 由两个不同选项插入的同一功能——比如，受益者－1 的功能，它既可以由【固有的】插入也可以由【＋施益】插入——并非在所有方面都相同；2. 一个选项的语义值——它所构建的意义——取决于该选项的环境。

我们回到访问权系统和特点系统,【反复】和【获得】的组合是在【单一】和【中性】之间进行选择的进入条件。【反复;获得】的组合 PI 是 C1 和 D1a-b 的结合。有关【单一】和【中性】的指令如下:

F: 1.【单一】
　　a. 中介预选名词词组,词组中包含事物/(可让与的,可分离的)复数的/
　2.【中性】
　　b. 中介预选名词词组,词组中包含事物/(可让与的,可分离的)复数或者不可数的/

忽略受益性系统的话,到目前为止的,有关过程的选择式表达式是:

　(i)【物质:行动:处置:获得:反复:单一】
　(ii)【物质:行动:处置:获得:反复:中性】

注意在图 7.2 中,【单一】是一条路径的终点,那么它可以明确任何一个可识别为词项的形式单位吗?我认为在表达式(i)中,能够体现事件的语言单位一定指的是一项具体的且包含中介位置变化的活动,它在本质是重复的,可以使施动者获得对中介的访问权,中介也因此只能受限于'复数'。在英语中,符合以上所说条件的语言形式只有一个,即,gather。体现陈述公式(C1;D1a-b;F1a)在允许句子(6c)正确的同时,也解释了(6a-b)为什么是怪异不可接受的。

(6a) Leonie gathered the water/meat in the bowl.(莉奥妮在碗里收集了水/肉。)

(6b) Leonie gathered one book from her shelf.(莉奥妮从她的书架上收集了一本书。)

(6c) Leonie gathered some roses from the garden.(莉奥妮从花园中收集了一些玫瑰。)

选择表达式(ii)并不代表路径终点,依附于【中性】的是【+大量】和【非标记】。然而,正如该选择表达式所表明的那样,我们可以肯定地说,这里能作为事件功能的形式至少在一点上与 gather 不同:它必须"采用"一种中介,该中介中的事物可以是【复数】的或者【不可数】的。完全忽略古词 amass 的话,在英语中符合条件的词项只有两个:collect 和 accumulate。

我认为我们需要承认,拼写词 collect 是两个相关却不同的词项的表达式:collect-1 与 deposit(存放)是反义词,collect-2 与 scatter/strew(散开/分散)是反义词。只有 collect-2 是【反复】的,因此符合 D1b 的要求。你可以在图书馆存放(deposit)或者取走(collect)一本书,但是,基于 collect-2 的意义,你就不能说散开/分散(scatter/strew)或者积累(collect)一本书。再者,collect-1 可以是【非受益】,而 collect-2 则并非如此。(比较以下两个例子,I collected Iona her son from the school(我接走艾奥娜她儿子从学校)和 I collected Iona some flowers(我为艾

奥娜收集了一些花),前者显得奇怪,后者则是司空见惯的。)考虑到F2,下面的句子都是很普通的英语句子:

(7a) Susan collected the water in the bowl.(苏珊取走了碗里的水。)

(7b) Susan collected some leaves from the garden.(苏珊从花园里收集了一些树叶。)

那么accumulate又作何解释呢?这必须要从介于【+大量】和【非标记】之间的终极选项说起。试比较:

(8a) Susan collected some solution.(苏珊收集了一些溶液。)

(8b) Susan accumulated some solution.(苏珊累积了一些溶液。)

(8c) Susan accumulated gallons of solution.(苏珊积蓄了几加仑溶液。)

(9a) Leonie collected two dollars.(莉奥妮收集了两美元。)

(9b) Leonie accumulated two dollars.(莉奥妮累积了两美元。)

(9c) Leonie accumulated thousands of dollars.(莉奥妮积攒了几千美元。)

在这两组三联句中,只有(b)略显奇怪。这就是传统意义上的'文体不当',但是文体并不独立于语法之外,一个精密的语法可以指出文体不当的根源,正如这里的例子。【+大量】和【非标记】的指令分别如下:

G:1.【+大量】

　　a.中介预选名词词组,词组中包含事物/(可让与的,可分离的,复数或者不可数)必须表明一个非常高的程度(extent)/

2.【非标记】

　　a.中介预选名词词组,词组中包含事物/(可让与的,可分离的,复数或者不可数)指明任何程度(vastness)都可以/

这些指令有助于我们解释,为什么在(8a),(8c)和(9a),(9c)之外,我们还可以有下面的句子:

(8d) Susan collected gallons of the solution.(苏珊收集了几加仑溶液。)

(9d) Leonie collected thousands of dollars.(莉奥妮募集了几千美元。)

同时,这些指令也解释了,为什么在句子(8a-d)和(9a-d)中只有(b)文体不当。也值得注意的是,目前为止,在网络产生的这个三个词中,collect是最通用的,因为它包含【中性:非标记】选项(见F2a/G2a)。我设想,在这三个词【获得:反复】过程中,collect是使用最多的,而最少使用的则是accumulate。如果这个假设能有实证来丰富,那就意味着,精密的语法可以说明特殊的语言单位使用频率和它的选择表达之间的非任意关系。

【处置】选项和受益性选项是并行的,所以尽管这三个词项的独特身份已经建立,还有更多问题能够且必须进行讨论。在【处置】情境中,受益性选项的意义涉及访问权选项。【获得】和【受益】的组合意味着施动者所获得的对中介的访问权限可以传递给一些受益者。有趣的是,【获得】经常与【受益;潜在的】结合,但也有一些例外，比如 snatch(抢夺)，grab(夺取)，inherit(继承)。【丧失】与【受益】的组合意味着，施动者对中介访问权的失去在某种程度上是受益者对中介访问权的获得。【丧失】经常与【受益；固有的】或者【非受益】组合；它很少与【受益；潜在的】结合，尽管例外也是存在的，比如 scatter 或者 throw(投掷)。

假设【获得：反复】的结合衍生出来的系统路径导致了对这样一种事件的所选，即那种只能用上文的 gather, collect 或者 accumulate 来表达的事件，我们就可以认为【获得：反复】选项的结合带有一个指令：

C1a-D1a:【获得：反复】

a.过程预选【受益：潜在的】选项

这等于是说，英语中没有仅包含【获得：反复】选项，却不包含【受益：潜在的】选项的过程。如果这个论断为真，那么 gather, collect 和 accumulate 就都能'携带'受益者功能，而事实的确如此。在以上词项的示例中，受益性选项已经是【受益：潜在的：－施益】，但是【受益：潜在的：＋施益】这种选项也是有可能出现的。不过在这一点上，accumulate 和其他两个词项的细微区别也就呈现出来了。思考下列句子：

(10a) I gathered Jenny some flowers.（我为珍妮收集了一些花。）

(10b) I gathered some flowers for Jenny.（我为珍妮收集了一些花。）

(11a) I collected the kids some water in the bowl.（我为这个孩子在碗里收集了一些水。）

(11b) I collected some water in the bowl for the kids.（我为这个孩子在碗里收集了一些水。）

(12a) ? Leonie accumulated John great wealth.（莉奥妮积累了约翰很多财富。）

(12b) Leonie accumulated great wealth for John.（莉奥妮为约翰积累了很多财富。）

用传统术语来说，这三个词中只有 accumulate 不能加直接受益者。至少可以从三个角度来解释其中的差异：第一，accumulate 含有的选项是【非受益】而非【受益：潜在的】，如果是这样，那就意味着(12b)中的 for John 与(10b)中的 for Jenny、(11b)中的 for the kids 有着截然不同的功能，但是这样的论断并不可靠。第二，for John 是最终委托者，因为受益者的功能只能用包含 for＋John 的介词词组来体现。与这种解决方案相反，我们再来看一下句子(4e)－(5e)以及这样的一个事实，根据 E10c，最终委托者是受益者－2 的一个更具体的标签。与 gather 和 collect 不同，accumulate 后面不能携带受益者－2，例子如下：

(10c) I gathered Jenny some flowers for her mother.（为了珍妮的妈妈，我收集了一些花给珍妮。）

(11c) I collected the kids some water in the bowl for their dog.（为了孩子们的狗狗，我给孩子们在碗里收集了一些水。）

(12c) ? Leonie accumulated John great wealth for his children.（为了约翰的孩子，莉奥妮为约翰积累了很多财富。）

把句子(12b)中的 for John 当作最终委托者与以下概括矛盾，这一概括是：只有在领受者/委托者以系统化的方式'呈现'时，才能插入最终委托者这个功能，正如(4b)和(5b)所显示的那样。第三，也是最后一种解释，(12b)的 for John 是一个委托者，这与句子(10b)的 for Jenny 和(11b)的 for kids 是相似的。每一个句子都有受益者－1(=委托者)的角色；然而，适用于句子(10)和(11)的信息系统选项，却不适用于句子(12)。如果选项【受益：潜在的：＋施益】与选项【（获得：反复）：中性：＋大量】组合在一起，那么能够作为事件的词项——即，accumulate——是不能接直接受益者的，只能有一个施益环境(Benefactive Circumstance)，像句子(12b)那样而不是句子(10b)和(11b)那样。在这方面，(12b)中的 for John 与(10b)中的 for Jenny 和(11b)中的 for the kids 不同。我同意第三个结论，因为至少在有选项【反复】的环境中可以找到大量像(12b)一样的句子。

这个观点表明，与【简单】vs【复杂】并行的另一个系统选择，适用于任何包含选项【反复】以及【…非自反】的选择表达式，其术语是【自由】和【限制】。【限制】的指令如下：

H：1.【限制】
　　a. 委托者预选带有 for 的介词词组
　　b. 领受者预选带有介词 to/between/amongst 的介词词组
　　c. 合并受益者－1 与介词补语
　　d. 命令介词补语跟在介词后面

选项【限制】单独作用于受益者－1，不考虑它是否与【简单】或者【复杂】相组合，这个选项有两个重要特点：a. 委托者/领受者是受限的，正如前面(H1a-d)所明确的那样；b. 某些信息选项不适用于此选项。顺便说一下，特点(b)，而不是特点(a)，也经常见于选择表达式包括【潜在的：＋施益：非自反：复杂】的句子中；但是如果缺失特点(a)，那么这些句子也就不会包含【限制】选项了。正如所举例子(5b)(10c)和(11c)，【限制】和【潜在的：＋施益：非自反：复杂：自由】的相似之处可以由要求预选一些具体信息选项的体现陈述来表示。

为了总结上述讨论，下面这个选择表达式排列将要求事件必须从 gather, collect 和 accumulate 中选择其一。这个排列中的每一个成员都具有下列选项：

【物质：行动：处置：获得：反复：受益：潜在的】

这些选项在以下排列中不会重复出现，但被假定呈现在下列每一个成员中：

I：【单一；－施益】

　　事件 = gather，例如(6c)

II：【单一；＋施益：非自反：简单：自由】

　　事件 = gather，例如(10a-b)

III:【:单一;＋施益:非自反:复杂;自由】

事件 ＝ gather,例如(10c)

IV:【:中性:＋大量;－施益】

事件 ＝ accumulate,例如(8c,9c)

V:【:中性:＋大量;＋施益:非自反:简单;限制】

事件 ＝ accumulate 例如(12b)

VI:【:中性:非标记;－施益】

事件 ＝ collect 例如(7a,7b)

VII:【:中性:非标记;＋施益:非自反:简单;自由】

事件 ＝ collect 例如(11a,11b)

VIII:【:中性:非标记;＋施益:非自反:复杂:自由】

事件 ＝ collect 例如(11c)

3. '丧失'的词汇语法 1: SCATTER, DIVIDE, DISTRIBUTE

当我们的讨论转向【丧失】和【反复】组合之后产生的选项时,受益性选项必须从一开始就考虑在内。这意味着,各种【丧失】过程的根本差异不仅在于它们是否是【反复】,还在于它们是否是【受益】。当选项【丧失:反复:受益】组合在一起时,就为选择【任意的】还是【计划的】提供了一个复杂的进入条件。【任意的】意味着对中介的处置没有特定的计划,而【计划的】意味着在活动中,对中介的处置是在相对合理的设计中进行的。这些选项的 PI 是 C2, D1a-b 和 E2a 的合体。它们的指令如下：

J: 1.【任意的】

   a. 合选(co-select)【潜在的】选项

   b. 次范畴化事物中介为/(可让与的,可分离的)复数或者不可数,固态/

2.【计划的】

   a. 合选【固有的】选项

   b. 次范畴化受益者－1 为/(有生命的)非单数/

由于【任意的】表示了一条系统路径的终点,那么包含这一选项的选择表达式如下：

(iii)【物质:行动:处置:丧失;反复;受益:潜在的】

在英语中,只有 scatter 可以在包含以上各选择表达式的句子中行使事件功能。尽管 strew 与 scatter 在某些方面很相似,但它不符合选项【受益:潜在的】的要求,因为这就意味着,在含有 scatter 的句子里可以'携带'受益者,而对于 strew 来说,这一可能性并不是开放的(比如 She strewed the pigeons some breadcrumbs (她给鸽子撒了一些面包屑))。

根据J1a-b,句子(13a-b)是正常的英语句子;而(13c)却不是。

(13a) She scattered her clothes all over the place.(她把衣服堆得到处都是。)

(13b) She scatterd the toys on the floor.(她把玩具散放在地板上。)

(13c) She scattered juice on the table.(她把果汁散放在地板上。)

考虑到(iii)中【潜在的】选项的出现,因此,可以进一步在【－施益】和【＋施益】之间进行选择。句子(13a-b)呈现了【－施益】,而支撑句子(14)的是【＋施益】：

(14) She scattered the pigeons some breadcrumbs.(她撒给鸽子一些面包屑。)

对【＋施益】的选择有一个有趣的附加效果：它给人制造出一种刻意为之的印象。而这种意图在句子(13a-b)中是没有的。这可能不是这一特定词项的偶然特征,我们可以试比较：she broke a stick(她折断了一根棍子) vs. she broke them a stick(她为他们折断了一根棍子)和 she found a sixpence(她找到了六便士) vs. she found them a sixpence(她为他们找到了六便士)。

当选项【任意的】和【＋施益】组合时,就会对被预选为受益者的名词词组产生影响；事物不仅必须有生命特征,而且极有可能不是人类。比较句子(14)和(15)：

(15) she scattered the children some bread.(她撒给孩子们一些面包屑。)

句子(15)让读者想起了一个令人厌恶的女性形象,可能是位童话故事中的继母。再者,【＋施益：非自反】使得【简单】或者【复杂】都可以被选择,尽管当与【任意的】结合时,选项【简单】被选的可能性远大于【复杂】。我们很少能找到类似(16)的句子：

(16) She scattered the pigeons breadcrumbs for their chicks.(为了它们的幼鸟,她撒给鸽子一些面包屑。)

尽管句子(15)和(16)相较于(13a)或(14)来说不太常见,但却不像(13c)那样令人感到奇怪。因此尽管(13c)可以被归结为一个错误,(15)却可以当作是 scatter 在【任意的】选项下建构出来的一个意义；而(16)之所以罕见,是因为它将【任意的】和【＋施益：非自反：复杂】相组合。【任意的】暗示了对中介的处置没有任何特定的设计,而对【＋施益】的选择则提高了施动者对中介进行特定处置的可能性。尤其是最终委托者选项(为对应【复杂】而插入的选项,见 E10a-f)与对中介的处置缺少特定设计这一点相矛盾。因此,就 scatter 的所有这些重要事实而言,7.2 中所列的选项足够对其进行陈述了,无需再添加新的选项。要求事件被表达为 scatter 的选择表达式排列,现在可以描述如下。

排列中的每一个成员都具有下列选项,并且,这些选项都被假定呈现在表达式IX-XI中：

【物质：行动：处置：丧失；反复；受益：潜在的】

IX：【：任意的；－施益】

事件 = scatter   比如（13a,13b）

X:【:任意的;＋施益:非自反:复杂:自由】

事件 = scatter   比如（16b）

XI:【:任意的;＋施益:非自反:简单:自由】

事件 = scatter   比如（14）

这里关于 scatter 的描述可能存在一个问题。我前面说过,如果【自由】与一些信息系统中的选项一起出现,那么句子中的**委托者**功能将被体现为一个**施益环境**。更确切地说,介词词组将以 for＋名词词组受益者－1 的形式出现。如同句子(10a)和(10b)之间的比例关系,句子(14)和(14a)的比例关系与之相同。

(14a) she scattered some breadcrumbs for the pigeons.（她为鸽子撒了一些面包屑。）

但(14b)也同样是正常的小句么?

(14b) she scattered some breadcrumbs to the pigeons.（她给鸽子撒了一些面包屑。）

如果答案是肯定的,那么 scatter 将呈现出会允许一个施益环境的出现,而且只有受益者－1 被次范畴化为领受者时,这样的施益环境才出现;我论证过这种角色只有在【固有的】选项被选择时才出现(比如见 4b－4e)。在选择领受者还是委托者时,如果 scatter 保持中立,那么指令 J1a 就是错误的,整个网络也就是误导的。然而,我可以肯定(14a)是个完全正常的句子,但是对于(14b)我不能肯定。所以,我将带着这一疑问结束对 scatter 的讨论。

【计划的】使得选择在【不确定】和【确定】中继续进行,指令如下:

K:1.【不确定】

  a. 次范畴化中介为/(可让与的,可分离的)单数,复数或者不可数/

  b. 合选【固有的】和【限制】选项

 2.【确定】

  a. 次范畴化中介为 /(可让与的,可分离的)复数或者不可数(即排除单数)/

  b. 合选【固有的】和【自由】选项

这就说明,如果【不确定】被选,那么,任何可作为事件的词项都可以把一个单数/复数/不可数名词当作中介中的事物;这个活动必须暗含一个领受者(以 give 为例,可以比较句子(4a－4e));领受者必须以施益环境的形式出现,在这里其介词词组必须以 to/between/among 开头。在英语中,符合上述要求的词只有 divide。像 collect 一样,divide 表达两个不同的词条:divide－1 与 cut 意思大致相同,是 join 的反义词;与 divide－2 意思最相近的是 distribute,以及古词 apportion,它最贴切的反义词是包含反复特征的 collect,也可能是 hoard。这里我只关注 divide－2。与【不确定】的 PI 一起,K1a-b 明确地允许下面的句子出现:

(17a) she divided the apple between John and Jenny.(她把苹果分给约翰和珍妮。)

(17b) she divided the sweets amongst the children.(她把糖果分给孩子们。)

(17c) the Head of School divided the money between the two research directors for their assistants.(校长把钱分给两个研究室主任来支援他们的助理。)

注意(17a)和(18a-b)的不同。

(18a) she divided John and Jenny an apple.(她为约翰和珍妮切开苹果。)

(18b) she divided an apple for John and Jenny.(她为约翰和珍妮切开苹果。)

(18a-b)中的 divide 是词条 divide－1,它只是进行了转换,并不是处置性的物质行动。这个 divide 不包含受益性系统中的【固有的】,因此,我们可以说出句子(18c)而不需要暗示一个受益者：

(18c)she divided an apple (in half).(她把苹果切开（两半）。)

那么沃尔夫坚持认为,'在每个词都必须有"准确的意义"这个信念上我们都错了……词汇的所指是完全受所在句子以及语法模式支配的'(Whorf 1956：258－9)。这句话是多么地正确。只有构建了精密的语法,我们才能表明哪些语法模式决定了某个语言形式的所指。上述关于 divide 和 collect 的描述已经清楚地表明,制定一些方式来明确语言形式单位之间的'反应物'要比切割已给词串、重新排序和标注切割成果更为重要。

【丧失;反复;受益:固有的】的组合能产生另外一个效果,这在 J2b 中被获得,这一效果是:受益者预选的名词词组必须包含【复数特征】。注意句子(17a)与(18d-e)的不同：

(18d) she divided John an apple.(她为约翰切了个苹果。)

(18e) she divided an apple for John.(她为约翰切了个苹果。)

包含【反复】的 divide 被认为也包含【限制】选项,确切的原因是受益者－1 永远不能作为直接受惠者(beneficiary)出现。【固有的】选项也被预选在内,因为受益者－1 总是被解释为领受者(如和词 give,sell,lend 一起出现时)。这些特征与【计划的】一起可以解释为什么施益环境只能被带有 between 或 amongst 的介词词组体现。但是,我认为,在这里,【计划的】过程的另一个方面也是重要的。正如对【＋施益】和【任意的】的选择(如,scatter)产生了刻意的印象一样,【固有的】和【计划的】的组合产生了一种"耗尽"之感。比如,(17b)产生的印象是,当 divide 行为结束后,糖果没有了,尽管这种印象也可以通过另作说明来消除(例如 She divided some of the sweets amongst the children(她把一部分糖果分给了孩子))。然后,注意(19a)和(19b)的区别：

(19a) she distributed some medicine to the refugees. (她给难民分发了一些药品。)

(19b) she distributed some medicine amongst the refugees. (她在难民之间分发了一些药品。)

我认为只有(19b)制造了某种印象,当分发行为结束后药品没有了。如果确实如此,这将为 divide 之所以会选择 between/amongst 提供了更好的解释,在没有其他明示的情况下,我们可以说,选择 between/amongst 就有了"耗尽"之感。区分 between 和 amongst 的不同还需要更多的细节,但是线索已经清楚,我们不在这里做进一步讨论。

要求事件被表达为 divide 的选择表达式排列呈现如下(XII-XIII)。以下选项为每一个成员所共有,这些特征将不重复出现在单个的表达式中:

【物质:行动:处置:丧失;反复;受益:固有的:非自反】

XII:【:不确定;简单;限制】

事件 = divide 例如(17a)(17b)

XIII:【:不确定;复杂;自由】

事件 = divide 例如(17c)

如果【确定】被选,就意味着任何一个可以作为事件的词项都不能携带一个单数名词来作为中介中的事物;该活动一定暗示一个领受者(当然,这是在 PI 之前所继承的特点之外的)。符合这些要求的词是 distribute。比较(17a)和(20a):

(20a) she distributed an apple to the children. (她把一个苹果分发给孩子们。)

再者,如果我们认可 they distributed some medicine,那么就暗示了一个领受者,就像句子 I'm giving a book (as a present)一样。我认为 distribute 包含【自由】选项(见 K2b),这就意味着它可以有直接受益者-1,如(20b)。

(20b) the government distributed the peasants a new high-yieding variety of wheat seeds. (政府给农民分发了一种新的高产的小麦种子。)

【简单】和【复杂】之间的选择同样适用于:

(20c) to celebrate the event, they distributed everyone bags of sweets. (为了庆祝这一事件,他们给每一个人分发了糖果包。)

(20d) on Mother's Day, we distributed the children presents for their mums. (在母亲节,我们给孩子们分发了为他们的母亲准备的礼物。)

可见,受益者的非单数性可以通过不同方式表达,这样极有可能的是 K1a-2a 中的次范畴化陈述需要更加审慎地表达。思考下面的句子:

(21a) she distributed pamphlets to the students. (她给学生分发了小册子。)

(21b) she distributed a pamphlet to each student. (她给每位学生发了一

本小册子。)

(21c) ? she distributed pamphlets/a pamphlet to a student.(她给一位学生分发了小册子/一本小册子。)

要求事件被表达为 distribute 的选择表达式排列呈现如下(XIV-XV),其共同选项与表达式(XII-XIII)中的共同选项一致,即【物质:行动:处置:丧失;反复;受益:固有的:非自反】,这些特征将不重复出现在以下表达式中:

XIV:【:确定;简单;自由】

事件 ＝ distribute 例如(20a,20b,20c)

XV:【:确定;复杂;自由】

事件 ＝ 例如(20d)

4. '丧失'的词汇语法 2: STREW, SPILL, SHARE

上述章节对将【丧失;反复;受益】组合起来的过程进行了描述总结。当【丧失;反复】与【非受益】组合时,就在【独立】还是【合作】之间构成了复杂进入条件。【合作】意味着活动进行中不能没有'共事者(co-doer)'。正如领受者总是与【固有的】一起出现一样,我称为合作者(Cooperant)的功能也总是与【合作】一起出现在句子中。例如,(Eric is so sweet)he always shares his toys((埃里克非常善良)他总是分享玩具)。当选项是【独立】时,合作者是不允许出现在句子中的。基于这一点,我将区分句子 Eric and Jim played with the toys 中的'联合'行动,与 Eric shared his toys with Jim 中的合作性(cooperancy)。指令如下:

L:1.【独立】

　　a. 次范畴化事件为/(物质行动本质上重复、导致施动者失去中介访问权,且不能要求受益者出现)本质上不需要共事者/

　2.【合作】

　　a. 次范畴化事件为/物质行动本质上重复、导致施动者失去中介访问权,且不能要求受益者出现)本质上需要共事者/

【独立】是两个选项的进入条件,这两个选项意义明确,无需赘述。它们将中介次范畴化为:

M:1.【＋固态】

　　a. 次范畴化事物中介为/(可让与的,可分离的)复数,可数或者固态/

　2.【＋液态】

　　b. 次范畴化事物中介为/(可让与的,可分离的)液态/

【独立:＋固态】要求 strew 来体现事件,而【独立:液体】则需要 spill 来体现事件。值得一提的是,scatter 是 strew 的一种可能,但是它也包含【受益:潜在的】。当选项包含【…:－施益】时,strew 和 scatter 是可以互换的。因此我们可以说:

(22a) she had scattered everything on the floor.(她把所有东西都撒在了地板上。)

(22b) she had strewn everything on the floor.(她把所有东西都分散在了地板上。)

但是作为词项看,scatter 和 strew 并不是完全相同的。下面的句子是不存在的:

(23a) she strewed the pigeons some breadcrumbs.(她分散给鸽子一些面包屑。)

(23b) she strewed some breadcrumbs for the pigeons.(她为鸽子分散一些面包屑。)

这就会产生另一个疑问:为什么【独立】在 strew 事件中应被承认,而在 scatter 事件中却不可以?这是由于所有其他的【处置】过程都和 strew 一致,不能要求合作者功能,所以,只有在【丧失;反复;非受益】环境中,二者的区别才有意义。作为一个词项,strew 远没有 scatter 的使用频率高,这可能是由于 scatter 不光可以做任何 strew 可以做的事情,还可以做 strew 不能做的事情,比如在句子中携带受益者。

spill 和 strew 的不同仅仅在于它的中介必须'是'液态的。这里需要注意 spill the beans(泄露秘密)和 spill his guts(把自己知道的一切原原本本地说出来)的隐喻性质。(22c)是 spill 的例子,与(22b)相比较:

(22c) the waiter spilt soup on her dress.(服务员把汤溅到了她的裙子上。)

在讨论【合作】之前,我们最好明确合作者功能的概念。合作者不同于受益者和非正式概念'联合行动者'。先前提到过,受益者不仅是接收的终端,也必须与施动者分离。对于合作者来说,这些统统不成立。例如:

(24) they shared the sweets.(他们共享糖果。)

这个句子可以理解为 they shared the sweets between/amongst themselves (他们彼此之间共享糖果)。这样的理解如果成立,是因为施动者和合作者功能都系统地出现,并且用 they 体现。试比较(24)和下面的(24a):

(24a) he shared the sweets.(他分享了糖果。)

在句子(24a)中,合作者被暗示,并且隐含在句子内;尽管没有明确地提到合作者,我们认为该功能是核心的,因为若缺少合作者,活动 share 将不能实现。因此,与受益者不同,合作者既不需要在接收终端,也不需要与施动者分离。不过,它可以出现在下面小句中:

(24b) John shared the sweets with Jenny.(约翰与珍妮共享糖果。)

在(24b)中,合作者功能由 with Jenny 体现,而施动者功能由 John 体现。

合作者也不同于联合行动者。请看:

(25a) they walked together to the station.(他们一起走去车站。)

(25b) Eric walked to the station with Jim.（埃里克和吉姆一起走去车站。）

这里并没有合作者功能。首先，没有两个或者更多人的参与也可以实现走路这件事；第二，无论多少人充当施动者，她或他也只对自己的行为负责。这与 share 不同：没有至少两个人的参与，share 事件不能进行；一个人的活动是另一个活动的基础。也有一些非处置过程在这一点上与 share 相似，如：marry，fight，meet，agree。但是在处置过程中只有 share 有这个特点。尽管 sell 和 lend 与 share 也相似，但是它们与 share 有很大的不同。在句子(26)中

(26) John sold /lent Melanie a car.（约翰卖给/借给梅兰妮一辆车。）

尽管 John 和 Melanie 共处一个交换环境中，但是他们各自在事件的角色是不同的。如果 John 与 Jenny 共享了糖果，那么结果是 Jenny 与 John 共享了糖果；但是如果 John 卖给 Melanie 一辆车，并不能导致 Melanie 也卖给了 John 一辆车。

如果合作者和施动者与活动的联系是一样的，那我们为什么还要区分合作者功能和施动者功能？简单的回答是，因为功能本身能够相互区分。如果在特定情况下，各个功能不能被小句中的不同成分体现时，我们就不需要特意去区分主语、动作者和主题。此外，句子(24b)和(24c)之间也存在意义上的不同。

(24c) John and Jenny shared the sweets.（约翰和珍妮共享了糖果。）

在(24b)中，John 对糖果有优先权；而句子(24c)中，John 和 Jenny 则在糖果优先权上是中立的。而且(24b)未给不确定性留有余地，(24c)却有不确定性。试比较句子(24c)与(24d)：

(24d) John and Jenny shared the sweets with Benny.（约翰和珍妮与本尼共享了糖果。）

明确【离散】和【融合】的区别也是重要的，这两项依赖于【合作】。【离散】的指令如下：

N: 1.【离散】
    a. 插入合作者功能
    b. 合作者预选含有介词 with 的介词词组
    c. 合并合作者与介词补语
    d. 介词补语预选有生命特征却不与施动者同指的名词词组
    e. 命令介词补语跟在介词 with 后

(24b)暗含【:合作:离散】选择，而(24c)暗含【:合作:融合】选择。【融合】只有一个指令，如下：

N: 2.【融合】
    a. 插入合作者功能
    b. 合作者预选有生命特征的名词词组

【融合】是进一步系统选择的进入条件，这个选择在【施动者取向】和【中介取

向】之间进行。(24c)示例了前者,而后者体现在(24e)中

(24e) John shared Jenny's sweets.(约翰分享了珍妮的糖果。)

我认为,在缺乏正当理由下,(24e)可以理解为"John 和 Jenny 共享了糖果,糖果是 Jenny 的"。这就是为什么有可能通过下列说法解决问题的原因:

(24f)John shared Jenny's sweets with her.(约翰和珍妮一起分享了珍妮的糖果。)

这最后一对选项的指令为:

P: 1.【施动者取向】
    a. 预选名词词组丛
    b. 预选表示增加与合作关系的连词 and
    c. 将施动者放于 and 前
    d. 将合作者放于 and 后
2.【中介取向】
    a. 合作者预选所有格 's
    b. 合并合作者与中介中的所有格修饰语

区分(24d)和(24f)十分重要。在(24d)中,with Benny 是合作者,John 和 Jenny 是(联合的)施动者。在(24f)中 with her 有不同的功能;它是一种"标记",我认为控制它的出现的选项不在及物性系统中,而是属于语篇元功能的某个其他系统网络的选项。因此这样的标记也可以与【施动者取向】一起出现,例如:

(24g)John and Jenny shared the sweets with each other.(约翰和珍妮彼此分享糖果。)

注意这里的介词词组受限制,要与合作者同指。因此,如果(24f)改成 John shared Ben's sweets,那么介词词组则为 with him。我无意对此做更多讨论,但总结上述观点,得出结论:唯一能够在含有【丧失;反复;非受益;合作】几个选项的小句中表达事件的词汇只有 share。

要求事件被表达为 strew,spill 或 share 的选择表达式排列呈现如下(XVI-XX),其中相同且不会在排列中重复出现的选项是:【物质;行动;处置;反复;非受益】。

XVI:【:独立:+固态】
    事件 = strew 例如(22b)

XVII:【:独立:+液态】
    事件 = spill 例如(22c)

XVIII:【:合作:离散】
    事件 = share 例如(24b,24d)

XIX:【:合作:融合:以施动者为导向】
    事件 = share 例如(24c)(24g)

XX:【:合作:融合:以中介为导向】
事件 ＝ share 例如(24e,24f)

5. 语法和词汇的连续性

以上讨论内容构建了 9 个有区别的词汇项目：

gather　　　scatter　　　strew
collect　　　divide　　　spill
accumulate　distribute　share

这些词项的共同之处在于,它们可以作为事件——其选择表达式包含【处置】和【反复】——出现在句子中。大约有 70 多种【非反复】【处置】过程,篇幅所限就不一一讨论了。这是试图写精密语法自然产生的结果。然而,我希望通过对这些词汇的描述,能够说明把全部语言形式变为语法具有可行性。事实上,我认为我不仅证实了"词汇"相当于"精密语法",也论证展示了"超越词汇的语法"的存在。就"gather""collect"和"accumulate"而言,这三个词项的独特性通过选择【单一】、【中性】、【＋大量】和【非标记】就可以建立,而展现它们与【受益】的组合则是在处理词汇之后的语法,希望这样可以更好地理解纵聚合关系选项中各成员之间的共性和差异。

需要澄清一点:根据 7.1 节中的假设(7),这里对 9 个词汇项目的描述并不完整,只是描述了一个元功能——经验功能的输出结果。在对更大语言单位如小句的描述中,马丁(Martin 1984),福塞特(Fawcett 1980),韩礼德(Halliday 1969a, 1970a,1977,1985a),曼和麦蒂森(Mann & Matthiessen 1983),杨(Young 1980)等学者都证明了假设(7)的合理性。并存的多结构假说能否循着级阶延伸至更小的单位,如"词项",还有待进一步考察,似乎没有什么理由排除这种可能性,而且还有一些有利的证明。例如,同义现象尽管比较麻烦,但这个概念已经得到了广泛认可(Leech 1974;Lyons 1977)。如果我们仔细探究 ask 和 enquire,buy 和 purchase,smile 和 grin,cry 和 bawl 这几对同义词,就会发现它们的经验推进语法结构相同,而人际推进结构相异。同样的现象出现在 day 和 today,two 和 both 这些词上。每一对词的两个成员都可能有相同的经验推进结构,尽管它们极有可能在语篇推进结构上不同。与一些大的结构不同的是,词项是不可划分的,但是如果原则上,我们接受不同的功能可以连接在相同的成分上,那么我们将没有理由拒绝一个词项可以承载两个或者更多的语法功能。这些观点都是推测的,需要我们进一步的检验。

有人会问:这些选择的依据究竟是什么？它们从哪里来？是否有循环性？人们是不是只是假装从"自成一体"的网络入手选择,好像它具有独特性,而实际上这些选择早已因某些词项的存在而得以确定？我的回答是这样的:不论我们描述词汇语法的哪一个方面，我们归根到底还是在描述已知事物的可能性，而这种知识来源于我们的语言经验。这些网络中的选择不是"普遍性"的，也不是"原始的"或者"神赐的真理"，而是可以被口头表达的、人造意义的语义指示物。这些选择之间存在某种相互关系，因为这正是我如何理解意义的英语表达方式。某些选择不存在则是因为（这种语言）不太可能创造出任何一种其他关系。比如说，乌尔都语中存在着【单一】相对【中性】非此即彼的平行选择，我曾经需要依靠【＋大量】和【非标记】来辨别的区分则不需要了。网络代表一种语言，但并不能创造这种语言。此外，尽管语法能够歪曲其他民族语义使之沦为英语意义的复制品，我还是很怀疑语法能创造语言的这种观点（Hasan 1984c）。

　　由于篇幅所限，我们无法将全部语言形式变为语法的意义和影响做细致讨论。但如果上面对于九个词项的解释合理可信，那就维持了系统功能关于语法和词汇之间存在着不可阻断的连续性的观点。这种观点拒绝将词汇和语法的关系看作是砖头和砂浆的之间的关系。将词汇当作是项目库，每一项都代表各自的含义的词汇观已被驳倒，而索绪尔（Saussure 1916），弗斯（Firth 1935），叶尔姆斯列夫（Hjelmslev 1961），沃尔夫（Whorf 1956）和韩礼德（Halliday 1961）的观点也得以证实。语言符号的意义和价值之间的复杂关系也被放到了更显要的位置。

　　在语义学中指称的概念是个疑难问题（Lyons 1977）。把术语"指称"理解为对现存事物对应的命名，这种解释具有局限性，它将符号系统任意分割成两个不同的区域：有些符号比如 tree 指的就是树这个具体的物体，是这个类别中的"存在于那里"的一员。然而，另外一些符号比如 gather，collect 却没有具体的指代物。这就给我们留下了一个尚待解答的疑问：这些符号之所以存在，只因其与动作/状态领域相联系，那么这种联系是如何形成的？为什么当我们想表达"the book is in that bag"的时候，却不能说"the book is on that bag"？

　　这里我向您解释：book，bag 的指称获取方式和 is，in，on，that，the 本质上是一样的。索绪尔对价值和意义的描述造成了不必要的困惑，部分归咎于语言和言语的区分。任何对指称的切合实际的描述都应将言语纳入考虑范围，并不仅限于知道名字叫 John 的人和穿着蓝色牛仔裤的男人指的是同一个人。但是，和人类生活语境分离的言语是不正常的。马林诺夫斯基（Malinowski 1923，1935a）之所以能够将价值和意义颠倒过来（Hasan 1985e），是因为在不同语境中表达言语的方式是对语言的创作。叶尔姆斯列夫的过程决定系统，在我看来大致如此。一种现象如果没有系统支持是不能成为过程的。价值和意义实际上是一个硬币的两面。从**系统的角度——语言**来看，我们可以说意义取决与价值。从过程的角度——言语来看，我们可以说价值取决于说话者通过符号持续的指示——它是如何与行动、思维结构交织在一起。探求使用中的意义（Wittgenstein 1958）意味着要关注使用的两种方式——一个符号如何与语串或范式中其他符号相结合或者形成对比，以及这个语串（的一部分）如何在这个世界使用。

这个论点需要进一步探讨。现今大多数语言学著述中，都存在着两种不谐调的观点、相混合的奇怪现象：语言代表着独特存在的意义；语言是对意义的构建，意义之所以存在应归因于关系网络，即"语言"的存在。从后者出发，所谓"世界知识"或者"知识结构"在很大程度上是由语言本身构建的。从前者出发，"世界知识"和"语言知识"被看作是两个不同的概念，两者从语言中隔开来。我们至少可以从两个方面批评这种观点：它实际上将先进的西方民族的世界知识当作了全部世界知识。如果他们认为这样的世界非常合理，那只是因为他们并没有成为被其他意识形态洗脑的对象。其次，对世界知识的假设并不能解释各种符号系统所构建的信息是如何融合到整体当中这一引人关注的问题。如果该问题引发越来越浓厚的兴趣和强烈的关注，那么这里展示的这种精密语法就成了调查的基本先决条件。继承路径概念明确地指出：符号的意义影像实际上是很长的。这种语法有一种潜力，能够使"语义继承"（Brachman 1979）和"概念从属"（Schank 1975）清楚明了地呈现出来。同时，这种语法似乎也能在很大程度上对威尔克斯优先语义的大部分基础做出解释（Wilkes 1978）。

系统功能语法一直否认转换保存意义这个荒谬的假说，只有在语义等同于经验元功能和人际元功能的某一些特定部分时，这种观点才得以维持。系统功能模式同时也否认语法的唯一有效形式就是探究与转换有关的语串的宗系关系。一旦这两个预先假定被移除，转换就变成了宗族关系，某些转换可能性的基本原理就能基于这种精密语法鲜明地展现出来（Hasan 1971）。

语法家梦想的实现，不仅有助于我们更好地理解同义、反义和上下义，能更清楚地表述区分"语法项"和"词汇项"的理据，也有助于将弗斯关于"搭配"的研究更精确化。同时，这个梦想的实现任重而道远。这里的敲门砖仅仅敲开了英语语言构建意义的全部潜力的冰山一角。

16 选择、系统和体现
——语言作为意义潜势的描述

> ……在语言学里,语言回归到了本身。我们不得不用语言描述语言,用词汇描述词汇,用字母描述字母。
>
> [弗斯 1957:121]

1. 前言

'选择(choice)'是一个'普通词汇',它在韩礼德的系统功能语言学(SFL)[1]中被用作一个术语。是什么使得韩礼德(Halliday 1961)在早期选择了这一术语?这大致和它相近的意义要素[2]有关。这从对该词同义词的频繁使用中就可以看出,如'挑选(selection)'以及'选项(option)',有关这两个例子,在 SFL 的专业性词汇中也能找到。然而,普通词汇长期在理论体系中逗留,会改变其语义身份:它们不得不舍弃一些非理论性的东西。意义,通常是人们刻意附加在词汇之上的,在很大程度上受到理论体系的管辖,在那里,词汇的价值和含义双双都变得虚无起来。它们所指称的'事物和关系'表征了那些'没有实体状态的建构体……它们既不是固有的,也不是先验的,而仅仅是回归本身的语言'(Firth 1957:181;也见 Halliday 1984b)。那么,在理想情况下,专业术语应该具有某些对该理论的运作机制至关重要的、可以被明确说明的功能。相比'普通词汇'被赋予的意义,专业术语的意义具有更多的精确性,如果确实是这样的话[3],那么,这一定是来自于人们相对更加刻意的使用。这说明专业术语的有效性仅仅取决于其在语言模型建立中的作用(Halliday 1996;Butt 2005;Butt & Wegener 2007)。而这些观点暗含在 SFL 的视理论为符号建构体的特例这一思想中。

然而,反过来也同样正确:一个理论术语仅当该理论所构建的'语言理念'有效时才有效(Halliday 1976a;1977):如果 SFL 中的术语都可以称得上是'科学的',即能准确无误地指称解释性语言模型建构中的理论'构建体',那么这就意味着该理论同样也是科学的,因为这些术语所代表的概念富有逻辑地、清晰地、穷尽地、成功地解释了语言的运作机制,而没有通过设置任意的限制——这种限制可能会将语言与言说者分离开来——来歪曲语言的本质。我曾指出(Hasan 2012,即将出版)根据以上标准来判断,该理论已经取得了巨大的成功,这不是说语言的理论框架已经变得简单了;仅仅是说,该理论所识别的系统过程,与使用者对它的经验感觉——视它为一种意义潜势——相一致:毕竟,尽管重力理论(the theory of gravity)需要很复杂的数学论据来证明,但,普通人对这一现象的经验符合这样的一个事实,即,该理论,不管如何复杂或不可及,都不会否定事物是向下掉落而不是向上掉落的这一世俗经验;一个成功的理论必须允许延续与经验数据的关联。

这些论断暗示了对理论术语——如 SFL 中的'选择'或者弦理论中的'弦'——进行探究将会涉及相当多的东西。术语如何在理论中使用是一回事,判断它作为专业术语是否在理论中有效运作却是另一回事,更不用说该理论是否建立在一个对语言有效概念化的基础之上。这些事情代表了对选择进行严谨探究的重大研究课题;人们至今还未对它们进行过认真的研究,目前几乎还没有关于开展该范围的研究需遵循某些原则方面的讨论。遗憾的是,由于篇幅和时间的限制,我也同样大体上避开对这些问题的讨论。本章节涉及一个主题,即从理论上来说,SFL 中的选择被激活为系统路径及其体现的调配良好的催化剂,它们一起将语言表征为意义潜势,这一属性固有于将语言视为'社会符号'的 SFL 的语言概念中(Halliday 1972;1978)。

2. 语言是一种社会符号吗?

上述推理将 SFL 的视语言为社会符号的语言概念放在了重要地位。涉及语言学领域,往往会有这样的问题:如果语言理论不可避免地偏袒理论家的语言概念的话,那么应该基于何种合理的基础,来判断其语言概念的准确性?语言学经常全神贯注于一个'好'的理论的决定性特质,但是,他们很少质疑一个语言学理论所描述的东西是否可以被看成是对'语言'的有效概念化,更不用说基于怎样的基础来判断回应的有效性,无论这种回应可能是什么。与此同时,不同的语言概念不断产生,常常这些语言概念又激发出皮尔斯(Pierce)所谓的'信念(doxic belief)'。常理之下,会有以下疑问:何种概念应该被接受?为什么?这些概念是否相互矛盾?如果不矛盾的话,这对于作为一门语言科学的语言学的本质来讲又意味着什么?这些问题指明了'语言学理论'这一表达的价值和含义的真正内容,如果对这些问题没有切实可行的回答,那么,对理论家来说,关于语言'真正'本质的讨论将不过是一个愿景。

2.1 将语言视作'纯'符号的观点

费尔迪南·德·索绪尔,一位杰出的学者,通过对语言单一的内在特质的命名,以及通过对该原则性特质的探讨,形成一系列推论,由此获得他的语言描述范畴,这确实验证了他的语言学研究对象的概念。根据索绪尔(Saussure 2006:21),'语言是表达思想的符号系统',语言学,作为研究该系统的科学,'只是符号学的一个分支'(Saussure 1966:16)。这种语言特质的稳固性在人类的意义交换的体验中得到普遍证实,而在意义交换中,符号的功能是将此特质作为语言的基本单位。基于符号的这些属性——这些属性使得语言符号系统像它在日常的意义交换中所展现的那样去运行——索绪尔留下了一个理论框架。

这一研究方法是我为什么对其语言的概念化产生兴趣的原因,但是,对于在此处提及此话题,还有另外一个更相关的原因。我认为(Hasan,待出版)索绪尔对语言作为一个符号系统——即作为一种符号(as a SEMIOTIC)——的明确和连贯的描述提供了极为显著的基础。但是由于他对语的描述仅仅参照了符号学的一个方面——即符号的系统性,这是语言的一个特征——却忽略了指号过程,如言语(PAROLE),因此他提出的关于语言(LANGUE)的语言学不能确切地实现其目的。我这么说不是因为言语因作为语言——即系统——的唯一证据而重要,更主要是因为如果不考察言语中的规律性,他提出的研究就没有可操作性。索绪尔的描述性范畴来源于符号及其规律的、系统性关系。其他任何不是来源于语言系统的,或者不受模板——即规律性的潜在模式,其实例被诉诸于言语组合体(syntagms)中的非原则性变异,而言语组合体是句法研究的基础——所指导的,都被他排除在其语言学之外。索绪尔从关于语言的语言学中排除言语的理由是:言语不能系统化,没有规律性可言。他当然也不会接受过任何'民俗形态学(morphology of folklore)'的存在。这就形成了悖论,一方面符号独立于使用者对其价值和含义的理解,成为'基于自身的符号',然而,另一方面,价值必须依赖于由言语的规律性所揭示的关系。

2.2 作为社会符号的语言观

作为后索绪尔语言学理论,SFL采用了索绪尔的关于语言符号的假设,但是在探讨其特征、发展其逻辑隐含意义时,SFL反对索绪尔将言语排除在语言学——这一语言学的目标是为符号及其价值提供全面的逻辑描述——之外的做法(Hasan,待出版)。原因有三:(i)通过提出能够对规律性进行预设的条件,SFL证明了言语是可系统化的;(ii)如果不研究言语,索绪尔的语言学理论注定失败:排除言语的话,它将失去'意义的形态'或者'被称为语言的符号间的相互作用'的所有证据(Saussure 2006:21);将无法证明符号的价值取决于它与其他符号的关系;最后(iii)索绪尔理论相互矛盾;SFL指出该理论的相互矛盾性和缺陷源于对言语的排除;当符号过程被理论化,成为内在于语言符号系统结构化的固有成分时,这种矛盾和缺陷就会消失。索绪尔(Saussure 2006)认为符号通过其意义被认知,关于语言的语言学把对此的科学描述作为主要目标。索绪尔在其最初的著作(Saussure 1966;2006)中所提供的是一个对作为纯符号系统的语言的不完整的(尽管卓越的)描述;而SFL所做的是通过一种可能穷尽的、解释性的、将语言视作社会符号的理论对其进行发展。我不是说SFL有意识地将此作为其使命;简单的事实是它最初是把语言作为社会生活中的交际系统来进行研究的,在对有关语言思想的探究中,它使用了与索绪尔几十年前所使用过的推理逻辑相同的研究方法。SFL 已经建立了广泛的由理论发展起来的术语,该理论与索绪尔的研究方向绝大部分是一致的,只是存在一个显著的差异:SFL 反对索绪尔将言语排除在外,因此 SFL 解决了索绪尔理论中的大部分矛盾(Hasan,待出版)。由于篇幅有限,这里我只简单地列举 SFL 理论的一些主要特征,正是这些特征使得 SFL 理论取得上述成就:

- SFL 把索绪尔的符号具有'二重性本质'的观点——这一点可从所指和能指的任意性关系中看出——进行了理论化;尽管索绪尔对符号意义和符号形态之间,音响形象和音响单位之间进行区分,但是这些差别直到最近(2006)才开始清晰,SFL 对这些关系进行理论化,将语言符号系统层化为语义层(=索绪尔的符号意义)、词汇语法层(=意义形态)、音系层(=音响形象)和语音层(=音响单位)。在言语中,这个层化的系统单位,就像一条毫无缝隙的溪流,在 SFL 中通过体现关系得到阐释(有关层化和体现的讨论,参见如 Matthiessen 2007;Halliday 1992;2009;Hasan 1995;即将出版)。图 1 表示索绪尔和 SFL 对于语言内部结构的思想的统一性。

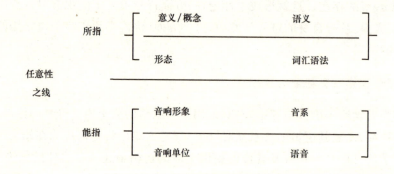

图 1 语言的内部层化:索绪尔和 SFL

- 使语言和言语的关系理论化:对 SFL 来说,言语不仅仅是以空间-时间为轴心对符号进行排序;它还参与某种情景语境下的社会活动;这些情景是社会文化语境的实例化。SFL 使言语和文化语境、以及语言系统之间的关系理论化,反映了语言符号的选择在言语中不是任意的:它与活动类型相关;社会实践中的文化规约性在语言中得到识解,这暗示了语言使用中的规约性模式。这些关系体现在图 2 中,图 2 来源于韩礼德(Halliday 1999)(讨论见 Halliday 1999,2009;Matthiessen 2007;Hasan 2009a,2012)。

16 选择、系统和体现——语言作为意义潜势的描述

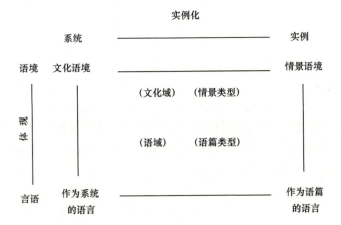

注释：文化在情景中实例化，正如系统在语言中实例化。

文化在语言中被体现/由语言来识解；同语言层次之间的关系一样(语义：词汇语法：音系：语音)。

文化域和语域是'子系统'；从'系统'的那一端看具有相似性。

情景类型和语篇类型是'实例类型'；从'实例'的那一端看具有相似性。

图2　系统和实例：语言和文化，语篇和情景

- 将单位范畴用作系统描述的重点而不是实例：索绪尔的联想关系(associative relations)(如,1966:126 关于教育)在 SFL 中被聚合描述所替代,这种聚合描述是以经过系统调校的选择——聚焦于层次单位范畴而不是单个语项——为基础的。对这些的体现对索绪尔的来说就是模板；SFL 通过使用术语,如系统路径(SYSTEMIC PATHS)、选择表达式(SELECTION EXPRESSION)和体现(realization)等,使这一概念更加精确：系统路径的体系是一个模板(如：结构)。所有组合体都不是句法的：部分也许来源于言语中出现的规律模式,如衔接协调(COHESIVE HARMONY)(Hasan 1984d),类属结构潜势(GSP)(Hasan 1978,1985c),语段分析(PHASAL ANALYSIS)(Gregory 1985),修辞结构理论(RST)(Mann, Mattiessen & Thompson 1992), 及修辞单位(RHETORICAL UNIT)(Cloran 1994)。

2.3　社会和符号的相互作用

SFL 之所以是社会符号的,是因为它坚持语言和社会的互惠关系：语言作为符号系统在社会实践行为中促使意义交换,但是,是文化的系统方面使得意义的选择合理化、使得意义在社会实践语境中变得得体。社会和符号系统的相互作用对于文化和语言意义潜势的塑造同样重要。韩礼德(Halliday 1970a:141)曾经观察到'语言的本质与我们对它的需求,以及它所必须施展的功能密切相关'。基于这一

观察,他得出了有关元功能的概念,韩礼德(Halliday 1973:101)指出它是以语域变化为基础的,如常见的'在什么样的场合说什么样的话'。符号具体意义的细节是基于元功能在语义层和词汇语法层来塑造的:除了通过索绪尔(Saussure 2006)所谓的'意义的形态'以外,没有其他方法可以通过言说产生意义。这种形态通过使用中的符号自我表征:如果像在索绪尔的理论中那样,言语被排除在语言学以外,那么,理论就不仅会失去其资源,还会失去语言变异这个重要概念。语言和文化的相互关系不仅预示语域变异,而且还预示共时语言变异的其他形式;学者们(Labov 1972a)认为共时变异是历时变化的先导。SFL 有足以令人信服的理由将(文化和情景)语境视作语言学理论中的一个层次。

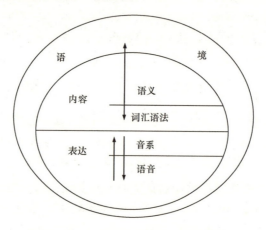

图 3　嵌入文化语境中的语言符号系统

图 3 反映了 SFL 将语言作为社会符号的思想,围绕在语言内部四个层次之外的是第五层次,是理论中必要的层次,被称为'文化和情景语境',常简称为语境。这种语言的外部层次反映了理论的有关社会环境的概念,这对言语,以及对语言的创造、维护和发展都是至关重要的(相关讨论见 Halliday 2009；Hasan 2009a, 2009c, 2010, 2012)。如果语言的符号系统对意义交换来说是必需的,那么意义的交换同样需要一个文化中的他者来与之交换意义:语言和文化作用于共生逻辑。文化,正如我们所知道的那样,有优点也有局限,如果没有语言它们就不可能出现；语言如果没有人类的交往,也同样不会产生。索绪尔表示所指和能指的连接导致了每个符号都依赖于其他符号来表征其身份。SFL 接受索绪尔的这种观察,它还认同这样的事实:为了存活和发展,语言系统必须在社会中运作,而在这些社会里,每个成员的个性都是由其他人的个性来界定的:文化的系统性方面是在调适、侵略和协助中形成的。语言,如果作为固定模式——如句子、句法结构、单词或词素——的集合,就不能处理这些复杂的情景:作为一个适应性指号系统,它必须是开放的、不断变化着的,具有调适的可能,才能创造意义。正是这样的观点和研究使 SFL 成为一种社会符号学。理论必为这种一直变化、稳定的符号系统建立模

型;基于选择、系统和体现,它已形成一种描述方法,将语言表征为一种意义潜势(以下第 4 节)。并不是说所有的路径和方面都已经被转化为现实,只是说明理论为所有与语言理解相关的现象的研究敞开了大门(Hasan 2009a,即将出版)。

3. 层化的语义学

第 1 部分已经指出术语在为语言建立模型的过程中是负有责任的。在以下章节,我将对图 3 中所呈现的三个概念进行分析,它们分别是:(i)层化(stratification);(ii)体现(realization);(iii)语境(context)。,我同样还是会对术语单位(unit)和系统(system)进行介绍,尽管图 3 没有显示它们;鉴于上述理由,这些概念正与 SFL 的将语言作为社会符号的思想相关,它们也与视语言描述中的'选择'为生活中意义来源的运作机制相关。

3.1 语言符号系统中的层化

图 3 中的每一层次都代表抽象化的不同等级。在每一层次中,模式的本质和功能都是不同的,需要不同的描述范畴。这是层化的基础,如以上(在 2.2 节中)所示,这隐含在索绪尔的将符号看作是由两个在逻辑上不相关的部分所组成的一个实体的概念中,然而,这两个部分的结合对于识别一个能够实施指号功能的单位的实体来讲是至关重要的。层化的第一步在于将所指和能指理论化为不同的层次。叶尔姆斯列夫(Hjelmslev1961),而不是索绪尔,将其分别明示化为内容层面和表达层面(CONTENT and EXPRESSION PLANES)。不为叶尔姆斯列夫所知的是,通过在所指和能指内部进行抽象化,对其进行进一步切分,使其一分为二,索绪尔(Saussure 2006)为第二步的识别提供了理据(参见 2.2 节中的图 2)。这与叶尔姆斯列夫所识别的抽象化大致相同,叶尔姆斯列夫将抽象化视作内容层面的内容物质(CONTENT SUBSTANCE)(=意义)和内容形式(CONTENT FORM)(=形态)以及表达层面的表达形式(EXPRESSION FORM)(音响形象)和表达物质(EXPRESSION SUBSTANCE)(音响单位)。从欧洲的语言学文献看,很明显的是,在 SFL 刚出现时(Halliday 1961),语言内部的四个层次(图 3),尽管被冠以不同的名称,但已获得普遍认可。现在我们坚定地认为,语言普遍上是多层次的,没有任何一个成熟的语言会少于四个层次。

任何人如果有兴趣探究理论术语(有时称为'行话')的效能,只需比较索绪尔的用词和叶尔姆斯列夫或韩礼德的用词就够了,例如他们对术语所指的表达。索绪尔(1996;2006)把所指称作'意义'或'想法',有时偶尔也会将其称作'概念'。而且他会使用相同词集来指称'由符号的交互作用而建构的意义'(叶尔姆斯列夫称此为内容物质,韩礼德称此为语义),这与'产生符号意义的各符号之间的交互'(叶尔姆斯列夫称此为内容形式,韩礼德称此为词汇语法)相对应。当然,意义、想法、概念这些词在这两种不同的环境下不会意指相同的事物。索绪尔和叶尔姆斯列夫、韩礼德一样认识到了在每一点上的区别,但是和后两者不同的是,他没有将这些区别理论化:如果要将这些区别理论化,他就需要找到这些区别中存在的共同特性。例如,韩礼德认为每一个层次都会与其他层次不同,但是他也指出了它们之间所共有的一些东西:每一层次都代表一种不同的抽象化,这意味着从属于其中一个层次的描述范畴并不适用于其他层次;与此同时,各个层次又是相似的,因为每个层次在将语言作为一个符号系统进行整体描述时都同样重要,而且每个层次的组织既相似又不同。

3.2 层次和单位阶

后者的一个例子是单位阶(UNIT SCALE)(也称为级阶)的概念。语言内部的每一个层次都存在很多单位,这些单位的大小从最大/最高到最小/最低的不等;它们之间的关系就是成分(CONSTITUENCY)关系。正如,就全世界的语言而言,其层次数是可变的,但都不少于四个,同样,位于每一层次的单位的数量也是可变的,但是不少于两个。图4呈现了英语语义和词汇语法级阶上的单位。

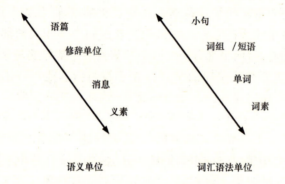

图4 英语中语义和词汇语法层次的单位阶

此处呈现的每一层次在其级阶上包括四个单位;每一例子中的'更高一层'的单位都是由'下面一层'的一个或多个单位构成的。因此,在图4中,位于语义层的单位语篇是由一个(或多个)修辞单位(=RU)构成的,而每个RU是由一个(或多个)'消息'构成的,'消息'则由是由一个或(多个)'义素'构成的。同样地,词汇语法层中的最高单位小句是由一个(或多个)词组/短语构成的,词组/短语是由一个(或多个)单词构成的,而单词是由一个(或多个)词素构成的。

3.3 体现:不同层次间的本质统一性

索绪尔认为语言符号统一性中的二重性对其指号功能是至关重要的:语言符号要发挥其作用,符号成分就既需要相互区分又需要统一为一体。层化的概念突显了语言符号的两个成分的不同本质,而层次的统一性特征是通过体现关系而展现的(Matthiessen 2007; Halliday 1992, 2009; Hasan 1995, 2009a, 2010; Butt 2008a)。

体现关系使在一个层面上的现象在另一个层面上以另一种形式再现。简言之,所指很显然不是能指,但它是以能指的形式向我们的感官展现的,以声音的形式再现意义;换句话说,所指与能指之间存在着一种体现关系。因此,就语言可理解的一面与可感知的一面之间的距离而言,体现是最终能够跨越这一距离的一种关系。在 SFL 中,体现通过双向活动,能够使意义交换过程在不同层次等级结构上进行。从言说者的角度来看,一个语义建构体由一个词汇语法建构体体现,词汇语法建构体由音系建构体体现,而音系建构体又由语音建构体体现。从听者的角度看,则是语音模式体现音系模式,音系模式体现词汇语法模式,而词汇语法模式又体现语义模式。图 3 中的竖向箭头将各个层次连接起来,呈现了这一情形(在 3.4 节中将进一步讨论)。

然而,所有的类比都是不完美的:将体现关系看作是转化/衍变/再现,可能暗示一种一对一的对应关系,就像是在副本与原本的再现关系中可能出现的情况一样。但在这一点上体现和再现有很大的不同:这些层次单位从不存在一种全面的一对一关系;但是,很大一部分单位却会因为'耦合规约性(regularity of coupling)',彼此之间在不同程度上相关联。如果要语言像它们在人们的社区生活中所运作的那样去运作的话,这种规约性就一定要超越偶然这一层面。但是,如果在可能性全盘转化成确定性的话,那么不同层次的建立就没什么意义了:因为这样的话,一个层次上的现象就会通过其在另一个层次上的对应现象而得以识解。叶尔姆斯列夫(Hjelmslev 1961:112)因此认为'这两个层面一定不可以是保角的(译者按:保角的(conformal),数学术语,表示一对一关系)'。如果不同的层次是保角的,那么'选择'这个术语,如果仍旧适用的话,将表示性质上不同的关系。

回到图 4 中的单位阶这一概念,作为一种词汇语法范畴,意义的体现并不受机械规则——意义 A 永远是而且仅会与 A1 的措辞相对应——的影响;事实上,找到一对多和多对一的对应是极为寻常的。但这并不意味着在语言中'一切皆可行';意义与措辞之间微妙而又复杂的契合是通过它们在特定环境下出现的可能性而量定的,这意味着既存在缺省耦合,也会存在一定条件下的耦合(Hasan 2011)。

3.4 语境和意义交换

文化和情境语境同样与语言——作为一种指号系统——的体系和过程息息相关(2.2 节中的图 2)。如弗思所言,我们从未遭际过作为系统的语言;事实上,我们所遭际的是感官能够接触到的使用中的系统,对该系统本质的洞察是通过其在言语中的实例化而获得的;因而叶尔姆斯列夫认为过程决定系统(Hjelmslev 1961)。语境是如何进入这种决定作用的呢?

在上面(3.1节),我已经介绍了层化的第一步和第二步。在该理论中,将语境视为语言的外部层次是层化的第三步,也是最后一步;它将语言符号系统的四个内部层次和社会/文化体系联系了起来。图3表明层化的第一步是通过一条线把内部椭圆一分为二;这种划分表示所指和能指之间的任意性关系,这种关系会在层化进行第二步的进一步划分后仍适用于椭圆的两部分。SFL认为语义和词汇语法两个层次之间的关系是一种'自然'的关系,因为,在某种意义上说,一个语义范畴的缺省条件是通过某个特定的词汇语法范畴来'识解'的:最后分析得出的结论是:如果没有语言形式,就谈不上语言意义,也就不存在毫无意义的词汇语法形式。

这些观点都和体现这一概念相关。我曾提出(Hasan 2009a, 2010),位于图3上方的三个层次,即语境、语义和词汇语法,是通过体现的逻辑辩证关系联系在一起的,较高的层次会激活较低的层次,而较低的层次识解较高的层次。例如,言说者在意义交换过程中的表意并不是偶发的:他们所表达的意义是由语境配置(CONTEXUAL CONFIGURATIONS)(此后称CC, Hasan 1978)所号召的,即,在情境语境的某个特定节点上,互动者对与当时的社会活动相关的东西的感知。所以这里要指出的是,鉴于语言使用在社会实践中的作用,CC就是情景语境的抽象化,它激活语言意义,而语言意义又激活词汇语法。从受话者的角度讲,意义是通过词汇语法来识解的,而意义进而又可以识解CC,因为从某种意义上来讲,语言意义和情景语境中的相关成分之间的关系可以为互动者建立一副图景,从而展示正在发生的相关事件(Hasan 1999)。这种逻辑辩证关系把语境、意义和措辞紧密联系在了一起(椭圆的上方),在表示任意性的那条线处终止,而没有跨越到椭圆的下半部分。

比识解关系更活跃的是激活关系,它跨越了词汇语法层而过渡到了图3中椭圆下方的层次:因此,我们认为词汇语法激活音系,音系进而激活语音的选择。因此,是音系和语音一起共同体现词汇语法类型,它们成为词汇语法的声音,使得这种体现能让听者从生理上获得感知。然而,尽管事实上语音单位识解音系单位,但是我认为,音系学,尤其是音段音系学,不管包不包括语音学,将自身作为某个特定范畴的一个实例,提供线索,并识解词汇语法单位的说法很可能是错误的。从理论上来讲,这可能是一种反常现象;从客观上讲,也并不是音系学帮助受话者去识别一个词汇语法模式,如walks(散步),是否在某个实际语段中体现了普通名词的复数或主动词一般现在时态。伴随着walks的是词汇语法关系,而不是能指的音系形态,为判定walks在某个特定的时候出现时是表示一个实体还是一个过程的实例提供了标准,而这常常是不被人注意到的。它隐含在所指和能指之间的任意性关系之中的;音系单位不具有可见性(affordance),不能为所指的任何一个方面提供识别标准;它仅在常规实践的基础上表明存在某些相关的所指。所指的身份和价值是由图3上半部分层次中的相关单位的横组合和纵聚合关系建构的。韵律音系学(prosodic phonology)的例子可能会稍有不同,例如,在调式的系统网络中的选项是通过语调模式来体现的,它们也确实会带来意义的不同;但是很重要的是,一个识解某种特定意义的具体语调出现的位置必须通过词汇语法环境具体化(Halliday & Greaves 2008);换句话说,它们本身并不能识解当下所讨论符号的价值。

3.5 描述语言单位的系统

在 SFL 中,有关系统的思想源于弗思(如 Firth 1957:7—33,1967),他使用这个术语(用这个术语的其中一个意义)明确地指称一系列能够在某个语言结构中的某个成分的位置上充当'替换筹码'功能的实例。弗思的系统描述中的更大的结构可以被视为'语境',在这一语境中,选择集成为可能,但其中只有一个能在具体实例中出现;每一个选择都会使语境价值发生不同的变化。数十年来,SFL 一直在改进系统这一概念;今天,因与选择和体现的密切联系,系统已经成为了描述语言意义潜势的一种有力手段(Halliday 2004a;Halliday 1995)。

SFL 中的所有描述都集中在层次单位上。每一个层次单位都可能是下一层次单位的'单形体'或'复合体',这就意味着该单位成分配置的各种可能性,但只有其中一种可能性可以在意义交换中的某个特定的节点作为该单位的一个实例出现。在一个将语言看作是社会符号模型,将意义潜势看作是语言特征的理论里,鉴于各种可能的成分,描述所面临的问题不是计算到底有多少种不同的方式将它们组合在一起,而是这个单位的资源如何可以共同组合出一系列不同的模式,而每种模式又都会在识解某种不同的意义时发挥着作用?这个问题的答案取决于研究时采用的是何种元功能视角。与一个单位有关的各种模式,尤其是图 3 上方的模式,都是多功能的,这意味着对于同一单位的各种可能的选择会根据元功能的取向变化。按照这种观点,各种选则不是通过该单位可获得的可能的一系列成分的范围而确定的。而是,每个单位都是基于一系列受元功能调节的特征来产生意义的一个资源,因此,对特征的选择——通过它对单位模式配置的体现——就会产生一些差异;我将会在第 4 节证明,每一套所选择的特征以及它们的体现形式将表征一个有效的单位模式,它在意义和形式方面都会和其他单位模式不同。

对特征进行选择的是系统化调校的,在做出的选择以及与其他特征所建立的关系的基础上不断被重新界定,即,它们形成一个系统。因此,一个系统就是被调校的特征的基于元功能调控下的集合,通过选择的系统路径及其体现性陈述,它能够明确一个具体单位的变异体价值和形态。因此,连同选择的范围及其调校原则一起,系统充当了一种手段来明确一个单位的意义生成资源:对语言的描述既是系统的,又是功能的;其目标是将语言作为一种意义潜势来描述,而不是作为一套实际结构。

把单位看作起点,每一个受元功能调控的系统都会基于意义潜势来描述这个单位;系统中各种选择既不是语项,也不是结构,而仅仅是各个对立的特征的系统化的集,这些特征彼此之间存在系统性的关系,而且它们之间的相互对立性会在由体现陈述所产生的组合体中彰显出来(将在第 4 节讨论)。以下部分将阐述选择、系统和体现是如何共同将语言作为意义潜势进行描述的。

4. 选择如何在 SFL 中起作用

在第 2 和第 3 节,通过追溯符号某些内在特性的概念本质,我尝试建立一个例子来证明把语言概念化为一种社会符号系统的合理性,从而说明语言作为一个符号系统需要怎样的解释性的和明晰的描述。为了明确地描述所指是通过哪种方式'获得'其意义潜势的,我们需要考虑'符号之间的相互作用',比如'意义的形态'(Saussure 2006):这在 SFL 中就是词汇语法关系。词汇语法和语言使用之间存在着密切关系:背诵一部词典中的一列内容不会让我们达成意义的交换,并且,如果没有词汇,语法结构作为各成分的配置也不会被人理解。如果不考虑文化和情景语境对言语的调控作用,我们就无法为语言的使用提供解释性的、系统性的描述,文化和情境语境是元功能的起点,在这里,言说者感受到'表意'的压力,而表意的一个关键构成性步骤是使用措辞系统(Halliday 1985)。通过将语境的层次概念引入该理论,第 2 和第 3 节已经共同为该理论基础结构的某些方面,即层化、单位、体现、系统等,建立了框架——这为将语言作为意义交换资源的描述提供了支撑。

选择在 SFL 中是一个理论驱动的范畴,对于将语言作为意义潜势的系统描述是至关重要的(3.5 节):在这种环境下,选择充当了系统路径及其体现的一种调谐良好的激活器。在此,选择一种特征就等同于去明确:对一种特征的选择是如何对被描述的单位的意义生成资源产生影响的,与此同时,它使得该单位可能存在的各种结构形态的纵聚合关系语项(paradigm)明晰化,从而在过程中凸显该纵聚合关系语项各成员之间的具体关系。我相信展示这些成就的最好方法就是呈现一个案例研究,来为某个具体单位描述中的选择的运行机制构建一个模型。为此,我想使用的语言单位是位于语义层次的消息(3.2 节中的图 4),并且我将描述的是消息的一个具体子类——问题(QUESTION),在此不要和疑问(INTERROGATIVE)相混淆:问题的缺省的词汇语法体现可能是疑问的,但是就像我们即将看到的那样,并不是所有的问题都是疑问的,也并不是所有的疑问都是"问题"。

4.1 导向问题:对消息的系统描述

正常情况下,言说者说话时仿佛意义是'自然'的;人们会'本能'地知道要表达什么意思。但是 SFL 语言学家一定会和拉波夫(Labov 1972a)一样问道:为什么某个人会说某句话呢?一个简单的答案就是:大多因为言说者认为说话的场合需要这样说话。与第 3 节的观点相一致,这可以把言语的激活功能归功于情境语境,同样的道理,这不再是一个符号选择;而成了在社会语境中被正在发生的事情'激发'而做出的文化选择。我们并没有必要去阻止选择的系统化,但是,我不会通过'语境的系统特征'来描述它的激活:尽管许多学者做过很多努力,语境的系统网络也确实存在,但是尚且处在初始阶段(例如,Hasan 1999,2009c;Bowcher 2007;Butt 2003;Matthiessen 2012)。所以,我仅认为,互动者是把提问视作一种和语境相关的行为。

4.2 对单位如何构建关系进行描述的第一步

在那种假设下,我将从问题这个语义单位的最初历史讲起。问题是消息单位的子类。所以消息是第一个系统选择的起点(图5)。作为源于起点的第一个系统,它被定义为一个基础系统。它刚好还是简单的:其特征具有相互排除的单一关系。严格来说,系统是基础简单的和从属的;这应该这样解读:如果既定的环境是消息,那么,对断句性(PUNCTUATIVE)特征的选择或是对进行性(PROGRESSIVE)特征的选择都将是适用的。

消息 → ⌈断句性
　　　　 进行性

图5　消息:作为基础简单语义系统的起点

从属性是每个系统的一个内在条件:系统的存在是由在某种条件下可以获得的选择预测的;除非形成该系统的各种特征是相互排斥的,否则就不能成为一个系统;无论可能存在多少特征,每一个特征都要和其他特征存在析取关系。图5右侧开放的方括号显示了这一点(图5)。

断句性特征是一种能够'对正在进行的互动进行管理'的消息资源,例如'hullo(你好)''goodbye(再见)''sorry!（对不起!）''pardon(请原谅)''you know what?（你知道吗?）''vow!（哇塞!）''how d'you do?（您好!）''hey, you there!（喂!）'等等。正常情况下,在口语中,它通常被体现为非完全小句(minor clause):其关键要求是,从语法上讲,这种小句不具有衍生性,不能形成结构上的纵聚合关系语项。相反,进行性特征的缺省体现的是一个完全小句(major clause):它对于延续的互动非常重要,它会参与执行每一种断句性消息所不能执行的社会实践。例1是3岁的卡伦和她妈妈之间的一段自然对话的节选。

例1:(Hasan 2009b)

卡伦:(25)how did you get that?（您是如何得到那个东西的?）

妈妈:(26)mm?（什么?）

卡伦:(27)how did you get that?（您是如何得到那个东西的?）(28)you didn't get out of[?]（您没有从[?]中得到?）

妈妈:(29)I walked over(我走到另一边)(30)and got it (拿到的)(31)didn't you see me?（你没看到我吗?）

卡伦：（30）nup（没有）

妈妈：（33）you must be blind（那你一定是被挡住了）

在这里，只有消息(26)是断句性的（'不好意思/能再说一遍吗'的变体）。其余的都是进行性消息。

4.3 从系统到系统网络：渐增的描述性精密度

系统代表了分析者对所描述的单位的特性的假设。为了有效，这种假设性描述要求'延续'它与单位的现实实例的'关联'：它必须符合体现陈述的要求，而这些体现陈述是沿着系统内所有系统路径被附属在选择之上的。一个系统可以最大限度地有效，而无需描述性地高效。图5的基础系统是一个不太重要的例子：隐含其中的是一个明显可证实的假设，即每条英语消息或是断句性的，或是进行性的。但因为消息的次范畴仅由一个基本系统中的一个单一的关系来界定，所以，它的描述性效率就会很低：它不能指出一个单位的大多数的意义资源。即使这套从属性的基本系统里有更大的选择范围，因为一些显而易见的原因，在效率方面，描述依然无法得到改进。为保证描述的效率，所需的是选择的密度和假设的有效性：选择的有效系统化程度越大，对单位的分析越为细致。

这一事实和可检测的体现陈述一起为发展单独的系统，使之成为系统网络（有时简称为'系统'或'网络'）提供了推动力。在主要系统之后，系统网络的形成依靠于一个系统选择，它自身'转变'为一项进入条件（entry condition），也就是说，一个选择变成了环境，让之后的在系统上相关的特征从这一环境中进行选择：简而言之，一个选择成为做出其他选择的路径。术语上将其称为次要系统（SECONDARY SYSTEM），其中每一个系统都为描述中的单位提供更多不同的细节，由此深化单位描述。以这种方式互相关联的选择集被称为系统路径，根据这些路径做出的选择集被称为选择表达式。每个选择表达式都为描述单位的一个子类提供系统描述。由此，系统网络可以用细节的深度进行度量，术语上将其称为精密度。简单基础系统产出的是'最低精密度'的描述；'最高精密度'的描述将会在系统路径的最后一个选择之后达成，那时将无法进行进一层的描述。

4.4 作为同步系统的进入条件的选择

如上文（4.1节）所述，进入一个从属系统意味着从这个系统中将产出一个且仅有一个选择。有时同一个选择允许同时进入不止一个系统。不管其数量多寡，这些系统都被称为同步（或同现）系统。这在图6中有所体现，在此把进行性特征作为一个简单的进入条件，对进行性消息的多系统描述的开端就被呈现出来了。通过对这一数据的讨论，我希望能够介绍其他种类的系统关系，同时深入讨论一个被称为问题的消息范畴。

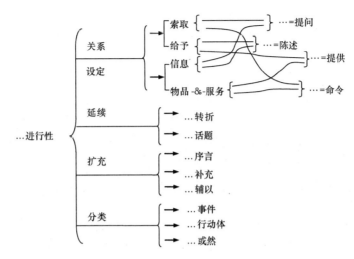

图 6　作为进入条件的选择：同步系统

图 6 左侧最大的大括号表示了四个向量的同步性，藉以识别系统中的元功能调控，同时也暗示了每个向量的选择会把进行性特征同步施加在任何消息上。第一项关系设定体现人际规则；第二项延续体现语篇规则；第三项扩充体现逻辑规则；最后一项分类则体现经验规则。每个向量中包括的系统数量并不相等，但每个都引向了同步系统，也就是说，进行性选项允许进入全部四个向量及其下属的同步系统。通过在系统中的选择，网络得以发展。

同步系统是不同的从属性系统的集合，可以通过同一进入条件获得。所以，当在这些独立系统之间做出选择时，采取的是同样的原则：每个系统可以选择一个特征；但因为两个或两个以上的系统同时依赖于同一个选择，这在逻辑上形成一个原则，藉以获取选择，即合取选择原则：一个来自于此系统的选择，和一个来自于另一个（或几个）同步系统的选择。也就是说，在图 6 中，对进行性的选择允许进入一个带有给予或索取特征的系统，和一个带有信息或物品 & 服务特征的系统。尽管不是必须的，但有可能，第一系统中的每个特征和下一个（或几个）系统中的每个特征是共同选择的——事实上，这就是图 6 所反映的——这增加了成为描述性细节成分的特征的数量。随之而来的是，即使它们每个都是只包含两个选择的简单系统，两个或多个同步系统有可能比一个单独的从属性系统提供更多的描述性细节。所以，进入同步系统可以被看作是在描述中增加精密度的另一种办法。普遍来说，这可以总结为无论是因为这个选择作为某种进入条件而运行，还是因为它需要一种获得选择的特殊类型模式，一个选择的进入关系对单位描述会造成一些重大的影响。因此，对这些关系的含义的研究以及对特定特征的选择的体现含义的研究都是很重要的。

同步系统通常组成了一个系统网络的一部分；而且，实际上，图 6 上的每个向量都分别发展成了一个系统网络（Hasan 1983），尽管在这章节，关注点被局限在两个由关系设定向量引入的同步系统上,那是因为我们所讨论的被称为问题的消息范畴就是位于这一点上的;此外,它还可以用来阐明三种不同的复合进入条件。

4.5 复合进入条件:联合进入

最常见的进入类型是简单进入条件。在这种进入中,单独特征选择充当一个从属系统或者几个同步系统的进入条件。因此在图6中,一个单独的进行性特征允许进入全部四个受到元功能调控的向量中,从而进入受每个向量管辖的系统中。在复合进入条件里,一个以上的选择出现在具体关系中,其目的是进入简单系统或是同步系统的后续系统中。图6中关系设定的发展展示了复合进入条件的一种特殊类型。

需要注意的是,在图6中,一个系统里的每个选择都与其他系统中的每个选择相组合,这样在每种情况下,来自两个不同系统的两个不同的选择将有效地组合(见上述4.4节);这种结合是从后续系统中获取选择的条件。当来自两个或两个以上的系统中的两个或两个以上选择组合并创造出环境,从而获得后续系统中的选择时,这种情况被称为联合进入条件(CONJUNCT ENTRY CONDITION)。显而易见,这种复合的进入条件仅在同步系统的环境中存在。两个选择的组合是目前最常见的情况,不过理论上,任何数量的选择都可以组合成一个联合进入条件。如图6所示,小的大括号在指称此类进入的时候起着重要作用:左向小的大括号显示的是结合了两个(或以上)联合进入条件的特征的联合线;相反地,当同一个特征进入两个不同的进入条件时,这种复合性由右向小的大括号的联合线表示,而括号放在靠近在讨论的特征的位置。因此,索取与信息相结合,形成一个联合进入条件,从而可以进入选择系统提出问题;索取同时与物品 & 服务结合,形成另一个联合进入条件,从而可以进入与发出命令相关的选择系统。

在关系设定中,通过在同步系统里合并选择,总共可以制造出四个联合进入条件;每个条件,如标签所示,都为消息的一些范畴中的更为精细的系统提供进入条件。这些标签的含义并无必要与它们的通常用途相对应。例如,在分析中提供包括'承诺',而在描述中后者只是一个**远距离的提供**,与**直接**的**邀请**,或**紧急**的**迫使**相反(Hasan 1986);整个系统网络将以给予和物品 & 服务特征的结合——它是所有提供的起点——为基础。表1体现图6中所识别的各个范畴,它们都自然地出现在一对母女的对话里。

表1 联合选择的缺省功能:关系设定

E1 选择;E2 选择	消息的功能	功能的例子
索取;信息	提问	(i)怎么啦克丽丝蒂?
给予;信息	陈述	(ii)我没办法继续下去了
索取;物品/服务	命令	(iii)好的把它拿过来
给予;物品/服务	提供	(iv)我会帮你的

从属于每个言语的系统路径在表 1 的第一列陈述：它们等待进入更具精密性的系统网络（如图 7 所示）。这些消息的每一个范畴将由主句体现；它们的缺省的以及条件性的体现可以通过语气系统中的词汇语法选择来陈述，这与关系设定相似，语气也是人际调控的系统。

在结束讨论之前，我们很清楚地意识到系统描述需要时间与空间。图像表征的目的是把分析者对单位描述的假设摆到前位，而体现陈述是一个浓缩的指示器，指明对于所描述的符号的功能及形式（即形态）有哪些是需要说明的；它们本身并不构成详细的描述。即使针对一个熟悉范畴，例如问题，目前此类章节很难对其进行精密的描述。对于图 6 和图 7 中的例子，图中的圆点所示的位置是一些尚未显示或其细节尚未显示的系统网络。

4.6 带有复合进入的提问的系统选择

图 7 中的系统网络的进入由索取和信息的合取性结合提供。如上所示，此图体现对问题消息的次范畴进行进一步精密性描述的语义选择。

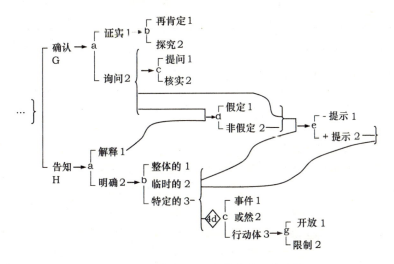

图 7　提问中的选择：一个简化的系统网络

此处进入的第一个系统是一个单独简单的从属性系统，带有选项确认（CONFIRM）和告知（APPRIZE）。为了引用简单，后两者分别被标记为 G 和 H：这两个字母指代两个选择，它们在问题系统网络中构成后续系统选择的整个剩余集的基础；最终这一网络的所有内容都依赖于确认或告知的析取关系。每一个部分——G 系统或 H 系统——中的系统和选择，都被用从 1 开始的数字针对每一个部分中的每一个独立系统进行了标识。在每一部分中的从 a 开始的小写字母识别了这些数字所从属的单独系统。因此，在 G 系统中，跟据确认特征和根据依赖于该特征的从属系统中的数字，第一个箭头中的 a 字母必须被读作'确认特征是单独从属性系统 a 的进入条件',a 包括了 a1 证实(verify)特征与 a2 询问(enquire)特征之间的选择。该系统选择的称呼被证明是明晰的；由此,Ga2:c1 即为'在 G 系统中,询问特征:提问(ask)'。

在图 7 开始出现的左向小的大括号表示确认和告知的系统路径是相同的,直到要对这些特征进行选择:当特征被选择时,二者的系统路径将出现不同的方向。第一列(表 1)显示出了它们的共同历史。表 2 提供了附着在系统路径的每个特征上的简短的体现陈述,直到它们的共同历史需要分化,比如在确认相对告知分化的那个地方。

表 2　G/H 系统的共同系统性历史

语义特征	↘LG 特征	↘LG 结构
消息	↘涉及小句	↘成分词组/短语
进行性	↘完全小句	↘插入谓语→Pred
索取;信息	↘涉及语气	↘插入语气→Mood・Pred
G—确认	↘直陈	↘扩展语气→S・F・Pred
H—告知	↘疑问:	插入疑问标记
	非极性	预选 wh—/S・F・Pred

图例:
　　↘＝体现陈述
　　→＝产生结构描述
　　・＝序列中的顺序是不确定的
　　/＝每个指令的合并
　　LG＝词汇语法

说系统在确认相对告知的地方分化,也就是说直到这一点之前它们有着共同的系统路径(如表 1 第 1 列所示);从这一点开始它们选择表达式中的实际特点就会出现不同。即使它们还有交叉,在分化之后,它们的体现陈述也永远不会相同。析取的区分功能确保了这一点。进入之前的系统历史,比如特征及其体现陈述的选择,变成了新选择特征的历史的一部分,但其后的每个选择都会改变历史。如果我的理解正确的话,这就是曼恩(Mann 1985)在介绍体现性继承(REALISATIONAL INHERITANCE,简称 RI)概念时提到的一点;这些选择与通往某个特定点的系统路径相关联,被称为'选择点'。在连接系统路径的新选择的整合过程中,'选择点'中的任何内容都不可以被删除、反驳或改变(除精密度外)。很明显,为保证描述的合理性,这一原则显然是必须的。

依靠这些手段,一系列被索绪尔(Saussure 2006)称为'模板'的东西将会被创造出来,在这里纵聚合关系语项中的每个成员都会通过一个单独的系统选择形式和其他成员相区分。但如果如此,索绪尔的'模板'就不能等同于一个'有序组合的句法结构'。当模板和结构出现在某个言语实例的组合体中时,他看来对它们进行了严格的区分。模板和'意义的形态'有着直接的关系,而且它们看起来都建立在意义和体现手段之间稳定关系的基础之上。因此,一个模板在意义和措辞的联系上更为稳定。我认为这非常像语义系统网络中的特征及其在较低层次上的,特别是在词汇语法层上的体现。

如果我的理解正确,那么索绪尔要求语言学家做的是提供有关的整个模板集的可靠信息,而这个模板集从属于某个语言符号系统,实例出现在言语中,它们作为一系列实际结构发生合并与变化。如前所指(SFL 为每一项元功能都赋予了同等的地位;其含义是,除非每一项元功能对单位表意资源的贡献进行了充分的描述,否则对单位的描述就不应被视为完整。韩礼德的论点(例如,Halliday 1979a)表明模板必须在元功能层面上具有不同;而且它们必须契合到可以显示语言如何设定关系、识解经验、维持关联性,同时遵循符号学的逻辑,这几点同时发生在同一言语内。这就是《功能语法导论》(Halliday 1995;2004a)书中试图建立的模型。在整体的评论之后,我将转而讨论英语中被用于提问的一些选择。

4.7 提问的系统选择及其体现

G 系统描述的是通常被称为'是/非问句(yes/no questions)'的次范畴,而 H 系统描述的是'特殊问句(wh-questions)'。这已经说明了从属于确认和告知的不同系统所遵循的不同路径。表 2 并没有为任何选择提供特定的结构形态:尽管作为次范畴,确认和告知很明显比进行性与断句性更为精确,但它们的描述依然处于初步阶段;而且,当精密度到达可以区分'谁做了那件事?'和'你吃了什么?'的地步时,早期的结构排序可以引出一些问题。二者均为特殊疑问句,但只有后者的结构可以允许成分保持传统的'疑问'顺序;但因为谁(who)是作为主语出现的,'who did that(谁做了那件事)'的消息结构还保留着陈述句的顺序。需要注意的是,问题的两个次范畴(G 系统或 H 系统)都携带了有关询问点(QUERY POINT)的信息;这为识别'回答是否充分'提供了度量标准。

确认特征的选择充当简单进入条件进入一个带有证实或询问选择的单独从属性系统。证实选择的体现性继承将包括直到起点的所有内容:这遵循了有关体现性继承的讨论及表 2 中提供的信息。证实选择的体现将在体现性继承中加入如下细节:体现这一选择的小句会选择[陈述:附加问句的(tagged)]的词汇语法选择;同时,为主语·定式成分·谓语(表2)排序的指示将变为主语^定式成分^谓语……^定式成分^主语。证实选择会进入带有再肯定(REASSURE)或探究(PROBE)选择的从属性系统。这些选择的体现陈述将明确有关体现小句(realizing clause)的更为精密的信息:再肯定的选择将指示在附加问句中选择[反向极性]的特征,而就探究来说,附加问句中必须选择[同向极性]的特征。'反向附加问句'的极性与小句的极性相反:如果小句是正向的,附加问句必须为负向,反之亦然。如果为'同向附加问句',附加问句的极性和小句的极性相同。这两类问题之间的区别相当精确:带有再肯定选择的消息致力于再确认言说者表述出的对某事件的理解是被受话者所共享的:其中未被标记的期望值是回答小句里的极性会与体现小句里的极性相同。与之相反,探究选择的消息是要找出某事是否是真的:其中未被标记的期望值是回答中的极性与附加问句中的极性相同。

与证实相反的询问选择和三个系统性进入相关:其中两个系统是同步系统。系统c提供了提问(ASK)或核实(CHECK)的选择:提问选择体现为[疑问:极性],例如:'are you leaving(你要走了吗)?'或'has he arrived(他到了吗)?',对其词汇语法结构形成具有明显的指示顺序。核实选择在语调2上表现为[陈述:无附加问句的]:前者为'直接的是/非疑问句',而后者为'带有态度的是/非疑问句'。例如,在语调2上说'you are leaving(你要走了啊)?'通常会被解释为在询问'是/否'回答时同时表现惊讶、关心或其他另外的反应(例如'let me get your coat for you!(让我帮你拿大衣吧!)')。另一询问的同步系统引向的是一个包含假定(ASSUMPTIVE)或非假定(NON-ASSUMPTIVE)选择的方向。这里,正如其环境中的线条与括号所表明的那样,后者明显暗示了复合进入。在4.8节中这将与另一个复合进入一起进行讨论。首先我们要谈谈两种复合进入中都涉及的H系统。

对告知特征的选择允许从系统:解释(EXPLAIN)或明确(SPECIFY)中进行选择。这两个特征的体现都要通过对词汇语法特征[疑问:非极性]的选择。选择解释则有'与附加语(Adjunct)合并的特殊疑问词,体现为原因副词'的指示:体现这一指示的最常见的语项将是'why(为什么)',其次为'what for(为何)',再次则为'for what reason(为了什么原因)'。举两个例子:'why does Nana like that chair(为什么外婆喜欢那张椅子)?'和'why does it fall down(为什么它掉了下来)?'明确选择向事件结构的一些细节提出了问题:因此它带来了更为精确的选择,包括整体的(GLOBAL)、临时的(TENTATIVE)与特定的(PARTICULAR)。整体的选择询问的是整体情况,比如'what's going on(发生了什么事)?'或'what happened(发生什么了)?'临时的选择把整件事情的情况搁置一边,仅指出其中的一部分,例如'what about cat(猫怎么样)?';就特定的这一选择而言,信息将提出关于整件事特定一方面的问题。由此c中的选择集为事件(EVENTS)、或然(CONTINGENTS)或行动体(ACTANTS)。例如,可以提问说'what were they doing(他们当时在干什么)?''what happened then(那时出了什么事)?'(c1—事件);或'where do you do your shopping(你到哪里购物)?''when did you see him last(你上次见他是什么时候)?'(c2—或然);或'who told you that(谁告诉你的)?''what were you reading(你在读什么)?'(c3—行动体)。从例子中明显可以看出,所有这些选择的体现都需要词汇语法的[疑问:非极性]特征,而它们转化为组合体则需要预选并将短语的具体类别与特殊疑问词合并。如图7所示,特定的是另外两个选择的进入条件。这几点将在之后与复合进入条件一起讨论。

表3 选择表达式与一些选择的体现

假定每一个系统路径的给定消息为:进行性:索取:信息↘小句:完全小句→S・F・Pred

选择表达式	LG 特征	LG 结构	例子
G:		S⌃F pos⌃P...F neg⌃S OR *	You like sugar, don't you?
确认:证实:再肯定	陈述:附加问句的:反向	S⌃F neg⌃P...F pos⌃S	You don't like sugar, do you?
确认:证实:探究	陈述:附加问句的:同向	S⌃F pos⌃P...F pos⌃S S⌃F neg⌃P...F neg⌃S	You like sugar, do you? You don't like sugar, don't you? **
确认:询问:提问	疑问:极性	F⌃S⌃P	Do you like sugar?
确认:询问:核实 H:	陈述:无附加问句的语调2	S⌃F⌃P	You like sugar?
告知:解释:	疑问:非极性	Wh-/Adj⌃F⌃S⌃P (wh-预选 why 作为附加语)	Why do you like sugar?
告知:明确:特定的…事件	疑问:非极性	Wh-/C⌃F⌃S⌃P (wh-预选 what 作为补语)	What did you cook for dinner?
告知:明确:特定的…或然	疑问:非极性	Wh-/Adj⌃F⌃S⌃P (wh-预选 where 作为附加语)	Where did he go?
告知:明确:特定的…行动体	疑问:非极性	Wh-/S⌃F⌃P (wh-预选 who 作为主语)	Who was calling?

* 当两个呈现系统性差异的体现同时出现时,正如这里的情况,我们需要对潜在于这一规律下的原则做进一步深入探究;借此,我们非常可能获得一个系统性意义差异。

** 这在澳大利亚英语的某种变体中是一个正常的用法。

4.8 分化的系统路径还会合并吗?对分离进入的讨论

复合进入通常指不止一个选择,每个选择都从属于两个不同的系统。因此在联合进入条件中,两个或两个以上分别来自于不同同步系统的选择,将共同组成能够进入一个精密度更高的选择系统的环境(4.5节)。然而,还存在这样的复合进入条件:(i)两个或两个以上的选择充当进入,指向精密度更高的系统,且(ii)两者进入同一系统,但与组成联合进入的选择并不相同;(iii)它们不通过组合来达到目的;它们分别进入精密度更高的选择;以及(iv)以这种方式选中的选择将成为不同系统路径的成分。这种通过两个或更多来自不同系统的选择进入同一系统的不同路径被称为分离进入条件(DISJUNCT ENTRY CONDITION)。如图7所示,在进入中暗示的选择是 G 系统的询问与 H 系统的解释。二者进入的系统是假定或非假定的(4.7节)。看起来它们的路径原先是分化的,而通过对同一系统进入的参与又被引回从而相互接触。然而,由于之前的分化,它们无法组合,二者相互排斥地进入了同一选择系统。因此,后一个系统表现了两条系统路径拥有的相同选择,尽管它们属于问题的不同次范畴。如下是这一进入的细节。

如图 7 中 G 系统的左向括号所示,询问选择允许进入两个同步系统:c,提问和核实,及 d,假定和非假定。我们已经对前者做出了描述(4.6节及表3)。就假定选择而言,对其进行体现的完全小句(realizing major clause)必须带有负向极性,例如 'didn't you see me(你没看到我吗)?'{＝提问;假定}或'you didn't see me(你没看见我吧)?'{＝核实;假定};问这类问题暗示:言说者假定,无论怎样,受话者都应该回答'yes, I saw you(是的,我看见你了)'(Hasan 2009b)。相反,非假定特征被体现为带有正向极性的完全小句,例如 'did you see me(你看到我了吗)?'或'you saw me(你看见我了吧)?'当解释选择进入系统时,对假定与非假定的描述同样成立,这一点明显显示在'why don't you love Rosemary(你为什么不爱罗斯玛丽)?'与'why do you love Rosemary(你为什么爱罗斯玛丽)?'的对比中。与此相同,由于它们之间的体现性继承方式不同,询问的体现小句在选择提问特征时是疑问的,而在选择核实时是陈述的＋语调2,而解释的体现小句如上述所示,会是一个预选了'为什么'的无极性疑问句,有关这一点见上面的说明(4.7节)。然而,正如表 4 明确显示的那样,它们的系统路径依然保持不同。

表 4　对不同系统的选择导致对同一系统的分离进入

假定每一个系统路径的给定消息为:进行性:信息↘小句:完全小句→S·F·Pred

选择表达式	LG 特征	LG 结构	例子
确认:询问:提问;假定	疑问:否定	F neg ˆS ˆP	Didn't you see me?
确认:询问:核实;假定	陈述:否定:＋语调2	SˆF negˆP	You didn't see me?
确认:询问:提问;非假定	疑问:肯定	F posˆSˆP	Did you see me?
确认:询问:核实;非假定	陈述:肯定:＋语调2	SˆF posˆP	You saw me?
告知:解释:假定	wh－/疑问:否定	Wh－/AdjˆF negˆSˆP 预选 why	Why didn't you call?
告知:解释:非假定	wh－/疑问:肯定	Wh－/AdjˆF posˆSˆP 预选 why	Why did you call?

还有其他方式可以从图像上表现这些不同的选择:**假定/非假定**的选择系统可以被插入两次,一次是作为 G 系统的一部分,允许**继续**(continue)选择的进入,再一次则是作为从属系统被 H 系统中的**解释进入**。在这种情况下,G 和 H 系统将永

远不会显示出有接触,而实际上网络里的线条数目将会减少:正式信息会更容易被读出。然而信息的要点将会失去,也就是说问题的两个主要次范畴会彼此不同,但由于它们共享同样的语义选择,尽管它们属于不同的系统路径,它们依然相似。这种 G 和 H 系统'有接触'的情况并不偶然:它们早期的历史是相同的,而且它们通过再次的分离进入条件又一次联系起来,或者通过对 G 系统内的{询问;非假定}选择,或是 H 系统的{明确;特定}选择;它们分别进入的选择系统是 e－提示(prompt)或＋提示(prompt)。但坚持保持形式及功能信息是需要付出代价的:这解释了进入－提示或＋提示的复杂性。

基本上这里有两个重要事实:(i)－提示或＋提示选择可以通过 G 系统的非假定特征或 H 系统的特定特征进入。(ii)表 4 明显显示非假定进入了三条不同的系统路径,其中两条从属于 G 系统{询问:提问;非假定}或{询问:核实;非假定};第三条属于 H 系统{解释:非假定}。现在的问题是:－提示或＋提示选择是否存在于全部的三条路径? 回答是否定的:{解释:非假定}无法进入－提示选择,也无法进入＋提示选择。G 系统里的询问与非假定的结合表现了这些事实:它声明'如果路径含有{解释:非假定},那么它或者进入－提示选择或者进入＋提示选择。'但后者的进入是分离的:另一进入路径来自特定,而在分离进入的情况下,它可以分别选择－提示或＋提示。因此这一系统的标记明确表示了后一选择里不可存在{解释:非假定}。

这些是什么选择,而它们对问题又产生什么影响呢? 表 5 显示了选择路径及它们的词汇语法体现。一个带有＋提示的 G 消息的例子是'did granny say that or daddy(是奶奶说的,还是爸爸说的)?'作为一条在系统历史里带有证实选择的消息,它的答案应该可以是是/否,但对于带有＋提示的问题来说这是明显不可能的:＋提示选择要求一个回答,而要使回答充分,就需要通过提供特定信息,在这里要不就是奶奶说的,要不就是爸爸说的。在经过适当变动后,这一条也适用于 H 消息。例如'what are you eating, an apple(你在吃什么呢,苹果吗)?'这里充分的答案是'是/否'。H 系统路径有额外的系统选择:它可以有一个简单的(simple)或者备选的(alternative)提示,例如'who's cooking dinner, you or me(谁做晚饭,你还是我)?'与上一个例子不同的是,是/否将不是一个充分的答案;答案必须是'you(你)'或'me(我)'。值得注意的是,看起来没有任何英语消息会是'why did he stay home, because ill(他为什么呆在家里,因为病了吗)?'换句话来说,将{解释:非假定}从－提示或＋提示选择中排除看起来是有效的。当然所有这些例子中,其他种类的回答也是可能的,但它们都带有自己的'语义',而这不是现在需要讨论的事情。表 5 展示了系统路径的有关部分及其词汇语法的体现。

表 5　有差异的分离进入条件

相关选择表达式*	体现特征	例子
确认:询问:提问;非假定:－提示	疑问:肯定	Did granny say that?
确认:询问:核实;非假定:－提示	陈述:肯定＋语调2	Granny said that?
确认:询问:提问;非假定:＋提示	小句复合体:1↘疑问:肯定 ＋2↘除1要素外其他都省略	Did granny say that or daddy?
确认:询问:核实;非假定:＋提示	小句复合体同上,但1↘陈述＋语调2	Granny said that or Mum?
…明确:特定的:－提示…**	wh-/疑问	What's she doing?
…明确:特定的:＋提示:简单的;事件	小句复合体:1↘wh-预选 *what*:疑问 ＋2↘"除谓语(主动词)外其他都省略	What's she doing, singing?
…明确:特定的:＋提示:简单的;或然	小句复合体:1↘wh-预选 *where/when*:疑问 ＋2↘"除附加语(短语)外其他都省略	When's Dad coming, tonight?
…明确:特定的:＋提示:简单的;行动体	小句复合体:1↘wh-预选 *who/what*:疑问 ＋2↘"除主语/补语(名词)外其他都省略	What are you eating, an apple?
…明确:特定的:＋提示:备选的;事件	小句复合体:1↘wh-预选 *what*:疑问 ＋2↘"除谓语(动词词组复合体)外其他都省略	What's she doing, sleeping or reading?
…明确:特定的:＋提示:备选的;或然	小句复合体:1↘wh-预选 *where*:疑问 ＋2↘"除附加语(短语复合体)外其他都省略	When's Dad back, tonight or tomorrow?
…明确:特定的:＋提示:备选的;行动体	小句复合体:1↘wh-预选 *who/what*:疑问 ＋2↘"除主语或补语(名词复合体)外其他都省略	Who's cooking dinner, you or me?

　　*就 G-/H-系统而言,把表2－表5结合在一起,就可以轻松统计出其系统路径中的选择总数和进行选择的顺序;由于篇幅有限,很遗憾这里的体现性陈述只能是高度概括的。

　　**特定的这一选择使我们进入到 H 中有关系统 c 的各项选择当中;因此,每一个带有特定的这一特征的系统路径其后必须出现事件或者或然或者行动体,以及或者－提示或者＋提示;并且,如果系统路径中选择的是＋提示,那么,其后必须出现或者简单的或者备选的;而－提示的整体系统路径这里并没有呈现。

5. 结论

在这一部分,我尝试证实以下观念,即,在 SFL 中,选择是一个在理论上被激发的术语。为此,我用事实证明了,在 SFL 的概念中,语言是一种社会符号,为意义提供资源。对系统和体现的选择是达成 SFL 目标——把语言描述为意义潜势——的主要工具。就我的观点而言,不是说这种语言描述已经被全部完成了,而只是说达成这一目标的理论机制已经被建立起来了。现代语言学普遍认可语言符号通过其价值而被了解,而这种价值是符号所参与的关系的产物。因此,'符号的相互作用'是在将语言理解为意义潜势的探索中最重要的一个领域:这基本上也是我希望选择、系统与体现(通过与从属于消息单位的特征相合作)在前面最后一章节里所展示的。但消息并不是独一无二的;语言内部层次的每一单位,特别是在最高两个层次,都可能展示出类似的组织,特征之间组合、分化,受到其环境的影响。它们创造精确的意义区分的能力看起来是近乎无限的。通过明确特征间的关系,选择对系统进行了积极的塑造;两者的运作是在体现中展开的,而这种运作机制的有效性依赖于描述对它与言说者感觉经验——即在行动中表意的经验—的关联的延续。

这些理论隐喻可以让分析者进入有关以下内容的明晰的讨论,即语言作为符号系统在社会语境中是如何成为意义交换的有力资源的。特征通过系统体现与同一单位的其他特征相接触,而在单位的类别中,每一个系统特征选择都通过系统体现识别了一项不同/相似的成分;特征(而不是项)的相互影响被'翻译'为单位的价值。单位的价值鉴别不能在某层次通过检验某个单位一步完成:它还要求这一层次以上或以下的体现性历程,穿过每一层次的单位阶,直到描述面对面地来到音系实体形态中的'物质'之前,通过声音或书写表达出来;这就是最为理想化的语言意义的识别。真实的语言是高度复杂的:把它简单地在大脑、文化、模板或组合体中定位,是无法全面了解它的价值的。相比基于体现的系统选择的运作机制,没有什么能更清楚地显示这一点。

在意义选择中的选择与用于描述语言意义识解中的选择并不相同。用来描述任何语言内部单位的系统选择不关注个性、自由、意愿,及字典赋予选择这一行为的所有其他品质。它只是一个简单的比喻,把一项特征与其他相关特征——其模式化潜藏于语言模式下——连接在一切,从而明确它是如何获得其现有的价值的。选择、系统与体现共同呈现了符号机制里的一个重要方面,基于这一方面,语言符号拥有了言语团体中的在常规习俗上为大家所共享的意义。个人可以选择并且确实选择了他们想要的任何意义;他们可能表现得相关、准确,或一致,也可能表现得不相关、不准确或不一致;这可能是有意的,也可能是无意的。但,这些与语言的内部机制都不相关。通过选择、系统与体现,语言的内部机制仅在创造那些在常规习俗上为人们所接受的意义时起作用,这种意义被索绪尔称为所指,由能指表现。

注释

1) 在本章中,'SFL'被用来代指我对韩礼德名下的系统功能语言学理论的解释。这并不意味着韩礼德本人或我的同事一定对我的见解表示赞成。

2) 在引述韩礼德的作品时,使用的日期基本是发表的原本日期。但由于他的论文合集目前更为普及,在每条引文的结尾将附上简短的参考,如'重印于韩礼德合集1,2002a:52'即为'参见 M. A. K. 韩礼德论文合集第一卷第52页,2002a'。

3) 这一理想结果并非经常出现;但即便如此,术语在理论中至少是可以解释的。

4) 对此的建议常常是具有争议性的,而这也是提出建议的重要性之所在。在争论展开之前,采用何种评判标准及其原因都并不明晰。

5) 与大多数理论一样,SFL 也在不断发展;因此它的名称也在随着时间改变。我在此忽略了更早的一些阶段和名称,而是重复了麦西逊于 2007 年的评论:与其他理论不同的是,SFL 对过去不作否定;它更倾向于在此之上继续建构。

6) 实际上,层化是让某些成分成为符号的一项条件:所有的符号'标志着内容';所有的符号内容暗示着'内容表达';不存在同时没有表达(能指)与内容(所指)的符号。与其他的符号不同(Hasan,即将出版),语言是一种复合编码系统,典型表现出四个层面。

7) 像体现一样的系统是一个较难理解的词汇;它用来指代作为整体的语言系统;它也用来指代选择的单独依赖集合,例如陈述或祈使;因此它用来指代系统网络的全部内容,或者是其中的任何组成部分。但无论如何使用,它总会牵涉选择。

8) 在显示事物之间的联系时,'语境'是一个有用的词汇;但在 SFL 中它通常用作提及'文化/情境环境'的缩写形式。在其他环境中使用近义词'环境'可能更为有用。

9) 在词汇语法层面,并非所有语言均是如此。语法进化的秘密在于它在生活中如何被使用,也就是在其协助引起的而又辅助其语法发展的文化环境。这完整地捕捉了韩礼德对语法作为'人类经验的理论'的描述。

10) 斜体用于语义层面的术语上,以与'普通词汇'加以区分。

11) 麦蒂森对语境的解释是否是一个系统化的描述,这一点还并不清晰;视觉表现并不相同,更重要的是,并没有系统化的实现陈述援引了与语境特定成分相关的含义分类。

12) 这在描述'单词的全部语法分类'时经常发生,例如在名词词组中作为指示语的单词。在描述'实义词'也就是词汇(LEXEMES)的时候,至少理论上可以达到完成点,但这一方法工程量太大,很少被应用到实际中(Hasan 1985d, 1987a; Tucker 1997a)。

13) 这一向量中使用的第一个标签是'角色分配',之后被替换为'修辞立场'。在近期我采用'关系设定',因为它包含了最多的内容。

14) 很明显,在这些区别上,其他很多选择也是相关的。

15) 对缺省及条件性的含义－词汇关系的讨论,参见韩茹凯 2011:355ff。

16) 在此表现的选择系统是对先前版本的最近一期的修改,其中一部分曾在韩茹凯 2009b 出现。

17) 我尝试使用索绪尔(Saussure 2006)提出的术语;我在此做出的评论基于我对这一片段语段的理解。

18) 当这些语义网络被首先设计出时(Hasan 1983),主要系统对小句人际含义的相关性(Halliday and Greaves 2008)对我还不够明显。现在把这些信息集中到一起,选择的含义会明显地大量增加。

19) 如表 2 所示,我们假设[疑问:非极性]的体现并非经常暗含着定式成分^主语的次序。

17 衔接范畴

1. 语篇和篇章组织

任何能代表一部分或整个语篇的语段必须具有"连接性"的特征。"篇章组织(texture)"这个术语引自文学批评,这里用以指"连接性"这个特征。不过,需要指出的是,在这一语境中使用这个术语与在文学批评中不同;在当前的讨论中它可以被理解为"作为一个语篇的特质(quality of being a text)"(Halliday and Hasan 1976)。篇章组织是通过选择"衔接纽带(cohesive ties)"来体现的:正是衔接纽带的功能在各个离散的语言片段"单位"之间建立起联系。这种联系实质上是非结构性的:两个单位通过衔接纽带联系在一起,并不一定表征语言句法意义上的一个"结构"。假如这种连接或"连贯(cohering)"在某个给定语言片段中自始至终都是和谐的,不存在哪两种衔接关系之间相互抵触的情况,那么,这个语言片段就获得了语篇的地位。尽管这样的语言片段不一定能代表整个语篇,但是它有可能成为语篇的组成部分。篇章组织的属性本身受意义"兼容性"的制约。理论上,可以把语篇看成一个所有意义都"支持"的单位:意义的每个组成成分之间都是和谐一致的。语篇的这种语义整体性就是通过篇章组织来显现的,其中每个衔接纽带都表示语篇中两个或多个意义成分之间的相互支持关系。

出于在某处所讨论的理由在某处所讨论的理由(Halliday and Hasan 1976),研究由多个句子构成的语言片段中的篇章组织更有意义。如果这样的语言片段也代表发生在某一具体语境配置中的整个言语交流,那么研究篇章组织就会更有效益。由于衔接范畴的选择是受语义驱使的,因此它跟某一特定话语的语境配置是联系在一起的:某种衔接范畴的出现频率会受到话语的语境配置的影响。一个简单的例子也许就可以说明这一点。在所有交际参与者都可以随意插话的气氛友好而非正式的对话中,问答省略往往会发生,其频率比我此刻正在撰写的语篇要高。在不断变化的语境配置中不变的是"覆盖"整组话语的篇章组织的属性。在上面我已对语料六在这一方面相对具有优势的地位做了评论。语料六的语言片段产生于一个语境,由多个句子构成,因此该语料适合作为本研究的对象。

1.1 研究篇章组织的目的

语境,或即时相关的情景概念,已在上面做了详细的讨论。语境是语篇照应的抽象框架,理论上与实际的物质情景背景没有关系。因此,在同一物质情景背景中同一个言说者持续讲话这一事实并不排除相关语境配置发生变化的可能性。可见,同一个(一些)言说者在同一个实际情景中讲的一些话语所构成的语段可能总是包含不止一个语篇。

如果我们假设任何一个篇章组织类型是和谐的,那么应该能够根据衔接和谐缺失的地方来界定语篇边界。我们把附在这一章后面的语篇 4436 作为例子。这个例子中、由前十三个小句中的衔接纽带建立的篇章组织模式本身完全和谐。同样,这样完整的衔接和谐也存在于该语篇中后面的几个单位中。然而,把从 once there was... 到 yeah good 合为一个整体语篇的两个"语块"间却不存在和谐关系。4436 中的语段由两个语篇组成,两者之间的界线与衔接模式和谐中断的位置在同一个地方。

篇章组织的和谐概念很重要,在下面将详细讨论。这里我只关注这样的事实,即可以对篇章组织进行研究,以便能确定语料六的语段类型中持续话语的语篇界线。然而,上两章的讨论本应澄清一点,即,在篇章组织研究展开之前,正式界定的语篇的边界就已经被明确了。因此,这里对篇章组织进行研究不是为了给"语篇的范围"提供客观的语言证据,语篇已经纯粹根据读者对语段意义的理解被提取出来了。不过,请注意在这种理解中隐藏着篇章组织的概念和结构的概念:一个熟知语言变体的合格的言说者所认定的语篇必定含有篇章组织这一属性,必然与某一明确的结构框架有密切关系。

对范例语篇中衔接纽带的研究主要涉及两个具体的语言问题:
1. 哪种类型的衔接纽带被选择了,选择频率如何?
2. 在篇章组织中要解释何种程度的衔接和谐?

这两点研究发现将与类、性别以及语篇长度相关联。如上所述,这些语篇很适合用来回答这些问题。对任何类型的衔接纽带的选择似乎都不存在语境制约。因此,如果相关研究中出现明显的不同,探究这种模式的原理就会很有意思。

2. 衔接纽带

起衔接纽带作用的一些语言片段是互不相干的,它们的共同点在于能促使语言片段实现篇章组织。三个不同层面的类型:语法的、词汇的和语音的,都有衔接纽带因素。它们自己的结构和"地位"则可能互不相同。其实,描写某种衔接纽带的术语也许并非适合描写另一种衔接纽带。不过,就它们作为衔接纽带的地位而言,它们是属于语法层面、词汇层面还是属于语音层面没有多大关系。这些标记只是用来表示某组词项起衔接纽带作用时在某一层面上相对容易识别。作为衔接纽带,它们都具有相同的功能,即连接语篇中两个或多个结构上不相关的成分。

本研究只考察语法和词汇衔接纽带。这并不是因为两者本质上更有启迪作用或更重要。相反,根据伯恩斯坦(Bernstein 1971)的假设,探讨语音衔接选择是否与社会现象存在相关性会更有意思。然而,人们这方面所做的研究还很少(Halliday and Hasan 1976 也见 El Menoufi 1969)。况且,要研究这一几乎没有涉及过的内容,尤其是要考察语音衔接纽带,无疑需要把语篇分解为定义明确的语音单位,时间也不充足。

我们对范例中的衔接纽带的研究基于韩礼德和韩茹凯(Halliday and Hasan,同上)以及韩茹凯(Hasan 1968 1971a)。不过,我在必要之处做了一些修改,做修改的原因将详尽讨论。附录列出了分析该范例的所有类型。读者可以参考上面提到的著作来讨论这些类型的细节。附录中的每一种类型都附有至少一个例子来帮助理解这种关系。

这里我只是简要概括和篇章组织的体现有关的纽带类型。

2.1 衔接纽带总结

I. 词汇衔接纽带
  A:"成分性的"
    1. 照应
      a. 代词 (he, she, it, his, her(s), its, their(s))
      b. 定冠词 (the)
      c. 指示词 (this, that, these, those, here, there)
      d. 比较词 (same, similar, different, more, better)
    2. 替代
      a. 名词性替代 (one, ones)
      b. 动词性替代 (do, do so, do it/that)
      c. 小句替代 (that, so)
    3. 省略
      a. 名词性省略 (those two—, the pink—)
      b. 动词性省略 (he might—, John drinks coffee Susan tea)
      c. 小句省略 (he said, he kept asking everyone)
  B:"非成分性的"
    a. 附加连词 (and)
    b. 转折连词 (but)
    c. 因果连词 (because)
    d. 时间连词 (then)
    e. 接续连词 (anyhow)

II. 词汇衔接纽带
    a. 重复   同一词项,几个标记
    b. 词汇集合 同一个词汇集中不同的词项
    c. 宏观词汇集合的形成

a. 概括性的
b. 实例性的

省略的三个项目(I:A:3－a-c)包括二十多种具体的衔接纽带类型,这些纽带都有可能通过省略来达成衔接,这一点可以说明上述概括的简要性。正如可能显现出来的那样,"从形式上"——即通过观察能起衔接纽带作用的词项的形式——可以发现I(A-B)和II中所列的类型集合很少有或者没有相同点。之所以能把这些互不相关的模式像上面概括的那样组合到一起,是因为它们具备组成语篇的能力。即便从这个方面来讲,看似最相近的现象,例如语法衔接纽带下的1a和2a,在其深层意义上也不一定相近。

2.2 衔接纽带的功能

上面所列的某些词项和短语也可能不起衔接作用,因此,在某种意义上,把这些词项和类型作为衔接纽带的例子列在上表中可能会产生误解。它们在语篇中可能根本不能形成这样的组织关系。衔接的本质在于语段的两个或多个成分之间所建立的连接,缺少这个连接,语段就不能形成一个有机的整体。假如上面所列的词项不能促使语篇形成整体,那么这些词项的作用主要就是非衔接性的。这一点将在下一小节中进一步讨论。

任何衔接关系的建立都至少需要两个部分,它们的作用是充当该衔接关系的两个部分:一部分是"衔接的",即它与语篇的其他部分拥有非结构性的"关联",另一部分则是"连贯的",即正是这一部分与前面那个部分发生了衔接。第一部分就是我所指的"衔接纽带";第二部分称作"被预设成分"(the presupposed)。显然两者之间的关系即衔接的预设关系。两者之间的这一关系是由纽带与被预设成分之间的某种意义邻近性实现的。这种意义的邻近性可能是同一性关系,包括相似和不同,或着是详述关系,包括具体细节描述或语义场的扩大。由于这种关系的细节会随着纽带是否是语法的、词汇的或语音的而发生相应变化,所以,任何对纽带和被预设成分之间关系细节的进一步概括似乎都是无效的。例如,大部分语法纽带都包含"隐性提及"和"显性解释",大部分词汇纽带却并非如此。相反,词汇衔接纽带可以被看成是始终围绕着语义场"强化"这一概念,在语篇内具有某种相互关系。这些概括性的评论将在以下的讨论中详细阐述。

2.3 语法性的衔接关系

可以把语法衔接纽带,尤其是I:A1－3中的纽带(上面2.1中),比作一张"期票"。期票不是钱,但具有对钱的承诺,而且在必要的情况下可以"兑换"成钱。同样,语法衔接纽带本身并不具有特定的意义,而只是对意义的允诺;但是任何解码者如想准确地理解它,都可以把它"兑换"成具体的意义。衔接链的存在说明,特定的意义可以从别的某个地方获得。"这个别的地方"的位置对"预设方向"这一概念

十分重要(见下面 2.3.1)

语法性衔接纽带最终预设了某个/某些具有明确而具体意义的词项。其中一种看待预设关系的方法就是认为衔接纽带预设某个/某些具有确切意义的单词。不过这只是部分观点。预设概念往往暗示着预设"措词"(wording)的某一部分。因此,这些被预设的词的词汇意义或"词典"意义总是与对包含有衔接纽带的成分的理解相关。在这一意义上,照应、替代和省略都具有"意义的同一性":全部三种纽带都带有能从别的地方推断出来的某些具体意义。然而,除了意义的同一性,三者的区别还体现在在其他方面还有多少也是预设性的。这些不同点与两个方面相关:句法功能和情景意义。

词典意义的同一性与情景意义的同一性不会相互混淆。词项 boy 的具体意义与 man,woman,dog 的意义不一样。不过,词项 boy 在情景中可以指不同的 boys;这一词项的照应范围"很广",不只局限于"指代"一个具体的 boy。在情景中意义相同则预设了词典意义相同和具体照应对象相同,无论照应对象是由一个还是多个个体组成。

照应纽带总是包含两种意义相同,并且不预设结构功能相同,在这个方面,照应纽带与替代和省略不同。衔接纽带的句法功能与被预设词项的句法功能不同。相反,替代和省略纽带总是预设句法功能相同和词典意义相同。然而,这两种纽带都不预设情景意义相同。这里衔接纽带所指的"事物"——实体、时间、环境等等——与被预设词项所指的事物并不是完全同一的。以下例子可以说明这些不同点:

1. there's this boy and this girl. their daddy was a sailor.
2. the children ran. the dog did so too.
3. when the dog had eaten that fish, he said woof I want some more.

例 1 中,their "是"照应衔接纽带,预设了前面小句中的 this boy and this girl。their 的句法功能与被预设的词组复合体不一样。这一点差别很明显,这里就不需要再解释了。这一纽带预设了被预设的词项的词典和情景意义。因此,如果去掉照应衔接纽带,词组 their daddy 就必须写成 this boy's and (this) girl's daddy。希望改写后的这个句子使两种意义的相同明晰化,即 their 不仅"意为"boy's and girl's,还指第一小句中提及的 this boy's and (this) girl's。同时,改写后的句子使得被预设的词组和预设它的纽带在句法上呈现出差别来。

在例 2 中,did so "是"替代衔接纽带,其句法功能与它预设的词项——ran——的功能相同。但是,这儿仅表现为词项 ran 的词典意义与第二小句的理解相关,但不预设情景意义。第一小句中的词项 ran 在情景中所指代的事件与 did so 所指代的事件不同。词典意义的相同表示第一小句中显性指代的事件和第二小句中隐性指代的事件属于"事件"的同一个总范畴,它们是总范畴中的两个实例,由词项 ran 照应。

这些讨论适当修改之后适用于解释例3。第二小句中的名词词组 some more 是省略，并且预设了第一小句中的词项 fish。这里如果不省略，就需要选择一个成分作名词词组的"中心语"。注意被预设的词项 fish，其功能是名词词组 that fish 的中心语。还请注意，例2中只有词典意义的同一性被预设了，狗吃掉的鱼与狗还想吃的鱼当然不是同一条鱼。

2.3.1 预设的方向

前面讨论过，语法性衔接纽带的具体意义可以从别的地方推断出来。这个"别的地方"可以是语篇中衔接纽带产生的地方，如上面讨论的三个实例，也可以是语篇所处的语境中的某一处。所有类型的语法性衔接纽带都能够进行上下文预设或语境预设，被预设的意义或者位于上下文之中或者位于语境之中。然而，在实际交际中，每个衔接纽带的语境预设程度各不相同。总的来说，替代和省略纽带更多的是上下文预设，而很少把语篇外的事项纳入情景语境来解释。照应纽带则具有更强，频率更高的语境预设功能，尽管关于频率的观点表达必须受这样的事实限制，即在大多数语篇中，照应纽带的出现频率总是比其他两种纽带的频率要高。造成照应与替代和省略之间差别的原因，在于它们所创建关系的普通语义（Halliday and Hasan，同上）。

当一个衔接纽带的具体意义由情景语境提供时，解码者必须是即时相关语境的一部分。成为"即时相关语境的一部分"并不意味着只需要出现在实际的情景语境中，而是需要成为情景配置本身的一部分，作为一个重要的要素进入语境配置之中（见关于语境和物理情景语境的讨论）。因此，当妈妈对走到饭桌边对孩子说：

4. take care. it's still hot.

it 的具体意义对孩子是来说是清楚的，并不是因为其他话语中提到过这个特定的意义，如我们所想象的语篇的第一句话中曾提到过这个词。孩子能理解只是因为他成了话语语境配置中的一部分。

当我们讨论的任何一个语法性衔接纽带的具体意义由情景语境提供时，可以说预设是"外指的"。如果只有那些掌握了语境配置的所有重要成分的人才能理解特定意义，其他解码者仍觉得意义是隐性的，那么就产生了外指预设。语篇中隐性编码意义频率越高，语篇受"情景制约"的可能性就越大（对隐性意义的进一步讨论见下面）。

从上面的讨论我们应该可以清楚地看到，外指预设本身没有被预设的词项。意义必须从语篇外部推断，并且不是由上下文——即伴随的语言——而是由语境来提供的。也许不需要补充说明情景语境中没有这样的语言词项，而只有实体、事件、环境以及事态。可见，所预设的意义和能体现预设意义的词项是通过语境中的非语言组成部分来中介的。因此，两种预设类型之间便需要一个基本的区分：外指（exophoric）和内指（endophoric）。内指预设使我们能从产生衔接纽带的语篇内推断出具体的意义。

可以根据被预设的具体意义相对于衔接纽带本身的方向对内指预设作进一步分类。很明显,这里有两种可能性:被预设的词项或者出现在衔接纽带的前面或者后面。假如衔接纽带的具体意义在它之前的词项中被编码,那么预设就叫做"前指"(anaphoric);假如在衔接纽带后面的词项中被编码,相关预设就叫做"后指"(cataphoric)。例 1—3 说明前指预设,在每个例子中纽带都预设它前面出现的词项。后指预设的例子可以是:

  5. the sailor didn't realize this but somebody had stolen his car.

  这个例子中 this 的特定意义是 somebody had stolen his car。水手没有意识到的就是这一点。被预设的词项出现在 this 表示的纽带后面。正是由于后指预设的特征才使得被预设的具体意义往往由构成同一个语法结构的词项来编码,而实现衔接纽带的词项也可以说属于这个位于更高级阶的语法结构。因此,按照形态结构来界定句子,例 5 中 this 和 somebody had stolen his car 便都是同一个句子的构成部分。

  在预设的三种类型中——外指、前指和后指——前指预设本身就构成篇章组织,而外指预设和篇章组织最不相关。相比较而言,后指预设可以说是处于两者之间。以前已经对三种预设的"排序"原理做过陈述:衔接的本质在于语段的两个或多个成分之间建立连接,缺少这些连接语段就不能达到统一在一起的效果。所以,考虑例 4:例子中任何把两个小句连成语篇的(部分或整体)的词项肯定不是 it。这就是为什么外指预设衔接纽带与篇章组织不相关,但如果由其他衔接纽带来指代外指词项本身,那么相关性也是可能产生的。所以,例如:

  4a. take care. it's still hot. I have just taken it off the stove.

  假定加了下划线的 it 回指第一个 it,可以说前者即具有衔接性,它确实与第三或第二小句相关或连接。不过请注意,即便在这里,it 的意义仍是显性的。如果这两个 it 最终预设同一个意义,那么 4a 的第二和第三小句肯定都属于同一个语篇。这是唯一可以做出的断言。

  前面我讲了在后指预设中,衔接词项和被预设的词项可能属于同一个(更大的)结构。那么,根据定义,只要词项属于同一个句法结构,它们就已经成为一个统一的整体。这与是否存在由这类纽带所建立起来的衔接关系无关。假如一个纽带以后指的方式预设同一句法结构中的词项所编码的具体意义,那么,就篇章组织而言,通过这种预设关系所建立起来的连接在某种程度上就是多余的。不管是否存在这种预设关系,篇章组织已经借助句法统一性呈现了出来。因为后指预设通常是"单位内部的",即构成这种关系的两个词项存在于同一个可确定的句法单位中,所以具有这种关系的小句或句子能够表征整个语篇,而不一定"需要"其他小句或句子来完成该语篇。这一说法对大家熟知的谚语如例 6 以及特定的话语如例 7 来说都是正确的。

  6. he who laughs last laughs longest.

7. Jimmy show John the goldfish that mummy bought from Pets Galore.

加了下划线的词项是后指的：例 6 中 he 预设 who laughs last，例 7 中 the 预设 that mummy bought from Pets Galore。7a 中就没有后指预设，请比较 7 和 7a：

7a: Jimmy show John my goldfish that mummy bought from Pets Galore.

7a 与 7 一样也是一个整体的语篇。正是在这种意义上，"衔接性"后指关系被认为是多余的，预设存在或缺失似乎对该语段的统一性并不重要。这也是人们认为只有在语篇超过句子长度时才需要衔接概念的原因。

除以上的正常情况外，根据对句子的定义，还存在一些情况我们可以认为后指预设与前指预设同样起着衔接作用，即把语篇的两个结构不相关的片段连接起来，如：

8. sooner or later John will have to face the fact: Cathy is just not reliable.

这个例子中 the 预设了整个第二小句。无论如何界定句子或小句，8 中的两个片段只有通过 the 才能在实质上衔接起来。尽管可以认为能通过选用诸如 namely that，that 等词项明确表明两个小句之间存在（隐性的）有机关系，但是有机关系本身就是 the 建立的衔接关系的副产品。请比较 8 和下面的例子：

8a. sooner or later John will have to face his conscience. Cathy is just not reliable.

无论 8a 的两个片段是否能够合成一个整体（其实假如话语继续下去让某种关系显现，它们很可能合成一个整体），都可以明确地说两者之间不存在诸如 that 或 namely that 所表示的有机关系。

2.3.2 篇章组织和句法结构

关于后指预设的讨论很自然会引向关于句法结构和篇章组织的考虑。这个问题在韩礼德和韩茹凯（Halliday and Hasan，同上）以及韩茹凯（Hasan 1968）中已经详细讨论过了。这里简要概括一下：只有语篇有可能比任何已知的句法单位大才需要衔接概念。要证明统一语篇中单个消息的现象形成了通常所认为的任何一种句法结构，这几乎是不可能的。句子按形态结构定义所引起的问题，使得讨论这一点有些复杂（见上面）。接下去我将举一些由独立小句或简单句组成的例子，这两个术语用哪个都可以。

一个句法单位的成分词项实际上总是"连接的"，这是一个公认的事实。就那个句子的特定级阶上的单位而言，体现这个单位的每一个成分都能合成一个整体。对这一点最好的解释就是下面这样一句简单的句子：

9. I'm out on an emergency at 36 Thayer Lane.

假使一位医生的妻子在回家后看到了她丈夫这样的留言，这个消息可能代表一个完整的语篇,不"需要"更多的话语来使之成为一个完整的语篇。同时,这个句子没有任何我们所讨论的衔接纽带。其实,它不包含任何语法或词汇纽带。然而,句子的所有部分都仅仅通过形成一个句法单位而组合在一起。现在,9可以和7对比。后者也不需要任何更多的句子或小句就能成为一个完整的语篇。但是,就7而言,即使Jimmy和mummy之间没有任何纽带,我们仍有充分的理由认为goldfish和Pets Galore之间存在一个词汇衔接纽带。7和9的对比可以得出一些关于句法单位各部分之间的衔接的重要观点。

6和7所示的小句之间或简单句之间的词汇关系比较常见。注意6中laugh的重复出现,last和longest之间的关系,以及上面指出的与7相对的关系。弗斯(Firth)认为,一个词(word)的意思是"通过与之搭配的词而确定的";我认为这里的"词"(word)就是我所用的术语"词项"(lexical item)。这句话隐含的意思是,在同一个句法单位中,从一个词项组中挑选出来的词项,它的出现很可能排除了其他(几个)词项组中挑选出来的词项的出现。对两个(或更多)词项组共现的制约可以成为普遍规则,如果参考由它们所(至少部分地)体现的句法选项。语言中很多语法规则是为防止词汇在句法单位中相互排斥而制定的。可见,即使在一个简单句或小句的范围内,也难免经常会发现有些词项连接或衔接的形式。所以,如果我们考察10

  10. John loves to drink apple juice.

我们会发现这个小句中一些词项之间具有词项兼容性。无疑,在这种句法单位内部,词项的兼容性在连接句法单位的片段上起着重要作用。另一方面,我们也不能忽视两种可能同样频繁的现象。首先,词项共现规则似乎至今只有严格通过"强"词项才能形成(Sinclair 1966)。句法单位通常可能不包含足够多的此类词项来通过这种或那种词项衔接建立一个积极的"连接"模式。例9就是这种情况。这个句子,我们最多只能说词项的选择没有互相冲突:没有哪个词项选择与另一个明确冲突。然而,这里要强调的是,这样的小句中本来就没有词项衔接形式,关于词项之间的关系最多可以说是"中性的"。不过这个事实并不影响这个句子组成成分的"连接关系"。这一点从例子中可以清楚地看出。

其次,更有意思的是下面的情况:那些词项共现的规则被认为遭到了"破坏"的句法单位,如下例:

  11. He ate some shoelaces, suitably garnished with ink and glue. he
    then proceeded to chew the uppers of an old shoe.

读到11这样的语篇,读者的反应往往不是"这不是英语",而是"真奇怪!"ate、shoelaces、garnished、ink和glue等词在被认可的句法结构中连接到一起"使它们构成整体",这一整体性不因某些词项共现规则——正常情况下有效——被"破坏"这一事实而受影响。所以,在本质上,无论词项衔接或兼容性有没有强化,在我们认可的任何一个句法单位内连接在一起的词项都肯定形成了一个整体,这就是背后支撑我们凭感觉判断句子整体性的因素。仅仅由于体现某一可识别结构的某一要素,同一个句法单位内出现的词项是"连接在一起的",这一看法似乎是有道理的。也正是出于这个原因我们认为,对仅由一个句子组成的篇章的篇章组织的研究可能不会对较长并且连接机制并非结构性的正常语篇的研究有启发意义。

2.3.3 单位内部的前指纽带

希望以上讨论证明了后指预设关系在哪种意义上是多余的。然而,如果认为只有后指纽带可以是单位内部的,或者认为纽带和被预设的词项只有在后指预设内部才会形成同一个更大的句法单位,都是不对的。很大一部分前指衔接纽带所预设的词项也可以在同一个句法单位中发生。下例就属于这种情况:

12. The sailor is taking his children on the boat.

此例中照应纽带 his 预设了 the sailor,纽带与被预设的词项构成了小句的组成部分。12 与 6 和 7 一样能表征一个完整的由一个小句构成的语篇。

区分前指和后指预设的理由并不在于两者之间存在明确清晰的差别。相反,两者之间的差异基于两点观察。首先,后指预设的使用特点是单位内部的。前指预设却并非如此,至少前指预设单位外部与预设单位内部的频率是一样高的。其次,当衔接纽带在单位内部创造前指预设时,有纽带出现的地方就不可能出现其他词项。让我进一步来解释这个论断。假使我们有下面这样一个小句:

13. the children went back home with their father.

在正常情况下,their 可以解释为 the children's,因此衔接纽带 their 可以说是前指预设了同一小句中的 the children。如果我们"去除"这个衔接词项,而替换为被预设的词项,结果为:

13a. the children went back home with the children's father.

在正常情况下,这个句子会被英语本族语人士认为"不符合语言习惯"(如果并非不符合语法)。把 13 和 13 a 与下面两个句子做比较是很有意思的:

14. let me tell you this straightway: he is not reliable.

14a. let me tell you straightaway (that) he is not reliable.

把 14 中的后指 this 去掉,然后替换为 14a 中的(that) he is not reliable,不会导致任何不符合语言习惯的情况。

因此,存在一些环境,在这些环境中,当一个有关完全相同的"事物"的情景照应被需要时,我们除了选择一个前指预设衔接词项之外不可能做任何事情。这个关于情景意义相同的条件是重要的,这一点从下面的例子中可以看出来:

15. the dog was a magic dog.

16. the sailor's dog saw the other dog.

从 15 和 16 中可以看出,同一个词项在小句中的重复不会导致句子不地道。与 13a 不同的是,虽然词项 dog 在 15 和 16 中重复出现,但这两个句子不会被认为是不符合习惯的。这是因为 dog 的两个情景照应对象是不同的两种情况:在 15

中,第二个dog指代一种类型——a magic dog,第一个dog只是这种类型中的一个代表,而在16中,第二个dog——the other dog,是与第一个dog不一样的实体——the sailor's dog.

让我立即补充说明去除单位内部的前指衔接纽带而替换为被预设的词项并不总会导致句子不符语言习惯,即便当有关同一个"事物"的情景照应被需要时也不会如此。在有的环境中把衔接纽带替换为被预设的词项仍是符合语言习惯的,但是句子的意思与原句却明显不一样。例如,请看:

17. Sarah takes good care of herself.

17a. Sarah takes good care of Sarah.

只有一个"有限的"语法模型才可能使17a变得不合语言习惯或不合语法。然而,17与17a之间的意义有着明显的差异。17通常会被认为是对事实的一个"直接"陈述,而17a中有一个意义要素与言说者的"态度"有关,而且该语言的大部分合格言说者都会认为该话语包含这一意义要素。17a的言说者不仅告诉听话人Sarah takes good care of herself,还告诉听话人她照顾自己的方式——过程配置的某个要素在上述话语中是隐性的——其实不是言说者所欣赏的。因此,17a中的"主题"(Ellis 1966),即17整个话语所照应的事态,被言说者自己对这个主题的态度"染上了颜色"。正是由于17a中的这个意义要素,下面的这句话通常会被认为多少有些讽刺:

17b. luckily, Sarah takes good care of Sarah.

在这一非标记话语中,luckily这一态度评论的意义是I, the speaker, think it is lucky(Davis 1968),但是这个意思与小句17b后面部分的意义正好相反。在这里,态度意义与小句后半句的意思之间不一致,导致了语义"冲突"。上面对luckily的理解并不真正符合17b整个话语的意思。一般的理解与实际情况中的理解存在一种"矛盾",在这里这个句子实际上可以理解为it is lucky for Sarah。这种由人际成分的语义冲突造成的矛盾就是通常所说的讽刺现象的基础。

上面的讨论没有完全涉及我们关注的运作方式的全部"效果";但是,我希望,这一讨论表明了单位内部的前指预设与后指预设存在质的区别,同时明显的是,单位内部的前指预设在性质上有别于单位外部的前指预设。只有在后一情况下我们才会期待另外一个单个消息能为理解衔接纽带提供必要的词项。像这样的小句:

18. Sarah takes good care of her.

不能表示一个完整的语篇,因为her是前指并且并不指称Sarah。18之前有一些其他的话语可能是her的特定意义的"来源"。那么,我们应该说只要预设是单位内部的,不管是前指还是后指,它们在本质上都与篇章组织无关。只有单位外部的衔接才与篇章组织相关,因为它刚好是"统一"语篇不相关成分的主要机制之一。相对于后指预设,前指预设更具有外部预设的特征。

2.4 有机关系

在上面对整个语法衔接纽带的讨论中,我回避了衔接连词(Halliday and Hasan,同上)。还有,在 2.2 对衔接纽带的概括中,照应、替代和省略等语法衔接纽带是与衔接连词区分开来的。把它们放在"I:语法衔接纽带"下,其原因在于:在语法层面上,容易对它们进行识别和形式描写。然而,在衔接连词与其他语法纽带之间,其差别的重要性足以保证早先对它们进行的区分。既然这些区别源自衔接连词的语义,我们最好先对衔接连词做个简要概述。

2.4.1 衔接连词的普通语义

我们对构成语篇的基础越感兴趣,就越会被这样一个事实吸引,即同一个语言社区的成员之间彼此共享一套有关言语互动的假设。任何人参与这样一个活动的事实都相当于在其他(有意或无意的)话语参与者中创造了一"套"假设,因此早在任何语言产生之前,人们接受该语言的倾向就已经被建立起来了(如 Wittgenstein 1953;Firth 1957;Strawson,1969;Searle 1969 等)。其中一个假设是言说者有话要讲,这个"话"是一个连贯的整体,具有语篇内部关联的基本特征。在词的一般意义上,言说者想讲的话不需要有"认知内容";对情感、愉悦或社交同盟——以及其他类似"事情"——的表达,均可以看作上述语境中提到的"话"。尽管表示问候的话语没有像二加二等于四那样的认知内容,但是别人问候你就是与你讲话。出于不同的原因,对言说者来说,所有的交际都是同等重要的。当然,这些陈述——即便不是有意形成的——对一个语言的所有言说者来说都是不言自明的,但是它们是被希望重复出现的,原因很简单,即,在描写语言学中,不是所有的语言描写模型都能给予它们应有的位置(在这里,我指的不仅有布龙菲尔德或新布龙菲尔德语言学,还有早期的转换生成语法)。

"传递"给听话人的信息在复杂程度上会发生变化,因此信息经常不能马上全部传递。当然,对复杂信息即刻传递的限制产生于语言展现的时间这一线性本质。然而,值得记住的是,虽然时间的线性能预测"词项的接续性",但线性本身不能作为一种普遍原则支配相关组织。组织原则源于语言的象征性本质。使接续性具有"合理性"的是以下事实:一个复杂的有机整体是其部分组成的"总和",而组织过程本身则受象征系统的逻辑控制。存在于一个整体中的部分,其间的有机关系至少在理论上独立于时间线性关系,依赖于——在当前语境中——下面的抽象关系,即一致性、依存性与合作性等并行操作原则。时间线性诉诸于词组、小句、句子或其他结构单位出现的连续性,但仅仅只有在整体由部分之和构成、组织原则本身在象征系统(即人类语言)的逻辑之内的前提下,才有可能把一个语篇切分成独立的消息片段,或者把独立的消息片段看作一个整体,即一个完整的语篇。

衔接连词能表示语篇的单个消息之间存在的这种抽象的有机关系。也许可以更确切地说,在这方面单个消息之间的有机关系构成了语篇的整体性。消息之间的关系是意义关系,这样看待衔接连词很重要。这样的关系在实质上也许是由衔接连词创造的,言说者对两种消息之间意义关系的理解与是否存在衔接连词没有关系。语篇的单个消息之间,其关系对"交际的发展"非常重要,如果没有合适的衔接连词使这种关系明朗化,解码者在理解语篇时会自己"补上"。

2.4.2 隐性和显性的有机关系

上面讲到的衔接连词的普遍意义,解释了衔接连词与其他类型的语法衔接纽带之间的差别。两者之间的差别可以简要地概括如下:照应、替代和省略必须存在于语篇中以构成篇章组织;没有纽带就不能建立两个消息单位之间的意义一致性。相反,不管是否选择一个合适的连接词项,衔接连词表示的意义关系总是存在于语篇内部。衔接连词本身的存在对建立单个消息之间的关系并不是关键的,借用以前的一个类比,衔接连词不是一张"期票",而是已存在的"意义关系"上的一枚"印章"。因此,我们考虑下面两个句子:

19. the children were tired they couldn't get up early in the morning.

20. the children were tired so they couldn't get up early in the morning.

19 和 20 中的两个消息片段连成了因果关系。19 中的因果关系是隐性的,20 中 so 使因果关系显性化。

第一眼看下面例子中的 because 也许会让人觉得奇怪,但是正是由于同样的原因隐藏在我们对事实的感知背后,所以 because 在下例中属于"特别用法"。

21. the dog's in the boat because I saw him go in.

the dog's in the boat 以及 I saw him go in 的意思不允许两个消息之间构成因果关系,这并不是说 21 不合语法或不地道,而是只能理解为:

21a. the dog's in the boat I say this because I saw him go in.

注意像下面这样的话语可能会产生歧义:

22. John's leaving because I spoke to him.

这句句子可以理解为 22a,也可以理解为 22b:

22a. John's leaving I say this because I spoke to him (and he told me…)

22b. John's leaving because (of something I said to him) I said something to him.

因此,有的语境中听话人不会按照连接词的"表面意思"来理解。相反,话语的意思是由语篇中两个消息片段之间的意义关系来决定的。仅仅因为对语篇的整体性来说最重要的是消息之间的意义关系,而不是衔接连词,所以把 21 理解为 21a,22 理解为 22a 是有可能的。

2.4.3 预设与衔接连词

一般来说,两则消息之间的有机关系是两者意义联系在一起的产物,所以这种关系不能说是"在于"其中一条消息,而必须被看作是两个消息交互作用的结果。在具有显性关系的地方,体现这一关系的衔接连词必然牵涉到两条消息。有机关系的两个组成部分(terms),即两则单个消息,常常能"包含"非连续连词,以表示它们在关系中的作用,这一点证明了上面的观点。表示因果关系的句子显然能证明这一点,我们可以回看例19。

19. the children were tired they couldn't get up early in the morning.

19a. because the children were tired so they couldn't get up early...

和所有的有机关系一样,因果关系"建立"在两个组成部分之间。让我把这两个组成部分称为"原因"和"结果"。在19a中,第一则消息的"原因性"由 because 清晰地表示出来,而第二则消息的"结果性"则由 so 表示。如果在衔接连词的语境中也使用预设,那么很明显这种预设是双向的、共同的。小句 the children were tired 本身并没有任何预设,就像 they couldn't get up early in the morning 本身也没有预设任何有机关系一样。但是当其中一个小句成为另一个小句的即时会话语境时,两个小句就进入共同构建的关系中了。

在这一点上,我们必须考虑这样一个事实,即在实际情况下有机关系的两个方面很少同时都被显性表明,20 和 20a 属于这种情况:

20. the children were tired so they couldn't get up early in the morning.

20a. because the children were tired they couldn't get up early in....

只要两条消息之间的关系获得了逻辑上的连接,19,19a,20,20a 意思都一样:每一个例子中都存在相同的因果关系。它们之间的区别只在于因果关系的明确程度。

语篇中关于两条消息之间存在有机关系的普遍原则在所有情况下都是有效的,不过英语中有很重要的一点需要注意。大略一看,我们会认为一系列有机关系都由"双向的"连接词来表示,如 because, so/therefore; although, yet; so, that;但我们同样可以说每一种有机关系都可以通过只明晰化其中一个组成部分的关系地位来表明。另一组成部分在某种程度上通过暗示来"照样做"。如,"原因"的关系地位不仅可以通过 because 来表示,也可以通过 since 或 as 表示。但是如果选择了 since 或 as,小句中"结果"的关系地位就不可能清楚地表示。请比较19a与下面的例子:

19b. since the children were tired they couldn't get up early....

19a 中,我们用词项 so 与 because 作为对应的连接词;在19b 中,我们没有用 because,却用了 since。这两个词项都表示它们引导的小句表示原因。然而,在19b 中不可能用任何衔接连词来表示后面的小句是结果。因此,下面的句子对于大多数英语本族语人士来讲是不地道的:

19c. since the children were tired so they couldn't get up early....

19d. since the children were tired therefore they couldn't get up early....

当衔接连词在"语篇内部"起作用时,缺乏彼此衔接的连接词的情况就会非常明显(Halliday and Hassan,同上)。语言内部的衔接连词似乎完全是一种语言现

象,在语篇消息所参考的外部现实中找不到对应项。下面的例子可以说明这一点:

23. well, well what's signed is signed; and what's to be, will be; and then again, perhaps it won't be, after all. Anyhow it's all fixed and arranged already, and some sailor or other must go with him, I suppose... .

上例中(用下划线表示的)衔接连词没有一个具有能依附于有机关系中第二个组成部分的对应项。

把 19、19a-b、20a 和 23 放在一起,就会看出似乎至少有三种可能性:

a) 有机关系可能是完全隐性的,如 19;
b) 有机关系可能是完全显性的,因为原因和结果都使用某个合适的衔接连词来加以揭示,如 19a;
c) 有机关系可能只是部分显性,因为只有该关系的一个组成部分被某一合适的衔接连词表明了,如 19b、20、20a、23 中。

我在前面讨论过,有机关系主要是双向预设,不过我们必须对出现在语篇中的成分作区分。这些成分可能出现的三种"形式"已由上面的三种可能性(a-c)揭示出来。假如我们看 19 的任何一个小句:

19i. the children were tired

19ii. they couldn't wake up early in the morning

它们都没有通过有机关系来"暗示"另一个小句。其实,这样的小句一般不能表示任何有机关系。但是 19i 中的词项 the 和 19ii 中的 they 都是前指词项,因此两个小句都能充当完整的语篇。只有当两个小句位于同一个语篇的相邻位置,其间的双向有机关系才会产生。由于缺乏有机关系的标记,在单独的情况下,两个小句都是"非标记的",并且在某种程度上,它们可以随意充当完整的语篇,如果小句的词项允许这一可能性的话。把 19、19i、19ii 与下面的小句作一比较:

24. John's not coming John's got to the hospital

24i. John's not coming.

24ii. John's got to go to the hospital.

以上的每一句话都能成为一个完整的语篇。在 24 中我们注意到了一个因果关系,第一小句作为结果,第二小句作为原因。无论是 24i 还是 24ii,单独都没有任何预设。

它们的位置与 19b、20、20a、23 有些不同。只要我们一看下面任何一个小句,我们就会认为如果要使它们成为语篇的部分,至少应该有另一个小句。

19b'. since the children were tired

20'. so they couldn't wake up early in the morning

20a'. because the children were tired

23'. and what's to be, will be

只要有机关系的任何一个组成部分由合适的衔接连词明确表示出来,这个连词"所属的"小句就会被"明确标记"为有机预设。与 19、19i、19ii、以及 24、24i、24ii 不同的是,为了知晓所探讨的小句是否进入一个有机关系,涉及有机关系的两个小句不需要都以明确的方式呈现出来。此外,大部分连词都是没有歧义的,因此,就有机关系的本质而言,明确标记的小句足以在构建有机关系的过程中提供完整的信息。

区分"非标记"与"明确标记"之间的差别很重要。让我重申一下,有机关系本质上有一个双向预设,但只有当两种小句的区别牢记于心时才能讨论预设方向这一概念的应用。在下一节,我将试图回答两个问题:(1)当语篇中只有一个带明确标记的小句时,我们可以就预设的方向做出怎样的断言?(2)"外指"、"前指"和"后指"预设等概念适合于解释有机关系吗?或许很明显,这两个问题的答案可由上面不断重复的观点提供:有机关系涉及双向预设。

2.4.4 预设方向与衔接连词

预设方向的意义,即衔接纽带所预设的词项处于什么位置,在前面讨论照应、替代和省略纽带时已经讨论过了。就衔接连接纽带而言,我们所做的区分可能会显得无足轻重或没有结果。

我们先来讨论外指预设。对衔接连词来说,外指预设的可能性小到近乎可以忽略不计的程度。此外,在确实产生外指预设的地方,本质上与通过照应、替代和省略纽带产生的外指预设是不同的。在后几种类型的纽带的外指预设中,在某种程度上,衔接似乎不是通过词项,而是通过即时相关语境中的某个(些)成分起中介作用而形成的(2.3.1 比较例 4 的讨论)。相反,如果衔接连词是外指预设,即便话语可能实际上没有"说出口",也总会暗示某些话语:"事态"通过这一没有说出口的话语来中介。这种情况与由照应、替代或省略纽带产生的外指预设完全不同。考虑一下丽贝卡(Rebbecca)的第一个话语(Daphne du Maurrier):

25. And last night I dreamt of Manderley again.

这里有两个衔接连词:and 和 again。当读者第一次拿起这本书第一眼看到小说中的这个句子时,由于这个句子出现在一个虚构的叙事中,所以,并不存在一个与 25 相关的即时语境。但是读者马上就会意识到作者用以暗中吸引他们的、虚构叙事中的即时语境成分。就如作者已经说了这样的话:

25a. I often dream of Manderley.

因此,25a 所指的事态主要是通过被我们想象为已经说过的一句话来中介的。即时相关语境中没有这样的东西可以让我们把 25a 看作是 25 的(隐含)意义的一部分。

上述情况是由衔接连词的语义特征带来的。有机关系是纯粹的语言关系,存在于同一类型的单位之内。这种关系不能存在于语言与非语言之间,原因十分明确。语境配置中没有哪个成分——包括物体、过程、环境或这些成分之间的互动——能够充当有机关系中明确标记的小句所预设的词项的中介物(mediator)。

有时候我们会碰到衔接连词似乎以照应、省略或替代纽带的方式用于外指。例如,假使我的一个孩子独自在房间里静静地玩,突然我听到他说:

26. but where's the engine?

我从 but 的使用判断出:别的一些东西——可能多半与火车有关——在那里,但引擎不见了;这种判断是合理的。这样判断也许会认为我们所讨论的关系主要不是两个语言单位之间的,而是通过语境配置的某个成分促成的。不过,注意这样的话语大多出现在独白中,并且,假如刚好另外有人听到了这句话,言说者和听话人在这个进行性活动中的参与度是如此的相同以至于使得对话这一概念只具有表面性。尽管出现了两个人,但这种情况通常发生在言说者和听话人往往是同一个人的情况下。据此,26 可以被看成是说出口的、并因此可以理解的独白的一部分。所以,实际上我想表明的是:即使在上面的情景中,话语 26 与语境中的事态缺乏有机联系,但 26 与关于当时事态的某些"未说出口"的断言之间是存在有机联系的。衔接连词这样的外指使用常常是建立当前言语互动与先前某一(些)言语互动联系的"手段"。假使我对我儿子说:

27. But today you haven't told me what you did at the school

but 只能被理解为建立这个特定的交际、与以前我儿子告诉我他在学校里的事情这个事实之间的关系的一种手段。这里也有清晰指示,如 usually you tell me what you do at the school。27 中的 but 不能与当时我说这句话的情景中任何一个成分联系起来。

虽然对以上观点提供结论性的实证证明还需要做很多的工作,但是我发现上面对外指衔接连词的作用,其解释看起来还是令人满意的。注意,在讨论中这个观点引出了一些有趣的问题。例如,在含有暗指(allusion)的语篇结构中,如 27 中,"暗指"相对于其他语篇处于什么样的位置? 其次,这样的意义如何构成由外指衔接连词表示的语篇结构? 再者,例 25—27 提出了这样的问题:被斯宾塞称作"内部独白"的语篇中衔接分析的基础是什么(Spencer 1965)? 叙事中"焦点偏移"现象的基础又是什么(Hasan 1964;1967)?

希望 25—27 的讨论能支撑我的论点,即衔接连词的外指预设在本质上与照应、替代或省略的外指预设不同。在后面的情况中,预设意义是由语境配置的某个成分促成的。因此,如果我们下这样的命令:

28. don't touch that.

如果 that 有外指预设,那么它的特定意义是借助语境配置中具体、可看到的成分来中介的。被预设的词项本身不是通过纽带以任何方式"暗示的",相反,这里的照应对象是语言外的部分"现实",其"名称"充当了被预设的词项。当衔接连词有外指预设时,即时语境中的任何成分都不是这个连词所照应的对象。被预设的事态肯定是通过某些"暗示的"语言消息来起中介作用的。也许可以说,这是有机关系呈双向预设这一事实引发的直接后果。该关系中一个组成部分的出现大大有助于表明另一组成部分的本质。

此外,在后指预设中,衔接连词也与照应、替代和省略纽带有明显区别。2.4.3 中的讨论表明,只有当有机关系中的一个组成部分被指明时,前指预设相对于后指预设的问题才具有重要性。当两个组成部分都是非标记的或都是明确标记时,语篇中的预设方向问题似乎就完全不重要了:两种情况的消息复合体都明确表示相互预设。首先,我们仍以上面的例子为例来给予说明:

19b'. since the children were tired

20'. so they couldn't get up early in the morning

20a'. because the children were tired

23' and what's to be, will be

这里有两个问题很重要:(i)就上面所列的任何一个例子来讲,我们是否可以肯定地说,该关系的被预设的组成部分,会出现在有明确标记的(预设)小句之前或之后? (ii) 对于连词的衔接潜势来讲,被预设的组成部分所处位置的方向,是否有显著的差异?

关于第一个问题,20'和 23'很相似。把这些例子汇总,很明显,被预设的组成部分——总是假设预设是内指的——会出现在预设组成部分之前,如 20 和 23:

20. the children were tired so they couldn't get up early....

23. What's signed, is signed; and what's to be, will be....

那么,我们可以说有那么一组衔接连词,当它们起内指作用时总是表示预设的方向是前指的。有意思的是,只要涉及后指预设,似乎就没有类似的情况出现。通过考虑 19a'和 20a',这一点就会更清楚。这里被预设的组成部分可以出现在预设组成部分之前,也可以出现在之后。因此,下面任何一个句子都是成立的:

19b. since the children were tired they couldn't get up early...

19b". the children couldn't get up early since they were tired

20a. because the children were tired they couldn't get up early

20a"the children couldn't get up early because they were tired.

在 19b 和 20a 中,the children 和 they 的"互换位置"与此处的论点没有关系。这里的"方向性"是由 they 的前指本质决定的,这一点在下面的例句中可以清楚地看到:

24i' since/ because John's got to go to the hospital,John's not coming

24i" John's not coming since /because John's got to go to the hospital

如果关系的一个组成部分得以明确标记,那么我认为我做如下陈述则是正确的:英语中没有衔接连词总能明白无误地"预测"后指预设。现在我们来讨论 19b 和 19b"之间、20a 和 20a"之间的衔接差异问题。这几种消息复合体都可能出现在实际语篇中。我们是否可以说,因为 19b"和 20a"是前指预设,所以它们有可能比后指预设项显得更具衔接性呢?

  这个问题必须与一个基本原理联系起来考虑:认为通过照应、省略和替代纽带而创造的大部分单位内后指预设与篇章组织根本不相关(见上面 2.3.1—2.3.2 的讨论)。在后面的几个例子中,我们注意到起后指作用的衔接纽带具有"结构手段"的地位,这一手段对语言片段在结构上的统一性起部分作用。假如首先我们接受了这样的观点,即在某种语言的语法中存在一个能够编码单个消息的小句之上的单位,那么很明显,衔接连词的前指和后指预设的区别能起到真正重要的作用。

  照惯例,我们认为单位句子——或更确切地讲,由几个句子组成的合成句/复合句——具有这样的地位。一个合成句/复合句由两个或多个小句"组合而成"。小句之间的关系或者是从属的,或者是并列的(对句子定义的讨论,见 Hasan 1964)(对句子定义的讨论,见 Hasan 1964)。组成句子的成分小句之间,其关系是通过连词来体现的。我认为这里体现这些所谓的句子内部关系的连词与我称为衔接连词的集合在本质上没有区别(不过,见 Halliday and Hasan,同上)。考虑到语篇中单个消息之间的有机联系——对语篇的篇章组织具有关键作用——我们可以得出,任何由多个消息组成的语篇中都没有简单句的位置,因为根据定义,编码相互关联的消息小句必须处于同一个句子中,那些没有关联的消息在篇章组织中没有位置。有机关系的预设在任何语篇中都表现为一种未被打断的"衔接链"。所以 19b 很有可能成为某个语篇的一部分,如:

  19c. since the children were tired they couldn't get up early in the morning so they missed their school.

  这里,上学迟到的原因是他们不能早起,不能早起的原因是孩子们很累。三个小句中存在这种连锁关系。尽管衔接链连接部分的复杂程度很显然互不相同,但这个例子说明了语篇中有机关系如何以完整的衔接链形式存在。把 19c 与下面的例子作比较:

  29. since the children had a bad cold and had to be kept in bed, they didn't go to school.

  在 29 中,they didn't go to school(他们没有去上学)这一事实是复合小句 since they had a bad cold(因为它们得了严重的感冒)和(they) had to be kept in bed(他们不得不卧床导致)的结果。

  为使篇章组织中的句子更直接地与其功能联系起来,我们可以通过区分"内部"和"外部"衔接连词来重新定义单位句子(Halliday and Hasan,同上)。从语篇的角度可以对句子下这样一个切实可行的定义:一个句子在由内部衔接连词(明确)标记的小句出现的地方结束。这样的句子可以包括所有由外部连词连接的小句、以及原则上在任何一边由"包含"内部连词的小句所"打断"的小句。根据这个定义,23 写起来有两个句子,而"形态上"只有一个句子,这个句子可以分成以下几个句子集。

21. Well, well what's signed, is signed; and what's to be, will be (i); and then again, perhaps, it won't be, after all. (ii) Anyhow, it's all fixed and arranged already, (iii) and some sailor or other must go with him, I suppose (iv)

有几个论据来证明上面的定义。其中最重要的一个论据是，在如此定义的句子中，句子内部小句之间的关系——构成句子的一部分——会比一个句子的任一小句与别的句子的小句之间的关系更"紧密"。例如，不能说上面(i)中第二小句与体现(ii)中的简单句的小句更紧密。这在很大程度上能解决纯粹以形态学定义的句子中的由于循环而最终堆积的问题。另一个优点可能是，虽然由外部连词创建的有机关系可能是隐性的，没有任何明确的标记来表示相关关系，但是那些由内部连词创建的有机关系总是明确标记的，这样能更"客观地"划定句子的边界。此外，这样的句子可以直接和语篇中的"观点变动"相关联。每一个句子可以说都直接与篇章组织中的"微观话题"相关，而这些微观话题本身由单个消息组成，通过小句来体现。

如果我们按照上面的方式定义句子，从某种意义上可以认为小句是最高的句法单位，因为上面对句子的定义从根本上没有考虑句法，那么马上就能产生一种结果，即不能认为进入后指预设的衔接连词具有"结构手段"的地位。因此，衔接连词前指和后指预设之间质的区别的基础可以消除了。只要与篇章组织相关，有机关系中的非标记组成部分是否出现在明确标记组成部分之前或是之后，都没有区别。一方面19b与19b"之间，另一方面20a与20"之间意义的区别与连词的衔接能力不相关。

这样的结论和上面反复表达的观点一致，即本质上有机关系牵涉到双向预设。就充当因果或转折或时间关系中的组成部分的小句而言，其序列并不影响关系本身的性质。如果对小句的位置变换有一个"实例性"限制，那么这个限制肯定与该小句的某个(些)成分有关。因此，如果they 和the children指代现实情境中的实体，那么相对于19b"来说，they couldn't get up early because children were tired，听起来有些异样。下面有更多的例子来说明，进入某一特定关系的小句形成的序列与连接的衔接功能无关：

30. A little boy and a girl lived all by themselves because they had no mother or father.

30a. A little by and girl had no mother or father so they lived all by themselves.

31. The dog used to chase the neighbour's cat so the children were glad to give it back to the sailor although they loved playing with it.

31a. Although the children loved playing with the dog they were glad to give it back to the sailor because it used to chase the neighbor's cat.

32. The boy went to school after he had fed his dog.

32a. The boy fed his dog then he went to school.

33. The sailor bought the girl a new dress and some toys and she lived in his house for ever and ever.

33a. The girl lived in the sailor's house for ever and ever and he bought her a new dress and some toys.

如33和33a所示的添加关系中,似乎对相关小句的"位置变换"有相对更大的限制。这可能是因为添加关系往往不是一种"纯粹的"关系(Halliday and Hasan,同上),所以and——添加连词本身——"表示"and then 或 and so 或 and yet。如果在小句位置变换过程中不考虑这个因素,而只"保留"连词 and,那么就会使小句复合体要么显得古怪,要么不合乎语法。看下面的例子:

34. they said bye-bye to their mummy and went off with the sailor.

35. the children were very sad to lose their dog and their mummy and daddy got them a new one for X'mas.

36. Please sir! Our dog doesn't know how to swim and he has jumped into the sea.

34中and"表示"and then,35中表示 and so,在36中则表示 and yet。在小句的位置变换中,当这些添加关系并不纯粹时,正如以上例子所显现的那样,非添加关系就占据优先地位了。因此,如果上面这些小句必须变换位置,就有必要作下面这样的调整:

34a. they went off with the sailor {but first they said bye-bye to their... / after they had said bye-bye to their...

35a. the children's mummy and daddy got them a new dog for X'mas because the children were very sad to lose their dog.

36a. Please Sir! Our dog has jumped into the sea though it doesn't know how to swim.

关于非添加关系比添加关系更重要的依据可以在添加关系的语义中找到(有关解释见Halliday and Hasan,同上)。附带注意这样的情况,即添加关系存在于一个"组合行动"的两部分之间。在这种情况下,可以说体现这一过程的词项(至少一部分)之间存在词汇预设。尽管小句的变化在理论上是可能的,但会导致句子的陈腐,这样的转换大部分合格的言说者都会合理避免。考虑下面一对例子:

37. he stood up and walked to the window.

38. John stood up and Jim walked to the window.

在37中,小句间隐含着 then,两个小句的过程配置是一个组合行动。虽然也可以说 he walked to the window but first he stood up,但站起来和走过去之间这样的预设会使后面的话语显得陈腐。在38中,两个小句的过程配置是两个独立的过程,而且 and 这个词能纯粹表示添加关系,完全可以说 Jim walked to the window and John stood up 而丝毫不使话语显得陈腐。

希望上面的讨论确立了这样一个事实:连词的衔接力,不管明确标记的小句是出现在非标记小句之前还是之后,都不受影响。就连词而言,前指和后指的区别与构成有机关系的消息间存在的预设关系并不相关。

2.4.5 衔接连词和预设范围

在 2.2 小节对纽带的总结中,照应、省略和替代纽带放在"成分性的"次标题下,而连词单独放在"非成分性的"标题下。这两个术语与衔接纽带两个普通类别的预设域有关。我以前讨论过照应、省略和替代纽带就像"期票",而衔接连词则更像"印章"。这里我将用这个类比来指明两种纽带类型的预设域之间存在的显著差异以及意义关系的差异。

成分衔接纽带——照应、省略或替代——"表示"某种具体的意义。如果纽带是内指的,则能在纽带所在的语篇中找到表示该具体意义的词项。尽管可能存在一些例外现象(见下面对例 42 和 43 的讨论),总的来说成分纽带预设的词项只构成某条单个消息的一部分,这种说法是对的。所以,这些纽带的预设一般不会涵盖整个小句。正是从这一意义上讲,这类纽带在预设中仅起成分的作用。大部分此类纽带在自身内部都暗示了它们的预设域(具体详情见 Halliday and Hasan,同上)。同时,此类纽带暗示着某种意义相同关系——它们必须在词典意义或情景意义上相同,而与可能被预设或不被预设的其他成分无关。这一点在前面 2.3 小节中已经讨论过了。下面是更多的例子:

30. a little boy and girl lived all by themselves because they had no mother or father.

35. the children were very sad to lose their dog and their mummy and daddy got them a new one for X'mas.

39. the cat jumped over the wall and the dog did too.

40. the boy swam but the girl didn't because she was afraid of the sea.

41. when the dog had eaten that fish he said woof! I want some more.

上面的例子中所有由带下划线的词项构成的纽带都是前指,每一个纽带都只预设前面小句的某一部分,而且在每个例子中至少保持了词典意义的一致性。因此,照一般的说法,可以说 30 中的 they "表示" a little boy and girl,35 中的 one 表示 dog,39 中的 did 表示 jumped over the wall,40 中的 didn't 表示(didn't)swim,而 41 中的 more 表示(more)fish。

有些成分纽带能预设整个消息,或者更多消息,这当然是对的,但是关于这种纽带有两点必须记住:第一,它们仍保留了与被预设的词项意义一致的某种形式;第二,它们的预设范围不仅仅是非成分性质的。这类纽带既能预设整个语篇消息或消息复合体,也能预设成分。虽然指示词 this,that,here 和 there 也能创造(有限制的）成分预设或（扩展的）非成分预设，但是也许最重要的纽带是定冠词 the，就是因为这种类型的纽带在所有类型的语篇中出现的频率最高。这里有两个例子是用指示词 this 的：

42. Once a sailor had a little dog and this dog loved digging up crab-hole on the beach.

43. Imagine a society of sadists who like to cause each other pain by making loud noises in each others' ears. Suppose that for convenience they adopt the convention of always making the noise bang to achieve this purpose.

两个例子的预设都是前指。然而，在 42 中，预设域被局限于前面小句的一个成分上；this 与前面的名词词组 a little dog 衔接起来，而且 this dog 的情景意义和被预设的词项是相同的：都指情境中的同一实体。43 中，this 的预设域是扩展的，几乎涵盖了 who like to cause... each others' ears 整个小句。现在 this purpose 几乎与被预设的词项相同。因此，43 的第二个句子可以如下重写：

43a. ... Suppose that for convenience they adopt the convention of always making the noise bang to achieve the purpose of causing each other pain by making loud noises in each others' ears.

我不认为 43 和 43a 在已经包含 43 中第一个句子的语篇中一样合理，很明显，原句更地道，也许因为那个原因也更"有可能"被人使用。这里我只是想说在 43 的语境中，纽带 this 的意义就是 43a 中的带下划线的小句所表明的意义。因此，尽管上面两种情况中 this 的预设域明显不同，但是毫无疑问纽带和被预设的词项之间的意义关系在本质上是相同的。无论成分纽带的预设是扩展还是限制，都像"期票"，代表的意义可以从其他地方推断出来。

衔接连词与这几种纽带类型不同。衔接连词充当两个小句间的有机关系的印章。因此，如果它们代表（stand for）什么的话，那么，它们所代表的就是有机关系本身，这种有机关系的存在不依赖于衔接连词实质上的出现或缺失，这一点我前面试图提出过。注意在衔接连词的语境中使用代表（stand for）这一词组时，其意义与在成分纽带语境中的代表（stand for）是不一样的。

有机关系牵涉到双向预设，无论关系是完全隐性的，完全显性的还是部分显性，这一点都成立。我们像以往一样以第三种情况为例来解释预设域和明确标记的预设小句与被预设的非标记小句之间的意义关系。虽然明确标记的小句能预设多个小句，但它总是预设至少一个小句。下面是两个例句：

44. Although I shall sometimes employ the methods of linguistic philosophy, this book is an essay in the philosophy of language.

45. Though we have regarded ourselves a little lower than the angels, we have been at pains to prove family relationship with apes, and al-

ways take the liveliest interest in our animal nature.

在44中明确标记的小句 although I shall... philosophy 预设了后面的小句 this book... of language。45中,明确标记的小句 though we have... the angels 预设了后面的两个小句 we have been at pains... with apes 和(we) always take... animal nature。后面的两个小句由 and 表示的添加关系相连接。

即便我们只关注这一表面事实,即存在一个明确标记的小句——因而存在预设成分——还有一些非标记小句——因而存在被预设的成分,但是,对任何理解这两个句子意思的人来说,很明显这里的预设关系没有包含任何一种意义的同一性。这种事态产生于有机关系和由此产生的预设类型的语义,虽然这种预设在小句的实际体现过程中总是存在一些差异。建立相互关系的两个组成部分不可能有相同的意义,这一点似乎很明显。为了使它们成为有机关系的两个不同组成部分,两个小句的意义必须是不同的。顺便提一下,这也是为什么没有动机的重复不能被认为是语篇的内在部分的原因。没有语义上的动机,重复的消息不能有机地与语篇中的其他消息联系起来。在某些语言使用的情况下可能会碰到这样的句子如 if you like it you like it,从表面上看进入有机关系的小句的意义似乎是相同的,然而,这是不对的,因为第二个 you like it 一般情况下可以解释为 you need supply no justification for liking it/ there is nothing more to be said about the fact of your liking it。虽然在语义学理论发展的目前阶段还不能说明如何或为何得出这样的解释,但是我认为这个解释与我们对话语的实际理解比较接近。

希望2.4—2.4.5的讨论清楚地证明了衔接连词和成分类型语法衔接纽带之间的关系。后面的几种衔接范畴,通过把一个消息的某个具体成分与另外一个消息的具体成分相关联,对篇章组织产生积极作用,而前者,即衔接连词纽带,通过把语篇的观点相互关联起来从而促进篇章组织。这两种整合的相关方面对篇章组织都是重要的,不过它们属于语篇形成过程中的不同层面。

2.5　词汇衔接纽带

语篇中的词汇衔接在很大程度上受讲话内容的连续性和人们对话语内容与其他现象的关系的理解的制约。主题的连续性及其与其他现象的关系解释了语篇中词汇选择间所建立的三种关系。这些关系类型列在上面2.1小节中,如(i)同一词项的重复(ii)概括性宏观集合的形成(iii)实例性宏观集合的形成。

以下是通过词汇重复来示例衔接的一个例子:

> 46. The port would fain give succor; the port is pitiful; in the port is safety, comfort, hearthstone, supper, warm blankets, friends, all that's kin to our mortalities. But in that gale, the port, the land, is that ship's direst jeopardy.

某个特定词项的重复出现,如此例中的 port,是词汇衔接的一种方式,其重复密度很可能会随着变体的差别而变化。

概括性宏观集合的形成可以用下面的例子来解释：

47. At last the anchor was up, the sails were set, and off we glided. It was a sharp, cold Christmas; and as the short northern day merged into night, we found ourselves almost broad upon the wintry ocean, whose freezing spray cased us in ice, as in polished armour. The long rows of teeth on the bulwark glistened in the moonlight; and like the white ivory tusks of some huge elephant, vast curving icicles depended from the bows.

简单看一下这个片段，我们可以得出在意义更接近的基础上某些词项能够被聚集在一起。这些词项可以如下列出：

i. anchor, sail, bulwark, bows
ii. cold, wintry, freezing, ice, icicle
iii. day, night
iv. short, long, huge, vast
v. glided, merged
vi. teeth, tusks
vii. polished, glistened

同一个例子也可以用来示例实例性集合的形成。这一片段包含了两个这样的集合，可以被列举如下：

i. ice, polished armour
ii. (white ivory) tusks of (some) huge elephant, vast (curving) icicles

2.5.1

概括性宏观集合中的词项属于同一个"语义场"(Ullmann 1962)。它们一起属于同一个语义域，考察上面的集合 i-vii 会更清楚这一点。有了这个特点描述，就可以毫不犹豫地将下面的词项纳入到上面的集合中：beat, chilly, morning, small, plunge, molar, shone。我们之所以能够把这些词项准确无误地纳入到合适的集合中是因为我们能识别最后列表中每一个词项的意义与某个特定集合中的词项意义很接近。

尽管对概括性宏观集合如此描述显得既实用又容易理解，但是我们需要补充一点，即仅仅根据意义的接近来描述会有问题产生，因为意义域的界线不总是明确的。事实上考察之后会很惊讶地发现这些凭直觉认为是有区别的意义域并不是我们平时想象中那样独立密封的。《罗杰同义词词典》(Roget's Thesaurus)是这一观点的最好证明。如果意义关联衔接链是把词项聚集在一起的唯一指导原则，那么通过一套连续的意义关联可以形成一个语义场，凭直觉这个语义场似乎与作为起点的语义场大相径庭。例如，考虑一下 leaf, twig, branch, truck, tree, wood, log, faggot, tinder, kindling, fire, flame……的意义关联。当看到词项 leaf 和 flame 时,我们一般不会认为它们属于同一个意义域,此外,这一列表——其中任何两个相邻词项都不是通过某种意义关系而紧密相关的——是没有意义的。因此,我们必须提供一个形式上的标准来把这些词项归入到一个概括性宏观集合中,这样词项的集合就会更有效。在提供形式上的标准时我们仍会参照意义关系,但这次有所区别,我们会明确对集合成员非常重要的意义关系类别。

同一个概括性宏观集合中成员之间的意义关系的类别可以有以下几种:

a. 意义的某些成分之间的相似,如 cold, wintry; wealth, riches; window, casement; guy, fellow...

b. 意义的某个(些)具体成分的差别,如 cold, hot; day, night; boy, girl; tall, short...

c. 意义的属种关系,如 flower, rose; fruit, apple; furniture, table; vehicle, car...

d. 意义的部分与整体关系,如 eye, iris; hand, finger; hour, minute; town, down-town...

e. 意义的部分与部分关系,如 hand, foot; door, window; deck, cabin; branch, trunk...

f. 意义的类属相似关系,如 green, yellow; rose, tulip; apple, pear; car, bus; teeth, fangs...

g. 意义的派生关系,如 sail, sailor; true, truth; beauty, beautiful; boy, boyish

前三种意义关系(a-c)一般由语义研究中的众所周知的标签表示:同义关系、反义关系、上下义关系。后四种意义关系中似乎没有如此短而方便的标签。顺便注意一下 d-f 的意义关系,部分与部分的关系(e 中)只有在两部分所属的整体是同一个物体的前提下才成立;因此 branch 和 trunk 都与 tree 形成了部分与整体的关系,与 hand 和 foot 都属于 body 的一部分一样。当词项 trunk 不能与 tree 构成部分与整体关系时(其意义可能是非正式指"装物品的容器",功能与衣橱相当),它就不可能与 branch 构成部分与部分关系。这个标准是否正确不清楚,但 d 和 e 内部的关系与属种关系(c 中)确实相关。因此,如果 rose 和 petal 存在整体部分关系,就可以说 flower 和 petal 之间也存在相同的整体部分关系。然而,f 中的关系很显然与 c 中的属种关系相关。如果词项 colour 与 green 和 yellow 都呈上下义关系,那么后面的两个词项就都是同一个概括性范畴的具体实例,因而这两个词项意义相似。希望关于意义派生关系的原理足够清楚而不需要再做解释。显然,词项之间存在的意义关系本质会变化;所以在一种情况下,两个词项之间的关系可能是"过程"与"过程执行者"的关系,如 sail-sailor, dance-dancer, sing-singer 之间的关系。在另一种情况下,意义关系可能是"作为事件的过程"与"作为事实或现象的过程"的关系,如 destroy-destruction,thieve-theft,improve-improvement 之间的关系。

上面 a-g 意义关系的集合中,概括性宏观集合也许可以定义为一个词项分组,其中每一个成员都通过一种特定的关系意义而相互联系。这个定义可以作为集合的最基本特征,因为它有效排除了源于"同一个意义域"或"同一个语义场"这种概括性表述的不确定性。从意义关联的总进程来看,leaf, twig, branch, trunk, tree, wood, log, faggot, tinder, fire, flame……可以视作是词项的有效分组,不过,根据概括性宏观集合(本段中)的定义,这些词项不能算是属于同一个宏观集合。很显然,从 a 到 g 所列的一系列意义关系中没有哪一种能把 leaf 与 fire,或 flame,或 faggot 联系起来。从另一个方面看,假使我们考察例 47 中的集合,我们会发现所有词项都通过某种特定的关系相互联系起来。因而集合 i 中所有的词项都呈部分与部分的关系,而 ii 中的词项则通过部分同义关系相互联系起来;day 和 night 可以被看作是部分与部分的关系(如果 day 作为起点)或反义关系(弱反义);iv 集合中的上义词可以说是 size,等等。

现在也许可以强调以下这个事实,即概括性宏观集合概念并非是所谓的词汇集合(lexical set)(Halliday 1966;Sinclair 1966)这一范畴的另一个标签。我希望词汇集合与概括性宏观集合两种类别之间有相关之处。不过,它们的定义方式和隐含预设的意义互不相同。词汇集合是词项的分组,其中所有的词项都具有与一个或几个不同分组的词项进行搭配——在线性距离的一定范围内共现——的特权。词项本身的身份由其搭配的潜能决定,因此如 letter 的搭配模式可决定 letter(=一种具体类型的书写消息)以及 letter(=字母表的一个单位)是同一个形式 letter 的两个不同的词项。反之,一个词项的搭配潜能由线性距离特定范围内的凭实证建立的共现频率所决定。

从上面简短的解释中也许可以清楚地知道与词汇集合最接近的类比是句法领域内的类别。两者的词项基于它们进入组合关系的相似潜能构成聚合性分组。"关于词汇集合的定义标准因而是发生潜能的句法(向下)标准。就如语法系统(类别,包括一个词项的类别)通过结构来定义,(词项的)词汇集合通过搭配来定义"(Halliday 1966,P156)。因此,如果与词汇集合最接近的类比是句法中的类别,那么与搭配最接近的类比是结构。搭配和结构两者都指组合关系。我们认为词汇描写范畴——词项、词汇集合和搭配——与语法描写范畴具有相同的客观程度和正式程度。这种研究词汇的方法的优点之一能避免因对指称语言外现实这一概念进行具体解释而产生的不良后果。

现在,如果我们把概括性宏观集合概念与词汇集合概念(上面定义过的)作比较,也许可以达成共识,即后面的词项分组方式严密得多。此外,由于精密阶概念的引入(Halliday 1961),上面的分析类型具有创造集合的潜能,但在精密度上有差异。这里对特定的类别的考虑或许对我们大有启发。根据初始精密度,John 和

honesty 可以说都属于同一个单词类别——名词。它们的句法组合潜能在某些方面是相似的。然而,由于语言的描写注重细节,很明显名词这一类别肯定会"被分成"更细微的类别以便解释 John 和 honesty 不同的句法组合潜能。精密阶的意义在于能使我们注意到恰当的语境中的相似和不同两个方面(Weinreich 1967)。在词汇研究中精密阶如何起作用呢? 让我们来回忆一下 47 中的集合 ii,有两个词项 cold 和 wintry,上面我提出这两个词项之间的意义关系是(弱)同义关系。概括性宏观集合的定义使我没有理由说 cold 和 cool 在词义上可能与 wintry 和 freezing 一样接近,不过 cold 和 wintry 相互之间的词义关系并不接近。假设对这些词项的搭配潜能做了实证研究之后我们发现下面的集合是与这四个词项搭配的集合:

    a) hand, feet, cheek...
    b) drink, dessert, food, ham...
    c) shade, protection...
    d) reception, welcome, farewell...
    e) smile, attitude, temperament...
    f) season, day, night...

为简明起见,假设上面 a-f 的集合代表了词项 cold, cool, wintry, freezing 能够搭配的所有集合,不过我并不是在暗示实际情况就可能是这样的。然而,如果这是来自语言的全部证据,我们就可以说在精密度的初始程度上所有四个词项具有相近的搭配潜能,因为所有的词项至少能与一个集合搭配。我想象着这会是最后一个集合。当我们仔细观察搭配模式时就会发现是 cold 而不是 wintry 能够与 a-e 集合中的词项搭配。我认为这里我们或许有一种方法能清楚地表达弱同义是什么意思。因此,根据以上证据,词项 cold 和 wintry 在初始精密阶上或许可以说属于同一个(基础)词汇集合,更精确地说,它们也许必须相互分开(在 John 和 honesty 的方式中),属于两个更精确的词汇集合。

虽然我对韩礼德(Halliday)和辛克莱(Sinclair)研究词汇的方法已经做过简要描述,这里我的目的不是对他们的方法做批判性评价,根据这种方法,这样的批判评价会牵涉到讨论一种语言的词项如何具有特定的意义。在上面的讨论中我的目的是为表明在哪里和为什么可以发现词汇集合范畴与概括性宏观集合之间的联系点做好铺垫。我会表明概括性宏观集合与基础词汇集合很接近,虽然我们必须承认一种可能性,即通过上面阐述的意义关系建立的宏观集合中没有哪一个可能会表现出与任何基础词汇集合相同的成员关系,不过两者大部分的成员可能相同确实有很大的可能性。

韩礼德和辛克莱的研究都没有把词项作为出发点。他们都没有,或不能以任何一种词项本身的成分分析作为研究的起点。他们在后面任何一个阶段是否认为这样的词项分析是重要的或者有启迪作用不甚清楚。对他们来说,搭配是个核心概念。另一方面,搭配——一贯共现的频率——并非物质线性安排的意外结果。

即便是间接搭配,也反映了意义的现实。无论人们认为词项的意义正是通过在互动中与其他词项的搭配而产生的,还是认为是由于词项有这样那样的意义才使得搭配发生,这一点都是对的。如果 message 和 letter 在初始精密阶上表现出相同的搭配潜能,那是关于两个词项之间的意义关系的问题。概括性宏观集合通过某些意义关系来定义,我认为这些意义关系对词项之间的交互作用很重要,因此我们有理由认为概括性宏观集合与基础词汇集合相近。

在当前的研究中避免使用词汇集合这个名称有实际的理由。建立一个有效的词汇集合预示着需要对该语言做大量的研究。迄今为止我们没有按照韩礼德和辛克莱的严密方法建立任何词汇集合清单。我忽略了意义如何渐渐依附到一个已知的词项上这个问题,想当然地看待意义的存在以及关于存在的意义的知识,并从这里开始研究。

显然,除了考虑意义关系以外,没有别的方法可以从这一点开始。同时我认为概括性宏观集合相对于基础词汇集合来说也许对研究语篇中的词汇衔接更有启发意义,确切地说是因为前者更具有概括性和包容性。因此,不管 stroke, cuddle, scratch, hurt 是否组成一个基础词汇集合,这些词都可以被认为属于概括性宏观集合,与 wash, tidy up, toilette 一样。词项的这种相当概括的集合很明显与话语的范围相关。

2.5.2

概括性宏观集合反映了某种语言的词汇分类学范围。虽然在分析语篇时特定的宏观集合中的成员关系是某一语篇所特有的,不过这种集合所具有概括的有效性能够超越特定的语篇,在语言的任何地方都是可行的。例如,所有从 47 中导出的集合 i-viii 都具有相对于该特定语段的具体成员关系,不过,它们仅代表了所有宏观集合的一部分,因此,词项 hot, chilly, warm, temperature(以及更多其他的词项)会成为概括性宏观集合的组成部分。当然,在(47)这个特定的语段中,最后提到的词项没有出现。从语篇中抽象出来的每一个概括性宏观集合的配置是特定的(部分)语篇所特有的。使概括性宏观集合中成员组合到一起的意义关系在语言的任何地方都适用。它们的有效性本质上超越了语篇而与作为整体的语言相关。在这一方面,概括性宏观集合就如词汇集合,其有效性适用于语言层面而并非相对于某个特定的语篇。

相反,实例性宏观集合只相对于特定的语篇才有效。这种集合不一定在语言层面的每个地方都有效。实例性集合中成员之间的关系是对等关系——表面和实质都对等——和比较关系,无论这种比较是肯定的还是否定的。这些关系的背后是言说者对自己的话语的成分与其他成分之间的关系特有的看法。实例性集合可以与暗喻、明喻、转喻、意象等修辞手法连接起来。实例性集合的一般语义很大程度上与这些提到的修辞手法相同。例如,在 47 中,短语 polished armour 构成了包含 ice 的实例性集合,而 vast curving icicles 构成了包含 ivory tusks of some huge elephant 的集合。在每一个实例性集合中,两个短语通过比较而相互联系。这背后是言说者对于自己自然而然所说的话语——ice 和 vast curving icicles,与其他不属于他的话语核心内容的现象之间关系的独到看法。语段中 polished armour 和 white ivory tusks of some huge elephant 出现的理由从言说者自己在情境中的个人"角度"提供。英语词汇的分类学不能把 ice 与(polished)armour 或 icicles 与 elephant tusks 组合在一起。可以确信在语言外部现实中能找到促使这些词汇短语组成一个实例性集合的理由,但是同样确信的是对解码者来说,这样的理由只有在实例性集合的形成成为事实时才有可能变得明显。语言外现实在感知通常所认为的想象中的语言使用,尤其是诗意的语言使用中往往是没有用的。考虑下面艾米莉·狄金森(Emily Dickonson)的诗句:

48. There came a wind like a bugle;...
It quivered through the grass,
And a green chill upon the heat
So ominous did pass
We barred the windows and the doors
As from an emerald/ghost;...

这里 wind,bugle 和 emerald ghost 组成了一个实例性集合。我认为可以说 wind 和 emerald ghost 之间的比较没有以语言外现实为基础。这儿的理由只能通过考察语篇中其他词汇的选择才能找到,语篇中 wind 与 quiver,与 grass,与 green chill,以及与 ominous 的渐进搭配关系为我们理解 emerald ghost 的(现实)做好准备。因此,概括性集合是语言的词汇分类学逻辑的产物,实例性集合则是语篇逻辑的产物——有时候我们称之为语篇的语码(Giraud 1971;Mukarovsky 1964)。正是出于这个原因,其有效性仅限于相应的语篇中。

实例性集合的两个例子都选自文学体裁,在文学体裁中实例性集合不仅变得频繁,而且总的来说比其他的语言体裁更复杂。然而,除了很多文学体裁之外,实例性集合可能出现在其他的体裁中;而且,集合中的词项不一定由复合词汇表达式来表征。这里有几个例子:

49. Public schoolboys like ploughboys must talk sense.
50. the sailor was the children's
51. the dog was a magic dog
52. all my pleasures are like yesterdays.
53. white sugar is poison.

49 选自 J. R. 弗斯(J. R. Firth)的语言学普及论文(*The Tongue of Men*,P102)。基于比较关系的实例性集合包含 public schoolboy 和 ploughboy 两个成员。后面的两个例子选自样本中的两个语篇,两个例子都基于对等关系,包含词项 sailor、children's daddy、dog、magic。52 选自多恩(Donne)的诗歌,用来解释这样的观点,即即使在文学中,实例性集合也不总是由复合词汇表达式构成的。这里的关系是比较关系,而且相关的词项是(all my) pleasures 和 yesterday。最后一个例子选自关于营养的非正式演讲,其关系是对等关系,牵涉的词项明显是 white sugar 和 poison。最后一个例子特别有意思,在后面由例证性集合对等关系体现的两个句子为话语符合逻辑所发挥的作用变得十分明显。You would not voluntarily spend money on buying poison for yourself(你不会自发地花钱为自己买毒药)(后续的句子)So, why do you spend on buying white sugar?(那为什么花钱买白糖呢?)这里我们可以看出是对等关系使得最后一句引用的句子中的 so 能得到合理的解释。

到目前为止对实例性集合例子的考察能反映一种现象,即实际上这一类别在形式上只能定义为词汇—语法现象,对等关系或比较关系总是通过某些语法模式体现的。因此,虽然我提出这个类别可以用于分析语篇中的词汇衔接,其实它的位置处于词汇—语法的中间状态。我说明这一点是为了引起大家对规范的搭配模式(可能对研究某一体裁中的词汇衔接有重要意义)与实例集合之间的区别的注意。规范搭配的例子如:the thrush through the echoing timber so rinse and wring the ear(歌鸫的鸣叫声在林间回响,入于耳来如此萦绕涤荡"(G. M. Hopkins,天堂—港口)可以作为规范搭配的例子,不过这一行中包含了几个规范的搭配,没有形成实例性集合。

2.5.3

也许从词汇衔接模式不同的实例中可以清楚地知道这里的纽带不一定具有意义的同一性,因此一个词项不需要与其他词项具有相同的词典意义才能相互衔接。48 中概括性集合中的词项就属于这种情况。在这一方面,词汇纽带更像是由衔接连词建立的。既然正常情况下预设只能朝一个方向前进,那么预设的方向性并不能轻易地适用于词汇纽带。例如,尽管可以说例 46 中的第二个 port 与其他所有后面出现的词项 port 一起前指预设了前面出现的 port,但是这里对前指这个术语的使用与它在照应、替代和省略中的使用不是同一个意思。事实上,被预设和预设两个术语在词汇衔接的语境中的含义或多或少不一样。在所有其他无论是成分性的还是非成分性的纽带中,预设词项总是含有这类预设的意思。有些小句如 he isn't well, the pink one is better, John didn't, because John's ill 等都暗示了上下文,就是由于小句中的某些成分相当明显地预设了别的地方明确编码的一些意思。相反,像 I'd like to have an apple 这样的小句则没有暗示上下文。然而,如果这个小句出现在这样的小句环境中,如 where's that fruit basket? 或 what fruit would you like to have?,那么词项 apple 就可以被看成与 fruit 构成了衔接纽带。因此,一般情况下,词汇性衔接词项本身没有通过预设概念暗示任何地位,它的预设地位只有在事件之后才能显现。

一方面,词汇衔接纽带与语法成分纽带相似:两者都通过消息成分建立衔接关系。然而，如果被预设的词项处于预设词项所在的小句之外，那么通过语法成分纽带建立的衔接关系对篇章组织更加重要，不过这种因素与词汇衔接纽带无关。不管两个衔接词项在于同一个结构之内还是之外，后者对篇章组织都有相同的意义。这里的不同点在于无论词汇选择是否"形成衔接链"。虽然语法成分纽带和词汇纽带存在差异，两者之间却有很大的互补性。在某种意义上可以说通过照应、替代以及省略建立的成分语法纽带用于替代语篇中某些词项的重复。因此，例如可以看到代词选择习惯的限制条件反过来也许可以理解为是对指代同一实体的相同词项的重复性的限制。也许在词汇重复与通过代词、替代和省略而建立的语法衔接纽带之间这种互补性最大。由于能表达的意义之间存在很大的差异，因而产生了这种情况。

2.5.4

有这么一个有趣的现象，代词本身是隐性的，但其意义却是确定的，而词项本身是明确的，其意义却是不确定的。我将把词项 man 作为例子来解释这一点，man 作为一个词项其意义与 woman 的意义相对，就如 male 的意义与 female 的意义相对。我说词项 man 有明确的意义，意思是这个词可以用来指代独立的集合中的某一类成员。这个独立的集合的区别性特征也许有这些：animate; human; male; adult。缺乏任何一个特征就不可能成为这个集合中的成员。那么，词项意义的明确性产生于这样一个事实：已知词项只适用于某个独立集合中的成员。

虽然所有的词项在意义上都是同样明确的，但是在意义的具体性上不一定相同。我在讨论中用的明确的（explicit）和具体的（specific）（以及它们的派生词）并不是同义词。没有词项在意义上是不明确的，这种情况在逻辑上是不可能的，因为我们认为意义的明确性是指对词项所指的集合有明确定义的作用，而且集合的重要特征总是完全可以表述的。因此，我们知道任何实体、过程或环境都必须具备怎样的特征才能用一个词项来指代。相反，词项的具体意义会发生变化。我发现词汇意义的具体特征与该词项所指称的集合的重要特征描述的详细程度相关。可见，词义的具体特征是程度问题，这一点与明确性不一样。有些词项的意义比其他词项的意义更具体些，creature，person，man 就属于这种情况。根据上面的观点，这里可以说 creature 是三个词项中最不具体的，而 man 是最具体的。man 的所指集的重要特征在上面一段中已经讨论过。至于 creature，其所指集的唯一重要特征是 animate，而 man 的特征有一系列：animate，human，adult。如果从这个角度来比较 man 和 woman，可以发现尽管两者的意义不同，两者特点的具体程度却是一样的。一个没有具体描述的独立集合重要特征少一些，但仍可以被进一步细化。当特征的细化由指称独立集合的词项体现在语言中时，那么这种词项之间就建立起了意义的具体程度不一的特征关系。这就是有大量描述的上下义关系。

这样看来，词项是一个类别明确的语项；一个特定的词项反映了一个独立集合相对于其他独立集合的独特身份，这种身份在语言内部由相应的词项来识别，由此产生了词项的不确定性。就其本身而言,词项能够指明整个集合中的任何一个成员,但是要指明集合中的任何一个特定的成员,词项本身就不能指代这样的实体,更不能建立所指集合中任何成员相对于同一集合中其他成员的独特身份。

现在,如果我们考虑代词以及指示词 the,情况看起来正好相反。我认为这些词项意义的不明确性是由它们意义的限定性引起的。为找到一个更好的词,对每一个词项的意义来说关键是一个可以被认为是"被界定的"(即在某一方面是独特的)成分。正是这些词项的这一意义成分赋予了它们限定性和不明确性。如果不用专业术语,这个成分"表明"独立集合中一个特定的子集与集合的其他部分分离了,换言之,达到了确定性。同时,独立集合本身的位置确立之前,这样一个成分在代词意义中的出现以及 the 的使用需要隐含性。可以通过 he 和 man 来阐明这些评论。为了目前的论证,我们假设 man 所指称的独立集合的特征确实是如上面所述:animate,human,male,adult(尽管有充分的理由认为这是不对的,就如在这样的语句中:I wouldn't call Jim's father a man)。同时我们也假设 he 的意义的关键成分是 identified,human,male。he 不如 man 具体,这当然正确,不过,he 的隐性意义并非由该词项的不具体引起的,就像如果我们把它与 creature 相比,后者显然比 he 更不具体,比较之后这一点就明确了。假设我们有两句话语:

54. some creature has ruined this flower bed.
55. he has ruined this flower bed.

54 能够组成一个完整的语篇,可以解释为"某种动物实体,言说者不知道其身份,或认为与自己无关,这一动物实体损坏了一个言说者知道的花坛"。而 55 中 he 的意义不明确,话语可以解释为"一个已知男性,其身份言说者是知道的,并且认为与自己无关的,破坏了一个言说者知道的花坛"。只要 he 的意义不确定,55 就是一个不完整的语篇。这个解释自然会促使听话人问:谁破坏了……?(回答不可以是我不知道)。就语义而言,这个问题的回答可以成为 55 消息的组成部分。当然,54 也能促使言说者进一步解释:(你认为)什么动物损坏了……?但是对于这个问题,回答 I don't know 就非常合理,此答案能在语篇内部构成附加消息。为了了解已知实体,我们必须知道谁或什么是已知的,其意义只有在我们了解了已知实体之后才能明确。代词和 the 的使用与语篇陈述及相关小句有紧密联系,这一点不足为奇。语篇陈述与相关小句都是发现已知实体的来源。代词所指称的实体并非因为其特定性才显得独特,而是因为事实上这是在语篇中被确定的。所以 I know a man 与 I know the man 存在区别。a man 是特定的但在语篇中未被识别的实体,the man 则既是特定的,又是在语篇中被识别的。

语篇具有连贯性至少有一部分原因是因为对同一个实体和现象的重复提及。在语篇相应的位置中,词项的不确定性必须受某些照应词项的确定性的作用,这一点显而易见。那么,需要强调的是虽然代词尤其能被认为是避免词项重复的手段,却是我们的陈述中最不重要的一部分;代词更重要的作用,如 the,在于通过同义来

提供语篇的连贯性,比较下面两个句子也许可以明白这一点:

56. Some boys walked slowly. Some boys were tired.

57. Some boys walked slowly. {They were tired.
                              {The boys were tired.

56中,走得慢的一些男孩不一定是那些感到累的男孩。57中,毫无疑问走得慢的那些男孩就是那些感到累的男孩。走得慢的那些男孩和感到累的那些男孩只有用有限的方式才会指同一个实体,代词和指称照应就是两个最普通最有利的方式。任何一个词项本身反复重复都不能达到同一性。

2.5.5

上面的解释告诉我们词汇重复有两种类型:一种是通过重复提供一条同一性线索,如57中的the boys,另一种是只通过相似性而不是同一性达成的连续性显性。56也许是能说明后面这种重复类型的例子。也许下面的例子更好且更有说服力:

58. there were children on the slides, there were children on the see-saw, children on the merry-go-round and children on monkey-bars.

这里词项children的每一次出现都指称概括性范畴children的一个独特的子集。连续性并非源于我们谈到的实体的同一性,而是源于实体的相似性。代词和the与同一性相关,而照应、替代、省略等语法衔接纽带则大多基于相似性的词汇重复。这为以前提出的观点做了解释,以前的观点认为替代和省略仅仅牵涉到词典意义的预设而没有牵涉词项情景意义的预设(见例2和3)。这并不是说同指永远不会通过这些纽带类型建立。看下面的例子:

59. he tried to put the fire out but in doing so he burnt his fingers.

60. Does he want both these toys? Yes, he does.

59中doing so预设了trying to put the fire out,两者都指称同一个情景事件,而2却不同:

2. the children ran. The dog did so too.

狗的跑在情景意义上与孩子们的跑是不同的事件。60中,省略预设了want(s) both these toys,情景所指又一次相同,而3却不同:

3. when the dog had eaten that fish he said woof I want some more.

狗还想要的鱼在情景意义上与它已吃的鱼不是同一条鱼。想断定替代和省略能用来建立同指还需要更多的研究。

3. 衔接纽带的相互依存

上面的小节中我试图证明有些衔接纽带的衔接功能与其他纽带的功能如何不同。记住这些不同点很重要,但是强调所有类型的衔接纽带存在很多的相互依存关系同样重要。实际上，可以认为只有当三种纽带——语法成分性、语法非成性分、词汇性——一起被选择时才能产生篇章组织。正常的语篇不会只有语法衔接而没有词汇衔接。如果排除只包含一个单个消息的语篇，这种观点就更正确了。包含一个单个消息的语篇确实存在，这类语篇在整合机制和结构形式上都明显不同于由几条单个消息组合而成的语篇。不同之处并不在于大小，而在于质量。两者之间的区别很大，以至于此文中提到的衔接概念和形式篇章组织都不能应用于分析只有一条消息的语篇，因为对一条消息的描述要求的重点不同，而语言外信息比由几条消息组成的语篇起更重要的作用。

3.1

认为三种主要衔接纽带都必须在一个语篇中同时出现并不是说这三种范畴的每一个单独的次范畴必须在每个语篇中出现，而只是表明如果有词汇纽带和有机关系的支持，成分语法纽带就成立。同样，如果有成分语法纽带和词汇纽带的支持，有机关系也成立。既然有机关系对语篇的形式结构这么重要，那么可以认为体现有机关系的这种纽带至少是独立于其他两种纽带而存在的。这就是为什么可以假设一系列单个消息中存在任何一种有机关系的理由。下面我用一些例子来做简单讨论，以证明这三种衔接范畴之间存在多少的相互依存。我们以下面的例子来开始讨论：

61. John gets up early. He is intelligent. Our house is next to his. The third one is painted blue.

62. A cat is sitting on a fence. A fence is often made of wood. Carpenters work with wood. Wood planks can be bought from a lumber store.

61 中没有直接的词汇衔接，如果我们假设 he 和 his 照应 John，his 所在小句中的省略以及后面的小句中用 one 来替代前面的 house，那么可以说（就这些词项是被预设的这一意义而言）存在间接或被中介的词汇提及。然而，严格地讲，除了省略名词词组 his 的情况中预设更多地由结构内部预设决定之外，这些假设缺乏理论支撑。因此，词汇衔接的缺乏，甚至显性成分语法纽带的缺乏会引起问题。我们看到词项 he 时，正常的判断是这个代词会预设最近的结构上允许的名词，这个名词具有这些特征：human, male, singular。然而，词汇选择可能会撤销这种判断（这只是 61 中呈现的情景的相反方面），如下：

63. John is intelligent. He is, at best, just mediocre.

就算我们只看到了两条单个消息而不知道消息选自哪个语篇，我们也能知道 he 不是照应前面的 John。词汇选择与成分语法纽带的正确解读关系是复杂的，详尽描述这种关系需要另一篇论文。不过希望上面的例子概括性地表明了这种关系的存在。顺便注意一下，我们不可能假设 61 中单个消息之间的任何一种有机关系，这与 63 不同。就算我们认为小句之间存在着无处不在的 and，也不会把 61 变成一个可以理解的语篇。整个句子表现出的语言能力连四岁小孩都不如。

相比较61而言,62中的消息集合则处于另一个极端。该例子中有很多词汇衔接。词项 fence 和 wood 出现两次,当然可以把四次出现组成一个概括性宏观集合:wood(2),wood-planks 和 lumber。也许这样的弱词汇关系可以在 made 与 work 之间建立,而 buy 与 store 具有高度的搭配关系,就如 carpenter 与 wood 之间的关系一样。因此,在13个词项中,只有 cat 和 sit 看起来是处于边缘而不相关的。即便有这么错综复杂的词汇组织,62中仍缺乏篇章组织。不能说这个由单个消息组合而成的语符列没有连续性,而是其连续性是最弱的一种——是一种组合。组合连续性与话题连续性不同,前者并不蕴含由相同所指构成的连续性,而话题连续性几乎总是要求这种同一性。对于组合连续性,最细微的边缘接触就足够了,因而虽然可以在某个特定语篇类型的形成中考察这样的连续性,比如在"意识流学派"的作品中,但是,总的来说,这种连续性只与篇章组织略微相关。此外,值得关注的是62的小句之间仅有的衔接连词是 and,这个词没有很大地妨碍62组合成为一个语篇。

造成这种状态的原因是相当明确的。衔接连词实现了两个或多个单个消息之间的意义关系。为了能够存在,这种意义关系必须建立在单个消息的意义结构的基础上。在单个消息的意义结构的构成成分本身没有接触点的地方,两个单个消息之间就不能存在意义关系。正是在这个意义上有机关系的存在要求成分语法纽带和词汇纽带的双重支持,因为这些代表单个消息成分相互之间的接触的方式。这里还需要对这样的相互依存的另一方面引起注意,衔接连词的出现常常充当正确理解某些照应项的线索。请看:

64. John is more intelligent than Jim. He is more dependable.

假设64中两条单个消息是由 but 来"连接"的。这种情况下任何一个合格的讲英语人士都显然会把 he 理解为 Jim 而不是 John,不过这种理解撤销了基于结构平行上的常规期望(Halliday & Hasan,同上)。然而,如果两条单个消息间的衔接连词是 and,那么毫无疑问 he 应该被理解为 John,而不是 Jim。这里又有两个例子可以说明这种判断:

65. John gave that book to Jim   because / and   he didn't like it.

66. John tried to see Jim   but / although   he was busy.

需要补充说明只有把两条消息都独立于更大的语篇来考虑,任一个所选的衔接连词才会有相同的可能性。在语篇内部,不是第一种就是第二种有机关系会成为必须的一种。如果事实上没有出现衔接连词,那么几乎总是由更大的语言语境来表明哪一种有机关系是正确的,当然同时情况会发生变化,如诗歌或广告语篇中关系的暂时模糊性也许可以很有成效地考察一番。

3.2

三种主要衔接纽带相互依存，其背后的原理显然能在研究语篇产生的语义学中找到，这一点与上面的观点明显不同。根据定义，语篇是单个消息的内部相关的单个消息的集合，衔接纽带是这种相关性的外部的——似乎实质上是——表现。相关性本身是具体对一组参与者和言语互动地位话语语场和主题的一致的功能。在很大程度上，这种一致性制约着由相同、相似、解释和补充形成的连贯性的需要。此外，无论以何种方式这种一致性都为把参与者认为影响了话语语场的"事情"包含在内提供了基础。这些方面直接与众所周知的语篇的"认知内容"联系了起来。可以看出只要词汇和语法衔接模式没有发生根本的变化，语篇的认知内容在很大程度上是不受影响的。比较下面两个语篇：

67. Re：Margaret Willows (Course 145)

Margaret Willows informs me that she was unable to complete her final paper for couse 145 due to a severe illness. Provided you have no objection, I would recommend that she take a "Y" at the present moment. This would permit her to complete the course when she has recovered.

67a. oh, about Margaret Willows. She told me she was very ill so couldn't do her final paper for 145. I would say that she could take a "Y" now, if that's O.K. by you. Then, when she is better, she could still complete the course.

67 与 67a 的不同与两个语篇的认知内容关系不大。注意虽然在具体定的词项的选择上存在差异，但是这些差异与基础词汇集合的进一步分类相关，而与集合选择的任一种根本变化无关。同样，绝大部分语法衔接关系也没有变化。两个语篇在参与者关系和语式方面存在不同之处。因此，67 的参与者关系在正常情况下会被认为"不够正式"或语式"口语化"。

3.3

我试图想说明通过照应语言外同一实体、过程、环境而形成的连续性只有通过语法成分纽带才能建立。对同一个实体的重复照应表明至少包含了一种语法衔接，这种语法衔接以代词或 the(与某些词汇重复连用)的使用为主要特征。由于这种连续性恰好对大多数语篇的进展很重要，所以几乎没有语篇不使用代词以及/或者 the 来起衔接作用。前指词项 the 后面的词汇重复或下义词的选择是这种连续性的表现手段。同时，对相似实体、现象和过程的关注需要概括性词汇集合的形成。因此，成分语法衔接和词汇衔接必须同时出现在语篇中是不足为奇的。一旦这两种衔接关系达成和谐,通过有机关系几乎自然而然会形成衔接。这个观点的理由以前已经讨论过。

4. 衔接和谐

在前面的讨论中,偶尔提到了"衔接和谐","词汇和谐"以及"衔接链关系"。这一小节将试图阐述这些在本研究中使用的术语。

语篇的衔接和谐是话题连续性的表现。以这种方式相互联系的衔接纽带在从一个次话题转到下一个次话题时不会完全断裂,这时语篇就具有衔接和谐。成分语法纽带衔接和谐以衔接链的特有方式建立,而词汇纽带的衔接和谐则以宏观集合形成的方式建立。为方便起见,我将对两者分别进行论述。

4.1

我认为衔接链是指一系列衔接纽带,每一个纽带最终都预设同一个(些)词项。这里有一个例子:

> 68. once there was a little girl and she went out for a walk and she saw a lovely little teddy bear and so she took it home and when she got home she washed it and when she took it to bed with her she cuddled it...

这个语段中形成了两条衔接链。第一条衔接链中最终被预设的词组是 a little girl,语段中每一个 she 和 her 都回指这个词组。第二条衔接链通过 it 的重复形成,最终被预设的词组是 a lovely little teddy bear。

尽管其他类型的成分语法纽带也能进入衔接链关系,典型的最长的衔接链由代词构成。然而,其他类型的成分语法纽带构成的衔接链很少,而且从来都不会像语篇中最长的代词衔接链那样长。原因很明显,不需再作评论。下面是一个由替代形成的衔接链:

> 69. the sailor liked the circus so did the boy and so did the girl.

上例中衔接链可以说是最小的。当至少有两个衔接纽带预设同一个(些)词项时就会形成衔接链。如果 69 中的第三个小句是 but the girl didn't stay to watch it,那么这个语段中就没有衔接链。

4.1.1

考察这些例子可以得出两点。衔接链中所有前指衔接词项都必须预设完全相同的词项。代词 she 或 it 预设的范围这里不需要我们关注(这一方面的讨论见 Halliday and Hasan,同上)。第一个 she 预设的词项也是其他 she 和 her 预设的词项。同样的观点经过一些修改后可以适用于 it 和 69 中的 so did。然而,假如有这样的语段:

69a. the sailor liked the circus so did the boy but the girl didn't stay to watch it

最后小句中的词项 it 可能只预设 circus，而不是 liked the circus，因此不能说这个词项进入了与 so did 的衔接链关系。这样衔接链中所有的纽带——所有的链环——都必须至少有相同的词典意义。

第二点与第一点有关。只有当需要通过对解释前面的纽带才能理解一个衔接纽带时，衔接链才能形成。68 中第二个以及后面的 she 和 her 主要预设前面最近的 she 或 her，这样说有一个好处，即可以解释为什么在语段 68 中在第一个小句省略的情况下还是可以看出衔接链关系。确实这种情况下我们不会知道任何 she 或 her 的明确意思，但是我们仍然知道一个重要的事实：最后的一个 she 与它前面的代词，以及前面的前面的代词具有相同的照应对象。she 与通过衔接预设与其相关联的邻近词项具有最接近的关系。因此，除了第一个和最后一个词项外，衔接链中的每一个衔接词项相对于前面的词项都有预设地位，相对于后面的词项有被预设地位，而衔接链中的第一个词项仅是被预设成分，最后一个词项仅是预设成分。假设 68 是完整语篇中的一部分——其实不是——那么衔接链中的第一个链环 a little girl 相对于第一个 she 可能只有被预设的地位，然而，第一个 she 可能既预设 (a little girl) 又被下一个 she 预设 (这个后面的 she 的意义通过第一个 she 的意义才能理解)。相反，最后 she cuddled it 中的 she 只是一个预设词项，如果语篇就此结束，很明显这个词项不会被任何别的词项预设。关于衔接链中预设关系的这种观点解释了为什么不会有衔接链是由少于三个链环组成的。这样的衔接链可以称作"最小衔接链"。理论上一条衔接链内链环的数量没有上限，因而我们有最小衔接链说法，却没有相应的"最大衔接链"之说。如果我们从语篇中选出最长衔接链，称之为最大衔接链，这样做在研究语篇中话题次话题的关系时也许是重要的，那么这样的最大衔接链在特定的语篇中实际上是存在的。与最小衔接链不同的是，最大衔接链不会有确定的定义，因而不会有总的有效性。

4.1.2

一般情况下衔接链的第一个链环本身是没有指向性的，它由某些(个)提供预设该链环的衔接纽带的明确意义的词项表示。然而，在有些话语变体中，衔接链的第一个链环也许由外指词项构成，如：

70. Don't touch it it's still hot just taken it off the stove.

主要是由于语篇中词项的选择模式，所以这样一系列词项一般可以被看成属于同一条衔接链。虽然我们不知道 it 的明确意义，因为缺乏理解这个词的语篇证据，但是我们确实知道第二个和第三个 it 与第一个 it 指称相同的物体。

这是唯一一种衔接链，其中第一个链环本身一开始就具有预设和被预设地位。假如我们只关注 70 的实质，我们会倾向于说这个例子中不存在最终被预设项。另一方面，对这一系列消息的解码必然需要推断出第一个 it 所照应的词项的明确意义。因此,虽然这里预设没有指向性,但预设还是存在的。这个观点可以支持两种相反的立场。可以说第一个链环既是预设的又是被预设的,也可以说第一个链环本质上不是"真正的"第一个链环,而且一旦"真正的"第一个链环从语言外部语境中被推断出来,就只有被预设的地位,所有衔接链中都是这种情况。我支持第一种立场。这种立场能使我们指明(至少暗指)这类衔接链有可能更容易导致歧义,其意义比那些第一个链环由无指向性的词项构成的衔接链更容易含糊。此外,使得衔接链的第一个链环既能预设又能被预设的唯一条件是预设必须总是由外指词项开始,因而只有当通过间接语篇证据(如 it kept barking 只能理解为 a/some dog kept barking)能推断出第一个外指词项的意义时(样本中不可能求助语言外语境来照应语篇),就能推断出衔接链的明确意义。这种观点具有优点,它能指出这类衔接如何不同于其他类型的衔接链,又如何与其他的衔接链相似。

第一个链环包含外指词项或完全由外指词项充当的衔接链被称作"外指衔接链"。70 中,衔接链由外指词项 it 开始。71 中,衔接链的第一个链环不完全由外指词项充当,而只是包含一个外指词项:

71. don't leave that book here it is from the library and it'll get spoiled if it rains.

显然,这种衔接链显然与第一个链环完全是无指向性的衔接链(如 68 和 69 的衔接链)只存在细微的差别。这种衔接链被称为"间接外指衔接链",这个名称使我们关注这样一个事实:衔接链中纽带的明确意义并非如在外指衔接链中那样完全依赖于情景信息。

虽然这些衔接链都有外指和间接外指衔接链的标签,但是并不意味着衔接链中所有的链环都有外指地位。回忆一下(4.1.1 中陈述的)衔接链中第二与倒数第二链环之间的关系,很清楚除了第一个链环之外,衔接链中所有的链环都是前指的,可以说所有链环都预设语篇内部该链环前面的某个词项。除非可以假定 70 中的第二个 it(分别通过第一个和最后一个 it)具有这种预设—被预设关系,否则衔接链显然不能形成。

这些第一个链环是无指向性词项(或由无指向性词项构成)的衔接链称为"中性衔接链"。这种衔接链需与第一个链环包含前指照应项的衔接链相区分。后面这种类型见下面的例子:

72. two children took their dog out to the beach he loved it it there first he dug some holes in the sand then he splashed in the sea and he was all wet

这儿最终照应体,即衔接链中的第一个链环,是 their dog,这个词组中,词项本身前指 two children。这样的衔接链称为"前指链"。理论上前指链中第一个链环中的前指词项可以预设其本身就是完全或部分外指的词项。因此,如果我们用 they 而不用 two children,而且如果 they 是外指的,那么衔接链的意义就不如 72

中明确。后面的这种衔接链可以称为"适度前指链",在所有相关意义的可理解程度上,这种衔接链与间接外指链很接近。

4.1.3

上面(4.1.1中)我强调所有进入一条衔接链的词项至少有相同的词典意义。以前曾指出过,具有相同的词典意义并不一定具有相同的情景意义,同一个词项可以指称情景中不同的东西。如果把68和69重新作比较,可以看出68中形成的衔接链和69中形成的衔接链存在差异。68中两条衔接链的第一个链环是 a little girl 和 a lovely little teddy bear,属于"同一链",这里的预设不仅牵涉词典意义还牵涉情景中照应对象的相同。在 she 和 her 进入的衔接链中只有一个小女孩,而且所有的 she 和 her 最终在情景中照应的是同一个对象。同样,只有一只可爱的小熊,而且在情景中是指同一个东西,衔接链中所有的衔接词项都直接或非直接地照应这个东西。相反,69中只有词汇意义预设,每个参与者喜欢马戏在情景中是不同的事件,这里没有情景同一性,只是衔接链链环照应的事情相似,这种衔接链称为"相似链"。

如果把以前讲过的关于代词的语义研究考虑进去,似乎可以认为包含某(些)词汇意义的预设和相同的情景意义的预设的衔接链都可能一贯由代词构成(虽然也有其他手段,例如 4.1.4 中所讨论的 the),而那些不包含相同的情景意义的衔接链则一贯由替代和省略或比较构成。

按照这个区分标准并不是说衔接链要么是完全相同的链要么是相似链。会有两种情况的混合,如下例中:

73. oh look that dress is pretty which? You mean this one? No, I mean the green just next to the one you pointed to ooh yes it is pretty.

虽然 this one 的情景照应对象与 that dress 照应的对象不是同一条连衣裙,但是毫无疑问 dress 的词典意义与 one 的理解是相关的。有一个明显的事实,即在指 this one 所指代的东西时,言说者会指着某条裙子,而不是指一条丝巾或裤子或其他服饰。因此,可以说 this one 中的词项 one 预设 dress,同一个词项又被省略的词组 the green 预设。不过,这一次情景和词汇意义都被预设了。that dress 在情景中照应的物体也是 the green dress 在情景中照应的物体。如果纽带直接与 this one 相关,那么后面 the one you pointed to 中的替代 one 既表示词汇又表示情景意义。this one 和 the one you pointed to 的词汇照应对象是同一个物体。it 使我们又回到了 that dress 和 the green(dress)所指明的同一情景物体。

当然,有一种办法或许能够解释 73 中的预设关系,我们可以说这里有两条都是以 that dress 作为第一个链环的不同的衔接链,每一条衔接链由三个链环组成,可以如下描述:that dress,this one,the one...,以及 that dress,the green,it。我并不赞同这种解决方法,反对的理由不是因为同一个(些)词项可能出现在两条不同的衔接链中,这种情况在词汇和谐程度更高的语篇中相当常见。如下例:

74. A sailor took two children for a boat ride they went all round the lake they saw some fishermen catching fish and they stopped by on a beach and the children collected some shells then the sailor said it's time to go now and he rowed the children back

由 they 组成的中性衔接链既预设了 a sailor 又预设了 two children，另一方面，词项 the sailor 和 he 进入了以 a sailor 为第一个链环的衔接链。因而词项 a sailor 在两条不同的衔接链中被预设。73 和 74 之间存在明显的区别。74 中其中一条衔接链的第一个链环很明显是可细分的，并且，就这些纽带而言，同样要能确定其中一个纽带所预设的意义——即使是词汇意义——不能与其他纽带的预设意义相同。此外，衔接链的移动在一般情况下与语篇形式的移动相呼应。在 73 中，尽管第一个链环 that dress 可以细分，但不能被看成是一个其某部分与一条衔接链相关，另一部分与另一条衔接链相关的链环。严格地说，只有 dress 才是被预设的。同时，纽带本身没有迹象表明预设的意义必须是不同的。假设在对问题 you mean this one 的回答中，第一个言说者回答 yes，那么 that dress 和 this one 的情景意义和词汇意义就都相同，言说者还可以进一步说 yes I do mean the green。没有足够的形式上的证据能把 73 的预设关系分成两条衔接链。同时，就语篇的形式而言，不能认为从一条衔接链变到另一条衔接链与从一个次话题转移到另一个次话题相呼应。

根据这些证据，我决定把 73 中例举的预设关系看作属于同一条衔接链，但是为了把它们与同一链和相似链区分开来，我把这些预设关系称为"重叠衔接链"(conjoined chain)。重叠衔接链是指一条链中的一些链环包含情景意义和词汇意义的预设，而另外的链只包含词汇意义的预设，因此这种衔接链是相同和相似关系的混合物。

4.1.4

我已经根据衔接链的大小(4.1.1，最小和非最小衔接链)，衔接链中第一个链环(4.1.2，外指、间接外指、中性、前指和适度衔接链)，以及预设的类别(4.1.3，相同、相似、分枝)对衔接链做了区分。这里我要对进一步分类衔接链的最后的标准进行讨论，这一点与作为链环进入衔接链的衔接词项的实际形式有关。

考虑一下 68 中 it 构成的衔接链和 69 中 so did 或 74 中 they 构成的衔接链。这三条衔接链中除了第一个链环，其他链环的形式都是一样的。这些衔接链中没有不同类型的衔接手段混合在一起，这一点与 73 不同。当一条衔接链形成时，充当链环的第二个及后面的词项就都属于衔接手段的相同的独立次类别，这种衔接链被称为"统一衔接链"。统一衔接链与"多样衔接链"相对。如其名称所示，这里有些链环在形式上与其他的衔接链的链环不同。

如果衔接链的非第一链环的某个次类别不同于别的链环，也不能形成统一链，从这种意义上讲，衔接链的统一性是绝对的。不过，衔接链的多样性却是度的问题：多样性的程度可能不仅与同一条衔接链中被选择的衔接手段各个次类别的出现频率有关，而且还与次分类的概括程度有关。68 中 it 进入的衔接链包含词项 his（两者的照应对象相同），这里的两个词项属于两个不同的次类别（这就是我们通过把第一个作为代词，第二个作为（代词）所有格而表达的意思）。二者是在一个相当高的精密度层面上进行区分的，当然不像把语法纽带分为照应、替代和省略那样笼统。因此就次范畴的数量和两个例子的不同程度而言，73 中的衔接链比 68 中的衔接链更多样化。

在某种程度上，把衔接链区分为多样的和统一的两种类型几乎不会对衔接链中纽带的语义作用产生直接影响。同一链可能是多样的，这一点通过考察 68 可以看出，分枝链也可能是多样的（比较例 73），不过相似链可能是统一的（比较 69）。关于多样链有意思的一点在于这种链的某些类型相当直接地表示了语篇中语法和词汇衔接之间的和谐。

在语法衔接纽带中，外指和内指 the 可以被看成这样一个词项，即其唯一的意义成分为：被界定的。与代词不同，the 不具有进一步的语义信息，因此在语法照应纽带中这个词项在意义上是最不具体的。从这一点可以发现一个明显的事实，即 the 永远不可能独立使用，而必须（最终）跟有名词（或充当名词的级转移单位，如 in the baking of the bread）。无论什么时候 the 都作为前指进入衔接链，这总是同时牵涉词汇衔接的某些形式。如不用专业术语来讲，我们可以说 the 和名词必须有先后顺序。与这一类 the 相关的词汇衔接至少可以有两种形式：可以是同一个（些）词项的重复或从同一个概括性宏观集合中选取的词项。在前面这种情况下，衔接链可能同时包含衔接纽带的代词类型。这种衔接链似乎一贯包含词汇意义的预设和情景意义的预设。下面的例子能解释这些观点：

> 75. A sailor got a girl and a boy to work with him the girl used to cook and she kept the boat all clean and tidy the boy helped the sailor best of all he liked to him catch fish sometimes when there was no work to do the boy and the girl played together and the sailor didn't mind.

这篇短文中有三条独立的多样衔接链，其中的链环可以如下表示：

    a) a sailor, him, the sailor, him, the sailor.

    b) a girl, the girl, she, the girl.

    c) a boy, the boy, he, the boy.

加下划线的词项是每一条衔接链的第一个链环，在每一条衔接链中，无论 the 出现在什么地方，后面总是跟着第一个被预设的词项的重复形式。三条衔接链都是同一链，其中第二个和之后的链环同时预设第一个链环中被预设词项的词汇意义和情景意义。这种多样同一链的相关特征需要引起注意：在 the 和目标词项的重复形式之间不能加入任何完全新的修饰词，甚至包含目标词项的词组中的修饰词也通常省略。因此,所有关于所指实体的必要特征必须通过定语从句的变化形式来介绍,可以要么用独立小句,要么用关系从句。因此,如 75 所示,不可能把小句 the boy helped the sailor 改写为 the boy helped the old sailor。新的修饰词的引入似乎起了相反的作用,破坏了纽带 the sailor 的同指。不过,如果语篇中第一个小句是 an old sailor/ a sailor who was getting to be old got a boy and a girl to work for him,或者第三个小句后面是一个独立的小句,如 the sailor was getting to be old,那么第四个小句中两种情况都是可能的——小句就像现在这样:the boy helped the sailor 或者引入已出现过的修饰词,如 the boy helped the old sailor。假如我们考虑到修饰语的语义功能,这些限制的原因会明显。对这些限制的详尽讨论会使我们偏离主题。当两个(或更多)属于同一个独立集合的情景实体必须被识别时,相对的定语可以作为识别的基础,提出如此概括的观点就足够了。在这种情况下相对的修饰定语往往在前指 the 之后以及处于中心词位置的词项之前出现。这里有一个例子:

77. a sailor and two children had a dog one day they went out for a walk the sailor's dog saw another dog he chased after the other dog and he made him run away then the sailor's dog came back to the sailor

(节选自 T:5422)

The sailor's dog 与第一小句中所指的 a dog 是同一个情景实体,在这条衔接链中同一个情景实体分别被 the sailor's dog 和 he 指代两次。由于必须照应同一个独立集合 dog 中的另一个成员,因此,这一照应在这个语段中第一次出现时被称作 another dog,后面被称作 the other dog 和 him。

这种多样同一衔接链的变体,即某些代词、the 以及词汇重复同时起作用来建立同指,能在衔接链中专有名词出现的地方找到。这种专有名词不必在第一个链环中介绍,可以出现在后面。如果这种衔接链的第一个链环含有表示某个特定实体的名字的专有名词,那么衔接链就可能和以往一样只包含代词和该专有名词的重复。这里讲的只是一种更大的可能性,我们仍然可能在照应这个被命名的实体所在的独立集合中的不那么具体的词项后面发现前指 the。这里有一些例子:

77. Peter tired and tried to whistle but he couldn't so instead he began to turn himself around— around and around he whirled... Peter saw his dog, Willie coming quick as a wink he hid in an empty carton... Peter tried again to whistle— but still he couldn't

78. When John bought this broken down farm in the middle of nowhere every one said the fellow must be crazy but John knew what he was about

79. there was a little girl her name was Susan Susan loved swimming one day her daddy took her to the sea shore she ran into the sea to

swim and a big wave came in and it nearly drown the girl

上面 77 有一条衔接链，所有加下划线的词项都进入了该衔接链。该衔接链中只有专有名词 Peter 和代词 he 重复。当专有名词成为多样同一衔接链中的一个链环时，最常见的就是这种衔接链。78 中的衔接链有链环 John、the fellow、John 和 he，词项 the fellow 与情景中的照应对象 John 同指。the 是前指，fellow 作为词项不够具体。注意任何可以用以照应 John 的词项在意义上都不如专有名词 John 具体。因此，在使用 fellow 的地方，可以选用一个更具体的词项，即 man。man、fellow、John 之间的词汇关系是上下义关系，因而这里不是词项的重复，而是从同一个概括性宏观集合中选择的词项。79 中的衔接链包含如下词项，如链环 a little girl，her，Susan，Susan，her，her，she，the girl。但是英语中没有比 girl 更笼统的词（比较 fellow 相对于 man），词项 girl 的重复正是出于这个原因。一般情况下 the girl 中的 girl 可以被认为是 a little girl 中 girl 的重复。这条衔接链与 75 相似，只有包含专有名词的一个方面不同。

迄今为止关于多样同一链中的 the 的观点同样适用于指示词 this 和 that，这两个词比 the 更具体，它们不仅包含成分：被界定的（identified），而且还有额外的成分，分别为近的（near）和远的（far）。近和远以言说者为中心，因此对言说者来说是 this 的实体对于听话人来说可能是 that。不过，在多样同一链中，near 和 far 是以语篇为导向的，因此除了第一个链环中的 this 和 that 可以外指以外（哪些词项被选用以及为什么被选用已经有了详尽的讨论，Halliday and Hasan，同上），当 this 和 that 出现在这类衔接链中时，近和远是以语篇中的某一点为参照点的。this 和 that 作前指指示词时与 the 的功能很接近，对这种情况就不需要做详尽讨论了。

然而，存在一点，在这一点上 the 与 this 和 that 不同，这一不同点并非发生在同一链中而是在多样相似链中。例 75—79 解释了 the 仅出现在同一链中的情况。但是与 this 和 that 不同的是，the 也能进入相似链。在这类衔接链中，没有词项的重复，前指 the 引导的词组后面跟随的每一个词项都代表一种不同的类型，因而每个词项都属于同一个概括性宏观集合。宏观集合的成员相互之间可以以任何意义关系存在，上下义关系除外，后者似乎更多地存在于同一链中。例 47 就是这种衔接链：

47. at last the anchor was up the sails were set, and off we glided....
the long rows of teeth on the bulwark glistened in the moonlight
and... vast curving icicles depended from the bows.

这里 anchor，sails，bulwark 和 bows 属于同一个宏观集合，相互之间呈现出部分—部分的意义关系。注意衔接链的第一个链环没有在这个语段中出现。第一个链环包含了词项 boat，其他词项与它构成部分—整体关系。现在我举另一个多样相似链的例子，这个例子引出了一些非常有趣的问题：

80. In the sea, once upon a time, O my Best Beloved, there was a whale

and he ate fishes he ate the starfish and the garfish and the crab and the dab and the plaice and the dace and the skate and his mate and the mackereel and the pickereel and the truly twirly-whirly eel.

就算这是初学者对海洋动物的介绍,我们也知道根据科学知识海星和螃蟹不可能属于鱼类。这里所列的错误不是由吉卜林的疏忽造成的,吉卜林在同一个语篇中("鲸鱼如何攻击他的喉咙:类似的故事")指出鲸鱼属于鲸目科,证明他很可能知道以上物种之间的科学关系。有意思的是我读这个故事时第一次碰到 dab 和 dace 这两个词,我不得不查了词典以满足我儿子的好奇心。但是在查词典之前我知道这里所列的词项都指海洋动物,我用 fishes 来代表它们。可以说 fish 和 crab 或 starfish 之间不存在上下义关系,fish 和 dolphin 之间也不存在上下义关系,科学地说是这样的。不过民间对物体的分类从来都与科学的分类不同,语言中词汇的构成如实反映了(不那么精确地)民间的分类,就如反映了,或能反映,(更精确的)以科学研究为依据的分类。使用自然语言的过程中我们并不是像某些语义学家那样非要坚持科学。因此,例 80 中加下划线的部分可以被看成是属于同一个概括性宏观集合,其中 fishes 被当成与 sea-animal 有大致相同的意思。

4.1.5

因为多样衔接链是语篇中衔接和谐现象最明显的表现形式之一,尤其是语法和词汇互相支持的表现形式,所以我详尽讨论了这种衔接链。有些例子明显表示多样衔接链没有必须要包含 the,this 或 that,但是如果语法衔接和词汇衔接像上面的例子中那样相互密切作用,那么必须出现这些词项中的其中一个。然而,缺少这三个指示词中的任何一个,多样同一链仍可以形成,这一点在例 77 中有讨论。值得注意的是,这个语境中通过主语预设的并列分句一般只在相同关系中起作用(这种预设不被认为是衔接手段,Halliday and Hasan,同上),原因是这种预设总是在句子内部,几乎不能提供环境以让连接小句的有机关系有清楚的意义,而必须通过衔接连词来表示。例 68 呈现的语篇提供了同一链中的这种连接关系(下面的例子应该被认为是 68 的接续部分):

81. ...And she fell straight to sleep when she got up and combed with a little wire-brush the teddy bear opened his eyes...

这里谓语由 combed 来体现的那个小句的主语被前面的主语预设,因此小句 she got up 和 combed it with a little wire-brush 之间是并列分支,在本研究中被称为"主语省略"。

词汇衔接链讨论结束之前,应该注意另一种出现频率相当高的衔接链。因为上面对类型间所做的区分对这种衔接链很关键,所以直到现在才对这种衔接链进行讨论。我将先举一个例子:

82. There's a little boy and a little girl and they went on a ship and they weren't supposed to go there and a sailor came up and said what are

you doing here we were going to see what it was like in a ship 'cos we've never been there before although you can look around the sailor said and Toto their dog came on the boat too and the sailor said what are you doing here and the little dog barked and the little boy and girl came along and they said to the sailor this is our dog don't take him off the boat he likes going on boats the sailor said alright and the little girl came up and stroked the doggy and he barked and then the little boy came up and put his hand down and the little dog licked his hand [T:5438]

这是样本中选取的一个完整的语篇。由第一个 they 开始的预设使我们把 a little boy and a little girl 当做一个复合照应对象。这两个并列词组可以当做衔接链的第一个链环。这条同一链由(各种形式的)代词,如 you,we,our 等得以连续。还有词项 boy 和 girl 的重复作为并列中心词,被词组 the little boy and girl 中的 the little 修饰。但是之后不久并列关系就"破裂了",开始,the little girl 单独被 and stroked the doggy 中省略的主语预设,之后并列词组中的另一部分 the little boy 单独被 and put his hand down 中的省略主语和 his hand 中的两次 his 预设。为了说明这些纽带没有预设第一个衔接链环的全部,我用不同的下划线标注这些链环以便与其他链环区分开来。显然,the little girl 和 the little boy 中的 the 是前指,与 the little boy and girl 中的 the 相同。三个 the 都预设第一个链环(的词项),不同之处只是前面两个 the 仅预设构成 they 的第一个链环的并列词组复合体中明确界定的那部分,而后面的 the 预设了所有的链环。因此前两个链环必须被认为也是属于第一个链环的词项所属的同一条衔接链。不过,有同样明确的迹象表明以第一个 they 开头的衔接链分裂成两条衔接链。如同重叠衔接链,我也把这类衔接链的形成看作主要仅表示一条链。我把这种衔接链称为"分枝衔接链"。

分枝衔接链至少有两部分组成:一个中心成分和一条分裂的链——分裂链的数量受中心链的照应对象的构成所提供的可能性的制约,因此分枝衔接链可能含有一条或多条分裂链。以 82 为例,可以对分枝衔接链的成分作如下陈述:

分枝衔接链 {
a) a... boy... a girl, they, they, you, we, we, you, their, the little boy and girl, they, our
b) a... girl, the little girl, 主语省略
c) a... boy, the little boy, 主语省略, his, his
}

显然,分枝衔接链中中心链的照应对象位于其分裂链的照应对象所处的位置。中心链和分裂链对分枝链的定义都很重要。假设 82 在水手对孩子们想把狗留在船上的请求表示同意之后就结束,那么(在这个删节的语篇中)就没有分枝衔接链。

分枝衔接链至少可以说明另两种发展情况。它可以以分裂链开始,然后合为中心链。如果 82 的开头是这样的,就属于这种情况:

82a. there's a little boy and a little girl the little boy saw a ship and he asked the girl if she would like to look around in the ship and she said yes so they went in to the ship they weren't really supposed to go there and a sailor came up and said...

到目前为止,82a 表明了一个与 82 相反的立场,82 中,衔接链以第一个衔接纽带 they 开始,they 指的是 boy 和 girl 一起。中心链只是到后来分为两条分裂链。82a 中两条衔接链各自开始,一条以 boy 为照应对象,另一条以 girl 为照应对象。这两条分裂链在第一个 they 出现时合为中心链。第二种发展情况反映在 82a 和 82 的分枝链的组合上。假设下面的例子是 82 的最后一个小句:

82b. ... then the little boy and girl went all around the ship and their dog went with them too after they had had a good look around they thanked the sailor and went off home

那么从中心链分裂出来的两个分裂链又重新合为一条中心链。下面的图示表示这些可能性:

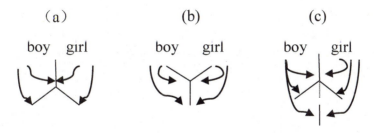

上面的图示中,(a)表示 82 中的情景,(b)是 82a 中的情景,(c)在 82b 是 82 的结尾部分的条件下成立。显然,分枝链可以有很多的变化形式,不过所有的变化都源于照应对象的分裂或合成方式的变化,因此对这些可能的变化形式不必具体介绍。

分枝链不同于重叠链,这一点从重叠链与同一链和相似链的不同之处就可以理解,重叠链本身在各个点上包含相同和相似之处。重叠链的第一个照应对象与衔接链中的每一个纽带完全相关,至少词典意义将被预设。这种情况显然不能出现在分枝链中,因为分枝链中的照应对象只是中心链的第一个照应对象的一部分。其次,重叠链中纽带本身并没有表明照应对象的情景身份在哪里是清楚的,而在分枝链中总是会有某些手段来表明。

分枝链的一个重要特征是它具有与语篇结构移动相关的潜能。分裂或合成发生的地方似乎与语篇结构中的某些成分的边界紧密相关。假设一个语篇是 82a、82、82b 的综合,我们可以发现第一个合成与故事从第一个事件到后面事件的进展相应发生,中心链分裂成为两条独立的衔接链则与事件进展到不同于中心链所属的事件相对应。当 82b 中的合成又一次发生时,语篇中就又发生了一个不同的事件。成分的本质以及成分之间的关系当然会随着语篇的变化而变化。因此,一个正式的科技书面语篇中分裂和合成点可能与语篇从一个子话题进展到另一个子话题相应。我想强调一下,并非所有的结构移动都是这样的。在我们所假设的语篇中,由水手与狗的"对话"以及狗与孩子们的言词构成的事件没有用这样的分裂或合成来表示。

希望对语法衔接链的这些讨论足以证明衔接链形成对于语篇衔接和谐的重要性。衔接链在本质上是意义成分持续相关的证据——这是促进衔接链形成的基本因素。语篇的衔接和谐随着衔接语法纽带组成衔接链的增多而增多。

虽然衔接链很重要,但需要词汇衔接的支持才能起有效的作用。这一点在讨论各种多样衔接链的形成需要同时有语法和词汇衔接时已表明。现在要讨论的问题是词汇范围内是否有一些形式能促进语篇的衔接和谐。

4.2

4.2.1

词汇的使用本身是不衔接的,它的衔接性是它具有以某些方式与某些别的词汇联系的能力造成的结果。因此,如果语篇中具有通过重复或集合的形成而相互联系的词项,那么这些词项就具有衔接地位,这一点与独立的语法纽带类似,而通过重复和集合的形成而构成的语符列则不同于语法衔接。至少有三种语符列可以形成:"重复语符列",即每个成员是同一个词项(类型)的标记;"集合语符列",即成员之间在明确意义关系的基础上相互关联;最后是"包含语符列",即前面的两种语符列所具有的共同特征。例如 82 中有一个包含语符列的例子:词项 boy 和 girl 构成语符列,在语篇中出现 3 次,因此单独看,两个词项可以说都属于重复语符列情况,是两者之间的意义关系使它们必须组合在一起,这样就有了包含语符列。包含语符列中不一定每一个成员都是"重复"的,一个重复语符列和一个确定意义关系的集合就足以创建一个包含语符列。

如果不考虑语符列的类别,语符列的成员之间的关系是严格的一个成员与另一个成员的关系,因此,语符列成员之间的关系与衔接链成员之间的关系不同。衔接链中每一个链环都通过一个与双方都邻近的链环的中介作用而与另一个链环相关,而词汇语符列的成员之间的关系比组合关系更紧密,语符列中不依靠其他成员的中介作用,每个成员都与其他成员直接相关。以例 47 中选取的语符列为例(见 4.1.4 中的例 47)。这儿成员是 anchor, sailor, bulwark, bows,在连接 bows 和 sails 的过程中 bulwark 不起中介作用。语符列中的每一对词项都有合理的关系,不用第三个词项来起中介作用。当然,这里集合语符列的每一个词项都是相互不同的词项,因此可以认为中介的缺失是这种特征的作用。但是无论同一个词项的不同出现形式是否指情景中的同一个事件或物体,这些对词汇语符列成员之间的关系类别的大致讨论哪怕在重复语符列的情况下也是正确的。这里有两个例子:

76. a sailor and two children had a dog one day they went out for a walk and the sailor's dog saw another dog he chased after the other dog and he made him run away then the sailor's dog came back to the sailor

83. one day I was walking down the road and I saw a dog and the dog looked a bit lost but I didn't stop or anything I was in a hurry to get back home and this dog just followed me I didn't even know when I got back home my dad said to me where did you get that dog from that was the first time I knew that the dog had been following me.

这两个例子中词项 dog 进入了重复语符列,两个例子的语符列都是多达 5 个词项的重复。76 中,第一、第二和最后的那个词项照应情景中同一个物体,而第三和第四个词项照应另一个物体。83 中,每个词项的出现都照应情景中同一个物体。在每一个重复的语符列中,重复的关系直接发生在语符列的两个成员之间,我们不能说 83 中后一个 dog 要求其他词项通过重复与第一个词项相联系。76 中的重复语符列也一样——能让我们把这条词汇语符列分成两条多样衔接链的是语法衔接链的形成模式。我必须顺便补充一点,在重复语符列中确切地讲不能说词项线性的后续标记是前面标记的重复。相反,重复语符列中所有的标记都属于同一种类型——同一个概括性词项。语符列的第一个成员、第一个标记只能等同于后面的或最后一个成员。语符列中成员之间的重复关系不是某个标记的重复关系,而是同一类型中多个标记的重复。

词汇语符列的两个成员之间的相互可关联性使得仅需要两个成员就能组成语符列,第三个成员不一定需要出现,这一点与衔接链不同。哪怕不做详尽讨论,也可以说明这一不同点基本上分别由词汇和语法词项的意义的显性和隐性之间的区别引起。

4.2.2

我们可以形成这样的观点,词汇重复与由代词、替代以及省略形成的衔接纽带的选择呈互补分布。目前这方面的讨论还只是隐性的。这些纽带无论出现在哪里,词项显然不可能出现在纽带"起作用"的地方。纽带前指的地方明显可以被看成是对词汇重复的可能性有制约的地方,也是缩减词汇语符列的数量和范围的地方。因此,语篇,尤其是短小的语篇,可能根本不包含重复语符列。虽然由于明显的原因这种可能性在理论上肯定存在,有意思的是这种理论上的可能性在现实中很少发生。即使在我们所举的简短的实例中也没有发现不包含至少一条重复语符列的语篇,仅小语篇中这样的语符列的平均数就大大超过了每个语篇中的平均数。需要补充的一点是衔接指示词、指示代词和比较代词没有对重复起制约作用;事实上某些这样的词项积极促进了重复语符列的形成,显然,这一点与关于多样衔接链的讨论一样可以明显看出。

出于明显的原因,语篇中集合语符列的形成不受任何语法衔接纽带的缩减所制约。这使我们有了期望,如果集合语符列对语篇的衔接和谐很关键,那么有机组合而成的语篇应该包含某个(些)集合语符列。在实际使用中这个期望常常能实现。不过,奇怪的是不能说只要这种期望没有实现,语篇就不合乎语法。看下面的例子:

> 84. I have a cat my cat is grey my cat loves liver sometimes I take my cat for a walk my cat has a collar with a bell

无可否认,这不是一个"有深度的"语篇(多少是有深度的?),每位老师可能对这类语篇都很熟悉,尤其是在第一次向孩子们介绍如何"编故事"时会碰到这类语篇。这个语篇中没有集合语符列的形成。相反,词项 cat 的出现进入了一条重复语符列,同时有一条由代词 I 和 my 形成的衔接链。这条语符列和衔接链贯穿了整个语篇,它们出现于第一个消息中,结束于最后的消息中,每个消息中出现一个成员。

重复语符列的出现对 84 的篇章组织不是绝对重要的,根据以前讨论过的理由,只要词组 my cat 由 she/it(以合适的形式)替代,就可以撤销重复语符列,如下例中:

> 84a. I have a cat she is grey she loves liver sometimes I take her for a walk she has a collar with a bell

84a 不包含词汇语符列,两个例子说明一个事实,即对语篇的一种变体形式来说,两种词汇语符列都是可有可无的。现在,这类语篇同样有可能不包含集合词汇语符列,也不包含衔接链,而只有语符列的重复使语篇组合在一起。下面就是这类语篇的例子:

> 85. cats meow cats love liver cats prowl at night cats can be any colour cats are afraid of big noises

这类语篇的存在有充分的理由:组成一个语篇最基本的结构要求是保持话题的连续,最主要的话题连续性的最低程度可以仅由一条贯穿整个语篇的重复语符列或衔接链来保持,如 84、84a 及 85 中。这就是 61 与这三个语篇的不同之处。在上面这三个语篇中,至少有一条贯穿语篇的重复语符列或衔接链(84 中两种都有),而 61 中没有重复语符列,虽然有两条衔接链(John, he, his;以及 house, 名词省略,one),但任何一条都不是贯穿语篇的。贯穿语篇的重复语符列(如 85 中)或衔接链(如 84a 中)是构成上面这类语篇的最低要求,而一个有趣的事实是即便语篇具有这样基本的连续性,也不同于包含一条贯穿语篇的集合语符列。重复语符列能表示相同或相似关系,而集合语符列只能表示相似关系(比较 76 和 83 中的重复语符列),我认为这是因为两者在构成上面这类语篇的能力上有差异。

虽然 84、84a、85 所示的语篇类型确实存在,而且任何对篇章组织的衔接和语篇结构的作用的研究中都必须考虑到这样的语篇,但是这类语篇在结构形式和语篇大小上无疑都有很大限制。话题的一致性很容易被语篇中的任何特征的干涉所打破,不管这些特征衔接与否,都是始终不变的。例如,改变84a中由动词词组随机实现的时间照应,就很可能不能组成一个语篇,在连续性由几个交互作用的词汇语符列表示的地方,上面这种干涉不会导致非语篇的产生。对这个论点的间接证据可以在这样的事实中找到,即当原文中有编码错误时,总体上读者在解码语篇时不按字面意思理解错误的(编码)词项,只要有上下文,他们会按照这些词项本应该表示的意义来做出理解。随着语篇结构的复杂性和/或长短的增加,不可能发现衔接和谐模式像84、84a和85那样的语篇。语篇形成的一般条件是不仅要有衔接链,而且无论语符列是分开的还是包含的,都要有两种类型的词汇语符列。

4.2.3

语符列可以被看作是与语法衔接链相应的词汇部分,不过两者在语篇内的运作模式存在很大的差异。无论一个语篇中有几条衔接链,我们仍认为每一条衔接链一贯各自独立存在,只有具有相同的第一个链环(词项)的衔接链例外,这些衔接链通过意义的联系而多少组合在一起。而词汇语符列并非一贯各自独立存在,它们正常的状态是在语篇中与其他语符列发生交互作用,58能在理论上解释这种现象:

> 58. there were children on the slides there were children on the see-saw children on the merry-go-round and children on the monkey-bars.

这里有一条词项children进入的重复语符列,还有一条由词项slides,see-saw,merry-go-round,monkey-bars组成的集合语符列。可以说这两条语符列本身就发生交互作用。很明显children的每次出现并非(通过被束缚)与集合语符列中的每个成员都有同等紧密的关系,不过,同样明显的是重复语符列的构成词项的成员以及集合语符列的构成词项的成员关系上具有相似之处,在一条语符列的成员与其他语符列的成员之间的关系上也存在相似之处。不用专业术语来讲,同一种物体可以说就是同一种物体。语符列之间的交互作用为促成语篇的衔接和谐提供了强有力的方法,正是这些理由使得这种交互作用也可以被认为是大部分语篇中同时出现两种语符列的理由。

4.2.4

我说过交互作用是词汇语符列的特征而不是衔接链的特征。那么对下面这样的语篇怎么分析呢:

> 86. once there was a little girl and she went out for a walk and she saw a lovely little teddy bear and so she took it home and when she got home she washed it and when she took it to bed with her she cuddled it and she fell straight to sleep and when she got and combed it with a little wirebrush the teddy bear opened his eyes and started to speak to her and she had the teddy bear for many many weeks and

years and so when the teddy bear got dirty she used to wash it and every time she brushed it it used to say some new words from a different country and that's how she used to know how to speak English Scottish and all the rest（T：4436）

这个语篇中有很多语符列，而且构成了一些交互作用，不过，我希望只关注由 washed，combed，washed，brushed 组成的集合语符列，这些词项按照在语篇中出现的先后顺序排列。初看这条集合语符列似乎没有与语篇中的其他语符列交互作用，不过这样的观点没有考虑到这条语符列一方面与 she 发生交互作用，另一方面与 it 发生交互作用。这似乎会对以前提出的认为衔接链之间没有交互作用的观点提出质疑。

交互作用的潜能是由词汇意义的明确性引起的。尽管一个词汇语符列 A 可以与几个不同的语符列交互作用，但是 A 总的交互作用的潜能是由语符列 A 的所有成员都具有的那些词汇意义的特征所决定的。衔接链中的语法衔接纽带在这方面不起决定作用。假设上面的语篇以这样的小句开始：once there was a little bird，通过预设与词项 bird 相关的衔接纽带几乎不可能与上面的包含语符列交互作用。假如语篇中出现了词项 car/ship 而没有 bird，那么与这种特定的语符列发生交互作用的可能性可能会更低（虽然必须记住想象的叙事中几乎任何事情都可能发生，有可能母鸡能好好地泡一杯茶（比较 the little red hen：一个传统的睡前故事），星星能在天空中播撒（比较 R. 弗罗斯特（R. Frost）的：Star, I have see them fall）。这个理由说明 86 中的包含语符列与（部分）衔接链交互作用肯定是不对的，无论作为衔接纽带的词项以什么形式出现，这里的交互作用本质上受词项 girl 的意义的本质制约。这一点本质上不受重复语符列的存在或缺失所影响。另一方面，很值得区分 58 所示的交互作用和 86 中通过考虑这个包含语符列所示的交互作用。如果两条词汇语符列之间有交互作用，像 58 中那样，那么这样的交互作用可以称作"直接交互作用"。如果至少一个交互单位的词项意义由某些语法衔接纽带来表示，那么这类交互作用可以称为"间接交互作用"。包含语符列与 86 中的 girl 之间的交互作用属于后面一类。

上面的解决方法有很多优点。它反映了这样的事实，即交互作用本质上是一种词汇衔接现象，而不是语法衔接现象。同时，在本质上，交互作用本身似乎不会受到存在的是语符列还是衔接链的影响。因为本质上我们不再被束缚于语篇中重复语符列的出现，因而通过语法衔接纽带对重复语符列所起到的缩减作用就抵消了。因此，交互作用可能发生的范围被无限扩大，衔接和谐的大部分这样的机制可以被解释。既然间接交互作用与直接交互作用之间的区别足以表明衔接和谐的基础哪一方面依赖于语法和词汇衔接双方，哪一方面纯粹是词汇衔接的结果，那么这种机制就可以真实地得到解释。

4.2.5

58 的词汇语符列之间的关系是直接交互作用，而且贯穿于整条语符列：两条语符列的每个成员都与其他语符列的某些成员发生交互作用,没有成员不与其他语符列的某些成员起交互作用。然而,如此完整的交互作用不是经常发生的。有时候可能两条语符列中只有一条或两条的某些部分发生交互作用。贯穿于整个语符列的交互作用称为"完全交互作用",这种情况与只有一条或两条语符列的部分交互作用的情况相对,在后面的情况中,剩余成分与这种特定的交互作用没有关系,这种交互作用可以称为"部分交互作用"。这里有个部分交互作用的例子:

  87. there were toy animals—giraffes with long necks, teddy bears with almost no necks at all and even a baby elephant

  这里的重复语符列由 necks 的重复构成,集合语符列由 animals, giraffes, teddy bears, elephant 构成。后面的语符列中只有 giraffes 和 teddy bears 与 necks 发生交互作用,elephant 和 animals 都没有与 neck 发生交互作用。86 中有一个间接语符列的实例,包含语符列 washed, combed, washed, brushed 只与描写 girl 的词项的一部分起交互作用。

  在部分交互作用中,有时候被分隔开的语符列的剩余部分不会再出现。87 所选自的语篇就属于这种情况(The little train that could: Watty Piper),词项 elephant 和 animals 在这个例子中出现之后再也没有出现。然而,有时候会发生相反的情况,因此被分隔的语符列的特定部分与语篇不同部分的不同语符列起交互作用。由于明显的原因,这种情况在间接交互作用中比在直接交互作用中更容易出现。这种与语篇中很多独立的语符列起交互作用的被分隔的语符列或衔接链的词项总是表示对语篇的语义结构很重要的意义。因此,86 中可以发现 girl(虽然通过衔接链的中介)至少与六条不同的语符列起交互作用,而且 girl 对语篇的语义结构起着关键的作用。

  把这些区别考虑在内,我们有可能区分两种交互作用:简单交互作用和多重交互作用。简单交互作用发生在语符列 A 完整地或部分地与语符列 B 起交互作用时。多重交互作用发生在整条或部分语符列 A 与语符列 B,C,D……起交互作用时,58 和 87 是简单交互作用的实例,而 86 中链式中介的 girl 是多重交互作用的实例。

4.2.6

  交互作用作为一种关系不同于搭配,后者纯粹是一种线性关系(Halliday 1966;Sinclair 1966),而且不牵涉句法层面的因素。此外,搭配关系是词项与词项的关系。交互作用关系在这两个方面不同于搭配。

  交互作用只产生在语符列之间(包括通过衔接链起中介作用),因此每个起交互作用的语符列中至少有两个成员,而且语符列 A 的两个成员的关系相对于语符列 B 的两个成员的关系是相同的。除非语符列 A 的两个成员的关系与语符列 B 的两个成员的关系相同,否则就没有交互作用。因此如果把 87 改写成如下:

  87a. there were toy animals—giraffes with long necks, teddy bears that could growl and even a baby elephant

那么就没有交互作用。实际上这里只有一条语符列,所以不会产生关于交互作用的问题。这两个例子把我们的注意力引到了别的方面。在集合语符列中,giraffe,teddy bear,elephant 相互间形成种类—种类关系,三个成员中的每一个都与(toy)animals 形成上下义关系。然而,87 中由于 giraffe 和 teddy bear 与同一个重复语符列 necks 起交互作用,因此它们之间的关系比集合中其他成员的关系更近。87a 中不存在交互作用关系,因而也不能做这种区分。

在关于搭配的陈述中,两个节点之间的线性距离——重点是词项——及其搭配对象(关于对节点和搭配的讨论,见 Halliday 1966;Sinclair 1966)是很重要的。在交互作用中,交互作用的语符列的词项之间的线性距离无论是按照词项还是单词来测量都是无形的。线性距离本身既不能导致交互作用又不能防止交互作用的发生。以完全交互作用的理想状态为例,可以说交互作用是一条语符列的成员与另一条语符列的成员之间的关系的相同性。所以语符列 A 的每一个成员都与语符列 B 的某个特定的成员有相同的关系,这种相同关系作为两个完整体存在于两条语符列之间。由于"相同关系"概念对语符列之间的交互作用很关键,所以需要明确说明。能存在于一条语符列成员之间的关系集合相对于另一条语符列的成员在本质上是句法关系,总的来说能与那些以语言的经验或逻辑功能为起点的系统网络关系(Halliday 1970a)。我不对这一点做详尽的技术性讨论,而仅举几个这种关系集合的例子:

a. 关系:过程的执行者　　　　　过程
　　例子:girl　　　　　　　　　washed, combed, washed, brushed
　　　　　　　　　　　　　　　　　　　　【源自例 86】

b. 关系:受过程影响　　　　　　过程
　　例子:teddy bear　　　　　　washed, combed, washed, brushed
　　　　　　　　　　　　　　　　　　　　【源自例 86】

c. 关系:被修饰　　　　　　　　修饰语
　　例子:giraffes, teddy bears　(with long) necks, (with almost no) necks (at all)　　　【源自例 87】

d. 关系:位于　　　　　　　　　方位
　　例 子:children　　　　　　　slides, see-saw, merry-go-round, monkey-bars　　　【源自例 58】

以上所提到的关系的四个例子只是全部关系集合中的几个例子,这些关系被发现能存在于两个语符列之间。列出所有的关系会很冗长,可能也没有必要;希望以上的例子足以证明这种关系在本质上是句法关系。

交互作用的基本要求是至少有两条语符列的形成,这一点怎么强调都不为过。一旦至少存在两条语符列,就可以问两条语符列之间是否存在可能的(句法)关系。假如存在这种关系,那么语符列之间就可以说有交互作用。因此,交互作用这个事实指明了两种不同的相似关系。当某些词项被抽象出来进入语符列时,就表示它们的词汇意义具有相似性。无论是否产生交互作用,这种关系都是合理的而且重要的,如考虑交互作用,通过考察上面 a-d 两条语符列就可以看出。当两条有交互作用的语符列建立时,就指明了一个事实,即在成员之间词汇意义的相似性层面之上存在句法相似性。正是这种双重相似关系才把 87 中 giraffes 和 teddy bear 建成更近的意义关系。句法相似性本身不是使交互作用的语符列中的成员关系接近的全部因素,明白这一点也很重要。相反,句法相似性是通过这个特定的词汇语符列而进入特定的句法关系的结果。因此 86 的包含语符列中 teddy bear 除了受以上提到的那些关系的影响,还受其他关系的影响。同样,除了这些提到的过程,girl还是其他过程的执行者。但是正是这些交互作用的模式让我们明白这个语篇中女孩起着"照料人"的角色(即照顾某人的人),teddy bear 起着"被照料者"(即被照顾的人)的角色。

4.2.7

简单交互作用只牵涉到两条语符列,当然作为两个整体的两条语符列之间只存在一种句法关系。在多重交互作用中则至少牵涉三条语符列,A,B,C。这儿 A 的成员可能以某种关系与 B 起交互作用,而以另一种关系与 C 起交互作用。假如把 86 中的包含语符列当做 A,那么它的位置是相对于间接语符列 girl 和 teddy bear 的位置,相关信息可以如下列出:

	B	A	C
	she (the girl)	washed	it (the teddy bear)
主语	she (the girl)	combed	it (the teddy bear)
	she (the girl)	washed	it (the teddy bear)
	she (the girl)	brushed	it (the teddy bear)

这里语符列 A 与另两条语符列起交互作用,B 与 A 的关系如同过程的执行者与过程的关系,C 与 A 的关系如同过程的受影响者与过程的关系。然而,不是所有的语符列 A 都全面彻底地进入到多重交互作用中。就这条语符列而言,交互作用是完全多重的。也可能有部分多重的交互作用,完全相对于部分的区别必须与简单相对于多重交互作用区别开来。在部分交互作用中重要的是语符列 A 是否有某些剩余成分没有与语篇中的任何语符列起交互作用。这种剩余成分是 87 中的(toy)animals 和 elephant,这两个成分没有与语篇中的任何语符列起交互作用。重要的是不管多重交互作用后是否留有剩余成分,语符列 A 的(某些部分)是否进入到与其他多条语符列的交互作用中。例 82 中可以看到交互作用的实例,这里多重交互作用区别于例 86 中的交互作用。这里有 82 的相关部分(整个语篇见 475 页4.2 的例 82):

82b. there's a little boy and a little girl and they went on a ship and they weren't supposed to go there and a sailor came up and said what are you doing here we were going to see what it was like in a ship 'cos we've never been there before alright you can look round the sailor said and Toto their dog came on the boat too and the sailor said what are you doing here and the dog barked and the little boy and girl came along and they said to the sailor this is our dog don't take him off the boat he likes going on boats……

这里的三条语符列都是链式中介语符列(在86中,只有B和C有这个地位)。语符列A由a ship开始,B由a… boy… a… girl开始,C由dog开始。A和B是链式中介语符列,两条都包含重复和集合的形成,A通过ship,boat形成,B通过boy,girl形成,每个词项都重复(同时由语法衔接纽带照应,因此起着中介作用)。这些语符列的多重交互作用可以如下表示：

<u>B</u> <u>A</u> <u>C</u>
they (the boy, the girl) ——— (on) a ship
they (the boy, the girl) ———there (on the ship)
you (the boy, the girl) ———here (on the ship)
         (on the) boat——(their) dog
       here (on the) boat——you (their dog)
        (off the) boat——him (our dog)
         (on) boats——he (our dog)

上面的交互作用与86相比表现出两个主要不同之处：多重交互作用没有贯穿间接语符列A,ship和there(预设前面的词项)各有一次没有与语篇中的任何语符列交互作用。因此,与86不同,这儿存在部分多重交互作用。其次,82b中B和C与A的关系相同,属于方位关系(ship是boy,girl,dog的行为所处位置)。还是在这个方面,86与82不同。这个不同点在语义上是重要的。我们可以从B,C,(D,E……)等所有进入与A多重交互作用的集合中抽象出那些与A以相同的关系作用的语符列,如上面的B和C。可以说这些语符列与A的交互作用是趋同的,而86中B和C与A的交互作用是趋异的。"趋同"和"趋异"这两个术语是基于它们的语义重要性而选择的。所有那些(或者部分)与某语符列A起趋同交互作用的语符列表现出意义的趋同性,它们之间的关系比趋异语符列更接近。多重交互作用的语符列中趋同与趋异的区别与虚构叙事语篇内部的特征描述机制直接相关。在科技语篇中,可能与所讨论物体的属性的描述相关。

4.2.8

现在可以关注交互作用中另一个区分的标准。在多重交互作用中至少有三条语符列。讨论76时我们发现以dog开头的语符列与由chased (after)和made run (away) 组成的集合语符列存在交互作用。因此，只有两条语符列，交互作用的形式如下：

```
                    B              A                 B
    he (the sailor's dog) —— chased (after) —— (the other) dog
    he (the sailor's dog) —— made run (away) —— him (the other dog)
```

这个形式与 86 既像又不像：A 与 B 的两个部分之间的关系是 86 中 A 和 B 与 C 的关系的复制。不过，86 有三条起交互作用的语符列，而 76 只有两条。虽然右边一列中的 dog 与最左边一列中的 dog 照应不同的情景实体，但是作为词项没有理由使两条衔接链在交互作用模式中互不干扰，因为并不是说如果一个词项成为两条不同的衔接链的构成部分，那么它的交互作用模式就肯定与这种不同点相关，这一点下面的例子可以清楚表明。

88. this dog ran and the other dog ran too

当交互作用只在 A 和 B 两条衔接链之间发生，而且语符列 B 的不同部分以不同的关系与语符列 A 的相同部分发生交互作用，如上面 76 所示，这种交互作用可以称为"非对等交互作用"。把非对等交互作用与趋同和趋异多重相互关系区分开来很重要。后者的语符列 A 对语篇的语义结构从来都不是边缘的，而且大部分趋同交互作用的语符列会很重要，而非对等交互作用中的语符列 A 和 B 却不是很重要：尽管由于某种原因语符列 B 也许在语义上突出，但是非对等交互作用本身在这方面上是中性的。这里还有一个关于非对等交互作用的例子：

89. in O, My Beloved, the viewer will find yet another variation on the age old theme—boy loves girl but girl loves the boy not, till it's too late.

这里有两条语符列：一条是由词项 boy 和 girl 的重复组成的包含语符列，另一条是由 loves 的两次出现所组成的重复语符列。其中一次 boy 和 girl 如过程的执行者相对于过程那样与 loves 相关，另一次如"现象"相对于一个（特定的）过程那样与 loves 相关。

非对等交互作用与对等交互作用的区别足够明显，58 和 87 都阐述了对等交互作用，这一类交互作用也许比非对等交互作用更为常见。这里有另一个对等交互作用的例子：

90. some of the cars were filled with all sorts of good things for boys and girls to eat—big golden oranges, red-cheeked apples, bottles of milk for their breakfast, fresh spinach for their dinner, peppermint drops and lollypops for after-meal treats.

这里有三条语符列与我们的阐述相关：1. oranges, apples, milk, spinach, peppermint drops 以及 lollypops；2. golden, red—(cheeked)；3. breakfast, dinner, after-meal。第一条语符列与第二条和第三条语符列起部分交互作用。oranges 和 apples 与 golden 和 red—(cheeked)的关系就如修饰词与修饰对象,而 milk,spinach,peppermint drops 及 lollypops 以明确的句法关系与 breakfast,dinner 及 after-meal 相关,它们之间的关系是修饰对象—修饰词关系的一种特殊情况(尽管必须说明我没有见到过如 here's some cheese for your breakfast 那样的对小句的语言表述,语义上 cheese 似乎被 for your breakfast 的目的限定了。不过,无论这里是什么样的句法关系,无可置疑,这种关系对这部分交互作用的所有情况来讲都是适用的。)

在对等交互作用中,某一种特定的变化有可能发生。看下面的例子:

91. There were dolls with blue eyes and yellow curls, dolls with brown eyes and brown bobbed heads…

这儿有三条语符列:1. dolls 形成的重复语符列;2. blue,yellow,brown,brown 形成的包含语符列;3. eyes,eyes,curls,(bobbed)—heads 形成的包含语符列。我们可以认为这三条语符列是趋异多重交互作用的一个实例,其中语符列 1 和 2 可以说是与 3 交互,但是如果没有 3,1 和 2 之间就不会有交互作用。如果采用这种解决方法,那么 91 中的交互作用可以被认为与上面 86 中的交互作用属于同一类型。然而,这种方法有一个不足之处,它不能指出一个重要的事实,即在首要精密阶,如 yellow 与 curls 之间的关系和 yellow curls 与 dolls 之间的关系是一样的。因此,从最基本的角度讲,91 中的关系实际上与 86 中的语符列所表示的关系不同。无论在何种任何精密度水平上我们都不能说 wash 与 teddy bear 的关系和 girl 与 washed teddy bears 的关系相同。91 中语符列之间的关系是一种循环对等关系。在非对等循环交互作用中,至少某条(些)语符列可能会很清楚地表明语篇中的描写特征,不过这并不是说描写特征只能通过这种方式表示。

5. 篇章组织和衔接和谐

上面我对语篇中衔接链的类型、语符列的类型以及交互作用的类型在某种程度上作了详尽论述。有两个主要原因促使我作了这么详尽的论述。首先,所有的这些区别为我们理解基本完整的语篇提供了重要的语言解释。虽然大部分言说者在对语篇做出反应时也许不知道是语篇中哪些语言因素使他们做出这种或那种判断,但是衔接和谐的程度与这些判断之间不是必然相关的。其次,虽然有些概念的基础可以在其他论文中找到(Halliday 1966;Halliday and Hasan,同上;Sinclair 1966),但是前面讨论中所做的区分绝大多数不能在其他论文中找到。出于这种情况,有必要把这些术语的意思解释清楚。

在上面对衔接和谐的讨论中根本就没有提到衔接连词。我认为通过衔接链的形成及语符列的交互作用而造成的衔接和谐对于有机关系的形成是有用的,这些有机关系能把两个消息联系起来,(有时候)由衔接连词的选择来显性地实现。缺少了这样的和谐,就算事实上出现了衔接连词,也会被认为是不必要的或不合适的。

由上面确定的类别在语篇内部对篇章组织的形成所起的作用可以通过考察两个语篇来证明——一个语篇有可能会被所有读者理解为更完整,相比较而言,另一个就显得不那么完整。因为没有语篇能提供所有衔接纽带类型的实例,尤其是规模小的语篇,那么,不能期望任何语篇能提供例子来说明所有衔接链、语符列以及语符列交互作用之间的区别。不过,我希望下面对两个语篇的考察结论中的某些概括能引起大家的注意。我所选择的语篇属于样本中的"小语篇"。左边一列数字表示这些语篇中信息的顺序。

语篇:A【4436】

1. once there was a little girl
2. and she went out for a walk
3. and she saw a lovely teddy bear
4. and so she took it home
5. and when she got home she washed it
6. and when she took it to bed with her she cuddled it
7. and she fell straight to sleep
8. and when she got and combed it with a little wire-brush the teddy bear opened his eyes
9. and started to speak to her
10. and she had the teddy bear for many many weeks and years
11. and so when the teddy near got dirty she used to wash it
12. and every time she brushed it it used to say some new words from a different country
13. and that's how she used to know how to speak English, Scottish and all the rest.

语篇:B【1314】

1. the sailor goes on the ship
2. and he's coming home with a dog
3. and the dog wants the boy and the girl
4. and they don't know the bear's in the chair
5. and the bear's coming to go to sleep in it
6. and they find the bear in the chair
7. they wake him up
8. and chuck him out the room

9. and take it to the zoo

10. the sailor takes his hat off

11. and the dog's chased the bear out the room

12. and the boy will sit down in their chair what the bear was sleeping in

5.1 语篇 A 和 B 中的语法衔接纽带

下面是这两个语篇中的成分语法衔接纽带的完整列表。词项前面的数字表示这些词项所处的小句;因此每一个数字后面列出的仅表示一个小句内找到的所有词项,而不表示衔接链的地位。SE 表示"主语省略"(两个小句分枝由成分主语的预设引起)。

语篇:A

2. she　3. she

4. she　it　5. she　she　it

6. she　it　her　she　it　7. she

8. she　SE　it　the　his　9. SE　her

10. she　the　11. the　she　it

12. she　it　it　13. she　the

语篇:B

1. the　the　2. he

3. the　the　the　　4. they　the　the

5. the　it　6. they　the　the

7. they　him　8. SE　him　the

9. SE　it　the　10. the　his

11. the　the　the　12. the　their　the

每个语篇包含 30 个语法成分纽带;每个语篇中照应纽带和省略纽带的数量相同——分别都为 28 和 2。在所有这些相似点中可以发现一个主要的区别。在 A 中有 24 个代词照应纽带和 4 个指示纽带 the,在 B 中有 8 个代词照应纽带和 20 个指示纽带 the。因此,从更精细的层面来看,照应类型内特定的纽带的选择相反。可以发现这两个语篇中所有的所选纽带具有形成同一链的特征,但是存在明显差别。人称代词如 he,she,it,him……与词项的选择成互补分布,因此,它们一般形成同一链,而指示词项 the 以及物主代词如 his,their,its,hers……则不必与词项的选择成互补分布。the 不可避免地必须跟有合适的词项,而物主代词可能跟有一个词项,或名词省略或替代。因此后面两种纽带一般进入多重衔接链,包括同时具有词汇和语法衔接或双重语法衔接。主语省略现象与人称代词一样,对任何词项的选择产生不良影响,因此其典型的功能是进入相同衔接链。当人称代词和主语省略现象一起形成一条同一链时,从技术上来讲,就形成了多重衔接链,不过这条衔接链显然与纽带 the 或缺乏名词省略或由物主代词替代进入的多重同一链有很大区别。

很明显,两个语篇中每个小句中的语法纽带的平均数几乎相同,语篇 A 中每个小句包含的纽带平均数为 2.30,语篇 B 中为 2.50。假如纽带数量本身对衔接和谐很重要,那么两个语篇都是同样整合良好的。

5.1.1 语篇 A 和 B 中的语法衔接链

上面所列的纽带除了一例之外都进入了语篇 A 的某条衔接链。然而总共有 29 个进入衔接链的纽带被分为两条同一链,下面是具体的细节。每个纽带前加下划线的词项毫无疑问表示被衔接链中的纽带所预设的代词词组部分。纽带词项后面括号中的数字表示特定的词项以特定的构词形式出现在语篇中的频率。

语篇:A

衔接链 1:<u>a little girl</u>　she(13)　her(2)　SE(1)　【总计:17 个链环】

衔接链 2:<u>a lovely little teddy bear</u>　it(8)　his(1)　the(3)　SE(1)

【总计:14 个链环】

两条衔接链都是中性同一链(因此衔接链中链环的数量比衔接纽带的数量多一)。1 和 2 中分别有 girl 和 teddy bear 的前指预设,而且第一个链环都是无指向性的。两条衔接链都是多重的,不过衔接链 1 在语法范围之内而衔接链 2 是同一链,因此 the 的选择使得这条链牵涉一些词汇衔接。her 在衔接链 1 中两次都作为人称代词出现,与 she 一样。衔接链 2 中的 his 是物主代词,需要其他的词汇或省略纽带。

每条衔接链的平均链环数是 15.50,而每条衔接链的平均纽带数是 14.50。语篇中最后的 the 没有进入这些衔接链中,但仍然是纽带,这个纽带构成了词汇短语 all the rest 的一部分。讨论词汇语符列时将会对这个词项做更多的介绍。

语篇:B

语篇 B 中,总共 30 个纽带中有五个似乎没有进入任何衔接链。他们是下面这些:

a. 小句 1 中 in the ship 中的 the

b. 小句 3 和 12 中 the boy 中的 the(2)

c. 小句 3 中 the girl 中的 the

d. 小句 9 中 the zoo 中的 the

除了 the zoo 中的 the,上面所有的衔接词项都引出了下面要讨论的问题。the zoo 中的指示词是特定机构外指的一个实例。这种 the 的意义的隐含性随着社会环境和有 the 修饰的词项所照应的实体特性的变化而变化。这里 the zoo 中的 the 介于 the post master general 中的 the 和 the postman 中的 the 之间(后者指给言说者邮递信件的那个邮递员)。就其本身而言,the zoo 中的 the 本质上是不衔接的,然而,既然存在把这类 the 包含到衔接链(和/或语符列)中的机制,那么这个词项不能被排除在外。

剩余的 25 个纽带可以被分成六条衔接链，其中两条是中性的，四条是起中介外指作用的。起中介作用的外指链中，我将把那个第一（外指）链环中的，而且即便没有指向性也能确定无疑出现在第一链环中的词项放在每条衔接链前面的括号中。为了把这些词项与非指向性的第一链环区分开来，我不用下划线标注这些词项，因此由加下划线的词项引领的衔接链 1 和 2 中，所有的衔接纽带都有前指地位。衔接链可以如下列出：

衔接链 1：a dog　the (2)　　　　　　　　　　　【总计：3 个链环】
衔接链 2：home　the (2)　　　　　　　　　　　【总计：3 个链环】
衔接链 3：(sailor) the (2)　　his (1)　he (1)　【总计：4 个链环】
衔接链 4：(chair) the(2)　　it(1)　　　　　　 【总计：3 个链环】
衔接链 5：(bear)　the (5)　him(2)　it (1)　　 【总计：8 个链环】
衔接链 6：（？）　they (3)　SE (2)　their (1)　【总计：6 个链环】

中性衔接链 1 和 2 的第一链环与前指纽带一起组成了两条最小衔接链，衔接链 3—5 的第一链环由 the 和括号中的词项组成，分别为 the sailor, the chair 以及 the bear。

然而，对衔接链 6 的考虑引起了一个问题，这个问题影响了上面提供的所有消息。在语篇中 they 第一次出现之前（小句 4）已经出现了 the sailor、a dog、the boy、the girl，所有这四个词组可以由 they 一并照应。然而，they 确切的预设范围很不确定。只有一点是清楚的，即它必须预设上面提到的四个词项中的一个以上，这不是由语篇决定的，而是基于词项 they 本身的大致意义所做的推断。语篇中没有什么因素真正阻止对 they 以及其他通过 they 起中介作用的衔接纽带照应所有的四个词项的理解。同样，语篇中没有什么因素真正鼓励这样的理解。确定无疑的是 they 肯定指一个以上的词项，由于没有证据可以排除四个提到的词项——sailor、dog、boy、girl 中的任何一个，最折中的解决方法是把 they 和其他与之相关的衔接纽带看做分枝衔接链的一部分。进入到这条分枝衔接链的还有属于衔接链 1 和 3 的所有词项。此外，出于同样的理由，三个与 boy 和 girl 相关的 the 以及前面从衔接链中排除的 the 现在可以被纳入到这条分枝衔接链中。因此上面对衔接链形成的描述可以替代为下面的描述：

衔接链 1：home　the(2)　　　　　　　　　　　　【总计：3 个链环】
衔接链 2：(chair)　the(2)　it(1)　　　　　　　【总计：3 个链环】
衔接链 3：(bear)　the (5)　him(2)　it (1)　　 【总计：8 个链环】
衔接链 4：(sailor)　a dog (boy)(girl)　he(1)　his(1)　the(7)
　　　　　they(3)　SE(2)　their (1)　　　　　　【总计：16 个链环】

对语篇中衔接链的形成有了这种描述，这个小节开头提到的三个问题纽带现在综合为一个：the(2) 修饰 boy 和 the 修饰 girl。就语法衔接而言，the ship 中的 the 仍没有进入衔接链。毫无疑问，这个 the 不能放到 sailor 的衔接链中。与 his hat 中的 his(小句 11)不同,the ship 中的 the 明显与 sailor 不相关,更不可以把这个词项看做与 the zoo 中的 the 相同。

语篇中四条衔接链中除一条外都是间接外指;而且与衔接链 1 不同,其他三条都是多重同一链,包含不同程度的同时词汇衔接(出于兴趣,也许对衔接链 4 的完美描述可以是"多重间接外指分枝同一链",而衔接链 1 是"多重中性相似链")。只有衔接链 4 是贯穿整个语篇的,其第一个(外指)链环出现在小句 1 中(即 the sailor),最后的链环出现在最后一个小句中(即 the boy 和 their)。第二长的衔接链是衔接链 3,以小句 4 中的 the bear 为外指第一链环开始,一直持续到最后一个小句。最长的贯穿整个语篇的衔接链的预设范围有点模糊,这降低了这条衔接链对语篇形成整体的衔接作用。造成这条衔接链的模糊的根源将在词汇衔接部分做进一步讨论。当然,并不是衔接链中的每一个纽带都这样模糊,当衔接链分为成分链时,其意义就清楚了。比较衔接链形成的两种解释可以看出,第二种描述中衔接链 4 有 1/3 是模糊的(总共 15 条中占 6 条)。剩余 9 个纽带中只有两个与上面的衔接链 1 一样清楚,其他的可以与衔接链 2 和 3 做比较。间接外指衔接链的纽带数是 24,与中性衔接链中的数目 4 有很大差异。(衔接链形成的第一种描述比第二种描述更清楚地可以得出这个信息,因为有一条中性衔接链是第二种描述的分枝衔接链的成分)。

每条衔接链的链环平均数是 7.50,而每条衔接链中的纽带平均数是 7.00。以前曾提出过分枝衔接链与把语篇分为结构成分有关,尤其是在成分衔接链合成或从中心链中分离的地方。看语篇 B,通过观察其结构形状我们可以看出在某个层面上可以从三个部分来分析该语篇。第一部分可以说由最前面的三个小句组成,第二部分由 4—9 小句组成,最后部分由小句 10—12 组成。不是说这三个部分的内部不可以进一步细分,不管是否再分,这些部分各不相同。显然,这儿的划分与成分链合为中心链以及从中心链分离出来的情况完全巧合。不用专业术语讲,第一部分包含所牵涉的大部分人物和第一个事件的介绍:he (the sailor) is coming home with a dog and the dog wants the boy and the girl。第二部分包含主要的"行动":发现并去除熊,第三部分表示回归到原来(大致)期待的状态,但是被熊的不期出现阻止了,以"settling down at home"的过程告终。

5.2 语篇 A 和 B 中的词汇纽带

下面是所有在语篇中出现的纯词项(Sinclair 1966),不包括纯语法词项,如 to,for,used to,many,some,much,very 等等(Halliday 1961;Hasan 1971a)。不包括在内的还有边界词项如 required to,supposed to,obliged to,that's how 等等。

语篇:A

1. little　girl
2. went　walk

3. saw   lovely   little   teddy bear
4. took   home
5. got   home   washed
6. took-to-bed   cuddled
7. fell-to-asleep   straight
8. got up   combed   little   wirebrush   teddy bear   opened-eyes
9. speak
10. had   teddy bear   weeks   years
11. teddy bear   dirty   washed
12. brushed   say   new   words   different   country
13. know   speak   English   Scottish

语篇：B

1. sailor   goes   ship
2. coming   home   dog
3. dog   wants   boy   girl
4. know   bear   chair
5. bear   coming   go-to-sleep
6. find   bear   chair
7. wake-up
8. chuck-out   room
9. take   zoo
10. sailor   takes-off   hat
11. dog   chased   bear   room
12. boy   sit-down   chair   bear   sleeping

两个语篇的词项列表中有很多词条似乎是由几个词用连词符组合在一起的，这样的词条被当做复合/复杂词项，这样做的理由是因为每一个词项都有意义，这种意义不能说是其构成成分的意义的总和，如 open-eyes。这类词项另一个相关的特征是其中的某些成分的形式是完全不可改变的，因此虽然词项的词汇意义不变，但是不可以把 take-the-bed 说成 take-the-beds，把 open-eyes 说成 open-eye。我们只能说 I must have a shut-eye 而不能说 I must have a shut-eyes。

语篇 A 中词项的总数是 41，语篇 B 中是 36，平均数分别为每小句 3.15 和 3.00。如同所有衔接语法纽带的选择，这两个语篇中所有词项集合的选择没有显著差异。假如词项的数量本身对于语篇的衔接和谐具有重要意义，那么这两个语篇无疑不会表现出不同。

虽然两个语篇大致相似，但是词项的语法体现功能很容易存在差异：它们在语篇中体现的是哪一类词。信息如下：

语篇：	名词	动词	形容词	副词	
语篇:A	15	18	7	1	【总计:41】
语篇:B	22	14	—	—	【总计:36】

当然,语篇 B 中词项的选择具有体现名词的功能,它的支配地位有一部分可能是因为指示词 the 在这个语篇中比在语篇 A 中使用更频繁。但是这个因素本身不影响能体现动词或副词的词项数量的选择,不过可以肯定地说这个因素能促进那些能体现名词词组的修饰词功能的词项的选择。对两个语篇中词汇选择的对比并不能告诉我们很多与小句和谐的程度直接相关的因素,但是引起了两种期望。在 B 中对实体的描述会很少,而且如果有任何描述,都必须是修饰语形式(通过级转移小句或词组)。其次,动词相对于名词的比率有些不同,如果语篇中名词对动词的比率更高,那么这个语篇中很可能会选择需要至少有两个参与者的过程。语篇 B 完全实现了第一个期望值,除了最后一个小句中通过使用一个限定小句 what the bear was sleeping in,其他没有对实体的描述,第二个期望值没有完全实现。A 中名词对动词的比率是 0.82,B 中是 1.57,是 A 中的两倍。不过我们考虑这两个语篇时可以发现 50% 的动词用于描写不需要两个参与者的过程类型。第二个期望值没有实现的原因是很有意思的。

以前指出过 A 中 the 和物主代词的数量是 5,人称代词或主语省略的选择有 25 次,两种情况都充分"行使"名词词组的功能。B 中 the 和物主代词占了 30 条纽带中的 20 个,被 the 和 his(等)修饰的名词在词汇选择中也算在内,而 she,it,he,they 等则明显不算在内。因为 he/him 能与词组 the bear/the boy 以同样的方式充当过程的参与者,所以把第二个期望值仅建立在词项在语篇中出现的基础上绝对是错误的。一旦增加了充分行使名词词组功能的代词和其他手段,我们就会发现语篇中类似于名词的词项的平均值很接近。如果语篇 A 中 25 个充分行使名词功能的纽带与 15 个名词词项一起计算,总数就达到 40。如果语篇 B 中这类纽带加到 22 个名词词项中,那么总数就到达 32,两个语篇中类似名词的词项总数相对于动词的比率就分别为 2.28 和 2.22。因此,它们在支配性和非支配性过程的选择上没有区别,这一点不足为奇。

选择能体现某一特定词类的词项本身不可能是固定的,而且不考虑语法的选择模式,就几乎不可能把期望建立在此基础上。但是如果把两种词项都考虑在内,把它们与能或不能实现的功能联系在一起,那么相对而言对语篇中不直接与衔接相关,而是超越衔接的语篇特征可以做出更精确的预测。

5.2.1 语篇 A 和 B 中的词汇语符列

我暂时不讨论语法衔接链,下面将阐述两个语篇中语符列的形成。

语篇:A

I. 仅限重复语符列

1. little (3)   2. teddybear (4)   3. home (2)   【合计:9】

II. 仅限集合语符列

1. new, different   2. lovely, dirty   3. weeks, years
4. walk, went, got (=reached)   5. took (to keep), had (owned)
6. took-to-bed, fell-to-sleep, got-up, opened-eyes
7. words, English, Scottish   【合计:18】

III. 仅限包含语符列

1. washed(2), combed, brushed   2. speak(2), say   【合计:7】

语篇中词项总数   :41
语符列中词项总数   :34   （占总数的 82.92%）
语符列外词项总数   :7   （占总数的 17.07%）
语篇中语符列的数量   :12
每条语符列的平均词项数   :34/12   (2.83)

语篇:B

I. 仅限重复语符列

1. sailor (2)   2. dog (3)   3. bear (5)   4. chair (3)【合计:13】

II. 仅限集合语符列

1. go-to-sleep, chase   2. boy (2), girl   3. home, room (2)【合计:5】

III. 仅限包含语符列

1. go, coming (2), chase   2. boy (2), girl   3. home, room (2)【合计:10】

语篇中词项总数   :36
语符列中词项总数   :28   （占总数的 77.77%）
语符列外词项总数   :8   （占总数的 22.22%）
语篇中语符列的数量   :9
每条语符列的平均词项数   :28÷9   (3.11)

下面所列的是每个语篇中没有进入任何语符列的词项：

语篇:A   girl, wirebrush, country, saw, cuddled, know, straight
语篇:B   ship, zoo, hat, want, know, find, take-off, sit-down

所列的这些词项中,A 中的词项 wirebrush 似乎是最先进入包含语符列的,但是 brush 与（wire－）brush（派生的）之间存在明确的意义关系,不过后面的词项不能被包括在语符列中,因为它没有通过任何允许的意义关系与 wash 和 comb 相关。词项 walk 能包含在上面的集合语符列 A4 中,尽管这是一个体现名词的词项（如它在语篇中所使用的）,它与其他两个词项的意义关系很明显在所属范围之内。另一个词项 girl 很引人关注,在下面的语符列交互作用中会讨论。

词项 sailor 和 ship 与 A 中的 brush 和 wire-brush 一样,相互之间的关系似乎紧密,而且至少在某类语篇中两者共现的可能性会很高。不过,ship 与 sailor 没有在允许的意义关系之内,因此不能与 sailor 处于同一个语符列中。zoo 和 bear 也属于这种情况。

这两个语篇在语符列的长度上没有表现出显著差异。A 中每一条语符列的总平均词项为 2.83。每种语符列的平均长度也没有显著差异。信息如下：

语符列类型	A 中的平均长度	B 中的平均长度
I. 重复	3.00	3.25
II. 集合	2.57	2.50
III. 包含	3.50	3.33

不过，两者之间还是存在一些显著的差异。A 中词项总数的 82.92% 出现在某些语符列中。B 中比例明显低，只有 77.77% 的词项进入语符列。考察语符列的类型，我们发现 A 中 12 条语符列中有 3 条仅属于重复语符列，而 B 中 9 条中有 4 条属于这一类型。那么，A 中进入语符列的词项只有 26.47% 属于重复语符列，75.53% 属于集合和包含语符列，B 中的位置不同，进入语符列的词项有 46.43% 形成重复语符列，53.57% 属于集合和包含语符列。

语篇中进入语符列的词项，其比例可以直接与衔接和谐联系起来，这也许是对的，但这种观点本身没有为评价语篇之间这方面的差异提供很好的工具。同时，目前词汇选择和结构的大部分特征，例如语符列的平均长度，重复语符列相对于集合语符列相对于包含语符列等中的词项所占的比例，不是直接可以与语篇的衔接和谐直接相关的。如我所看到的，这些特征反映了可能会在语篇中发现的持续类型中的差异。因此，如果进入重复语符列的词项的比例高于进入集合和/或包含语符列，那么极有可能表示这类语篇是通过相同而不是相似以及语义场的延伸来达到连续。重复语符列中词项的较高比例并不一定意味着语篇会更不衔接，反之亦然。有关语篇的衔接和谐的一个最重要因素是赋予了交互作用的模式，如果语符列交互作用正好属于间接的，那么交互作用的模式有可能直接与语篇衔接和谐的程度相关。

5.2.2 语篇 A 和 B 中的语符列交互作用

如果我们考察两个语篇中的语符列，A 中的 12 条语符列中有 9 条，B 中的 9 条中有 7 条进入部分或全部交互作用。请看下面：

语篇：A I. 2. teddybear (4)   3. home (2)
          II. 2. lovely, dirty   4. walk, went, got
              5. took, had   7. words, English, Scottish
              6. took-to-bed, fell-to-sleep, got-up, opened-eyed
          III. 1. washed (2), combed, brushed 2. speak (2), say

语篇：B I. 1. sailor (2)   3. bear (5)   4. chair (3)
          II. 1. go-to-sleep, wake-up, sleeping   2. chuck out, take
          III. 1. go, coming (2), chase   3. home, room (2)

然而，上面呈现的只是一部分，除非间接交互作用也考虑在内，否则不能认为上面所列的所有语符列都进入衔接链。两个语篇在某一方面是完全相同的：都不存在不包含至少由一条链式中介语符列的交互作用。换言之,语篇中所有的交互作用都是间接交互作用。因此,在很多情况下,除非把链式中介语符列考虑在内,否则交互作用不可能真的发生。语篇 B 中的交互作用模式就是这种情况:

chuck out   him(the bear)   the room
chuck out   him(the bear)   the room
take   him(the bear)

只有我们允许以链式中介语符列,语符列 home,room 才能与 bear 起交互作用。chuck out 和 take 与 bear 的交互作用也是如此。把链式中介语符列考虑在内意味着我们必须修正上面关于语符列的数量以及每条语符列包含的词项数量的陈述,这是因为受到衔接链的中介作用的影响。如果不把这类语符列考虑在内,那么我们必须说语篇中很少或没有交互作用,这与认为任何连贯的现象都出现在语篇中的观点完全相反。如果把链式中介语符列考虑在内,那么语符列,无论是否间接的,是部分的还是完整的,都会如下呈现:

语篇:A
  a. girl(17)   b. home(2)   c. went, walk, got
  d. took-to-bed, fell-to-sleep, got-up, opened-eyes   e. took, had
  f. washed(2), combed, brushed   g. teddybear(14)
  h. lovely, dirty   i. speak(2), say   j. words, English, Scottish

语篇:B
  a. bear(8)   b. go-to-sleep, wake-up, sleeping
  c. chair(3)   d. home, room(2)
  e. chuck out, take   fi. sailor, dog, boy, girl(24)
  fii. sailor(3)   g. go, coming(2), chase

如果上面所列的与前面的对比,可以发现几处不同点。语篇 A 中,语符列 a 完全是链式中介语符列,这条语符列与衔接链 1 相联系,照应的词项是 girl。由于这个词项本身在语篇中任何地方都没有重复,所以没有出现在任何语符列中,以前属于没有形成词汇语符列的词项。另一方面,语符列 g 与衔接链 2 以及语符列 I:2 相联系(语符列的总长度是 4 的地方)。把衔接链的中介作用考虑在内,这条语符列现在可以看成由 14 个纽带为中介的词项构成。语符列 j 与语篇 A 中的任何衔接链都不相关。相反,它与语篇的衔接链之外仅有的指示词 the 相关。词项 the rest(意思是剩下的,其他没有被这条纽带相关的词项明确提及)相当于"等等",在语篇中属于集合语符列 7。

语篇 B 中,把纽带为中介的照应词项考虑在内,语符列 a. bear 的长度从 5 上升到 8。同样,语符列 c: chair 的长度从 3 上升到 4。一条新的语符列 fi 就形成了,并且 fii 与语符列 sailor 相关。fi 和 fii 两条语符列都与语篇中的分枝衔接链 4 相关(见上面 5.1.2)。分枝链的特征是其中心部分可能会独立进入与其他某条语符列的交互作用中,而某个成分也能作为一条成分分裂衔接链独立与其他语符列起交互作用。语篇中成分分裂链 sailor 进入与某条语符列的间接交互作用。

根据交互作用中语符列的第二种说法,现在 A 和 B 中有 10 条交互作用的语符列,其中词项总数为 55；这个数字包括所有以纽带为中介的词项和纯词项。例如 A 中的语符列 c 全部由词项构成；在 A 中只有一个词项不是以纽带为中介的。这两条语符列中的词项总数应为 20。用相同的计算方法计算,B 中语符列中总的词项是 51。A 和 B 两个语篇中,交互作用的语符列的平均长度分别为 4.58 和 6.37。造成两者之间的差异是因为 B 中有链式中介语符列 fi。A 中语符列的 55 个词项中有 25 个是完全非指示的,也就是说,这些词项既不以代词、SE 为中介,也不被指示词修饰。B 中起交互作用的语符列的 51 个词项中只有 11 个是完全非指示性的,其他 40 个要么以代词或 SE 为中介,要么被指示词 the 修饰。两个语篇的语符列交互作用在下面详尽阐述。每一个词项前面的数字表示词项所在的小句。只有照应词项进入以链式中介语符列中。交互作用的每种情况被置于方框中,标有语符列的位置：

语篇：A

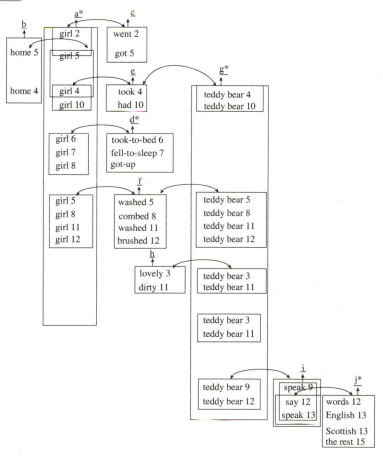

下面是更抽象的语符列交互作用的示意图：

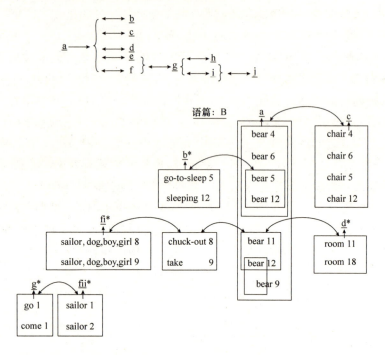

下面是这个语篇中更抽象的语符列交互作用的示意图：

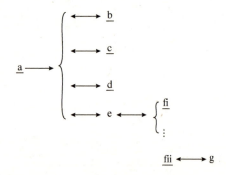

在语符列交互作用的示意图中，从每个方框中伸出的箭头指语符列的身份，用星号标注的语符列指进入部分交互作用的语符列，不用星号标注的则是进入完全交互作用的语符列。在 A 中，进入完全交互作用的语符列数量为 6(b,e,f,h,i,j)，这些语符列中词项总数为 17。四条语符列进入部分交互作用，其中剩余的成分是 a6,c1,d1,g4。因此，总共 55 个交互的语符列的词项中，剩余成分，即没有参与交互作用的语符列的词项数为 12。55 个词项中 78.17% 参与交互作用，而 21.82% 不直接参与交互作用。在 B 中，参与完全交互作用的语符列的数量为 2，包括 6 个词项。其他 8 个参与部分交互作用的语符列中的剩余成分是 a1,b1,d1,fi16,fii1, g1(总数为 22)。因此,51 个交互的语符列中 65.85% 参与交互作用,而 43.13% 没有直接参与交互作用。这个语篇中剩余成分大致是语篇 A 中的两倍。两个语篇中参与完全交互作用的词项的比例也存在类似差别。A 中这样的词项有 17 个,占参与交互作用语符列的 30.90%,B 中这类词项只有 6 个,占总数的 11.76%。

  我认为这些差别直接与两个语篇中衔接和谐的程度相关。既不是语符列的平均长度,也不是交互的语符列中的词项的确切数字与衔接和谐有直接关系。与之相关的是语篇内语符列起了什么作用,它们如何使意义相互联系,联系到什么程度。也许两个语篇最明显的差别在于交互作用模式本身。语篇 A 中,语符列 a 与五条不同的语符列交互作用,girl 与每条语符列的关系是过程的执行者与过程的关系。语符列 e 和 f 一方面相对于 girl(a),另一方面相对于 teddybear(g)参与一种多重趋异关系。反过来 g 与 h 交互作用,而 i 与 g 和 j 形成多重趋异关系。因此看起来 a 和 gi 是语篇中大部分语符列赖以建立的语符列。a 和 g 本身参与与语符列 e 和 f 的多重交互作用。语篇 A 建立的交互作用模式包含明显与那两条最长语符列(链式中介)的相关点。10 条语符列中有 6 条参与多重交互作用。语篇中参与多重交互作用的词项数为 25,占全部词项数(55 个词项)的 45.45%。同样重要的是四条参与多重交互作用的语符列(e,f,i,j)也是参与完全交互作用的语符列,因此,这几条语符列没有剩余成分。

  B 中交互作用模式与 A 有显著差异。这儿语符列 a 与 b-e 交互,c 和 e 则与 a 成趋同交互作用,a:bear 与 c:chair 的关系和 d:room 的关系是位于与位置的关系。只有一条语符列 e 与 a 和 fi 进入多重趋异关系。后者除 e 之外没有与任何语符列起交互作用。唯一的相关点是由分枝衔接链的构成提供给 fii,但是 fii 本身不与那些与 a 交互的语符列起交互作用。因此,语篇 B 中的交互模式在两个片段中,这两个片段之间没有通过交互作用而形成相关点。显而易见,语篇仍在讨论中的一部分——小句 4—9——就是充当语符列 a-fi 交互作用的位置的那部分。很明显语篇这部分的连续性主要通过(相同)衔接链的间接语符列 bear 引起。除 fi 之外,所有的语符列都立即与之交互。在这个语篇中,8 条语符列中有 3 条参与多重交互作用,进入多重交互作用的词项数是 12,占总数(共 51 个词项)的 23.53%。三条语符列中只有一条是贯穿整个语篇的,即 e。语篇中最长的语符列是 fi,这条语符列只有三分之一参与交互作用(我认为缺乏交互作用正是引起与 they 相关的纽带的照应范围持续模糊的原因)。语篇 B 中缺乏衔接和谐是由于其交互模式的破裂,以及语符列中的词项实际参与交互作用的更少,大部分交互作用只是部分的。

5.3 对语篇 A 和 B 考察的总结

  虽然上面的讨论限定于两个特定的语篇,其他语篇不可能会与这两个语篇的模式完全相同,但是仍可以通过考察这两个语篇得出某些概括性的观点,这些观点可以用于分析与这两个语篇细节不同的语篇。所有这些观点将会基于这样的假设:我们所比较的语篇属于同一基本类型,语义长度基本相同。因此,相对于非正式的会话语篇或正式的长度超过 25—30 小句的科技语篇,下面概括的观点很可能更适用于分析虚构的包含 10—15 个小句的叙事语篇类型。不过认可这种可能性的同时我要说明尽管会话语篇和科技语篇的细节可能会不同,但是用于考察这两个语篇的范畴和和所做的对比对所有的语篇都有效。

假设语篇的体裁和语义长度相同,第一个可以提出的概括论点是语法/衔接纽带本身的数量对衔接和谐无关紧要。更确切地讲,两个语篇中语法纽带的数量基本相同并不表示两个语篇的衔接和谐程度相同。如果语法纽带的密度(每小句或用其他方法有效测算)存在显著差异,那么低密度的语篇可以用语篇内部高密度的词汇衔接来"弥补"。

如果上面关于语法纽带的观点是对的,那么对于语篇中词项的次数的论述就更对了。应该指出语法纽带与词项出现次数之间存在的一个重要区别:总的来讲,每个语法纽带本身都是衔接手段,但是每个词项本身并不是衔接手段。词项只有在进入某种词汇语符列中才能获得衔接的地位。语法衔接中词汇语符列是语法衔接链的词汇对应部分。因此,严格地讲,语篇中只有那些进入词汇语符列的词项才应该被认为具有衔接纽带的地位。那些在语符列外面的词项除非通过预设,如语篇 A 中的 girl 与衔接链 1 相联系,否则很可能是"边缘的"。

假如两个语篇具有相同数量的语法衔接纽带,词项进入的衔接链形成的模式更可能与语篇的衔接和谐相关。因此,可以说只要词汇衔接没有显著变化,纽带被分为越少的衔接链,语篇的衔接和谐程度就越高。在这一方面 A 和 B 之间存在一个显著差异:A 中 29 个语法纽带被分为两条衔接链,而 B 中 28 个语法纽带被分成了四条衔接链。

与上述观点相关的是这样的观点:在词汇衔接程度相同的情况下,如果语篇包含某条(些)贯穿语篇的衔接链,那么这个语篇的衔接和谐程度会更高,因为这些衔接链是建立连续性的一种手段。贯穿语篇的衔接链在小规模的语篇中比大规模的语篇中,例如语言学、社会学、地理学的课本等等,显得更重要。大规模的语篇中重要的不是某条(些)贯穿语篇的衔接链,而是不同的衔接链在语篇内部的作用范围的重合。因此,如果大规模的语篇中有一条衔接链作用于前 30 个小句,那么另一条衔接链必须也从这三十个小句内的同一点开始,而且必须延续到这些小句的范围之外,等等。这与是否有更小的衔接链同时存在没有关系。理想的表述如下:

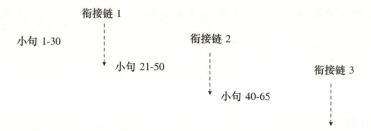

上图表示包含 65 个小句的语篇,语篇中衔接链 1 的作用范围包括前面三十个小句(不一定表示语篇中每个小句都至少有一个纽带属于这条衔接链)。不过在到达这条衔接链范围的外部边界之前我们发现小句 20 附近的某个地方是衔接链 2 开始的地方。衔接链 1 和 2 约有 10 个小句重合,然后衔接链 1 结束,但是在衔接链 2 的作用范围的外部边界到达之前,另一条衔接链已经开始了。虽然与贯穿语篇的衔接链相比较,上面的衔接链形成模式看起来本质上很不一样,但是至少有一个方面的语义功能是相同的。即使所建立的延续性不同,两种衔接链都是建立延续性的方式。

如果语篇只有一条贯穿全文的同一链,语篇中的话语往往没有任何词汇衔接就可以组合到一起。84a 就是这类语篇的一个实例。不过只要语篇中衔接链的数量超过一条,无论是贯穿语篇的衔接链或是重合衔接链,就需要同时出现词汇衔接。如果只有一条贯穿全文的衔接链而且是一条分枝衔接链,情况也一样。因此,就算有贯穿整个语篇的分枝相同衔接链,这条衔接链本身不能为语篇提供连续性,而必须依靠词汇衔接把衔接链的分离成分组合到一起。可以看出语篇 B 缺少的正是这种词汇衔接。

所有类型的衔接链中,可以说只有分枝衔接链具有连接某些衔接链的功能:从由成分分裂链组成的分枝链的角度来看,这是隐性的,每一条分裂链的照应对象也是中心链的照应对象。不过与非分枝链相比,分枝链具有更大的衔接力。分枝链在语篇中的出现总是需要特定的词汇衔接,这决定了它的衔接力,这正是语篇 B 中的情景。如果我们认为分裂链的照应对象分别是 sailor,dog,boy 和 girl,那么整个语篇中就不会出现两条或多条分裂链与词汇语符列交互的情况。

词汇范围内,与衔接程度相关的一个重要变量是词项出现次数"集中"在语符列中的相对比例:在别的条件相同的情况下,语篇中这个比例越高,衔接和谐程度就可能越高。有意思的是既不是语符列的数量也不是语符列的平均长度直接影响衔接和谐。这两种陈述虽然看起来不同,但并没有相互抵触。语符列中词汇出现次数的比例与交互作用的可能性直接相关。进入衔接链的词项数越多,语符列之间就越可能产生交互作用。从另一方面来讲,一旦确定了这一点,即至少需要两条语符列才能有交互的可能性,那么语符列的数量和平均长度对预测交互作用就没有直接关系。

如果我们不考虑那些以连续性为基本类型的语篇,如 84、84a、85,那么语符列交互作用是决定衔接和谐的一个最重要的变量。在(语符列交互作用)范围内,最重要的交互作用是链式中介语符列,因为仅仅这种语符列就能使语篇的词汇和语法纽带相互联系。虽然那些依靠语法和词汇衔接形成的多重衔接链也能提供这些联系,但是理论上这类衔接链有可能没有交互作用。(我们可以以例 84a 为试验来看这种情况是否存在)。产生交互作用时,衔接链的多重性和统一性本身与衔接链是否会进入任何间接的交互作用是不相关的。交互作用不是由衔接链的组成部分产生的,即它的类型和本质,而是产生于语篇中某条已知衔接链的照应对象能联系并确实发生联系的意义范围。

衔接和谐程度高的语篇将包含焦点语符列:语篇 A 中的 a 和 g 就是这样的语符列。如果语篇中至少有一条不是焦点语符列,那么就很少或没有交互作用,从这个意义上讲,语篇内所有的交互作用都是由焦点语符列引起的。此外,每条焦点语符列依靠语篇的大小被期望与语篇中的多条语符列交互作用。可以发现语篇 B 的那部分的衔接和谐是最大的,读者可能认为这个部分的构成方式与其他部分不同,就在那一点上 bear 中产生了焦点语符列,有五条语符列与之交互作用。

具有高度衔接和谐的语篇焦点语符列在运作模式中与重合衔接链有某些相似之处。就如重合链有一个运作范围一样,可以说焦点语符列有一个交互作用的范围。这个范围不是由语篇的单个消息界定的,而是参照语符列来界定。如果这类语篇中的焦点语符列与语符列 b,c,d,e,f 交互作用,那么第二条焦点语符列也会与这几条语符列产生交互作用等等。显然在更大的语篇中语符列的数量可能比语篇 A 和 B 中的语符列要长,交互作用模式就可能如下:

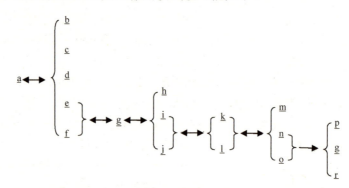

这里焦点语符列可能是 a,g,k,l,o。如果我们认为 b-f 是语符列 a 的运作范围,那么在范围之内,语符列 g 已经出现,其运作范围是 h-j,这样一直持续到 r。每条焦点语符列的运作范围与语篇结构成分的边界相关,尤其是与语篇所属的专业话语语场相关。在会话中,虽然交际的连续性会中断,从而导致同一段话语在字面上是两个(或更多的)语篇,但会话者认为从一条焦点语符列转移到另一条焦点语符列很可能与一个话题转移到另一个话题相符合。由于交际者相同,物理情景相同,所以这两个语篇被合二为一。

当有些焦点语符列是由衔接链起中介作用时,尤其在较大的语篇中,语篇衔接和谐程度实质上就得到提高。主观上讲,我们可以认为这种情景中的词汇和语法衔接一致移动。这类语篇的连续性从来都不是主要的类型,同时,意义相同、相似和延伸等对语篇的语义结构很重要,它们会引起这类语篇的连续性。这类语篇中不改变语篇的语义结构就特别难改变单条消息的序列,这与 84、84a、85 的语篇中的情景直接相反。

在大部分自然语篇中,至少有一些语符列只进入部分交互作用,因此这类语符列中的某些词项成了剩余成分。这些剩余词项仅从它们与(母)语符列的其他成员的关系来看具有衔接意义。我们可以认为它们促成语篇衔接和谐的作用比其他实际参与交互作用的成员的作用要小。但它们的衔接意义比那些根本不参与交互作用的语符列的词项要大。把这些因素考虑在内,语篇的总的词汇选择可以分为四类,其中有些不顾词项的分类而直接进入语符列,这些类别如下:

i. 边缘词项:指语篇中不进入语符列而且不被任何衔接链预设的词项;

ii. 边沿词项:指语符列中根本不参与交互作用的语符列;重复语符列 little 就是语篇 A 中这类词项的集合。

iii. 非中心词项:指形成一部分交互作用,但本身没有实际参与交互作用的词项。语篇 A 中的集合语符列 walk,went,got 中的 walk 就属这类词项。

iv. 中心词项:形成部分交互作用语符列,而且本身也实际参与交互作用的词项。

我不是认为前三个类别中的任何词项肯定与语篇的语义结构不相关;而是认为这些词项的衔接力随着所属类别的不同而变化。这些词项在语篇中的比例与语篇中的衔接和谐程度紧密相关。假设语法小句的程度没有显著差异,语篇中前三个类别所占的比例越低,衔接和谐的程度就越高。

焦点语符列的出现表示多重交互作用的发生。一条语符列仅与几条不同的语符列起,这一点很重要,不过,语篇越大,语篇的衔接和谐就越有可能从多重交互作用的程度中推断出来。注意语篇 A 和 B 在这方面有明显差异,A 比 B 有更多的词项参与多重交互作用。

语篇未加修饰的内容往往能通过把自己限制在中心词项(无论间接的还是直接的)而得到充分的陈述。如果交互作用的连续性没有断裂(通过焦点语符列的出现),抽象出来的梗概就可以作为合理的语篇来解读。语篇 A 的梗概可以证明这一点:

语篇 A 的梗概

A girl went out and she took a lovely teddy bear back home with her. At home, she washed the teddybear. Then she took it to bed and she fell asleep. When she got up she combed the teddybear and it started to speak. So, whenever the teddybear got dirty dirty, the girl washed it, and when she brushed it, it said some words. That's how the girl came to speak English, Scottish and the rest (of the languages).

上面的梗概中所有加下划线的词项都是从中心词项中选出来的。考察词项可以发现每个词项都完全是语法词项。如果从中心词项中选取词项来概括语篇 B,会产生很多问题。这是因为这个语篇中心词项的比例很低,而且除 bear 之外,没有焦点语符列。然而,焦点语符列不能解释语篇中所有的语符列的交互作用。

因此,选择一些中心词项来概括语篇时某些"连接"失落了,而交互作用的连续模式表示的就是这些连接。由于语篇中这种交互作用的连续性的缺失以及中心词项所占的比例低,仅通过看中心词项和它们之间的交互作用关系来概括语篇大意是不可能的。

这里讨论的衔接和谐是以前关于篇章组织的研究的延伸(Halliday and Hasan,同上),对上面提到的研究中提出的衔接纽带的类别未加注意。现在的讨论试图用这些纽带的语义价值来解决篇章组织的质量问题,这方面仍是相对未探究的一个语言研究领域。与大部分初始假设一样,这里提出的假设很有可能需要通过对篇章组织质量的进一步研究来加以修正。衔接和谐的概念最有意思的可能是把"正常"语篇与失语症患者的语篇、精神分裂症患者的语篇以及很小的孩子的语篇作区分。这并不意味着我认为孩子和精神病患者有很多共同之处。相反,相同的表面现象可能源于不同的因素。衔接链形成中照应的模糊性肯定在孩子们的言语中更多见。我认为失语症患者的言语也一样,但是模糊性的原因和本质在这两种情况中不同。进一步考察语篇中衔接和谐的机制能够对这些不同之处做出有趣的解释。

在结束这个讨论之前我必须补充说明既然衔接链形过程成中的模糊性不能通过上下文或即时情景完全解决,这个问题会一直影响衔接和谐。其实,我们可以进一步说模糊性其实是缺乏某种具体的衔接和谐的一个功能,因为正是由于缺乏词汇和谐阻止了衔接链照应范围的清晰化。成人在语言使用中,尤其是在扩展的话语中,这类未解决的模糊性问题在衔接链形成中极为少见。然而,在目前的样本中却有很多语篇含有这样的模糊性。

6. 篇章组织和隐性意义

我反复强调所有的成分语法衔接纽带的意义是隐性的。显性意义对纽带所在的(那部分)消息的理解很重要,这个显性意义可以通过上下文或语境,即内指或外指语境来获得。当然,这并不是说像92这样的小句:

 92. he didn't

是完全无意义的,虽然这样的话语并不能告诉我们任何消息。相反,每个地道的讲英语人士会这样理解92:一个被识别的言说者不知道其身份的男性没有执行某个特定的步骤。因此,从92中收集到的意义有一个总的特征,不能推断被纽带he和didn't预设的显性消息的人就不能理解与这部分言语交际相关的消息。用伯恩斯坦(Bernstein)的话来讲,92中言说者的交际意图没有充分显现。只要he和didn't分别照应的特定实体和过程不能从语篇中或上下文中识别,那么这些意义就是隐性的,而且一直会是隐性的。

短语"隐性意义"在研究单位中有很重要的地位。这是因为这与精细语码和限定语码的语言实现的某些方面直接相关。在这一节中,我希望考察某些问题,并把我自己使用的术语如"隐性/显性意义"、"普遍意义"、"受语境制约的语言"以及其他与这些术语有关的表达解释清楚。这不仅对这一卷中某些观点的理解很重要,而且对有些概念的使用普遍存在的反感情绪也很重要(Labov 1972a)。我认为这种反感完全没有必要,这种情绪可能主要是由于对相关概念及它们的含义的误解而引起的。

6.1

伯恩斯坦(Bernstein)和他的同事通常使用的"隐性意义"应理解为一个缩略形式,其完整的表达是"隐性表达的意义"。意义的隐性和显性是话语"如何"及"为何"并很少,也许从不与其所指的事情相关的功能,为了关注这个事实,对这个概念做个说明很重要。言说者谈及的事情对言说者自己来说并不是隐性的,只是在某个条件下对听话人是隐性的。92 的显性意义可能是:

92a. my son didn't pass his eleven plus

92a 的意义完全是显性表达的,如果言说者说 92 就是要表达这个意义,那么言说者自己是明白这个意义的,但是听话人是否明白这个意义则取决于很多因素。就言说者而言,92 与 92a 的区别是表达上的区别。虽然词项 implicit/explicit 在短语 implicit meaning/explicit meanings 中是 meaning 的修饰语,但是两者之间的区别并非与意义层面本身相关,意识到这一点很重要,这个区别仅与措词层面相关(韩礼德:这里"意义"和"措词"的意思)。在这种情况下,理解上的差异与参与者的角色以及话语语式直接相关就不足为奇了。话语的情景和主题只与这个差异间接相关,而且仅在这两个因素对参与者角色和话语语式的选择起决定作用时才间接相关(Hasan 1972)。在这个讨论中,为方便起见,我将使用 implicitly/ explicitly encoded meanings 的缩略形式 implicit meaning/explicit meanings。我认为这样做能遵循伯恩斯坦本人使用这些短语的要旨。

6.2

在一开始就区分隐性意义和隐含意义也很重要。当我们说几乎每一句话语都有隐含意义时,我们其实没有表达新的观点。因此,如果我说 John's resigned the directorship,我暗指,或至少我的话语暗指 a:在某一时间,约翰被聘为主管;b:在说话的时刻或在不久的将来,这一情况将不再持续。很明显,语篇中一条消息所隐含的意义会影响我们理解语篇中的其他消息。考虑一下一个普通小句,如 he didn't say anything。我们对这个小句的正常理解会是他(不管他是谁)保持沉默/保持安静,或更古怪一点:他做了零发言。然而,如果同一个小句出现在下面的句子中:

93. we went to hear the president but he didn't say anything

那么我们对第二个小句的理解会发生质的变化。我们不再有理由把这句话理解为他(总统)保持安静。零发言与第一小句的隐含意义不一致。这里,第一小句的隐含意义有效阻止和限制了对第二小节的理解。

隐含意义产生于某条消息的措词创造的意义以及言说者在交际语境中操作的整个意义潜势。交际本身似乎基于这样的假设:大部分从语篇消息中推断出来的隐含意义对所有话语的参与者来说基本相同。这个假设在大多数情况下是对的,而且我们甚至不会依赖这个假设。通常在跨文化交际产生困难时,我们才会意识到对这个假设的依赖。

关于隐含意义的一个很明显却很重要的事实是任何语篇或话语都不能排除隐含意义。即使我们试图对已经讲过的话语的意义明晰化,明晰化本身也含有隐含意义。此外,作为言说者我们似乎既憎恨又嘲笑任何这个方面所做的特别的努力。因此,我们这样描写喜欢这样做的人:费劲地解释 spelling it out、做无用功 flogging it to death 或 不留想象空间 leaving nothing to the imagination,这些行为不再是我们崇尚的,我们更愿意说困惑不解 tying oneself into knots、旁敲侧击 beating around the bush、拐弯抹角 not coming to the point。某些语域中,如法律,我们会刻意减少某种隐含意义,这当然是事实。言说者会谨慎选择措词以避免出于某种原因而认为是不合适的某种隐含意义,这同样也是事实。不过,要排除所有的隐含意义在逻辑上是不可能的。

6.2.1

正是在上述方面隐性意义区别于隐含意义。理论上,可以创造一个没有隐含意义的语篇。这个观点不等同于说这是一种正常的(向往的)情景。相反,大部分构建得好的语篇都会包含一些语法衔接纽带,说明并不存在这种规范。这里重要的因素不是某些意义是否是隐性的,而是能否得出显性意义。因此,尽管隐性意义与显性意义相对,从字面意思来看,隐含意义没有相对的一面。

隐性意义与隐含意义的第二个区别同样重要。一般来讲,语篇的所有解码者都能推断出隐含意义,达到这个目的只有两个条件。语篇消息应通过与语言的形式结构明显相关的范畴来表达,违反词汇－语法规则会影响推断隐含意义,因为违反规则妨碍了对消息的意义的理解。第二个条件是语篇解码者应该具备使用语言的知识。因此,掌握英语的人可以理解 93 第一个小句的隐含意义。相反,这两个条件的同时满足并不是说隐性表达的意义能被所有的解码者理解。合理的英语描写中不可能认为 92 这个小句违反了任何的词汇－语法规则。不过,解码者英语掌握得再好也不可能推断出这个消息的所有特定意义。除上面提到的两个条件之外,还必须存在某些条件以使解码者把 92 解读为 92a。这些条件就是内指和外指预设概念所照应的。

在内指预设把隐性意义与显性意义联系起来的地方,不能理解特定意义只是一种暂时的现象。92 是隐性的并不一定是说这个句子不能被完全解读。如果上下文通过预设关系为把 92 解读为 92a 提供了证据,那么解码者可以理解 92 的特定意义,就如编码者实际把消息编码为 92a 而不是 92 一样。这儿用这种方式解读以使得到的隐性意义与言说者的意图一致,这种正确的解读依靠的是意义在语篇中某个地方的显性表达。不过,当特定的意义必须由外指来收集,那么这些意义就没有在语篇中的任何地方显性提及。为了正确解读,解码者必须熟知与语篇相关的即时语境。如果解码者在解读这类语篇时没有熟知即时语境,那么他就不能理解(某些)特定的隐性意义,这就是这种情景造成的直接后果。(这种情景显然与编码者和解码者是否正确掌握语言的使用没有关系)。碰到这类语篇,不进入即时语境的解码者没有办法判断他对意义的理解是否与编码者的意图一致,了解这一点很重要。那么,显然不可能每个人都能正确解读语篇的(所有方面),语篇对于不同的解码者有不同的地位。语篇间接地区分圈内人——那些与编码者有共同即时语境的人,与圈外人——那些与编码者没有共同即时语境的人。这本身与言说者对交际参与者和交际本身的行为的导向有关。

6.3

可以提出这样的相关问题:说交际者"熟知语篇的即时语境"是什么意思?关于即时语境和客观情景语境的概念已在上面做了详尽的讨论(Hasan 1978;1981)。讨论时我认为语篇的即时语境由语篇的语言概括。如果是这种情况,既然进入语篇就必定意味着进入了即时语境,那么在什么意义上可以说解码者没有进入即时语境呢?

回想一下讨论即时语境时我对特定因素和普遍因素做了区分。我认为包含在话语语场、话语语旨和话语语式范围内的普遍因素构成了即时语境概念。这些因素对语篇的意义和措词起着作用,因而自然而然地反映在语言中。因此,从语篇的语言中可以做出关于这些因素的一些推论。显然有许多关于话语语场、话语语旨和话语语式的实例,每一系列的实例都代表一个特定的语境配置。每一个配置都由与之相关的语篇的语言来概括。在这个意义上,所有的语言都是有语境制约的。

通过改变精密度,我们可以讨论生理学……人类生理学……人类呼吸系统……鼻腔通道……鼻孔的范围。(我引入了省略号,表示这里的推进并非生理学领域的全貌。)在所有这些中,最后一个可能是生理学最精密的实例。这种精密度的进展是普遍因素与话语特指的具体事情、过程、环境等相联系的一种方式。进入即时语境说明进入话语语场、语旨和语式的具体特点,因此就可以了解所谈论的具体事情。可通过外指得出隐性意义的语篇的解码者缺少的正是对这些具体细节的了解。解码者不了解的不是关于话语语场、语旨和语式的普遍特征,而是所谈论的具体事情。假设我们碰巧听到有人在喊 Stop it,我们很容易推断出这个(最小的)话语的语场是"控制",话语语旨是命令式的(具体是控制者与受控制者的关系)。我们不知道的是被停止的东西的具体本质。在这个方面并不是每个解码者都可以完全理解话语的意义,只有熟知即时语境的具体细节的人才能理解。

6.3.1

伯恩斯坦(Bernstein 1971)使用的短语:语境制约和语境束缚指那些(小段)语言的使用,解码这些语段预设了与语篇相关的语境配置的具体特征的知识。关于语言本身的使用是否比在所有意义都显性表达的情况下更多地受语境的制约或受语境束缚这个问题存在争议,如 Nigel! Stop banging your spoon on your plate 相对于 Stop it。然而,有一点是肯定的,即对后者的正确解码(与前者相反)要求解码者了解独立于该话语的的语境特征。因此,关于这些话语本身或多或少受语境制约的说法可能有误导性,但是对话语(stop it)的正确理解受言说者对语境具体特征的了解的制约,这种说法肯定是对的。正如"隐性/线性意义"这一表达方式主要与编码方式、而不是和意义相关一样,"受语境制约的语言使用",和"系之于情景的语言使用"这样的表达方式,则主要和解码方式相关,而不是和意义的特征相关。

6.3.2

上面关于最后两个表达法的讨论含蓄地阐明了"不依赖语境的语言"(context-independent language)的意思。从不需要考虑语境的意义上讲,不依赖语境的语言并非指独立于语境之外的语言。相反,这样的语言把语境配置的所有细节都概括到最大程度,因而对语言的直接解码不需要依赖任何与语篇无关的方式来了解语境。与语境相关的每个具体事情的信息都由语篇中的语言提供。任何解码者都能解读这类语篇,所以他的理解能与言说者的意图吻合。为了达到正确的解读,解码者除了语篇之外不需要其他的信息来源。严格地说是在这个意义上语篇的语言与语境不相关。这样的语篇的意义明显无一例外都可以被解读。只有当所有的意义都是显性编码的,或者虽然是隐性编码,但是通过预设与语篇中的显性意义相关,这种理想状态才会出现。

对短语的理解表明隐性意义与语境相关及不相关的语言之间存在一种特定的关系。如果编码方式是显性的并且/或者隐性意义与某些显性意义通过内指相关,那么解码的方式是不依赖于语境的。如果编码的方式是隐性的,预设是外指的,那么解码的方式只有受语境制约一种。

6.4

到目前为止这个讨论只关注词汇成分纽带的选择而产生的隐性意义。还有别的编码方式可以产生隐性意义。但是在做这些讨论之前,最好先考察隐性意义与词汇特征的关系。

我认为词项在意义特征上有不同程度的变化,以至于 creature 不如 man 具体,flower 不如 rose 具体,等等。词项的特征相对于其他特征的变化程度与词汇类别的某部分中词项所处位置相对于这些其他特征的位置相关。相对于那些远离顶点的词项,词项越接近类别中的顶点,其意义就越不明确。

6.4.1

词项意义特征的不明确一般不被认为是隐性编码的实例。加以区别的主要原因在于两者所谓的"交际地位"。在意义特征不明确的情况下，通常可以假设言说者说了全部并尽可能多地说了他想说的。言说者的这个意图可能被一个积极的想法支配，即不可能说得更清楚了，也可能被不能表达更具体的意义这种意外因素所支配。上面我说 implicit meanings 这个短语只与措词层面相关，与意义层面无关。言说者对特定的意义是完全清楚的，他知道自己在讲什么。在意义特征不明确的情况下，这个说法不总是正确的。可能出现言说者自己也只知道措词而不知道意义的情况。换言之，尽管有可能言说者对事情的了解比他实际通过措词表达的要多，但是，就像对听话人一样，意义本身对言说者也没有呈现明确的特征。用一个例子也许能说明这几点。假设我很清楚地知道邻居的猫把我的秋海棠弄坏了，我对邻居说：

94. some creature's been messing around with my bagonias.

那么我对自己知道的更具体的信息故意有所保留，以使我的表达不会被认为是一种直接的投诉，而很有可能被当做一种暗示。我故意不想让他说我说的其实是：

94a. your cat's been messing around with my bagonias

我的邻居不知道我提供给她不明确信息的地方本可以用更明确的信息（尽管他可能会产生怀疑！）另一方面，我可能真的不知道把我的秋海棠弄坏的猫是邻居家的：some creature 的意义对我与对她一样不明确。无论是哪种情况——我故意保留信息或是我缺乏更具体的信息——some creature 意义特征的不明确与我作为言说者的意图是一致的。相反，假如我是这样说的：

94b. It's been messing around with my bagonias

那么听话人就很清楚我指的 it 是什么。it 可能是一个（基于语篇界定的）creature，不过这就离题了。相关的是我作为言说者知道自己在谈论 creature，但是听话人只有在通过上下文或语境的中介作用了解意义后才能知道我在谈论 creature。隐性编码意义时，言说者总是想说得比字面意思所表达的更具体。希望这些例子说明这种观点对于通过意义特征不明确的词项来编码是不对的。

6.4.2

在很多情况下特征不明确的意义与隐性意义之间的区别足够清楚。不过，在特征不明确的词项进入小句关系时（与替代关系很接近），两者之间很难划清界限。一般情况下，似乎会是这样一种情况，词项在词汇类别中所处等级越高，该词项在意义的隐性编码上就越可能起作用，这一点与只起意义不明确特征的作用相反。当具有不明确意义特征的词项牵涉到隐性编码时，其非明确性就会得到中和缓解，这一点是令人好奇的，因为把这样一个词项与被预设的词项联系起来表达的意义，其明确程度与被预设词项具有的意义明确性相同。下面的例子能说明这一点：

95. John remembered Sarah's passion for flowers. So before boarding the train, he bought a colourful bouquet of spring flowers for her.

96. It all started harmlessly enough. John had meant nothing by giving Sarah the red rose, but for her the flower became the symbol of a pledge.

95 中 flowers 的第二次出现构成了一条词汇衔接纽带,但是这个词项没有牵涉到对意义的隐性编码中,因而具有相同的不明确特征,这是这个词项的一般特征。96 中 the flower 参与到意义的隐性编码中,必须被理解为 the red rose (which John gave Sarah),把它理解为 some/ any flower(或者甚至是 the red flower)会与言说者的意图不一致。推断显性意义的结果一般是使词项意义的不明确特征无效。值得指出的是意义特征不明的词项本身不能参与隐性意义的编码,这些词项必须被某个小句语法纽带修饰,如这儿 flower 被 the 修饰。

6.4.3

有一种隐性编码不只产生于照应对象不能在语篇内部找到的语法成分衔接纽带。很明显,如果隐性意义通过内指与显性意义相关,那么解码者能在语篇的结尾部分解读所有特定的意义。只有在外指预设中,仅通过语篇照应才不能解读显性意义。我所关注的是这种外指预设隐性意义与那些严格地讲既不能称作衔接又不能称作外指的意义之间的区别。首先,例如:

97. A: you see Higgins? (i)

B: uh huh (ii)

A: so he was in (iii)

B: oh he was in alright (iv)

A: wouldn't he talk?

B: sure he talked (vi) but you know what he's like (vii)

A: what did he say? (viii)

B: just what you'd expect (ix) you're not going to tell me you you don't know your man (x)

A: I see he's not going to support our strike (xi)

B: not one chance in hell, if you ask my opinion (xii)

A: But Joe remember what he said last Tuesday meeting (xiii)

B: oh that (xiv) I don't give a damn (xv) I just happen to remember all those times he's wriggled out of a hole (xvi) he's up to the same kind of tricks again, I'd take a bet (xvii)

A: leaves us in a nice spot, doesn't it (xviii)

B: yeah (xix) the only thing to do now is to see Chandler (xx).

我们想象这是一个完整的语篇。对于与言说者 A 和 B 不属于同一个群体的解码者来说,语篇意义的主要部分是隐性的,不过这并不是由于存在任何外指的衔接纽带而引起的,事实上除了第一和第二人称代词以及外指纽带之外,这个语篇中没有这样的纽带。这些是最"清楚的",因为它们并没有很大地促进编码的隐性(关于这一点详细的讨论见 Halliday and Hasan,同上)。其他的每一个衔接纽带与语篇中的某些词项通过前指或者后指相关联。

这个语篇中三个话语特别有意思,它们是(xi),(xvii),(xx)。话语(xi)直接回应(ix-x)。不过后面两条消息的表达中没有措词可以必然得出(xi)表达的结论。几乎不能假设希金斯(Higgins)说得最频繁的话语是:I shant support your strike。但是 A 与 B 都知道他们在谈论什么,通过谈话关注的问题都知道希金斯是个什么样的人。他们都了解希金斯的态度和忠实度的内幕。把这两个消息组合起来,A 就能推断出 B 的信息(ix-x)的特定意义。同样,通过编码(xi-xvii),任何解码者都会这样理解信息:希金斯对自己曾经作出的承诺食言了,转而支持罢工,在这类事情上他不是一个可靠的同盟。但是这本身并不一定意味着(被抛弃的)A 和 B 处于困境中。两个言说者都掌握关于希金斯(Higgins)在(不管什么)组织中的位置。他们自己相对于希金斯的地位,以及他们三人相对于"经理"的位置对语篇的每个解码者都不得而知,不过这些是决定言说者认为希金斯的行为让他们处于困境的关键因素。最后,他们得出结论:唯一要做的事情是去见钱德勒(Chandler),这又是一个例子,说明两个言说者是在相互完全了解对方的特定意义之后采取的行动。外人不可能通过上文得出这个结论,也不可能完全理解这个决定的意义。即使这个人当时也在场,并听到了整个会话,他也根本不可能理解 A 与 B 之间隐性传递的信息的特定含义。这与某人听到 stop it 的情形直接相反。在后面的情况中,听话人的在场足以让他大致了解为解码隐性的特定意义所需的知识。

当然,听话人仅在场不懂事能让他正确解码所有的外指词项。只有在两种情况下才能使听话人正确解码。如果隐性照应的物体实际出现在客观语境中,那么即时使用外指也能促进理解。stop it,或诸如 mind the puddle,I'll take this file back now 都属于这类情况。这些情况中,it,the,和 this 隐性照应的特定意义对无意听到或看到的人来说都是清楚的。可是在诸如 did you see him in his office? 这样的话语中,仅凭着出现在说话的现场是不能推断出 he 以及 his 的特定意义的。旁听者能正确理解外指词项的第二种情景可以称为"常规制约"。因此,如果我对我工作地方的部门秘书说 is he here?,她会马上考虑我问的是哪一个我的男同事。按常规,她对老板在工作时间的行踪应该是清楚的。这个常规可以让我这样提问,并能让她按照我的意图理解。

97 的隐性意义是怎样产生的呢?考虑语篇中的某些话语可以回答这个问题。诸如这样的消息 you know what he is like, (he said) what you'd expect (him to say), you... know... your man, he's up to the same kind of tricks 都对某种交际有隐性照应。只有那些自己参与到交际中的人才自然而然能理解这些交际特定本质的特点。这样的话语是依赖于即时语境之外的共享知识而建立的。因此，理解这一类语篇，或更确切地说理解这类语篇中的话语，不仅需要具备与当时的话语相关的语境等细节知识，还需要对过去有一定的了解，包括相关态度、观念、行为，以及角色定位等。这种意义的隐性编码显然是最清楚的，理解这种意义表示与言说者的社会关系不仅限于知道言说者的态度、观念和忠诚度。我认为正是这种隐性的编码才一贯被受限制的语码所控制，这种受限制的语码本身产生于群体内部成员之间特定的社会关系。

6.5

从上面的讨论中(6—6.4.3)我们应该很明确了：不是所有的隐性意义都会对解码者对语篇的理解产生相同的效果。考虑到没有进入相关语境的解码者，至少可以想象三种情形。第一种情形中，无论(有任何程度的)隐性编码，所有特定的意义都是可以理解的。当隐性词项通过内指与语篇中的显性词项相关联时，就会产生这种情况。我把这种意义称为"透明的隐性意义"。第二种情形中，有些隐性词项的特定意义可能不能由推断得出，这种意义可能与语境的细节有关，但与语篇中任何显性词项无关。这类隐性意义可以称为"不透明的隐性意义"。第三种情形是：那种仅进入相关语境不足以正确解码其隐性意义者，而需要(不同程度的)文化共享。这儿的隐性意义可以被称为"晦涩的隐性意义"。当我们用这种方式考虑隐性意义的编码问题时，就可以看出语篇中语言的语境制约性，并非是否存在隐性编码的作用问题，而是取决于隐性的类型问题。因此，第一种情形中的语言与缺乏所有的隐性编码一样，不依赖于语境。第二种情形中的语言相对受语境制约，最后一种情形中制约语言的是文化语境。

6.5.1

由此，把一个词项描述成(编码)隐性或者(解码)受语境制约并不是一个评价性的判断，而是在某一重要方面对词项构成方式的描述，对词项使用者的个人品质毫无偏见，不会认为是由于言说者缺乏理性、逻辑性或明确性才使用这些词项。这些词项的有用性受限于语篇中言说者认为的与某种参与者关系的相关性。一个有趣的事实是，涉及任何一个领域的教材，其编写都不会包含晦涩的隐性意义。同样一个有趣的事实是，不透明的隐性意义，其密度甚至比朋友和同事之间的非正式性技术讨论还要低得多。还有一个有趣的事实是在家庭中、在亲密的朋友中、在某个特定的社会角色中与那些我们每天接触的人的交流中，非透明和晦涩的隐性意义出现率并不高。这些编码方式本质上没有好坏之分。从这个角度看，只有在受众是科学家关于原子结构的讲话中，非透明的隐性意义的出现密度才会根本不同于夫妻之间讨论孩子的话语中的密度。这是关于某个人设想某些角色的能力，如伯恩斯坦认为，"如果你不能胜任这个角色，你就不能讲出合适的话语"(Bernstein 1971;P177)。弗斯(Firth)从语言的角度探讨过这个问题。他认为，如果你不能区分话语的变体,你就不能胜任对变体来说很重要的角色。讲话只是行为的一种形式,在一个人能选择的行为与能承担的角色之间存在相互依赖关系。显然,特定的行为方式要求特定的角色定位,这一传统是否取决于社会公正或社会不公正,在这里则并不是主要的。

6.5.2

关于非透明和晦涩性的隐性意义,最后需要提出一点。(由于透明的隐性意义本质上接近于完全显性的意义,所以我没有把这一类考虑在内)。这些意义在语篇中的出现虽然可能无助于衔接,但不一定会对篇章组织起反作用。像 97 这样缺少篇章组织的情况则不在此列。虽然篇章组织与理解语篇意义相关,但是篇章组织不等同于意义。有了衔接和谐,即便是要求即时语境知识的外指,也不会影响篇章组织。在这种情况下,读者反过来会感到自己并没有了解所有特定的相关意义。这和语篇不连贯不是同一回事。这样的意义在语篇中出现,它告诉我们的是言说者对听话人的态度。

18 系统功能模型下的语篇

1. 引言

在对系统功能模型(systemic-functional model,简称 SF model)的发展所进行的研究中,人们很快意识到这样一个事实:在研究的最初时期,语篇就已经被视作为语言实体了,对它的描述,和对语法和词汇两个公认的语言单位所进行的描述一样,都是语言学研究中合理的关注点。而'以句子为中心'(sentence-centered)和'以语篇为中心'(text-centered)(Petöfi 1975)这两种语言理论的对立——这一对立是令人质疑的——被视为是对人类语言本质的曲解。系统功能模型与弗斯语言学的(Firthian)的语言观在许多方面都非常接近;根据弗斯(Firth)观点,只有当句子被视为语篇的一部分并结合其语境进行研究时,句子语义的主要部分才可以被阐明清楚(Firth 1956;Mitchell 1975)。更令人感兴趣的是,这一模型从未视语篇为一个'超级句子'(super-sentence)。这就意味着,它否认一个从语素到语篇的连续成分关系链分类等级,这一观点在哈里斯(Harris 1952;1963)、派克(Pike 1963)和冯·戴伊克(van Dijk 1972)等人的著作中都有暗示。相反,语篇分析是从两个看起来截然不同又互不相关的两个方向来展开研究的,更具体地说,这两个方向来源于语篇的语篇性(text-ness)的两个最基本概念——篇章组织(texture)和结构(structure)。

1.1 篇章组织

任意组成的一串句子与表征语篇的(或是语篇的一部分)一套句子并不相同,原因在于后者具有篇章组织(tuxture)特性。篇章组织这一术语被用来指称这一事实,即:那些表征语篇的词汇语法单位是紧密连接的——篇章内部存在着语言衔接。这种衔接受某些语言手段使用的影响,如:照应(reference)、替代(substitution)、省略(ellipsis)、连接词(conjunction)和词汇组织(lexical organization)(Halliday and Hasan 1976;Hasan 1971a)。这些衔接手段的语义范围涵盖了从意义的绝对同等关系(例如,约翰(John)和他(he)之间的同等关系,在这里 John 与 he 具有一致性)到意义的某种邻近关系(这种关系存在于以下这些邻近关系对的成员中,如孩子们—男孩们(children-boys);男孩—小伙子(boy-lad);大—小(big-small);买—卖(buy-sell);蓝色—粉色(blue-pink);手—拇指(hand-thumb)等)。

1.2 结构

结构(structure)是指将完整语篇和非完整语篇相区分,同时将不同的类属形式相区分的特性。可能有点过于简单,这里所提出的假设可以这样来描述:与语篇的各个语类——话语类型——相关联的是被概括了的结构公式,这一公式允许产生一个有关实际结构的排列(array)。每一个完整的语篇都是对这样一个排列中的某个结构的体现。语篇的类属成员身份是由结构公式决定的,而实际结构可以被表明属于这一结构公式。如果,在这里,仅仅是某个可被识别的实际结构的一部分被体现,那么这个语篇就被认为是缺乏完整性;如果,所体现的部分不能被识别为属于某个独特的实际结构,那么这个语篇的类属初始源也将不确定。

由于结构公式(*structual formula*)这一术语对于本文所探讨的语篇结构十分重要,所以,我们需要对这一概念加以明确。关于结构公式的一个非常经典的例子就是语篇属于希腊悲剧语类的亚里士多德式结构公式;这类语篇必须由三个要素构成,分别是开头(*Beginning*)、中间(*Middle*)和结尾(*End*),并依次出现。这个公式可以用 B^M^E 表示,其中符号"^"表示固定的顺序。结构公式是语篇结构要素的任意一个界定良好的配置。

每个这样的要素都是由一些词汇语法单位组合在一起来体现的;它们与语篇的关系不是构成关系而是体现关系(Halliday 1961; Lamb 1964; Lockwood 1972; Hjelmslev 1943)。对语篇结构要素的界定不能以这些能都对其进行体现的词汇语法单位的级阶地位或者序列顺序为参照。在所有可能的情况下,这个定义要体现功能性(Sinclair and Coulthard 1975),功能本身由语篇语类的语言符号决定(Hasan 1972; Halliday 1974b; 1975d; 1976c)。似乎可以确切地讲,在起源上,对语篇结构要素进行操控的关键并不是语言;因为,语言,作为形式系统,无法使人预知被概括出来的哪样结构公式可以和哪种语类相关联。相反,这种操控是依据语境的:与语篇最近似的非语言的类似物,不是逻辑数学公式,而是非言语的社会事件。语篇是一个社会事件,其主要展开方式是语言。如果语篇被看作是搭建在言语符号系统和文化之间的桥梁,这是因为语篇和社会语境之间的关系:语篇既'在语言之中'又'在文化之中'。因此,根据语篇与语境之间的关系确定特定语类的结构公式,就需要一个语言模型,在这个模型中,语境是一个界定良好的范畴,而不是在分析不合乎规范的句子时所需的临时备用范畴。

2. 语境、语类和语篇—结构

在系统功能模型中,语域的概念就是语境和类属结构之间的现成的连接,因为,就多数实质目的而言,语域(register)和语类(genre)是同义词。长久以来,语境系统化的问题一直都为语言学家所困扰(Katz & Fodor 1964; Leech 1974; Lyons

1968)。诚然,对语境概念问题的关注将会导致我们对语言的分析缺少有效性(Leech:op. cit)。然而,与此同时,如果脱离情景语境的系统化,语言学家对语言事实描述要取得令人满意的结果,那也是不可能的(Palmer 1976)。

2.1 语境和语域

毫无疑问,情景语境的概念是很难掌握的,只有通过语篇语类或语域这样的范畴才能得到解决。然而,在主张语言的绝对独立性(autonomy)和同质性(homogeneity)的模型中,语域本身是不能被有效识别的。那么,语域的定义取决于对系统变异——与情景语境变异相关的语言形式变异(Halliday et al 1964;Gregory 1967;Ellis 1966;等等)——的识别。这一定义给出了一个较弱的声明:某种语言和超语言变量的特定特征值(values)呈现出简单的共现。近来,系统功能模型(Hasan 1973a;1975a;Halliday 1974b;1975d;1976c)给出了一个较强的声明:语境与语义之间的关联是由因果关系确定的,特定的语境变量控制着语义范围,从而使得选择恰当并相关。在这一视角下,语言的系统变异和功能变异成为焦点所在。我们不关注情景中所有可能的变异;我们有充分的理由只去关注那些与语言变异有着因果关系和系统关系的向量。所以,最后所采取的策略是强加形式于那些在本质上无形式的东西——超语言情景,并且这个策略所产生的变量已经被进行了归纳总结(Halliday 1975d;1976c),分别被标注为以下三个标签:i:语场(*field*)ii:语旨(*tenor*)和语式(*mode*)。这三个变量共同构成语境建构体(*contextual construct*)(Hasan:1973a;1975a)。它是超语言情景的一部分,与贯穿在不同语类语篇中的系统语言变异相关联。在任何特定情况下,这些(高度被概括的)变量由某个(些)特征值来表征;在一个给定实例中,所有这些特征值的总和构成'语境配置'(*contextual configuration*,用 CC 表示)这一实体。语境建构体和语境配置之间的区别在于:前者完全是先验图式的(Firth 1956),而后者是它的具体表征,且只和一个具体语类的语篇相关联,这点与前者不同。

2.2 语境和语篇结构:一些假设

那么,这里的声明是,语境是结构公式的决定因素:CC 中的特征值决定哪种配置中可能会出现哪些要素。做出这些断言就等于主张:与语类相关的配置会使该语类的符号具体化。通过对一个与假想的语境配置相关的结构公式中的某些方面进行讨论,笔者试图对这些声明进行实证,我们不对所有的配置的特征值进行陈述,我们只选择一部分,而这一选择是由当前讨论的需要来决定的。

变量	变量的特征值
语场……	专业咨询:医药; 预约申请……
语旨……	当事人:提出预约申请的患者,提供咨询的代理人; 接待人;最大化社会距离……

语式……{言语渠道：非视觉接触：电话交谈；
言语传播方式……

上面的右栏为语境配置特征值，用 CC1 表示。用日常话语解释，CC 特征值表明陈述了一个情景，在这个情景中（提出申请的患者）打电话给医生诊所的服务台接待员，确定约诊情况。笔者假设 CC1 的文化语境为欧洲的大多数标准风格，言语交谈的结果产生了一个语篇——T1，这个语篇是完整且恰当的。这样假设出来的语篇将在下面 4.1 中加以阐述。

3. 一些需要说明的情况

在以下讨论中，笔者将要反复提及这几个概念，包括**渠道**（*channel*），**视觉接触**（*visual contact*），**社会距离**（*social distance*）和**角色**（*role*）。

所谓渠道，这里仅指说话人'所说的话'如何传给受话人；是通过面地面交流方式还是通过听觉的声音传递方式。正常情况下，这两个渠道之间的界限清晰，所说的话或是听到的或是读到的。渠道与中介各自独立存在。一般来说，只有在听觉渠道下，**＋/－视觉接触**与**非视觉接触**（＋/－ *visual contact*）之间的区别才能被获得，当然可以随意就能想出一些反面例子，如在教室里'传纸条'的情景。

3.1 社会距离

社会距离是指话语互动者之间的关系（Hasan 1973a）；其程度取决于互动者之间先前交往的频率和范围。（互动者这个术语指言语互动中积极参与话语活动的人。）社会距离是一个渐变体（cline）（Halliday 1961），各种不同程度的社会距离沿着连续统（continuum）排列，尽管人们可以明确找出它两个端点的差异性，但不太容易区分相近范畴的差异性。笔者将这两个端点分别称为最大社会距离和最小社会距离。那些之前在一系列不同语场中进行过相当规律地交流的互动者获得最小社会距离；因此，在大量的不同角色中，他们彼此互相'了解'。亲密关系是这种互动的一个功能；互动者了解彼此所特有的且不同于他人的典型特征。与之相反，在当前互动活动之前从未互动过或仅在非常有限的语场中有过极少交流的互动者获得最大社会距离。这就意味：互动者彼此不了解——或者了解仅限于有限的程度——这样他们或许都不明确各自的显著特征。因此，在获得最大社会距离的地方，互动者仅仅以某个/某些特定角色持有者的身份来彼此了解。

3.2 互动者承担的角色

在对情景语境的讨论中，直到最近人们才把角色作为单一概念来讨论，并且仅用它来指互动者的社会角色。另外，我们可以有理由提出：言语互动中的每个互动者都同时承担着至少三种不同的角色，它们是 *i*. **语篇角色**；*ii*. **社会角色**，*iii*. **参与**

角色。

语篇角色包括两种常见（一般的）类型：**言说者**（speaker）角色和听话人（hearer）角色（关于角色特征变化情况讨论，详见 Halliday 1972a）。一般来说，语篇角色具有交替性，于是，在相同互动范围内，在互动进行的某个节点上互动双方的角色在言说者和听话人角色之间交替转换。这一非标记事态（尽管存在讲座、演讲等类似事件）为言说者—听话人（*speaker-hearer*）这个术语的产生提供了理据，并且为把互动者指称为**第一言说者**（1st *speaker*），**第二言说者**（2nd *speaker*）……提供了理据，就好像所有互动者所做的就是言说。因而，话轮转换（Sacks et al 1974）这个概念与言说者和听话人的语篇角色以及发生'语篇角色转换'（textual role-switch）的可能性密切相关。

与之相反，社会角色——常被认为是参与者角色——在同一个言语互动范围内通常不能彼此互换。社会角色指示角色持有者的权利和义务，通常特指语场中所明确的交易；二者——语场和角色——在这些场景中相互限定，共同构成交易的纽带。社会角色可以再分成两类：一类是根据社会等级而形成的配对，另一类则是在本质上无等级的二分体。例如，老师—学生属于前者，朋友之间或者陌生人之间属于后者。

参与角色的确定仅取决于这个问题：互动是谁引发的？先引发互动的一方被称为**引发者**（*initiator*），相反，作为回应的一方，称为**应答者**（*respondent*）。很显然，第一言说者角色和引发者角色并不一定由同一个互动者承担；并且，引发者和应答者，在文化改变的情况下，二者的社会角色也要与之相一致。也许有必要提一下这一总结，即当我们拥有一个范畴清楚的社会场景时，如诊所、邮局或法院等，那么应答者角色通常是由维护该机构社会本质的互动者承担。例如，CC1 中，应答者的角色在很大程度上应该是与咨询处接待员的角色相吻合，而不是提出预约申请的患者角色。

重要的是，这三种角色与作为言语社会事件的语篇的三层描述有关。语篇角色产生的原因在于语篇是言语类社会事件；社会角色产生的原因在于语篇是社交类言语事件（Halliday 1975a；1976c）；参与角色产生的原因在于语篇是一种发生，一种做事，一种人类行为，如握手、微笑或者拥抱等。

4. 语境与语篇—结构要素

接下来，笔者提出：结构公式要素由所属语类的 CC 特征值决定。笔者将分两部分来说明所假定的 CC1 和与之相关的假设。一是，与 CC1 相关的结构公式必须包含以下要素：识别（Identification，I）；提出申请（Application，A），提供帮助（Offer，O）和核实信息（Confirmation，C）。这四个要素是必要（obligatory）成分，若其中一个（或多个）成分没有出现，那么任何属于这种语类的语篇都缺乏完整性，并且/或者不恰当。二是,这个公式也包含以下一些非必要成分(optional elements):打招呼(Greeting, G),询问(Query, Q),求据(Documentation, D),概要(Summary, S)和完结(Finis, F)。把这些要素描述为非必要成分,有两个结果要注意。一是,非必要成分意味着在一些实际的结构排列中,会有一个或多个成分不必要出现。二是,由于结构公式允许这些实际结构的出现,因此,语篇中这种非必要成分即使缺省一个或几个,语篇也不会缺乏完整性或不恰当性,即使人们可以随意地将它解释成"唐突无礼","简洁直接"或"单调"的语篇等。补充说明一下,这里所列举的非必要成分有些过于简单。当然还可以设计另一个——可能更实际可行的——分析,在这一分析中,要素 D 以递归的方式与要素 I 相关,要素 S 以递归的方式与要素 O 和 C 相关,它们可能重复出现,形成递归关系,从中进行分析和设计。关于明确语篇递归结构的争论相当复杂,笔者这里将不做探讨,允许当前所列非必要成分的形式处于过于简单化的状态。

笔者并非要澄清此分析中的所有方面,于是,根据以上这种分法设计出了与CC1 相关的 T1,括号中的字母代表出现的成分,例如,打招呼(*good morning*,用字母 G 来表示)。一个字母反复出现,意味着这个成分不是连续出现的,其中每一次出现仅实现了该成分的一部分。这也说明了为何不能给出句子直接进入语篇结构的论断,这是其中的一个原因。

4.1 假设语篇 T1

希望下面这个语篇 T1 能被看作是合理的表达方式:

— good morning (*G*) Dr Scott's clinic (*I*) may I help you (*Q*)
— oh hello good morning (*G*) this is Mrs Lee speaking (*I*) I wonder if I could see Dr Scott today (*A*)
— um well let me see I'm afraid Mrs Lee I don't have much choice of time today would 6:15 this evening suit you (*O*)
— yes, yes, that'll be fine (*C*)
— may I have your address and phone number please (*D*)
— 24 May Avenue, North Clyde and the number is 527. 2755 (*D*)
— thank you (*D*) so that's Mrs Lee for Dr Scott at 6:15 this evening (*S*)
— mm yes thanks (*F*)
— thank you (*F*)

以下是汉译的 T1:

— 上午好(G) 斯考特医生诊所(I) 我能帮您做什么(Q)
— 哦,上午好(G) 我是李女士(I)我想知道今天是否能约见斯考特医生(A)
— 嗯,我来看下,李女士,恐怕只有今天傍晚 6:15 这个时间您可以约见。(S)
— 好,好,太好了(C)

— 可以告诉我您的地址和电话号码吗(D)

— 北卡莱德,五月大道24号,电话是527.2755(D)

— 谢谢(D)李女士,今晚6:15约见斯考特医生(S)

— 嗯,是的,谢谢(F)

— 谢谢(F)

要素 I, A, O, C 是语篇结构中的必要成分,如果可以这样说的话,那么,只包含这些要素的体现成分的T1版本就能被正常的语言使用者理解为它很可能是提出约诊的申请。笔者认为大多数本族语者也将会认同以下这个语篇具有完整性,尽管可能认为它有些唐突和直白:

T1a

— Dr Scott's clinic (I)

— this is Mrs Lee speaking (I) I wonder if I could see Dr Scott today(A)

— um well let me see I'm afraid I don't have much choice of time today would 6:15 this evening suit you (O)

— yes yes that'll be fine (C)

以下为T1a的汉译:

— 斯考特医生诊所(I)

— 我是李女士(I)我想知道今天是否能约见斯考特医生(A)

— 嗯,我来看下,李女士,恐怕只有今天傍晚6:15这个时间您可以约见。(S)

— 好,好,那太好了(C)

4.2 语境对语篇结构要素的控制

限于篇幅,这里不能对全部要素都进行考察分析,笔者仅就要素 I 进行分析,考察其在结构公式中的表征是如何由 CC1 特征值(values of CC1)来确定的。

要素 I 的功能是确立互动者确实具有承担这一适当社会角色的潜力。"适当"的含义涉及很多因素,笔者这里指的是'适合正在讨论的 CC'(McIntosh 1961; 1965),因而,对这一要素的体现是否适宜是通过对 CC 特征值的考虑一点点来判断的。很显然,阳光面包店(Sunshine Bakeries)和**这是个街道店铺**(this is the revenue department),彼此完全适合;但是仅有适当性是不够的。

假定要素 I 具有社会角色功能,如果一些非言语手段,如视觉接触方式的出现,就可以确定潜在着的与角色相适当的功能,那么有理由假定它是非必要成分。因此,可以提出一个最初假设:只有在 CC 包含非视觉接触的条件下,要素 I 就是必要成分。如果假设正确并且具有绝对的因果关系,那么要素 I 将不会受到来自 CC 的其他特征值的影响;相反,如果 CC 包含视觉接触,那么这种情况就不可能出现(即:要素 I 就不是必要成分)。

那么,可以假设一个 CC——CC2——产生一个结构公式,即公式 2——除声音传递渠道被替换为视觉渠道外,此公式在各个方面都与 CC1 一致。这样就不是通过电话请求约诊,而是得到一份书面请求。很显然,如果这仅是 CC1 和 CC2 的区别所在的话,那么要素 I 仍然是公式 2 的必要成分,尽管要素的顺序可能与公式 1 不完全一致(见下文 6)。

第二步,再假设一个 CC——CC3——除了在语场方面外,其特征值与 CC2 相同。在 CC2 中,特征值显示为**专业咨询**(*professional consultation*):**医药**(*medical*);**约诊申请**(*applicant for appointment*),而在 CC3 中,特征值可以表示为**专业咨询**(*professional consultation*),**建筑**(*architecture*);**预算申请**(*application for estimate of cost*)。从语旨这个变量因素考虑,CC2 和 CC3 之间的区别必定体现社会角色特征值的变化。CC2 中的语旨特征值可以列为**当事人**(*client*):**提出约诊申请的患者**(*patient - applicant*),**咨询代理**(*agent for consultant*):**接待员**(*receptionist*);**最大社会距离**(*maximum social distance*);CC3 中的语旨特征值可以表示为**当事人**(*client*):**提出申请的房主**(*owner-applicant*),**咨询代理**(*agent for consultant*):**建筑人员**(*member architect*);**最大社会距离**(*maximum social distance*)。在与后者相关的结构公式——我们称为公式 3——中,要素 I 仍为必要成分;并且与公式 1 和公式 2 中的要素 I 相比较,它在公式范围内可能出现的顺序会趋同于公式 2。

通过这些环节,除了**非视觉接触和最大社会距离**外,CC1 所有特征值都已经被其他一些特征值所取代。再假设一个 CC——CC4——除最大社会距离替换成最小社会距离外,其他所有特征值都与 CC1 相同。使用的是日常用语,申请人是接待员所熟悉的人,可能是很亲近的朋友。这种情况下,关于这个 CC 就会存在两种可能,可以出现如 T4a 和 T4b 两个语篇中的开头部分:

T4*a* - Dr Scott's clinic (*I*)
    - [oh Maria] it's me Julie here (*I*)

T4*a* 的汉译为:

T4*a* - 斯考特医生诊所(*I*)
    - [哦,玛丽亚]我是朱丽叶(*I*)

T4*b* - Maria, this is Julie (*I*)

T4*b* 的汉译为:

T4*b* - 玛丽亚,我是朱丽叶(*I*)

对 CC1——4 的考虑支持这样的假设:要素 I 受控于非视觉接触的特征值。如果这种控制是因果和绝对关系的话,这个要素就不能出现在包含视觉接触的 CC 中。那么再考虑 CC5 和 CC6,除了 1 和 4 包含非视觉接触,5 和 6 含有视觉接触外,二者分别与 CC1 和 CC4 相同。在日常会话中,与 1 和 4 相关的语篇是由以电话方式提出约诊的申请人建立的,而与 5 和 6 相关的语篇则是由给诊所打电话的人建立的。CC1 和 CC5 中包含最大社会距离,CC4 和 CC6 中包含最小社会距离。

那么,尽管 5 中包含视觉接触特征值,但其语篇结构的可能性仍与 4 接近,如下所示:

T5a　- could I speak to Dr Scott's secretary (I)

　　　- I am the secretary (I)

　　　- well my name is Mrs Lee (I)

T5a 的汉译为:

T5a　- 我能和思考特医生的秘书通话吗(I)

　　　- 我就是(I)

　　　- 我姓李(I)

T5b　- my name is Mrs Lee (I)

T5b 的汉译:

T5b　- 我姓李(I)

如果视觉接触所提供的线索不足以来确定互动者的社会身份,并且在社会距离又是最大的情况下,那么很可能会产生 T5a。如果通过视觉接触就足以能够确定接待员的身份,并且/或者申请人以前来过诊所,那么就很可能产生 T5b。这个 CC 所体现的事实会对要素 I 由非视觉接触这一特征值控制这一说法产生质疑。CC5 包含视觉接触,但是互动者之间的社会距离仍然是处于最大状态。那么,要素 I 显然是同时受制于视觉接触和社会距离的特征值。这一观点可以由包含视觉接触和最小社会距离的 CC6 来证实:要素 I 就不可能出现。如果你是接待员的私人朋友或者是这位医生的以前患者需要复诊,那么你就不用一开始就说明自己的身份。

情况总结如下:

(i) 如果 CC 包含非视觉接触和最大社会距离(如 CC1-3),那么与 CC 相关的结构公式就一定包含要素 I;否则,这个语篇就不恰当和/或者不完整;

(ii) 如果这两个特征值都与原来情况相反,那么在与 CC6 相关的所有结构公式中要素 I 就不可能出现;

(iii) 如果只有一项特征值与原来相反,即:分别如 CC5 和 4 所示,或者 CC 包含视觉接触,或者是包含最小社会距离,那么,结构公式一定包含要素 I 的某个部分(例如,T4b 和 T5b);如 T4 a - b 和 T5 a - b 所示,无论以哪种形式出现,这个要素都是必要成分。

希望通过以上讨论能够说明要素 I 受控于 CC 的特征值。这样的控制绝非是简单的一个特征值对应一个要素(one-value-one-element)的排列;而是两个特征值同时决定这一要素出现与否。有关这一要素是否出现的论断(i)-(iii)不仅适用于以上所讨论的诸多特定 CCs,而且,若这个推理正确,那么此结论应该具有普遍性。

4.3　语境与子要素

这里需要对以上(iii)中所表明的情况做进一步研究。我们注意到,在 CC4 和

CC5 中,实际结构 T4b 和 T5b 分别符合公式的排列要求,并且 T4b 和 T5b 中要素 I 出现的数量与出现在 T4a,T5a 和 T1 中的不同。为了便于说明,笔者列出以下可能出现的五种形式:

A. *Formula* 1；*structure* T1：
 - Dr Scott's clinic   - this is Mrs Lee speaking
B. *Formula* 4；*structure* T4 a：
 - Dr Scott's clinic   - ... it's me Julie here...
C. *Formula* 5；*structure* T5 a：
 - could I speak to Dr Scott's secretary
 - I am the secretary   - my name is Mrs Lee
D. *Formula* 4；*structure* T4 b：
 -                            - ... this is Julie
E. *Formula* 5；*structure* T5 b：
                              - my name is Mrs Lee

以上五种形式的汉译如下所示:
A. 公式 1；结构 T1：
 - 思考特医生诊所   - 我姓李
B. 公式 4；结构 T4 a：
 - 思考特医生诊所   - ……我是朱丽叶……
C. 公式 5；结构 T5 a：
 - 我能和思考特医生的秘书通话吗
 - 我就是   - 我姓李
D. 公式 4；结构 T4 b：
 -                            - ……我是朱丽叶
E. 公式 5；结构 T5 b：
                              - 我姓李

T4 b 和 T5 b 只体现了一方的情况,其中要素 I 的体现只明确了引发者而不是应答者的身份。关于选择 T5a 与 T5b 作为相反对,原因已在上文加以论述。在这两种情况中,虽视觉接触当即发生,但 T5a 中的"被看到的"(seen)不容易被解读。T4b 中,情景语境为不"可视"(seeable),因为这是一个电话请求。尽管如此,因为是最小社会距离,所以话语引发者能够对可能发生的情况做出准确评估:无需本人出现在现场,而是先前的经历使得自己了解情景语境,然而,若没有先前的经历,即便本人出现在现场,也无法解读这个情景。试想一下这样的语境,丈夫说:你好,亲爱的,是我(hello, darling, it's me),以此向他妻子声明打电话人的身份!

通过这些观察,我们可以做出如下概括。当 CC 包含非视觉接触,在言语互动的初始环节,担任话语引发者角色的互动一方有较大的优势。话语引发者非常清楚互动意图的细节,而与此同时,由于绝大多数语场特征要通过情景语境来体现,因而,应答者就要按照语境对其所承担角色的要求来实施互动行为。观察发现,这样的情景具有的机构性和专业性特征越突出,作为应答一方的实际表现就越能反映这个事实。这正解释了为何在T4 a 中(尽管是最小社会距离)出现了斯考特医生诊所(*Dr Scott's clinic*)这一话语。接下来,对于'哦,玛丽亚(*oh Maria*)'这样的私人称呼,可以看作是在言语符号层面上向应答者做出指令,暗示让她改变对于这一特殊互动所需社会距离程度的意图。

4.4 语篇—结构中的成分关系

正如4.2中各个列式所表明的那样,似乎依照情景的自然逻辑关系,要素 I 可分成两个部分:一部分具有为话语引发者建立恰当角色的功能,另一部分具有为互动中应答一方建立恰当角色的功能。这两部分分别用 II(引发者身份确定,Initiator Identification)和 RI(应答者身份确定,Respondent Identification)表示。在各个列式中,后者由左侧一列中的"片段"体现,而前者则是由右侧一列中的"片段"体现。

如果可以将要素 I 整齐地划分为两个不相连的部分,那么还有什么理由来维持这个包容性更强的要素 I 呢?要素 I 不能被省略吗?事实上我们有足够的理由来拒绝这种分法。正如4.2中 i-iii 的断言所暗示的那样,我们已经建立了三套语境配置(CCs)和四个实际结构出现的可能性,它们是:

语境配置　要素 I 在实际结构中的情况

CC1 - 3　公式 1 - 3;排列中的每个实际结构必须同时包含 II 和 I;

CC4 - 5　公式 4 - 5;排列中,有一个实际结构同时包含 II 和 RI;而另一个仅包含 RI;

CC6　　　公式 6;排列中的实际结构可能会既不包含 II 也不包含 RI。

在这四个可能出现的实际结构中,同时涉及到 II 和 RI 有三次;所有的实例,都是由同一组特征值同时制约着这两部分。从根本上讲,这个事实表明:这组特征值的作用似乎是构成能同时包含 II 和 RI 的一个集合要素 I。其次,虽然存在要素 I 的子要素在实际结构中没有出现的情况,但这种情况也是可明确说明的;其中一个或另外一个子要素的缺失并不是随意的。第三个也是最后一个来确定要素 I 的根据是:如果公式 1 的必要成分以 II, RI, A, O, C 方式呈现,那么,在 RI 和 A 之间的关系似乎与 RI 和 II 之间的关系相同,显然这是个错误。

如上所言,要素 I 包含 RI 和 II,那么子要素 RI 和 II 就是 I 的组成部分。在系统功能模型中,'构成'关系体现在级阶(rank-scale)上(Halliday 1961;Huddleston 1966; Hudson 1971)。正像辛克莱(Sinclair)和库特哈德(Coulthard)所发现的那样(1975):用类似于级阶的某个特定概念来描述语篇的结构显然是不可避免的,而且,笔者本人对儿童叙事文本进行分析研究的结果也证实了这一点。构成语法级阶单位之间的关系与语篇的要素和子要素之间的关系,二者截然不同。语篇结构级阶的数量可否脱离具体语类来进行说明,或者级阶数量是否因不同的语类而变化,这些都需要在该领域中进行更加深入研究。

5. 语境和结构公式组成要素的顺序

结构公式不只是结构组成要素的罗列;而是这些要素被准许的配置。虽不必要进行排序(见例子,出自 Halliday 针对及物性结构的处理;Halliday 1967;1968),但涉及语篇结构,笔者建议至少有一部分需要有顺序。其语篇结构公式组成要素可以完全忽略次序而随意出现的语类似乎是不存在的。笔者所说的部分有序,是指在不同的要素对之间移动性程度不同;一个给定要素在与某个具体要素搭配时可能必须以固定的次序出现,相反,与其他要素搭配时却不需要以固定的次序出现。

结构公式中组成要素呈现的顺序由社会事件的自然逻辑属性所限制,言语表达的内容来自于社会事件,形成我们所说的语篇。换句话说,语篇结构顺序也是语境配置特征值的功能体现。例如,公式 1 中必选成分的顺序可以描述为:$I\widehat{\ }[A]\widehat{\ }O\widehat{\ }C$。括号"[ ]"表示组成要素 A 的体现可能要被要素 I 所包围,正如:

T1 c:- Dr Scott's clinic

T1c 的汉译:

T1 c:- 斯考特医生诊所

- **我想要问问今天能否约见斯考特医生 我叫李玛丽**(- *I wonder if I could see Dr Scott today* the name is Mary Lee),所强调的部分体现了要素 A,两边同时被要素 I 包围。同样是这个结构公式,也可以呈现事件的部分顺序;由此,我们转向第二级阶的要素 RI 和 II(要始终牢记这一事实,即 RI, II, A, O 和 C 这一表达式在描述上是不可取的除非我们暗示 II 和 A, O 或者 C 属于同一个级阶。而受篇幅所限,笔者将不能对配置中要素 A, O 和 C 的子要素进行阐述。)如果公式可表示为:$RI\widehat{\ }(A \cdot II)\widehat{\ }O\widehat{\ }C$,那么将呈现出一部分需要顺序,$A$ 和 II 之间的"小圆点"表明这两个要素的出现不需要顺序。这个公式可读作:要素 C 不能出现在要素 O 之前,也不能在要素 A, II 和 RI 之前,但要素 A 可出现在 II 之前或之后。在日常会话中,人们提出的申请已经被采纳过,否则这个申请就不能被确定是否可被接受;除非提出的申请已经提交,否则也不能自发地提出需要帮助。提出申请,关键是要知道受话人是否有具备同意受理申请的能力,也就是要知道他承担的正确社会角色。根据奥斯汀的言语行为理论(Austin 1962;Searle 1969),在这里,我们有一系列的言外之意,且在每一个言外之意被恰当地实施之前,它们都要求具备一定的先期条件。

当我谈到社会事件的逻辑性时,我并非指交易过程中的不同阶段。通过以上有关公式的讨论或许可以让人相信,要素顺序的形成是受语场性质控制的。然而,这样的结论未免有些草率,毫无根据。正如对结构公式 2——和 CC2 相关——的考虑可能显示的那样,要素的顺序是由语境配置特征值所决定的。回想一下,CC2 和 CC1 的差异仅在于渠道这方面:CC2 的渠道是视觉,CC1 的渠道为听觉。语篇之间的区别也可大致表达为一个是书面申请,而另一个是口头申请。但是,公式 1 和公式 2 却表现出很大差异性。首先,两个公式中,不是所有的必要成分都相同,公式 2 可读作:$RI, II, Ad(dress), A, F, Sig(nature)$。虽然将不再进行详细而深入的阐明,但笔者建议结构公式 2 可表达为:$RI^\frown ((AD^\frown (A \cdot F)^\frown Sig) \cdot II)$。因此,要素 Sig 不能出现在要素 A, F, Ad 和 RI 之前;II 可在 Ad 之前或紧跟 Sig 之后出现。特别要注意的是,要素 II 既可以出现在 RI 和 Ad 之间也可跟在 $Sig(nature)$ 之后在语篇的末尾出现。最后一种可能性完全排除了公式 1 所呈现的排列结构。希望这个例子能表明结构公式中要素的排列顺序是受这些'非认知'特征值影响的,如,视觉和听觉渠道($visual\ v.\ aural\ channel$),**最大**和**最小社会距离**($maximum\ v.\ minimum\ social\ distance$),**书面和口头传播方式**($written\ v.\ spoken\ medium$),**申请、命令和叙述**($application\ v.\ order\ v.\ narrative$)等。语场并不是结构公式要素的唯一决定因素。这个结论具有启发意义,尤其是对于根深蒂固于我们头脑中的想法,即认为人类语言的基本功能是认知功能——交流或表达'思想'($thoughts$)或'事实'($facts$)——语言的所有其他意义都是伴随认知意义出现的额外非必要部分(Leech 1974)。

5.1 结构公式和实际结构排列式

或许现在已明确,结构公式可被看作是对特定语境配置中语篇结构潜能的概括说明/表达,每个公式都可能出现一系列实际结构,体现该语类的不同语篇。例如,根据结构公式 2(上文提到),下列表示实际结构的排列式可表示为:

T2 i: $RI^\frown Ad^\frown A^\frown F^\frown Sig^\frown II$

T2 ii: $RI^\frown II^\frown Ad^\frown A^\frown F^\frown Sig$

T2 iii: $RI^\frown Ad^\frown F^\frown A^\frown Sig^\frown II$

T2 iv: $RI^\frown II^\frown Ad^\frown F^\frown A^\frown Sig$

从以上排列中我们可立刻看出,实际结构的数量是由那些出现顺序相对于其他要素并不完全固定的要素来决定的。这种现象可描述为要素的'顺序任选性'($optionality\ in\ ordering$)。其次,排列的增加源于非必要成分的存在。限于篇幅,这里仅限定对必要成分进行分析。如果要对 T2 中的要素 Ad, A 和 F 作为顺序非必要成分加以阐述,那么,读者可考虑用三个任选要素 X, Y, Z 来阐述排列中实际结构数量的增加情况。

5.2 实际结构排列和语类

如果我们把每个结构公式看作是实际结构排列产生的依据,那么也就意味着每个 CC 不仅适用于一个语篇,而且也会适用于同类语篇。以此类推,那么实现已知排列中的一个实际结构的两个或更多语篇就将属于相同语类。那么,这里涉及的'语域'(register)和'语类'(genre)两个术语就可以互换。要让实际结构排列只适用于一个语类,那就意味着在跨语篇层面存在非语域结构变异:属于相同语域的语篇并不蕴含相同结构。

再来考虑 CC1-6,其中没有一对在特征值上完全相同。因为 CC 特征值控制结构公式的构成要素,显然,有些不同语类中也有一些相同的要素出现,如要素 I 出现在五种情形中,这里重点要说明的是,语类的变异并不是绝对的,因为语类不可能完全彼此封闭(sealed off);不同的语类应当说是或多或少存在着一些差异。这样,CC2 与 CC3 的相似程度要大于 CC2 与 CC1;且相似的程度由特征值的相似范围所决定,即两种情景的共同之处。把这种不确定性作为对语域描述的一部分,这既不说明此模型存在缺欠,也不说明对语域的概念解释错误。既然存在不确定性,就要接受;它固有于数据之中。因为这种不确定性是天生的,因此我们需要一个以有序的、系统的方式来描述这些不确定性的模型。如果在只存在模糊边界的情况下,为了尝试创造分明的界限从而建构模型以致歪曲事实,显然这不会解决任何问题,或者是不能彻底解决问题。

6. 语境、结构和篇章组织

以上讨论主要关注的是对语篇结构事实的探讨。虽说以上讨论是匆忙且简要的,但我希望它仍能证实我的有关语境对语篇结构研究的核心作用的观点。结构和语境与篇章组织关系如何?以下做简要说明,特别指出的是,关于篇章组织的研究文献很多,这里不再对衔接手段进行赘述(Halliday 1961a;1964;1966;1974b;1975d;1976c;1976d;Hasan 1961;1964;1971a;Bowley 1962;Sinclair 1966;Halliday and Hasan 1976;Gutwinski 1974)。

篇章组织使得语篇中的句子衔接连贯,这主要源自两个方面:(i)CC 稳定性,和(ii)CC 中各个特征值的相互关联。一个 CC 中的特征连续性暗示各种意义关系——从意义的同一性到意义的简单邻近性(Halliday and Hasan 1976)——都必须存在。通常情况下,语篇界限要通过参照衔接模式来确定;有趣的是:如果 CC 特征值发生改变,衔接模式也会随之发生变化。我所说的 CC 中各特征值的相互关联是指 CC 中特定特征值的出现通常会需要其他某个特征值的出现。典型的例子就是,CC 中的特定语场特征值需要出现与之相关的社会角色;比如,如果交谈是通过视觉渠道,那么通常就需要出现非视觉接触特征值。显然,这个相互关联是形成语篇词汇组织模式的基本依据,涉及到词汇的本身含意及其引申含意。

此外,CC 特征值控制语篇结构要素的方式,也会促使衔接手段的形成。结构公式中,一个要素不但同时要受到几个特征值的控制(如要素 I),而且同一特征值也(部分地)控制着几个要素,例如,最小社会距离控制要素 I,PA(Personal Address,个人称呼)和 G。对这些要素的体现必须反映它们的语义功能,后者与 CC 特征值有直接关系,因此就不难理解为什么在语篇的体现层面存在着复调性(polyphonic quality)。在语篇中,几条意义链是以韵律的方式体现的,这是因为体现任何一个要素的句子并不仅仅只是那一个要素的体现成分,它也是其他要素的体现成分。例如,对于大家所熟知的常规性和个体性打招呼方式,其区别就在于:虽二者均体现要素 G,但前者是基于**最大社会距离**,后者则基于**最小社会距离**。我们注意到要素 G 同时受到渠道特征值和社会距离程度的控制。但并非只有要素 G 受到刚刚所提到的这些特征值的控制,受这些特征值控制的其他这类要素的体现成分也将包含这些特征值的迹象(evidence)。因此,可以得出结论:表达社会距离的语言符号并不反映在语篇内的某个位置上而是出现在那些受到特征值影响的要素的体现成分上,以韵律的方式贯穿于整个语篇。由于语篇中存在各种被体现的意义链,所以,这就形成了语篇的复调性(Halliday 1976c);正是这一特征为某种衔接手段的选择提供了动力。

7. 系统功能模型、语境和语篇

如果承认语境、结构和篇章组织三者之间存在密切关联这个事实,那么,语境概念被整合到该模型的方式——与词汇语法范畴相接触——就是高度相关的了。在系统功能模型中,语境与词汇语法的连接是通过宏观功能概念来建立的,这种宏观功能为语义层提供了图示(schema)(Halliday 1970a;1973;1975d;1976c)。若语义层面体现意义潜势,那么,根据功能可将这个层面分为四个组成部分,它们是:i) 经验的(experiential);ii) 人际的(the interpersonal);iii) 语篇的(the textual)和 iv) 逻辑的(the logical)。在人类语言研究中,这些功能,或以其他某种方式,或冠以其他名称,早已被明确指出。虽然现代语言学研究未曾关注语篇意义,但我们却可以有效地指出:大部分修辞学不仅关注人际意义,而且也同样关注语篇意义。

系统功能模型最为突出的贡献不是提出这些功能——它们早已被认可;而是致力于探索为何要认可这些功能。Halliday 主张,"意义"和"措词"之间存在一种有来有往的关系,彼此为对方层面的范畴识别提供理据,即语义层面和词汇语法层面。所以,从语义层面讲,每种意义潜势都代表了一个可以通过语法选项来进行编码的领域,该语法选项在这个很大程度上自给自足的、独立的系统选项中是可陈述的。例如,经验意义是由那些呈现在及物性系统网络中的选项来编码的(这个系统所阐明的选项,不同于语法学家试图通过格语法所进行的解释)。另一方面,如果从对语言词汇语法层的分析入手,我们就会发现该层面的一些部分比在其他部分联系更为密切。例如:一般情况下,及物动词和不及物动词不对小句表达的陈述语气、疑问语气或祈使语气产生影响。然而从功能角度来检验这些模式,每个词汇语法网络都与一个语义区域有关,这一语义区域与其他语义区域的不同点在于它允许建立以上所提及的四个意义潜势领域。自索绪尔之后,这一双向关系便被承认了,可能叶尔姆斯列夫(1943)的作品更能有效地表达这一点,后者把符号(Sign)和'被指'(Signed)之间的相互依赖关系视为对人类语言进行组织的最重要的一面。

7.1 功能、词汇语法和语境

语境建构体的变量是根据它们与语言变异的系统关联来建立的。可能并不难想象语境与语言的语义和词汇语法层面是如何关联的。语言变量必然属于词汇语法的某个特定部分,由此,必将关系到语义层面的功能组成部分。简而言之,语言能够编码的信息有四种,即:经验的(与语场相关)、人际的(与语旨相关)、语篇的和逻辑的(与语式和整体结构相关);而语场、语旨和语式这三个变量被建立是由于语言被'启动'来表达以上这几个方面的信息。由此可见,功能、词汇语法和语境三者之间的关系是密不可分的。

语言所表达的四种意义可以同时重叠在一个'词汇'串上。例如,在**是玛丽编织的这件毛衣吗**(was it Mary who knitted this sweater)这句话中,呈现了四种不同的意义,并且这个句子可以被描述为体现了四种不同的结构类型——源于四种不同的网络;其经验意义由**玛丽**(Mary)、**编织**(knit)和**毛衣**(sweater)三者之间的关系体现,人际意义由疑问句结构体现(而不是陈述句和祈使句),语篇意义由小句中的主位设置和指示代词 this 体现。

我们会发现,基于功能和词汇语法之间的关系以及功能和语境之间的关系,一条将语境概念和语篇概念同时融入模型的关系链被建立起来了。

8. 结语

本文对系统功能模型下语篇研究观点的展示是非常简明扼要的,我大量参考了韩礼德的著作。然而,笔者对所涉及的个人观点和解释负有责任。这一说明无法做到穷尽,因为没办法追溯某些相关研究的发展历史。但仍要重点说明的是,这一模型的建立在很大程度上归功于弗斯,并且,当前的语篇结构分析与在这一方向上的弗斯的标准分析非常相似(Mitchell 1975),尽管在细节上有所不同。

最后需要指出的是,本文为语篇研究提出的图示,不适用于语言艺术类语篇(1975);尤其是关于 CC 特征值与语篇结构要素之间关系的阐述,也不适用于语言艺术作品,比如,要将此图示应用到《米德镇的春天》(Middlemarch)或《战争与和平》(War and Peace)等文学作品的分析中,就会令人大失所望了。似乎这一图示更适合应用于短篇幅的独立语言互动,若将它应用到这样连续性语篇的分析中,比如涉及要援引先前事例的法律会话语篇或者要明确事件的广播新闻等语篇中,都将会有启示作用。

19　语篇的概念

语篇理论和语篇语言学分别是英文 *text-theory* 和 *text-linguistics* 的汉译,当前,这两个术语很普及,需要赘述一点:其中的连字符和 *socio-linguistics*(社会语言学)和 *psycho-linguistics*(心理语言学)这两个术语中的连字符不能相提并论,其原因在于:*text*(语篇,用 T 表示)属于语言学范畴,而 *psycho-*(心理的)和 *socio-*(社会的)无疑是不属于语言学范畴的。如果把语篇理论当作独立于语言的其他部分且与语言的其他部分毫不相关的一个自给自足的建构体,那显然是没有道理的。因为当我们在探究语篇的关键属性时,我们发现语篇深深植根于人类的语言中(language,用 L 表示):要解释语篇就必然要对语言的其他重要方面进行解释;如果语篇分析脱离于如句子,小句或词组等其他单位的分析,那么就不可能建构出一个有效的语篇分析框架。因此,要强调指出的是:无论是对语篇进行分析还是对语言的其他单位进行分析,都不能采用描写模型(Longacre 1976)。

以上这些较为概括性的陈述可通过对以下这个例子的解释来加以阐明。笔者给出的这个例子是关于发生在一个小型水果店里的买卖过程的语篇。方括号"[ ]"中的内容是对互动过程中出现的非言语过程的说明,这直接关乎于对言语互动部分的正确理解。括号"( )"中的数字表明紧接括号前的小句序列,例如:(5)和(6)之间存在的是体现第 6 句的词项。判定小句界限的标准由系统功能模型中特定的语法层面系统网络(system networks)决定(Hasan a;Martin a;Hudson 1971;Kress 1976)。

TEXT 1(T1)

A:who's next (1)

B:I think I am (2) I'll have ten oranges and a kilo of bananas please (3)

　　[A puts oranges on the counter; starts weighing bananas]

A:yes anything else (4)

B:yes I wanted some strawberries (5) but these don't look very ripe (6)

A:o they're ripe all right (7) they're just that colour, kind a greeny pink (8)

B:mm I see (9) will they be ok for this evening (10)

A:o yeah they'll be fine (11) I had some yesterday (12) and they're good very sweet and fresh (13)

B:o all right then I'll take two (14)

A:you'll like them (15) cos they're good (16) will that be all (17)

B:yeah thank-you (18)

[on a piece of paper A checks some figures relating to the sale]

A: that'll be two dollars sixtynine please (19)

[B hands a five dollar note and takes out some coins from the purse]

B: I can give you nine cents (20)

A: [taking the money] yeah ok thanks (21) [moves to the till to get change; returns and while handing change back to the customer] eighty, a hundred, three dollars (22) and two is five (23) thankyou (24) come again (25)

B: see ya (26)

语篇1(T1)的汉译：

A：下一个该是谁了（1）

B：我认为该我了（2）我买十个橘子和一公斤香蕉（3）

[A 取了十个橘子放在柜台上；开始称香蕉]

A：好，还买其他的吗（4）

B：买，我想要买一些草莓（5）但是这些草莓看上去好像没熟（6）

A：哦，它们确实熟了（7）它们就是这个颜色，一种绿粉色（8）

B：嗯 我明白（9）它们到今晚会好些吗（10）

A：哦，会的,挺好的(11)我昨天吃了一些（12）吃起来非常甜而且新鲜(13)

B：哦，好吧，那么我买两篮（14）

A：你会觉得很好的（15）因为确实不错(16) 就这些了吗（17）

B：谢谢你（18）

[A 核对纸上的有关销售的数目]

A：请付两美元六十九（分）(19)

[B 手里取着一张五美元的钞票，又从钱包里取出一些硬币]

B：我能给你9分硬币(20)

A：[接过钱] 哦,好的,谢谢（21）[走到抽屉那取要找回的零钱；返回来把找回的零钱递给顾客] 八十（分），一百（分），三美元（22）和两个五分（23）谢谢（24）下次再来光顾（25）

B：再见(26)

以上这个例子体现的是一个统一完整的语篇,其中应用了多种整合手段（integrative devices）(Halliday 1977; Fowler 1977)。这些整合手段可以在篇章组织（texture,用 Txr 表示）和结构（structure, 用 Str 表示）这两个总的标题下进行研究。笔者试图简要说明在这一语境中篇章组织和结构意味着什么，以及它们对语篇的语篇状态（text-ness）所具有的重要作用是依靠什么动力来维持的。

首先,就篇章组织而言,它是指在语篇的各个（部分）信息之间建立起某些衔接纽带的连接属性（Halliday & Hasan 1976）。大体上讲,就这一术语的传统意义而言,衔接纽带是非结构性的:这一关系不是语篇组成成分之间的关系。例如,T1中,(1)句和(2)句的连接关系非常明显,但不是结构上的连接关系。此处提到不是并列或主从意义上的关系,而是两个完整而独立的信息,构成相邻语对(adjacency pair,AP),意义上相互关联(Sacks et al 1973)。此外,(2)句中的省略部分可以参照(1)句来找到,也是这两句彼此衔接的另外一个原因。因此,通过参照(1)句,可以把(2)句解释为"我认为下一个该是我了"(*I think I am next*),而无需参照笛卡尔哲学中的我思故我在(*cogito ergo sum*)的深刻论述来解释。至于省略的部分是如何被识别、省略部分的特定词项位置怎样以及如何限定省略形式以及如何确定所省略的确切词语,这些问题本文将不做讨论。虽然两句的衔接关系是通过省略手段使相邻的两个独立信息相关联,但是这既不能说省略必须要出现在相邻语对中产生衔接,也不能说相邻语对的衔接关系只有通过省略才能实现。例如,"约翰在哪? 他在讲课"(*Where's John? He's teaching a class*)就是典型的不包含省略的相邻语对,而例句"我的丈夫弹奏大提琴。我不"(*my husband plays the cello. I don't*)体现的是典型的省略情况,但是超出了相邻语对的语言环境范围,正如当前相关文献对此的界定一样(Schegloff 1968)。

暂且不谈相邻语对,如果再来分析(2)和(3)句,两句之间也体现了连接关系,但这次,连接是通过重复人称代词 *I* 来实现的。*I* 的三个个标记(tokens)中的每一个都指称同一个情景存在(situational being)。这种同指关系(coreferentiality,用 CoR 表示)也是非结构性的:在英语中,两个或多个成分之间同指关系的出现并不能对结构进行界定。尽管同指中所涉及的词项的结构功能可能影响它们的形态形式,但不影响同指关系的建立。若将(2)和(3)句改写为"我认为该轮到我了。你能给我取十个橘子吗……"(*I think it's my turn. could you get me ten oranges...*),那么同指关系依然存在。由同一个代词的不同形式或者不同的代词都能建立同指关系。如例(5),(9),(14),(15)和(20)句中,前四句中的人称代词 *I* 的所指与(2)和(3)指的是同一个人,(15)中的您(*you*)及其在语境中的所指也都是同一个人。(12)句中的 *I*,(20)句中的您(*you*)和(26)句中的哦(*ya*),指的都是语境中的同一人,即 T1 中的 A。

出现在(2),(3),(5),(9),(14),(15)和(20)句中的每一个人称代词都指 B,这些人称代被连成串贯穿于语篇之中,就好似链条上的颗颗珠子:使它们连接在一起的是语境意义的同一性。笔者将这些词项的集合称之为同一链(*identity chain*,用 IC 表示)。T1 中至少存在三个同一链,其中两条已在上文中提到。接下来出现的 ICi 指较大的同一链(所指的人为 B),而 ICii 指较小的同一链(所指的人为 A)。T1 中还存在另外一个同一链,它的第一个词项是(6)句中的这些(*these*)(草莓)。出现在(7),(8),(10),(11),(13)和(16)中的它们(*they*),(15)中的它们(*them*),以及分别出现在(12)中的间接指代一些(*some*)(这些草莓中的 *of these strawberries*)和(14)中的两(*two*)(装这些草莓的篮子 *baskets of these strawberries*),指代的都是这同一个事物，这个同一链为ICiii。在语篇建构中，建立同一链是个非常有效的整合手段；如果把这些词项随机地替换成桃子、李子、杏、苹果、香蕉、葡萄等等（peach, plum, apricot, apple, banana, grapes etc.），比较起来就更明显了。虽然这种替代不能将语篇（T）变为非语篇（non-T），但是正常的言说者就会猜想这到底是在玩什么花样？有经验的人或许会找语言学家探寻这一切，因为只有语言学以及语言教师或者精神病患者才会做这样的事——产出这样奇怪的语篇。

虽然同一链是有效的语篇整合手段，但在结构合理的语篇中也不只产生这一种衔接链，语篇篇幅越长，产生多种衔接链的情况就越显著。大多数语篇中，还存在这样的衔接链，其成员之间具有相似情景意义（similarity of situational meaning）而非相同情景意义（identity of situational meaning）。这里需要对相似情景意义做如下解释。简要地说，这种关系出现在由以下任意邻近意义所连接的词项之间：

同义关系（synonymy）：例如，(3)句中的有（have）和(14)中的取（take）；
反义关系（antonymy）：例如，(14)句中的取（take）和(20)句中的给（give）；
上下义关系（包括并列下义关系）（hyponymy, including co-hyponymy）：
例如，水果、香蕉、桔子（fruit, banana, orange）；
部分整体关系（包括并列部分整体关系）（meronymy, co-meronymy）：
例如，(19)句中的美元（dollar），(20)句中的美分（cent）；或者 脸、鼻子、嘴（face, nose, mouth）。

这一集合——其中每个词项都与该集合其他词项处于某种上述关系之中——构成了相似链（similarity chain，用 SC 表示）。其中，任何两个相似词项构成的关系并不需要完全相同。例如，T1 中，(3)句中的有（have），(14)句中的取（take）和(20)句中的给（give）形成一个相似链。前两个词项之间是同义关系，而第三个词项与前两个词项构成的是反义关系。观察发现，T1 中包含至少 10 条相似链。

相似链中每个词项间语义关系可以概括为两种，即：同延关系（co-extension，用 coE 表示）和同类关系（co-classification，用 coC 表示）。前者指链条中的各个词项基本上处于相同的语义空间，但延伸分散的方向略有不同，如取和给（take, give）和颜色和绿色（colour, green）这两对词项间形成的关系既是如此；取（take）是指使实施过程的行为者成为拥有者，而给（give）是为了让别人成为拥有者；颜色（colour）是笼统概念，而绿色（green）是特定概念。同延关系只有通过词汇衔接手段才能建立。另一方面，同类关系（coC）中的词项是指相同类别中的不同成员，即：它们有相同的语义空间，指称同类事物或事件等，但仅由于彼此的具体情景所指不同而不同。如例 1：有些孩子们在打秋千，一些孩子们在玩跷跷板，一些孩子们在玩滑梯，更多的孩子们在骑旋转木马（there were children on the swings, children on the seesaw, children on the slides and yet more children on the merry-go-round）。

其中的每个标记(token)孩子们(children)指的都是同类事物中的不同子集。同类关系(coC),与只能通过词汇衔接来显现的同延关系(coE)有所不同,它可以由省略和替代这两种衔接手段来体现。如例2:这是我在野外看见过的第二只考拉。我见过的第一(只)是在三个月前(this is the second koala I have seen in the wild. My first (one) I saw three months ago),其中,所见到的(第二只,the second)考拉(koala)和(第一只,first)考拉(koala)在情景意义上是有区别的。同类事物中不同成员之间的关系,不会因为说成我(见过)的第一只考拉(my first koala)——由名词替换显现的同延关系——或者说成我(见过)的第一只(my first)——名词省略显现的同延关系——而受到影响。关于同延关系和同类关系的例子在T1中都有所体现,如(3)句中的桔子和香蕉(orange, banana)和(5)句中的草莓(strawberries)形成的是同延关系,而(6)句中的这些(these)需要参照(5)句来解释,即为这些草莓(these strawberries)。但是,(5)句和(6)句中所指的情景事物又是相同类别中不同的个体。这种解释对于理解(7)句—(8)句,(11)句—(13)句和(15)句—(16)句中的销售话语来说是必要的。

在以上讨论中有这样一个隐含的问题:同义词(synonymy)和词项重复(reiteration of lexical items 用LT表示),这两者如何与同指关系相关联,这种关系是否会对同一链和相似链之间差异的有效性产生质疑。如果词项重复包括同一个词项或同一个词项不同词形的重复,例如,摇晃(它的动词原形、过去分词形式和现在分词形式,shake, shook, shaking),等等,那么,同义词就可看作是词项重复的特殊情况。在经验意义(experiential meaning)方面,即布勒(Bühler)提出的指称功能(referential),同义词和词项重复二者相重合部分非常相似但不完全一致。很显然,这可以证明同义词和词项重复体现同指关系。然而,事实上,无论是同义关系的出现还是词项重复的出现都不暗示同指关系的出现。一方面,如T1,(3)句中的有(have)和(14)句中的取(take)这两个词是同义关系但不暗示同指关系;另一方面,例如1中孩子们(children)属于词项重复但也不暗示同指关系。词项重复和同义词要依赖于所表示的类别身份(class identities)来确定,而同指关系不需要这样。如例3:蒂比怎么了,她可怜的猫?她用手指肚摩擦着这个老四足动物的头(what would happen to Tibby, her poor cat? And she rubbed the old beast's scruffy head with the ball of her thumb),显然在蒂比(Tibby),(她可怜的)(her poor)猫(cat)和(这个老的)(the old)四足动物(beast)之间存在同指关系;但猫(cat)和四足动物(beast)就不能说是属于同一类别身份。通过对这三个例子的比较,要强调的是,同指关系的确立要依赖于情景事实,并且,同指关系独立于词项也是合情合理的。建立同指关系的基本要求既不是词项重复也不是同义词,而是一些指明情景所指同一性的手段。在英语中,这一要求不是通过选择显性词项来达成的(Hasan b),相反,它是由代词、指示词和/或定冠词这/那个(the)来达成的。任何最后一个被说出来的词项的出现都表明了预期的身份信息的可复原性。正是通过解释如他、它、这/那个和这个(he, it, the 和 this)等隐性词项,来获得这种身份信息。与识别参数相关的词项,只不过是作为理解的一部分和结果呈现出来。例如,这个老的四足动物(the old beast)和(他可怜 her poor)猫(cat)构成同指关系,其中 the 是同指关系的中心,因此,在这个(the)保持不变的情况下,即使四足动物(beast)被替换成东西(thing),同指关系也不会改变。这就是当我们说由照应体现的衔接主要是一种意义关系时所表达的意思;这个主导因素是情景的,而不是词汇语法的。

如果接受以上观点,我们就会面临以下这个问题,即:蒂比、猫和四足动物(Tibby, cat 和 beast)是构成同一链或相似链的词项吗?如果将猫(cat)和四足动物(beast)只作为英语语言系统中的词项,脱离于语篇而存在,那么二者显然是上下义关系,具有构成相似链的特征。但是,如果将其置于语篇中,那么非正规地来讲,二者就是同一个事物的两种命名,具有构成同一链的特征。限于篇幅,这里对此不做深入讨论(Hasan C),但是应当指出的是,三种关系中,同指关系具有最强的限定性,同类关系具有最弱的限定性。同延关系可能包含也可能不包含同类关系,同类关系可能包含也可能不包含同指关系,但就实质而言,同指关系以同类关系为先决条件,同类关系以同延关系为先决条件。相似性的最大限度就是同一性(identity),因此同一链也可被视为是相似链的特例。出于某个目的,仅运用这三种关系中最为概括的那个来对篇章组织进行分析或许就足够了,尽可能将同一链归入相似链。因此,在 T1 中,就可以将 ICiii 融入到由(3)句中的桔子和香蕉(orange, banana)和(5)句中的草莓(strawberries)构成的相似链中,这将有助于突显语篇话题的统一性。但是,即使这样,仍需牢记的是,两种链条构建的动机具有显著差异性(Hasan c);所以,将二者分开也是有道理的,至少是在语篇分析的初始阶段。

在上文关于相似链的定义中存在一些问题,这里需要提及其中的以下两个问题。第一个问题,确定相似性采用的标准更适合名词而不是动词:例如,猫(cat)和东西(thing)之间的上下义关系看起来比买(buy)和做(do)之间的上下义关系更为有效,虽然有些人可以成功地辩解道买是做的一种就像猫是东西的一种一样;另外,也有人会考虑,(6)句中的看起来(成熟)(look(ripe))和要(成熟)(to be(ripe))是否也是反义关系,就如同大(big)和小(small)是反义关系一样;或者如同美元(dollar)和美分(cent)是整体－部分关系一样,买(buying)和付钱(paying)是否也属于这种关系。因此,要确定买(buy)和做(do)为上下义关系,那么判定二者关系的标准是什么?这显然是个问题,要解决这个问题不但需要进行足够数量的语篇分析,而且需要将语言作为系统来进行描述。

接下来的第二个问题,与第一个问题在本质上有相似之处,关注的也是传统意义上语义关系的局限性,这个意义关系是检验语言中词项间语义邻近关系的唯一方式。需要注意的是,语义邻近只与经验意义,也就是指称或认知意义相关。因此,如果把意义关系作为确定邻近词项的标准,那么就很难将以下这些词项,如"好争斗的、自私的、自我的和好争辩的"(*aggressive*, *selfish*, *egotistical* and *argumentative*)归为一个集合。但要与"容易读懂的、稳固的和充满的"(*legible perceptive*, *solid* and *full*)相比较,这四个词项倒是具有更多的相同之处。尽管语类可能存在差异,但确切的是,前四个词项所体现的相似之处对于创建篇章组织(Txr)具有重要意义。这表明,词项之间在人际意义方面体现的相似性同样也可以建立一种相似链。如 T1 中,(6)句和(7)句中的成熟(*ripe*),(10)中的好(*ok*),(11)中的好的(*fine*),(13)句和(16)句中的不错(*good*),以及(13)中的新鲜的(*fresh*)和甜的(*sweet*),这些词项构成了这种相似链;链中各词项在态度意义上的相似性掩盖了他们之间可能存在的经验意义上的差异性。无可否认,"好、好的或不错"(*ok*, *fine* or *good*)常会暗含"甜的、新鲜的或者成熟的"(*sweet*, *fresh* or *ripe*)的意思,但用以上所有这些词项来描述草莓(*strawberries*)时,它们所具有的共性就会掩盖如"成熟的和不错"(*ripe* 和 *good*)在词汇系统中存在的意义差异性。我们将这种链称为人际(意义)相似链(*interpersonal similarity chain*, ISC),与另外的经验(意义)相似链(*experiential similarity chain*, ESC)截然不同。

不同于以上所列举的几种链的构成,链成员间的关系也有其他种类的构建形式,并且链的构建在实际构型中有多种变化,与整个语篇的自身结构有着密切联系(Hasan c)。限于这些情况与语篇 T1 没有特别的相关性,笔者不在这里对其做讨论。篇章组织(Txr)中的链形成是十分重要的。毋庸置疑,在正常情况下,所有结构合理的语篇必定要包含一些同一链和相似链,且只有少部分词项形成其他种类的链。如 T1 含有 90 个词项,不包括否定词和助动词,而只有不足四分之一的词项是不在这两个链之内。作为如此强大的语篇整合手段,词项所构建的每条链就如同连续不断的线一样贯穿于语篇的主要部分,即:在一些语类中,经常能找出贯穿于整个语篇的链(T-exhaustive chains),链的起止位置大致就是语篇自身的起止部分,语篇 T1 中的同一链 i(ICi)就属于这种。对 T1 的分析将会表明链通常是由指称和词汇衔接纽带(*referential and lexical cohesive ties*)形成的。很难到找到其篇章组织的形成不以这两种衔接纽带为媒介的语篇,这一点是链形成对于语篇统一性的重要性的一个标准。在所有语类的语篇中都能找到某种形式的指称和词汇衔接。英语中,由指称衔接手段而形成的衔接潜能与其他衔接手段构成的衔接潜能有所不同。例如,它、这个、那个和这/那(*it*, *this*, *that* and *the*)可能不只是与其他小句中的某个成分衔接;也可能也涉及更大的语块,有时甚至延伸至(一系列)完整的小句。见下面对话中的这部分,即例 4:—约翰总是认为他懂得一切(—*John always thinks he knows everything.*)。—哦,那是相当错误的(—*well, that's quite wrong.*)。这里第二个小句可以有以下几种解释:(i)约翰认为他懂得一切,(这种想法)是相当错误的((*John's belief/idea*) *that he knows everything is quite wrong*)(相当于不正确的),或者(ii)约翰认为他懂得一切,(这种现象)是相当错误的(((*the phenomenon of*) *John thinking that he knows everything is quite wrong*)

(相当于不道德的),或者(iii)(你的断言)约翰总是认为他懂得一切,是相当错误的(*(your assertion) that John always thinks that he knows everything is quite wrong*)(相当于不真实)。无论哪种情况,那(*that*)与某个作为一个整体且不小于小句的连续语块相一致,从而形成延伸衔接(extended cohesion)。当连接仅是通过语篇中一系列不相邻的小句中的某个成分建立的时候,那么就形成另外一种形式的延伸衔接。例如 T1 中,(17)中的那(*that*),与(3)句中的十个橘子和一公斤香蕉(*ten oranges* 和 *a kilo of bananas*),以及(14)句中的两(篮子草莓)[*two (basket of these strawberries)*],它们之间建立了间断性延伸衔接。正是因为语篇中的延伸所指将相当规模的语块连接起来,因此,这种衔接可被视为构建篇章组织的又一有力手段。与指称和词汇衔接纽带不同,省略和替代这两种衔接手段通常不能构成衔接链,并且它们也很少能成为延伸衔接的一部分;或许也是由于这个原因,它们不能以同样的频率出现在所有语类中。然而,认为省略和替代仅是篇章组织的边缘问题,也是错误的。值得注意的实际情况是,无论省略和替代出现在哪里,它们都拥有形成衔接纽带的能力;而指称和衔接手段则不同,它们之间具有极度的相互依赖关系,因此,可以说,其中一个在缺少另外一个的情况下就会失去面值(face value)。这一点可以通过比较下面这些例子来阐明。如例 5:约翰爱吃桃子。他很聪明(*John loves peaches. He is intelligent.*),例 6:约翰爱吃桃子。哦,谁不是呢(*John loves peaches. Well, who doesn't*),例 7:我将不参加他的聚会即使他是王族成员。如果你想要,你也可以这样做(*I'm not attending his party even if he is royalty itself. You can do so if you want to.*),例 6 和 7 可以被看作是(一部分)语篇,而例 5 中,如果把他(*he*)理解为是约翰(*John*),将无法找到词汇依据,因此它可以被剔除不予以考虑。如果把例 5 改为 5a:约翰爱吃桃子。很多食物他都爱吃(*John loves peaches. He enjoys most food.*),根据词汇一致模式,可以把他(*he*)解释为是约翰(*John*)。值得注意的是,例 6 中的省略和例 7 中的替代,在缺少词汇依据的情况下,二者均不受影响。因此,虽然省略和替代只是偶尔出现在一些语类中,但,无论它们出现在哪里,其所产生的连贯都会具有必然性特质,这一点是指称和词汇衔接手段所不能相提并论的。

在大多数语篇中,同一链和相似链是并行的。但是,它们是由不同的连续性原则促动的。由相似链所建立的统一性可以被视作对语类(或语域)统一性的反映。属于同一语场——并且也可能属于同一话语语旨和语式——的各个词项,借助同延关系和同类关系彼此产生联系。这一点从对初学者转换生成语篇书籍(TG textbooks)的前两页的分析中就能看出;其中,同义关系、反义关系、上下义关系和部分—整体关系遍布于每个语篇之中。通过这一具体观察所反映出的抽象原理可以参照语境建构体中对相关意义的操控来加以说明:也就是,原则上,构成语境配置的特征值(values composing contextual configuration,CC)是对相关语义空间的陈述(Hasan 1978)。只要这些特征值恒定不变,那么同一个意义集就会保持关联。

这也就是说,属于同一个语域的语篇包含一个相似意义集;这就解释了在独立语篇中建造相似链的可能性。这个含义非常明显,即:相似链不能被看作是语篇限定的(T-defining)。相反,由同一链产生的统一性与一个特定互动中的此情此景(this-and-now-ness)才是可关联的;同指关系的出现不是因为这个语域中的特定语篇,而是因为这个语篇是该语域中有关这一(this)实例的一个言语表达。

每个语篇都具有多模态的存在方式,本文只关注其中的两种:每个语篇都是一个语域中的实例,因此它所包含的是针对特定语境配置的并且被该语境配置的所有语篇所大量重复的意义关系。但是,与此同时,每个语篇又都是对一个独立、特定互动的表达,只包含和它自身——作为一个特定语篇——相关的意义关系。例如,如果我们把在一个小型水果店里发生的买卖活动作为特定语境配置的一个实例,那么在这个语境配置范围内,每天都可以产生许多独特的语篇:语篇毕竟是大于句子的语言单位,因而句子可以创造出无穷多的语篇。所有这些语篇在具有共性的同时也存在差异。而这些差异解释了同一链的形成原因:即,具体来说,T1中的我(I)不会是指其他语篇中的我(I),即使这个语篇与其属于相同语类,那么两种我(I)也不会形成同指关系。虽然同指关系主要是根据情景来确定的,但对语言符号所指的确定很少会完全由超语言因素决定。对于每个特定互动,相同的情景存在,如T1中的售货员A,从某种意义上讲,一定要被重新界定为一个不同的身份;否则,任何一个指称A的人所说的任何事情都将必须被视为同一单位中的一部分。无论如何使用这一单位,无论这一单位多么有效,都不能将其与语篇相等同,因为这种方式的语篇与我们所理解的语篇大相径庭。因此,与相似链相比,同一链受语篇制约,且不能超出语篇范围。从狭义上讲,同一链可以被描述为语篇限定的(T-defining):无论有多少语言片段形成某个特定同一链的领域,这些语言片段都必须属于同一个语篇。如果同一链被看作是对语篇——作为一个普遍语域的一个特有标记(token)——统一性的表达的话,那么所有结构良好的语篇必定需要建构至少一个同一链。实验证据将证实这是一个普遍规律。其唯一特殊情况可以在这样的语篇中找到,如警告:使用不当,罚款50美元!恶狗禁止吐痰(*fine MYM 50 for improper use, caution! fierce dog no spitting*);这个语篇与常规语篇相比,存在显著差异,这是因为对这个语篇的理解更多地要依赖于语境而不是语言本身。正如语法省略是依赖于未被省略部分来解释一样,对这些不标准语篇的解释也必须要依照常规性语篇来进行。常规性语篇中至少要出现一个同一链。然而并不仅仅是因为出现同一链才可产生篇章组织;(正如之前所言,)同一链和相似链必须是交织在一起出现在语篇中,并且语篇篇幅越长,衔接链的数量就越多。

对篇章组织的建构来说,衔接链的互动方式比衔接链的形成更重要。语篇的连贯程度与各个链的连续互动程度成正比(Hasan c)。当相同的经验关系在两个或两个以上链的成员中被重述,那么就产生链的互动作用。Halliday把及物性的概念定义为对一些经验关系进行编码的过程(Halliday 1967—1968;1970a;

1978),以这个概念为基础,本文将对 T1 中一些具有互动作用的链进行讨论。以 ICi 为例,这个链的每个成员的所指都是 B,我们发现有两个成员与 ESCi 链中的想要(*want*) 和喜欢(*like*)这两个成员位于同一经验关系之中:即来自 ICi 链的(5)句中的我(*I*) 和(15)句中的你(*you*),两者在 ESCi 成员想要(*want*) 和喜欢(*like*)所指示的反应(Reaction)过程中起着认知者(Cognizant)作用。另外,ICi 链中的其他三个成员,即(3)句、(14)句 和(20)句中的 *I*,也和 ESCii 链中成员有,拿和给(*have*, *take* and *give*)位于同一经验关系之中:在每个例子中,我(*I*)在由 ESCii 的成员所体现的行动过程中都起着动作者(Actor)的作用;拿和给(*take* 和 *give*)属于累积型互动,而有(*have*) 属于部分型互动。依照此段之前的关于 ICiii——指草莓(*strawberry*)——的讨论,ICiii 应归入包含(3)句中的橘子和香蕉(*orange*, *banana*)和(5)句中的草莓(*strawberry*)的 ESCiii 链,从而形成一个复合链,该链中的一些成员与 ESCii 和 ii 链相互影响。这样橘子、香蕉(*orange*, *banana*)和草莓(*strawberry*)充当了 ESCii 成员有(*have*)和拿(*take*)这两个过程的目标(Goal),而草莓(*strawberry*)充当的是 ESCii 链中成员想要和喜欢(*want* 和 *like*)的现象(Phenomenon)。关于 T1 中链互动作用的解释,虽只以整个语篇的一小部分为基础,但这足以表明连续互动作用的含义。在结构合理的语篇中,不会存在由两条链形成的一个孤立的互动单位;如果链1与链2相互作用,那么链2也可以与链3和链4相互作用,以此类推。其结果是,在语篇范围内,无论链条的起点在语篇的哪个位置,一步一步地,这个链条都将会遍布于所有的互动系统。这一连续的互动模式,尤其涉及语篇中重要词项部分的互动,都清楚地表明了语篇内部的紧密连贯性。链的互动作用的全部含义,特别是对于那些长篇幅的语篇,如传记,历史题材的语篇,以及其他语篇书籍来说,仍有待于进一步探索,但链的互动作用是判定语篇连贯性最有力的衡量标准,这是毋庸置疑的。

就链互动在篇章组织中的重要作用而言,诸多证据表明,对语篇和其他语言单位的描述并不相互排斥,也就是说,它们必须相互支撑。最后,句子的具体身份和特征值的建立依赖于句子的言语和非言语语境,也就是说,依赖于句子在语篇中的作用。如,当某人对一群朋友解释完游戏规则后,说道例 8:好我们现在开始(*ok let's go now*),这个句子的意义被判定为例 9:既然我们都理解规则了,让我们开始玩游戏吧(*now that we all understand the rules, let's start the game*),这完全是依赖于上下文和/或语境来决定。如果描写模型不能处理语篇中意义关系,它也就不能为例句 8 提供这样的解释。但同样地,如果不具备把这类单位描写为句子、小句或者短语的能力,那么,显现语篇统一性的各种方式也就不能被掌握,我们也就不能使之明晰化。诚然,统一性指的是语义上的一致,它只有映射到语言形式上才能被理解,而且要对各种规模和各种层次的语言形式进行识别(Firth 1957;Halliday 1975a;Hjelmslev 2943;Lamb 1964)。如果链的互动作用是构建篇章组织的重要手段之一,如果对链互动的描述本身依赖于对经验关系的分析,如果经验关系被映射——至少在英语中——在小句和短语上,那么,如果不参照这些语言单位,就很难看清我们是如何智慧地探讨语篇意义的。对语篇和句子的描述,二者之间不能存在真正的对立。其根源在于只把语言看作是一个形式系统(Kuno 1978),这个形式系统过于理想化以至于它与真实的语言之间不再具有相似性。

以上对篇章组织所进行的阐述是高度概括的,我只是对篇章组织的某些建构手段进行了粗略的描述,这些手段可以被称作组分(componential),这是因为这些手段构成的只不过是完整独立篇章中互不相连的部分,这点可从以上所讨论的例子中发现。这些手段形成的只是小句/句子的一部分,对它们的理解甚至需要涉及(此前的)一个全部小句。本文也没有涉及以信息结构(Halliday 1978; Halliday & Hasan 1976; El Menoufi 1969)或者主位-述位组织(Fries 1978)为媒介的衔接。本文只涉及了那些我称之为机体(organic)的衔接手段;这一名字的由来是因为,与由组分(componential)充当的手段形成对照,该衔接手段将两个整体作为两个独立消息,并在此之间建立连接,而不在两者的任何一个零散的部分上对这一关系进行调节。这两个连接方式之间的差异可以通过 T1 中的(1)句—(2)句和(2)句—(3)句体现出来。(2)句—(3)句之间只是通过一个组分衔接手段来连接的,这是因为,两个小句通过 I 的重复形成同指关系。与之相比,(1)句—(2)句之间是通过一个组分手段——即(2)句中省略了下一个(next)——和一个机体手段——即(1)句是问题而(2)句是该问题的答案——来连接的。在后面这个例子中,两句话作为两个完整独立的整体产生关联;两者中任何一个零散的部分都与这一关系的调节无关。机体衔接的核心观念是将完整的信息作为整体通过不同的方式连接起来。例如,包含问-答(Q-A)的相邻语对(AP)是一种以某种界定良好的言语功能为基础的形式,这一言语功能被投射在发生在相邻话论言语中的小句上(Schegloff 1968; Sack et al 1973)。不同言说者之间构成的这种结对关系是很容易想到的,如发话-应答(Address-Response),要求-服从(Request-Compliance),提供-接受(Offer-Acceptance),断言-反驳(Assertion-Refutation),等等。同一个言说者言语中的连接,按照传统的方式可以通过以下这种结对标签来识别,如原因-结果(cause-effect),条件-推论(condition-consequence)。这两种不同的形式可以通过以下方式来区分,即把话论间的连接称为结对(pairing),而把话轮内部的连接称为接合(joining)。英语中大量存在的这种衔接连接词或连词(cohesive conjunctives or connectives)(van Dijk 1978)指明了这种接合,如:因为,因为这个原因,结果是,为了,并且,因此说,例如,如果,或者,无论怎样(*because, for this reason, consequently, in order to, moreover, so to speak, for example, if, or, anyhow*),等等。

可能仍需指出的是,接合本身不是因为连接词的出现;接合的基础是连接在一起的成员的语义结构。如果接合关系确实存在,那么,即便不出现连接词也不会影响这种关系,如例 10 所示:吉姆不能来参加会议。他身体不太好(*Jim can't come* to the meeting．He isn't well）；同样地，在不存在接合基础的情况下即使插入了连接词也不会产生接合关系，如例 11 所示：我必须得买鞋，因为我必须要看完这本书（I must buy some shoes because I must finish this book）。这个例子中的两个信息部分并没有因为出现"因为"（because）而产生因果关系。可以这样明确表示，如果衔接链体现的互动程度强，无论这种情况表现的明确与否，那么各个独立的消息就会彼此结对或接合起来；一般而言，通过组分手段形成的衔接会为机体衔接提供背景，如在结构合理的 T1 中，呈现了许多机体衔接关系，结成了几组关系对，如：（1）句—（2）句，（4）句—（5）句，（10）句—（11）句，（17）句—（18）句，这些相邻语对构成了问—答（Q-A）关系对，（6）句—（7）句形成断言—反驳（Assertion-Refutation）关系对，（20）句—（21）句形成提供—接受（Offer-Acceptance）关系对，（25）句—（26）句形成告别辞（Valediction）关系对。这些接合关系大部分都非常明确，由连接词标示出来，如：（6）句中的但是（but），（13）句中的和（and），（14）句中的然后（then）和（16）句中的因为（'cos）。而（11）句和（12）句之间是隐性关系，假如插入因为（because），可以解释为：我这样说，因为（I say so，because），这样就会明确二者之间是语篇内因果关系（text-internal causality）（Halliday 1977；Halliday ＆ Hasan 1976；Martin a；b）。

  希望，从对篇章组织的讨论中可以明确得出一个概括性的结论：篇章组织是语篇的必要特征；只要在成串的句子之间存在上文所提及的衔接关系，就构成语篇。篇章组织出现的原理体现话语的语场、语旨和语式三个变量的一致性，以及它们具体特征值的恒定不变性（Halliday 1977；Hasan 1978）。篇章组织反映统一性，这就是所在语篇中语境配置的统一性功能。因此，得出结论：没有篇章组织的话语不能称之为语篇（no texture，no text），然而这并不表明：有篇章组织的话语就是语篇（if texture，then text）。这是因为语篇的有效特征必定要由篇章组织实现的连贯性所体现，而且也应当有如下的解释：i）语篇的无穷性是如何并且以怎样的意义存在着；ii）怎样区分完整语篇和不完整语篇，也就是界定语篇界限的标准是什么；最后，iii）如何区分属于不同语域的语篇。本文在对链的讨论中试图要说明的是，篇章组织为解答 i）和 iii）提供了部分帮助，进一步表明，篇章组织不仅可能是更加抽象的概括，而且对语篇这个术语的理解也是必要的。假定语篇结构是语篇的另一个重要属性，这也正好对这三个回答做出了解释。

  当我说语篇具有结构时，我的意思是，我们能意识到随语域变化而变化的语篇的可识别的整体形态。语篇整体形态的基于语域的可识别性必须被作为公理来理解诸如以下的话语：这封信还没写完（this letter isn't complete yet）或者这不是信，而是一则广告（this isn't a letter，it's an advertisement）。结合实际语篇，对这种情况的判定显然要受到词汇—语法和语音模式的影响：毕竟，大多数情况下，只有借助这些语言单位才能获得语篇意义。但是，接受这个观点并不等同于接受对语域起源或语篇完整性的判断基础可以直接由组合项（combinatorial terms）来表达。

我们认为,这些判断是基于对结构的意识,并且依据句子类型的组合并不能对语篇—结构(T-Str)的事实进行有效的陈述。尽管普罗普(Propp)著有一部有关形态学的极好专著(1928),但是,语篇的形态——如果全部都能获得的话——仍是个遥远的目标。这点不足为奇。如果语篇的统一性是语义上的,如果其结构对统一性的产生起着重要作用,那么,我们可以得出,通过对构成语篇的符号的探究,与语篇—结构相关的事实可以得到更富有成效的陈述(Nöth 1978; Oppel 1977)。语篇结构要素与句子类型之间的关系,或许就像关键的形式模式与语域身份之间的关系那样,是间接的(Hasan 1973a; Halliday 1974; 1977);即,在这两个例子中,其接触点都是由意义关系提供的,因而,从功能方面来说明这些情况的限制因素和条件要比列举它们的集合和纵聚合关系语项容易得多。如果把构建语篇(T-construction)的符号考虑进来,那么,对语篇描述来说,有三个概念非常重要,它们是:语境配置(Contextual configuration, CC),语域(register)和结构(structure)。

这三个概念联系紧密。语境配置的特征值决定语域身份(identity)。语境配置中的一组特征值可以对特定社会过程的'内容'进行图式化的描述;语域就是这个过程的言语表达。语域身份是由与该社会过程相关的意义潜势——它在这一社会过程中是可获得的——的关键要素所决定的。另外,结构就是把这个社会过程的统一性表达为一个事件;它的出现是因为这个社会过程有开端和结尾,因为它需要有某种类型的主角,因为它只能以某种方式来展开。我曾在别处做(Hasan 1978)过这样的论述:一个特定语域的语篇可获得的全部结构范围,可以通过参照相关的语境配置特征值来预示。在那里,我把合并特定语域语篇所有可能结构的公式化陈述称为结构公式(structural formula)。从现在开始,笔者将采用结构潜势(structural potential, SP)这个术语来取而代之。结构潜势具体表明相关语域的语篇中所包含的以下信息:

  i:必要和非必要要素的全部集合;
  ii:能够递归出现的 i 的子集;
  iii:可允许的 i 和 ii 的串联(concatenations)。

关于这些具体特征的意义,可通过参照 T1 来进行探讨。为此,假设 T1 属于语域 R,参照以下语境配置(CC)建构 R 的身份:

  语场(field)经济交易:购买零售商品:易腐烂食物……
  语旨(tenor)售货员—顾客;社会距离,接近最大限度……
  语式(mode)听觉渠道:面对面交流;言语传播方式……

从以上 CC 值可预测 R 的 SP;这个 SP 可以表达为:

$$[(<G>^{\cdot})(SI) \widehat{}] [(SE^{\cdot})\{SR \widehat{} SC\} \widehat{}] S \widehat{} P \widehat{} PC(\widehat{} F)$$

以上这个表达式中,G 代表打招呼(greeting),是非必要要素;这一事实由圆括号"()"表示,无论这个括号中的内容是什么,它都是非必要要素:即,圆括号中的部分无论出现与否都不影响语篇的语域配给。因此,在 T1 中就没有出现要素 G。SI 代表销售引发(sale initiation),同 G 一样,也是非必要要素,在 T1 的(1)句—(2)句中体现出来,这也暗示出言说者 A 并没有关注下一位是谁?(who's next?)这句话的字面意义,而这句话应该这样理解:下一位要买东西的顾客是谁?(who's the next buyer?),排除了商店里与语境配置无关的人。结构潜势(SP)允许 G 伴随 SI 出现,如果两者都出现,那么可能会有三种序列。第一种是,SI 包含 G,用 G 两边的尖括号"＜ ＞"表示。第二种是,G 在 SI 之前出现。最后一种是,G 在 SI 之后出现。要素的可移动性由"·"表示。由于这种移动从来都不是不受任何限制的,所以,用方括号"[ ]"来表示这种限制。包含并不一定需要与"·"结合;它也可以出现在相关的固定序列中(Hasan 1978)。SP 允许 G 和 SI 出现的可能性如下所示:

    T2   G 出现在 SI 之前 A:早上好 先生(1)你要买什么(2)
                       (good morning sir(1)can I help you(2))
                     B:是的,我买十个橘子……(3)
                       (yes,can I have ten oranges...(3))

    T3   G 出现在 SI 之后 A:下一位该是谁了?(1)
                       (who's next(1))
                     B:我是(2)哈喽 鲁迪(3)
                       (I am(2)hello Rudi(3))
                     A:哈喽 B 先生(4)你今天好吧(5)
                       (hello Mr B(4)how are you today(5))
                     B:好 我买十个桔子……(6)
                       (fine(6)can I have ten oranges...(6))

    T4   G 被包含在 SI 当中
                     A:下一位该是谁了(1)
                       (who's next(1))
                     B:我是(2) 哈喽 鲁迪(3)
                       (I am(2)hello,Rudi(3))
                     A:哈喽 B 先生(4)你今天要买什么(5)
                       (hello Mr B(4)what can I do for you today(5))

T2 中,G 由(1)句体现,SI 由(2)句和(3)句中的是(yes)体现。T3 中,SI 由(1)句—(2)句体现,G 由句(3)句—(6)句体现,另外,T4 中,SI 由(1)句—(2)句和(5)句体现,G 由(3)句和(6)句体现。

如上所示,G 和 SI 的可移动性是制约的,这一限制由方括号"[ ]"连同符号"·"来表示,后者表明固定的序列。当"·"恰好在方括号结束前出现时,表明方括号内的要素不可以出现在括号右侧的任何一个要素之后。因此,可以无需考虑 G 和 SI 的出现顺序,二者可以调换次序出现,它们中的任何一个都不可以出现在方括号外的任何要素之后。符号"^"在其他环境中表示固定顺序,但只作用于符号"^"两边的要素。这样,S^P 应该读作:S 不能出现在 P 之后;P 不能出现在 S 之前。这两个要素之间是否能出现其他要素,取决于 S 和 P 与其左右两边要素的关系。这样,在所讨论的 SP 中,对于 SE · SR^SC 这一表达式,就有可能出现 SE 介入 SR 与 SC 之间的情况;但是表达式 SC^S^P 却表明 S 不可以出现在 SC 之前,也不可以出现在 P 之后。

圆形箭头指递归潜势。为了便于简单化,递归性通常被看作是非必要要素;这与它在语言中其他位置的处理方法保持一致。当圆形箭头被附加于花括号"{ }"之上时,如上面所讨论的 SP 所示,这表明括号中的所有要素都具有同质的递归性。例如,如果 SR 具有递归性,那么 SC 也必然如此,反之亦然;此外,二者递归的深度必须相同。SE 代表销售咨询(*sale enquiry*),SR 代表销售需求(*sale request*),SC 代表销售依从(*sale compliance*)。T1 中,所有这三个要素都产生递归,它们的体现情况如下所示:(3)句体现 $SR\alpha$;(4)句和(5)句中的是(*yes*)体现 $SC\alpha$;(14)句体现 $SR\beta$;(17)句—(18)句体现 $SC\beta$;(5)句—(9)句体现 $SE\alpha$;(10)句—(13)句体现 $SE\beta$;(15)句—(16)句体现 $SE\gamma$。如同 SR 和 SC 一样,要素 S,P 和 PC 也都是必要要素,分别代表销售(*sale*),购买(*purchase*)和购买结束(*purchase closure*)。F,也就是结尾(*finis*),如同 G,SI 和 SE 一样,也是非必要要素。这样,所讨论的结构潜势(SP)包括五个必要要素和四个非必要要素;另外,这个 SP 中所特有的各种要素序列也有两种:一个是固定序列,另一个允许移动。

由 SP 所标示的必要要素和非必要要素之间的区分是值得我们关注的。语篇结构中的必要要素是判别性的。正是这些以 SP 所明确的顺序出现的必要要素允许我们把一个语篇正确地配给给一个给定语域。依照实际情况,这些要素和序列与作为特定类型的社会过程的身份相关联,包含一定的可识别阶段(recognizable stages)。由此,必要要素及其序列构成了一个有关不同事件的相似点的表达式,将每一个独立的案例都连接到同一个普遍情景上,这个普遍情景在 CC 特征值内以图式化的方式被表征。于是,这就意味着语篇界限和完整性问题是由必要要素及其序列决定的,就是说,语篇界限及语篇完整性都要参照于语篇所属的语域来界定。语篇要达到完整,且可作为特定语域的实例被识别出来,其最低限度必须包含每一个必要要素,且这些必要要素要以合理的顺序出现。例如,根据前面所讨论的 SP,这个 R 中的每个 T 必须依次包含 SR, SC, S, P, PC 这些要素;这就是 R 中任何一个完整且可识别的语篇的最低限度结构,如下面这个例子所示:

  T5 SR→ 我要买十个橘子和一公斤香蕉
    (*can I have ten oranges and a kilo of bananas please*)

SC → {好,还要其他的吗(yes, anything else)
     {不要了,谢谢(no thanks)

S → 总共一美元四十分(that'll be dollar forty)

P → 两美元(two dollars)

PC → 六十分,八十分,两美元 谢谢(sixty, eighty, two dollars an' thank you)。

由于必要要素表明一种社会过程的身份,那么未出现的部分通常被视为是标记事件(marked affair),这不同于非必要要素。将 T1 与 T5 做比较,虽然没有出现非必要要素,但 T5 仍可被认定是属于 R;并且是完整的语篇。然而,如果剔除 T5 的任何一个要素,都会导致语篇缺乏完整性。从这方面来讲,要素 SR 和 P 或许是最不牢固的部分,因为二者可通过非言语行动来适当地体现。这样,顾客在递钱时可不必说话;如果顾客有正好的零钱的话,这也是实际的正常行为。要注意的是,对要素 P 的这种非言语体现,是完全能为利益相关方所接受,并认为合适的。这一点通过售货员的答谢辞"谢谢"(thanks)表明出来,而与此同时,队伍中的下一名顾客通过移至准备买货的位置表明对该顾客行为的认可。如果接下来既没有言语体现也没有非言语体现,那么就要采取一些'补救'策略;或许给予揭示,如:"对不起先生 共计一美元四十分"(excuse me Sir that's dollar forty),或者提供另一种选择,如:"先生,你要调换吗?"(did you mean it to be changed Sir?)。补救策略只是针对必要要素,除了给予提示或提供另一种选择外,也可采用其他形式。如果补救措施失败,没能引出合适的要素,那么再一次需要注意的是,人们不认为这个过程结束了——相反,人们会认为那个没接受补救措施的参与者精神上变态或反常。补救这个概念很重要,因为它对于要素的可适用性可作为启发手段来判定语篇结构中哪些要素必要,哪些要素非必要。总之,语篇的界限和其完整性问题是依据 SP 所暗示的必要要素来决定的。

要回答语篇无穷性这个问题,就必须要对关于 SP 所暗涵的选择性陈述进行考察。正是因为 SP 在其内部构建了选项,因此可将 SP 理解为对一个给定语域内可获得的全部结构的概括的、合并的陈述。理想地说,SP 是详尽而全面的阐述,即:所有结构都与之相关,也就是说,在相关语域内,SP 有助于确定结构。另外,在 SP 中,每个选项点都为合理变化提供了依据;每个选项点都会引发至少两种可能出现的实际配置,例如 G · SI 这种情况。通常,所允许的变异体的数量非常之多。例如,陈述[(SE↺){SR^SC↺}],至少在理论上,SP 已提供了无数的实际配置。由于 SP 中嵌入了对要素的选择,以及对任何有关它们出现顺序的选择,因此每个 SP 都允许产生一个有关要素实际配置的排列。其中,每一个实际结构都是形式合理的且可被识别为属于这个相关语域。这有两方面含义:第一,属于相同语域的语篇可以在结构方面互不相同;第二,变化的范围能被稳固控制。这并不是说相同语域的语篇之间可以在任意地方任意出现差异,而是,被允许出现差异的地方已经在 SP

中被清楚地说明了。因此,在同一语域中,SP 中的选择性和语篇的独特性是相互关联的现象。例如 T2,T3 和 T4,其中的每一个都与 T 有着部分差异,但都属于同一个语域 R。T5 和 T1 也是同样情况,两者同属于相同的语域 R,然而 T5 实际出现的结构可以表示为:SR^SC^S^P^PC,而 T1 则可以表示为:SI^SRα^SCα^SEα^SEβ^SRβ^SEγ^SCβ^S^P^PC^F。以下是对 T1 的分段说明,从而表明这些要素是如何体现的。顺便提示要注意的是,话轮边界,小句/句子和语篇结构要素的体现成分(realizates)之间的不对称性;左括号囊括了一个话轮中的所有词项,右括号外是某个具体的要素标签,而右括号所囊括是那些对任何带有这一要素标签的要素进行体现的词项,括号"( )"中标明的数字和之前一样表示小句的边界,具体如下所示:

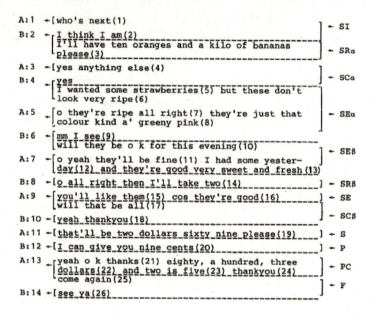

T5 的最小结构和 T1 的非最小结构,二者都是 SP 所允许的,并且都是从 SP 的陈述中衍生出来的实际结构排列的成员。现在我将结构潜势(SP)、语篇(T)、结构(Str)、语域(R)和语境配置(CC)之间的关系以图表的方式呈现如下:

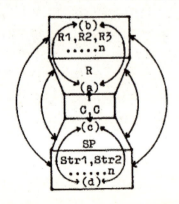

方框内的双向圆形箭头表示关系的'实例'（'instance of'relation）:(b)中的每一个例子都是(a)的一个实例,(d)中的每一个例子都是(c)的一个实例。(c)和(a)之间的媒介是CC。由CC引入到(c)和(a)的直箭头表示CC特征值与R和SP之间的因果关系:R之所以具有R身份,是由于具有这样的CC的特征值,因而预示着意义潜势;另外,SP之所以具有那种特定形态,是由于具有这样的CC,因而预示着各种必要、非必要要素和环节来构成社会过程,该社会过程的表达式即为SP。如果SP正确,那么就必须容纳R,实际上讲,这意味着(b)的每种情况都可以与(d)中的某个情况单独匹配。R1代表一个已知语域R的所有语篇,因此它们呈现相同的实际结构。由于具有这一结构,它们又不同于属于范畴R2,R3...n的其他所有语篇。语篇的这种独特性——可以依据语篇结构进行解释——涉及的仍然是一类事物而不是单独个体。要解释成员间的差异性,那么R1将把我们引向对篇章组织问题的思考。即使都属于R1的两个语篇可以拥有相同的结构,那么,由于对要素的体现具有多样性,因而它们在第一个环节也可能不同。例如,对要素SI的体现成分可以非常容易地表示如下:

a：女士/先生/小姐？（m'am/sir?/miss?）
b：哦？（yes?）
c：（谁是）下一位？[（who's）next?]
d：下一位（请）！[next（please）!]
e：您要买什么（今天）？[what would you like（today）?]
f：将为您提供服务？[are you being served?]
g：您想好买什么？[are you all right?]
h：我能帮您什么？[can I help you?]
j：我能为您做什么？[what can I do for you?]
k：您需要帮助吗？[are you being helped?]

毋庸置疑,除此之外还可以有许多表达式。但重要的是,要明确任何一个要素的体现成分都会对其他要素的体现成分产生影响;它部分地决定了其他所选词项的适宜性。例如:如果把(5)句替换掉,B可以说"我要些芹菜"（*I wanted some celery*）,那么,接下来的(6)句就完全不适宜了。这些事实,通过链以及链互动,在篇章组织的阐释过程中得到了表征。这样,在语篇中,篇章组织和结构不仅通过CC和R以SP之间的关系在符号层面上相连接,而且二者的互动也出现在了形式层面上从而产出连贯、完整和可识别的语篇。

20 童话作为一种语类

任何关注近年来故事结构研究的学者都至少会产生这样的印象:即,可获得的研究资料多如牛毛。由于大多数研究都致力于对"故事"(story)的标准形式提出观点,所以,当我们发现这些研究大多把"故事"与"叙事"(narrative)相等同时,我们多少有些担忧。最为明确地表达出这一立场的是朗埃克(Longacre 1974),但事实上将"叙事"等同于"故事"的假设是隐含于大多数文献之中的(e.g. Labov & Waletzky 1967; Labov 1972; Martin & Rothery 1980;1981; Kress 1982, etc.)。这个观点之所以令人担忧是因为,即便没有这个等同,"故事"这个术语本身的含义也是非常宽泛的,它可以指一系列结构上存在显著差异的话语类型;虚构故事与新闻故事没有多少相似之处(Michaelis 1983);作文故事——被小学老师评判为学生的"创作性"写作——在结构上与人生故事大相径庭;自传与"个人经验叙事"相差甚远;而个人经验叙事,在作者本人的理解中(Labov & Waltzky 1967)与"神话、民间故事、传说、史学、史诗、祝颂词及冒险故事等"又有所不同——并不是说这种否认已经制止了将它们的图式应用于对不同类型话语的描述。这只是巧合还是它们的图式确实只是专门为那种更简单的、非周期性的故事设计的而非为"个人经验叙事"设计的呢?究竟什么是"个人经验"呢?我星期六去食品店购物算是个人经验吗?这种经验的确能激起我的某些强烈感受,尤其在我感到有工作压力时。有时,当我描述我沮丧的购物经验时,家人并不会问我:所以呢?那这是否意味着这些经验是有"主题"的呢?这是拉波夫和沃雷茨基所说的主题吗?这些问题不好回答,但是我知道我的有关购物经验的话语的整体结构不符合拉波夫和沃雷茨基(Labov & Waltzky 1967)以及拉波夫(Labov 1972c)所制定的模式。

或许有人会说我只是沉溺于"纯粹的术语之争",最多算是梳理性研究,但绝对算不上是探索"更深奥的"、"更抽象的"的话语分析问题的思考,对此评价我不敢苟同。术语的差别可能与你想要阐明的那些现象的差别紧密相关,特别是当你打算提出一个关于某类话语标准形式的假设时,对类型本身进行清晰的界定是最基本的要求。只有基于一个界定良好的核心,才有可能对民间故事、长篇故事和神话等进行探究;如果这个核心现象本身界定得不够清晰,其论点的有效性也就无从确认。考虑到以上问题,我必须缩小讨论范围:我不打算讨论所有的故事类型——虚构的和写实的;我只讨论其中的一个子变体,并对其范围进行界定。

但为什么要研究童话呢?为什么将童话作为一个语类进行研究呢?对这些问题可能有很多答案,我的答案只是基于我的个人经验。1968至1971年,我参与了纳菲尔德基金会资助的一个项目,对儿童故事进行社会语言学研究。该项目是在伦敦大学社会语言学研究所进行的,项目负责人是巴塞尔·伯恩斯坦(Basil Bernstein），项目的目的之一是考察不同社会背景下的儿童在被要求讲睡前故事时在多大程度上能够做到。很显然，从事这项研究的前提是首先要弄清楚什么是"睡前故事"。这一表达听起来似乎为其语境的确认提供了明显的线索："睡前故事"是讲给儿童听的，即使不只是在睡前讲，至少主要是用于儿童娱乐的。我认为从这层意义上说，该术语与"童话"有很多相同点，二者都把童年中期作为听众的年龄上限。考虑到这个相同点，我在本文中使用"童话"（nursery tale）代替"睡前故事"。这样我就可以用"tale"（译者按：因为缺少对应的术语，在本文中 tale 被译为'故事'，译者对所有 tale 都进行了标注，未标注的'故事'即为 story）这个稍短的形式去指称面向青少年听众的故事而不产生歧义——而"story"这个术语则不具备这个优势，它既可以指《伊索寓言》又可以指厄普代克的《鸽子羽毛》等作品。

尽管这一定义在很大程度上缩小了研究范围，但把它用于实证研究还是不够清晰。从字面上理解这个观点，受试者永远也不可能讲出"睡前故事"，因为，就其定义而言，它的存在是为了研究者的使用，而不是为了愉悦青少年读者。但是，即使忽略这些故意而为的吹毛求疵，我们大多数人也不会将《鼬鼠跳》（*Pop goes the Weasel*）当作童话，尽管它也用于儿童娱乐；用韵诗形式表述明确的事实也一样不是童话，例如 'The Story of the Little Market Woman' who "went to market her eggs for to sell" (Opie & Opie 1970)。相反，对于雅各布（Jacob）的《玫瑰树》（*the Rose-Tree*），即便我们出于语言学目的对其进行阅读和分析，它仍会被当作是故事（tale）。尽管这一语类的性质和结构肯定会受其目的的影响——或至少是受其中一个目的的影响——它正是典型地用于这一目的——即，愉悦青少年读者——但这并不能说明其他用于界定这一语类的方式无效。尽管时下盛行"语篇被当作文学作品来阅读才是文学"(Eagleton 1983) 这样的口号，但这个观点却回避了一个基本的问题：那些可能被某个社区成员当作故事（或文学）的语篇是否具有相同的特征？话语语类的标签是一种符号，同其他任何语言符号一样的符号。像所有符号一样，它们是有变化的，很难从本质上确定这种变化与 nice, silly, host 这类符号所记录的意义变化有何不同。尽管语言的符号系统存在内在变化，在一个言语社区的某个历史阶段，大多数人对这些术语的理解是相同的。没有含义的符号从理论上说属于异常现象。后结构主义者认为，文学语类的标记没有任何意义，因为含义容易随时间的推移而产生变化 (Eagleton 1983; Culler 1975; 1983)，除非是作为对天真文学性的过度反应。类属标签——无论它们指文学还是非文学——都是有意义的，同其他语言符号一样，它们的意义取决于其价值和含义。因此，很重要的一点是，童话应该被视为一种范式，它包括其他术语，如儿歌、民谣、寓言、短篇故事、中篇小说、长篇小说以及其他文学语类。同样重要的是人们把什么当做童话，因为，它间接地指明了人们对这一术语的理解。所有这些使我们不得不提出这样的问题：是哪些特征使社区成员把这些语篇当作童话？这个问题值得研究，即使研究结果认为社区成员的选择是完全不稳定的——在我看来，这种结果是不太可能的。

再者,我们就语篇的特性提出问题是很有道理的:我们发现儿童在很小的时候就发展了一套比较准确的故事(tale)接受模型,他们的判断不是以白天还是黑夜为标准,而是基于对语言某些方面的反应。而我的研究需要的正是一个有关这些方面的清晰模型。我们首先需要对这些标准的范围有一个清晰的概念,然后用这些标准判断儿童创作的语篇有多大可能被视为"睡前故事"这一语类的实例。在我初期的研究中,我探讨了以下三个相关问题:

i. 如果一个语篇被当作"童话"语类的实例,它是否必须展现某些特征?很显然,每则童话都在许多方面存在差异,尽管存在差异,是否有可能确认一些不变的特征?如果答案是"是",我们需要了解这种变化性和不变性的根源及其在某个语篇及整个语类使用中的功能。

ii. 我们基于哪些特征判断故事的完整性?一个故事(tale)在什么情况下被认为是不完整的?

iii. 为什么童话的结构是现在这个样子?

早在1968年,我就已经就童话研究探讨过这些问题,得出的结论是:这些问题也适用于其他语类,与整个语篇类型学有关。在其他研究中我也提到过,语类的重要特征可以被表述为一个有关潜在语篇结构的明确范围(Hasan 1978;MSSa)。如果真的如此,那么,无论语类之间存在什么区别,在描述语篇结构时应该考虑的相关因素在某种抽象化程度上将是相同的。更直接的是,虽然每个具体语类的潜在结构都将会发生变化,并展现出一些基于语类的特有特征(组合),但用于描述语篇结构的元语言具有普遍性,即适用于所有语类。从这个视角看,描述语篇结构有利于我们关注语篇结构的普遍现象。尽管本文的重点是讨论前两个问题,我也试图将我对童话作为语类的论述与其他不同的话语语类联系起来,以说明本文中用于描述语篇结构的理论框架具有广泛的适用性。毋庸置疑,童话在某些方面与文学语类相关。通过探讨上文所提出的第三个问题,我将对这一事实所暗含的意义给予评论。下面我要通过剖析最后一个问题来展开我的讨论,这更符合我的研究目的。一方面,我将童话与服务接触语类——它与童话语类之间的区别是显而易见的——进行比较;另一方面,我将童话与那些具有共同点的语类,即文学语类进行比较。

这里我不可能详细论述,读者可以查阅我以前对语篇结构的分析,那些分析中的语料都属于这里所说的其他语类(Hasan 1978;1979;1981),所分析的语篇都有明显的语用环境。这里的"语用"主要来自马林诺夫斯基(Malinoski 1923;1935)的概念。这些语篇跟童话有明显的区别,我并不是说童话——无论在结构上或是叙述上——没有语用目的,我所说的区别可以通过考察语言在整个社会活动中的作用进行阐述。用韩礼德(Halliday 1977)的话来说,任何自然使用中的语言,其作用要么是"辅助性的",要么是"构成性的",戈夫曼(Goffman 1964)和海姆斯(Hymes 1972)也都曾提到这类区分,认为并不是只有语言的辅助性作用才符合语用目的。

正如马林诺夫斯基(Malinoski 1923;1935)所说,所有的语篇在其文化中都具有某种语用目的;但是,其环境可能是语用的,也可能不是语用的。事实上,我要区分的是语篇的语用环境和语用目的。如果语篇的环境是语用的,而语言的作用基本上是辅助的,那么,在这样的社会活动中,人们通常以面对面接触的方式来完成一个积极或消极目标,这种活动中的范例属于各种服务接触语类。至少从理论上说,目标的完成并不需要进行几"轮"接触才能达成。这样看来,买菜显然与买房不同,两者又不同于童话。对于买菜来说,语言不是界定该活动性质的主要因素;而对于买房和童话来说,情况则不同。

上面列举的那些语用环境中的语篇结构比较清晰,原因是在这样的语言使用环境中,几种符号编码协调起作用(Hasan 1981);它们的整体配置与情景语境的界定有关。因此,语言和非语言之间的边界是非常难确定的,所以,语篇结构中的某个成分可能是由语言手段体现的,即通过言语表达;也可能是由副语言手段体现的,例如手势;或者完全是由非语言手段体现,例如行动。因此,至少语篇物质情景的某些参数在对于语篇意义的理解上起着重要作用。这类语篇结构非常清晰使得相关社会活动的本质对互动双方和观察者来说都是清晰的。那么"触发语篇整体形态的诱因是什么呢?",要回答这个问题,我们可以提出以下观点:就这类语篇而言,其结构的假定要素的可行性依赖于相关情景语境的特性,而相关情景语境必须包含对物质情景背景相关参数的具体设计,正是这种配置关系整体上构成了语类结构的诱因。语篇结构中的较高层次符号编码是由文化机构制度构成的。简而言之,语境配置成分可以预测出具体环境中语篇可获得的结构范围。

这种观点并不是说语言与社会现实之间的关系是单向的。事实上,语境和符号编码之间是双向关系:后者起着界定前者的作用;同样,对社会情景的感知起着限制符号行为的作用。在我看来,这一事实恰恰支持了我的观点,而不是与我的观点相矛盾。一旦对情景的界定被'发起'或达成——部分或全部——随之产生的互动者的符号行为会被评估为要么是支持这一界定的,即合适的,从本质上说,是可预测的;要么是非支持性的,即,在最好的情况下,需要重新界定,或在最糟的情况下,与这一情景无关,也就是不合适的。这些观点与目前所讨论的语篇类型紧密相关。因为相关语境配置的成分是按照特定的方式对不同的符号编码进行一致性操作来界定的,因此,我们可以问:对于任何一个单独符号编码中的任何一个具体消息来说,当其运行时,是否也具有一致性。毫无疑问,语言对社会语境的界定力量是强大的;但,我怀疑语言行为是否符合这一总体原则。一个油画展如果没有举办地点,就不可能宣布开幕,就不可能展示油画,也不可能有观众。在宣布展览开幕这个语言行为之前,必须实施一系列符号行为,然后才能使这种艺术行为机构化,至少在社区的某些范围内机构化。这些符号行为创造了被我们认为是理所当然的有关"艺术"、"观众"及"展览"的现实。所以,就某一情景的界定而言,一个完整的符号复合体在对该界定的一个前语言的(pre-linguistic)认可过程中起着积极的作用；通过许多互动者的符号行为，某种以前不存在的情景可以获得明显的社会地位。但是，一旦获得了这种社会地位，那个被邀宣布展览开幕的人就会受到语言上的限制，例如在这种情景的讲话中，他不能谈论在这个城镇建立一家鞋带工厂在经济上是否可行，除非他能像佩利·梅森（Perry Mason）那样将其与当前的问题进行"连接"，而这一当前问题的存在必须得到所有相关人员的认可才行。这个观点与戈夫曼关于面子建构（face-construction）（Goffman 1967）的创新性研究相似。克洛兰（Cloran 1982）最近的实证调查研究也支持这些观点。

以上讨论又让我们回到最初的观点，即对于那些几种符号编码协作起作用的谈话场合来说，语言的作用是辅助性的，环境是语用性的，因此，就可以合适地发生在这一环境中的无数语篇中，我们可以为这些语篇建立一个结构潜势。因为，环境的相关因素，即语境配置，与语篇结构成分具有因果上的相互关联；语篇是社会活动的言语表达，因此只有参照社会活动，才能实现对语篇结构的概括性陈述。

如何将这些宏观陈述应用于童话呢？其适用性令人质疑，因为至少童话在一个重要方面与语用环境中的语篇范畴有所不同：对童话来说，语言的作用是构成性的，因为语言在确定故事语类中起着至关重要的作用，语言可能被视为界定该语类的基本因素。无论我们从语篇建构的视角考察，还是从语篇叙述或接受的视角考察，情况都是如此。我们发现，某个语篇是否属于该语类，是根据它是否具有某些特性来判断的，而读者只能通过语言获得这些特性。当然，几个世纪来评判故事的标准发生了一些变化（Eagleton 1983），我怀疑如果脱离了语言我们还能否提出一个判定故事的基础。没有任何其他符号编码可以代替语言在体现结构成分中的作用。副语言编码，如手势和音质等——在"现场"叙述中——是完全寄生在语篇的语言之上的。语篇的得体性，不应依据语篇之外的语篇创作或接受的实际环境来判定，而应依据语篇的语言来判定。

我把这些特征视为运用语言界定该语类的直接结果。我们说语言的这种作用是构成性的，就等于说，不同于语用环境中的语篇，故事（tale）的语言对于物质情景背景因素不敏感——故事（tale）的创作或叙述所发生的环境。因此，语篇的信息呈现了主题（Ellis 1966），而该主题的经验内容，一般来说，与直接环境不相关。因此，该语类的超语言特征要比语言特征弱得多。从这方面来说，童话与其他文学语类非常相似，它处于文学语类的边缘（Vygotsky 1971）。这并不是说文学语类存在于真空中，与社区生活没有任何关系。相反，我们认为，对这一系列语类我们应该确认至少三种明显的语境顺序：第一，我们必须识别出创作的语境，借由这一语境，作者所在社区的艺术惯例——直接或间接——反映在所创作的语篇中；作者对于读者的预期表达在语篇中，作者的个人思想被建构到语篇中。第二，存在读者接触语篇的语境，在这里，读者对语篇意义做出的反映同时也反映出社区态度和个人取向。第三，也是最相关的一点，存在与那一个语篇具体相关的再造语境——即，它是关于什么的、人物与事件相互处于何种关系、主题是如何统一在一起的、通过什么策略语篇实现了整体上可识别的语类形态(详见 Hasan 1975a；1980b；MSSb)。尽管这些观点是针对文学语类提出的,我认为它们或多或少也适用于所有语言起构成性作用的语类。例如一个看似简单却很有趣的问题是:什么原因导致教材过时?如化学、生物、物理或语言学教材等。如果不借助多重语境的概念,就无法回答这个问题。

我认为,激发这些类属结构成分的因素本质上是很模糊的,因为创作或接受这些语篇的环境与语篇的内在统一性之间没有紧密的关系。因此,童话的结构成分既不是完全由作者—读者的互动关系来控制的,也不是由以下事实来控制的,即童话的目的是帮助儿童适应文化需要、为儿童提供有益的娱乐或促使儿童舒适地进入睡眠等。唯一最可能相关的一个重要事实是对现有惯例的整体遵循。但是,如果说童话结构是由艺术惯例控制的,这等于什么也没说,除非我们继续对以下问题做出有力的解释:这些艺术惯例本身是如何产生的?预先存在的惯例体系是如何成功发生变化的?即使我有能力阐述这些问题,那也需要另写一篇文章。因此,至少眼下,我需要将是什么激发了童话的结构要素这一问题搁置一边。我在上文提到童话结构在很大程度上符合现有的惯例,现在,我将以这个论断作为阐述的起点。这就是说,要想确立故事(tale)的标准特性,就必须分析包括童话在内的语料。在我看来,至少对儿童来说,讲故事(storying)跟购物没多大区别,就其自身的所指来看,二者都表征了在儿童之前的话语世界,随着儿童社会成熟性的发展,二者都可以被接受、被拒绝或修正,从而与儿童所获取的经验保一致。我认为讨论这个问题的意义在于,目前所有关于童话结构的论述——包括我自己的——比购物或医生会见的例子更清晰地受惠于语类的语言学语料。但是,我希望能重视故事(tale)构建惯例的发展,这在某种程度上将支持我所青睐的研究方法。

我们现在回到第一个问题:一个语篇,要想被视为"童话"语类的实例,是否必须具备某些特性?为了节省篇幅,我们回顾一下我在以前的研究中提出的框架(Hasan 1978；1979；Halliday & Hasan 1980),这个框架最初是为研究儿童故事的概念建立的,这一故事可能是为儿童而创作的,也可能是由儿童创作的。这里最相关的概念是"语类结构潜势"(简称 SP 或 GSP)。类属结构潜势是一个抽象范畴,用于描述某个语类 G 中可获得的语篇结构的整体范围。其目的是用于突出某个语类范围内语篇结构的变化的和不变的特性;为了实现这个目的,GSP 必须对以下有关语篇结构的事实进行明确:

 i. 如果语篇想要被某个社区(或子社区)的成员认定为某一特定语域的完整实例的话,那么语类结构潜势必须明确所有那些必要的结构成分;

 ii. 此外,语类结构潜势必须列举出所有的非必要成分,一个语篇是否具有这些成分只影响该语篇的实际结构形态,并不影响该语篇的语类;

 iii. 语类结构潜势还必须明确必要成分和非必要成分的排列顺序,包括可能的重复。

如果满足了以上要求,一个语类结构潜势就将表征该语类 G 中的所有结构潜势,语类中任何实例的实际结构或图式结构则是该语类结构潜势本身所允许的具体配置。因此,语类结构潜势类似于系统,某个独立语篇的实际结构只是该语类结构潜势所允许的某个特定路径的实例化。需要强调的是,语类结构潜势是对某个特定语类中可获得的结构资源的陈述。正如,词汇语法网络本身并不意味着它的哪一个选项将被选入一个特定小句或词组中;同样,语类结构潜势也不意味着哪一个被允许的配置将被呈现在一个特定语域中。一个语篇如果体现了所有的必要成分,它就被确认是完整的。由于必要成分对于语篇的语类地位至关重要,所以,(以言语的方式)所体现的这类成分的比例越大,就越容易正确判断该语篇的语类地位。对成分和成分彼此之间排列顺序的非必要性的识别从一开始就为语篇的变化提供了可能性。单从结构来看——对成分的词汇语法体现——两个语篇的差异,可能是由于它们在系统上属于不同的结构潜势,也可能是由于它们是同一结构潜势中的不同选择。这个观点解释了我们的经验,即不仅是不同语类的语篇之间存在着结构差异,同一语类的语篇也不一定在结构上相同。需要注意的是,我们的整个讨论都是用一般术语来表述的,以上有关语类结构潜势的观点适用于所有语类,因此,尽管语类之间存在着具体的细节变化,我认为这个理论框架具有广泛的适用性。

基于以上讨论,下面我要阐述童话的结构潜势。构建结构潜势所使用的语料包括格林童话、雅各布童话、伊索童话以及现代的儿童故事(tale)。结构潜势的有效性依赖于对这些故事的充分描述;再者,任何在系统上符合该结构潜势的新型语篇,都应该被当今社会化的读者视为该语类的一个实例。我认为下面的结构潜势可以满足以上两个要求:

$$\curvearrowleft$$

[(＜布局＞)起始事件ˆ]后继事件·最终事件ˆ[ˆ(尾声)·(寓意)]

图　1

上面图表中,圆括号里包含非必要成分;这一结构潜势表明的是,我们能找到不包含布局(Placement)和/或尾声(Finale)和/或寓意(Moral)等成分的童话。我在下文中将要说明,布局的非必要性是基于与神话相关的更传统的惯例发展而来的。没有包含在圆括号中的成分是必要成分;缺少这些成分中的任何一个,故事都会被视为不完整。尖括号中所包含的成分,其语法词汇体现可能被包含或分布在其他成分的词汇语法体现中。成分之间的符号·是指该符号两边的成分排列顺序是可以调换的。符号ˆ是指相对的稳定性,即符号右侧的成分不能放在符号左侧的成分之前。由于可移动的成分在有限的范围内是可移动的,所以,该有限范围的界限是通过将相关成分包含在方括号中来表示的。在上面的结构潜势中,有两个这样的方括号,第一个方括号包含布局和起始事件(Initiating Event);第二个方括号包含尾声和寓意 。第二个方括号更简单一些,表明寓意可以出现在尾声之前,也可以出现在其之后，但是二者都不能出现在最终事件（Final Event）之前。相反，第一个方括号则更复杂。该结构潜势阐述如下：

　i. 布局是非必要的（用圆括号）；
　ii. 如果出现布局，则有两个选择：
　　A 或者它出现在起始事件之前（两者之间用圆括号）；
　　B 或者被包含或分布在起始事件之中（用尖括号）。

对布局的体现不可以跟在后续事件（Sequent Event）之后，在这方面童话不同于短篇故事，后者现在没有这种限制。结构潜势中还有一个符号是指向某个或某些成分的弯曲箭头，这是指可能重复该成分。这些成分的标签是出于方便记忆使用的，希望它们无需加以说明，这里需要补充说明的是最终事件与尾声之间的区别。最终事件跟某些事件或事态之间存在着逻辑关系，它标志着事件或事态的高潮，或者拉波夫所说的结局（Resolution）（Labov 1972c）；而尾声则是高度惯例化的回归性陈述，即，回归到对主人公们'被改变的其他方面'的陈述，因此可以从逻辑上可作为另一个故事（tale）的布局。在奥黛丽牧师（Revd Audrey）的铁路系列故事中有这类例子。

语类结构潜势具有双重意义。一方面，如果具有有效性，它可以充分地描述现有的故事（tale），可以作为一种语法为创作新故事（tale）提供资源；另一方面，如果这个结构潜势的元语言和那些不同的语类结构潜势的元语言相同，就可以证实上述观点，即语类结构总体上受相同的普遍性条件支配，而相同的元语言是普遍适用的。读者可以对比图1和下面的图2，图2是购物交易的语类结构潜势：

[((＜打招呼＞)*(销售引发)⌒][(销售咨询*)[销售需求⌒销售依从]⌒销售⌒]购买⌒购买结束(⌒结尾)

图 2　（Hasan 1979；1980b；MSSa）

我在上文中提到，购物交易与童话大不相同。如果说它们之间有什么关系的话，可能是它们在很大程度上的普遍性（见 O'Toole；MSS）。就语类结构潜势的陈述而言，我们在童话语类结构潜势中需要同样的理念。我们的关注点是：必要成分和非必要成分；必要成分和非必要成分的排列顺序；重复和包含关系。在以上两种情况下，语类结构潜势类似于系统，其潜势的产物是"一系列实际结构"（Hasan 1978）。这里所讨论的语类是流动性的；而不是仅仅由许多仅体现一种图式结构的语篇来表征的。

近年来，特别是在分析对话语篇时，研究者们建议，一些单位，例如"交换结构""相邻语对"或信息序列（如，开始－反馈－确认）等，应该被视为"会话"结构要素，这里的"会话"应该理解为"非独白话语"。这类分析的经典例子是辛克莱与库尔哈德的研究（Sinclair ＆ Coulthard 1975）和库尔哈德与蒙哥马利的研究（Coulthard ＆ Montgomery 1981），还有戈夫曼的启发性研究（Goffman 1981）。我认为这些单位在地位上并不等同于语类结构成分。首先，"交换结构""相邻语对"

和"开始－反馈－确认"三段式结构不能广泛地适用于各种语类。例如,很难在独白语篇的信息之间假设这样的关系(Hasan:MSSc)。其次,这些单位与语篇结构的对应关系跟小句复合体与语篇结构之间的关系相同,唯一的区别在于一个是基于相邻配对,另一个则是基于因果、序列等关系。尽管它们都在体现语篇结构成分方面起作用,后一种成分类型或及它们的配置却不能通过相邻语对或小句复合体的范畴来说明。这一观点简单来说就是:在 the boy ran 这个句子结构中,the boy 不是一个功能,而是对主语、主位、动作者的合并体的体现。对该句子结构进行整体描述的关键是描述这些功能的体现形式,并且这一定会涉及 the boy 的指称,然而,主语、主位、动作者的功能也不是根据名词词组的类型来建立的。

为了判断所假定的故事(tale)结构潜势的准确性,我们必须讨论每个成分及其决定性体现特征。这需要很多时间和篇幅,因此我不打算肤浅地讨论所有成分,而只是深入地分析布局成分。我将尝试推测布局的非必要性是如何从欧洲起源的童话中发展而来的。首先,我将简单论述对语类结构潜势成分的体现。任何对语篇结构的词汇语法体现的描述都必须关注变化性和不变性两个方面。同一语类的两个语篇可能在结构上完全相同,但其结构的体现形式却不完全相同(Hasan:MSSa)。事实上,如果它们是两个不同的语篇而非同一语篇的两种不同标记(token),那么,体现的变化性就一定发生。关键问题是寻找变化性和不变性的根据。例如,根据上文图1中的语类结构潜势,基于布局这一成分而言,故事(tale)可能会出现结构上的差异,因为布局有以下三种可能性:

表1　童话中布局成分的可选条件

　　i. 童话没有布局;

或者 ii. 童话有离散型布局,必须出现在起始事件之前;

或者 iii. 童话有非离散型布局,其体现形式必须分布或包含在起始事件的体现形式中。

但是,如果两个故事(tale)选择的是同一选项,比如,上面的第二种,那么,它们也并不是必须在所有方面都相同;两个故事(tale)中对离散型布局成分的体现可能会在实际意义和措词上不同。同样重要的是,这两个故事可能会在体现形式上相似,但不会完全相同。

语篇分析经验证实了以下假设:就故事(story)的体现而言,那些不变的方面——或就语篇的类型来说——需要通过考察语义特性才能得到更好的论述。因此,需要建立一个语义驱动的语言描写模型,从而明确能够体现这些具体语义特性的词汇语法模式的范围。就语篇成分的体现而言,对那些不变方面的陈述可能需要一个标准形式,要求任何能够体现具体语篇结构成分的语言片段都必须"具有"这样或那样的语义特性。我提出的方法与朗埃克(Longacre 1974;1977)的不同,他提出了一个深层结构和一个表层结构,他的框架将实体具体化,但其标准不够清晰。例如,开篇(Aperture)('从前'(once upon a time))"仅仅被当作表层的一个特征";朗埃克(1974)认为相对应的深层结构成分是说明(Exposition),这一论断的意义何在不得而知。但当涉及到实际语篇分析时,问题就出现了:如何体现"说明"这一成分？如果,答案是它是由表层特征来体现的,那么,这个答案没有确切的启示意义。最终,我们得出的结论是,用以对应、体现或承载"说明"的一个深层结构成分的语言必须是可识别的,以某种用清晰术语来明确陈述的方法。用曼德勒和约翰逊(Mandler & Johnson 1977)的话来说,需要一种理论"提供一种清晰的和不模糊的分析系统来将故事划分为结构上重要的单位"。我认为任何语篇类型的"结构上重要的单位"的核心属性都必须用语义术语来说明。但这还不够,否则鲁梅尔哈特的图式(Rumelhart 1975)就很清晰,而米凯利斯(Michaelis 1983)认为情况并非如此。要保证这个策略的成功,我们还需要一个语言描写模型,从而对语义属性的体现进行清晰的陈述,这样才能确认语篇类型的结构上重要的单位。因此,任何关于语篇结构的体现的讨论都至少涉及三类抽象概念:

表 2　语类结构成分的体现

类型 1:一个类属结构潜势成分,例如布局。
类型 2:其核心语义属性,例如人物具体化。
类型 3:能够体现人物具体化的词汇语法模式,例如不定修饰语。

就如何分析童话的布局要素而言,表 2 并不是作为对它的一个完整说明而存在的。在运用这些原则体现布局的过程中,我从最简单的情况入手,即选项 ii 中(见表 1)的离散型体现形式。

与布局这一成分的体现相关的核心语义特性是'人物具体化'。就这一成分而言,无论是否涉及其他意义,但这一意义是必须被表达的。然而,这种语义特性本身既可以通过显性的词汇语法手段体现,也可以通过隐性的词汇语法手段体现。下面我将首先描述前一种方法;因此,当前我主要讨论离散型布局成分,其体现形式是显性的。表现人物具体化的最常见、几乎是程式化的语言形式是陈述句,其过程是关系过程——存在类、包孕类或属有类——参与者角色通过不定名词词组体现,名词词组的修饰语必须通过不定冠词或基数词体现。这些语言特征举例如下:

1. once upon a time there was a woman,….
　　(Jacob:Tom Tit Tot)
2. There was once upon a time a good man who had two children a girl by a first wife, and a boy by the second.
　　(Jacob:The Rose Tree)
3. Once upon a time when pigs spoke rhyme
   And monkeys chewed tobacco,
   And hens took snuff to make them tough,
   And ducks went quack, quack, quack, O!
   There was an old sow with three little pigs…
　　(Jacob:Three Little Pigs)

更多的语料分析表明,就这里所体现的词汇语法论据来说,重要的不是过程的本质,而是体现某种参与者角色的名词词组的特征。因此,可以明确地说,如果用显性的形式体现人物具体化,就必须有名词词组,而且名词词组中的事物必须是有生命的——或类生命的——由不定冠词修饰的名词,例如 *a woman*, *a good man*, *an old sow*,或者由基数词修饰的名词,例如 *two children* 和 *three little pigs*。诸如 *the*, *his*, *her* 等定冠词只能用于解释人物具体化。而"过程"不一定是关系过程,例如:

4. A wolf used to raid a farmer's hencoop every night.

为什么不定修饰语可以体现人物具体化呢?原因很简单:不定修饰语意味着还有其他属于这一类别——由被修饰的名词所指示——的实体。正是这种提到的和未提到的之间形成的对照实现了具体化(Butt:MSS)。所以,我认为人物具体化是体现布局的一个重要的语义特性。

除了这个重要的特性,还有两个相关的特性。这两类语义特性之间的区别是,如果布局是离散型和显性的,那么第一个语义特性必须出现,而第二个语义特性不需要必须出现,但常常也会出现。这两个特性分别是"时间距离"(temporal distance)和"非个人化"(impersonalization)。通过"时间距离",故事的事件和人物被置于一段远离故事创作或接受的时间里。一种一致式(非隐喻式)、几乎是程式化的体现形式是使用带有"遥远"特性的时间附加语,例如 *once upon a time*,(*long*) *long ago*,或者只用 *once*。其非一致式,隐喻式(Halliday:MSS)体现形式是通过多种手段来实现的,例如使用具有"遥远"特性的位置附加语,谈及某个神话人物或一个(一组)不大可能实现的事件。上文的例3中,既使用了"时间距离"的一致性手段,又使用了隐喻性手段,其隐喻性体现是以一系列事件——其中每一个都不大可能实现——的形式出现的;例5中的隐喻性手段是以提及了一个神话人物和引入了一个位置附加语的形式出现的:

5. When good King Arthur reigned, there lived near the Land's End of England, in the country of Cornwall, a farmer who had one only son called Jack.　　　　　　　　　　　　　　(Jacob's: Jack the Giant-killer)

我下面讨论神话在童话中的使用。神话的人物、地点和事件被当作无需介绍的常识,将神话视为常识对于布局这一要素的非必要性有着重要影响,这点我在下文中会谈到。

"非个人化"是指叙述者或读者都不被指定为故事(tale)的剧中角色这一惯例。即使吉卜林(Kipling)在称其读者为 *Best Beloved*(我最爱的人)时,这一形式及它的其他同指形式都与创作和接受的外部语境有关;它们不属于故事(tale)本身的内部重构语境。从这个观点来看,米尔恩(Milne)的《小熊维尼》可能会引起我们的兴趣。克里斯多夫·罗宾——被引入故事(tale)中作为其中一个人物——对克里斯多夫·罗宾这个读者来说是无法识别的,例如下面的片断:

6. He crawled out of the gorse-bush, brushed the prickles from his nose, and began to think again. And the first person he thought of was Christopher Robin.

("WAS THAT ME?" SAID CHRISTOPHER ROBIN IN AN AWED VOICE, HARDLY DARLING TO BELIEVE IT.

"THAT WAS YOU."

CHRISTOPHER ROBIN SAID NOTHING, BUT HIS EYES GOT LARGER AND LARGER, AND HIS FACE GOT PINKER AND PINKER.)

So Winnie-the-Pooh went round to his friend....

(Milne：Winnie-the-Pooh, italics in bracket from the original)

当克里斯多夫·罗宾发现他出现在故事(tale)的内部语境时,他的眼睛就变得"越来越大",脸变得"越来越红";这一反应当然是可能的,因为听故事(tale)的经验一般不会提供有关这种可能性的经验。非个人化的语义特性反映出这一故事(tale)与文学作品有明显的相似,在文学作品中,诗、故事(story)或小说中的"我"最好不被理解为作者本人。关于人物具体化的体现形式需要再补充一点:体现性名词词组中的事物名词应该具有"其他"言语角色(Halliday & Hasan 1976)。两个相关特性——时间距离和非个人化——具有基本相同的功能:二者都将故事(tale)中的事件和人物从传记的范畴中分离出来,划分到普遍的和假定的范畴中。因此,具有明确布局的故事(tale)显然被从个人经验叙事中划分了出来,正如拉波夫(Labov 1972c)的所分析的那样。

这三种特性——具体化、非个人化和时间距离——构成了与布局的体现相关的语义核心。其他两个语义特性也需要提及,它们是"归属"(attribution)和"习性"(habitude)。所谓"归属",是说具体化的人物可以被赋予某些特征,这些特征可能与品质、地位、属有或关系等有关。"归属"的形式化体现是由带有包孕、环境或属有过程的小句实现的,其中的载体(Carrier)是一个具体化的名词和带有名词词组中的修饰或定性成分。"习性"是指赋予具体化的人物以习惯性行为或状态。能够体现这个特性的语言单位必须指称一种平稳的存在进程,用于构成该故事(tale)中各个阶段一系列事件的背景。行动的习性特征可以通过一般过去时来表示,其过程中的实意动词是非一次性的;但是,如果出现一次性动词,那么就需要跟以下具有重复意义的表达形式一起使用,例如 *often, for many years*;和/或穷尽性词语,例如 *whenever, wherever, nobody, anybody*;和/或情态助动词等。因此,上文中的例2和例5可以继续发展为下面的例子并构成这下面两个故事(story)中的布局:

2a. There was once upon a time a good man who had two children：a girl by a first wife, and a boy by the second. The girl was as white as milk, and her lips were like cherries. Her hair was like golden silk, and it hung to the ground. Her brother loved her dearly, but her wicked stepmother hated her.

(Jacobs: The rose-tree)

5a. When good King Arthur reigned, there lived near Land's End of England, in the country of Cornwall, a farmer who had one only son called Jack. He was brisk and of a ready lively wit, so that nobody or nothing could worst him.

　　In those days the Mount of Cornwall was kept by a huge giant named Cormoran. He was eighteen feet in height, and about three yards around the waist, of a fierce and grim countenance, the terror of all the neighbouring town and villages. He lived in a cave in the midst of the Mount, and whenever he wanted food he would wade over to the main-land, where he would furnish himself with whatever came in his way. Everybody at his approach ran out of their houses, while he seized on their cattle, making nothing of carrying half-a—dozen oxen on his back at a time; and as for their sheep and hog, he would tie them round his waist like a bunch of tallow-dips. He had done this for many years, so that all of Cornwall was in despair.

(Jacobs: Jack the Giant-killer)

　　归属与习性具有将人物前景化的功能，而人物对故事(tale)发展来说是最重要的因素。在'充实'人物的过程中，归属和习性确立一系列环境中对某种典型行为的期待，换言之，故事(tale)的事件以回顾的方式证实人物的归属和习性。因此，至少在结构严谨的故事(tale)中，这些特性完全有可能出现。但是，只要对这些特性的体现继续保持下去，这个故事(tale)就会被"停止"在布局上。为了进展到起始事件，习性的循环必须由一次性发生的事件打断。我把归属和习性特征都归类为"详述"(elaborative)。因此，布局的相关语义特性可以分为两类：核心的(nuclear)的和详述的。人物具体化、时间距离和非个人化属核心类，而归属和习性属详述类。

　　我认为，从潜势上说童话的所有成分都具有这两类相关的普遍的语义特性。二者的区别是，至少核心类特性的某些选择对于故事(tale)的进展是必不可少的，而没有详述类特性故事(tale)依然可以进展。因此，后者可以视为是非必要性的。再者，故事(tale)的总体结构有办法回避非必要范畴的缺席。例如，只要在布局中没有确立归属，故事后来的进展仍然能使读者通过回顾手法推测出这样的归属。在雅各布的 *Tom Tit Tot* 中，我们开始并没有被告知那位老妇人的女儿愚蠢，然而，这个女孩由于不能理解她母亲讲的习语而失态，由此我们可以推测出这一事实。在这一点上,该故事(tale)与某类文学作品相似,表现出比现实生活还要真实的寓意,即行为漂亮才算美。故事(story)或小说中人物的行为——言语的和非言语的——成为一种表达语篇价值的象征性手段(Hasan 1979;MSSb),最终与该文学作品的整个主题发展有关。

表 3 中概述了布局的相关语义特性及其典型的词汇语法体现形式;表 4 运用表 3 中概述的类别对 2a 进行分析。

表 3 显性的离散型布局的体现性范畴

核心的
- 关键的
  - 个人具体化
    - 由不定修饰体现 如 a, some, one, two, three...
    - 有生命的/类生命的名词作为事物。
- 相关的
  - 非个人化
    - 由第三人称名词充当名词词组中的事物,其修饰成分同上。
- 时间距离
  - 由具有"遥远"语义特征的位置附加语(时间/空间)体现;
  - 如果是隐喻式,位置由表示不大可能的、奇异的和神话的地点来界定。

详述的
- 归属
  - 由包孕、属有和环境过程体现;载体是具体化的人物;
  - 属性、识别、属有、关系或通过特征、顺序、类别和/或限定语修饰作为事物的具体化的人物
- 习性
  - 由非一次性过程的实意动词的一般过去时体现;
  - 其他情况则由情态词 used to, would 和/或带有"经常"语义特征的位置附加语(时间),如 often, every now and then,和/或条件表达式如 whenever, whoever, whatever 等体现。

表 4 雅各布的《玫瑰树》中布局成分的语义及词汇语法体现

once upon a time
　　时间距离由具有'遥远'特征的时间附加语体现。
a good man
　　<u>人物具体化</u>由不定修饰语体现:a + 生命事物:man;
　　<u>非个人化</u>由充当事物的第三人称名词体现:man;
　　<u>归属</u>由特征体现:good 修饰 man
two children: a girl; a boy;
　　人物具体化由修饰语 two, a, a + 生命事物:children, girl, boy 体现
had
　　<u>归属</u>由属有过程体现;载体:a good man;属有(关系):two children:a girl...a boy。
a first wife
　　<u>人物具体化</u>与<u>归属</u>分别由 a 和 first 体现;(注意 man 与 wife 之间的关系)。

the second wife

  人物具体化与归属由 the 和 second 体现（二者都参照 a first wife）。

The girl was as white as milk

  归属由包孕和归属过程体现；载体：the girl（具体化的）。

her lips were like cherries

  归属由包孕和归属过程体现；载体：her lips（注意由具体化的人物引入）。

her hair was like golden silk

  归属同上。

it hung to the ground

  习性（＝隐喻性归属）由一般过去式 hung 体现 非一次性发生的实意动词

Her brother loved her dearly

  习性由一般过去式 loved 体现 非一次性发生的实意动词

her wicked stepmother hated her

  习性的体现形式同上；

  归属由特征 wicked 体现。

  以上表格描述了离散型布局的显性体现形式。那么，离散型布局的非显性体现是如何实现的呢？区分二者的主要语义特性是人物具体化。希望以上描述能够说明以下现象：离散型布局的体现形式为显性时，语篇中的人物具体化即是显性的。而非显性体现则是建立在共同的、共有的知识基础之上的。因此，这就直接引发了一个有关间接提到其他语篇——无论是口语的还是书面语的，它们被认为是在该社区广为接受的——的问题。如果人物具体化是通过专有名词体现，我就将其称为非显性体现形式。专有名词是指提到的人物是已知的，这就意味着其他语篇的存在，从而产生对其他语篇的间接提及。那些独立于语篇的、被认为是可获得的知识可能会成为该社区绝大范围内成员的特性，例如神话中的人物。对于我们的社区成员来说，宙斯、因陀罗、亚瑟王、圣保罗这些名称都无需通过显性手段具体化，他们的身份已经储存在神话系统中，已经在该文化中被广泛吸收，因此他们可以用于话题起点，例如上文中的例 5 和下面的例子：

7. When King Arthur's glory was at its best, his sister, the Queen of Lothian lived at her lonely castle in the north...

           （Hope-Moncrieff：The Young Unknown）

  在一个更为局限的层面，类神话可以通过一系列故事（tale）本身来创作，这种情况下神话的普遍性不是那么强，只能将其视为小范围社区整体上的特性。这种局限神话的创作可能为大范围接受的神话提供启示，例如 Dr Who, Tin Tin, Asterix, Babar, Winnie-the-Pooh, Christopher Robin, Revd Audrey's various engines named Gordon, Thomas, Edward, Percy etc. or the dinosaur Desmond，等等。这类传奇中的每个故事（tale）都是对神话的一个扩充，对于年轻读者来说，由此创作的人物所拥有的具体化程度可能会大大超出他们对亚瑟王及其勇敢骑士们的感知。现在的英语国家儿童更可能会问：Who is Merlin? 而不太会问：Who is

Dr Who？好的传奇故事(tale)会将很多知识视为理所当然的,例如例8,缺乏专门知识的人很难理解。这些建构中的传奇可能会借助提示语,例如下面的例9：

    8. Henry and Gorden were lonely when Thomas left the yard to run his Branch Line. They missed him very much.

        They had more work to do. They couldn't wait in the shed till it was time, and find their coaches at the platform; they had to fetch them. They didn't like that....

                                    (Revd Audry：Troublesome Engines)

    9. I wonder how many of you know Sammy? I expect some of you have heard the story of how he saved the express from an accident. In those days he was only a rather unhappy little shunting engine, but every since that adventure he has been a proud passenger engine on the line between Sleeping Sunbury and Little Bumbledon....

                          (Gibbs：Sammy Meets Father Christmas)

我认为,在现代社会中,人们使用专有名词指剧中人物时并不将语篇中的人物具体化,这一做法正是源于上面所提到的现象。但是,在许多当代童话中,我们甚至没有类神话可依赖,所以,其效果与采用上文手段的传奇有所不同。此刻,我们似乎见证了童话惯例中所出现的这一变化的稳固化过程。非显性体现很可能在某种程度上使布局有了非必要性。在讨论这点之前,我简要介绍一下非离散型布局。

非离散型布局被包含或分布于起始事件的体现之中。我们首先看看通过显性手段体现的非离散型布局的例子：

    10. A girl once went to the fair to hire herself for servant. At last a funny-looking old gentleman engaged her, and took her home to his house.

                                (Jacobs：Master of all Masters)

    11. A woman was sitting at her reel one night; And still she sat, and still she reeled, and still she wished for company.

                                     (Jacobs：The Strange Visitor)

上面的两个例子中的人物具体化都是显性的,但其具体化是跟起始事件一起(或部分地)表述的,这表明提到的事件与某个具体的时间有关而不是习惯性行为。下列类型的开头属于介于显性和非显性之间的非离散型体现形式：

    12. Once upon a time when the pigs spoke rhyme....

        All the birds of the air came to the magpie and asked her to teach them how to build nests. For the magpie is the cleverest bird of all at building nests.

                                   (Jacobs：The Magpie's Nest)

    13. The cat and the mouse

        Play'd in the malt-house：

The cat bit the mouse's tail off.

(Jacobs：The Cat and the Mouse)

在例 12 中,提到一个整体的上级物种 *all the birds*,后面跟着的似乎是下级物种 *the magpie*。然在,在该信息中提到了一个下级物种中的具体成员 *her*,随后又回到 *the magpie* 的整个种类中。这个具体的成员并没有通过显性手段对读者具体化。在例 13 中,没有物种和成员之间的来回重复,只提到两个物种中的一个具体成员,这种两个成员的具体化在语篇中并不是显性的。然而,在两个例子中,人物之间的互动都是建立在物种的某种属性特征基础上的,所以他们被视为原型。在例 12 中,这种知识不仅是假定的,而且在最后一句话中用显性手段表述出来了:*For the magpie is the cleverest*...。在例 13 中,两个物种之间的互动被设定为共有知识,因此没有提供显性的解释。猫和老鼠之间的关系被视为存在于更大范围的神话系统中,两种知识都被视为该社区成员普遍共有的,猫对老鼠做的事情不需要用显性手段表述,就像不需要具体解释梅林(魔法师)或亚瑟王一样。如果将例 12 和 13 与例 10 和 11 进行比较,就会发现后者在开篇的不定名词词组中有一个残存的布局显现,如 *A girl* 与 *A woman*;而(具体的)喜鹊、猫和老鼠这些人物在语篇中则没有被具体化。尽管二者都不具有人物具体化的重要的语义特性,例 12 中,至少时间距离这一相关特性和归属这一详述特性是显性的,这使我们能够将开头视为"某种类型的"布局。当然这种"类型"是"非显性的"、非离散型的布局,不具有该要素的关键特征。因此,例 12 是个"模糊的"的例子。例 13 也有些模糊,虽然该例既没有核心类也没有详述类特性,但是 *the cat* 和 *the mouse* 的所指作为物种或者原型的模糊性以及有关它们的属性的假定知识的可能性,使得我们怀疑是否该将其视为一个完全没有布局的故事(story)。当以专有名词引入一个人物——作为一次性发生的事件的参与者——时,就可以消除这种模糊性。这种情况下,相关的和详述的特性本身就可以用于确定故事是否包含布局。下面的例 14、15 和 16 中没有任何布局的标记:

14. One day, when Christopher Robin and Winnie-the-Pooh and Piglet were all talking together, Christopher Robin finished the mouthful he was eating and said carelessly: "I saw a heffalump today, Piglet."

(Milne：Winnie-the-Pooh)

15. One day Henny-Penny was picking up corn in the cornyard when - whack! - something hit her upon the head. "Goodness gracious me!" said Henny-Penny; "the sky's a-going to fall; I must go and tell the king."

(Jacobs：Henny-Penny)

16. Janet was looking in the window of the sweet-shop. It was full of Easter eggs.

'Which would you like, darling?' asked her mother. Janet had already made up her mind. Right in the middle of the window was a chocolate egg with a blue ribbon....

(Wilson: Chocolate kittens)

尽管例14—16中都没有布局，从更精确的层面上看它们却不同。例14中的人物身份已经通过其他语篇建构起来，不熟悉 Pooh 传奇的读者无法理解这个事实。但是，在例14和15中，故事(tale)借助虚构的环境建构自身的故事(tale)，这种环境与日常生活中的事件并不是平行的。现实生活中小男孩不会跟小猪说话，虽然一只大写的小猪不同；母鸡不会向国王们传递信息，但是一只像人类的母鸡（注意用的是 her）就可以。例16缺乏这种虚构特质，这句话是描述 Janet 一天所做的事情，是以第三者的视角呈现的。如果读到 Peter was going to the carnival and on the way he lost his pocket money 这句话，我们不会马上意识到它是故事中的事件；但是读到 A girl went to the fair to hire herself as a servant 或者 An old woman was sweeping her house, and she found a little crooked sixpence 时，我们就能知道它们是故事(tale)中的事件。在我看来，以例14—16的方式开头的故事(tale)不能被看作"占据"了布局这一选项。如果例8可以被看作《棘手的发动机》的部分布局，那么，这完全是基于"火车发动机"这一神话并参照其归属和习性的详述类特性来解读的。

关于"布局"的选项及其体现形式的论述概括如下，见下面的图3：

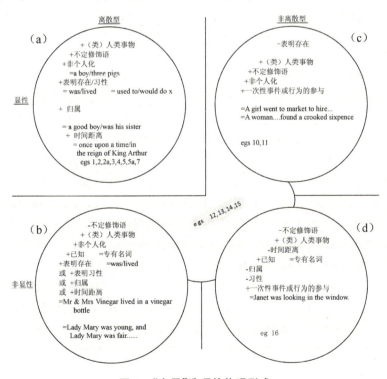

图 3 "布局"选项的体现形式

希望这一图形是不言自明的,尤其当与每一个象限中的例子以及表3中的信息共同理解时。(a)和(d)是截然相反的;(a)是选择布局的最清晰的例子,而(d)是未选择布局的最清晰的例子。如果(a)和(d)被视为这个连续统的两端,那么(b)和(c)则是中间的两个阶段。在(b)中,布局是离散而又非显性的,例如:

17. Mr and Mrs Vinegar lived in a vinegar bottle. Now one day...

(Jacobs: Mr Vinegar)

18. Tommy Grimes was sometimes a good boy, and sometimes a bad boy; and when he was a bad boy, he was a very bad boy. Now his mother used to say to him: "Tommy, Tommy, be a good boy, and don't go out of the street, or else Mr Miacea will take you." But still when he was a bad boy he would go out of the street; and one day,...

(Jacobs: Mr Miacea)

在上面的两个例子中,布局是离散型的,归属和习性都没有在起始事件中得到体现。但是需要注意的是,人物没有通过显性手段具体化,而是通过名字提到的,仿佛是已知的。而c是通过显性手段体现的,但包含在起始事件的体现形式之中,这里会产生某种程度的模糊,其原因将在下文中讨论。在结束图3的讨论之前,注意那个在(b),(c),和(d)圆圈外围的不完整圆圈。在这里所举的例子中,对人物的恰当'辨认'依赖于读者社会化的程度和类型。所以,*the magpie*, *the cat* 和 *mouse*, *Henny-Penny*, *Winnie-the-Pooh*, *Gordon*, *Henry*, *Thomas*, *Milly Molly Mandy* 以及 *King Arthur* 等模糊例子就是属于这一部分。

我不打算用同样详尽的方式讨论起始事件的体现形式——这需要一篇论文的篇幅——但是对这个要素进行简要的评述还是很有必要的,因为离散型和非离散型布局的区别不太为人所知。有些模糊性的产生是因为一般认为起始事件由三部分组成。在其他研究中,我将这三部分称为"背景"(setting)、"事件"(event)和"高潮"(culmination)(Hasan:MSSd),也许称为"框架"(frame)、"主要行为"(main act)和"结局"(sequel)更为恰当。在接下来的讨论中,这些替代术语的合理性也将随讨论的深入而变得明显。"框架"是"起始事件"的一部分,可能出现,也可能不出现。在下面的例1a中出现了,在例15中则没有出现:

1a: (i) Once upon a time there was a woman,
  (ii) and she baked five pies.

(Jacobs: Tom Tit Tot)

15: (i) One day Henny-Penny was picking corn in the cornyard
  (ii) when - whack! - something hit her upon the head.
  (iii) Goodness Gracious me!" said Henny-Penny;
  (iv) "the sky's a-going to fall;
  (v) I must go and tell the king."

例 15 中的小句(i)具有"框架"的功能。框架指作为主要行为背景的事态,所以它的基本语义特性是或者出现在主要行为之前,或者与主要行为同时出现。就词汇语法来说,体现"框架"的小句可以用进行时来表明发生的同时性;但,如果框架出现在主要行为之前,那么,情况就不同了。看下面的例子:

19. (i) One day the master was out, (ii) and then the lad, (iii) as curious as could be, hurried to the chamber where his master kept his wondrous apparatus for changing coper into gold...

(Jacobs: The Master and his Pupil)

这个例子中,框架是由(i)体现的,时态是一般过去式,(i)出现在由小句(ii)体现的主要行为之前。

主要行为是起始事件的基本部分,从语义上看,它具有一次性发生过程的特征,即一次性事件或行为。一次性通常由时间附加语体现,例如例 15 和 19 中的 *one day*,但是这种强调不是必然的。在例 1a 中,我们只是说 *and she baked five pies*,该主要行为的一次性发生本质足以说明其一次性特性。但是,我们如何选择用于主要行为的一次性事件和行为呢?这一直被视为一个严肃的问题。例如,朗埃克认为"我没发现任何可以用于区分编码冲突激发时刻(Inciting Moment)的插曲(episode)与其他插曲的表层结构特征"(Longacre 1974)。尽管这里的冲突激发时刻与我所说的主要行为不完全一样,但还是有很多相同之处。拉波夫(Labov 1972c)和鲁梅尔哈特(Rumelhart 1975)似乎都依赖行为的一次性特征,但这需要与布局或框架形成一个对照;并且前文中我已经阐述了布局和框架都是非必要性的。一个故事(tale)可以以 *A woman baked five pies* 开头,正如之前的 *A girl once went to hire herself for servant* 那样。如果起始事件仅仅是由一个这样的行动或事件组成的,我们就可以假设:第一个具有'现实化的时间'和'一次性'语义特征的行动或事件是关键的;但情况并非如此。例如,例 14 中有两个进行时态和三个一般过去时态:

14. (i) One day, when Christopher Robin and Winnie-the-Pooh and Piglet *were talking*, (ii) Christopher Robin *finished* the mouthful he *was eating* (iii) and *said* carelessly: (iv) "I *saw* a heffalump today, Piglet."

这里,如果我们把(ii)中的 *finished* 看作起始事件的主要行为,那我们就错了,因为后面没有更多有关 *finishing* 这一行为的内容。真正决定整个故事进展的是(iii)中的言说(saying)行为。因此,主要行为是开始进展的行为。我们对主要行为的词汇语法体现概括如下:

表5 主要行为的词汇语法

(i) 过程是一次性发生的;
(ii) 过程是非关系性的(即物质或心理或言语过程);
(iii) 动词词组的时态是非进行时;

(iv) 如果(i)至(iii)等于两个(或更多)过程,共同出现在小句复合体中(Halliday：MSS),那么,时间上在最后的那个将体现起始事件的主要行为。

主要行为后面跟着结局,结局是以具体方式与主要行为相关联的事态。它们之间至少存在三种关系：(i)(纯粹的)时间顺序；(ii) 因果依存关系；以及(iii) 相切(tangential)关系。有趣的是,起始事件中事件之间的关系大多是因果关系。人们普遍认为故事中最常见的关系是时间顺序,其实是结果以时间的方式跟在原因之后。结局会再次提出一个问题。故事(tale)的结构看似没有中断,在这个有机的整体中每个事件或行为都以某种方式相互关联。我发现判定起始事件结束的标准——逻辑上也是结局的结束——与主要行为有关系。主要行为建立了一种预期,例如,例(1a)中 *baking*(烘烤)建立了有关 eating/selling/giving the baked goods(吃/卖/给予这些烘烤产品)的预期；例(19)中的 *hurrying into a chamber*(冲进房间)建立了有关 getting out of that chamber(离开房间)的预期；例(15)中 being *hit* on the head(被打到了头部)建立了有关安全措施或反击的预期。起始事件结束在主要行为所建立的预期被破坏的地方。因此,起始事件在其自身的结构中就如同整个故事(tale)的一个隐喻,就像小句被看作整个语篇的一个隐喻一样(Halliday 1981)。框架(或者背景)看起来与布局非常相似；事实上,在我看来,拉波夫(1972c)和鲁梅尔哈特(Rumelhart 1975)都没有区分我所说的布局和框架。然而,这两个概念有很大区别：框架只是逻辑上相关；而布局则与整个故事(tale)相关。例如,按照鲁梅尔哈特的理论,《玫瑰树》(见例子 2a)和《小母鸡潘妮》(见例子 15)的故事(tale)可以改写为：

故事(Story) － 背景(Setting) ＋ 插曲(Episode)

或者,按照拉波夫的理论,二者都可以被描述为具有指向(Orientation)要素,我们会发现没法解释这两个故事(tale)的结构。在框架中引入人物不同于在布局中引入人物。

虽然关于童话结构体现的论述不够全面,但我希望通过以上讨论表明本文提出的研究方法可能富有启发意义。它不仅可以阐述童话(tale)的潜势结构,而且提出了一个语言描述模型,在该模型中意义与措词是以一种系统的、非点对点的方式相关联的,本文提出的方法使我们能够更精确地陈述事实。事实上,关于童话结构的描述还只是一个肤浅的探讨,更富有挑战性的问题是关于童话(tale)评价基础的研究,这个话题将关注体现策略的变化,对此我们需要仔细考察朗埃克以及其他语言学家们所说的表层结构。尽管为了方便分析我们将意义与措词分离开,但事实上它们是一个整体。语言学家面临着更大的挑战,我们将会摈弃深层结构和表层结构相分离的研究方法,探索推理与含义的语言学基础。对语篇——其中语言的作用是构成性的——理解的研究,自然而然地推动我们向着那一方向前进。

21 连贯和衔接和谐[1]

1. 引言

什么是衔接和谐？衔接和谐与连贯有什么关系？要回答这两个问题就需要简要描述我的研究中是如何逐渐形成衔接和谐概念的。

二十世纪六十年代后期我在伦敦大学教育学院的社会学研究所所长巴塞尔·伯恩斯坦(*Basil Bernstein*)的指导下从事孩子故事的研究。当时我研究课题的其中一个目的是考察来自不同社会背景的六七岁孩子的即兴讲话的连贯程度是否与某些社会因素相关。

设立这样一个目标意味着一方面需要对连贯的本质做些探讨，另一方面也需要找出评价话语连贯的可靠方式。从一开始，我使用的术语"连贯"就相当接近日常用语中的意思。我用这个词来表示"整体性"、"连接在一起"。根据这个定义，其组成部分紧密结合在一起的任何东西都是连贯的。

2. 连贯、语言和情景

毫无疑问，语篇的连贯与语言外部世界的某些事态之间是存在某种联系的，就如正常的、非引证的语言使用与我们社会或心理经验世界中的事态之间存在着某种联系一样。然而，在二十世纪六十年代美国语言学界流行的思潮下也许需要补充说明，为什么对我来说这一点是毋庸置疑的，那是因为我所选的研究模型是功能性的，在这个模型中形式与意义之间的系统关系是关于人类语言的一个最根本的假设，因而也是关于语言描写模型的最根本的假设(Saussure 1916；Firth 1935；Halliday 1961；Hjelmslev 1943, 1961；Lamb 1964a)。这个观点崇尚一条原则，"离开了完整的语境来研究意义就不是认真对待意义"(Firth 1935)。因此，我没有任何理由对这样的事实大惊小怪，例如，某人用代词来照应，一般情况下意味着他打算通过使用代词来指称某个特定的实体(Morgan 1978)。我认为存在类似这样具体的问题都是不对的：如代词照应是如何实现的？或如何理解疑问句形式的祈使语气？问题的关键不在于对任何具体的问题作解释，而在于对语言与语言外世界的关系作非个案的原则性(a non ad hoc principled account)解释。代词只不过是浩渺大海中的一滴水珠而已。

此外，众所周知，用意图来解释意义并不能解决这方面的任何问题。而且，既然意图显然不一定就是达到目的,那就说明代词照应是模糊的,也许这种模糊是无意之中造成的。同样,作出断言并不一定就是保证断言的真实性。一个符号系统的普遍性和适宜性和该系统与个人意图的紧密程度以及对系统外紧急情况的描述中保持真实的程度成反比(Eco 1976;Hasan 1971,1971a;Morton 1971a)。讨论这个问题将会使我偏离目前所关心的问题而进入到一场关于个体和社团哪个优先的争论中。有人认为个体是其所表达的意义的唯一创造者和构建者,他们把个体放在最重要的位置,我只是想说我反对这种意义观。我认为意义有可能只通过一些能提供意义潜势的语码的创造和存在而产生。我还认为,从很重要的意义上讲,我们能通过语言表达意义是基于这样一个事实,即语言符号拥有的意义与任何个体在具体的场合想通过它们所表达的意义没有关系。我在一开始提出这些观点是为了解释为什么我没有用当今流行的术语来解释语言的意义(Van Dik 1977;Morgan 1978)。当我说连贯是指语篇前后一致的特征时,我的意思是语言模式表明或体现了语义的联结,因为这是语言模式的本质使其如此,而非仅仅是因为有人把语义联结起来。语言系统是语义的资源(Halliday 1977)。措词使得意义能被理解,就如意义激发措词一样。

3. 连贯和直接成分

当我们试图找出促使语义联结的词汇-语法手段时,我们马上就被带入到对非结构关系的考察中。既然结构是个极度滥用的词,那就让我立刻澄清在这里这个词是指直接成分结构,借由它我们可以确定一个层级单位的大小。例如,小句大于短语就是因为短语充当了小句的直接成分。

非结构关系对连贯的产生很重要,这并非由于结构与关联完全不相关,而是由于结构始终是一个统一的整体,因而无助于阐述连贯概念。后面我会讨论这些观点。根据定义,能称得上结构的必须是连接在一起的,这一点似乎很明确。至于内容上是否有意义则是无关紧要的。虽然我们会怀疑 *The cow jumped over the moon* 是否有意义,但这是一个绝对连贯的句子。其实,除了单词的随意组合之外,只有把单位看作结构才会产生是否有意义这个问题。从这个角度来看,没有意义不一定就是不连贯。

然而,如果我们的连贯概念只考虑这样的结构关系,那么包含相同数量单位的语段其连贯程度应该是一样的,唯一与连贯的变化程度相关的可能是组成该语段的结构单位的长度。例如,一个语篇包含的小句越多,这个语篇就显得越连贯。在实践中不难证明这样的观点是站不住脚的。看下面的例子:

1. I have a cat. It loves liver. It sleeps all day. It is black.
2. A cat is sitting on a fence. A fence is made of wood. Carpenters work with wood. Wood planks can be bought from a timberyard.

3. The captain has made a mistake. He will marry the female and bury her in an empty hole. He felt faint. So he sat against the drain which was under repair. The enemy were trapped. So the taxis had to hurry to the pleasant grassy slopes to save them.

无论我们用什么方法来分析,例3都与其他的例子不同:它是最长的语段,却是三个例子中最不连贯的,这一点显得有些讽刺,因为这是一个来自于语言课堂的真实的例子!请注意,与例1和例2一样,此例中的每一个小句,每一个小句复合体本身都是连贯的。例1和例2还可以看成连贯程度上有区别,例1比例2更连贯。例1中"话题"的一致性使其语义连贯。在词汇－语法上这种语义连贯一部分通过使用代词照应 *it* 构建同一链来实现,一部分通过选用同一种(常规)时态来实现。

希望这次考察反映了以下五点:

i. 正常的言说者对连贯的变化敏感;

ii. 语篇连贯是个相对而非绝对的特征,因此可以把一组语篇从最连贯到最不连贯呈阶梯排列(Halliday 1961)。由于一组语篇的成员会发生变化,单个语篇的位置也会发生变化;

iii. 连贯是语篇的基本要素;正常的讲英语的人不会把例3看作是一个语篇;

iv. 只要一个语篇大于句子,那么连贯的变化与句子结构就没有关系。结构只是连贯的必要而非充分条件。

v. 因此,考察连贯必须考察被我们称作衔接的非结构关系。

4. 分析的起点

作了这些假设之后,通过分析语料来判断语篇的连贯程度时也许有正当的理由认为这种分析方法对我来说是可行的。在此之前,我对衔接机制的研究的主要部分已经完成了,《英语的衔接》(*Cohesion in English*)的初稿也已经完成了。我的研究详细描述了讲英语人士在系统中所拥有的体现他的话语各部分之间的语义关系的资源。这些资源简要概括如表1。

表 1

I. 照应	IV. 连接
1. 代词的	1. 衔接连接性成分
2. 定冠词	a. 添加的
3. 指示的	b. 转折的
4. 比较的	b. 时间的
II. 替代和省略	c. 因果的
1. 名词	2. 接续性成分
2. 动词	
3. 小句	

续 表

III. 词项
  1. 重复
    a. 简单重复
    b. 同义关系
    c. 上义词
    d. 概括词
  2. 搭配关系	

表1中所列的每一种范畴都是可能的衔接手段;都代表一种创造衔接的资源。实际上,任何一个范畴的成员被使用时,这个成员与语篇中其他成员之间就产生了语义关系,衔接也就产生了。这两个相互连接的成员之间也就形成了衔接纽带(Halliday & Hasan 1976)。因此,衔接概念最核心的部分是"二元性"(two-ness)。事实上,就词汇衔接而言,这一术语本身就暗含了要素之间的相互作用,因为单一要素不可能对自己重复,也不可能是自身的同义词。因此分析语段的衔接时重点在于纽带上,而不是表1中所列的某个范畴的成员。

5. 衔接手段作为体现语义关系的手段

特雷斯勒(Dressler 1978)曾提出上面的范畴只是表层现象。在我看来,"表面"或"深层"两个词都不明确或缺乏理论支撑。如果表层现象指的是"词汇语法范畴",那么上面提及的那些手段当然是表层现象。不过我在接受这个观点的同时并不接受这种观点隐含的一个假设,即如果深层是指语义,那么这些手段与"深层"现象没有或几乎没有关系。我们不可能按照索绪尔(Saussure)的方式把语言看作一个符号系统,也不可能认为在"表层"与"深层"之间,即"形式"与"意义"之间存在着不可逾越的鸿沟。

坚持这一观点并不意味着形式与语义范畴之间存在着简单的一一对应关系。语言中任何范畴的设定,无论是语义上的还是形式上的,都需基于对这个范畴与其他范畴之间的关系所做的考察。正如韩礼德(Halliday)所主张的,这些关系并非局限于同一层面;为了确定一个范畴的状态,我们既需要向"上"看从而明确这个范畴体现了什么,又需要向"下"看从而明确该范畴本身是如何被体现的(Halliday 1977)。有一个原因能解释为什么一个形式范畴的语义值是不确定的,即实际上范畴的语义值很少是由完全参考形式或语义标准来决定的(Hasan 1971)。因此,尽管形式与意义,表层与深层现象之间并不存在一一对应关系,但我们仍然可以对一个范畴的正常语义值进行陈述(Hasan 1971; Belinger 1977)。既然衔接是语言系统的一部分,这些原则同样适用。

例如,当衔接纽带至少有一个方面属于表 1 中范畴 I:1—3 中的某一类型时,那么这个纽带的成员之间的语义关系就是典型的同指关系(Hasan 1979; Halliday & Hassan 1980);这种关系指的是上面例 1 两个小句中 *a cat* 和 *it* 之间的关系。既然建立这种关系的条件并非一成不变,"典型的"这个词应该加以强调。然而,可以断言,代词和定冠词是语义同指最典型的手段;指示代词具有部分重合但不相同的功能。比较性成分特别有意思,因为它真正处于 I 和 II 之间的平衡点上。当 II:1—3 中的范畴作为衔接纽带的一个成员时,其语义关系是典型的同类关系(Hasan 1979; Halliday & Hassan 1980)。在如下的语段中:

4. My husband plays cello. My son does, too.

虽然 *does* 的意思是借助于与 *plays cello* 的关系来理解的,但是我儿子拉大提琴与我丈夫拉大提琴并不是同一件事。这两件事属于同一类——在同类中相关联。他们是同一类中两个独立的成员。比较性照应包含同指和同类。如:

5. Find me a riper mango!

比较性成分 *riper* 只能被解释为 *as ripe as some identified degree of ripeness plus a little more ripe*(与已确定的成熟度相同,再加一点成熟)。

注意表 1 中左上面方框中所列出的类型都包含相互释义(co-interpretation)(Halliday & Hassan 1976)。它们的衔接功能的潜势正是基于这样一个事实,即它们的释义是通过与其他资源的关系来确定的,而且正是这种释义资源的位置决定了衔接纽带的指向状态。如果这类资源出现在衔接词之前,如例 1 中的 *a cat*,那么这种纽带是前指(anaphoric);如果出现在衔接词之后,如例 6 中,就是后指(cataphoric)。

6. *He who laughs last* laughs longest.

换个条件,如果释义资源仅由语言外情景来中介,那么这个资源的方向可以称作外指(exophoric)。

词汇衔接手段不涉及相互释义。虽然其中有些衔接手段在明确规定的条件下能表示同指的语义联结(Hasan,待发表; Halliday & Hasan 1976,1980),但是它们最典型的语义功能体现为同延(coextension),所以词汇链与语义场的某部分的理解最接近。

表 1 中整套衔接手段 I-III 具有共性:从他们只体现单个消息的一部分来看,都可以被认为是"成分的"。消息之间的整合是单个消息具体部分之间衔接的产物。这方面的衔接手段有别于表格左边方框中的那些手段。不得已这里只能作简要讨论,但是讨论词汇—语法衔接手段并不是一定与语义没有关系,希望这一点大家都清楚。

6. 关于连贯的原始假设

我的语料分析基于两个假设：

i. 语段中衔接纽带越多，语段就越连贯；

ii. 纽带与纽带之间关联越多，语段就越连贯。

用平常的话来讲，我认为连贯程度与纽带数量的多少相关；如果两个语篇包含相同数量的衔接纽带，表现出的连贯程度却不一样，那么就有可能与语篇中构成衔接链的纽带所占的比例有关。我们很容易找到例子来证明这些假设的合理性。请看下面的例子：

7. John was quite tired out (a) so he went to bed early (b).
   There was an old man (c) and he had two daughters (d).
8. John was quite tired out (a) so he went to bed early (b).
   However, not feeling sleepy (c) he decided to read (d).

从整体来看，7 显然不如 8 连贯。我们可以肯定地说因为 8 表述了一个完整地事件，而 7 却不是。不过，这个解释不够完整，也不能作为判断连贯程度的标准。很明显，8 的整体性是通过作为意义潜势的语言的正常运作而为读者重新构造的。说到底，对于 8 所描述的事件的整体性了解是信息所驱使的，既然除了语段本身之外没有别的资源，那么消息的形式就必须为信息的理解提供足够的依据。在对语篇连贯的研究中，必须把这些依据解释清楚。因此请注意尽管 7 和 8 中衔接纽带一样多，只有后者的纽带组成了衔接链，如表 2 所示。

表 2

7	8
纽带 1 John(a)←he(b)	纽带 1 John(a)←he (b)
纽带 2 message(a)←so→(b)	纽带 2 message(a)←so→(b)
纽带 3 an old man (c)←he (d)	纽带 3 message (b)←HOWEVER→(c, d)
纽带 4 message (c)←AND→(d)	纽带 4 he(b)←he (d)
衔接链 无	衔接链 1 John (a)←he (b)←he(d)
	衔接链 2 (a)←so→(b)←HOWEVEVR→(c, d)

诚然，我的分析忽略了一些因素。尤其是在 8 的 (c) 和 (d) 之间我本可以表示另一种（隐性的）逻辑关系 THEREFORE，而不是用逗号来间隔。但是既然确实存在一些条件会使语篇呈现出不连贯的特点，那样做就只能强调我的原始假设是不合理的了。

7. 初始研究步骤

我试图根据读者所作出的非正式反应对语料中的语篇进行分类。对语篇衔接模式的分析及其连贯程度的非正式排序都是随机的,以确保读者评定语篇的知识不会下意识影响他们的非正式分析。既然大部分衔接手段的类型都可以合理地识别,那么主观干扰微乎其微而且只限于特定的语篇,因此,这种预防措施也许没有必要(见 A9)。

为了进行连贯排序,我很随意地把两个(或更多)语篇给一位同事看,让他对两个语篇的连贯性做比较。下面的三个语篇由五位这样的(无猜疑心的)"受试者"评定,这五位在不知道我的判断的情况下都做出了与我相同的判断:认为 A10 是三个语篇中最连贯的,A13 最不连贯,而 A9 比 A10 连贯性要差一些,比 A13 却要好一些。之后,还有些读者也同意这样的排序。

A10 1. (there was) there was once a little girl and a little boy and a dog

2. and the sailor was their daddy

3. and the little doggy was white

4. and they liked the little doggy

5. and they stroke it

6. and they fed it

7. and he run away

8. and then (um the little dog)daddy (um) had to go on a ship

9. and the children missed 'em

10. and they began to cry

A9 1. There was a girl and a boy

2. there was a dog and a sailor

3. the dog was a furry dog

4. and the girl and the boy were sitting down

5. and the sailor was standing up

6. and the teddy-bear was lying down asleep

7. and the sailor was looking at (the dog) the bear

8. the little girl was laying down too

9. she wasn't asleep

10. and the boy was sitting up

11. he was looking at the bear too

A13 1. Once upon a time (there was two little)there was a little girl and a boy

2. and they went aboard a ship
3. and the sailor said to them to go and find a carriage
4. don't go on the ship here because I'm trying to dive
5. but the dog came along
6. and threw himself into the sea
7. and then he came back
8. and (all) they all went home
9. and had a party
10. and they lived happily ever after

关于语篇转写和句子边界界定的讨论对话在韩茹凯(Hasan)(备忘录)中有讨论。

8. 初始分析中的语法衔接

我将用上面的三个例子来说明我的原始假设是如何被否定的,从而不能认为连贯的变化与衔接纽带数量的变化或纽带在衔接链中所占的比例相关。论证时我将主要讨论一些问题,在寻求这些问题的解决方法的过程中我最终提出了衔接和谐概念。出于各种这里不必细述的原因,下面的分析不考虑衔接连词。表 3—5 描述了这三个语篇中出现的除连接词之外所有的衔接手段。表中的第一列表示各衔接手段的出现次数,第二列表示衔接手段的解释源,第三列表示纽带的指向状态,最后一列提供了衔接链形成的细节。衔接链关系是相对同一条衔接链中的前面一个成员的位置而言的,因此,表 3 中第四条衔接链 4—3—1 可以这样解读:第五小句中的 *it* 分别与第四小句中的 *the (little dog)*、第三小句中的 *the (little doggy)*、第一小句中的 *a dog* 形成衔接链。注意如果纽带是外指的,第二列中就出现一个空格。如果某个衔接手段比较模糊,就在后面加一个问号,表示这个词本可以当作解释(或一部分)。最后,为方便指代,凡是有定冠词的地方都在后面加括号注明了相应的名词词组。

这些表格告诉我们成分语法衔接模式与连贯的变化没有密切关系。如表 6 所示,三个语篇中无论是衔接纽带的原始分数还是纽带小句的比例看起来都没有很大的差别。

21 连贯和衔接和谐

表3 语篇 A10

衔接手段	解释源	纽带状态	衔接链
2. the (tailor)	—	外指	
their	1. a girl, a boy	前指	
3. the (..doggy)	1. dog	□	
4. they	2. their, the sailor	□	2—1
they (..doggy)	3. the..doggy	□	3—1
5. they	4. they	□	4—2—1
it	4. the..doggy	□	4—3—1
6. they	5. they	□	5—4—2—1
it	5. it	□	5—4—3—1
he	6. it	□	6—5—4—3—1
9. the(children)	6. they	□	6—5—4—2—1
'em	7. it, the sailor	□	6—5—4—3—2
10. they	9. the children	□	9—6—5—4—2—1

表4 语篇 A9

衔接手段	解释源	纽带状态	衔接链
3. the (dog)	2. a dog	前指	
4. the(girl)	1. a girl	□	
the(boy)	1. a boy	□	
5. the (sailor)	2. a sailor	□	
6. the(teddy bear)	—	外指	
7. the (sailor)	5. the sailor	前指	5—2
the(bear)	6. the teddy bear	□	
8. the(..girl)	4. the girl	□	4—1
9. she	8. the..girl	□	8—4—1
10. the(boy)	4. the boy	□	4—1
11. he	10. the boy	□	10—4—1
the(bear)	7. the bear	□	7—6

表5 语篇 A 13

衔接手段	解释源	纽带状态	衔接链
	1. a girl, a boy	前指	
2. they	2. they	□	2—1
3. them	2. (aboard a)ship	□	
the(sailor)	2. a ship	□	
4. the(ship)	3. (by)the sailor	□	
here	3. the sailor	□	
I	—		
5. the(dog)	5. the dog	外指	
6. Subject-ellipsis	6. Subject of	前指	
	7. he	□	6—5
	4. I?	□	
	3. them	□	7—?
	8. they	□	8—7—?
	9. they	□	9—8—7. ?

表 6

	小句	衔接纽带	每小句的纽带
A10	10	13	1.3
A9	11	12	1.09
A13	10	12	1.2

韩礼德和韩茹凯(Halliday and Hasan 1976)曾认为对语篇结构来讲内指纽带,即解释源由上下文提供,比外指纽带更合适。既然后一种纽带类型的解释源存在于语篇之外,那么除非语篇中的一些词汇选择提供一些解释的线索,否则缺乏情景语境的人就理解不了衔接手段。不过在这方面,外指纽带的模糊性总是不能完全消除。无论哪种情况中我们都不能得到正确的理解。由于缺乏语篇的语境信息,缺乏内指解释源的衔接手段与模糊性不能根据上下文来消除的衔接纽带同样都让人难以理解。出于这个原因,把这两种类型的纽带从有明确内指的纽带区分开来似乎是有效的。区分的结果见表7。

表 7

	小句	透明纽带	每小句中所占的透明纽带
A10	10	12	1.2
A9	11	11	1.00
A13	10	10	1.00

表 6 和表 7 中所列的数据显然都不能解释这些语篇中连贯程度的变化。在讨论语法衔接链之前,让我们先来考虑一下从词汇衔接中能否找出确凿的证据。

9. 初始分析中的词汇衔接

表 8—10 列出了三个语篇的词汇衔接情况,是根据韩礼德和韩茹凯(Halliday and Hasan)(1976)划定的范畴分类的,简单概述在表 1 的左下方框中。在以下几张表格中罗马数字表示衔接链的序号,阿拉伯数字表示词汇标记出现于其中的小句的序号。

表 8 语篇 10

		3 个标记	2 个纽带
i.	girl 1; boy 1; children 9		
ii.	daddy 2; daddy 9	2 ☐	1 ☐
iii.	sailor 2; ship 8	2 ☐	1 ☐
iv.	dog 1; doggy 3; doggy 4	3 ☐	2 ☐
v.	run-away 7; go(sail off) 8	2 ☐	1 ☐
vi.	like 4; miss 9; cry 10	3 ☐	2 ☐

总计:9 条衔接链,15 个标记,9 个纽带

表 9　语篇 A9

		6 个标记	5 个纽带
ⅰ. girl 1；girl 4；girl 8；boy 1；boy 4；boy 10		5 ☐	4 ☐
ⅱ. sit 4；stand 5；lay 6；lay 8；sit 10		2 ☐	1 ☐
ⅲ. asleep 6；asleep 9		3 ☐	2 ☐
ⅳ. bear 6；bear 7；bear 11		3 ☐	2 ☐
ⅴ. dog 2；dog 3；dog 3		3 ☐	2 ☐
ⅵ. sailor 2；sailor 5；sailor 7		3 ☐	2 ☐
ⅶ. look 7；look 11		2 ☐	1 ☐

总计：7 条衔接链，24 个标记，17 个纽带

表 10　语篇 13

		4 个标记	3 个纽带
ⅰ. ship 2；ship 4；sailor 3；sea 6		2 ☐	1 ☐
ⅱ. girl 1；boy 1		5 ☐	4 ☐
ⅲ. * go 2；go 4；go 8；come 5；come 7		2 ☐	1 ☐
ⅳ. drive 4；throw (self into sea) 6；			

总计：4 条衔接链，13 个标记，9 个纽带

* 注意小句 3 go and find 中的 go 不被当作词汇范畴 GO 的标记

按照 1976 年的模型（见表 1：Ⅲ）来分析词汇衔接出现了严重的问题。不过在讨论这些问题之前，有一个总的观点需要先加以说明。

现代语言学的成就在语法和音位学领域表现最为明显，相比较而言，词汇是被忽略的一个领域。虽然有来自不同角度的（Firth 1957；Halliday 1966；Sinclair 1966；Bendix 1966；Fillmore 1971）建设性指引，但是用于词汇描写的范畴仍然没有得到明晰的界定。因此这使得在每一步的分析中做决定时都会遇到问题。例如，单词和词汇标记可以同延吗？如果是，*sit*, *sit down* 和 *sit up* 如何互相联系？*sit up* 中的 *up* 和 *stand up* 中的 *up* 是同一个词汇范畴的体现吗？而且，可以用词汇范畴这个术语来指代传统的"虚"词 *up*, *down*, *in*, *out*, *on*, *at* 吗？最基本的问题是词汇范畴是通过什么方法来体现的？*bachelor* 和 *unmarried human adult male* 是同一个词汇范畴的不同体现形式吗？

这些问题都很棘手并影响词汇衔接的每一步分析。不过有一点必须明确指出，并不是哪一种关于衔接的观点导致了这些问题。相反，问题的根源在于我们对语言形式的理解，更确切地说在于我们对语法和词汇之间的关系的理解。在实际操作中，不管我们持有何种关于衔接和（或）连贯的观点，在尝试分析中都会遇到问题。同样在实际操作中我们都能找到某种解决办法。为分析语料，我试着准备了一张流程图来识别词汇范畴。这样我的"词汇范畴"概念开始运作了。在我看来，虽然这样做并不能确保我的方法是切实可行的，但是确实解决了分析中的不确定问题。因此，我下面要讨论的问题仅仅是韩礼德和韩茹凯（Halliday and Hasan 1976）模型中的衔接分析问题。

既然我主要用定量的方法来研究连贯,纽带的同一性问题就显得倍加重要。然而,对纽带数量的统计引起了词汇衔接的一个问题。例如,重复形成了一个纽带;搭配也形成一个纽带。那么来看一下表 10 中的衔接链 III,有五条衔接链还是四条?

go 2 ⟷ go 4
    go 4 ⟷ go 8
        come 5 ⟷ come 7

并且还有 *come* 和 *go* 之间的两个搭配纽带

come 5 ⟷ go 4
come 7 ⟷ go 8

首先,重复和搭配属于两个不同的维度,这就引出了第一个问题。词汇标记可以同时进入到这些关系中。因此,可以通过重复关系和搭配关系把它们当做构成纽带(constitution ties)。

总的来说,搭配这个概念确实存在问题。我坚信搭配概念后面隐藏着一个直观的实体,但我逐渐接受了这样一个事实,即除非我们能按照弗斯学派的意思把搭配所构成的衔接关系的细节都进行分析,否则在研究中最好避开这个范畴。主体间的可靠性问题不能忽视。如果有人认为 A13 中的 *dive* 4 和 *sea* 6 之间存在搭配纽带,我们有什么理由来同意或不同意这种说法呢?

除这个问题之外,现有的词汇衔接类型不能解释某些语义关系。我们可以用 A10 中 *sailor* 和 (*children's*) *daddy* 为例来说明。这样的问题使我自然而然地想对衔接的词汇范畴进行修正。但先让我来简单地看一下表 8—10 中呈现的结果。我们来回忆一下,在原始假设中衔接链占了重要的地位(见第 6 小节)。但是,就词汇衔接链和连贯程度之间的相关性而言,下面表格中所呈现的数据并没与这种相关性的任何一种可能性相一致:

表 11

	每小句的衔接链	每小句的标记	每条衔接链的标记	每条衔接链的纽带	每小句的纽带
A10	.6	1.5	2.5	1.5	.9
A9	.6	2.1	3.4	2.4	1.5
A13	.4	1.3	3.2	2.2	.9

10. 初始分析中的语法衔接链

对语法衔接链的考察没有得出一个肯定的结果。我把语法衔接链的细节呈现在下面以便讨论。

表 12　语篇 A10

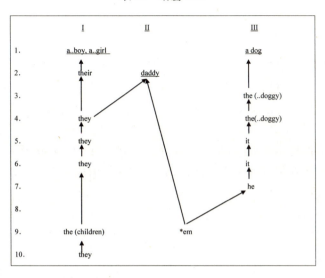

每条衔接链的最终照应对象都用下划线标注，此外，外指词项用星号标注。我们可以谈及"最终照应对象"，说明不管在实际情景中照应对象是什么，衔接链的成员都照应自己在情景中的实体。换言之，纽带成员之间的语义关系是互相照应关系（见上面第 5 小节的讨论）。然而，在一定范围内，这类衔接链的照应值可以互不相同。有两种可能的情况：衔接链要么互相关联，要么分离。关于这两种可能性的实例阐释见 A10。

表 13　语篇 A9

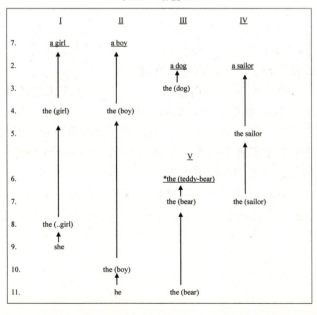

11. 衔接链连接

我们来考虑衔接链 I(表 12)。衔接词项 *they*，*their* 必须理解为该语篇小句 1 中的 *girl* 和 *boy*。不过，小句 4 中 *they* 的照应对象不仅仅是 *girl* 和 *boy*，还包括 *daddy*（对这种解释的说明见第 13 小节）。对衔接链 I 做这样的解释在小句 6 之前都是成立的。小句 7 并不延续这一衔接链，并且小句 8 中有证明衔接链分离的词汇成分，*dad* 不再是衔接链 I 的照应对象。小句 9 中，衔接链 II 和 III 联合照应 *daddy* 和 *dog*，两者都被孩子们想念。因此，A10 的衔接链模式可以用下面的图式表示：

表 14

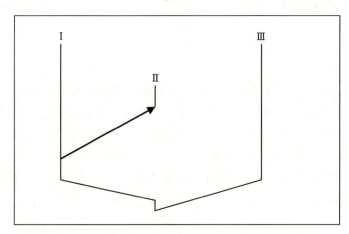

注意衔接链之间的连接，不管结合还是分离，在实现过程中都与故事发展的关键点有关。最近，艾坡彼（Applebee 1978）的研究似乎可以证明我的假设，即语篇中的衔接链关系模式表示了语篇内容的发展。

衔接链的分离只存在于复合衔接链中。复合衔接链通过两种途径形成。其一，衔接链始于一个混合照应对象，如 A10 和 A13 每个语篇中第二个小句中的代词都指代两个以上的实体。其二，复合衔接链通过两条衔接链结合而成，如 A10 中。混合照应对象否定了两个或多个实体之间的功能差异。注意 A10 和 A13 中对 *girl* 所做的断言也都是对 *boy* 所做的断言。当衔接链结合发生时，同一条原则适用于两条衔接链中的照应实体。不过在这两种情况中都存在一个选项，这一选项可以在这两个独立实体间引入一个功能差异。选择这个选项的地方就是衔接链分离发生的地方。

表 15　语篇 A13

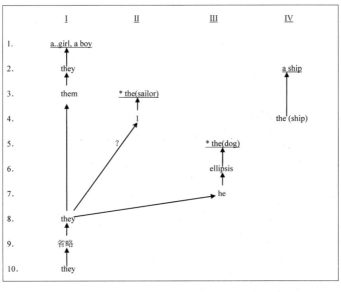

有意思的是，A13——最不连贯的语篇——的衔接链连接模式有点像 A10——最连贯的语篇——衔接链连接的某种处理不当的仿效。A9 显得与众不同：包含了五条衔接链，每一条都没有与其他的衔接链连接。如果语料不包括 A13，我们也许会误以为衔接链连接对语篇的连贯起着举足轻重的作用，我认为事实并非如此。如果衔接链之间的连接点与语篇的内容发展有关，有或没有这些点，以及衔接链连接程度本身都有可能随着语篇语类的变化而变化。注意 A13 是一个与 A10 风格相同的假想故事，但是除非有特许，否则不能把 A9 看成是一个故事。

12. 尚未解决的模糊性和连贯

表 14 呈现了 A13 中的衔接链连接。与 A10 相同，A13 也有四条链，除了小句 8 中 they(all) 的模糊性没有解决之外，该表表明了相同程度的衔接链连接。小句 8 中 they(all) 的模糊性也影响了衔接手段 9 和 10。从上下文来看我们只清楚一点，即小句 8 中的 they(all) 的照应对象肯定与小句 9 中省略的主语和小句 10 中的 they 所照应的对象相同。因此我们有足够的理由把 8、9、10 放入一条衔接链中，但是不能确定这几个词项的照应对象是什么，包含了 dog 和 sailor 吗？正常情况下，小句 8 中的 all 表明 they 的照应对象（至少）超过两个实体。其次，按照代词歧义消除原则，dog 看来是两个照应对象中的一个，因为这个词与 they 的位置很接近，并且 he 和 they 处于主位位置。如果有一个正当的理由，那么，这两个条件都可以被推翻，但是我相信这个语篇中没有这样的理由。这就意味着 they 所照

应的实体必须包含前面提到的 *dog*,*boy* 以及 *girl*。至于言说者是否把 *sailor* 包含在内则确定不了。这解释了为什么连接 *they* 和 *sailor* 的衔接链上标有一个问号。

13. 由初始分析引出的问题

我研究的语料由 80 个语篇组成,其中相当一部分已用上述方法作了分析。这些分析促使我关注几个问题,其中两个有关词汇衔接分析的问题已经被提到了(见上面第 9 小节),现在主要讨论另几个问题。

那几个尚未解决的模糊现象都频繁地出现在语篇不连贯的情况中。问题自然就产生了:模糊现象与语篇不连贯之间存在逻辑关系吗?很显然,从语篇类型 A9 来看,在范围上,缺乏连贯的超过了未解决的模糊。即使没有这些模糊现象,语篇还是可以被判定为不连贯。

对衔接链形成模式的考察反映了两个事实。首先,词汇衔接链与语法衔接链的分离很明显破坏了语篇语义组织的某些方面。例如,从表 12 中衔接链 I 和 II 的角度来看,如果 *daddy*(小句 8)不包含在内,很显然这个关于衔接链分离的图就被扭曲了。但是 *daddy*(小句 8)和衔接链 II 之间却没有语法衔接关系,而只是通过词汇重复与 *daddy*(小句 2)形成衔接。显然,语篇是一个语义统一体(Halliday and Hasan 1976),在语篇中,衔接的词汇语法范畴应该联合起来从而反应语义具有统一性这一事实。这意味着需要有某个普遍有效的原则来使词汇衔接事实和语法衔接事实相关联。其次,词汇衔接范围中的衔接链连接模式使我想知道在关注词汇衔接链的地方是否也存在类似的链连接模式。

对词汇衔接范畴的修正以及寻求这三个问题的答案最终促使了衔接和谐概念的形成。

14. 词汇衔接范畴的修正

词汇衔接范畴的修正可以从以下三个主要方面来进行:
1. 引入新范畴;
2. 详尽阐述现有范畴;
3. 排除搭配现象。

词汇衔接似乎属于两种主要类型:一种通过"概括性"词汇关系衔接,另一种通过"实例性"词汇关系衔接。1976 年的模型描述了前面那种类型的大部分细节;不过,实例性词汇衔接为语篇的整体性提供了重要的资源。

概括性词汇衔接手段的范畴以超语篇的语义联结为基础,对大部分语言都有效。我们以同义词构成的词汇衔接手段为例:同义词 *write* 和 *scrawl* 互相连贯。

两个词经验意义的相同构成了相互之间的语义联结。然而,两个词经验意义的相同是英语系统的一个事实。这就是为什么即使脱离真实话语语境,这两个词仍构成了这一意义关系的一个有效例子。即时不结合语境,我们也知道这对词相互构成同义关系:它们的关系存在于系统中。

相反,实例性词汇衔接是依靠语篇的。其有效性是语篇自身的产物,并非扩展到语言系统。因此,找不到简短的实例来解释这种衔接,只有通过话语的语言语境,这种衔接关系才能取得其有效性。例如,A10 中 (*the*) *sailor* 和 (*their*) *daddy* 通过"等同"这一实例性衔接关系得以关联,语篇使得 *sailor* 和 *daddy* 两者等同。但是这种照应同一性只是这个语篇的事实。不能说在英语系统中 *sailor* 和 *daddy* 就是等同的。

如表 1(III:a-d)所示,这里的主要关系是相似和包含关系。在 1976 年的模型中,相似包括"相同"和"不同",而包含涵盖"包括"和"被包括"。在对这个模型的修正中,我们将这些方面分离开来,因而也许使得这个模型更具有可操作性。表 16 列出了这些衔接类型的整个体系。

表 16

词汇衔接范畴
A. 概括性衔接
i. 重复   leave, leaving, left
ii. 同义   leave, depart
iii. 反义   leave, arrive
iv. 上下义   travel, leave(包括同下义词, leave, arrive)
v. 整体部分关系   hand, finger(包括同部分词, finger, thumb)
B. 实例性衔接
i. 相等   the *sailor* was their *daddy*; *you* be the *patient*; *I'll* be the *doctor*
ii. 命名   the *dog* was called *Toto*; they named the *dog Fluffy*
iii. 相似   the *deck* was like a *pool*; all my *pleasures* are like *yesterdays*

注意表 16 没有包括搭配,事实上很难通过充分利用这个范畴来保证分析的一致性。但是把搭配排除在外的原因并非完全不合理。以前在搭配标题下处理的很多关系都纳入了现在这个修正模型中。修正首先是对词汇衔接链定义的修订,现在的词汇衔接链包括一组标记,其中任何可能组对的成员都处于表 16 中 A:i-v 的某种关系之中,并且,在实例上呈现相关性的标记被看成是一个统一体。应用于词汇衔接的链连接概念进而允许诸如 *pear, peel, core, pip* 这样的衔接链包含在 *sustenance, food, vegetable, fruit* 这样的衔接链之内。注意这种链连接与语篇话题发展的方式相关,其关联的方式与语法衔接链的特点相同。那么,从实际角度来讲,没有必要再把诸如 *go* 和 *come* 看成是通过搭配而连接的。它们的反义关系使两者属于同一条衔接链。

虽然上面的理由把排除搭配的后果最小化,但并不能解释搭配所能解释的所有现象。这一修正模型并不能解释有些我们凭直觉感觉到的衔接关系。如表10中衔接链 I 读作 *ship ship sailor sea*,其中 *sailor*,*ship* 与 *sea* 之间的关系称为搭配。然而,这个修正模型却不能使它们处于同一条衔接链中。考虑到分析的一致性的重要性,我遗憾地接受了这个修正的分析模型存在的这一不足。之后,我在这方面所做的研究也帮助我解释了这些关系,不过既然这一后续发展并不能用于分析这些语篇,其细节也就没有意义了。然而,由于对连贯的考察揭示了只要某种关系确实重要,这种关系就可以用很多方法来识别,因此这一不足并没有影响我的分析。

15. 词汇和尚未解决的模糊性

基于上面所给出的词汇衔接链的定义,我们可以得出这样的衔接链 *sailor-daddy children girl boy*,其中 *sailor-daddy* 被看作一个单位,两个标记之间的语义关系称作同指,在这里通过实例等同这一衔接手段来体现。但是,正如第 5 小节中所指出的那样,同指最典型的体现方式是纽带,其中的一个成分要么是代词,要么是定冠词 *the*。

在某种重要意义上,语法衔接纽带与实例性词汇衔接纽带是相似的:两者都是在语篇中形成的——*they* 不能总是被理解为(*the*)*children*,*it* 不能总是被理解为(*the*)*dog*,这一解释的理据通常是由语篇来提供的。这强调了语篇中词汇标记对解释我所谓的隐性衔接手段的决定性作用(Hasan 1975,1979,1980b,待发表)。如果 A10 中 *the children* 可以被理解为语篇中小句 1 首次提到的同一 *boy* 和 *girl*,那是因为词汇衔接和语法衔接和谐的共同作用,从而使得我们这样理解。

从上面的论证可以得出以下结论,即尚未解决的意义模糊现象会在"词汇中性"的环境下发生(Hasan,待发表),因为在词汇仅仅是"互不相容"的地方,我们不会把某一词理解为意义模糊,只会理解为不相关。比如,*he* 在例3中就不被认为意义含糊,而是被认为与第一句中的 *the captain* 不相关(不连贯)。我们之所以能得出这样的结论是因为词汇选择的互不相容性。考察语料中尚未解决的模糊现象与关于这种现象发生在词汇中性环境中的假设是一致的。A13 就是一个例子。考虑一下如下重写 A13 中的小句 7—9 会对模糊现象有什么影响:

A13

    7' and then he swam back

    8' and they all went and found another carriage

    9' and they played together

确实,小句10仍然是故事的一个相当仓促的常规结尾,但是既然词汇选择受语篇中其他部分的选择的影响而不再是中性的,那么大多数读者都会把 8' 中的

they 理解为 *the girl*, *the boy and the dog*。

正因为词汇衔接和语法衔接的共同和谐作用,语料中经常会有不引人注意的潜在模糊现象。例如,A10 中孩子们突然从 *it* 转而用 *he* 来指代 *the dog* 就属于这种现象。请考虑对小句 5—10 的重写是如何产生无法解决的模糊现象的。

A10

    5' and it used to be in the garden

    6' and it was nice and cuddly

    7' and he run away

    8' and then he had to go

    9' and they were alone

    10' and they were very very sad

在原文中我们毫不犹豫地把 *he* (小句 7)理解为 *the little doggy*,而上面的重写反而使其显得模糊不清。原文中使得 *he* 没有歧义的那些因素不受任何位置的制约。一方面有 *stroke* 和 *feed* 的支撑,另一方面又有 *daddy* 和 *children*,以及 *missing* 和 *crying* 的支撑。这些模式合起来就可以确定 *he*=*it*, *it*=*dog*。

以上的讨论可能产生一种有趣的含意,即读者对"不合语法"、非完整结构以及非刻意重复的容忍度可能与语篇中词汇和语法衔接的和谐运作成正比。只有当词汇和语法衔接可能不是互相支撑的时候,这种现象才可能会对解读语篇产生不良的影响。

16. 有关衔接链形成的修正后的原则

在第 5 节中,我提出表 1 中所列的衔接手段类型是语义驱动 semantically motivated 的,语义驱动在本质上是普遍的。因此,关于照应手段包括同指关系的断言可以看作是关于英语系统的断言。我们认为具体的语篇中词汇和语法衔接必须相互支撑这一点很重要,因为这样能促进正确的解读,很明显尽管两者之间的分离具有系统的有效性,两者仍应被看成是相互关联的。两者之间如此有效的联合可以通过参考它们在语篇机体中的位置来达成。用这种方法的实际后果是我们必须找到面向两个方向的衔接链形成原则:这些原则必须促使衔接链与系统之间产生有效的关联,同时,必须促使衔接链与作为过程的语篇产生关联。

依照这一观点,我们可以识别两种主要的衔接链类型:"同一链"(identity chain)和"相似链"(similarity chain)(Hasan 1979,1980b)。同一链的成分通过同指语义关系组合在一起。这种意义关系可能是通过代词的衔接来实现的,如 *a girl* 和 *a boy*—*their*(小句 1 和 2:语篇 A10),或者通过简单对等来实现,如 *sailor*—*daddy*(小句 2:语篇 A10)。如果涉及的是普通实体,也可以通过简单词汇重复来体现,还可以通过语法衔接和词汇衔接的共同作用来体现,如 *a girl* 和 *a boy—the children*,或者通过其他中介型代词的中介作用来体现(小句1和9:语篇A10)。英语中能体现同指的范畴和解释这些范畴的一般条件是语言系统的实际情况,但是这些范畴的具体内容则是由语言在情景语境中实施的语篇地位所决定的。这相当于说同指的特点是由情景——具体的语篇——决定的。从这种意义上讲,同一链总是受语篇限制的。同一链(IC)是语篇建构的一个要求,因为,就人们所提及的实体、实践、环境而言,若果需要重复提及的话,它们都需要被具体化。

相似链(SC)不受语篇的限制。这类衔接链的成员之间的语义联结要么属于同类,要么属于同延(见上面第5小节以及Hasan 1979,1980b)。同指可能由替代或省略,或者某些情景下的简单词汇重复来体现。同延通过表16中所列的A:i-v的词汇衔接类型来体现。显然不同的语篇中相似链形成的实际情况不一样。然而,其形成的普通条件和每一个成分的具体内容都是语言系统的事实,同延尤其如此。既然相似链是语义场中特定部分的体现,那么这样的衔接链在语篇中的位置具有双重功能:一方面它们反应了语篇的普遍地位,另一方面又体现了语篇的个体化特征(Hasan 1980b)。

在一个正常的非最小的语篇中,两种衔接链的存在都是必要的。当然也可能存在仅有一条同一链构成的短语篇:本文中的第一个例子就属此列。不过这样的语篇很容易"破碎":其整体性很容易被破坏。因此,如果例1中时态选择不一,语篇的整体性就会大大受到影响。相反,在A10中,错误时态的选择则不会对语篇的整体性产生很大的影响。读者自然而然地会把小句5中的*stroke*读成*stroked*,把小句7中的*run away*读成*ran away*,而不会影响语篇的整体性。也可能存在仅有相似链构成的短语篇,但是这样的语篇往往让人感觉很怪,也许因为它们读起来往往像事件状态的列表一样,缺乏构建细节的方法。本文的例2属于这种情况。退一步讲,没有任何的衔接也可以构成最小的语篇。不过仅凭这几个语篇来论证衔接不是构成语篇的重要手段,就像仅通过分析电报语言来讨论英语的语法特征一样可能会显得目光短浅。在我收集的由80个语篇组成的语料中,没有一个语篇只有同一链或只有相似链,两种衔接链都存在。

17. 语篇A10,A9和A13中的衔接链分析

这些语篇中的同一链和相似链见表17-19。每张表的上面一半表示同一链,下面一半表示相似链。每个标记的位置都做了标注,衔接链连接的地方都加框注明了,带有实线的标记是根据对代词的理解而产生的;带有虚线的标记表示该同指有一部分是通过定冠词*the*的作用来达成的。

21 连贯和衔接和谐

表 17　语篇 A10

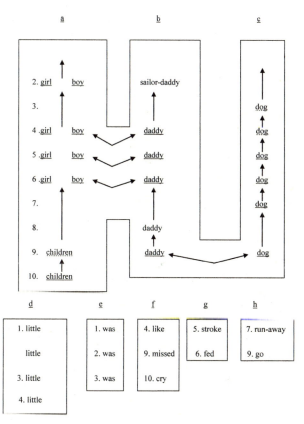

衔接链总数：8　　　　　相似链中的总标记数：14
同一链中的总标记数：26　　衔接链中的总标记数：40

表 18　语篇 A9

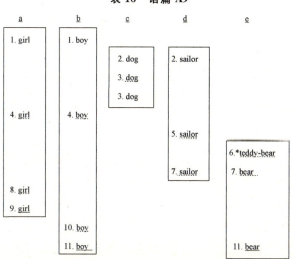

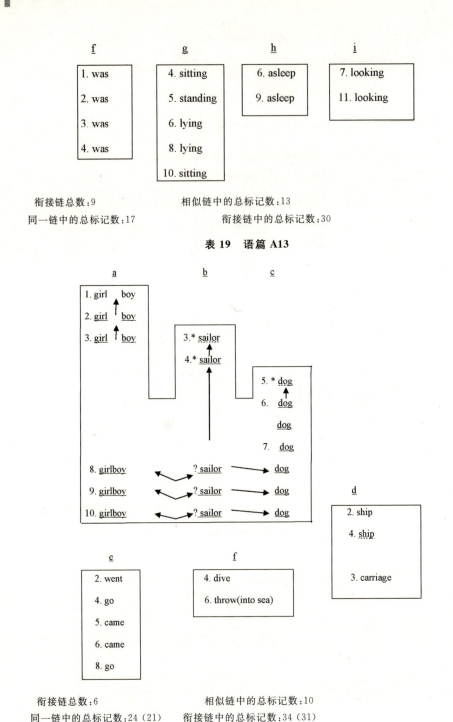

衔接链总数:9   相似链中的总标记数:13
同一链中的总标记数:17   衔接链中的总标记数:30

表19 语篇A13

衔接链总数:6   相似链中的总标记数:10
同一链中的总标记数:24（21）   衔接链中的总标记数:34（31）

把表17－19中的上面一半与表12－14相比较，然后把下面一半与表8－10相比较会非常有用。表12－14呈现的事实属于语法衔接链，而表8－10呈现的事实只与词汇衔接链相关。表17－19参考这些相同事实在语篇机体中的作用对它们中的大部分进行了重组。不过这些衔接链的基础仍在于衔接范畴。这是声明衔接是语篇连贯的基础的部分理据。例如,某些突发事件或战争混乱的情景可以在语篇内产生连贯。从这种意义来讲,情景连贯并不是描写该情景的语篇连贯存在的先决条件。如语言的其他语义现象一样,连贯不是现实的写照,而是现实的表征。连贯产生于强加于感官规律之上的网格;衔接范畴是这一网格具体细节的词汇语法表述。

注意每一个语篇中标记的总数超过上面这些表格中所列的衔接链数目。而下表对这些语篇中没有归入衔接链的标记进行了呈现:

表 20

A10	A9	A13
1. once 2. 3. white 4. 5. 6. 7. 8. ship 9. 10.	furry little	once-upon-a－time little said go-find trying here(near) sailor sea all home had(pro-Verb) party lived-happily-ever-after

语篇中那些没有归入衔接链的标记可以称为"边缘标记"(peripheral tokens)(PT);这个标签反映了这样一个假设:即这样的标记对经验意义和语篇意义的组织是不重要的。相反,那些归入衔接链的标记可以称为"相关标记"(relevant tokens)(RT),这个名称又容易让我们记住:这类标记以两种相互关联的方式相关。首先,它们通过衔接得以相关,其次,它们与语篇话题的发展相关。语篇中边缘标记和相关标记的和是语篇标记的总和。我们所讨论的三个语篇的标记总和见表 21。

表 21

	边缘标记(PT)	相关标记(RT)	总标记(TT)
A10	3	40	43
A9	2	30	32
A13	12	34(31)	46(43)

关于 A13 的表 19 和 21 呈现了两个数据。高的数据是把 *sailor* 作为小句 8、9、10 中的语法衔接手段的一个照应对象来计算的。因此,语篇的模糊性一直是中心问题,下面小节将对此做进一步评论。

18. 衔接链交互作用与衔接和谐

修正后的衔接链概念综合了语篇的词汇和语法衔接模式，因此衔接链并不是单纯词汇的或语法的，而是根据它们在语篇中潜在的功能来界定的。那么，为什么表 21 的数据与读者在语篇中发现的连贯程度没有呈现明显的关联？这是因为与衔接和谐概念相关的最后一步尚未考虑。目前仍需要回答的问题是这些衔接链是如何相互关联的？表 17 显示衔接链的结合和分离模式；人们认为在相似链中同样能找到类似的模式。不过这样的衔接链连接是衔接链内部组织的问题，一条简单的衔接链可以藉此变成一条复合衔接链，反之亦然。现在我们需要问的是单个衔接链——包括简单的和复合的——之间是否发生交互作用，从而使这种交互作用远离单个交互链，但又在很大程度影响整个语篇的统一性。

这种情况确实存在。当一条衔接链的一个或多个成员与另一条衔接链的一个或多个成员具有相同的功能时，就会产生这种情况。让我以语篇 A10 中的一些衔接链为例来说明。我们可以说复合衔接链 a-b 中的一些成员与衔接链 c 和 g 中的一些成员交互作用。之所以是这样是因为先提到的成员相对于 g 具有"动作者"的功能，而 c 的成员相对于 g 具有"目标"的功能。示意图见表 22。

表 22

a-b	g	c
girl-boy daddy	stroke	dog
girl-boy daddy	feed	dog

注意每条衔接链本身都按照促使成员间统一性的语义原则构建而成。现在通过考察每一条衔接链之间的交互作用，另一个关于统一性的资源就浮出了水面。这个资源基于这样的事实，即当我们谈论相似/相同的"实体"、"事件"等时，所谈论的相关"事物"是具有相似性的。关于衔接链交互作用如此重要的原因将在下面我证明交互作用与语篇连贯变化的关系时具体讨论。不过首先我需要澄清一下衔接链交互作用这个概念。

假如我们考察上面从 A10 得出的示意图并回忆衔接链之间的关系，有一点立刻就很明显，即交互作用应该被认为与某些语法关系相一致。我只是通过关注与经验意义相关的语法功能来研究语料中衔接链的交互作用（Halliday 1977, 1978）。然而，没有任何迹象能证明通过与其他意义——如人际意义——相关的语法功能不能研究衔接链的交互作用。也没有证据能证明前者在语篇的统一性上比后者更重要。几百年来语言学一直注重经验意义,似乎这些且仅有这些意义构成了语言的本质,这多多少少是我把注意力放在经验意义上的原因。考虑一下相似链形成的意义关系——诸如同义、反义等概念都是基于对经验意义的关系考虑之上的。因为描写性范畴的可获得性会自然而然地推动一个人去做这样的分析,就如我所做的那样:按照几乎唾手可得的现成的范畴来分析语篇。

对上面这种语法关系作分析的单位是小句和词组。因此,不仅 $a-b$,c 和 g 之间存在交互作用(如表 22 所示),a,d 和 d,c 之间也存在交互作用,见表 23:

表 23

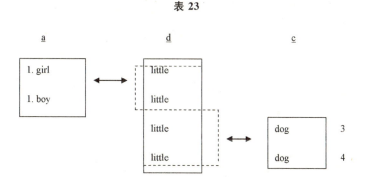

表 22 所示的交互作用是小句内部的,表 23 所示的则是词组内部的。

比较两张表格可以发现这样一个事实,即有些衔接链(g 或 d)能与两条或多条不同的衔接链交互作用。不过,请注意 g 和 d 之间在这方面存在差异。前者(g)同时与衔接链 $a-b$ 和 c 发生交互作用,而 d 与 a 和 c 的交互作用则呈现出"参差交错"的特征。当语法功能位于词组内部时,参差交错是多重衔接链交互作用的必要特征,但是这个特征并非只出现在这种交互作用中。在我的语料的大部分语篇中,参差交错作用比同时交互作用更为常见。

注意在两种情况中,只有在一条衔接链的两个或多个成员与某一条特定衔接链的两个或多个成员处于相同的功能关系时交互作用才得以发生。如果语篇 A10 中小句 1 的 *boy* 没有被赋予 *little* 这个特点,并且如果小句 4 中 *dog* 也没有被赋予这个特点,我们就只有两个 *little* 标记,一个描述 *girl*,另一个描述 *dog*(分别在小句 1 和 3 中)。在这种情况下就不存在衔接链的交互作用,因为 *girl* 和 *dog* 属于不同的衔接链,而且 *little* 与每条衔接链中的 *girl* 和 *dog* 都没有相互呼应的关系。这个二重性原则在衔接链交互作用中与在成分衔接手段运行中起同样的效果。后面我会讨论这个必要条件的重要性。

分析衔接链交互作用的语法功能主要源自韩礼德(Halliday 1967,1968,1970a)。不过,在不同的地方,我必须给出我自己的描写,而且没有迹象表明我所做的具体的分析必然与韩礼德的语法描写的所有细节是一致的。

并非所有的相关标记都会参与到衔接链的交互作用当中。这里的情况与成分衔接有相似之处:尽管成分衔接中实际的衔接是通过消息的组成成分来实现的,但最终结果是消息的的整体统一。同样，衔接链 a 可以与衔接链 b 交互作用，并不是因为 a 的所有成员都与 b 的所有成员产生交互作用，而是因为其中的某些成员产生交互作用。这意味着首先衔接链具有多方向交互的潜力，如表 23 中衔接链 d 既能与 a 又能与 c 交互。其次，这意味着并非所有的相关标记都需参与实际的交互作用。这就使我们有理由对语篇中的相关标记作进一步分类：与其他衔接链积极互动的相关标记的子集可以叫做"中心标记"（central tokens）（CT）。

衔接链交互作用的细节相当复杂，因此在这里不能详尽描述（Hasan，待发表）；然而，以上的介绍能使读者理解下面三个语篇的衔接链交互作用示意图。

表 24　语篇 A10

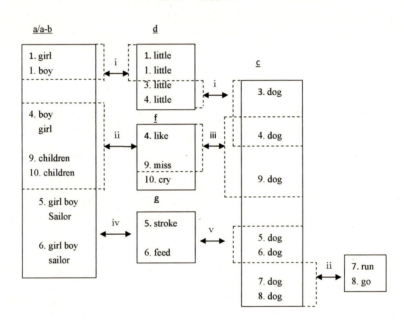

表 25　语篇 A9

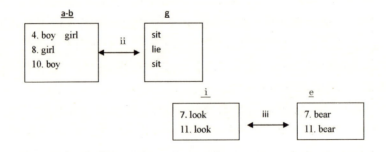

表 26　语篇 A13

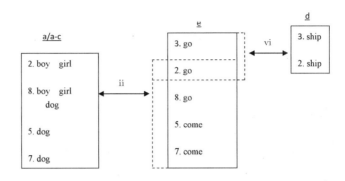

每个实线长方形代表一条简单或复合同一链或相似链（或它们的一部分）；衔接链的位置参考表 17－19。参差交错的交互作通过用虚线框把相关标记封闭起来的方式来表示。每个长方形和/或虚线框通过箭头互相联系，这些箭头表示功能关系。每一种关系的说明见下面：

i. 特征－事物

ii. 中介－过程

iii. 过程－现象

iv. 动作者－过程

v. 过程－目标

vi. 过程－过程的处所

表 24－26 只呈现了每个语篇的中心标记（central tokens，简称 CT）。中心标记是与其他衔接链发生实际交互作用的相关标记所构成的子集。"中心"这个标签也是参照语篇中这些标记的作用而选用的。我的假设是语篇的中心标记与语篇话题的发展直接相关。衔接和谐不仅存在于同一链和相似链的形成中，还在于如上面所讨论的通过衔接链交互作用而产生的其他的整体资源中。衔接链交互作用的程度与语篇的连贯程度直接相关，因此，可以说语篇中衔接和谐程度越高，语篇就越连贯。我们可以通过考察语篇中中心标记占总标记的百分比来解释衔接和谐。边缘标记与中心标记的比率似乎是个重要因素，因此中心标记与边缘标记之间的比率越高，语篇就越连贯。表 27 中有关我们所讨论的三个语篇的数据证明了这个预测。

表 27

	总标记数	相关标记	边缘标记	中心标记	中心标记占总标记的百分比	中心标记与边缘标记的比率
A 10						
A 9	43	40	3	31	72.09%	10
A 13	32	30	2	11	34.37%	5
	46(43)	34(31)	12	14	30.43%(32.55)	1

表 27 中最后一列数据只是粗略计算得出的结果。既然语篇之间的差别很明显,似乎没有必要进一步细算。倒数第二列表示这些语篇中衔接和谐的程度:注意按这种方法计算的结果对这三个语篇的排列顺序与根据其连贯程度排列的顺序正好一致。这里我特别要关注 A13 的双重条目。如前面所指出的,它们主要是关于语篇中的语义模糊现象。如果 *sailor* 肯定不算在内,那么括号中的数据就是确切的。注意那样的话 A9 与 A13 的衔接和谐数值就很接近。这些数值可以看作是反映了尚未解决的模糊在语篇 A13 连贯排序上所起的作用。如果小句 7 中的 *they all* 理解为 *the boy, the girl and the dog*,那么就没有模糊现象了。语篇中的标记总数就会降至 43,其衔接和谐也不会与 A9 相差甚远。我认为如果读者按照推荐的修正方法重新阅读语篇,他们会一致认为 A13 即使不比 A9 更连贯,也与其非常接近。

在这一点上我想关注一下表 24—26 的另一个方面。注意在表 24 和 26 中衔接链交互模式呈现了一个统一体,因此交互的衔接链逐步互相关联:衔接链之间没有中断。表 25 显示 A9 出现了一个交互模式的中断。如同中心标记与边缘标记的低比率一样,交互模式的中断是低连贯性的一个相关特征,因此如果两个语篇的连贯和谐计算方法一样,那么交互模式没有出现中断和/或中心标记与边缘标记的比率高的语篇就可能被认为更关联。在我的语料中,我发现用衔接和谐计算方法得出的排序,即通过计算中心标记在总标记数中所占的百分比所得出的排序结果,与读者对不同语篇的连贯程度比较得出的排序结果始终相关。此外,在确定无疑被认为是连贯的语篇中,中心标记始终占总标记数的 50% 以上。自此,这种方法被用于分析其他语类的语篇,而对衔接和谐与连贯之间关系的这一假设并没有受到挑战。我们可以总结为以下几点:

i. 中心衔接标记(CT)占总标记数(TT)至少 50% 以上的任何语篇被视为是连贯的。这个百分比数值可以认为是衔接和谐的计算方法。

ii. 依据衔接和谐对语篇连贯的排序与根据非正式读者/听者的反应作出的对连贯的排序相符。衔接和谐是连贯的语义事实(semantic fact)的词汇语法映现。

iii. 如果两个语篇在衔接和谐上没有表现出明显差异,连贯的变化与交互的中断相关:在其他条件相同的情况下,中断的次数越多,语篇就越不连贯。

iv. 虽然边缘标记占相关标记或总标记的百分比与连贯不相关(Hasan 1980b),但是中心标记与边缘标记的比率却与连贯相关:在其他条件相同的情况下,中心标记与边缘标记的比率越高,语篇就越连贯。

19. 衔接和谐的意义

现在需要从语言系统的角度对衔接和谐的位置作评论。如果索绪尔学派关于聚合和组合的概念与体现连贯的现象有关，那么显然同一链和相似链处于聚合地位。这一聚合关系的成员在语义上相互联结，称它们相互连贯就是这个意思。每一条这样的衔接链都代表一个相对独立的统一的中心。这些统一的中心通过衔接链交互作用联系在一起就产生了衔接组合体。

第3小节中我讨论了结构的整合本质。一个小句结构产生一个整合的单位，不过这样的单位本身不具备衔接地位。衔接的核心问题是二元性概念，当相似或包含原则不仅在纵聚合轴而且在横组合轴上发挥作用时，组合体就具有衔接性了。*they stroke it* 本身并不衔接，只是因为这个组合体与 *they fed it* 相似，所以才具有衔接性。可见，不是小句的结构也不是小句的内容赋予组合体以衔接地位，而是创造衔接链聚合体所依据的同一条相似原则使得组合体衔接。这就是为什么从小句层面分析小句或从命题层面分析命题都不能揭示语篇连贯的本质的原因。然而，当同种功能关系被映射到已通过内部相似性联结的词汇标记上，并且这种关系得到呼应时，语篇消息成分之间的语义联结就增强了。功能关系的呼应成了一个强有力的手段，但是其作用只是因为衔接链的成员在任何事件中互相呼应才能发挥。这为坚持以下论断提供了理论基础，即衔接链交互作用的最低条件是对某个功能关系的"呼应"，换言之，只有当一条衔接链的至少两个成员与别的衔接链的至少两个成员处于同一种语法关系时，才能识别衔接链的交互作用。

虽然是我自己得出了这些分析的结果，而且我的同事们也很鼓励我，但并不是说这种方法就没有问题了。例如，人际意义关系的衔接分析仍不完善。此外，与它紧密相关的另一个问题是如何利用小句间逻辑关系的分析对衔接和谐进行校准。例如，假如一个语段缺乏衔接和谐，那么我们是否可以感知到消息与消息之间的逻辑关系？比如，例3中的小句之间存在什么关系？另外，诸如 *this, from now on* 等成分手段——通常建立语篇照应因而属于元语篇——也存在严重的问题。基于我语料中的这类语类和言说者的这种能力水平，根本不会产生上面最后的那个问题。但是假如要推广应用这个图示，这个问题就必须解决。讨论这些问题中的任何一个都需要另一篇完整的论文。

注释

1) 本文是1980年在IRA(International Reading Association)年会上的一篇演讲的修订版。这里所报道的研究是由纳菲尔德基金会赞助支持的(1968—1970)。

22　文学中的韵律与理性

对文体学最普遍的,因而也是最宽泛的描述通常包含两个部分:文体学是一门学科,关注文学语言的研究;[1]为此,它采用了源于某个(些)语言学模型的描写框架。针对此学科,一种更严格的主张是:一方面,文体学与语言学有关,另一方面,它与修辞学有关。因此,皮埃尔·吉罗(Pierre Guiraud)认为:"文体学是一门有着双重形式的现代修辞学,既是一门研究意义表达的科学,又是一门研究个人风格的批评学。"然而,在罗曼·雅各布逊(Roman Jakobson)看来:"诗学可以被看作是语言学不可或缺的一部分。"[2]在这些表面矛盾的观点中,其实并无多少真正矛盾之处:毕竟,在漫长的语言与文学研究史中,将修辞与语法进行严格区分这种做法本身就是一种相当新的现象。让我们暂且把有关这些严格主张的合理性问题放在一边,这里,我想探讨的是有关文体学的更为宽泛的描述。我认为,即便是对文体学范围与功能的这样一种普遍看法也能提出某些根本性问题——如果文体学要想获得系统性研究领域这一地位的话,那么,它就必须对这些根本性问题做出一致的回答。实际上,除非这些根本性问题已经提出来了,且已找到了令人满意的答案,否则,文体学对一般的语言研究和特定的文学语言研究的贡献,就几乎不可能受到人们的重视。我也希望在讨论过程中证明,有关这门学科的宽泛描述,必须被当作无足轻重和不切实际的东西来加以摒弃。

一开始,我们可以讨论一个看似天真幼稚的问题:为什么文体学研究的是文学语言呢?请注意,这一问题强调了两点:第一,文体学研究的不是其他语言,而是文学语言;第二,文体学研究的不是文学的其他成分,而仅仅是语言成分。从这两点强调中可以明显看出,上述问题的答案不可能取决于文学作品作为一种"言语结构"的地位。所有语篇,不管是文学的还是非文学的,都是言语结构的实例。"言语性"并不仅仅是文学作品的特征,它本身也不能为强调文学是文体学专属的研究对象提供充分理由。相反,它就是否需要将文体学识别为一门独立的学科提出质疑:如果语言学是"研究言语结构的普适性科学",那么我们有理由期望,它能够应用于文学言语结构的研究[3]。除非文学言语结构和非文学言语结构截然不同[4],否则,文体学这门学科将因为语言学这门科学的界定而变得多余。

文学语言和非文学语言的显著区别,或许可以在这样的事实中找到,那就是,在众多言语结构中,唯有文学语言同时也是艺术的实例。然而,重要的是,文体学并没表现出对其他任何艺术实例的即便是最微小的关注;没有文体学家或者以文体学身份出面的人,声称自己能够描述或者分析著名的《蒙娜丽莎》肖像画。而且,我们现在面对的是有关文体学功能陈述中双重强调的另外一个方面——文体学科所具体关注的并不是文学的其他要素,而仅仅是语言要素。

当以这样的方式来切入,那么对这个看似无关紧要的问题的研究,就不可避免地使我们得出这样一个结论:有关文体学功能的观点是基于一个表述得极不清楚的假设之上的。这种将语言要素从文学语篇中明显独立出来的做法认为:"言语性"现象和"艺术性"现象并没有被视为是两个截然不同的、仅偶然才关联的两个方面。相反,与作为艺术的文学最为相关的正是语言要素。让人警醒的是,这可以因此总结为:在文学中,艺术就是语言,语言就是艺术。这里所采取的立场似乎相当传统:数个世纪以来,我们就已经知道,文学语言是"艺术性的"、"创造性的"、"非交际性的"、"非语用性的"和"抒情性的"——这个列举远远未能穷尽用于描述文学语言的全部特征修饰语。我希望在以下段落中表明,我所说的文学的"言语性"和"艺术性"的统一,虽然不一定与上述引用的用于描述文学语言的修饰语对立,但却与它们稍有不同。

现在我们回到主要争论上,让我们假定"言语性"与"艺术性"的统一对于阐释文体学功能来说是非常必要的。这个假设引发了人们的一些疑问。现仅就其中两个疑问进行探讨,其中一个是定义方面的问题:"语言要素"指的是什么?另一个是实质性问题:在文学中,将言语性和艺术性统一起来的本质是什么?换句话说,在文学中,语言要素与文学的艺术性是以怎样的具体方式相互关联的?我们需要回答这些问题,不仅因为它们对文体学来说具有理论价值,也因为它们对文体学领域任何实际的研究来说都有意义。"语言研究"这个短语无所不包,所以,几乎所有以语言为对象的研究,都可以合理地被视为它的某种或某个实例。毫不夸张地说,要对一句完整的英语小句进行详尽的语言学分析,即使对于一个训练有素的语言学家而言,也要花费二到四个小时。这本身是一种矫正性的思考,尤其是在诸如《仙后》(*The Faerie Queen*)、《失乐园》(*Paradise Lost*)和《米德镇的春天》(*Middlemarch*)等作品的语境下。但是,即便对一个给定文学语篇的语言进行详尽研究是切实可行的,仍旧让人非常怀疑的是,就语篇的文体学研究而言,是否每一个层面和级阶上的[5]语言模式分析都具有同样的价值。对特定的一首抒情诗进行音节结构分析,可能具有文体学上的高度相关性,但这并不等于说这对另一首抒情诗同样适用,更不用说将之应用在小说身上了。因此,把文体学定义为"研究文学语言的学科"是无价值的;这个定义同时缩小和夸大了该学科的真正研究对象。当然,没有一个文体学家会对语篇语言进行穷尽的和不加区分的研究。但是,这是由于他拥有良好的直觉——或许更是由于他接受过传统文学批评主义方面的训练——而不是由于文体学所提供的任何规则性原理,使他将重要的和不重要的"筛选"开来。我们需要对那些在文体学研究中具有优先权和重要性的语言方面做出明确的、清晰的解释;我们有理由认为,那种声称对这些方面的识别主要是出于兴趣的学科能够提供这样的解释。文学语言研究对文体学的有用性并不在于有多少关于语言的"事实"被积累起来,而在于有多少这样的事实被表明对作为文学实例的语篇是起作用的。毫无疑问,这种认识一定是源于本段第一句所提出的基本假设。

在《争论的介绍》(Polemical Introduction)一文中,诺思洛普·弗莱(Northrob Frye)谈道:"批评主义不可能是一门系统的学科研究,除非文学中有一种品质可以使它如此。"这个评论同样适用于与批评主义相关的文体学。如果上一段所提的问题是基于对文学"本质"——不是它能为社会做什么,不是它的(道德、社会、经济或者哲学)意义,而只是它本身是什么——的充分假设,那么,这些问题能够被正确回答的可能性就越大。为此,人们必须明确哪些成分对文学(且只对文学)至关重要,以及它们之间有着怎样的关系。这并不容易[6];但在我看来,这却是必需的。那种认为没有关于文学本质的假设,也可以进行文学应用研究的主张,只不过是种幻想罢了——更不用说任何有价值的文学研究。

应用研究往往预设某个理论,不管这个理论是多么薄弱或不清楚。但是,如果没有对所观察数据本质的假设,任何理论都是不可能的。乔治·加斯科因(George Gascoigne 1575)曾对文学成分做过详尽说明,他在《教学笔记》(Certayne Notes of Instruction)一文中呈现了一个可以被视为有关文学创作的研究。由于这篇文献似乎与文学中的语言要素功能有直接联系,我从中引用了一小段:

"我发现,要创作一首优美的诗歌,首要和必需考虑的关键是:将诗歌置于一些好的思想之上。因为,堆积华丽的词藻是不够的,仅仅靠优美的押韵也是不够的(引自我的老师乔叟(Chaucer)),而且仅仅累积一些词汇或者修饰语也是不够的,除非其中的思想是引人入胜的……当然,我也要提醒大家注意不合理的韵律:我在此的意思就是,你选择的韵律不应该将你带离你首要的思想。"

我对加斯科因的引用并不暗示他在其表述的观点中表明了——或者是声称了——任何原创性;实际上,他所插入的对乔叟权威的承认,正是对这一原创性的明确否认。这段引文中,有两个不明来源的假设可以追溯至很久以前的文学批评作品。第一个假设是,人们必须对文学中至少两种[7]不同的成分——即加斯科因所说的"首要的思想"和"韵律"——进行识别,这长久以来就是一个既定的事实,对此,现存的一长串配对术语就是证明,比如情节与用词、实质与形式、内容与风格、"什么"与"怎么"等[8]。第二个假设为,两个成分之间有某种确定的关系,这也至少在诸如"充分性""真诚性"和"得体性"[9]这一类术语中得到默认。古老的引文并不能证实一个假设的合理性,对这些假设的证明只能在它们的解释潜力中被找到。

有人告诫说,对文学的两种(或者两种以上)不同成分的识别与文学语篇实例的内在统一性相矛盾,对此我不太认同。我们在任何特定的语言实例中都可以辨认出一些不同的成分,但它们与语言的内在统一性并不矛盾。或许我们可以用以下观点来为两种不同成分的识别提供充足的理由。萨皮尔(Sapir)说:"文学可以被翻译,并且有时会翻译得恰到好处";文学翻译是可能的这一事实表明,即便为了交流我们必须并且确实需要语言这一媒介(Medium),然而,就像在其他语言运用中一样,这里也存在一些本质上独立于语言的超语言"事实"。人们可以把两个科学实验作为真实的科学实验来比较,即便人们对它们的获知仅仅是通过语言完成的。换句话说,信息与媒介在理论上常常可以分离[10];无论是将一个语篇翻译为另外一门语言,还是对一条信息的某部分与另外一个消息的某部分进行比较,都因符号媒介的这一特质而得以可行。文学研究中存在一个久远的对两篇或者更多文学语篇的非语言方面进行比较的传统——人们可以抱怨它过于占据主流地位。需要注意的是,这样的比较,不仅经常发生在不同"语类"之间,还发生在不同语言和文化之间。但是,或许最令人吃惊的是,几乎在任何一个层面或者级阶上,都没有单一的语言模式能够被认为是文学的关键特征;这种情况在其他给定语言的变体中则多少有所不同[11]。那些将文学界定为对语言的"抒情性"或"表情性"使用的人,很难以此支持自己的观点,尤其是当面对长篇散文作品时;语言在这些长篇散文作品中的"抒情"和"表情"用法——不管这些词是如何被阐释的——比起它们在一些其他语言变体中的使用,诸如广告、新闻或者宗教撰写,并没有更加一致或出现频率更高。一旦如此,似乎有理由认为,除了"韵律"成分,还需要一些其他成分使"押韵"成为"优美诗歌的组成部分"。这种想法在人们的观察中得到进一步证实,即一些普遍认为是属于文学语域的修辞手段、辞格,或者所谓的文体学手段,既不仅仅局限于文学语篇,也不足以证明它们所出现于其中的某个给定语篇就是一个文学实例。正如亚里士多德(Aristotle)所说:"希罗多德(Herodotus)的作品可以被写成韵文,但它将仍然是一种历史,带有韵律的情况和不带有韵律的情况是一样的。"除非我们能够认识到除"韵律"之外还有另外一种成分对文学的建构是必要的,否则就很难弄清这些事实是如何被解释的,这就如同没有这种认识,我们就很难理解"充分性"概念是如何被解释的一样。通过坚称"充分性"概念是"评估性的"(evaluative)因而与文体学无关并不能解决这最后一个问题。那种认为将各种各样的评估悬置起来,是系统或者科学探讨的必要条件的看法是错误的。相反,在理论框架内将所观察数据的评估基础阐释清楚,只会带来好处,而无坏处。无论在何种情况下,充分性概念在文学语篇研究中都是非常有用和有力的,因而,如果我们把它从文体学研究中摒除,就会如同布龙菲尔德把意义从语言学研究中驱除一样,这个概念会再次从后门进入,就如同布龙菲尔德语言学中的意义一样——这种情形对文学研究只会产生坏处。

那么,我们认为,不同于"韵律"的另外一种成分对文学构建来说是必需的。仍然需要回答的问题是:这种成分 x 的本质是什么?如果将文学的言语结构与其他类别的言语结构做比较,就会发现,后者也拥有一种成分使自己能够被翻译,并且允许自己与不同语篇进行比较。这样的一种成分通常被称为语义成分(语义层),在语言和非语言之间起连接作用。一方面,在指称层面上,它与语言之外的世界相关[12];另一方面,在体现层面上,它又与句法、词汇和音系这些语言成分密不可分。因此,鉴于与外部世界的指称关系,可以将意义说成是语义层的特性;对意义本身的中介只能通过语言象征化这一手段发生在语言当中,也就是,通过选择恰当的句法、词汇和音系范畴来实现意义的中介(这些范畴自身可以通过语音或者书写渠道来传达)。根据这种双向的象征关系,语义成分在语言生成中被赋予"控制机制"(controlling device)这一功能;在各种语言成分中,可以说,唯独语义成分有能力"明确"在任何特定的情形中要对哪种意群进行编码,因此就相应地选择这样的形式-语音范畴,而不是其他的形式-语音范畴。用加斯科因的话来说,在生成想要的言语结构类别时,"韵律"的"理性"是由语义层来提供的。诸如恰当性、充分性、相关性和规避性等概念的界定主要依赖于把语言成分(语义的、形式的和语音的)和超语言成分结合起来——这个原则在所有关于语言的功能理论中是默认的。

根据以上分析,有人可能会认为,加斯科因的术语"首要的思想"和"韵律",大概不外乎是语言中一般意义上的"语义"和"形式-语音"成分的另外一种标签。二者之间似乎有惊人的相似点。因此,所谓的可以在不同语篇间进行比较的,并且可以进行翻译的非语言[13]方面,其实就是语篇的"意义",不管这种语篇是文学的,还是非文学的——并且,意义,正如早前所说的那样,是语义层的特性。有人或许注意到,文学研究中所使用的充分性、恰当性、相关性和规避性等概念的意义稍微有点特别。这与文学中通常被称之为"虚构"或者"编造"的方面有关:在文学写作中,对应于语篇中每一个特定单个话语的"即时情景"在物质世界中并不存在——确实,不仅不存在,且从来都不需要在语言之外的世界中存在。由于现在所讨论的术语主要是基于语言和外部世界之间的关系而界定的,人们或许会质疑,这些术语在文学研究中使用是否有效。然而,这种质疑的产生主要是由于对"即时情景"的天真诠释,即将其与存在于真实世界中的且由不同语言成分命名的、具体的物理物体和实体等对等起来。正如埃利斯(Ellis)所指出的那样,这是一种令人不满的"指称关系"模型。也许,天地间所存在的事物真的比哲学上能梦想到的还要多;但更为真实的是,语言中不确定的指称资源比天地间所存在的——或能够存在的——事物还要多得多。因此,语言与外部世界的指称关系,不能从对实际存在的、具体物体、实体、事件和过程的命名角度来考虑。在我看来,似乎有理由认为,语言可以用来谈论不存在的事件和实体的这一特性,同样也是语言可以用来进行假设、说谎或者创作小说的特性。假设和虚构的(无论是说谎还是小说创作)言语结构的意义,在编码和解读方式上通常与对任何涉及过去经验的消息的编码和解读相同。只要言说者[14]拥有解开语码符号的钥匙,那么,语言外部世界中的过程和实体等是否是现实"存在的"或"缺失的",对于编码和解码来说就都不重要了[15]。当然,当前所讨论的四种语篇(即,语篇(i)描述过去经验的,(ii)识解假设的,(iii)说谎的,和(iv)小说创作的)之间的这种一般相似性,并不暗示它们在各个方面都相同。在此,我特别关注两点,根据这两点,我们可以将上述四类语篇分为两大类。首先,仅在假设和虚构(类别(ii)-(iv))的言语结构中——与描述过去经验的言语结构(类别 i)相反——可以说语言在本质上具有"创造"功能:在指称行为中,语言范畴创造出那些由语言范畴所指称的过程和实体等,以满足言说者的意图:即时情景和与每个单个话语相关的主题所指(thesis),只有依靠它在整个语篇话语中的功能才能够被推论出来。另一方面,文学语篇可以和其他三种类别(i-iii)区分开来,因为在后三种类别中,与语篇中每个单个话语相关的主题所指和即时情景,都取决于真实的、超语言的外部世界[17],文学语篇中却没有这种限制[18]。因此,文学语篇可以说是"包含"了其自身的即时情景语境,与其他类别在包含方式上具有质的不同,因此,在这里,对上下文信息(co-textual information)的使用与在其他三种类别(i-iii)研究中的使用并不具有相同的价值。我希望,这样的讨论能够揭示为什么当充分性、恰当性和关联性等概念应用于文学语篇时其意义会有所不同。在文学语篇中,应用于既定语言范畴的概念至少由三个不同标准决定,这三个标准可列举如下:

1. 语篇中语项的实例象征功能;即可以这样来问:给定范畴如何与语篇中的整体范畴"保持一致"?——在此,保持一致不仅仅局限于证实,或驳斥其他主题所指,而且至少包括语旨上的一致;[19]
2. 语言中语项的正常的象征功能;即可以这样来问:如果该范畴存在一个真实的、语言之外的情景语境,它将(而不是它是)如何与之保持一致?
3. 文学语言中语项的正常的象征功能;即可以这样来问:如何使这样一个给定的范畴在文学语篇中正常发挥作用?

我们顺便可以注意到,以上最后两个问题与布拉格学派的"结构美学"概念相关。要回答这两个问题,我们需要有充足的语言知识,了解语言如何在不同的语境中发挥作用(参见上面的2),并且需要有现存文学传统和惯例方面的意识(参见上面的3)。而要回答第一个问题,我们必须要具有对语言范畴及其语义功能的敏感性,这样,在推论即时情景和主题所指时,才不会犯错误,才能避免个人局限;一种解释相对于另一种解释的基础才能被明晰化。如果读者只能通过构成文学语篇的语言范畴理解语篇的意义,并且如果相关性等标准在此依赖于对上文所列举的语篇类别的考虑,那么,就有必要假想一个"理想的读者",因为,实际上很难(如果不是不可能)找到真正的读者,把语言和文学方面的知识最大化地结合起来,而这种知识是一个"理想化的穷尽性的"语篇解读所必须具备的。需要额外指出的是,文学语篇的作者或许本身就不满足这些条件,或者理想读者对语篇的诠释可能会超出作者本身的写作意图:在大多数语言交际的例子中,编码者的交际意图并不能保证被编码的信息能按其希望的方式来解读。信息一旦被传输出去,它在现实中是否有意义就取决于解码者在多大程度上能够获得这些意义。任何文学信息中都会假定一个理想的读者,因为人们只能够接收人们能够给出去的东西,就这一点而言,相比其他任何地方,在文学中或许更是如此。

不管在此所采纳的这个立场可能多么合理——即,对编码者而言,根据其对语篇中不同语言范畴所指派的意义,文学语篇中的意义被赋予了一种特殊的外形和身份——把加斯科因的"首要思想"和语义层对等起来,把形式-语音层与他的"韵律"对等起来并不令人满意。这无异于说可以为文学语篇设立两个层次(或者两个成分)——一个是语义内容,另一个是体现语义内容的语言模式选择。然而,这种"在文学语篇中"所做的修改是没有必要的,因为这样的情形对所有语篇都是一样的,如此一来,它将不会对文学的具体本质产生任何启示作用。因此,我们就只剩下一个上文所提到的有关文学语篇的区别性特征了:即,即时情景和文学语篇中与单个话语相关的主题所指,不需要取决于语言之外的真实世界。这个特征本身太薄弱,不能作为文学的关键性特征。值得注意的是,这个特征只能用否定的方式来陈述。如果以这样的方式来阐释加斯科因的术语,那么,我们就会回到一开始所讨论的问题:文体学研究中,人们必须研究文学语篇语言的哪些特定方面?为什么要研究这些方面?此外,某些有关文学语篇的明显矛盾的"事实"甚至占据了更大的比例。我们通常所采纳的将某一语篇归入某一语域[20]的标准,在此不起什么作用。因为,文学语篇似乎在语场、语旨和语式的选择方面不受限制,除非人们陷入一个老生常谈的观点,即文学的语场是文学,语篇的参与者是编码者(即作者)和解码者(即潜在的整个读者群)。即便是这一观点也不会让我们走多远,因为将不同语域区分开来的关键在于语言模式选择中的某种一贯的、独一无二的特性。在文学言语结构中,一方面,没有什么形式-语音范畴或其具体组合在语篇中是必须选择的;另一方面,那些在其他地方未被注意的语言模式,在这里受到了重视,以至于由于这些模式的出现,人们经常要付出艰辛的努力来描述文学的特征。如果我们能够精确、清楚地描述修辞手段和文体学手段的形式和语音,就会发现,诸如隐喻、明喻、排比、偏离(对此,有一个更雅致的术语"诗学的破格",一直延用至今)以及头韵等手段,遍布于非文学性语言使用中。看一下以下这个句子,Parliament promises prompt enquiry(议会承诺立即调查),它的头韵通常被忽略,而丁尼生那不可计数的蜜蜂低吟却一直在文学研究的长廊中回荡,这一现象并不能仅仅以头韵的形式和意义来解释。人们之所以对文学作品中修辞手段的运用感兴趣,也不能以它们在文学作品中的出现频率来解释,因为我们很怀疑,这类已识别的各种手段在长篇散文作品中的出现频率,是否与诸如新闻报道专题文章(feature article)中的出现频率有显著不同。我们因此似乎不得不说,如果这些修辞手段在文学语篇中引起人们的注意,不是因为它们可以从形式和语音上得以描述,而是因为当应用于这样的言语结构中时,它们拥有了或者获得了某种额外的特征。这并不意味着不能描述文学作品的语言,而是说,这种描述不能在形式和语音这样的较低层面上进行。而且,如果能够找到文学语言的"理据",那么,对它进行准确的描述将更加有趣也更加有意义。所有的观察所得最终一定会证明以下论断的正确性,即文学语言是以一致性前景化为标记的,这种特征也指结构的最大化,或各种语言模式的形成。然而,在文学语篇具有语义内容和语言选择两个层面这一事实中,我们无法找到这种特征的理据。

　　文学语篇中的另外一个明显矛盾涉及的是可以从语篇的单个话语中推导出来的主题所指和即时情景。除了非正式对话——这事实上是一种交叉语篇的混合物——大多数的非文学性语篇都是通过话题(topic)和话语语旨的一致性来表明其统一性的。简而言之,对于这些语篇来说,话题和话题要素(或次话题)可以被定义为语篇中那些相关主题所指的"累积"或者"组织",它们彼此之间具有一定的逻辑关系,比如因果关系、例证关系以及阐释关系等。因此,从定义上来讲,我们可以推断出:总的来说,语篇的话题在同一语篇内是没有变化的。如果在我描述朋友新车的过程中,我打断自己来给你喝的茶配一些蛋糕或者点心,这样的打断被视为插入性语篇,不是被打断语篇的构成部分。有关话题(就上文所讨论的意义上的话题)一致的这一结论并不对所有文学作品都适用,语篇越短,那么话题就越可能前后保持一致。然而,在较长的语篇中,这些话题之间并不需要存在各种逻辑关系,后者在同一非文学语篇中的二个或二个以上的次话题之间是必须的。尽管如此,坚持认为文学语篇并不呈现话题一致性的看法却是无足轻重的,因为文学语篇至少和非文学语篇一样,保持着高度的统一性——如果不是更为统一的话。对文学语篇进行以小句为单位或者以句子为单位的语义分析,并不能清楚地解释其内在统一性,那么这种统一性来自哪里?我们认为这并不是偶然的,并不是说,文学创作者仅仅把几个句子,或者小句,或者任何语言单位放在一起,就能奇迹般地创造出一个统一的语篇。很显然,在语言编码的过程中,一定有某种规则性原理来引导主题所指的选择以及体现主题所指的语言范畴的选择,这才使得来自整个语篇的信息,被读者理解为具有一定结构的连贯整体。艺术家是否清楚地意识到和有意识地掌控这种规则性原理对我们当前的讨论来说并不重要——如果我们相信柏拉图,那么,至少就伟大的诗歌而言,除非是在诗人疯癫的状态下,否则不可能被创作出来,然而把诗人当作"英明的导师"的观点则为清楚地意识到和有意识地掌控留下余地。这里无需在这些问题上纠结,一个更加相关的事实是:如果人们认识到需要这样一个规则性原理,那么,不可避免的,它也必须被视为一个控制文学语篇"语义层"的重要成分,就如同"语义层"对形式和语音层的控制一样。因此,人们至少可以辨认出"诗歌创作"的三种必需成分:i)规则性或者统一性原理,ii)主题所指集和推导出来的即时情景,iii)整体的语言模式选择。根据加斯科因的笔记片段,似乎有理由认为,他关于"首要思想"的概念与这里所说的规则性原理更为相近,而非通常意义上所说的语义内容。

声称其他语篇没有规则性原理是不正确的,因为次话题之间必须处于某种给定关系从而创造一个统一语篇的事实表明,必须有一个组织性原理,控制那些聚集在一起、组成一个次话题的单个句子的选择与排序。有这样一个事实似乎只对文学语篇有特殊性:在这里,第一和第二成分彼此处于一种象征性关系。文学中有两层象征关系:语言的语码范畴被用来象征一系列的情景、事件、过程、实体等(正如它们在一般语言使用中的那样);反过来,这些情景、事件、实体等又被用来象征一个主题(theme),或者一系列主题。我认为,在此我们找到了文学言语结构的本质性特征,因为这个假设为观察到的各种各样的文学事实提供了一个解释,而其中的一些事实本文已经在之前的讨论中给予了关注。

就其本质而言,文学作品的主题(或者规则性原理)或许可以被视为一种概括或者抽象,它与各种形式的假设建构紧密相关。某个情景集合,对事件的布局配置等,不仅被视为其本身(比如,某个特定事件的发生),而且被视为某种深层原则的表现形式。亚里士多德曾经声称,文学是从特定向一般发展的,而且文学比历史更真实,因为文学更加可能发生。他的这一观点隐含于对文学的这种描述之中。文学的普遍性来自于这一事实:文学作品的主题——统领性原则——可以被视为一个关于宇宙本质及人类与宇宙关系的假设。文学的真实性来自于固有于任何概括中的逻辑必然性[21];也就是说,文学和任何其他科学理论一样,都是理想主义的。正如梅尔维尔(Melville)在《水手比利·巴德》(*Billy Budd Sailor*)中所说的:"真正的真理(实际发生的事件)总是有其崎岖的棱角。"文学真理的这种较高的可能性并不是以任何统计学观察为基础的,就正如它的理想性不是道德的理想性一样。它的可能性和理想的本质都来源于这样一个事实,即文学作品的统领性原理类似于一个假设,它要么是作者有意构想出来的,要么是无意构想出来的。

就主题和体现主题事件的关系而言,我们可以得出,后者可以被视为是服务于前者的;事件的选择和此后对于事件的评估,在很大程度上取决于它们在主题体现中的恰当性。同样地,从语篇的语言模式中推论出来的一个个情景和人物是否真实(就他们实际上存在于世界这个意义上来说),或者虚假(就他们过去从来不存在于世界这个意义上来说),本身与文学并不相关。而具有较高重要性的是,考虑什么事件、什么命题和什么类型的人物,在创作者看来可以用来体现他的整个艺术创造的统领性假设。虚构本身并不能创造文学,正如提及一本小说中的历史人物并不能把小说变为一本历史书一样。对准确性的考虑,或者说在主题所指—推论的第二层面上进行考虑,可以说与文学创作是不相关的。最重要的是考虑它们和第一层面之间的关系[22]。

我希望,我的讨论是清楚的。如果正是双层象征性将文学言语结构和其他语言区别开来——情况似乎如此——那么我们可以说,任何与这种现象相关的语言方面都是文体学的研究中心。我的脑海随即出现两个这样的领域:一个与语篇的"内部组织"有关,一个与语言如何"契合"文学的第一和第二层面有关,也就是我所说的文体(style)。第二层次上的离散的主题所指必须以某种系统的方式组织在一起,以表明它们是如何和第一层次上的主题相关的。这就解释了为什么需要最大的结构化、语言模式多样性的形成以及一致性前景化。"一致性本身是在以下事实中显现出来的,即对给定语篇中被前景化的成分的再编排是沿着一个确定的方向进行的"(穆卡拉夫斯基 Mukařovský)。关于修辞手段或者文体学手段的使用,不管是传统意义上的手段还是一些新的手段,最值得注意的一点是,它们在文学中并不是随意出现的。在文学写作中,多数手段被当作偏离,但有一个重要的事实很少在文体学研究中提及,如果曾经被提过的话,那就是偏离在给定语篇中出现的规律性模式。某种原则决定何种手段、何种语言模式将会出现,并且在哪里出现——从而使得人们可以对那一特定的语篇做出预测性描述[23]。文学语篇必须有使自己实例化的语码,因为某些本身并没有象征性价值的情景被置于一定的语篇编排中时,便被赋予这种价值。在不同的语篇中为了不同的目的,同一语言模式使用中的结构最大化和变化是源于以下需要,即表明某些要素组合起来体现主题的具体方式。因此,对皮埃尔·吉罗(Pierre Guiraud)所提到的语篇语码问题而言,关键在于语篇的主题。不管一个作者有多擅长偏离手段,都不可能随意地偏离,原因很简单,因为随意偏离是无意义的,并且也是不能用于交际的。一致性前景化和以主题推动的语言模式的使用,共同保证了读者的敏感性,使读者甚至可以看到一些或许在其他地方会被忽略的、表面上看似普通的语言现象。人们之所以注意到戈尔丁(Golding)《继承者》一文中的某些及物性选择,本质上并不是因为语言模式在抒情、表意、或者文体方面有多好——不管这些术语可能意味着什么——而是因为一致性,有了它,这些及物性选择才得以实现某些功能,将语篇组织为统一的整体。

在下面段落中,我将简要分析叶芝(Yeats)的诗歌《临水自照的老人们》(*The Old Men Admiring Themselves in the Water*)。这个分析旨在证明 i)如同所假设的那样,任何文学语篇中都存在三个层次;ii)这三个层次之间是一种体现的关系;iii)前景化的一致性和特定的语言模式是由主题决定的。我不会试图把这首诗和叶芝的其他作品联系起来,我也不打算把它和任何当代的作品做比较,不是因为我认为这些做法没有意义,而是因为我没有足够的时间和空间。

在麦克米伦出版社出版的《威廉·巴特勒·叶芝诗集》中,《临水自照的老人们》收录于《在第七片森林》(*In The Seventh Woods*)(1904),因此这首诗是他创作黄金时代的早期作品。该诗内容如下:

1 I heard the old, old men say(我听见那些很老、很老的人说)

2 "Everything alters,("一切都变了,)

3 And one by one we drop away."(我们也一个一个地被冲进了水流中。")

4 They had hands like claws, and their knees(他们的手象鸡爪,他们的膝盖)

5 Were twisted like the old thorn-trees(也弯曲得活像那)

6 By the waters.(水边的老荆丛。)

7 I heard the old, old men say(我听见那些很老、很老的人说)

8 "All that's beautiful drifts away("一切美好的都消逝了,)

9 Like the waters."(如同这水流的匆匆。")

这首诗有九行,分为三个均等诗节,每个诗节对应一个句子;每个句子本身都被界定为一个小句复合体,小句之间通过从属、并列或者嵌入的方式相关联。三个诗节分别按照 *aba*,*ccb*,和 *aab* 来押韵。所有的 *a* 和 *c* 诗行都是四音步的,而所有的 b 诗行都只有两个重读音节。人们或许会问，选出所有押韵的 b 诗行是否是因为主题的缘故，并且是否不同诗节押韵方式的变化对应语篇的某种功能。为了回答这些问题，我们必须看一看从语篇中的小句和小句组合推论出来的一系列主题所指。第一个句子由三个诗行组成，从根本上而言可以分成两个部分，第一部分（第 1 行，韵律为[a]），有引入直接引语的语境功能；第二部分（第 2 行，韵律为[b]；第 3 行，韵律为[a]）充当直接引语。这个语篇有两个叙述层面：直接叙述和间接叙述。直接叙述层面是诗歌中 I 的陈述，间接叙述层面就是诗歌中 they（而不是 I）的陈述。我们必须注意所引用的小句（第 2 行和第 3 行）间的关系。它们之间有一个并列语项 and，作为句子级阶上的并列连词（比如，当用来连接并列小句生成句子时），and 可以出现在任何形成列举关系的小句之间，如在 John had coffee, Joan had chocolate, and I had tea（约翰喝咖啡，吃巧克力，我喝茶。）中，或者可以出现在表时间顺序的小句间，如在 he arrived and we started the meeting（他到了后，我们开始开会。），或者出现在彼此有因果关系的小句间，如在 he drank the coffee and felt better（他喝了咖啡，因而觉得好多了。），或者出现在可以被描述为"前后关系不一致"的小句间，由于缺少一个更好的表达而使用，如在 I visited him and he didn't come（我去拜访他时，他还没来。）（在这个句子中 and 可以理解为 and yet）。我们此处所讨论的语篇中的 and 不属于上面所说的任何一种类别；everything alters 和 one by one we drop away 这两个小句之间的关系，与一般陈述和特定例证之间的关系相同。因此，第二行[b]提出一个一般性命题，而第三行[c]则为这个一般性命题提供一个特定的例证。

第二个句子中（4—6 行）有两个小句；这些小句之间的界限和诗行之间的界限并不一致。两个小句之间是一种列举关系。它们都属于直接叙述层，而在先前的句子中，第一部分具有引入直接引语的功能，属于直接叙述层，其余部分则属于间接叙述层。这种格式在第三个句子中得以重复，它的第一部分（第 7 行[a]）是对第 1 行[a]的重复，第二部分（第 8 行[a]和第 9 行[b]）则有引语的功能，因此形成间接叙述层面。同样地，最后两个诗行构成一个小句，这使得第 8 行的界限与引用小句的界限不一致，后者一直延伸至第 9 行结束的位置。尽管在间接叙述层面上，两个例子之间存在区别，但我们可以观察到它们之间有一个非常有趣的相似点。第 2 和第 3 行之间是一般和特例的关系：

    2 "Everything alters,   [b]

    3 And one by one we drop away."   [a]

第 8 和第 9 行重复这种关系：

    8 "All that's beautiful drifts away   [a]

    9 Like the waters."   [b]

第 9 行[b]和第 3 行[a]是类似的，因为两者都为某个一般性陈述的过程提供一个例证；另一方面，第 2 行[b]和第 8 行[a]可以被认为具有同样的语义功能。第

8 行和第 9 行之间的关系并不完全和第 2 行和第 3 行之间的关系一样，因为虽然第 8 行可以被当作一个一般性陈述，但它并不如第 2 行的范围那么宽泛，因为 all 受到 that's beautiful 的限定。有关押韵格式和句子中各个部分的一般功能可以通过以下图示呈现出来：

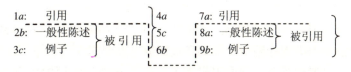

这个图示表明，在间接叙述中有一个双向耦合（coupling）：第 2 行和第 8 行在一些方面是相似的：它们构成了一个由两个相关部分组成的陈述的第一——和一般性——部分，而第 3 行则和第 9 行类似，因为它们构成了这个陈述的另一——和更具体的——部分。另一方面，第 3 行和第 9 行中韵律[a]的耦合把 and one by one we drop away 和 all that's beautiful drifts away 放在一起。人们或许会考虑把这两行并置起来和诗歌的题目放在一起，尤其是与脑海中对 admire[24]一词的联想放到一起，也会考虑和具有平行性的 we 和 all that's beautiful 放在一起。同样地，第 2 行和第 9 行中韵律[b]的耦合也产生一种惊人的并置效果；everything alters（第 2 行[b]），like the waters（第 9 行[b]）。因此从第一诗节中的韵律格式[ba]变化到第三诗节中的韵律格式[ab]，明显是出于对意义的考虑。当我们发现，第 2、6、9 诗行中仅仅有三个重读词项时：alters（第 2 行）、waters（第 6 行）和 waters（第 9 行），会觉得它们的韵律惊人地规则。这三个词项的倒数第二个音节都重读，并且把 water 和 alter 放在一起是出于与诗歌主题紧密相关的缘由，这会在语篇的词汇选择研究中得到进一步证实。这首诗的直接叙述层面——包括第 1、4、6 和 7 诗行——具有修饰、量化以及归属等特点，这些都是通常发生在描述中的语言模式。这个一般的相似性在选择实际词项以体现修饰、量化和归属要素时，得到进一步的强调；所有这些体现关系中共同的语义成分可以用一个词来表达，那就是衰老，这个词总结了 the old, old men with hands like claws 和 knees twisted like the old thorn-trees 这些成分所描述的意义。语篇中两个叙述层面以三种方式彼此相关联：首先，与直接叙述层面上占据主导地位的描述相比，我们在直接叙述层面上只有一个量化的例子，即 all that's beautiful（第 8 行）。这种对比通过对 beautiful 一词的选择得到进一步强调，这个词可以被认为是衰老的弱反义词。（这个对比或许是将我们的注意力吸引到诗歌题目中 admire 一词的另外一个原因。）其次，这两个层面因为 b 诗行韵律的规则性联系在一起，该韵律同时出现在这两个层面上，这个一般相似性因为 water 一词的重复（第 6 和第 9 行）而变得更加显著。除了这两个方面的联系，还有引语式的[a]韵律诗行和被引式的[b/a]和[a/b]韵律诗行在结构上的联系。这解释了为什么在上文的陈述中，我认为有必要表明两种不同的诗行划分。然而，我们必须要注意，主要的描述性诗行（4－6 行）和语篇的剩余部分之间完全缺少一种清楚的逻辑关系。

由于小句在前景化上的一致性和它们语篇内部组织上的作用,似乎在小句级阶上,两个最相关的选择系统是及物性系统和语气系统[25]。

将嵌入方式上的不同置于一边,整个语篇可以说是由 10 个完整小句构成的,所以就有 10 个谓语要素(一个小句一个),每个都由一个动词词组来体现,而每个动词词组本身体现某种过程类别。下面逐一列出这些动词词组的完整形式,并将其置于不同的过程类别标题下。动词旁边的数字表明它在语篇中——体现那种特定功能时——出现的频率。括号中提供的是行数和小句方面的信息,小句根据它们在语篇中的出现顺序由数字来标注。

    i. 过程:感知
        heard 2(II. 1&7;第 1、第 7 小句:*I heard*)
    ii. 过程:言语
        say 2(II. 1&7;第 1、第 7 小句:*the old, old men say*)
    iii. 过程:意外
        alters 1(I. 2;第 3 小句:*everything alters*)
        drop away 1(I. 3;第 4 小句:*one by one we drop away*)
        drifts away 1(I. 8;第 9 小句:*all...drifts away like the waters*)
    iv. 过程:关系
        had 1(I. 4;第 5 小句:*they had hands like claws*)
        were 1(I. 5;第 6 小句:*their knees were twisted like the old thorn-trees by the waters*)(II. 4—6)
        's 1(I. 8;第 10 小句:*that's beautiful*)

感知和言语这两个过程是不言自明的,意外(*supervention*)类过程可以非正式地描述为"不是由参与者所引起的行动、但却具有指导性",而关系过程则将一个参与者和某种环境、特性或者身份联系在一起。值得注意的是,这首诗歌所选择的过程类别大部分都不可能自愿地发生。因此,除了 *say* 这个词以外,其他列举的动词如果在祈使小句中使用都会不正常。毫不奇怪的是,在对这首诗进行动作者—目标这一类型的及物性分析时,我们找不到作为目标(或"宾语")的词项,因为总的来说,缺乏意愿和不及物是同一现象。根据最新提出的一些有关英语及物性的分析方法,我们发现,所有这些小句的主语,除了 *say* 以外,都扮演一种受影响的参与者角色。因此,因果关系和自愿行为这些要素在这首诗歌中是缺失的——参与者承受了这些过程。这就自然而然地使我们能够提取出所有事件——这些事件是从语篇中推论出来的——共有的被动和绝对服从要素[26]。在这样的语境中,有趣的是,我们注意到动词 *say*(对我来说,这个词和许多说话过程一样,处于行为类型和意外类型之间)被嵌入一个小句当中,该小句本身有"现象"这一及物性功能,且除了 *the old men* 外并不牵涉其他参与者;想想 *I heard them say* 和 *I heard a rumor* 之间的相似之处吧。这就降低了把 *say* 当成行为过程，而非意外过程的潜在可能性。

就语篇中过程的参与者和环境而言，有件事情立即引起了我们的注意：所有参与者都是匿名的：诸如 *I*, *they*, *everything*, *all* 这些词项都被使用了。要我对整首诗歌中所有代词形式的匿名性用法进行评论，需要太多的时间和空间——很明显我们可以对它们进行具体的解释，但 *I* 仍旧没有什么特性或者身份，而 *they* 尽管有着他们的特性，仍然是 *men*，不能确定为一个特定的人群。因此，即使这些词项有指称具体参与者的潜在能力，在这首诗歌中也是匿名的、不知名的。通过这样的选择，一般性词项 *everything* 和 *all* 与不指称具体对象的 *I* 和 *they* 放在一起相得益彰。当把整首诗中所有及物性过程的非意愿性放在一起来看的时候，受影响参与者的匿名性和一般性意义重大。以最一般的术语来说：完全被动、屈服和无助，不是面对某些偶发事件时某个具体、特殊人群的特征，而是整个人类所共有的特征。或许人们希望，当做出的各种陈述具有这种一般的适用性和广泛性时，其过程类别不会受到环境选择——明确要求特定时间、地理位置，甚至是原因——的限制，因为这会从语义上修正各种过程从而限制它们的适用性。的确，我们在这首诗歌中没有发现任何这样的环境成分，仅有的两个是 *one by one*（第 3 行）和 *like the waters*（第 9 行）。两者从初级精密度上来说，都属于方式环境成分，并且由于对体现它们的词项的选择，两者都指向变化这一过程的渐进的、不可逆转的本质。

就语气系统而言，语篇中 10 个小句都是类似的：每个小句都是直陈式和陈述式语气。直陈式陈述句的非标记性语篇功能是对事情进行陈述，因此，它一般与给定语篇中参与者的信息交换联系在一起并且可以合理地被认为是最少涉及情感表达的语气。因此，这样的小句在说明文中使用频率高，即使在口语中也如此。在此，语篇中的一系列主题所指通过其小句得以呈现，而这种呈现方式既不公然要求读者参与，也不暗示叙述者参与了两个叙述层面。

关于语篇中的名词性和介词性短语已经做了一些评论。在这 10 个动词短语中，有两个是非限定性的（第 1 和 7 行中的 *say*）；其余 8 个是限定性的，根据时态的选择，可以将其均等地分成两组，4 个是一般现在时（*alters*, *drop away*, *'s* 和 *drifts away*），4 个是一般过去时（*heard*〔两次〕,*had*, *were*）。这两种一般时态都能指称——确实，经常用于指称——习惯性过程；它们所指称的现实世界的时间超越说话时刻，并且包括一个多少有点不确定的时间领域。这两种时态的选择，而非所有其他时态的选择，不仅与整首诗中未被选择的具体时间、地点或者原因附加语保持一致，也与选择了的作为参与者成分的非确定和类属名词一致。过程的普遍性不受具体的时间、地点、原因或参与者限制，这种普遍性由于各种时态的选择得到进一步强调。就语义上来说，时态描述的是一种重复出现的、或者永恒的现象。此外，上述所有动词短语都是肯定的、非强调性的、非对照性和非标记性的。这些特征与未曾涉及的语气系统中的直陈式语气和陈述语气的选择也保持一致。

当我们审视诗歌中那些通常使整首诗的单个句子组织在一起，构成一个连贯整体的语言模式的时候，我们发现情况稍稍不同寻常。在4个一般性的语法衔接关系类型当中，只有一个有一定的使用频率。这四类语法衔接关系如下：

i. 照应：代词性的，如 *the use of he/she/it/they...* 等。
   指示性的，如 *the use of this/that/the...* 等。
   比较性的，如 *the use of better/smaller/more...* 等。

ii. 替代：名词性的，如 *one/ones/same/thing...* 等。
    动词性的，如 *do/do so.*

iii. 省略：名词性的，如 *the pink/those two/the youngest* 等。
     从句性的，如 *he said yesterday/where?* 等。
     动词性的，如 *hasn't/won't/would/must* 等。

iv. 逻辑连接：如：*consequently/for example/moreover...* 等。

在这个语篇中，选择最多的衔接关系类型为照应。正如之前所说的，*I* 是在非常一般的意义上来使用的，可以简单地认为是语篇的言说者或者编码者；*they* 和所有因此衍生的形式指的是(*the old, old*)*men*。但是，首次提到 *men* 的时候，它受到 *the old, old men*（第1行）中的 *the* 的修饰。从这个名词性短语中可以看出，*the* 的照应功能或许不能说成是前指，因为前面未曾提及过 *men*；它也不能被认为是"外指"用法的一个例子（在外指中，照应"要求"听者从自身关于话语即时情景的知识中找到相关的词项），因为显然没有任何特定的 *men*。这里的 *the* 非常接近我们通常说的"同类指示"——在这种用法中，*the* 通常指一个类别的人或者某类别中的唯一的成员（比如，当所有农民被指称时的 *the farmer*，或者当类别中只有一个成员时的 *the moon*），此处讨论的一类人的一般性特征在前面已经讨论过了。从对 *the old, old men* 的分析来看，我们获得一群人的印象，他们自身构成一个类别，每个成员都不是具体的，但每个几乎都是衰老的象征，因为年龄和丑陋是界定这个类别的唯一两个参数。这首诗中，替代和省略都没有被用来作为衔接手段。除了上文所讨论的照应词项，这里只有一种其他的语法衔接手段，也就是 *and*（第3行）。这个 *and* 可以被认为是逻辑连接词的一个例子。然而请注意，除了照应衔接手段，这首诗的句子之间没有语法性衔接手段——没有逻辑性连接词将语篇中的三个句子组织为一个连贯的整体。确实，难以认为有任何已识别的逻辑关系存在于三个句子之间，除非是增进这种弱逻辑关系。（可以说，这种逻辑关系存在于具有某种逻辑关系的两个句子之间，但实质上没有任何连接词明确地指明这种关系，因此是一种暗含的关系。例如在 *He didn't come to the meeting. He was ill.*（他没有来开会。他病了。）这两个句子之间，虽然 *because* 这个词没有出现，但是两个句子之间存在着一种暗含的因果关系。）因为句子之间缺乏这样的关系，语篇可以分成两个独立的部分，它们的主题可以用最概括的词语分别总结如下：老人之言和老人之貌。而把两部分连接起来的重担就落在了老人的评论和他们的外表之间的意义关系上。这种关系可以通过考虑押韵、节奏、语法和词汇模式以何种方式组合成（即再组织为)更大的模式来有效地阐明。

然而,首先,我要简要介绍一下一些对于研究语篇词汇组织至关重要的概念。一篇组织良好的语篇"要求"某种词汇选择模式,这种模式用最概括的话来说,涉及词汇类别选择中的重复和变化,而变化或许是比重复更根本的要求。然而,变化不是自由的,因为在组织良好的语篇中,应该有可能把两种(或者更多)词汇类别合并为一个宏观单位,在这个宏观单位中,各个词汇类别成员之间具有以下一种(或者几种)关系:i)同义关系,比如,*drop away* 和 *drift away* 之间;ii)反义关系,比如 *twisted*,*beautiful* 之间;iii)上下义关系,比如 *tree*,*thorn-tree* 或者 *hand*,*claws* 或者 *man*,*knee* 和 *hand* 之间;iv)形态关系,比如 *beauty* 和 *beautiful* 或者 *sail* 和 *sailor* 之间。而且,在给定语篇中,由单个类别形成的宏观单位之间本身由于某种形式的一致性而互有关联,正如 *drop way*,*drift away* 和 *alter*,*change*,或者 *own*,*possess*,*have* 和 *give*,*take* 以及 *make*,*form* 之间的关系那样。对特定词汇类型的重复和组成相关宏观单位的可能性都和语篇的词汇衔接有关。这不足为奇,因为两者在很大程度上都受制于组成语篇的话题或者次话题的影响(或者说是"推动的")。在非文学言语结构中,这一事实太过明显,所以任何对它的评论都有可能被视为微不足道。由于象征的双重性层面,这种关系在文学言语结构中不是那么明显:人们既不能预测这些类型,也不能预测它们在主题所指不确定的语篇中的关系,因为我们可以用不同的情景配置来体现主题所指,正如把当下讨论的这首诗和莎士比亚的《海洋挽歌》(*Sea Dirge*:*Full Fathom Five Thy Father Lies*)或者和赫里克(Herrick)的《咏花》(*To Blossoms*)或者《致水仙》(*To Daffodils*)进行比较所反映的那样。文学中使用的情景、时间、事态、和人物等,都具有一切象征系统的基本特征——任意性,但任意性内部却有自我一致性原则。因此,在文学语篇的词汇研究中,"实例对等"这个概念极其重要。我说的实例对等的意思是,通过在成员之间建立同一性或者相似性关系,把两个(或者更多的)不相关的类别或者宏观单位关联起来;这种同一性或者相似性就是"实例性的",因为这只对那种特定的语篇来说是有效的,而并不是对其他情况下的其他类别也如此(正如宏观单位的例子所显示的那样)。以下是一个关于同一性的例子:*Time is two modes*. *The one is an effortless perception*... *The other is a memory*, *a sense of shuffle*, *fold and coil*...(时间有两种模式。一种是不费力的感知……别一种是记忆,一种混乱感,一种折叠和盘绕感。(戈尔丁的《自由堕落》(*Free Fall*))人们也可以引用拜伦的诗句作为相似性的例子:*She walks in beauty like the night*.(她走在美的光彩中,像夜晚。)从这两个例子可以总结出两点:首先,实例对等单位在语篇中是一个象征综合体;第二,实例对等单位是建立在词汇语法的基础上的(并不仅仅基于词汇)。所有的语法结构,不管在哪一级阶,只要都能够对识别关系、对等关系、属性关系、比较关系等语义特征进行编码,都能够潜在地引入一个实例对等单位。并且很可能转喻、明喻和隐喻,还有意象都来源于这样的词汇语法模式。

回到这里所讨论的文本,我们发现,它一共有 33 个词项(或标记(token)),其中,28 个是具体的标记,2 个是惯例化外指 I 的标记;3 个是 men 的衍生标记,分别从照应词项 we,they,和 their 衍生而来。我们把这 33 个标记分为 20 类。鉴于这一语篇的类别-标记平均比率(1.65),old 和 men 这两个词的出现频率(两个都是 5 次)使我们得出这样一个结论:它们都是"语篇支配的",即它们与语篇的主题紧密相关,然而其他四个重复出现的类别 water,hear,say 和 be(每个带有两个标记)则视为非边缘类别。在这 20 种类别中,13 种可以合并成如下 5 种宏观单位:

1. everything, all
2. men, hands, claws, knees,
3. beautiful, twisted
4. alter, drop away, drift away
5. hear, say

这些模式之间的关系网络通过实例性对等单位的作用而变得更加紧密。beauty 和 waters 之间有一种对等关系(第 8—9 行:*all that's beautiful drifts away like the waters*),因为两者都易于变化;同时,hands 和 claws 之间也是一种对等关系,就如 *twisted knees* 和 *old thorn-trees by the waters* 之间一样。整个关系可以表示如下:

$$\left\{\begin{array}{l}\text{everything}\\ \text{all beauty like the waters}\\ \text{we (men)}\end{array}\right\} \left\{\begin{array}{l}\text{alters}\\ \text{drifts away}\\ \text{drop away}\end{array}\right\} 评论(听说)$$

$$\left\{\begin{array}{l}\text{(men's) hands}\\ \text{(men's) twisted}\\ \text{knees}\end{array}\right\} \left\{\begin{array}{l}\text{claws}\\ \text{old thorn-tress}\\ \text{by the waters}\end{array}\right\} 外表(是)$$

老人们认为,变化是不可避免的,在他们看来,自身体现的就是易变性这一具有普遍性的无情原则。在第三方看来,他们本身就是一幅变化的图片。有一点很重要,那就是 5 个 *old* 都出现在他们的外表描述中,而 *beautiful* 则出现在老人们的言语中。水在两个意义上反应变化:作为一面镜子,透过它,年老和丑陋的人都对自身的变化感到吃惊,即对于过去和现在之间的对比,非常震惊和惊讶。同时,水的不断流逝反应出,变化是一个普遍性原理,而整个宇宙的特点就是具有这种不稳定的发展倾向。叶芝诗歌的中心主题就是变化,过去与现在之间的对比是通过两个维度来看的。老人的评论和外表之间缺少任何可以辨认的逻辑关系,这是出于一种良好的动机考虑,因为两者之间的脱节表明不同观点之间有根本区别。对局外人来说,仅仅可以知道的是外表,他所看到的只是事情现在和此时的样子;而局内人则是更为悲伤和睿智的人,因为他看到的是普遍性对比原理:事情过去的样子、现在的样子和将来的样子。如此一来也就不足为怪了：这首诗的伤感元素在局内人（老人们）的评论中表现突出，而丑陋腐化的情景，此时此地的变化结果，则在外人（我的）的描述中表现突出。

我们可以看出，这首诗歌在语言细节的选择上是多么地和主题契合。前景化方向和统领语言变化模式重新组织的原则都由主题提供。除非语篇中的系列主题所指彼此相关，否则主题就不可能成功地被体现出来；如果这些主题所指要以某种有意义的方式彼此相关，就需要某种规则性模式选择。通过这一规则性模式选择，语篇中各种要素进行组合的语式得以体现。这首诗歌中两个叙述层面的区分，直接层面的弹性（有重复的修饰和比较，也有关系从句）和间接层面的全然被动和屈服（有意外发生性从句）都对引出各种不同的观点有重要作用。

诗歌中，过去和现在时态与非限定性的 *say*（因此是无限的）形成对比。这种选择体现了语言层面上过去和现在的对照，而这是整首诗歌的最高关注。*Waters* 作为变化原理的象征，为这首诗歌中韵律是[b]的诗行的规则性提供了一条线索，正如之前所指出的那样，*alters* 和 *waters*（分别在第 2、6、9 行）是这些诗行中唯一的重读词汇。这三行诗的倒数第二个音节都是突出的（即重读的）；让人们觉得有点不正常的是弱读词项 *everything*（第 2 行）上的重读。当我们把韵律是[b]的诗行的韵律和节奏看成是受诗歌主题推动的复杂模式时，*everything* 的突出以及 *alter* 和 *waters* 的组合就更具有重要意义了。

我很清楚，这首诗歌的很多方面在本文的讨论中都没有触及；并且至少其中一些未曾讨论的方面也同等重要，因为它们是出于将该语篇视为文学实例的考虑，比如，人们可以把这首诗和其他有着同样主题，或者属于同一语类的诗歌进行对比；或者人们可以把这首诗置于叶芝的写作风格下来分析。然而，我希望，上述分析已充分地展示了文学语言的"创造性"这一根本特征——这种创造性是我所提出的文学三个层次关系作用的结果。一首诗的"艺术性"不在于它选择了什么特别的语言模式，也不在于使用了什么特别的文体学手段，在我看来，也不在于想象什么特别的情形，并因此而选择语言模式——而在于三个层次之间的象征、体现关系，在于三个层次之间的互动。认为文学是非交际性的或者非语用性的观点，在本质上具有误导性。文学作品不仅能够用于交际，而且读者对于给定文学作品的反应，还依赖于他对文学如何交际这个问题的理解；同样地，一个语言社区的文学信息，从语用方面讲，在某个层次上，是融入这个社区的生活当中的。似乎不可反驳的是，交际性和语用价值都不是测试文学作品文学性的标准，因为其他的言语结构也具有交际性和语用性。如果正如上文所讨论的，文学成其为文学，在于在语篇的不同层次之间建立象征关系，那么我们可以得出这样一个结论：文体学的首要关注是，语言实现内部组织和主题的功能。从某种意义上讲，我们不过是在为一个已经观察到的事实提供一种解释：在对诗歌进行研究和分析中，我们不是从一种什么都不知道的情况开始的，每读一首诗，都会对这首诗的内容作出假设。这种假设或许对，或许不对,也就是说,我们或许可能,或者不可能证实这种假设。然而,它促使我们选择语篇中的重要事实,它同样指导我们对这些事实进行排序和安排。如果客观的解读者意味着一个人对自己看到的东西完全没有能力塑造,那么诗歌中并不存在客观的解读者。当然,一个人有权要求自己所看到的事物的具体形式背后的原因能够得到清楚的解释,并且这在我看来,似乎也是文体学的首要关注:文体学是对文学语言的研究,旨在揭示文学语言如何和文学语篇的内在组织相关联,如何将语篇组织为一个衔接的统一体,以及这个统一体的各个要素如何引起人们的关注。

注释

1) 这里可能会有一些争议,因为如果文体学被定义为对风格的研究,而风格本身又被视为所有语篇的一个特性,那么即使这里有关文体学较弱方面的描述也会太具体和过分。我认为,这种立场暗含于福勒(1966)著作中。这种文体学的观点隐晦地将这个学科和语言学中研究语域的部分对等起来,我想说的是,把文学语域的研究和文学的研究区分开来是有好处的。

2) 雅各布逊所使用的"诗学",在一些人看来是比今天的文体学更无所不包的术语,因为诗学不仅"……研究语言成为艺术作品的缘由",也研究"言语结构的问题"。然而,这实际上并不影响这里所提出的观点。

3) 很明显,文学作品和其他语篇所共享的言语性这一特点表明,描述性类别可以用来描述非文学性语篇(Halliday 1962)。这为使用衍生于某种模式的描述性框架提供了理由;同时,语言在文学中的特殊功能,使得有必要建立一些语言变体所特有的范畴(Hasan 1967),而这些语言变体具有某种文学特征。

4) 值得指出的是,如果可以在语言学领域内区分二者之间的关键性差别,那么,文体学可能只是语言学的一个分支,而不是一个独立的领域。

5) "层次"和"级阶"是作为专门术语使用的,与韩礼德(1961)的用法一致。

6) 尽管难以找到一种适当的方法对文学界定,我也不接受富勒的观点,认为"可以激发语境特征来解释,为什么我们在特定的时间,针对特定的语篇,使用'文学'这个名称,也可以解释为什么我们将一个语篇视为语篇,而不是绝对的界定文学是种什么现象"。这种妥协式解决问题方案的缺点是显而易见的。

7) 这对是否也需要识别其他层次而言,是不带有偏见的,我们有充分理由相信,需要用不同顺序的多个层次,来解释文学语篇中意义的多样性。

8) 关于这些配对更加详尽的解释,可以在本册巴尔泰斯,罗兰的论文中找到。

9) 通常,这些描述文学语篇某个方面的术语会被视为"印象性的"和"主观的",而遭到拒绝,但是只要我们对文学中所使用语言的艺术性感兴趣,就需要这些术语或者它们的一些替代表达。

10) 这并不是说,信息的"存在"独立于媒介,然而,一旦消息被表达出来了,那么它的某些特性就可以在无需考察媒介的情况下进行研究。

11) 在构建大多数的非文学作品时,从整个特定的词汇领域选择词项会受到限制。这个很明显,所以不需做任何评论了。我们完全有理由相信,各种变体和语旨都可以参照搭配模式和语法模式的组合进行描述。相反,一种语言的所有词汇对于文学语篇都是开放的,尽管各种搭配或者语法模式,或者它们的组合不能在文学作品中找到,但也不能将它们视为"非文学性的"而排除在文学语篇在外。

12) 我并不认为指称关系是一种存在于现存物体和性质之间的简单关系;相反,我认为,一个物体或者性质存在于一种特定的语言中,仅仅是因为那种语言中有一个指示它的词项,关于"指示"概念参见埃利斯(1966)。

13) 严格说来,如果同样认为意义是语义层次的一个特性,那么意义是不能被认为是"非语言的"。当"非语言的"这个术语应用于指称一篇语篇可翻译的方面,它只能被理解为"非形式的"。

14) 关于"言说者"这个概念,参见本册书中韩礼德的文章。

15) 任何写作出来的语篇从根本上说,都是在过去生成的语篇;然而元语言讨论中所提供的例子很像是假设。两者都可以被理解,因为语码可以像假设一样进行操作,也因为语码可以独立于时空进行操作。

16) 参见本册书中理查德·奥曼的文章。其中,作者从假设性的言语行为方面讨论文学。

17) "空想"要素因此可以作为一种诊断性的标准,其结果是,没有读者会将《兽皮贸易大冒险》(Adventures in the Skin Trade)这样的作品当作一部自传。

18) 这里需要一个否定的形式,因为经常,尤其是在一些散文语类中——语篇的虚构事件和语言之外的世界之间存在一种相近的类似关系。也就是说,空想的成分对文学的定义来说并不是关键的。

19) 我要对语旨和风格做出区分,语旨是所有变体的一种特质,受到语篇的目的,以及语篇中参与者之间关系的限制。我将风格视为一种仅适用于文学的关系性术语。在理想的情况下,它受制于主题和象征主题的语篇事件。风格研究是研究文学语篇的语言如何与语篇主题以及象征主题的事件相契合。

20) 有关与语域相关的一系列标准,参见韩礼德等(1964),以及韩茹凯(1970b《语码,语域和社会方言》)。

21) 这个事实实际上就是内部一致性事实,这种一致性对所有成功的假设都是至关重要的。因此,事实这个概念仅仅适用于文学语篇的中心意思或者主题。历史的真实性,或者语篇中象征主题的事件违反了历史的真实性,在很大程度上与文学是不相关的。

22) 当文学作品使用历史人物或者历史事件的时候——比如莎士比亚的历史剧中——一些进一步相关的因素明显地增加到作品当中,因为对历史事件等的修饰能够发挥实现主题的作用。

23) 参见本册书中韩礼德的文章。

24) 我由衷地感激韦勒克教授、威姆萨特教授,以及查特曼教授对这首诗歌题目中 admire 一词的重要性所做的评论。查特曼教授指出,这个词本可以作为中性词来使用,在古语中,"admirare"单指照镜子。威姆萨特教授让我注意到这个词在伊丽莎白时期的用法,大致说来,指的是对……感到吃惊,比如在"your behavior hath struck her into amazement and admiration"(Hamlet: III.2)(你的行为使她惊愕和吃惊)(《哈姆雷特》第三幕,第二场)中的用法。而韦勒克教授接受了 admire 这个词的现代意义,指出通过这个词和老人外貌描述之间的张力,讽刺和伤感在这首诗中得以创造。这个词的使用是一个很好的真正矛盾的例子——也就是说,这个词的各种不同意思与整首诗完全充分地"契合"。没有必要仅仅选择一种意思而忽略其他的意思,因为如果详尽解读信息是可能的,一个训练有素的好手在解读文学语篇时,必须对这个词的三种意义都要理解。

25) 不很正式地说,及物性选择关注的是与过程类型相关的过程、参与者和环境的信息编码,然而语气系统关注的是语境言语功能。关于两个系统更加详细的解释,可以在韩礼德1970年的文章中找到。

26) 有兴趣的话,可以考虑戈尔丁《继承者》一文中语法模式的功能,参见韩礼德教授在本册书中对这部小说的研究。

23 论跨文化差异下的文学教学

1. 引言

或许,我应该首先祝贺本次会议的组织者选择这么一个主题,把人文和社会科学领域内一些为人熟知的、且最具有争议性的术语都纳入其中。这些术语都不简单,因而引起人们各种讨论。不,不仅如此,事实上还鼓励人们就此展开争论,因为每个术语都能从不同立场来考虑——我们的立场也是其中之一,对此我们确信无疑,当然考虑每种立场都是正当的!然而,会议组织者将如此多、又具有争议性的术语放在一起,并非意味着我必须选择所有术语来讨论,但我选择了,或者几乎所有的术语。我的文章题目显然来自会议主题中的两个术语——文学和文化,但与会议主题的第三个术语——学习如何教学(learning to teaching)背道而驰。当然,正如人们可能认为的那样,如果不关注第四个术语——语言的话,对这些过程的反思就很难取得长足进展,因为语言是学习如何教学、文学和文化所有这些过程必不可少的先决条件。由于我的标题表明,本文对这些广泛而又复杂的方面都有所关涉,因此,一开始就其要点说上几句可能会不无裨益。

在意识形态颠倒的情况下,过去很长一段时间,人们一直认为阅读文学作品是教授语言、理解语言的最好途径。事实上,在世界上很多地方,即使今天人们仍旧这样认为。正是出于这个简单原因,我们许多人,或者绝大多数人,都有跨文化的文学教学经历。在我今天的陈述中,我将证明,但不设立一个对立观点,理解文学本质——无论是本国文学还是外来文学——以及更好地进行文学教学的最好方式是理解语言。这并非仅仅因为我们与文学的接触总是通过语言来实现的——这点显而易见,虽然它的暗含意义却常被忽略——但在这方面,我觉得尤为重要的是理解语言在人类生活社会语境中的地位。比如,二语/外语/文学学习环境中的许多文学老师都关注的一个问题是劳拉·博安南(Laura Bohannan 1974:22 ff)所说的文化差异(cultural distance),即教授《丛林中的莎士比亚》[1](*Shakespeare in the Bush*)一文所遇到的问题。在接下来的一节中,我打算通过追踪儿童学习母语社会条件下的文化差异起源,来对这一概念进行详细阐述。我将指出,幼儿早期在其日常生活中——这些日常生活是处于"言语团体"(speech fellowship)(Firth 1957)范围内的——的"语言互动"经历,事实上也是向着某种相关的特定秩序发展的经历——是形成我们存在、做事、感知和说话方式的一种独特视角。一个人的存在、做事、感知和说话方式并不一定为其文化中所有言语社区成员所共享:换言之,学习语言就是学习在文化上与众不同。如果同种文化中不同个体具有相同的语言和文化经历这一论断属实,那么,该事实对了解文学的本质有什么启示?这一问题将在第三、第四部分探讨。届时我把文学话语置于其他话语类型当中,并提出文学研究的框架,希望它在揭示语言在文学创作中的地位的同时,会展现文学的特性,还文学以公正。第五部分探讨文学研究框架对文学教学的启示。在这一部分,我将再次回到文学的教与学问题,且在文学作为教育课程中一个公认的部分的环境下进行讨论。因而,教与学之间的差异与本文的开头和结尾都有联系。如此一来,在本文一开始就两种过程的对立说上几句似乎是明智之举。

2. 教与学:两种认知模式

我们当然知道,教与学过程不同于卖与买过程:没人卖,一个人真的什么都买不到;但是,一个人几乎是一直在学习的,无论是否有人教。这就提出一个问题:作为对某人预先计划的教学行动的回应的学习和看起来完全是自发性的学习有何区别?

概括而言,这个问题的答案已暗含在问题本身的陈述当中,即学习过程是否涉及计划教学是二者之间的一个重要差别。如果没有学习者以外的施动者,第一种学习预计不会发生;它以教师为先决条件,其职能是执行由社区设计好的教学行动,比如,教授知识。教师在这种学习中是一名积极的参与者,因而毫不奇怪,有关这种学习的讨论通常都强调教师的活动,认为教师活动是这种学习过程中的一个显著特征。第二个大的差别从逻辑上讲,来自于设计好的教学行动以教学程序为前提这一论调,对此,现存很多术语都可以证明,比如:教学场地、教学纪律、教学大纲、教学知识等。换言之,第一种学习有固定程序。有种观点认为,要学习的内容在某种意义上来讲是有限的,是可以陈述清楚的。我将这种学习模式称为学校学习(schooled learning),它是一种典型的期望在教室环境中进行的学习。而且,这种学通常被认为是教的对立面,虽然这同时包含着期盼过多或期盼过少,因为并非所有的教学都可以产生成功的学习,而所有成功的学习必须超越教学本身。

学校学习与看起来似乎完全自发性的学习截然不同。一个普通的认识是,自发学习过程没有教育机构的参与,没有教师。打个比方来说,有人可能认为,学习者通过日常生活经验而受到教育。不足为怪的是,学习者通过这种方式学习的知识难以整理,知识范围和不同知识之间的区分难以明确界定。为了对其本质进行描述,有人使用日常知识、常识、应用性知识这样的字眼。因此,当学校学习以设计好的教学活动形式,固定的教学程序和清楚确定的知识领域为特点时,另一种学习则似乎是通过渗透发生的,对日常生活中能够学到和实际学到的内容未做明确限定。我将这种学习模式称为日常学习(everyday learning):我们每个人都在日常学习中生活。今天我们大多数人继续去学校学习,在这种地方,我们这种基本的学习方式被另一种学习方式掩盖。

2.1 语言学习、文化学习

并非所有学习环境都允许上述两种学习模式以相同的难易程度进行,如果允许,它们的总体特征会具体地表现出来。语言发展似乎是一种特别适合探索两种模式差异的环境[2],因为两种模式在这种环境下都运作良好。因此,教学大纲中所包括的我们常说的"语言教育"反映了人们的共同期望,即语言的学校学习在教育机构进行;而母语的学习通常在社区门外汉和专家看来,是最典型的日常学习的例子[3]——这一过程无需教师教授就可进行。当然,语言的发展环境和我上文暗示的我们的关注对象尤为相关。那么,让我们首先看看这种环境下的日常学习。

有文献记载,小孩学习母语时,学得相当好,这不仅包括先天论者和形式主义者所描述的语言形式的"习得",也包括功能主义者描述的意义表达的学习[4]。从调节性的生理语言出发,如目光交流、嘴形、其他身体动作[5],幼儿逐渐向自己独特的表意系统发展——韩礼德称其为原始母语(proto-language)。以下为人类学家马林洛夫斯基对幼儿用于表意的原始语言行为的描述:

> ……小孩通过发声向周围环境施加影响,用声音表示自己的身体需要,同时声音对身边的成人也具有重要影响。这种声音的意义在于,它表明孩子的需要,开启他在社会环境中的一系列活动。[Malinowski 1935a:6]

马林诺夫斯基认为,儿童和语言之间本质上是一种实用性关系。"在儿童经验中,词语在他们行动的范围内表意……"(1923:321):生活过程和说话过程互相交织,学习母语是一种复杂的活动,包括"学习语言,通过语言学习语言之外的事物,以及学习语言本身"(Halliday 1979c)。儿童进入母语大约二岁以前,就已经是一个语言方面相当老练的小不点,因为他能谈论谈话本身,事物的命名及意义(Halliday 1977;Painter 1984)。随着对各种不同话语的参与,儿童开始了解自己的世界。他将各种活动中所体验到的言语团体的世界,以及那些关心自己需要的人们的表述性言语内化为自己的一部分,而后者的表意行为明确了他的独特存在。这就是儿童通过渗透学习的意思。在这个过程中,没有设计好的教育程序,也没有正式的老师。用韩礼德的话说:

> ……没人教他社会生活的组织原则,或信仰体系,即使有人想教,他也不会理解。这些都是通过积累无数小事的经验而间接习得的。这些事情本身并不重要……但儿童藉此建立和发展自己所有的人际关系,了解自己的出生文化。这一切都是通过语言发生的,但非来自课堂的语言。一个令人震惊的事实是,正是在家里、街道上、公园里、商店里、火车上、汽车上,与父母、兄弟姐妹、邻居孩子间最日常的语言交流将社会的基本特征、社会人的本质传递了给儿童。[Halliday 1974:4]

此后,当儿童已经能够参与谈话时,母亲便真正地介入语言教授过程,清晰地解释意义、措词、谚语等(Hasan 1984a；Butt 1989)。正如布朗(Brown)所言,教的特征在这种过程中不十分显著,儿童更多的是通过辅导学习语言形式甚至"真理"。事实上,这种教授以儿童实际的关注对象为目标,因此,在语言经验和非语言经验之间起连接作用。比如克里斯蒂(Kristy)(3年零6个月)和母亲做饭的例子:

对话1:

母亲:我现在来切洋葱和辣椒,你来给碟子涂油

克里斯蒂:什么是涂油?

母亲:我会把一点油放入碟子

克里斯蒂:嗯

母亲:我要你用手指把它擦到碟子周围……

克里斯蒂:嗯

母亲:整个碟子……光是里面。这就对了……小美女！对……这就对了……用你的指尖,给碟子侧面也涂上油……等

比较grease在实际生活中的解释和《牛津学习者词典》中的解释:动词,将油脂涂于或擦于(尤其是机器的零件)上或里面(原文如此！)。母亲的解释非常实际,与儿童的需要一致;且遵循儿童的学习程序,而非已经决定了的、设计好的程序:星期一教授现在时态,星期二教授连词。这种表意群体(meaning group)愿意适应儿童的实际需要;正是这一特点使得日常话语成为儿童学习语言和意识形态的有力手段——虽然这种动力的存在无人察觉,但它却的确在日常学习中发挥积极作用。

就语言方面而言,正如形式主义所建议的,孩子并不单单学习母语中的"单词和发音";如果这样无异于本末倒置。刚开始时,儿童交往的是对他个人来说重要的其他社会成员,他在这种互动交往中学习语言的形式模式。当他学习如何参与话语时(Painter 1989),他也学习了自然话语产生的必要条件——它的双重相关性(double relevance)(Hasan 1996b),即所有语言如何溶入和适应正在说的话、正在做的事,如何与互动者的表述性言语(locution)和行动(action)立即相关。

从意识形态上讲,如果儿童通过与那些和自己关系密切的人们之间的日常、普通交流(Cloran 1989；Hasan 1989；1991；1992a),来获取他的地方文化,这是因为,他的言语行为从来不可能脱离于其言语团体中日常生活的实际关注,更具体地说,是其表意群体中日常生活的实际关注。这些关注产生于儿童的表意群体所特有的存在、做事、感知和说话方式的框架中,且它们本身在这种框架中具有某种意义。此外,这种生活方式——这种地方文化——并不是随意形成的:从历史方面看,它与群体的社会定位(social positioning)联系在一起,是社会立场的生产者和产物。在成长过程中,儿童按照其群体对生活的设计行事,逐步融入其直接言语团体的地方文化。语码取向(code orientation)就是这样形成的。语言在这一过程中起一定的中介作用,对此,我们持有与伯恩斯坦(Bernstein)相同的看法:

儿童的经验通过自身的学习，显然是自愿性的言语行为而转移的。语言过程的多种结果使得社会结构成为……儿童经验的基础，儿童每次说话和听话时，社会结构在其身上都得以加强，他的社会身份也得以塑造。社会结构通过塑造儿童言语行为成为其心理现实。[Bernstein 1971c:144；强调为本文作者所加]

从这个角度来看，渗透是描写日常学习过程的合适比喻。渗透字面上指某种液体通过半透膜从一处流入另一处的自然过程，在流动中，两处的物质条件达到相同。它由本义延伸至日常学习，正好使人们注意到个体和社区文化之间的交流。儿童在来学校面对预先设计好的语言学习教育活动很久以前，就已经通过盛行于自己特定社区中的生活方式获得了相关的语言教育。他已经被引入该社区的口音（accent）当中；他倾向于选择某些既定的社会过程，因此也倾向于选择某些既定的语域（register）。他非常清楚什么是相关的：什么是可取的，什么是令人愉快的，什么是好的或坏的；虽然这些想法可能并不是有意识地形成的。从中不难看出，文化差异内嵌于地方文化融入过程当中。

2.2 地方文化融入和文化差异

人们习惯说——有时相当伤感地说——今天我们生活在多元文化社会当中，昨天似乎还不如此，昨天似乎我们都生活在只有一种同质文化的社会中，幸福而快乐。正如我们所知，这只是一个神话，像其他"美好的旧时光"一样的神话：事实上，我们从来不知道何时，何地有这样一个人类社会，它的文化融入过程把每个成员都聚集在一个包括相同自我的圈子当中。任何社会都有男和女；有统治者和被统治者；有强者和弱者；有法律、秩序的看护者和维护者，也有穷人和另类英雄。在整个已知的人类社会历史上，一直存在着不平等、不同等级和霸权现象，特权等级和次特权等级之间相互对立。对少数个体而言，人们极有可能在不同阶级之间相互流动，或者甚至阶级清单本身也会随着时间发生变化，这并不重要。重要的是，阶级的持久存在是一个不争的历史事实：人类总是对自己的阶级进行再次分类；文化和言语社区一直都是异质的，而非同质的。

这个事实一旦被接受，又倘若地方文化融入的本质如上文所描述的那样，那么，每个社会都同时存在多种不同观点：每个社会都同时存在不同的生活方式，不同的话语和声音，这种共存是必须的，有其合理性。当然，不是所有声音都享有同样的合法性，只有一些处于支配地位的声音才有具合法性，也不是所有声音都能清楚地为人听到。但是，我们几乎不能否认，社会主体在某种层面上意识到，在世界其他地方，存在着某些不同于自己的人类社会，它们具有不同的存在、说话、感知、做事方式，以及不同的生活方式。这些社会可能是人们禁止和斥责的，或者是遭到觊觎，但无法接触的。其他社会，生活方式，以及其他声音存在的意义在于，它们是人们次团体之间文化差异的构成部分，但他们的其他基础可能是相同的，如宗教、种族。因此,在每个具有文化差异的社会中,都会发现对同一事件、同一语篇、同一规则的不同解读。比如,本世纪 20 年代早期,英国中产阶级妇女被迫把婚姻和自己的劳动报酬看成两种互相排斥的选择,她与对此看法不同的人进行争辩,这种看法要么来自于一个自己可能要嫁的男人,要么来自于一个隶属工人阶层的女人。跨文化差异中的解读,即使有时候互为补充,但却是不同的,同样比如本世纪 20 年代,英国中产阶层当中不同性别关于婚姻的解读。

2.3 学校学习的遗产

如果在语言发展环境中,日常学习塑造社会主体的地方文化归属感,赋予他一种有别于其他群体成员的身份,那么学校学习则代表着对人类文化异质性的否定。它要么没有意识到文化差异,要么把文化差异当作不受人类社会欢迎的方面。这种态度的必然结果是,指定某种声音、某种生活方式、某种存在、做事、感知和说话方式为所有社会成员[6]必须接纳的合法方式。如此一来,所有这些态度都自然而然地渗入到语言教学和文学教学实践当中。

这种教育上的合法声音,其来源并非不为人知。由于我们的官方教育机构通常受制于同时控制社会物质资源[7]的一些成员,所以它们设计的语言发展纲要,事实上否认所有与社会统治群体想象标准不相符合的口音变体、言语和写作形式的有效性。这种对语言变异无法容忍的态度非常有害,但事实上,由于一些大的官僚机构以慵懒著称,一般被语言教育纲要视为的合法语言,不过是某种语言的旧式版本,至多是历史遗迹,而且经常是完全虚构的。语言教育纲要中的很多教学程序,尤其是学校中的教学程序,是基于社会语言经验同质化的错误认识而制定的,忽略了语言的社会本质和语言的社会功能。因而,早期阶段的学校语言教育,在很大程度上都变成了我所说的识字教育(recognition literacy)也就不足为奇了(Hasan 1996b)。这种教育大纲后期阶段开设的课程包括自我表达、评估以及创造力。其中,对自我的表达是去除了自身缺点的自我;创造力——甚至批判——是标准化了的,如果不一定与统治阶层的支配意识形态一致,也与学究们的支配意识形态一致。此种课程就是这样开设的,无人争论,主要是没有学生争论,因为他们一般在语言或文学领域缺少独立的观察方法:事实上,很多被认为的教育性知识是一种误识,是基于对知识界权威人士的信任,不管是利维斯(Leavis),还是德里达(Derrida)。

如果现存的社会条件能够允许我们的教育体系少一点党派性,少一点单一支配性声音的控制,那么,多种声音、多种观点、多种生活方式都会是看待事物的不同方式,是一种丰富的人生经历的体验。文化差异也将会受到赞扬,而不是压制。政治家们喜欢让语言教育"水平下降"(Carter 1996),而当我们哀叹这一下降时,也许我们更应该做的是提醒他们:教与学校学习之间存在着多种日常学习模式,且伴随着对社区中普遍生活的多种设计。而将一种言语变体等同于正确语言,将一个特定群体的品味过分提升，以及将一种生活方式定义为高雅的生活方式的做法，则剥夺了语言/文学教育者的理性思考，赋予他们一种错误权威，这种权威基于他们对"什么于教育最好"问题的表面认识。如果我们在今天的跨文化文学教学中发现自己不知所措，这在很大程度上与我们的教育体系一味地强调文化的纯粹性，而忽略其他观点这一事实不无关系。我们不得不赞同德里克·弗里曼（Derek Freeman）将教育视为"人为的麻木"的看法（《快乐周末》1996年3月9日:34）。

但是，如何看待语言变异对文学教学的影响？这个问题我将在以下两部分简要说明。

3. 作为语言变体的文学

首先来看语言变异的基本原则：语言变异与语言言说者的某种环境要素有关。这些环境要素可以简单地列举如下：

(i) 地点

(ii) 时间

(iii) 实践活动

(iv) 立场定位

我将忽略语言变异中第一个要素。事实上，把与地点有关的语言变体视为方言变体更为合理，比如地理和社会方言，因为这种语言变异大多表现在语音层面。如此以来，种种语音变体仅仅具有索引作用，表明言说者的文化归属。而文学作品使用上述两种方言，是以一种隐喻的方式表明作品中的人物在世界上的所处"位置"。

语言变异讨论起来很复杂，这源于不同环境要素相互交叉的事实。任何既定的语篇（text）[8]都是某种语言变体的一个实例，具有不同的环境识别要素。事实上这不过是说，讲话是一种情景化活动，处于一定的场所、一定的时间，与一定的实践活动和社会定位有关。每种情境要素都与文学中重要方面的理解有关，这点我希望在下文的讨论中予以展示。

3.1 语言变异和时间要素

长期以来，一个普遍接受的观点是，同一语言在不同历史时期，其形式和语音上有巨大差异，所以今天一个正常的英语言说者，在没有接受学校学习的前提下也会发现，难以读懂古英语语篇，如《盎格鲁－撒克逊编年史》（*The Anglo-Saxon Chronicle*），或主教乌尔夫斯坦（Wulfstan）的布道文。因此，有人可能会想，也许除了单词 English 之外，古英语和今天的英语没有任何相同之处。然而，这将会是对情况的过度简单化。很明显，古英语的形式和语音更为接近中世纪的英语，而后者和现代英语更为接近。我们无法确认哪个语言点可以切断一种时间英语变体和其他两种英语变体的联系,它们都可视为同一语言的时间方言。

这样理解时间方言可能会极易产生误解,即我们似乎只需将古代方言翻译为现代英语,《贝奥武夫》(*Beowulf*)或《高文爵士与绿衣骑士》(*Sir Gawain and the Greene Knight*)之类的语篇便可为现代读者理解。这种做法势必会忽略时间方言中的一个重要要素。如果我们认同威廉姆斯(Williams)的观点,相信文化是"一个已达到的发展状态",那么一个社区的漫长历史可视为不同文化的连续体,每种文化都代表着一种稍稍有别于其他文化的发展状态。每个文化阶段都有自己的独特性。将《贝尔伍夫》翻译成现代英语并不能抹杀,也一定不能抹杀,它所反映的文化属于其特定的创作时代。由此可以看出,文化差异不仅有共时维度,也有历时维度,即一个社区的生存、言说、感知和做事方式在不同时代是有差异的。比如,一个讲古英语的英国女人观点,通常注定和她今天的女性观点大相径庭。所以,我要对自己先前有关文化差异方面的一些观点做些修改。

我已经(在2.1至2.2节)提到,对文化差异的感知是日常学习的产物。日常学习让我们意识到,不同言语团体存在不同的生活方式。然而,就时间上而言,各种言语团体的生活方式是同时存在的,不同语言变体在同一历史时刻也是同时存在的。日常生活受历史影响,但过去生活模式的方方面面在现在生活中却看不到。而且,在我们看来,文化差异并不仅仅是特定历史点上任何一个社会团体多样性的共时产物。以人类历史为标记的时间同样产生文化差异,比如,现代社会的读者和中古时代的英语语篇之间。因此,日常学习本身能够产生对历时文化差异的感知这一看法值得怀疑。

此时,我们也清楚地看到,语言中各种变化是互相交织的说法意味着什么。一方面,我们知道,整体上英格兰现代的生存、做事、感知和说话方式与中世纪英格兰的英语言说者截然不同。另一方面,我们也知道,同今天一样,每个已确认的文化阶段总有不同群体共同存在。时间性方言语篇,比如古英语,也会带有其他变异的痕迹。卡明斯(Cummings)(1995:278)分析了大主教乌尔夫斯坦和阿博特·艾尔弗里克(Abbot Aelfric)的一组布道文,结果发现,二人的语篇都将叙述文体和其他文体结合在一起。当然,乔叟(Chaucer)作品的读者都知道,他的文章是将几种不同的社会变体结合在一起的。现代读者阅读他的作品,一方面读到是一个不同于今天文化的语篇,另一方面读到的是一个显示共时变化的语篇,此种变化与《坎特伯雷传说》(*The Canterbury Tales*)中的变化发生于同一时代。

历时方言和历时文化差异与我们不太相关,除非是记述过去某种交际的语篇能够跨越不同的文化阶段:在它们进入的时空当中,人们对社会过程本质的看法可能已发生了很大改变,但它们在这种社会过程的特定时空中保存下来,体现其社会过程。因此,文化差异的历时要素要求人们认识到,语篇背后的创作语境和阐释语境可能是分离的。

3.2 语言变异与实践活动和立场定位要素

我将把语言变异的第三和第四要素放在一起谈论,因为它们之间的关系非常密切,不能不相提并论,且谈论中二者之间多有重复。社会实践与语篇类型相关,或者与系统功能语言学的专门术语——语域有关,然而,社会定位与语义变异(semantic variation)或意识形态有关。由于人们参与的各种社会过程和人们对其本质的认识方式事实上无法摆脱自身的生活方式,所以语域和语义变化相互作用,关系密切。个人观点,或者如果你愿意,也可其称为意识形态,在语篇被视为情景化,以及情景被认为是某个语篇的情景的情况下,起重要作用。根据伯恩斯坦的观点,不同文化对语篇类型的认识和操作标准会有所不同。

在上述一番介绍之后,我们现在转向社会实践。使用语言时,我们是在做事,不管是说还是写,——即使结束时,我们所做的事情并非早先计划的或是先前声明的。社会实践——或社会过程,即系统功能语言学中用来指称社会实践的专门术语——是语篇情景语境(context of situation)的构成成分。语篇双重相关性的一个方面在于,除非是在病态条件下,人的谈话总是与某种情景语境有关。语篇与情景语境之间是一种辩证的体现关系:认识语境可以激活语篇,而语篇的展开则可构建语境的独特特征。情景语境可进一步被分析为社会活动,社会活动的参与者,以及执行社会活动的符号(signing)方式,也就是人们熟知的三个专门术语:话语语场,话语语旨和话语语式。由于我们对社会过程的主要关注来自于对语篇的兴趣,这些变量都需要从物理性做事(physical doing)——即行动(action)——和符号性做事(semiotic doing)——即表述性言语(locution)——这两个方面进行考察。

话语语场可能是这样的:它使得表述性言语成为物理行为的辅助性成分。比如,从这个立场来看,母亲给小孩洗澡时使用的语言一般是教孩子做某些特定的事情以及识别与洗澡活动相关的特定物体(Hasan 1995a)。对比这种语言与向小孩解释隐喻的语言(Butt 1989)可以发现:表述性言语在这里是社会活动的基本构成要素;没有物理行动能够界定解释性活动。这是表述性言语的两种区分:辅助性和构成性。与此同时,考虑表述性言语是否与经验域相关也是必须的,即我有时所称的含义域(domain of signification)。给孩子洗澡和给孩子吃午饭要求的是对行动起辅助作用的表述性言语,但是,解释和讲述过去事件要求的则是构成性表述性言语。尽管如此,这四种活动都与特定的经验域(experiential domain)有关。

我希望,有人能够立刻看到上述区分与文学语篇类型之间的相关性。搞文学和做解释是一样的,言语在其中都是行动的构成成分。尽管文学与哲学、历史、数学、物理等在其他方面有重要区别,但就言语在其中所起作用方面来看都是一样的。如果某人声称自己在搞文学,或者用更传统的说法,在创作文学作品——唯一知道其行为是否已经开始的途径就是考察语言。

话语语旨,即互动者关系,指言说者和听话人如何看待彼此之间的关系,以及如何看待他们与正在发生的社会活动之间的关系。有一系列确定的特征都与此种关系有关，比如，由社区中物质、智力及社会等各种资本所决定的社会地位。同样重要的是社会距离，如由各自社会经验构建的活动者之间的具体关系（Hasan 1995a）。互动者是情景语境中的动态成分，正是基于此，我将文化的体现基础定位于社区交谈。比如，互动者所融入的特定社会群体的地方文化——他们的社会定位——不仅对他们可能参与的社会活动产生影响，也对他们如何与所参与的活动建立联系产生影响。此种观点来源于大规模的实证研究（Hasan 1989；1991；1992a；Cloran 1994；Williams 1995）。互动者将各种不同观点带入情景，不管是共同的还是有分歧的，这对他们如何看待彼此之间的关系有重要作用——他们可能会考虑社会活动执行过程中，如何才可能适应对方、与对方妥协、控制对方以及与对方合作。后文会就话语语旨对研究文学的启示作用做更加详细的探讨。

话语语式也能从行动和表述性言语的视角考察。就行动方面来看，交际双方的共现是一个非常重要的问题；不管他们是否处于彼此的言语范围当中——是否能够理解对方的言语。如果能，那么这种话语渠道很有可能是语音的，比如电话交流；如果不能，则很有可能是书写的，比如申请研究基金。从表述性言语来看，需要考虑所说的言语是否为双方共享。如果共享，那么，话语语式是对话性质的，比如旅行社里询问假日旅游套餐；如果不是，则是独白的，比如有关个人研究的综合性报告。

从行动和表述性言语视角来看，有一对来自对话语语旨考虑的默认术语：语音渠道（phonic channel）和书写渠道（orthographic channel），前者通常与对话有关，后者与独白有关。这对术语意义重大，已经影响了普遍使用的口语和书面语的意义，致使人们熟知的口语媒介成为一种交际方在场，并且以给予和索取这种典型的共享活动为特征的表述性言语方式。韩礼德曾将这种媒介描述为"舞台性的"（choreographic）。相反，书面语媒介是线性的，有点不受阻碍，交际双方并不同时出现，也不享有共同活动。韩礼德把书面语的这种特征称之为"结晶性的"（crystalline）。那么，在这个意义上，"口语"和"书面语"与符号性活动（semiotic activity）的物理呈现方式是分离的，比如，交际渠道，也是和它的符号性组织（semiotic management）方式分离的，比如对话或独白这样的话语语式。而且，口语和书面这两个词语已经变成了复合词，表示某种物理现象和符号现象的合成。

但是，我们有必要认识到渠道是独立于媒介的，渠道指进行表征的物理手段。正因为如此，它也能够对表征本身进行表征。因此，我们能够有类似口语的书面语，比如在小说中或在戏剧中表征对话，其中唯一的互动者——艺术家——以符号的方式实施多个交际角色，写下每个角色应该说的话语。事实上，所说的部分话语是对言说的书面表征，就好像这种言说是有声的。然而不难想象这种情景中的另一种现象，因为小说或戏剧中的对话可能具有类似书面语的口语特性。比如艾薇·康普顿（Ivy Compton）或乔治·伯纳德（George Bernard）作品中的对话——

尤其是想想是戏剧中的对话,如《人与超人》(*Man and Superman*)——可以被描述为同时具有类似口语的书面语和类似书面语的口语两种特征。

社会定位与语式的组织有关。首先考虑语音渠道,它意味着互动者在物理空间同时存在。这提出一个有趣的问题:共存这一物理事实的基础是什么?似乎有理由认为,文化差异对此有影响,并且互动者共存总是意味着,他们各自所融入的社会群体之间存在着某种具体的社会关系。不是社会中的任何成员都能与其他成员具有同样的地位,再则,除了能够听见对方所说的话语,交际双方同时存在还有什么意义?显然,在特定条件下,交际双方能够共享相同的情景——感知相同的、可感知到的信息。但是这时,了解双方观点是否一致或存在分歧成为一件重要的事情,因为观点不同,互动者对相同的物理语境所做的诠释可能不同。下面考虑对话,它以共享的社会活动为基础。与互动者共存相同,对话也不是一个开放的选择:不是每个社区成员都能与他人对话。文化差异越大,二者之间对话的可能性越小。在这样的跨文化差异下,支配方与服从方,敌对方与调节方等,在一些共享的符号性活动中,二者之间有清楚的界线,这一如既往地阻碍了这种"会话"的协调。因此,语音对话交际模式并不一定意味着交际双方之间没有文化差异;而是产出和阐释之间是一种相对临近的匹配,即有时被描述为对他人话语反馈的回应,可能出现在较临近对方话语的时间点上(即二者在时间上是连续的)。这无疑是一例与交际方有关的个案,当然从语篇在语境中的功能视角来看,交际方是唯一一个需要考虑的重要因素。

但是如果交流方式是书写和独白呢?在这种情况下,因为交际双方并不是面对面的,社会活动并不是真地同时进行,两人的活动,即使在逻辑上有关系,也不是同步发生的。独白似乎并非没有回应,但交际一方的符号性活动与另一方的回应之间存在不同程度的中断,而且中断之久,以至于回应一般被视为一种独立的社会活动,就如同对信件的回复,或者是对某个文学作品所作的评论一样。我选择这些例子是为了强调交际的复杂性,这在交际双方关系存在差别的时候显而易见。

信件通常由一个具体的收件人来回复,或者代表收件人的第三方回复,并且人们往往希望,信件本身至少会传递一些有关收件人的具体信息。这个指定的互动者目前不在现场——或者正如现在人们所说,他存在于语篇当中——因为语篇的生产者已在自己的符号性活动中将这个人当成收件人。然而,书写交际方式的一个结果是,要使指定的收件人以外的其他人理解语篇,因为在具有其他条件的情况下,书写渠道具有将语篇转化为物质实体的作用。这点与文学有关。现在我们有一个问题:确定作者和读者之间的交际关系。当然,作为读者的受话人,如果有已经指定的,有关他的具体信息并不构筑在文学作品当中,或者至少不是以构筑于其他语篇类型中的方式构筑的。当这种特征与作家和评论家的文化差异,不管是时间上的还是意识形态上的文化差异形成对比时,我们或许可以完全置疑,对莎士比亚作品的回应,比如泰伦斯·霍克斯(Terence Hawkes)(*Sydney Morning Her-*

ald,1995年3月21:17)的回应是否与作为文学的莎士比亚的作品有关,这正如人们质疑阿亚图拉(Ayatullah)的裁决是否告诉我们很多有关《撒旦诗篇》(*The Satanic Verses*)的文学地位一样。未受邀请的回应,如文学评论家的回应和指定的受话人的回应存在明显差异。就后者而言,回应显然是交际计划中一个不可或缺的部分,它由说话人指定,如信件的回复。文学评论家常常属于前者:因为从来没人清楚他就是作家的说话对象。在我看来,评论家为此必须付出抹杀自我的代价:自我从来都不意味着,无论如何都在那里,而是意味着对语篇世界的尊重——事实上是对语篇本身的尊重。正如爱德华. 塞得(Edward Said)曾经所说:

……语篇存在于世界[并且],作为语篇,它们的功能之一,就是通过吸引社会的注意力将自己置于世界当中。而且,这样做是为了限制他人对自身的阐释。(1991:40)

就表面意义而言,我们可以通过留意作家、同时代的人或者不同时代的读者,他们有关语篇和世界关系的明确表述,将语篇置于世界当中。但是,作为一种将语篇置于世界的方法,创造一个看法一致的社区,并不比了解(用于)决定语篇可能允许对自身进行阐释的原则更为可行,要尊重语篇关于自身阐释所做的限制。但是,如果没有对语篇语言的密切注意,并将它与作家自身的文化归属联系起来,不可能做到这点。下节将试图提出一个能够做到这点的框架。

4. 解读文学的一种语言

很直白地说,文学是言语艺术(literature is verbal art),让我以此作为本节的开始。修饰语"言语"和中心语"艺术"之间的关系本质是什么,这是必须得到满意回答的多个问题之一。文学艺术是种碰巧才具有言语性的吗?换言之,二者之间是一种偶发的关系吗?或者,二者之间的联系更为紧密,文学中的艺术只有在语言中才能发现?我在本节所要介绍的框架支持后者立场。这要求我们对由语言表达的艺术和艺术性语言都要严肃对待,并把文学视为一种语言变体,但这种变体本身具有一些与非文学变体不相匹配的特征。

鉴于人们对艺术家的特性和个性已经强调了很多,也许我最好另做一种明确陈述:**艺术家同自己作品的读者一样,都处于特定的社会时代**。因而,在某种意识层面上,艺术家感受到的是自身历史时刻的文化现象,以及与地方文化之间的纽带关系,这与读者的经历没有什么两样。那些流行于特定历史阶段,且为艺术家所处时代和地方所熟知的多元化意识形态,与他的言语是相关的,不管是作为私人个体的他,还是作为艺术家的他。对于科学家同样如此,比如作为私人个体和作为《光学》作者的牛顿。但真正区别是,作为艺术家的言语表达方式和作为私人个体的言语表达方式截然不同。

要更加深入研究这个问题,让我们回到文学语篇的创作语境(Hasan 1985f)上来。如果语篇和某种社会过程之间是一种辩证的体现关系,并且文学语篇就是语篇,那么有理由问:文学这种语篇产生的语场是什么?言说者和受话人的社会关系是什么?语场和语旨是如何通过符号性语式组织起来的?我在上节已经指出,情境语境和作为语篇类型的文学有关联。文学变体语境中的两个最重要特征似乎是类似性(as-if)和双重表达(double articulation)倾向。让我从二分法视角出发,考察以下三个维度来解释这几个术语。

4.1 文学中的话语语场

从行动和表述性言语来看,文学作品的话语语场缺少物理行动,使得表述性言语成为语篇的一个构成性成分。但是,就这方面而言,文学语篇和科学语篇并没有多大差别,比如,乔叟的科学说明文《论星盘》(*Treatise on the Astrolabe*)。他这篇论文中的表述性言语是有关星盘解释说明的构成成分。

在文学语篇中,表述性言语同样是某种言语活动的构成成分,如可能所谓的小说、戏剧、短篇故事、抒情诗、十四行诗和无韵诗等,即某种语类,这是这个词语的传统用法。只有处于具体的文学语篇,并对故事讲述这种言语活动的构成结果进行提问时,我们才能注意到双重表达特征。假设参照我已在别处讨论过的(Hasan 1985f)莱斯·穆雷(Les Murray)的无韵诗《乡村鳏夫》(*Widower in the Country*)(参见本文附录)来回答这个问题,那么,我们会说,这首诗歌构成了某种事物。这种说法并不为错。根据克洛兰(Cloran)的看法,我们可以将其描述为预言。它详述了鳏夫预料自己将要做的事情,或者更精确地说,将会发生在自己身上的事情。这与我所说的经验域相当(参见3.2)。但是,若有人读这首诗时,只是简单地把它当成鳏夫对自己一天生活的预言,那他将会错过一个非常重要的方面:诗人所"讲述"的鳏夫一天的生活细节,是对人类生存状况重要方面的概括,即作为真正的人类,我们需要他人;而与他人的隔绝无异于非人类化。如此一来,表明鳏夫预言性活动的经验域必须重新解读,这就是我所说的双重表达。

这首诗呈现了一种我们可以描述为声东击西的情景,即通过一种特别的方式,讲述某人如何生活来陈述个体和社区之间的关系。现在,我们所认为的文学语篇,碰巧常常具有这种双重表达特征,正是因为这个原因,文学可以说是作为延伸的隐喻来发挥作用的。如此以来,我们能够在文学语篇中识别出两层语境。第一语境层面的语场是我们现在,一如我们过去能够解释的内容——比如穆雷的《乡村鳏夫》告诉我们,一个孤独的鳏夫如何在澳大利亚内地生活。第二语境层面的语场是我们现在能够,过去也能够从构成第一语境层面的语场的特殊方式中推论出来的内容。我已经提及过,第二层面的语场的解读对文学语篇的最深层意义——主题的表达起重要作用。准确地说,艺术家的艺术在于他/她能够以自己的技能协调两个层面的表达,使得第一层面的事件和插曲成功表达最深层的意义——语篇主题。

4.2 文学的话语语旨

当转向话语语旨时,我们发现一个同等复杂的问题。谁是互动者?我们知道,在现实生活中,写诗的人是莱斯·穆雷(Les Murray),但我们也知道,诗中的"我"指的并不是穆雷本人。我们需要意识到一个复杂的交际角色:**类似乡村鳏夫的作者**,而且尽管作者是穆雷,是鳏夫声音的创造者,但鳏夫本身完全是由这首诗歌词汇语法层的意义创造的。所以,当我们置疑这个言语活动中是否还在其他互动者,即另一个听话人时,对此并无简单的答案。而这取决于我们是否在问:作者穆雷在和谁说话?或者鳏夫在和谁说话?我们首先来看作者这个角色。

作者有一个指定的受话人吗?比如,一个将文学作品视为客观语篇的人?作者的创作活动当中是否存在表演成分——诗人是为一个专家,比如,一个打算分析其语篇的文学批评家创作语篇吗?这种可能性在文学语篇作为竞赛中的参赛者,为了获得某种荣誉奖品而接受检查的今天,尤其不能忽视。艺术家创作时,可能不仅考虑专家,也选择一个特定的读者群。因此,有这样的情景:我们意识到读者在某种意义上是包括在语篇当中的,比如,童话之所以这样称呼,是因为主要讲给一个由成熟状态而界定的、特定的读者群;大众文学也是一种以特定读者群为对象的文学,等。当然,在这些情况中,并没有一个特定的人被指定为互动者,这与牛顿的《光学》没什么大的区别。也许,一个普遍的观点是认为二者之间有区别。区别在于,牛顿的《光学》要求具有专业知识的读者,文学作品却不如此——任何人都能够理解。我觉得,这种立场并不可靠。因为,要对文学语篇提出可行性解读的能力存在于专业活动中,这种活动不仅仅因为我们天生恰好具有识别力和审美力就会发生。

有关作者的交际方就谈这么多,但诗歌中鳏夫的交际方是谁呢?穆雷的诗歌只是提供信息,信息的接收者并不清楚。就这首诗歌来看,鳏夫似乎没有自己的交际方;但是,当文学语篇这种言语活动是短篇小说、长篇小说、小故事时,我们很可能发现,一个完全由言语活动构成的"我"——第一语境层面上的互动者,或许在和另一个由言语活动构成的人物交流,比如安格斯·威尔逊(Angus Wilson)《必要之子》(*Necessity's Children*)中的人物。这样的人物受制于双重表达特征,因为他们之间事实上存在类似互动者关系。他们与第一语境层面有关,这相当明显;他们推动对话,如谁对谁做了什么等。但是,他们一般与第二语境层面也有关系,因为他们之间的种种类似关系成为读者第二层面上解读作品的资源,对作品主题的表达起重要作用。此外,这些关系对作品解读所起作用的程度,也是衡量艺术家艺术才能的一个标准。比如想象小说《傲慢与偏见》(*Pride and Prejudice*)没有伊丽莎白·班尼特(Elizabeth Bennett)这个人物。因此,艺术才能的一部分在于语言组织的各个方面,藉此,文学作品中的人物得以塑造,同时这种人物塑造的方式,使得对语篇深层意义起作用的重要因素,向第一层面上人物行为的投射成为可能。

正如存在历时文化差异一样,创作语境和阐释语境之间也存在差异。此时,文学语篇的读者群变成一个尤为重要的问题。读者,不管是专业的评论家还是门外汉,对文学语篇总是稍微有点影响的。根据历时义化差异的启示,读者与语篇的内部运作似乎更没什么关系。如果语篇真的对自身的解读有所限制,如果作家的话语,在特定的文化阶段,真的以特定社会立场为出发点,那么在跨文化差异下,倾听这种声音要求具有特殊的专业知识。但是,我这样说并不意味着作品的意义恰好就是作家头脑中的意义。读者的任务是"找到"作品的意义:这完全是一个令人困惑的命题,当然缺少意义的作品除外,因为缺少意义也就缺少找到意义的可行性。我的建议是,读者对作者讲话立场的细节了解得越多,最后的解读可能越有收获。作家和读者都处于特定的空间和时间,即他们通过各自的文化融入,在社会和意识形态上也有自己的独特之处。二者之间的沟通依赖于对社会符号意义系统(social semiotics)的理解,其中,语言最为重要,因为正是在艺术性语言当中,语言艺术的创造性和艺术性才得以显现。

4.3 文学的话语语式

在文学语篇的第一语境层面上,话语语式大多是独白性的。一般而言,文学语篇不是以交互的方式产生的,并不包括两个或多个共享语篇产生过程的互动者[9]。同样,自从印刷术发明以来,文学语篇的展现渠道一般是书写。我已经从这一视角对文学语篇语式的类似特性做过评论。这里再多说几句它的结果。

想想任何小说或戏剧。通常,语言是很多具有类似特征语域的构成成分;即是说,很多不同语境是由这种语篇的语言构成的。比如斯托帕德(Stoppard)《阿卡狄亚》(*Arcadia*)或安格斯·威尔逊《盎格鲁-撒克逊人态度》(*Anglo-Saxon Attitudes*)中的演讲片断,以及它们当中分别有关数学问题和考古问题的学术讨论,奥斯汀(Austen)《理智与情感》(*Sense and Sensibility*)中照顾病人时对过去事件的讲述等,仅仅只是一些语域。此外,不同方言可能在语篇的正文部分得以体现:这可能从地理方言,如劳伦斯(D. H. Lawrence)很多小说中的地理方言,到基于社会阶层的社会方言都有包括。这些语言变体在文学作品中出现的显著特征是,它们是作为第二语境层面的构成资源而使用的,更具体地说,是作为体现作品主题的资源而使用的。在某种程度上,文学语篇将一个社区普遍公认的文化差异付诸于作品表达,并在作品中对之进行重构。语言艺术的一个重要构成成分是,艺术家有能力在跨文化差异下洞察到:文学作品通常呈现多个观点,记录社会上现有的各种社会立场,但却是发生了变化的创造性记录。这显然意味着,读者本人除非熟悉子文化(sub-cultures),熟悉不同的社会情景,以及作者所处文化阶段人们共有的生活方式,否则不可能领悟到构成文学语篇的事件、情节、人物、人物关系,及他们说话方式等所具有的意义。这等于是说,读者很可能错过作者艺术才能的方方面面。这种艺术才能很显然是由语言来构成的,而这相反意味着,如果没有剖析语言这个意义的构成源泉的能力,就不可能欣赏到作为语言艺术实例的文学语篇的本质[10]。

4.4 语言艺术和艺术性语言

图1扼要表示艺术如何通过语言表示,以及语言如何成为艺术。图中第一列为语言,列举构成语言的三个层次:意义(meaning)(语义)(semantics)、措词(wording)(词汇语法)(lexicogrammar)以及声音(sounds)(语音)(phonology)。这些层次的共同运作使得双重表达成为可能。语言组织是允许第二层面上语篇阐释的必要条件,这种具体特征这里叫做象征性表达(SYMBOLIC ARTICULATION)。这种特征在于从语言模式当中产生新的模式,比如乡村鳏夫里的时态是如何组织的,过程类型是如何分布的,复杂句是如何有序排列的(详述参见 Hasan 1985f)。据此语言模式,才能够推断文学语篇最深层次的意义,即主题。

图 1 语言和文学本质

文学艺术在于如何做到象征性表达。过去,人们认为语言的创新等同于语言的偏离。事实上,这种语言创新观点在某些地方一直存在。传统的修辞格被视为文学语言的惯用手段。我现在倒是觉得,语言成为艺术并非一定是由于具有这些特征,而是在于它的组织方式有助于文学作品的语义构思——主题的表达。当然,这样或那样的平行、对比、平衡结构也重要,但它们只有在成功表达主题时才具有意义。艺术家需要有语言的敏感性,能够对它的模式重新组织;而理想的评论家则必须能够理解语言的运作,展示如何做到象征性表达。

艺术家与语言的关系,在布尔迪厄(Bourdieu 1991)看来是实用的:要产生艺术,艺术家无需具有分析语言如何运作的能力。相反,评论家与文学语篇语言之间不可能仅仅是一种实用的关系:从事文学语篇研究必须熟知理论知识,因为选择谈论文学语篇这种行为本身,赋予自身一种客观的地位。评论家的评论涉及自我意识,他的评论是对一个客观真实语篇的评论,是一个的确能够从不同的视角进行审视的语篇。但是,仅仅因为它是语篇,所以仍旧对现实有影响。它存在于世界当中,而且一旦如此,它是以某种形式存在着的,且具有自己的某种特性。评论家的评论要具有解释性,要对现存的客观语篇有启示作用,就不能只是具有主观性,把自己对意义的理解当作客观语篇的内在意义。评论家要超越个人及私人的观点,跳出对"时尚品味"的追求,而且,如果要对社会非常负责的话,他的语篇也必须是客观的,能够展现他所声称的就在"那里"的意义,是如何在语篇中真实地实现的。

显然,这仍旧是评论家对某些特定意义产生方式的认识,但这些认识会揭示他/她所认定的意义基础,而不是一味地宣扬自己的观点就是权威。要做到这点,一个人需要的不仅仅是稍稍能够意识到(利维斯关于济慈的《秋天颂》一文中所说的由一些辅音所模拟的)苹果被压碎的声音,或者是出于对解构主义的狂热(对比那些希望了解德里达无庸置疑的独创性观点的评论家),否认字面意义的存在,通过词语字面意义的联想意义创新性地使用单词(对比布尔迪厄1991年有关指示意义的观点)。意义不在语篇当中,而在很大程度上与读者的社会立场有关。现在,这个有价值的观点已经变得通俗化了,成为新个人主义的信条。表面上,它强调社会责任,似乎应该受到赞扬,但是它对社会运作最至关紧要的基础——即社会符号系统的语式——缺少关注,却是应该受到遣责的。

我意识到这些情绪是不合时宜的,而且极有可能招致不快。为了弥补我的过失,我应该再说几句文学的普遍性问题。在最高抽象层面,文学主题关注的是有关人类生存条件的种种假设。而主题在本质上和其中一个假设最为有关(Hasan 1972,1985f等),该假设宣称,某些事情是人类生存条件中固有的,比如,只有和他人在一起时,人性才能得以体现,或者只有对真实或者想象世界产生认识,对自我产生认识时,交际的重要性才得以显示(对比安格斯·威尔逊的《必要之子》;韩茹凯,同上)。对主题的重视程度与意识形态有关,即取决于个人观点,而有关人类生存条件的各种假设,可能影响或者不影响个人对于人类生存目的的认识。即使同意这点,我仍然想说,人类作为一个物种,虽然存在这种或那种文化差异,但却具有某些共同的经验。这些经验可能与我们的外部世界有关,也可能与我们内部世界有关。当然,一部文学作品能够穿越时间和社会空间保存下来是一个的复杂问题,既不完全由理性决定,也不仅仅由机遇决定。我的提议是,一部可以穿越时空与我们进行对话的作品,很可能诠释的是一个永恒的主题,是有关人类生存的普遍文化(pan-cultural)的假设。就程度而言,人类的存在具有某些普遍性特征,而文学主题具有吸引普遍注意力的潜能。事实上,如果我们考察那些在不同社会继续备受人们重视的作品,就会发现,这样的作品主题一般是说给整个人类(来听)的,它所选择的观点或假设,对流行于整个人类当中的多元生活方式都具有价值。客观来讲,文学解决文化问题的特征并不怎样明显(对比本册巴特的观点),但文学具有识别文化问题的特征,具有呈现人性真理的功能。尽管不同作家经历不同,比如巴基斯坦的法伊兹(Faiz),埃及的纳吉布·马哈福兹(Neguib Mahfouz),肯尼亚的恩古吉·瓦·提安格(Ngugi wa Thiongo),尼日利亚的齐诺瓦·阿切比(Chinua Achebe)和印度尼西亚的普拉姆迪亚·阿南达.杜尔(Pramoedya Ananta Toer),但作家有权力希望,文学本身的这种特征可以使人们意识到,它们成为社会变化的一个重要坐标,正如戈迪默(Gordimer)(1995:131)所说的,"艺术中真正存在于表面之下的内容,表达的是一个社会变化的一部分,因而决不能忽略文字、绘画、歌曲的深层内容。"但是,文学作为表示社会变化的媒介,需要带着反思来阅读,来理解,而且在教育背景下讨论文学,需要重视教育的"能使"功能,换言之,"能使"功能应该是这样的:能够使学生带着反思阅读任何文学作品。虽然我的反思性阅读和很多"批评理论"的观点一致,但我的想法在实际操作中并不一定和后者一样,因为在"批评理论"当中,"批评"这个词语似乎发生了变化,几乎成为"政治上正确"的同义词,由某些知识圈领导的名望而合法化了。

5. 教与学

关于语言以怎样的方式对文学研究起重要作用这一问题,我只是做了一个非常概要的论述。而要解释语言如何在文学当中起作用,以致产生语言艺术,则可能需要更多时间和空间。除此,我只关注文学中那些由于文化差异而成为文学教学问题的方面。文化差异这个概念本身意味着社会变异、多重声音、不同解读。在我今天陈述的前两个部分,我试图表明,非确定的、正在发生的日常学习过程赋予了社会主体的意识性。子文化——也就是说,一个社会中多个社会群体的不同文化,造成了对在某种意义上相同情景的不同看法。图2简明地呈现出,作者、语篇及读者之间处于一种面对面的关系。作者和读者的社会文化(socio-cutural)框架常常是不同的:二者之间存在不同程度差异,这取决于读者的社会定位。

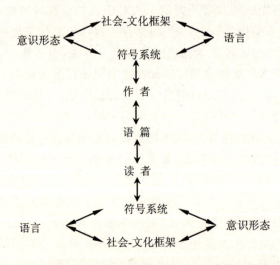

图2 文化语境下的语篇、作者、读者和语言

"读者"这个作为匿名,且以单数形式出现的概念,可能是文学教育所做的一个最大假设。小学生入学时,已经融入了自己社会团体独有的生活、说话、思维及做事方式当中。社会结构通过学生在教室得以再现。在跨文化差异下,文学教授中的问题,首先且最重要的是和我们熟知的社会教育体系本质有关的问题。以下我指出致使文学教育不甚满意的四种教学特征:

第一，我已经对错误的同质化观点进行过评论。这种观点认为，教室成员除非缺少能力，否则他们对同一现象具有统一的反应，有着标准化的学习方式，对同一现象的意义和价值有着相同的认知。

第二，作为第一个特征的伴随物，以及对教育程序的控制，抬高一种声音为合法声音：这包括与知识相关的各个方面，这种声音也在文学大纲的标准化中得以体现。今天，大量讨论继续围绕着保留文学经典是不受欢迎的做法而展开；而人们则很少听到以鉴赏方法教授文学是不受欢迎的做法的讨论。

第三，不愿意参与文学本身，紧紧抓住那些恰好是这十年中知识圈偏好的一些作品。这极有可能是由于没有认识到文学与语言之间的密切关系。可悲的是，教师在自身的语言教育中，常常缺少对作为社会意义系统的语言的了解。形式和功能之间二分法的错误论断仍然存在：那些遵循形式教学法的人，对语言如何在生活中使用知之甚少，而那些声称奉行的是与形式相对的功能教学方法的人，则缺少描述他们主观感知的可行方法。那种认为学生能够理解意思对文学评论就已足够的观点是错误的，而且是危险的，因为虽然有不同解读的语篇，却没有分析这些解读各有所长的方法。事实上，在文学研究领域，将意义的理解与语言形式如何构建意义的理解分开是荒唐的，这就如同仅仅因为本族语者能够讲自己的语言，而认为他们都能够担任自己的语言教师一样荒唐。虽然，我这里没有对文学语篇做详细分析，但我希望，我所说的已足以能够支撑我的论点：即一篇文学作品的这个或那个假定性主题是否正确，是基于它在多大程度上由服务于象征性表达的语言系统来支撑的。

最后一种特征也许最严重：我认为文学既不可以教授，也不可以学习。文学中能够教授和学习的内容是一种方向的东西，一种理解文学的原理。以此出发，那些关于将莎士比亚或奥斯丁的作品从大纲中移除，代之以他人作品的争论是不切正题的。这不是哪个文学语篇应该或不应该教的问题，因为我们从来不可能通过文学的方法教授，那怕是一篇为社区成员拥有的代表性作品。真正的问题是，我们应该教授学生什么原理、什么方向、什么方法，使他们能够带着评判的目光，走近自己想要阅读的任何文学作品。让人悲哀的是，这点我们的教育体系却没能做到，而这正是值得我们分析的。

注释

1) 虽然，从当前有关文学经典的争论来看，似乎设菲尔德和剑桥两地存在不少莎士比亚作品教授方面的问题！但需要认识到，文化差异这个概念的本质是相对的。

2) 在识字讨论中，我已将学校学习模式和日常学习模式分别称为识字发展过程中的官方/外来路线和自然/日常路线（Hasan 1996b）。在我看来，前者是伯恩斯坦所说的官方教育的一个方面，后者是他所说的地方教育的一个方面。

3) 这应该从大量教科书中有关"语言习得"的记叙中得到证明。在先天论者看来，并不存在真正的学习，语言习得只是大脑中内在的语言规律和社区语言中明显体现的语言规律之间的匹配。

4) 典型的形式主义解释参见布郎（Brown）1973，有关功能主义的论述参见韩礼德 1975。

5) 有关基于身体姿势和身体动作的前语言（pre-linguistic）交流的描叙参见特热沃森（Trevarthen）1979；特热沃森和胡布利（Hubley）1978；洛克（Lock）1978 和布洛瓦（Bullowa）1979。

6) 正如布迪厄在 1962 年雄辩地指出，这是教育的表面目标。然而，由于要保持等级制度，一个必然的结果是，处于支配地位的观点既使被社区中的所有成员接受，也必须做些许改变，缩小二者之间差距以保持它的特殊地位。

7) 参见伯恩斯坦 1971，1973 及 1990。又见布迪厄 1991。

8) 学者们在单词 text 和 discourse 的使用上是不一致的，我自己认为语篇（text）这个术语识别的是语言交流的一个独特视角。

9) 这种情景可能会随着信息科技领域内所谓的革命而改变。但是，即兴戏剧和 mushaira（印度－巴基斯坦次大陆的诗歌表演例行聚会，在会上诗人互相竞争，并将自己的新作介绍给大家）都不是交互语篇结构的例子。

10) 有关语言在文学中如何运作的讨论参见韩茹凯 1972，1985f，1987c；Butt 1987；O'Toole 1982 及韩礼德 1972a。

附录

THE WIDOWER IN THE COUNTRY（乡村鳏夫）

I'll get up soon, and leave my bed unmade.（我很快就会起床,不叠床铺。）

I'll go outside and split off kindling wood （我会出去,劈些烧火柴）

From the yellow-box log that lies beside the gate（那棵有黄色树洞的原木就躺在门边）

And the sun will be high, for I get up late now.（我起晚了,已日上三竿。）

I'll drive my axe in the log and come back in （我的斧头会扎入原木,过后我会）

With my armful of wood, and pause to look across（抱回一堆木柴,驻足眺望）

The Christmas paddocks aching in the heat（烈日下备受煎熬的圣诞围场）

The windless trees, the nettles in the yard.（庭院里一丝不动的树木和荨麻。）

And then I'll go in, boil water and make tea.（我然后进屋,烧水、泡茶）

This afternoon, I'll stay out on the hill（下午,我会待在山上）

And watch my house away below, and how（注视山下远处我的房屋）

The roof reflects the sun, and makes my eyes（屋顶反射的日光,刺得我流泪）

Water and close on bright webbed visions smeared（我闭上眼睛不去看那些明亮模糊的景色）

On the dark of my thoughts to dance and fade away.（任它们在我黑暗的思想中舞动、消失。）

Then the sun will move on, and I will simply watch,（然后,太阳会继续移动,而我只是看着,）

Or work, or sleep. And evening will draw in.（或工作,或睡觉。夜幕逐渐降临。）

Coming on dark, I'll go home, light the lamp （黑暗袭来时,我会回家,点灯）

And eat my corned beef supper, sitting there （坐在桌子的一头,吃我的晚饭——）

At the head of the table. Then I'll go to bed.（腌牛肉。然后,我会去睡觉。）

Last night I thought I dreamed－but when I woke　（昨晚,我想我做梦了——但当醒来时,却发现）
　　The screaming was only a possum skiing down　（是月夜下一只负鼠的小爪）
　　The iron roof on little moonlit claws.（滑过铁皮屋顶的刺耳声音惊醒了我。）

莱斯·穆雷

　　选自亚历克斯·克雷格编著的《1950—1970 的十二位诗人》,紫薇出版社1971 年出版。

参 考 文 献

Aarsleff, H. 1970. The history of linguistics and Professor Chomsky. *Language* 46. Also reprinted in H. Aarsleff (ed.) *From Locke to Saussure*. Minnesota, M. N.: University of Minnesota Press, 1982.

Antilla, A. 2002. Variation and phonological theory. In J. K. Chambers, P. Trudgill and N. Schilling-Estes (eds.).

Antilla, R. 1989. *Historical and Comparative Linguistics*. Amsterdam: John Benjamins.

Apple, M. W. 2002. Does education have independent power? Bernstein and the picture of relative autonomy. *British Journal of Sociology of Education* 23 (4): Special Issue: *Basil Bernstein's Theory of Social Class, Educational Codes and Social Control*.

Applebee, A. N. 1978. *The Child's Concept of Story*. Chicago: University of Chicago Press.

Argyle, M. 1972. *The Psychology of Interpersonal Behaviour*. Harmondsworth: Penguin.

Argyle, M. and Kendon, A. 1967. The experimental analysis of social performance. In J. Laver and S. Hutcheson (eds.) *Communication in Face to Face interaction*. Harmondworth: Penguin.

Armstrong, Elizabeth. 1987. Cohesive Harmony in Aphasic Discourse and its Significance in Listener Perception of Coherence. In R. H. Brookshire (ed.) *Clinical Aphasiology: Conference Proceedings*. Minneapolis, M. N.: BRK Publishers, 1987.

Armstrong, Elizabeth. 1992. Clause Complex Relations in Aphasic Discourse: A Longitudinal Study. *Journal of Neurolinguistics*, 7(4).

Ashworth, E. 1973. *Language in the Junior School*. London: Edward Arnold.

Atkinson, P. 1985. *Language, Structure and Reproduction: An Introduction to the Sociology of Basil Bernstein*. London: Methuen.

Audry, Rev. W. 1951. *Troublesome Engines*. The Railway Series 5. London: Kaye and Ward.

Austin, J. L. 1962. *How to Do Things with Words: The William James Lectures Delivered at Harvard University* 1955. J. O. Urmson and M. Sbisa (eds.). Oxford: Clarendon. Later editions 1975, 1980.

Austin, J. L. 1980. *How to Do Things with Words* (revised edition). J. O. Urmson and M. Sbisá (eds.). Oxford: Oxford University Press. 1st published, 1962.

Axel, E. 1997. One developmental line in European activity theories. In M. Cole, Y. Engeström and O. Vasquez (eds.) *Mind, Culture and Activity: seminal papers from the Laboratory of Comparative Human Cognition*. Cambridge: Cambridge University Press.

Bakhtin, M. 1981. Discourse in the Novel. In M. Holquist (ed.) *The Dialogic Imagination*. Austin: University of Texas Press.

Bakhtin, M. 1984. *Problems of Dostoevsky's Poetics*. C. Emerson (trans. and ed.). Manchester: Manchester University Press.

Bakhtin, M. 1986. *Speech Genres and Other Late Essays*. C. Emerson and M. Holquist (eds.). Austin: University of Texas Press.

Bakhtin, M. 1986a. The Problem of Speech Genres. In C. Emerson & M. Holquist (eds.) *Speech Genres and Other Late Essays*. V. W. McGee (trans.). Austin: University of Texas Press.

Bar-Hillel, Y. 1970. Argumentation in pragmatic languages. In *Aspects of Language: Essays and Lectures on Philosophy, Linguistic Philosophy and Methodology of Language* 206—221. Amsterdam: North-Holland Publishing Company.

Bateson, G. 1942. Morale and national character. In G. Watcon (ed.) *Civilian Morale. Society for the Psychological Study of Social Issues, Second Yearbook*. New York: Houghton Miffin.

Bateson, G. 1955. A theory of play and fantasy: a report on theoretical aspects of the project for the study of the role of paradoxes of abstraction in communication. *Approaches to the Study of Human Personality*, American Psychiatric Association, Psychiatric Report 2.

Bateson, G. 1964. The logical categories of learning and communication. Submitted as position paper to the *Conference on World-View* sponsoredby Wenner-Gren, 1968; reprinted in *Steps to an Ecology of Mind*. NewYork: Ballantine, 1972.

Bateson, G. 1968. Redundancy and coding. In T. A. Sebeok (ed.) *Animal Communication: Techniques of Study and Results of Research*. Bloomington:

Indiana University Press.

Bateson, G. 1972. *Steps to an Ecology of Mind*. New York: Ballantine Books.

Bateson, G. 1975. *Steps to an ecology of mind* (fourth edition). New York: Ballantine Books.

Bayley, R. 2002. The quantitative paradigm. In J. K. Chambers, P. Trudgill and N. Schilling-Estes (eds.).

Beck, J. 2002. The sacred and the profane in recent struggles to promote official pedagogic identities. *BJSE* 23. 4: *Special Issue: Basil Bernstein's Theory of Social Class, Educational Codes and Social Control*.

Bendix, E. M. 1966. *Componential Analysis of General Vocabulary: The Semantic Structure of a Set of Verbs in English*. The Hague: Mouton.

Benson, J. D. and Greaves, W. S. (eds.). 1985. *Systemic Perspectives in Discourse: Vol. 1 Selected Theoretical Papers from the Ninth Interpersonal Systemic Workshop*. Norwood, N. J.: Ablex.

Berger, P. L. and Luckman, T. 1971. *The Social Construction of Reality*. Harmondsworth: Penguin.

Bernstein, B. 1965. A sociolinguistic approach to social learning. In J. Gold (ed.) *Penguin Survey of the Social Sciences*. Harmondsworth: Penguin. Reprinted in Bernstein 1971.

Bernstein, B. 1967. Open schools, open societies? *New Society*, September.

Bernstein, B. 1969. A sociolinguistics approach to socialization: with some reference to educability, I. *The Human Context*, I. London: Chaucer Publishing Company.

Bernstein, B. 1970a. Education cannot compensate for society. *New Society*, February.

Bernstein, B. 1970b. A sociolinguistics approach to socialization: with some reference to educability, II, *The Human Context*, II. London: Chaucer Publishing Company.

Bernstein, B. 1971. *Class, Codes and Control, Volume I: Theoretical Studies toward a Sociology of Language*. London: Routledge & Kegan Paul.

Bernstein, B. 1971a. Social class, language and socialization. In A. S. Abramson (ed.) *Current Trends in Linguistics*, Vol. 12. The Hague: Mouton.

Bernstein, B. 1971b. On the classification and framing of educational knowledge. In M. Young (ed.) *Knowledge and Control*. London: Collier-Macmillan.

Bernstein, B. 1971c. A sociolinguistic approach to socialization: with some reference to educability. Reprinted in J. J. Gumperz and D. Hymes (eds.) 1972.

Bernstein, B. 1971d. Social Class, Language and Socialization. In *Class, Codes and Control*, *Vol. 1: Theoretical Studies towards a Sociology of Language*. London: Routledge & Kegan Paul.

Bernstein, B. 1973. Class and Pedagogies: Visible and Invisible. *Class, Codes and Control*, *Vol. 3: Towards a Theory of Educational Transmissions*. London: Routledge & Kegan Paul.

Bernstein, B. 1975a. *Class, Codes and Control*, *Vol. 3: toward a Theory of Educational Transmission* (2nd edition). London: Routledge & Kegan Paul.

Bernstein, B. 1975b. On the classification and framing of educational knowledge. In R. Brown (ed.) *Knowledge, Education, and Cultural Change*. Tavistock Publications. 1st printed in Bernstein 1971. Revised edition, reprinted in Bernstein 1975a.

Bernstein, B. 1975c. On the classification and framing of educational knowledge. In *Class, Codes and Control*, *Volume 3: Towards a Theory of Educational Transmission*. London: Routledge & Kegan Paul.

Bernstein, B. 1977. *Class, Codes and Control*, *Vol. 3: Towards a Theory of Educational Transmission* (2nd revised edition). London: Routledge & Kegan Paul.

Bernstein, B. 1981. Codes, modalities and the processes of cultural reproduction: a model. *Language and Society*, 10.

Bernstein, B. 1982. Codes, modalities and the process of cultural reproduction. In M. W. Apple (ed.) *Cultural and Economic Reproduction in Education: Essays on Class, Ideology and the State*. London: Routledge & Kegan Paul. Reprinted in revised form in Bernstein 1990.

Bernstein, B. 1986. On pedagogic discourse. In J. G. Richardson (ed.) *Handbook of Theory and Research in the Sociology of Education*. New York: Greenwood Press. Reprinted in revised form in Bernstein 1990.

Bernstein, B. 1987a. Elaborated and restricted codes: an overview 1958—85. In U. Ammon, N. Dittmar and K. J. Mattheier (eds.) *Sociolinguistics/Soziolinguistik: an International Handbook*, *Vol. 1*. Berlin: Walter de Gruyter.

Bernstein, B. 1987b. Social class, codes and communication. In U. Ammon, N. Dittmar and K. J. Matthier (eds.). Reprinted in revised form in Bernstein 1990.

Bernstein, B. 1987c. Elaborated and restricted codes: an overview 1958—

85. Occasional Papers No 2. Amsterdam: Amsterdam University Centre for Race and Ethnic Studies. Revised version, reprinted in Bernstein 1990.

Bernstein, B. 1990. *Class, Codes and Control*, Vol. 4: *The Structuring of Pedagogic Discourse*. London: Routledge& Kegan Paul.

Bernstein, B. 1996. *Pedagogy, Symbolic Control and Identity: Theory, Research, Critique*. London: Taylor & Francis.

Bernstein, B. 1999. Vertical and horizontal discourse: an essay. *British Journal of Sociology of Education* 20(2).

Bernstein, B. 2000. *Pedagogy, Symbolic Control and Identity: Theory, Research, Critique*(2nd edition. revised). Lanham, Maryland: Rowman and Littlefield.

Bernstein, B. 2001. Video conference with Basil Bernstein. In A. Morais, I. Neves, B. Davies and H. Daniels (eds.) *Towards a Sociology of Pedagogy: The Contribution of Basil Bernstein to Research*. New York: Peter Lang.

Bernstein, B. and Henderson, D. 1969. Social class differences in the relevance of language to socialization. *Society* 3(1).

Bernstein, B. (mimeo) *Interview with Basil Bernstein by J. Solomon*. (Personal copy by courtesy of Basil Bernstein).

Berry, Margaret. 1977. *An Introduction to Systemic Linguistics*, 2 *Levels and Links*. London: Batsford.

Beveridge, M. (ed.). 1982. *Children Thinking through Language*. London: Arnold.

Bobrow, D. and Collins, A. (eds.). 1975. *Representation and Understanding: Studies in Cognitive Psychology*. New York: Academic Press.

Bohannan, Laura. 1974. Shakespeare in the Bush. In James P. Spradley and David W. McCurdy (eds.) *Conformity and Conflict: Readings in Cultural Anthropology*. Boston: Little, Brown & Co.

Bolinger, D. 1977. *Meaning and Form*. London: Longman.

Boncinelli, E. 2001. Erasmus lecture: brain and mind. *European Review* 9(4).

Bottomore, T. B. and Rubel, M. (eds.). 1976. *Karl Marx: Selected Writings in Sociology and Social Philosophy*. Harmondsworth: Penguin. 1st published 1958; 1st Penguin edition 1963.

Bourdieu, P. 1977. *Outline of a Theory of Practice*. Richard Nice (trans.). Cambridge: Cambridge University Press.

Bourdieu, P. 1990. *The Logic of Practice*. Richard Nice (trans.). London:

Polity Press.

Bourdieu, P. 1991. *Language and Symbolic Power* (Translated by G. Raymond and M. Adamson, edited by J. B. Thompson). First paperback edition. Cambridge: Polity Press.

Bourdieu, P. 1992. *Language and Symbolic Power*. Cambridge: Polity Press.

Bourdieu, P. and Passeron J.-C. 1977. *Reproduction in Education, Society and Culture* (2nd edition). London: Sage.

Bowcher, W. 2007. Field and multimodal texts. In R. Hasan, C. M. I. M. Matthiessen, & J. J. Webster (eds.).

Bowley, C. C. 1962. *Cohesion and the paragraph*, dissertation for Diploma in General Linguistics, University of Edinburgh (unpublished).

Brachman, R. J. 1979. On the epitemological status of semantic network. In Findler (ed.). 1979.

Brandis, W. and Henderson, D. 1970. *Social Class, Language and Communication*. London: Routledge & Kegan Paul.

Brazelton, T. B., Koslowski, B. and Main, M. 1974. The origins of reciprocity: the early mother-infant interaction. In M. Lewis and L. A. Rosenblum (eds.) *The Effects of the Infant on Its Caregiver*. New York: Wiley.

Brown, R. 1973. *A First Language*. New York: Allen and Unwin.

Brown. R. and E. H. Lenneberg. 1954. A study in language and cognition. *Journal of Abnormal and Social Psychology*, Vol. 49, 3. Reprinted in R. Brown (ed.) *Psycholinguistics: Selected Papers*. New York: Free Press, 1972.

Bruner, J. L. 1978. learning how to do things with words. In J. L. Bruner & A. Garton (eds.) *Human Growth and Development*. London: Clarendon Press.

Buühler, K. 1934. *Sprachtheorie*. Jena:Gustav Fischer.

Buühler, K. 1990. *Theory of Language: the representational function of language*. D. F. Goodwin (trans.). Amsterdam: Benjamins. First published in 1934, Jena: Gustav Fischer Verlag.

Bullowa, M. (ed.). 1972. *Before Speech: The Beginning of Interpersonal Communication*. Cambridge: Cambridge University Press.

Bullowa, M. 1979. Prelinguistic communication: a field for scientific research. Introduction in M. Bullowa (ed.) *Before Speech: the beginnings of interpersonal communication*. Cambridge: Cambridge University Press.

Burton, D. G. 1983. I think they know that: aspects of English language work in primary classrooms. In M. Stubbs and H. Hillier (eds.).

Butt, D. G. 1983a. Semantic drift in verbal art. *Australian Review of Applied Linguistics* 6(1).

Butt, D. G. 1983b. Ideational meaning and the mirror of nature. Paper presented at the VIIIth A. L. A. A. Congress, La Trobe.

Butt, D. G. 1983c. Ideational meaning and the mirror of nature. Paper presented at the VIIIth ALAA. Congress, La Trobe.

Butt, D. G. 1984. *To Be without a Description of to Be: the Relationship between Theme and Lexicogrammar in the Poetry of Wallace Stevens*. Unpublished Doctoral dissertation, Sydney: Dept of English and Linguistics, Macquarie University.

Butt, D. G. 1985/1989. *Talking and Thinking: the patterns of behaviour*. Geelong, Vic.: Deakin University Press. Reprinted in Oxford: Oxford University Press, 1989.

Butt, D. G. 1988. Randomness, order and the latent patterning of text. In D. Birch and M. O'Toole (eds.) *Functions of Style*. London: Pinter.

Butt, D. G. 1989. The object of language. In R. Hasan and J. R. Martin (eds.) *Language Development: learning language, learning culture* (Meaning and Choice in Language: studies for Michael Halliday). Norwood, N. J.: Ablex.

Butt, D. G. 2000. Critical abstractions and rhetoric: the latent order of pedagogic discourse. In D. Butt and C. M. I. M. Matthiessen (eds.) *The Meaning Potential of Language: Mapping Meaning Systemically*. Department of Linguistics: Macquarie University, Sydney. Mimeo.

Butt, D. G. 2003. *Parameters of Context: On Establishing Similarities and Differences between Social Processes*. Macquarie University: Department of Linguistics.

Butt, D. G. 2005. Method and imagination in Halliday's theory. In R. Hasan, C. M. I. M. Matthiessen & J. J. Webster (eds.) *Continuing Discourse on Language: A Functional Perspective*, Vol. 1. London: Equinox.

Butt, D. G. 2008a. The robustness of realizational systems. In J. J. Webster (ed.). *Meaning in Context: Strategies for Implementing Intelligent Applications of Language Studies*. London: Continuum.

Butt, D. G. 2008b. *Parameters of Context: On Establishing the Similarities and Differences between Social Processes*. Department of Linguistics: Macquarie University, Sydney. Mimeo.

Butt, D. G. (MSS). *To Be Without a Description of to Be*. Ph. D. Thesis. Sydney: Macquarie University.

Butt, D. G. and Cloran, C. 1988. Language and the transition from home to school. In Gerot et al. (eds.).

Butt, D. G. and Lukin, A. 2009. Stylistic analysis: construing aesthetic organization. In M. A. K. Halliday and J. J. Webster (eds.) *Continuum Companion to Systemic Functional Linguistics*. London: Continuum.

Butt, D. G., and Wegener, R. 2007. The work of concepts: context and metafunctions in the systemic functional model. In Hasan, Matthiessen & Webster (eds.).

Carter, R. 1996. Politics and Knowledge About Language: The LINC Project. In Ruqaiya Hasan and Geoff Williams (eds.) *Literacy in Society*. London: Longman.

Cerón, Isaís Mendoza and Una Canger. 1993. In *Tequil de Morrales: Working with Maguey*. Produced by Bianco Luno, A/S Copenhagen. Copenhagen: Denmark.

Chambers, J. K. and Trudgill, P. 1980. *Dialectology*. Cambridge: Cambridge University Press.

Chambers, J. K., Trudgill, P. and Schilling-Estes, N. (eds.). 2002. *The Handbook of Language Variation and Change*. London: Blackwell.

Chao, Y. R. 1968. *Language and Symbolic Systems*. London: Cambridge University Press.

Chomsky, N. 1965. *Aspects of the Theory of Syntax*. Cambridge, Mass.: MIT Press.

Christakis, N. and Fowler J. 2009. *Connected: The Amazing Power of Social Networks and How They Shape Our Lives*. London: Harper Press.

Christie, F. (ed.). 1991. *Literacy in Social Processes: Papers from the Inaugural Conference of the Australian Systemic Functional Association*. Darwin: Centre for the Studies of Language in Education, Northern Territory University.

Christie, F. 1999. *Pedagogy and the Shaping of Consciousness: Linguistic and Social Processes*. London: Cassell.

Christie, F. and Martin J. R. (eds.). 2007. *Language, Knowledge and Pedagogy: Functional Linguistics and Pedagogical Perspectives*. London: Continuum.

Cicourel, A. V. 1980. Language and social interaction. *Working Paper* 96. Centro Internatzionale di Semiotica e di Linguostica: Universita di Urbino.

Cloran, C. 1982. *The Role of Language in Negotiating New Contexts*. Unpublished B. A. (Hons) dissertation. Macquarie University.

Cloran, C. 1987. Negotiating new contexts in conversation. *Occasional Papers in Systemic Linguistics*, *Vol.* 1. Nottingham University.

Cloran, C. 1989. Learning through language: the social construction of gender. In R. Hasan and J. R. Martin (eds.) *Language Development: Learning Language, Learning Culture. Meaning and Choice in Language: Studies for Michael Halliday.* Norwood, N. J.: Ablex.

Cloran, C. 1994. *Rhetorical Units and Decontextualization: an Enquiry into some Relations of Context, Meaning and Grammar. Monograph in Systemic Linguistics*, No 6. Nottingham: Department of English Studies, Nottingham University.

Cloran, C. 1995. Defining and relating text segments: subject and theme in discourse. In R. Hasan and P. H. Fries (eds.) *On Subject and Theme: A Discourse Functional Perspective.* Amsterdam: John Benjamins.

Cloran, C. 1999. Contexts for learning. In F. Christie (ed.) *Pedagogy and the Shaping of Consciousness: Linguistic and Social Processes.* London: Cassell.

Cloran, C. 1999a. Context, material situation and text. In M. Ghadessy (ed.).

Cloran, C. 1999b. Contexts for learning. In F. Christie (ed.) *Pedagogy and the Shaping of Consciousness: Linguistic and Social Factors.* London: Cassell.

Cloran, C. 2001. Socio-semantic variation: different wordings, different meanings. In L. Unsworth (ed.) *Researching Language in Schools and Communities: Functional Linguistic Perspectives.* London: Cassell.

Cohen, J. L. 1981. Can human irrationality be experimentally demonstrated?, *The Behavioural and Brain Sciences* 4.

Cole, M. 1976. Foreword. In. A. R. Luria, *Cognitive Development.* Cambridge, Mass.: Harvard University Press.

Cole, M. and S. Scribner. 1974. *Culture and Thought: a Psychological Introduction.* New York: John Wiley and Son.

Cole, M., Engeström, Y. and Vasquez, O. (eds.). 1997. *Mind, Culture and Activity: seminal papers from the Laboratory of Comparative Human Cognition.* Cambridge: Cambridge University Press.

Collins, A. M. And Quillian, M. R. 1972. Experiments on semantic memory and language comprehension. In Gregg (ed.), 1972.

Connell, R. W. 1983. *Which Way is Up? Essays on Class, Sex and Cul-*

ture. Sydney: Allen and Unwin.

Connell, R. W. 1988. Social power, language and education. In Gerot et al. (eds.).

Cook, G. 1990. Transcribing infinity: problems of context presentation. *Journal of Pragmatics* 14(1).

Cook, J. 1972. *Social Control and Socialization*. London: Routledge & Kegan Paul.

Cook, J. 1973. Language and socialization: a critical review. In B. Bernstein (ed.) *Class, Codes and Control*, Vol. 2. *Applied Studies towards a Sociology of Language*. London: Routledge & Kegan Paul.

Copeland, J. E., & Davis, P. W. 1981. (eds.). *The Seventh LACUS Forum*. Columbia: Hornbeam Press.

Coulthard, M. & Montgomery, M. 1981. *Studies in Discourse Analysis*. London: Routledge & Kegan Paul.

Cross, M. 1991. *Choice in Text: A Systemic Approach to Computer Modelling of Variant Text Production*. Unpublished Ph. D. dissertation. Macquarie University.

Crystal, D. (ed.). 1991. *A Dictionary of Linguistics and Phonetics* (3rd edition). Oxford: Oxford University Press.

Culler, J. 1975: *Structuralist Poetics*. Ithaca: Cornell University Press.

Culler, J. 1983: *On Deconstruction*. London: Routledge & Kegan Paul.

Cummings, Michael. 1995. A Systemic Functional Approach to the Thematic Structure of the Old English Clause. In R. Hasan and Peter H. Fries (eds.) *On Subject and Theme: A Discourse Functional Perspective*. Amsterdam: John Benjamins.

Daiches, David. 1956. *Critical Approaches to Literature*. London: Longman.

Deacon, T. 1997. *The Symbolic Species: The Co-evolution of Language and the Human Brain*. New York: W. W. Norton & Co; London: Penguin Books.

Derrida, J. 1974. *Of Grammatology*. G. C. Spivak (Trans.). Princeton: The Johns Hopkins University Press.

Dijk, T. A. Van. 1972. *Some Aspects of Text Grammars*. The Hague: Mouton.

Dijk, T. A. Van. 1977. *Text and Context: Explorations in the Semantics and Pragmatics of Discourse*. London: Longman, 1977.

Dijk, T. A. Van and Petofi, S. (eds.). 1977. *Grammar and Descriptions*. Berlin: de Gruyter.

Dixon, B. M. W. 1965. *What Is Language?* London: Longman.

Donaldson, M. 1978. *Children's Minds*. London: Fontana.

Donaldson, M. 1992. *Human Minds: An Exploration*. London: Penguin Books.

Dore, J. 1980. Linguistic forms and social frames in interpretation. *In the Sixth LACUS Forum* 1979. Columbia, SC: Hornbeam Press.

Douglas, M. 1966. *Purity and Danger*. London: Routledge & Kegan Paul.

Douglas, M. 1970. *Natural Symbols*. London: Barrie & Rockcliff, The Cresset Press.

Douglas, M. 1971. In the nature of things. Inaugural Lecture, University College London. Reprinted in Douglas, 1975.

Douglas, M. 1972. Self-evidence. The Henry Myers Lecture 1972, given for the Royal Anthropological Institute. Reprinted in Douglas, 1975.

Douglas, J. D. 1971. Understanding everyday life. In J. D. Douglas (ed.) *Understanding Everyday Life: Toward the Reconstruction of Social Knowledge*. London: Routledge & Kegan Paul.

Dressler, W. U. 1978. Review of Halliday & Hasan: Cohesion in English. *Language* 54.

Dumont, R. V. Jr. 1972. Learning English and how to be silent: studies in Sioux and Cherokee classrooms. In C. B. Cazden, V. P. John and D. Hymes (eds.) *Functions of Language in the Classroom*. New York: Teachers College Press.

Durkheim, E. 1964. The Division of Labour in Society. G. Simpson (trans.). New York: The Free Press.

Eagleton, T. 1983: *Literary Theory*. London: Basil Blackwell.

Eco, Umberto. 1976. *A Theory of Semiotics*. Bloomington: Indiana University Press.

Edelman, G. 1992. *Bright Air, Brilliant Fire: On the Matter of the Mind*. New York: HarperCollins.

Edelman, G. M. and Tononi, G. 2000. *Consciousness: How Matter Becomes Imagination*. London: Penguin Books.

Edwards, A. D. 1976. *Language in Culture and Class*. London: Heinemann.

Eggins, Suzanne & Diana Slade. 1997. *Analysing Casual Conversation*.

London: Cassell.

Ellis, J. 1966. On contextual meaning. In C. E. Bazell, J. Catford, M. A. K. Halliday, R. H. Robins (eds.) *In memory of J. R. Firth*. London: Longman.

Ellis, J. and Ure, J. N. 1969. Language varieties: register. *Encyclopaedia of Linguistics, Communication and Control*. London: Pergamon Press.

Ellwood, W. 2002. *The No-Nonsense Guide to Globalization*. London: Verso.

El Menoufi, Afaf. 1969. *A Study of the Role of Intonation in the Grammar of English* (Volume 1 and 2). Unpublished PH D Thesis. University of London.

Ellis, Jeffrey. 1966. On contextual meaning. In C. E. Bazzell, J. C. Catford, M. A. K. Halliday and R. H. Robins (eds.) *In Memory of J. R. Firth*. London: Longman.

Engeström, Y., Miettinen, R. and Punam? ki, R. (eds.). 1999. *Perspectives on Activity Theory*. Cambridge: Cambridge University Press.

Enkvist, N. E. 1964. On Defining Style. In John Spencer (ed.) *Linguistics and Style*. Language and Language Learning Series (London: Oxford University Press

Enkvist, N. E., Spencer, J. and Gregory, M. 1964. *Linguistics and Style*. London: Oxford University Press.

Evans-Pritchard. E. E. 1973. For example, witchcraft. In M. Douglas (ed.) *Rules and Meanings*. Harmondsworth: Penguin.

Fawcett, R. P. 1980. *Cognitive Linguistics and Social Interaction*. Exeter: Julius Groos Verlag and Exeter University.

Fawcett, R. P. 1983. Language as a resource. *Australian Review of Applied Linguistics*, Vol. 7, 1.

Fawcett, R. P., Halliday, M. A. K., Lamb, S. M. and Makkai, A. (eds.). 1985. *The Semiotics of Culture and Language*, Vol. 1: *Language as Social Semiotic*. London: Frances Pinter.

Fillmore, C. J. *Towards a Modern Theory of Case*. The Ohio State University Research Foundation Project on Linguistic Analysis, Report 13. (Columbus, Ohio, 1966.)

Fillmore, C. J. 1971. Types of lexical information. In D. D. Steinberg & L. A. Jakobovits (eds.) *Semantics*. London: Cambridge University Press.

Fillmore, C. J. 1977. Topics in Lexical Semantics. In R. W. Cole (ed.) *Current Issues in Linguistic Theory*. Bloomington: Indiana University Press.

Findler, N. V. (ed.). 1979. *Associative Networks: Representation and Use of Knowledge by Computers*. New York: Academic Press.

Firth, J. R. 1935. The technique of semantics. *Transactions of the Philological Society*. Reprinted in Firth 1957.

Firth, J. R. 1937. The Tongues of Men. London: Watts & Co.

Firth, J. R. 1950/1957. Personality and language in society. *The Sociological Review: Journal of the Institute of Sociology*, xlii. section two. Reprinted in *Papers in Linguistics* 1934—1951. London: Oxford University Press.

Firth, J. R. 1951. General linguistics and descriptive grammar. *Transactions of the Philological Society*. Reprinted in Firth 1957.

Firth, J. R. 1951a. Modes of meaning. In *Essays and Studies*. The English Association, reprinted in Firth 1957.

Firth, J. R. 1956. *Papers in General Linguistics*. Oxford: Blackwell.

Firth, J. R. 1957. *Papers in Linguistics* 1934—1951. London: Oxford University Press.

Firth, J. R. 1957a. A synopsis of linguistic theory 1930—1955. *Studies in Linguistic Analysis* (Special Volume of the Philological Society). Oxford. Blackwell.

Firth, J. R. 1957b. Ethnographic analysis and language with reference to Malinowski's views. In R. Firth (ed.) *Man and Culture: an evaluation of the work of Bronislaw Malinowski*. London: Routledge & Kegan Paul.

Firth, J. R. 1967. A synopsis of linguistic theory, 1930—55. In F. R. Palmer (ed.) *Selected Papers of Firth*, J. R. 1952—59. London: Longmans. 1st published in *Studies in Linguistic Analysis* (special volume of the Philological Society). London: Oxford, 1957.

Fishman, J. A. 1960. A systematization of the Whorfian hypothesis. *Behavioural Sciences*, 5(4). Reprinted in J. W. Berry & P. R. Dasen (eds.) *Culture and Cognition: Readings in Cross-Cultural Psychology*. London: Methuen, 1974.

Fishman, J. A. 1970. *Sociolinguistics*. Rowley, Mass.

Fowler, R. Linguistic Theory and the Study of Literature. In *Essays on Style and Language*. London: Longman, 1966.

Fowler, R. 1977. Cohesive, progressive and localizing aspects of text structure. In T. A. van Dijk & J. S. Petöfi (eds.) *Grammars and Descriptions*. Berlin: de Gruyter, 1977.

Fries, P. 1978. On the status of theme in English: arguments from discourse. Paper delivered at Linguistics Seminar, Sydney University, Series 1978.

Frye, Northrop. *Anatomy of Criticism*. Princeton, N. J.: Princeton University Press, 1957.

Gahagan, D. M. and G. A. 1970. Talk Reform: *Explorations in Language for Infant School Children*. London: Routledge & Kegan Paul.

Gardin, B. and Marcellesi, J. B. 1987. The subject matter of sociolinguistics. In U. Ammon, N. Dittmar and K. J. Matthier (eds.).

Gascoigne, George. The Making of Verse. In G. Gregory Smith (ed.) *Elizabethan Critical Essays*. London: Oxford University Press, 1904.

Gee, J. 1990. *Social Linguistics and Literacies: Ideology in Discourse*. Brighton: Falmer Press.

Geertz, C. 1973. *The Interpretation of Culture*. New York: Basic Books.

Gibb, E. (n. d.). *Sammy Meets Father Christmas*, Sammy the Shunter 6, Shepperton, Middlesex: Ian Allan.

Giddens, A. (ed.). 1972. *Emile Durkheim: Selected Writings*. Cambridge: Cambridge University Press.

Giddens, A. and Held, D. (eds.). 1982. *Classes, Power and Conflict: Classical and Contemporary Debates*. London: Macmillan.

Gleick, J. 1987. *Chaos: Making a New Science*. Cardinal: Sphere Books.

Gleick, J. 1992. *Genius: Richard Feynman and Modern Physics*. London: Little, Brown & Co.

Goffman, E. 1964. The neglected situation. *American Anthropologist*, 66 (6), Part 2.

Goffman, E. 1967. *Interaction Ritual: Essays on Face to Face Behaviour*. New York: Anchor Books.

Goffman, E. 1975. *Frame Analysis*. Harmondsworth: Penguin.

Goffman, E. 1981. *Forms of Talk*. Philadelphia: University of Pennsylvania Press.

Gordimer, Nadine. 1995. *Writing and Being*. Cambridge, MA: Harvard University Press.

Greenfield, S. 1995. *A Journey to the Centres of the Mind: Toward a Science of Consciousness*. New York: W. H. Freeman & Co.

Greenfield, S. 1997. *The Human Brain: a guided tour*. London: Weidenfield and Nicolson.

Greenfield, S. 2000. *The Private Life of the Brain*. London: Penguin Books.

Gregg, L. W. (ed.). 1972. *Cognition in Learning and Memory*. New York: Wiley.

Gregory, M. 1967. Aspects of Varieties Differentiation. *Journal of Linguistics*, 3: 177—198.

Gregory, M. 1985. Towards communication linguistics: a framework. In J. D. Benson & W. S. Greaves (eds.) *Systemic Perspectives on Discourse*. Norwood, N.J.: Ablex.

Gregory, M. 1988. Generic situation and register: a functional view of communication. In J. D. Benson, M. J. Cummings and W. S. Greaves (eds.) *Linguistics in a Systemic Perspective*. Amsterdam: Benjamins.

Gregory, M. and Carroll, S. 1978. *Language and Situation*. London: Routledge & KeganPaul.

Guiraud, Pierre. 1954. *La Stylistique*. Paris: Presses Universities de France.

Guiraud, Pierre. 1971. *La Stylistique*. Paris: Didier.

Gutwinski, W. 1974. *Cohesion in Literary Text: A Study of Some Features of English Discours*. The Hague: Mouton.

Habermas, J. 1970a. Towards a theory of communicative competence. *Inquiry* 13.

Habermas, J. 1970b. On systematically distorted communication. *Inquiry* 13. Habermas, J. 1984. *The Theory of Communicative Action*, Vol. 1: *Reason and the Rationalization of the Society*. London: Heinemann.

Halliday, M. A. K. 1961. Categories of the theory of grammar. *Word* 17 (3). Reprinted in J. J. Webster (ed.) *The Collected Works of M. A. K. Halliday*, Vol. 1: *On Grammar*. London: Continuum 2002.

Halliday, M. A. K. 1961a. Descriptive linguistics in literary studies. Paper presented at IXth International Congress of Linguistics, also in *English Studies Today*. G. I. Duthie (ed.) (Edin. 1962).

Halliday, M. A. K. 1964. The Users and Uses of Language. In *The Linguistic Sciences and Language Teaching*. M. A. K. Halliday, Angus McIntosh & Peter Strevens. London: Longman.

Halliday, M. A. K. 1966. *Lexis and Linguistic Level*. London: Longman.

Halliday, M. A. K. 1967/68. Notes on Theme and Transitivity in English. *Journal of Linguistics*, 1967(3); 1968(4).

Halliday, M. A. K. 1969a. Options and functions in the English clause. *Brno Studies in English*, 8, reprinted in Halliday and Martin (eds.). 1981.

Halliday, M. A. K. 1969b. Relevant models of language. *The State of Language*, *Special Issue of Educational Review* 22(1). Birmingham: University of Birmingham. Reprinted in J. J. Webster (ed.) *The Collected Works of M. A. K. Halliday*, Vol. 4: *The Language of Early Childhood*. London: Continuum 2003.

Halliday, M. A. K. 1970. Functional diversity in language. *Foundations of Language* 6.

Halliday, M. A. K. 1970a. Language structure and language function. In J. Lyons (ed.) *New Horizons in Linguistics*. Harmondsworth: Penguin. Reprinted in J. J. Webster (ed.) *The Collected Works of M. A. K. Halliday*, Vol. 1: *On Grammar*. London: Continuum 2002.

Halliday, M. A. K. 1970b. Clause Types and Structural Functions. In John Lyons (ed.) *New Horizons in Linguistics*. Harmondsworh: Penguin Books, 1970.

Halliday, M. A. K. 1970c. Relevant Models of Language. Educational Review, XXII.

Halliday, M. A. K. 1971. Linguistic function and literary style: an enquiry into the language of William Golding. In S. Chatman (ed.) *Literary Style: A Symposium*, London: Oxford University Press.

Halliday, M. A. K. 1971a. Language in a social perspective. *Educational Review* 23(3).

Halliday, M. A. K. 1971b. Semantics and syntax in a functional grammar: [towards a sociological semantics]. Paper to be read at international Symposium on Semantics, Urbino.

Halliday, M. A. K. 1972. Sociological aspects of semantic change. In L. Heilmann (ed.), *Proceedings of the Eleventh International Congress of Linguists*. Bologna: Il Mulino. Reprinted in Halliday *Language as Social Semiotic: The Social Interpretation of language and Meaning*. London: Arnold. Reprinted in Halliday *CW*10, 2007.

Halliday, M. A. K. 1972a. Linguistic Function and Literary Style: An Enquiry into the Language of William Golding's *The Inheritors*. In Seymour Chatman (ed.)*Literary Style: A Symposium*. New York: Oxford University Press.

Halliday, M. A. K. 1973. *Explorations in the Functions of Language*. London: Edward Arnold.

Halliday, M. A. K. 1973a. Relevant models of language. *Explorations in the Functions of Language*. London: Arnold.

Halliday, M. A. K. 1973b. Towards a sociological semantics. In Halliday 1973. Reprinted in J. J. Webster (ed.) *The Collected Works of M. A. K. Halliday, Vol. 3: Language and Linguistics*. London: Continuum 2003.

Halliday, M. A. K. 1974. *Language and Social Man*. London: Longman (Schools Council Programme in Linguistics and English Teaching: Papers Series II, Volume 3).

Halliday, M. A. K. 1974a. A sociosemiotic perspective on language development. Bulleting of the School of Oriental and African Studies, 37(1): 98—118. Reprinted in J. J. Webster (ed.) *The Collected Works of M. A. K. Halliday, Vol. 4: Language of Early Childhood*. London: Continuum 2003.

Halliday, M. A. K. 1974b. Language as social semiotic: Towards a general-sociolinguistic theory. In Makkai & Makkai (eds.) *The First LACUS Forum*. Columbia, S. C.: Hornbeam Press.

Halliday, M. A. K. 1975. *Learning How to Mean: Explorations in the Development of Language*. London: Edward Arnold.

Halliday, M. A. K. 1975a. Language as social semiotic: towards a general sociolinguistic theory. In A. Makkai and V. B. Makkai (eds.) *The First LACUS Forum*. Columbia, SC: Hornbeam Press. Reprinted in J. J. Webster (ed.) *The Collected Works of M. A. K. Halliday*, M. A. K. 1975c. Sociological aspects of semantic change. In L. Heilmann (ed.) *Proceedings of the Eleventh International Congress of Linguists* (ed.): Bologna: Il Mulino. Reprinted in J. J. Webster (ed.) *The Collected Works of M. A. K. Halliday, Vol. 10: Language and Society*. London: Continuum 2007.

Halliday, M. A. K. 1975b. *Learning How to Mean: Explorations in the Development of Language*. London: Edward Arnold. Reprinted in J. J. Webster (ed.) *The Collected Works of M. A. K. Halliday, Vol 4: The Language of Early Childhood*. London: Continuum 2003.

Halliday, M. A. K. 1975c. Sociological aspects of semantic change. In L. Heilmann (ed.) *Proceedings of the Eleventh International Congress of linguists* (ed.): Bologna: Il Mulino. Reprinted in J. J. Webster (ed.) *The Collected Works of M. A. K. Halliday, Vol. 10: Language and Society*. London: Continuum 2007.

Halliday, M. A. K. 1975d. *Language and Social Man*. London: Longman.

Halliday, M. A. K. 1976a. *System and Function in Language: Selected Papers*. Gunther R Kress (ed.). London: Oxford University.

Halliday, M. A. K. 1976b. The teacher taught the student English: an essay in applied linguistics. In P. A. Reich (ed.) *Second LACUS Forum* 1975. Columbia, SC: Hornbeam Press.

Halliday, M. A. K. 1976c. Text as a semantic choice in social contexts. In T. A. van Dijk & J. S. Petöfi (eds.) *Grammas and Descriptions*. Berlin: de Gruyter, (in press).

Halliday, M. A. K. 1976d. An interpretation of the functional relationship between language and social structure. In Uta Quasthoff (ed.) *Sprachstruktur-Sozialstruktur: Beiträge zur linguistischen Theorienbildung*. Kronberg/Ts.: Scriptor (in press).

Halliday, M. A. K. 1977. Text as semantic choice in social context. In T. A. van Dijk and J. S. Petöfi (eds.) *Grammars and Descriptions*. Berlin: Walter de Gruyter. Reprinted in J. J. Webster (ed.) *Collected Works of M. A. K. Halliday, Vol. 2: Linguistic Studies of Text and Discourse*. London: Continuum, 2002.

Halliday, M. A. K. 1977a. Ideas about Language. Occasional Papers No 1. Applied Linguistics Association of Australia. Reprinted in Halliday, *CW3*, 2003.

Halliday, M. A. K. 1977b. *Aims and Perspectives in Linguistics*. Occasional Paper No 1. Applied Linguistics Association of Australia.

Halliday, M. A. K. 1978. *Language as Social Semiotic: The Social interpretation of language and meaning*. London: Edward Arnold; also Baltimore, Maryland: University Park Press, 1979.

Halliday, M. A. K. 1979a. Modes of meaning and modes of expression: types of grammatical structure and their determination by different semantic functions. In D. J. Allerton, E. Carney and D. Holdcroft (eds.) *Function and Context in Linguistic Analysis*. Cambridge: Cambridge University Press. Reprinted in J. J. Webster (ed.) *The Collected Works of M. A. K. Halliday, Vol. 1: On Grammar*. London: Continuum 2002.

Halliday, M. A. K. 1979b. One child's protolanguage. In M. Bullows (ed.) *Before Speech: the beginning of interpersonal communication*. Cambridge: Cambridge University Press. Reprinted in J. J. Webster (ed.) *The Collected Works of M. A. K. Halliday, Vol. 4: The Language of Early Childhood*. London: Continuum 2003.

Halliday, M. A. K. 1979c. Three Perspectives of Children's Language Development: Learning Language, Learning Through Language, Learning About Language. In Yetta Goodman, Myna M. Haussler and Dorothy S. Strickland (eds.) *Oral and Written Language Development: Impact on Schools*. Proceed-

ing from the 1979—1980 *Conferences.* IRA and NCTE.

Halliday, M. A. K. 1980. Three aspects of children's language development: learning language, learning through language, learning about language. In Y. Goodman, M. M. Hausler and D. M. Strickland (eds.) *Oral and Written Language: impact on schools.* International Reading Association & National Council of Teachers of English. (IRA & NCTE) A fuller version has appeared in *The Collected Works of M. A. K. Halliday, Vol. 4: The Language of Early Childhood.* J. J. Webster (ed.) London: Continuum, December 2002.

Halliday, M. A. K. 1981. Text semantics and clause grammar: some patterns of realization. *The Seventh LACUS Forum.* Copeland, J. E. and Davis, P. W. (eds.). Columbia, S. C.: Hornbeam Press.

Halliday, M. A. K. 1984a. Language as code and language as behaviour: a systemic functional interpretation of the nature and ontogenesis of dialogue. In R. P. Fawcett, M. A. K. Halliday, S. M. Lamb and A. Makkai (eds.) *The Semiotics of Culture and Language*, Volume 1. London: Frances Pinter.

Halliday, M. A. K. 1984b. On the ineffability of grammatical categories. In A. Manning, P. Martin and K. McCalla (eds.) *The Tenth LACUS Forum.* Columbia: Hornbeam Press. Reprinted in J. J. Webster (ed.) *The Collected Works of M. A. K. Halliday, Vol 1: On Grammar.* London: Continuum 2002.

Halliday, M. A. K. 1985a. *An Introduction to Functional Grammar.* London: Edward Arnold. Revised 2nd edition, 1994.

Halliday, M. A. K. 1985b. Context of Situation. In M. A. K. Halliday & R. Hasan, *Language, Context and Text: Aspects of Language in a Social-Semiotic Perspective.* Geelong, Vic.: Deakin University Press.

Halliday, M. A. K. 1985c. *Spoken and Written Language.* Geelong: Deakin University Press.

Halliday, M. A. K. 1987. Language and the order of nature. In N. Fabb, D. Attridge, A. Durant and C. McCabe (eds.) *The Linguistics of Writing: Arguments between Language and Literature.* Manchester: Manchester University Press. Reprinted in J. J. Webster (ed.) *The Collected Works of M. A. K. Halliday, Vol 3: On Language and Linguistics.* London: Continuum 2003.

Halliday, M. A. K. 1988b. On the language of physical science. In M. Ghadessy (ed.) *Registers of Written English: Situational Factors and Linguistic Features* 162—178. London: Frances Pinter. Reprinted in *The Collected Works of M. A. K. Halliday, Vol. 5: The Language of Science.* London: Continuum 2004.

Halliday, M. A. K. 1992a. How do you mean? In M. Davies and L. Ravelli (eds.) *Advances in Systemic Linguistics: Recent Theory and Practice*. London: Printer. Reprinted in J. J. Webster (ed.) *The Collected Works of M. A. K. Halliday, Vol. 1: On Grammar*. London: Continuum 2002.

Halliday, M. A. K. 1992b. The act of meaning. In J. E. Alatis (ed.) *Language Communication and Social Meaning: Georgetown University Road Table on Language and Linguistics* 1992. Washington, DC: Georgetown University Press. Reprinted in J. J. Webster (ed.) *The Collected Works of M. A. K. Halliday, Vol. 3: On Language and Linguistics*. London: Continuum 2003.

Halliday, M. A. K. 1992c. Language as System and Language as Instance: The Corpus as a Theoretical Construct. In Jan Svartvik (ed.) *Directions in Corpus Linguistics, Proceedings of Nobel Symposium* 82, Stockholm, 4—8 August 1991. Berlin: Mouton de Gruyter.

Halliday. 1993. The Act of Meaning. In James E. Alatis (ed.) *Georgetown University Round Table on Language and Linguistics* 1992: *Language, Communication, and Social Meaning*. Washington, D. C.: Georgetown University press.

Halliday, M. A. K. 1994a. *Introduction to Functional Grammar* (2nd edition). London: Arnold.

Halliday, M. A. K. 1994b. On language in relation to the evolution of human consciousness. In S. Allen (eds.) *Of Thoughts and Words* (Proceedings of Nobel Symposium 92: The Relations between Language and Mind). London: Imperial College Press.

Halliday, M A K. 1995. *An Introduction to Systemic Functional Grammar* (2nd edition). London: Arnold.

Halliday, M. A. K. 1996. On grammar and grammatics. In R. Hasan, C. Cloran and D. Butt (eds.) *Functional Descriptions: Theory in Practice*. Amsterdam: Benjamins. Reprinted in J. J. Webster (ed.) *The Collected Works of M. A. K. Halliday, Vol. 1: On Grammar*. London: Continuum 2002.

Halliday, M. A. K. 1996b. Literacy and linguistics: a functional perspective. In R. Hasan and G. Williams (eds.) *Literacy and Society*. London: Longman. In Halliday 2007a.

Halliday, M. A. K. 1999. The notion of 'context' in language education. In Ghadessy (ed.) 1st published in T. Lê and M. McCausland (eds.) *Language Education: Interaction and Development* 1—26. Launceston: University of Tasmania. Reprinted in J. J. Webster (ed.) *The Collected Works of M. A. K.*

Halliday, Vol. 9: Language and Education. London: Continuum 2007.

Halliday, M. A. K. 2003. *Collected Works of M. A. K. Halliday Vol. 4: The Language of Early Childhood.* J. J. Webster (ed.). London: Continuum.

Halliday, M A K. 2004a. *An Introduction to Functional Grammar* (3rd edition). Revised by C M I M Matthiessen. London: Arnold.

Halliday, M. A. K. 2004b. Grammar as the driving force from primary to higher-order consciousness. In G. Williams and A. Lukin (eds.).

Halliday, M. A. K. 2007a. *The Collected Works of M. A. K. Halliday, Vol. 9: Language and Education.* J. J. Webster (ed.). London: Continuum.

Halliday, M. A. K. 2007b. *The Collected Works of M. A. K. Halliday, Vol. 10: Language and Society.* J. J. Webster (ed.). London: Continuum.

Halliday, M. A. K. 2009. Methods-techniques-problems. In Halliday & Webster (eds.). London: Continuum.

Halliday, M. A. K. (MSS). *A Short Introduction to Functional Grammar.* London: Edward Arnold.

Halliday, M. A. K. and Greaves, W. S. 2008. *Intonation in the Grammar of English.* London: Equinox.

Halliday, M. A. K. and Hasan, R. 1976. *Cohesion in English.* London: Longmans.

Halliday, M. A. K. and Hasan, R. 1980. *Text and Context: Aspects of Language in a Social-Semiotic Perspective*, Sophia Linguistica VI. Tokyo: Sophia University Press.

Halliday, M. A. K. and Hasan, R. 1985/1989. *Language, Context and Text: a social semiotic perspective.* Geelong, Vic: Deakin University Press. Revised edition, Oxford: Oxford University Press 1989.

Halliday, M. A. K. & Hasan, R. (MSS). *Text and Context: Aspects of Language in a Social-Semiotic Perspective* (Revised Edition). Victoria: Deakin University Press.

Halliday, M. A. K. and Matthiessen, C. M. I. M. 1999. *Construing Experience through Meaning: a Language Based Approach to Cognition.* London: Cassell.

Halliday, M. A. K. and Matthiessen, C. M. I. M. 2004. *An Introduction to Functional Grammar* (3rd edition). London: Arnold.

Halliday, M. A. K. and Martin, J. R. (eds.). 1981. *Readings in Systemic Linguistics.* London: Batsford.

Halliday, M. A. K. and Martin, J. R. 1993. *Writing Science: Literacy and Discursive Power*. London: Falmer.

Halliday, M. A. K. and Webster, J. J. 2009b. (eds.) *Continuum Companion to Systemic Functional Linguistics*. London: Continuum.

Halliday, M. A. K., McIntosh, A. and Strevens, P. 1964. *Linguistic Sciences and Language Teaching*. London: Longman.

Hargreaves, D. H. 1975. *Interpersonal Relations and Education* (revised student edition). London: Routledge & Kegan Paul.

Harris, Z. S. 1952. Discourse analysis. *Language* 28.

Harris, Z. S. 1963. *Discourse analysis: Papers on Formal Linguistics* 2. The Hague: Mouton.

Hasan, R. 1961. *The linguistic study of a literary text*, dissertation for Diploma in Applied Linguistics, University of Edinburgh.

Hasan, R. 1964. A Linguistic Study of Comparative Features in the Style of Two Contemporary English Prose Writers. Unpublished Doctoral dissertation. Edinburgh: University of Edinburgh: Faculty of Arts.

Hasan, R. 1967. Linguistics and the study of literary texts. *Etude de Linguistique Applique* 5.

Hasan, R. 1968. *Grammatical Cohesion in Spoken and Written English*, part I, Nuffield Programme in Linguistics and English Teaching, Paper 7, series 1. London: Longmans.

Hasan, R. 1970a. *Grammatical Cohesion in Spoken and Written English*, Part Two (forthcoming).

Hasan, R. 1970b. *Code, Register and Social Dialect* (forthcoming).

Hasan, R. 1971. Syntax and semantics. In J. Morton (ed.) *Biological and Social Factors in Psycholinguistics*. London: Logos Press.

Hasan, R. 1971a. Rime and reason in literature. In S. Chatman (ed.) *Literary Style: A Symposium*. London: Oxford University Press.

Hasan, R. 1972. Rime and Reason in Literature. In S. Chatman (ed.) *Literary Style: A Symposium*. New York: Oxford University Press.

Hasan, R. 1973a. Code, register and social dialect. In B. Bernstein (ed.) *Class, Codes and Control*, Vol. 2: *Applied Studies towards the Sociology of Language*. London: Routledge & Kegan Paul. Reprinted in J. J. Webster (ed.) *The Collected Works of Ruqaiya Hasan Vol. 1: Language Society and Consciousness*. London: Equinox, 2005.

Hasan, R. 1973b. *Measuring the Length of a Text*. Sydney: Macquarie University. Mimeo.

Hasan, R. 1975. Ways of saying: ways of meaning. Paper presented at Bourg Wartenstein Symposium 66 on Semiotics of Culture and Language. To appear in R. Fawcett, M. A. K. Halliday, S. M. Lamb, A. Makkai (eds.) *Semiotics of Culture and Language*. London: Frances Pinter (in press).

Hasan, R. 1975a. The place of stylistics in the study of verbal art. In H. Ringbom (ed.) *Style and Text*. Stockholm: Skriptor.

Hasan, R. 1976. Socialization and cross-cultural education. *Language and Education in the Third World*, issue editor: Jack Berry. *International Journal of the Sociology of Language* 8.

Hasan, R. 1978. Text in the systemic functional model. In W. U. Dressler (ed.) *Current Trends in Textlinguistics*. Berlin: Walter de Gruyter.

Hasan, R. 1978a. The implications of semantic distance for language in education. Paper presented at Xth I. C. A. E. S., Nysore. To appear in A. Annamalai (ed.) *Proceedings of the Xth I. C. A. E. S.* (in press).

Hasan, R. 1979. On the notion of text. In J. S. Petofi (ed.) *Text vs. Sentence. Basic Questions of Textlinguistics. Papers in Textlinguistics* 20 (2). Hamburg: Helmut Buske.

Hasan, R. 1980. What's going on? A dynamic view of context in language. In J. E. Copeland and P. W. Davies (eds.) *The Seventh LACUS Forum*. Columbia: Hornbeam Press. Reprinted in C. Cloran, D. Butt and G. Williams (eds.) *Ways of Saying, Ways of Meaning: selected papers of Ruqaiya Hasan*. London: Cassell 1996.

Hasan, R. 1980a. The Structure of a Text; the Identity of a Text, Chs. 2 and 6. In Halliday and Hasan, *Text and Context: Language in a Social Semiotic Perspective*. Tokyo: SophiaUniversity.

Hasan, Ruqaiya. 1980b. Language in the study of literature. Report on *Working Conference on Language in Education*, Sydney University Extension Programme and Department of Linguistics. Sydney: University of Sydney.

Hasan, R. 1981. What's going on? A dynamic view of context in language. In J. E. Copeland and P. W. Davis (eds.) *The Seventh LACUS Forum* 1980. Columbia: Hornbeam Press.

Hasan, R. 1983. *A Semantic Network for the Analysis of Messages in Everyday Talk between Mothers and Their Children*. Department of Linguistics: Macquarie University, Sydney. Mimeo.

Hasan, R. 1984a. What kind of resource is language? *Australian Review of Applied Linguistics* 7(1): 57—85. Reprinted in C. Cloran, D. Butt and G. Williams (eds.)*Ways of Saying Ways of Meaning: Selected Papers of Ruqaiya Hasan*. London: Cassell, 1996.

Hasan, R. 1984b. The nursery tale as a genre. *Nottingham Linguistic Circular*13. Special Issue on Linguistics edited by B. Margaret, M. Stubbs and R. Carter. Nottingham: Nottingham University Press. Reprinted (abridged) in Cloran, Butt and Williams (eds.).

Hasan, R. 1984c. Ways of saying: ways of meaning. In R. P. Fawcett, M. A. K. Halliday, S. M. Lamb and A. Makkai (eds.) *The Semiotics of Culture and Language*, Vol. 1: *Language as Social Semiotic*. London: Frances Pinter. Reprinted in C. Cloran, D. Butt and G. Williams (eds.).

Hasan, R. 1984d. Coherence and Cohesive Harmony. In *Understanding Reading Comprehension*. James Flood, ed. Newark, Delaware: International Reading Association.

Hasan, R. 1985a. The identity of the text. Chapter 6, in M. A. K. Halliday and R. Hasan 1985.

Hasan, R. 1985b. The texture of a text. Chapter 5, in M. A. K. Halliday and R. Hasan 1985.

Hasan, R. 1985c. The Structure of a text. Chapter 4, in M. A. K. Halliday and R. Hasan 1985.

Hasan, R. 1985d. Lending and borrowing: from grammar to lexis. In J. E. Clark (ed.) *The cultivated Australian: festschrift in honour of Arthur Delbridge*. Hamburg: Helmut Buske.

Hasan, R. 1985e. Meaning, context, and text: fifty years after Malinowski. In J. D. Benson and W. S. Greaves (eds.) *Systemic Perspectives on Discourse*: Vol. 1. Norwood N. J.: Ablex.

Hasan, R. 1985f. *Linguistics, Language and Verbal Art*. Geelong, Vic: Deakin University Press.

Hasan, R. 1985g. Part B: Chapters 4—6. In Halliday and Hasan, 1985.

Hasan, R. 1986a. The ontogenesis of ideology: an interpretation of mother child talk. In T. Threadgold, E. A. Grosz, G. Kress and M. A. K. Halliday (eds.) *Semiotics Ideology Language*. Sydney, Sydney Association for Studies in Society and Culture (Sydney Studies in Society and Culture Volume 3). Reprinted in Cloran, Butt and Williams (eds.) 1996. Reprinted in Hasan 2005.

Hasan, R. 1986b. The implications of semantic distance for language in education. In A. Abbi (ed.) *Studies in Bilingualism*. New Delhi: Bahri Publications.

Hasan, R. 1986c. *Offers in the Making*: *A Systemic Functional Approach*. Mimeo: Macquarie University (Department of Linguistics).

Hasan, R. 1987a. The grammarian's dream: lexis as most delicate grammar. In M. A. K. Halliday and R. P. Fawcett (eds.) *New Developments in Systemic Linguistics*, *Vol 1*: *Theory and Description*. London: Pinter. Reprinted in Cloran, Butt and Williams (eds.).

Hasan, R. 1987b. Directions from structuralism. In N. Fabb, D. Attridge, A. Durant and C. McCabe (eds.) *The Linguistics of Writing*: *Arguments between Language and Literature*. Manchester: Manchester University Press.

Hasan, R. 1987c. The Analysis of One Poem: Theoretical Issues in Practice. In David Birch & Michael O'Toole (eds.) *Functions of Style*. London: Pinter.

Hasan, R. 1988. Language in the processes of socialisation: home and school. In J. Oldenburg, T. van Leeuwen and L. Gerot (eds.).

Hasan, R. 1989. Semantic variation and sociolinguistics. *Australian Journal of Linguistics* 9(2). Reprinted in Hasan 2009b.

Hasan, R. 1991. Questions as a mode of learning in everyday talk. In T. Lê and M. McCausland (eds.) *Language Education*: *Interaction and Development* 70—119. Launceston: University of Tasmania.

Hasan, R. 1992/2005. Speech genre, semiotic mediation and the development of higher mental functions. In M. A. K. Halliday and F. C. C. Peng (eds.) *Language Sciences*. Special Issue: Current Research in Functional Grammar, Discourse and Computational Linguistics with a Foundation in Systemic Theory, Volume 14(4).

Hasan, R. 1992a. Rationality in everyday talk: from process to system. In J. Svartvik (ed.) *Directions in Corpus Linguistics*, *Proceedings of Nobel Symposium* 82, *Stockholm*. Berlin: de Gruyter.

Hasan, R. 1992b. Meaning in sociolinguistic theory. In K. Bolton and H. Kwok (eds.) *Sociolinguistics Today*: *International Perspectives*. London: Routledge.

Hasan, R. 1992c. Speech genre, semiotic mediation and the development of higher mental functions. In M. A. K. Halliday and F. C. C. Peng (eds.) *Language Sciences* 14(4). Reprinted in Hasan, 2005.

Hasan, R. 1993. Contexts for meaning. In J. E. Alatis (ed.).

Hasan, R. 1994. Situation and the Definition of Genre. In Allen D. Grimshaw (ed.) *What's Going On Here? Complementary Analysis of Professional*

Talk: Volume Two of the Multiple Analysis Project. Norwood, N. J. : Ablex.

Hasan, R. 1995a. The conception of context in text. In P. H. Fries and M. Gregory (eds.) *Discourse in Society: Systemic Functional Perspectives (Meaning and Choice in Language: Studies for Michael Halliday).* Norwood N. J. : Ablex.

Hasan, R. 1995b. On social conditions for semiotic mediation: the genesis of mind in society. In A. R. Sadovnik (ed.) *Knowledge and Pedagogy: The Sociology of Basil Bernstein* 171—196. Norwood, N. J. : Ablex. Reprinted in Hasan, 2005.

Hasan, R. 1996a. Semantic Networks: A Tool for the Analysis of Meaning. In Carmel Cloran, David Butt & Geoff Williams (eds.)*Ways of Saying Ways of Meaning: Selected Papers of Ruqaiya Hasan.* London: Cassell.

Hasan, R. 1996b. Literacy, everyday talk and society. In Hasan and Williams (eds.)*Literacy and Society.* London: Longman.

Hasan,R. 1996c. On Teaching Literature across Cultural Distances. In Joyce E. James (ed.) *The Language-Culture Connection.* Anthology Series 37. SEAMEO. Singapore: Regional Language Centre.

Hasan,R. 1999. Speaking with reference to context. In M. Ghadessy (ed.) *Text and Context in Functional Linguistics.* Amsterdam: John Benjamins.

Hasan, R. 1999a. Society, language and the mind: the meta-dialogism of Basil Bernstein's theory. In F. Christie (ed.) *Pedagogy and the Shaping of Consciousness: Linguistic and Social Processes.* London: Cassell.

Hasan, R. 1999b. The disempowerment game: Bourdieu and language in literacy. *Linguistics and Education* 10(1).

Hasan, R. 2000. The uses of talk. In S. Sarangi and M. Coulthard (eds.) *Discourse and Social Life.* London: Pearson Education. Reprinted in Hasan, 2005.

Hasan, R. 2001. Wherefore context? The place of context in the system and process of language. In R. Shaozeng, W. Guthrie, I. W. Ronald Fong (eds.) *Grammar and Discourse: Proceedings of the International Conference on Discourse Analysis.* Macau: Universidad de Macau.

Hasan, R. 2002a. Semiotic mediation and mental development in pluralistic societies: some implications for tomorrow's schooling. In G. Wells and G. Claxton (eds.) *Learning for Life in the 21st Century: Socio-Cultural Perspectives on the Future of Education.* Oxford: Blackwell. Reprinted in Hasan, 2005.

Hasan, R. 2002b. Ways of meaning, ways of learning: code as an explanatory concept. *British Journal of Sociology of Education* 23(4). Reprinted in Hasan, 2005.

Hasan, R. 2003. Globalization, literacy and ideology. *World Englishes* 22(4).

Hasan, R. 2004a. Analysing discursive variation. In L. Young and C. Harrison (eds.) *Systemic Functional Linguistics and Critical Discourse Analysis*. London: Continuum.

Hasan, R. 2004b. Reading picture reading: a study in ideology and inference. In J. A. Foley (ed.). Reprinted in Hasan, 2005.

Hasan, R. 2005. *Language, Society and Consciousness: Collected Works of Ruqaiya Hasan Vol 1*. J. J. Webster (ed.). London: Equinox.

Hasan, R. 2006. Literacy pedagogy and social change. In R. Moor, M. Arnot, J. Beck and H. Daniels (eds.). London: Routledge.

Hasan, R. 2009a. Wanted: an integrated theory for sociolinguistics. In Hasan 2009b.

Hasan, R. 2009b. *The Collected Works of Ruqaiya Hasan, Vol. 2: Semantic Variation: Meaning in Society and in Sociolinguistics*. J. J. Webster (ed.). London: Equinox.

Hasan, R. 2009c. The place of context in the system and process of language. In Halliday, M. A. K. and Webster, J. J. (eds.). London: Equinox.

Hasan, R. 2010. The meaning of 'not' is not in 'not'. In A. Mahboob & N. Knight (eds.) *Appliable Linguistics*. London: Continuum.

Hasan, R. 2011. On the process of teaching: a perspective from functional grammar. In J. J. Webster (ed.) *The Collected Works of Ruqaiya Hasan, Vol. 3: Language and education: Learning and Teaching in Society*. London: Equinox.

Hasan, R. 2012. A view of pragmatics in a social semiotic perspective. *LHS* 2009 5(3).

Hasan, R. (in press) Linguistic sign and the science of linguistics. In Fang Y. and Webster, J. J. (eds.) *Developing Systemic Functional Linguistics: Theory and Applications*. London: Equinox.

Hasan, R. (in press) The Disempowerment Game: Bourdieu and Language in Literacy. *Linguistics and Education* 10(1).

Hasan, R. *a, On Measuring the Length of a Text*. Mimeo.

Hasan, R. *b*, Ways of saying: ways of meaning. (forthcoming)

Hasan, R. *c*, Cohesive harmony: a measure for textual coherence. (forthcoming)

Hasan, R. (Ms) The grammarian's dream: lexis as most delicate grammar. R. P. Fawcett & M. A. K. Halliday (eds.) *New Development in Systemic Theory*. (in press)

Hasan, R. (MSSa). The structure of text. *Text and Context: Aspects of Language in a Social-Semiotic Perspective* (Revised Edition). M. A. K. Halliday & R. Hasan (MSS). Victoria: Deakin University Press.

Hasan, R. (MSSa). The identity of a text. (Revised) *Text and Context: Aspects of Language in a Social-Semiotic Perspective*, revised Edition. M. A. K. Halliday & R. Hasan (MSS). Victoria: Deakin University Press.

Hasan, R. (MSSb). *Linguistics, Language and Verbal Art*. Victoria: Deakin University Press.

Hasan, R. (ed.). (MSSc). *Discourse on Discourse: Report on Macquarie Discourse Analysis Workshop*. Special publication of the Applied Linguistics Association of Australia.

Hasan, R. (MSSd). The structure of the nursery tale: An essay in text typology. Paper delivered at the S. L. I. Congress, S. Margherita (8—10 May 1981). To be published in the Proceedings of the XVth Congress of S. L. I.

Hasan, R. and Cloran, C. 1990. A sociolinguistic interpretation of everyday talk between mothers and children. In M. A. K. Halliday, J. Gibbon and Howard Nicholas (eds.) *Learning, Keeping and Using Language Volume 1: Selected papers from the 8th World Congress of Applied Linguistics*, Sydney 16—21 August 1987. Amsterdam: Benjamins.

Hasan, R. and Peter Fries, H. (eds.). 1995. *On Subject and Theme: A Discourse Functional Perspective*. Amsterdam: John Benjamins.

Hasan, R., Cloran, C. and Butt, D. G. (eds.). 1996. *Functional Descriptions: Theory in Practice*. Amsterdam: Benjamins.

Hasan, R., Matthiessen, C. and Webster, J. J. 2005. (eds.) *Continuing Discourse on Language: A Functional Perspective, Volume 1*. London: Equinox

Hasan, R., Matthiessen, C. and Webster, J. J. 2007. (eds.) *Continuing Discourse on Language: A Functional Perspective, Volume 1*. London: Equinox.

Hasan, R. & Geoff Williams (eds.). 1996. *Literacy in Society*. London: Longman.

Hawkins, P. R. 1969. Social class, the nominal group and reference. *Language and Speech* 12.

Hertz, N. 2001. *The Silent Take-Over: Global Capitalism and the Death of*

Democracy. London: Heinemann.

Hickman, M. (ed.). 1987. *Social and Functional Approaches to Language and Thought*. New York: Academic Press.

Hjelmslev, L. 1943. *Prolegomena to a Theory of Language*. Madison: University of Wisconsin.

Hjelmslev, L. 1961. *Prolegomena to a Theory of Language*. Revised English edition, translated by F. J. Whitfield. Madison: University of Wisconsin Press (Danish original: Copenhagen, 1943).

Hobsbawm, E. 1999. *The New Century*. London: Abacus.

Hoijer, H. 1954. The Sapir-Whorf hypothesis. In H. Hoijer (ed.) *Language and Culture*. Chicago: The University of Chicago Press.

Hope-Moncrieff, A. R. (n. d.). The young hopeful. In *Romance and Legends of Chivalry*. London: Gresham Publishing Co.

Horvath, B. M. 1985. *Variation in Australian English: the Sociolects of Sydney*. Cambridge: Cambridge University Press.

Hough, Graham. 1966. *An Essay on Criticism*. London: Methuen.

Hsu, F. L. K. 1968. Chinese kinship and Chinese behaviour. In Tang Tsou and Ping-ti Ho (eds.) *China in Crisis*. Chicago: Chicago University Press.

Hsu, F. L. K. 1971a. Eros, affect and Tao. In F. L. K. Hsu (ed.) 1971b.

Hsu, F. L. K. (ed.). 1971b. *Kinship and Culture*. Chicago: Aldine Publishing Co.

Hsu, F. L. K. 1971c. Psychosocial homeostasis and jen: conceptual tools for advancing psychological anthropology. *American Anthropologist* 73(1).

Huddleston, R. D. 1965. Rank and depth. *Language* 41.

Hudson, R. A. 1971. *English Complex Sentences*. Amsterdam: North-Holland Publishing Co.

Hudson, R. A. 1980. *Sociolinguistics*. Cambridge: Cambridge University Press.

Hymes, D. 1962. The ethnography of speaking. In T. Gladwin and W. C. Strutevant (eds.) *Anthropology and Human Behaviour*. Washington, D. C.: Anthropological Society of Washington. Reprinted in J. A. Fishman (ed.).

Hymes, D. 1967. Models of the interaction of language and social setting. *Journal of Social Issues* 23(2).

Hymes, D. 1972. On communicative competence. *Communication in Face-to-Face Interaction*. J. B. Pride and D. W. Holmes (eds.). Harmondsworth: Penguin.

Hymes, D. 1968. The ethnography of speaking. In Fishman (ed.) *Readings in the Sociology of Language*. The Hague: Mouton.

Jacobs, J. 1967. *English Fairy Tales*. N. Y.: Dover Publications, (an unaltered republication of the 3rd edition. By G. B. Putnam's Sons and David Nutt, 1898).

Jakobson, Roman. 1960. Linguistics and Poetics. In Thomas A. Sebeok (ed.) *Style in Language*. New York: Wiley.

Jarvie, I. C. 1976. Toulmin and the rationality of science. In R. S. Cohen, P. K. Feyerabend and M. W. Wartofsky (eds.) *Essays in Memory of Imre Lakatos*. Dordrecht: D Reidel Publishing Company.

John, V. P. 1972. Styles of learning-styles of teaching: reflections on the education of Navajo children. In C. B. Cazden, V. P. John and D. Hymes (eds.) *Functions of Language in the Classroom*. New York: Teachers College Press.

Katz, J. J. & Fodor, J. A. 1963. The structure of a semantic theory. *Language* 39.

Kekes, J. 1979. Rationality and the social sciences [review article]. *The Philosophy of Social Science* 9(1): 105—113.

Klein, N. 2007. *The Shock Doctrine: The Rise of Disaster Capitalism*. Camberwell, Vic.: Penguin Group.

Klemperer, V. 2002. *The Language of the Third Reich*. Martin Brady (trans.). London: Continuum.

Korzybski, A. 1933. *Science and Sanity*. Lancaster, PA: International Non-Aristotelian Library.

Kress, G. 1976. *System and Function in Language: Selected Papers by M. A. K. Halliday*. London: Oxford University Press.

Kress, G. 1982. *Learning to Write*. London: Routledge & Kegan Paul.

Kuno, S. 1978. Generative discourse analysis in America. In W. U. Dressler (ed.) *Current Trends in Textlinguisitics*. Berlin: de Gruyter.

Labov, W. 1966a. *The Social Stratification of English in New York City*. Arlington: Centre for Applied Linguistics.

Labov, W. 1966b. The linguistic variable as a structural unit. *Washington Linguistic Review* 3: 4—22.

Labov, W. 1968. The reflection of social processes in linguistic structures. In J. A. Fishman (ed.) *Readings in the Sociology of Language*. The Hague: Mouton.

Labov, W. 1969. The logic of nonstandard English. *Georgetown Monographs on Language and Linguistics*, Vol. 22. Washington, DC: Georgetown University Press.

Labov, W. 1972a. *Sociolinguistic Patterns*. Oxford: Basil Blackwell.

Labov, W. 1972b. The study of language in its social context. In Labov, 1972a.

Labov, W. 1972c. The transformation of experience in narrative syntax. In Labov 1972 *Language in the Inner City: Studies in the Black English Vernacular*. Philadelphia: University of Pennsylvania Press.

Labov, W. 1972d. *Sociolinguistic Patterns*. Philadelphia: University of Pennsylvania Press.

Labov, W. 1978a. Where does the sociolinguistic variable stop? A response to Beatriz Lavandera. *Working Papers in Sociolinguistics* 44. Austin, Tex.: Southwest Educational Development Laboratory.

Labov, W. 1987. The overestimation of functionalism. In R. Dirven and V. Fried (eds.) *Functionalism in Linguistics*. Amsterdam: Benjamins.

Labov, W. and Fanshel, D. 1977. *Therapeutic Discourse*. New York: Academic Press.

Labov, W. and Waletzky, J. 1967. Narrative analysis: Oral versions of personal experience. *Essays on the Verbal and Visual Arts*. Helm, J. (ed.). Georgetown: University of Washington Press.

Laguna, G. A. de. 1927. *Speech: Its Function and Development*. Bloomington: Indiana University Press.

Lamb, S. M. 1964. On alternation, transformation, realization and stratification. *Monograph Series on Language and Linguistics*, 17, Georgetown University Inst. of Language and Linguistics.

Lamb, S. M. 1964a. *An Outline of Stratificational Grammar*. Georgetown: Georgetown University Press.

Langendoen, D. T. 1968. *The London School of Linguistics: a study of the linguistic theories of B. Malinowski and J. R. Firth*. Cambridge, Mass: MIT Press (MIT Research Monograph No. 46).

Lavandera, B. R. 1978. Where does the sociolinguistic variable stop? *Language in Society* 7.

Lave, J. 1997. What's special about experiments as contexts for thinking. In M. Cole, Y. Engeström and O. Vasquez (eds.) *Mind, Culture and Activity: Seminal Papers from the Laboratory of Human Cognition*. Cambridge: Cambridge University Press.

Leckie-Tarry, Helen. 1995. *Language and Context: A Functional Linguistic Theory of Register*. London: Pinter.

Lee, B. 1987. Recontextualizing Vygotsky. In M. Hickman (ed.) *Social and Functional Approaches to Language and Thought*. New York: Academic Press.

Leech, G. N. 1974. *Semantics*. Harmondsworth: Penguin.

Leeuwen, T. van and Humphrey, S. 1996. On learning to look through a geographer's eye. In R. Hasan and G. Williams (eds.). London: Longman.

Lemke, J. L. 1984. *Semiotics and Education*. Toronto Semiotic Circle Monographs. Working Papers and Pre-publications 1984. 2. Toronto: Victoria University.

Lemke, J. L. 1990. *Talking Science: Language, Learning and Values*. Norwood, N.J.: Ablex.

Lemke, J. L. 1992. Interpersonal meaning in discourse: value orientation. In M. Davies and L. Ravelli (eds.) *Advances in Systemic Linguistics: Recent Theory and Practice*. London: Frances Pinter.

Lemke, J. L. 1993. Discourse, Dynamics and Social Change. In M. A. K. Halliday (guest ed.) *Language as Cultural Dynamic*, Special Issue of *Cultural Dynamics* Vol. VI (1—2).

Lemke, J. L. 1995. *Textual Politics*. London: Taylor & Francis. Lenneberg, E. H. 1975. Language and cognition. In D. D. Steinberg and L. A. Jakobovits (eds.) *Semantics*. Cambridge: Cambridge University Press.

Lenneberg, E. H. 1964. A biological perspective of language. In E. H. Lenneberg (ed.) *New Directions in the Study of Language*. Cambridge, Mass.: MIT Press.

Lenneberg, E. H. 1975. Language and cognition. In D. D. Steinberg and L. A. Jakobovits (eds.) *Semantics*. Cambridge: Cambridge University Press.

Leontiev, A. N. 1978. *Activity, Consciousness and Personality*. Englewood Cliffs N.J.: Prentice Hall.

Leontiev, A. N. 1981. The problem of activity in psychology. In J. W. Wertsch (ed.) *The Concept of Activity in Soviet Psychology*. Sharpe Inc. Publisher.

Levin, Samuel R. *Linguistic Structures in Poetry*. Janua Linguarum, 23. The Hague: Mouton, 1962.

Levinson, Stephen C. 1992. Activity Types and Language. In Paul Drew &

John Heritage (eds.) *Talk at Work: Interaction in Situational Settings*. Cambridge: Cambridge University Press.

Lewontin, R., Rose, S. and Kamin L. J. 1984. *Not in Your Genes: Biology, Ideology and Human Nature*. London: Random House.

Lock, A. (ed.). 1978. *Action, Gesture and Symbol: the Emergence of Language*. London: Academic Press.

Lockwood, D. G. 1972. *Introduction to Stratificational Linguistics*. New York: Harcourt Brace Jovanovich.

Longacre, R. E. 1974. Narrative versus other discourse genre. *Advances in Tagmemics*, Brend, R. M. (ed.). Amsterdam: North-Holland.

Longacre, R. E. 1976. *Discourse Grammar*, Part 1. Dallas : SIL, 1976.

Longacre, R. E. 1977. A taxonomic deep and surface structure analysis. *Grammars and Descriptions*. van Dijk, T. & Petofi, J. S. (eds.). Berlin: de Gruyter.

Luke, A. 1996. Genres of power? Literacy, education and the production of capital. In R. Hasan and G. Williams (eds.) *Literacy in Society*. London: Longman.

Lukin, A. and Webster, J. J. 2005. SFL and the study of literature. In Hasan, Matthiessen and Webster (eds.).

Luria, A. R. 1976. *Cognitive Development: Its Cultural and Social Foundations* (trans. by M. Lopez-Morillas and L. Solotaroff, ed. by M. Cole). Cambridge, MA: Harvard University Press.

Lyons, J. 1966. Firth's theory of meaning. In C. E. Bazell, J. C. Catford, M. A. K. Halliday and R. H. Robins (eds.) *In Memory of J. R. Firth*. London: Longman.

Lyons, J. 1968. *Introduction to Theoretical Linguistics*. Cambridge: Cambridge University Press.

Lyons, J. (ed.). 1970. *New Horizons in Linguistics*. Harmondsworth: Penguin.

Lyons, J. 1977. *Semantics* (volumes 1 and 2). Cambridge: Cambridge University Press.

Mackay, R. W. 1974. Conceptions of children and models of socialization. In R. Turner (ed.) *Ethomethodology*. Harmondsworth: Penguin.

Madely, J. 1999. *Big Business, Poor People*. London: Zed Books.

Madely, J. 2000. Putting People before Principles, *Guardian Weekly*, January 6—12.

Malinowski, B. 1923. The problem of meaning in primitive languages. In Supplement 1 to C. K. Ogden and I. A. Richards (eds.) *The Meaning of Meaning*. London: Kegan Paul; 8th edition: New York: Harcourt Brace & World.

Malinowski, B. 1935. *Coral Gardens and their Magic Vol. 2*. London: Allen and Unwin.

Malinowski, B. 1935a. An ethnographic theory of language. Part IV in *Coral Gardens and Their Magic*, Vol. 2. London: Allen & Unwin.

Mandler, J. M. & Johnson, N. S. 1977. Remembrance of things parsed. *Cognitive Psychology* 91.

Mann, W. C. 1985. An introduction to the Nigel text generation grammar. In J. D. Benson & W. S. Greaves (eds.).

Mann, W. C. and Matthiessen, C. M. I. M. 1983. Nigel: A systemic grammar for text generation (Chapter 2), ISI/RR.

Mann, W. C., Matthiessen, C. M. I. M. and Thompson, S. A. 1992. Rhetorical structure theory and text analysis. In W. C. Mann and S. A. Thompson (eds.) *Discourse Description: Diverse Linguistic Analyses of a Fund Raising Text*. Amsterdam: Benjamin.

Mann, W. C. and Thompson, S. A. 1987. Rhetorical structure theory: description and construction of text structures. In G. Kempen (ed.) *Natural Language Generation: New Results in Artificial Intelligence, Psychology and Linguistics*. Dordrecht: Martinus Nijhoff.

Marková, I. 1990a. Introduction. In I. Markova and K. Foppa (eds.) *The Dynamics of Dialogue*. New York: Harvester Wheatsheaf.

Marková, I. 1990b. A Three Step Process as a Unit of Analysis in Dialogue. In I. Marková (ed.) *The Dynamics of Dialogue*. New York: Harvester.

Martin, J. R. 1977. Learning How to Tell: Semantic Systems and Structures in Children's Narrative, Ph. D. thesis submitted to University of Essex. Colchester.

Martin, J. R. 1979. Conjunction and the structure of conversation. University of Sydney, mimeo.

Martin, J. R. 1984. On the analysis of exposition. In R. Hasan (ed.) *Discourse on Discourse*. Sydney, Applied Linguistics Association of Australia, Publication 7.

Martin, J. R. 1985. Process and text: two aspects of human semiosis. In J. D. Benson and W. S. Greaves (eds.) *Systemic Perspectives on Discourse*, Vol. 1. Norwood, N. J.: Ablex.

Martin, J. R. 1986. Intervening in the process of writing development. In C. Painter and J. R. Martin (eds.) *Writing to Mean: Teaching Genres across the Curriculum*. Occasional Paper No 9: Applied Linguistics Association of Australia.

Martin, J. R. 1988. Secret English: discourse technology in a junior secondary school. In L. Gerot, J. Oldenburg and T. van Leeuwen (eds.) *Language and Socialisation: Home and School*. Sydney: Macquarie University.

Martin, J. R. 1989. *Factual Writing: Exploring and Challenging Social Reality*. London: Oxford University Press.

Martin, J. R. 1991. Intrinsic functionality: implications for contextual theory. *Social Semiotics* 1(1): 99—162. Sydney: Sydney University Publication.

Martin, J. R. 1992. *English Text: System and Structure*. Amsterdam: John Benjamins.

Martin, J. R. 1993. Literacy in Science: Learning to Handle Text as Technology. In M. A. K. Halliday & J. R. Martin (eds.) *Writing Science: Literacy and Discursive Power*. London: Falmer.

Martin, J. R. 1997. Analysing Genre: Functional Parameters. In Frances Christie & J. R. Martin (eds.) *Genre and Institutions: Social Processes in the Workplace and School*. London: Cassell.

Martin, J. R. Conjunction and speech function. Mimeo, Sydney University.

Martin, J. R., Christie, F. and Rothery, J. 1987. Social processes in education. In I. Reid (ed.) *The Place of Genre in Learning*. Geelong, Victoria: Deakin University Press.

Martin, J. R., Wignell, P., Eggins, S. and Rothery, J. 1988. Secret English: discourse technology in a junior secondary school. In Gerot et al. (eds.).

Martin, J. R. and Rose, D. 2003. *Working with Discourse: Meaning beyond the Clause*. London: Continuum.

Martin, J. R. and Rothery, J. 1980. *Writing Project Report* 1. Mimeo. Sydney University.

Martin, J. R. and Rothery, J. 1981. *Writing Project Report* 2. Mimeo. Sydney University.

Matthiessen, C. 1991. Language on language: the grammar of semiosis. *Social Semiotics* 1(2).

Matthiessen, C. 1992. Interpreting the textual metafunction. In M. Davies and L. Ravelli (eds.) *Advances in Systemic Linguistics: Recent Theory and Practice*. London: Frances Pinter.

Matthiessen, C. 1993. The object of study in cognitive science in relation to its construal and enactment in language. *Cultural Dynamics* 6(1—2).

Matthiessen, C. 1995. *Lexicogrammatical Cartography: English Systems*. Tokyo: International Language Sciences Publishers.

Mattheissen, C. 2007. The architecture of language according to systemic functional theory: developments since the 1970s. In R. Hasan, C. M. I. M. Matthiessen and J. J. Webster (eds.).

Matthiessen, C. 2012. Tenor. Plenary presented at the Symposium on Register and Context: Social Context and the Enactment of Tenor, February 6—8, 2012. Macquarie University: Department of Linguistics.

Matthiessen, C. (in press) The Relationship between Grammar and Discourse. To appear in *The Proceedings of the International Conference on Discourse and Grammar*, Macau October 1997.

Matthiessen, C. and Nesbitt, C. 1996. On the idea of theory-neutral description. In R. Hasan, C. Cloran and D. G. Butt (eds.). *Functional Descriptions: Theory in Practice*. Amsterdam: John Benjamins.

Matthiessen, C. and Thompson, S. A. 1989. The structure of discourse and subordination. In J. Haiman and S. A. Thompson (eds.) *Clause Combining in Grammar and Discourse*. Amsterdam: John Benjamins.

Matthiessen, C., Teruya, K. and Lam, M. 2010. *Key Terms in Systemic Functional Linguistics*. London: Continuum.

McIntosh, Angus. 1961. Patterns and ranges. *Language* 37.

McIntosh, Angus. 1961a. Graphology and Meaning. *Archivum Linguisticum* 13.

McIntosh, Angus. 1965. Saying. *A Review of English* VI(2).

McIntosh, Angus. 1966. As You Like It: A Grammatical Clue to Character. *A Review of English Literature* 4.

McLellan, D. 1975. *Marx. Fontana Modern Masters Series*. Glasgow: Fontana/Collins.

McMurty, J. 1999. *The Cancer Stage of Capitalism*. London: Pluto Press.

McTear, M. F. 1979. "Hey! I've got something to tell you" etc. In *Journal of Pragmatics*, 3(3/4). Amsterdam: North-Holland.

Mead, G. H. 1910. What social objects must psychology presuppose?. *The Journal of Philosophy*, Vol. 7. Reprinted in T. Luckman (ed.) *Phenomenology and Sociology*. Harmondsworth:Penguin, 1978.

Mead, G. H. 1934. *Mind, Self and Society*. C. W. Morris (ed.). Chicago: University of Chicago Press.

Melville, Herman. Belly Budd, Sailor. *Billy Budd, Sailor and Other Stories* (Penguin English Literary).

Mertz, E. and Parmentier, R. (eds.). 1985. *Semiotic Mediation: Sociocultural and Psychological Perspectives*. New York: Academic Press.

Michaelis, A. 1983. When is a story not a story: A study of the TV news item. Unpublished B. A. (Hons.) thesis. Sydney: Macquarie University.

Milne, A. A. 1926. *Winnie-the-Pooh*. London: Methuen.

Miller, D. R. and Turci, M. (eds.). 2007. *Language and Verbal Art Revisited: Linguistic Approaches to the Study of Literature*. London: Equinox.

Minick, N. 1997. The early history of the Vygotskian school: the relationship between mind and activity. In M. Cole, Y. Engeström and O. Vasquez (eds.) *Mind, Culture and Activity: Seminal Papers from the Laboratory of Comparative Human Cognition*. Cambridge: Cambridge University Press.

Mitchell, T. F. 1975. *Principles of Firthian Linguistics*. London: Longman.

Morgan, J. 1978. Toward a rational model of discourse comprehension. *Theoretical Issues in Natural Language Processing* 2. Champaign-Urbana: University of Illinois.

Morton, J. (ed.). 1971. *Biological and Social Factors in Psycholinguistics*. London: Logos.

Morton, J. (ed.). 1971a. What Could Possibly Be Innate. In *Biological and Social Factors in Psycholinguistics*. London: Logos Press.

Moss, G. 2002. Literacy and pedagogy in flux: constructing the object of study from a Bernsteinian perspective. Special Issue: *Basil Bernstein's Theory of Social Class, Educational Codes and Social Control*, BJSE 23(4): 549—558.

Mukarovsky, Jan. 1964. Standard language and poetic language. In Paul Garvin (ed.) *A Prague School Reader on Aesthetics, Literary Structure and Style*. Washington, DC: Georgetown University Press.

Mukarovsky, Jan. 1964a. The Esthetics of Language. In Paul L. Garvin (ed.) *A Prague School Reader on Esthetics, Literary Structure and Style*. Washington D. C.: Georgetown University Press, 1964.

Nesbitt, C. and Plum, G. 1988. Probabilities in a systemic functional grammar: the clause complex in English. In R. P. Fawcett and D. J. Young (eds.) *New Developments in Systemic Linguistics Volume 2: Theory and Applications*. London: Frances Pinter.

Newson, J. 1978. Dialogue and development. In A. Lock (ed.) *Action, Gesture and Symbol: the emergence of language*. New York: Academic Press.

Nisbett, R. and Ross, L. 1980. *Human Inference: Strategies and Shortcomings of Social judgment*. Englewood Cliffs, N. J.: Prentice-Hall.

Nowottny, Winifred. *The Language Poets Use*. London: Athlone Press, 1962.

Ogden, C. K. and Richards, I. A. 1923. *The Meaning of Meaning*. London: Kegan Paul.

O'Halloran, K. 2007. Mathematical and scientific forms of knowledge. In Christie and Martin (eds.).

Olson, D. R. 1977. From utterance to text: the bias of language in speech and writing. *Harvard Educational Review* 47(3).

Opie, I. & Opie, P. 1940. *The Puffin Book of Nursery Rhymes*. Harmondsworth: Penguin.

O'Toole, M. 1982. *Structure, Style, and Interpretation in the Russian Short Story*. New Haven: Yale University Press.

O'Toole, M. and Butt, D. G. (MSS). The analysis of a short story. Hasan, Ruqaiya (ed.) (MSSc) *Discourse on Discourse: Report on Macquarie Discourse Analysis Workshop*. Special publication of the Applied Linguistics Association of Australia.

Overton, W. F. 1990. Competence and procedures: constraints on the development of logical reasoning. In W. F. Overton (ed.) *Reasoning, Necessity, and Logic: Developmental Perspectives*. Hillsdale, N. J.: Lawrence Erlebaum Associates.

Painter, C. 1984. *Into the Mother Tongue: A Case Study in Early Language Development*. London: Frances Pinter.

Painter, C. 1989. Learning language: a functional view of language development. In R. Hasan and J. R. Martin (eds.).

Painter, C. 1996. The Development of Language as a Resource for Thinking. In Ruqaiya Hasan & Geoff Williams (eds.) *Literacy in Society*. London: Longman.

Painter, C. 1999. *Learning through Language in Early Childhood*. London: Continuum.

Painter, C. & Martin, J. R. (eds.). 1986. *Writing to Mean: Teaching Genres Across the Curriculum*. Occasional Papers 9. Applied Linguistics Association of Australia.

Patten, T. 1988. *Systemic Text Generation as Problem Solving*. Cambridge: Cambridge University Press.

Peirce, C. S. 1868. Consequences of four incapacities. *Journal of Speculative Philosophy*, Vol. 2. Reprinted in C. Hartshorne & P. Weiss (eds.) *Collected Papers of C. S. Peirce Vols. V & VI*. Cambridge, MA: Harvard University Press, 1960.

Peirce, C. S. 1878. How to make our ideas clear. *Popular Science Monthly*, Vol. 12. Reprinted in C. Hartshorne & P. Weiss (eds.) *Collected Papers of C. S. Peirce*, Vol. V & VI.

Peirce, C. S. 1955. *Philosophical Writings of Peirce*. (Selected and edited by J. Buchler). New York: Dover.

Peters, R. S. 1972. Reason and passion. In R. F. Dearden, P. H. Hirst and R. S. Peters (eds.).

Petöfi, J. S. 1975. Beyond the sentence, between linguistics and logic. In H. Ringbom (ed.) *Style and Text*. Stockholm: Skriptor.

Phillips, S. U. 1972. Participant structures and communicative competence: warm springs children in community and classroom. In B. Courtney, V. Cazden, P. John and D. Hymes (eds.) *Functions of Language in the Classroom*. New York: Teachers College Press.

Piaget, J. 1924. *Le Jugement et le Raisonnement chez l'Enfant*. Paris: Delachaux et Niestlé.

Piaget, J. 1960. *Language and Thought of the Child*. London: Routledge & Kegan Paul.

Pike, K. L. 1954. *Language in Relation to a Unified Theory of the Structure of Human Behaviour*, Part I, (prelim edition). Glendale, California: SIL.

Pike, K. L. 1963. Discourse analysis and tagmemic matrices. Paper read at LSA meeting; in R. M. Brend (ed.) *Advances in Tagmemics*. Amsterdam: North-Holland Publishing Co., 1974.

Pole, D. 1972. The concept of reason. In R. F. Dearden, P. H. Hirst and R. S. Peters (eds.).

Pollner, M. 1974. Mundane reasoning. *Philosophy of Social Science* 4.

Popper, K. R. 1979. *Objective Knowledge: An Evolutionary Approach*. Revised edition. Oxford: Clarendon Press.

Postman, N. and Weingartner, G. 1972. *Teaching as a Subversive Activity*. London: Penguin.

Poulantzas, N. 1981. Social class and the state. In T. Bottomore (ed.)

Modern Interpretations of Marx. London: Basil Blackwell.

Poynton, C. 1984. Names as vocation: forms and functions. *Nottingham Linguistic Circular* (Special Issue on Systemic Linguistics) 13(1): 34.

Putnam, H. 1975. The meaning of meaning. *Mind, Language and Reality*. London: Cambridge University Press.

Reddy, V., Hay, D., Murray, L. and Trevarthen, C. 1997. Communication in infancy: mutual regulation of communication in infancy. In G. Brenner, A. Slater and G. Butterworth (eds.) *Infant Development: Recent Advances*. London: Psychology Press.

Robins, R. H. *A Short History of Linguistics*. Longman Linguistics Library (London, 1967).

Robinson, W. P. 1973. Where do children's answers come from? In B. Bernstein (ed.) *Class, Codes and Control*, Vol. 2: *Applied Studies towards a Sociology of Language*. London: Routledge & Kegan Paul.

Robinson, W. P. and Rackstraw, S. J. 1972. *A Question of Answers*. London: Routledge & Kegan Paul.

Romaine, S. 1984. On the problem of syntactic variation and pragmatic meaning in sociolinguistic theory. *Folia Linguistica* xviii (3—4). The Hague, Mouton.

Rorty, R. 1979. *Philosophy and the Mirror of Nature*. Princeton, N. J.: Princeton University Press.

Rorty, R. 1980. Pragmatism, relativism and irrationalism. *Proceedings of the American Philosophical Association*, LIII. Reprinted in R. Rorty, 1982.

Rorty, R. 1981. Method, social science and social hope. *The Canadian Journal of Philosophy*, XI. Reprinted in R. Rorty, 1982.

Rorty, R. 1982. *Consequences of Pragmatism*. Hassocks: The Harvester Press.

Rosen, C. and Rosen, H. 1973. *The Language of Primary School Children*. Harmondsworth: Penguin.

Rosen, H. 1972. *Language and Class: A Critical Look at the Theories of Basil Bernstein*. Bristol: Falling Well Press.

Rothery, J. 1989. Learning about language. In R. Hasan and J. R. Martin (eds.) *Language Development: Learning Language, Learning Culture: Studies for Michael Halliday*. Norwood, N. J.: Ablex.

Royce, J. R. 1964. *The Encapsulated Man*. Princeton: Van Nostrand Co.

Rumelhart, D. E. 1975. Notes on a schema for stories. In *Representation and Understanding*: *Studies in cognitive science*. N. Y. : Academic Press.

Sacks, H. , E. A. Schegloff, and G. Jefferson. 1974. A simplest systematics for the organization of turn taking in conversation. *Language* 50.

Said, Edward. 1991. *The World the Text and the Critic*. London: Vintage.

Santambrogio, M. and Violi, P. 1988. Introduction. In U. Eco, M. Santambrogio and P. Violi (eds.) *Meaning and Mental Representations*. Bloomington: Indiana University Press.

Sapir, E. 1921. *Language: An Introduction to the Study of Speech*. New York: Harcourt, Brace and Co.

Sapir, E. 1944. On grading: a study in semantics. *Philosophy of Science* 2. Reprinted in D. G. Mandelbaum (ed.) *Selected Writings in Language, Culture and Personality*. Berkeley: University of California Press, 1949.

Saussure, F. de. 1916/74. *A Course in General Linguistics* (English edition). W. Baskin (trans.). London: Fontana.

Saussure, F. de. 1966. *Course in General Linguistics*. W. Baskin (trans.). New York: McGraw-Hill.

Saussure, F. de 2006. *Writings in General Linguistics*. Edited by S. Bouquet & R. Engler, translated by C. Sanders & M. Piers. Oxford: Oxford University Press.

Sbisa, M. & Fabbri, P. 1980. Models (?) for a Pragmatic Analysis, *Working Paper* 91. Centro Internazionale di Semiotica e di Linguistica: Universita di Urbino.

Schank, R. 1972. Conceptual dependency. *Cognitive Psychology* 3.

Schank, R. 1975. The structure of episodes in memory. In Bobrow and Collins (eds.).

Schank, R. And Abelson, R. 1977. *Scripts, Plans, Goals and Understanding*. Hillsdale: Lawrence Erlbaum Associates.

Schilling-Estes, N. 2002a. Investigating stylistic variation. In J. K. Chambers, P. Trudgill and N. Schilling-Estes (eds.).

Schilling-Estes, N. (2002b) What is 'style'? In J. K. Chambers, P. Trudgill and N. Schilling-Estes (eds.).

Searl, J. R. 1969. *Speech Acts: An Essay in the Philosophy of Language*. London: Cambridge University Press.

Sharp, R. , Green, A. and Lewis, J. 1975. *Education and Social Control: A Study in Progressive Primary Education*. London: Routledge & Kegan Paul.

Shotter, J. 1978. The cultural context of communication studies: theoretical and methodological issues. In A. Lock (ed.) *Action, Gesture and Symbol: The Emergence of Language*. New York: Academic Press.

Sinclair, J. M. 1966. Beginning the study of lexis. In C. E. Bazzel, J. C. Catford, M. A. K. Halliday and R. H. Robins (eds.) *In Memory of J. R. Firth*. London: Longmans.

Sinclair, J. M. 1987. Introduction. In *Collins COBUILD English Language Dictionary*. London: Collins.

Sinclair, J. M. and Coulthard, M. 1975. *Towards an Analysis of Discourse: The English Used by Teachers and Pupils*. London: Oxford University Press.

Singh, P. 2001. Pedagogic discourse and student resistance in Australian secondary schools. In A. Morais, I. Neves, B. Davies, and H. Daniels (eds.) *Towards a Sociology of Pedagogy: The Contribution of Basil Bernstein to Research*. New York: Peter Lang.

Skinner, Q. 1981. The end of philosophy. (Review of R. Rorty, *Philosophy and the Mirror of Nature*) in *The New York Book Review* (March 19).

Stewart, Ian. 1989. *Does God Play Dice: The New Mathematics of Chaos*. London: Penguin Books.

Stich, S. P. 1990. Rationality. In D. N. Osherson and E. E. Smith (eds.) *An Invitation to Cognitive Science*, Vol. 3: Thinking. Cambridge, Mass. : MIT Press.

Strang, B. M. H. 1970. *A History of English*. London: Methuen.

Strawson, P. F. 1969. *Individuals: An Essay in Descriptive Metaphysics*. London: Metthuen.

Street, B. V. 1995. *Social Literacies: Critical Approaches to Literacy Development, Ethnography and Education*. London: Longman.

Stubbs, M. 1983. What is to be done? Theory or practice— problem of resource? In M. Stubbs and H. Hillier (eds.) *Readings on Language, Schools and Classrooms: Contemporary Sociology of the School*. London: Methuen.

Taylor, G. 1968. *Language and Learning: Deep Structure in a Chemical Text*. Unpublished M. Litt. thesis, University of Edinburgh.

Thibault, P. J. 1997. *Re-reading Saussure: The Dynamics of Sign in Social Life*. London: Routeldge.

Todorov, T. 1984. *Mikhail Bakhtin: The Dialogical Principle* (trans. by Wlad Godzich). Manchester: Manchester University Press.

Torr, J. 1997. *From Child Tongue to Mother Tongue: A Case Study of

Language Development in the First Two and a Half Years. Nottingham: Department of English Studies, Nottingham University [Monographs in Systemic Linguistics No. 9].

Toulmin, S. E. 1958. *The Uses of Argument*. Cambridge: Cambridge University Press.

Toulmin, S. E. 1972. *Human Understanding*: Vol. 1. Princeton, N. J.: Princeton University Press.

Trevarthen, C. 1974. Conversations with a two-month old. *New Scientist* 62.

Trevarthen, C. 1974a. The psychobiology of speech development. In E. H. Lenneberg (ed.) *Language and Brain: Developmental Aspect*. Neuroscience Research Progress Bulletin (Boston) 12.

Trevarthen, C. 1977. Descriptive analyses of infant communicative behaviour. In H. R. Schaffer (ed.) *Studies in Mother-Infant Interaction*. New York: Academic Press.

Trevarthen, C. 1979. Communication and cooperation in early infancy: a description of primary intersubjectivity. In M. Bullowa (ed.) *Before Speech: The Beginning of Interpersonal Communication*. London: Cambridge University Press.

Trevarthen, C. and Hubley, P. 1978. Confidence, confiding, and acts of meaning in the first year. In A. Lock (ed.) *Action, Gesture and Symbol: The Emergence of Language*. London: Academic Press.

Tucker, G. H. 1996. So grammarians haven't the faintest idea: recognising lexis-oriented and grammar-oriented approaches to language. In R. Hasan, C. Cloran and D. G. Butt (eds.).

Tucker, G. H. 1997. *The Lexicogrammar of Adjectives: A Systemic Functional Approach to Lexis*. London: Cassell.

Tucker, G. H. 2007. Between grammar and lexis: towards a systemic functional account of phraseology. In R. Hasan, C. Matthiessen and J. J. Webster (eds.).

Turner, G. J. 1973. Social class and children's language of control at age five and seven. In Bernstein, B. (ed.) *Class, Codes and Control*, Vol. 2: *Applied Studies towards a Sociology of Language*. London: Routledge & Kegan Paul.

Turner, G. J. & Pickvance, R. E. 1973. Social class differences in the expression of uncertainty in five-year-old children. In B. Bernstein (ed.) *Class, codes, and control*. London: Routledge.

Ullmann, Stephen. 1962. *Semantics: An Introduction to the Science of Meaning*. Oxford: Basil Blackwell.

Ventola, E. 1979. The structure of casual conversation in English. In *Journal of Pragmatics*, 3(3/4). Amsterdam: North-Holland.

Ventola, E. 1984. The dynamics of genre. *Nottingham Linguistic Circular* 13.

Ventola, E. 1987. *The Structure of Social Interaction: A Systemic Approach to the Semiotics of Service Encounters*. London: Frances Pinter.

Volosöinov, V. N. 1973/1986. *Marxism and the Philosophy of Language*. Ladislav Matejka and I. R. Titunik (trans.). Cambridge, MA: Harvard University Press. First published in 1973 by Seminar Press.

Vygotsky, L. S. 1962. *Thought and Language*. Eugenia Hanfmann and Gertrude Vakar (trans. and eds.). Cambridge Mass.: Harvard University Press.

Vygotsky, L. S. 1971. *The Psychology of Art*. Cambridge Mass.: MIT Press.

Vygotsky, L. S. 1978. *Mind in Society: The Development of Higher Psychological Processes*. M. Cole, V. John-Steiner, S. Scribner and E. Souberman (eds.). Cambridge, Mass.: Harvard University Press.

Vygotsky, L. S. 1981. The genesis of higher mental functions. In J. V. Wertsch (ed.) *The Concept of Activity in Soviet Psychology*. Armonk, N. Y.: M. E. Sharp.

Wason, P. C. and Johnson-Laird, P. N. (eds.). 1968. *Thinking and Reasoning*. Harmondsworth: Penguin.

Webster, J. J. 2008. (ed.). *Meaning in Context: Implementing Intelligent Applications of Language Studies*. London: Continuum.

Weiner, E. J. and Labov, W. 1983. Constraints on agent-less passive. *Australian Journal of Linguistics* 19(1).

Weinreich, U., Labov, W. and Herzog, M. I. 1968. Empirical foundations for a theory of language change. In W. P. Lehman and Y. Malkiel (eds.) *Directions for Historical Linguistics: A Symposium*. Austin: University of Texas Press.

Weiss, P. 1952. The logic of creative process. In P. P. Weiner & F. H. Young (ed.) *Studies in the Philosophy of C. S.* Cambridge, MA: Harvard University Press.

Wells, G. 1977. Language use and educational success: An empirical response to Joan Tough: The development of meaning. *Research in Education* 18. Quoted from Osser, H. 1983. Language as the instrument of school socialization: an examination of Bernstein's thesis. In B. Bain (ed.) *The Sociogenesis of Language and Human Conduct*. New York: Plenum Press.

Wells, G. 1981. *Learning through Interaction: The Study of Language Development*. (Language at Home and at School, 1). Cambridge: Cambridge University Press.

Wells, G. 1985. *Learning through Interaction: Language Development in Pre-School Years*. Cambridge: Cambridge University Press.

Wertsch, J. V. (ed.). 1981. *The Concept of Activity in Soviet Psychology*. Armonk NY: M. E. Sharpe.

Wertsch, J. V. (ed.). 1985a. *Culture, Communication and Cognition: Vygotskian perspectives*. Cambridge: Cambridge University Press.

Wertsch, J. V. 1985b. *Vygotsky and the Social Formation of Mind*. Cambridge, MA: Harvard University Press.

Wertsch, J. V. 1985c. The semiotic mediation of mental life: L. S. Vygotsky and M. M. Bakhtin. In E. Mertz and R. A. Parmentier (ed.) *Semiotic Mediation: Sociocultural and Psychological Perspectives*. New York: Academic Press.

Wertsch, J. V. 1990. Dialogue and dialogism in a socio-cultural approach to mind. In I. Markova and K. Foppa (eds.) *The Dynamics of Dialogue*. New York: Harvester.

Wertsch, J. V. 1991. *Voices of the Mind: A Socio-Cultural Approach to Mediated Action*. Cambridge, MA: Harvard University Press.

Wertsch, J. V. and Hickman, M. 1987. Problem solving in social interaction: a microgenetic analysis. In M. Hickman (ed.) *Social and Functional Approaches to Language and Thought*. New York: Academic Press.

Wexler, P. 1982. Structure, text and subject. In M. W. Apple (ed.). Whorf, B. L. 1956. *Language, Thought and Reality: Selected Writings of Benjamin Lee Whorf* (edited and introduced by J. B. Carroll). Cambridge, Mass.: MIT Press.

Whorf, B. L. 1940. Science and linguistics. *Technological Review* 42 April. Reprinted in J. B. Carroll (ed.) *Language, Thought and Reality*. Cambridge, Mass.: MIT Press, 1956.

Whorf, B. L. 1940a. Linguistics as an exact science. *Technological Review*

43 December. Reprinted in J. B. Carroll (ed.).

Whorf, B. L. 1941. The relation of habitual thought and behaviour to language. In L. Spier (ed.) *Language Culture and Personality: Essays in Memory of E. Sapir.* Menasha, WI: Sapir Memorial Publication. Reprinted in J. R. Carroll (ed.).

Whorf, B. L. 1941. Language and logic. *Technological Review* 32. April. Reprinted in J. B. Carroll (ed.).

Whorf, B. L. 1942. Language, mind and reality. *Theosophist*, January—April. Reprinted in J. B. Carroll (ed.).

Whorf, B. L. 1956. *Language, Thought and Reality: Selected Writings of Benjamin Lee Whorf.* Edited and introduced by J. B. Carroll. Cambridge, Mass.: MIT Press.

Whorf, B. L. 1956a. A linguistic consideration of thinking in primitive communities. In J. B. Carroll (ed.).

Wilkes, Y. 1978. Making preference more active. *Artificial Intelligence*, 11.

Williams, G. 1992. *Sociolinguistics: A Sociological Critique.* London: Routledge.

Williams, G. 1995. *Joint Book-Reading and Literacy Pedagogy: A Socio-Semantic Interpretation.* Unpublished PhD dissertation. School of English, Linguistics & Media, Macquarie University (Available as CORE Volume 1(19):3 and Volume 2(20):1).

Williams, G. 1998. Children entering literate worlds: perspectives from the study of textual practices. In F. Christie and R. Missan (eds.). *Literacy in Schooling.* London: Routledge.

Williams, G. 1999. The pedagogic device and the production of pedagogic discourse: a case example in early literacy education. In F. Christie (ed.) *Pedagogy and the Shaping of Consciousness: Linguistic and Social Processes.* London: Cassell.

Williams, G. 1999a. Preparing for school: developing a semantic style for educational knowledge. In F. Christie (ed.) *Pedagogy and the Shaping of Consciousness: Linguistic and Social Processes.* London: Cassell.

Williams, G. 2000. Children's literature, children and uses of language description. In L. Unsworth (ed.) *Researching Language in Schools and Communities: Functional Linguistic Perspectives.* London: Cassell.

Williams, G. 2001. Literacy pedagogy prior to schooling: relations between social positioning and semantic variation. In A. Morais, I. Neves, B. Davies and H. Daniels (eds.) *Towards a Sociology of Pedagogy: The Contribution of Basil Bernsteinto Research*. New York: Peter Lang.

Williams, G. (in press) The Pedagogic Device and the Production of Pedagogic Discourse: A Case Example in Early Literacy Education. In Frances Christie (ed.) *Pedagogy and the Shaping of Consciousness: Linguistic and Social Processes*. London: Cassell.

Williams, G. and Lukin, A. (eds). 2004. *The Development of Language: Functional Perspectives on Species and Individuals*. London: Continuum.

Williams, Raymond. 1977. *Marxism and Literature*. New York: Oxford University Press.

Wittgenstein, L. 1953. *Philosophical Investigations*. G. E. M. Anscombe (trans.). Oxford: Basil Blackwell.

Wittgenstein, L. 1958. *Philosophical Investigations*. G. E. M. Anscombe (trans.). Oxford: Basil Blackwell. 2nd edition. 1st published 1953.

Yeats, W. B. 1933. *Collected Poems of W. B. Yeats*. New York: Macmillan Publishing Company.

Young, D. J. 1980. *The Structure of English Clauses*. London: Hutchinson.